U0936127

1997-1998 IMI消费行为与生活形态年鉴

北京·上海·广州·重庆

IMI（创研）市场信息研究所　　北京广告艺术集团
北京广播学院广告学系

下
册

中国物价出版社

图书在版编目（CIP）数据

1997－1998 IMI 消费行为与生活形态年鉴／－北京：中国物价出版社，1997.12
ISBN 7-80070-766-0

Ⅰ.19… Ⅱ.刘… Ⅲ.①消费－行为－调查报告－中国－城市－1997－1998 ②生活－现状－调查报告－中国－城市－1997-1998 Ⅳ.F126.1

中国版本图书馆 CIP 数据核字（97）第 23019 号

1997-1998IMI 消费行为与生活形态年鉴
（上下册）
中国物价出版社出版发行
新华书店 经销
中国青年出版社印刷厂印刷
889 × 1194 毫米 16 开 86.5 印张 2300 千字
1997 年 12 月第 1 版 1997 年 12 月第 1 次印刷
印数：1 － 3000 册
ISBN7 － 80070 － 766 － 0/F.569
定价：980.00 元

《 1997-1998 IMI 消费行为与生活形态年鉴 》
研究机构、研究编辑人员

研 究 机 构	IMI （创研）市场信息研究所 北京广告艺术集团 北京广播学院广告学系
项目总负责	王建琪（北京广告艺术集团总经理）
项 目 策 划	黄升民（北京广播学院广告学系教授） 丁俊杰（北京广播学院广告学系副教授） 刘立宾（国际广告杂志社社长兼主编）
编委会成员	王建琪 黄升民 丁俊杰 刘立宾 陈鹤彪 姜建秋 王增林 刘 旭 王 林
研 究 人 员	黄升民 丁俊杰 刘 旭 黄京华 王 冰 钟 静 康 瑾 李彩云 文春英 杜 蕾 袭淑娟 王晋丽 黄 滨 林 琳 孙 奕 刘 静 张 津

《 1997-1998 IMI 消费行为与生活形态年鉴 》编辑部

编 辑 部 主 任	刘 旭
编辑部副主任	王 林
编 辑 部 成 员	刘 旭 王 林 黄京华 钟 静 康 瑾 李彩云 文春英 杜 蕾 袭淑娟 王晋丽 黄 滨 林 琳 孙 奕 刘 静 张 津 敖文惠 陈 玮

第六篇　饮料、酒类
Part VI　Beverage and Alcohol Products

- 碳酸饮料　Carbonated Beverage
- 包装水　Purified or Mineral Water
- 纯果汁　Pure Juice
- 果汁/果味饮料　Fruit-flavored Beverage
- 啤酒　Beer
- 白酒　Hard Liquor

第六篇　饮料与酒类

饮料

饮料业在我国食品工业中起步较晚，发展却十分迅速。从当前的市场状况看，软饮料品种日益齐全，已从单一的碳酸饮料发展到如今的果汁饮料、菜汁饮料、植物蛋白饮料、乳酸饮料、茶饮料、特殊用途饮料、固体饮料、瓶装水（矿泉水、纯净水等）及其他饮料十大类齐头并进、全面发展的格局。1995 年是我国软饮料增长最快的一年，全国软饮料总产量为 949.05 万吨，比 1994 年增长 50.85%。1996 年软饮料产量有所回落，比上年下降 6.9%。近几年全国软饮料产量见下表：

表 1　1993 — 1996 年全国软饮料产量

年份	1993 年	1994 年	1995 年	1996 年
产量（万吨）	484.80	629.13	949.05	883.84
增长率（%）	15.20	29.77	50.85	-6.85

资料来源：国家信息中心

1996 年，全国软饮料行业总产量超过 100 万吨的品种中，碳酸饮料产量超过 428.93 万吨，所占比例约 50%；矿泉水产量 145 万吨，所占比例超过 16%；果菜汁饮料产量 122 万吨，所占份额也接近 15%。其中，果菜汁饮料类中真正含果汁较多的纯果汁和果汁饮料不到 40 万吨，约占果汁饮料的 25%，其它多为果味饮料。目前市场已基本形成碳酸饮料、果菜汁饮料、瓶装水（矿泉水和纯净水）三大类饮品鼎足之势。

现在国内饮料市场主要有以下几个特点：碳酸饮料雄风犹在，是居家、餐饮、旅游时的流行饮品，消费者仍然对其一往情深；矿泉水、纯净水因其保健、卫生的功能而受到越来越多消费者的青睐，同时饮水机、桶装纯净水也悄然兴起；消费者对健康、营养的追求带来了果汁性型饮料的繁荣，城市中流行起“喝水果”的说法，不同浓度的果汁，尤其是 100%的纯果汁逐渐成为消费者的新宠。

国家轻工业总会根据目前饮料行业的现状，提出了到 2000 年将对饮料行业实行大规模改组的计划：

1．实施优质碳酸饮料主剂集中，分散罐装的产业政策，重点支持 8 — 10 个牌号的推广。

2．积极稳妥地发展果蔬汁饮料，在原料基地建立浓缩汁、果酱基地。

3．大力发展植物蛋白等天然饮料，如椰子汁、杏仁露。

4．大力开发利用优质天然矿泉水资源。

5．加快技术进步，改进包装，提高质量。

另外，中国饮料协会也提出，将不遗余力地支持健力宝、海南椰树、承德杏仁露、益力矿泉水、中鲁果汁、雪菲力、津美乐等中国名牌饮料的发展，达到饮料行业的集约化、协作化，逐步扩大国产名牌产品的市场覆盖率，促进饮料行业的健康发展。

碳酸饮料

无论在国外还是国内，碳酸饮料以其解渴、降温快、口感好、质量稳定、价廉物美占据着饮品中的最大份额。也正因为其良好的消暑功能是其它饮料所不能替代的，已连续多年产量在我国软饮料总产量中保持了50%左右的比重。详见下表：

表 2 1993 — 1996 年碳酸饮料总产量及其在软饮料中所占比例

	1993 年	1994 年	1995 年	1996 年
碳酸饮料总产量（万吨）	239.79	314.35	491.56	428.93
在软饮料总产量中所占比重（%）	49.96	49.97	51.79	48.53

资料来源：国家信息中心

1995 年全国有碳酸饮料 1605 家，占软饮料生产企业总数的 43.4%。目前，外国品牌的碳酸饮料消费量占碳酸饮料总消费量的 30%以上。 80 年代初，可口可乐、百事可乐两大国际品牌饮料试探着走进了中国的大门，而如今在他们的瓶罐下聚集着大量的消费者。据轻工总会资料表明，自“两乐”进入中国市场以来，已累计投资 6 亿美元，到目前已建立生产企业 30 多家。其中八大国产饮料品牌中的七个已与可口可乐、百事可乐合资。

1995 年国内生产外国牌号碳酸饮料企业共 28 家，其中可口可乐 16 家，百事可乐 12 家；共生产饮料 161.22 万吨，其中国外牌号 146.69 万吨，国产牌号饮料 14.53 万吨。可口可乐公司产量 111.68 万吨，占 69.25%，百事可乐公司产量 49.55 万吨，占 30.73%。按产品类型来分：可乐型为 81.67 万吨，占 50.66%；柠檬型（七喜、雪碧） 55.99 万吨，占 34.73%；甜橙型（芬达、美年达） 6.42 万吨，占 3.98%；其他型 2.23 万吨，占 1.36%。

1996 年可口可乐和百事可乐实际销售分别为 150 万吨和 50 多万吨。其中可口可乐公司继去年第一次推出本地品牌“天与地”系列果汁饮料后， 1997 年又与天津津美饮料有限公司合作碳酸饮料“醒目”，以进一步开拓中国市场。国产品牌碳酸饮料只有健力宝与“两乐”平分秋色， 1996 年健力宝集团完成产量 70 万吨，销售额 38 亿，比上一年增长 20%以上。

包装水

常言说，宁可七日断粮，不可一日无水。随着人们保健意识的增强，水污染的愈加严重，水的品质越来越受到重视。各种品牌的蒸馏水、矿泉水、矿化水、磁化水、纯净水琳琅满目，纷纷上市。目前，瓶装矿泉水和纯净水的总产量已经突破 250 万吨，占到软饮料总产量的 30%。

矿泉水 原本是地表水渗入地下的过程中，经岩石过滤、浸泡而形成的一种自然水。由于溶解了岩石中的矿物质，水中含有对人身体有益的微量元素。

蒸馏水 则是将水经过高温蒸发成气态，然后冷凝形成的液体。可除去水中原本含有的重金属离子、细菌和病菌，而对于非金属离子，如氯以及放射性物质和有机物则难以全面清除。

纯净水 它是将原水（经处理达到生活饮用水标准）经机械过滤，活性碳过滤，离子交换，反渗透臭氧杀菌和精微过滤生产出来的活性水。由于纯净水最早是为宇航员饮用的水，故也称“太空水”。

矿泉水近年来来占软饮料总量比例一直上升，据国家饮料协会提供的统计资料表明，1996年我国天然矿泉水产量145.82万吨，在软饮料市场中占有的份额居第二位，仅次于碳酸饮料。全国共有矿泉水点3500多处，已建厂900家，但年产量在5万吨以上的企业屈指可数。现在市场的名牌几乎清一色全是区域性品牌，为数众多的小厂也遍地开花。全国平均生产规模只有2000吨，产业整体水平不高，尚未形成规模经营。消费者青睐矿泉水主要出于健康考虑，认为矿泉水没有污染，纯净卫生，并含有人体需要的矿物质及微量元素。其次，矿泉水是低热量饮料，不含糖精、酒精、添加剂等，更受到担心肥胖的现代人的喜爱。但1997年在四川举行的烟草糖果食品交易会上显示出，经过几年的持续增长，矿泉水开始出现产销降温的趋势。

与此相对，纯净水市场在悄然升温。现代都市人的饮水观念正在发生变化，普通百姓饮纯水成为一种时尚。许多国家从80年代开始饮用纯净水，到90年代中期，在欧美、日本、东南亚等地区普及率已达到80%以上，其销售量已超过普通矿泉水的150—160倍。香港每年进口20亿瓶各种品牌的纯净水，三分之二的青年上班族饮用纯净水。从发达国家的市场经验看，纯净水发展可分为三个阶段：第一阶段是将纯净水作为高品位饮料进入市场；第二阶段是以大包装形式进入办公室、家庭；第三阶段是以净水器的形式进入家庭。我国目前处于第一、第二阶段，即多以瓶装、桶装形式上市。在我国北京、上海、广州等地的商场、超市货架上各种品牌和包装的纯净水令人眼花，街头大大小小的送水车也是川流不息，这和家庭日益普及的纯水机一起，构成了都市生活一道独特的风景。目前，太阳神、娃哈哈、乐百氏、康师傅、维维等国内知名饮料企业都陆续推出了纯净水产品。在北京有纯净水生产厂70—80家，固定饮用纯净水人数10余万人；上海生产厂130余家，已有40万户居民固定饮用桶装纯净水，仅正广和就拥有23万用户，各社区供水站达70多个。纯净水的推广前景看好。

果汁型饮料

由于消费者对饮品提出了纯天然、多营养的需求，市场上纯度高、口感好，含有丰富维生素的果汁型饮料尤其是纯果汁正在受到人们的青睐。市场上销售的果汁型饮料一般分为：1．果汁饮料：含果汁10%以上，用原果汁稀释加入柠檬酸、糖等调制而成；2．果味饮料：含果汁10%以下；3．纯果汁饮料：含果汁100%，用新鲜果肉直接榨取的汁液，又分为澄清果汁和浑浊果汁，营养价值很高。

目前，国内果汁型饮料生产线有60多条，年生产能力达到150万吨以上。1996年，我国果汁型饮料的总产量为122.42万吨，其中大部分是含果汁10%以下的果味饮料，纯果汁（指100%原果汁）和果汁饮料（含果汁10%以上）仅占25%左右，而且大部分出口，国内消费尚不足20万吨（包括进口的果汁饮料）。近年果菜汁饮料（菜汁饮料在果菜汁饮料所占比例很小）总产量及其在软饮料中所占比重见下表：

表3　1993年—1996年果菜汁饮料总产量及其在软饮料中所占比重：

	1993年	1994年	1995年	1996年
果菜汁饮料总产量（万吨）	80.23	91.23	143.63	122.42
在软饮料总产量中所占比重（%）	16.56	14.50	15.13	13.85

资料来源：国家信息中心

在国际上一般来说，发达国家的果汁工业以生产原果汁为主，发展中国家以生产果汁饮料为主。人均果汁型饮料的消费量，美国为 45 公斤（其中纯果汁占 60%），德国为 46 公斤（其中纯果汁占 87.6%），墨西哥 4 公斤（其中纯果汁占 41%），亚洲“四小龙”为 16 － 19 公斤；而我国人均消费各种果汁型饮料仅 1 公斤左右，市场前景相当广阔。 我国有着丰富的水果原料市场，水果产量连年增长， 1996 年总产量达到了 4600 万吨，与此同时却造成了鲜果供应严重过剩。因此，大力发展果汁工业，实现水果消费由“吃”到“喝”的转变，已成为解决鲜果积压的迫切需要。况且，果汁型饮料正迎合了现代人追求天然、健康、营养的心理。统计资料显示，目前我国水果加工量仅占总产量的 20%左右，与发达国家 50%— 60%的比例相比，还有很大差距。因此，发展果汁饮料业，对果农、饮料生产厂家、消费者都是十分有益的。

尽管果汁饮料工业在我国起步较晚，但一些初具实力的企业已经显示出了明显的竞争优势：北京的“汇源果汁”在 1997 年以 7000 万元的价位获得了中央电视台新闻联播 5 秒标牌广告的播放权，被认为是北京软型饮料步入新层次的开始；海南恒泰集团的“园之梦”果汁饮料 1997 定货合同金额突破 8 亿元，初步形成了大原料基地、大加工工业、大市场布局的规模经营。从今后的发展方向看，产区加工、消费区罐装、东西部结合、扩大出口将成为发展果汁饮料工业的一条捷径。

酒类

1996 年，我国酒类产量接近 2500 万吨，其中白酒超过 690 万吨，约占总产量的 30%，啤酒产量 1700 万吨，居世界第二。我国酒类市场正发生以下变化：啤酒产量的递增速度已放慢，白酒产品的结构正在调整，果酒市场充满活力。中国酒业协会副秘书长高寿清认为：今后酿酒业应以啤酒为主，白酒为辅。随着人民生活水平的提高，消费习惯的改变，目前我国的酒类消费呈以下特点：

1．九十年代以来，随着人们饮酒习惯的改变，国家对白酒“低度、优质、多品种、低消耗”政策的实施，使白酒市场向低度化、优质化、大众化方向发展，总产量下降，低度白酒产量增加，滋补酒、营养酒形势看好。

2．步入九十年代啤酒的产销矛盾基本缓解，因此在产量基数已经很大的情况下，高速发展的可能性不大。如 1987 — 1994 年，国内啤酒年产量平均增幅在 20%以上，而到了 1995 — 1996 年递增速度已开始放慢。但消费面将逐步扩大，并且消费淡旺季差别将缩小，境外企业抢滩，市场竞争激烈。

3．进口酒消费风光不再。来自上海、广州的消息表明，进口酒热已大大降温，已被列入滞销商品之列。消费者的成熟与理智，进口酒价格较高的客观存在，及国产酒的发展都是其滞销的原因。

啤酒

啤酒业如今已成为我国庞大的新兴行业，放眼大江南北，我国啤酒企业已达 800 余家，牌号多达 1500 多个， 1996 年啤酒产量已突破 1700 万吨。近年来，我国啤酒需求量每年增长 1000 万升至 1500 万升，即啤酒市场至少每年扩大 7%。按啤酒产业长远发展规划，到 2000 年，啤酒产量将达到 2000 万吨。届时，中国将成为世界上最大的啤酒市场。目前我国啤酒年产量最大的十个企业见下表：

表 4　1996 年全国啤酒十强企业产量排名

名次	企　业	产量（吨）	名次	企　业	产量（吨）
1	燕京啤酒	571489	6	东西湖啤酒	253930
2	中策啤酒	445454	7	钱江啤酒	243964
3	青岛啤酒	348565	8	蓝带啤酒	239003
4	华润雪花	283908	9	重庆啤酒	238132
5	珠江啤酒	256485	10	哈尔滨啤酒	182047

然而，中国啤酒市场虽大，在分布上却呈现出严重的区域化、割据化特征。800 家啤酒企业平均年产量只有 2 万多吨，其中年产 5 万吨以上不过 80 多家，绝大部分企业只能在本地销售产品。消费者往往对本地品牌情有独钟，各区域市场上啤酒生产能力和消费能力高度吻合。各区域市场的供需基本平衡，因而容易闭关自守，把大市场割裂成自产自销的区域小市场。

另外，巨大的市场潜力，自然吸引了众多的国外啤酒商。外国啤酒由原装进口转为设厂生产，合资热潮方兴未艾。据悉，北京 8 家啤酒厂中的 6 家已合资，上海的 5 大啤酒厂已全部合资。据有关资料统计，全国 60 家年产 5 万吨以上的啤酒厂，合资占 70%，全国合资啤酒厂已达 49 家，其中外资控股占绝大多数。

据此，最近轻工总会出台了《啤酒行业产品结构调整方案》，将啤酒总量控制在每年增长 5%左右，到 2000 年达到 2000 万吨。另外，轻工业部将帮助青岛、珠江、燕京在 2000 年左右总产量之和达到 400 万吨，使它们占全国总产量的 20%，再选择其它 7 家企业，使其年总产量总和也占到全国总产量的 20%。保证国产啤酒仍是市场主导，将形成“南有珠江，北有青岛，首都有燕京”的市场格局。1997 年伊始，青岛啤酒便不负众望，运用整合营销的现代营销手段，实现了开门红：1997 年 1 月的销售量和销售收入分别是 3.3 万吨和 1.6 亿元人民币，而 1996 年的数字是 1.8 万吨和 0.95 亿元。1997 年将是青岛啤酒的“整合营销年”，经过半年多的理论准备和实践操作，青岛啤酒已经作好了应付市场挑战的基础工作。

目前，世界年人均啤酒消费量为 25 升左右，而中国为 13 升，比起德国的 138 升、美国的 86 升、日本的 56 升，相距甚远。从国内消费结构看，城镇居民年消费量为 30 升左右，农村居民只有 10 升左右。城市消费啤酒的比例超过 30%，其中每天喝啤酒的占 5.9%，啤酒消费大军正以每年 20%的速度增长。今后相当长的段时期内，啤酒市场将保持强劲的发展势头。

中国啤酒市场在持续稳定发展的同时，也出现了许多新的变化。主要有以下几个趋势：

1. 随着食品科技的发展，啤酒口味将发生重大变化，啤酒品种由单一走向多样化。低醇型、保健型、特色型将成为啤酒发展主流。原来的浓醇型逐渐转为清爽型。据业内人士预测，低酒精度、清爽型啤酒将大受青睐。我国目前生产的啤酒大多是糖度 10 — 12 度、酒精度 3 — 4%，随着保健意识的增强，今后糖度 7 — 9 度、酒精度 2%左右的干啤酒将有更广阔的消费市场。
2. 消费品牌意识增强。一批区域型的名优啤酒仍牢牢占据当地市场。从习惯上看，上海消费者最常喝上海、力波、青岛三种品牌的啤酒，北京人则对燕京、五星、北京啤酒格外钟情，广州人最爱喝的是珠江、生力、蓝带啤酒。
3. 啤酒消费群体稳定化。合资啤酒和进口啤酒占领高档饭店、酒吧，国产地方品牌掌握城镇市场，低档杂牌啤酒上山下乡。

4．纯生啤酒因其工艺独特、原料考究且保持了啤酒的原始风味而风靡市场。

5．女性消费悄然兴起。啤酒消费者男女比例 1994 年为 10 ： 1.8 ， 1996 年就已发展到 10 ： 2.8 。行家预测，再过三五年，啤酒消费大军中女性要占一半，尤以职业女性、知识女性为消费主体。

虽然啤酒市场日新月异，但传统的瓶装啤酒，适宜家庭饮用或短期储存，价格也适合工薪阶层，因此销势仍保持强劲。此外，越来越多的消费者已一改往日一次数瓶的购买方式，而是化整为零，整箱批量购买。

白酒

白酒是受国人欢迎的酒种之一，虽然国家有关部门为节省粮食起见，开始限制白酒生产总量，但 1996 年总产量还是达到了 692 万吨， 1996 年城镇居民人均白酒消费量为 2.85 公斤。 1997 年上半年，全国白酒销量与去年同期艰难持平的同时，价格平均下降 10%左右，且销售淡季比去年提早一个月到来。

为了争夺酒民，国内众多白酒厂家竞相投入广告大战。这两年电视媒体的黄金时段标王均为白酒类：在 1996 年中央电视台黄金段 5 秒标板竞争中以 6666 万元中标的秦池， 1997 年以 3.2 亿元再次荣登标王宝座。在今年的荧屏上可以看到，白酒类广告最为醒目，同是北京的白酒厂家，一家说“好运伴随你”，另一家则说“好运天天有”，足见争夺酒民的激烈程度。

近年来，白酒消费市场逐渐呈现出“两头小、中间大”的模式，即价格高的产品主要是公费、集团消费；价格低的产品主要是农村消费，利润不高；而中间层消费的市场需求较大，每瓶 10 — 20 元的产品工薪阶层最好接受。据有关部门分析，我国酒类市场中档优质酒将成为消费主流，尤其是低度酒的消费增长势头将会较强。目前， 38 — 44 度的白酒越来越受到消费者的青睐。低度酒已占到酒类消费总量的 68%以上。国家级 17 种名酒均已有了低度酒，甚至以低度酒为主。全国低度白酒年产量已超过了高度白酒产量，今年势头还会增加。

从现实白酒市场的发展可以看出以下几点趋势：

1．随着人们饮酒习惯的改变，国家对白酒“低度、优质、多品种、低消耗”政策的实施，近年来高档酒低度化、优质酒多样化已成气候。名酒继续走俏，货源偏紧，特别是国家级名白酒的需求将增大，茅台、五粮液、剑南春、郎酒、泸州老窖等将继续成为一部分人的消费热点。

2．地产名酒销势增强，优质酒将成为消费主体。由于价格及货源的影响，加上区域性的消费习惯，地产名酒将逐步成为消费重点。

3．酒度将呈下降趋势。消费者的保健意识逐渐增强，消费观念也在更新，低度酒普遍受欢迎。以北京市场为例，北京醇、红星御、京酒成为了低度酒市场的主力军。据蓝岛大厦介绍，低度酒已占白酒市场的四成，而高档国产名白酒仍保持二成市场份额。

此外，中国清香型白酒协会专家认为,今后白酒产品结构将向优质、低度、营养、保健方向发展，白酒总量趋于下降，而覆盖面和消费市场在逐步扩展。由于清香型白酒具有纯净、卫生、节粮的优点，加上可以做露酒、药酒、补酒等保健饮品的优质基酒，而且，以优质白酒为基酒生产出来的保健型、疗效型产品在市场上逐渐走俏，因此清香型白酒发展前景十分广阔。

1 碳酸饮料 / Carbonated Beverage

1-1 最近三个月有无饮用的比例 / Proportion of the Sample Consuming Carbonated Beverage in the Last Three Months

	北京（Beijing）	上海（Shanghai）	广州（Guangzhou）	重庆（Chongqing）
喝过	77.5	86.6	83.9	73.5
没喝过	22.5	13.4	16.1	26.5
有效样本量	**599**	**596**	**597**	**600**

1-2 最常用品牌排名 / Ranking of the Most Frequently Consumed Brands

● 北京（Beijing）

排名	品牌		人数	百分比
1	可口可乐	Coca-cola	249	53.9
2	北冰洋	Beibingyang	71	15.4
3	雪碧	Sprite	59	12.8
4	美年达	Mirinda	21	4.5
5	健力宝	Jianlibao	18	3.9
6	百事可乐	Pepsi	11	2.4
7	芬达	Fanta	10	2.2

n=462

● 上海（Shanghai）

排名	品牌		人数	百分比
1	雪碧	Sprite	214	41.8
2	可口可乐	Coca-cola	147	28.7
3	百事可乐	Pepsi	75	14.6
4	美年达	Mirinda	17	3.3
5	七喜	7up	14	2.7
5	正广和	Acquarius	14	2.7
7	芬达	Fanta	10	2.0

n=512

● 广州（Guangzhou）

排名	品牌		人数	百分比
1	可口可乐	Coca-cola	268	55.1
2	百事可乐	Pepsi	67	13.8
3	亚洲	Asia	60	12.3
4	雪碧	Sprite	31	6.4
5	健力宝	Jianlibao	18	3.7
6	美年达	Mirinda	8	1.6
6	新奇士	Sunkist	8	1.6

n=486

● 重庆（Chongqing）

排名	品牌		人数	百分比
1	百事可乐	Pepsi	147	34.0
2	美年达	Mirinda	70	16.2
3	百柠	Baining	68	15.7
4	七喜	7up	42	9.7
5	可口可乐	Coca-cola	29	6.7
6	天府可乐	Tianfu	26	6.0
7	青鸟	Qingniao	14	3.2

n=432

1-3 理想品牌排名 / Ranking of the Ideal Brands

● 北京（Beijing）

排名	品牌		人数	百分比
1	可口可乐	Coca-cola	239	39.8
2	北冰洋	Beibingyang	109	18.2
3	雪碧	Sprite	39	6.5
4	健力宝	Jianlibao	20	3.3
5	美年达	Mirinda	18	3.0
6	百事可乐	Pepsi	14	2.3
7	七喜	7up	6	1.0
7	芬达	Fanta	6	1.0

n=600

● 上海（Shanghai）

排名	品牌		人数	百分比
1	雪碧	Sprite	207	34.5
2	可口可乐	Coca-cola	177	29.5
3	百事可乐	Pepsi	83	13.8
4	正广和	Acquarius	29	4.8
5	七喜	7up	16	2.7
6	美年达	Mirinda	12	2.0
7	莱蒙	Lemon	8	1.3
8	芬达	Fanta	6	1.0

n=600

● 广州（Guangzhou）

排名	品牌		人数	百分比
1	可口可乐	Coca-cola	282	47.0
2	亚洲	Asia	63	10.5
3	百事可乐	Pepsi	61	10.2
4	雪碧	Sprite	33	5.5
5	健力宝	Jianlibao	18	3.0
6	新奇士	Sunkist	16	2.7
7	美津	Meijin	7	1.2

n=600

● 重庆（Chongqing）

排名	品牌		人数	百分比
1	百事可乐	Pepsi	160	26.7
2	百柠	Baining	68	11.3
3	美年达	Mirinda	59	9.8
4	可口可乐	Coca-cola	56	9.3
5	七喜	7up	47	7.8
6	天府可乐	Tianfu	17	2.8
7	青鸟	Qingniao	13	2.2
8	雪碧	Sprite	12	2.0

n=600

1-4 样本总体、男性各年龄层、女性各年龄层的理想品牌 / The Ideal Brands by the Whole Sample, Age and Gender Groups

● 北京（Beijing）

	人数	第一品牌及百分比	第二品牌及百分比	第三品牌及百分比
样本	**600**	**可口可乐 39.8**	**北冰洋 18.2**	**雪碧 6.5**
男性	**298**	**可口可乐 38.6**	**北冰洋 18.1**	**雪碧 5.7**
16-19 岁	26	可口可乐 30.8	百事可乐 15.4	北冰洋 11.8
20-24 岁	36	可口可乐 66.7	北冰洋 19.4	雪碧 5.6
25-29 岁	41	可口可乐 41.5	北冰洋 29.3	雪露 4.9
30-34 岁	47	可口可乐 38.3	雪碧 8.5	美年达 6.4 北冰洋 6.4 健力宝 6.4
35-39 岁	43	可口可乐 39.5	北冰洋 16.3	雪碧 11.6
40-44 岁	42	可口可乐 28.6	北冰洋 19.0	
45-49 岁	24	可口可乐 29.2	北冰洋 20.8	雪碧 6.3 健力宝 8.3
50 岁以上	39	可口可乐 30.8	北冰洋 23.1	雪碧 8.3
女性	**302**	**可口可乐 41.1**	**北冰洋 18.2**	**雪碧 7.3**
16-19 岁	23	可口可乐 47.8	北冰洋 13.0	百事可乐 8.7
20-24 岁	35	可口可乐 51.4	北冰洋 8.6	雪碧 5.7
25-29 岁	36	可口可乐 66.7	北冰洋 5.6 雪碧 5.6	
30-34 岁	49	可口可乐 38.8	北冰洋 18.4	雪碧 12.2
35-39 岁	45	可口可乐 35.6	北冰洋 20.0	雪碧 13.3
40-44 岁	40	北冰洋 35.0	可口可乐 30.0	美年达 7.5
45-49 岁	26	可口可乐 34.6	北冰洋 30.8	健力宝 7.7
50 岁以上	48	可口可乐 31.3	北冰洋 14.6	雪碧 4.2

● 上海（Shanghai）

	人数	第一品牌及百分比	第二品牌及百分比	第三品牌及百分比
样本	**600**	**雪碧 34.5**	**可口可乐 29.5**	**百事可乐 13.8**
男性	**307**	**雪碧 35.5**	**可口可乐 26.4**	**百事可乐 14.3**
16-19 岁	22	可口可乐 50.0	百事可乐 22.7	雪碧 18.2
20-24 岁	34	可口可乐 29.4 雪碧 29.4	百事可乐 11.8	
25-29 岁	42	雪碧 40.5	可口可乐 28.6	百事可乐 11.9
30-34 岁	56	雪碧 35.7	可口可乐 30.4	百事可乐 17.9
35-39 岁	51	雪碧 43.1	可口可乐 21.6	百事可乐 9.8
40-44 岁	31	雪碧 25.8	百事可乐 16.1 可口可乐 16.1	
45-49 岁	26	可口可乐 30.8 雪碧 30.8	百事可乐 15.4	
50 岁以上	45	雪碧 44.4	可口可乐 15.6	百事可乐 13.3
女性	**293**	**雪碧 33.4**	**可口可乐 32.8**	**百事可乐 13.3**
16-19 岁	24	可口可乐 50.0	雪碧 16.7	百事可乐 8.3
20-24 岁	32	可口可乐 34.4	雪碧 31.3	百事可乐 18.8
25-29 岁	37	可口可乐 32.4 雪碧 32.4	百事可乐 21.6	
30-34 岁	50	雪碧 42.0	可口可乐 18.0	百事可乐 10.0
35-39 岁	44	可口可乐 38.6	雪碧 36.4	百事可乐 6.8
40-44 岁	35	可口可乐 37.1	雪碧 31.4	百事可乐 14.3
45-49 岁	23	雪碧 34.8	可口可乐 26.1	百事可乐 17.4
50 岁以上	48	可口可乐 33.3 雪碧 33.3	百事可乐 12.5	

● 广州（Guangzhou）

	人数	第一品牌及百分比	第二品牌及百分比	第三品牌及百分比
样本	**600**	**可口可乐 47.0**	**亚洲 10.5**	**百事可乐 10.2**
男性	**282**	**可口可乐 45.7**	**亚洲 10.3**	**百事可乐 9.9**
16-19 岁	30	可口可乐 33.3	百事可乐 20.0	亚洲 10.0 雪碧 10.0
20-24 岁	36	可口可乐 41.7	百事可乐 11.1 亚洲 11.1	雪碧 8.3
25-29 岁	35	可口可乐 54.3	百事可乐 14.3	健力宝 8.6
30-34 岁	34	可口可乐 44.1	亚洲 14.7	百事可乐 11.8
35-39 岁	40	可口可乐 62.5	亚洲 10.0	百事可乐 5.0 雪碧 5.0
40-44 岁	41	可口可乐 43.9	亚洲 17.1	雪碧 4.9 新奇士 4.9
45-49 岁	26	可口可乐 38.5	百事可乐 15.4	雪碧 7.7
50 岁以上	40	可口可乐 42.5	亚洲 10.0	健力宝 7.5
女性	**318**	**可口可乐 48.1**	**亚洲 10.7**	**百事可乐 10.4**
16-19 岁	50	可口可乐 48.0	百事可乐 20.0	亚洲 4.0 雪碧 4.0
20-24 岁	46	可口可乐 56.5	亚洲 10.9	百事可乐 8.7
25-29 岁	63	可口可乐 44.4	百事可乐 12.7 亚洲 12.7	雪碧 9.5
30-34 岁	46	可口可乐 45.7	亚洲 10.9	百事可乐 6.5
35-39 岁	41	可口可乐 46.3	亚洲 12.2	雪碧 9.8
40-44 岁	30	可口可乐 60.0	健力宝 6.7	亚洲 3.3
45-49 岁	13	可口可乐 61.5		
50 岁以上	29	可口可乐 31.0	亚洲 17.2	百事可乐 13.8

● 重庆（Chongqing）

	人数	第一品牌及百分比	第二品牌及百分比	第三品牌及百分比
样本	**600**	**百事可乐 26.7**	**百柠 11.3**	**美年达 9.8**
男性	**308**	**百事可乐 27.3**	**可口可乐 11.7**	**百柠 11.0**
16-19 岁	43	百事可乐 37.2	美年达 14.0	七喜 9.3 百柠 9.3 可口可乐 9.3
20-24 岁	53	百事可乐 35.8	可口可乐 15.1	百柠 9.4
25-29 岁	43	百事可乐 32.6	七喜 11.6	百柠 7.0
30-34 岁	38	百柠 21.1	百事可乐 18.4	可口可乐 13.2
35-39 岁	39	可口可乐 15.4 百柠 15.4	百事可乐 10.3	
40-44 岁	30	百事可乐 26.7	美年达 13.3	
45-49 岁	25	百事可乐 32.0	可口可乐 12.0 美年达 12.0	百柠 8.0 青鸟 8.0
50 岁以上	27	百事可乐 21.6	可口可乐 16.2	百柠 10.8
女性	**292**	**百事可乐 26.0**	**百柠 11.6**	**美年达 11.0**
16-19 岁	43	百事可乐 32.6	美年达 11.6	百柠 9.3
20-24 岁	53	百事可乐 37.7	美年达 13.2	百柠 7.5
25-29 岁	32	百事可乐 18.8 百柠 18.8	美年达 15.4	可口可乐 12.5
30-34 岁	33	百事可乐 21.2	美年达 18.2	百柠 15.2
35-39 岁	35	百事可乐 20.0	百柠 14.3	美年达 11.4
40-44 岁	32	百事可乐 28.1	百柠 18.8	七喜 9.4
45-49 岁	27	百事可乐 29.6	七喜 14.8	可口可乐 11.1
50 岁以上	37	百事可乐 13.5	百柠 10.8	可口可乐 8.1

1-5 样本总体、男性各年龄层、女性各年龄层最近三个月有无购买的比例 / Purchasing in the Last Three Months by the Whole Sample, Age and Gender Groups

● 北京（Beijing）

	人数	买过	没买过
样本	**599**	**72.6**	**27.4**
男性	**298**	**70.8**	**29.2**
16-19 岁	26	84.6	15.4
20-24 岁	36	83.3	16.7
25-29 岁	41	73.2	26.8
30-34 岁	47	68.1	31.9
35-39 岁	43	67.4	32.6
40-44 岁	42	61.9	38.1
45-49 岁	24	79.2	20.8
50 岁以上	39	59.0	41.0
女性	**301**	**74.4**	**25.6**
16-19 岁	23	95.7	4.3
20-24 岁	34	82.4	17.6
25-29 岁	36	80.6	19.4
30-34 岁	49	71.4	28.6
35-39 岁	45	73.3	26.7
40-44 岁	40	72.5	27.5
45-49 岁	26	65.4	34.6
50 岁以上	48	64.6	35.4

● 上海（Shanghai）

	人数	买过	没买过
样本	**599**	**83.0**	**17.0**
男性	**307**	**83.4**	**16.6**
16-19 岁	22	95.5	4.5
20-24 岁	34	91.2	8.8
25-29 岁	42	66.7	33.3
30-34 岁	56	82.1	17.9
35-39 岁	51	86.3	13.7
40-44 岁	31	71.0	29.0
45-49 岁	26	96.2	3.8
50 岁以上	45	86.7	13.3
女性	**292**	**82.5**	**17.5**
16-19 岁	24	91.7	8.3
20-24 岁	32	84.4	15.6
25-29 岁	37	75.7	24.3
30-34 岁	50	88.0	12.0
35-39 岁	44	77.3	22.7
40-44 岁	35	82.9	17.1
45-49 岁	22	90.9	9.1
50 岁以上	48	77.1	22.9

● 广州（Guangzhou）

	人数	买过	没买过
样本	**600**	**84.2**	**15.8**
男性	**282**	**83.0**	**17.0**
16-19 岁	30	93.3	6.7
20-24 岁	36	80.6	19.4
25-29 岁	35	91.4	8.6
30-34 岁	34	82.4	17.6
35-39 岁	40	85.0	15.0
40-44 岁	41	80.5	19.5
45-49 岁	26	73.1	26.9
50 岁以上	40	77.5	22.5
女性	**318**	**85.2**	**14.8**
16-19 岁	50	98.0	2.0
20-24 岁	46	87.0	13.0
25-29 岁	63	84.1	15.9
30-34 岁	46	82.6	17.4
35-39 岁	41	85.4	14.6
40-44 岁	30	83.3	16.7
45-49 岁	13	76.9	23.1
50 岁以上	29	72.4	27.6

● 重庆（Chongqing）

	人数	买过	没买过
样本	**599**	**73.3**	**26.7**
男性	**308**	**74.0**	**26.0**
16-19 岁	43	88.4	11.6
20-24 岁	53	79.2	20.8
25-29 岁	43	67.4	32.6
30-34 岁	38	73.7	26.3
35-39 岁	39	61.5	38.5
40-44 岁	30	70.0	30.0
45-49 岁	25	84.0	16.0
50 岁以上	37	67.6	32.4
女性	**291**	**72.5**	**27.5**
16-19 岁	43	79.1	20.9
20-24 岁	53	73.6	26.4
25-29 岁	32	81.3	18.8
30-34 岁	33	87.9	12.1
35-39 岁	35	80.0	20.0
40-44 岁	31	71.0	29.0
45-49 岁	27	48.1	51.9
50 岁以上	37	54.1	45.9

1-6 样本总体、男性各年龄层、女性各年龄层的饮用频率 / Frequencies of Consuming Carbonated Beverage by the Whole Sample, Age and Gender Groups

● 北京（Beijing）

	人数	1周3次以上	1周1次左右	1个月2或3次左右	1个月1次或以下	没有喝
样本	**599**	**41.2**	**20.5**	**10.5**	**5.2**	**22.5**
男性	**298**	**39.6**	**19.5**	**12.1**	**6.0**	**22.8**
16-19岁	26	50.0	19.2	15.4	0.0	15.4
20-24岁	36	61.1	16.7	0.0	8.3	13.9
25-29岁	41	46.3	22.0	9.8	7.3	14.6
30-34岁	47	31.9	25.5	17.0	4.3	21.3
35-39岁	43	32.6	16.3	18.6	4.7	27.9
40-44岁	42	35.7	16.7	11.9	4.8	31.0
45-49岁	24	41.7	20.8	16.7	4.2	16.7
50岁以上	39	25.6	17.9	7.7	12.8	35.9
女性	**301**	**42.9**	**21.6**	**9.0**	**4.3**	**22.3**
16-19岁	23	65.2	17.4	8.7	8.7	0.0
20-24岁	35	60.0	5.7	17.1	2.9	14.3
25-29岁	36	50.0	25.0	8.3	0.0	16.7
30-34岁	49	40.8	18.4	14.3	10.2	16.3
35-39岁	45	37.8	33.3	2.2	6.7	20.0
40-44岁	40	40.0	27.5	7.5	2.5	22.5
45-49岁	26	26.9	26.9	3.8	0.0	42.3
50岁以上	47	31.9	17.0	8.5	2.1	40.4

● 上海（Shanghai）

	人数	1周3次以上	1周1次左右	1个月2或3次左右	1个月1次或以下	没有喝
样本	**596**	**56.4**	**20.1**	**6.5**	**3.5**	**13.4**
男性	**306**	**54.6**	**20.9**	**6.9**	**2.9**	**14.7**
16-19岁	21	57.1	33.3	9.5	0.0	0.0
20-24岁	34	73.5	17.6	5.9	2.9	0.0
25-29岁	42	54.8	16.7	4.8	2.4	21.4
30-34岁	56	62.5	16.1	8.9	0.0	12.5
35-39岁	51	60.8	19.6	3.9	2.0	13.7
40-44岁	31	25.8	19.4	3.2	6.5	45.2
45-49岁	26	50.0	34.6	3.8	3.8	7.7
50岁以上	45	44.4	22.2	13.3	6.7	13.3
女性	**290**	**58.3**	**19.3**	**6.2**	**4.1**	**12.1**
16-19岁	24	62.5	16.7	12.5	8.3	0.0
20-24岁	32	65.6	21.9	3.1	3.1	6.3
25-29岁	37	62.2	16.2	2.7	2.7	16.2
30-34岁	49	63.3	16.3	6.1	4.1	10.2
35-39岁	42	69.0	9.5	4.8	4.8	11.9
40-44岁	35	57.1	22.9	5.7	2.9	11.4
45-49岁	23	52.2	30.4	4.3	0.0	13.0
50岁以上	48	37.5	25.0	10.4	6.3	20.8

● 广州（Guangzhou）

	人数	1周3次以上	1周1次左右	1个月2或3次左右	1个月1次或以下	没有喝
样本	**597**	**31.3**	**30.2**	**16.8**	**5.7**	**16.1**
男性	**280**	**33.2**	**30.0**	**15.7**	**3.9**	**17.1**
16-19岁	30	50.0	23.3	13.3	6.7	6.7
20-24岁	36	36.1	33.3	13.9	0.0	16.7
25-29岁	35	42.9	28.6	20.0	0.0	8.6
30-34岁	33	24.2	48.5	12.1	3.0	12.1
35-39岁	40	40.0	25.0	20.0	2.5	12.5
40-44岁	40	32.5	27.5	12.5	5.0	22.5
45-49岁	26	23.1	26.9	15.4	7.7	26.9
50岁以上	40	17.5	27.5	17.5	7.5	30.0
女性	**317**	**29.7**	**30.3**	**17.7**	**7.3**	**15.1**
16-19岁	50	44.0	38.0	10.0	6.0	2.0
20-24岁	46	39.1	26.1	19.6	2.2	13.0
25-29岁	63	23.8	36.5	22.2	7.9	9.5
30-34岁	46	32.6	15.2	19.6	8.7	23.9
35-39岁	41	26.8	29.3	14.6	14.6	14.6
40-44岁	29	20.7	31.0	27.6	3.4	17.2
45-49岁	13	7.7	38.5	23.1	7.7	23.1
50岁以上	29	20.7	31.0	6.9	6.9	34.5

● 重庆（Chongqing）

	人数	1周3次以上	1周1次左右	1个月2或3次左右	1个月1次或以下	没有喝
样本	**600**	**34.3**	**22.2**	**13.3**	**3.7**	**26.5**
男性	**308**	**38.0**	**21.8**	**13.0**	**3.9**	**23.4**
16-19岁	43	44.2	20.9	16.3	9.3	9.3
20-24岁	53	43.4	22.6	11.3	3.8	18.9
25-29岁	43	37.2	27.9	0.0	2.3	32.6
30-34岁	38	34.2	26.3	21.1	2.6	15.8
35-39岁	39	38.5	12.8	10.3	0.0	38.5
40-44岁	30	40.0	16.7	16.7	6.7	20.0
45-49岁	25	40.0	28.0	12.0	4.0	16.0
50岁以上	37	24.3	18.9	18.9	2.7	35.1
女性	**292**	**30.5**	**22.6**	**13.7**	**3.4**	**29.8**
16-19岁	43	37.2	23.3	14.0	4.7	20.9
20-24岁	53	39.6	24.5	9.4	1.9	24.5
25-29岁	32	18.8	28.1	34.4	3.1	15.6
30-34岁	33	42.4	27.3	3.0	6.1	21.2
35-39岁	35	31.4	22.9	11.4	2.9	31.4
40-44岁	32	28.1	18.8	15.6	0.0	37.5
45-49岁	27	11.1	22.2	14.8	7.4	44.4
50岁以上	37	24.3	13.5	10.8	2.7	48.6

1-7 样本总体、男性各年龄层、女性各年龄层购买时的考虑因素 / Considerations in Purchasing by the Whole Sample, Age and Gender Groups

注：本题为多选题，合计百分比超过 100%（Multiple answers）

● 北京（Beijing）

	人数	有名的牌子	价格适中	包装吸引人	广告影响	购买方便	口味好	生产日期
样本	**467**	**39.6**	**36.6**	**1.7**	**4.9**	**16.3**	**70.2**	**14.3**
男性	**230**	**43.9**	**37.4**	**2.2**	**5.2**	**17.4**	**73.5**	**12.2**
16-19 岁	22	0.9	31.8	0.0	4.5	9.1	2.7	9.1
20-24 岁	31	51.6	25.8	9.7	0.0	12.9	3.9	6.5
25-29 岁	35	34.3	25.7	0.0	11.4	20.0	1.4	11.4
30-34 岁	37	37.8	27.0	0.0	2.7	16.2	8.4	16.2
35-39 岁	31	61.3	38.7	0.0	9.7	19.4	74.2	9.7
40-44 岁	29	34.5	58.6	3.4	6.9	31.0	58.6	10.3
45-49 岁	20	0.0	55.0	5.0	5.0	0.0	70.0	5.0
50 岁以上	25	40.0	48.0	0.0	0.0	24.0	76.0	28.0
女性	**237**	**35.4**	**35.9**	**1.3**	**4.6**	**15.2**	**67.1**	**16.5**
16-19 岁	23	21.7	17.4	8.7	13.0	4.3	78.3	13.0
20-24 岁	30	33.3	20.0	0.0	13.3	16.7	66.7	13.3
25-29 岁	30	30.0	50.0	0.0	3.3	30.0	63.3	13.3
30-34 岁	41	36.6	26.8	2.4	0.0	17.1	58.5	14.6
35-39 岁	36	38.9	33.3	0.0	2.8	8.3	66.7	19.4
40-44 岁	31	35.5	38.7	0.0	0.0	16.1	90.3	16.1
45-49 岁	16	31.3	43.8	0.0	6.3	12.5	50.0	31.3
50 岁以上	30	50.0	60.0	0.0	3.3	13.3	60.0	16.7

续上表（continued）

	人数	有优惠条件	售货员介绍	朋友推荐	单位发的	别人送的	只是由习惯	其他
样本	**467**	**1.9**	**0.4**	**0.9**	**9.9**	**2.6**	**12.6**	**0.4**
男性	**230**	**0.9**	**0.9**	**0.9**	**4.3**	**2.6**	**11.7**	**0.4**
16-19 岁	22	0.0	0.0	0.0	4.5	4.5	22.7	0.0
20-24 岁	31	0.0	3.2	6.5	0.0	0.0	22.6	0.0
25-29 岁	35	0.0	0.0	0.0	5.7	5.7	14.3	0.0
30-34 岁	37	5.4	0.0	0.0	5.4	0.0	8.1	0.0
35-39 岁	31	0.0	0.0	0.0	0.0	0.0	3.2	0.0
40-44 岁	29	0.0	3.4	0.0	3.4	6.9	10.3	0.0
45-49 岁	20	0.0	0.0	0.0	10.0	0.0	0.0	0.0
50 岁以上	25	0.0	0.0	0.0	8.0	4.0	12.0	4.0
女性	**237**	**3.0**	**0.0**	**0.8**	**15.2**	**2.5**	**13.5**	**0.4**
16-19 岁	23	4.3	0.0	0.0	8.7	4.3	17.4	0.0
20-24 岁	30	6.7	0.0	0.0	16.7	0.0	10.0	0.0
25-29 岁	30	3.3	0.0	0.0	10.0	3.3	13.3	0.0
30-34 岁	41	0.0	0.0	0.0	29.3	2.4	9.8	0.0
35-39 岁	36	0.0	0.0	2.8	11.1	5.6	16.7	0.0
40-44 岁	31	3.2	0.0	0.0	12.9	0.0	16.1	3.2
45-49 岁	16	2.5	0.0	0.0	6.3	6.3	12.5	0.0
50 岁以上	30	0.0	0.0	3.3	16.7	0.0	13.3	0.0

● 上海（Shanghai）

	人数	有名的牌子	价格适中	包装吸引人	广告影响	购买方便	口味好	生产日期
样本	**517**	**39.5**	**34.0**	**2.7**	**11.8**	**19.0**	**66.5**	**11.8**
男性	**261**	**41.0**	**37.2**	**2.7**	**14.9**	**18.0**	**64.8**	**9.6**
16-19 岁	22	59.1	31.8	0.0	36.4	27.3	81.8	0.0
20-24 岁	34	44.1	17.6	5.9	20.6	20.6	67.6	14.7
25-29 岁	33	36.4	36.4	0.0	18.2	9.1	75.8	3.0
30-34 岁	48	43.8	31.3	0.0	18.8	12.5	60.4	4.2
35-39 岁	44	38.6	47.7	2.3	13.6	27.3	61.4	13.6
40-44 岁	18	27.8	27.8	11.1	5.6	5.6	66.7	11.1
45-49 岁	23	39.1	60.9	8.7	0.0	17.4	60.9	17.4
50 岁以上	39	38.5	43.6	0.0	5.1	20.5	53.8	12.8
女性	**256**	**37.9**	**30.9**	**2.7**	**8.6**	**19.9**	**68.4**	**14.1**
16-19 岁	24	29.2	29.2	0.0	12.5	8.3	75.0	8.3
20-24 岁	30	13.3	30.0	6.7	10.0	10.0	80.0	13.3
25-29 岁	31	45.2	19.4	3.2	16.1	32.3	64.5	9.7
30-34 岁	44	34.1	31.8	0.0	6.8	22.7	72.7	13.6
35-39 岁	39	53.8	35.9	5.1	15.4	17.9	53.8	23.1
40-44 岁	31	35.5	35.5	0.0	3.2	29.0	80.6	16.1
45-49 岁	19	47.4	36.8	5.3	5.3	10.5	57.9	10.5
50 岁以上	38	42.1	28.9	2.6	0.0	21.1	63.2	13.2

续上表（continued）

	人数	有优惠条件	售货员介绍	朋友推荐	单位发的	别人送的	只是由于习惯	其他
样本	**517**	**7.4**	**0.0**	**0.6**	**10.6**	**1.7**	**8.3**	**1.9**
男性	**261**	**6.1**	**0.0**	**0.4**	**9.6**	**1.1**	**7.3**	**1.5**
16-19 岁	22	0.0	0.0	0.0	0.0	0.0	0.0	0.0
20-24 岁	34	2.9	0.0	0.0	11.8	2.9	11.8	0.0
25-29 岁	33	6.1	0.0	3.0	15.2	3.0	9.1	0.0
30-34 岁	48	12.5	0.0	0.0	6.3	2.1	8.3	0.0
35-39 岁	44	0.0	0.0	0.0	9.1	0.0	6.8	2.3
40-44 岁	18	11.1	0.0	0.0	16.7	0.0	0.0	5.6
45-49 岁	23	4.3	0.0	0.0	8.7	0.0	8.7	4.3
50 岁以上	39	10.3	0.0	0.0	10.3	0.0	7.7	2.6
女性	**256**	**8.6**	**0.0**	**0.8**	**11.7**	**2.3**	**9.4**	**2.3**
16-19 岁	24	4.2	0.0	4.2	8.3	4.2	12.5	4.2
20-24 岁	30	10.0	0.0	0.0	10.0	3.3	13.3	0.0
25-29 岁	31	12.9	0.0	0.0	6.5	3.2	6.5	3.2
30-34 岁	44	4.5	0.0	2.3	9.1	2.3	6.8	2.3
35-39 岁	39	10.3	0.0	0.0	15.4	0.0	10.3	5.1
40-44 岁	31	0.0	0.0	0.0	16.1	3.2	6.5	0.0
45-49 岁	19	15.8	0.0	0.0	21.1	5.3	5.3	0.0
50 岁以上	38	13.2	0.0	0.0	10.5	0.0	13.2	2.6

● 广州（Guangzhou）

	人数	有名的牌子	价格适中	包装吸引人	广告影响	购买方便	口味好	生产日期
样本	**504**	**37.9**	**36.1**	**3.0**	**13.7**	**19.4**	**70.0**	**11.9**
男性	**234**	**43.2**	**36.3**	**3.0**	**12.8**	**16.2**	**66.2**	**8.5**
16-19 岁	28	28.6	42.9	7.1	14.3	14.3	60.7	7.1
20-24 岁	30	53.3	26.7	6.7	13.3	13.3	63.3	6.7
25-29 岁	32	56.3	25.0	0.0	15.6	25.0	71.9	3.1
30-34 岁	29	37.9	37.9	0.0	10.3	13.8	65.5	3.4
35-39 岁	35	42.9	34.3	5.7	14.3	17.1	62.9	14.3
40-44 岁	32	40.6	37.5	0.0	3.1	25.0	71.9	12.5
45-49 岁	19	36.8	36.8	0.0	10.5	15.8	73.7	10.5
50 岁以上	29	44.8	51.7	3.4	20.7	3.4	62.1	10.3
女性	**270**	**33.3**	**35.9**	**3.0**	**14.4**	**22.2**	**73.3**	**14.8**
16-19 岁	49	20.4	36.7	6.1	22.4	22.4	75.5	12.2
20-24 岁	40	27.5	27.5	2.5	17.5	20.0	67.5	10.0
25-29 岁	57	36.8	26.3	3.5	12.3	26.3	77.2	19.3
30-34 岁	35	45.7	37.1	5.7	11.4	17.1	57.1	17.1
35-39 岁	35	28.6	37.1	0.0	8.6	34.3	77.1	20.0
40-44 岁	25	32.0	48.0	0.0	12.0	20.0	76.0	16.0
45-49 岁	10	60.0	20.0	0.0	20.0	10.0	100.0	10.0
50 岁以上	19	42.1	68.4	0.0	10.5	10.5	73.7	5.3

续上表（continued）

	人数	有优惠条件	售货员介绍	朋友推荐	单位发的	别人送的	只是由习惯	其他
样本	**504**	**3.4**	**0.6**	**0.6**	**3.0**	**0.6**	**13.9**	**1.0**
男性	**234**	**3.4**	**0.9**	**0.0**	**4.3**	**0.9**	**10.3**	**0.4**
16-19 岁	28	7.1	0.0	0.0	7.1	3.6	14.3	0.0
20-24 岁	30	3.3	0.0	0.0	3.3	0.0	23.3	0.0
25-29 岁	32	0.0	3.1	0.0	3.1	0.0	6.3	0.0
30-34 岁	29	6.9	0.0	0.0	0.0	3.4	6.9	0.0
35-39 岁	35	2.9	0.0	0.0	5.7	0.0	2.9	2.9
40-44 岁	32	6.3	0.0	0.0	3.1	0.0	9.4	0.0
45-49 岁	19	0.0	5.3	0.0	10.5	0.0	10.5	0.0
50 岁以上	29	0.0	0.0	0.0	3.4	0.0	10.3	0.0
女性	**270**	**3.3**	**0.4**	**1.1**	**1.9**	**0.4**	**17.0**	**1.5**
16-19 岁	49	0.0	0.0	0.0	4.1	2.0	20.4	4.1
20-24 岁	40	5.0	0.0	2.5	0.0	0.0	30.0	0.0
25-29 岁	57	3.5	1.8	3.5	0.0	0.0	7.0	0.0
30-34 岁	35	5.7	0.0	0.0	0.0	0.0	17.1	0.0
35-39 岁	35	5.7	0.0	0.0	2.9	0.0	5.7	5.7
40-44 岁	25	4.0	0.0	0.0	4.0	0.0	32.0	0.0
45-49 岁	10	0.0	0.0	0.0	10.0	0.0	20.0	0.0
50 岁以上	19	0.0	0.0	0.0	0.0	0.0	10.5	0.0

● 重庆（Chongqing）

	人数	有名的牌子	价格适中	包装吸引人	广告影响	购买方便	口味好	生产日期
样本	**443**	**25.5**	**34.1**	**1.4**	**8.8**	**25.5**	**71.6**	**15.3**
男性	**237**	**28.7**	**35.4**	**2.1**	**11.0**	**24.5**	**70.5**	**14.3**
16-19 岁	39	28.2	30.8	0.0	15.4	23.1	79.5	10.3
20-24 岁	43	37.2	37.2	2.3	18.6	25.6	74.4	4.7
25-29 岁	29	31.0	27.6	0.0	17.2	17.2	69.0	10.3
30-34 岁	32	25.0	31.3	3.1	3.1	37.5	68.8	28.1
35-39 岁	24	33.3	37.5	0.0	8.3	16.7	75.0	20.8
40-44 岁	24	29.2	37.5	4.2	12.5	20.8	70.8	16.7
45-49 岁	21	14.3	47.6	0.0	0.0	19.0	71.4	23.8
50 岁以上	25	24.0	40.0	8.0	4.0	32.0	48.0	8.0
女性	**206**	**21.8**	**32.5**	**0.5**	**6.3**	**26.7**	**72.8**	**16.5**
16-19 岁	34	35.3	8.8	0.0	5.9	38.2	79.4	8.8
20-24 岁	40	22.5	22.5	2.5	17.5	17.5	70.0	5.0
25-29 岁	27	11.1	40.7	0.0	0.0	33.3	70.4	29.6
30-34 岁	26	19.2	50.0	0.0	7.7	19.2	76.9	23.1
35-39 岁	25	24.0	44.0	0.0	4.0	20.0	68.0	16.0
40-44 岁	20	5.0	40.0	0.0	0.0	40.0	80.0	35.0
45-49 岁	15	26.7	26.7	0.0	6.7	20.0	53.3	20.0
50 岁以上	19	26.3	42.1	0.0	0.0	26.3	78.9	5.3

续上表（continued）

	人数	有优惠条件	售货员介绍	朋友推荐	单位发的	别人送的	只是由习惯	其他
样本	**443**	**1.6**	**0.7**	**0.7**	**2.9**	**0.7**	**12.0**	**2.9**
男性	**237**	**1.7**	**1.3**	**0.4**	**3.4**	**0.4**	**9.3**	**3.4**
16-19 岁	39	2.6	0.0	0.0	2.6	0.0	10.3	2.6
20-24 岁	43	2.3	0.0	0.0	2.3	0.0	7.0	2.3
25-29 岁	29	0.0	3.4	0.0	0.0	0.0	17.2	0.0
30-34 岁	32	3.1	0.0	0.0	6.3	3.1	6.3	6.3
35-39 岁	24	0.0	4.2	0.0	0.0	0.0	8.3	12.5
40-44 岁	24	4.2	0.0	0.0	8.3	0.0	8.3	4.2
45-49 岁	21	0.0	0.0	4.8	9.5	0.0	9.5	0.0
50 岁以上	25	0.0	4.0	0.0	0.0	0.0	8.0	0.0
女性	**206**	**1.5**	**0.0**	**1.0**	**2.4**	**1.0**	**15.0**	**2.4**
16-19 岁	34	2.9	0.0	2.9	0.0	0.0	17.6	0.0
20-24 岁	40	0.0	0.0	0.0	2.5	0.0	17.5	0.0
25-29 岁	27	3.7	0.0	3.7	0.0	0.0	14.8	0.0
30-34 岁	26	0.0	0.0	0.0	0.0	0.0	19.2	3.8
35-39 岁	25	0.0	0.0	0.0	0.0	4.0	16.0	12.0
40-44 岁	20	5.0	0.0	0.0	0.0	0.0	5.0	5.0
45-49 岁	15	0.0	0.0	0.0	20.0	6.7	13.3	0.0
50 岁以上	19	0.0	0.0	0.0	5.3	0.0	10.5	0.0

1-8 样本总体、男性各年龄层、女性各年龄层的品牌习惯 / Brand Habit in Consuming Carbonated Beverage by the Whole Sample, Age and Gender Groups

注：1=平时固定饮用一个牌子，从不更改（Used in only one brand）；
2=比较固定饮用一两个牌子，有时会变一下（Used in one or two brands）；
3=基本上没有固定哪个牌子，随机购买/饮用（No brand preference）

● 北京（Beijing）

	人数	1	2	3
样本	**465**	**17.8**	**66.9**	**15.3**
男性	**230**	**18.3**	**69.1**	**12.6**
16-19 岁	22	22.7	72.7	4.5
20-24 岁	31	25.8	67.7	6.5
25-29 岁	35	20.0	60.0	20.0
30-34 岁	37	16.2	73.0	10.8
35-39 岁	31	12.9	77.4	9.7
40-44 岁	29	17.2	69.0	13.8
45-49 岁	20	15.0	70.0	15.0
50 岁以上	25	16.0	64.0	20.0
女性	**235**	**17.4**	**64.7**	**17.9**
16-19 岁	23	21.7	52.2	26.1
20-24 岁	30	20.0	70.0	10.0
25-29 岁	30	16.7	70.0	13.3
30-34 岁	41	7.3	68.3	24.4
35-39 岁	36	11.1	72.2	16.7
40-44 岁	31	29.0	61.3	9.7
45-49 岁	15	13.3	53.3	33.3
50 岁以上	29	24.1	58.6	17.2

● 上海（Shanghai）

	人数	1	2	3
样本	**516**	**17.8**	**68.4**	**13.8**
男性	**258**	**16.3**	**68.6**	**15.1**
16-19 岁	22	18.2	50.0	31.8
20-24 岁	34	23.5	58.8	17.6
25-29 岁	33	12.1	78.8	9.1
30-34 岁	48	18.8	70.8	10.4
35-39 岁	43	23.3	67.4	9.3
40-44 岁	18	5.6	72.2	22.2
45-49 岁	21	14.3	66.7	19.0
50 岁以上	39	7.7	76.9	15.4
女性	**258**	**19.4**	**68.2**	**12.4**
16-19 岁	24	20.8	58.3	20.8
20-24 岁	30	6.7	70.0	23.3
25-29 岁	31	19.4	64.5	16.1
30-34 岁	45	22.2	71.1	6.7
35-39 岁	39	15.4	76.9	7.7
40-44 岁	31	32.3	54.8	12.9
45-49 岁	20	25.0	65.0	10.0
50 岁以上	38	15.8	76.3	7.9

● 广州（Guangzhou）

	人数	1	2	3
样本	**503**	**15.1**	**61.0**	**23.9**
男性	**234**	**19.7**	**59.8**	**20.5**
16-19 岁	28	17.9	53.6	28.6
20-24 岁	30	20.0	43.3	36.7
25-29 岁	32	25.0	53.1	21.9
30-34 岁	29	20.7	58.6	20.7
35-39 岁	35	20.0	68.6	11.4
40-44 岁	32	18.8	68.8	12.5
45-49 岁	19	10.5	73.7	15.8
50 岁以上	29	20.7	62.1	17.2
女性	**269**	**11.2**	**62.1**	**26.8**
16-19 岁	48	20.8	54.2	25.0
20-24 岁	40	7.5	57.5	35.0
25-29 岁	57	7.0	63.2	29.8
30-34 岁	35	11.4	68.6	20.0
35-39 岁	35	14.3	71.4	14.3
40-44 岁	25	8.0	64.0	28.0
45-49 岁	10	10.0	60.0	30.0
50 岁以上	19	5.3	57.9	36.8

● 重庆（Chongqing）

	人数	1	2	3
样本	**441**	**16.6**	**65.3**	**18.1**
男性	**236**	**16.1**	**64.4**	**19.5**
16-19 岁	39	10.3	74.4	15.4
20-24 岁	43	20.9	65.1	14.0
25-29 岁	29	13.8	72.4	13.8
30-34 岁	32	9.4	62.5	28.1
35-39 岁	24	25.0	58.3	16.7
40-44 岁	24	12.5	58.3	29.2
45-49 岁	21	23.8	61.9	14.3
50 岁以上	24	16.7	54.2	29.2
女性	**205**	**17.1**	**66.3**	**16.6**
16-19 岁	34	14.7	64.7	20.6
20-24 岁	40	5.0	82.5	12.5
25-29 岁	27	7.4	63.0	29.6
30-34 岁	26	26.9	57.7	15.4
35-39 岁	24	25.0	58.3	16.7
40-44 岁	20	30.0	55.0	15.0
45-49 岁	15	20.0	80.0	0.0
50 岁以上	19	21.1	63.2	15.8

1-9 样本总体、男性各年龄层、女性各年龄层饮用的包装形式 / Package Types of the Consumed Carbonated Beverage by the Whole Sample, Age and Gender Groups

● 北京（Beijing）

	人数	玻璃瓶	易开罐	塑料瓶	纸杯	其他
样本	**465**	**25.8**	**31.0**	**37.2**	**5.8**	**0.2**
男性	**230**	**28.3**	**28.7**	**37.0**	**5.7**	**0.4**
16-19 岁	22	22.7	45.5	27.3	4.5	0.0
20-24 岁	31	32.3	22.6	38.7	6.5	0.0
25-29 岁	35	28.6	34.3	28.6	5.7	2.9
30-34 岁	37	21.6	43.2	32.4	2.7	0.0
35-39 岁	31	25.8	12.9	51.6	9.7	0.0
40-44 岁	29	37.9	10.3	48.3	3.4	0.0
45-49 岁	20	25.0	20.0	40.0	15.0	0.0
50 岁以上	25	32.0	40.0	28.0	0.0	0.0
女性	**235**	**23.4**	**33.2**	**37.4**	**6.0**	**0.0**
16-19 岁	23	26.1	26.1	39.1	8.7	0.0
20-24 岁	30	16.7	33.3	43.3	6.7	0.0
25-29 岁	30	23.3	20.0	53.3	3.3	0.0
30-34 岁	41	9.8	43.9	41.5	4.9	0.0
35-39 岁	36	27.8	33.3	33.3	5.6	0.0
40-44 岁	31	38.7	32.3	22.6	6.5	0.0
45-49 岁	15	33.3	26.7	33.3	6.7	0.0
50 岁以上	29	20.7	41.4	31.0	6.9	0.0

● 上海（Shanghai）

	人数	玻璃瓶	易开罐	塑料瓶	纸杯	其他
样本	**515**	**10.5**	**38.3**	**48.3**	**2.9**	**0.0**
男性	**261**	**12.3**	**37.2**	**47.5**	**3.1**	**0.0**
16-19 岁	22	4.5	54.5	36.4	4.5	0.0
20-24 岁	33	18.2	48.5	24.2	9.1	0.0
25-29 岁	33	12.1	54.5	33.3	0.0	0.0
30-34 岁	48	8.3	37.5	52.1	2.1	0.0
35-39 岁	44	22.7	22.7	52.3	2.3	0.0
40-44 岁	18	5.6	27.8	66.7	0.0	0.0
45-49 岁	24	12.5	25.0	58.3	4.2	0.0
50 岁以上	39	7.7	30.8	59.0	2.6	0.0
女性	**254**	**8.7**	**39.4**	**49.2**	**2.8**	**0.0**
16-19 岁	24	4.2	54.2	33.3	8.3	0.0
20-24 岁	30	13.3	40.0	46.7	0.0	0.0
25-29 岁	31	0.0	45.2	48.4	6.5	0.0
30-34 岁	44	4.5	40.9	52.3	2.3	0.0
35-39 岁	38	21.1	34.2	44.7	0.0	0.0
40-44 岁	31	3.2	38.7	58.1	0.0	0.0
45-49 岁	20	10.0	20.0	65.0	5.0	0.0
50 岁以上	36	11.1	38.9	47.2	2.8	0.0

● 广州（Guangzhou）

	人数	玻璃瓶	易开罐	塑料瓶	纸杯	其他
样本	**496**	**23.2**	**46.0**	**29.0**	**1.6**	**0.2**
男性	**230**	**30.4**	**40.9**	**26.1**	**2.2**	**0.4**
16-19 岁	28	35.7	28.6	28.6	7.1	0.0
20-24 岁	29	31.0	51.7	13.8	3.4	0.0
25-29 岁	31	22.6	38.7	35.5	3.2	0.0
30-34 岁	29	31.0	44.8	24.1	0.0	0.0
35-39 岁	34	26.5	58.8	14.7	0.0	0.0
40-44 岁	32	28.1	31.3	40.6	0.0	0.0
45-49 岁	19	42.1	52.6	5.3	0.0	0.0
50 岁以上	28	32.1	21.4	39.3	3.6	3.6
女性	**266**	**16.9**	**50.4**	**31.6**	**1.1**	**0.0**
16-19 岁	48	8.3	62.5	29.2	0.0	0.0
20-24 岁	40	15.0	47.5	35.0	2.5	0.0
25-29 岁	57	12.3	56.1	31.6	0.0	0.0
30-34 岁	35	25.7	45.7	28.6	0.0	0.0
35-39 岁	35	25.7	37.1	34.3	2.9	0.0
40-44 岁	24	16.7	41.7	37.5	4.2	0.0
45-49 岁	10	30.0	60.0	10.0	0.0	0.0
50 岁以上	17	17.6	47.1	35.3	0.0	0.0

● 重庆（Chongqing）

	人数	玻璃瓶	易开罐	塑料瓶	纸杯	其他
样本	**440**	**73.9**	**10.0**	**13.9**	**2.0**	**0.2**
男性	**235**	**71.5**	**11.9**	**14.0**	**2.1**	**0.4**
16-19 岁	39	84.6	12.8	2.6	0.0	0.0
20-24 岁	43	60.5	16.3	16.3	7.0	0.0
25-29 岁	29	89.7	6.9	3.4	0.0	0.0
30-34 岁	32	59.4	12.5	25.0	0.0	3.1
35-39 岁	24	70.8	12.5	12.5	4.2	0.0
40-44 岁	24	75.0	12.5	8.3	4.2	0.0
45-49 岁	20	60.0	15.0	25.0	0.0	0.0
50 岁以上	24	70.8	4.2	25.0	0.0	0.0
女性	**205**	**76.6**	**7.8**	**13.7**	**2.0**	**0.0**
16-19 岁	34	73.5	8.8	11.8	5.9	0.0
20-24 岁	40	85.0	5.0	7.5	2.5	0.0
25-29 岁	27	74.1	14.8	11.1	0.0	0.0
30-34 岁	26	88.5	3.8	7.7	0.0	0.0
35-39 岁	24	75.0	8.3	16.7	0.0	0.0
40-44 岁	20	90.0	5.0	5.0	0.0	0.0
45-49 岁	15	60.0	6.7	26.7	6.7	0.0
50 岁以上	19	52.6	10.5	36.8	0.0	0.0

1-10 样本总体、男性各年龄层、女性各年龄层饮用的场合 / Settings of Consumption by the Whole Sample, Age and Gender Groups

注：本题为多选题，合计百分比超过 100%（Multiple answers）

● 北京（Beijing）

	人数	平时口渴时	平时吃饭时	宴席、聚会喝	外出、旅游时	其他
样本	**464**	**73.9**	**28.2**	**19.6**	**25.9**	**0.9**
男性	**230**	**73.5**	**28.7**	**17.8**	**23.9**	**0.9**
16-19 岁	22	7.3	18.2	27.3	27.3	0.0
20-24 岁	31	87.1	32.3	3.2	9.7	0.0
25-29 岁	35	68.6	20.0	22.9	22.9	2.9
30-34 岁	37	83.8	24.3	18.9	21.6	2.7
35-39 岁	31	61.3	32.3	19.4	45.2	0.0
40-44 岁	29	58.6	41.4	17.2	24.1	0.0
45-49 岁	20	80.0	25.0	20.0	20.0	0.0
50 岁以上	25	72.0	36.0	16.0	20.0	0.0
女性	**234**	**74.4**	**27.8**	**21.4**	**27.8**	**0.9**
16-19 岁	23	60.9	17.4	17.4	60.9	4.3
20-24 岁	30	90.0	10.0	23.3	6.7	0.0
25-29 岁	29	75.9	41.4	17.2	34.5	0.0
30-34 岁	41	70.7	26.8	34.1	24.4	0.0
35-39 岁	36	80.6	41.7	19.4	16.7	0.0
40-44 岁	31	74.2	22.6	19.4	29.0	0.0
45-49 岁	15	60.0	26.7	6.7	33.3	0.0
50 岁以上	29	72.4	31.0	20.7	31.0	3.4

● 上海（Shanghai）

	人数	平时口渴时	平时吃饭时	宴席、聚会喝	外出、旅游时	其他
样本	**520**	**88.3**	**19.4**	**19.6**	**18.3**	**0.4**
男性	**263**	**89.0**	**16.3**	**15.2**	**22.1**	**0.4**
16-19 岁	22	90.9	9.1	31.8	36.4	0.0
20-24 岁	34	94.1	17.6	14.7	11.8	0.0
25-29 岁	33	97.0	12.1	6.1	24.2	0.0
30-34 岁	49	93.9	18.4	6.1	18.4	0.0
35-39 岁	44	93.2	18.2	2.3	27.3	0.0
40-44 岁	18	77.8	16.7	38.9	27.8	0.0
45-49 岁	24	87.5	20.8	4.2	16.7	0.0
50 岁以上	39	71.8	15.4	35.9	20.5	2.6
女性	**257**	**87.5**	**22.6**	**24.1**	**14.4**	**0.4**
16-19 岁	24	79.2	20.8	45.8	16.7	0.0
20-24 岁	30	80.0	10.0	36.7	13.3	0.0
25-29 岁	31	83.5	22.6	19.4	19.4	0.0
30-34 岁	45	91.1	20.0	13.3	13.3	2.2
35-39 岁	39	89.7	20.5	30.8	5.1	0.0
40-44 岁	31	90.3	25.8	9.7	9.7	0.0
45-49 岁	20	95.0	40.0	20.0	15.0	0.0
50 岁以上	37	81.1	27.0	24.3	24.3	0.0

● 广州（Guangzhou）

	人数	平时口渴时	平时吃饭时	宴席、聚会喝	外出、旅游时	其他
样本	**501**	**83.6**	**11.0**	**23.0**	**21.8**	**2.4**
男性	**232**	**86.2**	**10.8**	**19.0**	**19.8**	**1.7**
16-19 岁	27	85.2	14.8	11.1	29.6	3.7
20-24 岁	30	93.3	3.3	6.7	33.3	0.0
25-29 岁	32	78.1	3.1	18.8	28.1	6.3
30-34 岁	29	89.7	6.9	13.8	20.7	0.0
35-39 岁	35	91.4	14.3	11.4	5.7	2.9
40-44 岁	32	78.1	12.5	25.0	18.8	0.0
45-49 岁	19	89.5	5.3	42.1	5.3	0.0
50 岁以上	28	85.7	25.0	32.1	14.3	0.0
女性	**269**	**81.4**	**11.2**	**26.4**	**23.4**	**3.0**
16-19 岁	49	81.6	14.3	26.5	34.7	0.0
20-24 岁	40	90.0	7.5	27.5	20.0	2.5
25-29 岁	57	68.4	10.5	31.6	24.6	3.5
30-34 岁	35	91.4	5.7	17.1	20.0	2.9
35-39 岁	34	82.4	11.8	35.3	17.6	2.9
40-44 岁	25	80.0	12.0	12.0	16.0	4.0
45-49 岁	10	90.0	20.0	20.0	20.0	0.0
50 岁以上	19	78.9	15.8	31.6	26.3	10.5

● 重庆（Chongqing）

	人数	平时口渴时	平时吃饭时	宴席、聚会喝	外出、旅游时	其他
样本	**441**	**83.9**	**11.1**	**23.1**	**19.7**	**1.6**
男性	**236**	**83.1**	**10.2**	**22.0**	**22.5**	**2.1**
16-19 岁	39	92.3	7.7	28.2	20.5	2.6
20-24 岁	43	88.4	7.0	14.0	34.9	2.3
25-29 岁	29	93.1	6.9	17.2	17.2	0.0
30-34 岁	32	68.8	18.8	25.0	28.1	3.1
35-39 岁	24	87.5	12.5	12.5	25.0	0.0
40-44 岁	24	70.8	8.3	20.8	20.8	4.2
45-49 岁	21	81.0	4.8	38.1	9.5	0.0
50 岁以上	24	75.0	16.7	25.0	12.5	4.2
女性	**205**	**84.9**	**12.2**	**24.4**	**16.6**	**1.0**
16-19 岁	34	94.1	5.9	20.6	20.6	2.9
20-24 岁	40	90.0	12.5	22.5	22.5	0.0
25-29 岁	27	88.9	11.1	37.0	18.5	0.0
30-34 岁	26	80.8	11.5	23.1	23.1	0.0
35-39 岁	24	83.3	16.7	20.8	8.3	4.2
40-44 岁	20	75.0	20.0	25.0	15.0	0.0
45-49 岁	15	86.7	0.0	26.7	0.0	0.0
50 岁以上	19	68.4	21:1	21.1	10.5	0.0

1-11 重度消费者的人口分布 / Demographics of the Heavy Consumers

● 北京（Beijing）

	人数	16-19 岁	20-24 岁	25-29 岁	30-34 岁	35-39 岁	40-44 岁	45-49 岁	50 岁以上
样本	**370**	**10.0**	**13.8**	**14.9**	**15.1**	**14.3**	**13.2**	**7.8**	**10.8**
男性	**176**	**10.2**	**15.9**	**15.9**	**15.3**	**11.9**	**12.5**	**8.5**	**9.7**
1 周 3 次以上	118	11.0	18.6	16.1	12.7	11.9	12.7	8.5	8.5
1 周 1 次左右	58	8.6	10.3	15.5	20.7	12.1	12.1	8.6	12.1
女性	**194**	**9.8**	**11.9**	**13.9**	**14.9**	**16.5**	**13.9**	**7.2**	**11.9**
1 周 3 次以上	129	11.6	16.3	14.0	15.5	13.2	12.4	5.4	11.6
1 周 1 次左右	65	6.2	3.1	13.8	13.8	23.1	16.9	10.8	12.3

● 上海（Shanghai）

	人数	16-19 岁	20-24 岁	25-29 岁	30-34 岁	35-39 岁	40-44 岁	45-49 岁	50 岁以上
样本	**456**	**8.3**	**12.9**	**12.9**	**18.2**	**16.2**	**9.2**	**9.0**	**13.2**
男性	**231**	**8.2**	**13.4**	**13.0**	**19.0**	**17.7**	**6.1**	**9.5**	**13.0**
1 周 3 次以上	167	7.2	15.0	13.8	21.0	18.6	4.8	7.8	12.0
1 周 1 次左右	64	10.9	9.4	10.9	14.1	15.6	9.4	14.1	15.6
女性	**225**	**8.4**	**12.4**	**12.9**	**17.3**	**14.7**	**12.4**	**8.4**	**13.3**
1 周 3 次以上	169	8.9	12.4	13.6	18.3	17.2	11.8	7.1	10.7
1 周 1 次左右	56	7.1	12.5	10.7	14.3	7.1	14.3	12.5	21.4

● 广州（Guangzhou）

	人数	16-19 岁	20-24 岁	25-29 岁	30-34 岁	35-39 岁	40-44 岁	45-49 岁	50 岁以上
样本	**367**	**17.2**	**15.0**	**17.2**	**12.5**	**13.4**	**10.6**	**5.2**	**9.0**
男性	**177**	**12.4**	**14.1**	**14.1**	**13.6**	**14.7**	**13.6**	**7.3**	**10.2**
1 周 3 次以上	93	16.1	14.0	16.1	8.6	17.2	14.0	6.5	7.5
1 周 1 次左右	84	8.3	14.3	11.9	19.0	11.9	13.1	8.3	13.1
女性	**190**	**21.6**	**15.8**	**20.0**	**11.6**	**12.1**	**7.9**	**3.2**	**7.9**
1 周 3 次以上	94	23.4	19.1	16.0	16.0	11.7	6.4	1.1	6.4
1 周 1 次左右	96	19.8	12.5	24.0	7.3	12.5	9.4	5.2	9.4

● 重庆（Chongqing）

	人数	16-19 岁	20-24 岁	25-29 岁	30-34 岁	35-39 岁	40-44 岁	45-49 岁	50 岁以上
样本	**339**	**15.9**	**20.4**	**12.7**	**13.6**	**11.5**	**9.4**	**7.7**	**8.8**
男性	**184**	**15.2**	**19.0**	**15.2**	**12.5**	**10.9**	**9.2**	**9.2**	**8.7**
1 周 3 次以上	117	16.2	19.7	13.7	11.1	12.8	10.3	8.5	7.7
1 周 1 次左右	67	13.4	17.9	17.9	14.9	7.5	7.5	10.4	10.4
女性	**155**	**16.8**	**21.9**	**9.7**	**14.8**	**12.3**	**9.7**	**5.8**	**9.0**
1 周 3 次以上	89	18.0	23.6	6.7	15.7	12.4	10.1	3.4	10.1
1 周 1 次左右	66	15.2	19.7	13.6	13.6	12.1	9.1	9.1	7.6

1-12 关于北京消费群 / The Beijing Market Segments

1-12-1 不同消费群最常用品牌 / The Most Frequently Consumed Brands by Market Segments

	人数	第一品牌及百分比	第二品牌及百分比	第三品牌及百分比
样本	**462**	**可口可乐 53.9**	**北冰洋 15.4**	**雪碧 12.8**
第一消费群	107	可口可乐 51.4	雪碧 19.6	健力宝 9.3
第二消费群	76	可口可乐 59.2	雪碧 15.8	北冰洋 10.5
第三消费群	84	可口可乐 44.0	北冰洋 27.4	雪碧 10.7
第四消费群	5	可口可乐 40.0		
第五消费群	113	可口可乐 61.1	北冰洋 15.9	雪碧 8.0
第六消费群	77	可口可乐 53.2	北冰洋 16.9	雪碧 10.4

1-12-2 重度消费者的消费群构成 / The Composition of the Heavy Consumers

	人数	第一消费群	第二消费群	第三消费群	第四消费群	第五消费群	第六消费群
样本	**370**	**22.2**	**17.8**	**17.8**	**0.8**	**25.1**	**16.2**
1 周 3 次以上	247	21.9	16.6	15.4	0.8	29.1	16.2
1 周 1 次左右	123	22.8	20.3	22.8	0.8	17.1	16.3

注：北京消费群的代表特征 / Characteristics of the Beijing Market Segments

		第一消费群	第二消费群	第三消费群	第四消费群	第五消费群	第六消费群
基本情况	性别	女	男	无明显偏向	男	无明显偏向	女
	年龄	30 — 34 岁	25 — 29 岁	35 — 44 岁	无明显偏向	16 — 24 岁	45 岁以上
	学历	大专/大本	大本	初中	大本及研究生	高中/中专/技校	初中及以下
	职业	科教卫生人员	一般企业职员	工人	管理人员/专门职业从事者/个体及私营企业主	学生	离退休人员
	月均收入	801 — 1500 元	1501 — 4000 元	800 元以下	4000 元以上	无收入	800 元以下
	婚姻	已婚	无明显偏向	已婚	已婚或离异	未婚	已婚
心理取向		注重学历 非积极进取	不循规传统 非单一电视娱乐	非田园倾向 新女性主张 金钱本位	注重经验 大男子主义 不保守稳定	非“大男子主义” 追随流行	非“新女性主张” 非浪漫新潮 单一电视娱乐

1-13 关于上海消费群 / The Shanghai Market Segments

1-13-1 不同消费群最常用品牌 / The Most Frequently Consumed Brands by Market Segments

	人数	第一品牌及百分比	第二品牌及百分比	第三品牌及百分比
样本	**512**	**雪碧 41.8**	**可口可乐 28.7**	**百事可乐 14.6**
第一消费群	118	雪碧 38.1	可口可乐 25.4	百事可乐 18.6
第二消费群	82	雪碧 40.2	可口可乐 29.3	百事可乐 22.0
第三消费群	10	可口可乐 40.0 雪碧 40.0		
第四消费群	108	雪碧 55.6	可口可乐 21.3	百事可乐 8.3
第五消费群	63	可口可乐 42.9	雪碧 31.7	百事可乐 12.7
第六消费群	131	雪碧 39.7	可口可乐 29.8	百事可乐 13.0

1-13-2 重度消费者的消费群构成 / The Composition of the Heavy Consumers

	人数	第一消费群	第二消费群	第三消费群	第四消费群	第五消费群	第六消费群
样本	**456**	**21.5**	**17.1**	**2.2**	**21.7**	**11.6**	**25.9**
1 周 3 次以上	336	19.0	17.9	2.1	21.1	12.2	27.7
1 周 1 次左右	120	28.3	15.0	2.5	23.3	10.0	20.8

注：上海消费群的代表特征 / Characteristics of the Shanghai Market Segments

		第一消费群	第二消费群	第三消费群	第四消费群	第五消费群	第六消费群
基本情况	性别	无明显偏向	男	男	女	女	无明显偏向
	年龄	45 岁以上	20 — 29 岁	25 — 34 岁	35 — 44 岁	16 — 24 岁	30 — 39 岁
	学历	大本及以上	大专/大本	大专	初中及以下	高中/中专/技校	高中/中专/技校
	职业	科教卫生人员/离退休人员	一般企业职员	行政管理人员/个体及私营企业主/专门职业从事者	工人/下岗人员	学生	一般企业职员
	月均收入	801 — 1500 元	1001 — 3000 元	3000 元以上	800 元以下	无收入	1001 — 2000 元
	婚姻	已婚	未婚	未婚	已婚	未婚	已婚
心理取向		非浪漫时尚 非金钱本位 保守稳定	非家庭重心 田园倾向 休闲独立	不保守稳定 奔波忙碌 浪漫时尚	金钱本位 家庭重心 注重学历	新家庭观念 非休闲独立	不积极进取 不奔波忙碌

1-14 关于广州消费群 / The Guangzhou Market Segments

1-14-1 不同消费群最常用品牌 / The Most Frequently Consumed Brands by Market Segments

	人数	第一品牌及百分比	第二品牌及百分比	第三品牌及百分比
样本	**486**	**可口可乐 55.1**	**百事可乐 13.8**	**亚洲 12.3**
第一消费群	83	可口可乐 56.6	百事可乐 15.7	亚洲 7.2
第二消费群	83	可口可乐 47.0	亚洲 20.5	百事可乐 12.0
第三消费群	82	可口可乐 59.8	百事可乐 17.1	亚洲 6.1
第四消费群	86	可口可乐 60.5	百事可乐 10.5	亚洲 9.3
第五消费群	85	可口可乐 44.7	亚洲 23.5	百事可乐 12.9
第六消费群	67	可口可乐 64.2	百事可乐 14.9	亚洲 6.0 雪碧 6.0

1-14-2 重度消费者的消费群构成 / The Composition of the Heavy Consumers

	人数	第一消费群	第二消费群	第三消费群	第四消费群	第五消费群	第六消费群
样本	**367**	**17.2**	**15.0**	**18.8**	**18.5**	**14.2**	**16.3**
1 周 3 次以上	187	18.7	10.7	21.4	20.9	12.8	15.5
1 周 1 次左右	180	15.6	19.4	16.1	16.1	15.6	17.2

注：广州消费群的代表特征 / Characteristics of the Guangzhou Market Segments

		第一消费群	第二消费群	第三消费群	第四消费群	第五消费群	第六消费群
基本情况	性别	女	无明显偏向	女	男	女	男
	年龄	16 － 19 岁	40 岁以上	20 － 24 岁	35 － 44 岁	30 － 34 岁	25 － 29 岁
	学历	高中/中专/技校	无明显偏向	高中/中专/技校/大专	初中/高中/中专/技校	初中及以下	大专及以上
	职业	学生	工人	学生/待业人员	个体及私营企业主	家庭主妇	企业职员/管理人员/科教卫生人员/专门职业者
	月均收入	无收入	1500 元以下	无收入	801 － 1500 元	800 元以下	2000 元以上
	婚姻	未婚	已婚	未婚	已婚	已婚	无明显偏向
心理取向		不固守中式生活 田园倾向 非大男子主义	非新女性主张 不追随流行 非积极进取	独立自主 追随流行	积极进取 大男子主义 中式生活	单一电视娱乐 非独立自主 保守稳定	非单一电视娱乐 非家庭重心

1-15 关于重庆消费群 / The Chongqing Market Segments

1-15-1 不同消费群最常用品牌 / The Most Frequently Consumed Brands by Market Segments

	人数	第一品牌及百分比	第二品牌及百分比	第三品牌及百分比
样本	**432**	**百事可乐 34.0**	**美年达 16.2**	**百柠 15.7**
第一消费群	101	百事可乐 45.5	美年达 15.8	百柠 12.9
第二消费群	85	百柠 31.8	百事可乐 22.4	美年达 10.6
第三消费群	99	百事可乐 34.3	美年达 16.2	七喜 13.1
第四消费群	16	百事可乐 43.8		
第五消费群	102	百事可乐 31.4	美年达 13.7	百柠 13.7
第六消费群	29	百事可乐 31.0	美年达 24.1	百柠 13.8

1-15-2 重度消费者的消费群构成 / The Composition of the Heavy Consumers

	人数	第一消费群	第二消费群	第三消费群	第四消费群	第五消费群	第六消费群
样本	**339**	**24.2**	**18.3**	**22.7**	**4.4**	**22.7**	**7.7**
1 周 3 次以上	206	26.7	21.4	18.4	5.3	20.9	7.3
1 周 1 次左右	133	20.3	13.5	29.3	3.0	25.6	8.3

注：重庆消费群的代表特征 / Characteristics of the Chongqing Market Segments

		第一消费群	第二消费群	第三消费群	第四消费群	第五消费群	第六消费群
基本情况	性别	无明显偏向	无明显偏向	无明显偏向	无明显偏向	无明显偏向	女
	年龄	16 — 19 岁	45 岁以上	20 — 29 岁	30 — 34 岁	40 岁以上	25 — 29 岁
	学历	高中/中专/技校	高中/中专/技校	大专/大本	高中/中专/技校/大本以上	初中及以下	初中
	职业	学生	行政管理人员/离退休人员	科教卫生人员/一般企业职员	个体及私营企业主	工人	专门职业从事者下岗及其他
	月均收入	无收入	501 — 800 元	801 — 1500 元	1500 元以上	500 元以下	1001 — 1500 元
	婚姻	未婚	已婚	无明显偏向	已婚	已婚	已婚或离异
心理取向		浪漫新潮 注重学历 非现实家庭观	循规传统 奔波忙碌 保守稳定	新女性主张 非功利心态	功利心态 现实家庭观 都市情结	非浪漫新潮 非独立休闲	非新女性主张 不循规传统 独立休闲

2 包装水 / Purified or Mineral Water

2-1 最近三个月有无饮用的比例 / Proportion of the Sample Consuming Purified or Mineral Water in the Last Three Months

	北京（Beijing）	上海（Shanghai）	广州（Guangzhou）	重庆（Chongqing）
喝过	79.1	68.1	75.8	68.6
没喝过	20.9	31.9	24.2	31.4
有效样本量	**599**	**592**	**598**	**598**

2-2 最常用品牌排名 / Ranking of the Most Frequently Consumed Brands

● 北京（Beijing）

排名	品牌		人数	百分比
1	可赛	Kesai	213	45.3
2	乐百氏	Robust	112	23.8
3	娃哈哈	Wahaha	22	4.7
3	康师傅	Kangshifu	22	4.7
5	天赐庄	Tiancizhuang	14	3.0
5	九龙山	NineDragon Mountain	14	3.0

n=469

● 上海（Shanghai）

排名	品牌		人数	百分比
1	碧纯	Pure	162	39.3
2	正广和	Acquarius	63	15.3
3	延中	Yanzhong	35	8.5
4	农夫山泉	Nongfushanquan	24	5.8
5	斯柏克林	Sparkling	19	4.6
6	获特满	Waterman	17	4.1

n=412

● 广州（Guangzhou）

排名	品牌		人数	百分比
1	怡宝	Cestron	293	65.4
2	佛宝	Fobao	45	10.0
3	大峡谷	Grand Canyon	30	6.7
4	屈臣氏	Watson's	13	2.9
5	太阳神	Apollo	10	2.2
6	华山泉	Huashanquan	9	2.0
7	益力	Yili	7	1.6

n=448

● 重庆（Chongqing）

排名	品牌		人数	百分比
1	中梁山	Zhongliangshan	169	41.2
2	冰点水	Bingdianshui	105	25.6
3	乐百氏	Robust	60	14.6
4	娃哈哈	Wahaha	20	4.9
5	太阳神	Apollo	10	2.4
6	康师傅	Kangshifu	5	1.2

n=410

2-3 理想品牌排名 / Ranking of the Ideal Brands

● 北京（Beijing）

排名	品牌		人数	百分比
1	可赛	Kesai	185	30.8
2	乐百氏	Robust	117	19.5
3	康师傅	Kangshifu	31	5.2
4	娃哈哈	Wahaha	25	4.2
5	九龙山	NineDragon Mountain	21	3.5
6	天赐庄	Tiancizhuang	15	2.5
7	屈臣氏	Watson's	6	1.0
7	领先	First	6	1.0

n=600

● 上海（Shanghai）

排名	品牌		人数	百分比
1	碧纯	Pure	227	37.8
2	正广和	Acquarius	86	14.3
3	延中	Yanzhong	47	7.8
4	农夫山泉	Nongfushanquan	45	7.5
5	获特满	Waterman	28	4.7
6	斯柏克林	Sparkling	20	3.3
7	天厨	Tianchu	9	1.5
8	依云	Evian	8	1.3

n=600

● 广州（Guangzhou）

排名	品牌		人数	百分比
1	怡宝	Cestron	303	50.5
2	佛宝	Fobao	44	7.3
3	大峡谷	GrandCanyon	36	6.0
4	太阳神	Apollo	17	2.8
5	屈臣氏	Watson's	16	2.7
6	华山泉	Huashanquan	13	2.2
7	益力	Yili	8	1.3

n=600

● 重庆（Chongqing）

排名	品牌		人数	百分比
1	中梁山	Zhongliangshan	203	33.8
2	冰点水	Bingdianshui	116	19.3
3	乐百氏	Robust	67	11.2
4	娃哈哈	Wahaha	20	3.3
5	1+1 自然回归水	1+1 ziran huiguishui	8	1.3
6	太阳神	Apollo	7	1.2
7	康师傅	Kangshifu	5	0.8

n=600

2-4 样本总体、男性各年龄层、女性各年龄层的理想品牌 / The Ideal Brands by the Whole Sample, Age and Gender Groups

● 北京（Beijing）

	人数	第一品牌及百分比	第二品牌及百分比	第三品牌及百分比
样本	**600**	**可赛 30.8**	**乐百氏 19.5**	**康师傅 5.2**
男性	**298**	**可赛 30.2**	**乐百氏 20.1**	**康师傅 5.0**
16-19 岁	26	乐百氏 38.5	可赛 34.6	康师傅 7.7
20-24 岁	36	可赛 25.0	乐百氏 19.4	康师傅 11.1
25-29 岁	41	可赛 26.8	乐百氏 24.4	康师傅 7.3 娃哈哈 7.3
30-34 岁	47	可赛 46.8	乐百氏 19.1	康师傅 6.4 娃哈哈 6.4
35-39 岁	43	可赛 34.9	乐百氏 16.3	
40-44 岁	42	可赛 28.6	乐百氏 16.7	九龙山 7.1
45-49 岁	24	可赛 37.5	乐百氏 8.3	
50 岁以上	39	乐百氏 20.5	可赛 7.7	九龙山 10.3
女性	**302**	**可赛 31.5**	**乐百氏 18.9**	康师傅 **5.3**
16-19 岁	23	乐百氏 26.1 康师傅 26.1	可赛 21.7	
20-24 岁	35	可赛 25.7	乐百氏 20.0	康师傅 5.7
25-29 岁	36	可赛 25.0	乐百氏 22.2	康师傅 16.7
30-34 岁	49	可赛 26.5	乐百氏 24.5	娃哈哈 12.2
35-39 岁	45	可赛 42.2	乐百氏 13.3	康师傅 8.9
40-44 岁	40	可赛 45.0	乐百氏 17.5	天赐庄 5.0 九龙山 5.0
45-49 岁	26	可赛 30.8	乐百氏 11.5	
50 岁以上	48	可赛 29.2	乐百氏 16.7	九龙山 6.3

● 上海（Shanghai）

	人数	第一品牌及百分比	第二品牌及百分比	第三品牌及百分比
样本	**600**	**碧纯 37.8**	**正广和 14.3**	**延中 7.8**
男性	**307**	**碧纯 36.5**	**正广和 14.0**	**延中 8.8**
16-19 岁	22	碧纯 45.5	获特满 18.2	延中 9.1 农夫山泉 9.1
20-24 岁	34	碧纯 47.1	正广和 17.6	
25-29 岁	42	碧纯 42.9	农夫山泉 11.9	获特满 7.1
30-34 岁	56	碧纯 37.5	延中 17.9	正广和 12.5
35-39 岁	51	碧纯 25.5	正广和 21.6	农夫山泉 15.7
40-44 岁	31	碧纯 35.5	正广和 9.7	延中 6.5 农夫山泉 6.5
45-49 岁	26	碧纯 42.3	正广和 15.4	延中 7.7 农夫山泉 7.7 获特满 7.7
50 岁以上	45	碧纯 26.7	正广和 20.0	延中 13.3
女性	**293**	**碧纯 39.2**	**正广和 14.7**	**延中 6.8 农夫山泉 6.8**
16-19 岁	24	碧纯 33.3	获特满 16.7	斯柏克林 8.3 正广和 8.3
20-24 岁	32	碧纯 25.0	获特满 18.8	正广和 12.5
25-29 岁	37	碧纯 43.2	农夫山泉 13.5 正广和 13.5	斯柏克林 8.1
30-34 岁	50	碧纯 46.0	正广和 24.0	农夫山泉 10.0
35-39 岁	44	碧纯 36.4	正广和 13.6	延中 9.1
40-44 岁	35	碧纯 45.7	正广和 14.3	延中 11.4 农夫山泉 11.4
45-49 岁	23	碧纯 34.8	正广和 21.7	天厨 8.7
50 岁以上	48	碧纯 41.7	延中 12.5	正广和 8.3

● 广州（Guangzhou）

	人数	第一品牌及百分比	第二品牌及百分比	第三品牌及百分比
样本	**600**	**怡宝 50.5**	**佛宝 7.3**	**大峡谷 6.0**
男性	**282**	**怡宝 48.9**	**佛宝 7.4**	**大峡谷 7.1**
16-19 岁	30	怡宝 46.7	佛宝 10.0	
20-24 岁	36	怡宝 50.0	大峡谷 16.7	
25-29 岁	35	怡宝 51.4	佛宝 17.1	大峡谷 14.3
30-34 岁	34	怡宝 41.2	大峡谷 8.6	碧臣 5.9
35-39 岁	40	怡宝 55.0	佛宝 7.5	益力 5.0 华山泉 5.0
40-44 岁	41	怡宝 56.1	佛宝 7.3 大峡谷 7.3	
45-49 岁	26	怡宝 42.3	白云 7.7	
50 岁以上	40	怡宝 45.0	佛宝 7.5	
女性	**318**	**怡宝 51.9**	**佛宝 7.2**	**大峡谷 5.0**
16-19 岁	50	怡宝 50.0	大峡谷 6.0	
20-24 岁	46	怡宝 43.5	屈臣氏 10.9	佛宝 8.7
25-29 岁	63	怡宝 57.1	大峡谷 4.8 华山泉 4.8	佛宝 3.2 屈臣氏 3.2
30-34 岁	46	怡宝 56.5	佛宝 8.7	
35-39 岁	41	怡宝 58.5	佛宝 14.6	大峡谷 12.2
40-44 岁	30	怡宝 46.7	华山泉 10.0	
45-49 岁	13	怡宝 61.5	大峡谷 15.4	
50 岁以上	29	怡宝 41.4	佛宝 13.8	太阳神 6.9

● 重庆（Chongqing）

	人数	第一品牌及百分比	第二品牌及百分比	第三品牌及百分比
样本	**600**	**中梁山 33.8**	**冰点水 19.3**	**乐百氏 11.2**
男性	**308**	**中梁山 35.7**	**冰点水 18.5**	**乐百氏 12.0**
16-19 岁	43	中梁山 23.3	乐百氏 20.9	冰点水 18.6
20-24 岁	53	中梁山 30.2	冰点水 20.8	乐百氏 18.9
25-29 岁	43	中梁山 39.5	冰点水 20.9	乐百氏 9.3
30-34 岁	38	中梁山 50.0	娃哈哈 10.5	冰点水 7.9 乐百氏 7.9
35-39 岁	39	中梁山 35.9	冰点水 23.1	乐百氏 5.1
40-44 岁	30	中梁山 36.7	冰点水 33.3	乐百氏 10.0
45-49 岁	25	中梁山 44.0	乐百氏 16.0	冰点水 8.0
50 岁以上	37	中梁山 32.4	冰点水 13.5	乐百氏 5.4
女性	**292**	**中梁山 31.8**	**冰点水 20.2**	**乐百氏 10.3**
16-19 岁	43	中梁山 27.9	冰点水 20.9	乐百氏 14.0
20-24 岁	53	冰点水 35.8	中梁山 24.5	乐百氏 18.9
25-29 岁	32	中梁山 34.4	冰点水 21.9	乐百氏 15.6
30-34 岁	33	中梁山 42.4	冰点水 24.2	乐百氏 6.1
35-39 岁	35	中梁山 31.4	冰点水 14.3	乐百氏 11.4
40-44 岁	32	中梁山 37.5	冰点水 12.5	乐百氏 6.3
45-49 岁	27	中梁山 40.7	冰点水 14.8	
50 岁以上	37	中梁山 24.3	乐百氏 8.1	

2-5 样本总体、男性各年龄层、女性各年龄层最近三个月有无购买的比例 / Purchasing in the Last Three Months by the Whole Sample, Age and Gender Groups

● 北京（Beijing）

	人数	买过	没买过
样本	**600**	**75.7**	**24.3**
男性	**298**	**71.8**	**28.2**
16-19 岁	26	76.9	23.1
20-24 岁	36	86.1	13.9
25-29 岁	41	82.9	17.1
30-34 岁	47	83.0	17.0
35-39 岁	43	67.4	32.6
40-44 岁	42	59.5	40.5
45-49 岁	24	66.7	33.3
50 岁以上	39	51.3	48.7
女性	**302**	**79.5**	**20.5**
16-19 岁	23	100.0	0.0
20-24 岁	35	85.7	14.3
25-29 岁	36	94.4	5.6
30-34 岁	49	83.7	16.3
35-39 岁	45	75.6	24.4
40-44 岁	40	70.0	30.0
45-49 岁	26	73.1	26.9
50 岁以上	48	64.6	35.4

● 上海（Shanghai）

	人数	买过	没买过
样本	**600**	**66.0**	**34.0**
男性	**307**	**63.8**	**36.2**
16-19 岁	22	72.7	27.3
20-24 岁	34	52.9	47.1
25-29 岁	42	78.6	21.4
30-34 岁	56	71.4	28.6
35-39 岁	51	60.8	39.2
40-44 岁	31	61.3	38.7
45-49 岁	26	69.2	30.8
50 岁以上	45	46.7	53.3
女性	**293**	**68.3**	**31.7**
16-19 岁	24	79.2	20.8
20-24 岁	32	78.1	21.9
25-29 岁	37	64.9	35.1
30-34 岁	50	64.0	36.0
35-39 岁	44	61.4	38.6
40-44 岁	35	74.3	25.7
45-49 岁	23	65.2	34.8
50 岁以上	48	66.7	33.3

● 广州（Guangzhou）

	人数	买过	没买过
样本	**598**	**73.6**	**26.4**
男性	**280**	**73.2**	**26.8**
16-19 岁	30	63.3	36.7
20-24 岁	36	83.3	16.7
25-29 岁	35	82.9	17.1
30-34 岁	34	73.5	26.5
35-39 岁	40	85.0	15.0
40-44 岁	40	72.5	27.5
45-49 岁	25	52.0	48.0
50 岁以上	40	65.0	35.0
女性	**318**	**73.9**	**26.1**
16-19 岁	50	74.0	26.0
20-24 岁	46	80.4	19.6
25-29 岁	63	81.0	19.0
30-34 岁	46	71.7	28.3
35-39 岁	41	82.9	17.1
40-44 岁	30	56.7	43.3
45-49 岁	13	61.5	38.5
50 岁以上	29	62.1	37.9

● 重庆（Chongqing）

	人数	买过	没买过
样本	**599**	**67.6**	**32.4**
男性	**307**	**67.8**	**32.2**
16-19 岁	43	69.8	30.2
20-24 岁	52	82.7	17.3
25-29 岁	43	74.4	25.6
30-34 岁	38	71.1	28.9
35-39 岁	39	66.7	33.3
40-44 岁	30	63.3	36.7
45-49 岁	25	72.0	28.0
50 岁以上	37	35.1	64.9
女性	**292**	**67.5**	**32.5**
16-19 岁	43	69.8	30.2
20-24 岁	53	90.6	9.4
25-29 岁	32	68.8	31.3
30-34 岁	33	90.9	9.1
35-39 岁	35	68.6	31.4
40-44 岁	32	50.0	50.0
45-49 岁	27	51.9	48.1
50 岁以上	37	35.1	64.9

2-6 样本总体、男性各年龄层、女性各年龄层最近三个月的饮用频率 / Frequencies of Consuming Purified or Mineral Water by the Whole Sample, Age and Gender Groups

● 北京（Beijing）

	人数	1 周 3 次以上	1 周 1 次左右	1 个月 2 或 3 次左右	1 个月 1 次或以下	没有喝
样本	**599**	**29.9**	**28.7**	**14.9**	**5.7**	**20.9**
男性	**298**	**31.9**	**23.2**	**16.1**	**5.4**	**23.5**
16-19 岁	26	19.2	34.6	23.1	0.0	23.1
20-24 岁	36	41.7	30.6	8.3	5.6	13.9
25-29 岁	41	48.8	26.8	14.6	2.4	7.3
30-34 岁	47	38.3	25.5	14.9	6.4	14.9
35-39 岁	43	32.6	23.3	20.9	2.3	20.9
40-44 岁	42	31.0	16.7	14.3	4.8	33.3
45-49 岁	24	12.5	20.8	16.7	16.7	33.3
50 岁以上	39	17.9	10.3	17.9	7.7	46.2
女性	**301**	**27.9**	**34.2**	**13.6**	**6.0**	**18.3**
16-19 岁	23	39.1	34.8	13.0	13.0	0.0
20-24 岁	34	26.5	44.1	11.8	5.9	11.8
25-29 岁	36	33.3	47.2	2.8	8.3	8.3
30-34 岁	49	26.5	46.9	14.3	4.1	8.2
35-39 岁	45	22.2	37.8	15.6	4.4	20.0
40-44 岁	40	25.0	22.5	15.0	10.0	27.5
45-49 岁	26	30.8	19.2	23.1	3.8	23.1
50 岁以上	48	27.1	18.8	14.6	2.1	37.5

● 上海（Shanghai）

	人数	1 周 3 次以上	1 周 1 次左右	1 个月 2 或 3 次左右	1 个月 1 次或以下	没有喝
样本	**592**	**24.2**	**21.1**	**13.9**	**9.0**	**31.9**
男性	**303**	**25.4**	**19.8**	**13.5**	**7.9**	**33.3**
16-19 岁	22	9.1	31.8	22.7	18.2	18.2
20-24 岁	33	15.2	21.2	24.2	0.0	39.4
25-29 岁	41	39.0	31.7	9.8	0.0	19.5
30-34 岁	56	28.6	19.6	14.3	10.7	26.8
35-39 岁	50	38.0	10.0	6.0	8.0	38.0
40-44 岁	30	23.3	10.0	13.3	10.0	43.3
45-49 岁	26	15.4	30.8	23.1	11.5	19.2
50 岁以上	45	17.8	13.3	6.7	8.9	53.3
女性	**289**	**22.8**	**22.5**	**14.2**	**10.0**	**30.4**
16-19 岁	24	20.8	20.8	20.8	25.0	12.5
20-24 岁	32	34.4	18.8	9.4	15.6	21.9
25-29 岁	37	21.6	18.9	13.5	10.8	35.1
30-34 岁	48	29.2	22.9	10.4	2.1	35.4
35-39 岁	43	25.6	16.3	14.0	4.7	39.5
40-44 岁	35	17.1	28.6	14.3	14.3	25.7
45-49 岁	23	17.4	30.4	17.4	4.3	30.4
50 岁以上	47	14.9	25.5	17.0	10.6	31.9

● 广州（Guangzhou）

	人数	1周3次以上	1周1次左右	1个月2或3次左右	1个月1次或以下	没有喝
样本	**598**	**20.7**	**24.2**	**18.6**	**12.2**	**24.2**
男性	**281**	**23.8**	**26.0**	**17.1**	**8.9**	**24.2**
16-19岁	30	6.7	26.7	13.3	23.3	30.0
20-24岁	36	36.1	30.6	11.1	2.8	19.4
25-29岁	35	34.3	34.3	22.9	0.0	8.6
30-34岁	34	26.5	26.5	8.8	8.8	29.4
35-39岁	40	40.0	20.0	22.5	2.5	15.0
40-44岁	41	14.6	29.3	22.0	14.6	19.5
45-49岁	25	16.0	20.0	12.0	16.0	36.0
50岁以上	40	12.5	20.0	20.0	7.5	40.0
女性	**317**	**18.0**	**22.7**	**19.9**	**15.1**	**24.3**
16-19岁	50	26.0	22.0	22.0	2.0	28.0
20-24岁	46	34.8	19.6	10.9	19.6	15.2
25-29岁	63	12.7	27.0	25.4	19.0	15.9
30-34岁	46	10.9	26.1	19.6	17.4	26.1
35-39岁	41	22.0	22.0	24.4	14.6	17.1
40-44岁	29	10.3	13.8	6.9	20.7	48.3
45-49岁	13	0.0	38.5	23.1	23.1	15.4
50岁以上	29	10.3	17.2	24.1	10.3	37.9

● 重庆（Chongqing）

	人数	1周3次以上	1周1次左右	1个月2或3次左右	1个月1次或以下	没有喝
样本	**598**	**17.1**	**26.6**	**18.4**	**6.5**	**31.4**
男性	**306**	**18.3**	**28.8**	**16.3**	**6.9**	**29.7**
16-19岁	42	21.4	33.3	14.3	2.4	28.6
20-24岁	52	25.0	40.4	13.5	5.8	15.4
25-29岁	43	23.3	32.6	16.3	4.7	23.3
30-34岁	38	18.4	28.9	23.7	10.5	18.4
35-39岁	39	12.8	33.3	12.8	5.1	35.9
40-44岁	30	20.0	16.7	13.3	16.7	33.3
45-49岁	25	16.0	36.0	12.0	4.0	32.0
50岁以上	37	5.4	2.7	24.3	8.1	59.5
女性	**292**	**15.8**	**24.3**	**20.5**	**6.2**	**33.2**
16-19岁	43	9.3	27.9	30.2	7.0	25.6
20-24岁	53	24.5	28.3	26.4	9.4	11.3
25-29岁	32	18.8	28.1	15.6	3.1	34.4
30-34岁	33	42.4	15.2	21.2	9.1	12.1
35-39岁	35	8.6	31.4	17.1	5.7	37.1
40-44岁	32	9.4	25.0	12.5	3.1	50.0
45-49岁	27	7.4	22.2	25.9	3.7	40.7
50岁以上	37	2.7	13.5	10.8	5.4	67.6

2-7 样本总体、男性各年龄层、女性各年龄层购买时的考虑因素 / Considerations in Purchasing by the Whole Sample, Age and Gender Groups

注：本题为多选题，合计百分比超过 100%（Multiple answers）

● 北京（Beijing）

	人数	有名的牌子	价格适中	包装吸引人	广告影响	购买方便	口味好	生产日期
样本	**475**	**33.3**	**38.7**	**2.1**	**10.1**	**26.7**	**39.4**	**18.9**
男性	**228**	**36.4**	**42.1**	**1.3**	**11.0**	**24.6**	**36.0**	**16.7**
16-19 岁	20	10.0	35.0	0.0	10.0	40.0	30.0	25.0
20-24 岁	31	45.2	29.0	0.0	12.9	16.1	41.9	19.4
25-29 岁	38	26.3	39.5	2.6	13.2	13.2	36.8	18.4
30-34 岁	40	55.0	32.5	0.0	12.5	17.5	40.0	12.5
35-39 岁	34	41.2	41.2	5.9	8.8	32.4	26.5	14.7
40-44 岁	28	28.6	57.1	0.0	7.1	35.7	39.3	21.4
45-49 岁	16	31.3	56.3	0.0	18.8	31.3	43.8	12.5
50 岁以上	21	38.1	61.9	0.0	4.8	23.8	28.6	9.5
女性	**247**	**30.4**	**35.6**	**2.8**	**9.3**	**28.7**	**42.5**	**21.1**
16-19 岁	23	17.4	21.7	0.0	8.7	26.1	47.8	13.0
20-24 岁	30	20.0	36.7	3.3	10.0	36.7	26.7	13.3
25-29 岁	33	30.3	33.3	0.0	18.2	33.3	36.4	24.2
30-34 岁	44	38.6	29.5	2.3	4.5	22.7	36.4	18.2
35-39 岁	37	32.4	32.4	8.1	10.8	24.3	37.8	27.0
40-44 岁	29	41.4	34.5	3.4	6.9	31.0	62.1	20.7
45-49 岁	21	28.6	47.6	0.0	9.5	33.3	52.4	23.8
50 岁以上	30	26.7	53.3	3.3	6.7	26.7	50.0	26.7

续上表（continued）

	人数	有优惠条件	售货员介绍	朋友推荐	单位发的	别人送的	只是由于习惯	其他
样本	**475**	**1.5**	**1.3**	**1.9**	**5.5**	**3.8**	**10.1**	**2.3**
男性	**228**	**1.3**	**1.3**	**2.6**	**4.4**	**4.4**	**9.6**	**2.2**
16-19 岁	20	10.0	0.0	5.0	10.0	5.0	10.0	0.0
20-24 岁	31	0.0	3.2	6.5	3.2	6.5	12.9	3.2
25-29 岁	38	0.0	0.0	0.0	2.6	2.6	13.2	0.0
30-34 岁	40	0.0	0.0	2.5	5.0	5.0	10.0	5.0
35-39 岁	34	0.0	2.9	2.9	0.0	0.0	5.9	0.0
40-44 岁	28	3.6	3.6	0.0	7.1	7.1	14.3	3.6
45-49 岁	16	0.0	0.0	6.3	0.0	6.3	0.0	0.0
50 岁以上	21	0.0	0.0	0.0	9.5	4.8	4.8	4.8
女性	**247**	**1.6**	**1.2**	**1.2**	**6.5**	**3.2**	**10.5**	**2.4**
16-19 岁	23	0.0	0.0	0.0	13.0	0.0	21.7	4.3
20-24 岁	30	0.0	6.7	3.3	6.7	0.0	3.3	0.0
25-29 岁	33	3.0	0.0	3.0	0.0	0.0	6.1	0.0
30-34 岁	44	0.0	2.3	0.0	4.5	4.5	11.4	9.1
35-39 岁	37	0.0	0.0	0.0	10.8	8.1	10.8	0.0
40-44 岁	29	3.4	0.0	0.0	3.4	10.3	13.8	0.0
45-49 岁	21	0.0	0.0	0.0	4.8	0.0	9.5	0.0
50 岁以上	30	6.7	0.0	3.3	10.0	0.0	10.0	3.3

● 上海（Shanghai）

	人数	有名的牌子	价格适中	包装吸引人	广告影响	购买方便	口味好	生产日期
样本	**411**	**34.8**	**35.8**	**1.7**	**13.1**	**21.4**	**43.8**	**13.9**
男性	**205**	**34.6**	**39.5**	**2.9**	**13.7**	**23.9**	**41.0**	**13.2**
16-19 岁	18	50.0	33.3	0.0	27.8	27.8	55.6	5.6
20-24 岁	20	35.0	25.0	5.0	5.0	25.0	50.0	30.0
25-29 岁	34	20.6	50.0	8.8	14.7	17.6	35.3	5.9
30-34 岁	40	45.0	30.0	2.5	15.0	15.0	37.5	10.0
35-39 岁	32	34.4	37.5	0.0	9.4	34.4	56.3	15.6
40-44 岁	18	16.7	38.9	0.0	11.1	27.8	33.3	22.2
45-49 岁	21	42.9	61.9	4.8	14.3	38.1	28.6	14.3
50 岁以上	22	31.8	40.9	0.0	13.6	13.6	31.8	9.1
女性	**206**	**35.0**	**32.0**	**0.5**	**12.6**	**18.9**	**46.6**	**14.6**
16-19 岁	21	28.6	38.1	0.0	19.0	9.5	52.4	9.5
20-24 岁	25	28.0	36.0	0.0	20.0	20.0	48.0	24.0
25-29 岁	24	33.3	25.0	0.0	12.5	12.5	33.3	8.3
30-34 岁	34	38.2	23.5	0.0	8.8	23.5	50.0	14.7
35-39 岁	28	42.9	28.6	0.0	7.1	17.9	57.1	10.7
40-44 岁	26	34.6	46.2	0.0	19.2	23.1	53.8	23.1
45-49 岁	15	33.3	33.3	6.7	20.0	0.0	40.0	6.7
50 岁以上	33	36.4	30.3	0.0	3.0	30.3	36.4	15.2

续上表（continued）

	人数	有优惠条件	售货员介绍	朋友推荐	单位发的	别人送的	只是由于习惯	其他
样本	**411**	**2.9**	**1.5**	**2.9**	**5.4**	**3.2**	**8.5**	**2.2**
男性	**205**	**2.4**	**2.0**	**1.0**	**4.9**	**3.9**	**7.8**	**2.4**
16-19 岁	18	5.6	0.0	0.0	0.0	5.6	5.6	0.0
20-24 岁	20	0.0	5.0	0.0	15.0	5.0	10.0	0.0
25-29 岁	34	5.9	0.0	0.0	8.8	2.9	8.8	2.9
30-34 岁	40	0.0	0.0	0.0	2.5	7.5	10.0	0.0
35-39 岁	32	0.0	0.0	0.0	3.1	3.1	9.4	0.0
40-44 岁	18	0.0	5.6	0.0	5.6	0.0	5.6	11.1
45-49 岁	21	4.8	4.8	0.0	0.0	0.0	0.0	4.8
50 岁以上	22	4.5	4.5	9.1	4.5	4.5	9.1	4.5
女性	**206**	**3.4**	**1.0**	**4.9**	**5.8**	**2.4**	**9.2**	**1.9**
16-19 岁	21	9.5	0.0	4.8	4.8	0.0	14.3	0.0
20-24 岁	25	0.0	0.0	4.0	8.0	4.0	8.0	4.0
25-29 岁	24	4.2	4.2	12.5	4.2	4.2	16.7	8.3
30-34 岁	34	2.9	0.0	2.9	5.9	2.9	5.9	0.0
35-39 岁	28	7.1	0.0	7.1	0.0	3.6	10.7	0.0
40-44 岁	26	3.8	0.0	3.8	3.8	3.8	3.8	0.0
45-49 岁	15	0.0	0.0	0.0	13.3	0.0	13.3	0.0
50 岁以上	33	0.0	3.0	3.0	9.1	0.0	6.1	3.0

● 广州（Guangzhou）

	人数	有名的牌子	价格适中	包装吸引人	广告影响	购买方便	口味好	生产日期
样本	**452**	**31.4**	**36.1**	**3.8**	**11.7**	**26.8**	**46.9**	**14.8**
男性	**211**	**36.5**	**35.1**	**2.8**	**11.4**	**20.9**	**45.0**	**13.7**
16-19 岁	20	30.0	35.0	5.0	15.0	10.0	55.0	5.0
20-24 岁	29	41.4	34.5	6.9	20.7	34.5	41.4	3.4
25-29 岁	32	46.9	34.4	3.1	6.3	31.3	37.5	3.1
30-34 岁	24	37.5	29.2	4.2	12.5	8.3	58.3	16.7
35-39 岁	33	45.5	36.4	3.0	18.2	12.1	51.5	21.2
40-44 岁	32	25.0	37.5	0.0	3.1	21.9	31.3	25.0
45-49 岁	17	29.4	29.4	0.0	11.8	17.6	35.3	23.5
50 岁以上	24	29.2	41.7	0.0	4.2	25.0	54.2	12.5
女性	**241**	**27.0**	**36.9**	**4.6**	**12.0**	**32.0**	**48.5**	**15.8**
16-19 岁	36	13.9	44.4	11.1	30.6	33.3	66.7	5.6
20-24 岁	39	17.9	33.3	2.6	10.3	23.1	53.8	15.4
25-29 岁	53	35.8	37.7	1.9	7.5	45.3	45.3	20.8
30-34 岁	34	35.3	32.4	5.9	8.8	14.7	29.4	20.6
35-39 岁	34	23.5	29.4	0.0	8.8	44.1	38.2	20.6
40-44 岁	16	25.0	56.3	18.8	0.0	31.3	43.8	12.5
45-49 岁	11	27.3	27.3	0.0	0.0	9.1	72.7	9.1
50 岁以上	18	38.9	38.9	0.0	22.2	33.3	55.6	11.1

续上表（continued）

	人数	有优惠条件	售货员介绍	朋友推荐	单位发的	别人送的	只是由于习惯	其他
样本	**452**	**1.1**	**0.9**	**2.7**	**2.7**	**2.4**	**15.3**	**1.8**
男性	**211**	**0.9**	**0.9**	**2.8**	**3.3**	**2.4**	**17.1**	**1.9**
16-19 岁	20	0.0	0.0	0.0	0.0	5.0	20.0	5.0
20-24 岁	29	0.0	0.0	6.9	3.4	3.4	13.8	3.4
25-29 岁	32	0.0	3.1	0.0	3.1	0.0	25.0	0.0
30-34 岁	24	4.2	0.0	8.3	0.0	0.0	8.3	0.0
35-39 岁	33	0.0	0.0	3.0	0.0	3.0	18.2	0.0
40-44 岁	32	0.0	0.0	3.1	6.3	3.1	12.5	6.3
45-49 岁	17	0.0	5.9	0.0	11.8	5.9	17.6	0.0
50 岁以上	24	4.2	0.0	0.0	4.2	0.0	20.8	0.0
女性	**241**	**1.2**	**0.8**	**2.5**	**2.1**	**2.5**	**13.7**	**1.7**
16-19 岁	36	0.0	0.0	2.8	0.0	0.0	11.1	2.8
20-24 岁	39	0.0	5.1	2.6	0.0	5.1	20.5	0.0
25-29 岁	53	1.9	0.0	1.9	0.0	3.8	3.8	0.0
30-34 岁	34	2.9	0.0	0.0	8.8	5.9	17.6	2.9
35-39 岁	34	2.9	0.0	5.9	2.9	0.0	14.7	0.0
40-44 岁	16	0.0	0.0	0.0	0.0	0.0	25.0	6.3
45-49 岁	11	0.0	0.0	0.0	9.1	0.0	18.2	0.0
50 岁以上	18	0.0	0.0	5.6	0.0	0.0	11.1	5.6

● 重庆（Chongqing）

	人数	有名的牌子	价格适中	包装吸引人	广告影响	购买方便	口味好	生产日期
样本	**412**	**25.2**	**36.4**	**3.4**	**16.5**	**30.6**	**45.6**	**18.4**
男性	**217**	**28.6**	**36.4**	**2.3**	**18.9**	**31.3**	**43.8**	**18.9**
16-19 岁	31	29.0	38.7	3.2	12.9	25.8	54.8	16.1
20-24 岁	45	24.4	37.8	2.2	40.0	28.9	44.4	15.6
25-29 岁	33	30.3	24.2	0.0	18.2	36.4	39.4	18.2
30-34 岁	31	35.5	41.9	3.2	19.4	48.4	38.7	22.6
35-39 岁	25	32.0	36.0	4.0	8.0	24.0	44.0	28.0
40-44 岁	20	30.0	25.0	0.0	15.0	30.0	45.0	20.0
45-49 岁	17	23.5	47.1	0.0	0.0	11.8	58.8	17.6
50 岁以上	15	20.0	46.7	6.7	13.3	40.0	20.0	13.3
女性	**195**	**21.5**	**36.4**	**4.6**	**13.8**	**29.7**	**47.7**	**17.9**
16-19 岁	32	25.0	28.1	6.3	6.3	37.5	56.3	9.4
20-24 岁	47	19.1	29.8	4.3	23.4	25.5	53.2	10.6
25-29 岁	21	19.0	33.3	14.3	23.8	28.6	38.1	28.6
30-34 岁	29	10.3	62.1	0.0	10.3	37.9	44.8	24.1
35-39 岁	22	31.8	31.8	0.0	9.1	13.6	40.9	13.6
40-44 岁	16	37.5	31.3	0.0	18.8	31.3	43.8	37.5
45-49 岁	16	12.5	31.3	0.0	6.3	37.5	31.3	12.5
50 岁以上	12	25.0	50.0	16.7	0.0	25.0	66.7	25.0

续上表（continued）

	人数	有优惠条件	售货员介绍	朋友推荐	单位发的	别人送的	只是由于习惯	其他
样本	**412**	**2.2**	**0.7**	**1.7**	**3.4**	**0.2**	**10.0**	**1.0**
男性	**217**	**2.8**	**0.5**	**1.8**	**4.1**	**0.5**	**9.7**	**0.9**
16-19 岁	31	3.2	0.0	3.2	0.0	0.0	16.1	0.0
20-24 岁	45	4.4	0.0	0.0	6.7	0.0	4.4	0.0
25-29 岁	33	3.0	0.0	3.0	3.0	0.0	15.2	0.0
30-34 岁	31	3.2	3.2	0.0	0.0	3.2	3.2	0.0
35-39 岁	25	0.0	0.0	0.0	8.0	0.0	16.0	4.0
40-44 岁	20	5.0	0.0	10.0	5.0	0.0	5.0	0.0
45-49 岁	17	0.0	0.0	0.0	5.9	0.0	5.9	0.0
50 岁以上	15	0.0	0.0	0.0	6.7	0.0	13.3	6.7
女性	**195**	**1.5**	**1.0**	**1.5**	**2.6**	**0.0**	**10.3**	**1.0**
16-19 岁	32	3.1	0.0	0.0	3.1	0.0	9.4	0.0
20-24 岁	47	0.0	0.0	2.1	0.0	0.0	12.8	0.0
25-29 岁	21	0.0	0.0	0.0	0.0	0.0	4.8	0.0
30-34 岁	29	0.0	0.0	3.4	3.4	0.0	6.9	0.0
35-39 岁	22	0.0	0.0	0.0	4.5	0.0	13.6	4.5
40-44 岁	16	6.3	6.3	0.0	0.0	0.0	12.5	6.3
45-49 岁	16	6.3	0.0	6.3	12.5	0.0	18.8	0.0
50 岁以上	12	0.0	8.3	0.0	0.0	0.0	0.0	0.0

2-8 样本总体、男性各年龄层、女性各年龄层的品牌习惯 / Brand Habit in Consuming Purified or Mineral Water by the Whole Sample, Age and Gender Groups

注：1=平时固定饮用一个牌子，从不更改（Used in only one brand）；
2=比较固定饮用一两个牌子，有时会变一下（Used in one or two brands）；
3=基本上没有固定哪个牌子，随机购买/饮用（No brand preference）

● 北京（Beijing）

	人数	1	2	3
样本	**472**	**14.8**	**50.4**	**34.7**
男性	**227**	**15.4**	**51.1**	**33.5**
16-19 岁	20	5.0	55.0	40.0
20-24 岁	31	22.6	58.1	19.4
25-29 岁	38	10.5	44.7	44.7
30-34 岁	39	23.1	53.8	23.1
35-39 岁	34	17.6	44.1	38.2
40-44 岁	28	10.7	53.6	35.7
45-49 岁	16	6.3	68.8	25.0
50 岁以上	21	19.0	38.1	42.9
女性	**245**	**14.3**	**49.8**	**35.9**
16-19 岁	23	4.3	52.2	43.5
20-24 岁	30	20.0	26.7	53.3
25-29 岁	33	15.2	54.5	30.3
30-34 岁	44	11.4	54.5	34.1
35-39 岁	36	19.4	44.4	36.1
40-44 岁	29	17.2	55.2	27.6
45-49 岁	20	10.0	50.0	40.0
50 岁以上	30	13.3	60.0	26.7

● 上海（Shanghai）

	人数	1	2	3
样本	**406**	**23.9**	**54.2**	**21.9**
男性	**204**	**16.7**	**57.4**	**26.0**
16-19 岁	18	11.1	66.7	22.2
20-24 岁	21	28.6	38.1	33.3
25-29 岁	34	8.8	70.6	20.6
30-34 岁	40	15.0	57.5	27.5
35-39 岁	32	34.4	40.6	25.0
40-44 岁	17	0.0	64.7	35.3
45-49 岁	21	14.3	57.1	28.6
50 岁以上	21	14.3	66.7	19.0
女性	**202**	**31.2**	**51.0**	**17.8**
16-19 岁	21	38.1	52.4	9.5
20-24 岁	25	20.0	48.0	32.0
25-29 岁	24	29.2	37.5	33.3
30-34 岁	32	34.4	59.4	6.3
35-39 岁	26	26.9	61.5	11.5
40-44 岁	26	26.9	53.8	19.2
45-49 岁	15	53.3	40.0	6.7
50 岁以上	33	30.3	48.5	21.2

● 广州（Guangzhou）

	人数	1	2	3
样本	**452**	**18.1**	**56.4**	**25.4**
男性	**212**	**20.3**	**57.1**	**22.6**
16-19 岁	21	19.0	57.1	23.8
20-24 岁	29	17.2	48.3	34.5
25-29 岁	32	25.0	62.5	12.5
30-34 岁	23	17.4	60.9	21.7
35-39 岁	34	11.8	67.6	20.6
40-44 岁	33	21.2	60.6	18.2
45-49 岁	17	29.4	41.2	29.4
50 岁以上	**23**	**26.1**	**47.8**	**26.1**
女性	**240**	**16.3**	**55.8**	**27.9**
16-19 岁	36	27.8	38.9	33.3
20-24 岁	39	10.3	46.2	43.6
25-29 岁	52	5.8	65.4	28.8
30-34 岁	34	23.5	55.9	20.6
35-39 岁	34	20.6	61.8	17.6
40-44 岁	16	18.8	62.5	18.8
45-49 岁	11	9.1	63.6	27.3
50 岁以上	18	16.7	61.1	22.2

● 重庆（Chongqing）

	人数	1	2	3
样本	**412**	**13.8**	**57.8**	**28.4**
男性	**217**	**14.7**	**55.3**	**30.0**
16-19 岁	31	16.1	51.6	32.3
20-24 岁	46	19.6	56.5	23.9
25-29 岁	33	21.2	48.5	30.3
30-34 岁	30	6.7	56.7	36.7
35-39 岁	25	12.0	64.0	24.0
40-44 岁	20	20.0	45.0	35.0
45-49 岁	17	11.8	70.6	17.6
50 岁以上	15	0.0	53.3	46.7
女性	**195**	**12.8**	**60.5**	**26.7**
16-19 岁	32	12.5	46.9	40.6
20-24 岁	47	8.5	72.3	19.1
25-29 岁	21	9.5	61.9	28.6
30-34 岁	29	10.3	62.1	27.6
35-39 岁	22	13.6	45.5	40.9
40-44 岁	16	25.0	62.5	12.5
45-49 岁	16	18.8	62.5	18.8
50 岁以上	12	16.7	66.7	16.7

2-9 样本总体、男性各年龄层、女性各年龄层饮用的场合 / Settings of Consumption by the Whole Sample,Age and Gender Groups

注：本题为多选题，合计百分比超过 100%（Multiple answers）

●北京（Beijing）

	人数	平时口渴时	平时吃饭时	宴席、聚会喝	外出、旅游时	其他
样本	**472**	**75.0**	**3.0**	**3.6**	**52.8**	**0.6**
男性	**228**	**76.3**	**1.8**	**4.8**	**49.6**	**0.0**
16-19 岁	20	70.0	5.0	5.0	55.0	0.0
20-24 岁	31	90.3	0.0	0.0	35.5	0.0
25-29 岁	38	84.2	0.0	5.3	44.7	0.0
30-34 岁	40	80.0	0.0	7.5	42.5	0.0
35-39 岁	34	64.7	2.9	2.9	52.9	0.0
40-44 岁	28	71.4	3.6	3.6	53.6	0.0
45-49 岁	16	75.0	6.3	6.3	56.3	0.0
50 岁以上	21	66.7	0.0	9.5	71.4	0.0
女性	**244**	**73.8**	**4.1**	**2.5**	**55.7**	**1.2**
16-19 岁	23	69.6	0.0	0.0	60.9	0.0
20-24 岁	30	73.3	6.7	0.0	53.3	0.0
25-29 岁	32	78.1	0.0	6.3	59.4	0.0
30-34 岁	44	77.3	0.0	4.5	47.7	2.3
35-39 岁	36	72.2	2.8	0.0	72.2	0.0
40-44 岁	29	72.4	6.9	6.9	48.3	0.0
45-49 岁	20	80.0	10.0	0.0	40.0	0.0
50 岁以上	30	66.7	10.0	0.0	60.0	6.7

●上海（Shanghai）

	人数	平时口渴时	平时吃饭时	宴席、聚会喝	外出、旅游时	其他
样本	**410**	**84.6**	**4.1**	**4.4**	**41.0**	**1.2**
男性	**205**	**84.4**	**3.4**	**3.4**	**41.0**	**1.0**
16-19 岁	18	83.3	5.6	5.6	55.6	0.0
20-24 岁	21	85.7	0.0	0.0	52.4	4.8
25-29 岁	34	88.2	0.0	0.0	26.5	0.0
30-34 岁	40	95.0	5.0	5.0	30.0	0.0
35-39 岁	32	78.1	0.0	3.1	59.4	0.0
40-44 岁	18	72.2	22.2	5.6	27.8	0.0
45-49 岁	21	85.7	0.0	4.8	42.9	0.0
50 岁以上	21	76.2	0.0	4.8	42.9	4.8
女性	**205**	**84.9**	**4.9**	**5.4**	**41.0**	**1.5**
16-19 岁	21	66.7	9.5	14.3	47.6	0.0
20-24 岁	25	76.0	8.0	8.0	32.0	0.0
25-29 岁	24	87.5	4.2	0.0	41.7	0.0
30-34 岁	33	90.9	0.0	0.0	48.5	3.0
35-39 岁	27	88.9	7.4	3.7	29.6	3.7
40-44 岁	26	84.6	3.8	3.8	46.2	0.0
45-49 岁	16	93.8	6.3	12.5	37.5	0.0
50 岁以上	33	87.9	3.0	6.1	42.4	3.0

● 广州（Guangzhou）

	人数	平时口渴时	平时吃饭时	宴席、聚会喝	外出、旅游时	其他
样本	**455**	**80.0**	**2.2**	**3.7**	**46.6**	**1.1**
男性	**214**	**82.7**	**1.4**	**3.7**	**43.5**	**0.5**
16-19 岁	21	85.7	4.8	0.0	47.6	0.0
20-24 岁	29	72.4	3.4	6.9	55.2	0.0
25-29 岁	32	81.3	3.1	6.3	40.6	3.1
30-34 岁	24	79.2	0.0	0.0	45.8	0.0
35-39 岁	34	83.3	0.0	0.0	29.4	0.0
40-44 岁	33	90.9	0.0	3.0	45.5	0.0
45-49 岁	17	82.4	0.0	11.8	35.3	0.0
50 岁以上	24	83.3	0.0	4.2	50.0	0.0
女性	**241**	**77.6**	**2.9**	**3.7**	**49.4**	**1.7**
16-19 岁	36	94.4	0.0	0.0	47.2	2.8
20-24 岁	39	82.1	2.6	0.0	56.4	2.6
25-29 岁	53	64.2	5.7	5.7	58.5	1.9
30-34 岁	34	64.7	2.9	2.9	50.0	2.9
35-39 岁	34	79.4	0.0	8.8	52.9	0.0
40-44 岁	16	75.0	0.0	0.0	43.8	0.0
45-49 岁	11	90.9	9.1	9.1	36.4	0.0
50 岁以上	18	88.9	5.6	5.6	16.7	0.0

● 重庆（Chongqing）

	人数	平时口渴时	平时吃饭时	宴席、聚会喝	外出、旅游时	其他
样本	**413**	**79.9**	**1.7**	**4.6**	**42.9**	**0.5**
男性	**218**	**80.3**	**1.8**	**5.0**	**43.1**	**0.5**
16-19 岁	31	83.9	6.5	3.2	35.5	0.0
20-24 岁	46	76.1	2.2	2.2	58.7	0.0
25-29 岁	33	87.9	0.0	6.1	36.4	0.0
30-34 岁	31	83.9	3.2	6.5	38.7	0.0
35-39 岁	25	88.0	0.0	0.0	36.0	0.0
40-44 岁	20	65.0	0.0	5.0	45.0	5.0
45-49 岁	17	94.1	0.0	11.8	35.3	0.0
50 岁以上	15	53.3	0.0	13.3	53.3	0.0
女性	**195**	**79.5**	**1.5**	**4.1**	**42.6**	**0.5**
16-19 岁	32	81.3	0.0	3.1	50.0	3.1
20-24 岁	47	80.9	2.1	0.0	38.3	0.0
25-29 岁	21	90.5	0.0	4.8	57.1	0.0
30-34 岁	29	65.5	3.4	3.4	44.8	0.0
35-39 岁	22	72.7	4.5	9.1	45.5	0.0
40-44 岁	16	87.5	0.0	6.3	37.5	0.0
45-49 岁	16	81.3	0.0	6.3	18.8	0.0
50 岁以上	12	83.3	0.0	8.3	41.7	0.0

2-10 重度消费者的人口分布 / Demographics of the Heavy Consumers

● 北京（Beijing）

	人数	16-19 岁	20-24 岁	25-29 岁	30-34 岁	35-39 岁	40-44 岁	45-49 岁	50 岁以上
样本	**351**	**8.8**	**14.2**	**17.1**	**18.8**	**14.5**	**11.1**	**6.0**	**9.4**
男性	**164**	**8.5**	**15.9**	**18.9**	**18.3**	**14.6**	**12.2**	**4.9**	**6.7**
1 周 3 次以上	95	5.3	15.8	21.1	18.9	14.7	13.7	3.2	7.4
1 周 1 次左右	69	13.0	15.9	15.9	17.4	14.5	10.1	7.2	5.8
女性	**187**	**9.1**	**12.8**	**15.5**	**19.3**	**14.4**	**10.2**	**7.0**	**11.8**
1 周 3 次以上	84	10.7	10.7	14.3	15.5	11.9	11.9	9.5	15.5
1 周 1 次左右	103	7.8	14.6	16.5	22.3	16.5	8.7	4.9	8.7

● 上海（Shanghai）

	人数	16-19 岁	20-24 岁	25-29 岁	30-34 岁	35-39 岁	40-44 岁	45-49 岁	50 岁以上
样本	**268**	**7.1**	**10.8**	**16.4**	**19.4**	**15.7**	**9.7**	**8.6**	**12.3**
男性	**137**	**6.6**	**8.8**	**21.2**	**19.7**	**17.5**	**7.3**	**8.8**	**10.2**
1 周 3 次以上	77	2.6	6.5	20.8	20.8	24.7	9.1	5.2	10.4
1 周 1 次左右	60	11.7	11.7	21.7	18.3	8.3	5.0	13.3	10.0
女性	**131**	**7.6**	**13.0**	**11.5**	**19.1**	**13.7**	**12.2**	**8.4**	**14.5**
1 周 3 次以上	66	7.6	16.7	12.1	21.2	16.7	9.1	6.1	10.6
1 周 1 次左右	65	7.7	9.2	10.8	16.9	10.8	15.4	10.8	18.5

● 广州（Guangzhou）

	人数	16-19 岁	20-24 岁	25-29 岁	30-34 岁	35-39 岁	40-44 岁	45-49 岁	50 岁以上
样本	**269**	**12.6**	**18.2**	**18.2**	**13.0**	**15.6**	**9.3**	**5.2**	**7.8**
男性	**140**	**7.1**	**17.1**	**17.1**	**12.9**	**17.1**	**12.9**	**6.4**	**9.3**
1 周 3 次以上	67	3.0	19.4	17.9	13.4	23.9	9.0	6.0	7.5
1 周 1 次左右	73	11.0	15.1	16.4	12.3	11.0	16.4	6.8	11.0
女性	**129**	**18.6**	**19.4**	**19.4**	**13.2**	**14.0**	**5.4**	**3.9**	**6.2**
1 周 3 次以上	57	22.8	28.1	14.0	8.8	15.8	5.3		5.3
1 周 1 次左右	72	15.3	12.5	23.6	16.7	12.5	5.6	6.9	6.9

● 重庆（Chongqing）

	人数	16-19 岁	20-24 岁	25-29 岁	30-34 岁	35-39 岁	40-44 岁	45-49 岁	50 岁以上
样本	**261**	**14.9**	**23.8**	**14.9**	**14.2**	**12.3**	**8.4**	**8.0**	**3.4**
男性	**144**	**16.0**	**23.6**	**16.7**	**12.5**	**12.5**	**7.6**	**9.0**	**2.1**
1 周 3 次以上	56	16.1	23.2	17.9	12.5	8.9	10.7	7.1	3.6
1 周 1 次左右	88	15.9	23.9	15.9	12.5	14.8	5.7	10.2	1.1
女性	**117**	**13.7**	**23.9**	**12.8**	**16.2**	**12.0**	**9.4**	**6.8**	**5.1**
1 周 3 次以上	46	8.7	28.3	13.0	30.4	6.5	6.5	4.3	2.2
1 周 1 次左右	71	16.9	21.1	12.7	7.0	15.5	11.3	8.5	7.0

2-11 关于北京消费群 / The Beijing Market Segments

2-11-1 不同消费群最常用品牌 / The Most Frequently Consumed Brands by Market Segments

	人数	第一品牌及百分比	第二品牌及百分比	第三品牌及百分比
样本	**469**	**可赛 45.3**	**乐百氏 23.8**	**娃哈哈 4.7 康师傅 4.7**
第一消费群	108	可赛 40.7	乐百氏 23.1	娃哈哈 4.6 康师傅 4.6
第二消费群	81	可赛 42.0	乐百氏 22.2	娃哈哈 6.2 康师傅 6.2
第三消费群	80	可赛 52.5	乐百氏 15.0	康师傅 6.3
第四消费群	4	乐百氏 75.5	可赛 25.0	
第五消费群	114	可赛 44.7	乐百氏 28.1	康师傅 6.1
第六消费群	82	可赛 50.0	乐百氏 26.8	天赐庄 4.9

2-11-2 重度消费者的消费群构成 / The Composition of the Heavy Consumers

	人数	第一消费群	第二消费群	第三消费群	第四消费群	第五消费群	第六消费群
样本	**351**	**21.1**	**19.4**	**17.1**	**0.9**	**26.5**	**15.1**
1 周 3 次以上	179	19.0	17.9	19.0	1.7	25.1	17.3
1 周 1 次左右	172	23.3	20.9	15.1	0.0	27.9	12.8

注：北京消费群的代表特征 / Characteristics of the Beijing Market Segments

		第一消费群	第二消费群	第三消费群	第四消费群	第五消费群	第六消费群
基本情况	性别	女	男	无明显偏向	男	无明显偏向	女
	年龄	30 — 34 岁	25 — 29 岁	35 — 44 岁	无明显偏向	16 — 24 岁	45 岁以上
	学历	大专/大本	大本	初中	大本及研究生	高中/中专/技校	初中及以下
	职业	科教卫生人员	一般企业职员	工人	管理人员/专门职业从事者/个体及私营企业主	学生	离退休人员
	月均收入	801 — 1500 元	1501 — 4000 元	800 元以下	4000 元以上	无收入	800 元以下
	婚姻	已婚	无明显偏向	已婚	已婚或离异	未婚	已婚
心理取向		注重学历 非积极进取	不循规传统 非单一电视娱乐	非田园倾向 新女性主张 金钱本位	注重经验 大男子主义 不保守稳定	非“大男子主义” 追随流行	非“新女性主张” 非浪漫新潮 单一电视娱乐

2-12 关于上海消费群 / The Shanghai Market Segments

2-12-1 不同消费群最常用品牌 / The Most Frequently Consumed Brands by Market Segments

	人数	第一品牌及百分比	第二品牌及百分比	第三品牌及百分比
样本	**412**	**碧纯 39.3**	**正广和 15.3**	**延中 8.5**
第一消费群	96	碧纯 36.5	正广和 20.8	延中 12.5
第二消费群	73	碧纯 45.2	正广和 16.4	
第三消费群	9	碧纯 55.6		
第四消费群	76	碧纯 34.2	正广和 13.2	农夫山泉 7.9 斯柏克林 7.9
第五消费群	49	碧纯 34.7	获特满 20.4	正广和 10.2
第六消费群	109	碧纯 42.2	正广和 13.8	延中 10.1

2-12-2 重度消费者的消费群构成 / The Composition of the Heavy Consumers

	人数	第一消费群	第二消费群	第三消费群	第四消费群	第五消费群	第六消费群
样本	**268**	**22.8**	**17.5**	**3.0**	**18.7**	**10.4**	**27.6**
1 周 3 次以上	143	25.2	16.8	2.8	14.7	9.1	31.5
1 周 1 次左右	125	20.0	18.4	3.2	23.2	12.0	23.2

注：上海消费群的代表特征 / Characteristics of the Shanghai Market Segments

		第一消费群	第二消费群	第三消费群	第四消费群	第五消费群	第六消费群
基本情况	性别	无明显偏向	男	男	女	女	无明显偏向
	年龄	45 岁以上	20 — 29 岁	25 — 34 岁	35 — 44 岁	16 — 24 岁	30 — 39 岁
	学历	大本及以上	大专/大本	大专	初中及以下	高中/中专/技校	高中/中专/技校
	职业	科教卫生人员/离退休人员	一般企业职员	行政管理人员/个体及私营企业主/专门职业从事者	工人/下岗人员	学生	一般企业职员
	月均收入	801 — 1500 元	1001 — 3000 元	3000 元以上	800 元以下	无收入	1001 — 2000 元
	婚姻	已婚	未婚	未婚	已婚	未婚	已婚
心理取向		非浪漫时尚 非金钱本位 保守稳定	非家庭重心 田园倾向 休闲独立	不保守稳定 奔波忙碌 浪漫时尚	金钱本位 家庭重心 注重学历	新家庭观念 非休闲独立	不积极进取 不奔波忙碌

2-13 关于广州消费群 / The Guangzhou Market Segments

2-13-1 不同消费群最常用品牌 / The Most Frequently Consumed Brands by Market Segments

	人数	第一品牌及百分比	第二品牌及百分比	第三品牌及百分比
样本	**448**	**怡宝 65.4**	**佛宝 10.0**	**大峡谷 6.7**
第一消费群	67	怡宝 62.4	屈臣氏 9.0	大峡谷 6.0
第二消费群	79	怡宝 63.3	佛宝 10.1	大峡谷 7.6
第三消费群	82	怡宝 68.3	佛宝 8.5	屈臣氏 6.1
第四消费群	84	怡宝 63.1	佛宝 16.7	大峡谷 3.6 益力 3.6
第五消费群	71	怡宝 64.8	佛宝 11.3	大峡谷 4.2
第六消费群	65	怡宝 69.2	大峡谷 15.4	佛宝 7.7

2-13-2 重度消费者的消费群构成 / The Composition of the Heavy Consumers

	人数	第一消费群	第二消费群	第三消费群	第四消费群	第五消费群	第六消费群
样本	**269**	**16.7**	**13.4**	**18.6**	**21.2**	**13.8**	**16.4**
1 周 3 次以上	124	17.7	10.5	21.0	24.2	11.3	15.3
1 周 1 次左右	145	15.9	15.9	16.6	18.6	15.9	17.2

注：广州消费群的代表特征 / Characteristics of the Guangzhou Market Segments

		第一消费群	第二消费群	第三消费群	第四消费群	第五消费群	第六消费群
基本情况	性别 年龄 学历	女 16 — 19 岁 高中/中专/技校	无明显偏向 40 岁以上 无明显偏向	女 20 — 24 岁 高中/中专/技校/大专	男 35 — 44 岁 初中/高中/中专/技校	女 30 — 34 岁 初中及以下	男 25 — 29 岁 大专及以上
	职业	学生	工人	学生/待业人员	个体及私营企业主	家庭主妇	企业职员/管理人员/科教卫生人员/专门职业者
	月均收入 婚姻	无收入 未婚	1500 元以下 已婚	无收入 未婚	801 — 1500 元 已婚	800 元以下 已婚	2000 元以上 无明显偏向
心理取向		不固守中式生活 田园倾向 非大男子主义	非新女性主张 不追随流行 非积极进取	独立自主 追随流行	积极进取 大男子主义 中式生活	单一电视娱乐 非独立自主 保守稳定	非单一电视娱乐 非家庭重心

2-14 关于重庆消费群 / The Chongqing Market Segments

2-14-1 不同消费群最常用品牌 / The Most Frequently Consumed Brands by Market Segments

	人数	第一品牌及百分比	第二品牌及百分比	第三品牌及百分比
样本	**410**	**中梁山 41.2**	**冰点水 25.6**	**乐百氏 14.6**
第一消费群	101	中梁山 36.6	冰点水 20.8	乐百氏 17.8
第二消费群	79	中梁山 53.2	冰点水 20.3	乐百氏 12.7
第三消费群	106	中梁山 34.0	冰点水 29.2	乐百氏 15.1
第四消费群	17	冰点水 35.3	中梁山 29.4	乐百氏 23.5
第五消费群	81	中梁山 53.1	冰点水 23.5	乐百氏 8.6
第六消费群	26	冰点水 46.2	中梁山 23.1	乐百氏 19.2

2-14-2 重度消费者的消费群构成 / The Composition of the Heavy Consumers

	人数	第一消费群	第二消费群	第三消费群	第四消费群	第五消费群	第六消费群
样本	**261**	**24.5**	**19.9**	**25.3**	**6.1**	**17.6**	**6.5**
1 周 3 次以上	102	27.5	22.5	21.6	4.9	11.8	11.8
1 周 1 次左右	159	22.6	18.2	27.7	6.9	21.4	3.1

注：重庆消费群的代表特征 / Characteristics of the Chongqing Market Segments

		第一消费群	第二消费群	第三消费群	第四消费群	第五消费群	第六消费群
基本情况	性别	无明显偏向	无明显偏向	无明显偏向	无明显偏向	无明显偏向	女
	年龄	16 — 19 岁	45 岁以上	20 — 29 岁	30 — 34 岁	40 岁以上	25 — 29 岁
	学历	高中/中专/技校	高中/中专/技校	大专/大本	高中/中专/技校/大本以上	初中及以下	初中
	职业	学生	行政管理人员/离退休人员	科教卫生人员/一般企业职员	个体及私营企业主	工人	专门职业从事者 下岗及其他
	月均收入	无收入	501 — 800 元	801 — 1500 元	1500 元以上	500 元以下	1001 — 1500 元
	婚姻	未婚	已婚	无明显偏向	已婚	已婚	已婚或离异
心理取向		浪漫新潮 注重学历 非现实家庭观	循规传统 奔波忙碌 保守稳定	新女性主张 非功利心态	功利心态 现实家庭观 都市情结	非浪漫新潮 非独立休闲	非新女性主张 不循规传统 独立休闲

3 纯果汁 / Pure Juice

3-1 最近三个月有无饮用的比例 / Proportion of the Sample Consuming Pure Juice in the Last Three Months

	北京（Beijing）	上海（Shanghai）	广州（Guangzhou）	重庆（Chongqing）
喝过	36.9	22.8	30.4	19.9
没喝过	63.1	77.2	69.6	80.1
有效样本量	**590**	**583**	**563**	**593**

3-2 最常用品牌排名 / Ranking of the Most Frequently Consumed Brands

● 北京（Beijing）

排名	品牌		人数	百分比
1	汇源	Huiyuan	46	20.7
2	大湖	Great Lakes	35	15.8
3	大亨	Daheng	17	7.7
3	都乐	Dole	17	7.7
5	茹梦	Rougement	13	5.9
5	华贝康橙	Huabei	13	5.9
7	新的	Sunquick	6	2.7
7	华邦	Huabang	6	2.7

n=222

● 上海（Shanghai）

排名	品牌		人数	百分比
1	三得利	Suntory	47	36.2
2	大湖	Greak Lakes	15	11.5
3	都乐	Dole	12	9.2
4	麒麟	Kirin	4	3.1
4	三岛	Sandao	4	3.1
4	Sun-rype	Sun-rype	4	3.1

n=130

● 广州（Guangzhou）

排名	品牌		人数	百分比
1	新奇士	Sunkist	62	40.3
2	新的	Sunquick	13	8.4
3	屈臣氏	Watson's	9	5.8
4	利宾纳	Ribeha	8	5.2
5	红尔康	Hongerkang	4	2.6

n=154

● 重庆（Chongqing）

排名	品牌		人数	百分比
1	阳公	Suncle	11	17.2
2	汇源	Huiyuan	7	10.9
3	大亨	Daheng	3	4.7
4	茹梦	Rougement	2	3.1
4	果维乐	Guoweile	2	3.1

n=64

3-3 理想品牌排名 / Ranking of the Ideal Brands

● 北京（Beijing）

排名	品	牌	人数	百分比
1	大湖	Great Lakes	54	9.0
2	汇源	Huiyuan	47	7.8
3	都乐	Dole	22	3.7
4	茹梦	Rougement	18	3.0
5	华贝康橙	Huabei	17	2.8
6	大亨	Daheng	13	2.2

n=600

● 上海（Shanghai）

排名	品	牌	人数	百分比
1	三得利	Suntory	62	10.3
2	都乐	Dole	55	9.2
3	大湖	Great Lakes	36	6.0
4	三岛	Sandao	8	1.3
5	正广和	Acquarius	7	1.2
6	可的	Kedi	6	1.0

n=600

● 广州（Guangzhou）

排名	品	牌	人数	百分比
1	新奇士	Sunkist	76	12.7
2	屈臣氏	Watson's	9	1.5
2	新的	Sunquick	9	1.5
4	利宾纳	Ribeha	8	1.3

n=600

● 重庆（Chongqing）

排名	品	牌	人数	百分比
1	阳公	Suncle	17	2.8
2	太安	Taian	7	1.2
2	汇源	Huiyuan	7	1.2

n=600

3-4 样本总体、男性各年龄层、女性各年龄层的理想品牌 / The Ideal Brands by the Whole Sample, Age and Gender Groups

● 北京（Beijing）

	人数	第一品牌及百分比	第二品牌及百分比	第三品牌及百分比
样本	**600**	**大湖 9.0**	**汇源 7.8**	**都乐 3.7**
男性	**298**	**汇源 7.7**	**大湖 7.4**	**都乐 4.0**
16-19 岁	26	汇源 19.2	大湖 7.7	茹梦 3.8 都乐 3.8 百分百 3.8 新的 3.8
20-24 岁	36	汇源 11.1	都乐 8.3	华贝康橙 5.6 大湖 5.6
25-29 岁	41	汇源 9.8	大湖 7.3	茹梦 2.4 都乐 2.4 华贝康橙 2.4 新的 2.4 华邦 2.4
30-34 岁	47	汇源 8.5 大湖 8.5	华贝康橙 4.3 都乐 4.3	大亨 2.1 亿德 2.1 百分百 2.1
35-39 岁	43	大湖 7.0	华贝康橙 4.7 都乐 4.7	大亨 2.3 汇源 2.3 新的 2.3 华邦 2.3 大圆 2.3
40-44 岁	42	汇源 11.9	大湖 9.5	华邦 4.8
45-49 岁	24	大湖 8.3 都乐 8.3	茹梦 4.2 新的 4.2 华邦 4.2	
50 岁以上	39	大湖 5.1	茹梦 2.6	
女性	**302**	**大湖 10.6**	**汇源 7.9**	**茹梦 4.3**
16-19 岁	23	大湖 39.1	汇源 8.7	华贝康橙 4.3 都乐 4.3 百分百 4.3 利林 4.3
20-24 岁	35	大湖 20.0	汇源 11.4	都乐 8.6
25-29 岁	36	汇源 13.9	茹梦 8.3 大湖 8.3	华贝康橙 5.6 都乐 5.6
30-34 岁	49	汇源 12.2	茹梦 6.1	华贝康橙 4.1 大湖 4.1
35-39 岁	45	大湖 8.9	大亨 6.7	汇源 4.4 都乐 4.4
40-44 岁	40	大湖 7.5 大亨 4.5	茹梦 5.0 汇源 5.0 华贝康橙 5.0	都乐 2.5 新的 2.5 百分百 2.5 麒麟 2.5 嘉荣 2.5
45-49 岁	26	茹梦 3.8 大湖 3.8 汇源 3.8		
50 岁以上	48	茹梦 8.3	大湖 6.3	华贝康橙 4.2 大亨 4.2 汇源 4.2

● 上海（Shanghai）

	人数	第一品牌及百分比	第二品牌及百分比	第三品牌及百分比
样本	**600**	**三得利 10.3**	**都乐 9.2**	**大湖 6.0**
男性	**307**	**三得利 9.8**	**都乐 9.1**	**大湖 4.9**
16-19 岁	22	三得利 22.7	大湖 13.6	新奇士 4.5 都乐 4.5 正广和 4.5 新的 4.5
20-24 岁	34	三得利 8.8	大湖 2.9 红宝 2.9 达能 2.9 宝鲜 2.9	
25-29 岁	42	三得利 14.3	都乐 9.5	大湖 2.4 新的 2.4 新奇士 2.4 三岛 2.4 凯尔特 2.4 开普 2.4 可的 2.4
30-34 岁	56	都乐 7.1	三得利 5.4 大湖 5.4 三岛 5.4	多乐 1.8 豪饮 1.8 森来普 1.8
35-39 岁	51	三得利 17.6	都乐 5.9	红宝 3.9 可的 3.9
40-44 岁	31	都乐 12.9	三得利 6.5 三岛 6.5	大湖 3.2
45-49 岁	26	都乐 15.4	三得利 7.7	大湖 3.8 三岛 3.8 宝力马 3.8 可的 3.8
50 岁以上	45	都乐 11.1	大湖 8.9	格陵兰 2.2 TOP 2.2
女性	**293**	**三得利 10.9**	**都乐 9.2**	**大湖 7.2**
16-19 岁	24	都乐 16.7	富迪 12.5	三得利 8.3 宝鲜 8.3
20-24 岁	32	三得利 21.9	大湖 18.8	可的 3.1 三维 3.1
25-29 岁	37	三得利 10.8	大湖 8.1 都乐 8.1	正广和 2.7 三岛 2.7 麒麟 2.7 开普 2.7 Sun-rype 2.7
30-34 岁	50	大湖 8.0 都乐 8.0	三得利 6.0	正广和 4.0 新奇士 4.0
35-39 岁	44	三得利 15.9	大湖 9.1	都乐 4.5 宝鲜 4.5
40-44 岁	35	都乐 20.0	大湖 8.6 三得利 8.6	正广和 5.7
45-49 岁	23	都乐 13.0	三得利 4.3	
50 岁以上	48	三得利 10.4	都乐 8.3	富迪 2.1

● 广州（Guangzhou）

	人数	第一品牌及百分比	第二品牌及百分比	第三品牌及百分比
样本	**600**	**新奇士 12.7**	**屈臣氏 1.5 新的 1.5**	**利宾纳 1.3**
男性	**282**	**新奇士 13.8**	**新的 1.4**	**屈臣氏 1.1**
16-19 岁	30	新奇士 6.7	新的 3.3 大湖 3.3 Sunny 3.3	
20-24 岁	36	新奇士 22.2	百事发 2.8	
25-29 岁	35	新奇士 14.3	屈臣氏 5.7	汇泉 2.9
30-34 岁	34	新奇士 17.6	利宾纳 5.9	大湖 2.9 美津 2.9 百事发 2.9
35-39 岁	40	新奇士 7.5	新的 2.5 都乐 2.5	
40-44 岁	41	新奇士 9.8	屈臣氏 2.4	
45-49 岁	26	新奇士 23.1		
50 岁以上	40	新奇士 12.5	新的 5.0	橙宝 2.5
女性	**318**	**新奇士 11.6**	**屈臣氏 1.9 利宾纳 1.9**	**新的 1.6**
16-19 岁	50	新奇士 8.0	屈臣氏 4.0 新辉 4.0 O J 4.0	冰果乐 2.0
20-24 岁	46	新奇士 13.0	利宾纳 2.2 新的 2.2 果汁先生 2.2	
25-29 岁	63	新奇士 15.9	屈臣氏 3.2 利宾纳 3.2	新的 1.6 顶好 1.6 力丁香 1.6
30-34 岁	46	新奇士 15.2	新的 4.3	果汁先生 2.2
35-39 岁	41	新奇士 12.2	屈臣氏 4.9	新的 2.4 红尔康 2.4 大湖 2.4 晨光 2.4
40-44 岁	30	利宾纳 10.0	新奇士 6.7	
45-49 岁	13	新奇士 15.4	碧泉 7.7	
50 岁以上	29	新奇士 3.4		

● 重庆（Chongqing）

	人数	第一品牌及百分比		第二品牌及百分比	
样本	**600**	**阳公 2.8**		**汇源 1.2**	**太安 1.2**
男性	**308**	**阳公 2.6**		**汇源 1.0**	
16-19 岁	43	阳公 4.7		大亨 2.3	
20-24 岁	53	汇源 3.8			
25-29 岁	43	阳公 4.7		太安 2.3	茹梦 2.3
30-34 岁	38	大亨 2.6			
35-39 岁	39	阳公 5.1		太空 2.6	
40-44 岁	30	汇源 3.3			
45-49 岁	25				
50 岁以上	37	阳公 5.4		美味 2.7	
女性	**292**	**阳公 3.1**		**太安 2.1**	
16-19 岁	43	阳公 2.3	太安 2.3		
		茹梦 2.3			
20-24 岁	53	阳公 3.8	汇源 3.8	太安 1.9	
25-29 岁	32	阳公 9.4		汇源 3.1	
30-34 岁	33	阳公 3.0	太安 3.0		
35-39 岁	35	阳公 2.9	汇源 2.9		
		太安 2.9			
40-44 岁	32	阳公 3.1	果维乐 3.1		
45-49 岁	27	太安 7.4			
50 岁以上	37	※ 0.0			

注：※ 50 岁以上的女性无人回答出具体品牌

3-5 样本总体、男性各年龄层、女性各年龄层最近三个月有无购买的比例 / Purchasing in the Last Three Months by the Whole Sample, Age and Gender Groups

● 北京（Beijing）

	人数	买过	没买过
样本	**590**	**33.4**	**66.6**
男性	**296**	**26.7**	**73.3**
16-19 岁	26	19.2	80.8
20-24 岁	36	25.0	75.0
25-29 岁	41	29.3	70.7
30-34 岁	47	36.2	63.8
35-39 岁	43	32.6	67.4
40-44 岁	42	26.2	73.8
45-49 岁	24	33.3	66.7
50 岁以上	37	8.1	91.9
女性	**294**	**40.1**	**59.9**
16-19 岁	21	47.6	52.4
20-24 岁	35	48.6	51.4
25-29 岁	36	47.2	52.8
30-34 岁	48	37.5	62.5
35-39 岁	44	43.2	56.8
40-44 岁	39	35.9	64.1
45-49 岁	24	25.0	75.0
50 岁以上	47	36.2	63.8

● 上海（Shanghai）

	人数	买过	没买过
样本	**587**	**20.4**	**79.6**
男性	**297**	**18.2**	**81.8**
16-19 岁	22	31.8	68.2
20-24 岁	33	6.1	93.9
25-29 岁	39	17.9	82.1
30-34 岁	55	23.6	76.4
35-39 岁	51	21.6	78.4
40-44 岁	31	12.9	87.1
45-49 岁	26	19.2	80.8
50 岁以上	40	12.5	87.5
女性	**290**	**22.8**	**77.2**
16-19 岁	24	33.3	66.7
20-24 岁	32	18.8	81.3
25-29 岁	37	35.1	64.9
30-34 岁	50	26.0	74.0
35-39 岁	43	20.9	79.1
40-44 岁	35	17.1	82.9
45-49 岁	23	4.3	95.7
50 岁以上	46	21.7	78.3

● 广州（Guangzhou）

	人数	买过	没买过
样本	**564**	**29.8**	**70.2**
男性	**269**	**25.7**	**74.3**
16-19 岁	27	22.2	77.8
20-24 岁	35	31.4	68.6
25-29 岁	34	26.5	73.5
30-34 岁	34	41.2	58.8
35-39 岁	35	22.9	77.1
40-44 岁	39	15.4	84.6
45-49 岁	25	28.0	72.0
50 岁以上	40	20.0	80.0
女性	**295**	**33.6**	**66.4**
16-19 岁	42	33.3	66.7
20-24 岁	42	35.7	64.3
25-29 岁	61	45.9	54.1
30-34 岁	43	27.9	72.1
35-39 岁	39	38.5	61.5
40-44 岁	28	21.4	78.6
45-49 岁	13	15.4	84.6
50 岁以上	27	25.9	74.1

● 重庆（Chongqing）

	人数	买过	没买过
样本	**593**	**20.1**	**79.9**
男性	**306**	**17.0**	**83.0**
16-19 岁	43	20.9	79.1
20-24 岁	53	13.2	86.8
25-29 岁	43	23.3	76.7
30-34 岁	38	23.7	76.3
35-39 岁	37	13.5	86.5
40-44 岁	30	10.0	90.0
45-49 岁	25	24.0	76.0
50 岁以上	37	8.1	91.9
女性	**287**	**23.3**	**76.7**
16-19 岁	43	23.3	76.7
20-24 岁	52	26.9	73.1
25-29 岁	32	18.8	81.3
30-34 岁	33	30.3	69.7
35-39 岁	33	33.3	66.7
40-44 岁	30	23.3	76.7
45-49 岁	27	18.5	81.5
50 岁以上	37	10.8	89.2

3-6 样本总体、男性各年龄层、女性各年龄层的饮用频率 / Frequencies of Consuming Pure Juice by the Whole Sample, Age and Gender Groups

● 北京（Beijing）

	人数	1周3次以上	1周1次左右	1个月2或3次左右	1个月1次或以下	没有喝
样本	**590**	**9.2**	**11.5**	**8.6**	**7.6**	**63.1**
男性	**296**	**8.4**	**9.5**	**6.8**	**6.4**	**68.9**
16-19岁	26	3.8	7.7	3.8	7.7	76.9
20-24岁	36	8.3	13.9	0.0	8.3	69.4
25-29岁	41	9.8	14.6	4.9	9.8	61.0
30-34岁	47	12.8	10.6	14.9	2.1	59.6
35-39岁	43	11.6	11.6	2.3	11.6	62.8
40-44岁	42	2.4	7.1	11.9	2.4	76.2
45-49岁	24	16.7	4.2	12.5	4.2	62.5
50岁以上	37	2.7	2.7	2.7	5.4	86.5
女性	**294**	**9.9**	**13.6**	**10.5**	**8.8**	**57.1**
16-19岁	21	9.5	14.3	9.5	33.3	33.3
20-24岁	35	11.4	11.4	20.0	5.7	51.4
25-29岁	36	11.1	22.2	11.1	8.3	47.2
30-34岁	48	10.4	6.3	12.5	8.3	62.5
35-39岁	44	6.8	22.7	2.3	13.6	54.5
40-44岁	39	10.3	7.7	20.5	2.6	59.0
45-49岁	24	4.2	12.5	4.2	0.0	79.2
50岁以上	47	12.8	12.8	4.3	6.4	63.8

● 上海（Shanghai）

	人数	1周3次以上	1周1次左右	1个月2或3次左右	1个月1次或以下	没有喝
样本	**583**	**5.5**	**7.5**	**5.0**	**4.8**	**77.2**
男性	**293**	**5.1**	**6.8**	**4.1**	**3.4**	**80.5**
16-19岁	22	4.5	9.1	13.6	0.0	72.7
20-24岁	32	0.0	3.1	0.0	0.0	96.9
25-29岁	39	2.6	7.7	5.1	2.6	82.1
30-34岁	55	9.1	5.5	5.5	7.3	72.7
35-39岁	49	4.1	8.2	2.0	4.1	81.6
40-44岁	31	0.0	9.7	9.7	3.2	77.4
45-49岁	26	7.7	11.5	0.0	0.0	80.8
50岁以上	39	10.3	2.6	0.0	5.1	82.1
女性	**290**	**5.9**	**8.3**	**5.9**	**6.2**	**73.8**
16-19岁	24	4.2	20.8	0.0	8.3	66.7
20-24岁	32	0.0	3.1	12.5	15.6	68.8
25-29岁	37	5.4	24.3	5.4	2.7	62.2
30-34岁	50	12.0	8.0	6.0	6.0	68.0
35-39岁	43	11.6	0.0	2.3	4.7	81.4
40-44岁	35	0.0	8.6	2.9	5.7	82.9
45-49岁	23	8.7	0.0	0.0	0.0	91.3
50岁以上	46	2.2	4.3	13.0	6.5	73.9

● 广州（Guangzhou）

	人数	1周3次以上	1周1次左右	1个月2或3次左右	1个月1次或以下	没有喝
样本	**563**	**5.2**	**8.7**	**9.4**	**7.1**	**69.6**
男性	**269**	**4.8**	**8.9**	**7.4**	**5.9**	**72.9**
16-19岁	27	0.0	14.8	7.4		77.8
20-24岁	35	0.0	11.4	14.3	5.7	68.6
25-29岁	34	2.9	20.6	2.9	2.9	70.6
30-34岁	34	11.8	0.0	8.8	17.6	61.8
35-39岁	35	8.6	8.6	8.6	2.9	71.4
40-44岁	39	2.6	5.1	10.3	0.0	82.1
45-49岁	25	8.0	12.0	4.0	12.0	64.0
50岁以上	40	5.0	2.5	2.5	7.5	82.5
女性	**294**	**5.4**	**8.5**	**11.2**	**8.2**	**66.7**
16-19岁	42	7.1	9.5	9.5	7.1	66.7
20-24岁	42	7.1	7.1	14.3	4.8	66.7
25-29岁	61	6.6	8.2	18.0	9.8	57.4
30-34岁	43	2.3	4.7	9.3	7.0	76.7
35-39岁	39	5.1	17.9	10.3	12.8	53.8
40-44岁	27	3.7	7.4	7.4	3.7	77.8
45-49岁	13	0.0	0.0	0.0	15.4	84.6
50岁以上	27	7.4	7.4	7.4	7.4	70.4

● 重庆（Chongqing）

	人数	1周3次以上	1周1次左右	1个月2或3次左右	1个月1次或以下	没有喝
样本	**593**	**5.7**	**5.7**	**5.1**	**3.4**	**80.1**
男性	**306**	**5.6**	**5.6**	**4.2**	**3.3**	**81.4**
16-19岁	43	4.7	7.0	2.3	4.7	81.4
20-24岁	53	7.5	1.9	3.8	0.0	86.8
25-29岁	43	11.6	0.0	11.6	2.3	74.4
30-34岁	38	5.3	15.8	5.3	5.3	68.4
35-39岁	37	5.4	5.4	2.7	5.4	81.1
40-44岁	30	3.3	3.3	3.3	0.0	90.0
45-49岁	25	4.0	8.0	4.0	4.0	80.0
50岁以上	37	0.0	5.4	0.0	5.4	89.2
女性	**287**	**5.9**	**5.9**	**5.9**	**3.5**	**78.7**
16-19岁	43	9.3	4.7	4.7	4.7	76.7
20-24岁	52	3.8	9.6	7.7	3.8	75.0
25-29岁	32	3.1	3.1	6.3	12.5	75.0
30-34岁	33	9.1	6.1	0.0	3.0	81.8
35-39岁	33	12.1	6.1	12.1	0.0	69.7
40-44岁	30	6.7	10.0	6.7	0.0	76.7
45-49岁	27	0.0	3.7	11.1	3.7	81.5
50岁以上	37	2.7	2.7	0.0	0.0	94.6

3-7 样本总体、男性各年龄层、女性各年龄层购买时的考虑因素 / Considerations in Purchasing by th Whole Sample, Age and Gender Groups

注：本题为多选题，合计百分比超过 100%（Multiple answers）

● 北京（Beijing）

	人数	有名的牌子	价格适中	包装吸引人	广告影响	购买方便	口味好	生产日期
样本	**218**	**23.9**	**31.2**	**3.2**	**9.2**	**13.3**	**67.0**	**20.2**
男性	**92**	**21.7**	**34.8**	**4.3**	**7.6**	**15.2**	**62.0**	**23.9**
16-19 岁	6	16.7	50.0	0.0	0.0	16.7	83.3	33.3
20-24 岁	11	9.1	27.3	0.0	0.0	9.1	72.7	27.3
25-29 岁	16	18.8	25.0	0.0	6.3	6.3	81.3	18.8
30-34 岁	19	21.1	26.3	5.3	10.5	26.3	36.8	15.8
35-39 岁	16	37.5	37.5	12.5	12.5	6.3	43.8	25.0
40-44 岁	10	20.0	60.0	10.0	0.0	40.0	60.0	20.0
45-49 岁	9	22.2	33.3	0.0	11.1	0.0	100.0	33.3
50 岁以上	5	20.0	40.0	0.0	20.0	20.0	40.0	40.0
女性	**126**	**25.4**	**28.6**	**2.4**	**10.3**	**11.9**	**70.6**	**17.5**
16-19 岁	14	0.0	21.4	0.0	14.3	0.0	78.6	21.4
20-24 岁	17	5.9	23.5	5.9	11.8	5.9	58.8	5.9
25-29 岁	19	42.1	21.1	0.0	26.3	15.8	73.7	10.5
30-34 岁	18	38.9	33.3	5.6	0.0	5.6	83.3	11.1
35-39 岁	20	25.0	20.0	0.0	5.0	20.0	65.0	25.0
40-44 岁	16	18.8	37.5	0.0	6.3	12.5	93.8	25.0
45-49 岁	5	20.0	60.0	0.0	20.0	40.0	80.0	40.0
50 岁以上	17	41.2	35.3	5.9	5.9	11.8	41.2	17.6

续上表（continued）

	人数	有优惠条件	售货员介绍	朋友推荐	单位发的	别人送的	只是由于习惯	其他
样本	**218**	**0.9**	**1.4**	**3.7**	**11.5**	**5.5**	**6.4**	**1.8**
男性	**92**	**0.0**	**1.1**	**1.1**	**12.0**	**5.4**	**5.4**	**1.1**
16-19 岁	6	0.0	16.7	0.0	33.3	0.0	0.0	0.0
20-24 岁	11	0.0	0.0	0.0	9.1	0.0	9.1	0.0
25-29 岁	16	0.0	0.0	0.0	12.5	18.8	0.0	0.0
30-34 岁	19	0.0	0.0	0.0	10.5	10.5	10.5	0.0
35-39 岁	16	0.0	0.0	6.3	6.3	0.0	6.3	0.0
40-44 岁	10	0.0	0.0	0.0	10.0	0.0	10.0	0.0
45-49 岁	9	0.0	0.0	0.0	11.1	0.0	0.0	0.0
50 岁以上	5	0.0	0.0	0.0	20.0	0.0	0.0	20.0
女性	**126**	**1.6**	**1.6**	**5.6**	**11.1**	**5.6**	**7.1**	**2.4**
16-19 岁	14	0.0	0.0	7.1	0.0	7.1	14.3	0.0
20-24 岁	17	0.0	0.0	11.8	11.8	11.8	0.0	0.0
25-29 岁	19	0.0	0.0	10.5	5.3	0.0	5.3	0.0
30-34 岁	18	0.0	0.0	5.6	16.7	0.0	11.1	0.0
35-39 岁	20	0.0	5.0	0.0	15.0	5.0	5.0	5.0
40-44 岁	16	12.5	6.3	6.3	6.3	6.3	12.5	6.3
45-49 岁	5	0.0	0.0	0.0	0.0	0.0	0.0.	0.0
50 岁以上	17	0.0	0.0	0.0	23.5	11.8	5.9	5.9

● 上海（Shanghai）

	人数	有名的牌子	价格适中	包装吸引人	广告影响	购买方便	口味好	生产日期
样本	**136**	**29.4**	**28.7**	**5.9**	**11.0**	**16.2**	**70.6**	**17.6**
男性	**61**	**29.5**	**29.5**	**11.5**	**14.8**	**23.0**	**67.2**	**8.2**
16-19 岁	6	33.3	50.0	0.0	33.3	50.0	83.3	0.0
20-24 岁	2	0.0	50.0	0.0	50.0	50.0	100.0	50.0
25-29 岁	7	57.1	28.6	28.6	0.0	0.0	71.4	14.3
30-34 岁	15	33.3	20.0	13.3	20.0	13.3	66.7	0.0
35-39 岁	11	27.3	18.2	9.1	18.2	45.5	72.7	0.0
40-44 岁	7	0.0	14.3	0.0	14.3	14.3	71.4	28.6
45-49 岁	5	60.0	20.0	20.0	0.0	0.0	40.0	0.0
50 岁以上	8	12.5	62.5	12.5	0.0	25.0	50.0	12.5
女性	**75**	**29.3**	**28.0**	**1.3**	**8.0**	**10.7**	**73.3**	**25.3**
16-19 岁	8	12.5	37.5	0.0	0.0	25.0	100.0	25.0
20-24 岁	10	10.0	30.0	0.0	10.0	0.0	90.0	30.0
25-29 岁	14	28.6	14.3	0.0	21.4	14.3	64.3	35.7
30-34 岁	16	31.3	31.3	0.0	6.3	12.5	68.8	25.0
35-39 岁	7	71.4	14.3	14.3	0.0	0.0	71.4	28.6
40-44 岁	6	16.7	50.0	0.0	16.7	16.7	66.7	16.7
45-49 岁	2	0.0	50.0	0.0	0.0	0.0	100.0	0.0
50 岁以上	12	41.7	25.0	0.0	0.0	8.3	58.3	16.7

续上表（continued）

	人数	有优惠条件	售货员介绍	朋友推荐	单位发的	别人送的	只是由于习惯	其他
样本	**136**	**5.9**	**0.7**	**0.0**	**9.6**	**2.9**	**2.2**	**1.5**
男性	**61**	**3.3**	**0.0**	**0.0**	**8.2**	**1.6**	**3.3**	**1.6**
16-19 岁	6	0.0	0.0	0.0	0.0	0.0	0.0	0.0
20-24 岁	2	0.0	0.0	0.0	0.0	0.0	0.0	0.0
25-29 岁	7	0.0	0.0	0.0	0.0	0.0	0.0	0.0
30-34 岁	15	0.0	0.0	0.0	6.7	0.0	0.0	0.0
35-39 岁	11	0.0	0.0	0.0	9.1	0.0	0.0	0.0
40-44 岁	7	0.0	0.0	0.0	14.3	14.3	0.0	0.0
45-49 岁	5	20.0	0.0	0.0	20.0	0.0	20.0	0.0
50 岁以上	8	12.5	0.0	0.0	12.5	0.0	12.5	12.5
女性	**75**	**8.0**	**1.3**	**0.0**	**10.7**	**4.0**	**1.3**	**1.3**
16-19 岁	8	0.0	0.0	0.0	12.5	12.5	0.0	0.0
20-24 岁	10	10.0	0.0	0.0	0.0	10.0	0.0	0.0
25-29 岁	14	7.1	0.0	0.0	21.4	0.0	0.0	7.1
30-34 岁	16	18.8	0.0	0.0	18.8	6.3	0.0	0.0
35-39 岁	7	0.0	0.0	0.0	0.0	0.0	0.0	0.0
40-44 岁	6	0.0	16.7	0.0	0.0	0.0	16.7	0.0
45-49 岁	2	0.0	0.0	0.0	0.0	0.0	0.0	0.0
50 岁以上	12	8.3	0.0	0.0	8.3	0.0	0.0	0.0

● 广州（Guangzhou）

	人数	有名的牌子	价格适中	包装吸引人	广告影响	购买方便	口味好	生产日期
样本	**174**	**23.0**	**31.6**	**3.4**	**8.6**	**23.6**	**67.8**	**20.7**
男性	**72**	**25.0**	**36.1**	**6.9**	**5.6**	**23.6**	**63.9**	**16.7**
16-19 岁	6	16.7	33.3	33.3	0.0	0.0	83.3	0.0
20-24 岁	11	27.3	9.1	0.0	18.2	36.4	81.8	18.2
25-29 岁	10	10.0	60.0	10.0	0.0	30.0	80.0	10.0
30-34 岁	13	30.8	30.8	7.7	0.0	15.4	76.9	15.4
35-39 岁	10	20.0	40.0	10.0	0.0	40.0	40.0	20.0
40-44 岁	6	33.3	33.3	0.0	16.7	50.0	33.3	33.3
45-49 岁	9	44.4	44.4	0.0	11.1	0.0	55.6	22.2
50 岁以上	7	14.3	42.9	0.0	0.0	14.3	42.9	14.3
女性	**102**	**21.6**	**28.4**	**1.0**	**10.8**	**23.5**	**70.6**	**23.5**
16-19 岁	13	0.0	23.1	0.0	15.4	15.4	84.6	7.7
20-24 岁	14	7.1	28.6	0.0	7.1	28.6	64.3	35.7
25-29 岁	28	28.6	17.9	0.0	17.9	28.6	78.6	32.1
30-34 岁	11	36.4	36.4	0.0	0.0	36.4	54.5	27.3
35-39 岁	18	22.2	33.3	0.0	11.1	22.2	61.1	27.8
40-44 岁	8	25.0	25.0	12.5	0.0	25.0	50.0	0.0
45-49 岁	2	0.0	50.0	0.0	0.0	0.0	50.0	0.0
50 岁以上	8	37.5	50.0	0.0	12.5	0.0	100.0	12.5

续上表（continued）

	人数	有优惠条件	售货员介绍	朋友推荐	单位发的	别人送的	只是由于习惯	其他
样本	**174**	**2.9**	**1.7**	**1.1**	**1.7**	**3.4**	**11.5**	**1.7**
男性	**72**	**4.2**	**2.8**	**1.4**	**4.2**	**2.8**	**13.9**	**2.8**
16-19 岁	6	0.0	0.0	16.7	0.0	0.0	16.7	0.0
20-24 岁	11	0.0	9.1	0.0	0.0	9.1	36.4	0.0
25-29 岁	10	0.0	0.0	0.0	0.0	0.0	30.0	0.0
30-34 岁	13	15.4	0.0	0.0	0.0	0.0	7.7	7.7
35-39 岁	10	0.0	0.0	0.0	10.0	0.0	10.0	0.0
40-44 岁	6	0.0	0.0	0.0	0.0	0.0	0.0	0.0
45-49 岁	9	11.1	11.1	0.0	11.1	0.0	0.0	0.0
50 岁以上	7	0.0	0.0	0.0	14.3	14.3	0.0	14.3
女性	**102**	**2.0**	**1.0**	**1.0**	**0.0**	**3.9**	**9.8**	**1.0**
16-19 岁	13	0.0	7.7	0.0	0.0	7.7	23.1	0.0
20-24 岁	14	0.0	0.0	0.0	0.0	14.3	14.3	0.0
25-29 岁	28	3.6	0.0	0.0	0.0	0.0	3.6	0.0
30-34 岁	11	0.0	0.0	0.0	0.0	9.1	18.2	0.0
35-39 岁	18	0.0	0.0	0.0	0.0	0.0	5.6	0.0
40-44 岁	8	0.0	0.0	0.0	0.0	0.0	12.5	12.5
45-49 岁	2	50.0	0.0	50.0	0.0	0.0	0.0	0.0
50 岁以上	8	0.0	0.0	0.0	0.0	0.0	0.0	0.0

● 重庆（Chongqing）

	人数	有名的牌子	价格适中	包装吸引人	广告影响	购买方便	口味好	生产日期
样本	**120**	**16.7**	**35.8**	**9.2**	**12.5**	**13.3**	**70.0**	**23.3**
男性	**58**	**20.7**	**39.7**	**8.6**	**13.8**	**15.5**	**72.4**	**24.1**
16-19 岁	9	33.3	33.3	11.1	22.2	44.4	88.9	0.0
20-24 岁	7	14.3	14.3	0.0	0.0	14.3	57.1	14.3
25-29 岁	11	0.0	54.5	9.1	9.1	9.1	63.6	27.3
30-34 岁	12	50.0	41.7	8.3	16.7	25.0	58.3	33.3
35-39 岁	7	14.3	42.9	0.0	14.3	0.0	71.4	28.6
40-44 岁	3	33.3	33.3	66.7	0.0	0.0	100.0	0.0
45-49 岁	5	0.0	40.0	0.0	0.0	0.0	80.0	80.0
50 岁以上	4	0.0	50.0	0.0	50.0	0.0	100.0	0.0
女性	**62**	**12.9**	**32.3**	**9.7**	**11.3**	**11.3**	**67.7**	**22.6**
16-19 岁	10	0.0	10.0	30.0	10.0	10.0	80.0	30.0
20-24 岁	13	7.7	30.8	7.7	15.4	7.7	69.2	0.0
25-29 岁	9	11.1	33.3	0.0	0.0	22.2	0.0	22.2
30-34 岁	6	16.7	50.0	0.0	33.3	16.7	83.3	0.0
35-39 岁	10	30.0	50.0	0.0	10.0	10.0	90.0	30.0
40-44 岁	7	14.3	42.9	14.3	0.0	14.3	85.7	42.9
45-49 岁	5	20.0	20.0	20.0	0.0	0.0	80.0	60.0
50 岁以上	2	0.0	0.0	0.0	50.0	0.0	50.0	0.0

续上表（continued）

	人数	有优惠条件	售货员介绍	朋友推荐	单位发的	别人送的	只是由于习惯	其他
样本	**120**	**2.5**	**0.8**	**5.0**	**5.0**	**3.3**	**9.2**	**0.8**
男性	**58**	**1.7**	**0.0**	**3.4**	**3.4**	**3.4**	**12.1**	**1.7**
16-19 岁	9	0.0	0.0	0.0	0.0	0.0	0.0	0.0
20-24 岁	7	0.0	0.0	0.0	14.3	0.0	28.6	0.0
25-29 岁	11	0.0	0.0	0.0	9.1	0.0	27.3	0.0
30-34 岁	12	0.0	0.0	8.3	0.0	8.3	0.0	0.0
35-39 岁	7	14.3	0.0	0.0	0.0	0.0	14.3	14.3
40-44 岁	3	0.0	0.0	33.3	0.0	0.0	0.0	0.0
45-49 岁	5	0.0	0.0	0.0	0.0	20.0	0.0	0.0
50 岁以上	4	0.0	0.0	0.0	0.0	0.0	25.0	0.0
女性	**62**	**3.2**	**1.6**	**6.5**	**6.5**	**3.2**	**6.5**	**0.0**
16-19 岁	10	0.0	0.0	0.0	0.0	10.0	0.0	0.0
20-24 岁	13	7.7	0.0	0.0	0.0	0.0	15.4	0.0
25-29 岁	9	0.0	0.0	22.2	33.3	11.1	0.0	0.0
30-34 岁	6	0.0	0.0	0.0	0.0	0.0	0.0	0.0
35-39 岁	10	0.0	0.0	10.0	0.0	0.0	10.0	0.0
40-44 岁	7	14.3	0.0	14.3	0.0	0.0	0.0	0.0
45-49 岁	5	0.0	20.0	0.0	20.0	0.0	20.0	0.0
50 岁以上	2	0.0	0.0	0.0	0.0	0.0	0.0	0.0

3-8 样本总体、男性各年龄层、女性各年龄层的品牌习惯 / Brand Habit in Consuming Pure Juice by the Whole Sample, Age and Gender Groups

注：1=固定饮用一个牌子，从不更改（Used in only one brand）；
2=比较固定地饮用一两个牌子，有时会变一下（Used in one or two brands）；
3=基本上没有固定哪个牌子，随机购买/饮用（No brand preference）

● 北京（Beijing）

	人数	1	2	3
样本	**218**	**8.7**	**55.5**	**35.8**
男性	**92**	**7.6**	**56.5**	**35.9**
16-19 岁	6	0.0	50.0	50.0
20-24 岁	11	9.1	54.5	36.4
25-29 岁	16	18.8	43.8	37.5
30-34 岁	19	5.3	78.9	15.8
35-39 岁	16	6.3	50.0	43.8
40-44 岁	10	0.0	60.0	40.0
45-49 岁	9	11.1	55.6	33.3
50 岁以上	5	0.0	40.0	60.0
女性	**126**	**9.5**	**54.8**	**35.7**
16-19 岁	14	7.1	35.7	57.1
20-24 岁	17	5.9	64.7	29.4
25-29 岁	19	0.0	57.9	42.1
30-34 岁	18	22.2	55.6	22.2
35-39 岁	20	10.0	55.0	35.0
40-44 岁	16	6.3	62.5	31.3
45-49 岁	5	20.0	60.0	20.0
50 岁以上	17	11.8	47.1	41.2

● 上海（Shanghai）

	人数	1	2	3
样本	**136**	**14.0**	**51.5**	**34.6**
男性	**60**	**15.0**	**46.7**	**38.3**
16-19 岁	6	16.7	66.7	16.7
20-24 岁	2	0.0	50.0	50.0
25-29 岁	7	28.6	71.4	0.0
30-34 岁	15	20.0	40.0	40.0
35-39 岁	10	20.0	20.0	60.0
40-44 岁	7	0.0	71.4	28.6
45-49 岁	5	20.0	20.0	60.0
50 岁以上	8	0.0	50.0	50.0
女性	**76**	**13.2**	**55.3**	**31.6**
16-19 岁	8	12.5	37.5	50.0
20-24 岁	10	10.0	30.0	60.0
25-29 岁	14	14.3	42.9	42.9
30-34 岁	16	6.3	62.5	31.3
35-39 岁	8	12.5	87.5	0.0
40-44 岁	6	16.7	83.3	0.0
45-49 岁	2	50.0	50.0	0.0
50 岁以上	12	16.7	58.3	25.0

● 广州（Guangzhou）

	人数	1	2	3
样本	**170**	**8.2**	**52.9**	**38.8**
男性	**72**	**12.5**	**58.3**	**29.2**
16-19 岁	6	0.0	50.0	50.0
20-24 岁	11	9.1	54.5	36.4
25-29 岁	10	20.0	40.0	40.0
30-34 岁	13	23.1	61.5	15.4
35-39 岁	10	0.0	70.0	30.0
40-44 岁	6	0.0	83.3	16.7
45-49 岁	9	11.1	77.8	11.1
50 岁以上	7	28.6	28.6	42.9
女性	**98**	**5.1**	**49.0**	**45.9**
16-19 岁	13	7.7	38.5	53.8
20-24 岁	14	0.0	57.1	42.9
25-29 岁	26	3.8	50.0	46.2
30-34 岁	10	10.0	70.0	20.0
35-39 岁	18	11.1	50.0	38.9
40-44 岁	7	0.0	28.6	71.4
45-49 岁	2	0.0	0.0	100.0
50 岁以上	8	0.0	50.0	50.0

● 重庆（Chongqing）

	人数	1	2	3
样本	**118**	**11.9**	**56.8**	**31.4**
男性	**57**	**15.8**	**56.1**	**28.1**
16-19 岁	8	12.5	37.5	50.0
20-24 岁	7	28.6	57.1	14.3
25-29 岁	11	27.3	54.5	18.2
30-34 岁	12	0.0	75.0	25.0
35-39 岁	7	28.6	28.6	42.9
40-44 岁	3	33.3	0.0	66.7
45-49 岁	5	0.0	80.0	20.0
50 岁以上	4	0.0	100.0	0.0
女性	**61**	**8.2**	**57.4**	**34.4**
16-19 岁	10	0.0	70.0	30.0
20-24 岁	13	7.7	53.8	38.5
25-29 岁	8	0.0	25.0	75.0
30-34 岁	6	0.0	66.7	33.3
35-39 岁	10	10.0	60.0	30.0
40-44 岁	7	28.6	57.1	14.3
45-49 岁	5	20.0	60.0	20.0
50 岁以上	2	0.0	100.0	0.0

3-9 样本总体、男性各年龄层、女性各年龄层最常饮用的包装形式 / Package Types of the Consumed Pure Juice by the Whole Sample, Age and Gender Groups

● 北京（Beijing）

	人数	易开罐	纸盒	塑料瓶	玻璃瓶	纸杯	其他
样本	**217**	**16.6**	**33.6**	**10.6**	**36.4**	**1.4**	**1.4**
男性	**92**	**18.5**	**32.6**	**9.8**	**35.9**	**1.1**	**2.2**
16-19 岁	6	0.0	50.0	16.7	33.3	0.0	0.0
20-24 岁	11	27.3	36.4	0.0	27.3	0.0	9.1
25-29 岁	16	6.3	43.8	12.5	31.3	0.0	6.3
30-34 岁	19	31.6	21.1	10.5	36.8	0.0	0.0
35-39 岁	16	0.0	50.0	6.3	37.5	6.3	0.0
40-44 岁	10	40.0	20.0	10.0	30.0	0.0	0.0
45-49 岁	9	22.2	22.2	22.2	33.3	0.0	0.0
50 岁以上	5	20.0	0.0	0.0	80.0	0.0	0.0
女性	**125**	**15.2**	**34.4**	**11.2**	**36.8**	**1.6**	**0.8**
16-19 岁	14	0.0	28.6	14.3	50.0	7.1	0.0
20-24 岁	16	12.5	68.8	0.0	18.8	0.0	0.0
25-29 岁	19	5.3	47.4	21.1	26.3	0.0	0.0
30-34 岁	18	22.2	44.4	5.6	22.2	5.6	0.0
35-39 岁	20	20.0	10.0	10.0	60.0	0.0	0.0
40-44 岁	16	25.0	25.0	12.5	31.3	0.0	6.3
45-49 岁	5	20.0	0.0	20.0	60.0	0.0	0.0
50 岁以上	17	17.6	29.4	11.8	41.2	0.0	0.0

● 上海（Shanghai）

	人数	易开罐	纸盒	塑料瓶	玻璃瓶	纸杯	其他
样本	**135**	**29.6**	**16.3**	**30.4**	**21.5**	**1.5**	**0.7**
男性	**59**	**25.4**	**20.3**	**32.2**	**20.3**	**1.7**	**0.0**
16-19 岁	6	16.7	16.7	66.7	0.0	0.0	0.0
20-24 岁	2	50.0	0.0	50.0	0.0	0.0	0.0
25-29 岁	7	28.6	14.3	28.6	28.6	0.0	0.0
30-34 岁	15	20.0	13.3	33.3	33.3	0.0	0.0
35-39 岁	9	33.3	33.3	33.3	0.0	0.0	0.0
40-44 岁	7	42.9	0.0	14.3	28.6	14.3	0.0
45-49 岁	5	0.0	60.0	0.0	40.0	0.0	0.0
50 岁以上	8	25.0	25.0	37.5	12.5	0.0	0.0
女性	**76**	**32.9**	**13.2**	**28.9**	**22.4**	**1.3**	**1.3**
16-19 岁	8	37.5	25.0	25.0	0.0	12.5	0.0
20-24 岁	10	20.0	0.0	40.0	40.0	0.0	0.0
25-29 岁	14	14.3	21.4	35.7	28.6	0.0	0.0
30-34 岁	16	50.0	0.0	12.5	37.5	0.0	0.0
35-39 岁	8	75.0	25.0	0.0	0.0	0.0	0.0
40-44 岁	6	33.3	0.0	66.7	0.0	0.0	0.0
45-49 岁	2	50.0	0.0	50.0	0.0	0.0	0.0
50 岁以上	12	8.3	25.0	33.3	25.0	0.0	8.3

● 广州（Guangzhou）

	人数	易开罐	纸盒	塑料瓶	玻璃瓶	纸杯	其他
样本	**171**	**29.8**	**14.6**	**29.8**	**19.9**	**5.3**	**0.6**
男性	**72**	**30.6**	**16.7**	**31.9**	**16.7**	**4.2**	**0.0**
16-19岁	6	33.3	50.0	0.0	0.0	16.7	0.0
20-24岁	11	18.2	9.1	72.7	0.0	0.0	0.0
25-29岁	10	30.0	20.0	30.0	10.0	10.0	0.0
30-34岁	13	30.8	15.4	7.7	46.2	0.0	0.0
35-39岁	10	30.0	20.0	20.0	30.0	0.0	0.0
40-44岁	6	50.0	0.0	16.7	16.7	16.7	0.0
45-49岁	9	22.2	22.2	55.6	0.0	0.0	0.0
50岁以上	7	42.9	0.0	42.9	14.3	0.0	0.0
女性	**99**	**29.3**	**13.1**	**28.3**	**22.2**	**6.1**	**1.0**
16-19岁	13	38.5	7.7	23.1	23.1	7.7	0.0
20-24岁	14	42.9	7.1	35.7	0.0	14.3	0.0
25-29岁	26	23.1	15.4	26.9	23.1	7.7	3.8
30-34岁	10	10.0	10.0	20.0	60.0	0.0	0.0
35-39岁	18	33.3	11.1	38.9	16.7	0.0	0.0
40-44岁	8	37.5	12.5	25.0	25.0	0.0	0.0
45-49岁	2	50.0	0.0	0.0	50.0	0.0	0.0
50岁以上	8	12.5	37.5	25.0	12.5	12.5	0.0

● 重庆（Chongqing）

	人数	易开罐	纸盒	塑料瓶	玻璃瓶	纸杯	其他
样本	**118**	**22.9**	**7.6**	**12.7**	**54.2**	**2.5**	**0.0**
男性	**57**	**24.6**	**7.0**	**14.0**	**50.9**	**3.5**	**0.0**
16-19岁	8	50.0	12.5	25.0	12.5	0.0	0.0
20-24岁	7	28.6	0.0	28.6	28.6	14.3	0.0
25-29岁	11	0.0	9.1	9.1	81.8	0.0	0.0
30-34岁	12	25.0	0.0	16.7	58.3	0.0	0.0
35-39岁	7	14.3	14.3	0.0	71.4	0.0	0.0
40-44岁	3	33.3	0.0	0.0	33.3	33.3	0.0
45-49岁	5	40.0	0.0	0.0	60.0	0.0	0.0
50岁以上	4	25.0	25.0	25.0	25.0	0.0	0.0
女性	**61**	**21.3**	**8.2**	**11.5**	**57.4**	**1.6**	**0.0**
16-19岁	10	30.0	10.0	0.0	60.0	0.0	0.0
20-24岁	13	15.4	7.7	30.8	38.5	7.7	0.0
25-29岁	8	37.5	12.5	12.5	37.5	0.0	0.0
30-34岁	6	16.7	0.0	16.7	66.7	0.0	0.0
35-39岁	10	20.0	10.0	0.0	70.0	0.0	0.0
40-44岁	7	0.0	14.3	0.0	85.7	0.0	0.0
45-49岁	5	20.0	0.0	20.0	60.0	0.0	0.0
50岁以上	2	50.0	0.0	0.0	50.0	0.0	0.0

3-10 样本总体、男性各年龄层、女性各年龄层饮用的场合 / Settings of Consumption by the Whole Sample, Age and Gender Groups

注：本题为多选题，合计百分比超过 100%（Multiple answers）

● 北京（Beijing）

	人数	平时口渴喝	平时吃饭喝	宴席、聚会喝	外出、旅游喝	其他
样本	**218**	**69.3**	**17.0**	**22.9**	**22.9**	**0.9**
男性	**92**	**67.4**	**17.4**	**22.8**	**21.7**	**0.0**
16-19 岁	6	100.0	0.0	16.7	33.3	0.0
20-24 岁	10	70.0	10.0	20.0	10.0	0.0
25-29 岁	16	68.8	25.0	31.3	18.8	0.0
30-34 岁	19	63.2	26.3	15.8	15.8	0.0
35-39 岁	16	56.3	12.5	31.3	31.3	0.0
40-44 岁	9	66.7	22.2	0.0	33.3	0.0
45-49 岁	9	55.6	22.2	33.3	33.3	0.0
50 岁以上	7	85.7	0.0	28.6	0.0	0.0
女性	**126**	**70.6**	**16.7**	**23.0**	**23.8**	**1.6**
16-19 岁	14	50.0	14.3	21.4	42.9	0.0
20-24 岁	17	52.9	11.8	23.5	17.6	0.0
25-29 岁	19	68.4	36.8	21.1	15.8	0.0
30-34 岁	18	72.2	11.1	22.2	16.7	5.6
35-39 岁	20	80.0	10.0	25.0	20.0	0.0
40-44 岁	16	93.8	0.0	18.8	37.5	0.0
45-49 岁	5	60.0	0.0	60.0	40.0	0.0
50 岁以上	17	76.5	35.3	17.6	17.6	5.9

● 上海（Shanghai）

	人数	平时口渴喝	平时吃饭喝	宴席、聚会喝	外出、旅游喝	其他
样本	**136**	**78.7**	**11.0**	**18.4**	**20.6**	**2.9**
男性	**60**	**73.3**	**13.3**	**18.3**	**16.7**	**3.3**
16-19 岁	6	83.3	0.0	16.7	33.3	0.0
20-24 岁	2	100.0	0.0	0.0	50.0	0.0
25-29 岁	7	85.7	0.0	28.6	14.3	0.0
30-34 岁	15	93.3	26.7	0.0	0.0	0.0
35-39 岁	10	70.0	10.0	20.0	30.0	0.0
40-44 岁	7	14.3	14.3	71.4	28.6	0.0
45-49 岁	5	100.0	0.0	0.0	0.0	0.0
50 岁以上	8	50.0	25.0	12.5	12.5	25.0
女性	**76**	**82.9**	**9.2**	**18.4**	**23.7**	**2.6**
16-19 岁	8	75.0	25.0	25.0	37.5	0.0
20-24 岁	10	90.0	10.0	20.0	10.0	0.0
25-29 岁	14	78.6	7.1	7.1	35.7	7.1
30-34 岁	16	87.5	12.5	31.3	6.3	0.0
35-39 岁	8	87.5	0.0	0.0	25.0	0.0
40-44 岁	6	83.3	0.0	50.0	33.3	0.0
45-49 岁	2	50.0	0.0	0.0	50.0	0.0
50 岁以上	12	83.3	8.3	8.3	25.0	8.3

● 广州（Guangzhou）

	人数	平时口渴喝	平时吃饭喝	宴席、聚会喝	外出、旅游喝	其他
样本	**169**	**76.3**	**10.7**	**10.7**	**28.4**	**5.9**
男性	**71**	**80.3**	**12.7**	**7.0**	**23.9**	**5.6**
16-19 岁	6	50.0	16.7	16.7	16.7	16.7
20-24 岁	11	81.8	9.1	9.1	27.3	9.1
25-29 岁	10	100.0	10.0	0.0	30.0	0.0
30-34 岁	12	83.3	0.0	0.0	33.3	0.0
35-39 岁	10	70.0	20.0	0.0	0.0	20.0
40-44 岁	6	66.7	33.3	0.0	50.0	0.0
45-49 岁	9	77.8	11.1	33.3	22.2	0.0
50 岁以上	7	100.0	14.3	0.0	14.3	0.0
女性	**98**	**73.5**	**9.2**	**13.3**	**31.6**	**6.1**
16-19 岁	13	69.2	7.7	23.1	38.5	15.4
20-24 岁	14	64.3	21.4	14.3	35.7	0.0
25-29 岁	26	80.8	7.7	11.5	26.9	3.8
30-34 岁	10	80.0	0.0	0.0	30.0	10.0
35-39 岁	18	61.1	5.6	11.1	33.3	11.1
40-44 岁	7	85.7	14.3	14.3	28.6	0.0
45-49 岁	2	50.0	50.0	50.0	0.0	0.0
50 岁以上	8	87.5	0.0	12.5	37.5	0.0

● 重庆（Chongqing）

	人数	平时口渴喝	平时吃饭喝	宴席、聚会喝	外出、旅游喝	其他
样本	**118**	**82.2**	**5.9**	**13.6**	**22.9**	**0.8**
男性	**57**	**82.5**	**8.8**	**15.8**	**22.8**	**1.8**
16-19 岁	8	62.5	25.0	12.5	62.5	0.0
20-24 岁	7	85.7	0.0	0.0	42.9	0.0
25-29 岁	11	100.0	0.0	9.1	0.0	9.1
30-34 岁	12	91.7	8.3	16.7	16.7	0.0
35-39 岁	7	85.7	0.0	14.3	14.3	0.0
40-44 岁	3	66.7	0.0	33.3	0.0	0.0
45-49 岁	5	80.0	0.0	60.0	0.0	0.0
50 岁以上	4	50.0	50.0	0.0	50.0	0.0
女性	**61**	**82.0**	**3.3**	**11.5**	**23.0**	**0.0**
16-19 岁	10	80.0	10.0	10.0	20.0	0.0
20-24 岁	13	76.9	7.7	7.7	23.1	0.0
25-29 岁	8	75.0	0.0	12.5	25.0	0.0
30-34 岁	6	100.0	0.0	0.0	16.7	0.0
35-39 岁	10	90.0	0.0	30.0	30.0	0.0
40-44 岁	7	100.0	0.0	0.0	14.3	0.0
45-49 岁	5	60.0	0.0	0.0	40.0	0.0
50 岁以上	2	50.0	0.0	50.0	0.0	0.0

3-11 重度消费者的人口分布 / Demographics of the Heavy Consumers

● 北京（Beijing）

	人数	16-19岁	20-24岁	25-29岁	30-34岁	35-39岁	40-44岁	45-49岁	50岁以上
样本	**122**	**6.6**	**13.1**	**18.0**	**15.6**	**18.9**	**9.0**	**7.4**	**11.5**
男性	**53**	**5.7**	**15.1**	**18.9**	**20.8**	**18.9**	**7.5**	**9.4**	**3.8**
1周3次以上	25	4.0	12.0	16.0	24.0	20.0	4.0	16.0	4.0
1周1次左右	28	7.1	17.9	21.4	17.9	17.9	10.7	3.6	3.6
女性	**69**	**7.2**	**11.6**	**17.4**	**11.6**	**18.8**	**10.1**	**5.8**	**17.4**
1周3次以上	29	6.9	13.8	13.8	17.2	10.3	13.8	3.4	20.7
1周1次左右	40	7.5	10.0	20.0	7.5	25.0	7.5	7.5	15.0

● 上海（Shanghai）

	人数	16-19岁	20-24岁	25-29岁	30-34岁	35-39岁	40-44岁	45-49岁	50岁以上
样本	**76**	**11.8**	**2.6**	**19.7**	**23.7**	**14.5**	**7.9**	**9.2**	**10.5**
男性	**35**	**8.6**	**2.9**	**11.4**	**22.9**	**17.1**	**8.6**	**14.3**	**14.3**
1周3次以上	15	6.7	0.0	6.7	33.3	13.3	0.0	13.3	26.7
1周1次左右	20	10.0	5.0	15.0	15.0	20.0	15.0	15.0	5.0
女性	**41**	**14.6**	**2.4**	**26.8**	**24.4**	**12.2**	**7.3**	**4.9**	**7.3**
1周3次以上	17	5.9	0.0	11.8	35.3	29.4	0.0	11.8	5.9
1周1次左右	24	20.8	4.2	37.5	16.7	0.0	12.5	0.0	8.3

● 广州（Guangzhou）

	人数	16-19岁	20-24岁	25-29岁	30-34岁	35-39岁	40-44岁	45-49岁	50岁以上
样本	**78**	**14.1**	**12.8**	**21.8**	**9.0**	**19.2**	**7.7**	**6.4**	**9.0**
男性	**37**	**10.8**	**10.8**	**21.6**	**10.8**	**16.2**	**8.1**	**13.5**	**8.1**
1周3次以上	13	0.0	0.0	7.7	30.8	23.1	7.7	15.4	15.4
1周1次左右	24	16.7	16.7	29.2	0.0	12.5	8.3	12.5	4.2
女性	**41**	**17.1**	**14.6**	**22.0**	**7.3**	**22.0**	**7.3**	**0.0**	**9.8**
1周3次以上	16	18.8	18.8	25.0	6.3	12.5	6.3	0.0	12.5
1周1次左右	25	16.0	12.0	20.0	8.0	28.0	8.0	0.0	8.0

● 重庆（Chongqing）

	人数	16-19岁	20-24岁	25-29岁	30-34岁	35-39岁	40-44岁	45-49岁	50岁以上
样本	**68**	**16.2**	**17.6**	**10.3**	**19.1**	**14.7**	**10.3**	**5.9**	**5.9**
男性	**34**	**14.7**	**14.7**	**14.7**	**23.5**	**11.8**	**5.9**	**8.8**	**5.9**
1周3次以上	17	11.8	23.5	29.4	11.8	11.8	5.9	5.9	0.0
1周1次左右	17	17.6	5.9	0.0	35.3	11.8	5.9	11.8	11.8
女性	**34**	**17.6**	**20.6**	**5.9**	**14.7**	**17.6**	**14.7**	**2.9**	**5.9**
1周3次以上	17	23.5	11.8	5.9	17.6	23.5	11.8	0.0	5.9
1周1次左右	17	11.8	29.4	5.9	11.8	11.8	17.6	5.9	5.9

3-12 关于北京消费群 / The Beijing Market Segments

3-12-1 不同消费群最常用品牌 / The Most Frequently Consumed Brands by Market Segments

	人数	第一品牌及百分比	第二品牌及百分比	第三品牌及百分比
样本	**222**	**汇源 20.7**	**大湖 15.8**	**都乐 7.7 大亨 7.7**
第一消费群	47	汇源 23.4	大湖 14.9 都乐 14.9	茹梦 6.4 新的 6.4 华贝康橙 6.4
第二消费群	41	汇源 22.2	都乐 12.2 大亨 12.2	大湖 9.8
第三消费群	40	汇源 17.5 大湖 17.5	大亨 15.0	茹梦 7.5 华邦 7.5
第四消费群	3	汇源 33.3 华邦 33.3 蜂之蜜 33.3		
第五消费群	52	汇源 28.8	大湖 23.1	茹梦 5.8 都乐 5.8 华贝康橙 5.8
第六消费群	39	大湖 12.8	汇源 7.7	华贝康橙 5.1 大亨 5.1

3-12-2 重度消费者的消费群构成 / The Composition of the Heavy Consumers

	人数	第一消费群	第二消费群	第三消费群	第四消费群	第五消费群	第六消费群
样本	**122**	**21.3**	**19.7**	**21.3**	**0.8**	**18.9**	**18.0**
1 周 3 次以上	54	25.9	18.5	18.5	1.9	14.8	20.4
1 周 1 次左右	68	17.6	20.6	23.5	0.0	22.1	16.2

注：北京消费群的代表特征 / Characteristics of the Beijing Market Segments

		第一消费群	第二消费群	第三消费群	第四消费群	第五消费群	第六消费群
基本情况	性别	女	男	无明显偏向	男	无明显偏向	女
	年龄	30 — 34 岁	25 — 29 岁	35 — 44 岁	无明显偏向	16 — 24 岁	45 岁以上
	学历	大专/大本	大本	初中	大本及研究生	高中/中专/技校	初中及以下
	职业	科教卫生人员	一般企业职员	工人	管理人员/专门职业从事者/个体及私营企业主	学生	离退休人员
	月均收入	801 — 1500 元	1501 — 4000 元	800 元以下	4000 元以上	无收入	800 元以下
	婚姻	已婚	无明显偏向	已婚	已婚或离异	未婚	已婚
心理取向		注重学历 非积极进取	不循规传统 非单一电视娱乐	非田园倾向 新女性主张 金钱本位	注重经验 大男子主义 不保守稳定	非“大男子主义” 追随流行	非“新女性主张” 非浪漫新潮 单一电视娱乐

3-13 关于上海消费群 / The Shanghai Market Segments

3-13-1 不同消费群最常用品牌 / The Most Frequently Consumed Brands by Market Segments

	人数	第一品牌及百分比	第二品牌及百分比	第三品牌及百分比
样本	**130**	**三得利 36.2**	**大湖 11.5**	**都乐 9.2**
第一消费群	32	三得利 31.3	大湖 9.4	正广和 6.3 都乐 6.3 新奇士 6.3 三岛 6.3
第二消费群	19	三得利 36.8	大湖 10.5 都乐 10.5	三维 5.3 维得 5.3 麒麟 5.3 开普 5.3
第三消费群	0	0.0	0.0	0.0
第四消费群	14	三得利 50.0	大湖 14.3 都乐 14.3	新奇士 7.1 Sun-rype 7.1
第五消费群	15	三得利 40.0	大湖 20.0	Sun-rype 6.7 都乐 6.7 富迪 6.7 TOP 6.7
第六消费群	50	三得利 34.0	大湖 10.0 都乐 10.0	Sun-rype 4.0 红宝 4.0 三岛 4.0 麒麟 4.0

3-13-2 重度消费者的消费群构成 / The Composition of the Heavy Consumers

	人数	第一消费群	第二消费群	第三消费群	第四消费群	第五消费群	第六消费群
样本	**76**	**25.0**	**18.4**	**0.0**	**5.3**	**9.2**	**42.1**
1 周 3 次以上	32	28.1	9.4	0.0	3.1	6.3	53.1
1 周 1 次左右	44	22.7	25.0	0.0	6.8	11.4	34.1

注：上海消费群的代表特征 / Characteristics of the Shanghai Market Segments

		第一消费群	第二消费群	第三消费群	第四消费群	第五消费群	第六消费群
基本情况	性别	无明显偏向	男	男	女	女	无明显偏向
	年龄	45 岁以上	20 － 29 岁	25 － 34 岁	35 － 44 岁	16 － 24 岁	30 － 39 岁
	学历	大本及以上	大专/大本	大专	初中及以下	高中/中专/技校	高中/中专/技校
	职业	科教卫生人员/离退休人员	一般企业职员	行政管理人员/个体及私营企业主/专门职业从事者	工人/下岗人员	学生	一般企业职员
	月均收入	801 － 1500 元	1001 － 3000 元	3000 元以上	800 元以下	无收入	1001 － 2000 元
	婚姻	已婚	未婚	未婚	已婚	未婚	已婚
心理取向		非浪漫时尚 非金钱本位 保守稳定	非家庭重心 田园倾向 休闲独立	不保守稳定 奔波忙碌 浪漫时尚	金钱本位 家庭重心 注重学历	新家庭观念 非休闲独立	不积极进取 不奔波忙碌

3-14 关于广州消费群 / Guangzhou Market Segments

3-14-1 不同消费群最常用品牌 / The Most Frequently Consumed Brands by Market Segments

	人数	第一品牌及百分比	第二品牌及百分比	第三品牌及百分比
样本	**154**	**新奇士 40.3**	**新的 8.4**	**屈臣氏 5.8**
第一消费群	27	新奇士 40.7	新的 7.4	屈臣氏 3.7 果汁先生 3.7 都乐 3.7
第二消费群	24	新奇士 25.0	利宾纳 12.5	屈臣氏 4.2 新的 4.2 红尔康 4.2
第三消费群	27	新奇士 51.9	屈臣氏 11.1	新的 7.4
第四消费群	33	新奇士 57.6	利宾纳 6.1 新的 6.1	屈臣氏 3.0 红尔康 3.0
第五消费群	25	新奇士 24.0	利宾纳 8.0 新的 8.0 红尔康 8.0	屈臣氏 4.0
第六消费群	18	新奇士 33.3	新的 22.2	屈臣氏 11.1

3-14-2 重度消费者的消费群构成 / The Composition of the Heavy Consumers

	人数	第一消费群	第二消费群	第三消费群	第四消费群	第五消费群	第六消费群
样本	**78**	**20.5**	**16.7**	**15.4**	**23.1**	**17.9**	**6.4**
1 周 3 次以上	29	13.8	20.7	3.4	34.5	20.7	6.9
1 周 1 次左右	49	24.5	14.3	22.4	16.3	16.3	6.1

注：广州消费群的代表特征 / Characteristics of the Guangzhou Market Segments

		第一消费群	第二消费群	第三消费群	第四消费群	第五消费群	第六消费群
基本情况	性别	女	无明显偏向	女	男	女	男
	年龄	16 － 19 岁	40 岁以上	20 － 24 岁	35 － 44 岁	30 － 34 岁	25 － 29 岁
	学历	高中/中专/技校	无明显偏向	高中/中专/技校/大专	初中/高中/中专/技校	初中及以下	大专及以上
	职业	学生	工人	学生/待业人员	个体及私营企业主	家庭主妇	企业职员/管理人员/科教卫生人员/专门职业者
	月均收入	无收入	1500 元以下	无收入	801 － 1500 元	800 元以下	2000 元以上
	婚姻	未婚	已婚	未婚	已婚	已婚	无明显偏向
心理取向		不固守中式生活 田园倾向 非大男子主义	非新女性主张 不追随流行 非积极进取	独立自主 追随流行	积极进取 大男子主义 中式生活	单一电视娱乐 非独立自主 保守稳定	非单一电视娱乐 非家庭重心

3-15 关于重庆消费群 / The Chongqing Market Segments

3-15-1 不同消费群最常用的品牌 / The Most Frequently Consumed Brands by Market Segments

	人数	第一品牌及百分比	第二品牌及百分比	第三品牌及百分比
样本	**64**	**阳公 17.2**	**汇源 10.9**	**大亨 4.7**
第一消费群	19	阳公 15.8	汇源 10.5 茹梦 10.5	大亨 5.3
第二消费群	14	阳公 14.3 汇源 14.3	太安 7.1	
第三消费群	16	阳公 25.0	汇源 12.5	大亨 6.3 果维乐 6.3
第四消费群	4	大亨 25.0		
第五消费群	9	汇源 11.1 阳公 11.1 果维乐 11.1 太空 11.1		
第六消费群	2	阳公 50.0		

3-15-2 重度消费者的消费群构成 / The Composition of the Heavy Consumers

	人数	第一消费群	第二消费群	第三消费群	第四消费群	第五消费群	第六消费群
样本	**68**	**26.5**	**27.9**	**13.2**	**10.3**	**11.8**	**10.3**
1 周 3 次以上	34	32.4	29.4	8.8	8.8	8.8	11.8
1 周 1 次左右	34	20.6	26.5	17.6	11.8	14.7	8.8

注：重庆消费群的代表特征 / Characteristics of the Chongqing Market Segments

		第一消费群	第二消费群	第三消费群	第四消费群	第五消费群	第六消费群
基本情况	性别	无明显偏向	无明显偏向	无明显偏向	无明显偏向	无明显偏向	女
	年龄	16 － 19 岁	45 岁以上	20 － 29 岁	30 － 34 岁	40 岁以上	25 － 29 岁
	学历	高中/中专/技校	高中/中专/技校	大专/大本	高中/中专/技校/大本以上	初中及以下	初中
	职业	学生	行政管理人员/离退休人员	科教卫生人员/一般企业职员	个体及私营企业主	工人	专门职业从事者下岗及其他
	月均收入	无收入	501 － 800 元	801 － 1500 元	1500 元以上	500 元以下	1001 － 1500 元
	婚姻	未婚	已婚	无明显偏向	已婚	已婚	已婚或离异
心理取向		浪漫新潮 注重学历 非现实家庭观	循规传统 奔波忙碌 保守稳定	新女性主张 非功利心态	功利心态 现实家庭观 都市情结	非浪漫新潮 非独立休闲	非新女性主张 不循规传统 独立休闲

4 果汁饮料 / Fruit-flavored Beverage

4-1 最近三个月有无饮用的比例 / Proportion of the Sample Consuming Fruit-flavored Beverage in the Last Three Months

	北京（Beijing）	上海（Shanghai）	广州（Guangzhou）	重庆（Chongqing）
喝过	50.4	41.9	50.0	38.7
没喝过	49.6	58.1	50.0	61.3
有效样本量	**597**	**596**	**596**	**600**

4-2 最常用品牌排名 / Ranking of the Most Frequently Consumed Brands

● 北京（Beijing）

排名	品牌		人数	百分比
1	康师傅	Kangshifu	55	19.3
2	摩奇	Moqi	31	10.9
3	汇源	Huiyuan	26	9.1
4	椰树	Coconut palm	20	7.0
5	北冰洋	Beibingyang	13	4.6
6	椰风	Cocowind	11	3.9

n=285

● 上海（Shanghai）

排名	品牌		人数	百分比
1	三得利	Suntory	41	16.9
2	佳得乐	Gatorade	38	15.7
3	红宝	Hongbao	29	12.0
3	康师傅	Kangshifu	24	9.9
5	椰树	Coconut palm	16	6.6
6	统一	President	13	5.4

n=242

● 广州（Guangzhou）

排名	品牌		人数	百分比
1	新奇士	Sunkist	71	25.9
2	椰树	Coconut palm	24	8.8
3	佳得乐	Gatorade	18	6.6
4	健力宝	Jianlibao	17	6.2
5	红尔康	Hongerkang	15	5.5
6	晨光	Chenguang	7	2.6
6	百变果仙	Fruit magix	7	2.6

n=274

● 重庆（Chongqing）

排名	品牌		人数	百分比
1	美年达	Mirinda	38	23.5
2	阳公	Suncle	13	8.0
3	康师傅	Kangshifu	6	3.7
4	乐竹	Lezhu	4	2.5
5	康太	Kangtai	3	1.9

n=162

4-3 理想品牌排名 / Ranking of the Ideal Brands

● 北京（Beijing）

排名	品牌		人数	百分比
1	汇源	Huiyuan	38	6.3
2	康师傅	Kangshifu	34	5.7
3	摩奇	Moqi	27	4.5
4	椰树	Coconut palm	17	2.8
5	北冰洋	Beibingyang	16	2.7
6	美年达	Mirinda	10	1.7
6	椰风	Cocowind	10	1.7
6	大亨	Daheng	10	1.7

n=600

● 上海（Shanghai）

排名	品牌		人数	百分比
1	三得利	Suntory	62	10.3
2	佳得乐	Gatorade	51	8.5
3	红宝	Hongbao	43	7.2
4	康师傅	Kangshifu	39	6.5
5	椰树	Coconut palm	24	4.0
6	统一	President	11	1.8
7	汇源	Huiyuan	7	1.2
8	正广和	Acquarius	6	1.0
9	麒麟	Kirin	5	0.8

n=600

● 广州（Guangzhou）

排名	品牌		人数	百分比
1	新奇士	Sunkist	71	11.8
2	椰树	Coconut palm	23	3.8
3	佳得乐	Gatorade	17	2.8
4	美年达	Mirinda	10	1.7
5	红尔康	Hongerkang	7	1.2
5	晨光	chenguang	7	1.2
7	百变果仙	Fruit magix	6	1.0
7	健力宝	Jianlibao	6	1.0
7	杨协成	Yeo's	6	1.0

n=600

● 重庆（Chongqing）

排名	品牌		人数	百分比
1	美年达	Mirinda	31	5.2
2	阳公	Suncle	7	1.2
3	康师傅	Kangshifu	6	1.0
4	佳得乐	Gatorade	3	0.5
4	汇源	Huiyuan	3	0.5
4	处处春	Chuchuchun	3	0.5

n=600

4-4 样本总体、男性各年龄层、女性各年龄层的理想品牌 / The Ideal Brands by the Whole Sample, Age and Gender Groups

● 北京（Beijing）

	人数	第一品牌及百分比	第二品牌及百分比	第三品牌及百分比
样本	**600**	**汇源 6.3**	**康师傅 5.7**	**摩奇 4.5**
男性	**298**	**汇源 6.7**	**康师傅 4.0**	**摩奇 3.0 椰树 3.0**
16-19 岁	26	汇源 7.7 康师傅 7.7 美年达 7.7	大湖 3.8 椰树 3.8 佳得乐 3.8	
20-24 岁	36	康师傅 13.9	汇源 5.6 摩奇 5.6	椰树 2.8 大亨 2.8 华贝 2.8
25-29 岁	41	汇源 7.3 摩奇 7.3	北冰洋 2.4 福运泉 2.4 椰树 2.4 大亨 2.4 椰风 2.4	
30-34 岁	47	汇源 12.8	椰树 6.4	康师傅 2.1 北冰洋 2.1 摩奇 2.1 华贝 2.1 华邦 2.1
35-39 岁	43	汇源 4.7 康师傅 4.7	椰树 2.3 北冰洋 2.3 大亨 2.3 华邦 2.3 华旗 2.3 茹梦 2.3 华贝 2.3	
40-44 岁	42	汇源 7.1	康师傅 4.8 摩奇 4.8	福运泉 2.4 椰树 2.4 露幺 2.4 旺仔 2.4
45-49 岁	24	汇源 4.2 北冰洋 4.2 美年达 4.2 福运泉 4.2 统一 4.2 大湖 4.2 露幺 4.2 通三宜 4.2		
50 岁以上	39	汇源 2.6 信运斋 2.6 摩奇 2.6 椰树 2.6		
女性	**302**	**康师傅 7.3**	**汇源 6.0 摩奇 6.0**	**北冰洋 4.0**
16-19 岁	23	康师傅 13.0	汇源 8.7 北冰洋 8.7 美年达 8.7 摩奇 8.7	统一 4.3 大湖 4.3 都乐 4.3 齐橙 4.3 宝中宝 4.3
20-24 岁	35	康师傅 8.6	北冰洋 5.7 摩奇 5.7 椰风 5.7	椰树 2.9 大湖 2.9 露幺 2.9 正林 2.9
25-29 岁	36	汇源 11.1	康师傅 8.3	露幺 5.6
30-34 岁	49	康师傅 8.2 汇源 8.2	摩奇 6.1	椰树 4.1
35-39 岁	45	汇源 6.7 摩奇 6.7	康师傅 4.4 大亨 4.4 北冰洋 4.4	美年达 2.2 凯力露 2.2
40-44 岁	40	摩奇 15.0	汇源 7.5	北冰洋 5.0 大亨 5.0 椰风 5.0
45-49 岁	26	康师傅 15.4	椰树 7.7	福运泉 3.8 汇源 3.8 宝中宝 3.8 露幺 3.8
50 岁以上	48	北冰洋 6.3 椰风 6.3	康师傅 4.2 椰树 4.2 华旗 4.2	美年达 2.1 汇源 2.1 摩奇 2.1 桂花 2.1 大亨 2.1 大湖 2.1 信运斋 2.1

● 上海（Shanghai）

	人数	第一品牌及百分比	第二品牌及百分比	第三品牌及百分比
样本	**600**	**三得利 10.3**	**佳得乐 8.5**	**红宝 7.2**
男性	**307**	**三得利 11.7**	**佳得乐 8.1**	**红宝 6.5**
16-19 岁	22	佳得乐 18.2	三得利 13.6	康师傅 9.1 正广和 9.1
20-24 岁	34	佳得乐 11.8	三得利 8.8 椰树 8.8	统一 5.9 红宝 5.9
25-29 岁	42	三得利 14.3	佳得乐 7.1	康师傅 4.8
30-34 岁	56	三得利 17.9	红宝 8.9	佳得乐 5.4
35-39 岁	51	红宝 15.7	三得利 5.9	佳得乐 3.9 椰树 3.9 统一 3.9
40-44 岁	31	三得利 12.9	红宝 6.5 富迪 6.5	康师傅 3.2 三岛 3.2 吉春 3.2
45-49 岁	26	佳得乐 19.2	康师傅 11.5	椰树 3.8 红宝 3.8 雪菲力 3.8 飞起 3.8
50 岁以上	45	三得利 13.3	佳得乐 8.9 康师傅 8.9	椰树 2.2 红宝 2.2 可的 2.2 大华 2.2
女性	**293**	**三得利 8.9 佳得乐 8.9**	**康师傅 8.2**	**红宝 7.8**
16-19 岁	24	康师傅 12.5 红宝 12.5	椰树 4.2 统一 4.2 大亨 4.2 宝鲜 4.2 三得利 4.2 可的 4.2 佳得乐 4.2 树顶 4.2 麒麟 4.2	
20-24 岁	32	佳得乐 18.8	康师傅 9.4 统一 9.4	天与地 3.1 麒麟 3.1 红宝 3.1
25-29 岁	37	佳得乐 16.2	三得利 13.5	康师傅 5.4 椰树 5.4
30-34 岁	50	红宝 12.0	佳得乐 10.0	三得利 8.0
35-39 岁	44	三得利 11.4	红宝 9.1 佳得乐 9.1	康师傅 6.8
40-44 岁	35	三得利 11.4 红宝 11.4	佳得乐 8.6	康师傅 5.7 椰树 5.7
45-49 岁	23	三得利 8.7 椰树 8.7 康师傅 8.7	橙宝 4.3	
50 岁以上	48	康师傅 16.7	椰树 8.3 红宝 8.3	三得利 6.3

● 广州（Guangzhou）

	人数	第一品牌及百分比	第二品牌及百分比	第三品牌及百分比
样本	**600**	**新奇士 11.8**	**椰树 3.8**	**佳得乐 2.8**
男性	**282**	**新奇士 9.6**	**佳得乐 2.8 椰树 2.8**	**杨协成 1.4 碧泉 1.4**
16-19 岁	30	强力 6.7	新奇士 3.3 佳得乐 3.3 红尔康 3.3 百变果仙 3.3 亚洲 3.3 碧泉 3.3 顺达 3.3	
20-24 岁	36	新奇士 16.7	佳得乐 5.6 椰树 5.6	杨协成 2.8 利宾纳 2.8 晨光 2.8 力泉 2.8
25-29 岁	35	新奇士 11.4	椰树 8.6	佳得乐 2.9 统一 2.9 晨光 2.9 鹰金钱 2.9 珠橙 2.9 杨协成 2.9
30-34 岁	34	新奇士 14.7	椰树 5.9	佳得乐 2.9 维他 2.9
35-39 岁	40	新奇士 5.0	佳得乐 2.5 健力宝 2.5 亚洲 2.5 长吉 2.5	
40-44 岁	41	新奇士 9.8	佳得乐 2.4 健力宝 2.4 长吉 2.4 碧泉 2.4 椰风 2.4 椰树 2.4 鹰金钱 2.4	
45-49 岁	26	新奇士 7.7 碧泉 7.7	佳得乐 3.8 健力宝 3.8 杨协成 3.8 强力 3.8 康师傅 3.8	
50 岁以上	40	新奇士 7.5	杨协成 2.5 清凉爽 2.5	
女性	**318**	**新奇士 13.8**	**椰树 4.7**	**佳得乐 2.8**
16-19 岁	50	新奇士 18.0	佳得乐 6.0 碧泉 6.0	晨光 4.0 康师傅 4.0
20-24 岁	46	新奇士 17.4	椰树 8.7	红尔康 4.3 百变果仙 4.3
25-29 岁	63	新奇士 19.0	统一 3.2	佳得乐 1.6 椰树 1.6 晨光 1.6 康师傅 1.6 力泉 1.6
30-34 岁	46	新奇士 15.2	佳得乐 4.3 椰树 4.3	红尔康 2.2 利宾纳 2.2 亚洲 2.2 冰果乐 2.2
35-39 岁	41	椰树 4.9 百变果仙 4.9	新奇士 2.4 强力 2.4 清凉爽 2.4 金苹果 2.4 美年达 2.4 晨光 2.4 康师傅 2.4 鹰金钱 2.4	
40-44 岁	30	椰树 10.0	红尔康 6.7 新奇士 6.7 健力宝 6.7	佳得乐 3.3 百变果仙 3.3 晨光 3.3 碧泉 3.3
45-49 岁	13	新奇士 23.1	椰树 7.7 碧泉 7.7	
50 岁以上	29	新奇士 6.9	佳得乐 3.4 杨协成 3.4 椰风 3.4 椰树 3.4 亚洲 3.4 美年达 3.4 鹰金钱 3.4 珠江 3.4	

● 重庆（Chongqing）

	人数	第一品牌及百分比				第二品牌及百分比			
样本	**600**	**美年达**	**5.2**			**阳公**	**1.2**		
男性	**308**	**美年达**	**5.2**			**阳公**	**1.3**		
16-19 岁	43	阳公	4.7			美年达	2.3	佳得乐	2.3
						汇源	2.3		
20-24 岁	53	阳公	3.8	康师傅	3.8	美年达	1.9	佳得乐	1.9
						汇源	1.9	天桃	1.9
25-29 岁	43	阳公	9.3			金萍	2.3		
30-34 岁	38	阳公	5.3			统一	2.6	健力宝	2.6
35-39 岁	39	阳公	10.3			佳得乐	2.6		
40-44 岁	30	美年达	3.3	椰风	3.3				
45-49 岁	25	美年达	4.0						
50 岁以上	37	美年达	5.4						
女性	**292**	**美年达**	**5.1**			**阳公**	**1.0**		
16-19 岁	43	阳公	9.3			康师傅	4.7		
20-24 岁	53	美年达	1.9	汇源	1.9				
25-29 岁	32	美年达	3.1	阳公	3.1				
30-34 岁	33	美年达	6.1			阳公	3.0	处处春	3.0
35-39 岁	35	美年达	2.9	阳公	2.9				
40-44 岁	32	美年达	6.3						
45-49 岁	27	美年达	3.7						
50 岁以上	37	美年达	8.1			乐竹	2.7	清凉世界	2.7

4-5 样本总体、男性各年龄层、女性各年龄层最近三个月有无购买的比例 / Purchasing in the Last Three Months by the Whole Sample, Age and Gender Groups

● 北京（Beijing）

	人数	买过	没买过
样本	**600**	**47.2**	**52.8**
男性	**298**	**39.6**	**60.4**
16-19 岁	26	46.2	53.8
20-24 岁	36	41.7	58.3
25-29 岁	41	34.1	65.9
30-34 岁	47	42.6	57.4
35-39 岁	43	39.5	60.5
40-44 岁	42	35.7	64.3
45-49 岁	24	54.2	45.8
50 岁以上	39	30.8	69.2
女性	**302**	**54.6**	**45.4**
16-19 岁	23	78.3	21.7
20-24 岁	35	48.6	51.4
25-29 岁	36	52.8	47.2
30-34 岁	49	61.2	38.8
35-39 岁	45	42.2	57.8
40-44 岁	40	50.0	50.0
45-49 岁	26	50.0	50.0
50 岁以上	48	60.4	39.6

● 上海（Shanghai）

	人数	买过	没买过
样本	**599**	**40.1**	**59.9**
男性	**307**	**37.1**	**62.9**
16-19 岁	22	31.8	68.2
20-24 岁	34	41.2	58.8
25-29 岁	42	38.1	61.9
30-34 岁	56	46.4	53.6
35-39 岁	51	37.3	62.7
40-44 岁	31	32.3	67.7
45-49 岁	26	34.6	65.4
50 岁以上	45	28.9	71.1
女性	**292**	**43.2**	**56.8**
16-19 岁	24	45.8	54.2
20-24 岁	31	54.8	45.2
25-29 岁	37	35.1	64.9
30-34 岁	50	50.0	50.0
35-39 岁	44	45.5	54.5
40-44 岁	35	37.1	62.9
45-49 岁	23	34.8	65.2
50 岁以上	48	39.6	60.4

● 广州（Guangzhou）

	人数	买过	没买过
样本	**599**	**48.4**	**51.6**
男性	**282**	**46.1**	**53.9**
16-19 岁	30	50.0	50.0
20-24 岁	36	58.3	41.7
25-29 岁	35	60.0	40.0
30-34 岁	34	47.1	52.9
35-39 岁	40	35.0	65.0
40-44 岁	41	48.8	51.2
45-49 岁	26	38.5	61.5
50 岁以上	40	32.5	67.5
女性	**317**	**50.5**	**49.5**
16-19 岁	50	66.0	34.0
20-24 岁	45	68.9	31.1
25-29 岁	63	47.6	52.4
30-34 岁	46	45.7	54.3
35-39 岁	41	48.8	51.2
40-44 岁	30	36.7	63.3
45-49 岁	13	30.8	69.2
50 岁以上	29	34.5	65.5

● 重庆（Chongqing）

	人数	买过	没买过
样本	**600**	**38.5**	**61.5**
男性	**308**	**34.1**	**65.9**
16-19 岁	43	46.5	53.5
20-24 岁	53	37.7	62.3
25-29 岁	43	37.2	62.8
30-34 岁	38	28.9	71.1
35-39 岁	39	33.3	66.7
40-44 岁	30	36.7	63.3
45-49 岁	25	44.0	56.0
50 岁以上	37	8.1	91.9
女性	**292**	**43.2**	**56.8**
16-19 岁	43	34.9	65.1
20-24 岁	53	47.2	52.8
25-29 岁	32	40.6	59.4
30-34 岁	33	63.6	36.4
35-39 岁	35	60.0	40.0
40-44 岁	32	40.6	59.4
45-49 岁	27	22.2	77.8
50 岁以上	37	32.4	67.6

4-6 样本总体、男性各年龄层、女性各年龄层的饮用频率 / Frequencies of Consuming Fruit-flavored Beverage by the Whole Sample, Age and Gender Groups

● 北京（Beijing）

	人数	1 周 3 次以上	1 周 1 次左右	1 个月 2 或 3 次左右	1 个月 1 次或以下	没有喝
样本	**597**	**19.8**	**15.4**	**10.2**	**5.0**	**49.6**
男性	**296**	**15.2**	**13.5**	**8.1**	**5.1**	**58.1**
16-19 岁	26	3.8	30.8	11.5	7.7	46.2
20-24 岁	36	19.4	11.1	8.3	5.6	55.6
25-29 岁	41	14.6	14.6	2.4	4.9	63.4
30-34 岁	47	14.9	17.0	10.6	4.3	53.2
35-39 岁	43	20.9	11.6	7.0	4.7	55.8
40-44 岁	42	16.7	9.5	4.8	7.1	61.9
45-49 岁	22	22.7	13.6	13.6	4.5	45.5
50 岁以上	39	7.7	5.1	10.3	2.6	74.4
女性	**301**	**24.3**	**17.3**	**12.3**	**5.0**	**41.2**
16-19 岁	23	30.4	30.4	8.7	8.7	21.7
20-24 岁	35	17.1	17.1	8.6	5.7	51.4
25-29 岁	36	25.0	16.7	13.9	5.6	38.9
30-34 岁	49	24.5	22.4	14.3	6.1	32.7
35-39 岁	45	22.2	15.6	6.7	2.2	53.3
40-44 岁	39	17.9	12.8	25.6	2.6	41.0
45-49 岁	26	30.8	15.4	7.7	0.0	46.2
50 岁以上	48	29.2	12.5	10.4	8.3	39.6

● 上海（Shanghai）

	人数	1 周 3 次以上	1 周 1 次左右	1 个月 2 或 3 次左右	1 个月 1 次或以下	没有喝
样本	**596**	**11.4**	**16.3**	**8.9**	**5.4**	**58.1**
男性	**303**	**9.9**	**16.5**	**7.6**	**4.6**	**61.4**
16-19 岁	22	4.5	18.2	9.1	4.5	63.6
20-24 岁	33	6.1	18.2	15.2	3.0	57.6
25-29 岁	41	7.3	24.4	2.4	4.9	61.0
30-34 岁	56	19.6	14.3	8.9	5.4	51.8
35-39 岁	49	8.2	18.4	8.2	2.0	63.3
40-44 岁	31	0.0	9.7	9.7	0.0	80.6
45-49 岁	26	3.8	19.2	7.7	3.8	65.4
50 岁以上	45	17.8	11.1	2.2	11.1	57.8
女性	**293**	**13.0**	**16.0**	**10.2**	**6.1**	**54.6**
16-19 岁	24	12.5	16.7	16.7	12.5	41.7
20-24 岁	32	3.1	31.3	15.6	6.3	43.8
25-29 岁	37	10.8	18.9	5.4	8.1	56.8
30-34 岁	50	22.0	14.0	18.0	2.0	44.0
35-39 岁	44	25.0	9.1	6.8	4.5	54.5
40-44 岁	35	5.7	14.3	5.7	2.9	71.4
45-49 岁	23	8.7	13.0	8.7	8.7	60.9
50 岁以上	48	8.3	14.6	6.3	8.3	62.5

● 广州（Guangzhou）

	人数	1周3次以上	1周1次左右	1个月2或3次左右	1个月1次或以下	没有喝
样本	**596**	**10.2**	**15.6**	**12.4**	**11.7**	**50.0**
男性	**280**	**8.9**	**17.5**	**11.4**	**9.6**	**52.5**
16-19岁	30	13.3	23.3	10.0	6.7	46.7
20-24岁	36	11.1	19.4	19.4	5.6	44.4
25-29岁	35	5.7	22.9	25.7	8.6	37.1
30-34岁	33	18.2	3.0	9.1	21.2	48.5
35-39岁	40	7.5	20.0	2.5	5.0	65.0
40-44岁	41	7.3	22.0	12.2	9.8	48.8
45-49岁	25	8.0	16.0	8.0	12.0	56.0
50岁以上	40	2.5	12.5	5.0	10.0	70.0
女性	**316**	**11.4**	**13.9**	**13.3**	**13.6**	**47.8**
16-19岁	50	20.0	14.0	18.0	20.0	28.0
20-24岁	46	13.0	13.0	30.4	10.9	32.6
25-29岁	63	14.3	11.1	11.1	9.5	54.0
30-34岁	45	6.7	20.0	6.7	20.0	46.7
35-39岁	41	4.9	17.1	12.2	12.2	53.7
40-44岁	29	10.3	13.8	0.0	13.8	62.1
45-49岁	13	0.0	7.7	7.7	23.1	61.5
50岁以上	29	10.3	10.3	10.3	3.4	65.5

● 重庆（Chongqing）

	人数	1周3次以上	1周1次左右	1个月2或3次左右	1个月1次或以下	没有喝
样本	**600**	**12.0**	**11.5**	**8.7**	**6.5**	**61.3**
男性	**308**	**11.4**	**9.7**	**8.1**	**7.6**	**63.3**
16-19岁	43	18.6	9.3	14.0	7.0	51.2
20-24岁	53	13.2	7.5	15.1	5.7	58.5
25-29岁	43	11.6	14.0	2.3	9.3	62.8
30-34岁	38	5.3	13.2	7.9	5.3	68.4
35-39岁	39	15.4	15.4	5.1	2.6	61.5
40-44岁	30	10.0	6.7	6.7	10.0	66.7
45-49岁	25	12.0	8.0	8.0	16.0	56.0
50岁以上	37	2.7	2.7	2.7	8.1	83.8
女性	**292**	**12.7**	**13.4**	**9.2**	**5.5**	**59.2**
16-19岁	43	9.3	11.6	11.6	7.0	60.5
20-24岁	53	11.3	9.4	13.2	9.4	56.6
25-29岁	32	6.3	9.4	6.3	9.4	68.8
30-34岁	33	24.2	21.2	12.1	3.0	39.4
35-39岁	35	25.7	20.0	8.6	0.0	45.7
40-44岁	32	6.3	18.8	6.3	9.4	59.4
45-49岁	27	11.1	7.4	3.7	0.0	77.8
50岁以上	37	8.1	10.8	8.1	2.7	70.3

4-7 样本总体、男性各年龄层、女性各年龄层购买时的考虑因素 / Considerations in Purchasing by the Whole Sample, Age and Gender Groups

注：本题为多选题，合计百分比超过 100%（Multiple answers）

● 北京（Beijing）

	人数	有名的牌子	价格适中	包装吸引人	广告影响	购买方便	口味好	生产日期
样本	**303**	**21.5**	**39.3**	**1.7**	**6.9**	**23.4**	**71.6**	**18.5**
男性	**126**	**25.4**	**43.7**	**1.6**	**7.1**	**24.6**	**65.9**	**16.7**
16-19 岁	14	28.6	50.0	0.0	0.0	7.1	78.6	14.3
20-24 岁	16	12.5	31.3	0.0	12.5	6.3	56.3	31.3
25-29 岁	15	20.0	46.7	6.7	0.0	26.7	80.0	0.0
30-34 岁	22	18.2	31.8	0.0	13.6	27.3	63.6	13.6
35-39 岁	19	26.3	31.6	5.3	5.3	26.3	52.6	21.1
40-44 岁	16	31.3	43.8	0.0	12.5	50.0	68.8	18.8
45-49 岁	14	28.6	64.3	0.0	0.0	28.6	64.3	14.3
50 岁以上	10	50.0	70.0	0.0	10.0	20.0	70.0	20.0
女性	**177**	**18.6**	**36.2**	**1.7**	**6.8**	**22.6**	**75.7**	**19.8**
16-19 岁	18	5.6	16.7	0.0	5.6	5.6	83.3	11.1
20-24 岁	17	5.9	47.1	0.0	0.0	11.8	70.6	17.6
25-29 岁	21	14.3	28.6	9.5	23.8	33.3	90.5	19.0
30-34 岁	33	12.1	33.3	0.0	3.0	24.2	72.7	21.2
35-39 岁	21	14.3	33.3	0.0	4.8	33.3	85.7	14.3
40-44 岁	24	16.7	41.7	0.0	8.3	12.5	79.2	8.3
45-49 岁	14	28.6	28.6	0.0	0.0	21.4	71.4	57.1
50 岁以上	29	44.8	51.7	3.4	6.9	31.0	58.6	20.7

续上表（continued）

	人数	有优惠条件	售货员介绍	朋友推荐	单位发的	别人送的	只是由于习惯	其他
样本	**303**	**0.0**	**0.3**	**0.7**	**12.9**	**4.3**	**8.3**	**0.3**
男性	**126**	**0.0**	**0.8**	**0.8**	**12.7**	**4.0**	**6.3**	**0.0**
16-19 岁	14	0.0	0.0	0.0	7.1	7.1	14.3	0.0
20-24 岁	16	0.0	0.0	0.0	6.3	0.0	18.8	0.0
25-29 岁	15	0.0	0.0	0.0	13.3	13.3	6.7	0.0
30-34 岁	22	0.0	4.5	0.0	13.6	4.5	4.5	0.0
35-39 岁	19	0.0	0.0	0.0	21.1	0.0	0.0	0.0
40-44 岁	16	0.0	0.0	0.0	6.3	6.3	6.3	0.0
45-49 岁	14	0.0	0.0	7.1	14.3	0.0	0.0	0.0
50 岁以上	10	0.0	0.0	0.0	20.0	0.0	0.0	0.0
女性	**177**	**0.0**	**0.0**	**0.6**	**13.0**	**4.5**	**9.6**	**0.6**
16-19 岁	18	0.0	0.0	0.0	5.6	5.6	22.2	0.0
20-24 岁	17	0.0	0.0	0.0	17.6	5.9	5.9	0.0
25-29 岁	21	0.0	0.0	0.0	9.5	0.0	4.8	0.0
30-34 岁	33	0.0	0.0	0.0	9.1	3.0	9.1	0.0
35-39 岁	21	0.0	0.0	0.0	14.3	14.3	4.8	4.8
40-44 岁	24	0.0	0.0	0.0	20.8	4.2	8.3	0.0
45-49 岁	14	0.0	0.0	0.0	7.1	7.1	7.1	0.0
50 岁以上	29	0.0	0.0	3.4	17.2	0.0	13.8	0.0

● 上海（Shanghai）

	人数	有名的牌子	价格适中	包装吸引人	广告影响	购买方便	口味好	生产日期
样本	**254**	**25.6**	**31.1**	**4.7**	**13.4**	**16.5**	**69.7**	**15.7**
男性	**121**	**25.6**	**35.5**	**8.3**	**14.0**	**14.0**	**66.1**	**16.5**
16-19 岁	8	50.0	37.5	25.0	25.0	0.0	100.0	25.0
20-24 岁	15	40.0	26.7	13.3	6.7	13.3	66.7	13.3
25-29 岁	17	17.6	35.3	11.8	5.9	5.9	76.5	11.8
30-34 岁	27	25.9	25.9	3.7	18.5	7.4	55.6	7.4
35-39 岁	20	25.0	45.0	5.0	15.0	40.0	60.0	20.0
40-44 岁	6	0.0	16.7	0.0	16.7	16.7	66.7	66.7
45-49 岁	9	33.3	55.6	22.2	22.2	22.2	44.4	11.1
50 岁以上	19	15.8	42.1	0.0	10.5	5.3	73.7	15.8
女性	**133**	**25.6**	**27.1**	**1.5**	**12.8**	**18.8**	**72.9**	**15.0**
16-19 岁	14	14.3	28.6	7.1	14.3	0.0	100.0	7.1
20-24 岁	18	16.7	16.7	0.0	27.8	27.8	72.2	11.1
25-29 岁	16	37.5	12.5	0.0	6.3	18.8	68.8	12.5
30-34 岁	28	25.0	28.6	3.6	14.3	17.9	71.4	17.9
35-39 岁	20	40.0	30.0	0.0	20.0	20.0	60.0	10.0
40-44 岁	10	10.0	40.0	0.0	0.0	30.0	100.0	20.0
45-49 岁	9	11.1	33.3	0.0	0.0	22.2	77.8	11.1
50 岁以上	18	33.3	33.3	0.0	5.6	16.7	55.6	27.8

续上表（continued）

	人数	有优惠条件	售货员介绍	朋友推荐	单位发的	别人送的	只是由于习惯	其他
样本	**254**	**4.7**	**0.8**	**1.6**	**7.5**	**3.5**	**1.6**	**0.8**
男性	**121**	**5.0**	**0.0**	**0.8**	**8.3**	**3.3**	**2.5**	**0.0**
16-19 岁	8	12.5	0.0	0.0	0.0	0.0	0.0	0.0
20-24 岁	15	6.7	0.0	0.0	6.7	6.7	0.0	0.0
25-29 岁	17	5.9	0.0	5.9	11.8	5.9	0.0	0.0
30-34 岁	27	0.0	0.0	0.0	7.4	3.7	3.7	0.0
35-39 岁	20	0.0	0.0	0.0	5.0	0.0	5.0	0.0
40-44 岁	6	0.0	0.0	0.0	33.3	16.7	0.0	0.0
45-49 岁	9	11.1	0.0	0.0	0.0	0.0	11.1	0.0
50 岁以上	19	10.5	0.0	0.0	10.5	0.0	0.0	0.0
女性	**133**	**4.5**	**1.5**	**2.3**	**6.8**	**3.8**	**0.8**	**1.5**
16-19 岁	14	0.0	0.0	7.1	0.0	7.1	0.0	0.0
20-24 岁	18	0.0	0.0	11.1	0.0	5.6	0.0	5.6
25-29 岁	16	6.3	0.0	0.0	18.8	0.0	0.0	0.0
30-34 岁	28	14.3	0.0	0.0	7.1	0.0	3.6	0.0
35-39 岁	20	0.0	0.0	0.0	5.0	5.0	0.0	0.0
40-44 岁	10	0.0	10.0	0.0	0.0	0.0	0.0	0.0
45-49 岁	9	0.0	0.0	0.0	22.2	22.2	0.0	11.1
50 岁以上	18	5.6	5.6	0.0	5.6	0.0	0.0	0.0

● 广州（Guangzhou）

	人数	有名的牌子	价格适中	包装吸引人	广告影响	购买方便	口味好	生产日期
样本	**297**	**23.6**	**33.7**	**7.1**	**9.4**	**21.5**	**67.3**	**16.2**
男性	**132**	**24.2**	**37.1**	**7.6**	**9.1**	**25.0**	**60.6**	**14.4**
16-19 岁	16	0.0	37.5	12.5	18.8	12.5	81.3	0.0
20-24 岁	20	30.0	25.0	5.0	15.0	30.0	45.0	15.0
25-29 岁	22	36.4	54.5	9.1	4.5	27.3	50.0	13.6
30-34 岁	17	41.2	29.4	5.9	5.9	17.6	64.7	11.8
35-39 岁	13	30.8	38.5	15.4	7.7	38.5	38.5	15.4
40-44 岁	20	5.0	35.0	5.0	5.0	35.0	55.0	30.0
45-49 岁	12	33.3	33.3	0.0	16.7	16.7	83.3	16.7
50 岁以上	12	16.7	41.7	8.3	0.0	16.7	83.3	8.3
女性	**165**	**23.0**	**30.9**	**6.7**	**9.7**	**18.8**	**72.7**	**17.6**
16-19 岁	34	17.6	47.1	11.8	11.8	17.6	88.2	5.9
20-24 岁	31	9.7	22.6	3.2	9.7	12.9	64.5	16.1
25-29 岁	29	31.0	31.0	6.9	6.9	24.1	82.8	27.6
30-34 岁	25	32.0	16.0	16.0	8.0	20.0	72.0	20.0
35-39 岁	19	31.6	36.8	0.0	5.3	26.3	57.9	21.1
40-44 岁	12	33.3	41.7	0.0	8.3	25.0	91.7	25.0
45-49 岁	5	20.0	40.0	0.0	0.0	0.0	20.0	0.0
50 岁以上	10	10.0	10.0	0.0	30.0	10.0	50.0	20.0

续上表（continued）

	人数	有优惠条件	售货员介绍	朋友推荐	单位发的	别人送的	只是由于习惯	其他
样本	**297**	**2.0**	**1.0**	**2.7**	**4.7**	**0.7**	**9.8**	**1.0**
男性	**132**	**2.3**	**0.8**	**2.3**	**5.3**	**0.8**	**10.6**	**0.0**
16-19 岁	16	6.3	0.0	6.3	6.3	0.0	6.3	0.0
20-24 岁	20	0.0	0.0	5.0	5.0	0.0	20.0	0.0
25-29 岁	22	0.0	4.5	4.5	4.5	4.5	13.6	0.0
30-34 岁	17	5.9	0.0	0.0	0.0	0.0	11.8	0.0
35-39 岁	13	7.7	0.0	0.0	7.7	0.0	0.0	0.0
40-44 岁	20	0.0	0.0	0.0	0.0	0.0	20.0	0.0
45-49 岁	12	0.0	0.0	0.0	8.3	0.0	0.0	0.0
50 岁以上	12	0.0	0.0	0.0	16.7	0.0	0.0	0.0
女性	**165**	**1.8**	**1.2**	**3.0**	**4.2**	**0.6**	**9.1**	**1.8**
16-19 岁	34	0.0	5.9	2.9	2.9	0.0	2.9	2.9
20-24 岁	31	3.2	0.0	6.5	3.2	0.0	16.1	0.0
25-29 岁	29	3.4	0.0	0.0	0.0	0.0	17.2	0.0
30-34 岁	25	0.0	0.0	8.0	8.0	0.0	4.0	0.0
35-39 岁	19	0.0	0.0	0.0	0.0	0.0	10.5	0.0
40-44 岁	12	0.0	0.0	0.0	0.0	0.0	0.0	0.0
45-49 岁	5	20.0	0.0	0.0	20.0	20.0	0.0	20.0
50 岁以上	10	0.0	0.0	0.0	20.0	0.0	10.0	10.0

● 重庆（Chongqing）

	人数	有名的牌子	价格适中	包装吸引人	广告影响	购买方便	口味好	生产日期
样本	**232**	**20.3**	**32.8**	**4.3**	**11.2**	**15.5**	**71.6**	**16.4**
男性	**113**	**26.5**	**31.9**	**5.3**	**12.4**	**15.9**	**67.3**	**19.5**
16-19岁	21	38.1	14.3	4.8	19.0	23.8	85.7	9.5
20-24岁	22	36.4	27.3	4.5	9.1	18.2	63.6	9.1
25-29岁	16	18.8	25.0	0.0	12.5	25.0	43.8	25.0
30-34岁	12	41.7	25.0	16.7	16.7	8.3	58.3	33.3
35-39岁	15	20.0	46.7	0.0	6.7	26.7	73.3	26.7
40-44岁	10	20.0	60.0	20.0	30.0	0.0	80.0	20.0
45-49岁	11	9.1	63.6	0.0	0.0	0.0	63.6	27.3
50岁以上	6	0.0	0.0	0.0	0.0	0.0	66.7	16.7
女性	**119**	**14.3**	**33.6**	**3.4**	**10.1**	**15.1**	**75.6**	**13.4**
16-19岁	17	5.9	5.9	5.9	5.9	17.6	76.5	11.8
20-24岁	23	8.7	43.5	4.3	21.7	17.4	60.9	4.3
25-29岁	10	10.0	40.0	10.0	10.0	0.0	70.0	30.0
30-34岁	20	5.0	40.0	0.0	10.0	30.0	80.0	5.0
35-39岁	19	21.1	36.8	0.0	5.3	10.5	89.5	10.5
40-44岁	13	30.8	53.8	7.7	0.0	15.4	92.3	38.5
45-49岁	6	16.7	0.0	0.0	16.7	0.0	50.0	16.7
50岁以上	11	27.3	27.3	0.0	9.1	9.1	72.7	9.1

续上表（continued）

	人数	有优惠条件	售货员介绍	朋友推荐	单位发的	别人送的	只是由于习惯	其他
样本	**232**	**1.3**	**2.2**	**2.6**	**6.0**	**3.0**	**7.8**	**1.3**
男性	**113**	**0.9**	**2.7**	**2.7**	**6.2**	**3.5**	**4.4**	**1.8**
16-19岁	21	0.0	0.0	0.0	4.8	0.0	4.8	0.0
20-24岁	22	0.0	0.0	0.0	9.1	0.0	0.0	0.0
25-29岁	16	0.0	6.3	0.0	6.3	0.0	25.0	6.3
30-34岁	12	8.3	8.3	0.0	0.0	16.7	0.0	0.0
35-39岁	15	0.0	6.7	6.7	6.7	0.0	0.0	6.7
40-44岁	10	0.0	0.0	10.0	0.0	0.0	0.0	0.0
45-49岁	11	0.0	0.0	9.1	18.2	0.0	0.0	0.0
50岁以上	6	0.0	0.0	0.0	0.0	33.3	0.0	0.0
女性	**119**	**1.7**	**1.7**	**2.5**	**5.9**	**2.5**	**10.9**	**0.8**
16-19岁	17	0.0	0.0	5.9	11.8	17.6	23.5	0.0
20-24岁	23	0.0	0.0	0.0	0.0	0.0	8.7	0.0
25-29岁	10	0.0	0.0	0.0	0.0	0.0	20.0	0.0
30-34岁	20	0.0	0.0	5.0	0.0	0.0	10.0	5.0
35-39岁	19	0.0	0.0	5.3	5.3	0.0	10.5	0.0
40-44岁	13	7.7	0.0	0.0	0.0	0.0	0.0	0.0
45-49岁	6	0.0	16.7	0.0	33.3	0.0	16.7	0.0
50岁以上	11	9.1	9.1	0.0	18.2	0.0	0.0	0.0

4-8 样本总体、男性各年龄层、女性各年龄层的品牌习惯 / Brand Habit in Consuming Fruit-flavored Beverage by the Whole Sample, Age and Gender Groups

注：1=固定饮用一个牌子，从不更改（Used in only one brand）；
2=比较固定地饮用一两个牌子，有时会变一下（Used in one or two brand）；
3=基本上没有固定哪个牌子，随机购买/饮用（No brand preference）

● 北京（Beijing）

	人数	1	2	3
样本	**303**	**10.6**	**51.8**	**37.6**
男性	**125**	**11.2**	**56.8**	**32.0**
16-19岁	13	15.4	53.8	30.8
20-24岁	16	25.0	31.3	43.8
25-29岁	15	20.0	53.3	26.7
30-34岁	22	4.5	68.2	27.3
35-39岁	19	5.3	57.9	36.8
40-44岁	16	6.3	81.3	12.5
45-49岁	14	7.1	57.1	35.7
50岁以上	10	10.0	40.0	50.0
女性	**178**	**10.1**	**48.3**	**41.6**
16-19岁	18	5.6	44.4	50.0
20-24岁	17	11.8	52.9	35.3
25-29岁	22	9.1	63.6	27.3
30-34岁	33	9.1	36.4	54.5
35-39岁	21	9.5	47.6	42.9
40-44岁	24	8.3	50.0	41.7
45-49岁	14	7.1	50.0	42.9
50岁以上	29	17.2	48.3	34.5

● 上海（Shanghai）

	人数	1	2	3
样本	**253**	**10.3**	**58.5**	**31.2**
男性	**120**	**10.8**	**51.7**	**37.5**
16-19岁	8	0.0	75.0	25.0
20-24岁	15	13.3	40.0	46.7
25-29岁	17	11.8	52.9	35.3
30-34岁	27	18.5	44.4	37.0
35-39岁	19	21.1	42.1	36.8
40-44岁	6	0.0	50.0	50.0
45-49岁	9	0.0	77.8	22.2
50岁以上	19	0.0	57.9	42.1
女性	**133**	**9.8**	**64.7**	**25.6**
16-19岁	14	7.1	57.1	35.7
20-24岁	18	0.0	61.1	38.9
25-29岁	16	12.5	50.0	37.5
30-34岁	28	17.9	71.4	10.7
35-39岁	20	5.0	80.0	15.0
40-44岁	10	20.0	70.0	10.0
45-49岁	9	11.1	66.7	22.2
50岁以上	18	5.6	55.6	38.9

● 广州（Guangzhou）

	人数	1	2	3
样本	**301**	**8.0**	**52.5**	**39.5**
男性	**135**	**12.6**	**53.3**	**34.1**
16-19岁	16	6.3	62.5	31.3
20-24岁	20	5.0	40.0	55.0
25-29岁	22	18.2	50.0	31.8
30-34岁	18	22.2	44.4	33.3
35-39岁	14	14.3	64.3	21.4
40-44岁	21	9.5	57.1	33.3
45-49岁	12	8.3	66.7	25.0
50岁以上	12	16.7	50.0	33.3
女性	**166**	**4.2**	**51.8**	**44.0**
16-19岁	35	0.0	54.3	45.7
20-24岁	31	6.5	38.7	54.8
25-29岁	29	3.4	55.2	41.4
30-34岁	25	4.0	64.0	32.0
35-39岁	19	10.5	36.8	52.6
40-44岁	12	0.0	66.7	33.3
45-49岁	5	0.0	0.0	100.0
50岁以上	10	10.0	80.0	10.0

● 重庆（Chongqing）

	人数	1	2	3
样本	**232**	**20.7**	**48.7**	**30.6**
男性	**113**	**22.1**	**46.0**	**31.9**
16-19岁	21	19.0	38.1	42.9
20-24岁	22	22.7	50.0	27.3
25-29岁	16	31.3	43.8	25.0
30-34岁	12	16.7	50.0	33.3
35-39岁	15	20.0	60.0	20.0
40-44岁	10	20.0	50.0	30.0
45-49岁	11	18.2	45.5	36.4
50岁以上	6	33.3	16.7	50.0
女性	**119**	**19.3**	**51.3**	**29.4**
16-19岁	17	23.5	58.8	17.6
20-24岁	23	21.7	47.8	30.4
25-29岁	10	0.0	30.0	70.0
30-34岁	20	20.0	35.0	45.0
35-39岁	19	10.5	57.9	31.6
40-44岁	13	23.1	61.5	15.4
45-49岁	6	0.0	83.3	16.7
50岁以上	11	45.5	54.5	0.0

4-9 样本总体、男性各年龄层、女性各年龄层饮用的包装形式 / Package Types of the Consumed Fruit-flavored Beverage by the Whole Sample, Age and Gender Groups

● 北京（Beijing）

	人数	易开罐	纸盒	塑料瓶	玻璃瓶	纸杯	其他
样本	**304**	**31.3**	**40.1**	**8.2**	**18.4**	**1.0**	**1.0**
男性	**126**	**35.7**	**36.5**	**8.7**	**18.3**	**0.0**	**0.8**
16-19 岁	14	28.6	42.9	0.0	28.6	0.0	0.0
20-24 岁	16	43.8	31.3	6.3	12.5	0.0	6.3
25-29 岁	15	33.3	33.3	0.0	33.3	0.0	0.0
30-34 岁	22	36.4	36.4	18.2	9.1	0.0	0.0
35-39 岁	19	31.6	47.4	15.8	5.3	0.0	0.0
40-44 岁	16	25.0	50.0	6.3	18.8	0.0	0.0
45-49 岁	14	42.9	28.6	7.1	21.4	0.0	0.0
50 岁以上	10	50.0	10.0	10.0	30.0	0.0	0.0
女性	**178**	**28.1**	**42.7**	**7.9**	**18.5**	**1.7**	**1.1**
16-19 岁	18	11.1	61.1	0.0	27.8	0.0	0.0
20-24 岁	17	35.3	41.2	5.9	17.6	0.0	0.0
25-29 岁	22	36.4	27.3	13.6	18.2	4.5	0.0
30-34 岁	33	27.3	39.4	9.1	18.2	3.0	3.0
35-39 岁	21	23.8	47.6	9.5	19.0	0.0	0.0
40-44 岁	24	25.0	58.3	4.2	12.5	0.0	0.0
45-49 岁	14	42.9	50.0	7.1	0.0	0.0	0.0
50 岁以上	29	27.6	27.6	10.3	27.6	3.4	3.4

● 上海（Shanghai）

	人数	易开罐	纸盒	塑料瓶	玻璃瓶	纸杯	其他
样本	**251**	**33.9**	**22.7**	**21.9**	**19.9**	**1.2**	**0.4**
男性	**119**	**33.6**	**19.3**	**25.2**	**21.0**	**0.8**	**0.0**
16-19 岁	8	25.0	25.0	12.5	37.5	0.0	0.0
20-24 岁	15	26.7	20.0	26.7	26.7	0.0	0.0
25-29 岁	17	35.3	11.8	17.6	35.3	0.0	0.0
30-34 岁	27	44.4	29.6	11.1	11.1	3.7	0.0
35-39 岁	19	31.6	21.1	31.6	15.8	0.0	0.0
40-44 岁	5	40.0	0.0	40.0	20.0	0.0	0.0
45-49 岁	9	22.2	22.2	33.3	22.2	0.0	0.0
50 岁以上	19	31.6	10.5	42.1	15.8	0.0	0.0
女性	**132**	**34.1**	**25.8**	**18.9**	**18.9**	**1.5**	**0.8**
16-19 岁	14	28.6	50.0	14.3	7.1	0.0	0.0
20-24 岁	18	27.8	27.8	16.7	27.8	0.0	0.0
25-29 岁	16	18.8	25.0	31.3	25.0	0.0	0.0
30-34 岁	28	28.6	35.7	10.7	21.4	3.6	0.0
35-39 岁	20	50.0	20.0	15.0	10.0	5.0	0.0
40-44 岁	10	40.0	20.0	20.0	20.0	0.0	0.0
45-49 岁	9	44.4	11.1	22.2	22.2	0.0	0.0
50 岁以上	17	41.2	5.9	29.4	17.6	0.0	5.9

● 广州（Guangzhou）

	人数	易开罐	纸盒	塑料瓶	玻璃瓶	纸杯	其他
样本	**299**	**36.1**	**30.4**	**14.0**	**17.4**	**1.3**	**0.7**
男性	**133**	**36.1**	**29.3**	**17.3**	**15.0**	**1.5**	**0.8**
16-19岁	16	25.0	43.8	12.5	18.8	0.0	0.0
20-24岁	19	36.8	31.6	5.3	21.1	5.3	0.0
25-29岁	22	27.3	36.4	13.6	18.2	0.0	4.5
30-34岁	17	47.1	17.6	23.5	11.8	0.0	0.0
35-39岁	14	42.9	14.3	21.4	21.4	0.0	0.0
40-44岁	21	33.3	28.6	19.0	14.3	4.8	0.0
45-49岁	12	41.7	33.3	25.0	0.0	0.0	0.0
50岁以上	12	41.7	25.0	25.0	8.3	0.0	0.0
女性	**166**	**36.1**	**31.3**	**11.4**	**19.3**	**1.2**	**0.6**
16-19岁	36	33.3	36.1	16.7	13.9	0.0	0.0
20-24岁	31	35.5	35.5	9.7	9.7	6.5	3.2
25-29岁	29	51.7	27.6	6.9	13.8	0.0	0.0
30-34岁	24	33.3	25.0	4.2	37.5	0.0	0.0
35-39岁	19	26.3	42.1	21.1	10.5	0.0	0.0
40-44岁	12	16.7	33.3	16.7	33.3	0.0	0.0
45-49岁	5	40.0	20.0	0.0	40.0	0.0	0.0
50岁以上	10	50.0	10.0	10.0	30.0	0.0	0.0

● 重庆（Chongqing）

	人数	易开罐	纸盒	塑料瓶	玻璃瓶	纸杯	其他
样本	**232**	**22.8**	**9.9**	**15.5**	**45.3**	**3.9**	**2.6**
男性	**113**	**26.5**	**8.0**	**14.2**	**45.1**	**4.4**	**1.8**
16-19岁	21	23.8	14.3	19.0	33.3	4.8	4.8
20-24岁	22	22.7	9.1	22.7	45.5	0.0	0.0
25-29岁	16	12.5	12.5	12.5	62.5	0.0	0.0
30-34岁	12	50.0	0.0	8.3	41.7	0.0	0.0
35-39岁	15	20.0	6.7	6.7	66.7	0.0	0.0
40-44岁	10	30.0	10.0	10.0	30.0	20.0	0.0
45-49岁	11	36.4	0.0	9.1	27.3	18.2	9.1
50岁以上	6	33.3	0.0	16.7	50.0	0.0	0.0
女性	**119**	**19.3**	**11.8**	**16.8**	**45.4**	**3.4**	**3.4**
16-19岁	17	23.5	17.6	23.5	29.4	0.0	5.9
20-24岁	23	26.1	26.1	13.0	34.8	0.0	0.0
25-29岁	10	20.0	10.0	0.0	70.0	0.0	0.0
30-34岁	20	10.0	15.0	15.0	50.0	5.0	5.0
35-39岁	19	5.3	0.0	21.1	52.6	15.8	5.3
40-44岁	13	23.1	0.0	23.1	53.8	0.0	0.0
45-49岁	6	50.0	0.0	16.7	33.3	0.0	0.0
50岁以上	11	18.2	9.1	18.2	45.5	0.0	9.1

4-10 样本总体、男性各年龄层、女性各年龄层饮用的场合 / Settings of Consumption by the Whole Sample, Age and Gender Groups

注：本题为多选题，合计百分比超过 100%（Multiple answers）

● 北京（Beijing）

	人数	平时口渴喝	平时吃饭喝	宴席、聚会喝	外出、旅游喝	其他
样本	**304**	**68.1**	**19.4**	**19.4**	**27.3**	**1.3**
男性	**127**	**66.9**	**21.3**	**15.0**	**27.6**	**1.6**
16-19 岁	14	64.3	28.6	14.3	42.9	0.0
20-24 岁	17	76.5	23.5	5.9	11.8	0.0
25-29 岁	15	93.3	6.7	0.0	20.0	0.0
30-34 岁	22	40.9	22.7	18.2	40.9	0.0
35-39 岁	19	57.9	15.8	21.1	36.8	0.0
40-44 岁	16	75.0	31.3	18.8	12.5	0.0
45-49 岁	14	64.3	28.6	21.4	21.4	7.1
50 岁以上	10	80.0	10.0	20.0	30.0	10.0
女性	**177**	**68.9**	**18.1**	**22.6**	**27.1**	**1.1**
16-19 岁	18	88.9	5.6	11.1	33.3	0.0
20-24 岁	17	64.7	17.6	41.2	11.8	0.0
25-29 岁	21	71.4	28.6	38.1	14.3	0.0
30-34 岁	33	66.7	12.1	27.3	30.3	0.0
35-39 岁	21	76.2	28.6	4.8	23.8	0.0
40-44 岁	24	62.5	12.5	20.8	41.7	0.0
45-49 岁	14	50.0	35.7	14.3	28.6	0.0
50 岁以上	29	69.0	13.8	20.7	27.6	6.9

● 上海（Shanghai）

	人数	平时口渴喝	平时吃饭喝	宴席、聚会喝	外出、旅游喝	其他
样本	**253**	**78.3**	**8.7**	**14.6**	**26.5**	**1.6**
男性	**120**	**84.2**	**9.2**	**14.2**	**21.7**	**1.7**
16-19 岁	8	75.0	0.0	12.5	37.5	0.0
20-24 岁	15	93.3	20.0	13.3	20.0	0.0
25-29 岁	17	94.1	11.8	5.9	11.8	0.0
30-34 岁	27	96.3	7.4	7.4	14.8	0.0
35-39 岁	19	73.7	10.5	21.1	31.6	0.0
40-44 岁	6	50.0	0.0	50.0	33.3	0.0
45-49 岁	9	77.8	11.1	11.1	11.1	0.0
50 岁以上	19	78.9	5.3	15.8	26.3	10.5
女性	**133**	**72.9**	**8.3**	**15.0**	**30.8**	**1.5**
16-19 岁	14	71.4	14.3	0.0	50.0	0.0
20-24 岁	18	72.2	0.0	0.0	38.9	0.0
25-29 岁	16	87.5	0.0	12.5	18.8	0.0
30-34 岁	28	71.4	7.1	17.9	28.6	0.0
35-39 岁	20	65.0	10.0	20.0	20.0	5.0
40-44 岁	10	60.0	10.0	50.0	30.0	0.0
45-49 岁	9	66.7	11.1	22.2	66.7	0.0
50 岁以上	18	83.3	16.7	11.1	16.7	5.6

● 广州（Guangzhou）

	人数	平时口渴喝	平时吃饭喝	宴席、聚会喝	外出、旅游喝	其他
样本	**300**	**83.0**	**8.0**	**10.0**	**28.7**	**1.7**
男性	**133**	**83.5**	**9.8**	**10.5**	**28.6**	**0.8**
16-19 岁	15	80.0	13.3	6.7	46.7	0.0
20-24 岁	20	90.0	0.0	15.0	20.0	0.0
25-29 岁	22	81.8	13.6	9.1	27.3	0.0
30-34 岁	18	83.3	11.1	5.6	22.2	0.0
35-39 岁	14	85.7	21.4	14.3	7.1	0.0
40-44 岁	20	85.0	10.0	0.0	25.0	5.0
45-49 岁	12	91.7	0.0	25.0	41.7	0.0
50 岁以上	12	66.7	8.3	16.7	50.0	0.0
女性	**167**	**82.6**	**6.6**	**9.6**	**28.7**	**2.4**
16-19 岁	36	86.1	5.6	11.1	30.6	0.0
20-24 岁	31	87.1	3.2	3.2	22.6	6.5
25-29 岁	29	82.8	6.9	3.4	34.5	3.4
30-34 岁	25	80.0	0.0	16.0	24.0	4.0
35-39 岁	19	84.2	10.5	15.8	36.8	0.0
40-44 岁	12	83.3	8.3	8.3	25.0	0.0
45-49 岁	5	60.0	20.0	20.0	20.0	0.0
50 岁以上	10	70.0	20.0	10.0	30.0	0.0

● 重庆（Chongqing）

	人数	平时口渴喝	平时吃饭喝	宴席、聚会喝	外出、旅游喝	其他
样本	**232**	**75.4**	**8.2**	**21.1**	**23.7**	**1.3**
男性	**113**	**70.8**	**9.7**	**25.7**	**23.9**	**0.0**
16-19 岁	21	81.0	14.3	14.3	28.6	0.0
20-24 岁	22	50.0	18.2	13.6	31.8	0.0
25-29 岁	16	81.3	12.5	6.3	25.0	0.0
30-34 岁	12	66.7	0.0	41.7	33.3	0.0
35-39 岁	15	93.3	13.3	6.7	33.3	0.0
40-44 岁	10	80.0	0.0	50.0	0.0	0.0
45-49 岁	11	54.5	0.0	63.6	9.1	0.0
50 岁以上	6	50.0	0.0	66.7	0.0	0.0
女性	**119**	**79.8**	**6.7**	**16.8**	**23.5**	**2.5**
16-19 岁	17	76.5	0.0	11.8	17.6	11.8
20-24 岁	23	73.9	4.3	26.1	26.1	4.3
25-29 岁	10	80.0	10.0	40.0	20.0	0.0
30-34 岁	20	85.0	10.0	5.0	20.0	0.0
35-39 岁	19	89.5	0.0	5.3	31.6	0.0
40-44 岁	13	76.9	15.4	23.1	30.8	0.0
45-49 岁	6	66.7	16.7	33.3	16.7	0.0
50 岁以上	11	81.8	9.1	9.1	18.2	0.0

4-11 重度消费者的人口分布 / Demographics of the Heavy Consumers

● 北京（Beijing）

	人数	16-19 岁	20-24 岁	25-29 岁	30-34 岁	35-39 岁	40-44 岁	45-49 岁	50 岁以上
样本	**210**	**11.0**	**11.0**	**12.9**	**18.1**	**14.8**	**11.0**	**9.5**	**11.9**
男性	**85**	**10.6**	**12.9**	**14.1**	**17.6**	**16.5**	**12.9**	**9.4**	**5.9**
1 周 3 次以上	45	2.2	15.6	13.3	15.6	20.0	15.6	11.1	6.7
1 周 1 次左右	40	20.0	10.0	15.0	20.0	12.5	10.0	7.5	5.0
女性	**125**	**11.2**	**9.6**	**12.0**	**18.4**	**13.6**	**9.6**	**9.6**	**16.0**
1 周 3 次以上	73	9.6	8.2	12.3	16.4	13.7	9.6	11.0	19.2
1 周 1 次左右	52	13.5	11.5	11.5	21.2	13.5	9.6	7.7	11.5

● 上海（Shanghai）

	人数	16-19 岁	20-24 岁	25-29 岁	30-34 岁	35-39 岁	40-44 岁	45-49 岁	50 岁以上
样本	**165**	**7.3**	**11.5**	**14.5**	**22.4**	**17.0**	**6.1**	**6.7**	**14.5**
男性	**80**	**6.3**	**10.0**	**16.3**	**23.8**	**16.3**	**3.8**	**7.5**	**16.3**
1 周 3 次以上	30	3.3	6.7	10.0	36.7	13.3	0.0	3.3	26.7
1 周 1 次左右	50	8.0	12.0	20.0	16.0	18.0	6.0	10.0	10.0
女性	**85**	**8.2**	**12.9**	**12.9**	**21.2**	**17.6**	**8.2**	**5.9**	**12.9**
1 周 3 次以上	38	7.9	2.6	10.5	28.9	28.9	5.3	5.3	10.5
1 周 1 次左右	47	8.5	21.3	14.9	14.9	8.5	10.6	6.4	14.9

● 广州（Guangzhou）

	人数	16-19 岁	20-24 岁	25-29 岁	30-34 岁	35-39 岁	40-44 岁	45-49 岁	50 岁以上
样本	**154**	**18.2**	**14.9**	**16.9**	**12.3**	**13.0**	**12.3**	**4.5**	**7.8**
男性	**74**	**14.9**	**14.9**	**13.5**	**9.5**	**14.9**	**16.2**	**8.1**	**8.1**
1 周 3 次以上	25	16.0	16.0	8.0	24.0	12.0	12.0	8.0	4.0
1 周 1 次左右	49	14.3	14.3	16.3	2.0	16.3	18.4	8.2	10.2
女性	**80**	**21.3**	**15.0**	**20.0**	**15.0**	**11.3**	**8.8**	**1.3**	**7.5**
1 周 3 次以上	36	27.8	16.7	25.0	8.3	5.6	8.3	0.0	8.3
1 周 1 次左右	44	15.9	13.6	15.9	20.5	15.9	9.1	2.3	6.8

● 重庆（Chongqing）

	人数	16-19 岁	20-24 岁	25-29 岁	30-34 岁	35-39 岁	40-44 岁	45-49 岁	50 岁以上
样本	**141**	**14.9**	**15.6**	**11.3**	**15.6**	**19.9**	**9.2**	**7.1**	**6.4**
男性	**65**	**18.5**	**16.9**	**16.9**	**10.8**	**18.5**	**7.7**	**7.7**	**3.1**
1 周 3 次以上	35	22.9	20.0	14.3	5.7	17.1	8.6	8.6	2.9
1 周 1 次左右	30	13.3	13.3	20.0	16.7	20.0	6.7	6.7	3.3
女性	**76**	**11.8**	**14.5**	**6.6**	**19.7**	**21.1**	**10.5**	**6.6**	**9.2**
1 周 3 次以上	37	10.8	16.2	5.4	21.6	24.3	5.4	8.1	8.1
1 周 1 次左右	39	12.8	12.8	7.7	17.9	17.9	15.4	5.1	10.3

4-12 关于北京消费群 / The Beijing Market Segments

4-12-1 不同消费群最常用的品牌 / The Most Frequently Consumed Brands by Market Segments

	人数	第一品牌及百分比	第二品牌及百分比	第三品牌及百分比
样本	**285**	**康师傅 19.3**	**摩奇 10.9**	**汇源 9.1**
第一消费群	67	康师傅 19.4	汇源 11.9	摩奇 9.0 椰树 9.0
第二消费群	42	康师傅 16.7	摩奇 14.3	汇源 9.5 椰树 9.5
第三消费群	53	康师傅 24.5	北冰洋 15.1	摩奇 7.5
第四消费群	2	北冰洋 50.0 椰风 50.0		
第五消费群	67	康师傅 22.4	摩奇 11.9	汇源 10.4
第六消费群	54	康师傅 13.0 摩奇 13.0	椰树 11.1	汇源 9.3

4-12-2 重度消费者的消费群构成 / The Composition of the Heavy Consumers

	人数	第一消费群	第二消费群	第三消费群	第四消费群	第五消费群	第六消费群
样本	**210**	**22.4**	**15.2**	**21.0**	**0.5**	**22.4**	**18.6**
1周3次以上	118	23.7	17.8	19.5	0.8	16.9	21.2
1周1次左右	92	20.7	12.0	22.8	0.0	29.3	15.2

注：北京消费群的代表特征 / Characteristics of the Beijing Market Segments

		第一消费群	第二消费群	第三消费群	第四消费群	第五消费群	第六消费群
基本情况	性别	女	男	无明显偏向	男	无明显偏向	女
	年龄	30 — 34 岁	25 — 29 岁	35 — 44 岁	无明显偏向	16 — 24 岁	45 岁以上
	学历	大专/大本	大本	初中	大本及研究生	高中/中专/技校	初中及以下
	职业	科教卫生人员	一般企业职员	工人	管理人员/专门职业从事者/个体及私营企业主	学生	离退休人员
	月均收入	801 — 1500 元	1501 — 4000 元	800 元以下	4000 元以上	无收入	800 元以下
	婚姻	已婚	无明显偏向	已婚	已婚或离异	未婚	已婚
心理取向		注重学历 非积极进取	不循规传统 非单一电视娱乐	非田园倾向 新女性主张 金钱本位	注重经验 大男子主义 不保守稳定	非“大男子主义” 追随流行	非“新女性主张” 非浪漫新潮 单一电视娱乐

4-13 关于上海消费群 / The Shanghai Market Segments

4-13-1 不同消费群最常用的品牌 / The Most Frequently Consumed Brands by Market Segments

	人数	第一品牌及百分比	第二品牌及百分比	第三品牌及百分比
样本	**242**	**三得利 16.9**	**佳得乐 15.7**	**红宝 12.0**
第一消费群	48	三得利 22.9	椰树 10.4 佳得乐 10.4	康师傅 8.3
第二消费群	43	康师傅 18.6	佳得乐 20.9	椰树 9.3 红宝 9.3
第三消费群	7	三得利 42.9	佳得乐 28.6	椰树 14.3
第四消费群	43	红宝 20.9	佳得乐 18.6	三得利 14.0
第五消费群	29	康师傅 13.8 红宝 13.8 佳得乐 13.8	统一 10.3	三得利 6.9
第六消费群	72	三得利 22.2	佳得乐 13.9	红宝 12.5

4-13-2 重度消费者的消费群构成 / The Composition of the Heavy Consumers

	人数	第一消费群	第二消费群	第三消费群	第四消费群	第五消费群	第六消费群
样本	**165**	**20.6**	**16.4**	**3.0**	**18.2**	**9.7**	**32.1**
1 周 3 次以上	68	23.5	11.8	0.0	14.7	7.4	42.6
1 周 1 次左右	97	18.6	19.6	5.2	20.6	11.3	24.7

注：上海消费群的代表特征 / Characteristics of the Shanghai Market Segments

		第一消费群	第二消费群	第三消费群	第四消费群	第五消费群	第六消费群
基本情况	性别	无明显偏向	男	男	女	女	无明显偏向
	年龄	45 岁以上	20 — 29 岁	25 — 34 岁	35 — 44 岁	16 — 24 岁	30 — 39 岁
	学历	大本及以上	大专/大本	大专	初中及以下	高中/中专/技校	高中/中专/技校
	职业	科教卫生人员/离退休人员	一般企业职员	行政管理人员/个体及私营企业主/专门职业从事者	工人/下岗人员	学生	一般企业职员
	月均收入	801 — 1500 元	1001 — 3000 元	3000 元以上	800 元以下	无收入	1001 — 2000 元
	婚姻	已婚	未婚	未婚	已婚	未婚	已婚
心理取向		非浪漫时尚 非金钱本位 保守稳定	非家庭重心 田园倾向 休闲独立	不保守稳定 奔波忙碌 浪漫时尚	金钱本位 家庭重心 注重学历	新家庭观念 非休闲独立	不积极进取 不奔波忙碌

4-14 关于广州消费群 / The Guangzhou Market Segments

4-14-1 不同消费群最常用的品牌 / The Most Frequently Consumed Brands by Market Segments

	人数	第一品牌及百分比	第二品牌及百分比	第三品牌及百分比
样本	**274**	**新奇士 25.9**	**椰树 8.8**	**佳得乐 6.6**
第一消费群	56	新奇士 19.6	佳得乐 8.9	红尔康 7.1
第二消费群	41	新奇士 19.5	红尔康 9.8	健力宝 7.3
第三消费群	57	新奇士 26.3	椰树 14.0	佳得乐 8.8
第四消费群	50	新奇士 24.0	健力宝 14.0	佳得乐 10.0
第五消费群	37	新奇士 32.4	椰树 10.8	红尔康 8.1
第六消费群	33	新奇士 39.4	椰树 12.1	佳得乐 9.1

4-14-2 重度消费者的消费群构成 / The Composition of the Heavy Consumers

	人数	第一消费群	第二消费群	第三消费群	第四消费群	第五消费群	第六消费群
样本	**154**	**23.4**	**13.6**	**17.5**	**20.1**	**14.9**	**10.4**
1周3次以上	61	26.2	11.5	19.7	23.0	11.5	8.2
1周1次左右	93	21.5	15.1	16.1	18.3	17.2	11.8

注：广州消费群的代表特征 / Characteristics of the Guangzhou Market Segments

		第一消费群	第二消费群	第三消费群	第四消费群	第五消费群	第六消费群
基本情况	性别	女	无明显偏向	女	男	女	男
	年龄	16－19岁	40岁以上	20－24岁	35－44岁	30－34岁	25－29岁
	学历	高中/中专/技校	无明显偏向	高中/中专/技校/大专	初中/高中/中专/技校	初中及以下	大专及以上
	职业	学生	工人	学生/待业人员	个体及私营企业主	家庭主妇	企业职员/管理人员/科教卫生人员/专门职业者
	月均收入	无收入	1500元以下	无收入	801－1500元	800元以下	2000元以上
	婚姻	未婚	已婚	未婚	已婚	已婚	无明显偏向
心理取向		不固守中式生活 田园倾向 非大男子主义	非新女性主张 不追随流行 非积极进取	独立自主 追随流行	积极进取 大男子主义 中式生活	单一电视娱乐 非独立自主 保守稳定	非单一电视娱乐 非家庭重心

4-15 关于重庆消费群 / The Chongqing Market Segments

4-15-1 不同消费群最常用的品牌 / The Most Frequently Consumed Brands by Market Segments

	人数	第一品牌及百分比	第二品牌及百分比	第三品牌及百分比
样本	**162**	**美年达 23.5**	**阳公 8.0**	**康师傅 3.7**
第一消费群	45	美年达 22.2	阳公 11.1	康太 6.7
第二消费群	40	美年达 22.5	阳公 5.0	康师傅 2.5 统一 2.5 爱普露 2.5 阳光 2.5 清凉世界 2.5 乐竹 2.5
第三消费群	36	美年达 16.7	康师傅 13.9	阳公 5.6 天桃 5.6
第四消费群	7	美年达 57.1	阳公 14.3	
第五消费群	27	美年达 33.3	阳公 11.1	乐竹 7.4
第六消费群	7	美年达 14.3		

4-15-2 重度消费者的消费群构成 / The Composition of the Heavy Consumers

	人数	第一消费群	第二消费群	第三消费群	第四消费群	第五消费群	第六消费群
样本	**141**	**23.4**	**25.5**	**20.6**	**7.1**	**19.1**	**4.3**
1 周 3 次以上	72	30.6	29.2	15.3	5.6	13.9	5.6
1 周 1 次左右	69	15.9	21.7	26.1	8.7	24.6	2.9

注：重庆消费群的代表特征 / Characteristics of the Chongqing Market Segments

		第一消费群	第二消费群	第三消费群	第四消费群	第五消费群	第六消费群
基本情况	性别	无明显偏向	无明显偏向	无明显偏向	无明显偏向	无明显偏向	女
	年龄	16 － 19 岁	45 岁以上	20 － 29 岁	30 － 34 岁	40 岁以上	25 － 29 岁
	学历	高中/中专/技校	高中/中专/技校	大专/大本	高中/中专/技校/大本以上	初中及以下	初中
	职业	学生	行政管理人员/离退休人员	科教卫生人员/一般企业职员	个体及私营企业主	工人	专门职业从事者下岗及其他
	月均收入	无收入	501 － 800 元	801 － 1500 元	1500 元以上	500 元以下	1001 － 1500 元
	婚姻	未婚	已婚	无明显偏向	已婚	已婚	已婚或离异
心理取向		浪漫新潮 注重学历 非现实家庭观	循规传统 奔波忙碌 保守稳定	新女性主张 非功利心态	功利心态 现实家庭观 都市情结	非浪漫新潮 非独立休闲	非新女性主张 不循规传统 独立休闲

5 啤酒 / Beer

5-1 最近三个月有无饮用的比例 / Proportion of the Sample Consuming Beer in the Last Three Months

	北京（Beijing）	上海（Shanghai）	广州（Guangzhou）	重庆（Chongqing）
喝过	79.2	71.8	61.6	69.1
没喝过	20.8	28.2	38.4	30.9
有效样本量	**600**	**600**	**599**	**599**

5-2 最常用品牌排名 / Ranking of the Most Frequently Consumed Brands

● 北京（Beijing）

排名	品牌		人数	百分比
1	燕京	Yan jing	417	87.8
2	北京	Beijing	22	4.6
3	五星	Five Star	13	2.7
4	青岛	Tsing Tao	7	1.5
5	蓝带	Blue Ribbon	4	0.8
6	嘉士伯	Garlsberg	3	0.6
7	百威	Budweiser	2	0.4
7	生力	San miguel	2	0.4

n=475

● 上海（Shanghai）

排名	品牌		人数	百分比
1	力波	Reeb	199	46.2
2	三得利	Suntory	74	17.2
3	青岛	Tsing Tao	55	12.8
4	贝克	Beck's	33	7.7
5	上海	Shanghai	25	5.8
6	百威	Budweiser	14	3.2
6	光明	Bright	14	3.2

n=431

● 广州（Guangzhou）

排名	品牌		人数	百分比
1	珠江	Zhujiang	182	49.5
2	生力	San miguel	74	20.1
3	蓝带	Blue Ribbon	33	9.0
4	广氏	Guangshi	31	8.4
5	青岛	Tsing Tao	26	7.1
6	喜力	Heineken	9	2.4
7	金威	Jinwei	4	1.1

n=368

● 重庆（Chongqing）

排名	品牌		人数	百分比
1	山城	Shancheng	302	73.1
2	重庆	Chongqing	93	22.5
3	黄河	Huanghe	5	1.2
4	蓝带	Blue Ribbon	3	0.7
5	生力	San miguel	2	0.5
5	嘉士伯	Garlsberg	2	0.5

n=413

5-3 理想品牌排名 / Ranking of the Ideal Brands

● 北京（Beijing）

排名	品牌		人数	百分比
1	燕京	Yanjing	422	70.3
2	北京	Beijing	26	4.3
3	青岛	Tsing Tao	24	4.0
4	五星	Five Star	20	3.3
5	百威	Budweiser	8	1.3
5	蓝带	Blue Ribbon	8	1.3

n=600

● 上海（Shanghai）

排名	品牌		人数	百分比
1	力波	Reeb	214	35.7
2	三得利	Suntory	91	15.2
3	青岛	Tsing Tao	83	13.8
4	贝克	Beck's	72	12.0
5	百威	Budweiser	22	3.7
6	光明	Bright	19	3.2

n=600

● 广州（Guangzhou）

排名	品牌		人数	百分比
1	珠江	Zhujiang	189	31.5
2	生力	San miguel	105	17.5
3	青岛	Tsing Tao	57	9.5
4	蓝带	Blue Ribbon	35	5.8
5	广氏	Guangshi	24	4.0
6	喜力	Heineken	12	2.0

n=600

● 重庆（Chongqing）

排名	品牌		人数	百分比
1	山城	Shancheng	300	50.0
2	重庆	Chongqing	109	18.2
3	青岛	Tsing Tao	41	6.8
4	蓝带	Blue Ribbon	17	2.8
5	黄河	Huanghe	11	1.8
6	百威	Budweiser	4	0.7

n=600

5-4 样本总体、男性各年龄层、女性各年龄层的理想品牌 / The Ideal Brands by the Whole Sample, Age and Gender Groups

● 北京（Beijing）

	人数	第一品牌及百分比	第二品牌及百分比	第三品牌及百分比
样本	**600**	**燕京 70.3**	**北京 4.3**	**青岛 4.0**
男性	**298**	**燕京 72.1**	**北京 4.4**	**青岛 3.4**
16-19 岁	26	燕京 65.4	五星 3.8 百威 3.8 青岛 3.8 蓝带 3.8 贝克 3.8 云湖 3.8 健力士 3.8	
20-24 岁	36	燕京 55.6	北京 8.3 喜力 8.3	五星 5.6 百威 5.6 嘉士伯 5.6
25-29 岁	41	燕京 82.9	喜力 4.9	北京 2.4 蓝带 2.4 嘉士伯 2.4
30-34 岁	47	燕京 85.1	北京 6.4	五星 2.1 蓝带 2.1 健力士 2.1
35-39 岁	43	燕京 74.4	北京 4.7 五星 4.7	青岛 2.3 喜力 2.3
40-44 岁	42	燕京 85.7	北京 4.8	五星 2.4 青岛 2.4
45-49 岁	24	燕京 58.3	蓝带 8.3	五星 4.2 青岛 4.2
50 岁以上	39	燕京 56.4	青岛 7.7	北京 5.1 五星 5.1
女性	**302**	**燕京 68.5**	**北京 4.3**	**青岛 5.3**
16-19 岁	23	燕京 56.5	北京 8.7 五星 8.7 百威 8.7	朝日 4.3 虎牌 4.3 嘉士伯 4.3
20-24 岁	35	燕京 57.1	百威 5.7 青岛 5.7	北京 2.9 朝日 2.9 蓝带 2.9 生力 2.9 嘉士伯 2.9
25-29 岁	36	燕京 66.7	青岛 11.1	五星 5.6 贝克 5.6
30-34 岁	49	燕京 69.4	青岛 8.2	北京 4.1
35-39 岁	45	燕京 77.8	北京 6.7	青岛 2.2
40-44 岁	40	燕京 82.5	五星 7.5	蓝带 2.5
45-49 岁	26	燕京 57.7	青岛 11.5	北京 7.7 五星 7.7
50 岁以上	48	燕京 68.8	北京 6.3	青岛 4.2

● 上海（Shanghai）

	人数	第一品牌及百分比	第二品牌及百分比	第三品牌及百分比
样本	**600**	**力波 35.7**	**三得利 15.2**	**青岛 13.8**
男性	**307**	**力波 36.2**	**三得利 15.6**	**青岛 12.7**
16-19 岁	22	力波 40.9	三得利 27.3	贝克 13.6
20-24 岁	34	力波 26.5	青岛 23.5	北京 11.8
25-29 岁	42	力波 23.8	贝克 16.7	青岛 11.9 三得利 11.9
30-34 岁	56	力波 37.5	三得利 17.9	贝克 16.1
35-39 岁	51	力波 45.1	三得利 15.7	贝克 11.8
40-44 岁	31	力波 51.6	三得利 12.9	光明 9.7
45-49 岁	26	力波 50.0	三得利 23.1	青岛 7.7 光明 7.7
50 岁以上	45	青岛 28.9	力波 22.2	三得利 13.3
女性	**293**	**力波 35.2**	**青岛 15.0**	**三得利 14.7**
16-19 岁	24	力波 33.3	三得利 16.7	青岛 12.5
20-24 岁	32	青岛 21.9 贝克 21.9	三得利 15.6	力波 12.5
25-29 岁	37	力波 43.2	贝克 21.6	青岛 8.1 三得利 8.1
30-34 岁	50	力波 40.0	三得利 28.0	青岛 12.0
35-39 岁	44	力波 47.7	青岛 13.6 贝克 13.6	三得利 9.1
40-44 岁	35	力波 42.9	三得利 22.9	青岛 14.3
45-49 岁	23	力波 34.8	青岛 13.0 光明 13.0	贝克 8.7 三得利 8.7
50 岁以上	48	力波 22.9 青岛 22.9	贝克 16.7	光明 6.3 三得利 6.3

● 广州（Guangzhou）

	人数	第一品牌及百分比	第二品牌及百分比	第三品牌及百分比
样本	**600**	**珠江 31.5**	**生力 17.5**	**青岛 9.5**
男性	**282**	**珠江 33.0**	**生力 20.2**	**青岛 11.3**
16-19 岁	30	珠江 23.3 生力 23.3	蓝带 13.3 广氏 13.3	喜力 3.3 朝日 3.3
20-24 岁	36	生力 38.9	青岛 16.7	珠江 11.1 蓝带 11.1
25-29 岁	35	珠江 34.3	青岛 22.9	生力 20.0
30-34 岁	34	珠江 32.4	生力 23.5	蓝带 5.9 青岛 5.9 金威 5.9
35-39 岁	40	珠江 35.0	青岛 17.5	生力 12.5
40-44 岁	41	珠江 34.1	生力 17.1	蓝带 9.8
45-49 岁	26	珠江 46.2	生力 11.5 青岛 11.5	海珠 3.8 喜力 3.8 广州 3.8
50 岁以上	40	珠江 47.5	生力 15.0	青岛 12.5
女性	**318**	**珠江 30.2**	**生力 15.1**	**青岛 7.9**
16-19 岁	50	生力 22.0	珠江 10.0 蓝带 10.0	广氏 8.0
20-24 岁	46	珠江 21.7 生力 21.7	蓝带 10.9 青岛 10.9	喜力 8.7
25-29 岁	63	珠江 28.6	生力 17.5 青岛 17.5	蓝带 3.2 广氏 3.2
30-34 岁	46	珠江 34.8	生力 13.0	青岛 8.7
35-39 岁	41	珠江 34.1	青岛 9.8	生力 7.3
40-44 岁	30	珠江 46.7	广氏 10.0	生力 6.7
45-49 岁	13	珠江 38.5	生力 15.4	蓝带 7.7 虎牌 7.7
50 岁以上	29	珠江 48.3	生力 10.3 广氏 10.3	蓝带 3.4 雪堡 3.4

● 重庆（Chongqing）

	人数	第一品牌及百分比	第二品牌及百分比	第三品牌及百分比
样本	**600**	**山城 50.0**	**重庆 18.2**	**青岛 6.8**
男性	**308**	**山城 49.4**	**重庆 20.8**	**青岛 8.4**
16-19 岁	43	山城 39.5	重庆 20.9	青岛 9.3
20-24 岁	53	山城 43.4	青岛 11.3	重庆 9.4 蓝带 9.4
25-29 岁	43	山城 48.8	重庆 27.9	青岛 2.3 生力 2.3 蓝带 2.3 北京 2.3 嘉士伯 2.3
30-34 岁	38	山城 42.1	重庆 21.1	青岛 18.4
35-39 岁	39	山城 59.0	重庆 28.2	黄河 7.7
40-44 岁	30	山城 63.3	重庆 20.0	青岛 3.3 蓝带 3.3
45-49 岁	25	山城 60.0	重庆 16.0	青岛 8.0
50 岁以上	37	山城 48.6	重庆 24.3	青岛 13.5
女性	**292**	**山城 50.7**	**重庆 15.4**	**青岛 4.8**
16-19 岁	43	山城 44.2	重庆 11.6	蓝剑 2.3 蓝带 2.3
20-24 岁	53	山城 43.4	重庆 11.3	青岛 5.7 蓝带 5.7
25-29 岁	32	山城 62.5	重庆 15.6	青岛 6.3 黄河 6.3
30-34 岁	33	山城 54.4	重庆 18.2	青岛 9.1
35-39 岁	35	山城 51.4	重庆 14.3	青岛 5.7 黄河 5.7
40-44 岁	32	山城 59.4	重庆 21.9	黄河 3.1 蓝带 3.1
45-49 岁	27	山城 48.1	重庆 14.8	青岛 7.4
50 岁以上	37	山城 48.6	重庆 18.9	青岛 5.4

5-5 样本总体、男性各年龄层、女性各年龄层最近三个月有无购买的比例 / Purchasing in the Last Three Months by the Whole Sample, Age and Gender Groups

● 北京（Beijing）

	人数	买过	没买过
样本	**600**	**79.3**	**20.7**
男性	**298**	**82.9**	**17.1**
16-19 岁	26	84.6	15.4
20-24 岁	36	86.1	13.9
25-29 岁	41	80.5	19.5
30-34 岁	47	87.2	12.8
35-39 岁	43	86.0	14.0
40-44 岁	42	81.0	19.0
45-49 岁	24	66.7	33.3
50 岁以上	39	84.6	15.4
女性	**302**	**75.8**	**24.2**
16-19 岁	23	65.2	34.8
20-24 岁	35	57.1	42.9
25-29 岁	36	83.3	16.7
30-34 岁	49	77.6	22.4
35-39 岁	45	86.7	13.3
40-44 岁	40	75.0	25.0
45-49 岁	26	80.8	19.2
50 岁以上	48	75.0	25.0

● 上海（Shanghai）

	人数	买过	没买过
样本	**599**	**73.1**	**26.9**
男性	**306**	**77.8**	**22.2**
16-19 岁	22	72.7	27.3
20-24 岁	34	58.8	41.2
25-29 岁	42	83.3	16.7
30-34 岁	56	83.9	16.1
35-39 岁	51	86.3	13.7
40-44 岁	31	71.0	29.0
45-49 岁	25	92.0	8.0
50 岁以上	45	68.9	31.1
女性	**293**	**68.3**	**31.7**
16-19 岁	24	62.5	37.5
20-24 岁	32	65.6	34.4
25-29 岁	37	62.2	37.8
30-34 岁	50	76.0	24.0
35-39 岁	44	70.5	29.5
40-44 岁	35	74.3	25.7
45-49 岁	23	73.9	26.1
50 岁以上	48	60.4	39.6

● 广州（Guangzhou）

	人数	买过	没买过
样本	**600**	**59.7**	**40.3**
男性	**282**	**69.1**	**30.9**
16-19岁	30	53.3	46.7
20-24岁	36	80.6	19.4
25-29岁	35	80.0	20.0
30-34岁	34	67.6	32.4
35-39岁	40	72.5	27.5
40-44岁	41	61.0	39.0
45-49岁	26	61.5	38.5
50岁以上	40	72.5	27.5
女性	**318**	**51.3**	**48.7**
16-19岁	50	40.0	60.0
20-24岁	46	58.7	41.3
25-29岁	63	60.3	39.7
30-34岁	46	41.3	58.7
35-39岁	41	56.1	43.9
40-44岁	30	43.3	56.7
45-49岁	13	23.1	76.9
50岁以上	29	69.0	31.0

● 重庆（Chongqing）

	人数	买过	没买过
样本	**600**	**73.0**	**27.0**
男性	**308**	**81.8**	**18.2**
16-19岁	43	81.4	18.6
20-24岁	53	83.0	17.0
25-29岁	43	83.7	16.3
30-34岁	38	86.8	13.2
35-39岁	39	79.5	20.5
40-44岁	30	76.7	23.3
45-49岁	25	88.0	12.0
50岁以上	37	75.7	24.3
女性	**292**	**63.7**	**36.3**
16-19岁	43	55.8	44.2
20-24岁	53	52.8	47.2
25-29岁	32	75.0	25.0
30-34岁	33	72.7	27.3
35-39岁	35	65.7	34.3
40-44岁	32	68.8	31.3
45-49岁	27	74.1	25.9
50岁以上	37	56.8	43.2

5-6 样本总体、男性各年龄层、女性各年龄层的饮用频率 / Frequencies of Consuming Beer by the Whole Sample, Age and Gender Groups

● 北京（Beijing）

	人数	天天喝	1 周 3 次以上	1 周 1 次左右	1 个月 2 或 3 次左右	1 个月 1 次或以下	没有喝
样本	**600**	**21.5**	**24.2**	**17.5**	**8.2**	**7.8**	**20.8**
男性	**298**	**26.2**	**27.9**	**18.8**	**7.0**	**5.7**	**14.4**
16-19 岁	26	7.7	26.9	11.5	7.7	11.5	34.6
20-24 岁	36	19.4	41.7	19.4	8.3	5.6	5.6
25-29 岁	41	36.6	26.8	17.1	4.9	0.0	14.6
30-34 岁	47	40.4	29.8	14.9	6.4	4.3	4.3
35-39 岁	43	20.9	25.6	27.9	9.3	4.7	11.6
40-44 岁	42	35.7	19.0	11.9	7.1	11.9	14.3
45-49 岁	24	25.0	8.3	25.0	4.2	8.3	29.2
50 岁以上	39	12.8	38.5	23.1	7.7	2.6	15.4
女性	**302**	**16.9**	**20.5**	**16.2**	**9.3**	**9.9**	**27.2**
16-19 岁	23	8.7	13.0	13.0	4.3	4.3	56.5
20-24 岁	35	8.6	11.4	11.4	11.4	14.3	42.9
25-29 岁	36	11.1	30.6	19.4	11.1	8.3	19.4
30-34 岁	49	16.3	18.4	16.3	16.3	14.3	18.4
35-39 岁	45	24.4	37.8	17.8	6.7	2.2	11.1
40-44 岁	40	22.5	12.5	20.0	10.0	10.0	25.0
45-49 岁	26	26.9	19.2	15.4	3.8	11.5	23.1
50 岁以上	48	14.6	16.7	14.6	6.3	12.5	35.4

● 上海（Shanghai）

	人数	天天喝	1 周 3 次以上	1 周 1 次左右	1 个月 2 或 3 次左右	1 个月 1 次或以下	没有喝
样本	**600**	**24.0**	**13.3**	**16.7**	**9.5**	**8.3**	**28.2**
男性	**307**	**27.7**	**17.3**	**18.2**	**10.1**	**8.1**	**18.6**
16-19 岁	22	4.5	4.5	22.7	4.5	22.7	40.9
20-24 岁	34	8.8	5.9	11.8	20.6	17.6	35.3
25-29 岁	42	23.8	26.2	23.8	11.9	7.1	7.1
30-34 岁	56	35.7	21.4	17.9	12.5	3.6	8.9
35-39 岁	51	41.2	17.6	19.6	5.9	2.0	13.7
40-44 岁	31	29.0	19.4	12.9	9.7	0.0	29.0
45-49 岁	26	38.5	23.1	19.2	0.0	15.4	3.8
50 岁以上	45	24.4	13.3	17.8	11.1	8.9	24.4
女性	**293**	**20.1**	**9.2**	**15.0**	**8.9**	**8.5**	**38.2**
16-19 岁	24	8.3	16.7	8.3	12.5	8.3	45.8
20-24 岁	32	18.8	6.3	9.4	3.1	18.8	43.8
25-29 岁	37	18.9	0.0	18.9	8.1	5.4	48.6
30-34 岁	50	32.0	12.0	12.0	12.0	10.0	22.0
35-39 岁	44	25.0	11.4	13.6	9.1	4.5	36.4
40-44 岁	35	14.3	17.1	28.6	2.9	8.6	28.6
45-49 岁	23	26.1	0.0	13.0	4.3	8.7	47.8
50 岁以上	48	12.5	8.3	14.6	14.6	6.3	43.8

● 广州（Guangzhou）

	人数	天天喝	1周3次以上	1周1次左右	1个月2或3次左右	1个月1次或以下	没有喝
样本	**599**	**5.8**	**14.4**	**14.0**	**13.2**	**14.2**	**38.4**
男性	**281**	**8.9**	**21.4**	**17.1**	**13.2**	**14.6**	**24.9**
16-19岁	30	0.0	0.0	10.0	16.7	30.0	43.3
20-24岁	36	2.8	25.0	30.6	5.6	16.7	19.4
25-29岁	35	14.3	28.6	22.9	14.3	8.6	11.4
30-34岁	34	5.9	32.4	14.7	20.6	5.9	20.6
35-39岁	40	7.5	45.0	7.5	12.5	2.5	25.0
40-44岁	41	14.6	9.8	17.1	9.8	14.6	34.1
45-49岁	26	15.4	11.5	15.4	19.2	11.5	26.9
50岁以上	39	10.3	12.8	17.9	10.3	28.2	20.5
女性	**318**	**3.1**	**8.2**	**11.3**	**13.2**	**13.8**	**50.3**
16-19岁	50	0.0	6.0	10.0	8.0	20.0	56.0
20-24岁	46	6.5	8.7	17.4	10.9	17.4	39.1
25-29岁	63	1.6	11.1	9.5	19.0	11.1	47.6
30-34岁	46	4.3	6.5	10.9	10.9	10.9	56.5
35-39岁	41	7.3	4.9	19.5	12.2	12.2	43.9
40-44岁	30	0.0	10.0	6.7	10.0	10.0	63.3
45-49岁	13	0.0	0.0	0.0	7.7	15.4	76.9
50岁以上	29	3.4	13.8	6.9	24.1	13.8	37.9

● 重庆（Chongqing）

	人数	天天喝	1周3次以上	1周1次左右	1个月2或3次左右	1个月1次或以下	没有喝
样本	**599**	**12.5**	**20.2**	**16.4**	**12.4**	**7.7**	**30.9**
男性	**307**	**16.9**	**26.1**	**18.2**	**13.7**	**6.5**	**18.6**
16-19岁	43	4.7	16.3	11.6	25.6	9.3	32.6
20-24岁	53	11.3	39.6	17.0	13.2	5.7	13.2
25-29岁	43	18.6	27.9	23.3	9.3	4.7	16.3
30-34岁	38	15.8	31.6	23.7	10.5	7.9	10.5
35-39岁	39	30.8	12.8	17.9	12.8	5.1	20.5
40-44岁	30	23.3	30.0	13.3	6.7	6.7	20.0
45-49岁	25	20.0	20.0	28.0	12.0	8.0	12.0
50岁以上	36	16.7	25.0	13.9	16.7	5.6	22.2
女性	**292**	**7.9**	**14.0**	**14.4**	**11.0**	**8.9**	**43.8**
16-19岁	43	0.0	14.0	2.3	4.7	14.0	65.1
20-24岁	53	3.8	13.2	9.4	5.7	11.3	56.6
25-29岁	32	9.4	15.6	21.9	15.6	9.4	28.1
30-34岁	33	15.2	27.3	15.2	9.1	3.0	30.3
35-39岁	35	5.7	14.3	25.7	17.1	2.9	34.3
40-44岁	32	18.8	9.4	15.6	6.3	12.5	37.5
45-49岁	27	3.7	7.4	25.9	11.1	11.1	40.7
50岁以上	37	10.8	10.8	8.1	21.6	5.4	43.2

5-7 样本总体、男性各年龄层、女性各年龄层购买时的考虑因素 / Considerations in Purchasing by the Whole Sample, Age and Gender Groups

注：本题为多选题，合计百分比超过 100%（Multiple answers）

● 北京（Beijing）

	人数	有名的牌子	价格适中	包装吸引人	广告影响	购买方便	口味好	生产日期
样本	**475**	**43.4**	**50.7**	**1.7**	**2.7**	**29.5**	**68.8**	**13.3**
男性	**255**	**45.5**	**48.2**	**2.0**	**3.1**	**29.4**	**71.4**	**14.1**
16-19 岁	17	29.4	58.8	0.0	0.0	17.6	82.4	29.4
20-24 岁	34	35.3	44.1	2.9	5.9	38.2	70.6	5.9
25-29 岁	35	48.6	45.7	0.0	2.9	25.7	74.3	8.6
30-34 岁	45	46.7	31.1	2.2	0.0	24.4	73.3	13.3
35-39 岁	38	50.0	47.4	2.6	7.9	44.7	73.7	15.8
40-44 岁	36	52.8	55.6	5.6	2.8	33.3	63.9	19.4
45-49 岁	17	52.9	47.1	0.0	0.0	11.8	58.8	11.8
50 岁以上	33	42.4	66.7	0.0	3.0	24.2	72.7	15.2
女性	**220**	**40.9**	**53.6**	**1.4**	**2.3**	**29.5**	**65.9**	**12.3**
16-19 岁	10	30.0	40.0	0.0	0.0	10.0	60.0	20.0
20-24 岁	20	20.0	40.0	0.0	5.0	30.0	60.0	0.0
25-29 岁	29	27.6	55.2	3.4	3.4	41.4	69.0	13.8
30-34 岁	40	42.5	52.5	0.0	0.0	22.5	60.0	7.5
35-39 岁	40	50.0	50.0	0.0	2.5	32.5	75.0	10.0
40-44 岁	30	53.3	63.3	0.0	0.0	23.3	70.0	13.3
45-49 岁	20	30.0	50.0	10.0	5.0	40.0	75.0	15.0
50 岁以上	31	51.6	64.5	0.0	3.2	29.0	54.8	22.6

续上表（continued）

	人数	生产地	售货员介绍	朋友推荐	有优惠条件	单位发的	别人送的	只是由于习惯	其他
样本	**475**	**5.3**	**0.0**	**0.8**	**0.2**	**5.1**	**0.8**	**13.3**	**0.2**
男性	**255**	**3.9**	**0.0**	**0.4**	**0.4**	**2.7**	**0.0**	**14.1**	**0.4**
16-19 岁	17	11.8	0.0	0.0	0.0	0.0	0.0	11.8	0.0
20-24 岁	34	2.9	0.0	0.0	0.0	5.9	0.0	20.6	0.0
25-29 岁	35	8.6	0.0	0.0	0.0	2.9	0.0	20.0	2.9
30-34 岁	45	0.0	0.0	2.2	0.0	2.2	0.0	22.2	0.0
35-39 岁	38	0.0	0.0	0.0	2.6	0.0	0.0	5.3	0.0
40-44 岁	36	8.3	0.0	0.0	0.0	2.8	0.0	5.6	0.0
45-49 岁	17	5.9	0.0	0.0	0.0	5.9	0.0	5.9	0.0
50 岁以上	33	0.0	0.0	0.0	0.0	3.0	0.0	15.2	0.0
女性	**220**	**6.8**	**0.0**	**1.4**	**0.0**	**7.7**	**1.8**	**12.3**	**0.0**
16-19 岁	10	0.0	0.0	0.0	0.0	20.0	10.0	10.0	0.0
20-24 岁	20	5.0	0.0	5.0	0.0	10.0	0.0	5.0	0.0
25-29 岁	29	6.9	0.0	0.0	0.0	6.9	3.4	6.9	0.0
30-34 岁	40	10.0	0.0	2.5	0.0	7.5	0.0	17.5	0.0
35-39 岁	40	2.5	0.0	2.5	0.0	10.0	0.0	12.5	0.0
40-44 岁	30	13.3	0.0	0.0	0.0	10.0	3.3	10.0	0.0
45-49 岁	20	0.0	0.0	0.0	0.0	0.0	0.0	10.0	0.0
50 岁以上	31	9.7	0.0	0.0	0.0	3.2	3.2	19.4	0.0

● 上海（Shanghai）

	人数	有名牌子	价格适中	包装吸引人	广告影响	购买方便	口味好	生产日期
样本	**432**	**38.1**	**55.2**	**0.7**	**7.0**	**21.1**	**58.5**	**13.2**
男性	**251**	**37.8**	**57.4**	**0.4**	**7.6**	**21.9**	**57.8**	**10.8**
16-19 岁	13	30.8	69.2	0.0	23.1	15.4	84.6	23.1
20-24 岁	22	50.0	36.4	0.0	0.0	18.2	72.7	18.2
25-29 岁	39	35.9	51.3	0.0	5.1	17.9	66.7	0.0
30-34 岁	52	34.6	46.2	0.0	17.3	19.2	61.5	11.5
35-39 岁	44	40.9	70.5	2.3	9.1	20.5	45.5	4.5
40-44 岁	22	22.7	68.2	0.0	0.0	31.8	54.5	18.2
45-49 岁	25	44.0	68.0	0.0	4.0	24.0	48.0	12.0
50 岁以上	34	41.2	58.8	0.0	0.0	29.4	47.1	14.7
女性	**181**	**38.7**	**51.9**	**1.1**	**6.1**	**19.9**	**59.1**	**16.6**
16-19 岁	13	23.1	46.2	0.0	7.7	15.4	76.9	15.4
20-24 岁	18	27.8	72.2	0.0	11.1	22.2	38.9	22.2
25-29 岁	19	36.8	36.8	0.0	10.5	15.8	57.9	5.3
30-34 岁	39	48.7	51.3	2.6	5.1	15.4	69.2	25.6
35-39 岁	28	53.6	39.3	0.0	3.6	10.7	60.7	14.3
40-44 岁	25	28.0	56.0	0.0	4.0	36.0	64.0	16.0
45-49 岁	12	50.0	66.7	0.0	8.3	25.0	58.3	8.3
50 岁以上	27	29.6	55.6	3.7	3.7	22.2	44.4	14.8

续上表（continued）

	人数	生产地	售货员介绍	朋友推荐	有优惠条件	单位发的	别人送的	只是由于习惯	其他
样本	**432**	**6.5**	**0.7**	**1.6**	**1.4**	**4.2**	**2.1**	**7.0**	**0.9**
男性	**251**	**6.8**	**0.4**	**1.6**	**1.6**	**4.0**	**2.0**	**4.8**	**0.4**
16-19 岁	13	7.7	0.0	0.0	0.0	0.0	0.0	0.0	0.0
20-24 岁	22	18.2	0.0	0.0	0.0	0.0	9.1	0.0	0.0
25-29 岁	39	2.6	0.0	2.6	2.6	5.1	2.6	5.1	2.6
30-34 岁	52	7.7	0.0	1.9	0.0	3.8	1.9	5.8	0.0
35-39 岁	44	2.3	0.0	4.5	4.5	2.3	2.3	6.8	0.0
40-44 岁	22	9.1	0.0	0.0	0.0	9.1	0.0	0.0	0.0
45-49 岁	25	8.0	4.0	0.0	4.0	4.0	0.0	4.0	0.0
50 岁以上	34	5.9	0.0	0.0	0.0	5.9	0.0	8.8	0.0
女性	**181**	**6.1**	**1.1**	**1.7**	**1.1**	**4.4**	**2.2**	**9.9**	**1.7**
16-19 岁	13	23.1	0.0	0.0	0.0	0.0	0.0	15.4	0.0
20-24 岁	18	0.0	5.6	11.1	11.1	5.6	0.0	22.2	0.0
25-29 岁	19	0.0	0.0	0.0	0.0	10.5	5.3	5.3	5.3
30-34 岁	39	7.7	2.6	2.6	0.0	2.6	0.0	5.1	0.0
35-39 岁	28	7.1	0.0	0.0	0.0	10.7	0.0	10.7	3.6
40-44 岁	25	8.0	0.0	0.0	0.0	0.0	0.0	4.0	0.0
45-49 岁	12	8.3	0.0	0.0	0.0	0.0	0.0	25.0	0.0
50 岁以上	27	0.0	0.0	0.0	0.0	3.7	11.1	7.4	3.7

● 广州（Guangzhou）

	人数	有名的牌子	价格适中	包装吸引人	广告影响	购买方便	口味好	生产日期
样本	**368**	**30.4**	**42.1**	**0.5**	**7.3**	**23.9**	**64.4**	**12.2**
男性	**212**	**32.1**	**42.9**	**0.5**	**7.1**	**24.1**	**61.3**	**9.0**
16-19 岁	17	29.4	35.3	0.0	11.8	11.8	70.6	0.0
20-24 岁	29	31.0	37.9	0.0	3.4	17.2	58.6	3.4
25-29 岁	31	35.5	48.4	0.0	9.7	32.3	61.3	6.5
30-34 岁	27	48.1	40.7	0.0	7.4	29.6	59.3	11.1
35-39 岁	30	20.0	53.3	0.0	3.3	26.7	46.7	16.7
40-44 岁	27	33.3	40.7	3.7	7.4	29.6	63.0	18.5
45-49 岁	19	31.6	52.6	0.0	5.3	21.1	68.4	0.0
50 岁以上	32	28.1	34.4	0.0	9.4	18.8	68.8	9.4
女性	**156**	**28.2**	**41.0**	**0.6**	**7.7**	**23.7**	**68.6**	**16.7**
16-19 岁	21	14.3	28.6	0.0	28.6	28.6	85.7	14.3
20-24 岁	28	14.3	21.4	0.0	0.0	25.0	75.0	10.7
25-29 岁	33	36.4	51.5	0.0	9.1	27.3	60.6	30.3
30-34 岁	19	36.8	31.6	5.3	0.0	36.8	63.2	15.8
35-39 岁	23	34.8	43.5	0.0	8.7	26.1	60.9	21.7
40-44 岁	11	36.4	54.5	0.0	9.1	0.0	72.7	9.1
45-49 岁	3	33.3	100.0	0.0	0.0	0.0	66.7	33.3
50 岁以上	18	27.8	55.6	0.0	0.0	11.1	66.7	0.0

续上表（continued）

	人数	生产地	售货员介绍	朋友推荐	有优惠条件	单位发的	别人送的	只是由于习惯	其他
样本	**368**	**10.6**	**1.1**	**3.0**	**0.8**	**1.4**	**1.1**	**15.2**	**1.4**
男性	**212**	**11.8**	**1.9**	**1.9**	**0.5**	**0.9**	**0.9**	**17.9**	**1.4**
16-19 岁	17	0.0	0.0	0.0	0.0	0.0	0.0	41.2	0.0
20-24 岁	29	3.4	3.4	3.4	3.4	3.4	3.4	34.5	0.0
25-29 岁	31	16.1	6.5	3.2	0.0	0.0	3.2	9.7	0.0
30-34 岁	27	18.5	0.0	0.0	0.0	0.0	0.0	7.4	0.0
35-39 岁	30	10.0	3.3	3.3	0.0	3.3	0.0	23.3	0.0
40-44 岁	27	14.8	0.0	3.7	0.0	0.0	0.0	3.7	0.0
45-49 岁	19	10.5	0.0	0.0	0.0	0.0	0.0	15.8	5.3
50 岁以上	32	15.6	0.0	0.0	0.0	0.0	0.0	15.6	6.3
女性	**156**	**9.0**	**0.0**	**4.5**	**1.3**	**1.9**	**1.3**	**11.5**	**1.3**
16-19 岁	21	0.0	0.0	0.0	4.8	0.0	0.0	14.3	4.8
20-24 岁	28	3.6	0.0	7.1	3.6	3.6	3.6	25.0	0.0
25-29 岁	33	18.2	0.0	3.0	0.0	0.0	0.0	6.1	0.0
30-34 岁	19	5.3	0.0	10.5	0.0	0.0	0.0	5.3	0.0
35-39 岁	23	13.0	0.0	4.3	0.0	0.0	0.0	4.3	0.0
40-44 岁	11	0.0	0.0	9.1	0.0	0.0	0.0	18.2	0.0
45-49 岁	3	0.0	0.0	0.0	0.0	0.0	0.0	0.0	0.0
50 岁以上	18	16.7	0.0	0.0	0.0	11.1	5.6	11.1	5.6

● 重庆（Chongqing）

	人数	有名的牌子	价格适中	包装吸引人	广告影响	购买方便	口味好	生产日期
样本	**415**	**17.8**	**50.8**	**1.2**	**2.4**	**36.1**	**50.4**	**15.9**
男性	**251**	**15.9**	**53.4**	**1.6**	**2.4**	**35.5**	**49.4**	**15.5**
16-19 岁	29	6.9	55.2	0.0	0.0	37.9	69.0	17.2
20-24 岁	46	13.0	54.3	4.3	2.2	41.3	39.1	6.5
25-29 岁	36	22.2	63.9	0.0	0.0	36.1	38.9	22.2
30-34 岁	34	8.8	47.1	0.0	2.9	44.1	50.0	20.6
35-39 岁	31	19.4	35.5	3.2	3.2	35.5	54.8	16.1
40-44 岁	24	16.7	45.8	4.2	12.5	45.8	54.2	8.3
45-49 岁	22	27.3	50.0	0.0	0.0	18.2	40.9	18.2
50 岁以上	29	17.2	72.4	0.0	0.0	17.2	55.2	17.2
女性	**164**	**20.7**	**47.0**	**0.6**	**2.4**	**37.2**	**51.8**	**16.5**
16-19 岁	15	6.7	26.7	0.0	6.7	53.3	73.3	6.7
20-24 岁	23	21.7	52.2	4.3	0.0	43.5	39.1	17.4
25-29 岁	23	17.4	21.7	0.0	0.0	30.4	43.5	13.0
30-34 岁	23	21.7	65.2	0.0	4.3	39.1	47.8	17.4
35-39 岁	23	34.8	30.4	0.0	0.0	30.4	60.9	21.7
40-44 岁	20	20.0	60.0	0.0	0.0	30.0	55.0	20.0
45-49 岁	16	6.3	56.3	0.0	6.3	37.5	43.8	0.0
50 岁以上	21	28.6	61.9	0.0	4.8	38.1	57.1	28.6

续上表（continued）

	人数	生产地	售货员介绍	朋友推荐	有优惠条件	单位发的	别人送的	只是由于习惯	其他
样本	**415**	**19.0**	**0.0**	**1.2**	**0.7**	**0.0**	**0.2**	**21.4**	**1.2**
男性	**251**	**19.5**	**0.0**	**1.6**	**0.8**	**0.0**	**0.4**	**22.3**	**1.6**
16-19 岁	29	6.9	0.0	0.0	0.0	0.0	0.0	10.3	3.4
20-24 岁	46	23.9	0.0	2.2	2.2	0.0	0.0	32.6	0.0
25-29 岁	36	25.0	0.0	0.0	0.0	0.0	0.0	22.2	0.0
30-34 岁	34	17.6	0.0	0.0	2.9	0.0	2.9	23.5	2.9
35-39 岁	31	16.1	0.0	3.2	0.0	0.0	0.0	22.6	3.2
40-44 岁	24	16.7	0.0	0.0	0.0	0.0	0.0	12.5	4.2
45-49 岁	22	22.7	0.0	4.5	0.0	0.0	0.0	27.3	0.0
50 岁以上	29	24.1	0.0	3.4	0.0	0.0	0.0	20.7	0.0
女性	**164**	**18.3**	**0.0**	**0.6**	**0.6**	**0.0**	**0.0**	**20.1**	**0.6**
16-19 岁	15	13.3	0.0	0.0	0.0	0.0	0.0	6.7	0.0
20-24 岁	23	8.7	0.0	0.0	0.0	0.0	0.0	26.1	0.0
25-29 岁	23	26.1	0.0	0.0	0.0	0.0	0.0	43.5	0.0
30-34 岁	23	17.4	0.0	4.3	0.0	0.0	0.0	17.4	0.0
35-39 岁	23	17.4	0.0	0.0	0.0	0.0	0.0	17.4	4.3
40-44 岁	20	10.0	0.0	0.0	5.0	0.0	0.0	25.0	0.0
45-49 岁	16	25.0	0.0	0.0	0.0	0.0	0.0	18.8	0.0
50 岁以上	21	28.6	0.0	0.0	0.0	0.0	0.0	0.0	0.0

5-8 样本总体、男性各年龄层、女性各年龄层的品牌习惯 / Brand Habit in Consuming Beer by the Whole Sample, Age and Gender Groups

注：1=平时固定饮用一个牌子，从不更改（Used in only one brand）；
2=比较固定饮用一两个牌子，有时会变一下（Used in one or two brands）；
3=基本上没有固定哪个牌子，随机购买/饮用（No brand preference）

● 北京（Beijing）

	人数	1	2	3
样本	**475**	**45.9**	**48.2**	**5.9**
男性	**255**	**47.1**	**48.2**	**4.7**
16-19 岁	17	58.8	29.4	11.8
20-24 岁	34	44.1	47.1	8.8
25-29 岁	35	40.0	57.1	2.9
30-34 岁	45	57.8	42.2	0.0
35-39 岁	38	47.4	47.4	5.3
40-44 岁	36	50.0	41.7	8.3
45-49 岁	17	52.9	41.2	5.9
50 岁以上	33	30.3	69.7	0.0
女性	**220**	**44.5**	**48.2**	**7.3**
16-19 岁	10	50.0	40.0	10.0
20-24 岁	20	45.0	40.0	15.0
25-29 岁	29	31.0	58.6	10.3
30-34 岁	40	37.5	50.0	12.5
35-39 岁	40	47.5	52.5	0.0
40-44 岁	30	46.7	50.0	3.3
45-49 岁	20	50.0	50.0	0.0
50 岁以上	31	54.8	35.5	9.7

● 上海（Shanghai）

	人数	1	2	3
样本	**431**	**25.3**	**63.8**	**10.9**
男性	**250**	**22.8**	**68.4**	**8.8**
16-19 岁	13	15.4	69.2	15.4
20-24 岁	22	13.6	68.2	18.2
25-29 岁	39	17.9	74.4	7.7
30-34 岁	51	19.6	74.5	5.9
35-39 岁	44	29.5	59.1	11.4
40-44 岁	22	36.4	59.1	4.5
45-49 岁	25	32.0	60.0	8.0
50 岁以上	34	17.6	76.5	5.9
女性	**181**	**28.7**	**57.5**	**13.8**
16-19 岁	13	30.8	53.8	15.4
20-24 岁	18	11.1	72.2	16.7
25-29 岁	19	21.1	57.9	21.1
30-34 岁	39	28.2	56.4	15.4
35-39 岁	28	25.0	71.4	3.6
40-44 岁	25	36.0	48.0	16.0
45-49 岁	12	41.7	58.3	0.0
50 岁以上	27	37.0	44.4	18.5

● 广州（Guangzhou）

	人数	1	2	3
样本	**368**	**25.8**	**59.0**	**15.2**
男性	**212**	**28.8**	**57.5**	**13.7**
16-19 岁	17	17.6	64.7	17.6
20-24 岁	29	17.2	62.1	20.7
25-29 岁	31	35.5	54.8	9.7
30-34 岁	27	33.3	51.9	14.8
35-39 岁	30	20.0	63.3	16.7
40-44 岁	27	29.6	63.0	7.4
45-49 岁	19	21.1	68.4	10.5
50 岁以上	32	46.9	40.6	12.5
女性	**156**	**21.8**	**60.9**	**17.3**
16-19 岁	22	31.8	45.5	22.7
20-24 岁	27	14.8	66.7	18.5
25-29 岁	33	15.2	63.6	21.2
30-34 岁	20	20.0	65.0	15.0
35-39 岁	23	34.8	47.8	17.4
40-44 岁	10	10.0	90.0	0.0
45-49 岁	3	0.0	33.3	66.7
50 岁以上	18	27.8	66.7	5.6

● 重庆（Chongqing）

	人数	1	2	3
样本	**415**	**41.0**	**55.7**	**3.4**
男性	**251**	**39.0**	**57.4**	**3.6**
16-19 岁	29	24.1	62.1	13.8
20-24 岁	46	34.8	58.7	6.5
25-29 岁	36	36.1	63.9	0.0
30-34 岁	34	41.2	58.8	0.0
35-39 岁	31	41.9	54.8	3.2
40-44 岁	24	62.5	37.5	0.0
45-49 岁	22	36.4	63.6	0.0
50 岁以上	29	41.4	55.2	3.4
女性	**164**	**43.9**	**53.0**	**3.0**
16-19 岁	15	46.7	40.0	13.3
20-24 岁	23	34.8	56.5	8.7
25-29 岁	23	34.8	65.2	0.0
30-34 岁	23	52.2	47.8	0.0
35-39 岁	23	43.5	56.5	0.0
40-44 岁	20	65.0	35.0	0.0
45-49 岁	16	37.5	56.3	6.3
50 岁以上	21	38.1	61.9	0.0

5-9 样本总体、男性各年龄层、女性各年龄层饮用的包装形式 / Package Types of the Consumed Beer by the Whole Sample, Age and Gender Groups

● 北京（Beijing）

	人数	瓶装	听装	散装扎啤	其他
样本	**475**	**84.6**	**14.1**	**1.1**	**0.2**
男性	**255**	**86.3**	**12.5**	**1.2**	**0.0**
16-19 岁	17	82.4	17.6	0.0	0.0
20-24 岁	34	82.4	17.6	0.0	0.0
25-29 岁	35	85.7	11.4	2.9	0.0
30-34 岁	45	88.9	6.7	4.4	0.0
35-39 岁	38	94.7	5.3	0.0	0.0
40-44 岁	36	80.6	19.4	0.0	0.0
45-49 岁	17	82.4	17.6	0.0	0.0
50 岁以上	33	87.9	12.1	0.0	0.0
女性	**220**	**82.7**	**15.9**	**0.9**	**0.5**
16-19 岁	10	80.0	20.0	0.0	0.0
20-24 岁	20	90.0	10.0	0.0	0.0
25-29 岁	29	79.3	17.2	3.4	0.0
30-34 岁	40	77.5	22.5	0.0	0.0
35-39 岁	40	80.0	17.5	0.0	2.5
40-44 岁	30	80.0	16.7	3.3	0.0
45-49 岁	20	95.0	5.0	0.0	0.0
50 岁以上	31	87.1	12.9	0.0	0.0

● 上海（Shanghai）

	人数	瓶装	听装	散装扎啤	其他
样本	**428**	**87.4**	**12.6**	**0.0**	**0.0**
男性	**248**	**90.3**	**9.7**	**0.0**	**0.0**
16-19 岁	13	92.3	7.7	0.0	0.0
20-24 岁	22	81.8	18.2	0.0	0.0
25-29 岁	38	86.8	13.2	0.0	0.0
30-34 岁	50	92.0	8.0	0.0	0.0
35-39 岁	44	95.5	4.5	0.0	0.0
40-44 岁	22	95.5	4.5	0.0	0.0
45-49 岁	25	88.0	12.0	0.0	0.0
50 岁以上	34	88.2	11.8	0.0	0.0
女性	**180**	**83.3**	**16.7**	**0.0**	**0.0**
16-19 岁	13	84.6	15.4	0.0	0.0
20-24 岁	18	77.8	22.2	0.0	0.0
25-29 岁	19	78.9	21.1	0.0	0.0
30-34 岁	39	84.6	15.4	0.0	0.0
35-39 岁	28	85.7	14.3	0.0	0.0
40-44 岁	25	88.0	12.0	0.0	0.0
45-49 岁	12	75.0	25.0	0.0	0.0
50 岁以上	26	84.6	15.4	0.0	0.0

● 广州（Guangzhou）

	人数	瓶装	听装	散装扎啤	其他
样本	**369**	**90.2**	**7.3**	**1.6**	**0.8**
男性	**212**	**92.0**	**6.1**	**1.4**	**0.5**
16-19 岁	17	82.4	5.9	11.8	0.0
20-24 岁	29	89.7	10.3	0.0	0.0
25-29 岁	31	93.5	6.5	0.0	0.0
30-34 岁	27	92.6	7.4	0.0	0.0
35-39 岁	30	93.3	6.7	0.0	0.0
40-44 岁	27	88.9	3.7	3.7	3.7
45-49 岁	19	89.5	10.5	0.0	0.0
50 岁以上	32	100.0	0.0	0.0	0.0
女性	**157**	**87.9**	**8.9**	**1.9**	**1.3**
16-19 岁	22	86.4	13.6	0.0	0.0
20-24 岁	28	89.3	10.7	0.0	0.0
25-29 岁	33	78.8	15.2	3.0	3.0
30-34 岁	20	90.0	10.0	0.0	0.0
35-39 岁	22	90.9	0.0	4.5	4.5
40-44 岁	11	90.9	9.1	0.0	0.0
45-49 岁	3	100.0	0.0	0.0	0.0
50 岁以上	18	94.4	0.0	5.6	0.0

● 重庆（chongqing）

	人数	瓶装	听装	散装扎啤	其他
样本	**415**	**97.3**	**1.7**	**0.7**	**0.2**
男性	**251**	**96.4**	**2.4**	**1.2**	**0.0**
16-19 岁	29	96.6	3.4	0.0	0.0
20-24 岁	46	95.7	2.2	2.2	0.0
25-29 岁	36	97.2	2.8	0.0	0.0
30-34 岁	34	91.2	5.9	2.9	0.0
35-39 岁	31	100.0	0.0	0.0	0.0
40-44 岁	24	100.0	0.0	0.0	0.0
45-49 岁	22	90.9	4.5	4.5	0.0
50 岁以上	29	100.0	0.0	0.0	0.0
女性	**164**	**98.8**	**0.6**	**0.0**	**0.6**
16-19 岁	15	100.0	0.0	0.0	0.0
20-24 岁	23	95.7	0.0	0.0	4.3
25-29 岁	23	100.0	0.0	0.0	0.0
30-34 岁	23	100.0	0.0	0.0	0.0
35-39 岁	23	95.7	4.3	0.0	0.0
40-44 岁	20	100.0	0.0	0.0	0.0
45-49 岁	16	100.0	0.0	0.0	0.0
50 岁以上	21	100.0	0.0	0.0	0.0

5-10 样本总体、男性各年龄层、女性各年龄层饮用的口味 / Preferred Flavor by the Whole Sample, Age and Gender Groups

● 北京（Beijing）

	人数	清爽型	醇厚型	其他
样本	**475**	**94.1**	**5.3**	**0.6**
男性	**255**	**92.2**	**7.1**	**0.8**
16-19 岁	17	100.0	0.0	0.0
20-24 岁	34	94.1	5.9	0.0
25-29 岁	35	97.1	2.9	0.0
30-34 岁	45	75.6	22.2	2.2
35-39 岁	38	97.4	0.0	2.6
40-44 岁	36	94.4	5.6	0.0
45-49 岁	17	94.1	5.9	0.0
50 岁以上	33	93.9	6.1	0.0
女性	**220**	**96.4**	**3.2**	**0.5**
16-19 岁	10	80.0	20.0	0.0
20-24 岁	20	95.0	5.0	0.0
25-29 岁	29	100.0	0.0	0.0
30-34 岁	40	95.0	5.0	0.0
35-39 岁	40	100.0	0.0	0.0
40-44 岁	30	100.0	0.0	0.0
45-49 岁	20	100.0	0.0	0.0
50 岁以上	31	90.3	6.5	3.2

● 上海（Shanghai）

	人数	清爽型	醇厚型	其他
样本	**431**	**79.8**	**18.8**	**1.4**
男性	**250**	**76.8**	**22.0**	**1.2**
16-19 岁	13	76.9	23.1	0.0
20-24 岁	22	77.3	22.7	0.0
25-29 岁	39	89.7	10.3	0.0
30-34 岁	51	62.7	33.3	3.9
35-39 岁	44	75.0	25.0	0.0
40-44 岁	22	77.3	22.7	0.0
45-49 岁	25	76.0	20.0	4.0
50 岁以上	34	85.3	14.7	0.0
女性	**181**	**84.0**	**14.4**	**1.7**
16-19 岁	13	100.0	0.0	0.0
20-24 岁	18	100.0	0.0	0.0
25-29 岁	19	63.2	31.6	5.3
30-34 岁	39	87.2	12.8	0.0
35-39 岁	28	85.7	10.7	3.6
40-44 岁	25	80.0	20.0	0.0
45-49 岁	12	75.0	25.0	0.0
50 岁以上	27	81.5	14.8	3.7

● 广州（Guangzhou）

	人数	清爽型	醇厚型	其他
样本	**360**	**68.3**	**18.8**	**1.4**
男性	**205**	**69.3**	**29.3**	**1.5**
16-19 岁	17	58.8	35.3	5.9
20-24 岁	28	64.3	28.6	7.1
25-29 岁	30	83.3	16.7	0.0
30-34 岁	25	68.0	32.0	0.0
35-39 岁	28	71.4	28.6	0.0
40-44 岁	27	66.7	33.3	0.0
45-49 岁	19	78.9	21.1	0.0
50 岁以上	31	61.3	38.7	0.0
女性	**155**	**67.1**	**29.7**	**3.2**
16-19 岁	22	77.3	18.2	4.5
20-24 岁	28	67.9	32.1	0.0
25-29 岁	33	60.6	39.4	0.0
30-34 岁	19	57.9	36.8	5.3
35-39 岁	22	72.7	18.2	9.1
40-44 岁	11	72.7	27.3	0.0
45-49 岁	3	100.0	0.0	0.0
50 岁以上	17	58.8	35.3	5.9

● 重庆（Chongqing）

	人数	清爽型	醇厚型	其他
样本	**414**	**72.2**	**24.2**	**3.6**
男性	**251**	**71.3**	**24.3**	**4.4**
16-19 岁	29	72.4	17.2	10.3
20-24 岁	46	67.4	28.3	4.3
25-29 岁	36	80.6	16.7	2.8
30-34 岁	34	70.6	26.5	2.9
35-39 岁	31	74.2	22.6	3.2
40-44 岁	24	62.5	33.3	4.2
45-49 岁	22	72.7	22.7	4.5
50 岁以上	29	69.0	27.6	3.4
女性	**163**	**73.6**	**23.9**	**2.5**
16-19 岁	15	73.3	26.7	0.0
20-24 岁	23	73.9	21.7	4.3
25-29 岁	23	69.6	30.4	0.0
30-34 岁	22	72.7	22.7	4.5
35-39 岁	23	78.3	17.4	4.3
40-44 岁	20	65.0	35.0	0.0
45-49 岁	16	62.5	37.5	0.0
50 岁以上	21	90.5	4.8	4.8

5-11 样本总体、男性各年龄层、女性各年龄层饮用的场合 / Settings of Consumption by the Whole Sample, Age and Gender Groups

注：本题为多选题，合计百分比超过 100%（Multiple answers）

● 北京（Beijing）

	人数	口渴时	平时吃饭时	宴席、聚会	外出、旅游时	其他
样本	**475**	**13.5**	**74.1**	**49.5**	**4.2**	**1.5**
男性	**255**	**13.7**	**76.1**	**49.4**	**4.7**	**1.2**
16-19 岁	17	17.6	52.9	52.9	11.8	0.0
20-24 岁	34	20.6	70.6	50.0	2.9	5.9
25-29 岁	35	14.3	77.1	60.0	8.6	0.0
30-34 岁	45	11.1	75.6	53.3	4.4	2.2
35-39 岁	38	15.8	78.9	55.3	2.6	0.0
40-44 岁	36	13.9	83.3	30.6	2.8	0.0
45-49 岁	17	5.9	82.4	47.1	0.0	0.0
50 岁以上	33	9.1	78.8	45.5	6.1	0.0
女性	**220**	**13.2**	**71.8**	**49.5**	**3.6**	**1.8**
16-19 岁	10	10.0	90.0	30.0	0.0	0.0
20-24 岁	20	20.0	50.0	65.0	5.0	0.0
25-29 岁	29	10.3	69.0	62.1	3.4	0.0
30-34 岁	40	15.0	60.0	60.0	5.0	0.0
35-39 岁	40	15.0	90.0	42.5	2.5	0.0
40-44 岁	30	6.7	73.3	46.7	3.3	6.7
45-49 岁	20	10.0	90.0	25.0	0.0	0.0
50 岁以上	31	16.1	61.3	48.4	6.5	6.5

● 上海（Shanghai）

	人数	口渴时	平时吃饭时	宴席、聚会	外出、旅游时	其他
样本	**431**	**10.7**	**69.6**	**45.5**	**5.6**	**1.4**
男性	**250**	**11.6**	**70.8**	**46.0**	**6.0**	**1.2**
16-19 岁	13	15.4	53.8	38.5	23.1	0.0
20-24 岁	22	13.6	50.0	54.5	9.1	4.5
25-29 岁	39	7.7	71.8	61.5	5.1	2.6
30-34 岁	51	7.8	72.5	49.0	3.9	0.0
35-39 岁	44	15.9	79.5	27.3	6.8	0.0
40-44 岁	22	13.6	72.7	59.1	9.1	0.0
45-49 岁	25	16.0	76.0	28.0	4.0	0.0
50 岁以上	34	8.8	70.6	50.0	0.0	2.9
女性	**181**	**9.4**	**68.0**	**44.8**	**5.0**	**1.7**
16-19 岁	13	23.1	53.8	46.2	7.7	0.0
20-24 岁	18	0.0	50.0	44.4	16.7	5.6
25-29 岁	19	5.3	63.2	42.1	10.5	0.0
30-34 岁	39	7.7	74.4	41.0	5.1	0.0
35-39 岁	28	3.6	75.0	46.4	3.6	3.6
40-44 岁	25	20.0	80.0	40.0	0.0	0.0
45-49 岁	12	25.0	75.0	50.0	0.0	8.3
50 岁以上	27	3.7	59.3	51.9	0.0	0.0

● 广州（Guangzhou）

	人数	口渴时	平时吃饭时	宴席、聚会	外出、旅游时	其他
样本	**366**	**23.0**	**39.1**	**62.0**	**5.5**	**3.6**
男性	**211**	**20.4**	**40.8**	**59.2**	**6.6**	**3.8**
16-19 岁	17	5.9	5.9	76.5	17.6	11.8
20-24 岁	28	14.3	35.7	78.6	7.1	3.6
25-29 岁	31	25.8	32.3	61.3	12.9	0.0
30-34 岁	27	18.5	55.6	48.1	7.4	0.0
35-39 岁	30	40.0	43.3	56.7	0.0	3.3
40-44 岁	27	29.6	51.9	40.7	7.4	3.7
45-49 岁	19	10.5	47.4	63.2	5.3	0.0
50 岁以上	32	9.4	43.8	56.3	0.0	9.4
女性	**155**	**26.5**	**36.8**	**65.8**	**3.9**	**3.2**
16-19 岁	22	31.8	18.2	72.7	4.5	9.1
20-24 岁	28	17.9	39.3	75.0	7.1	0.0
25-29 岁	32	28.1	37.5	65.6	3.1	3.1
30-34 岁	18	22.2	38.9	61.1	0.0	5.6
35-39 岁	23	30.4	43.5	60.9	8.7	0.0
40-44 岁	11	27.3	36.4	72.7	0.0	0.0
45-49 岁	3	33.3	0.0	100.0	0.0	0.0
50 岁以上	18	27.8	50.0	44.4	0.0	5.6

● 重庆（Chongqing）

	人数	口渴时	平时吃饭时	宴席、聚会	外出、旅游时	其他
样本	**415**	**16.6**	**58.1**	**50.1**	**3.9**	**2.2**
男性	**251**	**18.7**	**57.0**	**49.8**	**4.8**	**3.2**
16-19 岁	29	20.7	37.9	37.9	6.9	10.3
20-24 岁	46	17.4	47.8	71.7	6.5	0.0
25-29 岁	36	22.2	66.7	44.4	0.0	2.8
30-34 岁	34	14.7	58.8	47.1	8.8	5.9
35-39 岁	31	22.6	77.4	25.8	6.5	0.0
40-44 岁	24	16.7	54.2	54.2	8.3	4.2
45-49 岁	22	13.6	54.5	72.7	0.0	0.0
50 岁以上	29	20.7	58.6	41.4	0.0	3.4
女性	**164**	**13.4**	**59.8**	**50.6**	**2.4**	**0.6**
16-19 岁	15	6.7	60.0	53.3	0.0	0.0
20-24 岁	23	17.4	43.5	56.5	4.3	0.0
25-29 岁	23	13.0	65.2	56.5	0.0	0.0
30-34 岁	23	8.7	60.9	60.9	8.7	0.0
35-39 岁	23	8.7	60.9	47.8	4.3	4.3
40-44 岁	20	35.0	60.0	40.0	0.0	0.0
45-49 岁	16	0.0	68.8	37.5	0.0	0.0
50 岁以上	21	14.3	61.9	47.6	0.0	0.0

5-12 重度消费者的人口分布 / Demographics of the Heavy Consumers

● 北京（Beijing）

	人数	16-19 岁	20-24 岁	25-29 岁	30-34 岁	35-39 岁	40-44 岁	45-49 岁	50 岁以上
样本	**379**	**5.3**	**10.6**	**14.5**	**17.2**	**17.9**	**13.2**	**7.9**	**13.5**
男性	**217**	**5.5**	**13.4**	**15.2**	**18.4**	**14.7**	**12.9**	**6.5**	**13.4**
天天喝	78	2.6	9.0	19.2	24.4	11.5	19.2	7.7	6.4
1 周 3 次以上	83	8.4	18.1	13.3	16.9	13.3	9.6	2.4	18.1
1 周 1 次左右	56	5.4	12.5	12.5	12.5	21.4	8.9	10.7	16.1
女性	**162**	**4.9**	**6.8**	**13.6**	**15.4**	**22.2**	**13.6**	**9.9**	**13.6**
天天喝	51	3.9	5.9	7.8	15.7	21.6	17.6	13.7	13.7
1 周 3 次以上	62	4.8	6.5	17.7	14.5	27.4	8.1	8.1	12.9
1 周 1 次左右	49	6.1	8.2	14.3	16.3	16.3	16.3	8.2	14.3

● 上海（Shanghai）

	人数	16-19 岁	20-24 岁	25-29 岁	30-34 岁	35-39 岁	40-44 岁	45-49 岁	50 岁以上
样本	**324**	**4.6**	**6.2**	**13.9**	**21.6**	**19.1**	**12.3**	**9.3**	**13.0**
男性	**194**	**3.6**	**4.6**	**16.0**	**21.6**	**20.6**	**9.8**	**10.8**	**12.9**
天天喝	85	1.2	3.5	11.8	23.5	24.7	10.6	11.8	12.9
1 周 3 次以上	53	1.9	3.8	20.8	22.6	17.0	11.3	11.3	11.3
1 周 1 次左右	56	8.9	7.1	17.9	17.9	17.9	7.1	8.9	14.3
女性	**130**	**6.2**	**8.5**	**10.8**	**21.5**	**16.9**	**16.2**	**6.9**	**13.1**
天天喝	59	3.4	10.2	11.9	27.1	18.6	8.5	10.2	10.2
1 周 3 次以上	27	14.8	7.4	0.0	22.2	18.5	22.2	0.0	14.8
1 周 1 次左右	44	4.5	6.8	15.9	13.6	13.6	22.7	6.8	15.9

● 广州（Guangzhou）

	人数	16-19岁	20-24岁	25-29岁	30-34岁	35-39岁	40-44岁	45-49岁	50岁以上
样本	**205**	**5.4**	**17.6**	**18.0**	**13.7**	**18.0**	**10.7**	**5.4**	**11.2**
男性	**133**	**2.3**	**15.8**	**17.3**	**13.5**	**18.0**	**12.8**	**8.3**	**12.0**
天天喝	25	0.0	4.0	20.0	8.0	12.0	24.0	16.0	16.0
1周3次以上	60	0.0	15.0	16.7	18.3	30.0	6.7	5.0	8.3
1周1次左右	48	6.3	22.9	16.7	10.4	6.3	14.6	8.3	14.6
女性	**72**	**11.1**	**20.8**	**19.4**	**13.9**	**18.1**	**6.9**	**0.0**	**9.7**
天天喝	10	0.0	30.0	10.0	20.0	30.0	0.0	0.0	10.0
1周3次以上	26	11.5	15.4	26.9	11.5	7.7	11.5	0.0	15.4
1周1次左右	36	13.9	22.2	16.7	13.9	22.2	5.6	0.0	5.6

● 重庆（Chongqing）

	人数	16-19岁	20-24岁	25-29岁	30-34岁	35-39岁	40-44岁	45-49岁	50岁以上
样本	**294**	**7.1**	**17.0**	**15.3**	**15.6**	**13.6**	**11.6**	**9.2**	**10.5**
男性	**188**	**7.4**	**19.1**	**16.0**	**14.4**	**12.8**	**10.6**	**9.0**	**10.6**
天天喝	52	3.8	11.5	15.4	11.5	23.1	13.5	9.6	11.5
1周3次以上	80	8.8	26.3	15.0	15.0	6.3	11.3	6.3	11.3
1周1次左右	56	8.9	16.1	17.9	16.1	12.5	7.1	12.5	8.9
女性	**106**	**6.6**	**13.2**	**14.2**	**17.9**	**15.1**	**13.2**	**9.4**	**10.4**
天天喝	23	0.0	8.7	13.0	21.7	8.7	26.1	4.3	17.4
1周3次以上	41	14.6	17.1	12.2	22.0	12.2	7.3	4.9	9.8
1周1次左右	42	2.4	11.9	16.7	11.9	21.4	11.9	16.7	7.1

5-13 关于北京消费群 / The Beijing Market Segments

5-13-1 不同消费群最常用品牌 / The Most Frequently Consumed Brands by Market Segments

	人数	第一品牌及百分比	第二品牌及百分比	第三品牌及百分比
样本	**475**	**燕京 87.8**	**北京 4.6**	**五星 2.7**
第一消费群	109	燕京 85.3	北京 6.4	五星 3.7
第二消费群	84	燕京 85.7	北京 4.8	五星 2.4 生力 2.4
第三消费群	98	燕京 91.8	北京 3.1 五星 3.1	青岛 1.0 京华 1.0
第四消费群	5	燕京 60.0	嘉士伯 40.0	
第五消费群	89	燕京 85.4	北京 4.5	五星 2.2 百威 2.2 青岛 2.2
第六消费群	91	燕京 91.2	北京 4.4	五星 2.2

5-13-2 重度消费者的消费群构成 / The Composition of the Heavy Consumers

	人数	第一消费群	第二消费群	第三消费群	第四消费群	第五消费群	第六消费群
样本	**379**	**20.6**	**17.9**	**23.0**	**1.1**	**18.5**	**19.0**
天天喝	129	18.6	15.5	29.5	1.6	17.1	17.8
1周3次以上	145	17.2	18.6	21.4	0.7	21.4	20.7
1周1次左右	105	27.6	20.0	17.1	1.0	16.2	18.1

注：北京消费群的代表特征 / Characteristics of the Beijing Market Segments

		第一消费群	第二消费群	第三消费群	第四消费群	第五消费群	第六消费群
基本情况	性别	女	男	无明显偏向	男	无明显偏向	女
	年龄	30－34岁	25－29岁	35－44岁	无明显偏向	16－24岁	45岁以上
	学历	大专/大本	大本	初中	大本及研究生	高中/中专/技校	初中及以下
	职业	科教卫生人员	一般企业职员	工人	管理人员/专门职业从事者/个体及私营企业主	学生	离退休人员
	月均收入	801－1500元	1501－4000元	800元以下	4000元以上	无收入	800元以下
	婚姻	已婚	无明显偏向	已婚	已婚或离异	未婚	已婚
心理取向		注重学历 非积极进取	不循规传统 非单一电视娱乐	非田园倾向 新女性主张 金钱本位	注重经验 大男子主义 不保守稳定	非“大男子主义” 追随流行	非“新女性主张” 非浪漫新潮 单一电视娱乐

5-14 关于上海消费群 / The Shanghai Market Segments

5-14-1 不同消费群最常用品牌 / The Most Frequently Consumed Brands by Market Segments

	人数	第一品牌及百分比	第二品牌及百分比	第三品牌及百分比
样本	**431**	**力波 45.9**	**三得利 17.2**	**青岛 12.8**
第一消费群	102	力波 46.1	青岛 19.6	三得利 15.7
第二消费群	73	力波 35.6	青岛 16.4	三得利 13.7　贝克 13.7
第三消费群	9	力波 33.3　青岛 33.3	三得利 11.1　百威 11.1 贝克 11.1	
第四消费群	94	力波 51.1	三得利 21.3	光明 8.5
第五消费群	37	力波 43.2	三得利 21.6	贝克 13.5
第六消费群	117	力波 50.4	三得利 16.2	贝克 10.3

5-14-2 重度消费者的消费群构成 / The Composition of the Heavy Consumers

	人数	第一消费群	第二消费群	第三消费群	第四消费群	第五消费群	第六消费群
样本	**324**	**25.0**	**14.8**	**1.5**	**23.5**	**5.9**	**29.3**
天天喝	144	20.8	15.3	1.4	29.9	2.1	30.6
1周3次以上	80	26.3	13.8	2.5	15.0	7.5	35.0
1周1次左右	100	30.0	15.0	1.0	21.0	10.0	23.0

注：上海消费群的代表特征 / Characteristics of the Shanghai Market Segments

		第一消费群	第二消费群	第三消费群	第四消费群	第五消费群	第六消费群
基本情况	性别	无明显偏向	男	男	女	女	无明显偏向
	年龄	45岁以上	20－29岁	25－34岁	35－44岁	16－24岁	30－39岁
	学历	大本及以上	大专/大本	大专	初中及以下	高中/中专/技校	高中/中专/技校
	职业	科教卫生人员/离退休人员	一般企业职员	行政管理人员/个体及私营企业主/专门职业从事者	工人/下岗人员	学生	一般企业职员
	月均收入	801－1500元	1001－3000元	3000元以上	800元以下	无收入	1001－2000元
	婚姻	已婚	未婚	未婚	已婚	未婚	已婚
心理取向		非浪漫时尚 非金钱本位 保守稳定	非家庭重心 田园倾向 休闲独立	不保守稳定 奔波忙碌 浪漫时尚	金钱本位 家庭重心 注重学历	新家庭观念 非休闲独立	不积极进取 不奔波忙碌

5-15 关于广州消费群 / The Guangzhou Market Segments

5-15-1 不同消费群最常用品牌 / The Most Frequently Consumed Brands by Market Segments

	人数	第一品牌及百分比	第二品牌及百分比	第三品牌及百分比
样本	**368**	**珠江 49.5**	**生力 20.1**	**蓝带 9.0**
第一消费群	46	珠江 37.0	生力 21.7	广氏 17.4
第二消费群	69	珠江 72.5	生力 8.7	广氏 7.2
第三消费群	65	珠江 35.4	生力 27.7	蓝带 12.3
第四消费群	76	珠江 47.4	生力 23.7	蓝带 10.5
第五消费群	54	珠江 55.6	生力 16.7	广氏 14.8
第六消费群	58	珠江 49.5	生力 20.1	蓝带 9.0

5-15-2 重度消费者的消费群构成 / The Composition of the Heavy Consumers

	人数	第一消费群	第二消费群	第三消费群	第四消费群	第五消费群	第六消费群
样本	**205**	**10.2**	**16.6**	**14.6**	**22.9**	**12.2**	**23.4**
天天喝	35	8.6	20.0	0.0	31.4	14.3	25.7
1周3次以上	86	9.3	14.0	15.1	29.1	11.6	20.9
1周1次左右	84	11.9	17.9	20.2	13.1	11.9	25.0

注：广州消费群的代表特征 / Characteristics of the Guangzhou Market Segments

		第一消费群	第二消费群	第三消费群	第四消费群	第五消费群	第六消费群
基本情况	性别	女	无明显偏向	女	男	女	男
	年龄	16 — 19 岁	40 岁以上	20 — 24 岁	35 — 44 岁	30 — 34 岁	25 — 29 岁
	学历	高中/中专/技校	无明显偏向	高中/中专/技校/大专	初中/高中/中专/技校	初中及以下	大专及以上
	职业	学生	工人	学生/待业人员	个体及私营企业主	家庭主妇	企业职员/管理人员/科教卫生人员/专门职业者
	月均收入	无收入	1500 元以下	无收入	801 — 1500 元	800 元以下	2000 元以上
	婚姻	未婚	已婚	未婚	已婚	已婚	无明显偏向
心理取向		不固守中式生活 田园倾向 非大男子主义	非新女性主张 不追随流行 非积极进取	独立自主 追随流行	积极进取 大男子主义 中式生活	单一电视娱乐 非独立自主 保守稳定	非单一电视娱乐 非家庭重心

5-16 关于重庆消费群 / The Chongqing Market Segments

5-16-1 不同消费群最常用品牌 / The Most Frequently Consumed Brands by Market Segments

	人数	第一品牌及百分比	第二品牌及百分比	第三品牌及百分比
样本	**413**	**山城 73.1**	**重庆 22.5**	**黄河 1.2**
第一消费群	78	山城 66.7	重庆 25.6	蓝带 2.6
第二消费群	94	山城 73.4	重庆 21.3	黄河 1.1 生力 1.1 蓝带 1.1
第三消费群	88	山城 70.5	重庆 25.0	黄河 3.4
第四消费群	18	山城 61.1	重庆 27.8	黄河 5.6 嘉士伯 5.6
第五消费群	109	山城 79.8	重庆 19.3	五星 0.9
第六消费群	26	山城 80.8	重庆 19.2	

5-16-2 重度消费者的消费群构成 / The Composition of the Heavy Consumers

	人数	第一消费群	第二消费群	第三消费群	第四消费群	第五消费群	第六消费群
样本	**294**	**15.6**	**22.8**	**22.1**	**5.4**	**26.5**	**7.5**
天天喝	75	5.3	33.3	10.7	6.7	37.3	6.7
1周3次以上	121	24.8	17.4	26.4	4.1	19.8	7.4
1周1次左右	98	12.2	21.4	25.5	6.1	26.5	8.2

注：重庆消费群的代表特征 / Characteristics of the Chongqing Market Segments

		第一消费群	第二消费群	第三消费群	第四消费群	第五消费群	第六消费群
基本情况	性别	无明显偏向	无明显偏向	无明显偏向	无明显偏向	无明显偏向	女
	年龄	16 — 19 岁	45 岁以上	20 — 29 岁	30 — 34 岁	40 岁以上	25 — 29 岁
	学历	高中/中专/技校	高中/中专/技校	大专/大本	高中/中专/技校/大本以上	初中及以下	初中
	职业	学生	行政管理人员/离退休人员	科教卫生人员/一般企业职员	个体及私营企业主	工人	专门职业从事者 下岗及其他
	月均收入	无收入	501 — 800 元	801 — 1500 元	1500 元以上	500 元以下	1001 — 1500 元
	婚姻	未婚	已婚	无明显偏向	已婚	已婚	已婚或离异
心理取向		浪漫新潮 注重学历 非现实家庭观	循规传统 奔波忙碌 保守稳定	新女性主张 非功利心态	功利心态 现实家庭观 都市情结	非浪漫新潮 非独立休闲	非新女性主张 不循规传统 独立休闲

6 白酒 / Hard Liquor

6-1 样本家庭最近三个月有无购买的比例 / Proportion of the Sample Households Purchasing Hard Liquor in the Last Three Months

	北京（Beijing）	上海（Shanghai）	广州（Guangzhou）	重庆（Chongqing）
买过	44.5	25.2	34.2	45.5
没买过	55.5	74.8	65.8	54.5
有效样本量	**600**	**600**	**600**	**600**

6-2 样本最近三个月有无饮用的比例 / Proportion of the Sample Consuming Hard Liquor in the Last Three Months

	北京（Beijing）	上海（Shanghai）	广州（Guangzhou）	重庆（Chongqing）
喝过	39.9	21.9	25.1	35.6
没喝过	60.1	78.1	74.9	64.4
有效样本量	**599**	**598**	**594**	**599**

6-3 最常用品牌排名 / Ranking of the Most Frequently Consumed Brands

● 北京（Beijing）

排名	品牌		人数	百分比
1	红星二锅头	Hongxing'erguotou	156	65.8
2	红星御酒	Hongxingyujiu	16	6.8
3	孔府家酒	Confucius Family Liquor	13	5.5
4	华灯北京醇	Beijing Mellow Wine	12	5.1
5	中郎山	Zhonglangshan	3	1.3

n=237

● 上海（Shanghai）

排名	品牌		人数	百分比
1	尖庄	Jianzhuang	26	20.0
2	双沟大曲	Shuanggou	21	16.2
3	孔府家酒	Confucius Family Liquor	18	13.8
4	洋河大曲	Yanghe	11	8.5
5	董酒	Dongjiu	9	6.9
6	五粮液	Wuliangye	6	4.6

n=130

● 广州（Guangzhou）

排名	品牌		人数	百分比
1	九江	Jiujiang	54	35.8
2	石湾	Shiwan	28	18.5
3	广东米酒	Guangdongmijiu	24	15.9
4	孔府家酒	Confucius Family Liquor	9	6.0
5	剑南春	Jiannanchun	4	2.6

n=151

● 重庆（Chongqing）

排名	品牌		人数	百分比
1	江津	Jiangjin	69	32.7
2	全兴	Quanxing	26	12.3
2	高粱	Gaoliang	26	12.3
4	尖庄	Jianzhuang	17	8.1
5	鸭溪窖	Yaxijiao	13	6.2
6	泸州老窖	Luzhoulaojiao	11	5.2

n=211

6-4 理想品牌排名 / Ranking of the Ideal Brands

● 北京（Beijing）

排名	品牌		人数	百分比
1	红星二锅头	Hongxing'erguotou	192	32.0
2	茅台	Maotai	51	8.5
3	五粮液	Wuliangye	24	4.0
4	红星御酒	Hongxingyujiu	20	3.3
5	孔府家酒	Confucius Family Liquor	19	3.2
5	华灯北京醇	Beijing Mellow Wine	19	3.2
7	京酒	Jingjiu	7	1.2
8	汾酒	Fen Chiew	5	0.8
8	酒鬼	Jiugui	5	0.8

n=600

● 上海（Shanghai）

排名	品牌		人数	百分比
1	茅台	Maotai	128	21.3
2	五粮液	Wuliangye	92	15.3
3	孔府家酒	Confucius Family Liquor	44	7.3
4	尖庄	Jianzhuang	31	5.2
5	双沟大曲	Shuanggou	27	4.5
6	洋河大曲	Yanghe	14	2.3
7	孔府宴酒	Confucius Household Banquet	12	2.0
8	剑南春	Jiannanchun	11	1.8
9	汾酒	Fen Chiew	10	1.7

n=600

● 广州（Guangzhou）

排名	品牌		人数	百分比
1	九江	Jiujiang	79	13.2
2	广东米酒	Guangdongmijiu	51	8.5
3	石湾	Shiwan	49	8.2
4	茅台	Maotai	32	5.3
5	五粮液	Wuliangye	11	1.8
6	孔府家酒	Confucius Family Liquor	10	1.7
7	贵州醇	Guizhou Mellow	5	0.8

n=600

● 重庆（Chongqing）

排名	品牌		人数	百分比
1	江津	Jiangjin	96	16.0
2	五粮液	Wuliangye	55	9.2
3	茅台	Maotai	50	8.3
4	全兴	Quanxing	38	6.3
5	高粱	Gaoliang	31	5.2
6	泸州老窖	Luzhoulaojiao	21	3.5
7	尖庄	Jianzhuang	14	2.3
8	几江	Jijiang	11	1.8
8	鸭溪窖	Yaxijiao	11	1.8
10	沱牌	Tuopai	7	1.2

n=600

6-5 样本总体、男性各年龄层、女性各年龄层的理想品牌 / The Ideal Brands by the Whole Sample, Age and Gender Groups

● 北京（Beijing）

	人数	第一品牌及百分比	第二品牌及百分比	第三品牌及百分比
样本	**600**	**红星二锅头 32.0**	**茅台 8.5**	**五粮液 4.0**
男性	**298**	**红星二锅头 38.3**	**茅台 7.4**	**五粮液 3.7**
16-19 岁	26	红星二锅头 38.5	五粮液 7.7	华灯北京醇 3.8　龙舌兰 3.8
20-24 岁	36	红星二锅头 27.8	茅台 16.7	五粮液 5.6
25-29 岁	41	红星二锅头 31.7	茅台 12.2	华灯北京醇 7.3
30-34 岁	47	红星二锅头 55.3	华灯北京醇 4.3　红星御酒 4.3	孔府家酒 2.1　京酒 2.1 四川老窖 2.1　茅台 2.1
35-39 岁	43	红星二锅头 31.7	茅台 12.2	华灯北京醇 7.3
40-44 岁	42	红星二锅头 57.1	红星御酒 4.8　茅台 4.8 京酒 4.8	五粮液 2.4　西凤酒 2.4
45-49 岁	24	红星二锅头 29.2	孔府家酒 8.3	杜康 4.2　五粮液 4.2 中郎山 4.2
50 岁以上	39	红星二锅头 20.5	茅台 10.3	红星御酒 5.1　尖庄 5.1 五粮液 5.1
女性	**302**	**红星二锅头 25.8**	**茅台 9.6**	**孔府家酒 4.6**
16-19 岁	23	红星二锅头 34.8	茅台 13.0	红星御酒 4.3　酒鬼 4.3 五粮液 4.3　汾酒 4.3 孔府家酒 4.3
20-24 岁	35	红星二锅头 20.0	茅台 11.4	孔府家酒 5.7　红星御酒 5.7 华灯北京醇 5.7
25-29 岁	36	红星二锅头 19.4	茅台 16.7	华灯北京醇 11.1
30-34 岁	49	红星二锅头 20.4	孔府家酒 10.2　五粮液 10.2	茅台 8.2
35-39 岁	45	红星二锅头 28.9	红星御酒 6.7　茅台 6.7	华灯北京醇 4.4　五粮液 4.4 红星御酒 4.4
40-44 岁	40	红星二锅头 30.0	红星御酒 7.5	孔府家酒 2.5　五粮液 2.5 京都 2.5　京酒 2.5 昌平二锅头 2.5
45-49 岁	26	红星二锅头 34.6	茅台 7.7	北京二锅头 3.8
50 岁以上	48	红星二锅头 25.0	茅台 12.5	五粮液 6.3

● 上海（Shanghai）

	人数	第一品牌及百分比	第二品牌及百分比	第三品牌及百分比
样本	**600**	**茅台 21.3**	**五粮液 15.3**	**孔府家酒 7.3**
男性	**307**	**茅台 24.4**	**五粮液 18.9**	**尖庄 6.3**
16-19 岁	22	茅台 36.4	五粮液 13.6	孔府家酒 9.1 尖庄 9.1
20-24 岁	34	茅台 32.4	五粮液 8.8	双沟大曲 5.9 汾酒 5.9
25-29 岁	42	茅台 31.0	五粮液 11.9	尖庄 9.5
30-34 岁	56	五粮液 30.4	茅台 16.1	尖庄 8.9
35-39 岁	51	五粮液 21.6	茅台 19.6	孔府家酒 9.8
40-44 岁	31	五粮液 16.1 茅台 16.1	尖庄 12.9	孔府家酒 9.7
45-49 岁	26	五粮液 15.4 茅台 15.4	熊猫大曲 7.7 尖庄 7.7	洋河大曲 3.8 孔府家酒 3.8 林河大曲 3.8 双沟大曲 3.8 双轮池酒 3.8 剑南春 3.8 董酒 3.8 秦池 3.8 七宝 3.8
50 岁以上	45	茅台 33.3	五粮液 22.2	孔府家酒 4.4 洋河大曲 4.4 尖庄 4.4 杜康 4.4
女性	**293**	**茅台 18.1**	**五粮液 11.6**	**孔府家酒 8.5**
16-19 岁	24	茅台 29.2	孔府家酒 12.5 五粮液 12.5	杜康 8.3
20-24 岁	32	孔府家酒 12.5 茅台 12.5	五粮液 9.4	汾酒 6.3 双沟大曲 6.3
25-29 岁	37	茅台 21.6	五粮液 13.5	双沟大曲 8.1 孔府家酒 8.1
30-34 岁	50	五粮液 16.0	茅台 10.0	双沟大曲 8.0 孔府家酒 8.0
35-39 岁	44	茅台 15.9	双沟大曲 9.1 五粮液 9.1	孔府家酒 6.8
40-44 岁	35	茅台 20.0	孔府家酒 11.4	孔府宴酒 8.6
45-49 岁	23	五粮液 13.0 茅台 13.0	孔府家酒 8.7 双沟大曲 8.7	齐民思 4.3 六合液 4.3 一滴香 4.3 四特酒 4.3 汾酒 4.3
50 岁以上	48	茅台 25.0	五粮液 12.5	孔府宴酒 6.3

● 广州（Guangzhou）

	人数	第一品牌及百分比	第二品牌及百分比	第三品牌及百分比
样本	**600**	**九江 13.2**	**广东米酒 8.5**	**石湾 8.2**
男性	**282**	**九江 13.8**	**石湾 10.3**	**茅台 6.7**
16-19 岁	30	九江 13.3 石湾 13.3	茅台 10.0	广东米酒 3.3
20-24 岁	36	广东米酒 11.1 石湾 11.1	九江 8.3 茅台 8.3	五粮液 5.6
25-29 岁	35	茅台 17.1	广东米酒 11.4	九江 8.6
30-34 岁	34	九江 17.6	广东米酒 8.8 茅台 8.8	孔府家酒 5.9 石湾 5.9
35-39 岁	40	九江 12.5	广东米酒 5.0 孔府家酒 5.0 贵州醇 5.0 五粮液 5.0 石湾 5.0	张裕白兰地 2.5 桂花醇 2.5
40-44 岁	41	九江 26.8	石湾 12.2	贵州醇 2.4 茅台 2.4
45-49 岁	26	石湾 19.2	五粮液 7.7 九江 7.7	广东米酒 3.8 剑南春 3.8 孔府家酒 3.8 茅台 3.8
50 岁以上	40	石湾 15.0	九江 12.5	广东米酒 7.5
女性	**318**	**九江 12.6**	**广东米酒 10.4**	**石湾 6.3**
16-19 岁	50	九江 12.0	石湾 6.0	广东米酒 2.0 茅台 2.0 孔府家酒 2.0
20-24 岁	46	九江 13.0	广东米酒 10.9	石湾 8.7
25-29 岁	63	九江 9.5 石湾 9.5	广东米酒 4.8 五粮液 4.8	贵州醇 3.2 茅台 3.2
30-34 岁	46	广东米酒 28.3	茅台 4.3	五粮液 2.2 石湾 2.2
35-39 岁	41	广东米酒 14.6 九江 14.6	孔府家酒 2.4 酒鬼 2.4	
40-44 岁	30	九江 16.7	广东米酒 13.3	石湾 6.7
45-49 岁	13	九江 15.4	广东米酒 7.7 石湾 7.7 茅台 7.7	
50 岁以上	29	九江 27.6	石湾 10.3	剑南春 6.9

● 重庆（Chongqing）

	人数	第一品牌及百分比	第二品牌及百分比	第三品牌及百分比
样本	**600**	**江津 16.0**	**五粮液 9.2**	**茅台 8.3**
男性	**308**	**江津 12.7**	**五粮液 10.7**	**茅台 10.1**
16-19 岁	43	五粮液 11.6 全兴 11.6	茅台 7.0	泸州老窖 4.7 江津 4.7 鸭溪窖 4.7
20-24 岁	53	五粮液 17.0	茅台 9.4	全兴 7.5
25-29 岁	43	全兴 14.0	江津 9.3	五粮液 7.0 茅台 7.0
30-34 岁	38	五粮液 10.5 江津 10.5 茅台 10.5	泸州老窖 5.3 全兴 5.3	
35-39 岁	39	全兴 17.9	五粮液 12.8 江津 12.8	泸州老窖 10.3 茅台 10.3
40-44 岁	30	江津 16.7	鸭溪窖 13.3 茅台 13.3	五粮液 10.0
45-49 岁	25	江津 24.0	泸州老窖 16.0	茅台 8.0 全兴 8.0 高粱 8.0
50 岁以上	37	江津 32.4	茅台 16.2	五粮液 8.1 全兴 8.1
女性	**292**	**江津 19.5**	**五粮液 7.5**	**茅台 6.5 高粱 6.5**
16-19 岁	43	五粮液 9.3 江津 9.3	茅台 4.7 全兴 4.7	高粱 2.3 沱牌 2.3
20-24 岁	53	江津 13.2	茅台 11.3	高粱 5.7
25-29 岁	32	江津 31.3	高粱 6.3	
30-34 岁	33	江津 21.2	五粮液 18.2	高粱 5.7
35-39 岁	35	江津 17.1	高粱 11.4	五粮液 5.7 尖庄 5.7
40-44 岁	32	江津 34.4	五粮液 9.4	茅台 6.3 全兴 6.3
45-49 岁	27	五粮液 14.8	茅台 7.4 高粱 7.4	孔府 3.7 江津 3.7 郎酒 3.7 全兴 3.7
50 岁以上	37	江津 29.7	茅台 8.1 高粱 8.1	泸州老窖 5.4 沱牌 5.4

6-6 最近一次买白酒的用途 / Usage of the Last Hard Liquor Purchasing

● 北京（Beijing）

	人数	百分比
送人	22	8.3
自家人喝	206	77.4
请客	32	12.0
其他	6	2.3

n=266

● 上海（Shanghai）

	人数	百分比
送人	20	13.2
自家人喝	89	58.9
请客	33	21.9
其他	9	6.0

n=151

● 广州（Guangzhou）

	人数	百分比
送人	11	5.5
自家人喝	119	59.2
请客	40	19.9
其他	31	15.4

n=201

● 重庆（Chongqing）

	人数	百分比
送人	26	9.7
自家人喝	173	64.3
请客	56	20.8
其他	14	5.2

n=269

6-7 样本总体、男性各年龄层、女性各年龄层的饮用频率 / Frequencies of Consuming Hard Liquor by the Whole Sample, Age and Gender Groups

● 北京（Beijing）

	人数	天天喝	1周3次以上	1周1次左右	1个月2或3次左右	1个月1次或以下	没有喝
样本	**596**	**7.4**	**6.4**	**9.6**	**6.5**	**9.7**	**60.4**
男性	**298**	**9.4**	**7.4**	**12.1**	**6.7**	**10.4**	**54.0**
16-19岁	26	0.0	0.0	0.0	3.8	0.0	96.2
20-24岁	36	5.6	0.0	5.6	5.6	13.9	69.4
25-29岁	41	2.4	2.4	22.0	4.9	22.0	46.3
30-34岁	47	0.6	10.6	17.0	8.5	17.0	36.2
35-39岁	43	2.3	11.6	14.0	16.3	2.3	53.5
40-44岁	42	1.0	16.7	9.5	2.4	0.0	40.5
45-49岁	24	6.7	8.3	8.3	0.0	12.5	54.2
50岁以上	39	5.1	5.1	12.8	7.7	12.8	56.4
女性	**298**	**5.4**	**5.4**	**7.0**	**6.4**	**9.1**	**66.8**
16-19岁	20	0.0	0.0	0.0	10.0	5.0	85.0
20-24岁	35	0.0	2.9	8.6	5.7	8.6	74.3
25-29岁	36	2.8	0.0	5.6	5.6	11.1	75.0
30-34岁	49	8.2	6.1	2.0	6.1	6.1	71.4
35-39岁	45	4.4	11.1	13.3	8.9	11.1	51.1
40-44岁	40	2.5	10.0	7.5	7.5	7.5	65.0
45-49岁	25	16.0	4.0	12.0	0.0	8.0	60.0
50岁以上	48	8.3	4.2	6.3	6.3	12.5	62.5

● 上海（Shanghai）

	人数	天天喝	1周3次以上	1周1次左右	1个月2或3次左右	1个月1次或以下	没有喝
样本	**597**	**3.0**	**3.2**	**3.7**	**5.5**	**6.4**	**78.2**
男性	**306**	**3.9**	**3.9**	**4.6**	**6.9**	**8.8**	**71.9**
16-19岁	21	4.8	0.0	0.0	4.8	9.5	81.0
20-24岁	34	0.0	0.0	0.0	8.8	5.9	85.3
25-29岁	42	0.0	2.4	7.1	11.9	7.1	71.4
30-34岁	56	3.6	3.6	7.1	3.6	14.3	67.9
35-39岁	51	0.0	9.8	5.9	9.8	7.8	66.7
40-44岁	31	6.5	6.5	9.7	0.0	3.2	74.2
45-49岁	26	11.5	0.0	3.8	11.5	7.7	65.4
50岁以上	45	8.9	4.4	0.0	4.4	11.1	71.1
女性	**291**	**2.1**	**2.4**	**2.7**	**4.1**	**3.8**	**84.9**
16-19岁	23	0.0	0.0	0.0	4.3	4.3	91.3
20-24岁	32	3.1	0.0	0.0	6.3	0.0	90.6
25-29岁	37	2.7	5.4	5.4	0.0	2.7	83.8
30-34岁	49	0.0	4.1	4.1	10.2	4.1	77.6
35-39岁	44	2.3	6.8	2.3	2.3	4.5	81.8
40-44岁	35	0.0	0.0	5.7	2.9	5.7	85.7
45-49岁	23	8.7	0.0	4.3	8.7	4.3	73.9
50岁以上	48	2.1	0.0	0.0	0.0	4.2	93.8

● 广州（Guangzhou）

	人数	天天喝	1 周 3 次以上	1 周 1 次左右	1 个月 2 或 3 次左右	1 个月 1 次或以下	没有喝
样本	**593**	**3.9**	**3.9**	**4.4**	**5.7**	**7.1**	**75.0**
男性	**278**	**6.1**	**6.1**	**7.1**	**6.8**	**6.4**	**67.5**
16-19 岁	30	0.0	0.0	0.0	0.0	0.0	100.0
20-24 岁	35	0.0	2.9	2.9	8.6	2.9	82.9
25-29 岁	35	2.9	5.7	8.6	8.6	5.7	68.6
30-34 岁	33	9.1	3.0	12.1	12.1	12.1	51.5
35-39 岁	39	2.6	5.1	10.3	10.3	12.8	59.0
40-44 岁	41	7.3	14.6	7.3	2.4	2.4	65.9
45-49 岁	26	23.1	3.8	0.0	0.0	3.8	69.2
50 岁以上	39	7.7	10.3	12.8	10.3	10.3	48.7
女性	**315**	**1.9**	**1.9**	**1.9**	**4.8**	**7.6**	**81.9**
16-19 岁	48	0.0	0.0	0.0	0.0	4.2	95.8
20-24 岁	46	2.2	0.0	2.2	4.3	2.2	89.1
25-29 岁	63	0.0	1.6	6.3	4.8	12.7	74.6
30-34 岁	46	0.0	4.3	0.0	2.2	4.3	89.1
35-39 岁	41	0.0	2.4	0.0	14.6	7.3	75.6
40-44 岁	29	3.4	0.0	0.0	3.4	0.0	93.1
45-49 岁	13	7.7	0.0	0.0	0.0	23.1	69.2
50 岁以上	29	10.3	6.9	3.4	6.9	17.2	55.2

● 重庆（Chongqing）

	人数	天天喝	1 周 3 次以上	1 周 1 次左右	1 个月 2 或 3 次左右	1 个月 1 次或以下	没有喝
样本	**596**	**6.7**	**3.0**	**6.4**	**8.6**	**10.6**	**64.8**
男性	**308**	**8.8**	**3.9**	**7.8**	**13.3**	**12.3**	**53.9**
16-19 岁	43	7.0	0.0	2.3	2.3	4.7	83.7
20-24 岁	53	1.9	1.9	11.3	11.3	13.2	60.4
25-29 岁	43	2.3	2.3	7.0	18.6	11.6	58.1
30-34 岁	38	0.0	2.6	5.3	23.7	18.4	50.0
35-39 岁	39	20.5	7.7	10.3	12.8	10.3	38.5
40-44 岁	30	10.0	3.3	10.0	13.3	16.7	46.7
45-49 岁	25	16.0	4.0	4.0	16.0	20.0	40.0
50 岁以上	37	18.9	10.8	10.8	10.8	8.1	40.5
女性	**288**	**4.5**	**2.1**	**4.9**	**3.5**	**8.7**	**76.4**
16-19 岁	40	0.0	0.0	0.0	2.5	2.5	95.0
20-24 岁	53	1.9	1.9	0.0	0.0	1.9	94.3
25-29 岁	32	0.0	0.0	9.4	3.1	21.9	65.6
30-34 岁	33	15.2	6.1	15.2	3.0	9.1	51.5
35-39 岁	35	5.7	2.9	2.9	8.6	5.7	74.3
40-44 岁	32	3.1	3.1	6.3	3.1	15.6	68.8
45-49 岁	26	7.7	0.0	0.0	0.0	7.7	84.6
50 岁以上	37	5.4	2.7	8.1	8.1	10.8	64.9

6-8 样本总体、男性各年龄层、女性各年龄层购买时的考虑因素 / Considerations in Purchasing by the Whole Sample, Age and Gender Groups

注：本题为多选题，合计百分比超过 100%（Multiple answers）

● 北京（Beijing）

	人数	有名的牌子	价格适中	包装吸引人	广告影响	购买方便	口味好	生产日期
样本	**240**	**37.5**	**64.6**	**0.8**	**3.3**	**18.8**	**70.8**	**7.1**
男性	**137**	**38.0**	**68.6**	**0.0**	**4.4**	**16.8**	**73.7**	**2.2**
16-19 岁	1	100.0	100.0	0.0	0.0	0.0	100.0	0.0
20-24 岁	11	36.4	63.6	0.0	9.1	18.2	45.5	9.1
25-29 岁	22	22.7	59.1	0.0	13.6	22.7	77.3	0.0
30-34 岁	30	33.3	56.7	0.0	3.3	6.7	76.7	6.7
35-39 岁	20	35.0	80.0	0.0	5.0	20.0	85.0	0.0
40-44 岁	25	40.0	72.0	0.0	0.0	28.0	64.0	0.0
45-49 岁	11	45.5	81.8	0.0	0.0	18.2	90.9	0.0
50 岁以上	17	58.8	76.5	0.0	0.0	5.9	70.6	0.0
女性	**103**	**36.9**	**59.2**	**1.9**	**1.9**	**21.4**	**67.0**	**13.6**
16-19 岁	6	0.0	33.3	0.0	0.0	16.7	66.7	16.7
20-24 岁	9	33.3	66.7	11.1	0.0	33.3	44.4	0.0
25-29 岁	9	44.4	55.6	0.0	0.0	44.4	66.7	0.0
30-34 岁	14	50.0	35.7	0.0	0.0	21.4	71.4	14.3
35-39 岁	22	31.8	68.2	0.0	4.5	22.7	68.2	22.7
40-44 岁	14	35.7	64.3	7.1	0.0	21.4	85.7	7.1
45-49 岁	11	18.2	54.5	0.0	0.0	0.0	72.7	0.0
50 岁以上	18	55.6	72.2	0.0	5.6	16.7	55.6	27.8

续上表（continued）

	人数	有优惠条件	售货员介绍	朋友推荐	单位发的	别人送的	只是由于习惯	其他
样本	**240**	**0.8**	**0.0**	**0.8**	**1.3**	**2.1**	**17.1**	**1.3**
男性	**137**	**1.5**	**0.0**	**1.5**	**0.7**	**0.7**	**16.8**	**2.2**
16-19 岁	1	0.0	0.0	0.0	0.0	0.0	0.0	0.0
20-24 岁	11	0.0	0.0	9.1	0.0	0.0	27.3	0.0
25-29 岁	22	0.0	0.0	0.0	0.0	0.0	9.1	4.5
30-34 岁	30	3.3	0.0	3.3	3.3	0.0	20.0	0.0
35-39 岁	20	0.0	0.0	0.0	0.0	0.0	20.0	0.0
40-44 岁	25	0.0	0.0	0.0	0.0	0.0	24.0	4.0
45-49 岁	11	0.0	0.0	0.0	0.0	0.0	9.1	0.0
50 岁以上	17	5.9	0.0	0.0	0.0	5.9	5.9	5.9
女性	**103**	**0.0**	**0.0**	**0.0**	**1.9**	**3.9**	**17.5**	**0.0**
16-19 岁	6	0.0	0.0	0.0	33.3	0.0	16.7	0.0
20-24 岁	9	0.0	0.0	0.0	0.0	0.0	11.1	0.0
25-29 岁	9	0.0	0.0	0.0	0.0	0.0	22.2	0.0
30-34 岁	14	0.0	0.0	0.0	0.0	7.1	7.1	0.0
35-39 岁	22	0.0	0.0	0.0	0.0	4.5	13.6	0.0
40-44 岁	14	0.0	0.0	0.0	0.0	7.1	7.1	0.0
45-49 岁	11	0.0	0.0	0.0	0.0	0.0	45.5	0.0
50 岁以上	18	0.0	0.0	0.0	0.0	5.6	22.2	0.0

● 上海（Shanghai）

	人数	有名的牌子	价格适中	包装吸引人	广告影响	购买方便	口味好	生产日期
样本	**132**	**29.5**	**51.5**	**3.0**	**3.8**	**22.7**	**57.6**	**13.6**
男性	**87**	**27.6**	**51.7**	**1.1**	**4.6**	**24.1**	**48.3**	**11.5**
16-19 岁	5	20.0	20.0	20.0	0.0	20.0	60.0	0.0
20-24 岁	5	20.0	60.0	0.0	0.0	60.0	40.0	40.0
25-29 岁	11	36.4	54.5	0.0	18.2	18.2	27.3	0.0
30-34 岁	18	27.8	5.6	0.0	5.6	5.6	61.1	16.7
35-39 岁	17	17.6	70.6	0.0	0.0	47.1	41.2	11.8
40-44 岁	9	33.3	77.8	0.0	0.0	22.2	33.3	11.1
45-49 岁	9	44.4	66.7	0.0	0.0	33.3	44.4	11.1
50 岁以上	13	23.1	69.2	0.0	7.7	7.7	69.2	7.7
女性	**45**	**33.3**	**51.1**	**6.7**	**2.2**	**20.0**	**75.6**	**17.8**
16-19 岁	3	0.0	66.7	0.0	0.0	0.0	0.0	33.3
20-24 岁	3	0.0	100.0	0.0	0.0	0.0	66.7	33.3
25-29 岁	6	66.7	50.0	0.0	0.0	16.7	83.3	0.0
30-34 岁	11	27.3	27.3	0.0	9.1	45.5	72.7	27.3
35-39 岁	8	50.0	37.5	12.5	0.0	0.0	50.0	12.5
40-44 岁	5	40.0	100.0	0.0	0.0	40.0	0.0	20.0
45-49 岁	6	33.3	66.7	33.3	0.0	16.7	83.3	0.0
50 岁以上	3	0.0	0.0	0.0	0.0	0.0	66.7	0.0

续上表（continued）

	人数	有优惠条件	售货员介绍	朋友推荐	单位发的	别人送的	只是由于习惯	其他
样本	**132**	**0.0**	**2.3**	**1.5**	**0.0**	**1.5**	**13.6**	**2.3**
男性	**87**	**0.0**	**1.1**	**2.3**	**0.0**	**2.3**	**18.4**	**2.3**
16-19 岁	5	0.0	0.0	20.0	0.0	20.0	0.0	0.0
20-24 岁	5	0.0	20.0	0.0	0.0	0.0	20.0	0.0
25-29 岁	11	0.0	0.0	0.0	0.0	0.0	27.3	0.0
30-34 岁	18	0.0	0.0	0.0	0.0	0.0	22.2	0.0
35-39 岁	17	0.0	0.0	0.0	0.0	5.9	17.6	0.0
40-44 岁	9	0.0	0.0	0.0	0.0	0.0	0.0	22.2
45-49 岁	9	0.0	0.0	0.0	0.0	0.0	44.4	0.0
50 岁以上	13	0.0	0.0	7.7	0.0	0.0	7.7	0.0
女性	**45**	**0.0**	**4.4**	**0.0**	**0.0**	**0.0**	**4.4**	**2.2**
16-19 岁	3	0.0	0.0	0.0	0.0	0.0	0.0	0.0
20-24 岁	3	0.0	0.0	0.0	0.0	0.0	0.0	0.0
25-29 岁	6	0.0	0.0	0.0	0.0	0.0	0.0	0.0
30-34 岁	11	0.0	9.1	0.0	0.0	0.0	9.1	0.0
35-39 岁	8	0.0	12.5	0.0	0.0	0.0	0.0	0.0
40-44 岁	5	0.0	0.0	0.0	0.0	0.0	0.0	0.0
45-49 岁	6	0.0	0.0	0.0	0.0	0.0	16.7	0.0
50 岁以上	3	0.0	0.0	0.0	0.0	0.0	0.0	33.3

● 广州（Guangzhou）

	人数	有名的牌子	价格适中	包装吸引人	广告影响	购买方便	口味好	生产日期
样本	**152**	**25.0**	**51.3**	**0.7**	**5.3**	**29.6**	**55.9**	**8.6**
男性	**94**	**24.5**	**48.9**	**1.1**	**7.4**	**27.7**	**58.5**	**3.2**
16-19 岁	0	0.0	0.0	0.0	0.0	0.0	0.0	0.0
20-24 岁	7	28.6	42.9	0.0	14.3	0.0	85.7	0.0
25-29 岁	11	45.5	18.2	0.0	0.0	18.2	36.4	0.0
30-34 岁	17	23.5	41.2	0.0	5.9	52.9	52.9	5.9
35-39 岁	17	23.5	52.9	0.0	11.8	35.3	64.7	5.9
40-44 岁	15	13.3	60.0	6.7	6.7	33.3	53.3	0.0
45-49 岁	7	14.3	57.1	0.0	14.3	0.0	71.4	0.0
50 岁以上	20	25.0	60.0	0.0	5.0	20.0	60.0	5.0
女性	**58**	**25.4**	**54.2**	**0.0**	**1.7**	**32.2**	**50.8**	**16.9**
16-19 岁	3	0.0	100.0	0.0	33.3	0.0	100.0	0.0
20-24 岁	5	20.0	40.0	0.0	0.0	80.0	80.0	40.0
25-29 岁	16	18.8	56.3	0.0	0.0	37.5	37.5	31.3
30-34 岁	5	20.0	40.0	0.0	0.0	40.0	60.0	0.0
35-39 岁	9	44.4	55.6	0.0	0.0	11.1	33.3	11.1
40-44 岁	3	33.3	0.0	0.0	0.0	66.7	66.7	0.0
45-49 岁	4	50.0	25.0	0.0	0.0	0.0	100.0	0.0
50 岁以上	13	23.1	76.9	0.0	0.0	23.1	38.5	15.4

续上表（continued）

	人数	有优惠条件	售货员介绍	朋友推荐	单位发的	别人送的	只是由于习惯	其他
样本	**152**	**0.7**	**1.3**	**2.0**	**0.7**	**2.6**	**17.8**	**0.7**
男性	**94**	**0.0**	**0.0**	**2.1**	**0.0**	**1.1**	**20.2**	**1.1**
16-19 岁	0	0.0	0.0	0.0	0.0	0.0	0.0	0.0
20-24 岁	7	0.0	0.0	14.3	0.0	0.0	0.0	0.0
25-29 岁	11	0.0	0.0	9.1	0.0	0.0	45.5	0.0
30-34 岁	17	0.0	0.0	0.0	0.0	0.0	29.4	5.9
35-39 岁	17	0.0	0.0	0.0	0.0	0.0	5.9	0.0
40-44 岁	15	0.0	0.0	0.0	0.0	0.0	6.7	0.0
45-49 岁	7	0.0	0.0	0.0	0.0	0.0	42.9	0.0
50 岁以上	20	0.0	0.0	0.0	0.0	5.0	20.0	0.0
女性	**58**	**1.7**	**3.4**	**1.7**	**1.7**	**5.2**	**13.8**	**0.0**
16-19 岁	3	0.0	0.0	33.3	0.0	0.0	0.0	0.0
20-24 岁	5	0.0	0.0	0.0	0.0	0.0	40.0	0.0
25-29 岁	16	0.0	0.0	0.0	5.9	5.9	5.9	0.0
30-34 岁	5	0.0	20.0	0.0	0.0	0.0	20.0	0.0
35-39 岁	9	11.1	0.0	0.0	0.0	0.0	11.1	0.0
40-44 岁	3	0.0	0.0	0.0	0.0	0.0	0.0	0.0
45-49 岁	4	0.0	0.0	0.0	0.0	0.0	25.0	0.0
50 岁以上	13	0.0	7.7	0.0	0.0	15.4	15.4	0.0

● 重庆（Chongqing）

	人数	有名的牌子	价格适中	包装吸引人	广告影响	购买方便	口味好	生产日期
样本	**211**	**22.7**	**56.9**	**2.4**	**5.7**	**26.1**	**56.9**	**4.7**
男性	**140**	**23.6**	**57.1**	**2.9**	**7.9**	**25.0**	**55.7**	**5.7**
16-19 岁	7	28.6	28.6	0.0	0.0	28.6	71.4	0.0
20-24 岁	20	20.0	50.0	10.0	20.0	15.0	65.0	5.0
25-29 岁	18	22.2	83.3	0.0	5.6	16.7	44.4	5.6
30-34 岁	19	36.8	47.4	5.3	10.5	31.6	36.8	5.3
35-39 岁	24	29.2	62.5	4.2	4.2	29.2	54.2	4.2
40-44 岁	15	20.0	46.7	0.0	13.3	20.0	53.3	6.7
45-49 岁	15	13.3	46.7	0.0	6.7	13.3	73.3	13.3
50 岁以上	22	18.2	63.6	0.0	0.0	40.9	59.1	4.5
女性	**71**	**21.1**	**56.3**	**1.4**	**1.4**	**28.2**	**59.2**	**2.8**
16-19 岁	5	40.0	20.0	0.0	0.0	20.0	80.0	0.0
20-24 岁	3	33.3	0.0	0.0	0.0	33.3	33.3	0.0
25-29 岁	11	9.1	45.5	0.0	9.1	9.1	81.8	9.1
30-34 岁	16	12.5	62.5	0.0	0.0	25.0	62.5	0.0
35-39 岁	9	44.4	66.7	0.0	0.0	22.2	44.4	0.0
40-44 岁	10	20.0	80.0	0.0	0.0	30.0	50.0	0.0
45-49 岁	4	0.0	50.0	0.0	0.0	50.0	75.0	0.0
50 岁以上	13	23.1	69.2	7.7	0.0	38.5	46.2	7.7

续上表（continued）

	人数	有优惠条件	售货员介绍	朋友推荐	单位发的	别人送的	只是由于习惯	其他
样本	**211**	**1.4**	**0.5**	**2.4**	**0.0**	**2.8**	**13.7**	**3.3**
男性	**140**	**0.0**	**0.7**	**3.6**	**0.0**	**3.6**	**15.0**	**4.3**
16-19 岁	7	0.0	0.0	0.0	0.0	0.0	0.0	14.3
20-24 岁	20	0.0	0.0	5.0	0.0	10.0	5.0	0.0
25-29 岁	18	0.0	0.0	5.6	0.0	5.6	11.1	5.6
30-34 岁	19	0.0	5.3	10.5	0.0	0.0	5.3	5.3
35-39 岁	24	0.0	0.0	0.0	0.0	0.0	33.3	0.0
40-44 岁	15	0.0	0.0	0.0	0.0	6.7	20.0	6.7
45-49 岁	15	0.0	0.0	6.7	0.0	6.7	13.3	0.0
50 岁以上	22	0.0	0.0	0.0	0.0	0.0	18.2	9.1
女性	**71**	**4.2**	**0.0**	**0.0**	**0.0**	**1.4**	**11.3**	**1.4**
16-19 岁	5	20.0	0.0	0.0	0.0	0.0	0.0	0.0
20-24 岁	3	33.3	0.0	0.0	0.0	33.3	33.3	0.0
25-29 岁	11	0.0	0.0	0.0	0.0	0.0	9.1	0.0
30-34 岁	16	0.0	0.0	0.0	0.0	0.0	18.8	0.0
35-39 岁	9	0.0	0.0	0.0	0.0	0.0	22.2	0.0
40-44 岁	10	0.0	0.0	0.0	0.0	0.0	10.0	0.0
45-49 岁	4	0.0	0.0	0.0	0.0	0.0	0.0	0.0
50 岁以上	13	7.7	0.0	0.0	0.0	0.0	0.0	7.7

6-9 样本总体、男性各年龄层、女性各年龄层的品牌习惯 / Brand Habit in Consuming Hard Liquor by the Whole Sample, Age and Gender Groups

注：1=平时固定饮用一个牌子，从不更改（Used in only one brand）；
2=比较固定地饮用一两个牌子，有时会换一下（Used in One or two brands）；
3=基本上没有固定，随机购买/饮用（No brand preference）

● 北京（Beijing）

	人数	1	2	3
样本	**239**	**40.6**	**50.2**	**9.2**
男性	**137**	**40.9**	**49.6**	**9.5**
16-19 岁	1	0.0	100.0	0.0
20-24 岁	11	45.5	27.3	27.3
25-29 岁	22	40.9	40.9	18.2
30-34 岁	30	43.3	50.0	6.7
35-39 岁	20	40.0	55.0	5.0
40-44 岁	25	64.0	32.0	4.0
45-49 岁	11	36.4	63.6	0.0
50 岁以上	17	5.9	82.4	11.8
女性	**102**	**40.2**	**51.0**	**8.8**
16-19 岁	6	16.7	66.7	16.7
20-24 岁	9	11.1	55.6	33.3
25-29 岁	9	33.3	55.6	11.1
30-34 岁	14	35.7	50.0	14.3
35-39 岁	22	45.5	50.0	4.5
40-44 岁	14	57.1	42.9	0.0
45-49 岁	11	54.5	45.5	0.0
50 岁以上	17	41.2	52.9	5.9

● 上海（Shanghai）

	人数	1	2	3
样本	**128**	**25.0**	**64.1**	**10.9**
男性	**84**	**22.6**	**66.7**	**10.7**
16-19 岁	4	25.0	50.0	25.0
20-24 岁	5	20.0	80.0	0.0
25-29 岁	11	9.1	90.9	0.0
30-34 岁	18	22.2	77.8	0.0
35-39 岁	17	35.3	47.1	17.6
40-44 岁	8	25.0	62.5	12.5
45-49 岁	9	11.1	66.7	22.2
50 岁以上	12	25.0	58.3	16.7
女性	**44**	**29.5**	**59.1**	**11.4**
16-19 岁	3	33.3	66.7	0.0
20-24 岁	3	0.0	66.7	33.3
25-29 岁	6	83.3	16.7	0.0
30-34 岁	11	27.3	63.6	9.1
35-39 岁	8	12.5	75.0	12.5
40-44 岁	4	25.0	75.0	0.0
45-49 岁	6	16.7	66.7	16.7
50 岁以上	3	33.3	33.3	33.3

● 广州（Guangzhou）

	人数	1	2	3
样本	**153**	**25.5**	**57.5**	**17.0**
男性	**94**	**26.6**	**57.4**	**16.0**
16-19 岁	0	0.0	0.0	0.0
20-24 岁	7	14.3	71.4	14.3
25-29 岁	11	36.4	63.6	0.0
30-34 岁	17	29.4	52.9	17.6
35-39 岁	17	23.5	64.7	11.8
40-44 岁	15	21.4	57.1	21.4
45-49 岁	7	14.3	71.4	14.3
50 岁以上	20	33.3	42.9	23.8
女性	**59**	**23.7**	**57.6**	**18.6**
16-19 岁	3	66.7	0.0	33.3
20-24 岁	5	40.0	60.0	0.0
25-29 岁	16	12.5	56.3	31.3
30-34 岁	5	40.0	40.0	20.0
35-39 岁	10	20.0	70.0	10.0
40-44 岁	3	33.3	66.7	0.0
45-49 岁	4	25.0	25.0	50.0
50 岁以上	13	15.4	76.9	7.7

● 重庆（Chongqing）

	人数	1	2	3
样本	**212**	**25.9**	**53.8**	**20.3**
男性	**141**	**21.3**	**59.6**	**19.1**
16-19 岁	7	14.3	42.9	42.9
20-24 岁	21	9.5	66.7	23.8
25-29 岁	18	22.2	50.0	27.8
30-34 岁	19	10.5	68.4	21.1
35-39 岁	24	33.3	54.2	12.5
40-44 岁	15	40.0	46.7	13.3
45-49 岁	15	20.0	66.7	13.3
50 岁以上	22	18.2	68.2	13.6
女性	**71**	**35.2**	**42.3**	**22.5**
16-19 岁	5	60.0	20.0	20.0
20-24 岁	3	0.0	100.0	0.0
25-29 岁	11	18.2	36.4	45.5
30-34 岁	16	25.0	31.3	43.8
35-39 岁	9	55.6	33.3	11.1
40-44 岁	10	40.0	60.0	0.0
45-49 岁	4	50.0	25.0	25.0
50 岁以上	13	38.5	53.8	7.7

6-10 样本总体、男性各年龄层、女性各年龄层饮用的度数 / Degree of the Consumed Hard Liquor by the Whole Sample, Age and Gender Groups

● 北京（Beijing）

	人数	55 度以上	39—55 度	38 度及以下
样本	**239**	**46.4**	**35.6**	**18.0**
男性	**137**	**47.4**	**36.5**	**16.1**
16-19 岁	1	0.0	100.0	0.0
20-24 岁	11	27.3	54.5	18.2
25-29 岁	22	50.0	36.4	13.6
30-34 岁	30	53.3	23.3	23.3
35-39 岁	20	50.0	45.0	5.0
40-44 岁	25	64.0	28.0	8.0
45-49 岁	11	54.5	27.3	18.2
50 岁以上	17	17.6	52.9	29.4
女性	**102**	**45.1**	**34.3**	**20.6**
16-19 岁	6	33.3	33.3	33.3
20-24 岁	9	11.1	55.6	33.3
25-29 岁	9	66.7	22.2	11.1
30-34 岁	14	35.7	35.7	28.6
35-39 岁	22	50.0	31.8	18.2
40-44 岁	14	28.6	42.9	28.6
45-49 岁	11	63.6	36.4	0.0
50 岁以上	17	58.8	23.5	17.6

● 上海（Shanghai）

	人数	55 度以上	39—55 度	38 度及以下
样本	**130**	**13.1**	**60.8**	**26.2**
男性	**85**	**8.2**	**64.7**	**27.1**
16-19 岁	4	75.0	25.0	0.0
20-24 岁	5	0.0	60.0	40.0
25-29 岁	11	9.1	72.7	18.2
30-34 岁	18	5.6	61.1	33.3
35-39 岁	17	5.9	58.8	35.3
40-44 岁	8	12.5	87.5	0.0
45-49 岁	9	0.0	55.6	44.4
50 岁以上	13	0.0	76.9	23.1
女性	**45**	**22.2**	**53.3**	**24.4**
16-19 岁	3	0.0	33.3	66.7
20-24 岁	3	0.0	100.0	0.0
25-29 岁	6	33.3	33.3	33.3
30-34 岁	11	9.1	45.5	45.5
35-39 岁	8	50.0	37.5	12.5
40-44 岁	5	40.0	60.0	0.0
45-49 岁	6	0.0	83.3	16.7
50 岁以上	3	33.3	66.7	0.0

● 广州（Guangzhou）

	人数	55 度以上	39 — 55 度	38 度及以下
样本	**144**	**5.6**	**26.4**	**68.1**
男性	**92**	**6.5**	**28.3**	**65.2**
16-19 岁	0	0.0	0.0	0.0
20-24 岁	7	0.0	14.3	85.7
25-29 岁	11	9.1	18.2	72.7
30-34 岁	16	12.5	43.8	43.8
35-39 岁	16	0.0	25.0	75.0
40-44 岁	14	14.3	21.4	64.3
45-49 岁	7	0.0	42.9	57.1
50 岁以上	21	4.8	28.6	66.7
女性	**52**	**3.8**	**23.1**	**73.1**
16-19 岁	1	0.0	0.0	100.0
20-24 岁	5	20.0	20.0	60.0
25-29 岁	13	0.0	7.7	92.3
30-34 岁	5	20.0	20.0	60.0
35-39 岁	9	0.0	22.2	77.8
40-44 岁	3	0.0	33.3	66.7
45-49 岁	3	0.0	66.7	33.3
50 岁以上	13	0.0	30.8	69.2

● 重庆（Chongqing）

	人数	55 度以上	39 — 55 度	38 度及以下
样本	**211**	**40.8**	**41.2**	**18.0**
男性	**140**	**39.3**	**44.3**	**16.4**
16-19 岁	6	33.3	50.0	16.7
20-24 岁	21	14.3	47.6	38.1
25-29 岁	18	16.7	61.1	22.2
30-34 岁	19	31.6	52.6	15.8
35-39 岁	24	54.2	37.5	8.3
40-44 岁	15	60.0	40.0	0.0
45-49 岁	15	46.7	40.0	13.3
50 岁以上	22	54.5	31.8	13.6
女性	**71**	**43.7**	**35.2**	**21.1**
16-19 岁	5	40.0	40.0	20.0
20-24 岁	3	33.3	33.3	33.3
25-29 岁	11	27.3	27.3	45.5
30-34 岁	16	37.5	50.0	12.5
35-39 岁	9	66.7	22.2	11.1
40-44 岁	10	70.0	30.0	0.0
45-49 岁	4	50.0	25.0	25.0
50 岁以上	13	30.8	38.5	30.8

6-11 样本总体、男性各年龄层、女性各年龄层饮用的场合 / Settings of Consumption by the Whole Sample,Age and Gender Groups

注：本题为多选题，合计百分比超过 100%（Multiple answers）

● 北京（Beijing）

	人数	请客	节假日团聚	和朋友聚餐	日常习惯	服药	做菜	其他
样本	**239**	**24.7**	**24.7**	**37.2**	**47.3**	**1.3**	**10.9**	**1.3**
男性	**137**	**22.6**	**21.2**	**46.7**	**46.7**	**1.5**	**5.8**	**0.7**
16-19 岁	1	0.0	100.0	0.0	0.0	0.0	0.0	0.0
20-24 岁	11	27.3	18.2	54.5	27.3	0.0	9.1	0.0
25-29 岁	22	27.3	18.2	68.2	18.2	0.0	.0	4.5
30-34 岁	30	26.7	13.3	46.7	53.3	0.0	10.0	0.0
35-39 岁	20	15.0	35.0	70.0	25.0	0.0	.0	0.0
40-44 岁	25	8.0	12.0	24.0	72.0	4.0	8.0	0.0
45-49 岁	11	36.4	18.2	54.5	63.6	0.0	0.0	0.0
50 岁以上	17	29.4	35.3	17.6	58.8	5.9	11.8	0.0
女性	**102**	**27.5**	**29.4**	**24.5**	**48.0**	**1.0**	**17.6**	**2.0**
16-19 岁	6	0.0	16.7	16.7	50.0	16.7	16.7	16.7
20-24 岁	9	22.2	44.4	33.3	22.2	0.0	33.3	0.0
25-29 岁	9	33.3	11.1	55.6	33.3	0.0	22.2	0.0
30-34 岁	14	42.9	21.4	14.3	42.9	0.0	14.3	7.1
35-39 岁	22	31.8	18.2	31.8	63.6	0.0	18.2	0.0
40-44 岁	14	42.9	35.7	28.6	35.7	0.0	7.1	0.0
45-49 岁	11	0.0	45.5	9.1	63.6	0.0	9.1	0.0
50 岁以上	17	23.5	41.2	11.8	52.9	0.0	23.5	0.0

● 上海（Shanghai）

	人数	请客	节假日团聚	和朋友聚餐	日常习惯	服药	做菜	其他
样本	**130**	**32.3**	**24.6**	**38.5**	**33.8**	**0.8**	**7.7**	**3.1**
男性	**85**	**30.6**	**24.7**	**38.8**	**35.3**	**1.2**	**5.9**	**3.5**
16-19 岁	4	50.0	25.0	25.0	25.0	0.0	0.0	0.0
20-24 岁	5	40.0	40.0	40.0	0.0	0.0	20.0	0.0
25-29 岁	11	18.2	18.2	63.6	9.1	0.0	0.0	9.1
30-34 岁	18	27.8	22.2	44.4	50.0	0.0	0.0	0.0
35-39 岁	17	35.3	29.4	35.3	35.3	5.9	0.0	0.0
40-44 岁	8	12.5	0.0	37.5	62.5	0.0	25.0	0.0
45-49 岁	9	55.6	22.2	22.2	33.3	0.0	22.2	0.0
50 岁以上	13	23.1	38.5	30.8	38.5	0.0	0.0	15.4
女性	**45**	**35.6**	**24.4**	**37.8**	**31.1**	**0.0**	**11.1**	**2.2**
16-19 岁	3	33.3	66.7	0.0	33.3	0.0	0.0	0.0
20-24 岁	3	0.0	66.7	66.7	33.3	0.0	33.3	0.0
25-29 岁	6	50.0	16.7	50.0	33.3	0.0	0.0	0.0
30-34 岁	11	9.1	18.2	54.5	36.4	0.0	18.2	0.0
35-39 岁	8	37.5	12.5	25.0	25.0	0.0	12.5	0.0
40-44 岁	5	40.0	40.0	20.0	40.0	0.0	20.0	0.0
45-49 岁	6	66.7	0.0	33.3	16.7	0.0	0.0	16.7
50 岁以上	3	66.7	33.3	33.3	33.3	0.0	0.0	0.0

● 广州（Guangzhou）

	人数	请客	节假日团聚	和朋友聚餐	日常习惯	服药	做菜	其他
样本	**151**	**31.1**	**22.5**	**33.8**	**35.1**	**1.3**	**20.5**	**0.7**
男性	**93**	**23.7**	**23.7**	**37.6**	**39.8**	**2.2**	**12.9**	**1.1**
16-19 岁	0	0.0	0.0	0.0	0.0	0.0	0.0	0.0
20-24 岁	7	42.9	28.6	71.4	0.0	0.0	14.3	0.0
25-29 岁	11	27.3	27.3	36.4	27.3	9.1	0.0	0.0
30-34 岁	17	17.6	0.0	58.8	23.5	5.9	35.3	5.9
35-39 岁	16	31.3	25.0	37.5	37.5	0.0	6.3	0.0
40-44 岁	14	7.1	28.6	28.6	57.1	0.0	21.4	0.0
45-49 岁	7	14.3	14.3	0.0	100.0	0.0	0.0	0.0
50 岁以上	21	28.6	38.1	28.6	42.9	0.0	4.8	0.0
女性	**58**	**43.1**	**20.7**	**27.6**	**27.6**	**0.0**	**32.8**	**0.0**
16-19 岁	3	100.0	33.3	0.0	0.0	0.0	33.3	0.0
20-24 岁	5	60.0	20.0	40.0	40.0	0.0	0.0	0.0
25-29 岁	16	37.5	25.0	25.0	6.3	0.0	43.8	0.0
30-34 岁	5	20.0	40.0	20.0	20.0	0.0	40.0	0.0
35-39 岁	10	30.0	10.0	50.0	20.0	0.0	40.0	0.0
40-44 岁	3	66.7	0.0	0.0	33.3	0.0	0.0	0.0
45-49 岁	3	66.7	0.0	0.0	33.3	0.0	66.7	0.0
50 岁以上	13	38.5	23.1	30.8	61.5	0.0	23.1	0.0

● 重庆（Chongqing）

	人数	请客	节假日团聚	和朋友聚餐	日常习惯	服药	做菜	其他
样本	**212**	**40.6**	**21.7**	**39.2**	**30.7**	**4.7**	**6.6**	**2.8**
男性	**141**	**40.4**	**20.6**	**44.7**	**31.9**	**4.3**	**5.7**	**2.8**
16-19 岁	7	71.4	0.0	57.1	28.6	0.0	0.0	0.0
20-24 岁	21	33.3	23.8	66.7	4.8	0.0	4.8	0.0
25-29 岁	18	38.9	11.1	61.1	22.2	5.6	11.1	5.6
30-34 岁	19	52.6	42.1	52.6	10.5	0.0	15.8	5.3
35-39 岁	24	37.5	12.5	29.2	50.0	0.0	4.2	8.3
40-44 岁	15	33.3	20.0	46.7	40.0	0.0	0.0	0.0
45-49 岁	15	53.3	20.0	26.7	46.7	6.7	0.0	0.0
50 岁以上	22	27.3	22.7	27.3	50.0	18.2	4.5	0.0
女性	**71**	**40.8**	**23.9**	**28.2**	**28.2**	**5.6**	**8.5**	**2.8**
16-19 岁	5	20.0	0.0	40.0	40.0	20.0	0.0	0.0
20-24 岁	3	33.3	0.0	33.3	66.7	0.0	33.3	0.0
25-29 岁	11	36.4	36.4	45.5	18.2	0.0	18.2	0.0
30-34 岁	16	43.8	25.0	37.5	25.0	0.0	0.0	6.3
35-39 岁	9	22.2	22.2	22.2	22.2	11.1	11.1	0.0
40-44 岁	10	50.0	30.0	20.0	30.0	10.0	10.0	0.0
45-49 岁	4	50.0	0.0	0.0	50.0	0.0	25.0	0.0
50 岁以上	13	53.8	30.8	15.4	23.1	7.7	0.0	7.7

6-12 重度消费者的人口分布 / Demographics of the Heavy Consumers

● 北京（Beijing）

	人数	16-19岁	20-24岁	25-29岁	30-34岁	35-39岁	40-44岁	45-49岁	50岁以上
样本	**139**	**0.0**	**5.8**	**10.0**	**18.7**	**18.0**	**23.0**	**11.5**	**12.9**
男性	**86**	**0.0**	**4.7**	**12.8**	**20.9**	**14.0**	**27.9**	**9.3**	**10.5**
天天喝	28	0.0	7.1	3.6	17.9	3.6	46.4	14.3	7.1
1周3次以上	22	0.0	0.0	4.5	22.7	22.7	31.8	9.1	9.1
1周1次左右	36	0.0	5.6	25.0	22.2	16.7	11.1	5.6	13.9
女性	**53**	**0.0**	**7.5**	**5.7**	**15.1**	**24.5**	**15.1**	**15.1**	**17.0**
天天喝	16	0.0	0.0	6.3	25.0	12.5	6.3	25.0	25.0
1周3次以上	16	0.0	6.3	0.0	18.8	31.3	25.0	6.3	12.5
1周1次左右	21	0.0	14.3	9.5	4.8	28.6	14.3	14.3	14.3

● 上海（Shanghai）

	人数	16-19岁	20-24岁	25-29岁	30-34岁	35-39岁	40-44岁	45-49岁	50岁以上
样本	**59**	**1.7**	**1.7**	**15.3**	**20.3**	**22.0**	**15.3**	**11.9**	**11.9**
男性	**38**	**2.6**	**0.0**	**10.5**	**21.1**	**21.1**	**18.4**	**10.5**	**15.8**
天天喝	12	8.3	0.0	0.0	16.7	0.0	16.7	25.0	33.3
1周3次以上	12	0.0	0.0	8.3	16.7	41.7	16.7	0.0	16.7
1周1次左右	14	0.0	0.0	21.4	28.6	21.4	21.4	7.1	0.0
女性	**21**	**0.0**	**4.8**	**23.8**	**19.0**	**23.8**	**9.5**	**14.3**	**4.8**
天天喝	6	0.0	16.7	16.7	0.0	16.7	0.0	33.3	16.7
1周3次以上	7	0.0	0.0	28.6	28.6	42.9	0.0	0.0	0.0
1周1次左右	8	0.0	0.0	25.0	25.0	12.5	25.0	12.5	0.0

● 广州（Guangzhou）

	人数	16-19 岁	20-24 岁	25-29 岁	30-34 岁	35-39 岁	40-44 岁	45-49 岁	50 岁以上
样本	**72**	**0.0**	**5.6**	**15.3**	**13.9**	**11.1**	**18.1**	**11.1**	**25.0**
男性	**54**	**0.0**	**3.7**	**11.1**	**14.8**	**13.0**	**22.2**	**13.0**	**22.2**
天天喝	17	0.0	0.0	5.9	17.6	5.9	17.6	35.3	17.6
1 周 3 次以上	17	0.0	5.9	11.8	5.9	11.8	35.3	5.9	23.5
1 周 1 次左右	20	0.0	5.0	15.0	20.0	20.0	15.0	0.0	25.0
女性	**18**	**0.0**	**11.1**	**27.8**	**11.1**	**5.6**	**5.6**	**5.6**	**33.3**
天天喝	6	0.0	16.7	0.0	0.0	0.0	16.7	16.7	50.0
1 周 3 次以上	6	0.0	0.0	16.7	33.3	16.7	0.0	0.0	33.3
1 周 1 次左右	6	0.0	16.7	66.7	0.0	0.0	0.0	0.0	16.7

● 重庆（Chongqing）

	人数	16-19 岁	20-24 岁	25-29 岁	30-34 岁	35-39 岁	40-44 岁	45-49 岁	50 岁以上
样本	**96**	**4.2**	**10.4**	**8.3**	**15.6**	**19.8**	**11.5**	**8.3**	**21.9**
男性	**63**	**6.3**	**12.7**	**7.9**	**4.8**	**23.8**	**11.1**	**9.5**	**23.8**
天天喝	27	11.1	3.7	3.7	0.0	29.6	11.1	14.8	25.9
1 周 3 次以上	12	0.0	8.3	8.3	8.3	25.0	8.3	8.3	33.3
1 周 1 次左右	24	4.2	25.0	12.5	8.3	16.7	12.5	4.2	16.7
女性	**33**	**0.0**	**6.1**	**9.1**	**36.4**	**12.1**	**12.1**	**6.1**	**18.2**
天天喝	13	0.0	7.7	0.0	38.5	15.4	7.7	15.4	15.4
1 周 3 次以上	6	0.0	16.7	0.0	33.3	16.7	16.7	0.0	16.7
1 周 1 次左右	14	0.0	0.0	21.4	35.7	7.1	14.3	0.0	21.4

1-13 关于北京消费群 / The Beijing Market Segments

1-13-1 不同消费群最常用品牌 / The Most Frequently Consumed Brands by Market Segments

	人数	第一品牌及百分比	第二品牌及百分比	第三品牌及百分比
样本	237	**红星二锅头 65.8**	**红星御酒 6.8**	孔府家酒 6.0
第一消费群	44	红星二锅头 68.2	孔府家酒 9.1	华灯北京醇 4.5
第二消费群	45	红星二锅头 48.9	红星御酒 15.6 华灯北京醇 15.6	
第三消费群	66	红星二锅头 80.3	红星御酒 3.0 华都 3.0	
第四消费群	2	红星二锅头 50.0 五粮液 50.0		
第五消费群	30	红星二锅头 76.7	红星御酒 3.3 孔府家酒 3.3 华灯北京醇 3.3 湘泉 3.3 白杨老窖 3.3 京酒 3.3	
第六消费群	50	红星二锅头 54.0	红星御酒 8.0	孔府家酒 6.0

1-13-2 重度消费者的消费群构成 / The Composition of the Heavy Consumers

	人数	第一消费群	第二消费群	第三消费群	第四消费群	第五消费群	第六消费群
样本	**139**	**20.9**	**15.8**	**35.3**	**0.7**	**9.4**	**18.0**
天天喝	44	15.9	6.8	50.0	2.3	2.3	22.7
1 周 3 次以上	38	26.3	13.2	34.2	0.0	5.3	21.1
1 周 1 次左右	57	21.1	24.6	24.6	0.0	17.5	12.3

注：北京消费群的代表特征 / Characteristics of the Beijing Market Segments

		第一消费群	第二消费群	第三消费群	第四消费群	第五消费群	第六消费群
基本情况	性别	女	男	无明显偏向	男	无明显偏向	女
	年龄	30 — 34 岁	25 — 29 岁	35 — 44 岁	无明显偏向	16 — 24 岁	45 岁以上
	学历	大专/大本	大本	初中	大本及研究生	高中/中专/技校	初中及以下
	职业	科教卫生人员	一般企业职员	工人	管理人员/专门职业从事者/个体及私营企业主	学生	离退休人员
	月均收入	801 — 1500 元	1501 — 4000 元	800 元以下	4000 元以上	无收入	800 元以下
	婚姻	已婚	无明显偏向	已婚	已婚或离异	未婚	已婚
心理取向		注重学历 非积极进取	不循规传统 非单一电视娱乐	非田园倾向 新女性主张 金钱本位	注重经验 大男子主义 不保守稳定	非“大男子主义” 追随流行	非“新女性主张” 非浪漫新潮 单一电视娱乐

1-14 关于上海消费群 / The Shanghai Market Segments

1-14-1 不同消费群最常用品牌 / The Most Frequently Consumed Brands by Market Segments

	人数	第一品牌及百分比	第二品牌及百分比	第三品牌及百分比
样本	130	**尖庄 20.0**	**双沟大曲 16.2**	**孔府家酒 13.8**
第一消费群	29	尖庄 27.6	双沟大曲 13.8 孔府家酒 13.8	洋河大曲 6.9
第二消费群	17	董酒 17.6	剑南春 11.8 尖庄 11.8 汾酒 11.8	
第三消费群	2	五粮液 50.0 四特酒 50.0		
第四消费群	28	双沟大曲 21.4 尖庄 21.4	洋河大曲 17.9	孔府家酒 10.7
第五消费群	7	双沟大曲 28.6	孔府家酒 14.3 五粮液 14.3 洋河大曲 14.3 尖庄 14.3 董酒 14.3	
第六消费群	47	尖庄 19.1	双沟大曲 17.0	孔府家酒 14.9

1-14-2 重度消费者的消费群构成 / The Composition of the Heavy Consumers

	人数	第一消费群	第二消费群	第三消费群	第四消费群	第五消费群	第六消费群
样本	**59**	**28.8**	**10.2**	**0.0**	**25.4**	**3.4**	**32.2**
天天喝	18	50.0	5.6	0.0	11.1	11.1	22.2
1 周 3 次以上	19	15.8	10.5	0.0	31.6	0.0	42.1
1 周 1 次左右	22	22.7	13.6	0.0	31.8	0.0	31.8

注：上海消费群的代表特征 / Characteristics of the Shanghai Market Segments

		第一消费群	第二消费群	第三消费群	第四消费群	第五消费群	第六消费群
基本情况	性别	无明显偏向	男	男	女	女	无明显偏向
	年龄	45 岁以上	20 － 29 岁	25 － 34 岁	35 － 44 岁	16 － 24 岁	30 － 39 岁
	学历	大本及以上	大专/大本	大专	初中及以下	高中/中专/技校	高中/中专/技校
	职业	科教卫生人员/离退休人员	一般企业职员	行政管理人员/个体及私营企业主/专门职业从事者	工人/下岗人员	学生	一般企业职员
	月均收入	801 － 1500 元	1001 － 3000 元	3000 元以上	800 元以下	无收入	1001 － 2000 元
	婚姻	已婚	未婚	未婚	已婚	未婚	已婚
心理取向		非浪漫时尚 非金钱本位 保守稳定	非家庭重心 田园倾向 休闲独立	不保守稳定 奔波忙碌 浪漫时尚	金钱本位 家庭重心 注重学历	新家庭观念 非休闲独立	不积极进取 不奔波忙碌

1-15 关于广州消费群 / The Guangzhou Market Segments

1-15-1 不同消费群最常用品牌 / The Most Frequently Consumed Brands by Market Segments

	人数	第一品牌及百分比	第二品牌及百分比	第三品牌及百分比
样本	**151**	**九江 35.8**	**石湾 18.5**	**广东米酒 15.9**
第一消费群	12	石湾 58.3	九江 16.7	五粮液 8.3
第二消费群	45	九江 31.1	石湾 17.8	广东米酒 15.6
第三消费群	16	九江 37.5	石湾 18.8	广东米酒 12.5
第四消费群	38	九江 34.2	石湾 21.1	广东米酒 15.8
第五消费群	24	九江 54.2	广东米酒 25.0	剑南春 8.3
第六消费群	16	九江 37.5	广东米酒 18.8 孔府家酒 18.8	泸州老窖 6.3 石湾 6.3 五粮液 6.3

1-15-2 重度消费者的消费群构成 / The Composition of the Heavy Consumers

	人数	第一消费群	第二消费群	第三消费群	第四消费群	第五消费群	第六消费群
样本	**72**	**6.9**	**36.1**	**5.6**	**30.6**	**16.7**	**4.2**
天天喝	23	13.0	34.8	0.0	30.4	13.0	8.7
1 周 3 次以上	23	4.3	34.8	4.3	39.1	17.4	0.0
1 周 1 次左右	26	3.8	38.5	11.5	23.1	19.2	3.8

注：广州消费群的代表特征 / Characteristics of the Guangzhou Market Segments

		第一消费群	第二消费群	第三消费群	第四消费群	第五消费群	第六消费群
基本情况	性别	女	无明显偏向	女	男	女	男
	年龄	16 － 19 岁	40 岁以上	20 － 24 岁	35 － 44 岁	30 － 34 岁	25 － 29 岁
	学历	高中/中专/技校	无明显偏向	高中/中专/技校/大专	初中/高中/中专/技校	初中及以下	大专及以上
	职业	学生	工人	学生/待业人员	个体及私营企业主	家庭主妇	企业职员/管理人员/科教卫生人员/专门职业者
	月均收入	无收入	1500 元以下	无收入	801 － 1500 元	800 元以下	2000 元以上
	婚姻	未婚	已婚	未婚	已婚	已婚	无明显偏向
心理取向		不固守中式生活 田园倾向 非大男子主义	非新女性主张 不追随流行 非积极进取	独立自主 追随流行	积极进取 大男子主义 中式生活	单一电视娱乐 非独立自主 保守稳定	非单一电视娱乐 非家庭重心

1-16 关于重庆消费群 / The Chongqing Market Segments

1-16-1 不同消费群最常用品牌 / The Most Frequently Consumed Brands by Market Segments

	人数	第一品牌及百分比	第二品牌及百分比	第三品牌及百分比
样本	211	江津 32.7	全兴 12.3 高粱 12.3	尖庄 8.1
第一消费群	29	江津 27.6	全兴 17.2	泸州老窖 10.3 鸭溪窖 10.3
第二消费群	60	江津 36.7	高粱 15.0	全兴 11.7
第三消费群	39	全兴 20.5	江津 15.4 尖庄 15.4	泸州老窖 10.3 鸭溪窖 10.3
第四消费群	6	全兴 16.7 茅台 16.7 五粮液 16.7 江津 16.7 剑南春 16.7 绵竹大曲 16.7		
第五消费群	70	江津 45.7	高粱 17.1	全兴 7.1
第六消费群	7	几江 28.6 高粱 28.6	鸭溪窖 14.3 尖庄 14.3	

1-16-2 重度消费者的消费群构成 / The Composition of the Heavy Consumers

	人数	第一消费群	第二消费群	第三消费群	第四消费群	第五消费群	第六消费群
样本	**96**	**11.5**	**25.0**	**14.6**	**2.1**	**42.7**	**4.2**
天天喝	40	12.5	35.0	5.0	2.5	42.5	2.5
1 周 3 次以上	18	5.6	16.7	16.7	0.0	55.6	5.6
1 周 1 次左右	38	13.2	18.4	23.7	2.6	36.8	5.3

注：重庆消费群的代表特征 / Characteristics of the Chongqing Market Segments

		第一消费群	第二消费群	第三消费群	第四消费群	第五消费群	第六消费群
基本情况	性别	无明显偏向	无明显偏向	无明显偏向	无明显偏向	无明显偏向	女
	年龄	16 — 19 岁	45 岁以上	20 — 29 岁	30 — 34 岁	40 岁以上	25 — 29 岁
	学历	高中/中专/技校	高中/中专/技校	大专/大本	高中/中专/技校/大本以上	初中及以下	初中
	职业	学生	行政管理人员/离退休人员	科教卫生人员/一般企业职员	个体及私营企业主	工人	专门职业从事者 下岗及其他
	月均收入	无收入	501 — 800 元	801 — 1500 元	1500 元以上	500 元以下	1001 — 1500 元
	婚姻	未婚	已婚	无明显偏向	已婚	已婚	已婚或离异
心理取向		浪漫新潮 注重学历 非现实家庭观	循规传统 奔波忙碌 保守稳定	新女性主张 非功利心态	功利心态 现实家庭观 都市情结	非浪漫新潮 非独立休闲	非新女性主张 不循规传统 独立休闲

第七篇 日用品
Part VII Household Necessities

- 牙膏 Toothpaste
- 洗发水 Shampoo
- 香皂 Perfumed Soap
- 沐浴液 Bath Shampoo
- 洗衣粉 Laundry Detergent
- 洗洁精 Liquid Detergent
- 护肤品 Skin-care Products
- 卫生巾 Feminine Napkin

第七篇　日 用 品

牙膏

牙病是常见病、多发病。据流行病学调查材料统计，在我国乳牙龋齿患病率达60%-80%，恒牙龋齿患病率在40%，牙周疾病的情况也很严重，而且随着生活水平的提高呈上升趋势。因此，保护牙齿已是当务之急。牙膏作为人们必不可少的口腔清洁用品，每天刷牙时选择好的、合适的牙膏也成为关系到人们健康的的一件大事。

据中国牙膏工业协会统计，目前我国已有40余 家牙膏生产企业，品牌逾300个，品种达400多种，年产牙膏23亿支以上，产量居世界第二。从销售来看，处于领导地位的企业占据了全国牙膏市场的绝大部分份额。根据国内贸易部信息中心1996年统计分析，在牙膏市场的众多品牌中，中华以其市场综合占有率21.9%的优势居首位。96年十大畅销牙膏品牌中，国产品牌占据了八个席位，且前四位均为国产品牌。

表1　1996年牙膏品牌全国市场综合占有率排行表（%）

品　牌	市场综合占有率	市场销量份额	市场覆盖面
中　华	21.9	25.2	19.6
两面针	17.4	21.0	14.9
蓝天六必治	15.9	16.1	15.8
黑　妹	11.7	9.7	13.1
高露洁	11.1	9.6	12.1
洁　诺	6.8	4.2	8.4
美加净	6.0	3.4	7.8
冷酸灵	5.3	8.5	3.2
康齿灵	2.3	1.3	3.0
洁　银	1.6	1.0	2.0

数据来源：国内贸易部 商业信息中心

近几年来，一些国外大公司的世界著名品牌牙膏陆续进入中国市场，一直占领着国内牙膏市场的高价位区。虽然它们大量投入的广告占了全国牙膏广告的50%以上，然而其市场占有率却长期在5%左右徘徊。为了进一步扩大市场份额，1996年以来几个主要进口品牌牙膏都进行了价位调整。1996年11月，中美合资广州高露洁率先推出中、低档产品，洁诺、佳洁士紧接着调低价位，调价幅度高达20-50%。面对进口品牌牙膏的大幅降价，1997年6月，国内七家主要牙膏生产企业（上海牙膏厂、柳州两面针股份公司、广州美晨股份公司、重庆牙膏厂、天津牙膏厂、合肥日化总厂、杭州牙膏厂）在渝达成共识，决不降价倾销。因为国产牙膏以目前的成本和赢利状况，实在没有太大的降价余地。

随着市场上牙膏品种日益增多的同时，由于加工工艺的进步，牙膏功能也日益丰富。目前，几种牙膏在市场上颇为流行：

天然牙膏　天然牙膏安全无副作用，不仅有洁齿功能，而且有较好的防龋、脱敏、杀菌、消炎等功效。

药物牙膏 目前，加氟牙膏如加双氟（氟化钠和单酸钠）在市场上畅销。同时，我国一些牙膏生产厂家相继推出的生发牙膏、乌发牙膏、降压牙膏、及健脑牙膏、催眠牙膏等新型药物牙膏，也开始步入家庭。

美容牙膏 美容牙膏不但能漂白牙齿，还能有效地去除牙齿的烟渍、茶渍、咖啡渍等，深受海内外消费者的欢迎。

泵氏牙膏 泵氏牙膏包装新颖别致，变躺式为立式，是牙膏包装的一次变革，目前，泵氏牙膏已占世界牙膏总产量的10%左右。

洗发水

当前国内洗发水市场容量渐趋饱和，成长速度开始放慢。市场领先品牌几乎都是大型中外合资企业的名牌产品，这些知名品牌的市场占有率及指名购买率均已达到 60%左右。市场趋于稳定，由以前的多品牌竞争演变为目前少数几个品牌的竞争。领先品牌将保持其领先地位，新进入市场的品牌很难对它们形成威胁，一部分原有的品牌已逐渐被淘汰出市场。

据国内贸易信息中心1996年的统计分析，美发、护发品市场的十大品牌中，飘柔以其市场综合占有率28.8%的绝对优势位居首位。与潘婷、海飞丝三者的市场综合占有率及市场销量份额之和均超过半数，国产品牌奥妮最具实力。

表2 1996年洗发水品牌全国市场综合占有率排行表（%）

品 牌	市场综合占有率（%）	市场销量份额（%）	市场覆盖面（%）
飘 柔	28.8	33.7	25.5
潘 婷	15.2	13.9	16.0
海飞丝	13.0	10.6	14.6
力 士	11.7	12.6	11.1
奥 妮	9.7	11.7	8.3
诗 芬	8.8	9.6	8.3
丝 宝	1.3	1.2	1.4

国内贸易部商业信息中心

尽管市场上新品叠出，但消费者对洗发水的要求仍主要集中在三方面：一是去头屑；二是令头发柔顺飘逸；三是补充头发营养，保持健康亮泽。此外，男性用洗发护发用品市场有一定程度的发展。但在近几年内难以形成较大的市场规模。

洗涤用品

我国洗涤用品工业是新中国成立以后逐步发展壮大的一个行业。解放初期，洗涤用品工业实际上就是肥（香）皂工业。1949年时，全国肥皂产量仅3万吨左右。经过近50年的发展，特别是改革开放以后，我国洗涤用品工业蓬勃发展。近十年来，全国洗涤用品年产量持续以平均8%的速度递增，现有企业1000多家，职工14万多人，在全国轻工200强中，洗涤用品生产企业占有15家。1996年洗涤用品总产量达到310万吨，产值140多亿元，居世界第二位。我国洗涤用品生产早已摆脱了单纯制皂的落后面貌，形成了以合成洗涤剂和肥皂为主，包括原材料及辅助材料生产的比较完整的洗涤用品工业体系。

其中，合成洗涤剂以较快的速度发展，提前 8 年实现翻两番的要求， 1996 年产量达到 250 万吨，在洗涤用品中所占比例达到 75%。此外，液体洗涤剂产量达 50 万吨，在合成洗涤剂中所占例达到 20%。肥（香）皂发展呈下降趋势， 1996 年产量 80 万吨，在洗涤用品中占 25%。在肥（香）皂中，香皂发展速度较快，占肥皂总量的 20%，这一发展趋势和国外发达国家的发展趋势相一致。

由于洗涤用品行业积极引进一些国外发达国家的先进技术、设备，我国洗涤用品生产技术装备水平已达到国际 90 年代初期水准，洗涤用品的品质也有了明显提高。为了促进产品质量提高，保护消费者的利益，国家先后制定洗涤用品国标 95 项，行业标准 21 项，专项标准 7 项。最近几年来，中国洗涤协会对合成洗涤剂产品质量抽检的 158 个品种中，合格率达 98.7%。“七五”“八五”期间有 9 个产品评为国优，有 68 个产品评为轻工部部优产品。

我国洗涤用品工业创出了高富力、白猫、加佳、活力 28 、海鸥、天津加酶、熊猫、依兰、矛盾洗衣粉和蜂花、梦幻、白丽香皂等名牌，金鱼、白猫洗涤灵已是家喻户晓，产品不同程度地满足了人们的消费要求。但是，目前的消费水平仍较低， 1996 年，我国洗涤用品的人均年消费量仅有 2.5 千克，远远低于目前美国人均 24 千克，欧洲人均 12 千克，日本人均 10 千克的消费水平。随着人们收入的增加，物质生活水平的提高，洗涤用品将会有更大发展。为此，在我国洗涤用品“九五”计划中，洗涤用品产量将达到 380 万吨，其中合成洗涤剂 300 万吨，肥（香）皂 80 万吨，这是市场发展潜力，也是洗涤用品行业发展的动力。

洗涤用品的合资始于 1987 年成立的上海联合利华有限公司。之后，美国“宝洁”、德国“汉高”、日本“花王”等国际的大型日用化工公司相续在我国中南 、华东、华北、西南等地区与国内生产合成洗涤剂和香皂的 16 个主要企业进行合资。伴随着我国洗涤用品市场的快速发展，国产品牌在与进口品牌的对抗中已居下风，市场份额逐年缩小。从产量上看，合资品牌洗涤用品比重逐年加大。 1994 年我国洗涤用品总产量达到 297 万吨，其中合资企业的洗衣粉产量为 50.7 万吨，占全国总产量的 32%；香皂产量为 4.3 万吨。占全国总产量的 27.2%。 1996 年底，合资洗衣粉产量占全行业总产量的 37%，香皂产量占 43.7%。合资企业的兴起，推动了行业市场的发展和竞争，促进了行业技术进步、企业营销管理，提高了产品质量，增加了花色品种。根据合资企业发展规划，到 2000 年，其产量将占全国总产量的 60%。

根据内贸部商业信息中心统计资料， 96 年我国洗涤用品市场年总销售额增幅达 30.9%，这标志着我国洗涤用品市场正处于急速增长阶段。最近几年来，人们的洗涤品消费量与消费结构已发生根本性变化。从消费数量看，洗涤用品的人均消费能力已从 1980 年的 1 公斤提高到 1996 年的 2.5 公斤；从消费结构上看，合成洗涤剂与肥皂的消费已从 1980 年的 3:7 转变为 1996 年的 7:3 。据国家轻工总会预测，合成洗涤剂在洗涤品市场中的消费比重将进一步增大，到 2010 年将达到 84%左右。而在合成洗涤剂中，液体洗涤剂与洗衣粉的消费比重也将从目前的 2:8 提高到 2010 年的 4:6 ，同时，香皂与洗衣皂的消费比例将从目前的 17:83 提高到 45:55 。

洗涤用品与我们的日常生活密切相关，它发展的总趋势是满足环保、安全和节能的需要，目前，市面销售的洗涤用品正向液体化、多功能化、专用化、低泡化、加酶化、无磷化、低温化方向发展：

液体化：过去液体洗涤剂只用于洗涤丝绸、合成纤维织物，即“轻垢”液洗。70 年代发展到洗涤棉、麻织物，即“重垢”液洗。80 年代一些发达国家重点开发了重垢型衣用液体洗涤剂，目前，我国液体洗涤剂，如洗洁精、衣领净、洗衣净、植物柔软剂等已成为许多居民日常生活中不可缺少的物品。

多功能化：多功能洗涤剂具有洗涤、柔软、抗静电、漂白等综合效能。洗后的织物具有手感柔和、防尘、抗静电、色彩艳丽等特点。而清洁剂类在具有清洁作用的同时还具有杀菌、消毒、除异味等功能。目前广泛使用的植物柔软剂是阳离子季铵盐型，漂白剂用以提高洗后织物的漂白和增艳效果，主要用含氯漂白剂、含氧漂白剂。

专用化：衣用洗涤剂推出了洗涤薄型织物、精纺呢绒织物、毛线织物和粗布等不同类洗涤织物的专用洗涤剂；另外，洗涤硬表面的有厨房炉灶、餐具、器皿、家俱、浴室、地毯、玻璃、墙面清洗剂。工业用洗涤剂主要用于纺织、造纸、金属加工、食品、车辆等行业。公共设施清洗剂包括旅游、饭店、医院、建筑物及各种设施等。产品浓剂清洗剂消毒剂等。

低泡化：这种洗涤剂一般加非离子表面活性剂，与阴离子复配，既保持去污力又不会产生过多泡沫。低泡洗涤剂生成泡沫少，省工、省时、省水对环境污染少，既降低了洗涤成本，有利环保。

加酶化：目前，洗涤用酶量占世界酶产量的 1/4，加酶洗涤剂产量占洗涤剂总量 1/2。

无磷化： 三聚磷酸钠在洗义粉中的大量使用，造成环境严重污染，为了减轻湖泊的“富营氧化”，世界各国先后限制使用磷酸盐。最近，我国也宣布在太湖地区禁止使用含磷洗衣粉。低磷助洗剂推广应用前景广阔。

低温化：洗衣机的普及，要求洗涤适于低温。而液体洗涤剂正适合这种要求，市场前景十分看好。

洗衣粉

近年来，随着洗衣机日益普及，洗衣粉的需求量持续增加。1996 年，我国年产洗衣粉 200 余万吨，年人均消费量约 1.6 公斤。时下洗衣粉市场货源充足，品种繁多，品牌竞争激烈。消费者集中选购名优产品，一般洗衣粉则销售疲软。洗衣粉消费已从过去的通用型、丰泡型转为浓缩型、低泡型、加酶型的进程，进而向液体化，无磷化和专用化发展。如今的洗衣粉呈现功能齐全、去污力强、包装多样、泡末减少、品种专用的特点。随着新工艺、新技术的开发，新型洗衣粉除了不伤衣物外，还具备了增白、杀菌、柔软、芳香等功能，对汗渍、奶渍、血渍、油渍及衣领、袖口的污渍的去污力有明显提高。目前市场上中高档洗衣粉难觅纯国产货，奥妙、宝莹、碧浪、汰渍等合资企业生产的洗衣粉越来越多地走进居民的生活。除了带来优质洗涤效果外，还打破了已往“一只塑料袋，一斤洗衣粉”的包装模式，形成了不同重量、不同档次、不同材料、不同用途的各式盒装、桶装、瓶装、袋装等，既可供家居使用，又可供出差、旅游使用。

洗衣机的普及为低泡和无泡洗衣粉打开了广阔得市场，据了解，低泡和无泡洗衣粉占据了城镇市场的 90%，而丰泡洗衣粉在农村仍有一定的市场，但需求已明显减少。此外，经济实用的浓缩型洗衣粉也越来越受消费者欢迎。

从国内洗衣粉生产来看，产量比较大的是下面一些企业：

表 3　1996 年全国主要合成洗衣粉企业产销量一览表

企业名称	产量（吨）	销量（吨）
上海白猫有限公司	176269	168564
山西南风（集团）有限公司	153950	150464
徐州海鸥洗涤剂集团公司	89377	88406
金陵石化公司南京烷基苯厂	89101	85779
河南矛盾（集团）股份有限公司	50153	50158
芜湖合成洗涤剂厂	47628	50978
山东佳丽有限公司	46905	46479
湖南丽臣实业总公司	46430	47847
昆明中轻依兰（集团）有限公司	45088	46614
江西合成洗涤剂厂	38999	37698
沙市活力 28	38698	25771
特丝丽化工公司	35962	35629
合肥利华	34558	33586
武汉油脂化学厂	31980	32014
山东华洁股份公司	30930	30477
昆明合洗厂	29032	29441
洛阳合洗厂	24158	23952
兰州日用化工厂	21939	22171
郑州油脂化工厂	21117	20359
重庆日化公司	20192	20855
杭州万江日化公司	19066	19305
宁夏银川化工厂	18794	17858
沈阳油脂化学厂	18179	——
湖北七巧板	14661	13995
兰州合洗厂	10130	——
新疆梧桐化工厂	9513	9398
湖南合洗厂	5147	5086
吉林四平化工厂	3291	3195
安庆合洗厂	2525	2674
保定合洗厂	1704	1694

从目前国内市场的销售和市场占有率情况来看，1996 年洗衣粉的消费集中在几个主要品牌。下表是 1996 年洗衣粉市场市场综合占有率最高的 10 个品牌排行表，市场情形可见一斑：

表 4　1996 年洗衣粉品牌全国市场综合占有率排行表（%）

品　　牌	市场综合占有率	市场销售量份额	市场覆盖面
碧　　浪	21.3	23.5	19.8
白　　猫	21.2	22.2	20.6
奥　　妙	20.5	17.6	22.5
汰　　渍	20.2	20.9	19.7
活力　28	6.0	7.9	4.8
天津加酶	3.4	3.7	3.3
宝　　莹	3.0	2.1	3.7
熊　　猫	2.2	1.1	3.0
佳　　美	1.2	0.5	1.7
威　　白	0.8	0.5	1.1

数据来源：国内贸易部商业信息中心

上表根据国内贸易部信息中心 1996 年的统计分析制作，从中我们可以看出在国内洗衣粉市场上已经出现品牌分化的现象：前四名的综合占有率之和超过 80%，成为颇具实力的第一集团。其它品牌想要缩短与第一集团之间的差距，惟有在提高市场销售量份额及市场覆盖面上下工夫，尤其应该尽力提高市场覆盖面。

当前，洗衣剂的无磷化是一大热点。含磷洗衣粉是造成湖泊富氧化过高污染的主要原因，含磷洗衣粉也会危害人体健康。据悉，瑞士和意大利已全面禁磷，处于软水地域的日本无磷洗涤剂产量在 90%，美国有 42% 的人口生活在禁磷区，瑞典和德国也实行了限磷措施。最近在全国轻工总会拟订的“九五”计划和 2010 年远景规划中，“积极、稳妥地开发和推广低磷和无磷洗涤剂”也被正式提出，可以预见低磷，无磷产品在未来将凭其绿色环保概念成为洗衣粉（剂）市场的新宠。

随着人们日用纺织品的丰富，及同时对洗涤要求的提高，衣物专用洗衣剂如衣物柔顺剂、干洗剂、丝毛清洗剂等产品也占据着越来越多的市场份额。其中“金纺”以 92. 36%的市场占有率几乎独占柔顺剂市场；“棒哥干洗王”占将近一半干洗剂市场份额；丝毛清洁剂市场则出现了“正章”、“蓝镜”，“白猫”，“绿伞”四分天下的局面。

香皂

长期以来，香皂一直是人们最重要的洗洁用品，虽然近年也有洗面乳，沐浴液等新型专用洗洁产品推出，但国内大部分消费者仍以香皂洁肤、沐浴，致使香皂、药皂的产销功能维持稳定成长。在洗涤用品中，香皂连续几年销量增长最快， 1996 年增长率超过 35%。在与类似产品的竞争中，香皂的廉价、方便等特点更加明显。

1996 年国内主要的制皂企业的产销量情况如下表所示：

表 5　1996 年全国主要香皂企业产量一览表

企业名称	香皂产量（吨）	香皂销量（吨）
浙江纳爱斯化工股份公司	14619.0	13644.0
上海制皂有限公司	9341.0	10550.0
江门维达斯公司	9313.0	9239.0
西安南风公司	8707.4	7989.2
浙江凤凰化工股份公司	5177.0	5228.0
石家庄光明公司	4884.0	4624.0
安庆香皂厂	3908.0	3221.0
天津香皂厂	3861.0	3144.0
南通油脂厂	3787.0	3765.0
郑州油化厂	3314.0	——
广州浪奇公司	3106.0	3129.0
武汉化工厂	2018.0	1871.0
杭州东南公司	1824.3	2321.4
湖南丽臣公司	1344.0	1480.0
梧州日化公司	1224.0	1362.0
沈阳香皂厂	1173.0	1254.0
温州大盛公司	960.0	832.0
昆明日化厂	936.0	823.0
南京肥皂厂	910.0	858.0
柳州日化厂	846.3	689.3

在香皂市场上，进口香皂和国产香皂的市场竞争稳扎稳打，品质的较量中整体销售稳中有升。国产香皂按地区走名牌效应，进口品牌舒肤佳、力士、夏士莲则遍地开花。据国内贸易部信息中心1996年对全国百强商业企业市场检测数据的统计分析，舒肤佳、力士、夏士莲三者市场占有率之和高达76.1%，而市场销售量份额则高达83.5%，其它品牌几乎无能力对它们构成威胁。1996年里香皂市场的竞争也只以这三者之间的较量为主。其中力士、舒肤佳的竞争尤为激烈，二者市场占有率变化基本上呈周期性，而其它品牌对它们的影响均不大。

1996年全国香皂市场综合占有率最高的10个品牌如下：

表6　1996年香皂品牌全国市场综合占有率排行表（%）

品　牌	市场综合占有率	市场销售量份额	市场覆盖面
舒肤佳	33.2	41.6	27.6
力　士	25.8	26.9	25.1
夏士莲	17.1	15.0	18.6
梦　幻	8.3	8.3	8.3
花　王	4.2	1.9	5.8
白　丽	3.3	1.7	4.5
海　藻	3.3	2.5	3.8
多　芬	2.0	0.9	2.6
美加净	1.9	0.8	2.6
卫　宝	0.9	0.4	1.2

数据来源：国内贸易部商业信息中心

目前，我国消费者的香皂消费已由季节性消费转向常年消费，由年轻人扩展到中老年人，由洁肤型转向护肤美容、营养疗效型。现在市场上香皂品种琳琅满目、选择性广。高、中档香皂在城市中畅销，低档香皂在农村仍一定市场。硼酸浴皂、清凉油香皂、中草药香皂、减肥香皂等保健香皂，因其具有一定的疗效作用而崭露头角。香皂品种开发积极踊跃，杀菌、美容成为关注重点。香皂消费呈现六大潮流：1.功能型；2.草药型；3.新香型；4.新包装；5.皂块大；6.浅色化。

洗洁精（剂）

洗洁精是一种专门洗涤餐具、水果蔬菜的高效液体洗涤剂。在清洁作用的同时还具有杀菌、消毒、除异味等功能。

目前市场上的清洁剂种类繁多，价格差异较大。但总的来说可分为两大类，即绿色和普通化学剂两种。所谓绿色就是由天然植物提取物配置、无农药残留、没有任何化学药剂存在，无毒、无公害的一种清洁剂。普通化学剂顾名思义是由化学剂合成的一种清洁剂。我国最早生产的清洁剂大部分是用化学剂合成的，象金鱼牌、熊猫牌等清洁剂。近几年，随着人们健康意识的提高，厂家也在逐渐修正生产工艺，生产出更有益与人体健康的新型产品，使餐洗剂发生了质的飞跃。天津、上海先后与国外厂家合作，引进先进的生产技术，开始生产纯天然提取物清洁剂，如天津产的花王仙芳牌、上海产的花王万涤牌等洗洁剂。这两类产品在使用上大至相同，都是在清洗餐具时，滴入数滴，浸水过洗；清洗蔬菜瓜果时，滴入数滴，浸洗3分钟，流水过洗。但是两类产品在使用效果、感受等方面确实存在着差别。化学剂合成的洗洁剂，大多由国内厂家生产，小包装，每瓶500

毫升，市价为 3 元多，去油垢及农药残留物强，泡沫多不易冲洗尽，用水量大，冲不尽时有化学剂残留在餐具上，虽有的产品中写有温和护手，实际效果并不太理想，洗后手有发干、发涩之感，但因价廉而占有最大的销售市场。纯天然提取物清洁剂绝大多数是合资或进口的。多为大包装，每瓶 600 毫升至 1000 毫升不等，也有塑料袋式的小包装。此类清洁剂去油垢及农药残留物强，泡沫少，易冲洗，用水量少，温和皮肤，使用后手无发皱的感觉。但价格略贵，销售情况不很理想。

我国 1996 年洗洁精产销情况

厂　名	产量（吨）	销量（吨）
天津天助化学公司	87	78
上海白猫（集团）公司	75929	74626
徐州合成洗涤剂厂	565	539
南京肥皂厂	592	556
济宁合成洗涤剂厂	413	394
潍坊合成洗涤剂厂	32	30
开封日用化工厂	56	66
安阳市日用化工厂	28	26
郑州油脂化学厂	470	470
江门肥皂厂	303	179
武汉油脂化学厂	963	972
襄樊市轻工化学总厂	72	72
南宁肥皂厂	241	230
乐山肥皂厂	40	27
邵阳合成洗涤剂厂	191	245
昆明合成洗涤剂厂	1214	1238
新疆梧桐化工厂	18	18
海南肥皂厂	134	126
广州浪奇实业公司	21001	19932
湖南丽臣实业公司	3662	3629
活力 28 集团	2854	2328
成都油脂化工厂	1927	2024
贵阳日用化学厂	399	350
合计	**111191**	**108155**

沐浴液

随着都市人民生活质量的提高，沐浴液以其更卫生、更便捷的特点正在悄悄打破香皂一统天下的局面。当前沐浴液市场品牌众多，其成分、含量也各不相同。在市场上销售的多为一种药物加一种香味的沐浴液，功能正在向复合型发展，销售向中高档靠拢。随着人们沐浴、保健、美容健肤意识的增强，配方独特、具有洁肤、健肤、美肤等作用的沐浴液受到人们的欢迎。营养保湿、杀菌消炎、药物保健型沐浴液成为消费的重点。为迎合时下的健康消费潮流，不少生产厂家在增加沐浴液药用功效上多有出新。

目前沐浴液市场刚刚兴起，国内国外品牌纷纷涉足。国外品牌如夏士莲、力士、花王等以其强大的洗涤市场影响力为后盾，推出沐浴系列产品；国内品牌则依据中国国情，背靠独特的物质资源大力开发中草药新产品。总的来讲，沐浴液市场新老相争、不分高下，这种多品牌的竞争状态一时之间难见分晓。

化妆品

化妆品是以涂抹、喷洒或其他类似的方法施于人体表面（如表皮、毛发、指甲、口唇等），起到清洁、保养、美化或消除不良气味等功能作用的产品，包括：护肤化妆品，如雪花膏、香脂、润肤乳液、爽肤水、面膜、洗面奶等；发用化妆品，如洗发液（香波）、洗发膏、护法素、发乳、发胶、摩丝、染发剂、冷烫液等；美容化妆品，如口红、胭脂、粉饼、眼影粉、指甲油、香水等；其他化妆品，如爽身粉、痱子粉、花露水、戏剧油彩等。

近十年来，中国的化妆品行业的发展速度是世人瞩目的。1985 年化妆品销售额 10 亿元，到 1995 年销售额 190 亿元，1996 年销售额则达到 220 亿元，利税 95 亿元，其中上缴利润约 40 亿元。1996 年产值超过 1 亿元的化妆品企业达 30 余家，到 1996 年底领取生产许可证的企业达 2679 家，其中三资企业约 450 家，从业人员达 24 万人。产品品种由 10 年前的几百种到现在开发出几千种。市场上的化妆品已是琳琅满目、品种繁多，出现了一批化妆品民族工业的骨干，如上海日化（集团）有限公司、上海家化联合公司、重庆奥妮化妆品公司、北京三露厂、北京丽源公司、天津化妆品集团公司、南京金芭蕾化妆品公司等一批企业。

在看到中国化妆品行业取得的成就和得到迅速发展的同时，我们也清楚地看到同国外的差距和存在的主要问题：

1．销售总值低下。国际化妆品 1992 年销售额仅为 950 亿美元，1995 年为 1000 亿美元，而中国销售额仅占国际 1%左右。
2．消费水平低。世界人均年消费水平为 35 ～ 70 美元，法国 73 美元，意大利 46 美元，而我国大陆还不足 3 美元，但台湾达到 50 美元，香港 180 美元。
3．盲目发展化妆品生产的势头仍未得到抑制。产品质量有高有低，生产技术有先进有落后。企业数量虽多，但效益不好，产品质量不高。
4．企业有数量，但规模小，大多数生产企业仍未摆脱手工作坊式的生产，普遍存在效益不高，产品质量差的问题，难创出名牌，因此化妆品行业企业走集团化道路是方向。
5．化妆品行业仍然存在“一等产品”，“二等包装”的落后现象。化妆品本身附加价值高的产品由于外表不华美，档次上不去。
6．发展化妆品工业原料是基础，而在我国化妆品原料只有 300 ～ 400 种，纳入化妆品原料不足百种，而国外化妆品原料达到 4000 余种。
7．技术含量低。目前一些化妆品仍处于低挡次的原始性的配方，科学的配伍，互增效能的搭配，高技术的应用尚处于开发阶段。

目前，欧美等发达国家化妆品的发展已经进入成熟阶段，市场趋于饱和，化妆品人均消费额美国为 39 美元，一些欧洲国家则达六七十美元。我国化妆品人均消费额还不到 20 元人民币，与发达国家差距较大。国外化妆品公司看好我国化妆品市场，纷纷与国内化妆品企业合资、合作，加入我国的化妆品销售。目前合资企业销售额约占化妆品总额的 40%，1996 年销售额达到 95 亿元。这一系列海外竞争者带来了世界一流的技术设备，先进管理和市场营销策略。这既是国内消费者的福音，也给国内化妆品企业敲响了警钟。可以让化妆品厂家稍作安慰的是，现在除少数类别外，国内化妆品市场容量还没有饱和，许多新领域还刚刚开发，只要留心需求变化，市场发展潜力将会很大。（全国主要的化妆品三资企业见表 7 ）

表 7　我国主要的化妆品三资企业

企业名称	外商投资方	地址	合资时间
天津丽明化妆品合营工业公司	德国	天津	1982
天津婕妮化妆品有限公司	日本	天津	1987
中英合资上海利华有限公司	荷兰、英国	上海	1986
上海旁氏有限公司	荷兰、英国	上海	1989
中日合资春丝丽有限公司	日本	杭州	1988
广州宝洁有限公司	美国	广州	1988
资生堂丽源化妆品有限公司	日本	北京	1991
中美合资南京金芭蕾化妆品有限公司	美国、中国香港	南京	1991
福建莎莉日用化工产品有限公司	美国	福州	1991
中美合资重庆奥妮化妆品有限公司	中国香港	重庆	1991
上海娜丽丝化妆品有限公司	日本	上海	1993
安利（中国）日用品有限公司	美国	广州	1992
克丽丝汀·迪奥（上海）香水化妆品有限公司	法国	上海	1993
上海庄臣有限公司	美国	上海	1991
上海汉高可蒙化妆品有限公司	德国	上海	1995
北京汉高丽源化妆品有限公司	德国	北京	1996
奥丽丝化妆品（珠海）有限公司	中国台湾	上海、珠海	1991
南源永芳集团有限公司	马来西亚	广州	1991
绿丹兰集团公司	法国	广州	1991
上海郑明明化妆品有限公司	中国香港	上海	1993
广州雅芳化妆品有限公司	美国	广州	1991
上海露华浓化妆品有限公司	美国	上海	1996
强生（中国）有限公司	美国	上海	1992
北京宝黛生物设计有限公司	瑞士	北京	1996
上海家化有限公司	中国香港	上海	1995
杭州玫琳·凯化妆品有限公司	美国	杭州	1994
杭州乐金化妆品有限公司	韩国	杭州	1995
丝宝集团	日本	湖北仙桃	1991
慕尔丝宝集团	日本	湖北黄石	1994
中外合资上海自然美化妆品有限公司	中国台湾	上海	1992
上海花王有限公司	日本	上海	1992
上海嘉娜宝化妆品有限公司	日本	上海	1995
羽西化妆品有限公司	美国	上海	

总体上讲，国内化妆品市场容量尚未饱和。随着人们收入增加，消费者总的消费能力和消费水平有较大程度的提高，中高档化妆品将具有较大的发展潜力；但同时由于消费者之间的收入差距较大，中、低档产品仍具有一定的市场吸引力。构成我国化妆品消费主体人群的年龄范围主要分布于 20 岁～ 50 岁之间，到本世纪末该消费群体人口总数为 6.51 亿，平均化妆品使用率达到 95%的城镇居民将达到 5.5 亿。据有关方面专家分析，我国化妆品市场在今后 5-15 年得到一个较高速度的发展，预计到 2010 年，市场总销售额将达到 800 亿元，既在今后 15 年内年均递增 12.9%左右。

护肤品

国内护肤品市场目前正处于高速增长阶段，市场较不稳定，各种品牌的销售情况起伏较大，中高档产品的市场占有率开始大幅度上升，而低档产品开始逐步被淘汰。国产中高档产品要进入成熟期，尚需一段时间。国外名牌护肤品对国内市场冲击逐日加大。

目前将形象定位为适合东方人皮肤特征的护肤产品较受消费者欢迎。护肤膏类、霜类在添加物上更加拓宽，普遍采用银耳、珍珠粉、人参等营养物质，已形成系列产品。天然植物提取液和动物体蛋白物也已相继在化妆品中使用，现时又引入了生物工程。如在化妆品中加入透明质酸、曲酸、脂质体牛脑萃取物、维生素 A 、B 、C 、D 、E 及其衍生物等，使产品具有功能性，成为时尚。

据国内贸易信息中心 1996 年的统计分析，护肤品市场的十大品牌几乎都为合资品牌，前三位的市场综合占有率及市场销量份额之和在 60%以上。十强品牌中玉兰油以其市场综合占有率 23.6%的微弱优势位居首位；旁氏护肤品由于市场覆盖面小，影响力不足而屈居第二；大宝独自占有第二个层面，但也已具备与前两名争高下的实力；其余七个品牌只能在第三个层面中徘徊。

护肤品市场 96 十大主导品牌

品　牌	市场综合占有率	市场销量份额	市场覆盖面
玉兰油	23.6%	23.5%	23.7%
旁　氏	20.6%	23.9%	18.4%
大　宝	15.7%	18.5%	13.9%
高　丝	7.8%	7.4%	8.1%
羽　西	7.3%	7.1%	7.4%
凤　凰	6.1%	5.0%	6.9%
雨　水	5.4%	4.4%	6.1%
丝　宝	5.0%	5.0%	5.0%
生态美	4.7%	3.7%	5.4%
夏士莲	3.7%	1.6%	5.0%

资料来源国内贸易部信息中心

同时，几种流行趋势也值得化妆品厂商关注：

1．追求回归大自然已经成为消费者的心理期待。采用天然原料、添加生物制品的天然护肤品成为化妆品行业发展的热点之一。一些含有芦荟、维生素 E 等元素的抗皱营养护肤品在市场产上尽管价格较贵，但很畅销。据了解，国外以天然植物和鲜花提取液作原料的化妆品，销量正以每年 5-10%的速度递增，新一代含有海洋植物、草药、热带雨林作物等添加植物成分的化妆品已在欧美流行。

2．多元美容。天然舒适，物美价廉，多元化、多功能的护肤品已成为消费者的一大意向。有的润肤霜既可滋养皮肤，又能作按摩霜，还可作头发和脸部的化妆保湿喷液。有的润肤液不但能滋润皮肤，而且能治疗皮肤过敏及瘙痒症等。

3．儿童化妆品市场方兴未艾。当前，我国家庭夫妇对其独生子女的护肤、护发用品及爽身粉、痱子粉等接受极快。另外，由于不少女性对护肤品中的香精、色素、化学物质心存芥蒂，便把眼光盯在连婴幼儿嫩弱皮肤都可使用的婴幼儿护肤品上。婴幼儿护肤品无刺激配方，温和、纯净天然，由于众多女性的加盟，市场兴旺。

强生、爱婴等名牌系列，虽然价格不菲也很抢手。年轻女性所用的婴幼儿护肤品估计占总销售量的三分之一以上。

4．运动化妆品市场一触即发。基于爱美的天性，人们除了每天的化妆、保养外，更需要适当的运动与饮食配合，才能显现整体的美感，所以女性运动之风愈来愈流行。而运动中的汗水、皮脂腺分泌物、雨水及紫外线等容易形成对肌肤的伤害，这就是一些功能性运动化妆品真正走红的原因。目前国内运动化妆品以强调防晒机能为主，而运动用化妆品的功能应包括：防止水分流失、防臭、防汗、携带方便、保湿作用、消毒杀菌等方面。

5．老年化妆品市场值得关注。从技术角度讲，如何借助化妆品达到延缓衰老和抗衰老的最佳效果已成为化妆品企业一项重要研究课题。在我国，目前 50 岁以上的老年人，只是从中年期开始才接触化妆品概念并逐步使用的，无论从皮肤素质还是从对化妆品的心理态度来看，与国外老年人都有很大不同，因此中国老年顾客需要的与其说是“有抗衰老功能”的，到不如说是“适于老年人皮肤”的化妆品。如何有针对性的根据中国老年顾客的心理和实际需要研制、推销化妆品，是启动这一庞大的市场时值得认真考虑的。

卫生巾

妇女卫生巾是 80 年代初在国内出现的一种妇女卫生用品。它一般采用絮状木棉浆（可含有高分子吸水添加剂）、卫生衬纸、聚乙烯薄膜、无纺布、压敏胶和离型纸等，通过专用包装机成型而成。与过去常用卫生纸相比，在吸水性、防渗漏、卫生以及使用方便性等许多方面都有很大优势，因而很快为广大妇女所接受。有关部门介绍，我国自 80 年代初引入第一条生产线起到现在已有 300 多家生产企业，1000 余条生产线，年生产量达 2600 万箱。品种也有了很大的发展，由单一的普通型发展到日用、夜用、药物、旅游等多种类型，形状也有多种，如长方形、圆头形、哑铃形、护翼形等，可满足妇女消费者的多种需求。

妇女卫生巾从分类上讲，一种是从使用的特性上来区分的，分为日用、夜用等。由于妇女在经期不同阶段生理特性不同，因而对卫生巾使用特性的要求也不同，如白天用的、晚间用的、量多时期用的、量少时期用的，会有所区别。另一种分类主要是从其结构特征上来分的。标准型是指传统的无护翼、无防漏凹道的普通型。随着技术的发展，卫生巾的结构也有了新的发展，出现了薄型、护翼型、有导流槽（凹道）类型。这种结构的不同，使卫生巾在使用的适应性方面更加丰富。薄型在量少的时期、在炎热的夏季或外出旅游时会受到欢迎；护翼型有利于卫生巾的固定和防止内裤受污染；凹道，即导流槽，则有助于液体扩散到卫生巾的各个部位，提高卫生巾的有效使用面积。

从卫生巾的包装方式来看，除了一般的 10 片、5 片为一大包的包装方式外，又出现了大包装之中单个独立包装的方式。单个包装对于外出、上班的女士来说，携带较为方便，不足之处是，卫生巾的平整性相对于大包装可能较差。

目前，我国的卫生巾市场有 90%为进口或三资企业品牌所占领，而国产品牌的市场甚小。据国家统计局“1996 年全国主要城市居民消费品调查”资料显示，护舒宝、安乐、舒尔美、安尔乐四品牌市场占有率之和超过 70%，其它品牌相对份额较小，冲击力不足。其中，高中档产品消费主要集中在城市女性，品牌竞争明显，产品种类多，在整个市场中占很大份额；低档产品则主要针对农村市场，市场潜力大，相对来讲市场竞争不动声色。

从产品发展趋势看：中高档产品倾向于品种的更新，不断适应消费者需要，夜用、超薄、丝薄夜用、加长、护翼等多种类型为消费者提供了广阔的选择余地；舒适、强吸水性成为生产厂家对消费者的基本承诺，同时对产品质地、材料及各项性能指标各有侧重，药物、保健产品也成为开发新起点。

1 牙膏 / Toothpaste

1-1 最常用品牌排名 / Ranking of the Most Frequently Used Brands

● 北京（Beijing）

排名	品	牌	人数	百分比
1	中华	Zhonghua	132	22.1
2	高露洁	Colgate	111	18.6
3	两面针	LMZ	80	13.4
4	黑妹	Heimei	63	10.5
5	洁银	Jieyin	58	9.7
6	蓝天六必治	BlueSkyLBZ	54	9.0
7	洁诺	Signal	53	8.9
8	佳洁士	Crest	17	2.8

n=598

● 上海（Shanghai）

排名	品	牌	人数	百分比
1	上海防酸	Shanghaifangsuan	154	25.9
2	美加净	Maxam	147	24.7
3	中华	Zhonghua	117	19.7
4	高露洁	Colgate	68	11.4
5	洁诺	Signal	48	8.1
6	洁银	Jieyin	9	1.5
6	白玉	Baiyu	9	1.5
8	两面针	LMZ	7	1.2

n=594

● 广州（Guangzhou）

排名	品	牌	人数	百分比
1	高露洁	Colgate	192	32.5
2	洁银	Jieyin	165	27.9
3	黑妹	Heimei	108	18.3
4	黑人	Darlie	54	9.1
5	中华	Zhonghua	11	1.9
6	佳洁士	Crest	10	1.7
7	洁诺	Signal	8	1.4
7	两面针	LMZ	8	1.4

n=591

● 重庆（Chongqing）

排名	品	牌	人数	百分比
1	冷酸灵	LSL	255	42.8
2	两面针	LMZ	79	13.3
3	高露洁	Colgate	61	10.2
4	黑妹	Heimei	50	8.4
5	中华	Zhonghua	45	7.6
6	四新	Sixin	31	5.2
7	洁诺	Signal	22	3.7
8	佳洁士	Crest	12	2.0

n=596

1-2 理想品牌排名 / Ranking of the Ideal Brands

● 北京（Beijing）

排名	品	牌	人数	百分比
1	高露洁	Colgate	140	23.3
2	中华	Zhonghua	97	16.2
3	洁诺	Signal	79	13.2
4	两面针	LMZ	58	9.7
5	洁银	Jieyin	54	9.0
6	蓝天六必治	BlueSkyLBZ	43	7.2
7	黑妹	Heimei	41	6.8
8	佳洁士	Crest	28	4.7

n=600

● 上海（Shanghai）

排名	品	牌	人数	百分比
1	美加净	Maxam	136	22.7
2	高露洁	Colgate	133	22.2
3	上海防酸	Shanghaifangsuan	106	17.7
4	中华	Zhonghua	85	14.2
5	洁诺	Signal	66	11.0
6	皓清	Close-up	21	3.5
7	佳洁士	Crest	11	1.8
8	两面针	LMZ	8	1.3

n=600

● 广州（Guangzhou）

排名	品	牌	人数	百分比
1	高露洁	Colgate	277	46.2
2	洁银	Jieyin	109	18.2
3	黑妹	Heimei	63	10.5
4	黑人	Darlie	55	9.2
5	佳洁士	Crest	17	2.8
6	中华	Zhonghua	13	2.2
7	皓清	Close-up	10	1.7
8	美晨	Masson	8	1.3

n=600

● 重庆（Chongqing）

排名	品	牌	人数	百分比
1	冷酸灵	LSL	210	35.0
2	高露洁	Colgate	93	15.5
3	两面针	LMZ	57	9.5
4	黑妹	Heimei	49	8.2
5	佳洁士	Crest	41	6.8
6	中华	Zhonghua	40	6.7
7	洁诺	Signal	32	5.3
8	四新	Sixin	17	2.8

n=600

1-3 样本总体、男性各年龄层、女性各年龄层的理想品牌 / The Ideal Brands by the Whole Sample, Age and Gender Groups

● 北京（Beijing）

	人数	第一品牌及百分比	第二品牌及百分比	第三品牌及百分比
样本	**600**	**高露洁 23.3**	**中华 16.2**	**洁诺 13.2**
男性	**298**	**高露洁 23.2**	**中华 17.8**	**洁诺 12.1**
16-19 岁	26	高露洁 19.2 两面针 19.2	中华 15.4	洁银 11.5 黑妹 11.5
20-24 岁	36	高露洁 44.4	黑妹 13.9	中华 8.3 两面针 8.3
25-29 岁	41	中华 22.0	高露洁 17.1	洁银 12.2
30-34 岁	47	高露洁 21.3	中华 17.0 洁诺 17.0	两面针 10.6
35-39 岁	43	高露洁 20.9	洁诺 18.6	两面针 14.0
40-44 岁	42	中华 21.4	洁诺 16.7	高露洁 14.3
45-49 岁	24	高露洁 33.3	洁诺 20.8	中华 16.7
50 岁以上	39	中华 28.2	高露洁 20.5	两面针 12.8
女性	**302**	**高露洁 23.5**	**中华 14.9**	**洁诺 14.2**
16-19 岁	23	高露洁 30.4 洁诺 30.4	两面针 17.4	佳洁士 8.7
20-24 岁	35	洁诺 25.7	高露洁 20.0	中华 14.3
25-29 岁	36	高露洁 33.3	中华 13.9 洁诺 13.9	两面针 8.3
30-34 岁	49	高露洁 28.6	中华 14.3 洁银 14.3	两面针 10.2
35-39 岁	45	高露洁 28.9	洁诺 17.8	中华 13.3
40-44 岁	40	高露洁 27.5	中华 12.5 洁诺 12.5	蓝天六必治 10.0 两面针 10.0
45-49 岁	26	中华 19.2 洁银 19.2	洁诺 11.5 高露洁 11.5 蓝天六必治 11.5	黑妹 7.7 皓清 7.7
50 岁以上	48	中华 22.9	洁银 16.7 佳洁士 16.7	黑妹 8.3 高露洁 8.3 蓝天六必治 8.3

● 上海（Shanghai）

	人数	第一品牌及百分比	第二品牌及百分比	第三品牌及百分比
样本	**600**	**美加净 22.7**	**高露洁 22.2**	**上海防酸 17.7**
男性	**307**	**美加净 22.5**	**上海防酸 20.8**	**中华 19.5**
16-19 岁	22	高露洁 27.3 美加净 27.3	中华 13.6	洁诺 9.1
20-24 岁	34	上海防酸 23.5 美加净 23.5	高露洁 17.6	洁诺 11.8 中华 11.8
25-29 岁	42	高露洁 33.3	中华 23.8	洁诺 19.0
30-34 岁	56	中华 28.6	高露洁 23.2	上海防酸 19.6
35-39 岁	51	上海防酸 25.5	美加净 23.5	中华 21.6
40-44 岁	31	美加净 29.0	中华 19.4	上海防酸 16.1
45-49 岁	26	上海防酸 30.8	中华 23.1	美加净 15.4
50 岁以上	45	上海防酸 35.6	美加净 31.1	高露洁 11.1
女性	**293**	**高露洁 25.9**	**美加净 22.9**	**上海防酸 14.3**
16-19 岁	24	高露洁 37.5	上海防酸 20.8	洁诺 12.5 皓清 12.5
20-24 岁	32	洁诺 28.1	高露洁 25.0	美加净 21.9
25-29 岁	37	高露洁 32.4	美加净 21.6	洁诺 16.2
30-34 岁	50	高露洁 28.0	美加净 22.0	中华 14.0
35-39 岁	44	美加净 27.3	高露洁 22.7	中华 13.6
40-44 岁	35	高露洁 25.7	中华 20.0	上海防酸 17.1 美加净 17.1
45-49 岁	23	上海防酸 26.1 高露洁 26.1	洁诺 17.4	美加净 13.0
50 岁以上	48	美加净 37.5	上海防酸 16.7 高露洁 16.7	中华 6.3 洁诺 6.3

● 广州（Guangzhou）

	人数	第一品牌及百分比	第二品牌及百分比	第三品牌及百分比
样本	**600**	**高露洁 46.2**	**洁银 18.2**	**黑妹 10.5**
男性	**282**	**高露洁 42.2**	**洁银 18.4**	**黑妹 15.6**
16-19 岁	30	高露洁 66.7	黑妹 6.7 洁诺 6.7	洁银 10.0
20-24 岁	36	高露洁 52.8	黑妹 19.4	黑人 16.7
25-29 岁	35	高露洁 31.4	黑妹 22.9	洁银 14.3
30-34 岁	34	高露洁 26.5	黑妹 20.6 黑人 20.6	洁银 17.6
35-39 岁	40	高露洁 50.0	黑妹 15.0	洁银 12.5
40-44 岁	41	高露洁 39.0	洁银 29.3	黑妹 7.3 黑人 7.3
45-49 岁	26	高露洁 30.8	洁银 23.1	黑妹 19.2
50 岁以上	40	高露洁 40.0	洁银 30.0	黑妹 15.0
女性	**318**	**高露洁 49.7**	**洁银 17.9**	**黑人 8.2**
16-19 岁	50	高露洁 52.0	佳洁士 10.0	黑人 8.0
20-24 岁	46	高露洁 43.5	洁银 17.4	佳洁士 8.7 黑人 8.7
25-29 岁	63	高露洁 52.4	洁银 14.3	黑妹 9.5
30-34 岁	46	高露洁 54.3	洁银 28.3	黑人 8.7
35-39 岁	41	高露洁 61.0	洁银 14.6	黑人 7.7 皓清 7.7
40-44 岁	30	高露洁 36.7	洁银 33.3	黑人 13.3
45-49 岁	13	高露洁 61.5	洁银 15.4	黑妹 7.7 黑人 7.7 皓清 7.7
50 岁以上	29	高露洁 34.5	洁银 20.7	黑妹 10.3 黑人 10.3

● 重庆（Chongqing）

	人数	第一品牌及百分比	第二品牌及百分比	第三品牌及百分比
样本	**600**	**冷酸灵 35.0**	**高露洁 15.5**	**两面针 9.5**
男性	**308**	**冷酸灵 35.1**	**高露洁 14.0**	**两面针 10.4**
16-19 岁	43	冷酸灵 23.3 高露洁 23.3	两面针 14.0 佳洁士 14.0	黑妹 9.2
20-24 岁	53	冷酸灵 30.2	两面针 11.3	高露洁 9.4 中华 9.4 洁诺 9.4
25-29 岁	43	冷酸灵 41.9	高露洁 18.6	佳洁士 7.0 黑妹 7.0 四新 7.0 洁诺 7.0
30-34 岁	38	冷酸灵 31.6	两面针 13.2 佳洁士 13.2	中华 10.5
35-39 岁	39	冷酸灵 38.5	两面针 10.3 中华 10.3 黑妹 10.3	高露洁 7.7 洁诺 7.7
40-44 岁	30	冷酸灵 43.3	中华 16.7	高露洁 13.3
45-49 岁	25	冷酸灵 40.0	高露洁 20.0	两面针 12.0
50 岁以上	37	冷酸灵 37.8	两面针 13.5 高露洁 13.5	中华 8.1
女性	**292**	**冷酸灵 34.9**	**高露洁 17.1**	**黑妹 9.3**
16-19 岁	43	冷酸灵 30.2	高露洁 18.6	洁诺 11.6
20-24 岁	53	冷酸灵 34.0	高露洁 15.1	佳洁士 11.3
25-29 岁	32	冷酸灵 40.6	高露洁 28.1	佳洁士 9.4
30-34 岁	33	冷酸灵 39.4	高露洁 27.3	黑妹 12.1
35-39 岁	35	冷酸灵 17.1 黑妹 17.1	高露洁 11.4 两面针 11.4 佳洁士 11.4	中华 8.6
40-44 岁	32	冷酸灵 40.6	高露洁 15.6 黑妹 15.6	中华 6.3
45-49 岁	27	冷酸灵 33.3	高露洁 11.1 两面针 11.1	佳洁士 7.4 黑妹 7.4
50 岁以上	37	冷酸灵 45.9	两面针 24.3	高露洁 10.8

1-4 样本总体、男性各年龄层、女性各年龄层的使用方式 / Ways of Using the Products by the Whole Sample, Age and Gender Groups

● 北京（Beijing）

	人数	个人专用	家人共用
样本	**600**	**31.7**	**68.3**
男性	**298**	**35.6**	**64.4**
16-19 岁	26	38.5	61.5
20-24 岁	36	41.7	58.3
25-29 岁	41	36.6	63.4
30-34 岁	47	40.4	59.6
35-39 岁	43	2.9	72.1
40-44 岁	42	42.9	57.1
45-49 岁	24	20.8	79.2
50 岁以上	39	30.8	69.2
女性	**302**	**27.8**	**72.2**
16-19 岁	23	34.8	65.2
20-24 岁	35	31.4	68.6
25-29 岁	36	8.3	91.7
30-34 岁	49	28.6	71.4
35-39 岁	45	26.7	73.3
40-44 岁	40	27.5	72.5
45-49 岁	26	26.9	73.1
50 岁以上	48	37.5	62.5

● 上海（Shanghai）

	人数	个人专用	家人共用
样本	**594**	**20.2**	**79.8**
男性	**305**	**19.3**	**80.7**
16-19 岁	22	31.8	68.2
20-24 岁	33	6.1	93.9
25-29 岁	42	28.6	71.4
30-34 岁	56	19.6	80.4
35-39 岁	51	19.6	80.4
40-44 岁	31	9.7	90.3
45-49 岁	25	12.0	88.0
50 岁以上	45	24.4	75.6
女性	**289**	**21.1**	**78.9**
16-19 岁	24	33.3	66.7
20-24 岁	32	40.6	59.4
25-29 岁	36	16.7	83.3
30-34 岁	49	18.4	81.6
35-39 岁	44	15.9	84.1
40-44 岁	35	14.3	85.7
45-49 岁	23	13.0	87.0
50 岁以上	46	21.7	78.3

● 广州（Guangzhou）

	人数	个人专用	家人共用
样本	**599**	**23.0**	**77.0**
男性	**281**	**23.8**	**76.2**
16-19 岁	30	50.0	50.0
20-24 岁	36	19.4	80.6
25-29 岁	35	20.0	80.0
30-34 岁	33	33.3	66.7
35-39 岁	40	20.0	80.0
40-44 岁	41	24.4	75.6
45-49 岁	26	7.7	92.3
50 岁以上	40	17.5	82.5
女性	**318**	**22.3**	**77.7**
16-19 岁	50	22.0	78.0
20-24 岁	46	28.3	71.7
25-29 岁	63	15.9	84.1
30-34 岁	46	32.6	67.4
35-39 岁	41	24.4	75.6
40-44 岁	30	13.3	86.7
45-49 岁	13	23.1	76.9
50 岁以上	29	17.2	82.8

● 重庆（Chongqing）

	人数	个人专用	家人共用
样本	**600**	**11.8**	**88.2**
男性	**308**	**13.0**	**87.0**
16-19 岁	43	7.0	93.0
20-24 岁	53	18.9	81.1
25-29 岁	43	25.6	74.4
30-34 岁	38	13.2	86.8
35-39 岁	39	12.8	87.2
40-44 岁	30	3.3	96.7
45-49 岁	25	8.0	92.0
50 岁以上	37	8.1	91.9
女性	**292**	**10.6**	**89.4**
16-19 岁	43	16.3	83.7
20-24 岁	53	9.4	90.6
25-29 岁	32	6.3	93.8
30-34 岁	33	9.1	90.9
35-39 岁	35	11.4	88.6
40-44 岁	32	9.4	90.6
45-49 岁	27	3.7	96.3
50 岁以上	37	16.2	83.8

1-5 样本总体、男性各年龄层、女性各年龄层的品牌习惯 / Brand Habit in Using the Products by the Whole Sample, Age and Gender Groups

注：1=平时固定使用一个牌子，从不更改（Used in only one brand）
2=比较固定的用一两个牌子，有时会换一下（Used in one or two brands）
3=基本上没有固定，随机购买（No brand preference）

● 北京（Beijing）

	人数	1	2	3
样本	**598**	**14.2**	**70.4**	**15.4**
男性	**298**	**16.8**	**69.1**	**14.1**
16-19 岁	26	23.1	65.4	11.5
20-24 岁	36	13.9	58.3	27.8
25-29 岁	41	12.2	78.0	9.8
30-34 岁	47	23.4	76.6	0.0
35-39 岁	43	14.0	62.8	23.3
40-44 岁	42	14.3	73.8	11.9
45-49 岁	24	12.5	62.5	25.0
50 岁以上	39	20.5	69.2	10.3
女性	**300**	**11.7**	**71.7**	**16.7**
16-19 岁	22	13.6	59.1	27.3
20-24 岁	35	20.0	65.7	14.3
25-29 岁	36	2.8	75.0	22.2
30-34 岁	49	4.1	81.6	14.3
35-39 岁	44	9.1	70.5	20.5
40-44 岁	40	10.0	70.0	20.0
45-49 岁	26	11.5	80.8	7.7
50 岁以上	48	22.9	66.7	10.4

● 上海（Shanghai）

	人数	1	2	3
样本	**596**	**16.9**	**67.3**	**15.8**
男性	**303**	**18.2**	**66.7**	**15.2**
16-19 岁	21	4.8	81.0	14.3
20-24 岁	34	20.6	67.6	11.8
25-29 岁	42	23.8	57.1	19.0
30-34 岁	56	25.0	55.4	19.6
35-39 岁	50	22.0	58.0	20.0
40-44 岁	31	12.9	74.2	12.9
45-49 岁	26	7.7	84.6	7.7
50 岁以上	43	14.0	76.7	9.3
女性	**293**	**15.7**	**67.9**	**16.4**
16-19 岁	24	16.7	62.5	20.8
20-24 岁	32	6.3	75.0	18.8
25-29 岁	37	8.1	75.7	16.2
30-34 岁	50	18.0	62.0	20.0
35-39 岁	44	15.9	72.7	11.4
40-44 岁	35	20.0	74.3	5.7
45-49 岁	23	30.4	47.8	21.7
50 岁以上	48	14.6	66.7	18.8

● 广州（Guangzhou）

	人数	1	2	3
样本	**596**	**15.3**	**67.8**	**16.9**
男性	**280**	**16.4**	**67.9**	**15.7**
16-19 岁	30	16.7	63.3	20.0
20-24 岁	36	8.3	75.0	16.7
25-29 岁	35	22.9	65.7	11.4
30-34 岁	34	20.6	64.7	14.7
35-39 岁	40	10.0	65.0	25.0
40-44 岁	40	12.5	72.5	15.0
45-49 岁	25	16.0	72.0	12.0
50 岁以上	40	25.0	65.0	10.0
女性	**316**	**14.2**	**67.7**	**18.0**
16-19 岁	50	16.0	72.0	12.0
20-24 岁	46	21.7	60.9	17.4
25-29 岁	63	11.1	73.0	15.9
30-34 岁	46	15.2	71.7	13.0
35-39 岁	41	9.8	61.0	29.3
40-44 岁	29	13.8	58.6	27.6
45-49 岁	13	15.4	69.2	15.4
50 岁以上	28	10.7	71.4	17.9

● 重庆（Chongqing）

	人数	1	2	3
样本	**598**	**11.9**	**72.1**	**16.1**
男性	**308**	**12.3**	**75.0**	**12.7**
16-19 岁	43	9.3	74.4	16.3
20-24 岁	53	11.3	77.4	11.3
25-29 岁	43	9.3	74.4	16.3
30-34 岁	38	23.7	73.7	2.6
35-39 岁	39	12.8	76.9	10.3
40-44 岁	30	13.3	63.3	23.3
45-49 岁	25	8.0	80.0	12.0
50 岁以上	37	10.8	78.4	10.8
女性	**290**	**11.4**	**69.0**	**19.7**
16-19 岁	42	7.1	64.3	28.6
20-24 岁	52	11.5	67.3	21.2
25-29 岁	32	12.5	65.6	21.9
30-34 岁	33	9.1	78.8	12.1
35-39 岁	35	14.3	65.7	20.0
40-44 岁	32	21.9	56.3	21.9
45-49 岁	27	14.8	63.0	22.2
50 岁以上	37	2.7	89.2	8.1

1-6 样本总体、男性各年龄层、女性各年龄层是否是主要购买者 / Purchasers in the Household by the Whole Sample, Age and Gender Groups

● 北京（Beijing）

	人数	是购买者	不是购买者
样本	**550**	**62.4**	**37.6**
男性	**281**	**45.9**	**54.1**
16-19 岁	24	45.8	54.2
20-24 岁	31	38.7	61.3
25-29 岁	40	35.0	65.0
30-34 岁	45	48.9	51.1
35-39 岁	43	39.5	60.5
40-44 岁	40	52.5	47.5
45-49 岁	21	47.6	52.4
50 岁以上	37	59.5	40.5
女性	**269**	**79.6**	**20.4**
16-19 岁	18	27.8	72.2
20-24 岁	32	65.6	34.4
25-29 岁	29	62.1	37.9
30-34 岁	43	79.1	20.9
35-39 岁	42	90.5	9.5
40-44 岁	34	94.1	5.9
45-49 岁	25	96.0	4.0
50 岁以上	46	91.3	8.7

● 上海（Shanghai）

	人数	是购买者	不是购买者
样本	**574**	**65.2**	**34.8**
男性	**293**	**51.5**	**48.5**
16-19 岁	21	19.0	81.0
20-24 岁	31	22.6	77.4
25-29 岁	40	42.5	57.5
30-34 岁	56	50.0	50.0
35-39 岁	49	61.2	38.8
40-44 岁	30	70.0	30.0
45-49 岁	25	68.0	32.0
50 岁以上	41	65.9	34.1
女性	**281**	**79.4**	**20.6**
16-19 岁	24	16.7	83.3
20-24 岁	32	59.4	40.6
25-29 岁	36	66.7	33.3
30-34 岁	48	93.8	6.3
35-39 岁	44	93.2	6.8
40-44 岁	35	94.3	5.7
45-49 岁	21	85.7	14.3
50 岁以上	41	95.1	4.9

● 广州（Guangzhou）

	人数	是购买者	不是购买者
样本	**569**	**60.1**	**39.9**
男性	**267**	**49.8**	**50.2**
16-19 岁	28	17.9	82.1
20-24 岁	35	37.1	62.9
25-29 岁	33	42.4	57.6
30-34 岁	31	51.6	48.4
35-39 岁	37	70.3	29.7
40-44 岁	41	51.2	48.8
45-49 岁	25	56.0	44.0
50 岁以上	37	64.9	35.1
女性	**302**	**69.2**	**30.8**
16-19 岁	46	19.6	80.4
20-24 岁	44	47.7	52.3
25-29 岁	58	69.0	31.0
30-34 岁	46	89.1	10.9
35-39 岁	37	94.6	5.4
40-44 岁	30	86.7	13.3
45-49 岁	12	91.7	8.3
50 岁以上	29	89.7	10.3

● 重庆（Chongqing）

	人数	是购买者	不是购买者
样本	**569**	**62.6**	**37.4**
男性	**291**	**50.2**	**49.8**
16-19 岁	41	31.7	68.3
20-24 岁	52	34.6	65.4
25-29 岁	41	65.9	34.1
30-34 岁	33	57.6	42.4
35-39 岁	36	52.8	47.2
40-44 岁	29	65.5	34.5
45-49 岁	24	45.8	54.2
50 岁以上	35	57.1	42.9
女性	**278**	**75.5**	**24.5**
16-19 岁	40	35.0	65.0
20-24 岁	49	73.5	26.5
25-29 岁	29	69.0	31.0
30-34 岁	32	81.3	18.8
35-39 岁	35	91.4	8.6
40-44 岁	31	87.1	12.9
45-49 岁	27	85.2	14.8
50 岁以上	35	91.4	8.6

1-7 样本总体、男性各年龄层、女性各年龄层购买时的考虑因素 / Considerations in Purchasing by the Whole Sample, Age and Gender Groups

注：本题为多选题，合计百分比超过 100%（ Multiple answers ）

● 北京（ Beijing ）

	人数	有名的牌子	价格适中	购买方便	有优惠条件	朋友推荐	膏体的颜色	是塑料软管包装
样本	**600**	**41.2**	**57.2**	**28.3**	**6.3**	**2.5**	**3.5**	**3.3**
男性	**298**	**43.3**	**59.1**	**30.2**	**5.7**	**2.0**	**1.7**	**3.4**
16-19 岁	26	30.8	61.5	19.2	3.8	3.8	0.0	3.8
20-24 岁	36	38.9	55.6	30.6	5.6	0.0	5.6	2.8
25-29 岁	41	46.3	51.2	31.7	4.9	2.4	4.9	0.0
30-34 岁	47	44.7	53.2	21.3	10.6	2.1	2.1	10.6
35-39 岁	43	39.5	53.5	39.5	4.7	2.3	0.0	2.3
40-44 岁	42	57.1	59.5	35.7	4.8	4.8	0.0	2.4
45-49 岁	24	29.2	58.3	29.2	8.3	0.0	0.0	0.0
50 岁以上	39	48.7	82.1	30.8	2.6	0.0	0.0	2.6
女性	**302**	**39.1**	**55.3**	**26.5**	**7.0**	**3.0**	**5.3**	**3.3**
16-19 岁	23	30.4	47.8	13.0	8.7	4.3	4.3	0.0
20-24 岁	35	31.4	57.1	25.7	17.1	2.9	5.7	2.9
25-29 岁	36	41.7	52.8	19.4	8.3	0.0	5.6	2.8
30-34 岁	49	51.0	51.0	32.7	6.1	2.0	2.0	8.2
35-39 岁	45	37.8	62.2	37.8	2.2	4.4	6.7	4.4
40-44 岁	40	42.5	47.5	15.0	10.0	2.5	10.0	2.5
45-49 岁	26	30.8	57.7	19.2	7.7	3.8	7.7	0.0
50 岁以上	48	37.5	62.5	35.4	0.0	4.2	2.1	2.1

续上表（ continued ）

	人数	含钙	含氟	有水果口味	有薄荷味	有中药成分	只是由于习惯	其他
样本	**600**	**14.0**	**15.8**	**9.8**	**8.3**	**20.0**	**24.0**	**4.3**
男性	**298**	**12.4**	**11.4**	**10.1**	**7.4**	**20.1**	**24.2**	**4.0**
16-19 岁	26	15.4	11.5	3.8	30.8	19.2	34.6	0.0
20-24 岁	36	22.2	8.3	5.6	8.3	11.1	16.7	5.6
25-29 岁	41	17.1	9.8	7.3	7.3	14.6	39.0	2.4
30-34 岁	47	10.6	17.0	12.8	10.6	10.6	27.7	4.3
35-39 岁	43	11.6	18.6	20.9	2.3	20.9	18.6	4.7
40-44 岁	42	9.5	4.8	14.3	0.0	21.4	23.8	2.4
45-49 岁	24	12.5	12.5	8.3	4.2	29.2	20.8	4.2
50 岁以上	39	2.6	7.7	2.6	2.6	38.5	12.8	7.7
女性	**302**	**15.6**	**20.2**	**9.6**	**9.3**	**19.9**	**23.8**	**4.6**
16-19 岁	23	30.4	26.1	8.7	17.4	21.7	39.1	0.0
20-24 岁	35	11.4	17.1	8.6	14.3	20.0	22.9	5.7
25-29 岁	36	8.3	22.2	16.7	11.1	22.2	13.9	11.1
30-34 岁	49	14.3	22.4	12.2	10.2	22.4	26.5	2.0
35-39 岁	45	17.8	20.0	8.9	6.7	11.1	22.2	6.7
40-44 岁	40	22.5	25.0	5.0	5.0	17.5	25.0	2.5
45-49 岁	26	11.5	15.4	3.8	7.7	26.9	19.2	7.7
50 岁以上	48	12.5	14.6	10.4	6.3	20.8	25.0	2.1

● 上海（Shanghai）

	人数	有名的牌子	价格适中	购买方便	有优惠条件	朋友推荐	膏体的颜色	是塑料软管包装
样本	**600**	**42.8**	**59.8**	**28.3**	**9.5**	**3.3**	**2.5**	**4.2**
男性	**307**	**40.7**	**61.9**	**28.0**	**8.5**	**2.0**	**1.6**	**3.3**
16-19 岁	22	31.8	63.6	18.2	13.6	0.0	9.1	4.5
20-24 岁	34	41.2	61.8	38.2	0.0	5.9	2.9	2.9
25-29 岁	42	42.9	57.1	26.2	11.9	0.0	2.4	2.4
30-34 岁	56	28.6	46.4	23.2	10.7	0.0	0.0	1.8
35-39 岁	51	43.1	74.5	37.3	7.8	3.9	2.0	3.9
40-44 岁	31	54.8	61.3	22.6	6.5	3.2	0.0	0.0
45-49 岁	26	38.5	65.4	26.9	15.4	0.0	0.0	7.7
50 岁以上	45	46.7	68.9	26.7	4.4	2.2	0.0	4.4
女性	**293**	**45.1**	**57.7**	**28.7**	**10.6**	**4.8**	**3.4**	**5.1**
16-19 岁	24	29.2	50.0	20.8	0.0	8.3	4.2	16.7
20-24 岁	32	34.4	62.5	28.1	21.9	6.3	3.1	9.4
25-29 岁	37	48.6	56.8	24.3	13.5	2.7	2.7	5.4
30-34 岁	50	38.0	58.0	30.0	14.0	8.0	2.0	4.0
35-39 岁	44	59.1	54.5	25.0	11.4	2.3	2.3	4.5
40-44 岁	35	62.9	65.7	37.1	5.7	2.9	2.9	5.7
45-49 岁	23	30.4	47.8	30.4	4.3	8.7	4.3	0.0
50 岁以上	48	45.8	60.4	31.3	8.3	2.1	6.3	0.0

续上表（continued）

	人数	含钙	含氟	有水果口味	有薄荷味	有中药成分	只是由于习惯	其他
样本	**600**	**8.5**	**18.2**	**4.3**	**12.5**	**11.8**	**23.7**	**1.7**
男性	**307**	**5.9**	**16.0**	**3.6**	**14.0**	**12.1**	**27.0**	**1.0**
16-19 岁	22	13.6	50.0	0.0	22.7	9.1	13.6	0.0
20-24 岁	34	0.0	5.9	0.0	20.6	14.7	26.5	0.0
25-29 岁	42	14.3	21.4	7.1	4.8	9.5	26.2	0.0
30-34 岁	56	7.1	5.4	1.8	21.4	7.1	39.3	1.8
35-39 岁	51	3.9	13.7	5.9	9.8	11.8	25.5	0.0
40-44 岁	31	0.0	16.1	6.5	16.1	12.9	35.5	0.0
45-49 岁	26	7.7	19.2	3.8	19.2	7.7	23.1	0.0
50 岁以上	45	2.2	15.6	2.2	4.4	22.2	17.8	4.4
女性	**293**	**11.3**	**20.5**	**5.1**	**10.9**	**11.6**	**20.1**	**2.4**
16-19 岁	24	20.8	50.0	4.2	25.0	0.0	20.8	0.0
20-24 岁	32	21.9	28.1	3.1	12.5	0.0	15.6	3.1
25-29 岁	37	18.9	35.1	0.0	8.1	2.7	21.6	0.0
30-34 岁	50	10.0	12.0	4.0	14.0	12.0	22.0	2.0
35-39 岁	44	4.5	11.4	6.8	6.8	6.8	22.7	0.0
40-44 岁	35	11.4	17.1	14.3	8.6	8.6	8.6	2.9
45-49 岁	23	4.3	21.7	4.3	17.4	34.8	26.1	0.0
50 岁以上	48	4.2	8.3	4.2	4.2	27.1	22.9	8.3

● 广州（Guangzhou）

	人数	有名的牌子	价格适中	购买方便	有优惠条件	朋友推荐	膏体的颜色	是塑料软管包装
样本	**597**	**39.5**	**54.6**	**23.5**	**7.9**	**2.3**	**1.7**	**3.7**
男性	**281**	**42.7**	**50.2**	**26.0**	**5.7**	**1.4**	**1.1**	**1.8**
16-19 岁	30	40.0	56.7	13.3	3.3	0.0	3.3	0.0
20-24 岁	36	63.9	47.2	22.2	5.6	0.0	0.0	2.8
25-29 岁	35	31.4	45.7	37.1	11.4	0.0	0.0	0.0
30-34 岁	34	44.1	55.9	23.5	5.9	2.9	0.0	0.0
35-39 岁	40	35.0	50.0	32.5	10.0	5.0	0.0	2.5
40-44 岁	41	34.1	51.2	24.4	4.9	0.0	4.9	4.9
45-49 岁	25	52.0	48.0	28.0	0.0	0.0	0.0	0.0
50 岁以上	40	45.0	47.5	25.0	2.5	2.5	0.0	2.5
女性	**316**	**36.7**	**58.5**	**21.2**	**9.8**	**3.2**	**2.2**	**5.4**
16-19 岁	50	38.0	66.0	18.0	14.0	6.0	2.0	10.0
20-24 岁	45	33.3	55.6	24.4	11.1	4.4	4.4	4.4
25-29 岁	63	41.3	55.6	28.6	3.2	1.6	4.8	6.3
30-34 岁	46	45.7	52.2	13.0	4.3	4.3	2.2	2.2
35-39 岁	40	32.5	55.0	22.5	15.0	0.0	0.0	7.5
40-44 岁	30	33.3	53.3	26.7	10.0	3.3	0.0	0.0
45-49 岁	13	23.1	69.2	15.4	7.7	0.0	0.0	7.7
50 岁以上	29	31.0	72.4	13.8	17.2	3.4	0.0	3.4

续上表（continued）

	人数	含钙	含氟	有水果口味	有薄荷味	有中药成分	只是由于习惯	其他
样本	**597**	**13.9**	**19.9**	**5.5**	**14.4**	**18.8**	**21.8**	**3.2**
男性	**281**	**11.4**	**19.6**	**3.6**	**12.5**	**19.9**	**22.1**	**3.2**
16-19 岁	30	23.3	26.7	3.3	23.3	20.0	20.0	0.0
20-24 岁	36	11.1	13.9	0.0	2.8	8.3	38.9	2.8
25-29 岁	35	0.0	22.9	0.0	28.6	17.1	22.9	5.7
30-34 岁	34	11.8	29.4	2.9	14.7	8.8	20.6	0.0
35-39 岁	40	17.5	27.5	5.0	7.5	17.5	22.5	2.5
40-44 岁	41	9.8	9.8	7.3	7.3	24.4	12.2	9.8
45-49 岁	25	8.0	16.0	4.0	12.0	24.0	16.0	0.0
50 岁以上	40	10.0	12.5	5.0	7.5	37.5	22.5	2.5
女性	**316**	**16.1**	**20.3**	**7.3**	**16.1**	**17.7**	**21.5**	**3.2**
16-19 岁	50	20.0	24.0	6.0	26.0	6.0	22.0	2.0
20-24 岁	45	20.0	13.3	8.9	11.1	17.8	26.7	2.2
25-29 岁	63	19.0	23.8	6.3	20.6	19.0	17.5	3.2
30-34 岁	46	15.2	26.1	8.7	19.6	17.4	23.9	0.0
35-39 岁	40	10.0	17.5	12.5	10.0	20.0	15.0	2.5
40-44 岁	30	13.3	16.7	3.3	20.0	26.7	20.0	10.0
45-49 岁	13	7.7	23.1	0.0	0.0	23.1	46.2	7.7
50 岁以上	29	13.8	13.8	6.9	3.4	20.7	17.2	3.4

● 重庆（Chongqing）

	人数	有名的牌子	价格适中	购买方便	有优惠条件	朋友推荐	膏体的颜色	是塑料软管包装
样本	**597**	**33.8**	**56.1**	**30.8**	**4.9**	**4.0**	**2.7**	**2.7**
男性	**305**	**36.1**	**56.4**	**33.8**	**5.6**	**3.0**	**1.6**	**2.6**
16-19 岁	41	41.5	61.0	39.0	2.4	2.4	2.4	7.3
20-24 岁	52	21.2	53.8	48.1	1.9	3.8	1.9	0.0
25-29 岁	43	46.5	53.5	18.6	7.0	4.7	4.7	2.3
30-34 岁	38	34.2	42.1	36.8	2.6	0.0	2.6	2.6
35-39 岁	39	38.5	56.4	35.9	7.7	2.6	0.0	5.1
40-44 岁	30	33.3	60.0	33.3	13.3	10.0	0.0	3.3
45-49 岁	25	36.0	72.0	20.0	4.0	0.0	0.0	0.0
50 岁以上	37	40.5	59.5	29.7	8.1	0.0	0.0	0.0
女性	**292**	**31.5**	**55.8**	**27.7**	**4.1**	**5.1**	**3.8**	**2.7**
16-19 岁	43	27.9	46.5	20.9	7.0	9.3	7.0	0.0
20-24 岁	53	24.5	56.6	24.5	3.8	5.7	7.5	1.9
25-29 岁	32	15.6	56.3	31.3	0.0	3.1	0.0	3.1
30-34 岁	33	39.4	60.6	18.2	3.0	9.1	3.0	3.0
35-39 岁	35	28.6	51.4	48.6	2.9	8.6	2.9	8.6
40-44 岁	32	37.5	50.0	28.1	9.4	0.0	6.3	3.1
45-49 岁	27	40.7	55.6	25.9	0.0	0.0	0.0	3.7
50 岁以上	37	43.2	70.3	27.0	5.4	2.7	0.0	0.0

续上表（continued）

	人数	含钙	含氟	有水果口味	有薄荷味	有中药成分	只是由于习惯	其他
样本	**597**	**6.4**	**15.4**	**16.6**	**10.4**	**11.2**	**22.9**	**6.4**
男性	**305**	**6.2**	**12.5**	**17.7**	**8.5**	**11.1**	**23.6**	**7.9**
16-19 岁	41	9.8	17.1	17.1	9.8	7.3	19.5	2.4
20-24 岁	52	11.5	13.5	23.1	7.7	11.5	23.1	9.6
25-29 岁	43	2.3	7.0	11.6	7.0	11.6	39.5	7.0
30-34 岁	38	2.6	15.8	23.7	15.8	10.5	23.7	5.3
35-39 岁	39	5.1	12.8	15.4	10.3	12.8	20.5	10.3
40-44 岁	30	10.0	13.3	13.3	3.3	13.3	13.3	10.0
45-49 岁	25	0.0	8.0	20.0	4.0	16.0	24.0	4.0
50 岁以上	37	5.4	10.8	16.2	8.1	8.1	21.6	13.5
女性	**292**	**6.5**	**18.5**	**15.4**	**12.3**	**11.3**	**22.3**	**4.8**
16-19 岁	43	4.7	14.0	30.2	18.6	4.7	23.3	0.0
20-24 岁	53	5.7	22.6	7.5	22.6	13.2	24.5	1.9
25-29 岁	32	2.5	28.1	12.5	0.0	6.3	31.3	6.3
30-34 岁	33	9.1	18.2	18.2	6.1	9.1	15.2	9.1
35-39 岁	35	8.6	14.3	14.3	8.6	5.7	28.6	5.7
40-44 岁	32	9.4	12.5	15.6	18.8	12.5	15.6	6.3
45-49 岁	27	0.0	29.6	11.1	14.8	14.8	18.5	3.7
50 岁以上	37	2.7	10.8	13.5	2.7	24.3	18.9	8.1

1-8 样本总体、男性各年龄层、女性各年龄层的购买地点 / Settings of Purchasing by the Whole Sample, Age and Gender Groups

注：本题为多选题，合计百分比超过 100%（ Multiple answers ）

● 北京(Beijing)

	人数	地摊	附近小商店	平价/仓储市场	超市	百货公司/购物中心	传销/直销	电话购买	其他
样本	**600**	**2.0**	**31.5**	**40.2**	**33.7**	**47.0**	**0.2**	**0.0**	**0.5**
男性	**298**	**3.4**	**39.3**	**34.9**	**29.9**	**50.7**	**0.3**	**0.0**	**0.7**
16-19 岁	26	3.8	42.3	34.6	34.6	50.0	0.0	0.0	3.8
20-24 岁	36	0.0	33.3	30.6	41.7	41.7	0.0	0.0	0.0
25-29 岁	41	4.9	31.7	34.1	41.5	39.0	0.0	0.0	0.0
30-34 岁	47	4.3	25.5	40.4	29.8	61.7	0.0	0.0	0.0
35-39 岁	43	2.3	48.8	30.2	25.6	55.8	0.0	0.0	0.0
40-44 岁	42	7.1	52.4	31.0	21.4	47.6	2.4	0.0	0.0
45-49 岁	24	0.0	37.5	37.5	16.7	50.0	0.0	0.0	4.2
50 岁以上	39	2.6	43.6	41.0	25.6	56.4	0.0	0.0	0.0
女性	**302**	**0.7**	**33.8**	**45.4**	**37.4**	**43.4**	**0.0**	**0.0**	**0.3**
16-19 岁	23	4.3	30.4	39.1	56.5	39.1	0.0	0.0	0.0
20-24 岁	35	0.0	20.0	37.1	65.7	45.7	0.0	0.0	2.9
25-29 岁	36	0.0	25.0	63.9	33.3	33.3	0.0	0.0	0.0
30-34 岁	49	0.0	36.7	51.0	38.8	46.9	0.0	0.0	0.0
35-39 岁	45	0.0	37.8	53.3	28.9	42.2	0.0	0.0	0.0
40-44 岁	40	0.0	40.0	35.0	32.5	47.5	0.0	0.0	0.0
45-49 岁	26	0.0	23.1	38.5	23.1	69.2	0.0	0.0	0.0
50 岁以上	48	2.1	45.8	39.6	29.2	31.3	0.0	0.0	0.0

● 上海(Shanghai)

	人数	地摊	附近小商店	平价/仓储市场	超市	百货公司/购物中心	传销/直销	电话购买	其他
样本	**598**	**1.0**	**40.6**	**7.7**	**72.7**	**33.1**	**1.3**	**0.2**	**0.2**
男性	**305**	**1.0**	**45.6**	**9.5**	**67.9**	**32.5**	**1.3**	**0.0**	**0.0**
16-19 岁	22	0.0	31.8	0.0	95.5	31.8	4.5	0.0	0.0
20-24 岁	34	0.0	47.1	2.9	79.4	20.6	0.0	0.0	0.0
25-29 岁	42	0.0	42.9	4.8	66.7	40.5	0.0	0.0	0.0
30-34 岁	56	0.0	53.6	12.5	55.4	25.0	0.0	0.0	0.0
35-39 岁	50	2.0	44.0	18.0	64.0	40.0	0.0	0.0	0.0
40-44 岁	30	6.7	50.0	13.3	56.7	36.7	6.7	0.0	0.0
45-49 岁	26	0.0	57.7	7.7	84.6	7.7	0.0	0.0	0.0
50 岁以上	45	0.0	35.6	8.9	64.4	46.7	2.2	0.0	0.0
女性	**293**	**1.0**	**35.5**	**5.8**	**77.8**	**33.8**	**1.4**	**0.3**	**0.3**
16-19 岁	24	0.0	54.2	0.0	66.7	25.0	4.2	0.0	0.0
20-24 岁	32	0.0	28.1	3.1	90.6	31.3	3.1	0.0	0.0
25-29 岁	37	0.0	37.8	5.4	97.3	18.9	0.0	0.0	0.0
30-34 岁	50	2.0	32.0	12.0	62.0	44.0	0.0	2.0	2.0
35-39 岁	44	0.0	31.8	2.3	84.1	36.4	2.3	0.0	0.0
40-44 岁	35	2.9	34.3	8.6	71.4	40.0	0.0	0.0	0.0
45-49 岁	23	0.0	39.1	8.7	69.6	43.5	0.0	0.0	0.0
50 岁以上	48	2.1	35.4	4.2	79.2	29.2	2.1	0.0	0.0

● 广州（Guangzhou）

	人数	地摊	附近小商店	平价/仓储市场	超市	百货公司/购物中心	传销/直销	电话购买	其他
样本	**594**	**1.5**	**28.8**	**9.3**	**41.6**	**69.2**	**1.5**	**0.2**	**0.8**
男性	**279**	**1.8**	**33.7**	**9.7**	**36.9**	**65.6**	**1.8**	**0.0**	**0.7**
16-19 岁	30	0.0	26.7	10.0	43.3	70.0	3.3	0.0	0.0
20-24 岁	35	0.0	34.3	14.3	42.9	60.0	2.9	0.0	2.9
25-29 岁	35	0.0	40.0	11.4	48.6	65.7	0.0	0.0	0.0
30-34 岁	33	0.0	39.4	9.1	33.3	66.7	0.0	0.0	0.0
35-39 岁	40	0.0	32.5	10.0	30.0	70.0	7.5	0.0	0.0
40-44 岁	41	7.3	29.3	4.9	36.6	65.9	0.0	0.0	0.0
45-49 岁	25	4.0	24.0	16.0	40.0	60.0	0.0	0.0	0.0
50 岁以上	40	2.5	40.0	5.0	25.0	65.0	0.0	0.0	2.5
女性	**315**	**1.3**	**24.4**	**8.9**	**45.7**	**72.4**	**1.3**	**0.3**	**1.0**
16-19 岁	50	0.0	26.0	8.0	46.0	76.0	0.0	0.0	2.0
20-24 岁	45	2.2	22.2	6.7	64.4	71.1	0.0	0.0	0.0
25-29 岁	63	1.6	22.2	9.5	57.1	73.0	1.6	0.0	0.0
30-34 岁	45	0.0	28.9	6.7	40.0	64.4	0.0	0.0	0.0
35-39 岁	40	2.5	22.5	5.0	45.0	65.0	5.0	0.0	0.0
40-44 岁	30	0.0	16.7	13.3	20.0	93.3	0.0	3.3	0.0
45-49 岁	13	0.0	38.5	7.7	38.5	69.2	0.0	0.0	0.0
50 岁以上	29	3.4	27.6	17.2	31.0	69.0	3.4	0.0	6.9

● 重庆(Chongqing)

	人数	地摊	附近小商店	平价/仓储市场	超市	百货公司/购物中心	传销/直销	电话购买	其他
样本	**596**	**1.0**	**52.9**	**13.4**	**18.5**	**49.7**	**1.2**	**0.0**	**4.2**
男性	**304**	**0.3**	**58.2**	**13.2**	**16.1**	**47.4**	**1.6**	**0.0**	**3.9**
16-19 岁	42	0.0	66.7	9.5	7.1	50.0	0.0	0.0	2.4
20-24 岁	52	0.0	51.9	23.1	15.4	38.5	5.8	0.0	5.8
25-29 岁	42	0.0	59.5	14.3	21.4	54.8	2.4	0.0	0.0
30-34 岁	38	0.0	57.9	10.5	28.9	50.0	0.0	0.0	0.0
35-39 岁	38	0.0	65.8	2.6	18.4	44.7	0.0	0.0	7.9
40-44 岁	30	0.3	63.3	13.3	13.3	36.7	0.0	0.0	6.7
45-49 岁	25	0.0	56.0	4.0	12.0	64.0	4.0	0.0	0.0
50 岁以上	37	0.0	45.9	21.6	10.8	45.9	0.0	0.0	8.1
女性	**292**	**1.7**	**47.3**	**13.7**	**20.9**	**52.1**	**0.7**	**0.0**	**4.5**
16-19 岁	43	2.3	55.8	7.0	20.9	51.2	0.0	0.0	2.3
20-24 岁	53	1.9	47.2	11.3	34.0	54.7	1.9	0.0	1.9
25-29 岁	32	3.1	50.0	12.5	21.9	46.9	0.0	0.0	9.4
30-34 岁	33	3.0	45.5	9.1	27.3	57.6	0.0	0.0	3.0
35-39 岁	35	0.0	37.1	5.7	20.0	54.3	0.0	0.0	8.6
40-44 岁	32	0.0	46.9	21.9	18.8	53.1	0.0	0.0	0.0
45-49 岁	27	0.0	48.1	18.5	7.4	44.4	3.7	0.0	7.4
50 岁以上	37	2.7	45.9	27.0	8.1	51.4	0.0	0.0	5.4

1-9 家中该类商品的主要来源 / Sources of Obtaining the Products

● 北京（Beijing）

	人数	百分比
自家购买	551	91.8
单位发的	47	7.8
别人送的	2	0.3
其他	0	0.0

n=600

● 上海（Shanghai）

	人数	百分比
自家购买	573	96.0
单位发的	22	3.7
别人送的	2	0.3
其他	0	0.0

n=597

● 广州（Guangzhou）

	人数	百分比
自家购买	566	95.1
单位发的	26	4.4
别人送的	3	0.5
其他	0	0.0

n=595

● 重庆（Chongqing）

	人数	百分比
自家购买	569	94.8
单位发的	28	4.7
别人送的	2	0.3
其他	1	0.2

n=600

1-10 北京不同消费群最常用品牌 / The Most Frequently Used Brands by Beijing Market Segments

	人数	第一品牌及百分比	第二品牌及百分比	第三品牌及百分比
样本	**598**	**中华 22.1**	**高露洁 18.6**	**两面针 13.4**
第一消费群	137	高露洁 21.9	中华 21.2	两面针 12.4
第二消费群	94	中华 26.6	高露洁 19.1	两面针 13.8
第三消费群	112	中华 21.4	高露洁 15.2 洁银 15.2 蓝天六必治 15.2	两面针 10.7
第四消费群	5	高露洁 60.0	佳洁士 20.0 黑妹 20.0	
第五消费群	129	高露洁 22.5	中华 19.4	两面针 15.5
第六消费群	121	中华 24.0	两面针 14.9	黑妹 14.0

注：北京消费群的代表特征 / Characteristics of the Beijing Market Segments

		第一消费群	第二消费群	第三消费群	第四消费群	第五消费群	第六消费群
基本情况	性别	女	男	无明显偏向	男	无明显偏向	女
	年龄	30 — 34 岁	25 — 29 岁	35 — 44 岁	无明显偏向	16 — 24 岁	45 岁以上
	学历	大专/大本	大本	初中	大本及研究生	高中/中专/技校	初中及以下
	职业	科教卫生人员	一般企业职员	工人	管理人员/专门职业从事者/个体及私营企业主	学生	离退休人员
	月均收入	801 — 1500 元	1501 — 4000 元	800 元以下	4000 元以上	无收入	800 元以下
	婚姻	已婚	无明显偏向	已婚	已婚或离异	未婚	已婚
心理取向		注重学历 非积极进取	不循规传统 非单一电视娱乐	非田园倾向 新女性主张 金钱本位	注重经验 大男子主义 不保守稳定	非“大男子主义” 追随流行	非“新女性主张” 非浪漫新潮 单一电视娱乐

1-11 上海不同消费群最常用品牌 / The Most Frequently Used Brands by Shanghai Market Segments

	人数	第一品牌及百分比	第二品牌及百分比	第三品牌及百分比
样本	**594**	**上海防酸 25.9**	**美加净 24.7**	**中华 19.7**
第一消费群	145	上海防酸 33.1	美加净 30.3	中华 15.9
第二消费群	90	上海防酸 22.2 美加净 22.2	中华 17.8	洁诺 15.6
第三消费群	10	中华 40.0	高露洁 20.0 美加净 20.0	洁诺 10.0 上海防酸 10.0
第四消费群	134	上海防酸 26.1	中华 25.4	美加净 22.4
第五消费群	67	上海防酸 23.9 美加净 23.9	洁诺 16.4	中华 9.0
第六消费群	148	美加净 23.6	上海防酸 23.0 中华 23.0	高露洁 14.9

注：上海消费群的代表特征 / Characteristics of the Shanghai Market Segments

		第一消费群	第二消费群	第三消费群	第四消费群	第五消费群	第六消费群
基本情况	性别	无明显偏向	男	男	女	女	无明显偏向
	年龄	45 岁以上	20 — 29 岁	25 — 34 岁	35 — 44 岁	16 — 24 岁	30 — 39 岁
	学历	大本及以上	大专/大本	大专	初中及以下	高中/中专/技校	高中/中专/技校
	职业	科教卫生人员/离退休人员	一般企业职员	行政管理人员/个体及私营企业主/专门职业从事者	工人/下岗人员	学生	一般企业职员
	月均收入	801 — 1500 元	1001 — 3000 元	3000 元以上	800 元以下	无收入	1001 — 2000 元
	婚姻	已婚	未婚	未婚	已婚	未婚	已婚
心理取向		非浪漫时尚 非金钱本位 保守稳定	非家庭重心 田园倾向 休闲独立	不保守稳定 奔波忙碌 浪漫时尚	金钱本位 家庭重心 注重学历	新家庭观念 非休闲独立	不积极进取 不奔波忙碌

1-12 广州不同消费群最常用品牌 / The Most Frequently Used Brands by Guangzhou Market Segments

	人数	第一品牌及百分比	第二品牌及百分比	第三品牌及百分比
样本	**591**	**高露洁 32.5**	**洁银 27.9**	**黑妹 18.3**
第一消费群	94	高露洁 39.4	洁银 18.1	黑妹 14.9
第二消费群	123	洁银 33.3	黑妹 26.0	高露洁 22.0
第三消费群	99	高露洁 39.4	黑妹 21.2	洁银 19.2
第四消费群	98	高露洁 35.7	洁银 34.7	黑妹 11.2
第五消费群	96	洁银 37.5	高露洁 29.2	黑妹 15.6
第六消费群	81	高露洁 32.1	洁银 22.2	黑妹 18.5

注：广州消费群的代表特征 / Characteristics of the Guangzhou Market Segments

		第一消费群	第二消费群	第三消费群	第四消费群	第五消费群	第六消费群
基本情况	性别	女	无明显偏向	女	男	女	男
	年龄	16 — 19 岁	40 岁以上	20 — 24 岁	35 — 44 岁	30 — 34 岁	25 — 29 岁
	学历	高中/中专/技校	无明显偏向	高中/中专/技校/大专	初中/高中/中专/技校	初中及以下	大专及以上
	职业	学生	工人	学生/待业人员	个体及私营企业主	家庭主妇	企业职员/管理人员/科教卫生人员/专门职业者
	月均收入	无收入	1500 元以下	无收入	801 — 1500 元	800 元以下	2000 元以上
	婚姻	未婚	已婚	未婚	已婚	已婚	无明显偏向
心理取向		不固守中式生活 田园倾向 非大男子主义	非新女性主张 不追随流行 非积极进取	独立自主 追随流行	积极进取 大男子主义 中式生活	单一电视娱乐 非独立自主 保守稳定	非单一电视娱乐 非家庭重心

1-13 重庆不同消费群最常用品牌 / The Most Frequently Used Brands by Chongqing Market Segments

	人数	第一品牌及百分比	第二品牌及百分比	第三品牌及百分比
样本	**596**	**冷酸灵 42.8**	**两面针 13.3**	**高露洁 10.2**
第一消费群	133	冷酸灵 42.1	两面针 13.5	高露洁 12.0
第二消费群	120	冷酸灵 40.8	两面针 15.8	中华 8.3
第三消费群	124	冷酸灵 37.9	两面针 13.7 高露洁 13.7	黑妹 8.9
第四消费群	24	冷酸灵 25.0 高露洁 25.0	黑妹 16.7	中华 8.3
第五消费群	161	冷酸灵 52.8	两面针 12.4	黑妹 8.1 四新 8.1
第六消费群	34	冷酸灵 35.3	两面针 11.8 高露洁 11.8 黑妹 11.8	四新 8.8 洁诺 8.8

注：重庆消费群的代表特征 / Characteristics of the Chongqing Market Segments

		第一消费群	第二消费群	第三消费群	第四消费群	第五消费群	第六消费群
基本情况	性别	无明显偏向	无明显偏向	无明显偏向	无明显偏向	无明显偏向	女
	年龄	16 — 19 岁	45 岁以上	20 — 29 岁	30 — 34 岁	40 岁以上	25 — 29 岁
	学历	高中/中专/技校	高中/中专/技校	大专/大本	高中/中专/技校/大本以上	初中及以下	初中
	职业	学生	行政管理人员/离退休人员	科教卫生人员/一般企业职员	个体及私营企业主	工人	专门职业从事者 下岗及其他
	月均收入	无收入	501 — 800 元	801 — 1500 元	1500 元以上	500 元以下	1001 — 1500 元
	婚姻	未婚	已婚	无明显偏向	已婚	已婚	已婚或离异
心理取向		浪漫新潮 注重学历 非现实家庭观	循规传统 奔波忙碌 保守稳定	新女性主张 非功利心态	功利心态 现实家庭观 都市情结	非浪漫新潮 非独立休闲	非新女性主张 不循规传统 独立休闲

2 洗发水 / Shampoo

2-1 最常用品牌排名 / Ranking of the Most Frequently Used Brands

● 北京（Beijing）

排名	品牌		人数	百分比
1	飘柔	Rejoice	241	40.5
2	力士	Lux	89	15.0
3	潘婷	Pentene	63	10.6
4	威娜宝	Wella	44	7.4
5	海飞丝	H&S	36	6.1
6	蜂花	Bee &Flower	32	5.4
7	诗芬	Sifone	27	4.5
8	奥妮首乌	SW Olive	12	2.0
9	奥妮皂角	ZJ Olive	11	1.8

n=595

● 上海（Shanghai）

排名	品牌		人数	百分比
1	飘柔	Rejoice	312	52.8
2	力士	Lux	90	15.2
3	诗芬	Sifone	53	9.0
4	潘婷	Pentene	44	7.4
5	海飞丝	H&S	26	4.4
6	海鸥	Seagull	13	2.2
7	飞逸	Feather	12	2.0
8	脱普	Top	5	0.8
8	安利	Amway	5	0.8
10	奥妮首乌	SW Olive	4	0.7

n=591

● 广州（Guangzhou）

排名	品牌		人数	百分比
1	飘柔	Rejoice	235	39.2
2	潘婷	Pentene	50	8.3
3	诗芬	Sifone	49	8.2
4	海飞丝	H&S	40	6.7
5	奥妮	Olive	35	5.8
6	棕榄	Palmolive	32	5.3
7	飞逸	Feather	26	4.3
8	美力	Merit	17	2.8
8	力士	Lux	17	2.8
10	花王	Kao	14	2.3

n=585

● 重庆（Chongqing）

排名	品牌		人数	百分比
1	飘柔	Rejoice	189	31.9
2	海飞丝	H&S	76	12.8
3	力士	Lux	75	12.7
4	潘婷	Pentene	62	10.5
5	奥妮皂角	ZJ Olive	59	10.0
6	奥妮	Olive	24	4.1
7	诗芬	Sifone	19	3.2
8	奥妮首乌	SW Olive	12	2.0
9	海鸥	Seagull	8	1.4

n=592

2-2 理想品牌排名 / Ranking of the Ideal Brands

● 北京（Beijing）

排名	品	牌	人数	百分比
1	飘柔	Rejoice	229	38.2
2	力士	Lux	85	14.2
3	潘婷	Pentene	57	9.5
4	海飞丝	H&S	47	7.8
5	诗芬	Sifone	35	5.8
6	威娜宝	Wella	28	4.7
7	蜂花	BeeFlower	18	3.0
8	奥妮皂角	SW Olive	15	2.5
9	奥妮首乌	ZJ Olive	13	2.2
10	花王	Kao	7	1.2

n=600

● 上海（Shanghai）

排名	品	牌	人数	百分比
1	飘柔	Rejoice	287	47.8
2	力士	Lux	104	17.3
3	诗芬	Sifone	53	8.8
3	潘婷	Pentene	53	8.8
5	海飞丝	H&S	26	4.3
6	飞逸	Feather	12	2.0
7	脱普	Top	8	1.3
8	海鸥	Seagull	6	1.0
8	百年润发	Olive 100	6	1.0
10	奥妮首乌	SW Olive	5	0.8

n=600

● 广州（Guangzhou）

排名	品	牌	人数	百分比
1	飘柔	Rejoice	217	36.2
2	潘婷	Pentene	61	10.2
3	海飞丝	H&S	38	6.3
3	棕榄	Palmolive	38	6.3
5	诗芬	Sifone	34	5.7
6	奥妮	Olive	31	5.2
7	飞逸	Feather	25	4.2
8	力士	Lux	22	3.7
9	沙宣	Vidal Sassoon	20	3.3
10	美力	Merit	14	2.3

n=600

● 重庆（Chongqing）

排名	品	牌	人数	百分比
1	飘柔	Rejoice	197	32.8
2	力士	Lux	82	13.7
3	海飞丝	H&S	66	11.0
4	潘婷	Pentene	63	10.5
5	奥妮	Olive	41	6.8
6	诗芬	Sifone	22	3.7
7	百年润发	Olive100	17	2.8
8	奥妮皂角	ZJ Olive	10	1.7
9	奥妮首乌	SW Olive	10	1.7

n=600

2-3 样本总体、男性各年龄层、女性各年龄层的理想品牌 / The Ideal Brands by the Whole Sample, Age and Gender Groups

● 北京（Beijing）

	人数	第一品牌及百分比	第二品牌及百分比	第三品牌及百分比
样本	**600**	**飘柔 38.2**	**力士 14.2**	**潘婷 9.5**
男性	**298**	**飘柔 39.9**	**力士 14.1**	**海飞丝 10.4**
16-19 岁	26	飘柔 38.5	海飞丝 19.2	潘婷 11.5 蜂花 11.5
20-24 岁	36	飘柔 36.1	力士 16.7	海飞丝 13.9
25-29 岁	41	飘柔 39.0	海飞丝 14.6	威娜宝 9.8 力士 9.8 诗芬 9.8
30-34 岁	47	飘柔 46.8	力士 17.0	威娜宝 6.4
35-39 岁	43	飘柔 41.9	力士 14.0	海飞丝 9.3
40-44 岁	42	飘柔 28.6	力士 21.4	潘婷 11.9
45-49 岁	24	飘柔 41.7	海飞丝 12.5 力士 12.5	潘婷 8.3
50 岁以上	39	飘柔 46.2	力士 12.8	海飞丝 7.7
女性	**302**	**飘柔 36.4**	**力士 14.2**	**潘婷 11.9**
16-19 岁	23	飘柔 39.1	奥妮首乌 17.4	潘婷 13.0
20-24 岁	35	飘柔 22.9	力士 14.3	潘婷 11.4 诗芬 11.4
25-29 岁	36	飘柔 30.6	潘婷 16.7	力士 13.9
30-34 岁	49	飘柔 42.9	力士 14.3	潘婷 12.2
35-39 岁	45	飘柔 51.1	潘婷 15.6	力士 8.9
40-44 岁	40	飘柔 37.5	力士 25.0	海飞丝 12.5
45-49 岁	26	飘柔 26.9	潘婷 23.1	力士 19.2
50 岁以上	48	飘柔 33.3	力士 12.5 威娜宝 12.5	诗芬 8.3

● 上海（Shanghai）

	人数	第一品牌及百分比	第二品牌及百分比	第三品牌及百分比
样本	**600**	**飘柔 47.8**	**力士 17.3**	**诗芬 8.8 潘婷 8.8**
男性	**307**	**飘柔 47.9**	**力士 14.7**	**潘婷 9.8**
16-19 岁	22	飘柔 50.0	诗芬 13.6	力士 9.1 海飞丝 9.1 潘婷 9.1
20-24 岁	34	飘柔 50.0	力士 11.8 潘婷 11.8 诗芬 11.8	百年润发 5.9
25-29 岁	42	飘柔 52.4	力士 11.9 诗芬 11.9	潘婷 7.0
30-34 岁	56	飘柔 50.0	力士 17.9	潘婷 10.7
35-39 岁	51	飘柔 35.3	力士 21.6	潘婷 13.7
40-44 岁	31	飘柔 45.2	力士 22.6	诗芬 9.7
45-49 岁	26	飘柔 61.5	诗芬 11.5	潘婷 3.8 海飞丝 3.8 力士 3.8 百年润发 3.8
50 岁以上	45	飘柔 46.7	潘婷 13.3	力士 11.1
女性	**293**	**飘柔 47.8**	**力士 20.1**	**诗芬 9.9**
16-19 岁	24	飘柔 41.7	潘婷 20.8	力士 8.3
20-24 岁	32	飘柔 46.9	力士 18.8	潘婷 9.4
25-29 岁	37	飘柔 40.5	力士 35.1	诗芬 8.1
30-34 岁	50	飘柔 54.0	力士 22.0	潘婷 8.0
35-39 岁	44	飘柔 52.3	力士 20.5	诗芬 11.4
40-44 岁	35	飘柔 51.4	力士 25.7	潘婷 11.4
45-49 岁	23	飘柔 47.8	力士 13.0 海飞丝 13.0 诗芬 13.0	脱普 8.7
50 岁以上	48	飘柔 43.8	诗芬 20.8	力士 12.5

● 广州（Guangzhou）

	人数	第一品牌及百分比	第二品牌及百分比	第三品牌及百分比
样本	**600**	**飘柔 36.2**	**潘婷 10.2**	**海飞丝 6.3 棕榄 6.3**
男性	**282**	**飘柔 37.9**	**潘婷 9.9**	**海飞丝 9.6**
16-19 岁	30	飘柔 46.7	海飞丝 10.0 诗芬 10.0	潘婷 6.7 沙宣 6.7 力士 6.7
20-24 岁	36	飘柔 33.3	潘婷 27.8	海飞丝 8.3
25-29 岁	35	飘柔 37.1	潘婷 11.4 力士 11.4	海飞丝 8.6
30-34 岁	34	飘柔 35.3	潘婷 14.7	海飞丝 8.8 棕榄 8.8
35-39 岁	40	飘柔 38.5	海飞丝 12.8	潘婷 5.1 飞逸 5.1 棕榄 5.1 诗芬 5.1 力士 5.1
40-44 岁	41	飘柔 46.3	海飞丝 9.8 飞逸 9.8	潘婷 4.9 奥妮 4.9
45-49 岁	26	飘柔 26.9	海飞丝 15.4	诗芬 11.5
50 岁以上	40	飘柔 37.5	飞逸 10.0	诗芬 7.5
女性	**318**	**飘柔 34.6**	**潘婷 10.4**	**棕榄 7.5**
16-19 岁	50	飘柔 26.0	潘婷 12.0 沙宣 12.0 棕榄 12.0	奥妮 8.0
20-24 岁	46	飘柔 32.6	潘婷 13.0 棕榄 13.0	海飞丝 6.5 诗芬 6.5
25-29 岁	63	飘柔 27.0	奥妮 11.1	潘婷 9.5
30-34 岁	46	飘柔 37.0	奥妮 8.7 美力 8.7	棕榄 6.5
35-39 岁	41	飘柔 41.5	潘婷 12.2	诗芬 7.3
40-44 岁	30	飘柔 53.3	潘婷 6.7 奥妮 6.7 飞逸 6.7	
45-49 岁	13	飘柔 23.1 潘婷 23.1	海飞丝 15.4	诗芬 7.7 奥妮 7.7 棕榄 7.7 依卡露 7.7
50 岁以上	29	飘柔 41.4	潘婷 10.3	诗芬 6.9 棕榄 6.9

● 重庆（Chongqing）

	人数	第一品牌及百分比	第二品牌及百分比	第三品牌及百分比
样本	**600**	**飘柔 33.0**	**力士 13.7**	**海飞丝 11.0**
男性	**308**	**飘柔 36.7**	**海飞丝 11.4**	**力上 10.7**
16-19 岁	43	飘柔 39.5	海飞丝 14.0	力士 9.3
20-24 岁	53	飘柔 28.3	海飞丝 17.0	潘婷 13.2
25-29 岁	43	飘柔 37.2	潘婷 14.0	皂角 11.6
30-34 岁	38	飘柔 31.6	海飞丝 21.1	潘婷 10.5
35-39 岁	39	飘柔 53.8	力士 12.8	皂角 7.7
40-44 岁	30	飘柔 30.0	力士 13.3 皂角 13.3	潘婷 6.7 诗芬 6.7
45-49 岁	25	飘柔 28.0	海飞丝 16.0 力士 16.0 潘婷 16.0	皂角 4.0
50 岁以上	37	飘柔 43.2	力士 8.1 潘婷 8.1 皂角 8.1	海飞丝 2.7
女性	**292**	**飘柔 28.8**	**力士 16.8**	**潘婷 11.6**
16-19 岁	43	飘柔 27.9	力士 25.6	诗芬 16.3
20-24 岁	53	力士 22.6	飘柔 20.8	海飞丝 17.0
25-29 岁	32	飘柔 31.3	力士 21.9	潘婷 15.6
30-34 岁	33	飘柔 33.3	潘婷 21.2	力士 12.1
35-39 岁	35	飘柔 25.7	力士 14.3	海飞丝 11.4 潘婷 11.4
40-44 岁	32	飘柔 37.5	潘婷 15.6	力士 12.5 海飞丝 12.5
45-49 岁	27	飘柔 29.6	力士 7.4 潘婷 7.4 皂角 7.4 奥妮皂角 7.4 花王 7.4 俏丽 7.4	
50 岁以上	37	飘柔 29.7	皂角 13.5	力士 10.8

2-4 样本总体、男性各年龄层、女性各年龄层的使用方式 / Ways of Using the Products by the Whole Sample, Age and Gender Groups

● 北京（Beijing）

	人数	个人专用	全家共用
样本	**596**	**25.5**	**74.5**
男性	**294**	**24.1**	**75.9**
16-19 岁	26	23.1	76.9
20-24 岁	36	41.7	58.3
25-29 岁	41	29.3	70.7
30-34 岁	47	23.4	76.6
35-39 岁	43	23.3	76.7
40-44 岁	40	20.0	80.0
45-49 岁	23	21.7	78.3
50 岁以上	38	10.5	89.5
女性	**302**	**26.8**	**73.2**
16-19 岁	23	43.5	56.5
20-24 岁	35	51.4	48.6
25-29 岁	36	25.0	75.0
30-34 岁	49	28.6	71.4
35-39 岁	45	15.6	84.4
40-44 岁	40	25.0	75.0
45-49 岁	26	11.5	88.5
50 岁以上	48	20.8	79.2

● 上海（Shanghai）

	人数	个人专用	全家共用
样本	**595**	**30.1**	**69.9**
男性	**303**	**29.7**	**70.3**
16-19 岁	22	40.9	59.1
20-24 岁	33	45.5	54.5
25-29 岁	42	38.1	61.9
30-34 岁	56	37.5	62.5
35-39 岁	50	22.0	78.0
40-44 岁	30	40.0	60.0
45-49 岁	25	4.0	96.0
50 岁以上	45	11.1	88.9
女性	**292**	**30.5**	**69.5**
16-19 岁	24	29.2	70.8
20-24 岁	32	40.6	59.4
25-29 岁	37	37.8	62.2
30-34 岁	50	40.0	60.0
35-39 岁	44	18.2	81.8
40-44 岁	35	34.3	65.7
45-49 岁	23	21.7	78.3
50 岁以上	47	21.3	78.7

● 广州（Guangzhou）

	人数	个人专用	全家共用
样本	**593**	**23.8**	**76.2**
男性	**275**	**25.5**	**74.5**
16-19 岁	30	40.0	60.0
20-24 岁	34	35.3	64.7
25-29 岁	34	38.2	61.8
30-34 岁	33	27.3	72.7
35-39 岁	40	25.0	75.0
40-44 岁	39	12.8	87.2
45-49 岁	25	20.0	80.0
50 岁以上	40	10.0	90.0
女性	**318**	**22.3**	**77.7**
16-19 岁	50	26.0	74.0
20-24 岁	46	17.4	82.6
25-29 岁	63	28.6	71.4
30-34 岁	46	21.7	78.3
35-39 岁	41	24.4	75.6
40-44 岁	30	20.0	80.0
45-49 岁	13	15.4	84.6
50 岁以上	29	13.8	86.2

● 重庆（Chongqing）

	人数	个人专用	全家共用
样本	**595**	**18.0**	**82.0**
男性	**303**	**16.8**	**83.2**
16-19 岁	43	20.9	79.1
20-24 岁	53	26.4	73.6
25-29 岁	43	32.6	67.4
30-34 岁	38	10.5	89.5
35-39 岁	38	13.2	86.8
40-44 岁	29	13.8	86.2
45-49 岁	23	4.3	95.7
50 岁以上	36	0.0	100.0
女性	**292**	**19.2**	**80.8**
16-19 岁	43	18.6	81.4
20-24 岁	53	20.8	79.2
25-29 岁	32	21.9	78.1
30-34 岁	33	21.2	78.8
35-39 岁	35	17.1	82.9
40-44 岁	32	25.0	75.0
45-49 岁	27	11.1	88.9
50 岁以上	37	19.2	80.8

2-5 样本总体、男性各年龄层、女性各年龄层的品牌习惯 / Brand Habit in Using the Products by the Whole Sample, Age and Gender Groups

注：1=平时固定使用一个牌子，从不更改（Used in only one brand）
2=比较固定的用一两个牌子，有时会换一下（Used in one or two brands）
3=基本上没有固定，随机购买（No brand preference）

● 北京（Beijing）

	人数	1	2	3
样本	**598**	**17.4**	**69.9**	**12.7**
男性	**296**	**22.3**	**64.5**	**13.2**
16-19 岁	26	19.2	69.2	11.5
20-24 岁	36	25.0	66.7	8.3
25-29 岁	41	22.0	65.9	12.2
30-34 岁	47	29.8	63.8	6.4
35-39 岁	43	11.6	67.4	20.9
40-44 岁	41	12.2	70.7	17.1
45-49 岁	23	34.8	52.2	13.0
50 岁以上	39	28.2	56.4	15.4
女性	**302**	**12.6**	**75.2**	**12.3**
16-19 岁	23	17.4	78.3	4.3
20-24 岁	35	14.3	60.0	25.7
25-29 岁	36	8.3	77.8	13.9
30-34 岁	49	16.3	75.5	8.2
35-39 岁	45	2.2	88.9	8.9
40-44 岁	40	17.5	65.0	17.5
45-49 岁	26	3.8	84.6	11.5
50 岁以上	48	18.8	72.9	8.3

● 上海（Shanghai）

	人数	1	2	3
样本	**594**	**24.9**	**63.8**	**11.3**
男性	**301**	**27.9**	**62.5**	**9.6**
16-19 岁	22	27.3	54.5	18.2
20-24 岁	34	44.1	52.9	2.9
25-29 岁	42	33.3	59.5	7.1
30-34 岁	56	21.4	67.9	10.7
35-39 岁	50	32.0	52.0	16.0
40-44 岁	26	26.9	69.2	3.8
45-49 岁	26	23.1	69.2	7.7
50 岁以上	45	17.8	73.3	8.9
女性	**293**	**21.8**	**65.2**	**13.0**
16-19 岁	24	20.8	66.7	12.5
20-24 岁	32	12.5	65.6	21.9
25-29 岁	37	8.1	70.3	21.6
30-34 岁	50	20.0	72.0	8.0
35-39 岁	44	29.5	61.4	9.1
40-44 岁	35	31.4	65.7	2.9
45-49 岁	23	26.1	65.2	8.7
50 岁以上	48	25.0	56.3	18.8

● 广州（Guangzhou）

	人数	1	2	3
样本	**592**	**20.1**	**62.0**	**17.9**
男性	**275**	**22.5**	**62.5**	**14.9**
16-19 岁	30	23.3	56.7	20.0
20-24 岁	36	30.6	63.9	5.6
25-29 岁	34	29.4	61.8	8.8
30-34 岁	34	20.6	58.8	20.6
35-39 岁	39	17.9	66.7	15.4
40-44 岁	39	23.1	59.0	17.9
45-49 岁	23	8.7	73.9	17.4
50 岁以上	40	22.5	62.5	15.0
女性	**317**	**18.0**	**61.5**	**20.5**
16-19 岁	50	22.0	52.0	26.0
20-24 岁	46	17.4	58.7	23.9
25-29 岁	62	8.1	71.0	21.0
30-34 岁	46	26.1	60.9	13.0
35-39 岁	41	14.6	63.4	22.0
40-44 岁	30	13.3	66.7	20.0
45-49 岁	13	23.1	69.2	7.7
50 岁以上	29	27.6	51.7	20.7

● 重庆（Chongqing）

	人数	1	2	3
样本	**595**	**15.6**	**70.6**	**13.8**
男性	**303**	**18.2**	**69.3**	**12.5**
16-19 岁	43	14.0	76.7	9.3
20-24 岁	53	13.2	79.2	7.5
25-29 岁	43	14.0	72.1	14.0
30-34 岁	38	21.1	65.8	13.2
35-39 岁	38	21.1	65.8	13.2
40-44 岁	29	27.6	51.7	20.7
45-49 岁	23	13.0	78.3	8.7
50 岁以上	36	25.0	58.3	16.7
女性	**292**	**13.0**	**71.9**	**15.1**
16-19 岁	43	7.0	65.1	27.9
20-24 岁	53	9.4	79.2	11.3
25-29 岁	32	9.4	68.8	21.9
30-34 岁	33	12.1	84.8	3.0
35-39 岁	35	28.6	54.3	17.1
40-44 岁	32	21.9	62.5	15.6
45-49 岁	27	11.1	74.1	14.8
50 岁以上	37	13.0	71.9	15.1

2-6 样本总体、男性各年龄层、女性各年龄层是否是主要购买者 / Purchasers in the Household by the Whole Sample, Age and Gender Groups

● 北京（Beijing）

	人数	是购买者	不是购买者
样本	**462**	**66.5**	**33.5**
男性	**238**	**46.6**	**53.4**
16-19 岁	19	31.6	68.4
20-24 岁	30	43.3	56.7
25-29 岁	35	57.1	42.9
30-34 岁	35	57.1	42.9
35-39 岁	32	31.3	68.8
40-44 岁	34	44.1	55.9
45-49 岁	20	40.0	60.0
50 岁以上	33	57.6	42.4
女性	**224**	**87.5**	**12.5**
16-19 岁	14	42.9	57.1
20-24 岁	27	74.1	25.9
25-29 岁	23	87.0	13.0
30-34 岁	34	94.1	5.9
35-39 岁	35	94.3	5.7
40-44 岁	31	93.5	6.5
45-49 岁	22	100.0	0.0
50 岁以上	38	89.5	10.5

● 上海（Shanghai）

	人数	是购买者	不是购买者
样本	**549**	**69.9**	**30.1**
男性	**276**	**55.1**	**44.9**
16-19 岁	19	57.9	42.1
20-24 岁	32	59.4	40.6
25-29 岁	37	62.2	37.8
30-34 岁	52	59.6	40.4
35-39 岁	46	56.5	43.5
40-44 岁	27	48.1	51.9
45-49 岁	20	40.0	60.0
50 岁以上	43	48.8	51.2
女性	**273**	**85.0**	**15.0**
16-19 岁	22	36.4	63.6
20-24 岁	29	82.8	17.2
25-29 岁	36	83.3	16.7
30-34 岁	47	95.7	4.3
35-39 岁	42	97.6	2.4
40-44 岁	33	93.9	6.1
45-49 岁	22	86.4	13.6
50 岁以上	42	81.0	19.0

● 广州（Guangzhou）

	人数	是购买者	不是购买者
样本	**566**	**64.1**	**35.9**
男性	**262**	**50.8**	**49.2**
16-19 岁	27	33.3	66.7
20-24 岁	35	40.0	60.0
25-29 岁	32	53.1	46.9
30-34 岁	32	59.4	40.6
35-39 岁	38	68.4	31.6
40-44 岁	38	50.0	50.0
45-49 岁	24	45.8	54.2
50 岁以上	36	50.0	50.0
女性	**304**	**75.7**	**24.3**
16-19 岁	47	29.8	70.2
20-24 岁	45	64.4	35.6
25-29 岁	60	78.3	21.7
30-34 岁	45	95.6	4.4
35-39 岁	39	92.3	7.7
40-44 岁	27	88.9	11.1
45-49 岁	13	92.3	7.7
50 岁以上	28	89.3	10.7

● 重庆（Chongqing）

	人数	是购买者	不是购买者
样本	**572**	**62.9**	**37.1**
男性	**289**	**46.4**	**53.6**
16-19 岁	41	43.9	56.1
20-24 岁	52	42.3	57.7
25-29 岁	39	64.1	35.9
30-34 岁	35	45.7	54.3
35-39 岁	36	50.0	50.0
40-44 岁	28	46.4	53.6
45-49 岁	23	34.8	65.2
50 岁以上	35	40.0	60.0
女性	**283**	**79.9**	**20.1**
16-19 岁	43	44.2	55.8
20-24 岁	52	84.6	15.4
25-29 岁	30	93.3	6.7
30-34 岁	32	84.4	15.6
35-39 岁	34	91.2	8.8
40-44 岁	31	90.3	9.7
45-49 岁	24	83.3	16.7
50 岁以上	37	78.4	21.6

2-7 样本总体、男性各年龄层、女性各年龄层购买时的考虑因素 / Considerations in Purchasing by the Whole Sample, Age and Gender Groups

注：本题为多选题，合计百分比超过 100%（Multiple answers）

● 北京（Beijing）

	人数	有名的牌子	价格适中	购买方便	有优惠条件	朋友推荐	味道好闻	去头屑	焗油功能
样本	**597**	**36.7**	**35.8**	**13.7**	**3.0**	**1.2**	**20.9**	**36.7**	**8.4**
男性	**296**	**38.2**	**39.2**	**18.6**	**3.7**	**1.7**	**20.9**	**33.4**	**5.4**
16-19 岁	26	26.9	30.8	3.8	3.8	3.8	30.8	53.8	3.8
20-24 岁	36	44.4	33.3	19.4	2.8	0.0	19.4	36.1	5.6
25-29 岁	41	41.5	31.7	7.3	0.0	0.0	17.1	31.7	4.9
30-34 岁	47	27.7	34.0	8.5	0.0	0.0	27.7	42.6	6.4
35-39 岁	43	44.2	32.6	30.2	7.0	4.7	20.9	37.2	9.3
40-44 岁	41	41.5	41.5	26.8	9.8	2.4	12.2	22.0	7.3
45-49 岁	23	39.1	43.5	26.1	0.0	0.0	39.1	13.0	0.0
50 岁以上	39	38.5	66.7	25.6	5.1	2.6	10.3	28.2	2.6
女性	**301**	**35.2**	**32.6**	**9.0**	**2.3**	**0.7**	**20.9**	**39.9**	**11.3**
16-19 岁	23	39.1	8.7	0.0	4.3	0.0	39.1	56.5	4.3
20-24 岁	35	28.6	22.9	8.6	2.9	0.0	37.1	42.9	14.3
25-29 岁	35	31.4	14.3	8.6	2.9	0.0	22.9	37.1	14.3
30-34 岁	49	49.0	24.5	8.2	2.0	0.0	12.2	32.7	8.2
35-39 岁	45	35.6	44.4	8.9	0.0	0.0	15.6	46.7	15.6
40-44 岁	40	35.0	32.5	10.0	2.5	0.0	15.0	50.0	10.0
45-49 岁	26	34.6	53.8	15.4	0.0	3.8	19.2	23.1	3.8
50 岁以上	48	27.1	50.0	10.4	4.2	2.1	18.8	33.3	14.6

续上表（continued）

	人数	染发功能	柔顺营养	防止脱发	防止分叉	某种发质专用	是天然制品	多效功能	只是由于习惯	其他
样本	**597**	**2.3**	**38.5**	**10.2**	**4.7**	**5.9**	**7.0**	**6.5**	**9.7**	**1.8**
男性	**296**	**2.4**	**25.0**	**9.5**	**4.7**	**3.7**	**4.7**	**6.4**	**12.2**	**3.0**
16-19 岁	26	3.8	34.6	3.8	15.4	7.7	11.5	3.8	19.2	0.0
20-24 岁	36	2.8	19.4	0.0	2.8	8.3	0.0	11.1	13.9	2.8
25-29 岁	41	0.0	26.8	4.9	4.9	4.9	4.9	4.9	17.1	7.3
30-34 岁	47	0.0	36.2	14.9	8.5	2.1	8.5	6.4	10.6	4.3
35-39 岁	43	2.3	30.2	4.7	2.3	0.0	4.7	7.0	9.3	2.3
40-44 岁	41	4.9	12.2	14.6	2.4	4.9	4.9	9.8	4.9	2.4
45-49 岁	23	4.3	26.1	13.0	4.3	0.0	4.3	4.3	13.0	4.3
50 岁以上	39	2.6	15.4	17.9	0.0	2.6	0.0	2.6	12.8	0.0
女性	**301**	**2.3**	**51.8**	**11.0**	**4.7**	**8.0**	**9.3**	**6.6**	**7.3**	**0.7**
16-19 岁	23	0.0	69.6	4.3	8.7	13.0	8.7	0.0	8.7	0.0
20-24 岁	35	2.9	48.6	2.9	8.6	14.3	11.4	8.6	5.7	0.0
25-29 岁	35	0.0	65.7	8.6	11.4	11.4	14.3	2.9	2.9	0.0
30-34 岁	49	0.0	61.2	10.2	0.0	8.2	16.3	6.1	8.2	0.0
35-39 岁	45	4.4	53.3	11.1	2.2	2.2	4.4	8.9	6.7	0.0
40-44 岁	40	5.0	47.5	20.0	2.5	7.5	7.5	5.0	7.5	0.0
45-49 岁	26	3.8	34.6	15.4	7.7	3.8	3.8	19.2	7.7	3.8
50 岁以上	48	2.1	37.5	12.5	2.1	6.3	6.3	4.2	10.4	2.1

● 上海（Shanghai）

	人数	有名的牌子	价格适中	购买方便	有优惠条件	朋友推荐	味道好闻	去头屑	焗油功能
样本	**597**	**32.5**	**32.2**	**15.6**	**3.2**	**1.3**	**13.1**	**34.8**	**12.9**
男性	**305**	**36.1**	**38.7**	**17.4**	**3.3**	**1.0**	**15.7**	**32.1**	**11.8**
16-19 岁	22	40.9	40.9	4.5	0.0	0.0	18.2	27.3	13.6
20-24 岁	34	38.2	23.5	17.6	0.0	2.9	20.6	32.4	11.8
25-29 岁	42	47.6	35.7	14.3	4.8	0.0	19.0	31.0	19.0
30-34 岁	56	30.4	30.4	14.3	5.4	1.8	8.9	37.5	8.9
35-39 岁	50	28.0	44.0	26.0	2.0	2.0	8.0	28.0	14.0
40-44 岁	30	40.0	53.3	20.0	0.0	0.0	16.7	40.0	6.7
45-49 岁	26	26.9	38.5	19.2	3.8	0.0	30.8	42.3	11.5
50 岁以上	45	40.0	46.7	17.8	6.7	0.0	15.6	22.2	8.9
女性	**292**	**28.8**	**25.3**	**13.7**	**3.1**	**1.7**	**10.3**	**37.7**	**14.0**
16-19 岁	24	12.5	16.7	0.0	0.0	4.2	16.7	41.7	25.0
20-24 岁	32	25.0	25.0	6.3	0.0	0.0	6.3	46.9	21.9
25-29 岁	37	32.4	16.2	8.1	2.7	2.7	0.0	48.6	21.6
30-34 岁	49	30.6	18.4	10.2	2.0	0.0	6.1	28.6	18.4
35-39 岁	44	27.3	31.8	13.6	6.8	2.3	15.9	31.8	4.5
40-44 岁	35	37.1	28.6	22.9	2.9	2.9	11.4	42.9	2.9
45-49 岁	23	34.8	30.4	21.7	0.0	0.0	8.7	34.8	8.7
50 岁以上	48	27.1	33.3	22.9	6.3	2.1	16.7	33.3	12.5

续上表（continued）

	人数	柔顺营养	染发功能	防止脱发	防止分叉	某种发质专用	是天然制品	多效功能	只是由于习惯	其他
样本	**597**	**33.5**	**0.7**	**22.3**	**19.4**	**8.5**	**0.2**	**5.0**	**0.0**	**0.0**
男性	**305**	**27.5**	**1.3**	**14.8**	**16.4**	**9.8**	**0.0**	**3.0**	**0.0**	**0.0**
16-19 岁	22	54.5	0.0	27.3	13.6	4.5	0.0	4.5	0.0	0.0
20-24 岁	34	29.4	0.0	17.6	17.6	11.8	0.0	2.9	0.0	0.0
25-29 岁	42	28.6	0.0	2.4	19.0	4.8	0.0	7.1	0.0	0.0
30-34 岁	56	21.4	3.6	8.9	16.1	14.3	0.0	1.8	0.0	0.0
35-39 岁	50	20.0	2.0	22.0	14.0	12.0	0.0	2.0	0.0	0.0
40-44 岁	30	30.0	0.0	13.3	13.3	10.0	0.0	3.3	0.0	0.0
45-49 岁	26	42.3	0.0	23.1	23.1	3.8	0.0	0.0	0.0	0.0
50 岁以上	45	17.8	2.2	13.3	15.6	11.1	0.0	2.2	0.0	0.0
女性	**292**	**39.7**	**0.0**	**30.1**	**22.6**	**7.2**	**0.3**	**7.2**	**0.0**	**0.0**
16-19 岁	24	58.3	0.0	41.7	20.8	16.7	0.0	8.3	0.0	0.0
20-24 岁	32	31.3	0.0	28.1	37.5	6.3	0.0	18.8	0.0	0.0
25-29 岁	37	48.6	0.0	24.3	29.7	5.4	0.0	13.5	0.0	0.0
30-34 岁	49	49.0	0.0	36.7	26.5	2.0	0.0	8.2	0.0	0.0
35-39 岁	44	36.4	0.0	27.3	15.9	11.4	2.3	2.3	0.0	0.0
40-44 岁	35	37.1	0.0	31.4	28.6	0.0	0.0	2.9	0.0	0.0
45-49 岁	23	43.5	0.0	30.4	8.7	4.3	0.0	4.3	0.0	0.0
50 岁以上	48	22.9	0.0	25.0	12.5	12.5	0.0	2.1	0.0	0.0

● 广州（Guangzhou）

	人数	有名的牌子	价格适中	购买方便	有优惠条件	朋友推荐	味道好闻	去头屑	焗油功能
样本	**592**	**36.1**	**28.9**	**11.3**	**2.4**	**2.5**	**14.2**	**45.3**	**5.2**
男性	**277**	**44.0**	**31.8**	**15.5**	**2.9**	**1.8**	**11.9**	**43.3**	**2.5**
16-19 岁	30	33.3	26.7	3.3	0.0	0.0	13.3	63.3	3.3
20-24 岁	36	47.2	27.8	13.9	0.0	2.8	11.1	38.9	5.6
25-29 岁	34	58.8	29.4	20.6	2.9	0.0	14.7	41.2	2.9
30-34 岁	34	47.1	23.5	8.8	2.9	2.9	17.6	44.1	0.0
35-39 岁	40	52.5	27.5	12.5	2.5	0.0	10.0	52.5	5.0
40-44 岁	39	38.5	38.5	20.5	7.7	0.0	5.1	41.0	0.0
45-49 岁	24	50.0	41.7	12.5	4.2	8.3	12.5	54.2	0.0
50 岁以上	40	27.5	40.0	27.5	2.5	2.5	12.5	20.0	2.5
女性	**315**	**29.2**	**26.3**	**7.6**	**1.9**	**3.2**	**16.2**	**47.0**	**7.6**
16-19 岁	50	34.0	28.0	10.0	0.0	2.0	24.0	50.0	10.0
20-24 岁	46	32.6	15.2	6.5	0.0	2.2	19.6	41.3	8.7
25-29 岁	61	29.5	18.0	8.2	1.6	1.6	18.0	49.2	13.1
30-34 岁	46	34.8	26.1	8.7	6.5	4.3	10.9	47.8	8.7
35-39 岁	40	20.0	20.0	7.5	0.0	5.0	15.0	50.0	5.0
40-44 岁	30	23.3	36.7	6.7	3.3	6.7	13.3	50.0	3.3
45-49 岁	13	23.1	46.2	0.0	7.7	0.0	0.0	53.8	0.0
50 岁以上	29	27.6	48.3	6.9	0.0	3.4	13.8	34.5	0.0

续上表（continued）

	人数	染发功能	柔顺营养	防止脱发	防止分叉	某种发质专用	是天然制品	多效功能	只是由于习惯	其他
样本	**592**	**1.0**	**41.6**	**16.0**	**6.9**	**7.1**	**5.6**	**11.0**	**7.1**	**1.2**
男性	**277**	**0.7**	**33.2**	**11.6**	**3.2**	**5.4**	**3.6**	**10.8**	**9.0**	**1.8**
16-19 岁	30	0.0	36.7	20.0	10.0	3.3	0.0	3.3	10.0	3.3
20-24 岁	36	0.0	38.9	8.3	2.8	11.1	0.0	5.6	8.3	2.8
25-29 岁	34	0.0	41.2	0.0	5.9	5.9	0.0	14.7	2.9	2.9
30-34 岁	34	0.0	35.3	5.9	0.0	5.9	8.8	14.7	8.8	2.9
35-39 岁	40	0.0	35.0	12.5	2.5	5.0	5.0	5.0	10.0	2.5
40-44 岁	39	2.6	30.8	17.9	0.0	5.1	5.1	15.4	5.1	0.0
45-49 岁	24	0.0	29.2	4.2	0.0	0.0	0.0	4.2	12.5	0.0
50 岁以上	40	2.5	20.0	20.0	5.0	5.0	7.5	20.0	15.0	0.0
女性	**315**	**1.3**	**48.9**	**20.0**	**10.2**	**8.6**	**7.3**	**11.1**	**5.4**	**0.6**
16-19 岁	50	4.0	56.0	16.0	8.0	12.0	10.0	12.0	0.0	0.0
20-24 岁	46	0.0	54.3	17.4	15.2	10.9	6.5	13.0	6.5	2.2
25-29 岁	61	0.0	59.0	21.3	16.4	14.8	4.9	8.2	4.9	0.0
30-34 岁	46	2.2	41.3	6.5	8.7	4.3	4.3	10.9	8.7	0.0
35-39 岁	40	0.0	45.0	35.0	5.0	5.0	10.0	12.5	5.0	2.5
40-44 岁	30	0.0	36.7	26.7	10.0	3.3	6.7	13.3	13.3	0.0
45-49 岁	13	7.7	30.8	23.1	7.7	0.0	15.4	15.4	0.0	0.0
50 岁以上	29	0.0	44.8	20.7	3.4	6.9	6.9	6.9	3.4	0.0

● 重庆（Chongqing）

	人数	有名的牌子	价格适中	购买方便	有优惠条件	朋友推荐	味道好闻	去头屑	焗油功能
样本	**594**	**35.0**	**30.5**	**11.4**	**1.9**	**2.0**	**21.4**	**47.5**	**4.7**
男性	**302**	**39.4**	**31.8**	**13.2**	**2.0**	**2.3**	**17.9**	**50.3**	**3.6**
16-19 岁	42	50.0	28.6	7.1	0.0	7.1	28.6	45.2	0.0
20-24 岁	53	41.5	22.6	5.7	0.0	1.9	30.2	54.7	3.8
25-29 岁	43	44.2	32.6	11.6	0.0	2.3	18.6	46.5	9.3
30-34 岁	38	39.5	31.6	26.3	2.6	2.6	2.6	63.2	7.9
35-39 岁	38	36.8	34.2	23.7	2.6	0.0	10.5	42.1	0.0
40-44 岁	29	37.9	37.9	10.3	6.9	3.4	6.9	55.2	6.9
45-49 岁	23	26.1	34.8	8.7	8.7	0.0	21.7	39.1	0.0
50 岁以上	36	30.6	38.9	13.9	0.0	0.0	16.7	52.8	0.0
女性	**292**	**30.5**	**29.1**	**9.6**	**1.7**	**1.7**	**25.0**	**44.5**	**5.8**
16-19 岁	43	18.6	25.6	14.0	0.0	4.7	46.5	41.9	0.0
20-24 岁	53	37.7	18.9	1.9	1.9	0.0	28.3	54.7	7.5
25-29 岁	32	25.0	28.1	6.3	3.1	0.0	21.9	56.3	6.3
30-34 岁	33	33.3	27.3	6.1	0.0	3.0	12.1	45.5	15.2
35-39 岁	35	40.0	25.7	8.6	5.7	0.0	31.4	37.1	5.7
40-44 岁	32	34.4	31.3	6.3	0.0	0.0	25.0	31.3	6.3
45-49 岁	27	22.2	37.0	3.7	0.0	3.7	14.8	48.1	3.7
50 岁以上	37	29.7	45.9	29.7	2.7	2.7	10.8	37.8	2.7

续上表（continued）

	人数	染发功能	柔顺营养	防止脱发	防止分叉	某种发质专用	是天然制品	多效功能	只是由于习惯	其他
样本	**594**	**2.0**	**35.7**	**13.7**	**3.2**	**5.9**	**9.1**	**10.3**	**2.7**	**1.7**
男性	**302**	**3.3**	**32.8**	**12.9**	**2.0**	**3.6**	**6.3**	**11.6**	**2.3**	**2.6**
16-19 岁	42	2.4	38.1	11.9	2.4	4.8	0.0	14.3	2.4	2.4
20-24 岁	53	3.8	49.1	11.3	3.8	3.8	9.4	15.1	1.9	1.9
25-29 岁	43	4.7	25.6	7.0	0.0	2.3	9.3	7.0	0.0	4.7
30-34 岁	38	7.9	36.8	13.2	2.6	0.0	5.3	5.3	2.6	0.0
35-39 岁	38	0.0	23.7	15.8	2.6	7.9	0.0	5.3	0.0	7.9
40-44 岁	29	0.0	13.8	24.1	0.0	0.0	10.3	17.2	10.3	3.4
45-49 岁	23	0.0	43.5	13.0	4.3	0.0	8.7	21.7	0.0	0.0
50 岁以上	36	5.6	25.0	11.1	0.0	8.3	8.3	11.1	2.8	0.0
女性	**292**	**0.7**	**38.7**	**13.7**	**4.5**	**8.2**	**12.0**	**8.9**	**3.1**	**0.7**
16-19 岁	43	0.0	39.5	4.7	11.6	9.3	4.7	11.6	4.7	0.0
20-24 岁	53	1.9	41.5	13.2	7.5	18.9	13.2	5.7	0.0	0.0
25-29 岁	32	3.1	53.1	6.3	6.3	6.3	15.6	9.4	6.3	0.0
30-34 岁	33	0.0	42.4	24.2	0.0	3.0	6.1	12.1	3.0	0.0
35-39 岁	35	0.0	34.3	11.4	2.9	0.0	11.4	14.3	0.0	2.9
40-44 岁	32	0.0	21.9	25.0	3.1	6.3	12.5	3.1	9.4	0.0
45-49 岁	27	0.0	48.1	11.1	0.0	14.8	18.5	7.4	3.7	0.0
50 岁以上	37	0.0	29.7	16.2	0.0	2.7	16.2	8.1	0.0	2.7

2-8 样本总体、男性各年龄层、女性各年龄层的购买地点 / Settings of Purchasing by the Whole Sample, Age and Gender Groups

注：本题为多选题，合计百分比超过 100%（Multiple answers）

● 北京（Beijing）

	人数	地摊	附近小商店	平价/仓储市场	超市	百货公司/购物中心	传销/直销	电话购买	其他
样本	**597**	**0.7**	**24.6**	**42.5**	**36.3**	**50.6**	**0.8**	**0.2**	**2.8**
男性	**296**	**0.7**	**30.1**	**39.5**	**30.7**	**50.7**	**1.0**	**0.3**	**3.0**
16-19 岁	26	0.0	26.9	42.3	34.6	50.0	0.0	0.0	3.8
20-24 岁	36	0.0	30.6	36.1	44.4	30.6	0.0	0.0	2.8
25-29 岁	41	0.0	19.5	41.5	48.8	31.7	0.0	0.0	4.9
30-34 岁	47	2.1	27.7	42.6	27.7	57.4	2.1	2.1	2.1
35-39 岁	43	0.0	32.6	34.9	27.9	62.8	2.3	0.0	4.7
40-44 岁	41	2.4	31.7	36.6	14.6	56.1	0.0	0.0	2.4
45-49 岁	23	0.0	34.8	34.8	34.8	52.2	0.0	0.0	4.3
50 岁以上	39	0.0	38.5	46.2	17.9	61.5	2.6	0.0	0.0
女性	**301**	**0.7**	**19.3**	**45.5**	**41.9**	**50.5**	**0.7**	**0.0**	**2.7**
16-19 岁	23	0.0	0.0	39.1	73.9	43.5	0.0	0.0	4.3
20-24 岁	35	2.9	14.3	40.0	60.0	51.4	0.0	0.0	0.0
25-29 岁	35	0.0	14.3	57.1	48.6	40.0	5.7	0.0	2.9
30-34 岁	49	0.0	16.3	40.8	42.9	65.3	0.0	0.0	0.0
35-39 岁	45	0.0	24.4	51.1	35.6	44.4	0.0	0.0	4.4
40-44 岁	40	0.0	22.5	45.0	40.0	50.0	0.0	0.0	2.5
45-49 岁	26	3.8	19.2	46.2	23.1	57.7	0.0	0.0	3.8
50 岁以上	48	0.0	31.3	43.8	25.0	47.9	0.0	0.0	4.2

● 上海（Shanghai）

	人数	地摊	附近小商店	平价/仓储市场	超市	百货公司/购物中心	传销/直销	电话购买	其他
样本	**597**	**0.8**	**27.1**	**7.7**	**75.4**	**37.0**	**1.0**	**0.2**	**1.2**
男性	**306**	**1.3**	**32.7**	**9.5**	**71.6**	**33.3**	**1.3**	**0.0**	**1.0**
16-19 岁	22	0.0	31.8	9.1	81.8	36.4	0.0	0.0	0.0
20-24 岁	34	0.0	26.5	5.9	73.5	29.4	0.0	0.0	5.9
25-29 岁	42	0.0	21.4	4.8	69.0	42.9	0.0	0.0	2.4
30-34 岁	56	1.8	32.1	10.7	73.2	28.6	1.8	0.0	0.0
35-39 岁	51	2.0	39.2	11.8	74.5	27.5	0.0	0.0	0.0
40-44 岁	30	6.7	36.7	13.3	60.0	36.7	3.3	0.0	0.0
45-49 岁	26	0.0	46.2	7.7	96.2	3.8	0.0	0.0	0.0
50 岁以上	45	0.0	31.1	11.1	55.6	53.3	4.4	0.0	0.0
女性	**291**	**0.3**	**21.3**	**5.8**	**79.4**	**40.9**	**0.7**	**0.3**	**1.4**
16-19 岁	24	0.0	16.7	0.0	83.3	37.5	0.0	0.0	0.0
20-24 岁	32	0.0	15.6	3.1	90.6	50.0	3.1	0.0	0.0
25-29 岁	37	0.0	16.2	0.0	94.6	37.8	2.7	2.7	0.0
30-34 岁	49	2.0	26.5	12.2	65.3	40.8	0.0	0.0	2.0
35-39 岁	44	0.0	11.4	2.3	88.6	52.3	0.0	0.0	2.3
40-44 岁	34	0.0	23.5	11.8	70.6	38.2	0.0	0.0	2.9
45-49 岁	23	0.0	26.1	8.7	82.6	39.1	0.0	0.0	0.0
50 岁以上	48	0.0	31.3	6.3	68.8	31.3	0.0	0.0	2.1

● 广州（Guangzhou）

	人数	地摊	附近小商店	平价/仓储市场	超市	百货公司/购物中心	传销/直销	电话购买	其他
样本	**588**	**0.5**	**18.9**	**10.5**	**43.5**	**73.1**	**2.4**	**0.2**	**1.2**
男性	**274**	**0.4**	**24.5**	**10.6**	**39.4**	**69.3**	**2.6**	**0.0**	**1.1**
16-19 岁	30	0.0	13.3	10.0	43.3	86.7	3.3	0.0	0.0
20-24 岁	35	0.0	28.6	5.7	45.7	68.6	0.0	0.0	2.9
25-29 岁	34	0.0	41.2	8.8	44.1	61.8	2.9	0.0	0.0
30-34 岁	34	0.0	23.5	11.8	38.2	67.6	2.9	0.0	0.0
35-39 岁	39	0.0	30.8	10.3	30.8	71.8	5.1	0.0	0.0
40-44 岁	38	2.6	15.8	13.2	42.1	68.4	0.0	0.0	0.0
45-49 岁	24	0.0	16.7	16.7	45.8	62.5	4.2	0.0	0.0
50 岁以上	40	0.0	22.5	10.0	30.0	67.5	2.5	0.0	5.0
女性	**314**	**0.6**	**14.0**	**10.5**	**47.1**	**76.4**	**2.2**	**0.3**	**1.3**
16-19 岁	50	0.0	10.0	10.0	56.0	74.0	2.0	0.0	0.0
20-24 岁	45	0.0	4.4	11.1	62.2	71.1	4.4	2.2	0.0
25-29 岁	62	1.6	16.1	11.3	62.9	77.4	0.0	0.0	1.6
30-34 岁	45	2.2	20.0	11.1	35.6	73.3	2.2	0.0	2.2
35-39 岁	41	0.0	17.1	9.8	36.6	73.2	4.9	0.0	4.9
40-44 岁	30	0.0	6.7	6.7	30.0	93.3	0.0	0.0	0.0
45-49 岁	13	0.0	30.8	7.7	30.8	69.2	0.0	0.0	0.0
50 岁以上	28	0.0	17.9	14.3	32.1	82.1	3.6	0.0	0.0

● 重庆（Chongqing）

	人数	地摊	附近小商店	平价/仓储市场	超市	百货公司/购物中心	传销/直销	电话购买	其他
样本	**594**	**0.3**	**34.2**	**12.3**	**21.2**	**68.4**	**2.0**	**0.0**	**2.7**
男性	**303**	**0.7**	**39.9**	**11.9**	**21.1**	**64.7**	**3.0**	**0.0**	**2.6**
16-19 岁	43	0.0	41.9	7.0	18.6	69.8	2.3	0.0	4.7
20-24 岁	53	0.0	24.5	13.2	22.6	66.0	5.7	0.0	5.7
25-29 岁	43	2.3	39.5	14.0	37.2	65.1	2.3	0.0	2.3
30-34 岁	38	0.0	55.3	7.9	21.1	65.8	2.6	0.0	0.0
35-39 岁	38	2.6	44.7	15.8	21.1	44.7	2.6	0.0	5.3
40-44 岁	29	0.0	41.4	10.3	20.7	65.5	0.0	0.0	0.0
45-49 岁	23	0.0	39.1	8.7	4.3	82.6	4.3	0.0	0.0
50 岁以上	36	0.0	38.9	16.7	13.9	63.9	2.8	0.0	0.0
女性	**291**	**0.0**	**28.2**	**12.7**	**21.3**	**72.2**	**1.0**	**0.0**	**2.7**
16-19 岁	42	0.0	33.3	7.1	21.4	76.2	2.4	0.0	0.0
20-24 岁	53	0.0	20.8	11.3	39.6	84.9	0.0	0.0	0.0
25-29 岁	32	0.0	18.8	15.6	28.1	75.0	0.0	0.0	0.0
30-34 岁	33	0.0	30.3	15.2	21.2	69.7	0.0	0.0	3.0
35-39 岁	35	0.0	31.4	11.4	14.3	65.7	0.0	0.0	5.7
40-44 岁	32	0.0	28.1	12.5	25.0	65.6	3.1	0.0	3.1
45-49 岁	27	0.0	22.2	14.8	3.7	63.0	3.7	0.0	4.8
50 岁以上	37	0.0	40.5	16.2	5.4	67.6	0.0	0.0	0.0

2-9 家庭所使用该类商品的主要类型 / Types of the Products Used in the Household

注：本题为多选题，合计百分比超过 100%（Multiple answers）

● 北京（Beijing）

使用类型	人次	百分比
洗发膏	43	7.2
洗发精	138	23.1
洗发护发香波	531	88.9
香皂	88	14.7
其他	2	0.3

n=597

● 上海（Shanghai）

使用类型	人次	百分比
洗发膏	133	22.3
洗发精	173	29.0
洗发护发香波	404	67.8
香皂	105	17.6
其他	4	0.7

n=596

● 广州（Guangzhou）

使用类型	人次	百分比
洗发膏	48	8.1
洗发精	286	48.4
洗发护发香波	387	65.5
香皂	66	11.2
其他	7	1.2

n=591

● 重庆（Chongqing）

使用类型	人次	百分比
洗发膏	66	11.1
洗发精	128	21.5
洗发护发香波	475	80.0
香皂	70	11.8
其他	1	0.2

n=594

2-10 家中该类商品主要来源 / Sources of Obtaining the Products

● 北京（Beijing）

	人数	百分比
自家购买	459	76.9
单位发的	132	22.1
别人送的	6	1.0

n=597

● 上海（Shanghai）

	人数	百分比
自家购买	553	92.9
单位发的	38	6.4
别人送的	4	0.7

n=595

● 广州（Guangzhou）

	人数	百分比
自家购买	565	95.4
单位发的	23	3.9
别人送的	3	0.5
其他	1	0.2

n=592

● 重庆（Chongqing）

	人数	百分比
自家购买	569	95.8
单位发的	24	4.0
别人送的	1	0.2

n=594

2-11 北京不同消费群的最常用品牌 / The Most Frequently Used Brands by Beijing Market Segments

	人数	第一品牌及百分比	第二品牌及百分比	第三品牌及百分比
样本	**595**	**飘柔 40.5**	**力士 15.0**	**潘婷 10.6**
第一消费群	135	飘柔 43.0	力士 20.0	潘婷 9.6
第二消费群	94	飘柔 46.8	力士 11.7	潘婷 10.6
第三消费群	111	飘柔 39.6	潘婷 11.7	力士 10.8
第四消费群	5	飘柔 20.0 潘婷 20.0 诗芬 20.0 棕榄 20.0 威娜宝 20.0		
第五消费群	130	飘柔 36.9	潘婷 12.3 力士 12.3	
第六消费群	120	飘柔 38.3	力士 19.2	威娜宝 10.0

注：北京消费群的代表特征 / Characteristics of the Beijing Market Segments

		第一消费群	第二消费群	第三消费群	第四消费群	第五消费群	第六消费群
基本情况	性别	女	男	无明显偏向	男	无明显偏向	女
	年龄	30 — 34 岁	25 — 29 岁	35 — 44 岁	无明显偏向	16 — 24 岁	45 岁以上
	学历	大专/大本	大本	初中	大本及研究生	高中/中专/技校	初中及以下
	职业	科教卫生人员	一般企业职员	工人	管理人员/专门职业从事者/个体及私营企业主	学生	离退休人员
	月均收入	801 — 1500 元	1501 — 4000 元	800 元以下	4000 元以上	无收入	800 元以下
	婚姻	已婚	无明显偏向	已婚	已婚或离异	未婚	已婚
心理取向		注重学历 非积极进取	不循规传统 非单一电视娱乐	非田园倾向 新女性主张 金钱本位	注重经验 大男子主义 不保守稳定	非“大男子主义” 追随流行	非“新女性主张” 非浪漫新潮 单一电视娱乐

2-12 上海不同消费群的最常用品牌 / The Most Frequently Used Brands by Shanghai Market Segments

	人数	第一品牌及百分比	第二品牌及百分比	第三品牌及百分比
样本	**591**	**飘柔 52.8**	**力士 15.2**	**诗芬 9.0**
第一消费群	145	飘柔 57.9	力士 11.0	诗芬 10.3
第二消费群	92	飘柔 54.3	力士 13.0	诗芬 8.7 潘婷 8.7
第三消费群	10	飘柔 60.0	飞逸 20.0	
第四消费群	130	飘柔 50.8	力士 18.5	诗芬 10.0
第五消费群	67	飘柔 46.3	力士 13.4	诗芬 10.4
第六消费群	147	飘柔 51.0	力士 19.7	潘婷 7.5

注：上海消费群的代表特征 / Characteristics of the Shanghai Market Segments

		第一消费群	第二消费群	第三消费群	第四消费群	第五消费群	第六消费群
基本情况	性别	无明显偏向	男	男	女	女	无明显偏向
	年龄	45 岁以上	20 — 29 岁	25 — 34 岁	35 — 44 岁	16 — 24 岁	30 — 39 岁
	学历	大本及以上	大专/大本	大专	初中及以下	高中/中专/技校	高中/中专/技校
	职业	科教卫生人员/离退休人员	一般企业职员	行政管理人员/个体及私营企业主/专门职业从事者	工人/下岗人员	学生	一般企业职员
	月均收入	801 — 1500 元	1001 — 3000 元	3000 元以上	800 元以下	无收入	1001 — 2000 元
	婚姻	已婚	未婚	未婚	已婚	未婚	已婚
心理取向		非浪漫时尚 非金钱本位 保守稳定	非家庭重心 田园倾向 休闲独立	不保守稳定 奔波忙碌 浪漫时尚	金钱本位 家庭重心 注重学历	新家庭观念 非休闲独立	不积极进取 不奔波忙碌

2-13 广州不同消费群的最常用品牌 / The Most Frequently Used Brands by Guangzhou Market Segments

	人数	第一品牌及百分比	第二品牌及百分比	第三品牌及百分比
样本	**585**	**飘柔 39.2**	**潘婷 8.3**	**诗芬 8.2**
第一消费群	94	飘柔 41.5	潘婷 14.9	诗芬 9.6
第二消费群	120	飘柔 40.0	美力 10.8	海飞丝 9.2
第三消费群	98	飘柔 35.7	潘婷 8.2 奥妮 8.2	诗芬 7.1 飞逸 7.1
第四消费群	97	飘柔 45.4	诗芬 8.2	海飞丝 6.2
第五消费群	97	飘柔 41.2	奥妮 8.2	诗芬 7.2
第六消费群	79	飘柔 36.7	海飞丝 10.1	潘婷 8.9

注：广州消费群的代表特征 / Characteristics of the Guangzhou Market Segments

		第一消费群	第二消费群	第三消费群	第四消费群	第五消费群	第六消费群
基本情况	性别	女	无明显偏向	女	男	女	男
	年龄	16 — 19 岁	40 岁以上	20 — 24 岁	35 — 44 岁	30 — 34 岁	25 — 29 岁
	学历	高中/中专/技校	无明显偏向	高中/中专/技校/大专	初中/高中/中专/技校	初中及以下	大专及以上
	职业	学生	工人	学生/待业人员	个体及私营企业主	家庭主妇	企业职员/管理人员/科教卫生人员/专门职业者
	月均收入	无收入	1500 元以下	无收入	801 — 1500 元	800 元以下	2000 元以上
	婚姻	未婚	已婚	未婚	已婚	已婚	无明显偏向
心理取向		不固守中式生活 田园倾向 非大男子主义	非新女性主张 不追随流行 非积极进取	独立自主 追随流行	积极进取 大男子主义 中式生活	单一电视娱乐 非独立自主 保守稳定	非单一电视娱乐 非家庭重心

2-14 重庆不同消费群的最常用品牌 / The Most Frequently Used Brands by Chongqing Market Segments

	人数	第一品牌及百分比	第二品牌及百分比	第三品牌及百分比
样本	**592**	**飘柔 31.9**	**海飞丝 12.8**	**力士 12.7**
第一消费群	133	飘柔 29.3	海飞丝 15.8	力士 14.3
第二消费群	118	飘柔 39.8	海飞丝 11.0 力士 11.0	
第三消费群	124	飘柔 32.3	海飞丝 18.5	力士 13.7
第四消费群	24	飘柔 20.8 潘婷 20.8	雨水 12.5	海飞丝 8.3 奥妮 8.3 蒙丽珠 8.3
第五消费群	159	飘柔 29.6	力士 14.5	力士 10.1
第六消费群	34	飘柔 32.4	力士 29.4	海飞丝 11.8

注：重庆消费群的代表特征 / Characteristics of the Chongqing Market Segments

		第一消费群	第二消费群	第三消费群	第四消费群	第五消费群	第六消费群
基本情况	性别	无明显偏向	无明显偏向	无明显偏向	无明显偏向	无明显偏向	女
	年龄	16 — 19 岁	45 岁以上	20 — 29 岁	30 — 34 岁	40 岁以上	25 — 29 岁
	学历	高中/中专/技校	高中/中专/技校	大专/大本	高中/中专/技校/大本以上	初中及以下	初中
	职业	学生	行政管理人员/离退休人员	科教卫生人员/一般企业职员	个体及私营企业主	工人	专门职业从事者下岗及其他
	月均收入	无收入	501 — 800 元	801 — 1500 元	1500 元以上	500 元以下	1001 — 1500 元
	婚姻	未婚	已婚	无明显偏向	已婚	已婚	已婚或离异
心理取向		浪漫新潮 注重学历 非现实家庭观	循规传统 奔波忙碌 保守稳定	新女性主张 非功利心态	功利心态 现实家庭观 都市情结	非浪漫新潮 非独立休闲	非新女性主张 不循规传统 独立休闲

3 香皂 / Perfumed Soap

3-1 最常用品牌排名 / Ranking of the Most Frequently Used Brands

● 北京（Beijing）

排名	品牌		人数	百分比
1	舒肤佳	Safeguard	343	57.6
2	力士	Lux	209	35.1
3	梦幻	Mely	10	1.7
4	花	Fa	9	1.5
5	夏士莲	Hazeline	5	0.8
6	卫宝	Lifebuoy	2	0.3
6	上海檀香皂	Shanghai Wood soap	2	0.3
6	强生	J & J	2	0.3

n=596

● 上海（Shanghai）

排名	品牌		人数	百分比
1	力士	Lux	286	48.0
2	舒肤佳	Safeguard	145	24.3
3	白丽	Baili	73	12.2
4	夏士莲	Hazeline	32	5.4
5	裕华	Yuhua	15	2.5
6	卫宝	Lifebuoy	9	1.5
7	花	Fa	4	0.7
7	爵士	Zest	4	0.7

n=596

● 广州（Guangzhou）

排名	品牌		人数	百分比
1	力士	Lux	240	42.1
2	舒肤佳	Safeguard	211	37.0
3	花王	Kao	20	3.5
4	加信士	Cussons	16	2.8
5	天丽	Tianli	15	2.6
6	爵士	Zest	13	2.3
7	夏士莲	Hazeline	12	2.1
8	皇室	Imperal	8	1.4
9	棕榄	Palmolive	6	1.1

n=570

● 重庆（Chongqing）

排名	品牌		人数	百分比
1	力士	Lux	228	38.2
2	舒肤佳	Safeguard	224	37.5
3	花粉	Huafen	56	9.4
4	蜀秀	Shuxiu	25	4.2
5	夏士莲	Hazeline	18	3.0
6	蜂花	Bee&Flower	7	1.2
7	黄桷楠	Huangjuenan	3	0.5
7	花王	Kao	3	0.5

n=597

3-2 理想品牌排名 / Ranking of the Ideal Brands

● 北京（Beijing）

排名	品	牌	人数	百分比
1	舒肤佳	Safeguard	312	52.0
2	力士	Lux	204	34.0
3	花	Fa	12	2.0
4	夏士莲	Hazeline	10	1.7
4	梦幻	Mely	10	1.7
6	爵士	Zest	5	0.8
7	花王	Kao	3	0.5
7	卫宝	Life buoy	3	0.5

n=600

● 上海（Shanghai）

排名	品	牌	人数	百分比
1	力士	Lux	301	50.2
2	舒肤佳	Safeguard	158	26.3
3	白丽	Baili	51	8.5
4	夏士莲	Hazeline	40	6.7
5	卫宝	Life buoy	7	1.2
5	多芬	Dove	7	1.2
5	裕华	Yuhua	7	1.2
8	花	Fa	6	1.0

n=600

● 广州（Guangzhou）

排名	品	牌	人数	百分比
1	力士	Lux	222	37.0
2	舒肤佳	Safeguard	199	33.2
3	花王	Kao	26	4.3
4	夏士莲	Hazeline	19	3.2
5	爵士	Zest	16	2.7
6	加信士	Cussons	15	2.5
7	花	Fa	8	1.3
7	棕榄	Palmolive	8	1.3

n=600

● 重庆（Chongqing）

排名	品	牌	人数	百分比
1	力士	Lux	242	40.3
2	舒肤佳	Safeguard	230	38.3
3	夏士莲	Hazeline	31	5.2
4	花粉	Huafen	27	4.5
5	蜀秀	Shuxiu	16	2.7
6	蜂花	Bee&Flower	5	0.8
7	黄桷楠	Huangjuenan	4	0.7
7	花王	Kao	4	0.7

n=600

3-3 样本总体、男性各年龄层、女性各年龄层的理想品牌 / The Ideal Brands by the Whole Sample, Age and Gender Groups

● 北京（Beijing）

	人数	第一品牌及百分比	第二品牌及百分比	第三品牌及百分比
样本	**600**	**舒肤佳 52.0**	**力士 34.0**	**花 2.0**
男性	**298**	**舒肤佳 47.7**	**力士 38.9**	**梦幻 1.7**
16-19岁	26	舒肤佳 65.4	力士 23.1	
20-24岁	36	力士 44.4	舒肤佳 41.7	
25-29岁	41	舒肤佳 56.1	力士 36.6	
30-34岁	47	舒肤佳 59.6	力士 34.0	
35-39岁	43	力士 46.5	舒肤佳 37.2	
40-44岁	42	力士 45.2	舒肤佳 40.5	梦幻 7.1
45-49岁	24	舒肤佳 41.7	力士 33.3	
50岁以上	39	舒肤佳 41.0 力士 41.0	上海檀香皂 5.1	
女性	**302**	**舒肤佳 56.3**	**力士 29.1**	**花 2.6**
16-19岁	23	舒肤佳 60.9	力士 30.4	
20-24岁	35	舒肤佳 60.0	力士 28.6	
25-29岁	36	舒肤佳 58.3	力士 16.7	爵士 5.6 夏士莲 5.6
30-34岁	49	舒肤佳 51.0	力士 34.7	
35-39岁	45	舒肤佳 68.9	力士 22.2	花 4.4
40-44岁	40	舒肤佳 47.5	力士 37.5	梦幻 5.0
45-49岁	26	舒肤佳 61.5	力士 23.1	
50岁以上	48	舒肤佳 47.9	力士 35.4	夏士莲 6.3

● 上海（Shanghai）

	人数	第一品牌及百分比	第二品牌及百分比	第三品牌及百分比
样本	**600**	**力士 50.2**	**舒肤佳 26.3**	**白丽 8.5**
男性	**307**	**力士 54.7**	**舒肤佳 21.2**	**白丽 9.8**
16-19岁	22	力士 40.9	舒肤佳 31.8	白丽 18.2
20-24岁	34	力士 50.0	舒肤佳 29.4	卫宝 5.9 夏士莲 5.9
25-29岁	42	力士 54.8	舒肤佳 26.2	夏士莲 4.8
30-34岁	56	力士 58.9	舒肤佳 16.1	夏士莲 8.9
35-39岁	51	力士 60.8	舒肤佳 15.7	白丽 13.7
40-44岁	31	力士 54.8	舒肤佳 25.8	白丽 12.9
45-49岁	26	力士 38.5	舒肤佳 23.1	白丽 11.5
50岁以上	45	力士 62.2	白丽 15.6	舒肤佳 13.3
女性	**293**	**力士 45.4**	**舒肤佳 31.7**	**夏士莲 8.2**
16-19岁	24	力士 41.7	舒肤佳 33.3	白丽 12.5
20-24岁	32	舒肤佳 34.4	力士 28.1	夏士莲 12.5
25-29岁	37	力士 43.2	舒肤佳 32.4	夏士莲 13.5
30-34岁	50	力士 44.0	舒肤佳 36.0	夏士莲 8.0 白丽 8.0
35-39岁	44	力士 43.2	舒肤佳 38.6	夏士莲 9.1
40-44岁	35	力士 62.9	舒肤佳 25.7	夏士莲 8.6
45-49岁	23	力士 43.5	舒肤佳 34.8	白丽 17.4
50岁以上	48	力士 52.1	舒肤佳 20.8	白丽 10.4

● 广州（Guangzhou）

	人数	第一品牌及百分比	第二品牌及百分比	第三品牌及百分比
样本	**600**	**力士 37.0**	**舒肤佳 33.2**	**花王 4.3**
男性	**282**	**力士 41.1**	**舒肤佳 33.7**	**花王 3.2 夏士莲 3.2**
16-19 岁	30	舒肤佳 43.3	力士 26.7	花王 6.7
20-24 岁	36	舒肤佳 44.4	力士 41.7	花王 5.6
25-29 岁	35	力士 45.7	舒肤佳 40.0	夏士莲 5.7
30-34 岁	34	力士 52.9	舒肤佳 17.6	加信士 5.9
35-39 岁	40	舒肤佳 35.0	力士 32.5	夏士莲 7.5
40-44 岁	41	力士 43.9	舒肤佳 29.3	夏士莲 4.9 加信士 4.9
45-49 岁	26	力士 42.3	舒肤佳 26.9	
50 岁以上	40	力士 42.5	舒肤佳 32.5	
女性	**318**	**力士 33.3**	**舒肤佳 32.7**	**花王 5.3**
16-19 岁	50	舒肤佳 30.0	力士 28.0	花王 12.0
20-24 岁	46	力士 34.8	舒肤佳 30.4	爵士 10.9
25-29 岁	63	力士 44.4	舒肤佳 25.4	电车 7.9
30-34 岁	46	力士 37.5	舒肤佳 32.6	
35-39 岁	41	舒肤佳 41.5	力士 17.1	棕榄 7.3
40-44 岁	30	舒肤佳 50.0	力士 30.0	天丽 6.7
45-49 岁	13	力士 53.8	舒肤佳 30.8	
50 岁以上	29	舒肤佳 27.6 力士 27.6	花王 6.9	

● 重庆(Chongqing)

	人数	第一品牌及百分比	第二品牌及百分比	第三品牌及百分比
样本	**600**	**力士 40.3**	**舒肤佳 38.3**	**夏士莲 5.2**
男性	**308**	**力士 40.3**	**舒肤佳 38.0**	**夏士莲 4.2**
16-19 岁	43	舒肤佳 47.2	力士 37.2	夏士莲 7.0
20-24 岁	53	舒肤佳 47.2	力士 39.6	花粉 5.7
25-29 岁	43	力士 44.2	舒肤佳 41.9	夏士莲 7.0
30-34 岁	38	力士 47.4	舒肤佳 39.5	花粉 5.3
35-39 岁	39	力士 48.7	舒肤佳 38.5	花粉 5.1
40-44 岁	30	舒肤佳 36.7	力士 30.0	花粉 6.7 蜀秀 6.7
45-49 岁	25	力士 52.0	舒肤佳 24.0	夏士莲 4.0 硫磺 4.0 黄桷楠 4.0
50 岁以上	37	力士 43.2	舒肤佳 27.0	蜀秀 8.1
女性	**292**	**力士 38.7**	**舒肤佳 38.0**	**夏士莲 6.2 莲花粉 6.2**
16-19 岁	43	舒肤佳 46.5	力士 39.5	夏士莲 4.7
20-24 岁	53	舒肤佳 52.8	力士 32.1	夏士莲 3.8
25-29 岁	32	舒肤佳 40.6	力士 34.4	夏士莲 9.4 花粉 9.4
30-34 岁	33	舒肤佳 42.4	力士 39.4	蜀秀 9.1
35-39 岁	35	舒肤佳 31.4	力士 28.6	花粉 14.3
40-44 岁	32	舒肤佳 40.6 力士 40.6	夏士莲 3.1 莲花粉 3.1	
45-49 岁	27	力士 33.3	舒肤佳 29.6	夏士莲 18.5
50 岁以上	37	力士 56.8	舒肤佳 16.2	花粉 13.5

3-4 样本总体、男性各年龄层、女性各年龄层的使用方式 / Ways of Using the Products by the Whole Sample, Age and Gender Groups

● 北京（Beijing）

	人数	个人专用	全家共用
样本	**594**	**10.9**	**89.1**
男性	**297**	**11.1**	**88.9**
16-19 岁	26	15.4	84.6
20-24 岁	36	22.2	77.8
25-29 岁	41	19.5	80.5
30-34 岁	47	8.5	91.5
35-39 岁	43	2.3	97.7
40-44 岁	42	9.5	90.5
45-49 岁	23	8.7	91.3
50 岁以上	39	5.1	94.9
女性	**297**	**10.8**	**89.2**
16-19 岁	22	13.6	86.4
20-24 岁	35	31.4	68.6
25-29 岁	36	16.7	83.3
30-34 岁	48	6.3	93.8
35-39 岁	44	4.5	95.5
40-44 岁	39	0.0	100.0
45-49 岁	26	7.7	92.3
50 岁以上	47	10.6	89.4

● 上海（Shanghai）

	人数	个人专用	全家共用
样本	**590**	**16.9**	**83.1**
男性	**302**	**17.5**	**82.5**
16-19 岁	22	27.3	72.7
20-24 岁	33	21.2	78.8
25-29 岁	42	23.8	76.2
30-34 岁	54	22.2	77.8
35-39 岁	51	19.6	80.4
40-44 岁	31	12.9	87.1
45-49 岁	25	4.0	96.0
50 岁以上	44	6.8	93.2
女性	**288**	**16.3**	**83.7**
16-19 岁	24	25.0	75.0
20-24 岁	31	25.8	74.2
25-29 岁	36	11.1	88.9
30-34 岁	49	22.4	77.6
35-39 岁	44	13.6	86.4
40-44 岁	35	5.7	94.3
45-49 岁	23	13.0	87.0
50 岁以上	46	15.2	84.8

● 广州（Guangzhou）

	人数	个人专用	全家共用
样本	**570**	**38.6**	**61.4**
男性	**270**	**39.6**	**60.4**
16-19 岁	29	51.7	48.3
20-24 岁	33	45.5	54.5
25-29 岁	33	45.5	54.5
30-34 岁	34	41.2	58.8
35-39 岁	38	44.7	55.3
40-44 岁	39	33.3	66.7
45-49 岁	25	32.0	68.0
50 岁以上	39	25.6	74.4
女性	**300**	**37.7**	**62.3**
16-19 岁	50	38.0	62.0
20-24 岁	45	46.7	53.3
25-29 岁	59	42.4	57.6
30-34 岁	42	35.7	64.3
35-39 岁	35	28.6	71.4
40-44 岁	30	33.3	66.7
45-49 岁	13	38.5	61.5
50 岁以上	26	30.8	69.2

● 重庆（Chongqing）

	人数	个人专用	全家共用
样本	**599**	**11.2**	**88.8**
男性	**307**	**12.7**	**87.3**
16-19 岁	43	2.3	97.7
20-24 岁	53	22.6	77.4
25-29 岁	43	23.3	76.7
30-34 岁	38	10.5	89.5
35-39 岁	38	7.9	92.1
40-44 岁	30	10.0	90.0
45-49 岁	25	8.0	92.0
50 岁以上	27	10.8	89.2
女性	**292**	**9.6**	**90.4**
16-19 岁	43	14.0	86.0
20-24 岁	53	15.1	84.9
25-29 岁	32	9.4	90.6
30-34 岁	33	9.1	90.9
35-39 岁	35	2.9	97.1
40-44 岁	32	6.3	93.8
45-49 岁	27	0.0	100.0
50 岁以上	37	13.5	86.5

3-5 样本总体、男性各年龄层、女性各年龄层的使用习惯 / Brand Habit in Using the Products by the Whole Sample, Age and Gender Groups

注：1=平时固定使用一个牌子，从不更改（Used in only one brand）
2=比较固定的用一两个牌子，有时会换一下（Used in one or two brands）
3=基本上没有固定，随机购买（No brand preference）

● 北京（Beijing）

	人数	1	2	3
样本	**597**	**21.6**	**69.5**	**8.9**
男性	**297**	**23.2**	**66.3**	**10.4**
16-19 岁	26	30.8	61.5	7.7
20-24 岁	36	27.8	55.6	16.7
25-29 岁	41	24.4	68.3	7.3
30-34 岁	47	34.0	57.4	8.5
35-39 岁	43	18.6	67.4	14.0
40-44 岁	42	9.5	81.0	9.5
45-49 岁	23	13.0	78.3	8.7
50 岁以上	39	25.6	64.1	10.3
女性	**300**	**20.0**	**72.7**	**7.3**
16-19 岁	23	17.4	82.6	0.0
20-24 岁	34	8.8	76.5	14.7
25-29 岁	36	16.7	77.8	5.6
30-34 岁	49	22.4	73.5	4.1
35-39 岁	45	17.8	75.6	6.7
40-44 岁	40	25.0	65.0	10.0
45-49 岁	26	19.2	65.4	15.4
50 岁以上	47	27.7	68.1	4.3

● 上海（Shanghai）

	人数	1	2	3
样本	**597**	**23.1**	**66.5**	**10.4**
男性	**305**	**27.2**	**61.6**	**11.1**
16-19 岁	21	23.8	57.1	19.0
20-24 岁	34	35.3	47.1	17.6
25-29 岁	42	16.7	73.8	9.5
30-34 岁	56	33.9	58.9	7.1
35-39 岁	51	29.4	60.8	9.8
40-44 岁	31	25.8	67.7	6.5
45-49 岁	25	32.0	60.0	8.0
50 岁以上	45	20.0	64.4	15.6
女性	**292**	**18.8**	**71.6**	**9.6**
16-19 岁	24	20.8	66.7	12.5
20-24 岁	32	9.4	68.8	21.9
25-29 岁	37	10.8	75.7	13.5
30-34 岁	50	22.0	74.0	4.0
35-39 岁	44	18.2	79.5	2.3
40-44 岁	34	26.5	64.7	8.8
45-49 岁	23	13.0	78.3	8.7
50 岁以上	48	25.0	64.6	10.4

● 广州（Guangzhou）

	人数	1	2	3
样本	**572**	**22.0**	**58.7**	**19.2**
男性	**271**	**22.9**	**60.1**	**17.0**
16-19 岁	28	25.0	64.3	10.7
20-24 岁	35	20.0	62.9	17.1
25-29 岁	34	29.4	58.8	11.8
30-34 岁	34	17.6	61.8	20.6
35-39 岁	39	20.5	53.8	25.6
40-44 岁	39	30.8	56.4	12.8
45-49 岁	24	8.3	66.7	25.0
50 岁以上	38	26.3	60.5	13.2
女性	**301**	**21.3**	**57.5**	**21.3**
16-19 岁	50	28.0	44.0	28.0
20-24 岁	44	18.2	52.3	29.5
25-29 岁	58	8.6	72.4	19.0
30-34 岁	43	32.6	58.1	9.3
35-39 岁	36	25.0	50.0	25.0
40-44 岁	30	16.7	60.0	23.3
45-49 岁	13	30.8	61.5	7.7
50 岁以上	27	18.5	63.0	18.5

● 重庆（Chongqing）

	人数	1	2	3
样本	**598**	**16.9**	**68.6**	**14.5**
男性	**307**	**18.6**	**67.4**	**14.0**
16-19 岁	42	14.3	73.8	11.9
20-24 岁	53	15.1	71.7	13.2
25-29 岁	43	25.6	53.5	20.9
30-34 岁	38	13.2	76.3	10.5
35-39 岁	39	20.5	66.7	12.8
40-44 岁	30	16.7	66.7	16.7
45-49 岁	25	16.0	68.0	16.0
50 岁以上	37	27.0	62.2	10.8
女性	**291**	**15.1**	**69.8**	**15.1**
16-19 岁	43	11.6	69.8	18.6
20-24 岁	53	9.4	75.5	15.1
25-29 岁	32	15.6	62.5	21.9
30-34 岁	33	12.1	78.8	9.1
35-39 岁	34	17.6	73.5	8.8
40-44 岁	32	25.0	56.3	18.8
45-49 岁	27	29.6	55.6	14.8
50 岁以上	37	8.1	78.4	13.5

3-6 样本总体、男性各年龄层、女性各年龄层是否是主要购买者 / Purchasers in the Household by the Whole Sample, Age and Gender Groups

● 北京（Beijing）

	人数	是购买者	不是购买者
样本	**463**	**61.3**	**38.7**
男性	**237**	**40.5**	**59.5**
16-19 岁	21	19.0	81.0
20-24 岁	31	41.9	58.1
25-29 岁	32	46.9	53.1
30-34 岁	29	51.7	48.3
35-39 岁	37	21.6	78.4
40-44 岁	32	43.8	56.3
45-49 岁	19	42.1	57.9
50 岁以上	36	52.8	47.2
女性	**226**	**83.2**	**16.8**
16-19 岁	15	33.3	66.7
20-24 岁	30	73.3	26.7
25-29 岁	25	76.0	24.0
30-34 岁	34	82.4	17.6
35-39 岁	31	93.5	6.5
40-44 岁	29	93.1	6.9
45-49 岁	22	95.5	4.5
50 岁以上	40	92.5	7.5

● 上海（Shanghai）

	人数	是购买者	不是购买者
样本	**511**	**66.5**	**33.5**
男性	**265**	**50.6**	**49.4**
16-19 岁	16	31.3	68.8
20-24 岁	29	34.5	65.5
25-29 岁	33	42.4	57.6
30-34 岁	49	57.1	42.9
35-39 岁	48	54.2	45.8
40-44 岁	30	56.7	43.3
45-49 岁	21	52.4	47.6
50 岁以上	29	59.0	41.0
女性	**246**	**83.7**	**16.3**
16-19 岁	19	42.1	57.9
20-24 岁	24	58.3	41.7
25-29 岁	31	80.6	19.4
30-34 岁	40	97.5	2.5
35-39 岁	38	94.7	5.3
40-44 岁	32	96.9	3.1
45-49 岁	18	88.9	11.1
50 岁以上	44	84.1	15.9

● 广州（Guangzhou）

	人数	是购买者	不是购买者
样本	**542**	**62.2**	**37.8**
男性	**255**	**51.8**	**48.2**
16-19 岁	24	37.5	62.5
20-24 岁	34	26.5	73.5
25-29 岁	33	48.5	51.5
30-34 岁	30	56.7	43.3
35-39 岁	35	68.6	31.4
40-44 岁	39	56.4	43.6
45-49 岁	24	58.3	41.7
50 岁以上	36	58.3	41.7
女性	**287**	**71.4**	**28.6**
16-19 岁	46	26.1	73.9
20-24 岁	42	54.8	45.2
25-29 岁	57	73.7	26.3
30-34 岁	42	85.7	14.3
35-39 岁	34	97.1	2.9
40-44 岁	29	86.2	13.8
45-49 岁	12	83.3	16.7
50 岁以上	25	96.0	4.0

● 重庆（Chongqing）

	人数	是购买者	不是购买者
样本	**545**	**63.1**	**36.9**
男性	**281**	**47.3**	**52.7**
16-19 岁	40	40.0	60.0
20-24 岁	49	36.7	63.3
25-29 岁	39	61.5	38.5
30-34 岁	34	52.9	47.1
35-39 岁	35	54.3	45.7
40-44 岁	25	60.0	40.0
45-49 岁	24	33.3	66.7
50 岁以上	35	42.9	57.1
女性	**264**	**79.9**	**20.1**
16-19 岁	38	39.5	60.5
20-24 岁	46	73.9	26.1
25-29 岁	27	81.5	18.5
30-34 岁	32	87.5	12.5
35-39 岁	34	97.1	2.9
40-44 岁	29	93.1	6.9
45-49 岁	24	91.7	8.3
50 岁以上	34	88.2	11.8

3-7 样本总体、男性各年龄层、女性各年龄层购买的考虑因素 / Considerations in Purchasing by the Whole Sample, Age and Gender Groups

注：本题为多选题，合计百分比超过 100%（Multiple answers）

● 北京（Beijing）

	人数	有名的牌子	价格适中	购买方便	有优惠条件	朋友推荐	洗净力强	香味好
样本	**598**	**34.9**	**30.1**	**15.2**	**1.8**	**0.5**	**15.6**	**36.0**
男性	**297**	**38.7**	**33.3**	**20.9**	**2.4**	**0.7**	**15.8**	**32.3**
16-19 岁	26	34.6	26.9	7.7	0.0	0.0	26.9	26.9
20-24 岁	36	41.7	27.8	22.2	5.6	0.0	16.7	36.1
25-29 岁	41	26.8	36.6	17.1	2.4	0.0	9.8	36.6
30-34 岁	47	36.2	19.1	14.9	0.0	0.0	17.0	38.3
35-39 岁	43	44.2	39.5	34.9	2.3	2.3	14.0	30.2
40-44 岁	42	50.0	21.4	16.7	4.8	2.4	4.8	21.4
45-49 岁	23	39.1	39.1	21.7	4.3	0.0	13.0	39.1
50 岁以上	39	35.9	59.0	28.2	0.0	0.0	28.2	30.8
女性	**301**	**31.2**	**26.9**	**9.6**	**1.3**	**0.3**	**15.3**	**39.5**
16-19 岁	23	39.1	13.0	0.0	0.0	0.0	4.3	47.8
20-24 岁	35	34.3	17.1	8.6	0.0	0.0	20.0	34.3
25-29 岁	36	22.2	13.9	5.6	2.8	0.0	25.0	33.3
30-34 岁	49	28.6	24.5	10.2	4.1	0.0	14.3	40.8
35-39 岁	45	33.3	37.8	11.1	0.0	0.0	13.3	44.4
40-44 岁	40	30.0	22.5	10.0	2.5	0.0	17.5	32.5
45-49 岁	26	42.3	38.5	11.5	0.0	0.0	15.4	34.6
50 岁以上	47	27.7	40.4	14.9	0.0	2.1	10.6	46.8

续上表（continued）

	人数	泡沫多	能杀菌	颜色	不伤皮肤	洗后不紧绷	适合自己的肤质	只是由于习惯	其他
样本	**598**	**10.0**	**46.2**	**0.8**	**24.6**	**4.5**	**16.4**	**7.4**	**2.0**
男性	**297**	**8.8**	**39.1**	**0.3**	**17.5**	**4.0**	**12.8**	**9.1**	**2.0**
16-19 岁	26	15.4	61.5	0.0	15.4	3.8	15.4	15.4	0.0
20-24 岁	36	13.9	38.9	0.0	11.1	5.6	11.1	8.3	0.0
25-29 岁	41	2.4	43.9	0.0	22.0	4.9	12.2	9.8	4.9
30-34 岁	47	10.6	29.8	0.0	21.3	6.4	17.0	14.9	4.3
35-39 岁	43	4.7	32.6	0.0	20.9	0.0	16.3	14.0	0.0
40-44 岁	42	9.5	40.5	2.4	14.3	4.8	16.7	0.0	2.4
45-49 岁	23	8.7	39.1	0.0	17.4	0.0	8.7	4.3	4.3
50 岁以上	39	7.7	35.9	0.0	15.4	5.1	2.6	5.1	0.0
女性	**301**	**11.3**	**53.2**	**1.3**	**31.6**	**5.0**	**19.9**	**5.6**	**2.0**
16-19 岁	23	17.4	60.9	4.3	30.4	4.3	34.8	4.3	0.0
20-24 岁	35	20.0	40.0	5.7	34.3	5.7	28.6	2.9	2.9
25-29 岁	36	16.7	63.9	2.8	27.8	13.9	22.2	0.0	0.0
30-34 岁	49	8.2	55.1	0.0	34.7	0.0	24.5	6.1	0.0
35-39 岁	45	4.4	57.8	0.0	31.1	2.2	8.9	6.7	6.7
40-44 岁	40	15.0	42.5	0.0	45.0	7.5	22.5	12.5	0.0
45-49 岁	26	11.5	61.5	0.0	30.8	7.7	11.5	7.7	0.0
50 岁以上	47	4.3	48.9	0.0	19.1	2.1	12.8	4.3	4.3

● 上海（Shanghai）

	人数	有名的牌子	价格适中	购买方便	有优惠条件	朋友推荐	洗净力强	香味好
样本	**597**	**32.5**	**32.2**	**15.6**	**3.2**	**1.3**	**13.1**	**34.8**
男性	**305**	**36.1**	**38.7**	**17.4**	**3.3**	**1.0**	**15.7**	**32.1**
16-19 岁	22	40.9	40.9	4.5	0.0	0.0	18.2	27.3
20-24 岁	34	38.2	23.5	17.6	0.0	2.9	20.6	32.4
25-29 岁	42	47.6	35.7	14.3	4.8	0.0	19.0	31.0
30-34 岁	56	30.4	30.4	14.3	5.4	1.8	8.9	37.5
35-39 岁	50	28.0	44.0	26.0	2.0	2.0	8.0	28.0
40-44 岁	30	40.0	53.3	20.0	0.0	0.0	16.7	40.0
45-49 岁	26	26.9	38.5	19.2	3.8	0.0	30.8	42.3
50 岁以上	45	40.0	46.7	17.8	6.7	0.0	15.6	22.2
女性	**292**	**28.8**	**25.3**	**13.7**	**3.1**	**1.7**	**10.3**	**37.7**
16-19 岁	24	12.5	16.7	0.0	0.0	4.2	16.7	41.7
20-24 岁	32	25.0	25.0	6.3	0.0	0.0	6.3	46.9
25-29 岁	37	32.4	16.2	8.1	2.7	2.7	0.0	48.6
30-34 岁	49	30.6	18.4	10.2	2.0	0.0	6.1	28.6
35-39 岁	44	27.3	31.8	13.6	6.8	2.3	15.9	31.8
40-44 岁	35	37.1	28.6	22.9	2.9	2.9	11.4	42.9
45-49 岁	23	34.8	30.4	21.7	0.0	0.0	8.7	34.8
50 岁以上	48	27.1	33.3	22.9	6.3	2.1	16.7	33.3

续上表（continued）

	人数	泡沫多	能杀菌	颜色	不伤皮肤	洗后不紧绷	适合自己的肤质	只是由于习惯	其他
样本	**597**	**12.9**	**33.5**	**0.7**	**22.3**	**5.0**	**19.4**	**8.5**	**0.2**
男性	**305**	**11.8**	**27.5**	**1.3**	**14.8**	**3.0**	**16.4**	**9.8**	**0.0**
16-19 岁	22	13.6	54.5	0.0	27.3	4.5	13.6	4.5	0.0
20-24 岁	34	11.8	29.4	0.0	17.6	2.9	17.6	11.8	0.0
25-29 岁	42	19.0	28.6	0.0	2.4	7.1	19.0	4.8	0.0
30-34 岁	56	8.9	21.4	3.6	8.9	1.8	16.1	14.3	0.0
35-39 岁	50	14.0	20.0	2.0	22.0	2.0	14.0	12.0	0.0
40-44 岁	30	6.7	30.0	0.0	13.3	3.3	13.3	10.0	0.0
45-49 岁	26	11.5	42.3	0.0	23.1	0.0	23.1	3.8	0.0
50 岁以上	45	8.9	17.8	2.2	13.3	2.2	15.6	11.1	0.0
女性	**292**	**14.0**	**39.7**	**0.0**	**30.1**	**7.2**	**22.6**	**7.2**	**0.3**
16-19 岁	24	25.0	58.3	0.0	41.7	8.3	20.8	16.7	0.0
20-24 岁	32	21.9	31.3	0.0	28.1	18.8	37.5	6.3	0.0
25-29 岁	37	21.6	48.6	0.0	24.3	13.5	29.7	5.4	0.0
30-34 岁	49	18.4	49.0	0.0	36.7	8.2	26.5	2.0	0.0
35-39 岁	44	4.5	36.4	0.0	27.3	2.3	15.9	11.4	2.3
40-44 岁	35	2.9	37.1	0.0	31.4	2.9	28.6	0.0	0.0
45-49 岁	23	8.7	43.5	0.0	30.4	4.3	8.7	4.3	0.0
50 岁以上	48	12.5	22.9	0.0	25.0	2.1	12.5	12.5	0.0

● 广州（Guangzhou）

	人数	有名的牌子	价格适中	购买方便	有优惠条件	朋友推荐	洗净力强	香味好
样本	**572**	**25.3**	**27.1**	**15.2**	**3.8**	**1.2**	**19.9**	**38.3**
男性	**271**	**30.3**	**31.4**	**17.7**	**4.1**	**1.5**	**17.7**	**31.0**
16-19 岁	28	42.9	25.0	7.1	0.0	0.0	14.3	32.1
20-24 岁	35	31.4	17.1	11.4	0.0	0.0	17.1	28.6
25-29 岁	33	33.3	33.3	24.2	3.0	3.0	12.1	33.3
30-34 岁	33	24.2	36.4	15.2	6.1	3.0	24.2	27.3
35-39 岁	38	36.8	26.3	15.8	7.9	2.6	23.7	21.1
40-44 岁	40	15.0	37.5	27.5	7.5	0.0	12.5	42.5
45-49 岁	25	48.0	32.0	20.0	4.0	0.0	16.0	36.0
50 岁以上	39	20.5	41.0	17.9	2.6	2.6	20.5	25.6
女性	**301**	**20.9**	**23.3**	**13.0**	**3.7**	**1.0**	**21.9**	**45.2**
16-19 岁	49	20.4	24.5	16.3	4.1	2.0	26.5	42.9
20-24 岁	45	15.6	15.6	11.1	0.0	0.0	11.1	48.9
25-29 岁	59	18.6	18.6	11.9	1.7	1.7	27.1	64.4
30-34 岁	43	30.2	16.3	14.0	9.3	0.0	20.9	20.9
35-39 岁	36	22.2	19.4	16.7	2.8	0.0	16.7	41.7
40-44 岁	29	13.8	34.5	10.3	6.9	0.0	24.1	48.3
45-49 岁	13	23.1	46.2	7.7	7.7	0.0	38.5	46.2
50 岁以上	27	25.9	37.0	11.1	0.0	3.7	18.5	40.7

续上表（continued）

	人数	泡沫多	能杀菌	颜色	不伤皮肤	洗后不紧绷	适合自己的肤质	只是由于习惯	其他
样本	**572**	**8.4**	**40.0**	**0.3**	**23.8**	**9.1**	**14.3**	**7.3**	**0.5**
男性	**271**	**5.9**	**39.5**	**0.0**	**18.5**	**7.4**	**9.2**	**10.0**	**0.4**
16-19 岁	28	7.1	46.4	0.0	32.1	17.9	10.7	10.7	0.0
20-24 岁	35	5.7	42.9	0.0	14.3	2.9	22.9	8.6	0.0
25-29 岁	33	0.0	39.4	0.0	12.1	3.0	9.1	6.1	3.0
30-34 岁	33	3.0	33.3	0.0	24.2	9.1	0.0	15.2	0.0
35-39 岁	38	7.9	52.6	0.0	21.1	7.9	2.6	5.3	0.0
40-44 岁	40	5.0	37.5	0.0	22.5	7.5	7.5	5.0	0.0
45-49 岁	25	4.0	32.0	0.0	0.0	16.0	12.0	12.0	0.0
50 岁以上	39	12.8	30.8	0.0	17.9	0.0	10.3	17.9	0.0
女性	**301**	**10.6**	**40.5**	**0.7**	**28.6**	**10.6**	**18.9**	**5.0**	**0.7**
16-19 岁	49	8.2	44.9	0.0	42.9	14.3	14.3	2.0	0.0
20-24 岁	45	2.2	46.7	2.2	33.3	15.6	20.0	11.1	2.2
25-29 岁	59	15.3	35.6	1.7	28.8	8.5	30.5	1.7	1.7
30-34 岁	43	18.6	32.6	0.0	25.6	4.7	18.6	7.0	0.0
35-39 岁	36	16.7	38.9	0.0	30.6	11.1	19.4	2.8	0.0
40-44 岁	29	3.4	58.6	0.0	13.8	17.2	17.2	6.9	0.0
45-49 岁	13	7.7	38.5	0.0	15.4	0.0	0.0	7.7	0.0
50 岁以上	27	7.4	29.6	0.0	18.5	7.4	11.1	3.7	0.0

● 重庆（Chongqing）

	人数	有名的牌子	价格适中	购买方便	有优惠条件	朋友推荐	洗净力强	香味好
样本	**599**	**23.7**	**29.4**	**15.9**	**2.0**	**2.2**	**16.0**	**46.1**
男性	**307**	**27.4**	**29.3**	**19.9**	**2.3**	**2.0**	**17.3**	**42.3**
16-19 岁	42	28.6	33.3	19.0	2.4	0.0	9.5	50.0
20-24 岁	53	26.4	18.9	11.3	0.0	3.8	28.3	56.6
25-29 岁	43	32.6	27.9	4.7	2.3	2.3	14.0	41.9
30-34 岁	38	36.8	26.3	23.7	2.6	0.0	10.5	42.1
35-39 岁	39	23.1	23.1	28.2	0.0	0.0	15.4	43.6
40-44 岁	30	26.7	36.7	30.0	6.7	6.7	23.3	23.3
45-49 岁	25	12.0	36.0	20.0	8.0	0.0	28.0	32.0
50 岁以上	37	27.0	40.5	29.7	0.0	2.7	10.8	35.1
女性	**292**	**19.9**	**29.5**	**11.6**	**1.7**	**2.4**	**14.7**	**50.0**
16-19 岁	42	23.3	18.6	4.7	4.7	2.3	14.0	51.2
20-24 岁	53	22.6	17.0	5.7	3.8	1.9	15.1	56.6
25-29 岁	32	15.6	34.4	3.1	0.0	0.0	15.6	40.6
30-34 岁	33	6.1	27.3	18.2	0.0	3.0	15.2	54.5
35-39 岁	35	28.6	34.3	20.0	2.9	5.7	5.7	51.4
40-44 岁	32	28.1	31.3	9.4	0.0	0.0	12.5	43.8
45-49 岁	27	11.1	33.3	7.4	0.0	7.4	14.8	51.9
50 岁以上	37	18.9	48.6	27.0	0.0	0.0	24.3	45.9

续上表（continued）

	人数	泡沫多	能杀菌	颜色	不伤皮肤	洗后不紧绷	适合自己的肤质	只是由于习惯	其他
样本	**599**	**6.7**	**36.2**	**2.3**	**18.4**	**7.8**	**16.5**	**6.2**	**2.2**
男性	**307**	**7.2**	**32.2**	**2.0**	**15.3**	**5.5**	**13.4**	**7.2**	**3.3**
16-19 岁	42	2.4	38.1	2.4	7.1	11.9	16.7	9.5	4.8
20-24 岁	53	13.2	28.3	3.8	24.5	0.0	28.3	3.8	3.8
25-29 岁	43	14.0	27.9	2.3	18.6	7.0	7.0	7.0	4.7
30-34 岁	38	5.3	36.8	2.6	15.8	2.6	7.9	13.2	0.0
35-39 岁	39	2.6	28.2	2.6	7.7	2.6	12.8	7.7	5.1
40-44 岁	30	3.3	33.3	0.0	10.0	10.0	13.3	3.3	6.7
45-49 岁	25	4.0	28.0	0.0	24.0	8.0	8.0	4.0	0.0
50 岁以上	37	8.1	37.8	0.0	13.5	5.4	5.4	8.1	0.0
女性	**292**	**6.2**	**40.4**	**2.7**	**21.6**	**10.3**	**19.9**	**5.1**	**1.0**
16-19 岁	42	11.6	34.9	2.3	23.3	7.0	18.6	7.0	0.0
20-24 岁	53	1.9	41.5	0.0	28.3	15.1	26.4	3.8	1.9
25-29 岁	32	6.3	43.8	3.1	9.4	18.8	31.3	6.3	0.0
30-34 岁	33	3.0	48.5	3.0	27.3	6.1	9.1	6.1	0.0
35-39 岁	35	8.6	31.4	5.7	22.9	2.9	11.4	5.7	2.9
40-44 岁	32	6.3	43.8	0.0	18.8	12.5	12.5	6.3	0.0
45-49 岁	27	7.4	51.9	3.7	11.1	14.8	37.0	3.7	3.7
50 岁以上	37	5.4	32.4	5.4	24.3	5.4	13.5	2.7	0.0

3-8 样本总体、男性各年龄层、女性各年龄层的购买地点 / Settings of Purchasing by the Whole Sample, Age and Gender Groups

注：本题为多选题，合计百分比超过 100%（ Multiple answers ）

● 北京（ Beijing ）

	人数	地摊	附近小商店	平价/仓储市场	超市	百货公司/购物中心	传销/直销	电话购买	其他
样本	**593**	**0.8**	**28.7**	**42.7**	**34.6**	**47.9**	**0.2**	**0.2**	**3.2**
男性	**295**	**1.0**	**33.9**	**39.7**	**30.2**	**47.5**	**0.0**	**0.3**	**2.7**
16-19 岁	26	0.0	26.9	46.2	23.1	46.2	0.0	0.0	3.8
20-24 岁	35	0.0	37.1	28.6	54.3	25.7	0.0	0.0	0.0
25-29 岁	41	0.0	29.3	43.9	31.7	29.3	0.0	0.0	7.3
30-34 岁	46	2.2	34.8	37.0	32.6	50.0	0.0	0.2	4.3
35-39 岁	43	2.3	37.2	32.6	32.6	62.8	0.0	0.0	0.0
40-44 岁	42	2.4	28.6	35.7	19.0	59.5	0.0	0.0	2.4
45-49 岁	23	0.0	30.4	47.8	30.4	43.5	0.0	0.0	4.3
50 岁以上	39	0.0	43.6	51.3	17.9	56.4	0.0	0.0	0.0
女性	**298**	**0.7**	**23.5**	**45.6**	**38.9**	**48.3**	**0.3**	**0.0**	**3.7**
16-19 岁	23	0.0	17.4	47.8	60.9	30.4	0.0	0.0	4.3
20-24 岁	34	0.0	20.6	41.2	52.9	47.1	0.0	0.0.	2.9
25-29 岁	35	0.0	17.1	60.0	45.7	40.0	0.0	0.0	2.9
30-34 岁	49	0.0	24.5	44.9	32.7	65.3	0.0	0.0	0.0
35-39 岁	44	0.0	27.3	47.7	36.4	34.1	0.0	0.0.	6.8
40-44 岁	40	0.0	25.0	50.0	37.5	52.5	0.0	0.0.	2.5
45-49 岁	26	7.7	23.1	38.5	26.9	65.4	3.8	0.0.	0.0
50 岁以上	47	0.0	27.7	36.2	29.8	46.8	0.0	0.0	8.5

● 上海（ Shanghai ）

	人数	地摊	附近小商店	平价/仓储市场	超市	百货公司/购物中心	传销/直销	电话购买	其他
样本	**597**	**0.8**	**27.1**	**7.7**	**75.4**	**37.0**	**1.0**	**0.2**	**1.2**
男性	**306**	**1.3**	**32.7**	**9.5**	**71.6**	**33.3**	**1.3**	**0.0**	**1.0**
16-19 岁	22	0.0	31.8	9.1	81.8	36.4	0.0	0.0	0.0
20-24 岁	34	0.0	26.5	5.9	73.5	29.4	0.0	0.0	5.9
25-29 岁	42	0.0	21.4	4.8	69.0	42.9	0.0	0.0	2.4
30-34 岁	56	1.8	32.1	10.7	73.2	28.6	1.8	0.0	0.0
35-39 岁	51	2.0	39.2	11.8	74.5	27.5	0.0	0.0	0.0
40-44 岁	30	6.7	36.7	13.3	60.0	36.7	3.3	0.0	0.0
45-49 岁	26	0.0	46.2	7.7	96.2	3.8	0.0	0.0	0.0
50 岁以上	45	0.0	31.1	11.1	55.6	53.3	4.4	0.0	0.0
女性	**291**	**0.3**	**21.3**	**5.8**	**79.4**	**40.9**	**0.7**	**0.3**	**1.4**
16-19 岁	24	0.0	16.7	0.0	83.3	37.5	0.0	0.0	0.0
20-24 岁	32	0.0	15.6	3.1	90.6	50.0	3.1	0.0	0.0
25-29 岁	37	0.0	16.2	0.0	94.6	37.8	2.7	2.7	0.0
30-34 岁	49	2.0	26.5	12.2	65.3	40.8	0.0	0.0	2.0
35-39 岁	44	0.0	11.4	2.3	88.6	52.3	0.0	0.0	2.3
40-44 岁	34	0.0	23.5	11.8	70.6	38.2	0.0	0.0	2.9
45-49 岁	23	0.0	26.1	8.7	82.6	39.1	0.0	0.0	0.0
50 岁以上	48	0.0	31.3	6.3	68.8	31.3	0.0	0.0	2.1

● 广州（Guangzhou）

	人数	地摊	附近小商店	平价/仓储市场	超市	百货公司/购物中心	传销/直销	电话购买	其他
样本	**564**	**1.6**	**22.9**	**11.0**	**42.4**	**70.7**	**2.1**	**0.2**	**0.4**
男性	**266**	**1.9**	**28.9**	**11.3**	**42.1**	**64.3**	**1.9**	**0.0**	**0.8**
16-19 岁	25	0.0	12.0	8.0	40.0	92.0	4.0	0.0	0.0
20-24 岁	35	2.9	31.4	14.3	54.3	57.1	0.0	0.0	0.0
25-29 岁	34	0.0	38.2	8.8	50.0	55.9	0.0	0.0	0.0
30-34 岁	33	0.0	30.3	6.1	36.4	69.7	0.0	0.0	0.0
35-39 岁	37	0.0	35.1	13.5	35.1	67.6	8.1	0.0	0.0
40-44 岁	39	10.3	25.6	7.7	48.7	56.4	0.0	0.0	0.0
45-49 岁	25	0.0	20.0	20.0	44.0	60.0	0.0	0.0	0.0
50 岁以上	38	0.0	31.6	13.2	28.9	63.2	2.6	0.0	5.3
女性	**298**	**1.3**	**17.4**	**10.7**	**42.6**	**76.5**	**2.3**	**0.3**	**0.0**
16-19 岁	48	2.1	20.8	12.5	47.9	75.0	2.1	0.0	0.0
20-24 岁	44	2.3	9.1	6.8	59.1	65.9	4.5	2.3	0.0
25-29 岁	59	1.7	15.3	16.9	55.9	74.6	1.7	0.0	0.0
30-34 岁	42	0.0	23.8	4.8	35.7	81.0	0.0	0.0	0.0
35-39 岁	36	0.0	22.2	5.6	36.1	75.0	5.6	0.0	0.0
40-44 岁	30	3.3	6.7	10.0	26.7	96.7	0.0	0.0	0.0
45-49 岁	13	0.0	23.1	7.7	30.8	69.2	0.0	0.0	0.0
50 岁以上	26	0.0	23.1	19.2	19.2	76.9	3.8	0.0	0.0

● 重庆（Chongqing）

	人数	地摊	附近小商店	平价/仓储市场	超市	百货公司/购物中心	传销/直销	电话购买	其他
样本	**598**	**0.3**	**38.1**	**17.1**	**19.1**	**57.9**	**1.2**	**0.0**	**3.8**
男性	**308**	**0.3**	**43.2**	**18.8**	**17.2**	**54.2**	**1.3**	**0.0**	**3.9**
16-19 岁	43	0.0	44.2	18.6	18.6	53.5	0.0	0.0	7.0
20-24 岁	53	0.0	35.8	18.9	18.9	49.1	3.8	0.0	7.5
25-29 岁	43	0.0	37.2	23.3	20.9	62.8	2.3	0.0	2.3
30-34 岁	38	0.0	60.5	10.5	21.1	57.9	0.0	0.0	0.0
35-39 岁	39	0.0	41.0	15.4	10.3	53.8	2.6	0.0	7.7
40-44 岁	30	0.0	50.0	16.7	20.0	50.0	0.0	0.0	3.3
45-49 岁	25	0.0	32.0	32.0	8.0	56.0	0.0	0.0	0.0
50 岁以上	37	2.7	45.9	18.9	16.2	51.4	0.0	0.0	0.0
女性	**290**	**0.3**	**32.8**	**15.2**	**21.0**	**61.7**	**1.0**	**0.0**	**3.8**
16-19 岁	43	2.3	44.2	9.3	23.3	62.8	0.0	0.0	2.3
20-24 岁	52	0.0	26.9	17.3	38.5	67.3	1.9	0.0	1.9
25-29 岁	32	0.0	34.4	15.6	31.3	46.9	0.0	0.0	0.0
30-34 岁	33	0.0	30.3	9.1	21.2	69.7	0.0	0.0	3.0
35-39 岁	35	0.0	28.6	11.4	20.0	65.7	0.0	0.0	5.7
40-44 岁	32	0.0	34.4	12.5	12.5	62.5	3.1	0.0	3.1
45-49 岁	27	0.0	18.5	22.2	0.0	55.6	3.7	0.0	14.8
50 岁以上	36	0.0	41.7	25.0	8.3	58.3	0.0	0.0	2.8

3-9 家中所使用该类商品的主要类型 / Types of the Products Used in the Household

注：本题为多选题，合计百分比超过 100%（Multiple answers）

● 北京（Beijing）

使用类型	人次	百分比
普通香皂	305	51.0
美容香皂	116	19.4
减肥香皂	9	1.5
药用香皂	64	10.7
除菌香皂	323	54.0
其他	3	0.5

n=598

● 上海（Shanghai）

使用类型	人次	百分比
普通香皂	299	50.2
美容香皂	210	35.2
减肥香皂	16	2.7
药用香皂	45	7.6
除菌香皂	241	40.4
其他	0	0.0

n=596

● 广州（Guangzhou）

使用类型	人次	百分比
普通香皂	309	53.7
美容香皂	102	17.7
减肥香皂	22	3.8
药用香皂	50	8.7
除菌香皂	262	45.6
其他	3	0.5

n=575

● 重庆（Chongqing）

使用类型	人次	百分比
普通香皂	325	54.5
美容香皂	107	17.9
减肥香皂	11	1.8
药用香皂	74	12.4
除菌香皂	250	41.9
其他	2	0.3

n=597

3-10 家中该类商品的主要来源 / Sources of Obtaining the Products

● 北京（Beijing）

	人数	百分比
自家购买	465	77.9
单位发的	127	21.3
别人送的	5	0.8

n=597

● 上海（Shanghai）

	人数	百分比
自家购买	516	86.7
单位发的	76	12.8
别人送的	3	0.5

n=595

● 广州（Guangzhou）

	人数	百分比
自家购买	540	94.2
单位发的	29	5.1
别人送的	2	0.3
其他	2	0.3

n=573

● 重庆（Chongqing）

	人数	百分比
自家购买	545	90.8
单位发的	53	8.8
别人送的	1	0.2
其他	1	0.2

n=600

3-11 北京不同消费群最常用品牌 / The Most Frequently Used Brands by Beijing Market Segments

	人数	第一品牌及百分比	第二品牌及百分比	
样本	**596**	**舒肤佳 57.6**	**力士 35.1**	
第一消费群	136	舒肤佳 58.1	力士 34.6	
第二消费群	93	舒肤佳 50.5	力士 40.9	
第三消费群	111	舒肤佳 56.8	力士 36.9	
第四消费群	5	舒肤佳 60.0	力士 20.0	夏士莲 20.0
第五消费群	131	舒肤佳 56.5	力士 34.4	
第六消费群	120	舒肤佳 64.2	力士 30.8	

注：北京消费群的代表特征 / Characteristics of the Beijing Market Segments

		第一消费群	第二消费群	第三消费群	第四消费群	第五消费群	第六消费群
基本情况	性别	女	男	无明显偏向	男	无明显偏向	女
	年龄	30 — 34 岁	25 — 29 岁	35 — 44 岁	无明显偏向	16 — 24 岁	45 岁以上
	学历	大专/大本	大本	初中	大本及研究生	高中/中专/技校	初中及以下
	职业	科教卫生人员	一般企业职员	工人	管理人员/专门职业从事者/个体及私营企业主	学生	离退休人员
	月均收入	801 — 1500 元	1501 — 4000 元	800 元以下	4000 元以上	无收入	800 元以下
	婚姻	已婚	无明显偏向	已婚	已婚或离异	未婚	已婚
心理取向		注重学历 非积极进取	不循规传统 非单一电视娱乐	非田园倾向 新女性主张 金钱本位	注重经验 大男子主义 不保守稳定	非“大男子主义” 追随流行	非“新女性主张” 非浪漫新潮 单一电视娱乐

3-12 上海不同消费群的最常用品牌 / The Most Frequently Used Brands by Shanghai Market Segments

	人数	第一品牌及百分比	第二品牌及百分比	第三品牌及百分比
样本	**596**	**力士 48.0**	**舒肤佳 24.3**	**白丽 12.2**
第一消费群	144	力士 50.7	舒肤佳 18.1	白丽 12.5
第二消费群	92	力士 48.9	舒肤佳 21.7	白丽 10.9
第三消费群	10	力士 50.0	舒肤佳 30.0	夏士莲 20.0
第四消费群	132	力士 45.5	舒肤佳 24.2	白丽 18.2
第五消费群	68	舒肤佳 36.9	力士 36.8	白丽 10.3
第六消费群	150	力士 52.0	舒肤佳 24.7	白丽 9.3

注：上海消费群的代表特征 / Characteristics of the Shanghai Market Segments

		第一消费群	第二消费群	第三消费群	第四消费群	第五消费群	第六消费群
基本情况	性别	无明显偏向	男	男	女	女	无明显偏向
	年龄	45 岁以上	20 — 29 岁	25 — 34 岁	35 — 44 岁	16 — 24 岁	30 — 39 岁
	学历	大本及以上	大专/大本	大专	初中及以下	高中/中专/技校	高中/中专/技校
	职业	科教卫生人员/离退休人员	一般企业职员	行政管理人员/个体及私营企业主/专门职业从事者	工人/下岗人员	学生	一般企业职员
	月均收入	801 — 1500 元	1001 — 3000 元	3000 元以上	800 元以下	无收入	1001 — 2000 元
	婚姻	已婚	未婚	未婚	已婚	未婚	已婚
心理取向		非浪漫时尚 非金钱本位 保守稳定	非家庭重心 田园倾向 休闲独立	不保守稳定 奔波忙碌 浪漫时尚	金钱本位 家庭重心 注重学历	新家庭观念 非休闲独立	不积极进取 不奔波忙碌

3-13 广州不同消费群的最常用品牌 / The Most Frequently Used Brands by Guangzhou Market Segments

	人数	第一品牌及百分比	第二品牌及百分比	第三品牌及百分比
样本	**570**	**力士 42.1**	**舒肤佳 37.0**	**花王 3.5**
第一消费群	91	舒肤佳 41.8	力士 39.6	花王 3.3 皇室 3.3
第二消费群	119	力士 42.9	舒肤佳 36.1	天丽 4.2
第三消费群	95	力士 44.2	舒肤佳 28.4	花王 7.4
第四消费群	93	力士 46.2	舒肤佳 33.3	花王 3.2
第五消费群	94	力士 39.4	舒肤佳 37.2	天丽 6.4
第六消费群	78	舒肤佳 47.4	力士 39.7	花王 2.6 爵士 2.6

注：广州消费群的代表特征 / Characteristics of the Guangzhou Market Segments

		第一消费群	第二消费群	第三消费群	第四消费群	第五消费群	第六消费群
基本情况	性别	女	无明显偏向	女	男	女	男
	年龄	16 — 19 岁	40 岁以上	20 — 24 岁	35 — 44 岁	30 — 34 岁	25 — 29 岁
	学历	高中/中专/技校	无明显偏向	高中/中专/技校/大专	初中/高中/中专/技校	初中及以下	大专及以上
	职业	学生	工人	学生/待业人员	个体及私营企业主	家庭主妇	企业职员/管理人员/科教卫生人员/专门职业者
	月均收入	无收入	1500 元以下	无收入	801 — 1500 元	800 元以下	2000 元以上
	婚姻	未婚	已婚	未婚	已婚	已婚	无明显偏向
心理取向		不固守中式生活 田园倾向 非大男子主义	非新女性主张 不追随流行 非积极进取	独立自主 追随流行	积极进取 大男子主义 中式生活	单一电视娱乐 非独立自主 保守稳定	非单一电视娱乐 非家庭重心

3-14 重庆不同消费群的最常用品牌 / The Most Frequently Used Brands by Chongqing Market Segments

	人数	第一品牌及百分比	第二品牌及百分比	第三品牌及百分比
样本	**597**	**力士 38.2**	**舒肤佳 37.5**	**花粉 9.4**
第一消费群	133	舒肤佳 42.1	力士 31.6	花粉 8.3
第二消费群	123	力士 44.7	舒肤佳 30.9	花粉 8.9
第三消费群	124	力士 46.8 舒肤佳 46.8	花粉 3.2	MAY 1.6
第四消费群	23	力士 47.8	舒肤佳 30.4	
第五消费群	162	舒肤佳 34.6	力士 28.4	花粉 16.0
第六消费群	32	力士 50.0	舒肤佳 28.1	花粉 9.4

注：重庆消费群的代表特征 / Characteristics of the Chongqing Market Segments

		第一消费群	第二消费群	第三消费群	第四消费群	第五消费群	第六消费群
基本情况	性别	无明显偏向	无明显偏向	无明显偏向	无明显偏向	无明显偏向	女
	年龄	16 — 19 岁	45 岁以上	20 — 29 岁	30 — 34 岁	40 岁以上	25 — 29 岁
	学历	高中/中专/技校	高中/中专/技校	大专/大本	高中/中专/技校/大本以上	初中及以下	初中
	职业	学生	行政管理人员/离退休人员	科教卫生人员/一般企业职员	个体及私营企业主	工人	专门职业从事者下岗及其他
	月均收入	无收入	501 — 800 元	801 — 1500 元	1500 元以上	500 元以下	1001 — 1500 元
	婚姻	未婚	已婚	无明显偏向	已婚	已婚	已婚或离异
心理取向		浪漫新潮 注重学历 非现实家庭观	循规传统 奔波忙碌 保守稳定	新女性主张 非功利心态	功利心态 现实家庭观 都市情结	非浪漫新潮 非独立休闲	非新女性主张 不循规传统 独立休闲

4 沐浴液 / Bath Shampoo

4-1 最常用品牌排名 / Ranking of the Most Frequently Used Brands

● 北京（Beijing）

排名	品牌		人数	百分比
1	力士	Lux	132	34.7
2	舒肤佳	Safeguard	64	16.8
3	六神	Liushen	47	12.4
4	爽爽牛奶	Shuangshuangmilk	21	5.5
5	爽爽美	Shuangshuangmei	16	4.2

n=380

● 上海（Shanghai）

排名	品牌		人数	百分比
1	六神	Liushen	117	33.1
2	力士	Lux	111	31.4
3	舒肤佳	Safeguard	68	19.3
4	安利	Amway	10	2.8
5	花王	Kao	5	1.4

n=353

● 广州（Guangzhou）

排名	品牌		人数	百分比
1	肤安	Fuan	106	25.8
2	力士	Lux	87	21.2
3	花王	Kao	39	9.5
4	强生	J&J	38	9.2
5	舒肤佳	Safeguard	23	5.6
6	六神	Liushen	19	4.6

n=411

● 重庆（Chongqing）

排名	品牌		人数	百分比
1	力士	Lux	42	27.1
2	舒肤佳	Safeguard	23	14.8
3	李氏	Lishi	12	7.7
3	六神	Liushen	12	7.7
5	安利	Amway	5	3.2
5	肤安	Fuan	5	3.2

n=155

4-2 理想品牌排名 / Ranking of the Ideal Brands

● 北京（Beijing）

排名	品牌		人数	百分比
1	力士	Lux	145	24.2
2	舒肤佳	Safeguard	85	14.2
3	六神	Liushen	52	8.7
4	爽爽牛奶	Shuangshuangmilk	15	2.5
5	爽爽美	Shuangshuangmei	13	2.2

n=600

● 上海（Shanghai）

排名	品牌		人数	百分比
1	六神	Liushen	171	28.5
2	力士	Lux	170	28.3
3	舒肤佳	Safeguard	94	15.7
4	安利	Amway	12	2.0
5	碧柔	Biore	10	1.7

n=600

● 广州（Guangzhou）

排名	品牌		人数	百分比
1	力士	Lux	101	16.8
2	肤安	Fuan	95	15.8
3	花王	Kao	45	7.5
4	强生	J&J	38	6.3
5	舒肤佳	Safeguard	27	4.5
6	六神	Liushen	26	4.3

n=600

● 重庆（Chongqing）

排名	品牌		人数	百分比
1	力士	Lux	65	10.8
2	舒肤佳	Safeguard	30	5.0
3	六神	Liushen	20	3.3
3	李氏	Lishi	16	2.7
5	安利	Amway	5	0.8
5	强生	J&J	5	0.8

n=600

4-3 样本总体、男性各年龄层、女性各年龄层的理想品牌 / The Ideal Brands by the Whole Sample, Age and Gender Groups

● 北京（Beijing）

	人数	第一品牌及百分比	第二品牌及百分比
样本	**600**	**力士 24.2**	**舒肤佳 14.2**
男性	**298**	**力士 20.8**	**舒肤佳 14.1**
16-19岁	26	力士 34.6	舒肤佳 26.9
20-24岁	36	力士 22.2 舒肤佳 22.2	六神 5.6
25-29岁	41	力士 14.6 六神 14.6 舒肤佳 14.6	爽爽美 2.4
30-34岁	47	力士 17.0	六神 14.9
35-39岁	43	力士 16.3	六神 7.0 舒肤佳 7.0
40-44岁	42	力士 21.4	舒肤佳 14.3
45-49岁	24	力士 16.7 舒肤佳 16.7	夏士莲 4.2 海之风，花之雨 4.2
50岁以上	39	力士 28.2	爽爽美 5.1 舒肤佳 5.1
女性	**302**	**力士 27.5**	**舒肤佳 14.2**
16-19岁	23	力士 39.1	舒肤佳 26.1
20-24岁	35	舒肤佳 31.4	力士 28.6
25-29岁	36	力士 30.6	舒肤佳 16.7
30-34岁	49	力士 24.5	舒肤佳 12.2
35-39岁	45	力士 24.4	六神 20.0
40-44岁	40	力士 25.0	舒肤佳 12.5
45-49岁	26	力士 23.1	六神 15.4
50岁以上	48	力士 29.2	六神 4.2

● 上海（Shanghai）

	人数	第一品牌及百分比	第二品牌及百分比
样本	**600**	**六神 28.5**	**力士 28.3**
男性	**307**	**六神 29.6**	**力士 23.8**
16-19岁	22	舒肤佳 31.8	力士 27.3
20-24岁	34	六神 44.1	力士 17.6
25-29岁	42	力士 31.0	六神 28.6
30-34岁	56	力士 28.6	六神 21.4
35-39岁	51	力士 29.4	六神 27.5
40-44岁	31	六神 22.6 舒肤佳 22.6	力士 12.9
45-49岁	26	六神 50.0	力士 19.2
50岁以上	45	六神 28.9	力士 17.8
女性	**293**	**力士 33.1**	**六神 27.3**
16-19岁	24	舒肤佳 41.7	力士 20.8 六神 20.8
20-24岁	32	力士 34.4	六神 21.9
25-29岁	37	力士 51.4	六神 18.9
30-34岁	50	力士 30.0	六神 26.0
35-39岁	44	力士 31.8 六神 31.8	舒肤佳 13.6
40-44岁	35	力士 28.6 六神 28.6	舒肤佳 14.3
45-49岁	23	六神 39.1	力士 26.1 舒肤佳 26.1
50岁以上	48	力士 35.4	六神 31.3

● 广州（Guangzhou）

	人数	第一品牌及百分比	第二品牌及百分比
样本	**600**	**力士 16.8**	**肤安 15.8**
男性	**282**	**力士 16.7**	**肤安 14.2**
16-19岁	30	力士 16.7	肤安 13.3
20-24岁	36	力士 30.6	肤安 13.9
25-29岁	35	力士 20.0	肤安 11.4
30-34岁	34	力士 14.7 肤安 14.7	花王 8.8 强生 8.8
35-39岁	40	力士 15.0	花王 10.0 肤安 10.0
40-44岁	41	力士 14.6 肤安 14.6	花王 11.5
45-49岁	26	肤安 19.2	力士 11.5
50岁以上	40	肤安 17.5	力士 10.0
女性	**318**	**肤安 17.3**	**力士 17.0**
16-19岁	50	力士 14.0	花王 10.0 强生 10.0
20-24岁	46	肤安 19.6 力士 19.6	强生 13.0
25-29岁	63	花王 17.5	肤安 15.9 力士 15.9
30-34岁	46	肤安 19.6	力士 13.0
35-39岁	41	肤安 29.3	力士 17.1
40-44岁	30	力士 20.0	肤安 16.7
45-49岁	13	肤安 23.1	力士 15.4
50岁以上	29	力士 24.1	肤安 13.8

● 重庆（Chongqing）

	人数	第一品牌及百分比	第二品牌及百分比
样本	**600**	**力士 10.8**	**舒肤佳 5.0**
男性	**308**	**力士 6.2**	**舒肤佳 5.8**
16-19岁	43	力士 11.6	舒肤佳 9.3
20-24岁	53	舒肤佳 13.2	力士 3.8 安利 3.8 六神 3.8
25-29岁	43	李氏 4.7 舒肤佳 4.7	力士 2.3 肤安 2.3 六神 2.3 花王 2.3
30-34岁	38	李氏 5.3 六神 5.3	力士 2.6 舒肤佳 2.6 爽爽 2.6 金银花 2.6 雅蜜 2.6
35-39岁	39	力士 12.8	李氏 2.6 舒肤佳 2.6
40-44岁	30	力士 6.7 舒肤佳 6.7	李氏 3.3 安利 3.3 正发 3.3
45-49岁	25	李氏 4.0 六神 4.0	
50岁以上	37	力士 8.1	安利 2.7 六神 2.7
女性	**292**	**力士 15.8**	**舒肤佳 4.1**
16-19岁	43	力士 11.6	舒肤佳 7.0
20-24岁	53	力士 26.4	六神 7.5
25-29岁	32	力士 18.8	舒肤佳 12.5 六神 12.5
30-34岁	33	力士 9.1 舒肤佳 9.1	李氏 3.0 金银花 3.0 六神 3.0 健康 3.0
35-39岁	35	力士 11.4	强生 5.7
40-44岁	32	力士 15.6	李氏 3.1 安利 3.1 金银花 3.1
45-49岁	27	力士 18.5	李氏 3.7 多芬 3.7
50岁以上	37	力士 10.8	李氏 2.7 舒肤佳 2.7 肤安 2.7 蒙丽珠 2.7

4-4 样本总体、男性各年龄层、女性各年龄层的使用方式 / Ways of Using the Products by the Whole Sample, Age and Gender Groups

● 北京（Beijing）

	人数	是个人专用	与家人共用	从来不用
样本	**599**	**18.4**	**45.4**	**36.2**
男性	**297**	**13.8**	**40.7**	**45.5**
16-19 岁	26	7.7	46.2	46.2
20-24 岁	36	19.4	38.9	41.7
25-29 岁	41	17.1	34.1	48.8
30-34 岁	47	23.4	36.2	40.4
35-39 岁	42	7.1	35.7	57.1
40-44 岁	42	7.1	50.0	42.9
45-49 岁	24	20.8	37.5	41.7
50 岁以上	39	7.7	48.7	43.6
女性	**302**	**22.8**	**50.0**	**27.2**
16-19 岁	23	17.4	56.5	26.1
20-24 岁	35	37.1	45.7	17.1
25-29 岁	36	33.3	55.6	11.1
30-34 岁	49	36.7	44.9	18.4
35-39 岁	45	13.3	62.2	24.4
40-44 岁	40	17.5	42.5	40.0
45-49 岁	26	3.8	65.4	30.8
50 岁以上	48	16.7	37.5	45.8

● 上海（Shanghai）

	人数	是个人专用	与家人共用	从来不用
样本	**593**	**18.9**	**39.8**	**41.3**
男性	**305**	**14.8**	**34.8**	**50.5**
16-19 岁	22	22.7	27.3	50.0
20-24 岁	33	18.2	30.3	51.5
25-29 岁	42	16.7	33.3	50.0
30-34 岁	56	12.5	35.7	51.8
35-39 岁	51	15.7	33.3	51.0
40-44 岁	31	9.7	32.3	58.1
45-49 岁	25	8.0	44.0	48.0
50 岁以上	45	15.6	40.0	44.4
女性	**288**	**23.3**	**45.1**	**31.6**
16-19 岁	24	29.2	54.2	16.7
20-24 岁	32	40.6	40.6	18.8
25-29 岁	35	28.6	31.4	40.0
30-34 岁	47	29.8	42.6	27.7
35-39 岁	44	20.5	52.3	27.3
40-44 岁	35	2.9	54.3	42.9
45-49 岁	23	8.7	52.2	39.1
50 岁以上	48	22.9	39.6	37.5

● 广州（Guangzhou）

	人数	是个人专用	与家人共用	从来不用
样本	**594**	**22.1**	**49.0**	**29.0**
男性	**278**	**16.5**	**44.6**	**38.8**
16-19 岁	30	16.7	33.3	50.0
20-24 岁	36	22.2	44.4	33.3
25-29 岁	35	17.1	57.1	25.7
30-34 岁	33	15.2	60.6	24.2
35-39 岁	40	15.0	52.5	32.5
40-44 岁	41	17.1	36.6	46.3
45-49 岁	23	17.4	26.1	56.5
50 岁以上	40	12.5	40.0	47.5
女性	**316**	**26.9**	**52.8**	**20.3**
16-19 岁	49	26.5	59.2	14.3
20-24 岁	45	33.3	55.6	11.1
25-29 岁	63	34.9	55.6	9.5
30-34 岁	46	39.1	37.0	23.9
35-39 岁	41	24.4	51.2	24.4
40-44 岁	30	16.7	56.7	26.7
45-49 岁	13	0.0	30.8	69.2
50 岁以上	29	6.9	65.5	27.6

● 重庆（Chongqing）

	人数	是个人专用	与家人共用	从来不用
样本	**600**	**9.2**	**17.7**	**73.2**
男性	**308**	**6.5**	**14.3**	**79.2**
16-19 岁	43	4.7	9.3	86.0
20-24 岁	53	13.2	13.2	73.6
25-29 岁	43	2.3	23.3	74.4
30-34 岁	38	7.9	15.8	76.3
35-39 岁	39	7.7	10.3	82.1
40-44 岁	30	6.7	13.3	80.0
45-49 岁	25	4.0	16.0	80.0
50 岁以上	37	2.7	13.5	83.8
女性	**292**	**12.0**	**21.2**	**66.8**
16-19 岁	43	14.0	11.6	74.4
20-24 岁	53	20.8	28.3	50.9
25-29 岁	32	18.8	21.9	59.4
30-34 岁	33	9.1	24.2	66.7
35-39 岁	35	11.4	22.9	65.7
40-44 岁	32	6.3	21.9	71.9
45-49 岁	27	0.0	18.5	81.5
50 岁以上	37	8.1	18.9	73.0

4-5 样本总体、男性各年龄层、女性各年龄层的品牌习惯 / Brand Habit in Using the Products by the Whole Sample, Age and Gender Groups

注：1=平时固定使用一个牌子，从不更改（Used in only one brand）
2=比较固定的用一两个牌子，有时会换一下（Used in one or two brands）
3=基本上没有固定，随机购买（No brand preference）

● 北京（Beijing）

	人数	1	2	3
样本	**381**	**23.6**	**56.7**	**19.7**
男性	**162**	**24.1**	**56.8**	**19.1**
16-19 岁	14	28.6	64.3	7.1
20-24 岁	21	38.1	47.6	14.3
25-29 岁	21	23.8	66.7	9.5
30-34 岁	27	37.0	44.4	18.5
35-39 岁	19	0.0	68.4	31.6
40-44 岁	24	12.5	54.2	33.3
45-49 岁	14	21.4	57.1	21.4
50 岁以上	22	27.3	59.1	13.6
女性	**219**	**23.3**	**56.6**	**20.1**
16-19 岁	16	25.0	50.0	25.0
20-24 岁	29	20.7	58.6	20.7
25-29 岁	32	15.6	59.4	25.0
30-34 岁	40	22.5	62.5	15.0
35-39 岁	34	29.4	55.9	14.7
40-44 岁	24	29.2	45.8	25.0
45-49 岁	18	22.2	38.9	38.9
50 岁以上	26	23.1	69.2	7.7

● 上海（Shanghai）

	人数	1	2	3
样本	**354**	**26.6**	**57.6**	**15.8**
男性	**153**	**25.5**	**55.6**	**19.0**
16-19 岁	11	18.2	54.5	27.3
20-24 岁	17	41.2	58.8	0.0
25-29 岁	21	33.3	52.4	14.3
30-34 岁	27	22.2	59.3	18.5
35-39 岁	25	44.0	32.0	24.0
40-44 岁	13	7.7	53.8	38.5
45-49 岁	14	7.1	85.7	7.1
50 岁以上	25	16.0	60.0	24.0
女性	**201**	**27.4**	**59.2**	**13.4**
16-19 岁	20	25.0	60.0	15.0
20-24 岁	26	23.1	53.8	23.1
25-29 岁	23	21.7	78.3	0.0
30-34 岁	37	24.3	67.6	8.1
35-39 岁	31	32.3	54.8	12.9
40-44 岁	20	30.0	55.0	15.0
45-49 岁	14	28.6	35.7	35.7
50 岁以上	30	33.3	56.7	10.0

● 广州（Guangzhou）

	人数	1	2	3
样本	**423**	**19.4**	**57.9**	**22.7**
男性	**171**	**23.4**	**57.9**	**18.7**
16-19 岁	15	26.7	46.7	26.7
20-24 岁	24	25.0	62.5	12.5
25-29 岁	26	30.8	53.8	15.4
30-34 岁	26	7.7	65.4	26.9
35-39 岁	27	29.6	55.6	14.8
40-44 岁	22	31.8	50.0	18.2
45-49 岁	12	8.3	66.7	25.0
50 岁以上	19	21.1	63.2	15.8
女性	**252**	**16.7**	**57.9**	**25.4**
16-19 岁	42	16.7	57.1	26.2
20-24 岁	41	12.2	58.5	29.3
25-29 岁	57	10.5	71.9	17.5
30-34 岁	34	29.4	58.8	11.8
35-39 岁	31	25.8	54.8	19.4
40-44 岁	22	13.6	36.4	50.0
45-49 岁	4	0.0	75.0	25.0
50 岁以上	21	14.3	42.9	42.9

● 重庆（Chongqing）

	人数	1	2	3
样本	**160**	**26.9**	**56.3**	**16.9**
男性	**63**	**28.6**	**49.2**	**22.2**
16-19 岁	6	83.3	0.0	16.7
20-24 岁	14	14.3	57.1	28.6
25-29 岁	11	36.4	45.5	18.2
30-34 岁	8	25.0	50.0	25.0
35-39 岁	7	42.9	57.1	0.0
40-44 岁	6	0.0	50.0	50.0
45-49 岁	5	0.0	100.0	0.0
50 岁以上	6	33.3	33.3	33.3
女性	**97**	**25.8**	**60.8**	**13.4**
16-19 岁	11	18.2	72.7	9.1
20-24 岁	26	26.9	53.8	19.2
25-29 岁	13	0.0	76.9	23.1
30-34 岁	11	18.2	72.7	9.1
35-39 岁	12	25.0	58.3	16.7
40-44 岁	9	77.8	11.1	11.1
45-49 岁	5	40.0	60.0	0.0
50 岁以上	10	20.0	80.0	0.0

4-6 样本总体、男性各年龄层、女性各年龄层是否是主要购买者 / Purchasers in the Household by the Whole Sample, Age and Gender Groups

● 北京（Beijing）

	人数	是购买者	不是购买者
样本	**302**	**67.9**	**32.1**
男性	**132**	**46.2**	**53.8**
16-19 岁	13	23.1	76.9
20-24 岁	19	36.8	63.2
25-29 岁	19	52.6	47.4
30-34 岁	17	64.7	35.3
35-39 岁	13	38.5	61.5
40-44 岁	21	38.1	61.9
45-49 岁	12	58.3	41.7
50 岁以上	18	55.6	44.4
女性	**170**	**84.7**	**15.3**
16-19 岁	14	50.0	50.0
20-24 岁	21	66.7	33.3
25-29 岁	24	83.3	16.7
30-34 岁	31	90.3	9.7
35-39 岁	27	96.3	3.7
40-44 岁	17	100.0	0.0
45-49 岁	13	92.3	7.7
50 岁以上	23	87.0	13.0

● 上海（Shanghai）

	人数	是购买者	不是购买者
样本	**302**	**71.5**	**28.5**
男性	**129**	**54.3**	**45.7**
16-19 岁	11	27.3	72.7
20-24 岁	14	50.0	50.0
25-29 岁	16	56.3	43.8
30-34 岁	23	60.9	39.1
35-39 岁	20	80.0	20.0
40-44 岁	12	33.3	66.7
45-49 岁	11	36.4	63.6
50 岁以上	22	59.1	40.9
女性	**173**	**84.4**	**15.6**
16-19 岁	16	37.5	62.5
20-24 岁	23	78.3	21.7
25-29 岁	20	100.0	0.0
30-34 岁	31	93.5	6.5
35-39 岁	26	100.0	0.0
40-44 岁	19	89.5	10.5
45-49 岁	13	92.3	7.7
50 岁以上	25	72.0	28.0

● 广州（Guangzhou）

	人数	是购买者	不是购买者
样本	**408**	**65.0**	**35.0**
男性	**166**	**48.8**	**51.2**
16-19 岁	14	28.6	71.4
20-24 岁	23	47.8	52.2
25-29 岁	26	42.3	57.7
30-34 岁	25	52.0	48.0
35-39 岁	23	73.9	26.1
40-44 岁	22	45.5	54.5
45-49 岁	13	38.5	61.5
50 岁以上	20	50.0	50.0
女性	**242**	**76.0**	**24.0**
16-19 岁	40	25.0	75.0
20-24 岁	41	70.7	29.3
25-29 岁	54	87.0	13.0
30-34 岁	33	97.0	3.0
35-39 岁	29	89.7	10.3
40-44 岁	22	90.9	9.1
45-49 岁	4	100.0	0.0
50 岁以上	19	84.2	15.8

● 重庆（Chongqing）

	人数	是购买者	不是购买者
样本	**150**	**78.7**	**21.3**
男性	**57**	**57.9**	**42.1**
16-19 岁	6	16.7	83.3
20-24 岁	12	58.3	41.7
25-29 岁	11	100.0	0.0
30-34 岁	7	42.9	57.1
35-39 岁	6	66.7	33.3
40-44 岁	6	66.7	33.3
45-49 岁	5	40.0	60.0
50 岁以上	4	25.0	75.0
女性	**93**	**91.4**	**8.6**
16-19 岁	11	81.8	18.2
20-24 岁	25	92.0	8.0
25-29 岁	12	91.7	8.3
30-34 岁	11	90.9	9.1
35-39 岁	12	100.0	0.0
40-44 岁	8	87.5	12.5
45-49 岁	4	100.0	0.0
50 岁以上	10	90.0	10.0

4-7 样本总体、男性各年龄层、女性各年龄层购买时的考虑因素 / Considerations in Purchasing by the Whole Sample, Age and Gender Groups

注：本题为多选题，合计百分比超过 100%（Multiple answers）

● 北京（Beijing）

	人数	有名的牌子	价格适中	购买方便	有优惠条件	朋友推荐	香味好	颜色好
样本	**383**	**35.5**	**37.1**	**14.9**	**2.3**	**2.1**	**40.2**	**0.5**
男性	**163**	**41.7**	**41.7**	**16.6**	**1.8**	**1.2**	**42.9**	**0.0**
16-19 岁	14	42.9	42.9	0.0	0.0	0.0	57.1	0.0
20-24 岁	21	42.9	23.8	4.8	4.8	0.0	61.9	0.0
25-29 岁	21	42.9	47.6	19.0	0.0	4.8	38.1	0.0
30-34 岁	28	32.1	32.1	10.7	3.6	0.0	50.0	0.0
35-39 岁	19	52.6	42.1	31.6	5.3	0.0	42.1	0.0
40-44 岁	24	45.8	29.2	29.2	0.0	4.2	37.5	0.0
45-49 岁	14	35.7	35.7	0.0	0.0	0.0	42.9	0.0
50 岁以上	22	40.9	81.8	27.3	0.0	0.0	18.2	0.0
女性	**220**	**30.9**	**33.6**	**13.6**	**2.7**	**2.7**	**38.2**	**0.9**
16-19 岁	17	47.1	29.4	0.0	0.0	0.0	76.5	0.0
20-24 岁	29	20.7	31.0	13.8	0.0	0.0	51.7	0.0
25-29 岁	32	37.5	15.6	9.4	6.3	6.3	37.5	0.0
30-34 岁	40	37.5	30.0	15.0	2.5	5.0	40.0	0.0
35-39 岁	34	35.3	35.3	17.6	0.0	0.0	20.6	2.9
40-44 岁	24	25.0	54.2	16.7	8.3	4.2	33.3	0.0
45-49 岁	18	16.7	38.9	16.7	0.0	0.0	38.9	0.0
50 岁以上	26	23.1	42.3	15.4	3.8	3.8	23.1	3.8

续上表（continued）

	人数	消毒杀菌	清洁力强	滋润效果	容易清洗	有特殊功能	只是由于习惯	其他
样本	**383**	**24.3**	**16.2**	**36.3**	**14.1**	**7.0**	**8.1**	**1.8**
男性	**163**	**21.5**	**14.7**	**28.2**	**11.0**	**6.7**	**7.4**	**0.6**
16-19 岁	14	35.7	14.3	50.0	7.1	0.0	7.1	0.0
20-24 岁	21	19.0	19.0	28.6	4.8	4.8	4.8	0.0
25-29 岁	21	9.5	4.8	28.6	14.3	9.5	14.3	0.0
30-34 岁	28	17.9	7.1	32.1	10.7	17.9	7.1	3.6
35-39 岁	19	26.3	10.5	26.3	10.5	0.0	0.0	0.0
40-44 岁	24	29.2	20.8	25.0	8.3	0.0	12.5	0.0
45-49 岁	14	21.4	21.4	21.4	28.6	7.1	7.1	0.0
50 岁以上	22	18.2	22.7	18.2	9.1	9.1	4.5	0.0
女性	**220**	**26.4**	**17.3**	**42.3**	**16.4**	**7.3**	**8.6**	**2.7**
16-19 岁	17	17.6	17.6	41.2	5.9	0.0	11.8	0.0
20-24 岁	29	27.6	13.8	51.7	10.3	3.4	6.9	3.4
25-29 岁	32	15.6	9.4	46.9	18.8	15.6	3.1	3.1
30-34 岁	40	32.5	15.0	50.0	15.0	7.5	5.0	0.0
35-39 岁	34	29.4	26.5	32.4	11.8	5.9	14.7	8.8
40-44 岁	24	25.0	16.7	41.7	25.0	8.3	0.0	0.0
45-49 岁	18	27.8	16.7	33.3	27.8	0.0	5.6	0.0
50 岁以上	26	30.8	23.1	34.6	19.2	11.5	23.1	3.8

● 上海（Shanghai）

	人数	有名的牌子	价格适中	购买方便	有优惠条件	朋友推荐	香味好	颜色好
样本	**353**	**36.8**	**27.8**	**11.9**	**3.1**	**5.9**	**33.7**	**1.4**
男性	**152**	**39.5**	**31.6**	**13.2**	**3.9**	**7.2**	**30.3**	**0.7**
16-19 岁	11	54.5	18.2	18.2	0.0	9.1	36.4	0.0
20-24 岁	17	41.2	23.5	5.9	0.0	17.6	41.2	0.0
25-29 岁	21	47.6	23.8	9.5	4.8	0.0	38.1	0.0
30-34 岁	26	38.5	42.3	23.1	3.8	11.5	23.1	0.0
35-39 岁	25	20.0	36.0	20.0	8.0	16.0	28.0	0.0
40-44 岁	13	23.1	38.5	0.0	0.0	0.0	23.1	0.0
45-49 岁	14	42.9	35.7	14.3	14.3	0.0	35.7	7.1
50 岁以上	25	52.0	28.0	8.0	0.0	0.0	24.0	0.0
女性	**201**	**34.8**	**24.9**	**10.9**	**2.5**	**5.0**	**36.3**	**2.0**
16-19 岁	20	5.0	15.0	5.0	0.0	5.0	55.0	5.0
20-24 岁	26	26.9	38.5	3.8	0.0	7.7	55.0	0.0
25-29 岁	23	47.8	26.1	17.4	8.7	4.3	39.1	4.3
30-34 岁	37	29.7	21.6	10.8	0.0	2.7	29.7	0.0
35-39 岁	31	41.9	32.3	9.7	6.5	3.2	32.3	0.0
40-44 岁	20	40.0	25.0	5.0	0.0	0.0	35.0	5.0
45-49 岁	14	21.4	21.4	35.7	7.1	0.0	35.7	0.0
50 岁以上	30	53.3	16.7	10.0	0.0	13.3	23.3	3.3

续上表（continued）

	人数	消毒杀菌	清洁力强	滋润效果	容易清洗	有特殊功能	只是由于习惯	其他
样本	**353**	**29.5**	**15.6**	**33.4**	**17.8**	**7.4**	**6.5**	**0.8**
男性	**152**	**28.9**	**20.4**	**28.3**	**15.8**	**5.9**	**6.6**	**0.7**
16-19 岁	11	9.1	36.4	18.2	27.3	9.1	0.0	0.0
20-24 岁	17	47.1	41.2	29.4	11.8	0.0	5.9	0.0
25-29 岁	21	28.6	19.0	23.8	9.5	4.8	9.5	0.0
30-34 岁	26	19.2	7.7	7.7	15.4	3.8	7.7	0.0
35-39 岁	25	32.0	24.0	36.0	16.0	4.0	4.0	0.0
40-44 岁	13	38.5	38.5	46.2	15.4	7.7	7.7	0.0
45-49 岁	14	21.4	14.3	42.9	14.3	21.4	0.0	0.0
50 岁以上	25	32.0	4.0	32.0	20.0	4.0	12.0	4.0
女性	**201**	**29.9**	**11.9**	**37.3**	**19.4**	**8.5**	**6.5**	**1.0**
16-19 岁	20	50.0	15.0	60.0	20.0	0.0	10.0	0.0
20-24 岁	26	26.9	15.4	46.2	15.4	0.0	7.7	0.0
25-29 岁	23	13.0	4.3	52.2	21.7	4.3	4.3	0.0
30-34 岁	37	32.4	13.5	40.5	27.0	8.1	5.4	0.0
35-39 岁	31	29.0	9.7	38.7	9.7	12.9	6.5	0.0
40-44 岁	20	35.0	25.0	20.0	15.0	30.0	15.0	0.0
45-49 岁	14	28.6	7.1	21.4	42.9	0.0	0.0	0.0
50 岁以上	30	26.7	6.7	16.7	13.3	10.0	3.3	6.7

● 广州（Guangzhou）

	人数	有名的牌子	价格适中	购买方便	有优惠条件	朋友推荐	香味好	颜色好
样本	**424**	**31.1**	**32.5**	**11.6**	**3.3**	**4.2**	**40.6**	**1.2**
男性	**172**	**35.5**	**33.7**	**16.9**	**3.5**	**3.5**	**27.9**	**0.0**
16-19 岁	15	0.0	33.3	6.7	0.0	0.0	26.7	0.0
20-24 岁	24	37.5	37.5	16.7	0.0	0.0	37.5	0.0
25-29 岁	26	34.6	38.5	23.1	11.5	7.7	15.4	0.0
30-34 岁	26	50.0	23.1	15.4	0.0	7.7	19.2	0.0
35-39 岁	27	37.0	33.3	18.5	11.1	7.4	37.0	0.0
40-44 岁	22	31.8	36.4	18.2	0.0	0.0	40.9	0.0
45-49 岁	12	41.7	50.0	16.7	0.0	0.0	16.7	0.0
50 岁以上	20	40.0	25.0	15.0	0.0	0.0	25.0	0.0
女性	**252**	**28.2**	**31.7**	**7.9**	**3.2**	**4.8**	**49.2**	**2.0**
16-19 岁	43	23.3	37.2	9.3	7.0	7.0	55.8	2.3
20-24 岁	41	29.3	22.0	9.8	2.4	9.8	53.7	0.0
25-29 岁	57	38.6	29.8	3.5	0.0	5.3	63.2	1.8
30-34 岁	34	32.4	29.4	8.8	8.8	0.0	29.4	2.9
35-39 岁	30	23.3	26.7	10.0	0.0	3.3	46.7	3.3
40-44 岁	22	18.2	22.7	9.1	4.5	0.0	50.0	0.0
45-49 岁	4	25.0	75.0	0.0	0.0	0.0	25.0	0.0
50 岁以上	21	19.0	57.1	9.5	0.0	4.8	28.6	4.8

续上表（continued）

	人数	消毒杀菌	清洁力强	滋润效果	容易清洗	有特殊功能	只是由于习惯	其他
样本	**424**	**27.8**	**17.5**	**39.2**	**10.4**	**6.4**	**7.5**	**1.2**
男性	**172**	**25.6**	**19.8**	**27.3**	**5.8**	**7.0**	**8.1**	**1.2**
16-19 岁	15	33.3	20.0	33.3	0.0	6.7	20.0	6.7
20-24 岁	24	25.0	16.7	25.0	0.0	4.2	20.8	4.2
25-29 岁	26	11.5	7.7	26.9	3.8	11.5	7.7	0.0
30-34 岁	26	19.2	15.4	34.6	7.7	3.8	7.7	0.0
35-39 岁	27	22.2	25.9	22.2	3.7	11.1	3.7	0.0
40-44 岁	22	50.0	18.2	31.8	4.5	4.5	0.0	0.0
45-49 岁	12	25.0	33.3	41.7	0.0	0.0	8.3	0.0
50 岁以上	20	25.0	30.0	10.0	25.0	10.0	0.0	0.0
女性	**252**	**29.4**	**15.9**	**47.2**	**13.5**	**6.0**	**7.1**	**1.2**
16-19 岁	43	30.2	11.6	46.5	14.0	2.3	4.7	2.3
20-24 岁	41	31.7	12.2	51.2	22.0	4.9	7.3	0.0
25-29 岁	57	26.3	15.8	56.1	3.5	5.3	8.8	0.0
30-34 岁	34	29.4	23.5	41.2	14.7	2.9	5.9	0.0
35-39 岁	30	26.7	10.0	60.0	13.3	10.0	10.0	3.3
40-44 岁	22	27.3	18.2	45.5	27.3	22.7	0.0	0.0
45-49 岁	4	25.0	25.0	25.0	25.0	0.0	25.0	0.0
50 岁以上	21	38.1	23.8	14.3	4.8	0.0	9.5	4.8

● 重庆（Chongqing）

	人数	有名的牌子	价格适中	购买方便	有优惠条件	朋友推荐	香味好	颜色好
样本	**160**	**36.3**	**25.6**	**10.0**	**3.8**	**8.1**	**37.5**	**3.1**
男性	**63**	**42.9**	**30.2**	**15.9**	**1.6**	**7.9**	**34.9**	**4.8**
16-19 岁	6	33.3	16.7	33.3	0.0	0.0	50.0	16.7
20-24 岁	14	42.9	28.6	7.1	0.0	14.3	50.0	0.0
25-29 岁	11	63.6	27.3	0.0	0.0	9.1	36.4	0.0
30-34 岁	8	50.0	25.0	37.5	0.0	0.0	25.0	0.0
35-39 岁	7	57.1	28.6	28.6	0.0	14.3	14.3	0.0
40-44 岁	6	33.3	16.7	16.7	16.7	16.7	33.3	16.7
45-49 岁	5	40.0	80.0	20.0	0.0	0.0	20.0	0.0
50 岁以上	6	0.0	33.3	0.0	0.0	0.0	33.3	16.7
女性	**97**	**32.0**	**22.7**	**6.2**	**5.2**	**8.2**	**39.2**	**2.1**
16-19 岁	11	45.5	0.0	0.0	18.2	9.1	45.5	0.0
20-24 岁	26	34.6	26.9	3.8	3.8	11.5	57.7	3.8
25-29 岁	13	30.8	23.1	0.0	0.0	7.7	15.4	0.0
30-34 岁	11	36.4	27.3	0.0	9.1	18.2	36.4	0.0
35-39 岁	12	25.0	16.7	16.7	0.0	0.0	33.3	0.0
40-44 岁	9	44.4	22.2	33.3	11.1	0.0	33.3	0.0
45-49 岁	5	20.0	40.0	0.0	0.0	0.0	40.0	0.0
50 岁以上	10	10.0	22.7	0.0	0.0	10.0	30.0	10.0

续上表（continued）

	人数	消毒杀菌	清洁力强	滋润效果	容易清洗	有特殊功能	只是由于习惯	其他
样本	**160**	**35.6**	**20.0**	**37.5**	**7.5**	**10.0**	**1.9**	**1.3**
男性	**63**	**39.7**	**22.2**	**28.6**	**6.3**	**6.3**	**3.2**	**1.6**
16-19 岁	6	50.0	0.0	0.0	0.0	0.0	0.0	0.0
20-24 岁	14	50.0	35.7	28.6	0.0	0.0	0.0	0.0
25-29 岁	11	36.4	27.3	18.2	18.2	0.0	9.1	0.0
30-34 岁	8	25.0	12.5	37.5	0.0	0.0	12.5	0.0
35-39 岁	7	57.1	0.0	57.1	0.0	0.0	0.0	14.3
40-44 岁	6	16.7	16.7	16.7	33.3	50.0	0.0	0.0
45-49 岁	5	40.0	20.0	20.0	0.0	0.0	0.0	0.0
50 岁以上	6	33.3	50.0	50.0	0.0	16.7	0.0	0.0
女性	**97**	**33.0**	**18.6**	**43.3**	**8.2**	**12.4**	**1.0**	**1.0**
16-19 岁	11	45.5	18.2	54.5	9.1	9.1	0.0	0.0
20-24 岁	26	15.4	15.4	50.0	3.8	11.5	3.8	0.0
25-29 岁	13	46.2	7.7	46.2	7.7	30.8	0.0	0.0
30-34 岁	11	45.5	0.0	45.5	0.0	0.0	0.0	0.0
35-39 岁	12	25.0	41.7	41.7	25.0	8.3	0.0	0.0
40-44 岁	9	33.3	22.2	22.2	11.1	0.0	0.0	0.0
45-49 岁	5	60.0	20.0	20.0	0.0	20.0	0.0	0.0
50 岁以上	10	30.0	30.0	40.0	10.0	20.0	0.0	10.0

4-8 样本总体、男性各年龄层、女性各年龄层的购买地点 / Settings of Purchasing by the Whole Sample, Age and Gender Groups

注：本题为多选题，合计百分比超过 100%（Multiple answers）

● 北京（Beijing）

	人数	地摊	附近小商店	平价/仓储市场	超市	百货公司/购物中心	传销/直销	电话购买	其他
样本	**383**	**0.5**	**21.4**	**39.2**	**39.9**	**49.6**	**3.7**	**0.3**	**3.1**
男性	**163**	**1.2**	**29.4**	**33.7**	**33.7**	**51.5**	**2.5**	**0.6**	**3.7**
16-19 岁	14	0.0	28.6	28.6	28.6	71.4	0.0	0.0	7.1
20-24 岁	21	0.0	19.0	28.6	57.1	33.3	4.8	0.0	4.8
25-29 岁	21	0.0	19.0	23.8	52.4	38.1	4.8	0.0	0.0
30-34 岁	28	3.6	39.3	25.0	28.6	50.0	3.6	3.6	7.1
35-39 岁	19	5.3	42.1	42.1	31.6	52.6	0.0	0.0	5.3
40-44 岁	24	0.0	25.0	33.3	8.3	62.5	0.0	0.0	4.2
45-49 岁	14	0.0	28.6	42.9	28.6	57.1	7.1	0.0	0.0
50 岁以上	22	0.0	31.8	50.0	36.4	54.5	0.0	0.0	0.0
女性	**220**	**0.0**	**15.5**	**43.2**	**44.5**	**48.2**	**4.5**	**0.0**	**2.7**
16-19 岁	17	0.0	5.9	47.1	76.5	41.2	0.0	0.0	0.0
20-24 岁	29	0.0	17.2	31.0	51.7	48.3	3.4	0.0	3.4
25-29 岁	32	0.0	9.4	56.3	43.8	46.9	6.3	0.0	0.0
30-34 岁	40	0.0	15.0	42.5	42.5	47.5	7.5	0.0	2.5
35-39 岁	34	0.0	17.6	52.9	32.4	52.9	2.9	0.0	2.9
40-44 岁	24	0.0	20.8	41.7	33.3	54.2	4.2	0.0	4.2
45-49 岁	18	0.0	11.1	33.3	38.9	61.1	5.6	0.0	5.6
50 岁以上	26	0.0	23.1	34.6	50.0	34.6	3.8	0.0	3.8

● 上海（Shanghai）

	人数	地摊	附近小商店	平价/仓储市场	超市	百货公司/购物中心	传销/直销	电话购买	其他
样本	**353**	**0.0**	**17.3**	**6.8**	**79.3**	**43.3**	**4.2**	**0.3**	**1.4**
男性	**151**	**0.0**	**22.5**	**9.3**	**76.8**	**42.4**	**4.6**	**0.0**	**1.3**
16-19 岁	11	0.0	18.2	18.2	54.5	27.3	18.2	0.0	0.0
20-24 岁	17	0.0	23.5	0.0	76.5	35.3	5.9	0.0	5.9
25-29 岁	21	0.0	19.0	4.8	81.0	42.9	4.8	0.0	0.0
30-34 岁	26	0.0	26.9	7.7	76.9	42.3	0.0	0.0	0.0
35-39 岁	24	0.0	25.0	16.7	75.0	37.5	0.0	0.0	0.0
40-44 岁	13	0.0	7.7	15.4	76.9	76.9	7.7	0.0	0.0
45-49 岁	14	0.0	57.1	7.1	92.9	14.3	7.1	0.0	0.0
50 岁以上	25	0.0	8.0	8.0	76.0	56.0	4.0	0.0	4.0
女性	**202**	**0.0**	**13.4**	**5.0**	**81.2**	**44.1**	**4.0**	**0.5**	**1.5**
16-19 岁	20	0.0	15.0	5.0	70.0	30.0	10.0	0.0	5.0
20-24 岁	26	0.0	7.7	3.8	84.6	61.5	7.7	0.0	0.0
25-29 岁	23	0.0	17.4	0.0	95.7	47.8	0.0	0.0	0.0
30-34 岁	37	0.0	16.2	8.1	67.6	48.6	0.0	0.0	2.7
35-39 岁	32	0.0	9.4	3.1	87.5	46.9	3.1	0.0	3.1
40-44 岁	20	0.0	20.0	10.0	85.0	35.0	0.0	5.0	0.0
45-49 岁	14	0.0	28.6	7.1	78.6	35.7	0.0	0.0	0.0
50 岁以上	30	0.0	3.3	3.3	83.3	36.7	10.0	0.0	0.0

● 广州（Guangzhou）

	人数	地摊	附近小商店	平价/仓储市场	超市	百货公司/购物中心	传销/直销	电话购买	其他
样本	**415**	**0.7**	**13.7**	**11.8**	**48.2**	**71.1**	**3.1**	**0.2**	**1.9**
男性	**168**	**0.0**	**17.9**	**14.3**	**41.7**	**65.5**	**3.0**	**0.0**	**1.8**
16-19 岁	14	0.0	28.6	7.1	21.4	57.1	7.1	0.0	0.0
20-24 岁	23	0.0	26.1	17.4	34.8	65.2	0.0	0.0	4.3
25-29 岁	26	0.0	19.2	11.5	57.7	61.5	0.0	0.0	3.8
30-34 岁	24	0.0	8.3	8.3	45.8	75.0	0.0	0.0	0.0
35-39 岁	26	0.0	30.8	19.2	38.5	57.7	7.7	0.0	3.8
40-44 岁	22	0.0	9.1	13.6	50.0	77.3	0.0	0.0	0.0
45-49 岁	13	0.0	0.0	30.8	53.8	53.8	7.7	0.0	0.0
50 岁以上	20	0.0	15.0	10.0	25.0	70.0	5.0	0.0	0.0
女性	**247**	**1.2**	**10.9**	**10.1**	**52.6**	**74.9**	**3.2**	**0.4**	**2.0**
16-19 岁	42	0.0	4.8	4.8	64.3	85.7	2.4	0.0	0.0
20-24 岁	40	0.0	10.0	7.5	75.0	72.5	2.5	2.5	0.0
25-29 岁	57	3.5	8.8	12.3	61.4	71.9	1.8	0.0	1.8
30-34 岁	31	0.0	16.1	16.1	41.9	67.7	0.0	0.0	3.2
35-39 岁	30	3.3	10.0	10.0	30.0	66.7	13.3	0.0	3.3
40-44 岁	22	0.0	9.1	13.6	31.8	86.4	0.0	0.0	0.0
45-49 岁	4	0.0	50.0	25.0	25.0	75.0	0.0	0.0	0.0
50 岁以上	21	0.0	19.0	4.8	38.1	76.2	4.8	0.0	9.5

● 重庆（Chongqing）

	人数	地摊	附近小商店	平价/仓储市场	超市	百货公司/购物中心	传销/直销	电话购买	其他
样本	**158**	**0.6**	**19.6**	**11.4**	**33.5**	**70.9**	**6.3**	**0.0**	**1.9**
男性	**62**	**1.6**	**25.8**	**14.5**	**30.6**	**71.0**	**9.7**	**0.0**	**3.2**
16-19 岁	6	0.0	16.7	0.0	33.3	100.0	0.0	0.0	0.0
20-24 岁	14	0.0	7.1	14.3	35.7	71.4	14.3	0.0	14.3
25-29 岁	11	0.0	18.2	18.2	45.5	63.6	18.2	0.0	0.0
30-34 岁	8	12.5	50.0	12.5	37.5	50.0	0.0	0.0	0.0
35-39 岁	6	0.0	66.7	0.0	16.7	66.7	0.0	0.0	0.0
40-44 岁	6	0.0	33.3	0.0	50.0	83.3	0.0	0.0	0.0
45-49 岁	5	0.0	20.0	40.0	0.0	60.0	20.0	0.0	0.0
50 岁以上	6	0.0	16.7	33.3	0.0	83.3	16.7	0.0	0.0
女性	**96**	**0.0**	**15.6**	**9.4**	**35.4**	**70.8**	**4.2**	**0.0**	**1.0**
16-19 岁	11	0.0	9.1	9.1	27.3	90.9	0.0	0.0	0.0
20-24 岁	25	0.0	8.0	12.0	56.0	72.0	4.0	0.0	0.0
25-29 岁	13	0.0	0.0	15.4	46.2	69.2	0.0	0.0	0.0
30-34 岁	11	0.0	18.2	9.1	27.3	54.5	18.2	0.0	0.0
35-39 岁	12	0.0	16.7	16.7	25.0	75.0	0.0	0.0	0.0
40-44 岁	9	0.0	55.6	0.0	33.3	55.6	0.0	0.0	0.0
45-49 岁	5	0.0	20.0	0.0	20.0	60.0	0.0	0.0	20.0
50 岁以上	10	0.0	20.0	0.0	10.0	80.0	10.0	0.0	0.0

4-9 家中该类商品的主要来源 / Sources of Obtaining the Products

● 北京（Beijing）

	人数	百分比
自家购买	303	79.1
单位发的	73	19.1
别人送的	7	1.8
其他	0	0.0

n=383

● 上海（Shanghai）

	人数	百分比
自家购买	300	85.0
单位发的	40	11.3
别人送的	9	2.5
其他	4	1.1

n=353

● 广州（Guangzhou）

	人数	百分比
自家购买	403	95.7
单位发的	10	2.4
别人送的	7	1.7
其他	1	0.2

n=421

● 重庆（Chongqing）

	人数	百分比
自家购买	151	94.4
单位发的	7	4.4
别人送的	2	1.3
其他	0	0.0

n=160

4-10 北京不同消费群最常用品牌 / The Most Frequently Used Brands by Beijing Market Segments

	人数	第一品牌及百分比	第二品牌及百分比	第三品牌及百分比
样本	**380**	**力士 34.7**	**舒肤佳 16.8**	**六神 12.4**
第一消费群	94	力士 30.9	六神 16.0	舒肤佳 12.8
第二消费群	56	力士 33.9	舒肤佳 19.6	六神 12.5
第三消费群	62	力士 29.0	舒肤佳 19.4	六神 12.9
第四消费群	5	力士 40.0	舒肤佳 20.0 棕榄 20.0	
第五消费群	90	力士 44.4	舒肤佳 21.1	六神 8.9
第六消费群	73	力士 32.9	舒肤佳 12.3 六神 12.3	爽爽牛奶 11.0

注：北京消费群的代表特征 / Characteristics of the Beijing Market Segments

		第一消费群	第二消费群	第三消费群	第四消费群	第五消费群	第六消费群
基本情况	性别	女	男	无明显偏向	男	无明显偏向	女
	年龄	30 — 34 岁	25 — 29 岁	35 — 44 岁	无明显偏向	16 — 24 岁	45 岁以上
	学历	大专/大本	大本	初中	大本及研究生	高中/中专/技校	初中及以下
	职业	科教卫生人员	一般企业职员	工人	管理人员/专门职业从事者/个体及私营企业主	学生	离退休人员
	月均收入	801 — 1500 元	1501 — 4000 元	800 元以下	4000 元以上	无收入	800 元以下
	婚姻	已婚	无明显偏向	已婚	已婚或离异	未婚	已婚
心理取向		注重学历 非积极进取	不循规传统 非单一电视娱乐	非田园倾向 新女性主张 金钱本位	注重经验 大男子主义 不保守稳定	非“大男子主义” 追随流行	非“新女性主张” 非浪漫新潮 单一电视娱乐

4-11 上海不同消费群最常用品牌 / The Most Frequently Used Brands by Shanghai Market Segments

	人数	第一品牌及百分比	第二品牌及百分比	第三品牌及百分比
样本	**353**	**六神 33.1**	**力士 31.4**	**舒肤佳 19.3**
第一消费群	93	六神 37.6	力士 30.1	舒肤佳 18.3
第二消费群	56	力士 35.7	六神 21.4	舒肤佳 19.6
第三消费群	5	六神 60.0	卫宝 20.0	
第四消费群	62	舒肤佳 32.3 六神 32.3	力士 25.8	
第五消费群	41	力士 26.8	舒肤佳 24.4 六神 24.4	安利 4.9
第六消费群	96	六神 38.5	力士 37.5	舒肤佳 10.4

注：上海消费群的代表特征 / Characteristics of the Shanghai Market Segments

		第一消费群	第二消费群	第三消费群	第四消费群	第五消费群	第六消费群
基本情况	性别	无明显偏向	男	男	女	女	无明显偏向
	年龄	45 岁以上	20 — 29 岁	25 — 34 岁	35 — 44 岁	16 — 24 岁	30 — 39 岁
	学历	大本及以上	大专/大本	大专	初中及以下	高中/中专/技校	高中/中专/技校
	职业	科教卫生人员/离退休人员	一般企业职员	行政管理人员/个体及私营企业主/专门职业从事者	工人/下岗人员	学生	一般企业职员
	月均收入	801 — 1500 元	1001 — 3000 元	3000 元以上	800 元以下	无收入	1001 — 2000 元
	婚姻	已婚	未婚	未婚	已婚	未婚	已婚
心理取向		非浪漫时尚 非金钱本位 保守稳定	非家庭重心 田园倾向 休闲独立	不保守稳定 奔波忙碌 浪漫时尚	金钱本位 家庭重心 注重学历	新家庭观念 非休闲独立	不积极进取 不奔波忙碌

4-12 广州不同消费群最常用品牌 / The Most Frequently Used Brands by Guangzhou Market Segments

	人数	第一品牌及百分比	第二品牌及百分比	第三品牌及百分比
样本	**411**	**肤安 25.8**	**力士 21.2**	**花王 9.5**
第一消费群	68	肤安 23.5	力士 17.6	舒肤佳 10.3
第二消费群	66	肤安 33.3	力士 16.7	花王 10.6
第三消费群	80	力士 21.3	肤安 16.3	强生 12.5
第四消费群	77	肤安 29.9	力士 24.7	花王 10.4
第五消费群	63	肤安 31.7	力士 22.2	六神 9.5
第六消费群	57	力士 24.6	肤安 21.1	花王 10.5

注：广州消费群的代表特征 / Characteristics of the Guangzhou Market Segments

		第一消费群	第二消费群	第三消费群	第四消费群	第五消费群	第六消费群
基本情况	性别	女	无明显偏向	女	男	女	男
	年龄	16 — 19 岁	40 岁以上	20 — 24 岁	35 — 44 岁	30 — 34 岁	25 — 29 岁
	学历	高中/中专/技校	无明显偏向	高中/中专/技校/大专	初中/高中/中专/技校	初中及以下	大专及以上
	职业	学生	工人	学生/待业人员	个体及私营企业主	家庭主妇	企业职员/管理人员/科教卫生人员/专门职业者
	月均收入	无收入	1500 元以下	无收入	801 — 1500 元	800 元以下	2000 元以上
	婚姻	未婚	已婚	未婚	已婚	已婚	无明显偏向
心理取向		不固守中式生活 田园倾向 非大男子主义	非新女性主张 不追随流行 非积极进取	独立自主 追随流行	积极进取 大男子主义 中式生活	单一电视娱乐 非独立自主 保守稳定	非单一电视娱乐 非家庭重心

4-13 重庆不同消费群最常用品牌 / The Most Frequently Used Brands by Chongqing Market Segments

	人数	第一品牌及百分比	第二品牌及百分比	第三品牌及百分比
样本	**155**	**力士 27.1**	**舒肤佳 14.8**	**李氏 7.7 六神 7.7**
第一消费群	36	力士 33.3	舒肤佳 22.2	六神 8.3
第二消费群	37	力士 35.1	舒肤佳 8.1 李氏 8.1	肤安 5.4
第三消费群	40	六神 22.5	舒肤佳 12.5 力士 12.5	强生 7.5
第四消费群	13	力士 23.1 安利 23.1	舒肤佳 15.4	雅蜜 7.7 蒙丽珠 7.7 多芬 7.7
第五消费群	19	力士 21.1 李氏 21.1	舒肤佳 15.8	安利 5.3 肤安 5.3 多芬 5.3
第六消费群	10	力士 50.0	力士 20.0	李氏 10.0 QP 10.0

注：重庆消费群的代表特征 / Characteristics of the Chongqing Market Segments

		第一消费群	第二消费群	第三消费群	第四消费群	第五消费群	第六消费群
基本情况	性别	无明显偏向	无明显偏向	无明显偏向	无明显偏向	无明显偏向	女
	年龄	16 — 19 岁	45 岁以上	20 — 29 岁	30 — 34 岁	40 岁以上	25 — 29 岁
	学历	高中/中专/技校	高中/中专/技校	大专/大本	高中/中专/技校/大本以上	初中及以下	初中
	职业	学生	行政管理人员/离退休人员	科教卫生人员/一般企业职员	个体及私营企业主	工人	专门职业从事者 下岗及其他
	月均收入	无收入	501 — 800 元	801 — 1500 元	1500 元以上	500 元以下	1001 — 1500 元
	婚姻	未婚	已婚	无明显偏向	已婚	已婚	已婚或离异
心理取向		浪漫新潮 注重学历 非现实家庭观	循规传统 奔波忙碌 保守稳定	新女性主张 非功利心态	功利心态 现实家庭观 都市情结	非浪漫新潮 非独立休闲	非新女性主张 不循规传统 独立休闲

5 洗衣粉 / Laundry Detergent

5-1 最常用品牌排名 / Ranking of the Most Frequently Used Brands

● 北京（Beijing）

排名	品	牌	人数	百分比
1	熊猫	Panda	144	24.1
2	活力 28	Power 28	137	22.9
3	碧浪	Ariel	104	17.4
4	奥妙	OMO	84	14.1
5	宝莹	Persil	35	5.9
6	白猫	White Cat	26	4.4
7	汰渍	Tide	25	4.2

n=597

● 上海（Shanghai）

排名	品	牌	人数	百分比
1	佳美	Jiamei	191	32.0
2	白猫	White Cat	190	31.9
3	奥妙	OMO	177	29.7
4	美加净	Maxam	8	1.3
5	宝莹	Persil	6	1.0

n=596

● 广州（Guangzhou）

排名	品	牌	人数	百分比
1	高富力	GFL	360	60.7
2	奥妙	OMO	52	8.8
3	汰渍	Tide	41	6.9
4	立白	Libai	32	5.4
5	白猫	White Cat	30	5.1
6	碧浪	Ariel	28	4.7

n=593

● 重庆（Chongqing）

排名	品	牌	人数	百分比
1	汰渍	Tide	146	24.4
2	蜀秀	Shuxiu	110	18.4
3	奥妙	OMO	98	16.4
4	碧浪	Ariel	86	14.4
5	活力 28	Power 28	50	8.4
6	白猫	White Cat	32	5.4
7	威白	Wipp	18	3.0
7	3721	3721	18	3.0

n=598

5-2 理想品牌排名 / Ranking of the Ideal Brands

● 北京（Beijing）

排名	品	牌	人数	百分比
1	活力 28	Power 28	129	21.5
2	碧浪	Ariel	113	18.8
3	熊猫	Panda	107	17.8
4	奥妙	OMO	99	16.5
5	宝莹	Persil	42	7.0
6	白猫	White Cat	22	3.7
7	汰渍	Tide	19	3.2
8	威白	Wipp	15	2.5

n=600

● 上海（Shanghai）

排名	品	牌	人数	百分比
1	奥妙	OMO	240	40.0
2	白猫	White Cat	174	29.0
3	佳美	Jiamei	141	23.5
4	宝莹	Persil	8	1.3
4	美加净	Maxam	8	1.3
6	碧浪	Ariel	7	1.2
7	裕华	Yuhua	6	1.0

n=600

● 广州（Guangzhou）

排名	品	牌	人数	百分比
1	高富力	GFL	289	48.2
2	奥妙	OMO	65	10.8
3	碧浪	Ariel	60	10.0
4	汰渍	Tide	47	7.8
5	白猫	White Cat	29	4.8
6	立白	Libai	28	4.7

n=600

● 重庆（Chongqing）

排名	品	牌	人数	百分比
1	汰渍	Tide	149	24.8
2	奥妙	OMO	128	21.3
3	碧浪	Ariel	96	16.0
4	蜀秀	Shuxiu	51	8.5
5	活力 28	Power 28	49	8.2
6	3721	3721	25	4.2
7	白猫	White Cat	24	4.0

n=600

5-3 样本总体、男性各年龄层、女性各年龄层的理想品牌 / The Ideal Brands by the Whole Sample, Age and Gender Groups

● 北京（Beijing）

	人数	第一品牌及百分比	第二品牌及百分比	第三品牌及百分比
样本	**600**	**活力 28 21.5**	**碧浪 18.8**	**熊猫 17.8**
男性	**298**	**活力 28 22.8**	**熊猫 21.8**	**碧浪 18.1**
16-19 岁	26	熊猫 26.9 奥妙 26.9	碧浪 19.2	活力 28 7.7 宝莹 7.7
20-24 岁	36	奥妙 25.0	活力 28 22.2	熊猫 16.7
25-29 岁	41	碧浪 29.3	熊猫 22.0	活力 28 17.1
30-34 岁	47	熊猫 27.7	碧浪 21.3	活力 28 17.0
35-39 岁	43	活力 28 27.9	奥妙 16.3	熊猫 11.6
40-44 岁	42	活力 28 31.0	碧浪 23.8	熊猫 21.4
45-49 岁	24	熊猫 29.2	活力 28 20.8 碧浪 20.8 奥妙 20.8	宝莹 4.2
50 岁以上	39	活力 28 33.3	熊猫 23.1	碧浪 10.3
女性	**302**	**活力 28 20.2**	**碧浪 19.5**	**奥妙 18.5**
16-19 岁	23	碧浪 21.7	熊猫 17.4 奥妙 17.4	宝莹 13.0
20-24 岁	35	碧浪 22.9	熊猫 20.0	奥妙 17.1
25-29 岁	36	活力 28 25.0	奥妙 19.4	碧浪 16.7 宝莹 16.7
30-34 岁	49	活力 28 20.4	碧浪 18.4 熊猫 18.4	奥妙 16.3
35-39 岁	45	活力 28 33.3	碧浪 31.1	熊猫 8.9 宝莹 8.9 奥妙 8.9
40-44 岁	40	奥妙 27.5	活力 28 17.5	碧浪 12.5 熊猫 12.5
45-49 岁	26	活力 28 23.1	碧浪 19.2	奥妙 15.4 宝莹 15.4
50 岁以上	48	奥妙 25.0	活力 28 18.8	碧浪 14.6 熊猫 14.6

● 上海（Shanghai）

	人数	第一品牌及百分比	第二品牌及百分比	第三品牌及百分比
样本	**600**	**奥妙 40.0**	**白猫 29.0**	**佳美 23.5**
男性	**307**	**奥妙 37.8**	**白猫 34.9**	**佳美 20.8**
16-19 岁	22	奥妙 36.4	白猫 31.8	佳美 27.3
20-24 岁	34	奥妙 50.0	白猫 23.5	佳美 14.7
25-29 岁	42	奥妙 45.2	白猫 38.1	佳美 11.9
30-34 岁	56	白猫 39.3	奥妙 35.7	佳美 16.1
35-39 岁	51	白猫 39.2	奥妙 33.3	佳美 21.6
40-44 岁	31	奥妙 38.7	佳美 32.3	白猫 25.8
45-49 岁	26	白猫 46.2	奥妙 34.6	佳美 19.2
50 岁以上	45	奥妙 31.1 白猫 31.1	佳美 28.9	碧浪 2.2 美加净 2.2
女性	**293**	**奥妙 42.3**	**佳美 26.3**	**白猫 22.9**
16-19 岁	24	奥妙 62.5	白猫 20.8	佳美 12.5
20-24 岁	32	奥妙 71.9	佳美 6.3 白猫 6.3	宝莹 3.1 安利 3.1 丝白 3.1 雕牌 3.1
25-29 岁	37	奥妙 51.4	佳美 21.6 白猫 21.6	碧浪 2.7
30-34 岁	50	佳美 36.0	奥妙 28.0	白猫 25.0
35-39 岁	44	佳美 36.4	奥妙 31.8	白猫 25.0
40-44 岁	35	奥妙 45.7	佳美 31.4	白猫 20.0
45-49 岁	23	白猫 34.8	奥妙 30.4	佳美 26.1
50 岁以上	48	奥妙 33.3	佳美 27.1 白猫 27.1	美加净 6.3

● 广州（Guangzhou）

	人数	第一品牌及百分比	第二品牌及百分比	第三品牌及百分比
样本	**600**	**高富力 48.2**	**奥妙 10.8**	**碧浪 10.0**
男性	**282**	**高富力 53.5**	**奥妙 9.9**	**碧浪 7.8**
16-19 岁	30	高富力 53.3	白猫 10.0	立白 6.7
20-24 岁	36	高富力 47.2	汰渍 11.1	奥妙 8.3
25-29 岁	35	高富力 60.0	碧浪 14.3	奥妙 5.7　汰渍 5.7
30-34 岁	34	高富力 41.2	奥妙 17.6	碧浪 14.7
35-39 岁	40	高富力 60.0	奥妙 20.0	碧浪 7.5
40-44 岁	41	高富力 65.9	奥妙 7.3	碧浪 4.9
45-49 岁	26	高富力 50.0	汰渍 11.5	碧浪 7.7
50 岁以上	40	高富力 47.5	奥妙 10.0　立白 10.0	碧浪 7.5　白猫 7.5
女性	**318**	**高富力 43.4**	**碧浪 11.9**	**奥妙 11.6**
16-19 岁	50	高富力 32.0	碧浪 18.0	奥妙 14.0
20-24 岁	46	高富力 37.0	汰渍 17.4	奥妙 15.2
25-29 岁	63	高富力 47.6	奥妙 14.3	碧浪 9.5　汰渍 8.5
30-34 岁	46	高富力 47.8	奥妙 8.7　碧浪 8.7 白猫 8.7	立白 6.5
35-39 岁	41	高富力 48.8	奥妙 9.8　碧浪 9.8 汰渍 9.8	立白 4.9　白猫 4.9
40-44 岁	30	高富力 46.7	碧浪 13.3	奥妙 10.0　汰渍 10.0
45-49 岁	13	高富力 53.8	奥妙 7.7　碧浪 7.7 汰渍 7.7　斧头 7.7	
50 岁以上	29	高富力 41.4	碧浪 17.2	汰渍 13.8

● 重庆（Chongqing）

	人数	第一品牌及百分比	第二品牌及百分比	第三品牌及百分比
样本	**600**	**汰渍 24.8**	**奥妙 21.3**	**碧浪 16.0**
男性	**308**	**汰渍 24.4**	**奥妙 18.8**	**碧浪 16.2**
16-19 岁	43	汰渍 25.6	奥妙 23.3	活力 28 11.6
20-24 岁	53	碧浪 22.6	汰渍 20.8　奥妙 20.8	活力 28 7.5
25-29 岁	43	汰渍 39.5	碧浪 20.9	奥妙 9.3
30-34 岁	38	汰渍 18.4　奥妙 18.4 碧浪 18.4	蜀秀 15.8	活力 28 13.2
35-39 岁	39	奥妙 25.6	汰渍 20.5　碧浪 20.5	蜀秀 12.8
40-44 岁	30	汰渍 23.3	碧浪 20.0	活力 28 13.3　奥妙 13.3 蜀秀 13.3
45-49 岁	25	汰渍 20.0　奥妙 20.0	蜀秀 16.0	活力 28 12.0
50 岁以上	37	汰渍 24.5	奥妙 18.9	活力 28 16.2　蜀秀 16.2
女性	**292**	**汰渍 25.3**	**奥妙 24.0**	**碧浪 15.8**
16-19 岁	43	汰渍 27.9　奥妙 27.9	碧浪 20.9	白猫 4.7
20-24 岁	53	汰渍 32.1	奥妙 24.5	碧浪 15.1
25-29 岁	32	汰渍 28.1	奥妙 21.9	活力 28 15.6
30-34 岁	33	奥妙 27.3	汰渍 24.2	碧浪 18.2
35-39 岁	35	奥妙 22.9　碧浪 22.9	蜀秀 14.3	活力 28 11.4　汰渍 11.4
40-44 岁	32	汰渍 28.1	奥妙 25.0	蜀秀 12.5
45-49 岁	27	汰渍 22.2　奥妙 22.2	碧浪 18.5	蜀秀 7.4
50 岁以上	37	汰渍 24.3	奥妙 18.9	碧浪 10.8　蜀秀 10.8 活力 28 10.8

5-4 样本总体、男性各年龄层、女性各年龄层的使用方式 / Ways of Using the Products by the Whole Sample, Age and Gender Groups

● 北京（Beijing）

	人数	个人专用	与家人共用
样本	**596**	**3.0**	**97.0**
男性	**297**	**3.0**	**97.0**
16-19 岁	26	3.8	96.2
20-24 岁	36	2.8	97.2
25-29 岁	41	7.3	92.7
30-34 岁	47	4.3	95.7
35-39 岁	43	0.0	100.0
40-44 岁	42	2.4	97.6
45-49 岁	24	0.0	100.0
50 岁以上	38	2.6	97.4
女性	**299**	**3.0**	**97.0**
16-19 岁	22	0.0	100.0
20-24 岁	34	2.9	97.1
25-29 岁	36	0.0	100.0
30-34 岁	49	2.0	98.0
35-39 岁	44	0.0	100.0
40-44 岁	40	2.5	97.5
45-49 岁	26	3.8	96.2
50 岁以上	48	10.4	89.6

● 上海（Shanghai）

	人数	个人专用	与家人共用
样本	**586**	**2.4**	**97.6**
男性	**299**	**2.0**	**98.0**
16-19 岁	21	0.0	100.0
20-24 岁	31	3.2	96.8
25-29 岁	42	4.8	95.2
30-34 岁	55	1.8	98.2
35-39 岁	50	2.0	98.0
40-44 岁	30	0.0	100.0
45-49 岁	25	4.0	96.0
50 岁以上	45	0.0	100.0
女性	**287**	**2.8**	**97.2**
16-19 岁	23	4.3	95.7
20-24 岁	30	0.0	100.0
25-29 岁	36	0.0	100.0
30-34 岁	49	10.2	89.8
35-39 岁	44	2.3	97.7
40-44 岁	35	0.0	100.0
45-49 岁	23	0.0	100.0
50 岁以上	47	2.1	97.9

● 广州（Guangzhou）

	人数	个人专用	与家人共用
样本	**590**	**3.4**	**96.6**
男性	**278**	**4.0**	**96.0**
16-19 岁	30	3.3	96.7
20-24 岁	36	0.0	100.0
25-29 岁	35	11.4	88.6
30-34 岁	32	6.3	93.8
35-39 岁	39	7.7	92.3
40-44 岁	41	0.0	100.0
45-49 岁	26	0.0	100.0
50 岁以上	39	2.6	97.4
女性	**312**	**2.9**	**97.1**
16-19 岁	48	4.2	95.8
20-24 岁	46	2.2	97.8
25-29 岁	61	1.6	98.4
30-34 岁	46	8.7	91.3
35-39 岁	41	0.0	100.0
40-44 岁	30	0.0	100.0
45-49 岁	13	0.0	100.0
50 岁以上	27	3.7	96.3

● 重庆（Chongqing）

	人数	个人专用	与家人共用
样本	**596**	**3.7**	**96.3**
男性	**306**	**3.9**	**96.1**
16-19 岁	43	0.0	100.0
20-24 岁	53	1.9	98.1
25-29 岁	42	14.3	85.7
30-34 岁	38	2.6	97.4
35-39 岁	38	2.6	97.4
40-44 岁	30	3.3	96.7
45-49 岁	25	4.0	96.0
50 岁以上	37	2.7	97.3
女性	**290**	**3.4**	**96.6**
16-19 岁	43	7.0	93.0
20-24 岁	53	5.7	94.3
25-29 岁	31	6.5	93.5
30-34 岁	33	0.0	100.0
35-39 岁	35	0.0	100.0
40-44 岁	31	0.0	100.0
45-49 岁	27	0.0	100.0
50 岁以上	37	5.4	94.6

5-5 样本总体、男性各年龄层、女性各年龄层的品牌习惯 / Brand Habit in Using the Products by the Whole Sample, Age and Gender Groups

注：1=平时固定使用一个牌子，从不更改（Used in only one brand）
2=比较固定的用一两个牌子，有时会换一下（Used in one or two brands）
3=基本上没有固定，随机购买（No brand preference）

● 北京（Beijing）

	人数	1	2	3
样本	**598**	**13.4**	**73.2**	**13.4**
男性	**296**	**16.9**	**69.6**	**13.5**
16-19岁	26	19.2	65.4	15.4
20-24岁	35	25.7	60.0	14.3
25-29岁	41	12.2	65.9	22.0
30-34岁	46	19.6	71.7	8.7
35-39岁	43	14.0	62.8	23.3
40-44岁	42	9.5	78.6	11.9
45-49岁	24	16.7	79.2	4.2
50岁以上	39	20.5	74.4	5.1
女性	**302**	**9.9**	**76.8**	**13.2**
16-19岁	23	4.3	82.6	13.0
20-24岁	35	8.6	71.4	20.0
25-29岁	36	0.0	80.6	19.4
30-34岁	49	8.2	79.6	12.2
35-39岁	45	11.1	84.4	4.4
40-44岁	40	12.5	75.0	12.5
45-49岁	26	3.8	73.1	23.1
50岁以上	48	22.9	68.8	8.3

● 上海（Shanghai）

	人数	1	2	3
样本	**595**	**28.4**	**66.7**	**4.9**
男性	**303**	**31.7**	**64.0**	**4.3**
16-19岁	22	31.8	59.1	9.1
20-24岁	34	35.3	61.8	2.9
25-29岁	42	33.3	66.7	0.0
30-34岁	55	30.9	63.6	5.5
35-39岁	50	32.0	56.0	12.0
40-44岁	30	40.0	60.0	0.0
45-49岁	26	26.9	69.2	3.8
50岁以上	44	25.0	75.0	0.0
女性	**292**	**25.0**	**69.5**	**5.5**
16-19岁	24	29.2	66.7	4.2
20-24岁	32	6.3	90.6	3.1
25-29岁	37	27.0	67.6	5.4
30-34岁	50	38.0	60.0	2.0
35-39岁	43	23.3	76.7	0.0
40-44岁	35	22.9	68.6	8.6
45-49岁	23	30.4	60.9	8.7
50岁以上	48	20.8	66.7	12.5

● 广州（Guangzhou）

	人数	1	2	3
样本	**598**	**24.7**	**64.4**	**10.9**
男性	**281**	**28.1**	**60.5**	**11.4**
16-19 岁	30	30.0	66.7	3.3
20-24 岁	36	30.6	63.9	5.6
25-29 岁	35	22.9	62.9	14.3
30-34 岁	33	24.2	51.5	24.2
35-39 岁	40	22.5	65.0	12.5
40-44 岁	41	24.4	65.9	9.8
45-49 岁	26	30.8	57.7	11.5
50 岁以上	40	40.0	50.0	10.0
女性	**317**	**21.8**	**67.8**	**10.4**
16-19 岁	50	16.0	74.0	10.0
20-24 岁	46	17.4	71.7	10.9
25-29 岁	62	21.0	69.4	9.7
30-34 岁	46	39.1	54.3	6.5
35-39 岁	41	14.6	65.9	19.5
40-44 岁	30	33.3	60.0	6.7
45-49 岁	13	15.4	84.6	0.0
50 岁以上	29	13.8	72.4	13.8

● 重庆（Chongqing）

	人数	1	2	3
样本	**598**	**18.1**	**71.6**	**10.4**
男性	**308**	**21.8**	**68.8**	**9.4**
16-19 岁	43	18.6	74.4	7.0
20-24 岁	53	20.8	69.8	9.4
25-29 岁	43	18.6	69.8	11.6
30-34 岁	38	23.7	65.8	10.5
35-39 岁	39	23.1	64.1	12.8
40-44 岁	30	33.3	66.7	0.0
45-49 岁	25	16.0	68.0	16.0
50 岁以上	37	21.6	70.3	8.1
女性	**290**	**14.1**	**74.5**	**11.4**
16-19 岁	43	14.0	72.1	14.0
20-24 岁	51	13.7	70.6	15.7
25-29 岁	32	12.5	65.6	21.9
30-34 岁	33	12.1	81.8	6.1
35-39 岁	35	11.4	85.7	2.9
40-44 岁	32	25.0	65.6	9.4
45-49 岁	27	14.8	74.1	11.1
50 岁以上	37	10.8	81.1	8.1

5-6 样本总体、男性各年龄层、女性各年龄层是否是主要购买者 / Purchasers in the Household by the Whole Sample, Age and Gender Groups

● 北京（Beijing）

	人数	是购买者	不是购买者
样本	**412**	**59.5**	**40.5**
男性	**208**	**38.9**	**61.1**
16-19 岁	18	27.8	72.2
20-24 岁	24	37.5	62.5
25-29 岁	31	25.8	74.2
30-34 岁	24	33.3	66.7
35-39 岁	26	30.8	69.2
40-44 岁	34	47.1	52.9
45-49 岁	16	43.8	56.3
50 岁以上	35	57.1	42.9
女性	**204**	**80.4**	**19.6**
16-19 岁	11	36.4	63.6
20-24 岁	23	47.8	52.2
25-29 岁	22	81.8	18.2
30-34 岁	34	79.4	20.6
35-39 岁	32	93.8	6.3
40-44 岁	27	88.9	11.1
45-49 岁	18	88.9	11.1
50 岁以上	37	91.9	8.1

● 上海（Shanghai）

	人数	是购买者	不是购买者
样本	**536**	**60.6**	**39.4**
男性	**280**	**43.9**	**56.1**
16-19 岁	20	20.0	80.0
20-24 岁	29	20.7	79.3
25-29 岁	38	34.2	65.8
30-34 岁	50	42.0	58.0
35-39 岁	48	52.1	47.9
40-44 岁	31	58.1	41.9
45-49 岁	22	50.0	50.0
50 岁以上	42	59.5	40.5
女性	**256**	**78.9**	**21.1**
16-19 岁	17	17.6	82.4
20-24 岁	30	33.3	66.7
25-29 岁	29	69.0	31.0
30-34 岁	47	95.7	4.3
35-39 岁	38	92.1	7.9
40-44 岁	34	97.1	2.9
45-49 岁	19	89.5	10.5
50 岁以上	42	92.9	7.1

● 广州（Guangzhou）

	人数	是购买者	不是购买者
样本	**541**	**54.0**	**46.0**
男性	**257**	**45.1**	**54.9**
16-19 岁	24	20.8	79.2
20-24 岁	36	16.7	83.3
25-29 岁	32	37.5	62.5
30-34 岁	30	56.7	43.3
35-39 岁	37	64.9	35.1
40-44 岁	36	52.8	47.2
45-49 岁	23	56.5	43.5
50 岁以上	39	51.3	48.7
女性	**284**	**62.0**	**38.0**
16-19 岁	45	11.1	88.9
20-24 岁	41	36.6	63.4
25-29 岁	55	52.7	47.3
30-34 岁	43	81.4	18.6
35-39 岁	36	91.7	8.3
40-44 岁	25	92.0	8.0
45-49 岁	11	100.0	0.0
50 岁以上	28	89.3	10.7

● 重庆（Chongqing）

	人数	是购买者	不是购买者
样本	**518**	**55.4**	**44.6**
男性	**270**	**40.0**	**60.0**
16-19 岁	38	15.8	84.2
20-24 岁	47	25.5	74.5
25-29 岁	40	47.5	52.5
30-34 岁	30	53.3	46.7
35-39 岁	34	44.1	55.9
40-44 岁	25	60.0	40.0
45-49 岁	24	41.7	58.3
50 岁以上	32	46.9	53.1
女性	**248**	**72.2**	**27.8**
16-19 岁	34	23.5	76.5
20-24 岁	44	54.5	45.5
25-29 岁	28	71.4	28.6
30-34 岁	29	82.8	17.2
35-39 岁	31	93.5	6.5
40-44 岁	28	92.9	7.1
45-49 岁	22	90.9	9.1
50 岁以上	32	87.5	12.5

5-7 样本总体、男性各年龄层、女性各年龄层购买时的考虑因素 / Considerations in Purchasing by the Whole Sample, Age and Gender Groups

注：本题为多选题，合计百分比超过 100%（Multiple answers）

● 北京（Beijing）

	人数	有名的牌子	价格适中	购买方便	有优惠条件	朋友推荐	不损伤衣物	只是由于习惯
样本	**593**	**24.5**	**35.8**	**17.5**	**3.0**	**0.7**	**28.5**	**6.2**
男性	**296**	**24.0**	**38.2**	**21.6**	**3.4**	**0.3**	**22.6**	**6.1**
16-19 岁	26	23.1	30.8	11.5	0.0	0.0	15.4	7.7
20-24 岁	35	17.1	34.3	25.7	2.9	0.0	28.6	5.7
25-29 岁	41	14.6	36.6	14.6	2.4	0.0	22.0	9.8
30-34 岁	46	23.9	26.1	15.2	0.0	0.0	28.3	6.5
35-39 岁	43	18.6	44.2	30.2	7.0	0.0	18.6	7.0
40-44 岁	42	40.5	33.3	26.2	4.8	2.4	19.0	4.8
45-49 岁	24	25.0	50.0	29.2	4.2	0.0	25.0	4.2
50 岁以上	39	28.2	53.8	20.5	5.1	0.0	23.1	2.6
女性	**297**	**24.9**	**33.3**	**13.5**	**2.7**	**1.0**	**34.3**	**6.4**
16-19 岁	23	21.7	17.4	8.7	4.3	4.3	34.8	4.3
20-24 岁	35	22.9	28.6	17.1	5.7	0.0	25.7	0.0
25-29 岁	35	25.7	34.3	5.7	2.9	0.0	34.3	8.6
30-34 岁	47	27.7	34.0	14.9	4.3	2.1	40.4	4.3
35-39 岁	45	20.0	37.8	15.6	0.0	0.0	46.7	13.3
40-44 岁	40	27.5	25.0	12.5	2.5	0.0	37.5	7.5
45-49 岁	25	40.0	40.0	20.0	0.0	0.0	20.0	8.0
50 岁以上	47	19.1	42.6	12.8	2.1	2.1	27.7	4.3

续上表（continued）

	人数	去污力强	容易溶解	容易冲洗	味道好闻	不伤手	其他
样本	**593**	**69.5**	**16.0**	**15.7**	**17.5**	**10.3**	**2.0**
男性	**296**	**67.9**	**13.2**	**13.5**	**14.5**	**7.1**	**2.0**
16-19 岁	26	80.8	34.6	7.7	11.5	11.5	0.0
20-24 岁	35	60.0	5.7	2.9	20.0	8.6	2.9
25-29 岁	41	68.3	9.8	14.6	14.6	17.1	4.9
30-34 岁	46	71.7	17.4	17.4	21.7	4.3	2.2
35-39 岁	43	62.8	14.0	11.6	11.6	9.3	2.3
40-44 岁	42	66.7	14.3	14.3	16.7	2.4	0.0
45-49 岁	24	62.5	4.2	20.8	8.3	0.0	4.2
50 岁以上	39	71.8	7.7	17.9	7.7	2.6	0.0
女性	**297**	**71.0**	**18.9**	**17.8**	**20.5**	**13.5**	**2.0**
16-19 岁	23	91.3	26.1	8.7	26.1	21.7	0.0
20-24 岁	35	65.7	20.0	20.0	28.6	11.4	5.7
25-29 岁	35	57.1	25.7	11.4	22.9	11.4	0.0
30-34 岁	47	72.3	10.6	23.4	14.9	10.6	4.3
35-39 岁	45	73.3	15.6	13.3	20.0	15.6	0.0
40-44 岁	40	70.0	35.0	17.5	20.0	20.0	0.0
45-49 岁	25	72.0	4.0	32.0	8.0	8.0	0.0
50 岁以上	47	72.3	14.9	17.0	23.4	10.6	4.3

● 上海（Shanghai）

	人数	有名的牌子	价格适中	购买方便	有优惠条件	朋友推荐	不损伤衣物	只是由于习惯
样本	**597**	**29.5**	**35.0**	**15.9**	**2.5**	**1.8**	**23.3**	**6.5**
男性	**306**	**28.8**	**40.8**	**18.3**	**2.9**	**2.6**	**22.2**	**6.9**
16-19 岁	22	13.6	40.9	22.7	0.0	0.0	36.4	9.1
20-24 岁	33	36.4	30.3	18.2	3.0	3.0	27.3	6.1
25-29 岁	42	26.2	28.6	19.0	2.4	2.4	31.0	4.8
30-34 岁	56	28.6	35.7	12.5	7.1	1.8	16.1	5.4
35-39 岁	51	33.3	47.1	25.5	3.9	5.9	15.7	5.9
40-44 岁	31	32.3	51.6	9.7	0.0	3.2	16.1	12.9
45-49 岁	26	23.1	53.8	15.4	0.0	0.0	30.8	3.8
50 岁以上	45	28.9	44.4	22.2	2.2	2.2	17.8	8.9
女性	**291**	**30.2**	**28.9**	**13.4**	**2.1**	**1.0**	**24.4**	**6.2**
16-19 岁	24	12.5	25.0	8.3	0.0	4.2	41.7	4.2
20-24 岁	32	21.9	34.4	3.1	0.0	0.0	31.3	6.3
25-29 岁	36	30.6	16.7	8.3	2.8	0.0	33.3	5.6
30-34 岁	49	32.7	28.6	16.3	2.0	0.0	12.2	8.2
35-39 岁	44	43.2	40.9	6.8	2.3	0.0	20.5	11.4
40-44 岁	35	31.4	31.4	17.1	5.7	5.7	25.7	2.9
45-49 岁	23	34.8	13.0	13.0	0.0	0.0	21.7	0.0
50 岁以上	48	27.1	31.3	27.1	2.1	0.0	20.8	6.3

续上表（continued）

	人数	去污力强	容易溶解	容易冲洗	味道好闻	不伤手	其他
样本	**597**	**68.2**	**11.7**	**21.3**	**10.6**	**15.9**	**0.5**
男性	**306**	**65.4**	**11.1**	**18.0**	**7.2**	**12.7**	**0.3**
16-19 岁	22	63.6	13.6	13.6	22.7	22.7	0.0
20-24 岁	33	72.7	6.1	15.2	9.1	21.2	0.0
25-29 岁	42	71.4	14.3	16.7	9.5	14.3	2.4
30-34 岁	56	60.7	12.5	14.3	1.8	8.9	0.0
35-39 岁	51	62.7	13.7	25.5	0.0	7.8	0.0
40-44 岁	31	67.7	6.5	16.1	12.9	3.2	0.0
45-49 岁	26	73.1	11.5	11.5	15.4	19.2	0.0
50 岁以上	45	57.8	8.9	24.4	2.2	13.3	0.0
女性	**291**	**71.1**	**12.4**	**24.7**	**14.1**	**19.2**	**0.7**
16-19 岁	24	83.3	12.5	20.8	20.8	29.2	4.2
20-24 岁	32	78.1	18.8	28.1	21.9	28.1	0.0
25-29 岁	36	61.1	16.7	36.1	11.1	19.4	0.0
30-34 岁	49	75.5	12.2	32.7	8.2	14.3	0.0
35-39 岁	44	63.6	9.1	20.5	4.5	18.2	0.0
40-44 岁	35	68.6	8.6	20.0	20.0	20.0	0.0
45-49 岁	23	82.6	17.4	26.1	17.4	21.7	0.0
50 岁以上	48	66.7	8.3	14.6	16.7	12.5	2.1

● 广州（Guangzhou）

	人数	有名的牌子	价格适中	购买方便	有优惠条件	朋友推荐	不损伤衣物	只是由于习惯
样本	**595**	**22.2**	**37.5**	**18.5**	**2.9**	**1.3**	**23.4**	**5.9**
男性	**281**	**27.0**	**37.7**	**19.6**	**2.5**	**1.4**	**21.7**	**6.4**
16-19 岁	30	23.3	30.0	20.0	0.0	0.0	40.0	6.7
20-24 岁	36	19.4	33.3	8.3	0.0	5.6	19.4	8.3
25-29 岁	35	28.6	37.1	31.4	2.9	0.0	31.4	0.0
30-34 岁	34	29.4	41.2	11.8	2.9	2.9	23.5	14.7
35-39 岁	40	32.5	25.0	20.0	5.0	0.0	17.5	10.0
40-44 岁	40	22.5	50.0	30.0	2.5	0.0	17.5	0.0
45-49 岁	26	38.5	34.6	19.2	3.8	0.0	15.4	7.7
50 岁以上	40	25.0	47.5	15.0	2.5	2.5	12.5	5.0
女性	**314**	**17.8**	**37.3**	**17.5**	**3.2**	**1.3**	**24.8**	**5.4**
16-19 岁	50	14.0	52.0	24.0	4.0	2.0	32.0	8.0
20-24 岁	46	15.2	30.4	17.4	2.2	4.3	43.5	0.0
25-29 岁	62	17.7	37.1	19.4	0.0	1.6	27.4	6.5
30-34 岁	46	21.7	26.1	8.7	8.7	0.0	13.0	10.9
35-39 岁	40	25.0	27.5	12.5	2.5	0.0	25.0	2.5
40-44 岁	29	10.3	41.4	27.6	3.4	0.0	13.8	0.0
45-49 岁	13	15.4	46.2	15.4	0.0	0.0	15.4	7.7
50 岁以上	28	21.4	46.4	14.3	3.6	0.0	10.7	7.1

续上表（continued）

	人数	去污力强	容易溶解	容易冲洗	味道好闻	不伤手	其他
样本	**595**	**70.4**	**10.6**	**17.8**	**17.3**	**8.7**	**1.2**
男性	**281**	**63.7**	**10.0**	**16.4**	**12.5**	**7.1**	**1.1**
16-19 岁	30	70.0	6.7	3.3	13.3	13.3	0.0
20-24 岁	36	66.7	13.9	22.2	19.4	2.8	2.8
25-29 岁	35	60.0	11.4	5.7	20.0	14.3	2.9
30-34 岁	34	70.6	2.9	11.8	2.9	5.9	0.0
35-39 岁	40	70.0	15.0	20.0	12.5	10.0	2.5
40-44 岁	40	57.5	12.5	25.0	10.0	5.0	0.0
45-49 岁	26	61.5	11.5	15.4	11.5	7.7	0.0
50 岁以上	40	55.0	5.0	22.5	10.0	0.0	0.0
女性	**314**	**76.4**	**11.1**	**19.1**	**21.7**	**10.2**	**1.3**
16-19 岁	50	74.0	6.0	14.0	20.0	10.0	0.0
20-24 岁	46	76.1	8.7	13.0	26.1	2.2	2.2
25-29 岁	62	82.3	17.7	21.0	22.6	16.1	0.0
30-34 岁	46	73.9	8.7	21.7	21.7	10.9	2.2
35-39 岁	40	72.5	12.5	30.0	12.5	15.0	2.5
40-44 岁	29	82.8	17.2	17.2	34.5	3.4	0.0
45-49 岁	13	61.5	7.7	23.1	30.8	7.7	0.0
50 岁以上	28	78.6	7.1	14.3	10.7	10.7	3.6

● 重庆（Chongqing）

	人数	有名的牌子	价格适中	购买方便	有优惠条件	朋友推荐	不损伤衣物	只是由于习惯
样本	**598**	**17.2**	**32.1**	**16.9**	**2.8**	**3.2**	**24.1**	**3.7**
男性	**306**	**19.9**	**33.3**	**19.0**	**2.0**	**3.3**	**21.9**	**3.6**
16-19 岁	43	25.6	32.6	4.7	2.3	0.0	18.6	2.3
20-24 岁	53	18.9	32.1	15.1	0.0	7.5	30.2	0.0
25-29 岁	43	25.6	32.6	9.3	0.0	2.3	11.6	7.0
30-34 岁	37	32.4	32.4	21.6	5.4	0.0	24.3	8.1
35-39 岁	39	12.8	33.3	38.5	0.0	2.6	20.5	5.1
40-44 岁	29	10.3	27.6	27.6	6.9	6.9	20.7	0.0
45-49 岁	25	8.0	36.0	24.0	0.0	0.0	16.0	8.0
50 岁以上	37	18.9	40.5	18.9	2.7	5.4	29.7	0.0
女性	**292**	**14.4**	**30.8**	**14.7**	**3.8**	**3.1**	**26.4**	**3.8**
16-19 岁	43	11.6	20.9	16.3	0.0	0.0	34.9	4.7
20-24 岁	53	9.4	28.3	13.2	3.8	1.9	20.8	1.9
25-29 岁	32	9.4	34.4	6.3	3.1	3.1	28.1	3.1
30-34 岁	33	21.2	18.2	15.2	9.1	6.1	42.4	0.0
35-39 岁	35	14.3	40.0	28.6	2.9	2.9	28.6	5.7
40-44 岁	32	28.1	34.4	9.4	3.1	3.1	15.6	3.1
45-49 岁	27	14.8	25.9	7.4	3.7	3.7	18.5	11.1
50 岁以上	37	10.8	45.9	18.9	5.4	5.4	21.6	2.7

续上表（continued）

	人数	去污力强	容易溶解	容易冲洗	味道好闻	不伤手	其他
样本	**598**	**73.1**	**12.0**	**16.4**	**23.9**	**6.2**	**3.0**
男性	**306**	**70.3**	**9.2**	**13.1**	**21.9**	**4.9**	**4.6**
16-19 岁	43	76.7	9.3	4.7	37.2	4.7	7.0
20-24 岁	53	81.1	9.4	13.2	26.4	7.5	1.9
25-29 岁	43	72.1	16.3	20.9	27.9	4.7	2.3
30-34 岁	37	48.6	10.8	13.5	24.3	5.4	0.0
35-39 岁	39	64.1	7.7	7.7	15.4	0.0	7.7
40-44 岁	29	62.1	10.3	3.4	13.8	10.3	13.8
45-49 岁	25	76.0	8.0	16.0	12.0	4.0	4.0
50 岁以上	37	75.7	0.0	24.3	8.1	2.7	2.7
女性	**292**	**76.0**	**15.1**	**19.9**	**26.0**	**7.5**	**1.4**
16-19 岁	43	79.1	11.6	23.3	37.2	4.7	0.0
20-24 岁	53	73.6	13.2	18.9	35.8	18.9	1.9
25-29 岁	32	81.3	12.5	21.9	18.8	0.0	3.1
30-34 岁	33	75.8	15.2	27.3	21.2	6.1	0.0
35-39 岁	35	74.3	8.6	22.9	17.1	0.0	2.9
40-44 岁	32	65.6	6.3	12.5	25.0	9.4	0.0
45-49 岁	27	81.5	25.9	11.1	33.3	11.1	0.0
50 岁以上	37	78.4	29.7	18.9	13.5	5.4	2.7

5-8 样本总体、男性各年龄层、女性各年龄层的购买地点 / Settings of Purchasing by the Whole Sample, Age and Gender Groups

注：本题为多选题，合计百分比超过 100%（ Multiple answers ）

● 北京（ Beijing ）

	人数	地摊	附近小商店	平价/仓储市场	超市	百货公司/购物中心	传销/直销	电话购买	其他
样本	**592**	**1.4**	**31.8**	**45.1**	**31.8**	**41.2**	**0.8**	**0.2**	**3.9**
男性	**296**	**0.7**	**37.5**	**38.5**	**29.4**	**41.9**	**0.3**	**0.3**	**4.7**
16-19 岁	26	0.0	34.6	38.5	23.1	46.2	0.0	0.0	3.8
20-24 岁	35	0.0	31.4	31.4	42.9	28.6	2.9	0.0	5.7
25-29 岁	41	0.0	31.7	39.0	39.0	34.1	0.0	0.0	4.9
30-34 岁	46	2.2	26.1	39.1	32.6	45.7	0.0	2.2	10.9
35-39 岁	43	0.0	46.5	34.9	37.2	39.5	0.0	0.0	4.7
40-44 岁	42	2.4	40.5	42.9	16.7	45.2	0.0	0.0	0.0
45-49 岁	24	0.0	45.8	41.7	16.7	45.8	0.0	0.0	4.2
50 岁以上	39	0.0	46.2	41.0	20.5	51.3	0.0	0.0	2.6
女性	**296**	**2.0**	**26.0**	**51.7**	**34.1**	**40.5**	**1.4**	**0.0**	**3.0**
16-19 岁	23	0.0	13.0	47.8	60.9	30.4	4.3	0.0	0.0
20-24 岁	35	2.9	22.9	54.3	37.1	28.6	0.0	0.0	8.6
25-29 岁	34	0.0	14.7	70.6	41.2	29.4	0.0	0.0	0.0
30-34 岁	47	2.1	21.3	48.9	31.9	48.9	6.4	0.0	4.3
35-39 岁	45	0.0	35.6	51.1	33.3	35.6	0.0	0.0	4.4
40-44 岁	40	5.0	32.5	55.0	30.0	42.5	0.0	0.0	2.5
45-49 岁	25	0.0	24.0	40.0	16.0	68.0	0.0	0.0	0.0
50 岁以上	47	4.3	34.0	44.7	29.8	42.6	0.0	0.0	2.1

● 上海（ Shanghai ）

	人数	地摊	附近小商店	平价/仓储市场	超市	百货公司/购物中心	传销/直销	电话购买	其他
样本	**594**	**1.7**	**29.8**	**9.8**	**74.9**	**32.3**	**1.5**	**0.2**	**1.5**
男性	**305**	**1.3**	**34.1**	**12.5**	**71.5**	**31.1**	**1.3**	**0.0**	**1.3**
16-19 岁	22	0.0	27.3	9.1	95.5	22.7	0.0	0.0	0.0
20-24 岁	33	0.0	33.3	3.0	66.7	36.4	3.0	0.0	6.1
25-29 岁	42	2.4	31.0	9.5	66.7	35.7	0.0	0.0	2.4
30-34 岁	56	1.8	30.4	12.5	71.4	30.4	1.8	0.0	1.8
35-39 岁	50	2.0	36.0	18.0	74.0	30.0	0.0	0.0	0.0
40-44 岁	31	3.2	41.9	19.4	67.7	29.0	6.5	0.0	0.0
45-49 岁	26	0.0	50.0	7.7	76.9	19.2	0.0	0.0	0.0
50 岁以上	45	0.0	28.9	15.6	64.4	37.8	0.0	0.0	0.0
女性	**289**	**2.1**	**25.3**	**6.9**	**78.5**	**33.6**	**1.7**	**0.3**	**1.7**
16-19 岁	24	8.3	20.8	0.0	79.2	33.3	0.0	0.0	4.2
20-24 岁	31	3.2	22.6	6.5	77.4	29.0	6.5	0.0	0.0
25-29 岁	36	0.0	25.0	0.0	88.9	30.6	0.0	0.0	5.6
30-34 岁	50	0.0	28.0	14.0	72.0	40.0	0.0	2.0	2.0
35-39 岁	44	0.0	13.6	6.8	84.1	45.5	4.5	0.0	0.0
40-44 岁	34	2.9	38.2	11.8	73.5	23.5	0.0	0.0	0.0
45-49 岁	22	0.0	22.7	9.1	90.9	36.4	0.0	0.0	0.0
50 岁以上	48	4.2	29.2	4.2	70.8	27.1	2.1	0.0	2.1

● 广州（Guangzhou）

	人数	地摊	附近小商店	平价/仓储市场	超市	百货公司/购物中心	传销/直销	电话购买	其他
样本	**588**	**1.9**	**30.8**	**13.3**	**37.9**	**61.6**	**3.1**	**0.0**	**1.5**
男性	**276**	**1.1**	**33.3**	**12.0**	**34.4**	**60.9**	**3.3**	**0.0**	**0.0**
16-19 岁	30	0.0	23.3	13.3	46.7	66.7	3.3	0.0	0.0
20-24 岁	35	0.0	42.9	14.3	40.0	54.3	2.9	0.0	0.0
25-29 岁	35	0.0	45.7	5.7	37.1	68.6	2.9	0.0	0.0
30-34 岁	34	0.0	29.4	11.8	32.4	55.9	2.9	0.0	0.0
35-39 岁	38	2.6	34.2	15.8	36.8	55.3	2.6	0.0	0.0
40-44 岁	39	5.1	35.9	15.4	30.8	56.4	2.6	0.0	0.0
45-49 岁	26	0.0	23.1	19.2	26.9	57.7	3.8	0.0	0.0
50 岁以上	39	0.0	28.2	2.6	25.6	71.8	5.1	0.0	0.0
女性	**312**	**2.6**	**28.5**	**14.4**	**41.0**	**62.2**	**2.9**	**0.0**	**2.9**
16-19 岁	49	4.1	40.8	20.4	42.9	49.0	0.0	0.0	0.0
20-24 岁	45	2.2	15.6	13.3	57.8	60.0	2.2	0.0	6.7
25-29 岁	62	4.8	29.0	19.4	51.6	54.8	1.6	0.0	4.8
30-34 岁	46	0.0	23.9	15.2	39.1	63.0	0.0	0.0	2.2
35-39 岁	40	2.5	30.0	10.0	35.0	62.5	7.5	0.0	2.5
40-44 岁	29	0.0	20.7	13.8	31.0	82.8	6.9	0.0	3.4
45-49 岁	13	0.0	30.8	0.0	30.8	76.9	0.0	0.0	0.0
50 岁以上	28	3.6	39.3	7.1	14.3	75.0	7.1	0.0	0.0

● 重庆（Chongqing）

	人数	地摊	附近小商店	平价/仓储市场	超市	百货公司/购物中心	传销/直销	电话购买	其他
样本	**596**	**1.4**	**31.8**	**45.1**	**31.8**	**41.2**	**0.8**	**0.2**	**3.9**
男性	**305**	**0.7**	**37.5**	**38.5**	**29.4**	**41.9**	**0.3**	**0.3**	**4.7**
16-19 岁	43	0.0	34.6	38.5	23.1	46.2	0.0	0.0	3.8
20-24 岁	53	0.0	31.4	31.4	42.9	28.6	2.9	0.0	5.7
25-29 岁	43	0.0	31.7	39.0	39.0	34.1	0.0	0.0	4.9
30-34 岁	37	2.2	26.1	39.1	32.6	45.7	0.0	2.2	10.9
35-39 岁	39	0.0	46.5	34.9	37.2	39.5	0.0	0.0	4.7
40-44 岁	29	2.4	40.5	42.9	16.7	45.2	0.0	0.0	0.0
45-49 岁	25	0.0	45.8	41.7	16.7	45.8	0.0	0.0	4.2
50 岁以上	36	0.0	46.2	41.0	20.5	51.3	0.0	0.0	2.6
女性	**291**	**2.0**	**26.0**	**51.7**	**34.1**	**40.5**	**1.4**	**0.0**	**3.0**
16-19 岁	43	0.0	13.0	47.8	60.9	30.4	4.3	0.0	0.0
20-24 岁	53	2.9	22.9	54.3	37.1	28.6	0.0	0.0	8.6
25-29 岁	32	0.0	14.7	70.6	41.2	29.4	0.0	0.0	0.0
30-34 岁	33	2.1	21.3	48.9	31.9	48.9	6.4	0.0	4.3
35-39 岁	35	0.0	35.6	51.1	33.3	35.6	0.0	0.0	4.4
40-44 岁	31	5.0	32.5	55.0	30.0	42.5	0.0	0.0	2.5
45-49 岁	27	0.0	24.0	40.0	16.0	68.0	0.0	0.0	0.0
50 岁以上	37	4.3	34.0	44.7	29.8	42.6	0.0	0.0	2.1

5-9 家中该类商品的主要类型 / Types of the Products Used in the Household

注：本题为多选题，合计百分比超过 100%（Multiple answers）

● 北京（Beijing）

洗衣用品	人次	百分比
一般洗衣粉	172	28.7
浓缩洗衣粉	375	62.6
加酶洗衣粉	237	39.6
护色洗衣粉	38	6.3
含特殊配方洗衣粉	75	12.5

n=599

● 上海（Shanghai）

洗衣用品	人次	百分比
一般洗衣粉	184	30.8
浓缩洗衣粉	272	45.6
加酶洗衣粉	253	42.4
护色洗衣粉	75	12.6
含特殊配方洗衣粉	53	8.9

n=597

● 广州（Guangzhou）

洗衣用品	人次	百分比
一般洗衣粉	271	45.4
浓缩洗衣粉	358	60.0
加酶洗衣粉	33	5.5
护色洗衣粉	52	8.7
含特殊配方洗衣粉	90	15.1

n=597

● 重庆（Chongqing）

洗衣用品	人次	百分比
一般洗衣粉	171	28.6
浓缩洗衣粉	338	56.5
加酶洗衣粉	156	26.1
护色洗衣粉	46	7.7
含特殊配方洗衣粉	90	15.1

n=598

5-10 家中该类商品的主要来源 / Sources of Obtaining the Products

● 北京（Beijing）

洗衣用品	人数	百分比
自家购买	411	68.6
单位发的	185	30.9
别人送的	3	0.5
其他	0	0.0

n=599

● 上海（Shanghai）

洗衣用品	人数	百分比
自家购买	539	90.3
单位发的	52	8.7
别人送的	5	0.8
其他	1	0.2

n=597

● 广州（Guangzhou）

洗衣用品	人数	百分比
自家购买	536	90.2
单位发的	56	9.4
别人送的	1	0.2
其他	1	0.2

n=594

● 重庆（Chongqing）

洗衣用品	人数	百分比
自家购买	519	86.5
单位发的	79	13.2
别人送的	1	0.2
其他	1	0.2

n=600

5-11 家中其他洗衣用品的比例 / Proportion of the Other Products Used for laundry in the Household

注：本题为多选题，合计百分比超过 100%（Multiple answers）

● 北京 （Beijing）

洗衣用品	人次	百分比
肥皂	451	75.9
皂粉	70	11.8
洗衣液	119	20.0
洗衣膏	7	1.2
丝麻专用	105	17.7
衣领净	489	82.3
衣物柔顺剂	303	51.0
其他	7	1.2

n=594

● 上海（Shanghai）

洗衣用品	人次	百分比
肥皂	479	80.2
皂粉	158	26.5
洗衣液	64	10.7
洗衣膏	10	1.7
丝麻专用	131	21.9
衣领净	207	34.7
衣物柔顺剂	252	42.2
其他	8	1.3

n=597

● 广州（Guangzhou）

洗衣用品	人次	百分比
肥皂	227	40.1
皂粉	148	26.1
洗衣液	149	26.3
洗衣膏	7	1.2
丝麻专用	29	5.1
衣领净	262	46.3
衣物柔顺剂	228	40.3
其他	33	5.8

n=566

● 重庆（Chongqing）

洗衣用品	人次	百分比
肥皂	505	84.3
皂粉	128	21.4
洗衣液	64	10.7
洗衣膏	25	4.2
丝麻专用	54	9.0
衣领净	111	18.5
衣物柔顺剂	33	5.5
其他	11	1.8

n=599

5-12 北京不同消费群最常用品牌 / The Most Frequently Used Brands by Beijing Market Segments

	人数	第一品牌及百分比	第二品牌及百分比	第三品牌及百分比
样本	**597**	**熊猫 24.1**	**活力 28 22.9**	**碧浪 17.4**
第一消费群	136	熊猫 27.9	活力 28 23.5	碧浪 16.2
第二消费群	94	活力 28 24.5	碧浪 20.2	熊猫 19.1
第三消费群	112	活力 28 29.5	熊猫 24.1	碧浪 18.8
第四消费群	5	奥妙 40.0	活力 28 20.0 汰渍 20.0 碧浪 20.0	
第五消费群	129	熊猫 25.6	碧浪 18.6	奥妙 16.3
第六消费群	121	活力 28 25.6	熊猫 23.1	奥妙 15.7

注：北京消费群的代表特征 / Characteristics of the Beijing Market Segments

		第一消费群	第二消费群	第三消费群	第四消费群	第五消费群	第六消费群
基本情况	性别	女	男	无明显偏向	男	无明显偏向	女
	年龄	30 — 34 岁	25 — 29 岁	35 — 44 岁	无明显偏向	16 — 24 岁	45 岁以上
	学历	大专/大本	大本	初中	大本及研究生	高中/中专/技校	初中及以下
	职业	科教卫生人员	一般企业职员	工人	管理人员/专门职业从事者/个体及私营企业主	学生	离退休人员
	月均收入	801 — 1500 元	1501 — 4000 元	800 元以下	4000 元以上	无收入	800 元以下
	婚姻	已婚	无明显偏向	已婚	已婚或离异	未婚	已婚
心理取向		注重学历 非积极进取	不循规传统 非单一电视娱乐	非田园倾向 新女性主张 金钱本位	注重经验 大男子主义 不保守稳定	非“大男子主义” 追随流行	非“新女性主张” 非浪漫新潮 单一电视娱乐

5-13 上海不同消费群最常用品牌 / The Most Frequently Used Brands by Shanghai Market Segments

	人数	第一品牌及百分比	第二品牌及百分比	第三品牌及百分比
样本	**596**	**佳美 32.0**	**白猫 31.9**	**奥妙 29.7**
第一消费群	145	白猫 33.8	佳美 31.0	奥妙 28.3
第二消费群	92	奥妙 37.0	白猫 33.7	佳美 19.6
第三消费群	10	白猫 40.0 奥妙 40.0	佳美 20.0	
第四消费群	132	佳美 40.2	白猫 31.8	奥妙 22.0
第五消费群	67	佳美 34.3	奥妙 31.3	白猫 28.4
第六消费群	150	佳美 33.3	奥妙 32.0	白猫 30.0

注：上海消费群的代表特征 / Characteristics of the Shanghai Market Segments

		第一消费群	第二消费群	第三消费群	第四消费群	第五消费群	第六消费群
基本情况	性别	无明显偏向	男	男	女	女	无明显偏向
	年龄	45 岁以上	20 — 29 岁	25 — 34 岁	35 — 44 岁	16 — 24 岁	30 — 39 岁
	学历	大本及以上	大专/大本	大专	初中及以下	高中/中专/技校	高中/中专/技校
	职业	科教卫生人员/离退休人员	一般企业职员	行政管理人员/个体及私营企业主/专门职业从事者	工人/下岗人员	学生	一般企业职员
	月均收入	801 — 1500 元	1001 — 3000 元	3000 元以上	800 元以下	无收入	1001 — 2000 元
	婚姻	已婚	未婚	未婚	已婚	未婚	已婚
心理取向		非浪漫时尚 非金钱本位 保守稳定	非家庭重心 田园倾向 休闲独立	不保守稳定 奔波忙碌 浪漫时尚	金钱本位 家庭重心 注重学历	新家庭观念 非休闲独立	不积极进取 不奔波忙碌

5-14 广州不同消费群最常用品牌 / The Most Frequently Used Brands by Guangzhou Market Segments

	人数	第一品牌及百分比	第二品牌及百分比	第三品牌及百分比
样本	**593**	**高富力 60.7**	**奥妙 8.8**	**汰渍 6.9**
第一消费群	93	高富力 52.7	汰渍 12.9	奥妙 7.5 立白 7.5
第二消费群	125	高富力 71.2	白猫 6.4	奥妙 4.8
第三消费群	96	高富力 65.6	奥妙 7.3	汰渍 5.2 立白 5.2 碧浪 5.2
第四消费群	99	高富力 59.6	汰渍 7.1 碧浪 7.1	立白 6.1
第五消费群	99	高富力 59.6	奥妙 10.1	汰渍 7.1
第六消费群	81	高富力 50.6	奥妙 14.5	白猫 7.4

注：广州消费群的代表特征 / Characteristics of the Guangzhou Market Segments

		第一消费群	第二消费群	第三消费群	第四消费群	第五消费群	第六消费群
基本情况	性别	女	无明显偏向	女	男	女	男
	年龄	16 — 19 岁	40 岁以上	20 — 24 岁	35 — 44 岁	30 — 34 岁	25 — 29 岁
	学历	高中/中专/技校	无明显偏向	高中/中专/技校/大专	初中/高中/中专/技校	初中及以下	大专及以上
	职业	学生	工人	学生/待业人员	个体及私营企业主	家庭主妇	企业职员/管理人员/科教卫生人员/专门职业者
	月均收入	无收入	1500 元以下	无收入	801 — 1500 元	800 元以下	2000 元以上
	婚姻	未婚	已婚	未婚	已婚	已婚	无明显偏向
心理取向		不固守中式生活 田园倾向 非大男子主义	非新女性主张 不追随流行 非积极进取	独立自主 追随流行	积极进取 大男子主义 中式生活	单一电视娱乐 非独立自主 保守稳定	非单一电视娱乐 非家庭重心

5-15 重庆不同消费群最常用品牌 / The Most Frequently Used Brands by Chongqing Market Segments

	人数	第一品牌及百分比	第二品牌及百分比	第三品牌及百分比
样本	**598**	**汰渍 24.4**	**蜀秀 18.4**	**奥妙 16.4**
第一消费群	133	汰渍 26.3	碧浪 18.8	奥妙 16.5
第二消费群	123	蜀秀 25.2	汰渍 22.8	奥妙 13.0
第三消费群	123	奥妙 28.5	汰渍 24.4	碧浪 15.4
第四消费群	23	汰渍 26.1 活力 28 26.1	碧浪 17.4	奥妙 13.0
第五消费群	162	蜀秀 29.6	汰渍 23.5	碧浪 12.3
第六消费群	34	汰渍 26.5	奥妙 23.5	碧浪 20.6

注：重庆消费群的代表特征 / Characteristics of the Chongqing Market Segments

		第一消费群	第二消费群	第三消费群	第四消费群	第五消费群	第六消费群
基本情况	性别	无明显偏向	无明显偏向	无明显偏向	无明显偏向	无明显偏向	女
	年龄	16 — 19 岁	45 岁以上	20 — 29 岁	30 — 34 岁	40 岁以上	25 — 29 岁
	学历	高中/中专/技校	高中/中专/技校	大专/大本	高中/中专/技校/大本以上	初中及以下	初中
	职业	学生	行政管理人员/离退休人员	科教卫生人员/一般企业职员	个体及私营企业主	工人	专门职业从事者下岗及其他
	月均收入	无收入	501 — 800 元	801 — 1500 元	1500 元以上	500 元以下	1001 — 1500 元
	婚姻	未婚	已婚	无明显偏向	已婚	已婚	已婚或离异
心理取向		浪漫新潮 注重学历 非现实家庭观	循规传统 奔波忙碌 保守稳定	新女性主张 非功利心态	功利心态 现实家庭观 都市情结	非浪漫新潮 非独立休闲	非新女性主张 不循规传统 独立休闲

6 洗洁精 / Liquid Detergent

6-1 最常用品牌排名 / Ranking of the Most Frequently Used Brands

● 北京（Beijing）

排名	品牌		人数	百分比
1	金鱼	Gold Fish	554	94.4
2	白猫	White Cat	13	2.2
3	波儿	Boer	5	0.9
4	安利	Amway	3	0.5
4	日健	Rijian	3	0.5

n=587

● 上海（Shanghai）

排名	品牌		人数	百分比
1	白猫	White Cat	557	94.1
2	安利	Amway	14	2.4
3	妈妈柠檬	Mama lemon	6	1.0
4	雕牌	Diao	3	0.5

n=592

● 广州（Guangzhou）

排名	品牌		人数	百分比
1	高富力	GFL	456	79.2
2	安利	Amway	19	3.3
3	劳工	Laogong	16	2.8
4	白猫	White Cat	8	1.4

n=576

● 重庆（Chongqing）

排名	品牌		人数	百分比
1	洁牌	Jiepai	280	50.0
2	蜀秀	Shuxiu	117	20.9
3	白猫	White Cat	54	9.6
4	红玫瑰	Red rose	11	2.0

n=560

6-2 理想品牌排名 / Ranking of the Ideal Brands

● 北京（Beijing）

排名	品牌		人数	百分比
1	金鱼	Gold fish	502	83.7
2	白猫	White Cat	17	2.8
3	安利	Amway	4	0.7
4	金丽猫	Jinlimao	3	0.5

n=600

● 上海（Shanghai）

排名	品牌		人数	百分比
1	白猫	White Cat	542	90.3
2	安利	Amway	20	3.3
3	妈妈柠檬	Mama lemon	8	1.3
4	雕牌	Diao	3	0.5
4	金鱼	Goldfish	3	0.5

n=600

● 广州（Guangzhou）

排名	品牌		人数	百分比
1	高富力	GFL	438	73.0
2	安利	Amway	22	3.7
3	白猫	White Cat	12	2.0
4	劳工	Laogong	11	1.8

n=600

● 重庆（Chongqing）

排名	品牌		人数	百分比
1	洁牌	Jiepai	216	36.0
2	蜀秀	Shuxiu	90	15.0
3	白猫	White Cat	63	10.5
4	红玫瑰	Red rose	12	2.0

n=600

6-3 样本总体、男性各年龄层、女性各年龄层的理想品牌 / The Ideal Brands by the Whole Sample, Age and Gender Groups

● 北京（Beijing）

	人数	第一品牌及百分比	第二品牌及百分比	
样本	**600**	**金鱼 83.7**	**白猫 2.8**	
男性	**298**	**金鱼 82.9**	**白猫 3.0**	
16-19 岁	26	金鱼 92.3		
20-24 岁	36	金鱼 75.0	白猫 8.3	
25-29 岁	41	金鱼 82.9	高富力 2.4	
30-34 岁	47	金鱼 83.0	84 液 2.1	金丽猫 2.1
35-39 岁	43	金鱼 86.0	白猫 2.3	日健 2.3
40-44 岁	42	金鱼 90.5	白猫 2.4	克莱务 2.4
45-49 岁	24	金鱼 75.0	白猫 4.2	金丽猫 4.2
			奥宝 4.2	
50 岁以上	39	金鱼 76.9	白猫 7.7	
女性	**302**	**金鱼 84.4**	**白猫 2.6**	
16-19 岁	23	金鱼 91.3	鹰牌 8.7	
20-24 岁	35	金鱼 80.0	白猫 2.9	绿伞 2.9
			绿雪 2.9	
25-29 岁	36	金鱼 75.0	白猫 2.8	安利 2.8
			绿宝 2.8	
30-34 岁	49	金鱼 81.6	安利 6.1	
35-39 岁	45	金鱼 88.9	白猫 2.2	波儿 2.2
40-44 岁	40	金鱼 90.0		
45-49 岁	26	金鱼 88.5	白猫 7.7	
50 岁以上	48	金鱼 83.3	白猫 4.2	

● 上海（Shanghai）

	人数	第一品牌及百分比	第二品牌及百分比	
样本	**600**	**白猫 90.3**	**安利 3.3**	
男性	**307**	**白猫 92.8**	**安利 2.0**	
16-19 岁	22	白猫 81.8	安利 9.1	
20-24 岁	34	白猫 85.3	威宝 2.9	雕牌 2.9
			美加净 2.9	安利 2.9
25-29 岁	42	白猫 97.6	安利 2.4	
30-34 岁	56	白猫 94.6	金鱼 1.8	雕牌 1.8
35-39 岁	51	白猫 96.1	花王万涤 2.0	安利 2.0
40-44 岁	31	白猫 93.5	安利 3.2	
45-49 岁	26	白猫 84.6	妈妈柠檬 7.7	
50 岁以上	45	白猫 97.8	力克 2.2	
女性	**293**	**白猫 87.7**	**安利 4.8**	
16-19 岁	24	白猫 83.3	金鱼 8.3	
20-24 岁	32	白猫 71.9	安利 9.4	
25-29 岁	37	白猫 89.2	安利 5.4	
30-34 岁	50	白猫 86.0	安利 6.0	
35-39 岁	44	白猫 88.6	安利 4.5	
40-44 岁	35	白猫 94.3	妈妈柠檬 5.7	
45-49 岁	23	白猫 91.3	佳美 4.3	
50 岁以上	48	白猫 93.8	安利 6.3	

● 广州（Guangzhou）

	人数	第一品牌及百分比	第二品牌及百分比
样本	**600**	**高富力 73.0**	**安利 3.7**
男性	**282**	**高富力 72.3**	**安利 3.5**
16-19 岁	30	高富力 66.7	安利 13.3
20-24 岁	36	高富力 75.0	劳工 5.6
25-29 岁	35	高富力 82.9	白猫 2.9 威鼎 2.9 高洁丽 2.9
30-34 岁	34	高富力 64.7	安利 5.9
35-39 岁	40	高富力 72.5	劳工 5.0
40-44 岁	41	高富力 73.2	娇滴 2.4 桔洁 2.4 高洁丽 2.4
45-49 岁	26	高富力 73.1	安利 3.8 奇妙 3.8
50 岁以上	40	高富力 70.0	安利 2.5 劳工 2.5
女性	**318**	**高富力 73.6**	**安利 3.8**
16-19 岁	50	高富力 68.0	万涤 4.0
20-24 岁	46	高富力 76.1	安利 4.3
25-29 岁	63	高富力 74.6	安利 6.3
30-34 岁	46	高富力 73.9	白猫 4.3
35-39 岁	41	高富力 65.9	安利 4.9 劳工 4.9
40-44 岁	30	高富力 86.7	万丽 3.3 好运 3.3
45-49 岁	13	高富力 84.6	
50 岁以上	29	高富力 69.0	安利 10.3

● 重庆（Chongqing）

	人数	第一品牌及百分比	第二品牌及百分比
样本	**600**	**洁牌 36.0**	**蜀秀 15.0**
男性	**308**	**洁牌 36.0**	**蜀秀 13.3**
16-19 岁	43	洁牌 16.3 白猫 16.3	蜀秀 14.0
20-24 岁	53	洁牌 35.8	蜀秀 13.2
25-29 岁	43	洁牌 30.2	蜀秀 25.6
30-34 岁	38	洁牌 47.4	蜀秀 10.5
35-39 岁	39	洁牌 46.2	蜀秀 12.8
40-44 岁	30	洁牌 43.3	白猫 13.3
45-49 岁	25	洁牌 40.0	蜀秀 16.0
50 岁以上	37	洁牌 35.1	蜀秀 8.1 白猫 8.1
女性	**292**	**洁牌 36.0**	**蜀秀 16.8**
16-19 岁	43	洁牌 23.3	蜀秀 16.3 白猫 16.3
20-24 岁	53	洁牌 28.3	蜀秀 20.8
25-29 岁	32	洁牌 31.3	蜀秀 21.9
30-34 岁	33	洁牌 36.4	蜀秀 21.2
35-39 岁	35	洁牌 37.1	蜀秀 11.4
40-44 岁	32	洁牌 53.1	蜀秀 9.4
45-49 岁	27	洁牌 33.3	蜀秀 29.6
50 岁以上	37	洁牌 51.4	蜀秀 16.2

6-4 样本总体、男性各年龄层、女性各年龄层的使用方式 / Ways of Using the Products by the Whole Sample, Age and Gender Groups

● 北京（Beijing）

	人数	个人专用	家人共用
样本	**597**	**6.0**	**94.0**
男性	**296**	**6.1**	**93.9**
16-19 岁	25	4.0	96.0
20-24 岁	35	5.7	94.3
25-29 岁	41	17.1	82.9
30-34 岁	47	6.4	93.6
35-39 岁	43	9.3	90.7
40-44 岁	42	0.0	100.0
45-49 岁	24	0.0	100.0
50 岁以上	39	2.6	97.4
女性	**301**	**6.0**	**94.0**
16-19 岁	23	4.3	95.7
20-24 岁	35	14.3	85.7
25-29 岁	35	0.0	100.0
30-34 岁	49	6.1	93.9
35-39 岁	45	2.2	97.8
40-44 岁	40	2.5	97.5
45-49 岁	26	7.7	92.3
50 岁以上	48	10.4	89.6

● 上海（Shanghai）

	人数	个人专用	家人共用
样本	**591**	**3.0**	**97.0**
男性	**302**	**2.6**	**97.4**
16-19 岁	22	0.0	100.0
20-24 岁	33	9.1	90.9
25-29 岁	42	4.8	95.2
30-34 岁	55	5.5	94.5
35-39 岁	49	0.0	100.0
40-44 岁	30	0.0	100.0
45-49 岁	26	0.0	100.0
50 岁以上	45	0.0	100.0
女性	**289**	**3.5**	**96.5**
16-19 岁	24	8.3	91.7
20-24 岁	32	0.0	100.0
25-29 岁	35	5.7	94.3
30-34 岁	49	2.0	98.0
35-39 岁	44	6.8	93.2
40-44 岁	35	0.0	100.0
45-49 岁	23	4.3	95.7
50 岁以上	47	2.1	97.9

● 广州（Guangzhou）

	人数	个人专用	家人共用
样本	**591**	**4.2**	**95.8**
男性	**274**	**3.6**	**96.4**
16-19 岁	30	6.7	93.3
20-24 岁	36	0.0	100.0
25-29 岁	34	11.8	88.2
30-34 岁	32	9.4	90.6
35-39 岁	39	2.6	97.4
40-44 岁	39	0.0	100.0
45-49 岁	25	0.0	100.0
50 岁以上	39	0.0	100.0
女性	**317**	**4.7**	**95.3**
16-19 岁	50	4.0	96.0
20-24 岁	46	4.3	95.7
25-29 岁	62	3.2	96.8
30-34 岁	46	6.5	93.5
35-39 岁	41	7.3	92.7
40-44 岁	30	0.0	100.0
45-49 岁	13	7.7	92.3
50 岁以上	29	6.9	93.1

● 重庆（Chongqing）

	人数	个人专用	家人共用
样本	**581**	**5.2**	**94.8**
男性	**298**	**5.0**	**95.0**
16-19 岁	38	0.0	100.0
20-24 岁	52	7.7	92.3
25-29 岁	43	16.3	83.7
30-34 岁	38	2.6	97.4
35-39 岁	38	2.6	97.4
40-44 岁	29	0.0	100.0
45-49 岁	24	0.0	100.0
50 岁以上	36	5.6	94.4
女性	**283**	**5.3**	**94.7**
16-19 岁	42	7.1	92.9
20-24 岁	50	6.0	94.0
25-29 岁	32	6.3	93.8
30-34 岁	33	6.1	93.9
35-39 岁	32	6.3	93.8
40-44 岁	30	0.0	100.0
45-49 岁	27	0.0	100.0
50 岁以上	37	8.1	91.9

6-5 样本总体、男性各年龄层、女性各年龄层的品牌习惯 / Brand Habit in Using the Products by the Whole Sample, Age and Gender Groups

注：1=平时固定使用一个牌子，从不更改（Used in only one brand）
2=比较固定的用一两个牌子，有时会换一下（Used in one or two brands）
3=基本上没有固定，随机购买（No brand preference）

● 北京（Beijing）

	人数	1	2	3
样本	**595**	**52.6**	**42.9**	**4.5**
男性	**296**	**55.4**	**39.2**	**5.4**
16-19 岁	25	56.0	40.0	4.0
20-24 岁	35	57.1	31.4	11.4
25-29 岁	41	51.2	41.5	7.3
30-34 岁	47	57.4	38.3	4.3
35-39 岁	43	46.5	48.8	4.7
40-44 岁	42	50.0	47.6	2.4
45-49 岁	24	62.5	37.5	0.0
50 岁以上	39	66.7	25.6	7.7
女性	**299**	**49.8**	**46.5**	**3.7**
16-19 岁	22	68.2	31.8	0.0
20-24 岁	35	45.7	42.9	11.4
25-29 岁	35	28.6	68.6	2.9
30-34 岁	49	46.9	53.1	0.0
35-39 岁	45	40.0	57.8	2.2
40-44 岁	40	60.0	27.5	12.5
45-49 岁	26	50.0	50.0	0.0
50 岁以上	47	63.8	36.2	0.0

● 上海（Shanghai）

	人数	1	2	3
样本	**594**	**58.1**	**36.2**	**5.7**
男性	**303**	**56.1**	**38.0**	**5.9**
16-19 岁	22	54.5	40.9	4.5
20-24 岁	34	64.7	32.4	2.9
25-29 岁	42	54.8	38.1	7.1
30-34 岁	56	66.1	28.6	5.4
35-39 岁	49	59.2	30.6	10.2
40-44 岁	31	38.7	54.8	6.5
45-49 岁	26	61.5	34.6	3.8
50 岁以上	43	44.2	51.2	4.7
女性	**291**	**60.1**	**34.4**	**5.5**
16-19 岁	24	54.2	41.7	4.2
20-24 岁	32	56.3	40.6	3.1
25-29 岁	37	51.4	40.5	8.1
30-34 岁	50	64.0	32.0	4.0
35-39 岁	43	55.8	37.2	7.0
40-44 岁	34	73.5	20.6	5.9
45-49 岁	23	73.9	26.1	0.0
50 岁以上	48	56.3	35.4	8.3

● 广州（Guangzhou）

	人数	1	2	3
样本	**592**	**40.4**	**47.6**	**12.0**
男性	**276**	**41.7**	**46.0**	**12.3**
16-19 岁	30	46.7	43.3	10.0
20-24 岁	35	37.1	48.6	14.3
25-29 岁	35	42.9	40.0	17.1
30-34 岁	33	36.4	51.5	12.1
35-39 岁	40	37.5	50.0	12.5
40-44 岁	39	41.0	51.3	7.7
45-49 岁	25	32.0	44.0	24.0
50 岁以上	39	56.4	38.5	5.1
女性	**316**	**39.2**	**49.1**	**11.7**
16-19 岁	50	46.0	48.0	6.0
20-24 岁	46	34.8	41.3	23.9
25-29 岁	63	33.3	60.3	6.3
30-34 岁	46	50.0	39.1	10.9
35-39 岁	41	41.5	46.3	12.2
40-44 岁	29	34.5	58.6	6.9
45-49 岁	13	38.5	46.2	15.4
50 岁以上	28	32.1	50.0	17.9

● 重庆（Chongqing）

	人数	1	2	3
样本	**579**	**43.5**	**42.5**	**14.0**
男性	**298**	**41.9**	**42.3**	**15.8**
16-19 岁	38	42.1	34.2	23.7
20-24 岁	52	42.3	46.2	11.5
25-29 岁	43	46.5	37.2	16.3
30-34 岁	38	50.0	42.1	7.9
35-39 岁	38	42.1	47.4	10.5
40-44 岁	29	34.5	34.5	31.0
45-49 岁	24	29.2	62.5	8.3
50 岁以上	36	41.7	38.9	19.4
女性	**281**	**45.2**	**42.7**	**12.1**
16-19 岁	40	42.5	45.0	12.5
20-24 岁	51	33.3	51.0	15.7
25-29 岁	32	37.5	43.8	18.8
30-34 岁	33	45.5	51.5	3.0
35-39 岁	32	59.4	21.9	18.8
40-44 岁	30	66.7	30.0	3.3
45-49 岁	27	63.0	22.2	14.8
50 岁以上	36	27.8	63.9	8.3

6-6 样本总体、男性各年龄层、女性各年龄层是否是主要购买者 / Purchasers in the Household by the Whole Sample, Age and Gender Groups

● 北京（Beijing）

	人数	是购买者	不是购买者
样本	**483**	**57.6**	**42.4**
男性	**249**	**39.4**	**60.6**
16-19 岁	24	33.3	66.7
20-24 岁	31	25.8	74.2
25-29 岁	31	35.5	64.5
30-34 岁	36	47.2	52.8
35-39 岁	36	33.3	66.7
40-44 岁	37	37.8	62.2
45-49 岁	18	44.4	55.6
50 岁以上	36	55.6	44.4
女性	**234**	**76.9**	**23.1**
16-19 岁	15	13.3	86.7
20-24 岁	27	44.4	55.6
25-29 岁	25	68.0	32.0
30-34 岁	37	73.0	27.0
35-39 岁	40	92.5	7.5
40-44 岁	28	92.9	7.1
45-49 岁	23	95.7	4.3
50 岁以上	39	94.9	5.1

● 上海（Shanghai）

	人数	是购买者	不是购买者
样本	**561**	**60.1**	**39.9**
男性	**291**	**46.7**	**53.3**
16-19 岁	21	19.0	81.0
20-24 岁	33	33.3	66.7
25-29 岁	38	31.6	68.4
30-34 岁	52	48.1	51.9
35-39 岁	49	53.1	46.9
40-44 岁	29	58.6	41.4
45-49 岁	26	53.8	46.2
50 岁以上	43	62.8	37.2
女性	**270**	**74.4**	**25.6**
16-19 岁	19	26.3	73.7
20-24 岁	28	39.3	60.7
25-29 岁	34	58.8	41.2
30-34 岁	44	86.4	13.6
35-39 岁	44	90.9	9.1
40-44 岁	34	88.2	11.8
45-49 岁	22	81.8	18.2
50 岁以上	45	86.7	13.3

● 广州（Guangzhou）

	人数	是购买者	不是购买者
样本	**562**	**52.8**	**47.2**
男性	**262**	**41.2**	**58.8**
16-19 岁	25	16.0	84.0
20-24 岁	35	22.9	77.1
25-29 岁	32	34.4	65.6
30-34 岁	30	50.0	50.0
35-39 岁	37	59.5	40.5
40-44 岁	39	41.0	59.0
45-49 岁	26	38.5	61.5
50 岁以上	38	57.9	42.1
女性	**300**	**63.0**	**37.0**
16-19 岁	47	17.0	83.0
20-24 岁	45	35.6	64.4
25-29 岁	60	56.7	43.3
30-34 岁	46	82.6	17.4
35-39 岁	35	91.4	8.6
40-44 岁	28	92.9	7.1
45-49 岁	12	83.3	16.7
50 岁以上	27	92.6	7.4

● 重庆（Chongqing）

	人数	是购买者	不是购买者
样本	**505**	**54.3**	**45.7**
男性	**261**	**39.1**	**60.9**
16-19 岁	35	17.1	82.9
20-24 岁	44	25.0	75.0
25-29 岁	38	52.6	47.4
30-34 岁	32	40.6	59.4
35-39 岁	34	47.1	52.9
40-44 岁	24	66.7	33.3
45-49 岁	23	26.1	73.9
50 岁以上	31	45.2	54.8
女性	**244**	**70.5**	**29.5**
16-19 岁	35	28.6	71.4
20-24 岁	45	57.8	42.2
25-29 岁	30	73.3	26.7
30-34 岁	30	83.3	16.7
35-39 岁	30	83.3	16.7
40-44 岁	25	84.0	16.0
45-49 岁	18	83.3	16.7
50 岁以上	31	90.3	9.7

6-7 样本总体、男性各年龄层、女性各年龄层购买时的考虑因素 / Considerations in Purchasing by the Whole Sample, Age and Gender Groups

注：本题为多选题，合计百分比超过 100%（Multiple answers）

● 北京（Beijing）

	人数	有名的牌子	价格适中	购买方便	有优惠条件	朋友推荐
样本	**597**	**32.8**	**46.7**	**23.3**	**3.0**	**1.2**
男性	**296**	**32.8**	**47.3**	**25.3**	**2.7**	**1.4**
16-19 岁	25	28.0	48.0	20.0	0.0	0.0
20-24 岁	35	20.0	51.4	20.0	2.9	0.0
25-29 岁	41	29.3	36.6	17.1	2.4	0.0
30-34 岁	47	34.0	42.6	17.0	4.3	2.1
35-39 岁	43	39.5	34.9	39.5	2.3	2.3
40-44 岁	42	42.9	45.2	33.3	4.8	4.8
45-49 岁	24	20.8	50.0	20.8	4.2	0.0
50 岁以上	39	38.5	74.4	30.8	0.0	0.0
女性	**301**	**32.9**	**46.2**	**21.3**	**3.3**	**1.0**
16-19 岁	23	30.4	39.1	21.7	0.0	4.3
20-24 岁	35	20.0	45.7	31.4	5.7	0.0
25-29 岁	35	31.4	48.6	8.6	0.0	0.0
30-34 岁	49	38.8	42.9	28.6	2.0	2.0
35-39 岁	45	33.3	46.7	20.0	0.0	2.2
40-44 岁	40	27.5	50.0	15.0	10.0	0.0
45-49 岁	26	46.2	34.6	23.1	7.7	0.0
50 岁以上	48	35.4	54.2	20.8	2.1	0.0

续上表（continued）

	人数	味道清香	洗涤力强	无毒性	不伤手	只是由于习惯	其他
样本	**597**	**13.9**	**49.1**	**35.0**	**14.2**	**14.7**	**1.2**
男性	**296**	**12.2**	**47.6**	**32.1**	**13.2**	**14.9**	**1.0**
16-19 岁	25	20.0	60.0	36.0	16.0	20.0	0.0
20-24 岁	35	20.0	37.1	37.1	20.0	20.0	0.0
25-29 岁	41	14.6	51.2	31.7	14.6	19.5	0.0
30-34 岁	47	17.0	42.6	40.4	8.5	17.0	0.0
35-39 岁	43	7.0	48.8	30.2	14.0	14.0	0.0
40-44 岁	42	2.4	50.0	21.4	11.9	11.9	0.0
45-49 岁	24	12.5	50.0	29.2	12.5	4.2	8.3
50 岁以上	39	7.7	46.2	30.8	10.3	10.3	2.6
女性	**301**	**15.6**	**50.5**	**37.9**	**15.3**	**14.6**	**1.3**
16-19 岁	23	13.0	52.2	34.8	21.7	26.1	4.3
20-24 岁	35	20.0	57.1	31.4	20.0	8.6	2.9
25-29 岁	35	14.3	48.6	48.6	11.4	20.0	2.9
30-34 岁	49	12.2	46.9	51.0	14.3	10.2	0.0
35-39 岁	45	15.6	53.3	26.7	22.2	13.3	0.0
40-44 岁	40	17.5	50.0	45.0	22.5	12.5	2.5
45-49 岁	26	15.4	50.0	26.9	3.8	19.2	0.0
50 岁以上	48	16.7	47.9	33.3	6.3	14.6	0.0

● 上海（Shanghai）

	人数	有名的牌子	价格适中	购买方便	有优惠条件	朋友推荐
样本	**600**	**35.2**	**43.3**	**23.2**	**4.7**	**1.8**
男性	**307**	**33.6**	**46.3**	**26.1**	**4.6**	**1.6**
16-19 岁	22	22.7	50.0	13.6	4.5	0.0
20-24 岁	34	32.4	44.1	29.4	2.9	2.9
25-29 岁	42	26.2	52.4	21.4	4.8	0.0
30-34 岁	56	37.5	33.9	23.2	3.6	1.8
35-39 岁	51	27.5	45.1	35.3	9.8	2.0
40-44 岁	31	32.3	54.8	22.6	0.0	3.2
45-49 岁	26	30.8	50.0	15.4	7.7	0.0
50 岁以上	45	51.1	48.9	35.6	2.2	2.2
女性	**293**	**36.9**	**40.3**	**20.1**	**4.8**	**2.0**
16-19 岁	24	12.5	37.5	16.7	0.0	0.0
20-24 岁	32	18.8	50.0	12.5	0.0	3.1
25-29 岁	37	40.5	32.4	24.3	5.4	2.7
30-34 岁	50	26.0	36.0	20.0	6.0	0.0
35-39 岁	44	43.2	43.2	13.6	11.4	2.3
40-44 岁	35	45.7	51.4	22.9	2.9	5.7
45-49 岁	23	43.5	26.1	21.7	0.0	0.0
50 岁以上	48	54.2	41.7	27.1	6.3	2.1

续上表（continued）

	人数	味道清香	洗涤力强	无毒性	不伤手	只是由于习惯	其他
样本	**600**	**15.2**	**45.3**	**29.8**	**21.0**	**13.3**	**0.7**
男性	**307**	**11.7**	**47.2**	**27.0**	**17.3**	**14.0**	**0.3**
16-19 岁	22	9.1	63.6	50.0	22.7	9.1	0.0
20-24 岁	34	8.8	58.8	20.6	29.4	11.8	0.0
25-29 岁	42	16.7	42.9	23.8	19.0	11.9	2.4
30-34 岁	56	14.3	37.5	17.9	12.5	25.0	0.0
35-39 岁	51	9.8	56.9	29.4	9.8	15.7	0.0
40-44 岁	31	9.7	38.7	32.3	19.4	6.5	0.0
45-49 岁	26	15.4	57.7	30.8	23.1	11.5	0.0
50 岁以上	45	8.9	35.6	26.7	13.3	11.1	0.0
女性	**293**	**18.8**	**43.3**	**32.8**	**24.9**	**12.6**	**1.0**
16-19 岁	24	25.0	45.8	45.8	41.7	12.5	4.2
20-24 岁	32	28.1	50.0	40.6	34.4	12.5	3.1
25-29 岁	37	18.9	37.8	37.8	24.3	10.8	0.0
30-34 岁	50	26.0	42.0	38.0	26.0	14.0	2.0
35-39 岁	44	11.4	40.9	31.8	20.5	11.4	0.0
40-44 岁	35	11.4	40.0	28.6	20.0	14.3	0.0
45-49 岁	23	26.1	56.5	26.1	34.8	17.4	0.0
50 岁以上	48	10.4	41.7	18.8	12.5	10.4	0.0

●广州（Guangzhou）

	人数	有名的牌子	价格适中	购买方便	有优惠条件	朋友推荐
样本	**591**	**22.5**	**46.7**	**20.1**	**4.1**	**1.7**
男性	**277**	**28.2**	**43.3**	**20.6**	**3.6**	**1.1**
16-19岁	30	20.0	40.0	6.7	0.0	6.7
20-24岁	36	30.6	38.9	22.2	2.8	0.0
25-29岁	35	28.6	45.7	37.1	0.0	0.0
30-34岁	34	29.4	44.1	11.8	5.9	0.0
35-39岁	39	41.0	51.3	20.5	5.1	2.6
40-44岁	39	20.5	43.6	23.1	7.7	0.0
45-49岁	25	28.0	44.0	20.0	4.0	0.0
50岁以上	39	25.6	38.5	20.5	2.6	0.0
女性	**314**	**17.5**	**49.7**	**19.7**	**4.5**	**2.2**
16-19岁	50	10.0	60.0	26.0	4.0	0.0
20-24岁	45	15.6	46.7	15.6	6.7	0.0
25-29岁	61	19.7	32.8	16.4	0.0	3.3
30-34岁	46	23.9	43.5	15.2	6.5	6.5
35-39岁	40	7.5	45.0	32.5	5.0	0.0
40-44岁	30	20.0	60.0	23.3	6.7	3.3
45-49岁	13	23.1	84.6	7.7	0.0	0.0
50岁以上	29	27.6	62.1	13.8	6.9	3.4

续上表（continued）

	人数	味道清香	洗涤力强	无毒性	不伤手	只是由于习惯	其他
样本	**591**	**24.4**	**50.9**	**27.7**	**20.3**	**12.4**	**1.2**
男性	**277**	**20.6**	**50.5**	**26.0**	**15.2**	**11.2**	**1.4**
16-19岁	30	16.7	56.7	26.7	23.3	16.7	6.7
20-24岁	36	22.2	47.2	30.6	13.9	11.1	2.8
25-29岁	35	22.9	42.9	25.7	11.4	2.9	0.0
30-34岁	34	11.8	38.2	23.5	20.6	8.8	2.9
35-39岁	39	23.1	56.4	20.5	10.3	12.8	0.0
40-44岁	39	20.5	43.6	38.5	12.8	12.8	0.0
45-49岁	25	20.0	52.0	24.0	16.0	12.0	0.0
50岁以上	39	25.6	66.7	17.9	15.4	12.8	0.0
女性	**314**	**27.7**	**51.3**	**29.3**	**24.8**	**13.4**	**1.0**
16-19岁	50	24.0	52.0	30.0	28.0	20.0	0.0
20-24岁	45	28.9	64.4	42.2	31.1	6.7	0.0
25-29岁	61	34.4	52.5	44.3	27.9	16.4	0.0
30-34岁	46	26.1	47.8	19.6	19.6	17.4	0.0
35-39岁	40	35.0	35.0	22.5	25.0	10.0	2.5
40-44岁	30	20.0	56.7	16.7	23.3	13.3	3.3
45-49岁	13	23.1	53.8	7.7	23.1	15.4	0.0
50岁以上	29	20.7	48.3	24.1	13.8	3.4	3.4

● 重庆（Chongqing）

	人数	有名的牌子	价格适中	购买方便	有优惠条件	朋友推荐
样本	**583**	**15.4**	**38.3**	**25.4**	**3.4**	**2.9**
男性	**300**	**16.3**	**38.0**	**27.3**	**4.0**	**3.7**
16-19 岁	39	15.4	38.5	33.3	0.0	5.1
20-24 岁	53	13.2	34.0	32.1	1.9	3.8
25-29 岁	43	16.3	39.5	9.3	2.3	4.7
30-34 岁	38	23.7	36.8	31.6	5.3	2.6
35-39 岁	38	10.5	36.8	39.5	2.6	2.6
40-44 岁	29	17.2	20.7	17.2	10.3	6.9
45-49 岁	23	26.1	56.5	17.4	4.3	0.0
50 岁以上	37	13.5	45.9	32.4	8.1	2.7
女性	**283**	**14.5**	**38.5**	**23.3**	**2.8**	**2.1**
16-19 岁	41	12.2	29.3	17.1	0.0	4.9
20-24 岁	51	9.8	45.1	23.5	2.0	2.0
25-29 岁	32	15.6	43.8	21.9	6.3	0.0
30-34 岁	33	30.3	27.3	24.2	0.0	6.1
35-39 岁	32	15.6	37.5	31.3	6.3	0.0
40-44 岁	30	13.3	36.7	23.3	3.3	0.0
45-49 岁	27	7.4	48.1	11.1	3.7	0.0
50 岁以上	37	13.5	40.5	32.4	2.7	2.7

续上表（continued）

	人数	味道清香	洗涤力强	无毒性	不伤手	只是由于习惯	其他
样本	**583**	**18.7**	**52.8**	**30.7**	**11.1**	**8.9**	**3.9**
男性	**300**	**15.0**	**53.3**	**26.7**	**11.7**	**6.0**	**6.0**
16-19 岁	39	12.8	56.4	28.2	7.7	5.1	5.1
20-24 岁	53	26.4	56.6	28.3	15.1	3.8	7.5
25-29 岁	43	18.6	65.1	30.2	7.0	4.7	0.0
30-34 岁	38	7.9	39.5	31.6	15.8	18.4	2.6
35-39 岁	38	7.9	52.6	26.3	13.2	2.6	13.2
40-44 岁	29	27.6	55.2	20.7	10.3	3.4	3.4
45-49 岁	23	4.3	43.5	30.4	13.0	8.7	4.3
50 岁以上	37	8.1	51.4	16.2	10.8	2.7	10.8
女性	**283**	**22.6**	**52.3**	**35.0**	**10.6**	**12.0**	**1.8**
16-19 岁	41	29.3	61.0	31.7	19.5	7.3	0.0
20-24 岁	51	21.6	51.0	31.4	17.6	5.9	2.0
25-29 岁	32	25.0	53.1	31.3	0.0	15.6	0.0
30-34 岁	33	30.3	42.4	42.4	18.2	12.1	0.0
35-39 岁	32	28.1	50.0	28.1	6.3	12.5	6.3
40-44 岁	30	13.3	40.0	40.0	3.3	20.0	3.3
45-49 岁	27	18.5	51.9	40.7	3.7	18.5	3.7
50 岁以上	37	13.5	64.9	37.8	8.1	10.8	0.0

6-8 样本总体、男性各年龄层、女性各年龄层的购买地点 / Settings of Purchasing by the Whole Sample, Age and Gender Groups

注：本题为多选题，合计百分比超过 100%（ Multiple answers ）

● 北京（ Beijing ）

	人数	地摊	附近小商店	平价/仓储市场	超市	百货公司/购物中心	传销/直销	电话购买	其他
样本	**596**	**0.3**	**37.2**	**42.4**	**31.5**	**39.8**	**1.3**	**0.0**	**2.3**
男性	**296**	**0.7**	**39.2**	**37.2**	**27.7**	**44.6**	**0.3**	**0.0**	**2.7**
16-19 岁	25	0.0	32.0	52.0	28.0	40.0	4.0	0.0	4.0
20-24 岁	35	0.0	34.3	37.1	48.6	28.6	0.0	0.0	0.0
25-29 岁	41	2.4	26.8	34.1	39.0	34.1	0.0	0.0	4.9
30-34 岁	47	2.1	40.4	29.8	23.4	51.1	0.0	0.0	2.1
35-39 岁	43	0.0	48.8	27.9	25.6	53.5	0.0	0.0	0.0
40-44 岁	42	0.0	42.9	42.9	14.3	47.6	0.0	0.0	2.4
45-49 岁	24	0.0	45.8	33.3	20.8	41.7	0.0	0.0	8.3
50 岁以上	39	0.0	41.0	46.2	23.1	53.8	0.0	0.0	2.6
女性	**300**	**0.0**	**35.3**	**47.7**	**35.3**	**35.0**	**2.3**	**0.0**	**2.0**
16-19 岁	23	0.0	26.1	39.1	56.5	30.4	0.0	0.0	8.7
20-24 岁	35	0.0	28.6	40.0	48.6	37.1	2.9	0.0	2.9
25-29 岁	35	0.0	28.6	65.7	28.6	31.4	5.7	0.0	0.0
30-34 岁	49	0.0	36.7	49.0	30.6	34.7	6.1	0.0	2.0
35-39 岁	45	0.0	35.6	57.8	26.7	37.8	0.0	0.0	2.2
40-44 岁	40	0.0	27.5	50.0	42.5	42.5	0.0	0.0	2.5
45-49 岁	25	0.0	40.0	40.0	20.0	44.0	4.0	0.0	0.0
50 岁以上	48	0.0	52.1	35.4	35.4	25.0	0.0	0.0	0.0

● 上海（ Shanghai ）

	人数	地摊	附近小商店	平价/仓储市场	超市	百货公司/购物中心	传销/直销	电话购买	其他
样本	**598**	**1.7**	**43.0**	**8.4**	**68.2**	**25.3**	**3.5**	**0.0**	**1.5**
男性	**306**	**2.0**	**49.3**	**9.8**	**64.4**	**23.9**	**2.6**	**0.0**	**0.7**
16-19 岁	22	0.0	54.5	9.1	63.6	22.7	4.5	0.0	0.0
20-24 岁	34	0.0	52.9	2.9	73.5	17.6	2.9	0.0	0.0
25-29 岁	42	0.0	50.0	2.4	66.7	21.4	2.4	0.0	0.0
30-34 岁	56	0.0	53.6	14.3	53.6	19.6	1.8	0.0	1.8
35-39 岁	50	4.0	46.0	18.0	66.0	22.0	2.0	0.0	0.0
40-44 岁	31	6.5	48.4	6.5	67.7	29.0	3.2	0.0	0.0
45-49 岁	26	3.8	53.8	7.7	69.2	19.2	3.8	0.0	0.0
50 岁以上	45	2.2	40.0	11.1	62.2	37.8	2.2	0.0	2.2
女性	**292**	**1.4**	**36.3**	**6.8**	**72.3**	**26.7**	**4.5**	**0.0**	**2.4**
16-19 岁	24	4.2	50.0	0.0	58.3	29.2	8.3	0.0	0.0
20-24 岁	32	0.0	43.8	9.4	68.8	12.5	9.4	0.0	3.1
25-29 岁	37	5.4	40.5	5.4	83.8	13.5	5.4	0.0	5.4
30-34 岁	50	0.0	30.0	10.0	68.0	30.0	2.0	0.0	8.0
35-39 岁	44	0.0	25.0	2.3	75.0	38.6	6.8	0.0	0.0
40-44 岁	34	2.9	38.2	8.8	67.6	35.3	0.0	0.0	0.0
45-49 岁	23	0.0	39.1	13.0	73.9	21.7	0.0	0.0	0.0
50 岁以上	48	0.0	35.4	6.3	77.1	27.1	4.2	0.0	0.0

● 广州（Guangzhou）

	人数	地摊	附近小商店	平价/仓储市场	超市	百货公司/购物中心	传销/直销	电话购买	其他
样本	**586**	**1.5**	**32.3**	**13.1**	**35.3**	**57.7**	**6.0**	**0.0**	**2.2**
男性	**274**	**2.2**	**32.8**	**14.2**	**34.3**	**55.8**	**6.2**	**0.0**	**2.2**
16-19 岁	30	3.3	30.0	10.0	30.0	53.3	13.3	0.0	3.3
20-24 岁	35	0.0	37.1	11.4	42.9	51.4	2.9	0.0	2.9
25-29 岁	35	0.0	40.0	17.1	42.9	57.1	0.0	0.0	0.0
30-34 岁	34	2.9	32.4	17.6	29.4	55.9	5.9	0.0	0.0
35-39 岁	37	0.0	32.4	21.6	32.4	56.8	10.8	0.0	8.1
40-44 岁	39	5.1	35.9	10.3	35.9	59.0	2.6	0.0	2.6
45-49 岁	25	8.0	20.0	20.0	32.0	48.0	8.0	0.0	0.0
50 岁以上	39	0.0	30.8	7.7	28.2	61.5	7.7	0.0	0.0
女性	**312**	**1.0**	**31.7**	**12.2**	**36.2**	**59.3**	**5.8**	**0.0**	**2.2**
16-19 岁	49	2.0	44.9	10.2	30.6	53.1	2.0	0.0	2.0
20-24 岁	45	0.0	33.3	13.3	44.4	57.8	4.4	0.0	4.4
25-29 岁	63	1.6	28.6	9.5	52.4	55.6	7.9	0.0	1.6
30-34 岁	45	0.0	35.6	11.1	37.8	51.1	6.7	0.0	0.0
35-39 岁	39	0.0	17.9	10.3	28.2	61.5	10.3	0.0	2.6
40-44 岁	30	0.0	26.7	13.3	20.0	80.0	6.7	0.0	0.0
45-49 岁	13	0.0	30.8	23.1	38.5	61.5	0.0	0.0	0.0
50 岁以上	28	3.6	32.1	17.9	21.4	67.9	3.6	0.0	7.1

● 重庆(Chongqing)

	人数	地摊	附近小商店	平价/仓储市场	超市	百货公司/购物中心	传销/直销	电话购买	其他
样本	**579**	**1.6**	**51.3**	**14.3**	**14.0**	**43.5**	**2.8**	**0.2**	**5.9**
男性	**297**	**1.3**	**55.2**	**13.5**	**11.4**	**41.8**	**4.0**	**0.3**	**6.1**
16-19 岁	38	0.0	50.0	18.4	10.5	47.4	5.3	0.0	2.6
20-24 岁	52	0.0	50.0	13.5	9.6	36.5	9.6	1.9	9.6
25-29 岁	43	2.3	53.5	14.0	16.3	46.5	4.7	0.0	2.3
30-34 岁	38	2.6	71.1	10.5	15.8	39.5	0.0	0.0	2.6
35-39 岁	37	0.0	64.9	5.4	10.8	35.1	5.4	0.0	5.4
40-44 岁	29	0.0	55.2	13.8	17.2	34.5	0.0	0.0	10.3
45-49 岁	23	4.3	47.8	8.7	0.0	60.9	0.0	0.0	0.0
50 岁以上	37	2.7	48.6	21.6	8.1	40.5	2.7	0.0	13.5
女性	**282**	**1.8**	**47.2**	**15.2**	**16.7**	**45.4**	**1.4**	**0.0**	**5.7**
16-19 岁	41	2.4	61.0	7.3	26.8	48.8	0.0	0.0	0.0
20-24 岁	51	3.9	41.2	23.5	29.4	49.0	0.0	0.0	3.9
25-29 岁	32	3.1	50.0	18.8	15.6	34.4	3.1	0.0	3.1
30-34 岁	32	3.1	40.6	12.5	18.8	56.3	0.0	0.0	3.1
35-39 岁	32	0.0	50.0	9.4	15.6	40.6	0.0	0.0	6.3
40-44 岁	30	0.0	43.3	3.3	10.0	46.7	3.3	0.0	10.0
45-49 岁	27	0.0	37.0	14.8	0.0	40.7	3.7	0.0	22.2
50 岁以上	37	0.0	51.4	27.0	5.4	43.2	2.7	0.0	2.7

6-9 家中该类商品的主要来源 / Sources of Obtaining the Products

● 北京（Beijing）

	人数	百分比
自家购买	483	80.9
单位发的	110	18.4
别人送的	4	0.7
其他	0	0.0

n=597

● 上海（Shanghai）

	人数	百分比
自家购买	563	94.0
单位发的	30	5.0
别人送的	5	0.8
其他	1	0.2

n=599

● 广州（Guangzhou）

	人数	百分比
自家购买	556	94.1
单位发的	28	4.7
别人送的	6	1.0
其他	1	0.2

n=591

● 重庆（Chongqing）

	人数	百分比
自家购买	504	86.7
单位发的	72	12.4
别人送的	5	0.9
其他	0	0.0

n=581

6-10 北京不同消费群最常用品牌 / The Most Frequently Used Brands by Beijing Market Segments

	人数	第一品牌及百分比	第二品牌及百分比
样本	**587**	**金鱼 94.4**	**白猫 2.2**
第一消费群	136	金鱼 93.4	白猫 2.9
第二消费群	90	金鱼 92.2	白猫 2.2
第三消费群	109	金鱼 97.2	安利 0.9 付洁 0.9 金丽猫 0.9
第四消费群	5	金鱼 80.0	白猫 20.0
第五消费群	127	金鱼 94.5	白猫 3.1
第六消费群	120	金鱼 95.0	白猫 1.7 日健 1.7

注：北京消费群的代表特征 / Characteristics of the Beijing Market Segments

		第一消费群	第二消费群	第三消费群	第四消费群	第五消费群	第六消费群
基本情况	性别	女	男	无明显偏向	男	无明显偏向	女
	年龄	30 — 34 岁	25 — 29 岁	35 — 44 岁	无明显偏向	16 — 24 岁	45 岁以上
	学历	大专/大本	大本	初中	大本及研究生	高中/中专/技校	初中及以下
	职业	科教卫生人员	一般企业职员	工人	管理人员/专门职业从事者/个体及私营企业主	学生	离退休人员
	月均收入	801 — 1500 元	1501 — 4000 元	800 元以下	4000 元以上	无收入	800 元以下
	婚姻	已婚	无明显偏向	已婚	已婚或离异	未婚	已婚
心理取向		注重学历 非积极进取	不循规传统 非单一电视娱乐	非田园倾向 新女性主张 金钱本位	注重经验 大男子主义 不保守稳定	非“大男子主义” 追随流行	非“新女性主张” 非浪漫新潮 单一电视娱乐

6-11 上海不同消费群最常用品牌 / The Most Frequently Used Brands by Shanghai Market Segments

	人数	第一品牌及百分比	第二品牌及百分比
样本	**592**	**白猫 94.1**	**安利 2.4**
第一消费群	144	白猫 95.8	安利 2.1
第二消费群	92	白猫 91.3	安利 5.4
第二消费群	10	白猫 100.0	
第四消费群	132	白猫 93.9	妈妈柠檬 2.3
第五消费群	65	白猫 90.8	
第六消费群	149	白猫 95.3	安利 2.0

注：上海消费群的代表特征 / Characteristics of the Shanghai Market Segments

		第一消费群	第二消费群	第三消费群	第四消费群	第五消费群	第六消费群
基本情况	性别	无明显偏向	男	男	女	女	无明显偏向
	年龄	45 岁以上	20 — 29 岁	25 — 34 岁	35 — 44 岁	16 — 24 岁	30 — 39 岁
	学历	大本及以上	大专/大本	大专	初中及以下	高中/中专/技校	高中/中专/技校
	职业	科教卫生人员/离退休人员	一般企业职员	行政管理人员/个体及私营企业主/专门职业从事者	工人/下岗人员	学生	一般企业职员
	月均收入	801 — 1500 元	1001 — 3000 元	3000 元以上	800 元以下	无收入	1001 — 2000 元
	婚姻	已婚	未婚	未婚	已婚	未婚	已婚
心理取向		非浪漫时尚 非金钱本位 保守稳定	非家庭重心 田园倾向 休闲独立	不保守稳定 奔波忙碌 浪漫时尚	金钱本位 家庭重心 注重学历	新家庭观念 非休闲独立	不积极进取 不奔波忙碌

6-12 广州不同消费群最常用品牌 / The Most Frequently Used Brands by Guangzhou Market Segments

	人数	第一品牌及百分比	第二品牌及百分比
样本	**576**	**高富力 79.2**	**安利 3.3**
第一消费群	92	高富力 78.3	威鼎 3.3
第二消费群	116	高富力 75.0	劳工 3.4
第三消费群	96	高富力 86.5	劳工 4.2
第四消费群	97	高富力 81.4	劳工 4.1
第五消费群	94	高富力 77.7	安利 3.2 劳工 3.2
第六消费群	81	高富力 76.5	安利 9.9

注：广州消费群的代表特征 / Characteristics of the Guangzhou Market Segments

		第一消费群	第二消费群	第三消费群	第四消费群	第五消费群	第六消费群
基本情况	性别	女	无明显偏向	女	男	女	男
	年龄	16 — 19 岁	40 岁以上	20 — 24 岁	35 — 44 岁	30 — 34 岁	25 — 29 岁
	学历	高中/中专/技校	无明显偏向	高中/中专/技校/大专	初中/高中/中专/技校	初中及以下	大专及以上
	职业	学生	工人	学生/待业人员	个体及私营企业主	家庭主妇	企业职员/管理人员/科教卫生人员/专门职业者
	月均收入	无收入	1500 元以下	无收入	801 — 1500 元	800 元以下	2000 元以上
	婚姻	未婚	已婚	未婚	已婚	已婚	无明显偏向
心理取向		不固守中式生活 田园倾向 非大男子主义	非新女性主张 不追随流行 非积极进取	独立自主 追随流行	积极进取 大男子主义 中式生活	单一电视娱乐 非独立自主 保守稳定	非单一电视娱乐 非家庭重心

6-13 重庆不同消费群最常用品牌 / The Most Frequently Used Brands by Chongqing Market Segments

	人数	第一品牌及百分比	第二品牌及百分比
样本	**560**	**洁牌 50.0**	**蜀秀 20.9**
第一消费群	122	洁牌 43.4	蜀秀 18.9
第二消费群	113	洁牌 50.4	蜀秀 17.7
第三消费群	119	洁牌 46.2	蜀秀 26.9
第四消费群	22	洁牌 40.9	蜀秀 18.2
第五消费群	151	洁牌 60.3	蜀秀 20.5
第六消费群	33	洁牌 45.5	蜀秀 21.2

注：重庆消费群的代表特征 / Characteristics of the Chongqing Market Segments

		第一消费群	第二消费群	第三消费群	第四消费群	第五消费群	第六消费群
基本情况	性别	无明显偏向	无明显偏向	无明显偏向	无明显偏向	无明显偏向	女
	年龄	16 — 19 岁	45 岁以上	20 — 29 岁	30 — 34 岁	40 岁以上	25 — 29 岁
	学历	高中/中专/技校	高中/中专/技校	大专/大本	高中/中专/技校/大本以上	初中及以下	初中
	职业	学生	行政管理人员/离退休人员	科教卫生人员/一般企业职员	个体及私营企业主	工人	专门职业从事者下岗及其他
	月均收入	无收入	501 — 800 元	801 — 1500 元	1500 元以上	500 元以下	1001 — 1500 元
	婚姻	未婚	已婚	无明显偏向	已婚	已婚	已婚或离异
心理取向		浪漫新潮 注重学历 非现实家庭观	循规传统 奔波忙碌 保守稳定	新女性主张 非功利心态	功利心态 现实家庭观 都市情结	非浪漫新潮 非独立休闲	非新女性主张 不循规传统 独立休闲

7　护肤品 / Skin-care Products

7-1 最常用品牌排名 / Ranking of the Most Frequently Used Brands

● 北京（Beijing）

排名	品牌		人数	百分比
1	大宝	Dabao	165	37.1
2	旁氏	Pond's	35	7.9
3	玉兰油	Oil of Ulan	31	7.0
4	高丝	Kose	21	4.7
5	郁美净	Yumeijing	19	4.3
6	凡士林	Vaseline	14	3.6
7	美加净	Maxam	9	3.1

n=445

● 上海（Shanghai）

排名	品牌		人数	百分比
1	夏士莲	Hazeline	69	17.1
2	旁氏	Pond's	66	16.3
3	凡士林	Vaseline	38	9.4
4	美加净	Maxam	28	6.9
5	舒欣	Softsense	19	4.5
6	玉兰油	Oil of Ulan	15	3.7
7	妮维雅	Nivea	12	3.0

n=404

● 广州（Guangzhou）

排名	品牌		人数	百分比
1	玉兰油	Oil of Ulan	95	25.6
2	旁氏	Pond's	34	9.2
3	夏士莲	Hazeline	25	6.7
4	强生	J&J	19	5.1
4	七日香	Qirixiang	19	5.1
6	雅芳	Avon	18	4.9
7	永芳	Yinfong	9	2.4

n=371

● 重庆（Chongqing）

排名	品牌		人数	百分比
1	大宝	Dabao	26	9.6
2	玉兰油	Oil of Ulan	21	7.7
3	夏士莲	Hazeline	19	7.0
4	旁氏	Pond's	17	6.3
5	雨水	Yushui	15	5.5
5	郁美净	Yumeijing	15	5.5
7	生态美	Ecological Beauty	12	4.4
8	小护士	Mininurse	10	3.7

n=272

7-2 理想品牌排名 / Ranking of the Ideal Brands

● 北京（Beijing）

排名	品牌		人数	百分比
1	大宝	Dabao	154	25.7
2	旁氏	Pond's	44	7.3
3	玉兰油	Oil of Ulan	39	6.5
4	高丝	Kose	27	4.5
5	凡士林	Vaseline	15	2.5
5	郁美净	Yumeijing	15	2.5
7	小护士	Mininurse	9	1.5

n=600

● 上海（Shanghai）

排名	品牌		人数	百分比
1	旁氏	Pond's	93	15.5
2	夏士莲	Hazeline	67	11.2
3	凡士林	Vaseline	47	7.8
4	美加净	Maxam	32	5.3
5	玉兰油	Oil of Ulan	22	3.7
6	舒欣	Softsense	20	3.3
7	妮维雅	Nivea	14	2.3

n=600

● 广州（Guangzhou）

排名	品牌		人数	百分比
1	玉兰油	Oil of Ulan	93	15.5
2	旁氏	Pond's	37	6.2
3	七日香	Qirixiang	34	5.7
4	夏士莲	Hazeline	29	4.8
5	强生	J&J	19	3.2
6	雅芳	Avon	17	2.8
7	安利	Amway	10	1.7

n=600

● 重庆（Chongqing）

排名	品牌		人数	百分比
1	大宝	Dabao	35	5.8
2	夏士莲	Hazeline	24	4.0
2	玉兰油	Oil of Ulan	24	4.0
4	雨水	Yushui	19	3.2
5	旁氏	Pond's	16	2.7
6	生态美	Ecological Beauty	12	2.0
7	郁美净	Yumeijing	10	1.7

n=600

7-3 样本总体、男性各年龄层、女性各年龄层的理想品牌 / The Ideal Brands by the Whole Sample, Age and Gender Groups

● 北京（Beijing）

	人数	第一品牌及百分比	第二品牌及百分比
样本	**600**	**大宝 25.7**	**旁氏 7.3**
男性	**298**	**大宝 28.2**	**旁氏 4.4**
16-19 岁	26	大宝 30.8	旁氏 3.8 高丝 3.8 羽西 3.8 美加净 3.8 宝贝 3.8 雨水 3.8 紫罗兰 3.8 绿丹兰 3.8 春媚男士霜 3.8 郁美净 3.8
20-24 岁	36	旁氏 13.9 大宝 13.9	宝宝霜 5.6
25-29 岁	41	大宝 39.0	凡士林 7.3
30-34 岁	47	大宝 31.9	旁氏 4.3
35-39 岁	43	大宝 25.6	玉兰油 7.0
40-44 岁	42	大宝 31.0	玉兰油 9.5
45-49 岁	24	大宝 16.7	旁氏 4.2 玉兰油 4.2 凡士林 4.2 友谊 4.2
50 岁以上	39	大宝 30.8	郁美净 7.7
女性	**302**	**大宝 23.2**	**旁氏 10.3**
16-19 岁	23	旁氏 21.7	大宝 17.4
20-24 岁	35	大宝 14.3	旁氏 11.4 玉兰油 11.4 高丝 11.4
25-29 岁	36	旁氏 16.7	大宝 13.9
30-34 岁	49	大宝 16.3	玉兰油 14.3
35-39 岁	45	大宝 40.0	玉兰油 13.3
40-44 岁	40	大宝 27.5	旁氏 13.3 玉兰油 10.0
45-49 岁	26	大宝 38.5	旁氏 11.5
50 岁以上	48	大宝 18.8	旁氏 6.3 玉兰油 6.3 美加净 6.3 郁美净 6.3

● 上海（Shanghai）

	人数	第一品牌及百分比	第二品牌及百分比
样本	**600**	**旁氏 15.5**	**夏士莲 11.2**
男性	**307**	**旁氏 12.5**	**夏士莲 11.1**
16-19 岁	22	旁氏 22.7	夏士莲 4.5 霞飞 4.5 安利 4.5 凤凰 4.5 凡士林 4.5 碧柔 4.5 美加净 4.5 妮维雅 4.5
20-24 岁	34	旁氏 21.2	永芳 9.1
25-29 岁	42	旁氏 23.8	夏士莲 4.8 妮维雅 4.8 凡士林 4.8
30-34 岁	56	夏士莲 10.7	美加净 8.9
35-39 岁	51	夏士莲 13.7	旁氏 9.8 凡士林 9.8
40-44 岁	31	舒欣 13.3	夏士莲 10.0 凡士林 10.0 美加净 10.0
45-49 岁	26	夏士莲 15.4	美加净 11.5
50 岁以上	45	夏士莲 20.0	旁氏 17.8
女性	**293**	**旁氏 18.8**	**夏士莲 11.3**
16-19 岁	24	旁氏 33.3	凡士林 12.5
20-24 岁	32	旁氏 18.8	凡士林 15.6
25-29 岁	37	旁氏 16.2	夏士莲 10.8
30-34 岁	50	旁氏 16.0	玉兰油 12.0
35-39 岁	44	旁氏 22.7	夏士莲 13.6
40-44 岁	35	旁氏 20.0 夏士莲 20.0	羽西 8.6
45-49 岁	23	夏士莲 17.4 凡士林 17.4	旁氏 13.0
50 岁以上	48	旁氏 14.6 凡士林 14.6	夏士莲 12.5

● 广州（Guangzhou）

	人数	第一品牌及百分比	第二品牌及百分比
样本	**600**	**玉兰油 15.5**	**旁氏 6.2**
男性	**282**	**玉兰油 7.1**	**七日香 5.0**
16-19 岁	30	玉兰油 6.7　旁氏 6.7	
20-24 岁	36	玉兰油 11.1	强生 8.3
25-29 岁	35	夏士莲 14.3	玉兰油 8.6
30-34 岁	34	七日香 8.8	玉兰油 5.9　强生 5.9　夏士莲 5.9　凡士林 5.9
35-39 岁	40	玉兰油 7.5	七日香 5.0　花王 5.0
40-44 岁	41	七日香 9.8	玉兰油 7.3
45-49 岁	26	七日香 15.4	旁氏 11.5
50 岁以上	40	玉兰油 7.5	可蒙 5.0　夏士莲 5.0
女性	**318**	玉兰油 23.0	**旁氏 9.4**
16-19 岁	50	玉兰油 28.0	旁氏 12.0　碧柔 12.0
20-24 岁	46	玉兰油 30.4	旁氏 13.0
25-29 岁	63	玉兰油 28.6	旁氏 11.1
30-34 岁	46	玉兰油 26.1	旁氏 6.5　夏士莲 6.5
35-39 岁	41	玉兰油 19.5	旁氏 9.8
40-44 岁	30	玉兰油 16.7	旁氏 6.7
45-49 岁	13	雅芳 23.1	玉兰油 7.7　夏士莲 7.7　碧柔 7.7　七日香 7.7
50 岁以上	29	旁氏 6.9　强生 6.9　七日香 6.9　安利 6.9　夏士莲 6.9	

● 重庆（Chongqing）

	人数	第一品牌及百分比	第二品牌及百分比
样本	**600**	**大宝 5.8**	**夏士莲 4.0　玉兰油 4.0**
男性	**308**	**大宝 6.2**	**夏士莲 2.3**
16-19 岁	43	大宝 11.6	玉兰油 4.7　雨水 4.7
20-24 岁	53	夏士莲 5.7	大宝 3.8　雨水 3.8
25-29 岁	43	大宝 4.7	
30-34 岁	38	大宝 5.3　玉兰油 5.3	
35-39 岁	39	大宝 10.3	宝宝霜 5.1
40-44 岁	30	大宝 6.7	
45-49 岁	25	大宝 8.0	
50 岁以上	37	夏士莲 5.4	
女性	**292**	**玉兰油 6.5**	**夏士莲 5.8**
16-19 岁	43	旁氏 7.0	大宝 4.7　宝宝霜 4.7　郁美净 4.7
20-24 岁	53	玉兰油 13.2	夏士莲 7.5　旁氏 7.5
25-29 岁	32	夏士莲 12.5	玉兰油 9.4
30-34 岁	33	大宝 12.1	雨水 9.1
35-39 岁	35	夏士莲 8.6	蝴蝶 5.7　雨水 5.7　雅倩 5.7　旁氏 5.7
40-44 岁	32	大宝 15.6	蝴蝶 9.4
45-49 岁	27	玉兰油 14.8	
50 岁以上	37	夏士莲 8.1	旁氏 5.4　大宝 5.4

7-4 样本总体、男性各年龄层、女性各年龄层的使用方式 / Ways of Using the Products by the Whole Sample, Age and Gender Groups

● 北京（Beijing）

	人数	个人专用	全家共用	从来不用
样本	**594**	**52.5**	**21.7**	**25.8**
男性	**297**	**31.3**	**23.2**	**45.5**
16-19 岁	26	34.6	23.1	42.3
20-24 岁	36	30.6	19.4	50.0
25-29 岁	41	48.8	12.2	39.0
30-34 岁	47	48.9	12.8	38.3
35-39 岁	43	20.9	20.9	58.1
40-44 岁	42	26.2	40.5	33.3
45-49 岁	24	20.8	20.8	58.3
50 岁以上	38	13.2	36.8	50.0
女性	**297**	**73.7**	**20.2**	**6.1**
16-19 岁	22	72.7	18.2	9.1
20-24 岁	35	82.9	11.4	5.7
25-29 岁	36	91.7	8.3	0.0
30-34 岁	48	89.6	10.4	0.0
35-39 岁	44	75.0	22.7	2.3
40-44 岁	39	64.1	30.8	5.1
45-49 岁	26	61.5	26.9	11.5
50 岁以上	47	51.1	31.9	17.0

● 上海（Shanghai）

	人数	个人专用	全家共用	从来不用
样本	**591**	**39.6**	**28.1**	**32.3**
男性	**304**	**21.1**	**29.3**	**49.7**
16-19 岁	22	22.7	13.6	63.6
20-24 岁	33	18.2	18.2	63.6
25-29 岁	41	31.7	19.5	48.8
30-34 岁	56	12.5	39.3	48.2
35-39 岁	51	23.5	39.2	37.3
40-44 岁	30	23.3	23.3	53.3
45-49 岁	26	19.2	34.6	46.2
50 岁以上	45	20.0	31.1	48.9
女性	**287**	**59.2**	**26.8**	**13.9**
16-19 岁	24	54.2	29.2	16.7
20-24 岁	32	75.0	18.8	6.3
25-29 岁	36	63.9	25.0	11.1
30-34 岁	48	70.8	14.6	14.6
35-39 岁	43	58.1	27.9	14.0
40-44 岁	35	54.3	25.7	20.0
45-49 岁	22	45.5	50.0	4.5
50 岁以上	47	46.8	34.0	19.1

● 广州（Guangzhou）

	人数	个人专用	全家共用	从来不用
样本	**591**	**44.8**	**17.4**	**37.7**
男性	**275**	**23.3**	**18.5**	**58.2**
16-19 岁	30	13.3	6.7	80.0
20-24 岁	35	28.6	5.7	65.7
25-29 岁	35	37.1	17.1	45.7
30-34 岁	32	34.4	15.6	50.0
35-39 岁	38	23.7	26.3	50.0
40-44 岁	40	22.5	17.5	60.0
45-49 岁	25	8.0	36.0	56.0
50 岁以上	40	15.0	25.0	60.0
女性	**316**	**63.6**	**16.5**	**19.9**
16-19 岁	50	66.0	16.0	18.0
20-24 岁	46	80.4	10.9	8.7
25-29 岁	61	77.0	13.1	9.8
30-34 岁	46	67.4	10.9	21.7
35-39 岁	41	48.8	22.0	29.3
40-44 岁	30	46.7	30.0	23.3
45-49 岁	13	61.5	7.7	30.8
50 岁以上	29	37.9	24.1	37.9

● 重庆（Chongqing）

	人数	个人专用	全家共用	从来不用
样本	**600**	**32.8**	**12.5**	**54.7**
男性	**308**	**11.0**	**11.0**	**77.9**
16-19 岁	43	9.3	14.0	76.7
20-24 岁	53	11.3	7.5	81.1
25-29 岁	43	7.0	11.6	81.4
30-34 岁	38	10.5	10.5	78.9
35-39 岁	39	10.3	15.4	74.4
40-44 岁	30	16.7	3.3	80.0
45-49 岁	25	12.0	12.0	76.0
50 岁以上	37	13.5	13.5	73.0
女性	**292**	**55.8**	**14.0**	**30.1**
16-19 岁	43	39.5	11.6	48.8
20-24 岁	53	69.8	11.3	18.9
25-29 岁	32	62.5	9.4	28.1
30-34 岁	33	75.8	9.1	15.2
35-39 岁	35	57.1	25.7	17.1
40-44 岁	32	46.9	21.9	31.3
45-49 岁	27	59.3	18.5	22.2
50 岁以上	37	35.1	8.1	56.8

7-5 样本总体、男性各年龄层、女性各年龄层的品牌习惯 / Brand Habit in Using the Products by the Whole Sample, Age and Gender Groups

注：1=平时固定使用一个牌子，从不更改（Used in only one brand）
2=比较固定的用一两个牌子，有时会换一下（Used in one or two brands）
3=基本上没有固定，随机购买（No brand preference）

● 北京（Beijing）

	人数	1	2	3
样本	**446**	**34.1**	**56.5**	**9.4**
男性	**162**	**37.7**	**50.0**	**12.3**
16-19 岁	15	46.7	33.3	20.0
20-24 岁	18	55.6	27.8	16.7
25-29 岁	24	41.7	54.2	4.2
30-34 岁	29	48.3	48.3	3.4
35-39 岁	18	27.8	33.3	38.9
40-44 岁	28	21.4	67.9	10.7
45-49 岁	10	40.0	60.0	
50 岁以上	20	25.0	65.0	10.0
女性	**284**	**32.0**	**60.2**	**7.7**
16-19 岁	21	42.9	52.4	4.8
20-24 岁	33	36.4	51.5	12.1
25-29 岁	36	27.8	58.3	13.9
30-34 岁	49	40.8	57.1	2.0
35-39 岁	44	22.7	70.5	6.8
40-44 岁	38	28.9	63.2	7.9
45-49 岁	23	34.8	52.2	13.0
50 岁以上	40	27.5	67.5	5.0

● 上海（Shanghai）

	人数	1	2	3
样本	**406**	**33.7**	**55.7**	**10.6**
男性	**155**	**32.3**	**50.3**	**17.4**
16-19 岁	8	50.0	25.0	25.0
20-24 岁	13	23.1	61.5	15.4
25-29 岁	22	45.5	40.9	13.6
30-34 岁	29	34.5	41.4	24.1
35-39 岁	32	40.6	37.5	21.9
40-44 岁	14	21.4	78.6	0.0
45-49 岁	14	14.3	71.4	14.3
50 岁以上	23	21.7	60.9	17.4
女性	**251**	**34.7**	**59.0**	**6.4**
16-19 岁	20	30.0	60.0	10.0
20-24 岁	29	20.7	72.4	6.9
25-29 岁	33	33.3	63.6	3.0
30-34 岁	43	37.2	60.5	2.3
35-39 岁	38	44.7	50.0	5.3
40-44 岁	27	33.3	63.0	3.7
45-49 岁	22	36.4	54.5	9.1
50 岁以上	29	35.9	51.3	12.8

● 广州（Guangzhou）

	人数	1	2	3
样本	**370**	**25.1**	**55.9**	**18.9**
男性	**119**	**31.9**	**49.6**	**18.5**
16-19 岁	6	50.0	33.3	16.7
20-24 岁	13	38.5	53.8	7.7
25-29 岁	19	36.8	31.6	31.6
30-34 岁	17	29.4	52.9	17.6
35-39 岁	21	23.8	47.6	28.6
40-44 岁	17	23.5	64.7	11.8
45-49 岁	11	36.4	45.5	18.2
50 岁以上	15	33.3	60.0	6.7
女性	**251**	**21.9**	**59.0**	**19.1**
16-19 岁	40	37.5	47.5	15.0
20-24 岁	42	14.3	71.4	14.3
25-29 岁	56	21.4	57.1	21.4
30-34 岁	36	27.8	61.1	11.1
35-39 岁	27	14.8	66.7	18.5
40-44 岁	23	13.0	56.5	30.4
45-49 岁	9	11.1	66.7	22.2
50 岁以上	18	22.2	44.4	33.3

● 重庆（Chongqing）

	人数	1	2	3
样本	**270**	**29.3**	**59.6**	**11.1**
男性	**68**	**33.8**	**55.9**	**10.3**
16-19 岁	10	30.0	70.0	0.0
20-24 岁	10	60.0	30.0	10.0
25-29 岁	8	50.0	50.0	0.0
30-34 岁	8	12.5	75.0	12.5
35-39 岁	10	30.0	60.0	10.0
40-44 岁	6	16.7	66.7	16.7
45-49 岁	6	33.3	66.7	0.0
50 岁以上	10	30.0	40.0	30.0
女性	**202**	**27.7**	**60.9**	**11.4**
16-19 岁	22	22.7	59.1	18.2
20-24 岁	43	23.3	58.1	18.6
25-29 岁	23	13.0	73.9	13.0
30-34 岁	28	28.6	67.9	3.6
35-39 岁	29	34.5	55.2	10.3
40-44 岁	22	36.4	50.0	13.6
45-49 岁	19	36.8	63.2	0.0
50 岁以上	16	31.3	62.5	6.3

7-6 样本总体、男性各年龄层、女性各年龄层是否是主要购买者 / Purchasers in the Household by the Whole Sample, Age and Gender Groups

● 北京（Beijing）

	人数	是购买者	不是购买者
样本	**430**	**79.5**	**20.5**
男性	**158**	**55.1**	**44.9**
16-19 岁	15	46.7	53.3
20-24 岁	16	62.5	37.5
25-29 岁	24	66.7	33.3
30-34 岁	29	51.7	48.3
35-39 岁	16	37.5	62.5
40-44 岁	28	46.4	53.6
45-49 岁	10	80.0	20.0
50 岁以上	20	60.0	40.0
女性	**272**	**93.8**	**6.3**
16-19 岁	20	65.0	35.0
20-24 岁	31	93.5	6.5
25-29 岁	35	94.3	5.7
30-34 岁	48	97.9	2.1
35-39 岁	41	97.6	2.4
40-44 岁	36	97.2	2.8
45-49 岁	22	95.5	4.5
50 岁以上	39	94.9	5.1

● 上海（Shanghai）

	人数	是购买者	不是购买者
样本	**385**	**76.6**	**23.4**
男性	**144**	**52.8**	**47.2**
16-19 岁	8	37.5	62.5
20-24 岁	11	54.5	45.5
25-29 岁	18	50.0	50.0
30-34 岁	28	64.3	35.7
35-39 岁	30	56.7	43.3
40-44 岁	15	40.0	60.0
45-49 岁	13	53.8	46.2
50 岁以上	21	47.6	52.4
女性	**241**	**90.9**	**9.1**
16-19 岁	20	50.0	50.0
20-24 岁	28	89.3	10.7
25-29 岁	32	93.8	6.3
30-34 岁	41	100.0	0.0
35-39 岁	37	100.0	0.0
40-44 岁	28	100.0	0.0
45-49 岁	21	95.2	4.8
50 岁以上	34	82.4	17.6

● 广州（Guangzhou）

	人数	是购买者	不是购买者
样本	**364**	**78.0**	**22.0**
男性	**119**	**58.8**	**41.2**
16-19 岁	6	83.3	16.7
20-24 岁	13	53.8	46.2
25-29 岁	19	47.4	52.6
30-34 岁	18	61.1	38.9
35-39 岁	19	68.4	31.6
40-44 岁	17	58.8	41.2
45-49 岁	12	50.0	50.0
50 岁以上	15	60.0	40.0
女性	**245**	**87.3**	**12.7**
16-19 岁	39	51.3	48.7
20-24 岁	42	92.9	7.1
25-29 岁	54	92.6	7.4
30-34 岁	33	93.9	6.1
35-39 岁	27	100.0	0.0
40-44 岁	23	95.7	4.3
45-49 岁	9	100.0	0.0
50 岁以上	18	88.9	11.1

● 重庆（Chongqing）

	人数	是购买者	不是购买者
样本	**269**	**85.9**	**14.1**
男性	**68**	**58.8**	**41.2**
16-19 岁	10	50.0	50.0
20-24 岁	10	50.0	50.0
25-29 岁	8	75.0	25.0
30-34 岁	8	50.0	50.0
35-39 岁	10	60.0	40.0
40-44 岁	6	100.0	0.0
45-49 岁	6	66.7	33.3
50 岁以上	10	40.0	60.0
女性	**201**	**95.0**	**5.0**
16-19 岁	22	72.7	27.3
20-24 岁	43	100.0	0.0
25-29 岁	22	100.0	0.0
30-34 岁	28	92.9	7.1
35-39 岁	29	100.0	0.0
40-44 岁	22	100.0	0.0
45-49 岁	20	95.0	5.0
50 岁以上	15	93.3	6.7

7-7 样本总体、男性各年龄层、女性各年龄层购买时的考虑因素 / Considerations in Purchasing by the Whole Sample, Age and Gender Groups

注：本题为多选题，合计百分比超过 100%（Multiple answers）

● 北京（Beijing）

	人数	有名的牌子	价格适中	购买方便	有优惠条件	朋友推荐	香味好	颜色好
样本	**446**	**35.4**	**34.3**	**11.9**	**0.7**	**6.7**	**19.7**	**1.6**
男性	**162**	**34.0**	**39.5**	**16.0**	**0.6**	**6.8**	**22.8**	**0.0**
16-19 岁	15	26.7	53.3	6.7	0.0	0.0	33.3	0.0
20-24 岁	18	22.2	27.8	11.1	0.0	5.6	22.2	0.0
25-29 岁	25	20.0	40.0	16.0	0.0	4.0	12.0	0.0
30-34 岁	29	31.0	24.1	3.4	0.0	6.9	31.0	0.0
35-39 岁	18	33.3	55.6	38.9	0.0	11.1	5.6	0.0
40-44 岁	27	48.1	40.7	22.2	3.7	14.8	18.5	0.0
45-49 岁	10	70.0	40.0	30.0	0.0	0.0	40.0	0.0
50 岁以上	20	35.0	45.0	10.0	0.0	5.0	30.0	0.0
女性	**284**	**36.3**	**31.3**	**9.5**	**0.7**	**6.7**	**18.0**	**2.5**
16-19 岁	21	38.1	23.8	0.0	0.0	0.0	14.3	0.0
20-24 岁	33	33.3	21.2	15.2	3.0	3.0	15.2	3.0
25-29 岁	36	41.7	25.0	5.6	0.0	8.3	13.9	8.3
30-34 岁	49	44.9	20.4	4.1	0.0	10.2	14.3	2.0
35-39 岁	44	38.6	38.6	11.4	0.0	13.6	15.9	4.5
40-44 岁	38	23.7	34.2	10.5	0.0	5.3	18.4	0.0
45-49 岁	23	47.8	43.5	8.7	0.0	8.7	26.1	0.0
50 岁以上	40	25.0	45.0	17.5	2.5	0.0	27.5	0.0

续上表（continued）

	人数	容易吸收	不油腻	含珍贵成分	纯天然制品	有特殊功能	由于习惯	其他
样本	**446**	**40.1**	**30.9**	**4.0**	**27.4**	**8.3**	**12.3**	**1.8**
男性	**162**	**37.7**	**31.5**	**3.7**	**19.1**	**4.3**	**11.1**	**0.6**
16-19 岁	15	46.7	40.0	0.0	20.0	0.0	6.7	0.0
20-24 岁	18	33.3	50.0	0.0	11.1	11.1	5.6	0.0
25-29 岁	25	68.0	20.0	4.0	12.0	4.0	16.0	0.0
30-34 岁	29	27.6	37.9	13.8	24.1	0.0	17.2	3.4
35-39 岁	18	38.9	16.7	0.0	22.2	0.0	11.1	0.0
40-44 岁	27	22.2	14.8	0.0	14.8	3.7	11.1	0.0
45-49 岁	10	30.0	40.0	0.0	30.0	10.0	0.0	0.0
50 岁以上	20	35.0	45.0	5.0	25.0	10.0	10.0	0.0
女性	**284**	**41.5**	**30.6**	**4.2**	**32.0**	**10.6**	**13.0**	**2.5**
16-19 岁	21	47.6	42.9	4.8	14.3	19.0	19.0	0.0
20-24 岁	33	48.5	30.3	6.1	39.4	15.2	15.2	0.0
25-29 岁	36	50.0	27.8	2.8	41.7	5.6	11.1	5.6
30-34 岁	49	32.7	24.5	6.1	53.1	12.2	10.2	6.1
35-39 岁	44	40.9	31.8	2.3	22.7	13.6	4.5	2.3
40-44 岁	38	52.6	39.5	7.9	28.9	7.9	10.5	2.6
45-49 岁	23	34.8	34.8	0.0	21.7	4.3	17.4	0.0
50 岁以上	40	30.0	22.5	2.5	20.0	7.5	22.5	0.0

● 上海（Shanghai）

	人数	有名的牌子	价格适中	购买方便	有优惠条件	朋友推荐	香味好	颜色好
样本	**409**	**36.9**	**31.5**	**13.0**	**1.7**	**4.6**	**20.5**	**2.0**
男性	**156**	**39.1**	**38.5**	**15.4**	**1.9**	**5.8**	**21.8**	**1.3**
16-19 岁	8	75.0	37.5	12.5	0.0	12.5	0.0	0.0
20-24 岁	13	30.8	38.5	23.1	0.0	7.7	15.4	0.0
25-29 岁	22	18.2	36.4	9.1	4.5	4.5	18.2	0.0
30-34 岁	29	37.9	37.9	27.6	3.4	0.0	24.1	0.0
35-39 岁	32	37.5	46.9	21.9	0.0	15.6	9.4	0.0
40-44 岁	15	40.0	33.3	0.0	0.0	0.0	46.7	6.7
45-49 岁	14	35.7	42.9	21.4	7.1	7.1	42.9	7.1
50 岁以上	23	56.5	30.4	0.0	0.0	0.0	21.7	0.0
女性	**253**	**35.6**	**27.3**	**11.5**	**1.6**	**4.0**	**19.8**	**2.4**
16-19 岁	20	25.0	15.0	5.0	0.0	5.0	25.0	0.0
20-24 岁	30	30.0	26.7	3.3	3.3	3.3	13.3	0.0
25-29 岁	33	42.4	18.2	9.1	3.0	3.0	30.3	3.0
30-34 岁	43	37.2	32.6	9.3	0.0	2.3	14.0	2.3
35-39 岁	38	42.1	28.9	10.5	2.6	10.5	23.7	0.0
40-44 岁	28	46.4	35.7	17.9	3.6	7.1	17.9	7.1
45-49 岁	22	27.3	18.2	13.6	0.0	0.0	13.6	0.0
50 岁以上	39	28.2	33.3	20.5	0.0	0.0	20.5	5.1

续上表（continued）

	人数	容易吸收	不油腻	含珍贵成分	纯天然制品	有特殊功能	只是由于习惯	其他
样本	**409**	**32.8**	**33.5**	**5.9**	**23.5**	**10.0**	**7.8**	**2.0**
男性	**156**	**30.1**	**27.6**	**3.8**	**19.9**	**9.0**	**8.3**	**0.0**
16-19 岁	8	50.0	25.0	0.0	25.0	0.0	0.0	0.0
20-24 岁	13	38.5	46.2	0.0	30.8	23.1	0.0	0.0
25-29 岁	22	54.5	13.6	0.0	22.7	4.5	9.1	0.0
30-34 岁	29	20.7	24.1	6.9	17.2	0.0	13.8	0.0
35-39 岁	32	15.6	37.5	3.1	9.4	9.4	6.3	0.0
40-44 岁	15	13.3	20.0	6.7	40.0	6.7	6.7	0.0
45-49 岁	14	28.6	7.1	7.1	28.6	14.3	0.0	0.0
50 岁以上	23	39.1	39.1	4.3	8.7	17.4	17.4	0.0
女性	**253**	**34.4**	**37.2**	**7.1**	**25.7**	**10.7**	**7.5**	**3.2**
16-19 岁	20	50.0	40.0	10.0	35.0	20.0	10.0	0.0
20-24 岁	30	46.7	53.3	13.3	30.0	10.0	0.0	3.3
25-29 岁	33	27.3	42.4	3.0	39.4	15.2	9.1	0.0
30-34 岁	43	32.6	27.9	9.3	25.6	7.0	9.3	2.3
35-39 岁	38	26.3	28.9	2.6	28.9	7.9	7.9	2.6
40-44 岁	28	39.3	35.7	7.1	14.3	14.3	10.7	0.0
45-49 岁	22	59.1	40.9	9.1	13.6	13.6	4.5	9.1
50 岁以上	39	15.4	35.9	5.1	17.9	5.1	7.7	7.7

● 广州（Guangzhou）

	人数	有名的牌子	价格适中	购买方便	有优惠条件	朋友推荐	香味好	颜色好
样本	**372**	**34.6**	**24.7**	**10.2**	**2.9**	**7.5**	**24.9**	**1.6**
男性	**120**	**38.0**	**26.4**	**13.2**	**3.3**	**8.3**	**22.3**	**2.5**
16-19 岁	6	33.3	66.7	0.0	0.0	0.0	50.0	0.0
20-24 岁	13	38.5	15.4	7.7	0.0	0.0	15.4	0.0
25-29 岁	18	38.9	16.7	11.1	11.1	11.1	27.8	5.6
30-34 岁	18	44.4	5.6	11.1	5.6	11.1	11.1	0.0
35-39 岁	21	42.9	19.0	19.0	0.0	19.0	19.0	4.8
40-44 岁	17	17.6	35.3	17.6	0.0	0.0	29.4	5.9
45-49 岁	11	36.4	45.5	0.0	9.1	0.0	9.1	0.0
50 岁以上	16	43.8	43.8	25.0	0.0	12.5	31.3	0.0
女性	**252**	**32.9**	**23.8**	**8.7**	**2.8**	**7.1**	**26.2**	**1.2**
16-19 岁	40	32.5	37.5	10.0	2.5	10.0	22.5	0.0
20-24 岁	42	33.3	14.3	2.4	2.4	11.9	33.3	0.0
25-29 岁	56	33.9	14.3	5.4	1.8	7.1	32.1	0.0
30-34 岁	35	48.6	20.0	8.6	8.6	2.9	25.7	5.7
35-39 岁	29	24.1	20.7	13.8	3.4	3.4	10.3	0.0
40-44 岁	23	21.7	34.8	13.0	0.0	8.7	30.4	4.3
45-49 岁	9	22.2	44.4	11.1	0.0	0.0	44.4	0.0
50 岁以上	18	33.3	33.3	16.7	0.0	5.6	11.1	0.0

续上表（continued）

	人数	容易吸收	不油腻	含珍贵成分	纯天然制品	有特殊功能	只是由于习惯	其他
样本	**372**	**34.6**	**36.7**	**8.3**	**21.4**	**15.5**	**9.7**	**1.6**
男性	**120**	**28.1**	**33.9**	**5.0**	**13.2**	**9.1**	**11.6**	**1.7**
16-19 岁	6	16.7	33.3	33.3	33.3	0.0	16.7	0.0
20-24 岁	13	23.1	23.1	7.7	7.7	7.7	23.1	0.0
25-29 岁	18	33.3	38.9	5.6	11.1	5.6	11.1	0.0
30-34 岁	18	27.8	27.8	0.0	16.7	16.7	16.7	0.0
35-39 岁	21	33.3	33.3	4.8	14.3	4.8	4.8	0.0
40-44 岁	17	29.4	64.7	0.0	14.2	11.8	5.9	5.9
45-49 岁	11	27.3	36.4	9.1	18.2	18.2	9.1	0.0
50 岁以上	16	25.0	12.5	0.0	18.8	6.3	12.5	6.3
女性	**252**	**37.7**	**38.1**	**9.9**	**25.4**	**18.7**	**8.7**	**1.6**
16-19 岁	40	35.0	47.5	10.0	22.5	30.0	2.5	0.0
20-24 岁	42	42.9	52.4	4.8	23.8	14.3	7.1	2.4
25-29 岁	56	39.3	42.9	16.1	26.8	21.4	7.1	1.8
30-34 岁	35	40.0	17.1	11.4	22.9	17.1	8.6	2.9
35-39 岁	29	31.0	34.5	10.3	34.5	17.2	17.2	3.4
40-44 岁	23	39.1	39.1	0.0	26.1	8.7	8.7	0.0
45-49 岁	9	33.3	33.3	11.1	33.3	11.1	0.0	0.0
50 岁以上	18	33.3	16.7	11.1	16.7	16.7	22.2	0.0

● 重庆（Chongqing）

	人数	有名的牌子	价格适中	购买方便	有优惠条件	朋友推荐	香味好	颜色好
样本	**272**	**27.9**	**27.2**	**8.1**	**2.2**	**7.7**	**31.3**	**1.8**
男性	**68**	**30.9**	**32.4**	**13.2**	**5.9**	**4.4**	**33.8**	**1.5**
16-19 岁	10	40.0	50.0	20.0	0.0	0.0	30.0	0.0
20-24 岁	10	30.0	20.0	10.0	0.0	10.0	70.0	10.0
25-29 岁	8	25.0	25.0	12.5	12.5	0.0	50.0	0.0
30-34 岁	8	50.0	25.0	25.0	12.5	0.0	37.5	0.0
35-39 岁	10	10.0	40.0	20.0	10.0	10.0	10.0	0.0
40-44 岁	6	33.3	16.7	0.0	0.0	0.0	50.0	0.0
45-49 岁	6	33.3	33.3	0.0	16.7	0.0	16.7	0.0
50 岁以上	10	30.0	40.0	10.0	0.0	10.0	10.0	0.0
女性	**204**	**27.0**	**25.5**	**6.4**	**1.0**	**8.8**	**30.4**	**2.0**
16-19 岁	22	18.2	18.2	13.6	0.0	4.5	45.5	0.0
20-24 岁	43	27.9	14.0	7.0	0.0	11.6	23.3	4.7
25-29 岁	23	43.5	26.1	0.0	0.0	8.7	13.0	0.0
30-34 岁	28	25.0	28.6	3.6	0.0	7.1	32.1	0.0
35-39 岁	29	24.1	20.7	10.3	6.9	13.8	34.5	6.9
40-44 岁	22	36.4	31.8	4.5	0.0	0.0	27.3	0.0
45-49 岁	21	14.3	33.3	0.0	0.0	9.5	28.6	0.0
50 岁以上	16	25.0	50.0	12.5	0.0	12.5	50.0	0.0

续上表（continued）

	人数	容易吸收	不油腻	含珍贵成分	纯天然制品	有特殊功能	只是由于习惯	其他
样本	**272**	**33.5**	**19.5**	**7.7**	**27.6**	**13.6**	**10.7**	**0.0**
男性	**68**	**36.8**	**16.2**	**8.8**	**22.1**	**11.8**	**10.3**	**0.0**
16-19 岁	10	40.0	20.0	10.0	0.0	0.0	10.0	0.0
20-24 岁	10	30.0	20.0	20.0	10.0	10.0	10.0	0.0
25-29 岁	8	62.5	12.5	0.0	25.0	12.5	12.5	0.0
30-34 岁	8	25.0	0.0	12.5	12.5	0.0	0.0	0.0
35-39 岁	10	20.0	10.0	10.0	30.0	20.0	20.0	0.0
40-44 岁	6	50.0	33.3	16.7	33.3	33.3	0.0	0.0
45-49 岁	6	16.7	0.0	0.0	66.7	16.7	16.7	0.0
50 岁以上	10	50.0	30.0	0.0	20.0	10.0	10.0	0.0
女性	**204**	**32.4**	**20.6**	**7.4**	**29.4**	**14.2**	**10.8**	**0.0**
16-19 岁	22	36.4	27.3	4.5	27.3	4.5	18.2	0.0
20-24 岁	43	48.8	25.6	2.3	27.9	16.3	9.3	0.0
25-29 岁	23	30.4	26.1	13.0	47.8	21.7	13.0	0.0
30-34 岁	28	25.0	3.6	7.1	28.6	21.4	17.9	0.0
35-39 岁	29	27.6	13.8	13.8	31.0	13.8	6.9	0.0
40-44 岁	22	22.7	22.7	4.5	22.7	0.0	13.6	0.0
45-49 岁	21	23.8	23.8	9.5	28.6	19.0	4.8	0.0
50 岁以上	16	31.3	25.0	6.3	18.8	12.5	0.0	0.0

7-8 样本总体、男性各年龄层、女性各年龄层的购买地点 / Settings of Purchasing by the Whole Sample, Age and Gender Groups

注：本题为多选题，合计百分比超过 100%（ Multiple answers ）

● 北京（ Beijing ）

	人数	地摊	附近小商店	平价/仓储市场	超市	百货公司/购物中心	传销/直销	电话购买	从国外带回	其他
样本	**446**	**0.2**	**19.5**	**30.7**	**27.1**	**67.0**	**2.2**	**0.2**	**3.4**	**1.6**
男性	**163**	**0.0**	**28.2**	**44.1**	**25.2**	**60.1**	**1.2**	**0.6**	**1.2**	**1.8**
16-19 岁	15	0.0	40.0	40.0	20.0	53.3	0.0	0.0	0.0	6.7
20-24 岁	18	0.0	33.3	38.9	33.3	33.3	0.0	0.0	5.6	5.6
25-29 岁	25	0.0	24.0	40.0	32.0	40.0	4.0	0.0	4.0	0.0
30-34 岁	29	0.0	20.7	48.3	31.0	65.0	0.0	3.4	0.0	0.0
35-39 岁	18	0.0	33.3	22.2	16.7	83.3	0.0	0.0	0.0	5.6
40-44 岁	28	0.0	28.6	35.7	14.3	75.0	0.0	0.0	0.0	0.0
45-49 岁	10	0.0	20.0	50.0	30.0	70.0	10.0	0.0	0.0	0.0
50 岁以上	20	0.0	30.0	55.0	25.0	60.0	0.0	0.0	0.0	0.0
女性	**283**	**0.4**	**14.5**	**24.7**	**28.3**	**71.0**	**2.8**	**0.0**	**4.6**	**1.4**
16-19 岁	21	0.0	9.5	14.3	42.9	85.7	48.0	0.0	0.0	0.0
20-24 岁	33	0.0	9.1	24.2	39.4	66.7	3.0	0.0	9.1	0.0
25-29 岁	35	0.0	8.6	14.3	31.4	85.7	2.9	0.0	11.4	0.0
30-34 岁	49	0.0	6.1	14.3	26.5	77.6	10.2	0.0	6.1	4.1
35-39 岁	44	0.0	18.2	31.8	22.7	68.2	0.0	0.0	0.0	2.3
40-44 岁	38	0.0	18.4	39.5	28.9	57.9	0.0	0.0	5.3	0.0
45-49 岁	23	4.3	17.4	17.4	17.4	82.6	0.0	0.0	4.3	0.0
50 岁以上	40	0.0	27.5	35.0	22.5	55.0	0.0	0.0	0.0	2.5

● 上海（ Shanghai ）

	人数	地摊	附近小商店	平价/仓储市场	超市	百货公司/购物中心	传销/直销	电话购买	从国外带回	其他
样本	**407**	**0.2**	**16.2**	**4.9**	**63.9**	**55.3**	**5.2**	**0.0**	**1.5**	**1.2**
男性	**155**	**0.6**	**21.3**	**4.5**	**71.0**	**51.6**	**3.2**	**0.0**	**0.0**	**0.6**
16-19 岁	8	0.0	12.5	0.0	87.5	50.0	12.5	0.0	0.0	0.0
20-24 岁	13	0.0	7.7	0.0	84.6	38.5	15.4	0.0	0.0	0.0
25-29 岁	22	0.0	9.1	4.5	63.6	54.5	4.5	0.0	0.0	0.0
30-34 岁	29	0.0	34.5	6.9	65.5	44.8	0.0	0.0	0.0	0.0
35-39 岁	32	0.0	31.3	3.1	75.0	50.0	0.0	0.0	0.0	0.0
40-44 岁	14	7.1	21.4	7.1	64.3	57.1	7.1	0.0	0.0	0.0
45-49 岁	14	0.0	28.6	7.1	64.3	50.0	0.0	0.0	0.0	7.1
50 岁以上	23	0.0	8.7	4.3	73.9	65.2	0.0	0.0	0.0	0.0
女性	**252**	**0.0**	**13.1**	**5.2**	**59.5**	**57.5**	**6.3**	**0.0**	**2.4**	**1.6**
16-19 岁	20	0.0	10.0	0.0	75.0	55.0	5.0	0.0	0.0	0.0
20-24 岁	30	0.0	6.7	3.3	53.3	70.0	13.3	0.0	3.3	0.0
25-29 岁	33	0.0	18.2	3.0	54.5	57.6	9.1	0.0	3.0	3.0
30-34 岁	43	0.0	18.6	9.3	46.5	65.1	2.3	0.0	2.3	2.3
35-39 岁	37	0.0	5.4	2.7	70.3	67.6	8.1	0.0	0.0	0.0
40-44 岁	28	0.0	14.3	7.1	71.4	57.1	3.6	0.0	3.6	0.0
45-49 岁	22	0.0	4.5	4.5	54.5	63.6	0.0	0.0	0.0	0.0
50 岁以上	39	0.0	20.5	7.7	59.0	28.2	7.7	0.0	5.1	5.1

● 广州（Guangzhou）

	人数	地摊	附近小商店	平价/仓储市场	超市	百货公司/购物中心	传销/直销	电话购买	从国外带回	其他
样本	**373**	**11.0**	**8.0**	**39.8**	**79.1**	**6.7**	**0.5**	**7.2**	**0.0**	**0.8**
男性	**121**	**16.4**	**9.0**	**34.4**	**72.1**	**4.9**	**0.0**	**4.9**	**0.0**	**1.6**
16-19岁	7	28.6	14.3	14.3	57.1	0.0	0.0	14.3	0.0	14.3
20-24岁	13	7.7	7.7	53.8	76.9	7.7	0.0	0.0	0.0	0.0
25-29岁	18	22.2	0.0	33.3	72.2	5.6	0.0	5.6	0.0	5.6
30-34岁	18	11.1	11.1	27.8	72.2	5.6	0.0	11.1	0.0	0.0
35-39岁	21	19.0	9.5	33.3	71.4	9.5	0.0	4.8	0.0	0.0
40-44岁	17	22.2	11.1	27.8	72.2	5.6	0.0	0.0	0.0	0.0
45-49岁	11	0.0	18.2	36.4	81.8	0.0	0.0	9.1	0.0	0.0
50岁以上	16	18.8	6.3	43.8	68.8	0.0	0.0	0.0	0.0	0.0
女性	**252**	**8.3**	**7.5**	**42.5**	**82.5**	**7.5**	**0.8**	**2.4**	**0.0**	**0.4**
16-19岁	40	2.5	2.5	47.5	82.5	10.0	0.0	5.0	0.0	0.0
20-24岁	41	4.9	7.3	58.5	82.9	4.9	0.4	0.0	0.0	0.0
25-29岁	56	8.9	16.1	48.2	85.7	5.4	0.0	1.8	0.0	0.0
30-34岁	36	13.9	2.8	38.9	75.0	5.6	0.8	5.6	0.0	2.8
35-39岁	29	10.3	6.9	37.9	72.4	13.8	0.0	0.0	0.0	0.0
40-44岁	23	13.0	8.7	21.7	91.3	4.3	0.0	4.3	0.0	0.0
45-49岁	9	0.0	0.0	33.3	100.0	0.0	0.0	0.0	0.0	0.0
50岁以上	18	11.1	5.6	22.2	83.3	16.7	0.0	0.0	0.0	0.0

● 重庆（Chongqing）

	人数	地摊	附近小商店	平价/仓储市场	超市	百货公司/购物中心	传销/直销	电话购买	从国外带回	其他
样本	**270**	**0.0**	**16.3**	**11.9**	**19.3**	**78.9**	**4.4**	**0.0**	**0.0**	**1.1**
男性	**67**	**0.0**	**23.9**	**17.9**	**19.4**	**65.7**	**10.4**	**0.0**	**0.0**	**1.5**
16-19岁	10	0.0	30.0	10.0	30.0	70.0	10.0	0.0	0.0	0.0
20-24岁	10	0.0	10.0	20.0	20.0	60.0	10.0	0.0	0.0	0.0
25-29岁	8	0.0	25.0	25.0	50.0	37.5	25.0	0.0	0.0	0.0
30-34岁	8	0.0	37.5	12.5	0.0	75.0	0.0	0.0	0.0	12.5
35-39岁	9	0.0	33.3	11.1	11.1	66.7	0.0	0.0	0.0	0.0
40-44岁	6	0.0	0.0	33.3	16.7	83.3	16.7	0.0	0.0	0.0
45-49岁	6	0.0	0.0	0.0	16.7	83.3	16.7	0.0	0.0	0.0
50岁以上	10	0.0	40.0	30.0	10.0	60.0	10.0	0.0	0.0	0.0
女性	**203**	**0.0**	**13.8**	**9.9**	**19.2**	**83.3**	**2.5**	**0.0**	**0.0**	**1.0**
16-19岁	22	0.0	13.6	0.0	18.2	90.9	4.5	0.0	0.0	0.0
20-24岁	43	0.0	14.0	9.3	34.9	86.0	2.3	0.0	0.0	0.0
25-29岁	23	0.0	4.3	13.0	39.1	78.3	0.0	0.0	0.0	0.0
30-34岁	27	0.0	11.1	3.7	11.1	85.2	3.7	0.0	0.0	0.0
35-39岁	29	0.0	24.1	13.8	6.9	82.8	0.0	0.0	0.0	0.0
40-44岁	22	0.0	9.1	9.1	18.2	81.8	0.0	0.0	0.0	4.5
45-49岁	21	0.0	14.3	19.0	4.8	76.2	9.5	0.0	0.0	4.8
50岁以上	16	0.0	18.8	12.5	6.3	81.3	0.0	0.0	0.0	0.0

7-9 家中所使用该类商品的主要类型 / Types of the Products Used in the Household

注：本题为多选题，合计百分比超过 100%（Multiple answers）

● 北京（Beijing）

使用类型	人次	百分比
滋润的	383	85.7
防晒的	105	23.5
美白的	120	26.8
药用的	25	5.6
其他	8	1.8

n=447

● 上海（Shanghai）

使用类型	人次	百分比
滋润的	355	86.6
防晒的	73	17.8
美白的	107	26.1
药用的	33	8.0
其他	7	1.7

n=410

● 广州（Guangzhou）

使用类型	人次	百分比
滋润的	306	82.0
防晒的	83	22.3
美白的	132	35.4
药用的	20	5.4
其他	3	0.8

n=373

● 重庆（Chongqing）

使用类型	人次	百分比
滋润的	229	84.2
防晒的	41	15.1
美白的	82	30.1
药用的	27	9.9
其他	1	0.4

n=272

7-10 家中该类商品的主要来源 / Sources of Obtaining the Products

● 北京（Beijing）

	人数	百分比
自家购买	432	96.6
单位发的	12	2.7
别人送的	3	0.7
其他	0	0.0

n=447

● 上海（Shanghai）

	人数	百分比
自家购买	388	94.9
单位发的	13	3.2
别人送的	6	1.5
其他	2	0.5

n=409

● 广州（Guangzhou）

	人数	百分比
自家购买	363	97.6
单位发的	5	1.3
别人送的	4	1.1
其他	0	0.0

n=372

● 重庆（Chongqing）

	人数	百分比
自家购买	270	99.3
单位发的	2	0.7
别人送的	0	0.0
其他	0	0.0

n=272

7-11 北京不同消费群的最常用品牌 / The Most Frequently Used Brands by Beijing Market Segments

	人数	第一品牌及百分比	第二品牌及百分比	第三品牌及百分比
样本	**445**	**大宝 37.1**	**旁氏 7.9**	**玉兰油 7.0**
第一消费群	117	大宝 29.9	玉兰油 12.0	高丝 6.8
第二消费群	67	大宝 31.3	旁氏 11.9	玉兰油 4.5 高丝 4.5 欧珀莱 4.5
第三消费群	76	大宝 47.4	郁美净 5.3	美加净 3.9
第四消费群	5	大宝 20.0 旁氏 20.0 美加净 20.0 资生堂 20.0 友谊 20.0		
第五消费群	95	大宝 33.7	玉兰油 10.5	旁氏 9.5
第六消费群	85	大宝 47.1	旁氏 9.4	玉兰油 3.5

注：北京消费群的代表特征 / Characteristics of the Beijing Market Segments

		第一消费群	第二消费群	第三消费群	第四消费群	第五消费群	第六消费群
基本情况	性别	女	男	无明显偏向	男	无明显偏向	女
	年龄	30 — 34 岁	25 — 29 岁	35 — 44 岁	无明显偏向	16 — 24 岁	45 岁以上
	学历	大专/大本	大本	初中	大本及研究生	高中/中专/技校	初中及以下
	职业	科教卫生人员	一般企业职员	工人	管理人员/专门职业从事者/个体及私营企业主	学生	离退休人员
	月均收入	801 — 1500 元	1501 — 4000 元	800 元以下	4000 元以上	无收入	800 元以下
	婚姻	已婚	无明显偏向	已婚	已婚或离异	未婚	已婚
心理取向		注重学历 非积极进取	不循规传统 非单一电视娱乐	非田园倾向 新女性主张 金钱本位	注重经验 大男子主义 不保守稳定	非“大男子主义” 追随流行	非“新女性主张” 非浪漫新潮 单一电视娱乐

7-12 上海不同消费群的最常用品牌 / The Most Frequently Used Brands by Shanghai Market Segments

	人数	第一品牌及百分比	第二品牌及百分比	第三品牌及百分比
样本	**404**	**夏士莲 17.1**	**旁氏 16.3**	**凡士林 9.4**
第一消费群	107	夏士莲 20.6	凡士林 12.1	旁氏 9.3
第二消费群	57	旁氏 29.8	夏士莲 15.8	凡士林 8.8
第三消费群	5	夏士莲 60.0	自然美 20.0 强生 20.0	
第四消费群	79	夏士莲 20.3	旁氏 16.5	凡士林 10.1
第五消费群	48	旁氏 25.0	夏士莲 16.7	美加净 8.3
第六消费群	108	旁氏 13.0	夏士莲 10.2	美加净 8.3

注：上海消费群的代表特征 / Characteristics of the Shanghai Market Segments

		第一消费群	第二消费群	第三消费群	第四消费群	第五消费群	第六消费群
基本情况	性别	无明显偏向	男	男	女	女	无明显偏向
	年龄	45 岁以上	20 — 29 岁	25 — 34 岁	35 — 44 岁	16 — 24 岁	30 — 39 岁
	学历	大本及以上	大专/大本	大专	初中及以下	高中/中专/技校	高中/中专/技校
	职业	科教卫生人员/离退休人员	一般企业职员	行政管理人员/个体及私营企业主/专门职业从事者	工人/下岗人员	学生	一般企业职员
	月均收入	801 — 1500 元	1001 — 3000 元	3000 元以上	800 元以下	无收入	1001 — 2000 元
	婚姻	已婚	未婚	未婚	已婚	未婚	已婚
心理取向		非浪漫时尚 非金钱本位 保守稳定	非家庭重心 田园倾向 休闲独立	不保守稳定 奔波忙碌 浪漫时尚	金钱本位 家庭重心 注重学历	新家庭观念 非休闲独立	不积极进取 不奔波忙碌

7-13 广州不同消费群的最常用品牌 / The Most Frequently Used Brands by Guangzhou Market Segments

	人数	第一品牌及百分比	第二品牌及百分比	第三品牌及百分比
样本	**371**	**玉兰油 25.6**	**旁氏 9.2**	**夏士莲 6.7**
第一消费群	66	玉兰油 27.3	雅芳 9.1	强生 7.6
第二消费群	63	玉兰油 23.8	七日香 19.0	夏士莲 9.5
第三消费群	68	玉兰油 38.2	旁氏 7.4 雅芳 7.4	强生 4.4 夏士莲 4.4
第四消费群	58	玉兰油 13.8	七日香 12.1 旁氏 12.1	
第五消费群	68	玉兰油 17.6	夏士莲 13.2	旁氏 10.3
第六消费群	48	玉兰油 33.3	旁氏 10.4	永芳 6.3 可蒙 6.3

注：广州消费群的代表特征 / Characteristics of the Guangzhou Market Segments

		第一消费群	第二消费群	第三消费群	第四消费群	第五消费群	第六消费群
基本情况	性别	女	无明显偏向	女	男	女	男
	年龄	16 — 19 岁	40 岁以上	20 — 24 岁	35 — 44 岁	30 — 34 岁	25 — 29 岁
	学历	高中/中专/技校	无明显偏向	高中/中专/技校/大专	初中/高中/中专/技校	初中及以下	大专及以上
	职业	学生	工人	学生/待业人员	个体及私营企业主	家庭主妇	企业职员/管理人员/科教卫生人员/专门职业者
	月均收入	无收入	1500 元以下	无收入	801 — 1500 元	800 元以下	2000 元以上
	婚姻	未婚	已婚	未婚	已婚	已婚	无明显偏向
心理取向		不固守中式生活 田园倾向 非大男子主义	非新女性主张 不追随流行 非积极进取	独立自主 追随流行	积极进取 大男子主义 中式生活	单一电视娱乐 非独立自主 保守稳定	非单一电视娱乐 非家庭重心

7-14 重庆不同消费群的最常用品牌 / The Most Frequently Used Brands by Chongqing Market Segments

	人数	第一品牌及百分比	第二品牌及百分比
样本	**272**	**大宝 9.6**	**玉兰油 7.7**
第一消费群	48	大宝 10.4 旁氏 10.4	夏士莲 8.3 雨水 8.3
第二消费群	71	大宝 14.1	生态美 8.5
第三消费群	61	玉兰油 16.4	旁氏 9.8
第四消费群	17	夏士莲 11.8	
第五消费群	55	郁美净 10.9	宝宝霜 7.3 雨水 7.3
第六消费群	20	玉兰油 15.0	大宝 10.0 旁氏 10.0 雅芳 10.0

注：重庆消费群的代表特征 / Characteristics of the Chongqing Market Segments

		第一消费群	第二消费群	第三消费群	第四消费群	第五消费群	第六消费群
基本情况	性别	无明显偏向	无明显偏向	无明显偏向	无明显偏向	无明显偏向	女
	年龄	16 — 19 岁	45 岁以上	20 — 29 岁	30 — 34 岁	40 岁以上	25 — 29 岁
	学历	高中/中专/技校	高中/中专/技校	大专/大本	高中/中专/技校/大本以上	初中及以下	初中
	职业	学生	行政管理人员/离退休人员	科教卫生人员/一般企业职员	个体及私营企业主	工人	专门职业从事者下岗及其他
	月均收入	无收入	501 — 800 元	801 — 1500 元	1500 元以上	500 元以下	1001 — 1500 元
	婚姻	未婚	已婚	无明显偏向	已婚	已婚	已婚或离异
心理取向		浪漫新潮 注重学历 非现实家庭观	循规传统 奔波忙碌 保守稳定	新女性主张 非功利心态	功利心态 现实家庭观 都市情结	非浪漫新潮 非独立休闲	非新女性主张 不循规传统 独立休闲

8 卫生巾 / Feminine Napkin

8-1 最常用品牌排名 / Ranking of the Most Frequently Used Brands

注：本题为多选题，合计百分比超过 100%（Multiple answers）

● 北京（Beijing）

排名	品牌		人次	百分比
1	舒而美	Comfort & Beauty	144	56.5
2	护舒宝	Whisper	104	40.8
3	安而乐	Anerle	29	11.4
4	高洁丝	Kotex	25	9.8
5	娇爽	Carefree	17	6.7
6	一片云	Soft Cloud	15	5.9
7	安乐	Anle	14	5.5

n=255

● 上海（Shanghai）

排名	品牌		人次	百分比
1	护舒宝	Whisper	130	51.2
2	唯尔福	Welfare	64	25.2
3	娇爽	Carefree	26	10.2
4	苏菲	Sofy	23	9.1
5	兰花棉	Haotie	16	6.3
6	安乐	Anle	15	5.9
7	安而乐	Anerle	14	5.5

n=254

● 广州（Guangzhou）

排名	品牌		人次	百分比
1	护舒宝	Whisper	116	39.6
2	安乐	Anle	52	17.7
3	娇爽	Carefree	51	17.4
4	妇康	Fukang	45	15.4
5	安而乐	Anerle	27	9.2
6	倍安日	Nice Day	21	7.2
7	乐而雅	Laurier	13	4.4

n=293

● 重庆（Chongqing）

排名	品牌		人次	百分比
1	舒而美	Comfort & Beauty	144	56.9
2	护舒宝	Whisper	119	47.0
3	安而乐	Anerle	23	9.1
4	安乐	Anle	19	7.5
5	妮丝爽	Nisishuang	8	3.2
6	高洁丝	Kotex	4	1.6
6	乐芙爽	Lovesome	4	1.6
6	柔柔	Soft	4	1.6

n=253

8-2 理想品牌排名 / Ranking of the Ideal Brands

● 北京（Beijing）

排名	品牌		人次	百分比
1	护舒宝	Whisper	103	34.1
2	舒而美	Comfort & Beauty	73	24.2
3	高洁丝	Kotex	23	7.6
4	安而乐	Anerle	17	5.6
5	娇爽	Carefree	14	4.6
6	安乐	Anle	6	2.0
6	佳期	Godcare	6	2.0

n=302

● 上海（Shanghai）

排名	品牌		人次	百分比
1	护舒宝	Whisper	110	37.5
2	苏菲	Sofy	36	12.3
3	唯尔福	Welfare	31	10.6
4	娇爽	Carefree	21	7.2
5	乐而雅	Laurier	10	3.4

n=293

● 广州（Guangzhou）

排名	品牌		人次	百分比
1	护舒宝	Whisper	117	36.8
2	娇爽	Carefree	36	11.3
3	倍安日	Nice Day	25	7.9
4	妇康	Fukang	19	6.0
5	安而乐	Anerle	17	5.3
5	安乐	Anle	17	5.3
7	乐而雅	Laurier	13	4.1

n=318

● 重庆（Chongqing）

排名	品牌		人次	百分比
1	护舒宝	Whisper	114	39.0
2	舒而美	Comfort & Beauty	80	27.4
3	安而乐	Anerle	19	6.5
4	安乐	Anle	7	2.4
5	高洁丝	Kotex	5	1.7

n=292

8-3 女性各年龄层的理想品牌 / Ideal Brands by Age Groups

● 北京（Beijing）

	人数	第一品牌及百分比	第二品牌及百分比	第三品牌及百分比
女性	**302**	**护舒宝 34.1**	**舒而美 24.2**	**高洁丝 7.6**
16-19 岁	23	护舒宝 47.8	舒而美 17.4 高洁丝 17.4	娇爽 4.3 乐而雅 4.3 佳期 4.3 一片云 4.3
20-24 岁	35	护舒宝 42.9	舒而美 31.4	佳期 8.6
25-29 岁	36	护舒宝 50.0	安而乐 13.9	舒而美 11.1 高洁丝 11.1
30-34 岁	49	护舒宝 36.7	舒而美 32.7	娇爽 10.2
35-39 岁	45	护舒宝 40.0	舒而美 26.7	高洁丝 13.3
40-44 岁	40	舒而美 40.0	护舒宝 20.0	安而乐 10.0
45-49 岁	26	护舒宝 50.0	舒而美 23.1	高洁丝 3.8
50 岁以上	48	舒而美 8.3	护舒宝 4.2 娇爽 4.2	高洁丝 2.1 安而乐 2.1

● 上海（Shanghai）

	人数	第一品牌及百分比	第二品牌及百分比	第三品牌及百分比
女性	**293**	**护舒宝 37.5**	**苏菲 12.3**	**唯尔福 10.6**
16-19 岁	24	苏菲 25.0	护舒宝 20.8	娇爽 12.5
20-24 岁	32	护舒宝 37.5	苏菲 21.9	乐而雅 9.4 佳期 9.4
25-29 岁	37	护舒宝 45.9	苏菲 16.2	唯尔福 8.1 娇爽 8.1
30-34 岁	50	护舒宝 54.0	唯尔福 16.0	苏菲 10.0
35-39 岁	44	护舒宝 56.8	苏菲 9.1 唯尔福 9.1 娇爽 9.1	兰花棉 6.8
40-44 岁	35	护舒宝 37.1	唯尔福 17.1	苏菲 8.6 娇爽 8.6
45-49 岁	23	护舒宝 21.7	唯尔福 13.0	苏菲 8.7 安乐 8.7 安而乐 8.7
50 岁以上	48	护舒宝 12.5	苏菲 6.3 唯尔福 6.3	娇爽 4.2

● 广州（Guangzhou）

	人数	第一品牌及百分比	第二品牌及百分比	第三品牌及百分比
女性	**318**	**护舒宝 36.8**	**娇爽 11.3**	**倍安日 7.9**
16-19 岁	50	护舒宝 36.0	娇爽 10.0	妇康 8.0 乐而雅 8.0
20-24 岁	46	护舒宝 45.7	倍安日 15.2	娇爽 10.9
25-29 岁	63	护舒宝 38.1	娇爽 19.0	倍安日 12.7
30-34 岁	46	护舒宝 28.3	安乐 13.0	娇爽 10.9 安而乐 10.9 倍安日 10.9
35-39 岁	41	护舒宝 46.3	娇爽 7.3 妇康 7.3 安乐 7.3 乐而雅 7.3	
40-44 岁	30	护舒宝 46.7	妇康 16.7	娇爽 13.3
45-49 岁	13	护舒宝 30.8	娇爽 15.4 倍安日 15.4	安而乐 7.7 妇康 7.7 乐而雅 7.7 安乐 7.7
50 岁以上	29	护舒宝 13.8	妇康 10.3	安乐 6.9

● 重庆（Chongqing）

	人数	第一品牌及百分比	第二品牌及百分比	第三品牌及百分比
女性	**292**	**护舒宝 39.0**	**舒而美 27.4**	**安而乐 6.5**
16-19 岁	43	护舒宝 37.2	舒而美 32.6	安而乐 4.7 安乐 4.7 乐而雅 4.7
20-24 岁	53	护舒宝 56.6	舒而美 13.2 安而乐 13.2	安乐 5.7
25-29 岁	32	护舒宝 53.1	舒而美 31.3	安而乐 6.3
30-34 岁	33	护舒宝 38.4	舒而美 30.3	安而乐 9.1
35-39 岁	35	护舒宝 42.9	舒而美 28.6	安而乐 11.4
40-44 岁	32	护舒宝 40.6	舒而美 37.5	高洁丝 3.1 白天鹅 3.1
45-49 岁	27	舒而美 40.7	护舒宝 29.6	安而乐 3.7 安乐 3.7 柔柔 3.7 丹宁 3.7
50 岁以上	37	舒而美 16.2	护舒宝 8.1	舒蓓 2.7

8-4 女性各年龄层的品牌习惯 / Brand Habit by Age Groups

注：1=平时固定使用一个牌子，从不更改（ Used in only one brand ）
2=比较固定的用一两个牌子，有时会换一下（ Used in one or two brands ）
3=基本上没有固定，随机购买（ No brand preference ）

● 北京（ Beijing ）

	人数	1	2	3
女性	**255**	**23.9**	**70.6**	**5.5**
16-19 岁	23	13.0	82.6	4.3
20-24 岁	35	22.9	65.7	11.4
25-29 岁	35	20.0	80.0	0.0
30-34 岁	49	22.4	73.5	4.1
35-39 岁	44	25.0	72.7	2.3
40-44 岁	39	33.3	59.0	7.7
45-49 岁	20	25.0	60.0	15.0
50 岁以上	10	30.0	70.0	0.0

● 上海（ Shanghai ）

	人数	1	2	3
女性	**254**	**29.5**	**64.2**	**6.3**
16-19 岁	22	13.6	77.3	9.1
20-24 岁	32	12.5	78.1	9.4
25-29 岁	37	32.4	62.2	5.4
30-34 岁	50	36.0	62.0	2.0
35-39 岁	44	27.3	70.5	2.3
40-44 岁	33	24.2	66.7	9.1
45-49 岁	18	50.0	38.9	11.1
50 岁以上	18	50.0	38.9	11.1

● 广州（ Guangzhou ）

	人数	1	2	3
女性	**293**	**18.8**	**71.3**	**9.9**
16-19 岁	49	18.4	69.4	12.2
20-24 岁	46	21.7	69.6	8.7
25-29 岁	61	13.1	77.0	9.8
30-34 岁	44	25.0	70.5	4.5
35-39 岁	39	20.5	66.7	12.8
40-44 岁	30	16.7	66.7	16.7
45-49 岁	12	8.3	83.3	8.3
50 岁以上	12	25.0	75.0	0.0

● 重庆（ Chongqing ）

	人数	1	2	3
女性	**253**	**29.6**	**64.8**	**5.5**
16-19 岁	42	23.8	71.4	4.8
20-24 岁	52	26.9	67.3	5.8
25-29 岁	31	29.0	67.7	3.2
30-34 岁	32	25.0	71.9	3.1
35-39 岁	35	40.0	54.3	5.7
40-44 岁	28	39.3	53.6	7.1
45-49 岁	23	34.8	52.2	13.0
50 岁以上	10	10.0	90.0	0.0

8-5 女性各年龄层该类商品的来源 / Sources of Obtaining the Products by Age Groups

● 北京（Beijing）

	人数	自己买	妈妈买	姐妹买	朋友买	单位发	其他
女性	**256**	**87.1**	**5.1**	**1.2**	**0.0**	**5.9**	**0.8**
16-19 岁	23	47.8	47.8	0.0	0.0	0.0	4.3
20-24 岁	35	91.4	0.0	2.9	0.0	5.7	0.0
25-29 岁	35	85.7	0.0	2.9	0.0	11.4	0.0
30-34 岁	49	93.9	2.0	0.0	0.0	4.1	0.0
35-39 岁	45	88.9	0.0	0.0	0.0	11.0	0.0
40-44 岁	39	100.0	0.0	0.0	0.0	0.0	0.0
45-49 岁	20	80.0	5.0	5.0	0.0	10.0	0.0
50 岁以上	10	90.0	0.0	0.0	0.0	0.0	10.0

● 上海（Shanghai）

	人数	自己买	妈妈买	姐妹买	朋友买	单位发	其他
女性	**250**	**74.8**	**8.4**	**0.0**	**0.0**	**16.4**	**0.4**
16-19 岁	22	45.5	45.5	0.0	0.0	9.1	0.0
20-24 岁	32	68.8	25.0	0.0	0.0	6.3	0.0
25-29 岁	36	86.1	5.6	0.0	0.0	8.3	0.0
30-34 岁	49	81.6	0.0	0.0	0.0	18.4	0.0
35-39 岁	44	65.9	2.3	0.0	0.0	31.8	0.0
40-44 岁	32	87.5	0.0	0.0	0.0	12.5	0.0
45-49 岁	18	77.8	0.0	0.0	0.0	22.2	0.0
50 岁以上	17	76.5	0.0	0.0	0.0	17.6	5.9

● 广州（Guangzhou）

	人数	自己买	妈妈买	姐妹买	朋友买	单位发	其他
女性	**293**	**82.6**	**11.6**	**1.0**	**0.7**	**3.8**	**0.3**
16-19 岁	48	39.6	56.3	2.1	0.0	0.0	2.1
20-24 岁	46	89.1	6.5	4.3	0.0	0.0	0.0
25-29 岁	61	96.7	1.6	0.0	1.6	0.0	0.0
30-34 岁	44	93.2	0.0	0.0	2.3	4.5	0.0
35-39 岁	40	87.5	0.0	0.0	0.0	12.5	0.0
40-44 岁	30	83.3	3.3	0.0	0.0	13.3	0.0
45-49 岁	11	81.8	18.2	0.0	0.0	0.0	0.0
50 岁以上	13	100.0	0.0	0.0	0.0	0.0	0.0

● 重庆（Chongqing）

	人数	自己买	妈妈买	姐妹买	朋友买	单位发	其他
女性	**253**	**86.6**	**9.9**	**0.0**	**0.0**	**3.2**	**0.4**
16-19 岁	42	59.5	38.1	0.0	0.0	2.4	0.0
20-24 岁	52	84.6	13.5	0.0	0.0	1.9	0.0
25-29 岁	31	90.3	3.2	0.0	0.0	6.5	0.0
30-34 岁	32	93.8	0.0	0.0	0.0	6.3	0.0
35-39 岁	35	97.1	2.9	0.0	0.0	0.0	0.0
40-44 岁	28	92.9	0.0	0.0	0.0	7.1	0.0
45-49 岁	23	95.7	0.0	0.0	0.0	0.0	4.3
50 岁以上	10	100.0	0.0	0.0	0.0	0.0	0.0

8-6 女性各年龄层购买时的考虑因素 / Considerations in Purchasing by Age Groups

注：本题为多选题，合计百分比超过 100%（ Multiple answers ）

● 北京（ Beijing ）

	人数	有名的牌子	价格适中	包装吸引人	广告影响	品质好
女性	**256**	**28.9**	**57.4**	**2.3**	**12.5**	**72.7**
16-19 岁	23	17.4	47.8	0.0	13.0	87.0
20-24 岁	35	25.7	60.0	2.9	20.0	85.7
25-29 岁	35	22.9	45.7	2.9	17.1	82.9
30-34 岁	49	36.7	51.0	2.0	8.2	71.4
35-39 岁	45	28.9	68.9	2.2	11.1	53.3
40-44 岁	39	30.8	74.4	2.6	10.3	76.9
45-49 岁	20	30.0	50.0	5.0	10.0	50.0
50 岁以上	10	40.0	40.0	0.0	10.0	80.0

续上表（ continued ）

	人数	有优惠条件	售货员介绍	朋友推荐	购买方便	单位发的	其他
女性	**256**	**5.1**	**2.3**	**2.7**	**24.6**	**9.8**	**2.0**
16-19 岁	23	0.0	0.0	8.7	8.7	0.0	0.0
20-24 岁	35	0.0	0.0	5.7	25.7	8.6	2.9
25-29 岁	35	5.7	0.0	0.0	14.3	14.3	2.9
30-34 岁	49	10.2	4.1	2.0	20.4	4.1	0.0
35-39 岁	45	4.4	2.2	2.2	33.3	17.8	4.4
40-44 岁	39	10.3	2.6	2.6	38.5	5.1	0.0
45-49 岁	20	0.0	5.0	0.0	30.0	20.0	5.0
50 岁以上	10	0.0	10.0	0.0	10.0	10.0	0.0

● 上海（ Shanghai ）

	人数	有名的牌子	价格适中	包装吸引人	广告影响	品质好
女性	**253**	**25.3**	**41.9**	**3.2**	**11.1**	**63.6**
16-19 岁	22	27.3	40.9	0.0	22.7	81.8
20-24 岁	32	15.6	46.9	3.1	18.8	75.0
25-29 岁	36	30.6	33.3	0.0	11.1	77.8
30-34 岁	50	28.0	32.0	4.0	12.0	58.0
35-39 岁	44	36.4	40.9	6.8	2.3	47.7
40-44 岁	33	21.2	54.5	6.1	12.1	57.6
45-49 岁	18	11.1	55.6	0.0	0.0	77.8
50 岁以上	18	16.7	44.4	0.0	11.1	44.4

续上表（ continued ）

	人数	有优惠条件	售货员介绍	朋友推荐	购买方便	单位发的	其他
女性	**253**	**6.3**	**0.4**	**5.9**	**16.6**	**20.9**	**2.0**
16-19 岁	22	0.0	0.0	4.5	13.6	9.1	0.0
20-24 岁	32	6.3	0.0	9.4	9.4	12.5	0.0
25-29 岁	36	5.6	0.0	2.8	19.4	11.1	0.0
30-34 岁	50	6.0	0.0	6.0	20.0	18.0	4.0
35-39 岁	44	6.8	0.0	6.8	13.6	36.4	0.0
40-44 岁	33	15.2	0.0	9.1	12.1	24.2	3.0
45-49 岁	18	0.0	0.0	5.6	27.8	22.2	11.1
50 岁以上	18	5.6	5.6	0.0	22.2	33.3	0.0

● 广州（Guangzhou）

	人数	有名的牌子	价格适中	包装吸引人	广告影响	品质好
女性	**294**	**23.8**	**47.3**	**3.4**	**14.3**	**71.8**
16-19 岁	49	18.4	57.1	4.1	28.6	65.3
20-24 岁	46	32.6	34.8	0.0	13.0	69.6
25-29 岁	61	24.6	42.6	3.3	14.8	82.0
30-34 岁	44	22.7	50.0	6.8	9.1	68.2
35-39 岁	40	20.0	42.5	5.0	12.5	70.0
40-44 岁	29	20.7	58.6	3.4	3.4	69.0
45-49 岁	12	0.0	75.0	0.0	8.3	75.0
50 岁以上	13	53.8	30.8	0.0	15.4	76.9

续上表（continued）

	人数	有优惠条件	售货员介绍	朋友推荐	购买方便	单位发的	其他
女性	**294**	**6.8**	**1.0**	**11.9**	**20.4**	**7.5**	**2.7**
16-19 岁	49	4.1	2.0	18.4	24.5	4.1	2.0
20-24 岁	46	4.3	2.2	10.9	28.3	6.5	0.0
25-29 岁	61	8.2	0.0	16.4	18.0	4.9	3.3
30-34 岁	44	6.8	0.0	11.4	22.7	4.5	2.3
35-39 岁	40	10.0	2.5	10.0	22.5	17.5	0.0
40-44 岁	29	10.3	0.0	0.0	10.3	10.3	10.3
45-49 岁	12	8.3	0.0	8.3	8.3	16.7	0.0
50 岁以上	13	0.0	0.0	7.7	7.7	0.0	7.7

● 重庆（Chongqing）

	人数	有名的牌子	价格适中	包装吸引人	广告影响	品质好
女性	**253**	**22.5**	**45.8**	**2.4**	**15.4**	**65.2**
16-19 岁	42	23.8	35.7	2.4	23.8	66.7
20-24 岁	52	25.0	42.3	0.0	13.5	61.5
25-29 岁	31	22.6	41.9	3.2	16.1	71.0
30-34 岁	32	6.3	50.0	0.0	18.8	71.9
35-39 岁	35	22.9	45.7	8.6	14.3	57.1
40-44 岁	28	35.7	64.3	0.0	3.6	50.0
45-49 岁	23	21.7	47.8	4.3	13.0	78.3
50 岁以上	10	20.0	50.0	0.0	20.0	80.0

续上表（continued）

	人数	有优惠条件	售货员介绍	朋友推荐	购买方便	单位发的	其他
女性	**253**	**3.2**	**1.2**	**5.9**	**20.6**	**4.0**	**2.0**
16-19 岁	42	0.0	2.4	2.4	21.4	2.4	0.0
20-24 岁	52	3.8	0.0	9.6	19.2	0.0	1.9
25-29 岁	31	0.0	3.2	9.7	16.1	6.5	3.2
30-34 岁	32	0.0	3.1	6.3	9.4	9.4	3.1
35-39 岁	35	11.4	0.0	5.7	25.7	0.0	5.7
40-44 岁	28	7.1	0.0	0.0	32.1	10.7	0.0
45-49 岁	23	0.0	0.0	8.7	13.0	0.0	0.0
50 岁以上	10	0.0	0.0	0.0	40.0	10.0	0.0

8-7 女性各年龄层使用时白天与晚上有无区别 / Day-time and Night-time Differences in Using the Products by Age Groups

● 北京（Beijing）

	人数	有区别	没有区别
女性	**256**	**63.3**	**36.7**
16-19 岁	23	65.2	34.8
20-24 岁	35	77.1	22.9
25-29 岁	35	80.0	20.0
30-34 岁	49	81.6	18.4
35-39 岁	45	42.2	57.8
40-44 岁	39	35.9	64.1
45-49 岁	20	60.0	40.0
50 岁以上	10	70.0	30.0

● 上海（Shanghai）

	人数	有区别	没有区别
女性	**254**	**59.1**	**40.9**
16-19 岁	22	63.6	36.4
20-24 岁	32	68.8	31.3
25-29 岁	37	56.8	43.2
30-34 岁	50	64.0	36.0
35-39 岁	44	59.1	40.9
40-44 岁	33	45.5	54.5
45-49 岁	18	44.4	55.6
50 岁以上	18	66.7	33.3

● 广州（Guangzhou）

	人数	有区别	没有区别
女性	**295**	**61.4**	**38.6**
16-19 岁	49	65.3	34.7
20-24 岁	46	65.2	34.8
25-29 岁	61	67.2	32.8
30-34 岁	44	59.1	40.9
35-39 岁	40	62.5	37.5
40-44 岁	30	50.0	50.0
45-49 岁	12	33.3	66.7
50 岁以上	13	61.5	38.5

● 重庆（Chongqing）

	人数	有区别	没有区别
女性	**253**	**50.6**	**49.4**
16-19 岁	42	54.8	45.2
20-24 岁	52	59.6	40.4
25-29 岁	31	54.8	45.2
30-34 岁	32	56.3	43.8
35-39 岁	35	34.3	65.7
40-44 岁	28	42.9	57.1
45-49 岁	23	56.5	43.5
50 岁以上	10	20.0	80.0

8-8 女性各年龄层白天的使用类型 / Types Used in Daytime by Age Groups

● 北京（Beijing）

	人数	普通型	普通护翼型	普通加长型	加长护翼型	其他
女性	**255**	**34.9**	**50.6**	**7.8**	**6.7**	**0.0**
16-19 岁	23	30.4	52.2	8.7	8.7	0.0
20-24 岁	35	25.7	60.0	5.7	8.6	0.0
25-29 岁	35	20.0	60.0	8.6	11.4	0.0
30-34 岁	48	27.1	66.7	4.2	2.1	0.0
35-39 岁	45	48.9	24.4	13.3	13.3	0.0
40-44 岁	39	43.6	46.2	10.3	0.0	0.0
45-49 岁	20	45.0	45.0	5.0	5.0	0.0
50 岁以上	10	50.0	50.0	0.0	0.0	0.0

● 上海（Shanghai）

	人数	普通型	普通护翼型	普通加长型	加长护翼型	其他
女性	**248**	**38.3**	**46.4**	**10.1**	**4.0**	**1.2**
16-19 岁	22	36.4	45.5	9.1	9.1	0.0
20-24 岁	32	12.5	71.9	9.4	3.1	3.1
25-29 岁	35	37.1	54.3	2.9	5.7	0.0
30-34 岁	48	41.7	31.3	20.8	4.2	2.1
35-39 岁	42	38.1	54.8	7.1	0.0	0.0
40-44 岁	33	39.4	39.4	18.2	3.0	0.0
45-49 岁	18	72.2	27.8	0.0	0.0	0.0
50 岁以上	18	44.4	38.9	0.0	11.1	5.6

● 广州（Guangzhou）

	人数	普通型	普通护翼型	普通加长型	加长护翼型	其他
女性	**278**	**24.5**	**56.8**	**10.4**	**8.3**	**0.0**
16-19 岁	47	17.0	61.7	8.5	12.8	0.0
20-24 岁	43	18.6	65.1	9.3	7.0	0.0
25-29 岁	57	14.0	75.4	5.3	5.3	0.0
30-34 岁	41	24.4	53.7	14.6	7.3	0.0
35-39 岁	36	30.6	38.9	19.4	11.1	0.0
40-44 岁	30	50.0	36.7	3.3	10.0	0.0
45-49 岁	11	36.4	63.6	0.0	0.0	0.0
50 岁以上	13	30.8	30.8	30.8	7.7	0.0

● 重庆（Chongqing）

	人数	普通型	普通护翼型	普通加长型	加长护翼型	其他
女性	**252**	**40.1**	**45.2**	**8.3**	**6.3**	**0.0**
16-19 岁	42	35.7	54.8	4.8	4.8	0.0
20-24 岁	52	36.5	48.1	3.8	11.5	0.0
25-29 岁	31	48.4	38.7	9.7	3.2	0.0
30-34 岁	32	28.1	46.9	15.6	9.4	0.0
35-39 岁	35	40.0	51.4	8.6	0.0	0.0
40-44 岁	27	55.6	29.6	11.1	3.7	0.0
45-49 岁	23	39.1	39.1	8.7	13.0	0.0
50 岁以上	10	50.0	40.0	10.0	0.0	0.0

8-9 女性各年龄层晚上的使用类型 / Types Used at Night by Age Groups

● 北京（Beijing）

	人数	普通型	普通护翼型	普通加长型	加长护翼型	其他
女性	**255**	**18.0**	**23.5**	**12.2**	**45.9**	**0.4**
16-19 岁	23	8.7	21.7	17.4	52.2	0.0
20-24 岁	35	5.7	28.6	14.3	51.4	0.0
25-29 岁	35	8.6	14.3	5.7	68.6	2.9
30-34 岁	48	8.3	25.0	14.6	52.1	0.0
35-39 岁	45	35.6	17.8	8.9	37.8	0.0
40-44 岁	39	35.9	33.3	10.3	20.5	0.0
45-49 岁	20	20.0	20.0	20.0	40.0	0.0
50 岁以上	10	10.0	30.0	10.0	50.0	0.0

● 上海（Shanghai）

	人数	普通型	普通护翼型	普通加长型	加长护翼型	其他
女性	**249**	**22.5**	**22.1**	**9.6**	**44.2**	**1.6**
16-19 岁	22	27.3	4.5	0.0	59.1	9.1
20-24 岁	32	6.3	28.1	0.0	65.6	0.0
25-29 岁	35	25.7	17.1	5.7	51.4	0.0
30-34 岁	49	24.5	24.5	10.2	40.8	0.0
35-39 岁	42	21.4	23.8	21.4	33.3	0.0
40-44 岁	33	27.3	21.2	12.1	36.4	3.0
45-49 岁	18	38.9	27.8	11.1	22.2	0.0
50 岁以上	18	11.1	27.8	11.1	44.4	5.6

● 广州（Guangzhou）

	人数	普通型	普通护翼型	普通加长型	加长护翼型	其他
女性	**284**	**16.2**	**19.4**	**8.8**	**54.9**	**0.7**
16-19 岁	47	12.8	12.8	12.8	59.6	2.1
20-24 岁	45	8.9	13.3	4.4	73.3	0.0
25-29 岁	59	10.2	15.3	8.5	64.4	1.7
30-34 岁	42	23.8	26.2	7.1	42.9	0.0
35-39 岁	37	16.2	27.0	8.1	48.6	0.0
40-44 岁	30	26.7	20.0	16.7	36.7	0.0
45-49 岁	11	36.4	36.4	0.0	27.3	0.0
50 岁以上	13	15.4	23.1	7.7	53.8	0.0

● 重庆（Chongqing）

	人数	普通型	普通护翼型	普通加长型	加长护翼型	其他
女性	**252**	**27.0**	**24.2**	**13.1**	**35.7**	**0.0**
16-19 岁	42	21.4	33.3	11.9	33.3	0.0
20-24 岁	52	15.4	23.1	13.5	48.1	0.0
25-29 岁	31	32.3	16.1	12.9	38.7	0.0
30-34 岁	32	18.8	31.3	15.6	34.4	0.0
35-39 岁	35	37.1	28.6	17.1	17.1	0.0
40-44 岁	27	40.7	7.4	11.1	40.7	0.0
45-49 岁	23	34.8	13.0	8.7	43.5	0.0
50 岁以上	10	30.0	50.0	10.0	10.0	0.0

8-10 女性各年龄层使用时的关心因素 / Concerns in Using the Products by Age Groups

注：本题为多选题，合计百分比超过 100%（Multiple answers）

● 北京（Beijing）

	人数	触感舒服	吸水性强	厚度	长度	宽度	有隔离网面	粘贴牢固	其他
女性	**256**	**70.7**	**85.9**	**8.2**	**20.7**	**16.0**	**28.1**	**33.6**	**0.4**
16-19 岁	23	69.6	82.6	4.3	34.8	8.7	30.4	21.7	0.0
20-24 岁	35	74.3	91.4	5.7	14.3	28.6	31.4	37.1	0.0
25-29 岁	35	77.1	77.1	0.0	28.6	11.4	31.4	42.9	0.0
30-34 岁	49	69.4	87.8	12.2	18.4	12.2	32.7	28.6	0.0
35-39 岁	45	64.4	82.2	8.9	17.8	20.0	28.9	33.3	0.0
40-44 岁	39	71.8	97.4	17.9	17.9	15.4	20.5	35.9	0.0
45-49 岁	20	65.0	75.0	5.0	25.0	15.0	20.0	30.0	5.0
50 岁以上	10	80.0	90.0	0.0	10.0	10.0	20.0	40.0	0.0

● 上海（Shanghai）

	人数	触感舒服	吸水性强	厚度	长度	宽度	有隔离网面	粘贴牢固	其他
女性	**253**	**63.2**	**83.8**	**5.9**	**19.4**	**8.3**	**29.6**	**28.1**	**0.0**
16-19 岁	21	76.2	76.2	0.0	33.3	14.3	19.0	33.3	0.0
20-24 岁	32	62.5	93.8	9.4	21.9	12.5	37.5	31.3	0.0
25-29 岁	37	54.1	81.1	2.7	10.8	5.4	43.2	40.5	0.0
30-34 岁	50	58.0	88.0	6.0	18.0	2.0	28.0	28.0	0.0
35-39 岁	44	68.2	75.0	6.8	18.2	4.5	20.5	15.9	0.0
40-44 岁	33	66.7	81.8	9.1	24.2	15.2	27.3	18.2	0.0
45-49 岁	18	66.7	88.9	11.1	22.2	5.6	27.8	38.9	0.0
50 岁以上	18	61.1	88.9	0.0	11.1	16.7	33.3	27.8	0.0

● 广州（Guangzhou）

	人数	触感舒服	吸水性强	厚度	长度	宽度	有隔离网面	粘贴牢固	其他
女性	**295**	**65.4**	**85.1**	**6.8**	**16.6**	**4.7**	**33.9**	**33.2**	**1.7**
16-19 岁	49	73.5	79.6	10.2	22.4	2.0	34.7	34.7	2.0
20-24 岁	46	67.4	80.4	4.3	8.7	8.7	43.5	45.7	0.0
25-29 岁	61	70.5	85.2	11.5	16.4	1.6	41.0	37.7	3.3
30-34 岁	44	59.1	84.1	4.5	22.7	0.0	34.1	18.2	0.0
35-39 岁	40	45.0	90.0	2.5	17.5	10.0	30.0	32.5	2.5
40-44 岁	30	66.7	90.0	3.3	10.0	6.7	20.0	40.0	3.3
45-49 岁	12	58.3	91.7	0.0	0.0	16.7	25.0	25.0	0.0
50 岁以上	13	92.3	92.3	15.4	30.8	0.0	15.4	7.7	0.0

● 重庆（Chongqing）

	人数	触感舒服	吸水性强	厚度	长度	宽度	有隔离网面	粘贴牢固	其他
女性	**253**	**62.1**	**79.4**	**9.1**	**13.4**	**9.5**	**25.7**	**27.3**	**0.8**
16-19 岁	42	54.8	78.6	11.9	21.4	19.0	28.6	14.3	2.4
20-24 岁	52	61.5	86.5	9.6	7.7	9.6	32.7	28.8	0.0
25-29 岁	31	74.2	80.6	3.2	22.6	3.2	29.0	29.0	0.0
30-34 岁	32	59.4	87.5	9.4	12.5	9.4	25.0	25.0	0.0
35-39 岁	35	65.7	68.6	14.3	8.6	11.4	11.4	34.3	2.9
40-44 岁	28	75.0	67.9	3.6	10.7	7.1	17.9	32.1	0.0
45-49 岁	23	43.5	82.6	4.3	17.4	4.3	30.4	30.4	0.0
50 岁以上	10	60.0	80.0	20.0	0.0	0.0	30.0	30.0	0.0

8-11 女性各年龄层最近一次的使用量 / The Amount in the Most Recent Usage by Age Groups

● 北京（Beijing）

	人数	31 片以上	21-30 片	11-20 片	10 片及以下	没有用
女性	**294**	**2.4**	**17.3**	**44.2**	**22.4**	**13.6**
16-19 岁	23	0.0	13.0	65.2	21.7	0.0
20-24 岁	35	5.7	22.9	57.1	14.3	0.0
25-29 岁	36	8.3	13.9	61.1	13.9	2.8
30-34 岁	49	2.0	28.6	42.9	26.5	0.0
35-39 岁	44	2.3	22.7	43.2	31.8	0.0
40-44 岁	38	0.0	18.4	44.7	36.8	0.0
45-49 岁	26	0.0	11.5	42.3	23.1	23.1
50 岁以上	43	0.0	2.3	11.6	9.3	76.7

● 上海（Shanghai）

	人数	31 片以上	21-30 片	11-20 片	10 片及以下	没有用
女性	**286**	**2.8**	**13.3**	**50.0**	**22.4**	**11.5**
16-19 岁	24	0.0	12.5	66.7	12.5	8.3
20-24 岁	32	3.1	18.8	53.1	25.0	0.0
25-29 岁	37	0.0	10.8	62.2	27.0	0.0
30-34 岁	50	4.0	16.0	60.0	20.0	0.0
35-39 岁	43	2.3	18.6	46.5	32.6	0.0
40-44 岁	34	8.8	5.9	55.9	26.5	2.9
45-49 岁	22	4.5	27.3	22.7	27.3	18.2
50 岁以上	44	0.0	2.3	29.5	9.1	59.1

● 广州（Guangzhou）

	人数	31 片以上	21-30 片	11-20 片	10 片及以下	没有用
女性	**309**	**2.6**	**16.5**	**51.5**	**23.6**	**5.8**
16-19 岁	50	2.0	20.0	54.0	22.0	2.0
20-24 岁	44	6.8	9.1	61.4	22.7	0.0
25-29 岁	63	3.2	34.9	38.1	20.6	3.2
30-34 岁	45	0.0	15.6	46.7	35.6	2.2
35-39 岁	39	2.6	12.8	64.1	20.5	0.0
40-44 岁	29	3.4	3.4	58.6	34.5	0.0
45-49 岁	13	0.0	15.4	53.8	23.1	7.7
50 岁以上	26	0.0	0.0	42.3	7.7	50.0

● 重庆（Chongqing）

	人数	31 片以上	21-30 片	11-20 片	10 片及以下	没有用
女性	**289**	**3.8**	**12.5**	**39.4**	**31.8**	**12.5**
16-19 岁	43	0.0	9.3	60.5	27.9	2.3
20-24 岁	53	5.7	17.0	49.1	26.4	1.9
25-29 岁	32	6.3	21.9	50.0	18.8	3.1
30-34 岁	33	9.1	18.2	30.3	39.4	3.0
35-39 岁	35	5.7	11.4	37.1	45.7	0.0
40-44 岁	31	3.2	12.9	35.5	38.7	9.7
45-49 岁	27	0.0	3.7	29.6	51.9	14.8
50 岁以上	35	0.0	2.9	11.4	14.3	71.4

8-12 女性各年龄层使用卫生棉条的比例 / Proportions of Tampon Users by Age Groups

● 北京（Beijing）

	人数	用过	没有用过
女性	**294**	**7.1**	**92.9**
16-19 岁	23	4.3	95.7
20-24 岁	35	8.6	91.4
25-29 岁	36	11.1	88.9
30-34 岁	49	12.2	87.8
35-39 岁	45	8.9	91.1
40-44 岁	37	8.1	91.9
45-49 岁	26	0.0	100.0
50 岁以上	43	0.0	100.0

● 上海（Shanghai）

	人数	用过	没有用过
女性	**278**	**16.2**	**83.8**
16-19 岁	22	9.1	90.9
20-24 岁	31	6.5	93.5
25-29 岁	34	14.7	85.3
30-34 岁	50	20.0	80.0
35-39 岁	43	20.9	79.1
40-44 岁	34	20.6	79.4
45-49 岁	21	19.0	81.0
50 岁以上	43	14.0	86.0

● 广州（Guangzhou）

	人数	用过	没有用过
女性	**297**	**12.8**	**87.2**
16-19 岁	46	4.3	95.7
20-24 岁	43	14.0	86.0
25-29 岁	61	19.7	80.3
30-34 岁	45	8.9	91.1
35-39 岁	37	18.9	81.1
40-44 岁	30	13.3	86.7
45-49 岁	10	10.0	90.0
50 岁以上	25	8.0	92.0

● 重庆（Chongqing）

	人数	用过	没有用过
女性	**282**	**14.9**	**85.1**
16-19 岁	42	7.1	92.9
20-24 岁	53	13.2	86.8
25-29 岁	32	28.1	71.9
30-34 岁	31	25.8	74.2
35-39 岁	33	12.1	87.9
40-44 岁	30	26.7	73.3
45-49 岁	27	11.1	88.9
50 岁以上	34	0.0	100.0

8-13 重度消费者的人口分布 / Demographics of the Heavy Users

● 北京（Beijing）

	人数	16-19 岁	20-24 岁	25-29 岁	30-34 岁	35-39 岁	40-44 岁	45-49 岁	50 岁以上
女性	**58**	**5.2**	**17.2**	**13.8**	**25.9**	**19.0**	**12.1**	**5.2**	**1.7**
30 片以上	7	0.0	28.6	42.9	14.3	14.3	0.0	0.0	0.0
20-30 片	51	5.9	15.7	9.8	27.5	19.6	13.7	5.9	2.0

● 上海（Shanghai）

	人数	16-19 岁	20-24 岁	25-29 岁	30-34 岁	35-39 岁	40-44 岁	45-49 岁	50 岁以上
女性	**46**	**6.5**	**15.2**	**8.7**	**21.7**	**19.6**	**10.9**	**15.2**	**2.2**
30 片以上	8	0.0	12.5	0.0	25.0	12.5	37.5	12.5	0.0
20-30 片	38	7.9	15.8	10.5	21.1	21.1	5.3	15.8	2.6

● 广州（Guangzhou）

	人数	16-19 岁	20-24 岁	25-29 岁	30-34 岁	35-39 岁	40-44 岁	45-49 岁	50 岁以上
女性	**59**	**18.6**	**11.9**	**40.7**	**11.9**	**10.2**	**3.4**	**3.4**	**0.0**
30 片以上	8	12.5	37.5	25.0	0.0	12.5	12.5	0.0	0.0
20-30 片	51	19.6	7.8	43.1	13.7	9.8	2.0	3.9	0.0

● 重庆（Chongqing）

	人数	16-19 岁	20-24 岁	25-29 岁	30-34 岁	35-39 岁	40-44 岁	45-49 岁	50 岁以上
女性	**47**	**8.5**	**25.5**	**19.1**	**19.1**	**12.8**	**10.6**	**2.1**	**2.1**
30 片以上	11	0.0	27.3	18.2	27.3	18.2	9.1	0.0	0.0
20-30 片	36	11.1	25.0	19.4	16.7	11.1	11.1	2.8	2.8

8-14 关于北京消费群 / The Beijing Market Segments

注：有关本类商品的问题由各消费群中的女性回答

8-14-1 不同消费群最常用品牌 / The Most Frequently Used Brands by Market Segments

注：本题为多选题，合计百分比超过 100%（Multiple answers）

	人数	第一品牌及百分比	第二品牌及百分比	第三品牌及百分比
样本	**255**	**舒而美 56.5**	**护舒宝 40.8**	**安而乐 11.4**
第一消费群	77	舒而美 59.7	护舒宝 41.6	安而乐 11.7
第二消费群	31	舒而美 51.6	护舒宝 45.2	娇爽 19.4
第三消费群	44	舒而美 47.7	护舒宝 34.1	安而乐 11.4 高洁丝 11.4
第四消费群	2	护舒宝 100.0		
第五消费群	62	舒而美 50.0	护舒宝 48.4	安而乐 14.5 高洁丝 14.5
第六消费群	39	舒而美 76.9	护舒宝 28.2	安而乐 7.7 一片云 7.7

8-14-2 重度消费者的消费群构成 / Composition of the Heavy Consumers

	人数	第一消费群	第二消费群	第三消费群	第四消费群	第五消费群	第六消费群
女性	**58**	**39.7**	**13.8**	**12.1**	**1.7**	**22.4**	**10.3**
30 片以上	7	42.9	14.3	0.0	0.0	42.9	0.0
20-30 片	51	39.2	13.7	13.7	2.0	19.6	11.8

注：北京消费群的代表特征 / Characteristics of the Beijing Market Segments

		第一消费群	第二消费群	第三消费群	第四消费群	第五消费群	第六消费群
基本情况	性别	女	男	无明显偏向	男	无明显偏向	女
	年龄	30 － 34 岁	25 － 29 岁	35 － 44 岁	无明显偏向	16 － 24 岁	45 岁以上
	学历	大专/大本	大本	初中	大本及研究生	高中/中专/技校	初中及以下
	职业	科教卫生人员	一般企业职员	工人	管理人员/专门职业从事者/个体及私营企业主	学生	离退休人员
	月均收入	801 － 1500 元	1501 － 4000 元	800 元以下	4000 元以上	无收入	800 元以下
	婚姻	已婚	无明显偏向	已婚	已婚或离异	未婚	已婚
心理取向		注重学历 非积极进取	不循规传统 非单一电视娱乐	非田园倾向 新女性主张 金钱本位	注重经验 大男子主义 不保守稳定	非“大男子主义” 追随流行	非“新女性主张” 非浪漫新潮 单一电视娱乐

8-15 关于上海消费群 / The Shanghai Market Segments

注：有关本类商品的问题由各消费群中的女性回答

8-15-1 不同消费群最常用品牌 / The Most Frequently Used Brands by Market Segments

注：本题为多选题，合计百分比超过 100%（Multiple answers）

	人数	第一品牌及百分比	第二品牌及百分比	第三品牌及百分比
样本	**254**	**护舒宝 51.2**	**唯尔福 25.2**	**娇爽 10.2**
第一消费群	52	护舒宝 48.1	唯尔福 28.8	兰花棉 9.6
第二消费群	28	护舒宝 60.7	唯尔福 21.4	苏菲 14.3
第三消费群	2	护舒宝 50.0 佳期 50.0 柔柔 50.0		
第四消费群	68	护舒宝 41.2	唯尔福 29.4	安乐 10.3
第五消费群	40	护舒宝 60.0	唯尔福 32.5	娇爽 20.0
第六消费群	64	护舒宝 54.7	唯尔福 15.6 娇爽 15.6	苏菲 6.3

8-15-2 重度消费者的消费群构成 / Composition of the Heavy Consumers

	人数	第一消费群	第二消费群	第三消费群	第四消费群	第五消费群	第六消费群
女性	**46**	**26.1**	**4.3**	**0.0**	**32.6**	**10.9**	**26.1**
30 片以上	8	50.0	12.5	0.0	12.5	0.0	25.0
20-30 片	38	21.1	2.6	0.0	36.8	13.2	26.3

注：上海消费群的代表特征 / Characteristics of the Shanghai Market Segments

		第一消费群	第二消费群	第三消费群	第四消费群	第五消费群	第六消费群
基本情况	性别	无明显偏向	男	男	女	女	无明显偏向
	年龄	45 岁以上	20 — 29 岁	25 — 34 岁	35 — 44 岁	16 — 24 岁	30 — 39 岁
	学历	大本及以上	大专/大本	大专	初中及以下	高中/中专/技校	高中/中专/技校
	职业	科教卫生人员/离退休人员	一般企业职员	行政管理人员/个体及私营企业主/专门职业从事者	工人/下岗人员	学生	一般企业职员
	月均收入	801 — 1500 元	1001 3000 元	3000 元以上	800 元以下	无收入	1001 — 2000 元
	婚姻	已婚	未婚	未婚	已婚	未婚	已婚
心理取向		非浪漫时尚 非金钱本位 保守稳定	非家庭重心 田园倾向 休闲独立	不保守稳定 奔波忙碌 浪漫时尚	金钱本位 家庭重心 注重学历	新家庭观念 非休闲独立	不积极进取 不奔波忙碌

8-16 关于广州消费群 / The Guangzhou Market Segments

注：有关本类商品的问题由各消费群中的女性回答

8-16-1 不同消费群最常用品牌 / The Most Frequently Used Brands by Market Segments

注：本题为多选题，合计百分比超过 100%（Multiple answers）

	人数	第一品牌及百分比	第二品牌及百分比	第三品牌及百分比
样本	**293**	**护舒宝 39.6**	**安乐 17.7**	**娇爽 17.4**
第一消费群	65	护舒宝 41.5	娇爽 18.5	安乐 16.9
第二消费群	54	护舒宝 38.9	安乐 25.9	妇康 20.4
第三消费群	57	护舒宝 54.4	娇爽 19.3	妇康 14.0
第四消费群	17	妇康 29.4	护舒宝 17.6	安乐 11.8　安而乐 11.8　维达 11.8
第五消费群	68	护舒宝 26.5	安乐 22.1	娇爽 19.1
第六消费群	32	护舒宝 50.0	娇爽 18.8	安而乐 12.5　倍安日 12.5

8-16-2 重度消费者的消费群构成 / Composition of the Heavy Consumers

	人数	第一消费群	第二消费群	第三消费群	第四消费群	第五消费群	第六消费群
女性	**59**	**23.7**	**5.1**	**18.6**	**8.5**	**33.9**	**10.2**
30 片以上	8	50.0	0.0	0.0	12.5	25.0	12.5
20-30 片	51	19.6	5.9	21.6	7.8	35.3	9.8

注：广州消费群的代表特征 / Characteristics of the Guangzhou Market Segments

		第一消费群	第二消费群	第三消费群	第四消费群	第五消费群	第六消费群
基本情况	性别	女	无明显偏向	女	男	女	男
	年龄	16 — 19 岁	40 岁以上	20 — 24 岁	35 — 44 岁	30 — 34 岁	25 — 29 岁
	学历	高中/中专/技校	无明显偏向	高中/中专/技校/大专	初中/高中/中专/技校	初中及以下	大专及以上
	职业	学生	工人	学生/待业人员	个体及私营企业主	家庭主妇	企业职员/管理人员/科教卫生人员/专门职业者
	月均收入	无收入	1500 元以下	无收入	801 — 1500 元	800 元以下	2000 元以上
	婚姻	未婚	已婚	未婚	已婚	已婚	无明显偏向
心理取向		不固守中式生活 田园倾向 非大男子主义	非新女性主张 不追随流行 非积极进取	独立自主 追随流行	积极进取 大男子主义 中式生活	单一电视娱乐 非独立自主 保守稳定	非单一电视娱乐 非家庭重心

8-17 关于重庆消费群 / The Chongqing Market Segments

注：有关本类商品的问题由各消费群中的女性回答

8-17-1 不同消费群最常用品牌 / The Most Frequently Used Brands by Market Segments

注：本题为多选题，合计百分比超过 100%（Multiple answers）

	人数	第一品牌及百分比	第二品牌及百分比	第三品牌及百分比
样本	**253**	**舒而美 56.9**	**护舒宝 47.0**	**安而乐 9.1**
第一消费群	58	舒而美 55.2	护舒宝 53.4	安而乐 12.1
第二消费群	43	舒而美 53.5	护舒宝 41.9	安而乐 11.6
第三消费群	53	护舒宝 54.7	舒而美 52.8	安而乐 13.2
第四消费群	10	护舒宝 60.0	安而乐 20.0	舒而美 10.0 乐芙爽 10.0
第五消费群	69	舒而美 66.7	护舒宝 37.7	安乐 7.2
第六消费群	20	舒而美 70.0	护舒宝 45.0	安乐 15.0

8-17-2 重度消费者的消费群构成 / Composition of the Heavy Consumers

	人数	第一消费群	第二消费群	第三消费群	第四消费群	第五消费群	第六消费群
女性	**47**	**14.9**	**19.1**	**27.7**	**6.4**	**21.3**	**10.6**
30 片以上	11	9.1	27.3	27.3	0.0	18.2	18.2
20-30 片	36	16.7	16.7	27.8	8.3	22.2	8.3

注：重庆消费群的代表特征 / Characteristics of the Chongqing Market Segments

		第一消费群	第二消费群	第三消费群	第四消费群	第五消费群	第六消费群
基本情况	性别	无明显偏向	无明显偏向	无明显偏向	无明显偏向	无明显偏向	女
	年龄	16 － 19 岁	45 岁以上	20 － 29 岁	30 － 34 岁	40 岁以上	25 － 29 岁
	学历	高中/中专/技校	高中/中专/技校	大专/大本	高中/中专/技校/大本以上	初中及以下	初中
	职业	学生	行政管理人员/离退休人员	科教卫生人员/一般企业职员	个体及私营企业主	工人	专门职业从事者 下岗及其他
	月均收入	无收入	501 － 800 元	801 － 1500 元	1500 元以上	500 元以下	1001 － 1500 元
	婚姻	未婚	已婚	无明显偏向	已婚	已婚	已婚或离异
心理取向		浪漫新潮 注重学历 非现实家庭观	循规传统 奔波忙碌 保守稳定	新女性主张 非功利心态	功利心态 现实家庭观 都市情结	非浪漫新潮 非独立休闲	非新女性主张 不循规传统 独立休闲

第八篇　家用电器、摄影器材
Part VIII　Home Electronic Products, Photographic Equipment

- 彩色电视机　Color TV
- 电冰箱　Refrigerator
- 微波炉　Microwave Oven
- 洗衣机　Washing Machine
- 空调机　Air-conditioner
- 录放像机　VTR
- 音响　Hi-Fi Stereo
- 影碟机　LD Player
- VCD 机　VCD Player
- 照相机　Camera
- 胶卷　Film

第八篇　家用电器、摄影器材

我国的家用电器生产经过建国以来几十年的发展，已经从一个几近空白的行业，成长为国民经济的支柱产业之一。特别是改革开放以来，家电行业在国家和地方产业政策的扶持及市场需求的推动下，生产规模迅速膨胀，品种大为丰富，技术水平长足进步，一部分家电产品的产量已经位居世界的前列。

“七五”和“八五”期间，我国家电工业总产值年均增长率为32.1%，高于其他国家家电工业同一发展阶段的增长速度。1996年，在国家宏观经济调整过程中，我国家电企业顶着市场竞争的巨大压力，克服资金上的困难，在“九五”开局之年，为中国家电工业的发展又迈出了坚实的一步。目前，我国2500多个家电企业已能生产电冰箱、洗衣机、空调器、微波炉等大小家电产品120多种。1996年电冰箱、洗衣机、电熨斗、电风扇、电饭锅产量占世界首位。电冰箱产量979.65万台，占世界产量的24%；洗衣机产量1074.72万台，空调器786.21万台，均占世界产量的1/5左右。家电工业销售额超过1100亿元，占世界家电工业销售额2000亿美元的7%，仅次于美国、日本，居世界第三。与此同时，近几年家电产品出口额以20%的速度持续增长，并逐步建立了销售渠道。1996年家电出口额达27.5亿美元，产品已进入100多个国家和地区，有12个企业年出口额超过1000万美元。海尔、科龙、小天鹅、格力等中国名牌已跻身于国际家电舞台，改变了借牌出口的局面。中国家电行业已走向成熟。

有关专家认为，1997年是家电行业国产品牌与进口品牌短兵相接的“决战年”。因为近几年合资生产的各种中国制造的国外品牌已陆续形成规模，其市场份额将会以10%的速度保持增长，到2000年，国外品牌与国产品牌将分庭抗礼。经预算，到2000年，合资企业的空调生产规模将达到1000万台，这个数字恰好是该年国内市场需求量的最大值。本世纪只剩下不到3年时间里，中国家电业面临的新一轮竞争无疑将会更加激烈，更加残酷。

分析我国家电市场需求，可以认为我国家电市场潜力巨大，再现热点可能性高。主要根据如下：

1．家电产品在我国城市中普及率较高，但在广大农村，普及率仍有大幅增长余地。

国家统计局的有关资料表明，至1995年底，我国大城市每百户拥有洗衣机92.35台，冰箱88.95台，空调17.09台；在中小城镇家庭中，每百户拥有洗衣机88.97台，冰箱66.22台，空调8.09台；在农村，每百户拥有洗衣机16.09台，冰箱5.51台，空调0.18台。显然，家电产品在我国城市中普及率较高，在农村仍然有大幅度的增长余地。

2．城乡居民家庭收入逐年增长，购物支付能力较快提高。

1990—1995年，我国城乡居民收入水平以较快速度增长，1996年城镇居民年平均生活费收入4380元，农村居民年人均纯收入1900元，扣除物价因素，实际收入分别增长3.4%和8%以上。据人民银行的最近一项储蓄意向调查，多数居民对未来收入持较高的预期值。居民收入预期的看好，使家电市场再现热点成为可能。

3．城乡居民家庭耐用消费品支出有上升之势。

《全国消费者意向调查资料》表明，1997 年居民对耐用消费品的消费心理好于 1996 年，其中认定购物时机“稍好”和“好”的比例占 52.5%，加上不变态度的比例 33.8%，多数消费者对 1997 年消费品市场较有信心。比较而言，农民更有信心。

4．我国大多数居民家庭购置的家电产品已进入更新期。

据有关人士分析，我国大多数居民家庭在八十年代中期购置的家电产品已进入更新期，在未来几年内，将有 70%至 85%的家庭要更新现有家电产品。这其中更有一部分富裕家庭会提前进行家电更新换代，以高档家电产品取代现有产品。

5．我国每年有 700 至 800 万青年步入适婚期，需添置家用电器。

6．居民的居住条件的改善，将带动家电市场进入新一轮热潮。

由于过去受住房条件限制，不少家庭居住面积有限，无法添置更多大家电。随着年内国家相关住房政策和措施的启动，购房户的增多，将极大地改善居民的居住条件，带动家电市场进入新一轮热潮，一户多机将更为普遍。

7．按照我国电力发展规划，到 2000 年，实现县县通电，这将为家电步入农村提供电力的保证。

近几年来，面对市场需求，国内家电企业在组织生产、产品结构等方面都有所调整，多数产品生产的升与降或增长速度的快与慢，都与市场需求状况密切相关，这反映了企业市场意识的增强。1996 年，家电行业主要产品的产量有涨有落，详见下表：

表 1　我国主要家电产品 1995 年-1996 年产量　　单位：万台

品　种	1995 年产量（万台）	1996 年产量（万台）	增长率（%）
彩色电视	2057.74	2537.60	23.31
电 冰 箱	918.54	979.65	6.65
洗 衣 机	948.41	1074.72	13.31
空 调 器	682.56	786.21	15.19
微 波 炉	99.79	302.26	202.29
收 音 机	8204.55	5650.72	－31.13
录 音 机	8581.36	8632.82	0.60
照 相 机	3326.15	4120.77	23.89

数据来源：国家统计局

据国家信息中心预测：1997 年彩电、冰箱、洗衣机、家用空调等产品的市场规模将与去年持平或略有增长；录像机、音响的销售还会继续下降；微波炉、激光影碟机仍会成为本年度的消费热点，市场成长率分别在 80%和 150%以上。主要家电产品在 1997 年的市场的供需情况预计如下：

• **彩电**：预计销售 1560 万台，比 1996 年增长 10%左右。其中新增市场较大。城乡总需求之比约为 1.2:1 。农村市场以 25 英寸以下产品为主；城镇市场则多以 21 英寸以上产品为主。

• **冰箱**：预计 1997 年冰箱销售 670 万台，比 1996 年增长 7%左右，其中双开门和多开门冰箱占总销售量的 80%以上。无氟冰箱的需求仍将保持平稳增长；名牌市场占有率逐年提高，预计销量在 100 万台左右。预计到 2000 年，中国电冰箱市场需求将达到 1600 万台，城镇居民家庭普及率将由目前的 66%上升到 86%。

·洗衣机： 预计 1997 年洗衣机销售 1610 万台，比 1996 年增长 15%左右。在城市居民中，首次购买以高档全自动洗衣机为主；更新换代既有对高档全自动的需求又有对普通型的需求，价格高的洗衣机只是一小部分家庭购买。农村居民需求仍以普通型双桶洗衣机为主。

·空调机： 预计 1997 年空调器销售 570 万台，比 1996 年增长 10%左右。在城镇居民家庭拥有量稳步提高的情况下，分体机仍将保持平稳增长的势头，市场需求将占到 75%以上。冷暖型一拖二空调器的市场看好。

·微波炉： 随着人民群众消费水平的提高和厨房革命的发展，微波炉市场销售前景看好，并将成为一个新的消费热点。市场成长率在 80%以上。

·音响设备： 1997 年组合音响供大于求的趋势继续，市场需求的增长幅度快于 1996 年。需求结构变化不大，需求以中低档为主。国产产品中中高档产品市场最被看好，进口组合音响需求仍旺。农村市场没有启动，市场仍以城镇为主。未来一、两年内，组合音响的需求增长仍然是通过中高收入水平家庭的初次购买带动的，组合音响的更新需求比例很低。

另据 1997 年统计快报信息：1997 年上半年，多数家电产品生产均有不同程度的增长。生产涨幅较大的家电有空调器（27%）、家用电冰箱（19.2%）、彩电（17%）、家用洗衣机（16.4%）、组合音响（14.7%）。同时，一些市场需求较弱的电风扇、排油烟机的产量分别比上年同期下降 20.5%和 2%。同时，今年家电商品的销售稳中有热。消费层次分明，消费多样化明显，消费者的消费心态由从众心理向突出个性转变，步入全面提高生活质量阶段，这使市场难以出现过热或过冷的现象。品牌效益在 1997 年体现得更加明显。畅销、平销、滞销在同一类产品的不同品牌之间表现的十分突出，两极分化加剧。

彩电

彩电工业是我国电子工业的支柱产业。经过八十年代初期的导入期，80 年代中期至 90 年代初期的成长期，目前已进入成熟期。目前，我国共有彩电生产企业近百家，并以 3000 万台的年生产能力，跻身世界彩电生产大国。长虹、康佳、熊猫等彩电骨干生产企业和相关配套企业，在引进、消化、吸收的基础上，已形成自主开发能力。

1996 年，彩电国内产量为 2537.6 万台，已呈现生产能力过剩之势，加之大批境外彩电企业纷纷进入国内市场，国内彩电企业在相互竞争的同时，还必须同国外名牌产品抗衡。面对激烈的市场竞争环境，国内众多企业相继推出包括降价在内的促销手段，从而推动整个彩电工业开始以树立品牌为主要内容的新一轮调整。彩电生产向骨干企业集中，市场向名牌企业倾斜。

1996 年，我国彩电年产量达到 100 万台以上的有 5 家企业，其产量占当年总产量的 56%。在 58 家彩电定点生产企业中，前 21 家产量占总产量的 87%。另据电子工业部有关部门对彩电行业 90 多家企业彩电生产，销售情况统计，1996 年，产销列前十名的企业共生产彩电 1465.9 万台，销售彩电 1437 万台，分别占全行业彩电生产、销售总量的 70.6%和 74.3%。这十家企业依次是：长虹电子集团公司、康佳股份有限公司、熊猫电子集团公司、TCL 集团公司、天津通信广播公司、深圳华强集团公司、深圳创维电子公司、青岛海信电器公司、厦门华侨电子公司、福日电视机有限公司。在这十家企业中，长虹、康佳、熊猫、 TCL 四家企业彩电产销均达到 100 万台以上。其中，长虹集团更是以产 480.6 万台，销 477.1 万台的佳绩稳坐头把交椅。

尽管彩电价格一降再降，与国产彩电降价 15%的幅度相比，国外品牌彩电 1996 年的降幅只有 7%，但国产与进口彩电市场分割局面的变化，在不同城市不尽相同。在广州，国外品牌彩电市场份额仍高达 84%，销售前三名均是进口彩电。在上海，进口彩电也是市场主流，其份额为 61%，榜首者为松下。特大城市只有天津例外，其国产彩电的市场份额为 80%。在大多数中小城市，国产品牌彩电的市场份额都在 70%以上。

激烈的市场竞争，以及名牌效益的日益显著，坚定了企业走创名牌、重质量、扩规模、提高技术含量的发展之路。例如长虹电子集团以创“世界名牌”为战略目标，已经发展成为集设计开发、生产制造、经营管理为一体的紧密型电子企业集团，是国内最大的彩电生产基地。长虹的目标是，在 21 世纪初成为跨国集团公司，进入世界工业 500 强；又如 TCL 电子集团进入市场三年，销售收入和创利每年翻一番，市场占有率连续攀升。1996 年 TCL 兼并了香港陆氏集团的彩电项目，着手构建海外市场体系，寻找新的增长点； 1997 年，创维推出的可与电脑连接的多媒体电视，被舆论誉为 21 世纪的电视。

彩电企业的自身调整，再有庞大的市场需求的支撑，中国彩电业的发展看好。截止 1996 年底，全国彩电拥有量 1.4 亿台，城镇居民彩电普及率为 93.5%，农村彩电普及率为 22.9%。到 2000 年，农村彩电普及率将提高到 32%，城镇普及率将提高到 97%。加上 800 万个新婚家庭，预计 1996 — 2000 年我国彩电市场平均增长率为 7.6%， 2000 年彩电需求量为 2500 万台，市场潜力巨大。同时，随着电视频道的增多，非遥控电视将逐渐退出舞台。加之，住房条件改善，居民收入提高，国内贸易部信息中心预计，在未来几年内将有 70%的家庭的彩电需要更新换代。“全国消费者意向调查资料”显示，消费者为选择新机型而更换电视机的意向较高。另外，在电视普及率达 100%的发达国家，每年仍然有 20%的家庭会新购电视。对我国 3 亿家庭来说， 20%意味着每年市场需求可达 6000 万台。

1996 年 21 英寸彩电是中国市场上的主流，其市场份额为 40.9%。但比 1995 年的市场份额下降了 15.4%。25 英寸彩电和 29 英寸彩电在 1996 年各占 23%左右的市场，其增长趋势令人瞩目。尤其是 29 英寸彩电其市场份额比 1995 年增加 10.7 个百分点， 25 英寸彩电增长了 8.4 个百分点。

在国内品牌彩电中， 21 英寸彩电的市场份额，为 47%，其次是 25 英寸彩电，为 27%，再次是 29 英寸彩电，为 13%。市场份额随彩电尺寸的增加而梯次下降。

在国外品牌彩电中， 29 英寸彩电独领风骚，占据了 44%的市场，比 1995 年上升 17 个百分点。 21 英寸彩电居第二位，市场份额为 29%，比上年下降 16 个百分点。 25 英寸彩电第三位，市场份额为 18%，比上年下降了 2 个百分点。

随着人们消费水平的提高， 25 英寸以上的彩电将越来越受到消费者的青睐。但由于经济发展的不平衡，和消费观念、消费层次的差异对大屏幕彩电的需求也将呈多样性，会有普及型和豪华型等不同档次之分。另外，随多媒体技术和压缩技术的出现，彩电与计算机有相互融合的趋向。

电冰箱

七十年代末到八十年代初，家用电冰箱开始与中国消费者见面。八十年代中期，尤其是 1985 — 1988 年，随着城镇居民消费能力的提高，国内出现了第一个家用电冰箱的消费高潮。在随后的几年时间里，冰箱市场以每年 20%的速度递增，至 1993 年增长速度才开始减缓，进入平稳增长期。

据国家统计局统计， 1996 年我国城镇居民家庭每百户拥有电冰箱约 70 台，其中北京、上海、天津、浙江 4 个地区的城镇居民家庭电冰箱拥有率最高。中南部地区城镇居民需求电冰箱超过全国城镇平均增长率，东部地区城镇居民家庭大部分已进入普及进程的饱和阶段，但需求的开发潜力仍在。我国每年新组建家庭 600 — 800 万户，是新购的主要力量；同时，由于我国电冰箱的平均设计寿命为 10 年，最长也不过 15 — 16 年，因而，当年走入中国百姓家庭的第一代电冰箱在十年后的今天，相继步入了衰老期。更新购置和重复购买率均呈上升之势。据有关部门预测，到 2000 年，城镇居民家庭普及率将从目前的 69%上升到 86%，我国电冰箱市场需求（含出口量）将达到 1600 万台。

经过十几年的优胜劣汰，冰箱企业规模逐步扩大，品牌效益逐渐加强。现在国内生产冰箱的企业已由最多时的 200 多家减至 20 多家。科龙、新飞、海尔等 12 家主要冰箱生产企业控制了 80%以上的国内市场份额。容声 1996 年底年产达到 150 万台，新飞、海尔也越过了百万台大关。另外，上菱、长岭、春兰、小天鹅等也在努力扩张或采用合资的办法建设百万台级冰箱生产基地。

我国巨大的冰箱市场对国外企业极具吸引力。 90 年代以来，日、美等国的冰箱企业为有效抢占我国市场，逐步改变了原来的投资策略，由产品、技术输出转变为资本和品牌输出，其中，外商控股收购国内家电企业成为其直接投资的新热点。美国“惠而浦”收购了北京“雪花”，瑞典“丽都”收购了长沙“中意”，韩国“三星”收购了苏州“香雪海”，德国“博西威”收购了滁州“扬子”。其他如日本企业则在上海、江苏、安徽等地洽谈合资新建冰箱厂。而以生产空调和洗衣机闻名的春兰集团和小天鹅集团通过与外方合资的形式，建设冰箱和冰箱压缩机企业，且均为外方控股。据统计， 1996 年国内的冰箱市场年需求量为 900 万台左右，而在中国本土制造的“洋”冰箱生产能力已达到 500 万台（未来两三年内起生产能力将超过 1000 万台），如果这些冰箱全部内销，那么中国冰箱市场将被挤占很大的份额。

目前冰箱市场畅销与滞销品牌并存。海尔、容声、美菱、新飞等品牌的国产冰箱在未来中国家庭仍将普遍受到欢迎。当前人们追求名牌商品、讲求质量稳定的消费心理十分突出，消费档次明显提高。同时，消费需求刺激产品结构更新速度加快。冰箱消费开始向多门、多温、大容积、无氟方向发展。电冰箱消费需求呈现以下特点：

1．大型化

从规格看，大容积冰箱市场在未来看好，城镇居民开始转向容积偏大的 200 升以上的产品。 1996 年，160 — 180 升电冰箱由 119 万台下降到 85 万台， 180 — 220 升电冰箱由 169 万台增长到 494 万台， 220 升以上的电冰箱由 5.4 万台增长到 149 万台，市场上面市的还有 250 升、 264 升、 301 升等大型立柜式冰箱。农村居民的购买意向仍主要集中在容积偏小的 200 升以下的产品， 80 升、 50 升等床头柜式的微型冰箱将受到老人家庭和单亲家庭的欢迎。

2．多门、多温区化

目前，海尔、华凌等厂家纷纷推出二门、三门冰箱，温区分为冷藏、冷冻、蔬菜、水果等多类空间层。多门冰箱由敞开型转向多层抽屉型。

3．技术智能化

冰箱厂家采用模糊技术，使冰箱根据外界条件的变化和箱内食品的质地、存放量自动选择冷冻方式。目前上市的有华日牌模糊智能冰箱等。此类冰箱操作简便，能在较长时间内保证食物的新鲜度和营养。

4．无氟绿色化

根据“蒙特利尔协定书”，中国将在 2005 年以后禁止使用破坏大气层的有氟冰箱，冰箱无氟化是未来的必然趋势。1996 年无氟冰箱销售势头明显上升，但有氟冰箱仍占据约 95%的市场。我国冰箱行业一些著名企业，如海尔、科龙等，年生产能力都在百万台以上，但 1996 年推向市场的无氟冰箱不过几万台。因此，无氟冰箱的推广仍将需要一个过程。目前，国内冰箱生产企业正积极投入巨资改造生产线，海尔、容声、新飞、美菱等已成为国内无氟冰箱生产的主导。

洗衣机

我国洗衣机工业发展较晚，只有十几年的历史，而发展速度却非常快。据国家统计局资料显示，1978 年我国洗衣机产量仅为 400 台，1995 年则达到 948.4 万台，1996 年为 1074.72 万台。据 1996 年统计，城镇居民洗衣机普及率为 86.36%，农村普及率为 13%，城乡差距较大；另据对 140 个城市 1995 年末的调查数字，有大约 10%的城市、城镇居民洗衣机百户拥有量低于 80 台，并且加上 80 年代初期进入居民家庭的洗衣机需要更新换代（预计在今后几年内，每年将有 400 多万台洗衣机进入更新期），洗衣机行业仍存在着很大的市场机会。

经过多年的发展，中国洗衣机市场和洗衣机工业已日趋成熟。国产品牌一统天下，市场集中度进一步提高。当前，国内洗衣机市场 20%的品牌控制了 80%以上的市场，生产和销售正向名牌企业和名牌产品集中。我国年产量超过 100 万台的企业有 6 家，分别是：荣事达、杭州松下、水仙、海尔、小天鹅、威力。这 6 六家企业 1996 年共生产洗衣机 689 万台，占全国总产量的 64%以上。1996 年国内洗衣机内销量为 1000 万台左右，其中 80%是国产品牌。荣事达、小天鹅、威力、水仙、海尔这 5 个品牌总销量近 600 万台，占全国总销量的 60%以上。

1996 年，波轮式全自动洗衣机零售量占市场总量的一半以上，是洗衣机市场的主流产品，其市场份额比 1995 年上升 4.5 个百分点。双缸洗衣机仍占 1/3 市场，但市场份额降幅较大，由 1995 年的 45.9%下降到 1996 年的 32.5%，下滑了 13.4%。滚筒洗衣机占据了中国洗衣机市场的 1/6，虽未形成大气候，但增势十分显著，比 1995 年的市场份额增加 9%。

在国际市场上，滚筒式洗衣机约占 60%的份额，在欧美发达国家高达 90%以上。滚筒式洗衣机在中国市场推出后，其先进的设计原理和优越的功能，已逐渐被中国消费者所认识。目前，我国滚筒洗衣机生产厂家已有 12 家，高档滚筒洗衣机年产量为 60 万台，而估计其市场需求量为 80 万台以上，因此市场呈供不应求状。随着技术的成熟，产量的扩大和消费水平的提高，滚筒洗衣机将销量日增。预计“九五”期间，国内洗衣机市场新的一轮全自动洗衣机的竞争将主要表现在几个滚筒式洗衣机品牌之间的竞争。

小天鹅在波轮全自动领域里表现不凡，市场占有率高达 47.8%。小鸭是滚筒全自动洗衣机的开路先锋，在该领域里，它的 1996 年市场占有率高达 64.8%。但值得注意的是，小鸭的霸主地位正受到来自海尔的挑战。海尔 1996 年滚筒全自动洗衣机的市场占有率为 28.2%，比 1995 年增加了 4.5 个百分点。

空调器

我国空调产业增长速度惊人。1990 年，全国空调器生产厂家不足 10 家，到 1995 年则达到 100 多家，5 年间增长了 10 倍以上，且多集中在珠江三角洲和长江中下游地区，生产规模达到年产数百万台。1990 年全国空调器年产量 24 万台，1991 年增加近 40 万台，到 1992 年，则达到 152 万台，1993 年为 292 万台，1994 年为 550 万台，1995 年为 682.56 万台。1996 年为 786.21 万台，而实际生产能力已超过 1000 万台。

空调器与彩电、电冰箱、洗衣机相比，进入我国家庭较晚。至 1996 年底，国内空调器的社会拥有量约 1600 万台，全国城镇居民家用空调器的普及率为 5%，全国 35 个大城市普及率达 12%。广州最高，达 34.9%；上海普及率为 19.6%。目前，我国空调器新增需求仍占主导地位，约占总需求的 85%以上。市场主要在城市或经济发达地区。随着城市居民收入的提高，住房条件的改善及消费观念的改变，空调器的普及率会进一步提高。

空调器生产经历了 1994 年的辉煌和 1995 年的供求平衡之后，1996 年已从名牌与非名牌的竞争演变为名牌与名牌的竞争。目前，全国市场上销售的空调品牌有 40 多种，春兰、海尔、美的、科龙、华宝、格力等 10 多家分享了 80%以上的市场份额。空调器已形成了国产名牌群体，市场覆盖面广，品牌有较高的知名度。同时各品牌的竞争也日益激烈，这主要体现在以下几方面：

1．价格竞争激烈。

近两年随着空调市场竞争激烈程度的加大，众多厂家已不分季节地进行广告宣传，尽管卖点很多，如：舒适、美观、环保、多功能等，但强调低价位却是共同的。据了解，上海空调总量虽未处于饱和状态，但购买空调者仍局限于高收入或偏高收入家庭。由此可见，价格的确是影响空调消费的重要因素。1996 年大企业通过调整价格来扩大市场份额已初见成效。1997 年，从全国看，主要空调厂家，如：春兰、华宝、格力、海尔、美的、科龙等纷纷制定超过 1996 年产量生产计划的同时，并相继从 1996 年的 9 、10 月份推出降幅 10%—20%的新价格和革新产品，以争取市场份额。1997 春兰订货会上，流行“模糊返利”，出厂价模糊，市场给什么价，就确定什么价，以保住第一名的市场份额。与此同时，国外品牌凭借产品已有的品牌优势，价格在谨慎中也适当下调。

2．空调售前售后服务水平的提高。

我国空调器市场潜力巨大，品牌竞争也很激烈。经历了 1994 年质量大战，1995 年价格大战，1996 年管理大战后，1997 年是服务大战的一年。各空调厂家相继推出多角度、多样式、全方位的立体式网络服务。在广告方面，着重加大服务宣传，如春兰空调提出“金牌产品，金牌服务”的口号，海尔则推出星级一条龙服务，即：电话咨询、上门设计、免费送货、免收材料费，24 小时服务到位，用户跟踪回访等措施。在 1997 年 7 月北京最为炎热，空调器供不应求的时节，海尔集团从青岛本部急调 300 名空调专业人员入京投入空调安装，既促进销售，也树立了良好的企业形象。

3．空调合资热已经出现。

不少企业仍然看好空调前景，继续加大投资发展空调产品。近两年来，日本、美国的跨国公司，如松下、三洋、三菱重工、标准、惠而浦、西门子等纷至沓来，在中国大陆掀起空调合资热。

4．空调器的档次已经从普通空调向变频空调延伸。

变频空调以其耗电降低 30%以上，将越来越受欢迎。夏普（上海）变频空调在国内销量最大，达到 5 万套。如今，海尔、夏普、松下、日立、三星等品牌的变频空调的竞销广告宣传已纷纷扬扬。分体式空调消费量已占总量的 65%左右，柜式空调器产量提高，并开始进入家庭。1997 年二匹柜式空调器成为热点产品。

1997 年空调机的消费主要有以下特征：购买单位由集体化转向家庭个体化；功率由小变大；功能从简单型向智能型发展；由单冷型向冷暖两用型发展；由过去一户一机转向一户两机甚至三机；结构从单纯窗式向单纯分体式以及窗式和分体式混合使用发展。

微波炉

我国微波炉行业八十年代才开始起步，在我国还是朝阳工业。目前我国有微波炉生产厂家 60 多家，1996 年总产量超过 300 万台并产生出一批国产名牌。中国已成为继美国、日本、韩国之后第四个微波炉生产大国。

微波炉真正进入我国消费市场是在 90 年代后，目前普及率不及 10%。随着人们收入水平的不断提高，以及现代意识的不断引入，微波炉作为厨房小家电的代表，以其方便、快捷、省时、卫生的特点，越来越受消费者的青睐。从 1995 年开始，中国的微波炉市场以每年近 100%的速度增长。1995 年市场需求量为 80 万台，1996 年激增至 200 万台，1997 年预计在 400 万台。逐渐形成以大城市和中心城市为核心的集中市场。以上海为例，1993 年市区居民拥有率为 10%，而 1996 年则达到 25%，成为中国最大的微波炉消费市场。南京、北京、广州等城市的家庭微波炉拥有率为 5%左右。

伴随着微波炉市场的启动，大量国外微波炉涌入中国市场。如日本的松下、日立、三洋、三菱，韩国的三星、大宇、LG，美国的惠而浦、GE，法国的万能等纷纷利用合资、兼并、控股等方式抢占市场。国内的微波炉品牌主要有格兰仕、蚬华等。从销售情况看，格兰仕、蚬华、三星、惠而浦、松下、夏普等品牌销势看好。目前国产微波炉市场占有率约 54%，与国外同类产品相比，国产微波炉售价普遍要低 1000 元左右。

1996 年下半年，格兰仕、蚬华等微波炉生产大户在北京、上海、南京等地展开了几十种型号微波炉的降价销售活动。它们的降价活动引起“多米诺骨牌效应”，中外品牌均以不同的降价幅度跟上。1997 夏季，降价之争达到白热化程度。

微波炉降价一方面使国产品牌保持相当的市场占有率，并促使名牌企业走规模经营之路；另一方面，有利于刺激消费，使微波炉正从“贵族”走向“平民”。目前微波炉 60%以上的消费者是工薪阶层。随着微波炉产量和需求量的迅速扩大，微波炉市场呈现出多品种多功能激烈竞争的局面。

录放像机

八十年代，录放像机进入我国城乡居民家庭。1987 年，国内录像机销售量为 20 万台。自此，录像机市场日益繁荣。1990 年销售量迅速上升为 110 万台，1992 年为 200 万台。录像机市场在经历了 1987 年到 1992 年的快速增长阶段后，现已进入稳步增长时期。

据了解，受 VCD 和录像机水货冲击，录像机市场从 1995 年甚至更早的时候开始便进入了买方市场。近两年来，录像机市场默默无闻地经历着一次意义重大的裂变组合。1996 年，由长虹降价而引发的彩电降价潮也波及到了录像机市场。据对 30 个大中城市百家商场的监测，几种主要品牌的录像机降幅在 6%左右。但录像机降价并未引起消费热潮。据国家统计局公布的数据，1996 年上半年录像机的库存量比上年增加 20%以上。另据对 106 家大型商场的监测，1996 年录像机的销量为 210 万台，比 1995 年下降了 35%。1997 年的广州市，年初出现了 VCD 销售的火爆势头，2 月份 VCD 销售量比去年同期增长 119%，而录像机销售量比去年同期减少 78.6%。

表 2　1987 — 1996 年我国录（放）像机销售情况表（单位：万台）

年　份	1987	1988	1989	1990	1991	1992	1993	1994	1995	1996
销售量	20	50	50	110	190	200	240	280	300	320

目前，我国录像机产业已形成年产 200 万台的能力，在技术上也达到了国际先进水平。中国华录电子有限公司作为中国录像机企业的龙头老大，已初步形成了全国销售与售后服务网，实现自主销售录像机 12.8 万台，占国产录像机销量的 10%。但是，从总体市场来看，录像机市场仍是进口品牌的天下。

1995 年国内市场销售录像机 300 万台，其中国产品牌 140 万台，正常进口货 12 万台，其余皆为非正常渠道进口。1996 年 1 月至 11 月对全国百家商场的监测显示，录像机市场占有率前 5 名依次是：松下、三星、东芝、胜利和厦新，其中只有厦新是国产品牌。在北京，进口品牌几乎占据 2/3 市场份额，消费者在购买录像机时，首先想到的往往也是松下、夏普、三星、飞利浦、东芝、日立等洋牌子。

目前，我国录像机的普及率还不高，上海作为我国家电消费前沿，1996 年底录像机的普及率也只有 28%左右。据电子部的预计，到本世纪末，录像机每年仍将保持 7%左右的增幅，比国外市场增幅要高。另一方面，录像机技术也在不断发展。从简单的单放机，线录的录像机，发展到带高频头的录像机，达 6 小时放像时间的录像机，高保真功能，卡拉 OK 功能，定时录像、插入文字、编辑图像、后期配音等应有尽有。与 VCD 、DVD 相比，其自身的录像功能，没有任何一种电子产品能够代替。同时，彩电的普及，有线电视节目的丰富，都将带动录像机市场的繁荣。随着人民生活水平和消费水平的提高，家用摄像机逐渐进入家庭，摄像机与录像机配套使用，也为录像机提供了广阔的市场。

音响

以录音机为主导产品的我国电子音响工业，经过1979年至1989年10年高速发展以后，自1990年起，产销已呈现不协调态势：生产仍在高位上运行而销售一直徘徊不前。目前，我国录音机生产企业多达200多家，生产录音机达5000多万台，如果加上三来一补的产量，将高达1亿台以上，但1990年以来实际销量始终在1200万—1500万台之间波动，产量明显大于需求。

据统计，与1995年同期相比，1996年音响的产量、销量、销售收入、利税率均呈下降趋势，音响工业产销形势严峻。据国家信息中心提供的分析材料表明，1997年音响产品市场虽然总体上保持平稳态势，但不能形成热潮，而且季节波动将会更加明显。估计1997年国内音响产品的产量为4000万台（套），市场总需求量在3400万台左右，其中组合音响所占比重进一步增加。尽管其中一部分产品可供出口，但考虑到海外产品仍将大量进入国内市场，因此，音响市场供大于需的局面不会有明显改观。同时，受我国低消费水平的制约，未来几年内我国音响工业不可能有跨越，只能在普及提高的基础上平稳增长，预计音响整机年销售量在1500万—2000万台之间浮动。

我国现有音响厂家400余家，其中绝大多数是集体或乡镇小企业，与国外音响相比，国产音响差距明显。因此，在市场竞争中，优势将明显偏向于进口机。音响行业协会统计的1995年销量最大的十个品牌中，国产的仅有星球、熊猫、新科3家上榜。1996年形势略有改观，新科、星球、长江、京华都有不错表现，从国外品牌中夺回一部分市场。国产产品中中档产品最被看好。但是，当前国产音响产品始终在低价位摆动，与国外同类产品差价太大，所以从整体上看，已无下降空间，而只能稳中趋升。目前学生用机在100－200元，低档组合音响在400－600元之间，随着技术的提高，国内电子音响产品今年的价格将会合理上升。

由于我国城乡之间存在着较大差别，音响产品市场因此呈现出多元化的态势。音响消费需求向两头分化的迹象会更加明显，一头是“发烧友”，他们追求名牌，讲究音色效果，同时愿意支付高价格；一头是中低档消费，追求音色尚可但价格适中的组合音响。预计中高档台式组合音响将成为今后销售的主流，在我国城市中组合音响有逐步取代收录机的趋势。但农村市场仍以国产中低档收录机为主。1997年组合音响市场的需求增长仍然是通过中高收入水平家庭的初次购买带动的。农村市场没有明显的启动迹象。

影碟机

世界上第一台VCD机是由美籍华人孙燕生博士开发而成，1993年由万燕电子推向市场。90年代后VCD机普及很快，市场出现了令人意想不到的增长，1995年我国VCD销售量为60万台，1996年为600万台，据估计1997年销售量将突破1000万台，1998年甚至将达到2000万台。消费的膨胀使众多生产厂商都想来分享这一市场。目前，我国已有VCD生产厂家约400家。江苏产的新科牌、广东产的爱多牌、福建产的万利达牌三个品牌的VCD机已形成品牌效应，占据了市场份额的一半以上。

同时，我国巨大的市场需求也吸引了众多的国外公司。时下，飞利浦、东芝、松下、JVC、先锋等占据着中国近1/3的VCD市场份额，韩国三星公司更是雄心勃勃，1996年在我国花费的VCD广告费超过1亿元人民币。

VCD产业的发展已经形成了一种中国现象，那就是VCD的开发和商业生产首先是在中国，VCD最先进的软件开发能力也是在中国，VCD工业发展快、市场之热都源于中国。中国已经形成强大的VCD开发与生产能力，VCD火爆的中国市场使得中国VCD在软件开发、整体制造、企业群体方面都超出了外来力量。

在VCD机进入中国市场短短几年间，其价格已由最初的每台3000－4000元（最高时北京曾卖到5300元）降至1996年的2800元左右。而从1996年10月开始的降价却甚为迅猛，“爱多”、“万利达”、“新科”等牌子的VCD机已降到每台1500元左右。1997年6月1日，爱多又使出降价法宝，执行其“阳光行动——A计划”，下调价格四、五百元。此后再度降价，两次累积降价幅度达45%。降价行动使影碟机产业出现相当规模的名牌企业，市场分割也出现一定变化。万利达、爱多、新科成为个中翘楚。

1996年，广州每百户家庭的VCD机拥有量为31台，上海为10台左右。随着住房条件的改善，人们对精神文化生活追求的提高，家庭视听组合的需求呈上升趋势，VCD影碟机已无疑成为我国家庭消费的新热点。1997年市场容量将增长30%左右。

而先于VCD进入市场的LD，由于价格和软件方面的因素，至今没有能够在中国市场上占据多少席位。DVD是数字视听产品的发展方向，将来在一定程度上会取代VCD。目前，“新科”公司已研制开发出第一台国产DVD。但由于购买力及碟片支持不够等因素影响，未来三五年内DVD不可能真正走入中国百姓家庭，VCD依然是我国影碟机市场的主流产品，销量会继续上升，而市场竞争也会更趋激烈。但由于目前国内市场的VCD价格已处于较低水平，厂家利润很低，VCD市场的总体价格水平恐难进一步下降。突破技术难关、提高产品质量、缩短换代周期、完善售后服务将是未来几年VCD市场竞争的焦点。

目前，VCD技术开发有以下一些趋势：

1．多功能VCD，集游戏、教育、娱乐为一体。

2．S－VCD，高清晰度的VCD。

3．VCD－INTERNET，通过VCD机与INTERNET网联网。

照相机

在国内照相机市场，国外品牌目前占据优势。据有关方面统计，1996年在中国国内生产的照相机达4000万架，其中有80%以上是外资在华企业的产品。目前，国内市场照相机的年销售量为600万架左右，国产相机的市场份额不到7%。

根据国内贸易部信息中心1996年统计分析，照相机市场的品牌排序中，居前三位的理光、佳能、三星市场占有率之和为54.2%，市场销量份额之和为55.7%，足见国外品牌相机在市场的优势。而且这三个品牌在市场上占有率还有增大的趋势。其中理光照相机的市场占有率高达33.5%，比第二位的佳能高出近两倍。无论从市场覆盖率还是从市场销量份额上，理光都遥遥领先。国产相机在十大品牌中只占四个席位，市场占有率均与三星相机较为接近，但和第二位的佳能差距仍较大。

表3 1996年国内照相机市场综合占有率排行表（%）

品　牌	市场综合占有率	市场销量份额	市场覆盖率
理　光	33.5	35.6	32.1
佳　能	12.6	11.5	13.3
三　星	8.1	8.6	7.8
汤　姆	7.7	6.5	8.5
凤　凰	7.6	6.6	8.2
海　鸥	6.6	4.7	7.8
甘　光	6.6	7.4	6.1
企　鹅	6.4	8.2	5.2
美能达	5.7	5.4	5.9
潘太克斯	5.3	5.5	5.2

资料来源：国内贸易部信息中心

从市场需求来看，当前国内照相机市场有以下几个特点：

1．美观、轻便蔚为潮流。

1996年以来，照相机需求趋向于机身小巧轻便、外型美观。从品牌看，如今已形成系列的相机有尼康、理光、美能达、潘太克斯、科达、海鸥、凤凰等。其中佳能相机仅小霹雳一族便有八位成员。从功能造型看，近来市场上新推出的诸如弯月造型、波形等，都很别致，体积小，携带方便。国产相机中，“傻瓜”相机吃香，95%以上为“傻瓜”相机。

2．数字照相机渐成热门。

几年来，世界上各著名的感光材料公司、相机公司、摄录像设备公司，纷纷投入巨资开发研制数码相机，希望在逐渐扩大的数码相机市场上占有大的份额和优势，使得数码相机的品质上升，价格下降，有力地推动着数码摄影的发展。尤其是最近十几个月来，数码相机的开发势头更是十分强劲。

3．传统相机仍有生机。

尽管目前新的摄影系统技术先进，但仍有其局限性。而传统相机的社会拥有量已经十分巨大，人们不可能轻易将它们抛弃，此外传统胶卷的年消费量仅我国就高达1.5亿卷，这样一个庞大的消费市场不可能被厂家轻易放弃。因此，传统相机不可能在短期内被取代，它的生存至少还会有十年以上的时间。

胶卷

近几年来，中国是世界上增长最快的感光材料市场，市场需求每年递增10%－15%。据统计，1994年全国销售国产胶卷2500万卷，进口胶卷7500万卷，1995年的数据分别是2500万卷和1.25亿卷。

就彩色胶卷而言，1995年中国消费彩卷1亿个，彩色相纸6000万平方米。捷足先登的富士公司占据了这个巨大市场48%的份额，遥居第一。柯达位居第二，乐凯以不到20%的市场份额居第三。日本的柯尼卡、德国的爱克发紧随其后。

近年在北京、上海、广州等城市，柯达已经雄心勃勃地瞄准富士的地位，欲取而代之。而在东北、西南等地，爱克发因价格相对便宜很受青睐。富士色彩鲜艳饱满，仍然能赢得很多非专业的普通消费者欢心。一场重新划分势力范围，抢夺市场更大份额的竞争已拉开帷幕。各大品牌也各有策略。

1996年2月底，富士公司在大陆已开设1250家专卖店，蚕食了中国一半以上的市场。尽管如此，富士还将加强对独立零售网点的控制，巩固零售网，同时充分授权代理商开展促销活动。估计到1997年3月，在中国内地的富士专卖店将增至2200家，到1998年3月则会增至3000家。为了争取第一，富士把注意力集中在树立品牌形象，提高产品质量，开发新兴技术，富士胶卷成功地成为1997年10月全国八运会的赞助商。

目前，柯达在中国的专卖店已扩展至1000家左右。在长春、北京、上海、成都、广州5大城市，柯达设立了联络处，拥有员工近350人。上海是柯达公司在中国最大的消费中心，柯达胶卷的市场份额已达70%。在北京，柯达还设立了设备维修中心和零件寄售与供应中心。为了赶上富士，柯达在争夺中国市场中对收购或控股中国胶卷企业比之富士公司更显出了兴趣，至1996年底，柯达一揽子兼并了上海、天津、厦门、汕头、无锡、辽阳6个国内感光材料厂；中国的公元、福达已被柯达控股。相对低廉的生产要素价格将使柯达产品打入中国市场时处于更为有利的价格优势地位。

在“富士”、“柯达”等国外品牌强劲冲击下，中国的感光材料企业只有乐凯一枝独秀。但是其生存环境不容乐观，为此乐凯开始采取积极的对策。

1．加强彩扩服务。

一卷乐凯10—12元，一卷柯达或富士19—21元，但是具有很好性能价格比的乐凯并未成为消费者的首选。近年来，乐凯的市场份额逐年递减，1994年是24%，1995年是22%，1996年是19%。除了消费心理和广告强度低外，关键在于与冲扩店发展脱节。经过艰难的1996年之后，乐凯最近开始在北京实施一项以一家较大规模的彩扩店为依托，建立100个收件服务点的计划。

2．发展专卖店。

几年前乐凯在全国有32家专卖店，如今还是32个，而且标志很不明显。面对形式，“九五”期间，乐凯打算发展1000家专卖店。

3．寻求资金支援。

根据新闻媒介的报道，柯达公司、富士公司毫不隐讳地宣称：“投入中国市场5年不要利润”，“3年挤垮乐凯”。不仅如此，乐凯还受到大量来自美、日等国走私胶卷和相纸低价的强烈冲击。目前，乐凯最大的问题是资金不足，许多时候都是心有余而力不足。柯达的年销售额是150亿美元，乐凯只有5亿元人民币。乐凯需要资金。国家有关部门已经决定，将给予乐凯有力的支持。

1 彩色电视机 / Color TV

1-1 理想品牌排名 / Ranking of the Ideal Brands

● 北京（Beijing）

排名	品牌		人数	百分比
1	松下	Panasonic	123	20.5
2	长虹	Changhong	118	19.7
3	牡丹	Peony	85	14.2
4	索尼	Sony	80	13.3
5	日立	Hitachi	31	5.2
6	TCL	TCL	25	4.2
7	东芝	Toshiba	22	3.7
8	康佳	Konka	18	3.0

n=600

● 上海（Shanghai）

排名	品牌		人数	百分比
1	松下	Panasonic	151	25.2
2	索尼	Sony	117	19.5
3	金星	Jinxing	87	14.5
4	长虹	Changhong	69	11.5
5	日立	Hitachi	42	7.0
6	东芝	Toshiba	26	4.3
7	飞利浦	Philips	24	4.0
8	上海	Shanghai	17	2.8

n=600

● 广州（Guangzhou）

排名	品牌		人数	百分比
1	松下	Panasonic	185	30.8
2	索尼	Sony	152	25.3
3	日立	Hitachi	69	11.5
4	东芝	Toshiba	52	8.7
5	康佳	Konka	26	4.3
6	TCL	TCL	16	2.7
7	乐华	Rowa	15	2.5
7	飞利浦	Philips	15	2.5

n=600

● 重庆（Chongqing）

排名	品牌		人数	百分比
1	长虹	Changhong	318	53.0
2	松下	Panasonic	65	10.8
3	康佳	Konka	51	8.5
3	索尼	Sony	51	8.5
5	日立	Hitachi	25	4.2
6	东芝	Toshiba	18	3.0
7	TCL	TCL	8	1.3
8	熊猫	Panda	7	1.2

n=600

1-2 样本总体、男性各年龄层、女性各年龄层的理想品牌 / The Ideal Brands by the Whole Sample, Age and Gender Groups

● 北京（Beijing）

	人数	第一品牌及百分比	第二品牌及百分比	第三品牌及百分比
样本	**600**	**松下 20.5**	**长虹 19.7**	**牡丹 14.2**
男性	**298**	**松下 20.1**	**长虹 19.8**	**索尼 13.4**
16-19 岁	26	长虹 23.1	松下 19.2	牡丹 15.4
20-24 岁	36	松下 30.6 索尼 30.6	TCL 11.1	长虹 5.6 牡丹 5.6 日立 5.6 胜利 5.6
25-29 岁	41	长虹 29.3	松下 22.0	牡丹 12.2
30-34 岁	47	长虹 25.5	松下 17.0	牡丹 14.9
35-39 岁	43	长虹 25.6	松下 18.6	索尼 11.6 日立 11.6
40-44 岁	42	牡丹 21.4	松下 19.0	长虹 14.3 索尼 14.3
45-49 岁	24	长虹 25.0	松下 20.8	牡丹 12.5
50 岁以上	39	索尼 17.9	松下 15.4	长虹 10.3 牡丹 10.3
女性	**302**	**松下 20.9**	**长虹 19.5**	**牡丹 16.2**
16-19 岁	23	松下 21.7	牡丹 17.4 索尼 17.4	长虹 13.0
20-24 岁	35	松下 20.0	长虹 14.3 索尼 14.3	牡丹 11.4
25-29 岁	36	松下 19.4 长虹 19.4 牡丹 19.4	索尼 13.9	TCL 8.3
30-34 岁	49	松下 34.7	牡丹 16.3 索尼 16.3	长虹 10.2
35-39 岁	45	长虹 22.2	松下 20.0	牡丹 15.6
40-44 岁	40	长虹 20.0	索尼 17.5	松下 15.0
45-49 岁	26	长虹 26.9	松下 19.2	牡丹 11.5
50 岁以上	48	长虹 29.2	牡丹 22.9	松下 14.6

● 上海（Shanghai）

	人数	第一品牌及百分比	第二品牌及百分比	第三品牌及百分比
样本	**600**	**松下 25.2**	**索尼 19.5**	**金星 14.5**
男性	**307**	**松下 24.4**	**索尼 22.5**	**金星 12.7**
16-19 岁	22	松下 40.9 索尼 40.9	长虹 4.5 康佳 4.5 东芝 4.5 日立 4.5	
20-24 岁	34	松下 32.4	索尼 20.6	长虹 11.8 金星 11.8
25-29 岁	42	松下 31.0	金星 19.0	索尼 16.7
30-34 岁	56	索尼 25.0	松下 23.2	长虹 17.9
35-39 岁	51	索尼 21.6	长虹 15.7 金星 15.7	松下 11.8
40-44 岁	31	金星 25.8	松下 19.4	上海 12.9
45-49 岁	26	索尼 23.1	长虹 15.4 松下 15.4	金星 11.5
50 岁以上	45	松下 28.9	索尼 26.7	长虹 15.6
女性	**293**	**松下 25.9**	**金星 16.4 索尼 16.4**	**长虹 10.6**
16-19 岁	24	松下 25.0	金星 12.5 索尼 12.5 日立 12.5	三星 8.3
20-24 岁	32	松下 34.4 索尼 34.4	长虹 12.5	金星 6.3 三星 6.3
25-29 岁	37	松下 24.3	索尼 21.6	金星 18.9
30-34 岁	50	松下 26.0	索尼 14.0	金星 12.0
35-39 岁	44	松下 27.3	长虹 20.5	金星 13.6 索尼 13.6
40-44 岁	35	松下 22.9	金星 20.0	索尼 17.1
45-49 岁	23	松下 34.8	索尼 17.4	日立 13.0
50 岁以上	48	金星 31.3	松下 18.8	长虹 12.5

● 广州（Guangzhou）

	人数	第一品牌及百分比	第二品牌及百分比	第三品牌及百分比
样本	**600**	**松下 30.8**	**索尼 25.3**	**日立 11.5**
男性	**282**	**松下 33.0**	**索尼 27.7**	**日立 8.9**
16-19 岁	30	松下 30.0	索尼 26.7	康佳 6.7 TCL 6.7 飞利浦 6.7 东芝 6.7
20-24 岁	36	松下 38.9	索尼 27.8	日立 8.3
25-29 岁	35	索尼 37.1	松下 25.7	日立 14.3
30-34 岁	34	索尼 35.3	松下 29.4	日立 11.8
35-39 岁	40	松下 27.5	索尼 25.0	日立 12.5
40-44 岁	41	松下 39.0	索尼 29.3	东芝 7.3
45-49 岁	26	松下 26.9	索尼 23.1	康佳 15.4
50 岁以上	40	松下 42.5	索尼 17.5	日立 10.0
女性	**318**	**松下 28.9**	**索尼 23.3**	**日立 13.8**
16-19 岁	50	松下 30.0	索尼 22.0	东芝 16.0
20-24 岁	46	索尼 30.4	松下 23.9	日立 19.6
25-29 岁	63	松下 28.6	索尼 22.2	日立 11.1
30-34 岁	46	松下 34.8	索尼 21.7	东芝 10.9
35-39 岁	41	松下 31.7	索尼 24.4	日立 17.1
40-44 岁	30	松下 23.3 索尼 23.3	日立 20.0	东芝 13.3
45-49 岁	13	松下 30.8	日立 23.1	索尼 15.4
50 岁以上	29	松下 27.6	索尼 20.7	东芝 10.3

● 重庆（Chongqing）

	人数	第一品牌及百分比	第二品牌及百分比	第三品牌及百分比
样本	**600**	**长虹 53.0**	**松下 10.8**	**康佳 8.5 索尼 8.5**
男性	**308**	**长虹 55.2**	**松下 10.7**	**索尼 8.8**
16-19 岁	43	长虹 44.2	松下 14.0	日立 11.6
20-24 岁	53	长虹 54.7	索尼 15.1	康佳 13.2
25-29 岁	43	长虹 62.8	松下 9.3	康佳 7.0 TCL 7.0 索尼 7.0
30-34 岁	38	长虹 42.1	索尼 18.4	康佳 13.2
35-39 岁	39	长虹 51.3	松下 15.4	索尼 12.8
40-44 岁	30	长虹 60.0	索尼 10.0	康佳 6.7 松下 6.7
45-49 岁	25	长虹 56.0	松下 8.0 索尼 8.0	高露华 4.0 康佳 4.0 高士达 4.0 日立 4.0
50 岁以上	37	长虹 73.0	松下 10.8	索尼 2.7 东芝 2.7 康佳 2.7 熊猫 2.7 金鹊 2.7 三洋 2.7 日立 2.7
女性	**292**	**长虹 50.7**	**松下 11.0**	**康佳 9.9**
16-19 岁	43	长虹 46.5	康佳 11.6	索尼 9.3
20-24 岁	53	长虹 47.2	康佳 17.0	松下 9.4 索尼 9.4
25-29 岁	32	长虹 46.9	康佳 18.8	松下 9.4
30-34 岁	33	长虹 69.7	熊猫 9.1 松下 9.1	索尼 6.1
35-39 岁	35	长虹 51.4	松下 11.4	康佳 5.7
40-44 岁	32	长虹 50.0	松下 15.6	索尼 12.5
45-49 岁	27	长虹 48.1	松下 18.5	索尼 11.1
50 岁以上	37	长虹 48.6	松下 13.5	康佳 8.1

1-3 彩色电视机拥有比例（%） / Proportions of Color TV Owners in the Sample

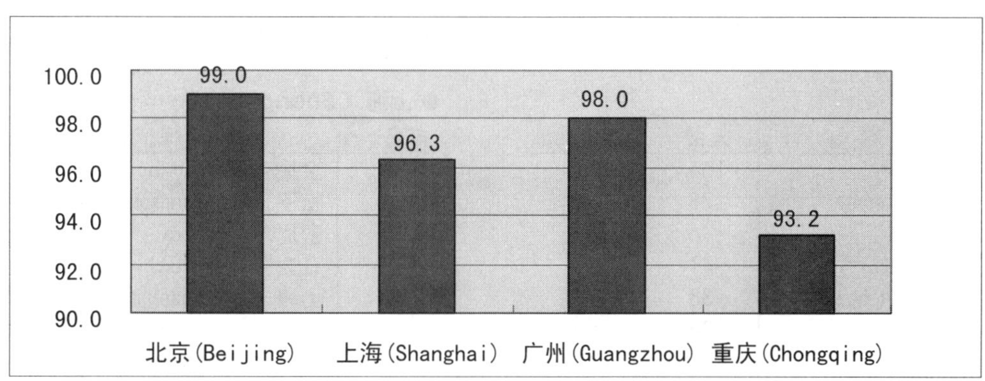

※ 四城市有效样本量均为 600 （ n=600/city ）

1-4 彩色电视机拥有量 / Number of Color TV Owned per Household

	北京（Beijing）	上海（Shanghai）	广州（Guangzhou）	重庆（Chongqing）
一台	62.6	72.3	71.3	82.5
两台	32.2	24.3	24.6	16.1
三台	4.5	3.3	4.1	1.3
四台	0.7	0.2	0.0	0.2
有效样本量	**594**	**577**	**586**	**559**

1-5 对样本家中现有彩色电视机（指最近购买的一台）的五个方面的描述 / About the Color TV Most Recently Purchased

1-5-1 家中现有彩色电视机的品牌排名 / Ranking of the Currently Owned Color TV

● 北京（Beijing）

排名	品牌		人数	百分比
1	牡丹	Peony	166	28.0
2	松下	Panasonic	78	13.2
3	索尼	Sony	46	7.8
4	日立	Hitachi	41	6.9
5	长虹	Changhong	38	6.4
6	昆仑	Kunlun	36	6.1
7	东芝	Toshiba	21	3.5
8	康佳	Konka	16	2.7
9	夏普	Sharp	15	2.5
10	飞利浦	Philips	14	2.4

n=593

● 上海（Shanghai）

排名	品牌		人数	百分比
1	金星	Jinxing	154	27.0
2	松下	Panasonic	61	10.7
3	索尼	Sony	45	7.9
4	日立	Hitachi	44	7.7
5	上海	Shanghai	38	6.7
6	凯歌	Kaige	30	5.3
7	飞跃	Feiyue	29	5.1
8	长虹	Changhong	26	4.6
8	夏普	Sharp	26	4.6
10	飞利浦	Philips	21	3.7

n=571

● 广州（Guangzhou）

排名	品牌		人数	百分比
1	松下	Panasonic	164	28.2
2	日立	Hitachi	85	14.6
3	索尼	Sony	80	13.8
4	东芝	Toshiba	63	10.8
5	乐华	Rowa	44	7.6
6	康佳	Konka	31	5.3
7	创维	Skyworth-RGB	18	3.1
8	夏普	Sharp	16	2.8
9	飞利浦	Philips	12	2.1
10	TCL	TCL	10	1.7

n=581

● 重庆（Chongqing）

排名	品牌		人数	百分比
1	长虹	Changhong	225	40.4
2	康佳	Konka	39	7.0
3	金鹊	Jinque	35	6.3
4	松下	Panasonic	32	5.7
5	日立	Hitachi	30	5.4
6	熊猫	Panda	24	4.3
7	红岩	Hongyan	21	3.8
7	索尼	Sony	21	3.8
9	三洋	Sanyo	17	3.1
10	东芝	Toshiba	11	2.0

n=557

1-5-2 该彩色电视机的购买时间 / Time of Purchasing of the Currently Owned Color TV

	北京（Beijing）	上海（Shanghai）	广州（Guangzhou）	重庆（Chongqing）
1985 年以前	11.8	8.5	5.0	6.6
1986-1990 年	29.1	33.4	16.6	27.7
1991 年	6.6	8.0	8.9	8.8
1992 年	6.2	6.6	8.2	8.9
1993 年	6.9	6.2	12.0	5.7
1994 年	8.2	6.9	9.9	8.6
1995 年	10.6	10.4	19.0	10.9
1996 年	11.4	12.0	12.8	12.9
1997 年	9.1	8.0	7.7	9.8
有效样本量	**594**	**577**	**585**	**559**

1-5-3 该彩色电视机的价格 / The Price of the Currently Owned Color TV

	北京（Beijing）	上海（Shanghai）	广州（Guangzhou）	重庆（Chongqing）
2000 元以下	20.9	19.5	7.8	17.4
2001-4000 元	43.8	43.9	37.9	53.7
4001-6000 元	15.2	12.5	17.6	11.6
6001-8000 元	7.1	7.5	10.0	5.0
8001-10000 元	4.4	4.9	6.7	3.6
10001-15000 元	3.4	4.7	4.1	2.0
15001-20000 元	1.3	2.1	1.4	1.3
20000 元以上	1.3	3.1	6.6	3.0
完全不知道	2.7	1.7	7.9	2.5
有效样本量	**594**	**574**	**580**	**559**

1-5-4 该彩色电视机的尺寸 / The Screen Size of the Currently Owned Color TV

	北京（Beijing）	上海（Shanghai）	广州（Guangzhou）	重庆（Chongqing）
14 英寸	2.4	5.2	2.1	2.9
16 英寸	1.3	1.6	1.0	1.3
18 英寸	17.7	24.4	10.2	20.4
20 英寸	14.8	7.8	7.1	11.1
21 英寸	29.5	26.5	35.5	31.7
22 英寸	3.4	2.3	2.2	1.6
24 英寸	0.5	0.5	3.4	2.3
25 英寸	12.5	13.8	15.1	10.6
27 英寸	0.5	0.2	1.9	0.7
28 英寸	1.7	0.9	1.7	2.0
29 英寸	14.5	15.0	17.2	13.1
31 英寸	0.3	0.3	0.2	0.2
32 英寸	0.2	0.0	0.9	0.0
33 英寸	0.2	0.3	0.7	0.0
34 英寸	0.2	0.2	0.2	0.5
34 英寸以上	0.3	0.0	0.2	0.5
其他	0.0	1.0	0.5	1.1
有效样本量	**593**	**574**	**581**	**558**

1-5-5 该彩色电视机的类型 / The Type of the Currently Owned Color TV

	北京（Beijing）	上海（Shanghai）	广州（Guangzhou）	重庆（Chongqing）
普通比例屏幕	94.9	92.3	89.0	89.4
16：9 屏幕	4.2	4.9	9.8	8.8
其他	0.8	2.8	1.2	1.8
有效样本量	**593**	**569**	**573**	**558**

1-6 彩色电视机未来购买打算 / Plan for Future Purchasing of a Color TV

1-6-1 有无购买打算 / Whether Planning to Purchase

	北京（Beijing）	上海（Shanghai）	广州（Guangzhou）	重庆（Chongqing）
打算买	14.7	14.7	11.2	15.2
不打算买	85.3	85.3	88.8	84.8
有效样本量	**599**	**597**	**600**	**599**

1-6-2 打算购买的品牌排名 / The Brand of the Planned Purchase

● 北京（Beijing）

排名	品牌		人数	百分比
1	长虹	Changhong	36	41.9
2	牡丹	Peony	11	12.8
3	松下	Panasonic	10	11.6
4	TCL	TCL	9	10.5
5	索尼	Sony	5	5.8
6	东芝	Toshiba	4	4.7

n=86

● 上海（Shanghai）

排名	品牌		人数	百分比
1	长虹	Changhong	26	31.3
2	松下	Panasonic	15	18.1
3	金星	Jinxing	13	15.7
4	索尼	Sony	12	14.5
5	东芝	Toshiba	3	3.6
5	日立	Hitachi	3	3.6

n=83

● 广州（Guangzhou）

排名	品牌		人数	百分比
1	索尼	Sony	15	24.6
2	松下	Panasonic	11	18.0
3	创维	Skyworth-RGB	5	8.2
3	日立	Hitachi	5	8.2

n=61

● 重庆（Chongqing）

排名	品牌		人数	百分比
1	长虹	Changhong	51	57.3
2	康佳	Konka	17	19.1
3	松下	Panasonic	8	9.0
4	索尼	Sony	3	3.4
4	日立	Hitachi	3	3.4

n=89

1-6-3 打算购买的价格 / The Price of the Planned Purchase

	北京（Beijing）	上海（Shanghai）	广州（Guangzhou）	重庆（Chongqing）
2000 元以下	4.7	2.3	5.2	4.5
2001-4000 元	23.3	24.4	32.8	42.7
4001-6000 元	40.7	39.5	25.9	23.6
6001-8000 元	10.5	17.4	20.7	15.7
8001-10000 元	10.5	9.3	5.2	3.4
10001-15000 元	5.8	3.5	8.6	4.5
15001-20000 元	2.3	0.0	0.0	0.0
20000 元以上	2.3	2.3	1.7	3.4
完全不知道	0.0	1.2	0.0	2.2
有效样本量	**86**	**86**	**58**	**89**

1-6-4 打算买的尺寸 / The Screen Size of the Planned Purchase

	北京（Beijing）	上海（Shanghai）	广州（Guangzhou）	重庆（Chongqing）
14 英寸	2.4	1.2	3.1	0.0
16 英寸	1.2	1.2	1.6	1.1
18 英寸	0.0	0.0	3.1	3.3
20 英寸	2.4	2.4	9.4	2.2
21 英寸	8.3	6.0	12.5	5.5
22 英寸	1.2	0.0	0.0	1.1
24 英寸	1.2	0.0	4.7	5.5
25 英寸	17.9	22.6	15.6	20.9
27 英寸	0.0	3.6	1.6	0.0
28 英寸	1.2	0.0	1.6	3.3
29 英寸	52.4	53.6	35.9	41.8
31 英寸	1.2	0.0	3.1	3.3
32 英寸	1.2	0.0	4.7	1.1
33 英寸	1.2	2.4	1.6	3.3
34 英寸	6.0	4.8	0.0	7.7
34 英寸以上	2.4	1.2	1.6	0.0
其他	0.0	1.2	0.0	0.0
有效样本量	**84**	**84**	**64**	**91**

1-7 选择不同品牌彩色电视机时的考虑因素 / Considerations in Choosing from Different Brands

注：本题为多选题，合计百分比超过 100%（Multiple answers）

● 北京（Beijing）

		人数	品牌印象	外型	价格	功能齐备	图象清晰度
样本		**592**	**49.8**	**12.8**	**37.5**	**20.4**	**36.1**
牡丹	Peony	166	48.8	8.4	53.0	17.5	27.7
松下	Panasonic	78	62.8	12.8	16.7	23.1	47.4
索尼	Sony	46	71.7	13.0	19.6	28.3	63.0
日立	Hitachi	41	56.1	4.9	22.0	31.7	46.3
长虹	Changhong	38	60.5	18.4	47.4	31.6	34.2
昆仑	Kunlun	36	52.8	19.4	41.7	2.8	13.9
东芝	Toshiba	21	47.6	14.3	33.3	4.8	42.9
康佳	Konka	16	50.0	18.8	37.5	37.5	18.8
夏普	Sharp	15	53.3	13.3	26.7	26.7	33.3
飞利浦	Philips	14	50.0	14.3	21.4	7.1	42.9

续上表（continued）

		人数	图象色彩	音响效果	售后服务	其他
样本		**592**	**20.1**	**12.2**	**18.6**	**7.4**
牡丹	Peony	166	9.0	6.6	33.7	6.0
松下	Panasonic	78	34.6	11.5	10.3	5.1
索尼	Sony	46	32.6	19.6	8.7	0.0
日立	Hitachi	41	17.1	12.2	4.9	7.3
长虹	Changhong	38	18.4	10.5	28.9	2.6
昆仑	Kunlun	36	11.1	8.3	16.7	8.3
东芝	Toshiba	21	33.3	28.6	9.5	0.0
康佳	Konka	16	18.8	0.0	18.8	18.8
夏普	Sharp	15	33.3	20.0	6.7	6.7
飞利浦	Philips	14	21.4	28.6	21.4	0.0

● 上海（Shanghai）

		人数	品牌印象	外型	价格	功能齐备	图象清晰度
样本		**569**	**47.6**	**11.6**	**42.0**	**22.3**	**36.7**
金星	Jinxing	152	48.0	11.8	51.3	21.7	36.8
松下	Panasonic	61	67.2	11.5	23.0	32.8	32.8
索尼	Sony	45	62.2	8.9	31.1	31.1	48.9
日立	Hitachi	44	59.1	6.8	27.3	22.7	50.0
上海	Shanghai	38	31.6	10.5	44.7	21.1	34.2
凯歌	Kaige	30	36.7	13.3	56.7	3.3	26.7
飞跃	Feiyue	29	48.3	6.9	41.4	17.2	20.7
长虹	Changhong	26	38.5	7.7	61.5	19.2	34.6
夏普	Sharp	26	50.0	3.8	30.8	15.4	46.2
飞利浦	Philips	21	52.4	19.0	28.6	14.3	42.9

续上表（continued）

		人数	图象色彩	音响效果	售后服务	其他
样本		**569**	**22.8**	**12.8**	**16.3**	**4.0**
金星	Jinxing	152	12.5	8.6	22.4	2.6
松下	Panasonic	61	27.9	19.7	9.8	3.3
索尼	Sony	45	35.6	15.6	8.9	0.0
日立	Hitachi	44	34.1	20.5	15.9	2.3
上海	Shanghai	38	21.1	7.9	26.3	5.3
凯歌	Kaige	30	10.0	10.0	26.7	10.0
飞跃	Feiyue	29	20.7	10.3	20.7	6.9
长虹	Changhong	26	19.2	11.5	7.7	0.0
夏普	Sharp	26	38.5	11.5	0.0	0.0
飞利浦	Philips	21	28.6	19.0	9.5	4.8

● 广州（Guangzhou）

		人数	品牌印象	外型	价格	功能齐备	图象清晰度
样本		**579**	**42.0**	**12.4**	**33.0**	**28.0**	**44.4**
松下	Panasonic	164	53.0	10.4	25.0	29.3	50.0
日立	Hitachi	85	48.2	12.9	37.6	30.6	35.3
索尼	Sony	80	47.5	11.3	20.0	23.8	53.8
东芝	Toshiba	63	44.4	14.3	27.0	25.4	54.0
乐华	Rowa	44	22.7	4.5	50.0	22.7	29.5
康佳	Konka	31	35.5	9.7	35.5	22.6	48.4
创维	Skyworth-RGB	18	16.7	16.7	55.6	38.9	38.9
夏普	Sharp	16	18.8	12.5	25.0	25.0	56.3
飞利浦	Philips	12	41.7	25.0	25.0	25.0	41.7
TCL	TCL	10	10.0	30.0	60.0	30.0	10.0

续上表（continued）

		人数	图象色彩	音响效果	售后服务	其他
样本		**579**	**29.4**	**20.7**	**6.2**	**3.1**
松下	Panasonic	164	26.2	19.5	1.8	1.8
日立	Hitachi	85	29.4	17.6	7.1	4.7
索尼	Sony	80	37.5	26.3	6.3	2.5
东芝	Toshiba	63	33.3	27.0	4.8	3.2
乐华	Rowa	44	27.3	11.4	11.4	2.3
康佳	Konka	31	29.0	12.9	12.9	6.5
创维	Skyworth-RGB	18	22.2	16.7	16.7	0.0
夏普	Sharp	16	37.5	18.8	0.0	12.5
飞利浦	Philips	12	16.7	41.7	8.3	0.0
TCL	TCL	10	20.0	40.0	10.0	10.0

● 重庆（Chongqing）

		人数	品牌印象	外型	价格	功能齐备	图象清晰度
样本		**553**	**44.7**	**12.3**	**36.3**	**26.4**	**48.5**
长虹	Changhong	225	52.0	14.2	36.9	27.1	44.9
康佳	Konka	39	59.0	12.8	23.1	38.5	35.9
金鹊	Jinque	35	25.7	2.9	51.4	2.9	60.0
松下	Panasonic	32	59.4	12.5	21.9	34.4	46.9
日立	Hitachi	29	51.7	6.9	37.9	24.1	51.7
熊猫	Panda	24	58.3	16.7	41.7	33.3	45.8
红岩	Hongyan	21	23.8	0.0	52.4	9.5	52.4
索尼	Sony	21	57.1	9.5	23.8	28.6	57.1
三洋	Sanyo	17	35.3	23.5	11.8	0.0	58.8
东芝	Toshiba	11	54.5	0.0	18.2	45.5	63.6

续上表（continued）

		人数	图象色彩	音响效果	售后服务	其他
样本		**553**	**23.5**	**13.7**	**16.1**	**4.5**
长虹	Changhong	225	20.0	12.4	22.7	2.7
康佳	Konka	39	23.1	17.9	23.1	0.0
金鹊	Jinqun	35	25.7	8.6	17.1	8.6
松下	Panasonic	32	37.5	12.5	18.8	3.1
日立	Hitachi	29	17.2	10.3	0.0	0.0
熊猫	Panda	24	16.7	8.3	12.5	0.0
红岩	Hongyan	21	33.3	4.8	14.3	9.5
索尼	Sony	21	38.1	23.8	0.0	0.0
三洋	Sanyo	17	29.4	41.2	5.9	11.8
东芝	Toshiba	11	27.3	27.3	9.1	0.0

1-8 彩色电视机购买决定者的人口特征 / The Demographics of the Decision Makers in Purchasing a Color TV

● 北京（Beijing）

	人数	16-19 岁	20-24 岁	25-29 岁	30-34 岁	35-39 岁	40-44 岁	45-49 岁	50 岁以上
样本	**342**	**2.6**	**5.3**	**11.4**	**18.4**	**17.5**	**17.0**	**10.2**	**17.5**
男性	186	3.2	4.3	12.4	19.4	16.1	17.7	10.8	16.1
女性	156	1.9	6.4	10.3	17.3	19.2	16.0	9.6	19.2

● 上海（Shanghai）

	人数	16-19 岁	20-24 岁	25-29 岁	30-34 岁	35-39 岁	40-44 岁	45-49 岁	50 岁以上
样本	**366**	**1.9**	**4.4**	**10.9**	**19.4**	**20.5**	**14.2**	**10.9**	**17.8**
男性	208	2.4	5.3	11.1	20.2	19.7	13.5	11.5	16.3
女性	158	1.3	3.2	10.8	18.4	21.5	15.2	10.1	19.6

● 广州（Guangzhou）

	人数	16-19 岁	20-24 岁	25-29 岁	30-34 岁	35-39 岁	40-44 岁	45-49 岁	50 岁以上
样本	**286**	**3.5**	**6.6**	**14.0**	**14.3**	**17.1**	**18.5**	**10.1**	**15.7**
男性	177	4.0	5.6	9.0	14.1	16.9	19.2	13.0	18.1
女性	109	2.8	8.3	22.0	14.7	17.4	17.4	5.5	11.9

● 重庆（Chongqing）

	人数	16-19 岁	20-24 岁	25-29 岁	30-34 岁	35-39 岁	40-44 岁	45-49 岁	50 岁以上
样本	**341**	**3.5**	**10.0**	**12.3**	**16.4**	**14.7**	**13.2**	**13.5**	**16.4**
男性	182	1.6	7.7	12.6	17.6	16.5	14.3	12.6	17.0
女性	159	5.7	12.6	11.9	15.1	12.6	11.9	14.5	15.7

1-9 关于北京消费群 / The Beijing Market Segments

1-9-1 不同消费群家中目前拥有品牌 / Brands of Color TV Owned in Household by Market Segments

	人数	第一品牌及百分比	第二品牌及百分比	第三品牌及百分比	第四品牌及百分比
样本	**593**	**牡丹 28.0**	**松下 13.2**	**索尼 7.8**	**日立 6.9**
第一消费群	136	牡丹 26.5	松下 13.2	索尼 8.1 日立 8.1	长虹 5.9 昆仑 5.9 东芝 5.9
第二消费群	94	牡丹 22.3	松下 12.8	长虹 10.6 日立 10.6	索尼 8.5
第三消费群	110	牡丹 27.3	松下 12.7	昆仑 9.1	长虹 7.3
第四消费群	5	松下 60.0	东芝 20.0 日立 20.0		
第五消费群	128	牡丹 34.4	松下 10.2	索尼 7.8	昆仑 7.0
第六消费群	120	牡丹 29.2	松下 15.0	索尼 9.2	长虹 6.7

1-9-2 不同消费群的理想品牌 / The Ideal Brands by Market Segments

	人数	第一品牌及百分比	第二品牌及百分比	第三品牌及百分比	第四品牌及百分比
样本	**600**	**松下 20.5**	**长虹 19.7**	**牡丹 14.2**	**索尼 13.3**
第一消费群	137	松下 24.8	长虹 18.2	索尼 13.9	牡丹 10.2
第二消费群	94	长虹 28.7	松下 25.5	索尼 13.8	康佳 7.4
第三消费群	112	长虹 24.1	牡丹 19.6	松下 17.9	索尼 7.1
第四消费群	5	松下 60.0	索尼 20.0 飞利浦 20.0		
第五消费群	131	松下 19.1	牡丹 16.8 索尼 16.8	长虹 12.2	日立 8.4
第六消费群	121	长虹 19.0	牡丹 17.4	松下 14.0 索尼 14.0	TCL 6.6

1-9-3 不同消费群选择彩色电视机时的考虑因素 / Considerations in Choosing from Different Brands by Market Segments

注：本题为多选题，合计百分比超过 100%（Multiple answers）

	人数	品牌印象	外型	价格	功能齐备	图象清晰度
样本	**593**	**49.9**	**12.8**	**37.6**	**20.4**	**36.3**
第一消费群	136	53.7	9.6	37.5	19.1	37.5
第二消费群	94	60.6	12.8	33.0	25.5	27.7
第三消费群	110	47.3	10.0	36.4	20.0	37.3
第四消费群	5	100.0	20.0	0.0	0.0	0.0
第五消费群	129	41.9	13.2	41.1	18.6	41.1
第六消费群	119	46.2	18.5	40.3	21.0	37.0

续上表（continued）

	人数	图象色彩	音响效果	售后服务	其他
样本	**593**	**20.1**	**12.1**	**18.5**	**7.4**
第一消费群	136	17.6	8.8	19.1	6.6
第二消费群	94	19.1	7.4	21.3	9.6
第三消费群	110	20.0	18.2	13.6	6.4
第四消费群	5	40.0	20.0	0.0	0.0
第五消费群	129	23.3	15.5	24.0	7.8
第六消费群	119	19.3	10.1	15.1	7.6

注：北京消费群的代表特征 / Characteristics of the Beijing Market Segments

		第一消费群	第二消费群	第三消费群	第四消费群	第五消费群	第六消费群
基本情况	性别	女	男	无明显偏向	男	无明显偏向	女
	年龄	30 — 34 岁	25 — 29 岁	35 — 44 岁	无明显偏向	16 — 24 岁	45 岁以上
	学历	大专/大本	大本	初中	大本及研究生	高中/中专/技校	初中及以下
	职业	科教卫生人员	一般企业职员	工人	管理人员/专门职业从事者/个体及私营企业主	学生	离退休人员
	月均收入	801 — 1500 元	1501 — 4000 元	800 元以下	4000 元以上	无收入	800 元以下
	婚姻	已婚	无明显偏向	已婚	已婚或离异	未婚	已婚
心理取向		注重学历 非积极进取	不循规传统 非单一电视娱乐	非田园倾向 新女性主张 金钱本位	注重经验 大男子主义 不保守稳定	非“大男子主义” 追随流行	非“新女性主张” 非浪漫新潮 单一电视娱乐

1-10 关于上海消费群 / The Shanghai Market Segments

1-10-1 不同消费群家中目前拥有品牌 / Brands of Color TV Owned in Household by Market Segments

	人数	第一品牌及百分比	第二品牌及百分比	第三品牌及百分比	第四品牌及百分比
样本	**571**	**金星 27.0**	**松下 10.7**	**索尼 7.9**	**日立 7.7**
第一消费群	135	金星 23.7	松下 11.1	索尼 10.4	日立 8.9
第二消费群	87	金星 29.9	松下 17.2	日立 8.0	长虹 5.7 索尼 5.7
第三消费群	10	金星 20.0 飞跃 20.0 索尼 20.0	高路华 10.0 松下 10.0 飞利浦 10.0 沙巴 10.0		
第四消费群	128	金星 30.5	上海 8.6	松下 7.8 日立 7.8 夏普 7.8	
第五消费群	65	金星 21.5	凯歌 12.3	松下 10.8	索尼 7.7 日立 7.7
第六消费群	146	金星 28.1	松下 8.9 索尼 8.9	上海 8.2	日立 6.8

1-10-2 不同消费群的理想品牌 / The Ideal Brands by Market Segments

	人数	第一品牌及百分比	第二品牌及百分比	第三品牌及百分比	第四品牌及百分比
样本	**600**	**松下 25.2**	**索尼 19.5**	**金星 14.5**	**长虹 11.5**
第一消费群	145	松下 24.1	金星 17.2 索尼 17.2	长虹 11.7	日立 6.2
第二消费群	92	松下 29.3	索尼 20.7	长虹 10.9 金星 10.9	日立 5.4 东芝 5.4
第三消费群	10	松下 30.0	索尼 20.0 飞利浦 20.0	长虹 10.0 日立 10.0 东芝 10.0	
第四消费群	135	松下 25.2	金星 15.6	索尼 14.1	长虹 12.6
第五消费群	68	松下 30.9	索尼 25.0	金星 10.3	日立 7.4
第六消费群	150	索尼 23.3	松下 20.7	金星 16.0	长虹 13.3

1-10-3 不同消费群选择彩色电视机时的考虑因素 / Considerations in Choosing from Different Brands by Market Segments

注：本题为多选题，合计百分比超过 100%（Multiple answers）

	人数	品牌印象	外型	价格	功能齐备	图象清晰度
样本	**576**	**47.4**	**11.5**	**42.4**	**22.2**	**36.6**
第一消费群	140	45.7	8.6	45.0	29.3	32.1
第二消费群	87	43.7	13.8	37.9	25.3	34.5
第三消费群	10	60.0	0.0	60.0	30.0	30.0
第四消费群	128	43.8	10.9	47.7	16.4	34.4
第五消费群	65	47.7	9.2	44.6	18.5	41.5
第六消费群	146	53.4	15.1	35.6	19.9	42.5

续上表（continued）

	人数	图象色彩	音响效果	售后服务	其他
样本	**576**	**22.7**	**12.8**	**16.3**	**4.0**
第一消费群	140	25.0	11.4	13.6	5.0
第二消费群	87	25.3	9.2	16.1	8.0
第三消费群	10	10.0	10.0	30.0	10.0
第四消费群	128	19.5	11.7	15.6	3.9
第五消费群	65	21.5	24.6	21.5	4.6
第六消费群	146	23.3	12.3	16.4	0.0

注：上海消费群的代表特征 / Characteristics of the Shanghai Market Segments

		第一消费群	第二消费群	第三消费群	第四消费群	第五消费群	第六消费群
基本情况	性别	无明显偏向	男	男	女	女	无明显偏向
	年龄	45 岁以上	20 — 29 岁	25 — 34 岁	35 — 44 岁	16 — 24 岁	30 — 39 岁
	学历	大本及以上	大专/大本	大专	初中及以下	高中/中专/技校	高中/中专/技校
	职业	科教卫生人员/离退休人员	一般企业职员	行政管理人员/个体及私营企业主/专门职业从事者	工人/下岗人员	学生	一般企业职员
	月均收入	801 — 1500 元	1001 — 3000 元	3000 元以上	800 元以下	无收入	1001 — 2000 元
	婚姻	已婚	未婚	未婚	已婚	未婚	已婚
心理取向		非浪漫时尚 非金钱本位 保守稳定	非家庭重心 田园倾向 休闲独立	不保守稳定 奔波忙碌 浪漫时尚	金钱本位 家庭重心 注重学历	新家庭观念 非休闲独立	不积极进取 不奔波忙碌

1-11 关于广州消费群 / The Guangzhou Market Segments

1-11-1 不同消费群家中目前拥有品牌 / Brands of Color TV Owned in Household by Market Segments

	人数	第一品牌及百分比	第二品牌及百分比	第三品牌及百分比	第四品牌及百分比
样本	**581**	**松下 28.2**	**日立 14.6**	**索尼 13.8**	**东芝 10.8**
第一消费群	92	松下 23.9	日立 18.5	东芝 13.0	索尼 12.0
第二消费群	124	松下 29.0	日立 15.3	索尼 12.9	东芝 10.5
第三消费群	95	松下 31.6	索尼 18.9	日立 10.5	东芝 8.4
第四消费群	95	松下 30.5	日立 15.8	索尼 11.6 东芝 11.6	乐华 7.4
第五消费群	98	松下 23.5	索尼 12.2 日立 12.2	东芝 11.2	乐华 10.2
第六消费群	77	松下 31.2	索尼 15.6 日立 15.6	东芝 10.4	康佳 6.5

1-11-2 不同消费群的理想品牌 / The Ideal Brands by Market Segments

	人数	第一品牌及百分比	第二品牌及百分比	第三品牌及百分比	第四品牌及百分比
样本	**600**	**松下 30.8**	**索尼 25.3**	**日立 11.5**	**东芝 8.7**
第一消费群	94	松下 29.8	索尼 24.5	日立 16.0	东芝 8.5
第二消费群	126	索尼 27.0	松下 26.2	日立 11.9	东芝 7.1
第三消费群	99	松下 37.4	索尼 27.3	日立 10.1	东芝 8.1
第四消费群	100	松下 36.0	索尼 21.0	日立 11.0	东芝 9.0
第五消费群	99	松下 23.2	索尼 19.2	日立 15.2	东芝 13.1
第六消费群	82	松下 34.1 索尼 34.1	东芝 6.1	长虹 4.9	日立 3.7

1-11-3 不同消费群选择彩色电视机时的考虑因素 / Considerations in Choosing from Different Brands by Market Segments

注：本题为多选题，合计百分比超过 100%（Multiple answers）

	人数	品牌印象	外型	价格	功能齐备	图象清晰度
样本	**585**	**41.9**	**12.5**	**32.8**	**28.0**	**44.4**
第一消费群	92	39.1	13.0	29.3	31.5	42.4
第二消费群	124	43.5	8.9	37.1	19.4	41.1
第三消费群	96	46.9	13.5	38.5	26.0	49.0
第四消费群	97	40.2	12.4	26.8	30.9	45.4
第五消费群	98	33.7	12.2	36.7	26.5	43.9
第六消费群	78	48.7	16.7	25.6	38.5	46.2

续上表（continued）

	人数	图象色彩	音响效果	售后服务	其他
样本	**585**	**29.4**	**20.5**	**6.2**	**3.2**
第一消费群	92	25.0	25.0	5.4	8.7
第二消费群	124	33.1	15.3	9.7	1.6
第三消费群	96	24.0	22.9	4.2	4.2
第四消费群	97	36.1	16.5	8.2	1.0
第五消费群	98	33.7	27.6	3.1	1.0
第六消费群	78	21.8	16.7	5.1	3.8

注：广州消费群的代表特征 / Characteristics of the Guangzhou Market Segments

		第一消费群	第二消费群	第三消费群	第四消费群	第五消费群	第六消费群
基本情况	性别	女	无明显偏向	女	男	女	男
	年龄	16 － 19 岁	40 岁以上	20 － 24 岁	35 － 44 岁	30 － 34 岁	25 － 29 岁
	学历	高中/中专/技校	无明显偏向	高中/中专/技校/大专	初中/高中/中专/技校	初中及以下	大专及以上
	职业	学生	工人	学生/待业人员	个体及私营企业主	家庭主妇	企业职员/管理人员/科教卫生人员/专门职业者
	月均收入	无收入	1500 元以下	无收入	801 － 1500 元	800 元以下	2000 元以上
	婚姻	未婚	已婚	未婚	已婚	已婚	无明显偏向
心理取向		不固守中式生活 田园倾向 非大男子主义	非新女性主张 不追随流行 非积极进取	独立自主 追随流行	积极进取 大男子主义 中式生活	单一电视娱乐 非独立自主 保守稳定	非单一电视娱乐 非家庭重心

1-12 关于重庆消费群 / The Chongqing Market Segments

1-12-1 不同消费群家中目前拥有品牌 / Brands of Color TV Owned in Household by Market Segments

	人数	第一品牌及百分比	第二品牌及百分比	第三品牌及百分比	第四品牌及百分比
样本	**557**	**长虹 40.4**	**康佳 7.0**	**金鹊 6.3**	**松下 5.7**
第一消费群	123	长虹 42.3	康佳 8.9 金鹊 8.9	松下 7.3	红岩 5.7
第二消费群	117	长虹 37.6	松下 8.5	熊猫 6.0	康佳 5.1 日立 5.1
第三消费群	119	长虹 40.3	康佳 11.8	金鹊 7.6	索尼 5.0
第四消费群	23	长虹 39.1	松下 13.0 日立 13.0	索尼 8.7	牡丹 4.3 金星 4.3 北京 4.3 金鹊 4.3 东芝 4.3
第五消费群	144	长虹 43.1	日立 9.0	熊猫 6.3	红岩 5.6 三洋 5.6
第六消费群	31	长虹 32.3	金鹊 9.7 松下 9.7	康佳 6.5 熊猫 6.5 索尼 6.5 东芝 6.5	TCL 3.2 红岩 3.2 飞利浦 3.2 凯歌 3.2

1-12-2 不同消费群的理想品牌 / The Ideal Brands by Market Segments

	人数	第一品牌及百分比	第二品牌及百分比	第三品牌及百分比	第四品牌及百分比
样本	**600**	**长虹 53.0**	**松下 10.8**	**康佳 8.5** **索尼 8.5**	**日立 4.2**
第一消费群	133	长虹 49.6	康佳 9.8	松下 8.3 索尼 8.3	日立 7.5
第二消费群	123	长虹 56.1	松下 15.4	索尼 6.5	康佳 4.1 日立 4.1
第三消费群	124	长虹 41.1	康佳 14.5	索尼 13.7	松下 12.1
第四消费群	24	长虹 45.8	松下 20.8	索尼 16.7	熊猫 4.2 东芝 4.2 日立 4.2
第五消费群	162	长虹 63.6	松下 7.4	康佳 6.2	索尼 5.6
第六消费群	34	长虹 52.9	康佳 14.7	松下 8.8	索尼 5.9

1-12-3 不同消费群选择彩色电视机时的考虑因素 / Considerations in Choosing from Different Brands by Market Segments

注：本题为多选题，合计百分比超过 100%（Multiple answers）

	人数	品牌印象	外型	价格	功能齐备	图象清晰度
样本	**558**	**44.4**	**12.4**	**36.4**	**26.3**	**48.4**
第一消费群	123	42.3	12.2	41.5	28.5	48.0
第二消费群	117	37.6	9.4	34.2	27.4	50.4
第三消费群	120	54.2	12.5	29.2	29.2	46.7
第四消费群	23	56.5	8.7	26.1	34.8	39.1
第五消费群	144	41.7	13.9	43.1	22.2	46.5
第六消费群	31	45.2	19.4	29.0	16.1	64.5

续上表（continued）

	人数	图象色彩	音响效果	售后服务	其他
样本	**558**	**23.5**	**14.0**	**15.9**	**4.7**
第一消费群	123	21.1	13.8	8.9	4.1
第二消费群	117	27.4	17.9	11.1	5.1
第三消费群	120	26.7	15.0	23.3	2.5
第四消费群	23	26.1	17.4	26.1	4.3
第五消费群	144	18.1	9.7	19.4	7.6
第六消费群	31	29.0	12.9	9.7	0.0

注：重庆消费群的代表特征 / Characteristics of the Chongqing Market Segments

		第一消费群	第二消费群	第三消费群	第四消费群	第五消费群	第六消费群
基本情况	性别	无明显偏向	无明显偏向	无明显偏向	无明显偏向	无明显偏向	女
	年龄	16 — 19 岁	45 岁以上	20 — 29 岁	30 — 34 岁	40 岁以上	25 — 29 岁
	学历	高中/中专/技校	高中/中专/技校	大专/大本	高中/中专/技校/大本以上	初中及以下	初中
	职业	学生	行政管理人员/离退休人员	科教卫生人员/一般企业职员	个体及私营企业主	工人	专门职业从事者下岗及其他
	月均收入	无收入	501 — 800 元	801 — 1500 元	1500 元以上	500 元以下	1001 — 1500 元
	婚姻	未婚	已婚	无明显偏向	已婚	已婚	已婚或离异
心理取向		浪漫新潮 注重学历 非现实家庭观	循规传统 奔波忙碌 保守稳定	新女性主张 非功利心态	功利心态 现实家庭观 都市情结	非浪漫新潮 非独立休闲	非新女性主张 不循规传统 独立休闲

2　电冰箱 / Refrigerator

2-1 理想品牌排名 / Ranking of the Ideal Brands

● 北京（Beijing）

排名	品	牌	人数	百分比
1	海尔	Haier	262	43.7
2	容声	Rongsheng	51	8.5
3	雪花	Snowflower	41	6.8
4	新飞	Frestech	35	5.8
5	东芝	Toshiba	26	4.3
6	松下	National	25	4.2
7	万宝	Wanbao	20	3.3
8	长岭	Changling	16	2.7
9	美菱	Meiling	15	2.5

n=600

● 上海（Shanghai）

排名	品	牌	人数	百分比
1	上菱	Shangling	181	30.2
2	海尔	Haier	138	23.0
3	双鹿	Shuanglu	66	11.0
4	松下	National	42	7.0
5	东芝	Toshiba	30	5.0
6	新飞	Frestech	18	3.0
6	容声	Rongsheng	18	3.0
8	日立	Hitachi	15	2.5
9	三菱	Mitsubishi	14	2.3

n=600

● 广州（Guangzhou）

排名	品	牌	人数	百分比
1	华凌	Hualing	142	23.7
2	容声	Rongsheng	92	15.3
3	万宝	Wanbao	70	11.7
4	东芝	Toshiba	69	11.5
5	松下	National	68	11.3
6	日立	Hitachi	31	5.2
7	海尔	Haier	27	4.5
8	三菱	Mitsubishi	26	4.3
9	美菱	Meiling	7	1.2

n=600

● 重庆（Chongqing）

排名	品	牌	人数	百分比
1	海尔	Haier	181	30.2
2	容声	Rongsheng	145	24.2
3	新飞	Frestech	34	5.7
4	松下	National	29	4.8
5	长岭	Changling	22	3.7
5	美菱	Meiling	22	3.7
7	五洲	Wuzhou	21	3.5
8	长庆	Changqing	12	2.0
9	华凌	Hualing	11	1.8

n=600

2-2 样本总体、男性各年龄层、女性各年龄层的理想品牌 / The Ideal Brands by the Whole Sample, Age and Gender Groups

● 北京（Beijing）

	人数	第一品牌及百分比	第二品牌及百分比	第三品牌及百分比
样本	**600**	**海尔 43.7**	**容声 8.5**	**雪花 6.8**
男性	**298**	**海尔 43.6**	**容声 8.1**	**雪花 6.0**
16-19 岁	26	海尔 34.6	新飞 15.4	松下 7.7
20-24 岁	36	海尔 30.6	容声 13.9	松下 8.3
25-29 岁	41	海尔 48.8	容声 7.3 雪花 7.3	新飞 4.9 万宝 4.9 美菱 4.9 东芝 4.9
30-34 岁	47	海尔 48.9	容声 8.5 长岭 8.5	雪花 6.4
35-39 岁	43	海尔 51.2	新飞 7.0	容声 4.7 雪花 4.7 东芝 4.7
40-44 岁	42	海尔 35.7	雪花 11.9	容声 7.1 松下 7.1 东芝 7.1
45-49 岁	24	海尔 41.7	容声 12.5	美菱 8.3
50 岁以上	39	海尔 51.3	容声 7.7 雪花 7.7	美菱 5.1
女性	**302**	**海尔 43.7**	**容声 8.9**	**雪花 7.6**
16-19 岁	23	海尔 34.8	东芝 21.7	容声 17.4
20-24 岁	35	海尔 42.9	新飞 8.6 东芝 8.6	容声 5.7 万宝 5.7
25-29 岁	36	海尔 50.0	容声 19.4	雪花 5.6 扬子 5.6
30-34 岁	49	海尔 55.1	雪花 8.2	容声 6.1
35-39 岁	45	海尔 55.6	雪花 13.3	容声 8.9
40-44 岁	40	海尔 45.0	松下 12.5	新飞 7.5
45-49 岁	26	海尔 34.6	松下 15.4	容声 7.7 雪花 7.7
50 岁以上	48	海尔 25.0	新飞 14.6 雪花 14.6	容声 6.3 东芝 6.3

● 上海（Shanghai）

	人数	第一品牌及百分比	第二品牌及百分比	第三品牌及百分比
样本	**600**	**上菱 30.2**	**海尔 23.0**	**双鹿 11.0**
男性	**307**	**上菱 28.0**	**海尔 25.4**	**双鹿 10.4**
16-19岁	22	海尔 31.8	上菱 27.3	双鹿 9.1 松下 9.1 东芝 9.1
20-24岁	34	上菱 23.5	双鹿 17.6	新飞 5.9 松下 5.9 东芝 5.9 三菱 5.9
25-29岁	42	上菱 28.6	海尔 26.2	双鹿 9.5 松下 9.5
30-34岁	56	上菱 30.4	海尔 17.9	松下 10.7 东芝 10.7
35-39岁	51	上菱 29.4	海尔 23.5	双鹿 15.7
40-44岁	31	上菱 29.0	双鹿 6.5 松下 6.5 东芝 6.5 航天 6.5	雪花 3.2 西泠 3.2 香雪海 3.2 美菱 3.2
45-49岁	26	上菱 26.9	海尔 19.2	飞利浦 11.5
50岁以上	45	海尔 35.6	上菱 26.7	松下 11.1
女性	**293**	**上菱 32.4**	**海尔 20.5**	**双鹿 11.6**
16-19岁	24	上菱 29.2	海尔 20.8	松下 16.7
20-24岁	32	上菱 31.3	海尔 21.9	松下 9.4
25-29岁	37	海尔 35.1	上菱 27.0	松下 10.8
30-34岁	50	上菱 42.0	海尔 18.0	双鹿 12.0
35-39岁	44	上菱 29.5	双鹿 20.5	海尔 15.9
40-44岁	35	上菱 37.1	双鹿 14.3	海尔 8.6
45-49岁	23	上菱 39.1	海尔 26.1	双鹿 13.0
50岁以上	48	上菱 25.0	海尔 20.8	双鹿 12.5

● 广州（Guangzhou）

	人数	第一品牌及百分比	第二品牌及百分比	第三品牌及百分比
样本	**600**	**华凌 23.7**	**容声 15.3**	**万宝 11.7**
男性	**282**	**华凌 24.5**	**容声 16.3**	**松下 11.0 东芝 11.0**
16-19 岁	30	容声 33.3	华凌 16.7	海尔 10.0 东芝 10.0
20-24 岁	36	华凌 30.6	松下 22.2	东芝 16.7
25-29 岁	35	华凌 20.0	容声 17.1	万宝 12.2 松下 12.2
30-34 岁	34	华凌 23.5	容声 14.7 松下 14.7 东芝 14.7 三菱 14.7	万宝 5.9
35-39 岁	40	华凌 25.0	容声 17.5	万宝 15.0
40-44 岁	41	华凌 22.0	万宝 17.1	容声 12.2 松下 12.2
45-49 岁	26	华凌 42.3	三菱 11.5	松下 7.7 东芝 7.7 日立 7.7
50 岁以上	40	容声 25.0	华凌 20.0	海尔 12.5
女性	**318**	**华凌 23.0**	**容声 14.5**	**万宝 13.2**
16-19 岁	50	华凌 28.0	容声 14.0 东芝 14.0	松下 10.0
20-24 岁	46	东芝 17.4	华凌 15.2 万宝 15.2 容声 15.2	日立 8.7
25-29 岁	63	华凌 28.6	容声 20.6	松下 11.1
30-34 岁	46	华凌 32.6	万宝 19.6	松下 17.4
35-39 岁	41	华凌 22.0	松下 17.1	容声 12.2 万宝 12.2 东芝 12.2
40-44 岁	30	东芝 26.7	华凌 23.3	万宝 13.3 松下 13.3
45-49 岁	13	松下 23.1 东芝 23.1 日立 23.1	万宝 15.4	华凌 7.7 三菱 7.7
50 岁以上	29	容声 17.2 万宝 17.2	日立 13.8	海尔 10.3

● 重庆（Chongqing）

	人数	第一品牌及百分比	第二品牌及百分比	第三品牌及百分比
样本	**600**	**海尔 30.2**	**容声 24.2**	**新飞 5.7**
男性	**308**	**海尔 28.9**	**容声 26.3**	**松下 6.5**
16-19 岁	43	海尔 23.3	容声 18.6	新飞 7.0 松下 7.0
20-24 岁	53	海尔 34.0	容声 30.2	松下 9.4
25-29 岁	43	容声 27.9	海尔 23.3	新飞 9.3 长岭 9.3
30-34 岁	38	海尔 34.2	容声 21.1	新飞 10.5 美菱 10.5
35-39 岁	39	海尔 30.8 容声 30.8	五洲 7.7	华凌 5.1 美菱 5.1
40-44 岁	30	海尔 23.3	容声 16.7	长岭 10.0 美菱 10.0 松下 10.0
45-49 岁	25	海尔 32.0	容声 20.0	新飞 8.0 美菱 8.0 松下 8.0
50 岁以上	37	容声 40.5	海尔 29.7	长岭 8.1
女性	**292**	**海尔 31.5**	**容声 21.9**	**新飞 5.1**
16-19 岁	43	海尔 23.3	容声 16.3	新飞 4.7 雪花 4.7
20-24 岁	53	海尔 34.0	容声 28.3	美菱 7.5
25-29 岁	32	海尔 31.3	容声 25.0	新飞 12.5
30-34 岁	33	容声 30.3	海尔 21.2	新飞 9.1 五洲 9.1
35-39 岁	35	海尔 31.4	容声 28.6	五洲 6.3 松下 6.3
40-44 岁	32	海尔 37.5	容声 12.5	长岭 6.3 五洲 6.3 松下 6.3
45-49 岁	27	海尔 44.4	容声 7.4 扬子 7.4 美菱 7.4	五洲 5.4
50 岁以上	37	海尔 32.4	容声 21.6	万宝 5.4 五洲 5.4

2-3 电冰箱拥有比例（%） / Proportions of Refrigerator Owners in the Sample

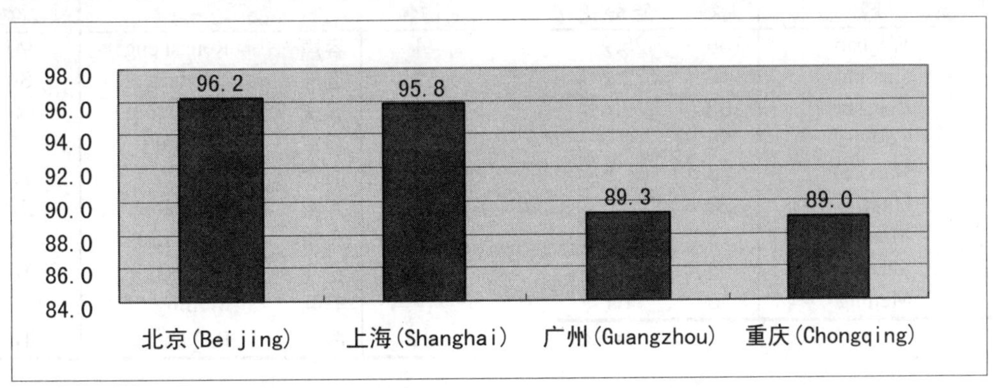

※ 四城市有效样本量均为 600（n=600/city）

2-4 电冰箱拥有量 / Number of Refrigerator Owned per Household

	北京（Beijing）	上海（Shanghai）	广州（Guangzhou）	重庆（Chongqing）
一台	89.9	93.6	93.2	97.6
两台	9.2	5.7	6.4	2.1
三台	0.5	0.7	0.4	0.4
四台	0.2	0.0	0.0	0.0
五台	0.2	0.0	0.0	0.0
有效样本量	**576**	**575**	**533**	**533**

2-5 对样本家中现有电冰箱（指最近购买的一台）的五个方面的描述 / About the Refrigerator Most Recently Purchased

2-5-1 家中现有电冰箱的品牌排名 / Brand Ranking of the Currently Owned Refrigerator

● 北京（Beijing）

排名	品牌		人数	百分比
1	雪花	Snowflower	125	21.7
2	万宝	Wanbao	70	12.2
3	海尔	Haier	58	10.1
4	容声	Rongsheng	42	7.3
5	东芝	Toshiba	32	5.6
6	长岭	Changling	26	4.5
7	美菱	Meiling	24	4.2
8	新飞	Frestech	17	3.0
9	香雪海	Xiangxuehai	16	2.8
10	夏普/声宝	Sharp	14	2.4
11	上菱	Shangling	13	2.3
12	中意	Zhongyi	12	2.1
12	松下	National	12	2.1

n=575

● 上海（Shanghai）

排名	品牌		人数	百分比
1	上菱	Shangling	154	27.0
2	双鹿	Shuanglu	112	19.6
3	航天	Hangtian	43	7.5
4	香雪海	Xiangxuehai	26	4.6
5	海尔	Haier	25	4.4
6	万宝	Wanbao	18	3.2
7	松下	National	16	2.8
8	东芝	Toshiba	15	2.6
9	新飞	Frestech	13	2.3
10	容声	Rongsheng	10	1.8
10	西泠	Seiene	10	1.8
10	美菱	Meiling	10	1.8

n=571

● 广州（Guangzhou）

排名	品牌		人数	百分比
1	万宝	Wanbao	138	25.9
2	华凌	Hualing	118	22.2
3	容声	Rongsheng	103	19.4
4	东芝	Toshiba	58	10.9
5	松下	National	28	5.3
6	日立	Hitachi	20	3.8
7	三菱	Mitsubishi	13	2.4
8	夏普/声宝	Sharp	8	1.5
9	美菱	Meiling	6	1.1

n=532

● 重庆（Chongqing）

排名	品牌		人数	百分比
1	容声	Rongsheng	90	17.1
2	五洲	Wuzhou	84	15.9
3	长庆	Changqing	50	9.5
4	将军	General	23	4.4
5	海尔	Haier	22	4.2
5	万宝	Wanbao	22	4.2
7	风华	Forward	21	4.0
8	新飞	Frestech	18	3.4
9	美菱	Meiling	17	3.2
10	白云	Baiyun	14	2.7

n=527

2-5-2 该电冰箱的购买时间 / Time of Purchasing of the Currently Owned Refrigerator

	北京（Beijing）	上海（Shanghai）	广州（Guangzhou）	重庆（Chongqing）
1985 年以前	15.8	11.0	7.7	9.6
1986-1990 年	42.5	39.9	24.1	36.8
1991 年	5.7	8.7	10.0	9.8
1992 年	5.6	5.1	10.9	5.6
1993 年	5.6	6.3	10.9	7.5
1994 年	5.7	6.5	11.7	7.7
1995 年	6.9	9.1	13.7	10.9
1996 年	6.4	9.4	7.7	7.7
1997 年	5.7	4.0	3.2	4.3
有效样本量	**576**	**572**	**531**	**532**

2-5-3 该电冰箱的价格 / The Price of the Currently Owned Refrigerator

	北京（Beijing）	上海（Shanghai）	广州（Guangzhou）	重庆（Chongqing）
1000 元以下	10.6	12.4	6.2	9.8
1001-2000 元	45.8	39.0	29.6	46.3
2001-3000 元	25.8	35.0	35.0	33.0
3001-4000 元	9.7	4.7	10.9	5.3
4001-5000 元	2.3	2.6	3.0	0.8
5001-10000 元	0.5	0.9	2.2	0.4
10000 元以上	0.7	1.9	2.2	0.9
完全不知道	4.7	3.5	10.9	3.6
有效样本量	**577**	**572**	**534**	**533**

2-5-4 该电冰箱的容积 / The Volume of the Currently Owned Refrigerator

	北京（Beijing）	上海（Shanghai）	广州（Guangzhou）	重庆（Chongqing）
50 立升	1.9	1.1	1.4	1.9
51-100 立升	6.0	5.6	10.6	10.1
101-150 立升	16.3	20.7	26.8	26.0
151-200 立升	48.6	50.8	43.1	46.0
201-250 立升	20.0	16.8	10.8	12.4
251-300 立升	5.4	4.0	4.8	2.9
301-350 立升	0.4	0.7	1.4	0.8
350 立升以上	1.4	0.4	1.2	0.0
有效样本量	**570**	**571**	**518**	**526**

2-5-5 该电冰箱的类型 / The Type of the Currently Owned Refrigerator

	北京（Beijing）	上海（Shanghai）	广州（Guangzhou）	重庆（Chongqing）
单门冰箱	14.6	18.9	7.3	16.6
双门冰箱	83.2	78.8	87.6	81.7
三门冰箱	2.3	2.3	5.1	1.7
有效样本量	**576**	**572**	**534**	**530**

2-6 电冰箱未来购买打算 / Plan for Future Purchasing of a Refrigerator

2-6-1 有无购买打算 / Whether Planning to Purchase

	北京（Beijing）	上海（Shanghai）	广州（Guangzhou）	重庆（Chongqing）
打算买	9.2	10.6	8.5	9.3
不打算买	90.8	89.4	91.5	90.7
有效样本量	**598**	**597**	**598**	**600**

2-6-2 打算购买的品牌排名 / The Brand of the Planned Purchase

● 北京（Beijing）

排名	品牌		人数	百分比
1	海尔	Haier	26	49.1
2	新飞	Frestech	7	13.2
3	容声	Rongsheng	5	9.4
4	美菱	Meiling	4	7.5
5	雪花	Snowflower	3	5.7

n=53

● 上海（Shanghai）

排名	品牌		人数	百分比
1	上菱	Shangling	22	37.3
2	海尔	Haier	12	20.3
3	双鹿	Shuanglu	4	6.8
4	容声	Rongsheng	3	5.1

n=59

● 广州（Guangzhou）

排名	品牌		人数	百分比
1	华凌	Hualing	15	30.0
2	容声	Rongsheng	8	16.0
2	东芝	Toshiba	8	16.0
4	海尔	Haier	6	12.0
5	万宝	Wanbao	3	6.0
5	三菱	Mitsubishi	3	6.0

n=50

● 重庆（Chongqing）

排名	品牌		人数	百分比
1	海尔	Haier	25	46.3
2	容声	Rongsheng	10	18.5
3	新飞	Frestech	3	5.6
3	长岭	Changling	3	5.6
3	松下	National	3	5.6

n=54

2-6-3 打算购买的价格 / The Price of the Planned Purchase

	北京（Beijing）	上海（Shanghai）	广州（Guangzhou）	重庆（Chongqing）
1000 元以下	0.0	1.6	2.2	0.0
1001-2000 元	15.4	24.2	26.7	27.8
2001-3000 元	44.2	48.4	20.0	48.1
3001-4000 元	25.0	12.9	24.4	16.7
4001-5000 元	13.5	8.1	13.3	5.6
5001-10000 元	0.0	3.2	6.7	1.9
10000 元以上	1.9	0.0	4.4	0.0
完全不知道	0.0	1.6	2.2	0.0
有效样本量	**52**	**62**	**45**	**54**

2-6-4 打算购买的容积 / The Volume of the Planned Purchase

	北京（Beijing）	上海（Shanghai）	广州（Guangzhou）	重庆（Chongqing）
50 立升	0.0	1.7	2.3	0.0
51-100 立升	0.0	1.7	7.0	1.8
101-150 立升	5.9	8.5	16.3	21.8
151-200 立升	39.2	27.1	30.2	47.3
201-250 立升	25.5	45.8	18.6	23.6
251-300 立升	23.5	10.2	18.6	5.5
301-350 立升	3.9	1.7	4.7	0.0
350 立升以上	2.0	3.4	2.3	0.0
有效样本量	**51**	**59**	**43**	**55**

2-7 选择不同品牌电冰箱时的考虑因素 / Considerations in Choosing from Different Brands

注：本题为多选题，合计百分比超过 100%（Multiple answers）

● 北京（Beijing）

		人数	品牌印象	外型	价格	容量大	省电	无氟
样本		**571**	**29.9**	**18.2**	**38.2**	**33.6**	**22.6**	**4.4**
雪花	Snowflower	125	34.4	12.0	53.6	22.4	28.8	0.0
万宝	Wanbao	69	34.8	7.2	39.1	20.3	23.2	0.0
海尔	Haier	58	32.8	17.2	17.2	44.8	22.4	15.5
容声	Rongsheng	42	21.4	19.0	31.0	35.7	28.6	11.9
东芝	Toshiba	32	34.4	31.3	34.4	25.0	28.1	3.1
长岭	Changling	26	26.9	23.1	30.8	50.0	23.1	0.0
美菱	Meiling	24	33.3	29.2	45.8	45.8	0.0	4.2
新飞	Frestech	17	47.1	23.5	47.1	23.5	11.8	23.5
香雪海	Xiangxuehai	16	31.3	18.8	56.3	25.0	18.8	0.0
夏普/声宝	Sharp	14	42.9	14.3	21.4	21.4	14.3	0.0
上菱	Shangling	13	23.1	30.8	38.5	46.2	23.1	0.0
中意	Zhongyi	12	25.0	41.7	33.3	66.7	8.3	8.3
松下	National	12	33.3	25.0	33.3	58.3	41.7	0.0

续上表（continued）

		人数	无霜	运转噪音低	售后服务	冷冻室大	其他
样本		**571**	**7.7**	**16.1**	**15.2**	**13.5**	**5.4**
雪花	Snowflower	125	0.8	13.6	19.2	5.6	4.0
万宝	Wanbao	69	26.1	8.7	10.1	7.2	8.7
海尔	Haier	58	8.6	19.0	34.5	19.0	3.4
容声	Rongsheng	42	0.0	19.0	14.3	9.5	7.1
东芝	Toshiba	32	12.5	25.0	6.3	12.5	0.0
长岭	Changling	26	3.8	11.5	26.9	26.9	3.8
美菱	Meiling	24	4.2	20.8	33.3	29.2	0.0
新飞	Frestech	17	5.9	17.6	5.9	17.6	0.0
香雪海	Xiangxuehai	16	0.0	6.3	0.0	18.8	18.8
夏普/声宝	Sharp	14	0.0	21.4	7.1	0.0	14.3
上菱	Shangling	13	30.8	15.4	0.0	15.4	0.0
中意	Zhongyi	12	0.0	8.3	8.3	33.3	0.0
松下	National	12	25.0	16.7	0.0	16.7	0.0

● 上海（Shanghai）

		人数	品牌印象	外型	价格	容量大	省电	无氟
样本		**567**	**28.7**	**13.4**	**34.4**	**31.4**	**30.0**	**4.8**
上菱	Shangling	154	33.8	10.4	24.7	34.4	23.4	7.8
双鹿	Shuanglu	112	26.8	14.3	37.5	33.9	42.0	2.7
航天	Hangtian	42	14.3	14.3	52.4	40.5	19.0	0.0
香雪海	Xiangxuehai	26	38.5	7.7	57.7	7.7	34.6	0.0
海尔	Haier	25	36.0	12.0	12.0	44.0	40.0	16.0
万宝	Wanbao	18	50.0	11.1	33.3	22.2	22.2	0.0
松下	National	16	37.5	12.5	25.0	25.0	43.8	6.3
东芝	Toshiba	15	46.7	13.3	13.3	20.0	20.0	0.0
新飞	Frestech	13	23.1	15.4	38.5	30.8	46.2	30.8
容声	Rongsheng	10	20.0	10.0	10.0	40.0	20.0	0.0
美菱	Meiling	10	20.0	40.0	20.0	40.0	30.0	0.0
西泠	Seiene	9	55.6	0.0	22.2	22.2	55.6	0.0

续上表（continued）

		人数	无霜	运转噪音低	售后服务	冷冻室大	其他
样本		**567**	**26.5**	**14.3**	**12.3**	**11.6**	**5.8**
上菱	Shangling	154	59.7	9.1	19.5	11.0	2.6
双鹿	Shuanglu	112	14.3	15.2	10.7	16.1	6.3
航天	Hangtian	42	4.8	7.1	16.7	7.1	11.9
香雪海	Xiangxuehai	26	0.0	26.9	7.7	0.0	7.7
海尔	Haier	25	16.0	0.0	20.0	20.0	0.0
万宝	Wanbao	18	38.9	16.7	5.6	0.0	5.6
松下	National	16	43.8	31.3	12.5	0.0	6.3
东芝	Toshiba	15	26.7	40.0	0.0	6.7	0.0
新飞	Frestech	13	0.0	23.1	15.4	7.7	0.0
容声	Rongsheng	10	10.0	10.0	10.0	0.0	10.0
美菱	Meiling	10	0.0	10.0	0.0	30.0	10.0
西泠	Seiene	9	11.1	33.3	0.0	11.1	11.1

● 广州（Guangzhou）

		人数	品牌印象	外型	价格	容量大	省电	无氟
样本		**522**	**28.7**	**11.5**	**34.1**	**26.6**	**39.7**	**2.7**
万宝	Wanbao	134	27.6	13.4	43.3	21.6	37.3	3.7
华凌	Hualing	117	25.6	8.5	26.5	29.9	39.3	3.4
容声	Rongsheng	102	35.3	11.8	39.2	25.5	32.4	2.9
东芝	Toshiba	56	39.3	12.5	25.0	23.2	44.6	1.8
松下	National	28	32.1	17.9	7.1	17.9	35.7	0.0
日立	Hitachi	19	21.1	10.5	42.1	42.1	47.4	0.0
三菱	Mitsubishi	13	23.1	7.7	30.8	46.2	61.5	7.7
夏普/声宝	Sharp	8	25.0	0.0	12.5	25.0	75.0	0.0
美菱	Meiling	6	16.7	16.7	33.3	33.3	50.0	0.0

续上表（continued）

		人数	无霜	运转噪音低	售后服务	冷冻室大	其他
样本		**522**	**27.2**	**21.1**	**10.2**	**5.0**	**3.3**
万宝	Wanbao	134	17.2	17.2	11.2	9.0	3.0
华凌	Hualing	117	49.6	23.9	14.5	2.6	2.6
容声	Rongsheng	102	16.7	15.7	9.8	3.9	3.9
东芝	Toshiba	56	30.4	30.4	3.6	5.4	1.8
松下	National	28	39.3	32.1	7.1	0.0	10.7
日立	Hitachi	19	21.1	21.1	5.3	0.0	0.0
三菱	Mitsubishi	13	38.5	38.5	0.0	0.0	0.0
夏普/声宝	Sharp	8	12.5	12.5	12.5	0.0	0.0
美菱	Meiling	6	16.7	33.3	0.0	0.0	0.0

● 重庆（Chongqing）

	人数	品牌印象	外型	价格	容量大	省电	无氟
样本	**523**	**30.8**	**17.8**	**40.9**	**30.6**	**23.7**	**8.8**
容声 Rongsheng	90	40.0	18.9	27.8	24.4	24.4	17.8
五洲 Wuzhou	83	16.9	15.7	54.2	37.3	20.5	2.4
长庆 Changqing	50	32.0	14.0	50.0	18.0	24.0	10.0
将军 General	23	43.5	17.4	39.1	26.1	8.7	0.0
万宝 Wanbao	22	27.3	22.7	36.4	18.2	18.2	4.5
海尔 Haier	21	52.4	14.3	28.6	33.3	38.1	4.8
风华 Forward	21	9.5	38.1	52.4	66.7	38.1	0.0
新飞 Frestech	18	44.4	5.6	44.4	44.4	16.7	27.8
美菱 Meiling	17	64.7	23.5	17.6	23.5	29.4	17.6
白云 Baiyun	14	14.3	7.1	42.9	35.7	35.7	0.0

续上表（continued）

	人数	无霜	运转噪音低	售后服务	冷冻室大	其他
样本	**523**	**8.8**	**19.3**	**13.0**	**7.1**	**5.4**
容声 Rongsheng	90	11.1	24.4	15.6	6.7	4.4
五洲 Wuzhou	83	8.4	19.3	20.5	7.2	3.6
长庆 Changqing	50	4.0	20.0	2.0	0.0	6.0
将军 General	23	8.7	30.4	13.0	8.7	4.3
万宝 Wanbao	22	18.2	18.2	0.0	4.5	9.1
海尔 Haier	21	4.8	19.0	38.1	4.8	0.0
风华 Forward	21	0.0	19.0	4.8	19.0	4.8
新飞 Frestech	18	0.0	5.6	27.8	5.6	0.0
美菱 Meiling	17	11.8	11.8	29.4	0.0	5.9
白云 Baiyun	14	0.0	14.3	0.0	0.0	7.1

2-8 电冰箱购买决定者的人口特征 / The Demographics of the Decision Makers in Purchasing a Refrigerator

● 北京（Beijing）

	人数	16-19 岁	20-24 岁	25-29 岁	30-34 岁	35-39 岁	40-44 岁	45-49 岁	50 岁以上
样本	**310**	**0.6**	**2.3**	**10.3**	**17.7**	**19.4**	**20.0**	**10.3**	**19.4**
男性	159	0.6	1.3	9.4	17.6	18.9	20.8	11.9	19.5
女性	151	0.7	3.3	11.3	17.9	19.9	19.2	8.6	19.2

● 上海（Shanghai）

	人数	16-19 岁	20-24 岁	25-29 岁	30-34 岁	35-39 岁	40-44 岁	45-49 岁	50 岁以上
样本	**344**	**1.5**	**4.1**	**8.1**	**19.5**	**20.1**	**15.4**	**11.9**	**19.5**
男性	188	2.1	4.8	7.4	21.3	20.2	14.4	12.8	17.0
女性	156	0.6	3.2	9.0	17.3	19.9	16.7	10.9	22.4

● 广州（Guangzhou）

	人数	16-19 岁	20-24 岁	25-29 岁	30-34 岁	35-39 岁	40-44 岁	45-49 岁	50 岁以上
样本	**254**	**3.1**	**4.3**	**13.0**	**15.7**	**17.7**	**18.5**	**9.1**	**18.5**
男性	153	2.6	3.9	9.2	15.7	17.0	19.0	10.5	22.2
女性	101	4.0	5.0	18.8	15.8	18.8	17.8	6.9	12.9

● 重庆（Chongqing）

	人数	16-19 岁	20-24 岁	25-29 岁	30-34 岁	35-39 岁	40-44 岁	45-49 岁	50 岁以上
样本	**291**	**2.7**	**5.2**	**10.3**	**18.6**	**15.8**	**14.8**	**14.1**	**18.6**
男性	159	1.9	4.4	10.7	19.5	17.6	15.7	12.6	17.6
女性	132	3.8	6.1	9.8	17.4	13.6	13.6	15.9	19.7

2-9 关于北京消费群 / The Beijing Market Segments

2-9-1 不同消费群家中目前拥有品牌 / Brands of Refrigerator Owned in Household by Market Segments

	人数	第一品牌及百分比	第二品牌及百分比	第三品牌及百分比	第四品牌及百分比
样本	**575**	**雪花 21.7**	**万宝 12.2**	**海尔 10.1**	**容声 7.3**
第一消费群	131	雪花 21.4	万宝 13.7	东芝 9.9	海尔 8.4
第二消费群	93	海尔 16.1	雪花 15.1	容声 10.8	万宝 9.7
第三消费群	106	雪花 33.0	万宝 11.3	容声 7.5	海尔 6.6
第四消费群	5	东芝 40.0	容声 20.0		
			海尔 20.0		
			雪花 20.0		
第五消费群	126	雪花 22.2	万宝 12.7	海尔 9.5	容声 8.7
第六消费群	114	雪花 16.7	万宝 13.2	海尔 10.5	容声 4.4 新飞 4.4
					美菱 4.4 东芝 4.4

2-9-2 不同消费群的理想品牌 / The Ideal Brands by Market Segments

	人数	第一品牌及百分比	第二品牌及百分比	第三品牌及百分比	第四品牌及百分比
样本	**600**	**海尔 43.7**	**容声 8.5**	**雪花 6.8**	**新飞 5.8**
第一消费群	137	海尔 51.1	容声 7.3	雪花 6.6	东芝 4.4
第二消费群	94	海尔 53.2	容声 8.5	新飞 6.4	美菱 4.3
					东芝 4.3
第三消费群	112	海尔 37.5	雪花 12.5	容声 11.6	新飞 7.1
					松下 7.1
第四消费群	5	海尔 40.0	东芝 20.0		
			三菱 20.0		
			西门子 20.0		
第五消费群	131	海尔 37.4	容声 9.2	东芝 8.4	雪花 5.3
第六消费群	121	海尔 40.5	容声 6.6	万宝 5.8	新飞 5.0
			雪花 6.6		

2-9-3 不同消费群选择电冰箱时的考虑因素 / Considerations in Choosing from Different Brands by Market Segments

注：本题为多选题，合计百分比超过 100%（ Multiple answers ）

	人数	品牌印象	外型	价格	容量大	省电	无氟
样本	**575**	**29.9**	**18.3**	**38.3**	**33.7**	**22.4**	**4.3**
第一消费群	131	31.3	23.7	39.7	31.3	11.5	3.8
第二消费群	93	36.6	14.0	25.8	33.3	16.1	4.3
第三消费群	105	21.9	21.0	41.0	36.2	32.4	3.8
第四消费群	5	60.0	40.0	0.0	40.0	0.0	20.0
第五消费群	126	29.4	14.3	45.2	33.3	26.2	4.0
第六消费群	115	29.6	16.5	38.3	34.8	27.8	5.2

续上表（ continued ）

	人数	无霜	运转噪音低	售后服务	冷冻室大	其他
样本	**575**	**7.7**	**16.0**	**15.1**	**13.6**	**5.6**
第一消费群	131	8.4	13.7	16.8	10.7	7.6
第二消费群	93	6.5	19.4	20.4	19.4	4.3
第三消费群	105	6.7	18.1	15.2	12.4	4.8
第四消费群	5	20.0	0.0	0.0	20.0	0.0
第五消费群	126	4.8	17.5	13.5	11.9	4.0
第六消费群	115	11.3	13.0	11.3	14.8	7.0

注：北京消费群的代表特征 / Characteristics of the Beijing Market Segments

		第一消费群	第二消费群	第三消费群	第四消费群	第五消费群	第六消费群
基本情况	性别	女	男	无明显偏向	男	无明显偏向	女
	年龄	30 — 34 岁	25 — 29 岁	35 — 44 岁	无明显偏向	16 — 24 岁	45 岁以上
	学历	大专/大本	大本	初中	大本及研究生	高中/中专/技校	初中及以下
	职业	科教卫生人员	一般企业职员	工人	管理人员/专门职业从事者/个体及私营企业主	学生	离退休人员
	月均收入	801 — 1500 元	1501 — 4000 元	800 元以下	4000 元以上	无收入	800 元以下
	婚姻	已婚	无明显偏向	已婚	已婚或离异	未婚	已婚
心理取向		注重学历 非积极进取	不循规传统 非单一电视娱乐	非田园倾向 新女性主张 金钱本位	注重经验 大男子主义 不保守稳定	非“大男子主义” 追随流行	非“新女性主张” 非浪漫新潮 单一电视娱乐

2-10 关于上海消费群 / The Shanghai Market Segments

2-10-1 不同消费群家中目前拥有品牌 / Brands of Refrigerator Owned in Household by Market Segments

	人数	第一品牌及百分比	第二品牌及百分比	第三品牌及百分比	第四品牌及百分比
样本	**571**	**上菱 27.0**	**双鹿 19.6**	**航天 7.5**	**香雪海 4.6**
第一消费群	139	上菱 25.9	双鹿 17.3	航天 8.6	香雪海 6.5
第二消费群	87	上菱 28.7	双鹿 18.4	航天 11.5	海尔 4.6 东芝 4.6 香雪海 4.6
第三消费群	9	上菱 33.3	双鹿 22.2	万宝 11.1 华日 11.1 飞利浦 11.1 西泠 11.1	
第四消费群	128	上菱 21.9	双鹿 21.1	航天 7.8	香雪海 5.5
第五消费群	67	双鹿 25.4	上菱 23.9	航天 7.5	松下 6.0
第六消费群	141	上菱 32.6	双鹿 18.4	海尔 5.7	航天 4.3

2-10-2 不同消费群的理想品牌 / The Ideal Brands by Market Segments

	人数	第一品牌及百分比	第二品牌及百分比	第三品牌及百分比	第四品牌及百分比
样本	**600**	**上菱 30.2**	**海尔 23.0**	**双鹿 11.0**	**松下 7.0**
第一消费群	145	上菱 31.0 海尔 31.0	双鹿 10.3	松下 5.5	东芝 4.1
第二消费群	92	上菱 27.2 海尔 27.2	双鹿 8.7	松下 6.5	新飞 5.4
第三消费群	10	海尔 30.0	双鹿 20.0 东芝 20.0	上菱 10.0 西泠 10.0	
第四消费群	135	上菱 28.9	双鹿 14.1	海尔 13.3	松下 7.4
第五消费群	68	上菱 26.5	海尔 25.0	松下 14.7	双鹿 11.8
第六消费群	150	上菱 30.2	海尔 23.0	双鹿 9.3	松下 5.3

2-10-3 不同消费群选择电冰箱时的考虑因素 / Considerations in Choosing from Different Brands by Market Segments

注：本题为多选题，合计百分比超过 100%（Multiple answers）

	人数	品牌印象	外型	价格	容量大	省电	无氟
样本	**570**	**28.8**	**13.5**	**34.6**	**31.2**	**30.0**	**4.7**
第一消费群	140	35.0	15.7	36.4	30.0	32.1	2.9
第二消费群	86	24.4	19.8	32.6	30.2	23.3	7.0
第三消费群	9	44.4	11.1	22.2	33.3	33.3	0.0
第四消费群	127	25.2	10.2	37.0	31.5	28.3	4.7
第五消费群	67	23.9	11.9	41.8	34.3	40.3	6.0
第六消费群	141	29.8	11.3	29.1	31.2	28.4	5.0

续上表（continued）

	人数	无霜	运转噪音低	售后服务	冷冻室大	其他
样本	**570**	**26.3**	**14.2**	**12.3**	**11.6**	**5.8**
第一消费群	140	28.6	12.9	11.4	9.3	7.9
第二消费群	86	30.2	15.1	18.6	10.5	4.7
第三消费群	9	11.1	22.2	22.2	11.1	11.1
第四消费群	127	18.1	15.0	7.9	13.4	6.3
第五消费群	67	23.9	10.4	14.9	7.5	7.5
第六消费群	141	31.2	15.6	11.3	14.9	2.8

注：上海消费群的代表特征 / Characteristics of the Shanghai Market Segments

		第一消费群	第二消费群	第三消费群	第四消费群	第五消费群	第六消费群
基本情况	性别	无明显偏向	男	男	女	女	无明显偏向
	年龄	45 岁以上	20 － 29 岁	25 － 34 岁	35 － 44 岁	16 － 24 岁	30 － 39 岁
	学历	大本及以上	大专/大本	大专	初中及以下	高中/中专/技校	高中/中专/技校
	职业	科教卫生人员/离退休人员	一般企业职员	行政管理人员/个体及私营企业主/专门职业从事者	工人/下岗人员	学生	一般企业职员
	月均收入	801 － 1500 元	1001 － 3000 元	3000 元以上	800 元以下	无收入	1001 － 2000 元
	婚姻	已婚	未婚	未婚	已婚	未婚	已婚
心理取向		非浪漫时尚 非金钱本位 保守稳定	非家庭重心 田园倾向 休闲独立	不保守稳定 奔波忙碌 浪漫时尚	金钱本位 家庭重心 注重学历	新家庭观念 非休闲独立	不积极进取 不奔波忙碌

2-11 关于广州消费群 / The Guangzhou Market Segments

2-11-1 不同消费群家中目前拥有品牌 / Brands of Refrigerator Owned in Household by Market Segments

	人数	第一品牌及百分比	第二品牌及百分比	第三品牌及百分比	第四品牌及百分比
样本	**532**	**万宝 25.9**	**华凌 22.2**	**容声 19.4**	**东芝 10.9**
第一消费群	80	万宝 20.0	容声 17.5 华凌 17.5	东芝 16.3	松下 8.8
第二消费群	112	万宝 25.0	容声 21.4	华凌 20.5	东芝 11.6
第三消费群	92	万宝 25.0	华凌 22.8	容声 19.6	东芝 10.9
第四消费群	90	万宝 31.1	容声 21.1 华凌 21.1	东芝 6.7	松下 4.4 日立 4.4
第五消费群	87	万宝 35.6	华凌 18.4	容声 16.1	东芝 8.0
第六消费群	71	华凌 35.2	容声 19.7	万宝 16.9	东芝 12.7

2-11-2 不同消费群的理想品牌 / The Ideal Brands by Market Segments

	人数	第一品牌及百分比	第二品牌及百分比	第三品牌及百分比	第四品牌及百分比
样本	**600**	**华凌 23.7**	**容声 15.3**	**万宝 11.7**	**东芝 11.5**
第一消费群	94	华凌 24.5	容声 19.1	东芝 14.9	万宝 6.4
第二消费群	126	华凌 23.8	容声 15.1	万宝 11.1	东芝 8.7
第三消费群	99	华凌 19.2	容声 18.2	东芝 13.1	万宝 12.1
第四消费群	100	华凌 21.0	东芝 15.0	容声 10.0 万宝 10.0	三菱 9.0
第五消费群	99	万宝 23.2	华凌 22.2	容声 15.2	东芝 8.1
第六消费群	82	华凌 32.9	容声 14.6	东芝 9.8	三菱 7.3

2-11-3 不同消费群选择电冰箱时所考虑的因素 / Considerations in Choosing from Different Brands by Market Segments

注：本题为多选题，合计百分比超过 100%（Multiple answers）

	人数	品牌印象	外型	价格	容量大	省电	无氟
样本	**526**	**28.5**	**11.4**	**33.8**	**26.4**	**39.4**	**2.7**
第一消费群	77	28.6	11.7	28.6	33.8	35.1	1.3
第二消费群	111	30.6	14.4	36.0	21.6	33.3	0.9
第三消费群	90	25.6	13.3	38.9	38.9	36.7	2.2
第四消费群	91	25.3	7.7	34.1	17.6	45.1	1.1
第五消费群	86	25.6	7.0	32.6	25.6	47.7	4.7
第六消费群	71	36.6	14.1	31.0	22.5	39.4	7.0

续上表（continued）

	人数	无霜	运转噪音低	售后服务	冷冻室大	其他
样本	**526**	**27.2**	**21.3**	**10.3**	**4.9**	**3.6**
第一消费群	77	26.0	24.7	5.2	10.4	2.6
第二消费群	111	26.1	18.9	14.4	2.7	4.5
第三消费群	90	31.1	15.6	12.2	6.7	2.2
第四消费群	91	30.8	20.9	12.1	3.3	5.5
第五消费群	86	23.3	27.9	7.0	4.7	3.5
第六消费群	71	25.4	21.1	8.5	2.8	2.8

注：广州消费群的代表特征 / Characteristics of the Guangzhou Market Segments

		第一消费群	第二消费群	第三消费群	第四消费群	第五消费群	第六消费群
基本情况	性别	女	无明显偏向	女	男	女	男
	年龄	16 — 19 岁	40 岁以上	20 — 24 岁	35 — 44 岁	30 — 34 岁	25 — 29 岁
	学历	高中/中专/技校	无明显偏向	高中/中专/技校/大专	初中/高中/中专/技校	初中及以下	大专及以上
	职业	学生	工人	学生/待业人员	个体及私营企业主	家庭主妇	企业职员/管理人员/科教卫生人员/专门职业者
	月均收入	无收入	1500 元以下	无收入	801 — 1500 元	800 元以下	2000 元以上
	婚姻	未婚	已婚	未婚	已婚	已婚	无明显偏向
心理取向		不固守中式生活 田园倾向 非大男子主义	非新女性主张 不追随流行 非积极进取	独立自主 追随流行	积极进取 大男子主义 中式生活	单一电视娱乐 非独立自主 保守稳定	非单一电视娱乐 非家庭重心

2-12 关于重庆消费群 / The Chongqing Market Segments

2-12-1 不同消费群家中目前拥有品牌 / Brands of Refrigerator Owned in Household by Market Segments

	人数	第一品牌及百分比	第二品牌及百分比	第三品牌及百分比	第四品牌及百分比
样本	**527**	**容声 17.1**	**五洲 15.9**	**长庆 9.5**	**将军 4.4**
第一消费群	114	容声 18.4	五洲 17.5	长庆 7.0	将军 6.1
第二消费群	112	容声 23.2	五洲 14.3	长庆 9.8	万宝 5.4 风华 5.4
第三消费群	111	五洲 18.9	容声 18.0	海尔 10.8	长庆 5.4
第四消费群	24	容声 20.8	五洲 12.5 将军 12.5	华凌 8.3	香雪海 4.2 长岭 4.2 长庆 4.2
第五消费群	139	五洲 16.5 长庆 16.5	容声 10.1	风华 5.8	万宝 5.0 美菱 5.0
第六消费群	27	容声 14.8 新飞 14.8	海尔 7.4 松下 7.4 双燕 7.4		

2-12-2 不同消费群的理想品牌 / The Ideal Brands by Market Segments

	人数	第一品牌及百分比	第二品牌及百分比	第三品牌及百分比	第四品牌及百分比
样本	**600**	**海尔 30.2**	**容声 24.2**	**新飞 5.7**	**松下 4.8**
第一消费群	133	容声 24.8	海尔 23.3	新飞 4.5 松下 4.5	五洲 3.8
第二消费群	123	容声 33.3	海尔 27.6	松下 6.5	新飞 4.9
第三消费群	124	海尔 42.7	容声 24.2	新飞 8.9	松下 5.6
第四消费群	24	容声 25.0	海尔 20.8	扬子 8.3 长庆 8.3	新飞 4.2 华凌 4.2 美菱 4.2 三星 4.2 日立 4.2 将军 4.2
第五消费群	162	海尔 30.2	容声 16.7	长岭 7.4	五洲 6.2
第六消费群	34	海尔 26.5	容声 23.5	松下 11.8	美菱 8.8 长岭 8.8

2-12-3 不同消费群选择电冰箱时的考虑因素 / Considerations in Choosing from Different Brands by Market Segments

注：本题为多选题，合计百分比超过 100%（Multiple answers）

	人数	品牌印象	外型	价格	容量大	省电	无氟
样本	**531**	**30.7**	**17.7**	**41.2**	**30.9**	**23.9**	**8.7**
第一消费群	114	23.7	21.1	43.0	31.6	26.3	9.6
第二消费群	112	25.0	13.4	42.9	27.7	29.5	11.6
第三消费群	111	35.1	16.2	36.0	32.4	21.6	7.2
第四消费群	24	33.3	16.7	25.0	50.0	12.5	16.7
第五消费群	142	33.1	16.9	48.6	28.2	22.5	6.3
第六消费群	28	50.0	32.1	25.0	32.1	17.9	3.6

续上表（continued）

	人数	无霜	运转噪音低	售后服务	冷冻室大	其他
样本	**531**	**8.9**	**19.0**	**13.0**	**7.0**	**5.3**
第一消费群	114	8.8	16.7	9.6	6.1	6.1
第二消费群	112	9.8	19.6	9.8	8.9	4.5
第三消费群	111	9.9	23.4	18.9	9.0	4.5
第四消费群	24	16.7	29.2	8.3	12.5	8.3
第五消费群	142	7.0	17.6	13.4	2.8	6.3
第六消费群	28	3.6	7.1	17.9	10.7	0.0

注：重庆消费群的代表特征 / Characteristics of the Chongqing Market Segments

		第一消费群	第二消费群	第三消费群	第四消费群	第五消费群	第六消费群
基本情况	性别	无明显偏向	无明显偏向	无明显偏向	无明显偏向	无明显偏向	女
	年龄	16 — 19 岁	45 岁以上	20 — 29 岁	30 — 34 岁	40 岁以上	25 — 29 岁
	学历	高中/中专/技校	高中/中专/技校	大专/大本	高中/中专/技校/大本以上	初中及以下	初中
	职业	学生	行政管理人员/离退休人员	科教卫生人员/一般企业职员	个体及私营企业主	工人	专门职业从事者下岗及其他
	月均收入	无收入	501 — 800 元	801 — 1500 元	1500 元以上	500 元以下	1001 — 1500 元
	婚姻	未婚	已婚	无明显偏向	已婚	已婚	已婚或离异
心理取向		浪漫新潮 注重学历 非现实家庭观	循规传统 奔波忙碌 保守稳定	新女性主张 非功利心态	功利心态 现实家庭观 都市情结	非浪漫新潮 非独立休闲	非新女性主张 不循规传统 独立休闲

3 微波炉 / Microwave Oven

3-1 理想品牌排名 / Ranking of the Ideal Brands

● 北京（Beijing）

排名	品	牌	人数	百分比
1	格兰仕	Galanz	141	23.5
2	松下	National	108	18.0
3	三洋	Sanyo	17	2.8
4	东芝	Toshiba	12	2.0
4	夏普	Sharp	12	2.0
6	日立	Hitachi	10	1.7
7	海尔	Haier	9	1.5
8	惠而浦	Whirlpool	7	1.2
8	高士达	LG	7	1.2

n=600

● 上海（Shanghai）

排名	品	牌	人数	百分比
1	格兰仕	Galanz	129	21.5
2	松下	National	110	18.3
3	蚬华	SMC	86	14.3
4	三星	Samsung	29	4.8
5	夏普	Sharp	23	3.8
6	上菱	Shangling	18	3.0
6	三菱	Mitsubishi	18	3.0
8	日立	Hitachi	14	2.3
8	飞利浦	Philips	14	2.3

n=600

● 广州（Guangzhou）

排名	品	牌	人数	百分比
1	松下	National	65	10.8
2	格兰仕	Galanz	39	6.5
3	蚬华	SMC	34	5.7
3	惠而浦	Whirlpool	34	5.7
5	夏普	Sharp	21	3.5
6	超霸	Super	16	2.7
7	三菱	Mitsubishi	11	1.8
7	亚美	Yamei	11	1.8
7	日立	Hitachi	11	1.8
7	飞利浦	Philips	11	1.8

n=600

● 重庆（Chongqing）

排名	品	牌	人数	百分比
1	格兰仕	Galanz	51	8.5
2	松下	National	32	5.3
3	海尔	Haier	12	2.0
4	夏普	Sharp	9	1.5
4	高士达	LG	9	1.5
6	东芝	Toshiba	6	1.0
7	日立	Hitachi	5	0.8
7	飞利浦	Philips	5	0.8
9	三洋	Sanyo	4	0.7

n=600

3-2 样本总体、男性各年龄层、女性各年龄层的理想品牌 / The Ideal Brands by the Whole Sample, Age and Gender Groups

● 北京（Beijing）

	人数	第一品牌及百分比	第二品牌及百分比	第三品牌及百分比
样本	**600**	**格兰仕 23.5**	**松下 17.8**	**三洋 2.8**
男性	**298**	**格兰仕 23.5**	**松下 15.8**	**三洋 3.0**
16-19 岁	26	格兰仕 23.1	松下 15.4	惠而浦 7.7 三洋 7.7
20-24 岁	36	松下 25.0	格兰仕 16.7	海尔 5.6 夏普 5.6
25-29 岁	41	格兰仕 36.6	松下 9.8	海尔 4.9
30-34 岁	47	格兰仕 21.3	松下 17.0	海尔 4.3
35-39 岁	43	格兰仕 30.2	松下 20.9	夏普 2.3 三洋 2.3
40-44 岁	42	格兰仕 19.0	三洋 7.1	三星 4.8
45-49 岁	24	格兰仕 29.2	松下 8.3	东芝 4.2 日立 4.2 夏普 4.2
50 岁以上	39	格兰仕 12.8	松下 7.7	夏普 5.1
女性	**302**	**格兰仕 23.5**	**松下 20.2**	**东芝 2.6 三洋 2.6**
16-19 岁	23	松下 30.4	格兰仕 17.4	东芝 13.0 三洋 13.0
20-24 岁	35	格兰仕 28.3	松下 20.0	惠而浦 5.7
25-29 岁	36	格兰仕 22.2	松下 16.7	新宝 5.6 日立 5.6
30-34 岁	49	松下 24.5	格兰仕 22.4	三洋 6.1
35-39 岁	45	格兰仕 26.7	松下 8.9	夏普 4.4
40-44 岁	40	格兰仕 30.0	松下 22.5	日立 5.0
45-49 岁	26	松下 23.1	格兰仕 15.4	安宝路 7.7
50 岁以上	48	格兰仕 20.8 松下 20.8	惠而浦 2.1 三洋 2.1 高士达 2.1	

● 上海（Shanghai）

	人数	第一品牌及百分比	第二品牌及百分比	第三品牌及百分比
样本	**600**	**格兰仕 21.5**	**松下 18.3**	**蚬华 14.3**
男性	**307**	**格兰仕 21.8**	**松下 18.2**	**蚬华 14.7**
16-19 岁	22	蚬华 22.7 三星 22.7	格兰仕 13.6	惠而浦 9.1
20-24 岁	34	格兰仕 20.6 三星 20.6	蚬华 17.6	海尔 5.9 松下 5.9
25-29 岁	42	松下 19.0	蚬华 16.7	新宝 9.5
30-34 岁	56	格兰仕 32.1	松下 17.9	蚬华 5.4 三菱 5.4
35-39 岁	51	格兰仕 35.3	松下 15.7	蚬华 11.8
40-44 岁	31	格兰仕 22.6	松下 19.4	蚬华 9.7
45-49 岁	26	蚬华 23.1	格兰仕 19.2 松下 19.2	上菱 7.7
50 岁以上	45	松下 24.4	蚬华 20.0	格兰仕 13.3
女性	**293**	**格兰仕 21.2**	**松下 18.4**	**蚬华 14.0**
16-19 岁	24	格兰仕 29.2	蚬华 20.8	惠而浦 8.3 松下 8.3
20-24 岁	32	松下 18.8	蚬华 15.6	格兰仕 12.5
25-29 岁	37	松下 18.9	格兰仕 10.8	高士达 8.1 三星 8.1 蚬华 8.1
30-34 岁	50	格兰仕 28.0	松下 20.0	蚬华 12.0
35-39 岁	44	松下 29.5	格兰仕 22.7	蚬华 9.1
40-44 岁	35	格兰仕 31.4	松下 22.9	蚬华 17.1
45-49 岁	23	蚬华 17.4	上菱 13.0 松下 13.0	日立 8.7 三星 8.7 格兰仕 8.7 亚美 8.7
50 岁以上	48	格兰仕 20.8	蚬华 16.7	松下 10.4

● 广州（Guangzhou）

	人数	第一品牌及百分比	第二品牌及百分比	第三品牌及百分比
样本	**600**	**松下 10.8**	**格兰仕 6.5**	**惠而浦 5.7 蚬华 5.7**
男性	**282**	**松下 10.3**	**蚬华 7.1**	**格兰仕 6.7**
16-19 岁	30	松下 13.3	夏普 10.0	格兰仕 6.7
20-24 岁	36	格兰仕 13.9	惠而浦 8.3 松下 8.3 夏普 8.3	超霸 5.6
25-29 岁	35	惠而浦 11.4	格兰仕 5.7 蚬华 5.7	海尔 2.9 三菱 2.9 东芝 2.9 三洋 2.9 三星 2.9
30-34 岁	34	蚬华 11.8 松下 11.8	格兰仕 8.8	惠而浦 5.9 海尔 5.9
35-39 岁	40	松下 17.5	蚬华 15.0	格兰仕 2.5 惠而浦 2.5 万家乐 2.5
40-44 岁	41	松下 14.6	蚬华 7.3	格力 2.4 东芝 2.4 夏普 2.4
45-49 岁	26	松下 7.7	格兰仕 3.8 蚬华 3.8 三菱 3.8 夏普 3.8	
50 岁以上	40	格兰仕 12.5	蚬华 5.0 松下 5.0	夏普 2.5 惠而浦 2.5 高士达 2.5 华菱 2.5
女性	**318**	**松下 11.3**	**惠而浦 6.9**	**格兰仕 6.3**
16-19 岁	50	惠而浦 14.0	松下 12.0	海尔 8.0
20-24 岁	46	松下 15.2	飞利浦 10.9	蚬华 8.7
25-29 岁	63	惠而浦 7.9 蚬华 7.9	格兰仕 6.3 松下 6.3	东芝 4.8
30-34 岁	46	松下 15.2	格兰仕 13.0	惠而浦 4.3 海尔 4.3 夏普 4.3
35-39 岁	41	松下 17.1	格兰仕 7.3 海尔 7.3 夏普 7.3	东芝 2.4 三星 2.4 高士达 2.4 惠宝 2.4
40-44 岁	30	惠而浦 13.3	格兰仕 6.7 松下 6.7 三菱 6.7	东芝 3.3 日立 3.3 夏普 3.3
45-49 岁	13	松下 23.1	三菱 7.7 惠而浦 7.7	
50 岁以上	29	夏普 10.3	格兰仕 6.9 日立 6.9	上菱 3.4 蚬华 3.4 三菱 3.4 华凌 3.4

● 重庆（Chongqing）

	人数	第一品牌及百分比	第二品牌及百分比	第三品牌及百分比
样本	**600**	**格兰仕 8.5**	**松下 5.3**	**海尔 2.0**
男性	**308**	**格兰仕 7.8**	**松下 4.5**	**高士达 1.6 蚬华 1.6**
16-19 岁	43	松下 7.0	格兰仕 2.3 上菱 2.3 高士达 2.3 夏普 2.3 惠而浦 2.3 万家乐 2.3	
20-24 岁	53	格兰仕 17.0	松下 7.5	飞利浦 3.8
25-29 岁	43	格兰仕 7.0	松下 4.7 夏普 4.7	海尔 2.3 超霸 2.3 东芝 2.3
30-34 岁	38	格兰仕 10.5	海尔 5.3 日立 5.3	上菱 2.6 超霸 2.6 三洋 2.6 惠宝 2.6 惠而浦 2.6
35-39 岁	39	东芝 7.7	高士达 5.1 松下 5.1	格兰仕 2.6 大宇 2.6
40-44 岁	30	格兰仕 6.7 三星 6.7	松下 3.3	
45-49 岁	25	高士达 4.0 上菱 4.0 松下 4.0 东芝 4.0		
50 岁以上	37	格兰仕 10.8	超霸 2.7 松下 2.7 三菱 2.7 日立 2.7	
女性	**292**	**格兰仕 9.2**	**松下 6.2**	**海尔 2.7**
16-19 岁	43	松下 9.3	格兰仕 7.0	海尔 2.3 惠宝 2.3 飞利浦 2.3
20-24 岁	53	格兰仕 7.5 松下 7.5	夏普 3.8	蚬华 1.9 海尔 1.9 高士达 1.9 万家乐 1.9
25-29 岁	32	格兰仕 18.8	海尔 3.1 三菱 3.1 夏普 3.1	
30-34 岁	33	格兰仕 12.1	海尔 3.0 三洋 3.0	
35-39 岁	35	格兰仕 17.1	松下 5.7	高士达 2.9 东芝 2.9 飞跃 2.9
40-44 岁	32	松下 12.5	海尔 9.4	三洋 6.3
45-49 岁	27	格兰仕 7.4	松下 3.7 日立 3.7	
50 岁以上	37	松下 8.1	格兰仕 5.4	三菱 2.7 夏普 2.7 高士达 2.7 海霸 2.7

3-3 微波炉拥有比例 / Proportions of Microwave Oven Owners in the Sample

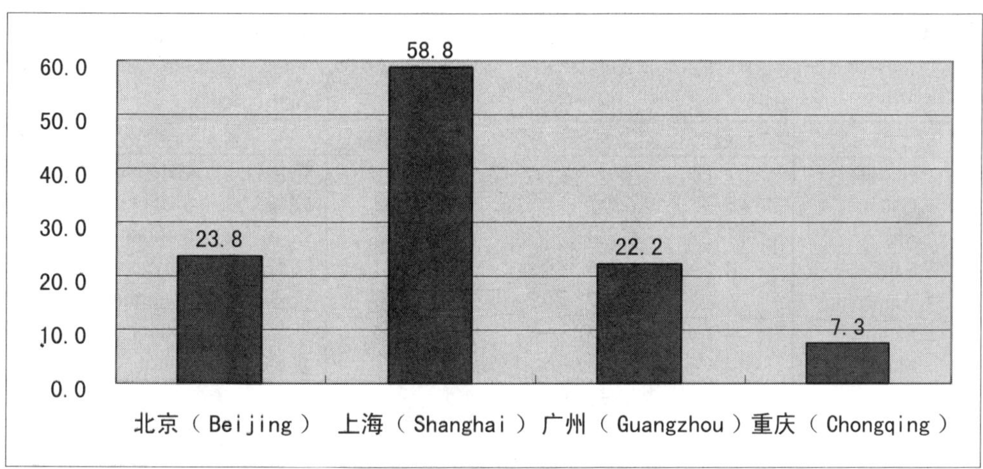

※四城市有效样本量均为 600 （n=600/city）

3-4 微波炉拥有量 / Number of Refrigerator Owned per Household

	北京（Beijing）	上海（Shanghai）	广州（Guangzhou）	重庆（Chongqing）
一台	99.3	98.3	99.2	100.0
两台	0.7	1.7	0.8	0.0
有效样本量	**143**	**352**	**133**	**44**

3-5 对样本家中现有微波炉（指最近购买的一台）的四个方面的描述 / About the Microwave Oven Most Recently Purchased

3-5-1 家中现有微波炉品牌排名 / Brand Ranking of the Currently Owned Microwave Oven

● 北京（Beijing）

排名	品牌		人数	百分比
1	松下	National	51	35.7
2	格兰仕	Galanz	41	28.7
3	夏普	Sharp	11	7.7
4	三洋	Sanyo	8	5.6
5	安宝路	Amproluck	6	4.2
6	新宝	Sampo	4	2.8
6	上菱	Shangling	4	2.8

n=143

● 上海（Shanghai）

排名	品牌		人数	百分比
1	格兰仕	Galanz	93	26.6
2	蚬华	SMC	87	24.9
3	松下	National	36	10.3
4	飞跃	Feiyue	26	7.4
5	上菱	Shangling	24	6.9
6	亚美	Yamei	17	4.9
7	夏普	Sharp	16	4.6

n=350

● 广州（Guangzhou）

排名	品牌		人数	百分比
1	松下	National	41	31.1
2	蚬华	SMC	26	19.7
3	格兰仕	Galanz	15	11.4
4	夏普	Sharp	14	10.6
5	惠而浦	Whirlpool	6	4.5
6	新宝	Sampo	5	3.8
6	三菱	Mitsubishi	5	3.8
6	东芝	Toshiba	5	3.8

n=132

● 重庆（Chongqing）

排名	品牌		人数	百分比
1	格兰仕	Galanz	12	27.3
2	松下	National	9	20.5
2	夏普	Sharp	4	9.1
4	上菱	Shangling	3	6.8
4	东芝	Toshiba	3	6.8
4	飞利浦	Philips	3	6.8

n=44

3-5-2 该微波炉的购买时间 / Time of Purchasing of the Currently Owned Microwave Oven

	北京（Beijing）	上海（Shanghai）	广州（Guangzhou）	重庆（Chongqing）
1985年以前	2.1	0.8	0.8	2.3
1986-1990年	5.6	4.5	2.3	2.3
1991-1992年	2.1	7.4	11.3	14.0
1993-1994年	9.1	22.1	24.8	9.3
1995年	21.7	24.1	24.1	11.6
1996年	30.8	28.0	24.1	34.9
1997年	28.7	13.1	12.8	25.6
有效样本量	**143**	**353**	**133**	**43**

3-5-3 该微波炉的价格 / The Price of the Currently Owned Microwave Oven

	北京（Beijing）	上海（Shanghai）	广州（Guangzhou）	重庆（Chongqing）
1000元以下	7.7	41.2	12.0	6.8
1001-2000元	48.3	43.5	43.6	47.7
2001-3000元	28.0	11.1	27.1	29.5
3001-4000元	7.7	1.7	8.3	11.4
4001-5000元	2.1	0.6	1.5	2.3
5000元以上	0.7	0.9	0.0	0.0
完全不知道	5.6	1.1	7.5	2.3
有效样本量	**143**	**352**	**133**	**44**

3-5-4 该微波炉的类型 / The Type of the Currently Owned Microwave Oven

	北京（Beijing）	上海（Shanghai）	广州（Guangzhou）	重庆（Chongqing）
普通型	53.8	86.9	53.4	34.1
含烧烤功能	46.2	13.1	46.6	65.9
有效样本量	**143**	**352**	**133**	**44**

3-6 微波炉未来购买打算 / Plan for Future Purchasing of a Microwave Oven

3-6-1 有无购买打算 / Whether Planning to Purchase

	北京（Beijing）	上海（Shanghai）	广州（Guangzhou）	重庆（Chongqing）
打算买	13.9	10.4	6.7	7.5
不打算买	86.1	89.6	93.3	92.5
有效样本量	**597**	**596**	**599**	**600**

3-6-2 打算购买的品牌排名 / The Brand of the Planned Purchase

● 北京（Beijing）

排名	品牌		人数	百分比
1	格兰仕	Galanz	53	66.3
2	松下	National	7	8.8
3	海尔	Haier	5	6.3
4	新宝	Sampo	4	5.0
5	东芝	Toshiba	3	3.8
6	惠而浦	Whirlpool	2	2.5
6	飞利浦	Philips	2	2.5

n=80

● 上海（Shanghai）

排名	品牌		人数	百分比
1	格兰仕	Galanz	25	41.7
2	松下	National	13	21.7
3	岘华	SMC	7	11.7
4	三星	Samsung	5	8.3
5	海尔	Haier	3	5.0
6	飞利浦	Philips	2	3.3

n=60

● 广州（Guangzhou）

排名	品牌		人数	百分比
1	格兰仕	Galanz	10	26.3
2	日立	Hitachi	5	13.2
3	飞利浦	Philips	4	10.5
4	蚬华	SMC	3	7.9
4	松下	National	3	7.9
4	东芝	Toshiba	3	7.9
4	夏普	Sharp	3	7.9

n=38

● 重庆（Chongqing）

排名	品牌		人数	百分比
1	格兰仕	Galanz	11	31.4
2	海尔	Haier	7	20.0
2	松下	National	7	20.0
4	上菱	Shangling	2	5.7
4	夏普	Sharp	2	5.7
4	高士达	LG	2	5.7

n=35

3-6-3 打算购买价格 / The Price of the Planned Purchase

	北京（Beijing）	上海（Shanghai）	广州（Guangzhou）	重庆（Chongqing）
1000 元以下	25.6	50.0	8.1	10.3
1001-2000 元	50.0	43.3	48.6	56.4
2001-3000 元	17.9	6.7	24.3	20.5
3001-4000 元	3.8	0.0	13.5	2.6
4001-5000 元	2.6	0.0	5.4	2.6
5000 元以上	0.0	0.0	0.0	7.7
有效样本量	**78**	**60**	**37**	**39**

3-7 选择不同品牌微波炉时的考虑因素 / Considerations in Choosing from Different Brands

注：本题为多选题，合计百分比超过 100%（Multiple answers）

● 北京（Beijing）

		人数	品牌印象	外型	价格	功率	容量大
样本		**143**	**53.1**	**19.6**	**39.9**	**14.7**	**12.6**
松下	National	51	66.7	15.7	29.4	15.7	5.9
格兰仕	Galanz	41	61.0	22.0	48.0	19.5	14.6
夏普	Sharp	11	54.5	27.3	18.2	9.1	18.2
三洋	Sanyo	8	62.5	12.5	27.5	12.5	37.5
安宝路	Amproluck	6	0.0	33.3	83.3	0.0	0.0
新宝	Sampo	4	25.0	75.0	25.0	0.0	25.0
上菱	Shangling	4	0.0	25.0	100.0	25.0	0.0

续上表（continued）

		人数	内壁材料	微电脑控制	售后服务	安全	其他
样本		**143**	**6.3**	**26.6**	**12.6**	**14.7**	**5.6**
松下	National	51	5.9	39.2	5.9	13.7	5.9
格兰仕	Galanz	41	4.9	14.6	17.1	19.5	7.3
夏普	Sharp	11	9.1	27.3	9.1	18.2	9.1
三洋	Sanyo	8	0.0	25.0	12.5	25.0	0.0
安宝路	Amproluck	6	33.3	33.3	16.7	0.0	0.0
新宝	Sampo	4	25.0	0.0	50.0	0.0	0.0
上菱	Shangling	4	0.0	25.0	0.0	0.0	0.0

● 上海（Shanghai）

		人数	品牌印象	外型	价格	功率	容量大
样本		**347**	**45.0**	**15.9**	**46.7**	**28.2**	**11.5**
格兰仕	Galanz	92	46.7	15.2	45.7	25.0	13.0
蚬华	SMC	86	45.3	10.5	55.8	30.2	16.3
松下	National	36	69.4	13.9	19.4	25.0	16.7
飞跃	Feiyue	26	34.6	3.8	65.4	23.1	0.0
上菱	Shangling	24	25.0	12.5	54.2	25.0	4.2
亚美	Yamei	16	18.3	6.3	62.5	43.8	0.0
夏普	Sharp	16	50.0	18.8	31.3	25.0	12.5

续上表（continued）

		人数	内壁材料	微电脑控制	售后服务	安全	其他
样本		**347**	**4.0**	**11.5**	**19.0**	**12.1**	**4.3**
格兰仕	Galanz	92	4.3	9.8	20.7	9.8	1.1
蚬华	SMC	86	2.3	8.1	12.8	10.5	3.5
松下	National	36	5.6	38.9	11.1	27.8	2.8
飞跃	Feiyue	26	3.8	3.8	23.1	15.4	3.8
上菱	Shangling	24	0.0	8.3	25.0	8.3	8.3
亚美	Yamei	16	0.0	0.0	31.3	6.3	25.0
夏普	Sharp	16	6.3	25.0	25.0	12.5	6.3

● 广州（Guangzhou）

		人数	品牌印象	外型	价格	功率	容量大
样本		130	43.1	16.9	36.2	23.8	5.4
松下	National	41	48.8	19.5	22.0	26.8	9.8
蚬华	SMC	25	44.0	12.0	60.0	12.0	4.0
格兰仕	Galanz	15	33.3	6.7	46.7	13.3	0.0
夏普	Sharp	14	28.6	21.4	35.7	28.6	14.3
惠而浦	whirlpool	6	50.0	33.3	16.7	16.7	0.0
新宝	Sampo	5	40.0	0.0	60.0	40.0	0.0
三菱	Mitsubishi	5	40.0	20.0	40.0	40.0	0.0
东芝	Toshiba	5	40.0	40.0	20.0	40.0	0.0

续上表（continued）

		人数	内壁材料	微电脑控制	售后服务	安全	其他
样本		130	8.5	25.4	7.7	22.3	6.2
松下	National	41	7.3	46.3	4.9	34.1	7.3
蚬华	SMC	25	8.0	12.0	16.0	4.0	8.0
格兰仕	Galanz	15	13.3	6.7	6.7	20.0	6.7
夏普	Sharp	14	7.1	28.6	14.3	21.4	0.0
惠而浦	whirlpool	6	0.0	33.3	0.0	0.0	16.7
新宝	Sampo	5	20.0	0.0	0.0	40.0	0.0
三菱	Mitsubishi	5	0.0	0.0	0.0	20.0	0.0
东芝	Toshiba	5	20.0	0.0	0.0	40.0	0.0

● 重庆（chongqing）

		人数	品牌印象	外型	价格	功率	容量大
样本		44	43.2	6.8	29.5	20.5	13.6
格兰仕	Galanz	12	50.0	0.0	33.3	8.3	8.3
松下	National	9	55.6	0.0	22.2	44.4	11.1
夏普	Sharp	4	50.0	25.0	50.0	50.0	50.0
上菱	Shangling	3	33.3	0.0	33.3	0.0	33.3
东芝	Toshiba	3	33.3	0.0	33.3	0.0	0.0
飞利浦	Philips	3	0.0	0.0	0.0	0.0	0.0

续上表（continued）

		人数	内壁材料	微电脑控制	售后服务	安全	其他
样本		44	6.8	22.7	18.2	29.5	4.5
格兰仕	Galanz	12	8.3	8.3	41.7	41.7	0.0
松下	National	9	0.0	11.1	0.0	22.2	0.0
夏普	Sharp	4	0.0	25.0	0.0	0.0	0.0
上菱	Shangling	3	0.0	0.0	0.0	33.3	33.3
东芝	Toshiba	3	0.0	33.3	33.3	0.0	33.3
飞利浦	Philips	3	33.3	66.7	33.3	0.0	0.0

3-8 微波炉购买决定者的人口特征 / The Demographics of the Decision Makers in Purchasing a Microwave Oven

● 北京（Beijing）

	人数	16-19 岁	20-24 岁	25-29 岁	30-34 岁	35-39 岁	40-44 岁	45-49 岁	50 岁以上
样本	**84**	**6.0**	**6.0**	**10.7**	**21.4**	**11.9**	**20.2**	**13.1**	**10.7**
男性	41	7.3	7.3	4.9	14.6	12.2	24.4	12.2	17.1
女性	43	4.7	4.7	16.3	27.9	11.6	16.3	14.0	4.7

● 上海（Shanghai）

	人数	16-19 岁	20-24 岁	25-29 岁	30-34 岁	35-39 岁	40-44 岁	45-49 岁	50 岁以上
样本	**223**	**2.7**	**6.3**	**9.0**	**17.5'**	**19.3**	**14.8**	**12.6**	**17.9**
男性	103	3.9	7.8	7.8	16.5	17.5	12.6	16.5	17.5
女性	120	1.7	5.0	10.0	18.3	20.8	16.7	9.2	18.3

● 广州（Guangzhou）

	人数	16-19 岁	20-24 岁	25-29 岁	30-34 岁	35-39 岁	40-44 岁	45-49 岁	50 岁以上
样本	**66**	**3.0**	**3.0**	**7.6**	**18.2**	**25.8**	**15.2**	**12.1**	**15.2**
男性	36	2.8	2.8	0.0	16.7	25.0	19.4	11.1	22.2
女性	30	3.3	3.3	16.7	20.0	26.7	10.0	13.3	6.7

● 重庆（Chongqing）

	人数	16-19 岁	20-24 岁	25-29 岁	30-34 岁	35-39 岁	40-44 岁	45-49 岁	50 岁以上
样本	**22**	**4.5**	**4.5**	**9.1**	**22.7**	**18.2**	**4.5**	**18.2**	**18.2**
男性	11	0.0	0.0	9.1	36.4	0.0	9.1	27.3	18.2
女性	11	9.1	9.1	9.1	9.1	36.4	0.0	9.1	18.2

3-9 关于北京消费群 / The Beijing Market Segments

3-9-1 不同消费群家中目前拥有品牌 / Brands of Microwave Oven Owned in Household by Market Segments

	人数	第一品牌及百分比	第二品牌及百分比	第三品牌及百分比
样本	**143**	**松下 35.7**	**格兰仕 28.7**	**夏普 7.7**
第一消费群	42	松下 47.6	格兰仕 26.2	夏普 7.1
第二消费群	25	松下 40.0	格兰仕 36.0	夏普 8.0
第三消费群	18	格兰仕 22.2 松下 22.2	蚬华 16.7	新宝 5.6 东芝 5.6 高士达 5.6 日立 5.6 安宝路 5.6 三星 5.6
第四消费群	3	三洋 66.7	松下 33.3	
第五消费群	35	格兰仕 31.4	松下 28.6	夏普 8.6
第六消费群	20	格兰仕 30.0 松下 30.0	安宝路 15.0 夏普 15.0	新宝 5.0 三洋 5.0

3-9-2 不同消费群的理想品牌 / The Ideal Brands by Market Segments

	人数	第一品牌及百分比	第二品牌及百分比	第三品牌及百分比
样本	**600**	**格兰仕 23.5**	**松下 18.0**	**三洋 2.8**
第一消费群	137	格兰仕 23.4	松下 19.7	三洋 2.1 夏普 2.1
第二消费群	94	格兰仕 31.9	松下 23.4	海尔 2.1
第三消费群	112	格兰仕 18.8	松下 10.7	日立 4.5
第四消费群	5	松下 20.0 三洋 20.0 飞利浦 20.0		
第五消费群	131	格兰仕 24.4	松下 16.8	三洋 4.6
第六消费群	121	格兰仕 21.5	松下 19.8	安宝路 1.7 东芝 1.7 日立 1.7

3-9-3 不同消费群选择微波炉时的考虑因素 / Considerations in Choosing from Different Brands by Market Segments

注：本题为多选题，合计百分比超过 100%（Multiple answers）

	人数	品牌印象	外型	价格	功率	容量大
样本	**143**	**53.1**	**19.6**	**39.9**	**14.7**	**12.6**
第一消费群	42	61.9	19.0	50.0	11.9	14.3
第二消费群	25	68.0	20.0	40.0	12.0	4.0
第三消费群	18	33.3	16.7	38.9	5.6	5.6
第四消费群	3	100.0	33.3	66.7	0.0	0.0
第五消费群	35	37.1	11.4	34.3	28.6	14.3
第六消费群	20	55.0	35.0	25.0	10.0	25.0

续上表（continued）

	人数	内壁材料	微电脑控制	售后服务	安全	其他
样本	**143**	**6.3**	**26.6**	**12.6**	**14.7**	**5.6**
第一消费群	42	2.4	21.4	7.1	16.7	7.1
第二消费群	25	4.0	20.0	8.0	16.0	8.0
第三消费群	18	11.1	33.3	11.1	16.7	5.6
第四消费群	3	0.0	33.3	33.3	0.0	0.0
第五消费群	35	8.6	34.3	25.7	20.0	2.9
第六消费群	20	10.0	25.0	5.0	0.0	5.0

注：北京消费群的代表特征 / Characteristics of the Beijing Market Segments

		第一消费群	第二消费群	第三消费群	第四消费群	第五消费群	第六消费群
基本情况	性别	女	男	无明显偏向	男	无明显偏向	女
	年龄	30 — 34 岁	25 — 29 岁	35 — 44 岁	无明显偏向	16 — 24 岁	45 岁以上
	学历	大专/大本	大本	初中	大本及研究生	高中/中专/技校	初中及以下
	职业	科教卫生人员	一般企业职员	工人	管理人员/专门职业从事者/个体及私营企业主	学生	离退休人员
	月均收入	801 — 1500 元	1501 — 4000 元	800 元以下	4000 元以上	无收入	800 元以下
	婚姻	已婚	无明显偏向	已婚	已婚或离异	未婚	已婚
心理取向		注重学历 非积极进取	不循规传统 非单一电视娱乐	非田园倾向 新女性主张 金钱本位	注重经验 大男子主义 不保守稳定	非“大男子主义” 追随流行	非“新女性主张” 非浪漫新潮 单一电视娱乐

3-10 关于上海消费群 / The Shanghai Market Segments

3-10-1 不同消费群家中目前拥有品牌 / Brands of Microwave Oven Owned in Household by Market Segments

	人数	第一品牌及百分比	第二品牌及百分比	第三品牌及百分比
样本	**350**	**格兰仕 26.6**	**蚬华 24.9**	**松下 10.3**
第一消费群	102	蚬华 24.5	格兰仕 22.5	飞跃 10.8
第二消费群	47	格兰仕 27.7	蚬华 19.1	松下 8.5 夏普 8.5
第三消费群	5	松下 40.0	上菱 20.0 蚬华 20.0	
第四消费群	69	格兰仕 26.1 蚬华 26.1	上菱 11.6 松下 11.6	飞跃 8.7
第五消费群	40	蚬华 32.5	格兰仕 27.5	亚美 10.0
第六消费群	87	格兰仕 32.2	蚬华 24.1	松下 13.8

3-10-2 不同消费群的理想品牌 / The Ideal Brands by Market Segments

	人数	第一品牌及百分比	第二品牌及百分比	第三品牌及百分比
样本	**600**	**格兰仕 21.5**	**松下 18.3**	**蚬华 14.3**
第一消费群	145	松下 21.4	格兰仕 20.0	蚬华 17.2
第二消费群	92	格兰仕 20.7	松下 16.3	蚬华 12.0
第三消费群	10	蚬华 20.0	格兰仕 10.0 上菱 10.0 松下 10.0 三菱 10.0 日立 10.0 夏普 10.0 三洋 10.0 超霸 10.0	
第四消费群	135	格兰仕 20.7	蚬华 14.1	松下 13.3
第五消费群	68	格兰仕 20.6	蚬华 16.2	松下 13.2
第六消费群	150	格兰仕 25.3	松下 24.0	蚬华 12.0

3-10-3 不同消费群选择微波炉时的考虑因素 / Considerations in Choosing from Different Brands by Market Segments

注：本题为多选题，合计百分比超过 100%（Multiple answers）

	人数	品牌印象	外型	价格	功率	容量大
样本	**351**	**45.0**	**15.7**	**46.2**	**28.5**	**11.4**
第一消费群	101	47.5	16.8	54.5	28.7	8.9
第二消费群	47	59.6	17.0	40.4	23.4	14.9
第三消费群	5	20.0	0.0	20.0	40.0	20.0
第四消费群	69	40.6	11.6	44.9	31.9	7.2
第五消费群	40	32.5	20.0	57.5	37.5	7.5
第六消费群	89	44.9	15.7	37.1	23.6	16.9

续上表（continued）

	人数	内壁材料	微电脑控制	售后服务	安全	其他
样本	**351**	**4.0**	**11.4**	**18.8**	**12.0**	**4.6**
第一消费群	101	4.0	7.9	15.8	12.9	6.9
第二消费群	47	2.1	12.8	17.0	6.4	4.3
第三消费群	5	0.0	0.0	40.0	20.0	20.0
第四消费群	69	4.3	10.1	18.8	10.1	4.3
第五消费群	40	2.5	12.5	27.5	15.0	2.5
第六消费群	89	5.6	15.7	18.0	13.5	2.2

注：上海消费群的代表特征 / Characteristics of the Shanghai Market Segments

		第一消费群	第二消费群	第三消费群	第四消费群	第五消费群	第六消费群
基本情况	性别	无明显偏向	男	男	女	女	无明显偏向
	年龄	45 岁以上	20 — 29 岁	25 — 34 岁	35 — 44 岁	16 — 24 岁	30 — 39 岁
	学历	大本及以上	大专/大本	大专	初中及以下	高中/中专/技校	高中/中专/技校
	职业	科教卫生人员/离退休人员	一般企业职员	行政管理人员/个体及私营企业主/专门职业从事者	工人/下岗人员	学生	一般企业职员
	月均收入	801 — 1500 元	1001 — 3000 元	3000 元以上	800 元以下	无收入	1001 — 2000 元
	婚姻	已婚	未婚	未婚	已婚	未婚	已婚
心理取向		非浪漫时尚 非金钱本位 保守稳定	非家庭重心 田园倾向 休闲独立	不保守稳定 奔波忙碌 浪漫时尚	金钱本位 家庭重心 注重学历	新家庭观念 非休闲独立	不积极进取 不奔波忙碌

3-11 关于广州消费群 / The Guangzhou Market Segments

3-11-1 不同消费群家中目前拥有品牌 / Brands of Microwave Oven Owned in Household by Market Segments

	人数	第一品牌及百分比	第二品牌及百分比	第三品牌及百分比
样本	**132**	**松下 31.1**	**蚬华 19.7**	**格兰仕 11.4**
第一消费群	17	松下 35.3	蚬华 11.8 日立 11.8	格兰仕 5.9 三菱 5.9 惠而浦 5.9 飞利浦 5.9 夏普 5.9 东芝 5.9 康宝 5.9
第二消费群	20	夏普 25.0	新宝 15.0 蚬华 15.0 松下 15.0	格兰仕 10.0
第三消费群	29	松下 37.9	三菱 13.8	格兰仕 6.9 夏普 6.9 惠而浦 6.9
第四消费群	24	蚬华 33.3	松下 29.2	格兰仕 20.8
第五消费群	16	松下 25.0	蚬华 18.8	惠而浦 12.5 东芝 12.5 夏普 12.5
第六消费群	26	松下 38.5	蚬华 19.2	格兰仕 15.4

3-11-2 不同消费群的理想品牌 / The Ideal Brands by Market Segments

	人数	第一品牌及百分比	第二品牌及百分比	第三品牌及百分比
样本	**600**	**松下 10.8**	**格兰仕 6.5**	**蚬华 5.7 惠而浦 5.7**
第一消费群	94	松下 9.6	惠而浦 8.5	格兰仕 5.3 海尔 5.3
第二消费群	126	松下 6.3	格兰仕 5.6	蚬华 4.0 三菱 4.0
第三消费群	99	松下 19.2	惠而浦 12.1	飞利浦 7.1
第四消费群	100	松下 16.0	格兰仕 8.0 蚬华 8.0	夏普 4.0
第五消费群	99	松下 6.1	蚬华 5.1	海尔 4.0 东芝 4.0 日立 4.0 惠而浦 4.0
第六消费群	82	格兰仕 13.4	松下 8.5 夏普 8.5	蚬华 7.3

3-11-3 不同消费群购买微波炉时的考虑因素 / Considerations in Choosing from Different Brands by Market Segments

注：本题为多选题，合计百分比超过 100%（Multiple answers）

	人数	品牌印象	外型	价格	功率	容量大
样本	131	42.7	16.8	36.6	23.7	5.3
第一消费群	17	23.5	23.5	29.4	35.3	5.9
第二消费群	21	38.1	14.3	52.4	33.3	0.0
第三消费群	29	41.4	20.7	20.7	31.0	6.9
第四消费群	23	60.9	4.3	52.2	0.0	8.7
第五消费群	16	31.3	18.8	37.5	37.5	0.0
第六消费群	25	52.0	20.2	32.0	12.0	8.0

续上表（continued）

	人数	内壁材料	微电脑控制	售后服务	安全	其他
样本	131	8.4	25.2	7.6	22.1	6.1
第一消费群	17	11.8	35.3	0.0	29.4	5.9
第二消费群	21	4.8	9.5	14.3	9.5	0.0
第三消费群	29	10.3	31.0	3.4	31.0	0.0
第四消费群	23	13.0	39.1	13.0	13.0	13.8
第五消费群	16	6.3	18.8	6.3	31.3	0.0
第六消费群	25	4.0	16.0	8.0	20.0	12.0

注：广州消费群的代表特征 / Characteristics of the Guangzhou Market Segments

		第一消费群	第二消费群	第三消费群	第四消费群	第五消费群	第六消费群
基本情况	性别	女	无明显偏向	女	男	女	男
	年龄	16 － 19 岁	40 岁以上	20 － 24 岁	35 － 44 岁	30 － 34 岁	25 － 29 岁
	学历	高中/中专/技校	无明显偏向	高中/中专/技校/大专	初中/高中/中专/技校	初中及以下	大专及以上
	职业	学生	工人	学生/待业人员	个体及私营企业主	家庭主妇	企业职员/管理人员/科教卫生人员/专门职业者
	月均收入	无收入	1500 元以下	无收入	801 － 1500 元	800 元以下	2000 元以上
	婚姻	未婚	已婚	未婚	已婚	已婚	无明显偏向
心理取向		不固守中式生活 田园倾向 非大男子主义	非新女性主张 不追随流行 非积极进取	独立自主 追随流行	积极进取 大男子主义 中式生活	单一电视娱乐 非独立自主 保守稳定	非单一电视娱乐 非家庭重心

3-12 关于重庆消费群 / The Chongqing Market Segments

3-12-1 不同消费群家中目前拥有品牌 / Brands of Microwave Oven Owned in Household by Market Segments

	人数	第一品牌及百分比	第二品牌及百分比	第三品牌及百分比
样本	**44**	**格兰仕 27.3**	**松下 20.5**	**夏普 9.1**
第一消费群	11	格兰仕 27.3	上菱 18.2	高士达 9.1 惠宝 9.1 飞利浦 9.1 松下 9.1 东芝 9.1 夏普 9.1
第二消费群	17	松下 35.3	格兰仕 17.6	飞利浦 11.8 夏普 11.8 东芝 11.8
第三消费群	8	格兰仕 50.0	惠而浦 12.5 上菱 12.5 超霸 12.5 松下 12.5	
第四消费群	7	格兰仕 28.6	惠而浦 14.3 松下 14.3 海尔 14.3 夏普 14.3 高士达 14.3	
第五消费群	1	惠宝 100.0		
第六消费群	0	0.0	0.0	0.0

3-12-2 不同消费群的理想品牌 / The Ideal Brands by Market Segments

	人数	第一品牌及百分比	第二品牌及百分比	第三品牌及百分比
样本	**600**	**格兰仕 8.5**	**松下 5.3**	**海尔 2.0**
第一消费群	133	松下 6.0	格兰仕 5.3	高士达 2.3 三洋 2.3
第二消费群	123	格兰仕 8.1 松下 8.1	海尔 1.6 三菱 1.6 东芝 1.6	
第三消费群	124	格兰仕 17.7	松下 8.1	高士达 2.4 东芝 2.4 夏普 2.4
第四消费群	24	格兰仕 20.0 松下 20.0	海尔 4.2 上菱 4.2 日立 4.2 夏普 4.2 高士达 4.2 三洋 4.2 惠而浦 4.2	
第五消费群	162	格兰仕 6.2	海尔 2.5	飞利浦 1.2 松下 1.2 三星 1.2 高士达 1.2 三洋 1.2
第六消费群	34	海尔 2.9 日立 2.9 夏普 2.9		

3-12-3 不同消费群购买微波炉时的考虑因素 / Considerations in Choosing from Different Brands by Market Segments

注：本题为多选题，合计百分比超过 100%（Multiple answers）

	人数	品牌印象	外型	价格	功率	容量大
样本	44	43.2	6.8	29.5	20.5	13.6
第一消费群	11	45.5	9.1	18.2	18.2	45.5
第二消费群	17	41.2	0.0	23.5	29.4	0.0
第三消费群	8	50.0	0.0	50.0	12.5	0.0
第四消费群	7	42.9	14.3	28.6	14.3	14.3
第五消费群	1	0.0	100.0	100.0	0.0	0.0
第六消费群	0	0.0	0.0	0.0	0.0	0.0

续上表（continued）

	人数	内壁材料	微电脑控制	售后服务	安全	其他
样本	44	6.8	22.7	18.2	29.5	4.5
第一消费群	11	0.0	36.4	18.2	45.5	0.0
第二消费群	17	5.9	23.5	11.8	23.5	5.9
第三消费群	8	0.0	12.5	25.0	37.5	12.5
第四消费群	7	14.3	14.3	28.6	14.3	0.0
第五消费群	1	100.0	0.0	0.0	0.0	0.0
第六消费群	0	0.0	0.0	0.0	0.0	0.0

注：重庆消费群的代表特征 / Characteristics of the Chongqing Market Segments

		第一消费群	第二消费群	第三消费群	第四消费群	第五消费群	第六消费群
基本情况	性别	无明显偏向	无明显偏向	无明显偏向	无明显偏向	无明显偏向	女
	年龄	16 — 19 岁	45 岁以上	20 — 29 岁	30 — 34 岁	40 岁以上	25 — 29 岁
	学历	高中/中专/技校	高中/中专/技校	大专/大本	高中/中专/技校/大本以上	初中及以下	初中
	职业	学生	行政管理人员/离退休人员	科教卫生人员/一般企业职员	个体及私营企业主	工人	专门职业从事者下岗及其他
	月均收入	无收入	501 — 800 元	801 — 1500 元	1500 元以上	500 元以下	1001 — 1500 元
	婚姻	未婚	已婚	无明显偏向	已婚	已婚	已婚或离异
心理取向		浪漫新潮 注重学历 非现实家庭观	循规传统 奔波忙碌 保守稳定	新女性主张 非功利心态	功利心态 现实家庭观 都市情结	非浪漫新潮 非独立休闲	非新女性主张 不循规传统 独立休闲

4 洗衣机 / Washing Machine

4-1 理想品牌排名 / Ranking of the Ideal Brands

● 北京（Beijing）

排名	品	牌	人数	百分比
1	小天鹅	Little Swan	174	29.0
2	小鸭·圣吉奥	Xiaoya	109	18.2
3	白菊	Baiju	46	7.7
3	海尔	Haier	46	7.7
5	松下	National	29	4.8
6	白兰	Bailan	23	3.8
7	西门子	Siemens	19	3.2
8	威力	Weili	14	2.3
9	海棠	Haitang	13	2.2

n=600

● 上海（Shanghai）

排名	品	牌	人数	百分比
1	水仙	Narcissus	184	30.7
2	小天鹅	Little Swan	99	16.5
3	小鸭·圣吉奥	Xiaoya	89	14.8
4	海尔	Haier	43	7.2
5	申花	Shenhua	41	6.8
6	松下	National	33	5.5
7	日立	Hitachi	20	3.3
8	西门子	Siemens	17	2.8
9	惠而浦	Whirlpool	13	2.2
9	上海	Shanghai	13	2.2

n=600

● 广州（Guangzhou）

排名	品	牌	人数	百分比
1	威力	Weili	84	14.0
2	小天鹅	Little Swan	70	11.7
3	松下	National	69	11.5
4	金羚	Jinling	43	7.2
4	凤凰	Phoenix	43	7.2
6	惠而浦	Whirlpool	37	6.2
7	小鸭·圣吉奥	Xiaoya	30	5.0
8	日立	Hitachi	21	3.5
8	西门子	Siemens	21	3.5
10	海尔	Haier	19	3.2

n=600

● 重庆（Chongqing）

排名	品	牌	人数	百分比
1	小天鹅	Little Swan	144	24.0
2	三峡	Sanxia	121	20.2
3	海尔	Haier	92	15.3
4	小鸭·圣吉奥	Xiaoya	68	11.3
5	松下	National	16	2.7
6	威力	Weili	15	2.5
7	金羚	Jinling	9	1.5
8	东芝	Toshiba	5	0.8

n=600

4-2 样本总体、男性各年龄层、女性各年龄层的理想品牌 / The Ideal Brands by the Whole Sample, Age and Gender Groups

● 北京（Beijing）

	人数	第一品牌及百分比		第二品牌及百分比		第三品牌及百分比	
样本	**600**	**小天鹅**	**29.0**	**小鸭・圣吉奥**	**18.2**	**白菊**	**7.7**
						海尔	**7.7**
男性	**298**	**小天鹅**	**25.8**	**小鸭・圣吉奥**	**18.5**	**海尔**	**9.4**
16-19 岁	26	小鸭・圣吉奥	46.2	小天鹅	19.2	海尔	11.5
20-24 岁	36	小鸭・圣吉奥	19.4	海尔	13.9	小天鹅	11.1
25-29 岁	41	小天鹅	31.7	小鸭・圣吉奥	19.5	威力	12.2
30-34 岁	47	小天鹅	34.0	海尔	14.9	白菊	10.6
35-39 岁	43	小天鹅	34.9	小鸭・圣吉奥	16.3	海棠	4.7
						白菊	4.7
						松下	4.7
40-44 岁	42	小天鹅	21.4	小鸭・圣吉奥	14.3	海尔	9.5
45-49 岁	24	小鸭・圣吉奥	20.8	小天鹅	16.7	海尔	12.5
50 岁以上	39	小天鹅	28.2	小鸭・圣吉奥	15.4	白菊	10.3
女性	**302**	**小天鹅**	**32.1**	**小鸭・圣吉奥**	**17.9**	**白菊**	**8.3**
16-19 岁	23	小天鹅	34.8	小鸭・圣吉奥	21.7	海尔	13.0
20-24 岁	35	小天鹅	31.4	小鸭・圣吉奥	17.1	松下	8.6
25-29 岁	36	小天鹅	44.4	小鸭・圣吉奥	22.2	松下	8.3
30-34 岁	49	小天鹅	32.7	小鸭・圣吉奥	16.3	白菊	10.2
35-39 岁	45	小天鹅	40.0	小鸭・圣吉奥	15.6	白菊	11.1
40-44 岁	40	小天鹅	20.0	小鸭・圣吉奥	17.5	松下	15.0
45-49 岁	26	小天鹅	34.6	小鸭・圣吉奥	15.4	白菊	11.5
50 岁以上	48	小天鹅	22.9	小鸭・圣吉奥	18.8	白菊	10.4

● 上海（Shanghai）

	人数	第一品牌及百分比		第二品牌及百分比		第三品牌及百分比	
样本	**600**	**水仙**	**30.7**	**小天鹅**	**16.5**	**小鸭・圣吉奥**	**14.8**
男性	**307**	**水仙**	**30.6**	**小天鹅**	**16.6**	**小鸭・圣吉奥**	**10.7**
16-19岁	22	小天鹅	18.2	小鸭・圣吉奥	13.6	日立	9.1
				水仙	13.6		
				海尔	13.6		
20-24岁	34	水仙	32.4	小鸭・圣吉奥	20.6	小天鹅	11.8
						申花	11.8
25-29岁	42	水仙	28.6	小天鹅	19.0	海尔	11.9
						申花	11.9
30-34岁	56	水仙	28.6	小鸭・圣吉奥	16.1	小天鹅	14.3
35-39岁	51	水仙	43.1	申花	15.7	小天鹅	13.7
40-44岁	31	水仙	29.0	小天鹅	16.1	海尔	12.9
45-49岁	26	水仙	38.5	小鸭・圣吉奥	11.5	海尔	3.8
				小天鹅	11.5	凯歌	3.8
				申花	11.5	日立	3.8
						惠而浦	3.8
						飞利浦	3.8
						上海	3.8
50岁以上	45	小天鹅	26.7	水仙	24.4	小鸭・圣吉奥	13.3
女性	**293**	**水仙**	**30.7**	**小鸭・圣吉奥**	**19.1**	**小天鹅**	**16.4**
16-19岁	24	小鸭・圣吉奥	37.5	水仙	16.7	小天鹅	12.5
20-24岁	32	水仙	31.3	小鸭・圣吉奥	21.9	松下	6.3
				小天鹅	21.9	西门子	6.3
25-29岁	37	小鸭・圣吉奥	29.7	水仙	24.3	海尔	10.8
30-34岁	50	水仙	34.0	小天鹅	20.0	小鸭・圣吉奥	18.0
35-39岁	44	水仙	38.6	小天鹅	13.6	海尔	11.4
40-44岁	35	水仙	37.1	小鸭・圣吉奥	25.7	小天鹅	8.6
45-49岁	23	小鸭・圣吉奥	21.7	水仙	13.0	海尔	8.7
		小天鹅	21.7			申花	8.7
						日立	8.7
50岁以上	48	水仙	35.4	小天鹅	22.9	小鸭・圣吉奥	8.3

● 广州（Guangzhou）

	人数	第一品牌及百分比	第二品牌及百分比	第三品牌及百分比
样本	**600**	**威力 14.0**	**小天鹅 11.7**	**松下 11.5**
男性	**282**	**威力 16.7**	**小天鹅 11.3**	**松下 10.6**
16-19 岁	30	威力 16.7	西门子 13.3	日立 10.0
20-24 岁	36	威力 19.4	松下 16.7	小天鹅 13.9
25-29 岁	35	小天鹅 17.1	威力 14.3	松下 11.4
30-34 岁	34	松下 23.5	小天鹅 14.7	金羚 11.8
35-39 岁	40	威力 25.0	小天鹅 12.5	金羚 7.5
				惠而浦 7.5
40-44 岁	41	小天鹅 14.6	威力 12.2	松下 9.8
45-49 岁	26	威力 15.4	小天鹅 11.5	海尔 7.7
		金羚 15.4		松下 7.7
50 岁以上	40	威力 22.5	凤凰 10.0	松下 7.5
				惠而浦 7.5
				高宝 7.5
女性	**318**	**松下 12.3**	**小天鹅 11.9**	**威力 11.6**
16-19 岁	50	惠而浦 14.0	小天鹅 10.0	日立 8.0
			凤凰 10.0	
20-24 岁	46	惠而浦 19.6	小天鹅 10.9	松下 8.7
			威力 10.9	西门子 8.7
			金羚 10.9	
			凤凰 10.9	
25-29 岁	63	威力 19.0	松下 17.5	小天鹅 7.9
				金羚 7.9
30-34 岁	46	小天鹅 17.4 松下 17.4	威力 8.7	小鸭・圣吉奥 6.5
				金羚 6.5
35-39 岁	41	小天鹅 19.5	凤凰 17.1	威力 9.8
40-44 岁	30	威力 16.7	金羚 13.3	小鸭・圣吉奥 10.0
			松下 13.3	小天鹅 10.0
45-49 岁	13	松下 23.1	小天鹅 15.4	威力 7.7
			惠而浦 15.4	金羚 7.7
				海尔 7.7
				凤凰 7.7
				日立 7.7
				西门子 7.7
50 岁以上	29	威力 17.2	松下 10.3	小天鹅 6.9
				凤凰 6.9
				小鸭・圣吉奥 6.9

● 重庆（Chongqing）

	人数	第一品牌及百分比		第二品牌及百分比		第三品牌及百分比	
样本	**600**	**小天鹅**	**24.0**	**三峡**	**20.2**	**海尔**	**15.3**
男性	**308**	**小天鹅**	**23.7**	**三峡**	**20.5**	**海尔**	**15.6**
16-19 岁	43	小天鹅	32.6	三峡	18.6	海尔	14.0
20-24 岁	53	小天鹅	22.6	海尔	18.9	三峡	15.1
25-29 岁	43	小天鹅	30.2	海尔	14.0	三峡	11.6
				小鸭·圣吉奥	14.0		
30-34 岁	38	小天鹅	28.9	三峡	21.1	海尔	18.4
35-39 岁	39	三峡	28.2	小天鹅	20.5	海尔	15.4
40-44 岁	30	三峡	26.7	海尔	20.0	小天鹅	13.3
45-49 岁	25	三峡	28.0	小天鹅	16.0	小鸭·圣吉奥	12.0
50 岁以上	37	三峡	21.6	小天鹅	18.9	小鸭·圣吉奥	16.2
女性	**292**	**小天鹅**	**24.3**	**三峡**	**19.9**	**海尔**	**15.1**
16-19 岁	43	小天鹅	25.6	三峡	16.3	小鸭·圣吉奥	11.6
				海尔	16.3		
20-24 岁	53	小天鹅	30.2	三峡	26.4	海尔	13.2
25-29 岁	32	小天鹅	28.1	海尔	25.0	三峡	15.6
30-34 岁	33	小天鹅	27.3	三峡	18.2	海尔	12.1
35-39 岁	35	小天鹅	28.6	小鸭·圣吉奥	17.1	三峡	14.3
						海尔	14.3
40-44 岁	32	三峡	21.9	小天鹅	15.6	小鸭·圣吉奥	12.5
				海尔	15.6		
45-49 岁	27	小鸭·圣吉奥	29.6	小天鹅	14.8	海尔	11.1
50 岁以上	37	三峡	24.3	小天鹅	18.9	海尔	13.5

4-3 洗衣机拥有比例（%） / Proportions of Washing Machine Owners in the Sample

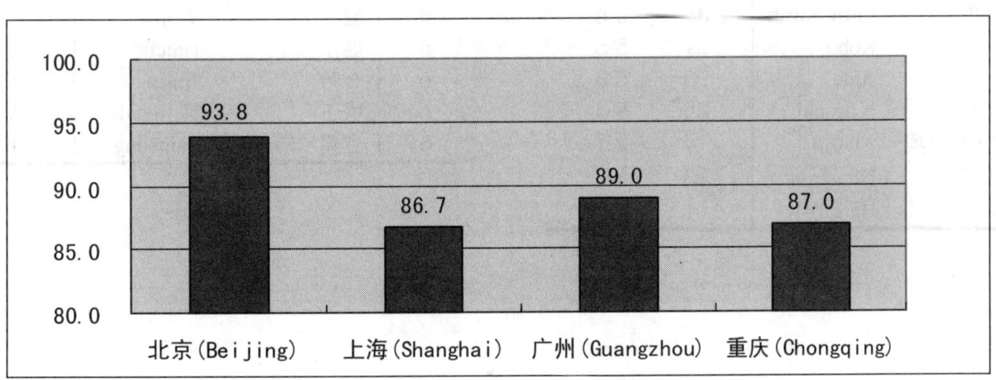

※ 四城市有效样本量均为 600 （n=600/city）

4-4 洗衣机拥有量 / Number of Washing Machine Owned per Household

	北京（Beijing）	上海（Shanghai）	广州（Guangzhou）	重庆（Chongqing）
一台	94.5	96.9	95.1	96.9
两台	5.3	3.1	4.9	3.1
三台	0.2	0.0	0.0	0.0
有效样本量	**563**	**518**	**529**	**522**

4-5 对样本家中现有洗衣机（指最近购买的一台）的四个方面的描述 / About the Washing Machine Most Recently Purchased

4-5-1 家中现有洗衣机的品牌排名 / Brand Ranking of the Currently Owned Washing Machine

● 北京（Beijing）

排名	品牌		人数	百分比
1	白菊	Baiju	133	23.6
2	小天鹅	Little Swan	93	16.5
3	白兰	Bailan	88	15.6
4	海棠	Haitang	43	7.6
5	小鸭·圣吉奥	Xiaoya	25	4.4
6	松下	National	18	3.2
7	水仙	Narcissus	17	3.0
8	友谊	Friendship	16	2.8
9	威力	Weili	15	2.7
10	海尔	Haier	12	2.1

n=563

● 上海（Shanghai）

排名	品牌		人数	百分比
1	水仙	Narcissus	255	49.1
2	申花	Shenghua	70	13.5
3	小天鹅	Little Swan	45	8.7
4	上海	Shanghai	26	5.0
5	小鸭·圣吉奥	Xiaoya	20	3.9
6	日立	Hitachi	13	2.5
7	松下	National	12	2.3
8	凯歌	Kaige	11	2.1
9	海尔	Haier	8	1.5
9	司其乐	Siqile	8	1.5

n=519

● 广州（Guangzhou）

排名	品牌		人数	百分比
1	威力	Weili	111	21.1
2	凤凰	Phoenix	91	17.3
3	金羚	Jinling	62	11.8
4	小天鹅	Little Swan	36	6.8
5	高宝	Kobo	29	5.5
6	爱德	Aide	28	5.3
6	松下	National	28	5.3
8	小鸭·圣吉奥	Xiaoya	14	2.7
9	日立	Hitachi	13	2.5
10	海尔	Haier	11	2.1

n=526

● 重庆（Chongqing）

排名	品牌		人数	百分比
1	三峡	Sanxia	323	62.1
2	小天鹅	Little Swan	57	11.0
3	小鸭·圣吉奥	Xiaoya	19	3.7
4	威力	Weili	16	3.1
5	海尔	Haier	10	1.9
6	金羚	Jinling	9	1.7
6	松下	National	9	1.7
8	三星	Samsung	8	1.5

n=520

4-5-2 该洗衣机的购买时间 / Time of Purchasing of the Currently Owned Washing Machine

	北京（Beijing）	上海（Shanghai）	广州（Guangzhou）	重庆（Chongqing）
1985 年以前	15.1	11.0	7.0	9.8
1986-1990 年	27.2	35.5	20.5	28.3
1991 年	6.9	7.3	8.9	9.6
1992 年	6.6	7.5	8.3	7.9
1993 年	7.3	7.9	11.5	11.3
1994 年	7.1	6.0	13.0	8.8
1995 年	13.9	9.2	13.9	11.0
1996 年	10.5	11.8	14.3	10.2
1997 年	5.5	3.9	2.6	3.1
有效样本量	**563**	**519**	**531**	**520**

4-5-3 该洗衣机的价格 / The Price of the Currently Owned Washing Machine

	北京（Beijing）	上海（Shanghai）	广州（Guangzhou）	重庆（Chongqing）
1000 元以下	26.6	31.7	12.2	39.0
1001-2000 元	33.4	36.6	31.3	35.1
2001-3000 元	25.4	16.8	28.1	13.1
3001-4000 元	8.2	7.2	10.9	7.7
4001-5000 元	1.1	1.2	5.3	0.4
5001-10000 元	0.9	1.5	2.3	1.0
10000 元以上	1.2	1.2	1.7	0.0
完全不知道	3.2	3.9	8.3	3.8
有效样本量	**563**	**517**	**533**	**521**

4-5-4 该洗衣机的类型 / The Type of the Currently Owned Washing Machine

	北京（Beijing）	上海（Shanghai）	广州（Guangzhou）	重庆（Chongqing）
普通单缸	4.6	5.4	11.0	9.1
普通双缸	60.4	66.1	35.0	73.6
波轮全自动	25.9	16.4	37.6	10.8
滚筒全自动	8.7	11.6	16.1	6.2
其他	0.4	0.6	0.2	0.4
有效样本量	**563**	**519**	**534**	**519**

4-6 洗衣机未来购买打算 / Plan for Future Purchasing of a Washing Machine

4-6-1 有无购买打算 / Whether Planning to Purchase

	北京（Beijing）	上海（Shanghai）	广州（Guangzhou）	重庆（Chongqing）
打算买	9.4	11.1	7.0	12.0
不打算买	90.6	88.9	93.0	88.0
有效样本量	**598**	**595**	**600**	**600**

4-6-2 打算购买的品牌排名 / The Brand of the Planned Purchase

● 北京（Beijing）

排名	品牌		人数	百分比
1	小天鹅	Little Swan	22	43.1
2	小鸭·圣吉奥	Xiaoya	14	27.5
3	海尔	Haier	5	9.8
4	西门子	Siemens	3	5.9
5	白兰	Bailan	2	3.9
5	荣事达	Rongshida	2	3.9

n=51

● 上海（Shanghai）

排名	品牌		人数	百分比
1	水仙	Narcissus	15	23.8
2	小天鹅	Little Swan	13	20.6
3	小鸭·圣吉奥	Xiaoya	9	14.3
4	惠而浦	Whirlpool	8	12.7
5	海尔	Haier	7	11.1
6	西门子	Siemens	4	6.3

n=63

● 广州（Guangzhou）

排名	品牌		人数	百分比
1	惠而浦	Whirlpool	7	18.4
2	小天鹅	Little Swan	6	15.8
3	松下	National	5	13.8
4	威力	Weili	4	10.5

n=38

● 重庆（Chongqing）

排名	品牌		人数	百分比
1	小天鹅	Little Swan	22	33.8
2	小鸭·圣吉奥	Xiaoya	13	20.0
3	海尔	Haier	11	16.9
4	三峡	Sanxia	10	15.4

n=65

4-6-3 打算购买的价格 / The Price of the Planned Purchase

	北京（Beijing）	上海（Shanghai）	广州（Guangzhou）	重庆（Chongqing）
1000 元以下	2.0	3.2	2.6	4.4
1001-2000 元	7.8	12.7	12.8	23.5
2001-3000 元	43.1	44.4	25.6	35.3
3001-4000 元	31.4	23.8	25.6	25.0
4001-5000 元	9.8	9.5	15.4	4.4
5001-10000 元	3.9	3.2	12.8	7.4
10000 元以上	2.0	3.2	5.1	0.0
有效样本量	**51**	**63**	**39**	**68**

4-6-4 打算购买的类型 / The Type of the Planned Purchase

	北京（Beijing）	上海（Shanghai）	广州（Guangzhou）	重庆（Chongqing）
普通单缸	4.3	4.8	5.6	4.3
普通双缸	10.6	6.5	5.6	27.5
波轮全自动	40.4	35.5	25.0	21.7
滚筒全自动	44.7	51.6	61.1	46.4
其他	0.0	1.6	2.8	0.0
有效样本量	**47**	**62**	**36**	**69**

4-7 选择不同品牌洗衣机时的考虑因素 / Considerations in Choosing from Different Brands

注：本题为多选题，合计百分比超过 100%（Multiple answers）

● 北京（Beijing）

		人数	品牌印象	外型	价格	功能齐备	容量大
样本		**558**	**44.3**	**16.5**	**43.4**	**29.9**	**32.8**
白菊	Baiju	131	47.3	15.3	56.5	19.1	28.2
小天鹅	Little Swan	92	57.6	15.2	34.8	42.4	19.6
白兰	Bailan	88	51.1	10.2	51.1	12.5	26.1
海棠	Haitang	43	27.9	7.0	37.2	46.5	58.1
小鸭・圣吉奥	Xiaoya	25	44.0	4.0	12.0	56.0	32.0
松下	National	17	52.9	23.5	35.3	29.4	11.8
水仙	Narcissus	17	17.6	35.3	47.1	29.4	52.9
友谊	Friendship	16	43.8	25.0	56.3	18.8	25.0
威力	Weili	15	46.7	13.3	40.0	33.3	33.3
海尔	Haier	12	50.0	25.0	25.0	41.7	41.7

续上表（continued）

		人数	噪音低	不伤衣料	售后服务	其他
样本		**558**	**12.9**	**10.2**	**19.9**	**4.8**
白菊	Baiju	131	10.7	8.4	14.5	6.1
小天鹅	Little Swan	92	10.9	9.8	43.5	4.3
白兰	Bailan	88	9.1	10.2	17.0	4.5
海棠	Haitang	43	9.3	7.0	34.9	2.3
小鸭・圣吉奥	Xiaoya	25	8.0	24.0	28.0	4.0
松下	National	17	11.8	0.0	5.9	11.8
水仙	Narcissus	17	11.8	17.6	17.6	0.0
友谊	Friendship	16	50.0	6.3	6.3	0.0
威力	Weili	15	13.3	6.7	6.7	6.7
海尔	Haier	12	16.7	16.7	16.7	8.3

● 上海（Shanghai）

		人数	品牌印象	外型	价格	功能齐备	容量大
样本		**518**	**49.4**	**12.4**	**38.4**	**28.4**	**27.8**
水仙	Narcissus	255	57.6	11.0	43.9	19.2	27.8
申花	Shenhua	69	44.9	11.6	34.8	33.3	30.4
小天鹅	Little Swan	45	53.3	11.1	24.4	48.9	22.2
上海	Shanghai	26	19.2	0.0	53.8	11.5	19.2
小鸭・圣吉奥	Xiaoya	20	50.0	15.0	5.0	55.0	40.0
日立	Hitachi	13	61.5	23.1	7.7	38.5	15.4
松下	National	12	50.0	25.0	25.0	33.3	50.0
凯歌	Kaige	11	27.3	9.1	36.4	54.5	18.2
海尔	Haier	8	50.0	37.5	25.0	37.5	37.5
司其乐	Siqile	8	37.5	0.0	75.0	12.5	25.0

续上表（continued）

		人数	噪音低	不伤衣料	售后服务	其他
样本		**518**	**12.2**	**13.7**	**13.3**	**2.5**
水仙	Narcissus	255	9.8	12.2	12.2	1.2
申花	Shenhua	69	5.8	10.1	14.5	0.0
小天鹅	Little Swan	45	17.8	13.3	15.6	2.2
上海	Shanghai	26	11.5	15.4	11.5	11.5
小鸭・圣吉奥	Xiaoya	20	10.0	30.0	25.0	0.0
日立	Hitachi	13	30.8	23.1	15.4	7.7
松下	National	12	33.3	0.0	8.3	0.0
凯歌	Kaige	11	18.2	18.2	0.0	18.2
海尔	Haier	8	37.5	12.5	12.5	0.0
司其乐	Siqile	8	12.5	12.5	12.5	0.0

● 广州（Guangzhou）

		人数	品牌印象	外型	价格	功能齐备	容量大
样本		**517**	**30.2**	**14.1**	**43.7**	**36.0**	**25.9**
威力	Weili	109	37.6	16.5	48.6	31.2	22.9
凤凰	Phoenix	91	28.6	13.2	53.8	30.8	20.9
金羚	Jinling	61	24.6	13.1	45.9	42.6	32.8
小天鹅	Little Swan	35	40.0	14.3	31.4	34.3	14.3
高宝	Kobo	29	24.1	0.0	58.6	27.6	13.8
爱德	Aide	28	17.9	10.7	28.6	39.3	57.1
松下	National	28	46.4	21.4	39.3	35.7	25.0
小鸭·圣吉奥	Xiaoya	13	23.1	15.4	23.1	76.9	30.8
日立	Hitachi	13	38.5	15.4	30.8	30.8	15.4
海尔	Haier	11	18.2	36.4	27.3	54.5	36.4

续上表（continued）

		人数	噪音低	不伤衣料	售后服务	其他
样本		**517**	**27.1**	**19.1**	**7.7**	**3.1**
威力	Weili	109	19.3	18.3	5.5	1.8
凤凰	Phoenix	91	30.8	15.4	9.9	3.3
金羚	Jinling	61	29.5	24.6	6.6	1.6
小天鹅	Little Swan	35	34.3	14.3	14.3	0.0
高宝	Kobo	29	6.9	10.3	10.3	10.3
爱德	Aide	28	25.0	21.4	10.7	0.0
松下	National	28	35.7	28.6	3.6	3.6
小鸭·圣吉奥	Xiaoya	13	53.8	30.8	0.0	0.0
日立	Hitachi	13	38.5	0.0	0.0	0.0
海尔	Haier	11	54.5	9.1	27.3	0.0

● 重庆（Chongqing）

		人数	品牌印象	外型	价格	功能齐备	容量大
样本		**515**	**39.6**	**12.0**	**48.5**	**26.6**	**28.9**
三峡	Sanxia	322	40.4	8.7	58.1	20.2	25.2
小天鹅	Little Swan	56	57.1	19.6	23.2	41.1	33.9
小鸭・圣吉奥	Xiaoya	19	31.6	21.1	15.8	36.8	36.8
威力	Weili	16	43.8	12.5	37.5	50.0	43.8
海尔	Haier	10	30.0	10.0	20.0	40.0	60.0
金羚	Jinling	9	44.4	11.1	33.3	55.6	66.7
松下	National	9	33.3	44.4	33.3	33.3	33.3
三星	Samsung	8	12.5	25.0	62.5	12.5	50.0

续上表（continued）

		人数	噪音低	不伤衣料	售后服务	其他
样本		**515**	**12.6**	**16.1**	**13.4**	**3.7**
三峡	Sanxia	322	10.6	14.6	16.1	3.4
小天鹅	Little Swan	56	14.3	19.6	10.7	1.8
小鸭・圣吉奥	Xiaoya	19	26.3	26.3	15.8	0.0
威力	Weili	16	18.8	6.3	6.3	0.0
海尔	Haier	10	30.0	40.0	10.0	0.0
金羚	Jinling	9	33.3	22.2	0.0	0.0
松下	National	9	22.2	22.2	11.1	11.1
三星	Samsung	8	0.0	12.5	0.0	12.5

4-8 洗衣机购买决定者的人口特征 / The Demographics of the Decision Makers in Purchasing a Washing Machine

● 北京（Beijing）

	人数	16-19 岁	20-24 岁	25-29 岁	30-34 岁	35-39 岁	40-44 岁	45-49 岁	50 岁以上
样本	**323**	**0.9**	**3.4**	**13.3**	**16.4**	**18.3**	**18.0**	**10.8**	**18.9**
男性	158	1.3	3.2	13.3	17.1	17.7	19.6	12.0	15.8
女性	165	0.6	3.6	13.3	15.8	18.8	16.4	9.7	21.8

● 上海（Shanghai）

	人数	16-19 岁	20-24 岁	25-29 岁	30-34 岁	35-39 岁	40-44 岁	45-49 岁	50 岁以上
样本	**307**	**1.0**	**2.9**	**8.8**	**18.9**	**19.5**	**14.3**	**12.4**	**22.1**
男性	153	2.0	2.0	9.8	17.6	22.2	13.1	13.7	19.6
女性	154	0.0	3.9	7.8	20.1	16.9	15.6	11.0	24.7

● 广州（Guangzhou）

	人数	16-19 岁	20-24 岁	25-29 岁	30-34 岁	35-39 岁	40-44 岁	45-49 岁	50 岁以上
样本	**258**	**1.9**	**5.8**	**14.0**	**15.1**	**17.8**	**15.9**	**10.5**	**19.0**
男性	136	1.5	5.9	6.6	16.9	18.4	16.9	13.2	20.6
女性	122	2.5	5.7	22.1	13.1	17.2	14.8	7.4	17.2

● 重庆（Chongqing）

	人数	16-19 岁	20-24 岁	25-29 岁	30-34 岁	35-39 岁	40-44 岁	45-49 岁	50 岁以上
样本	**299**	**1.7**	**5.4**	**10.0**	**17.7**	**16.4**	**15.1**	**14.7**	**19.1**
男性	156	1.3	4.5	10.9	19.2	17.3	15.4	13.5	17.9
女性	143	2.1	6.3	9.1	16.1	15.4	14.7	16.1	20.3

4-9 关于北京消费群 / The Beijing Market Segments

4-9-1 不同消费群家中目前拥有品牌 / Brands of Washing Machine Owned in Household by Market Segments

	人数	第一品牌及百分比	第二品牌及百分比	第三品牌及百分比	第四品牌及百分比
样本	**563**	**白菊 23.6**	**小天鹅 16.5**	**白兰 15.6**	**海棠 7.6**
第一消费群	128	小天鹅 23.4	白菊 21.9	白兰 12.5	海棠 10.9
第二消费群	89	小天鹅 20.2	白菊 16.9	海棠 9.0 白兰 9.0	水仙 5.6 小鸭·圣吉奥 5.6
第三消费群	101	白兰 29.7	白菊 26.7	小天鹅 11.9	威力 5.0 海棠 5.0
第四消费群	5	西门子 40.0	小天鹅 20.0 美菱 20.0 飞利浦 20.0		
第五消费群	127	白菊 28.3	白兰 11.8	小天鹅 10.2	海棠 8.7
第六消费群	113	白菊 23.9	小天鹅 16.8 白兰 16.8	松下 5.3	海棠 4.4 友谊 4.4 荣事达 4.4 小鸭·圣吉奥 4.4

4-9-2 不同消费群的理想品牌 / The Ideal Brands by Market Segments

	人数	第一品牌及百分比	第二品牌及百分比	第三品牌及百分比	第四品牌及百分比
样本	**600**	**小天鹅 29.0**	**小鸭·圣吉奥 18.2**	**海尔 7.7** **白菊 7.7**	**松下 4.8**
第一消费群	137	小天鹅 27.0	小鸭·圣吉奥 18.2	白菊 8.8	海尔 7.3
第二消费群	94	小天鹅 36.2	小鸭·圣吉奥 12.8	海尔 7.4 西门子 7.4	威力 4.3 白菊 4.3 松下 4.3
第三消费群	112	小天鹅 29.5	小鸭·圣吉奥 17.0	白菊 8.9	海尔 5.4 松下 5.4
第四消费群	5	小天鹅 40.0	海尔 20.0 西门子 20.0 小鸭·圣吉奥 20.0		
第五消费群	131	小天鹅 24.4 小鸭·圣吉奥 24.4	海尔 10.7	白菊 5.3	松下 4.6 西门子 4.6
第六消费群	121	小天鹅 29.8	小鸭·圣吉奥 16.5	白菊 10.7	海尔 7.4

4-9-2 不同消费群选择洗衣机时的考虑因素 / Considerations in Choosing from Different Brands by Market Segments

注：本题为多选题，合计百分比超过 100%（Multiple answers）

	人数	品牌印象	外型	价格	功能齐备	容量大
样本	**559**	**44.2**	**16.5**	**43.5**	**29.9**	**32.9**
第一消费群	126	53.2	11.1	42.9	24.6	30.2
第二消费群	89	51.7	15.7	38.2	36.0	28.1
第三消费群	101	41.6	14.9	42.6	26.7	39.6
第四消费群	5	40.0	60.0	0.0	60.0	20.0
第五消费群	126	34.9	18.3	42.9	36.5	36.5
第六消费群	112	41.1	20.5	51.8	25.0	30.4

续上表（continued）

	人数	噪音低	不伤衣料	售后服务	其他
样本	**559**	**12.9**	**10.4**	**19.9**	**4.8**
第一消费群	126	10.3	8.7	23.0	7.1
第二消费群	89	12.4	11.2	28.1	5.6
第三消费群	101	14.9	10.9	17.8	4.0
第四消费群	5	0.0	0.0	20.0	0.0
第五消费群	126	12.7	10.3	16.7	4.0
第六消费群	112	15.2	11.6	15.2	3.6

注：北京消费群的代表特征 / Characteristics of the Beijing Market Segments

		第一消费群	第二消费群	第三消费群	第四消费群	第五消费群	第六消费群
基本情况	性别	女	男	无明显偏向	男	无明显偏向	女
	年龄	30 — 34 岁	25 — 29 岁	35 — 44 岁	无明显偏向	16 — 24 岁	45 岁以上
	学历	大专/大本	大本	初中	大本及研究生	高中/中专/技校	初中及以下
	职业	科教卫生人员	一般企业职员	工人	管理人员/专门职业从事者/个体及私营企业主	学生	离退休人员
	月均收入	801 — 1500 元	1501 — 4000 元	800 元以下	4000 元以上	无收入	800 元以下
	婚姻	已婚	无明显偏向	已婚	已婚或离异	未婚	已婚
心理取向		注重学历 非积极进取	不循规传统 非单一电视娱乐	非田园倾向 新女性主张 金钱本位	注重经验 大男子主义 不保守稳定	非“大男子主义” 追随流行	非“新女性主张” 非浪漫新潮 单一电视娱乐

4-10 关于上海消费群 / The Shanghai Market Segments

4-10-1 不同消费群家中目前拥有品牌 / Brands of Washing Machine Owned in Household by Market Segments

	人数	第一品牌及百分比	第二品牌及百分比	第三品牌及百分比	第四品牌及百分比
样本	**519**	**水仙 49.1**	**申花 13.5**	**小天鹅 8.7**	**上海 5.0**
第一消费群	131	水仙 51.9	小天鹅 9.2 申花 9.2	上海 7.6	日立 4.6
第二消费群	80	水仙 42.5	申花 15.0	小天鹅 12.5	小鸭·圣吉奥 7.5
第三消费群	8	水仙 50.0	申花 25.0	金鱼 12.5	
				小鸭·圣吉奥 12.5	
第四消费群	109	水仙 56.9	申花 13.8	小天鹅 7.3	凯歌 4.6
第五消费群	61	水仙 37.7	申花 16.4	小天鹅 8.2	威力 4.9
				小鸭·圣吉奥 8.2	松下 4.9
					上海 4.9
第六消费群	130	水仙 49.2	申花 14.6	小天鹅 7.7	上海 3.8

4-10-2 不同消费群的理想品牌 / The Ideal Brands by Market Segments

	人数	第一品牌及百分比	第二品牌及百分比	第三品牌及百分比	第四品牌及百分比
样本	**600**	**水仙 30.7**	**小天鹅 16.5**	**小鸭·圣吉奥 14.8**	**海尔 7.2**
第一消费群	145	水仙 31.0	小天鹅 20.7	小鸭·圣吉奥 12.4	海尔 9.0
第二消费群	92	水仙 26.1	小天鹅 19.6	小鸭·圣吉奥 16.3	申花 8.7
第三消费群	10	水仙 30.0	海尔 20.0	申花 10.0	
		小鸭·圣吉奥 30.0		东芝 10.0	
第四消费群	135	水仙 34.8	小天鹅 15.6	小鸭·圣吉奥 11.1	申花 8.9
第五消费群	68	水仙 23.5	小天鹅 16.2	松下 7.4	日立 5.9
		小鸭·圣吉奥 23.5			
第六消费群	150	水仙 32.7	小鸭·圣吉奥 14.7	小天鹅 12.7	海尔 7.2

4-10-2 不同消费群选择洗衣机时的考虑因素 / Considerations in Choosing from Different Brands by Market Segments

注：本题为多选题，合计百分比超过 100%（Multiple answers）

	人数	品牌印象	外型	价格	功能齐备	容量大
样本	**518**	**49.4**	**12.4**	**38.4**	**28.4**	**27.8**
第一消费群	131	55.0	12.2	45.8	26.0	24.4
第二消费群	79	55.7	12.7	35.4	35.4	22.8
第三消费群	8	37.5	0.0	37.5	50.0	25.0
第四消费群	109	45.0	9.2	42.2	25.7	24.8
第五消费群	61	27.9	13.1	37.7	31.1	42.6
第六消费群	130	54.6	15.4	30.0	26.2	30.0

续上表（continued）

	人数	噪音低	不伤衣料	售后服务	其他
样本	**518**	**12.2**	**13.7**	**13.3**	**2.5**
第一消费群	131	11.5	15.3	13.0	1.5
第二消费群	79	12.7	7.6	17.7	1.3
第三消费群	8	37.5	25.0	12.5	0.0
第四消费群	109	10.1	15.6	12.8	2.8
第五消费群	61	14.8	11.5	11.5	3.3
第六消费群	130	11.5	14.6	12.3	3.8

注：上海消费群的代表特征 / Characteristics of the Shanghai Market Segments

		第一消费群	第二消费群	第三消费群	第四消费群	第五消费群	第六消费群
基本情况	性别	无明显偏向	男	男	女	女	无明显偏向
	年龄	45 岁以上	20 － 29 岁	25 － 34 岁	35 － 44 岁	16 － 24 岁	30 － 39 岁
	学历	大本及以上	大专/大本	大专	初中及以下	高中/中专/技校	高中/中专/技校
	职业	科教卫生人员/离退休人员	一般企业职员	行政管理人员/个体及私营企业主/专门职业从事者	工人/下岗人员	学生	一般企业职员
	月均收入	801 － 1500 元	1001 3000 元	3000 元以上	800 元以下	无收入	1001 － 2000 元
	婚姻	已婚	未婚	未婚	已婚	未婚	已婚
心理取向		非浪漫时尚 非金钱本位 保守稳定	非家庭重心 田园倾向 休闲独立	不保守稳定 奔波忙碌 浪漫时尚	金钱本位 家庭重心 注重学历	新家庭观念 非休闲独立	不积极进取 不奔波忙碌

4-11 关于广州消费群 / The Guangzhou Market Segments

4-11-1 不同消费群家中目前拥有品牌 / Brands of Washing Machine Owned in Household by Market Segments

	人数	第一品牌及百分比	第二品牌及百分比	第三品牌及百分比	第四品牌及百分比
样本	**526**	**威力 21.1**	**凤凰 17.3**	**金羚 11.8**	**小天鹅 6.8**
第一消费群	84	威力 28.6	凤凰 21.4	金羚 9.5	小天鹅 7.1
第二消费群	109	威力 22.9	凤凰 19.3	金羚 7.3	爱德 5.5
第三消费群	88	威力 25.0	金羚 14.8	凤凰 11.4	小天鹅 9.1
第四消费群	86	凤凰 20.9	威力 14.0 金羚 14.0	爱德 5.8	小天鹅 4.7
第五消费群	86	凤凰 19.8	威力 15.1 金羚 15.1	小天鹅 10.5	爱德 8.1
第六消费群	73	威力 20.5	金羚 11.0	凤凰 9.6 松下 9.6	小天鹅 8.2

4-11-2 不同消费群的理想品牌 / The Ideal Brands by Market Segments

	人数	第一品牌及百分比	第二品牌及百分比	第三品牌及百分比	第四品牌及百分比
样本	**600**	**威力 14.0**	**小天鹅 11.7**	**松下 11.5**	**凤凰 7.2** **金羚 7.2**
第一消费群	94	小天鹅 16.0	凤凰 11.7	威力 10.6	金羚 7.4
第二消费群	126	威力 15.9	凤凰 9.5 松下 9.5	金羚 7.1 小天鹅 7.1	高宝 5.6
第三消费群	99	威力 16.2	惠而浦 15.2	松下 10.1	金羚 8.1
第四消费群	100	小天鹅 19.0	松下 14.0	威力 9.0	金羚 7.0
第五消费群	99	松下 16.2	威力 14.1	小天鹅 11.1	金羚 9.1 凤凰 9.1
第六消费群	82	威力 18.3	松下 13.4	小天鹅 12.2	小鸭・圣吉奥 9.8

4-11-2 不同消费群选择洗衣机时的考虑因素 / Considerations in Choosing from Different Brands by Market Segments

注：本题为多选题，合计百分比超过 100%（Multiple answers）

	人数	品牌印象	外型	价格	功能齐备	容量大
样本	**528**	**29.7**	**14.2**	**43.8**	**36.0**	**25.8**
第一消费群	84	26.2	10.7	39.3	44.0	25.0
第二消费群	109	35.8	11.0	45.9	33.0	18.3
第三消费群	89	22.5	20.2	49.4	39.3	36.0
第四消费群	84	29.8	15.5	40.5	33.3	27.4
第五消费群	89	27.0	18.0	42.7	31.5	25.8
第六消费群	73	37.0	9.6	43.8	35.6	23.3

续上表（continued）

	人数	噪音低	不伤衣料	售后服务	其他
样本	**528**	**26.9**	**19.1**	**7.6**	**3.4**
第一消费群	84	31.0	13.1	8.3	2.4
第二消费群	109	21.1	18.3	5.5	5.5
第三消费群	89	31.5	22.5	5.6	3.4
第四消费群	84	31.0	19.0	10.7	3.6
第五消费群	89	23.6	20.2	10.1	1.1
第六消费群	73	24.7	21.9	5.5	4.1

注：广州消费群的代表特征 / Characteristics of the Guangzhou Market Segments

		第一消费群	第二消费群	第三消费群	第四消费群	第五消费群	第六消费群
基本情况	性别	女	无明显偏向	女	男	女	男
	年龄	16 — 19 岁	40 岁以上	20 — 24 岁	35 — 44 岁	30 — 34 岁	25 — 29 岁
	学历	高中/中专/技校	无明显偏向	高中/中专/技校/大专	初中/高中/中专/技校	初中及以下	大专及以上
	职业	学生	工人	学生/待业人员	个体及私营企业主	家庭主妇	企业职员/管理人员/科教卫生人员/专门职业者
	月均收入	无收入	1500 元以下	无收入	801 — 1500 元	800 元以下	2000 元以上
	婚姻	未婚	已婚	未婚	已婚	已婚	无明显偏向
心理取向		不固守中式生活 田园倾向 非大男子主义	非新女性主张 不追随流行 非积极进取	独立自主 追随流行	积极进取 大男子主义 中式生活	单一电视娱乐 非独立自主 保守稳定	非单一电视娱乐 非家庭重心

4-12 关于重庆消费群 / The Chongqing Market Segments

4-12-1 不同消费群家中目前拥有品牌 / Brands of Washing Machine Owned in Household by Market Segments

	人数	第一品牌及百分比	第二品牌及百分比	第三品牌及百分比
样本	**520**	**三峡 62.1**	**小天鹅 11.0**	**小鸭・圣吉奥 3.7**
第一消费群	111	三峡 66.7	小天鹅 10.8	松下 2.7 小鸭・圣吉奥 2.7
第二消费群	116	三峡 59.5	小天鹅 6.9	威力 3.4 金羚 3.4 水仙 3.4
第三消费群	108	三峡 52.8	小天鹅 16.7	威力 4.6 小鸭・圣吉奥 4.6
第四消费群	24	三峡 33.3 小天鹅 33.3	威力 8.3	小鸭・圣吉奥 4.2　金羚 4.2 海尔 4.2　松下 4.2 三星 4.2　长风 4.2
第五消费群	133	三峡 77.4	小天鹅 4.5	小鸭・圣吉奥 2.3　海尔 2.3 航海 2.3
第六消费群	28	三峡 42.9	小天鹅 17.9	小鸭・圣吉奥 14.3

4-12-2 不同消费群的理想品牌 / The Ideal Brands by Market Segments

	人数	第一品牌及百分比	第二品牌及百分比	第三品牌及百分比	第四品牌及百分比
样本	**600**	**小天鹅 24.0**	**三峡 20.2**	**海尔 15.3**	**小鸭・圣吉奥 11.3**
第一消费群	133	三峡 24.1	小天鹅 21.1	海尔 13.5	小鸭・圣吉奥 11.3
第二消费群	123	小天鹅 20.3	三峡 17.1	海尔 16.3	小鸭・圣吉奥 11.4
第三消费群	124	小天鹅 34.7	海尔 18.5	三峡 11.3 小鸭・圣吉奥 11.3	松下 4.8
第四消费群	24	小天鹅 29.2	三峡 12.5 海尔 12.5 小鸭・圣吉奥 12.5	日立 8.3	威力 4.2 金羚 4.2 松下 4.2 三星 4.2
第五消费群	162	三峡 29.6	小天鹅 19.1	海尔 14.8	小鸭・圣吉奥 8.6
第六消费群	34	小天鹅 29.4	小鸭・圣吉奥 23.5	海尔 11.8	三峡 8.8

4-12-2 不同消费群选择洗衣机时的考虑因素 / Considerations in Choosing from Different Brands by Market Segments

注：本题为多选题，合计百分比超过 100%（ Multiple answers ）

	人数	品牌印象	外型	价格	功能齐备	容量大
样本	**520**	**39.8**	**12.1**	**48.3**	**26.5**	**28.8**
第一消费群	110	32.7	17.3	49.1	31.8	30.0
第二消费群	116	38.8	8.6	48.3	25.0	26.7
第三消费群	108	47.2	10.2	45.4	25.9	33.3
第四消费群	24	50.0	25.0	12.5	50.0	50.0
第五消费群	134	39.6	7.5	57.5	22.4	21.6
第六消费群	28	35.7	25.0	42.9	14.3	32.1

续上表（ continued ）

	人数	噪音低	不伤衣料	售后服务	其他
样本	**520**	**12.7**	**16.0**	**13.5**	**3.7**
第一消费群	110	10.0	16.4	6.4	5.5
第二消费群	116	17.2	19.8	15.5	3.4
第三消费群	108	14.8	13.0	17.6	1.9
第四消费群	24	8.3	16.7	12.5	0.0
第五消费群	134	8.2	11.9	14.9	3.7
第六消费群	28	21.4	28.6	10.7	7.1

注：重庆消费群的代表特征 / Characteristics of the Chongqing Market Segments

		第一消费群	第二消费群	第三消费群	第四消费群	第五消费群	第六消费群
基本情况	性别	无明显偏向	无明显偏向	无明显偏向	无明显偏向	无明显偏向	女
	年龄	16 — 19 岁	45 岁以上	20 — 29 岁	30 — 34 岁	40 岁以上	25 — 29 岁
	学历	高中/中专/技校	高中/中专/技校	大专/大本	高中/中专/技校/大本以上	初中及以下	初中
	职业	学生	行政管理人员/离退休人员	科教卫生人员/一般企业职员	个体及私营企业主	工人	专门职业从事者 下岗及其他
	月均收入	无收入	501 — 800 元	801 — 1500 元	1500 元以上	500 元以下	1001 — 1500 元
	婚姻	未婚	已婚	无明显偏向	已婚	已婚	已婚或离异
心理取向		浪漫新潮 注重学历 非现实家庭观	循规传统 奔波忙碌 保守稳定	新女性主张 非功利心态	功利心态 现实家庭观 都市情结	非浪漫新潮 非独立休闲	非新女性主张 不循规传统 独立休闲

5 空调机 / Air-Conditioner

5-1 理想品牌排名 / Ranking of the Ideal Brands

● 北京（Beijing）

排名	品牌		人数	百分比
1	春兰	Chunlan	123	20.5
2	海尔	Haier	89	14.8
3	三菱	Mitsubishi	88	14.7
4	古桥	Guqiao	38	6.3
5	松下	National	26	4.3
6	格力	Gree	22	3.7
7	日立	Hitachi	16	2.7
8	东宝	Dongbao	11	1.8
9	东芝	Toshiba	10	1.7

n=600

● 上海（Shanghai）

排名	品牌		人数	百分比
1	春兰	Chunlan	113	18.8
2	松下	National	88	14.7
3	日立	Hitachi	81	13.5
4	三菱	Mitsubishi	74	12.3
5	夏普	Sharp	69	11.5
6	上菱	Shangling	24	4.0
7	爱特	Aite	19	3.2
8	海尔	Haier	18	3.0
9	开利	Carrier	12	2.0
10	大金	Dakin	11	1.8

n=600

● 广州（Guangzhou）

排名	品牌		人数	百分比
1	三菱	Mitsubishi	96	16.0
2	科龙	Kelon	77	12.8
3	松下	National	52	8.7
4	华凌	Hualing	47	7.8
5	美的	Meide	38	6.3
6	日立	Hitachi	30	5.0
7	格力	Gree	26	4.3
8	春兰	Chunlan	20	3.3
9	东芝	Toshiba	15	2.5
10	华宝	Huabao	13	2.2
11	开利	Carrier	10	1.7

n=600

● 重庆（Chongqing）

排名	品牌		人数	百分比
1	格力	Gree	150	25.0
2	春兰	Chunlan	106	17.7
3	海尔	Haier	47	7.8
4	科龙	Kelon	31	5.2
5	美的	Meide	24	4.0
6	日立	Hitachi	17	2.8
7	松下	National	14	2.3
8	开利	Carrier	11	1.8

n=600

注：在调查结果中，被访者普遍把“三菱电机”与“三菱重工”都称作“三菱”，所以在统计中无法准确区分，全部以“三菱”来统计。敬请读者注意。

5-2 样本总体、男性各年龄层、女性各年龄层的理想品牌 / The Ideal Brands by the Whole Sample, Age and Gender Groups

● 北京（Beijing）

	人数	第一品牌及百分比	第二品牌及百分比	第三品牌及百分比
样本	**600**	**春兰 20.5**	**海尔 14.8**	**三菱 14.7**
男性	**298**	**春兰 21.8**	**三菱 15.1**	**海尔 14.1**
16-19 岁	26	春兰 30.8	上菱 15.4 古桥 15.4	格力 7.7
20-24 岁	36	三菱 30.6	春兰 25.0	松下 11.4
25-29 岁	41	海尔 24.4	春兰 22.0 三菱 22.0	古桥 9.8
30-34 岁	47	春兰 25.5	海尔 14.9	三菱 10.6
35-39 岁	43	三菱 23.1	古桥 14.0	海尔 9.3
40-44 岁	42	春兰 26.2	三菱 11.9	海尔 9.5
45-49 岁	24	春兰 33.3	海尔 20.8	格力 4.2 松下 4.2
				东芝 4.2 三菱 4.2
50 岁以上	39	海尔 20.8	春兰 15.4	三菱 7.7 松下 7.7
女性	**302**	**三菱 23.2**	**春兰 19.2**	**海尔 15.6**
16-19 岁	23	春兰 17.4	海尔 13.0 古桥 13.0	三菱 8.7
20-24 岁	35	海尔 22.9	春兰 20.0	日立 8.6
25-29 岁	36	春兰 25.0	三菱 19.5	海尔 13.9 古桥 13.9
30-34 岁	49	三菱 18.3	海尔 14.3	春兰 12.2
35-39 岁	45	春兰 28.9	海尔 15.6 三菱 15.6	古桥 6.7
40-44 岁	40	春兰 20.0 海尔 20.0	三菱 10.0	华凌 7.5 古桥 7.5
45-49 岁	26	春兰 23.1	海尔 15.4	三菱 11.5
50 岁以上	48	三菱 16.7	春兰 10.4 海尔 10.4	古桥 6.3

● 上海（Shanghai）

	人数	第一品牌及百分比	第二品牌及百分比	第三品牌及百分比
样本	**600**	**春兰 18.8**	**松下 14.7**	**日立 13.5**
男性	**307**	**春兰 17.9**	**松下 13.7 日立 13.7**	**三菱 13.0**
16-19 岁	22	日立 31.8	三菱 18.2	夏普 13.6
20-24 岁	34	三菱 23.5	春兰 14.7 夏普 14.7	松下 11.8 上菱 11.8
25-29 岁	42	日立 19.8	春兰 16.7	三菱 11.9 松下 11.9
30-34 岁	56	日立 17.9	松下 16.1 春兰 16.1	三菱 12.5 夏普 12.5
35-39 岁	51	春兰 25.5	松下 13.7 日立 13.7	夏普 11.8
40-44 岁	31	松下 22.6	三菱 12.9	春兰 9.7
45-49 岁	26	春兰 30.8	三菱 11.5 松下 11.5	上菱 7.7
			日立 11.5	
50 岁以上	45	春兰 22.2	夏普 17.8	三菱 15.6
女性	**293**	**春兰 19.8**	**松下 15.7**	**日立 13.0**
16-19 岁	24	春兰 20.8 夏普 20.8	开利 12.5 三菱 12.5	海尔 8.3
20-24 岁	32	春兰 21.9	日立 15.6 松下 15.6	夏普 12.5
25-29 岁	37	三菱 18.9	日立 16.2 夏普 16.2	松下 13.5
			春兰 16.2	
30-34 岁	50	松下 28.0	三菱 14.0	夏普 12.0 爱特 12.0
35-39 岁	44	春兰 18.2 日立 18.2	松下 13.6	三菱 11.4
40-44 岁	35	松下 28.6	春兰 25.7	夏普 11.4
45-49 岁	23	春兰 30.4	日立 17.4	三菱 13.0
50 岁以上	48	春兰 25.0	日立 12.5	夏普 10.4 三菱 10.4

● 广州（Guangzhou）

	人数	第一品牌及百分比	第二品牌及百分比	第三品牌及百分比
样本	**600**	**三菱 16.0**	**科龙 12.8**	**松下 8.7**
男性	**282**	**三菱 17.7**	**科龙 14.5**	**松下 11.3**
16-19 岁	30	三菱 20.0	科龙 10.0 松下 10.0	春兰 6.7 格力 6.7
20-24 岁	36	三菱 22.2	松下 13.9	科龙 11.1
25-29 岁	35	三菱 20.0	松下 11.4	科龙 8.6 美的 8.6
30-34 岁	34	科龙 17.6 松下 17.6	三菱 14.7	
35-39 岁	40	三菱 22.5	科龙 15.0	美的 7.5 松下 7.5
40-44 岁	41	科龙 22.0	松下 17.1	三菱 14.6
45-49 岁	26	三菱 15.4	科龙 11.5 松下 11.5	格力 7.7 美的 7.7
50 岁以上	40	科龙 17.5	三菱 12.5	海尔 7.5 华凌 7.5 美的 7.5
女性	**318**	**三菱 14.5**	**科龙 11.3**	**华凌 9.7**
16-19 岁	50	三菱 16.0 科龙 16.0	美的 10.0	华凌 6.0
20-24 岁	46	三菱 19.6	华凌 8.7	东芝 6.5
25-29 岁	63	科龙 19.0	华凌 11.1	三菱 9.5
30-34 岁	46	华凌 13.0 科龙 13.0 松下 13.0 三菱 13.0	美的 6.5	
35-39 岁	41	华凌 14.6 三菱 14.6	美的 9.8 日立 9.8	
40-44 岁	30	日立 16.7	美的 13.3 三菱 13.3	
45-49 岁	13	科龙 15.4 日立 15.4 三菱 15.4		
50 岁以上	29	三菱 17.2	华凌 10.3 科龙 10.3 松下 10.3	

● 重庆（Chongqing）

	人数	第一品牌及百分比	第二品牌及百分比	第三品牌及百分比
样本	**600**	**格力 25.0**	**春兰 17.7**	**海尔 7.8**
男性	**308**	**格力 24.7**	**春兰 19.2**	**海尔 7.8**
16-19 岁	43	春兰 23.3	格力 20.9	海尔 14.0
20-24 岁	53	格力 32.1	春兰 15.1	科龙 7.5
25-29 岁	43	春兰 25.6	格力 23.3	海尔 9.3
30-34 岁	38	春兰 31.6	格力 21.1	科龙 7.9 日立 7.9
35-39 岁	39	格力 20.5	春兰 15.4	科龙 12.8
40-44 岁	30	格力 20.0	春兰 6.7 三洋 6.7 科龙 6.7	
45-49 岁	25	格力 24.0	春兰 16.0	海尔 12.0
50 岁以上	37	格力 32.4	春兰 16.2	海尔 13.5
女性	**292**	**格力 25.3**	**春兰 16.1**	**海尔 7.9**
16-19 岁	43	格力 37.2	春兰 16.3	海尔 9.3
20-24 岁	53	格力 32.1	春兰 13.2	海尔 9.4
25-29 岁	32	春兰 15.6	格力 12.5 海尔 12.5	美的 9.4
30-34 岁	33	格力 18.2	海尔 12.1	春兰 9.1 美的 9.1
35-39 岁	35	春兰 20.0	格力 17.1	华宝 5.7 美的 5.7 松下 5.7 开利 5.7
40-44 岁	32	格力 31.3	春兰 21.9	松下 6.3
45-49 岁	27	格力 22.2	春兰 14.8	美的 11.1
50 岁以上	37	格力 24.3	春兰 18.9	美的 8.1

5-3 空调机拥有比例（%） / Proportions of Air-conditioner Owners in the Sample

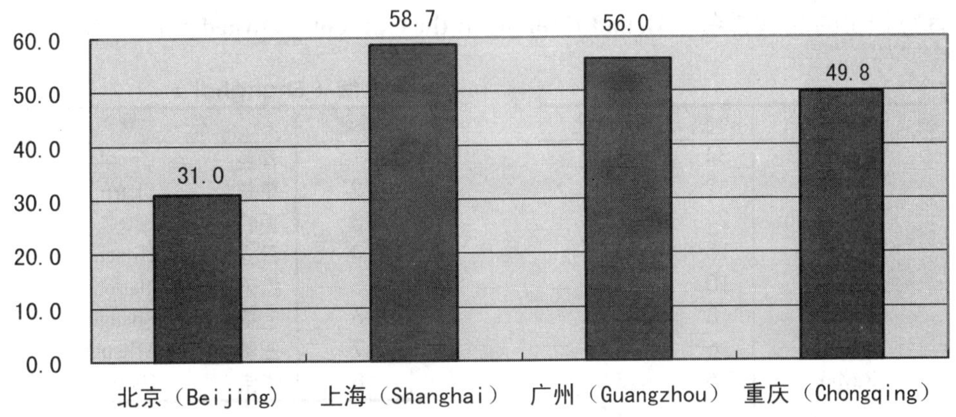

※四城市有效样本量均为 600 （ n=600/city ）

5-4 空调机拥有量 / Number of Air-conditioner Owned per Household

	北京（Beijing）	上海（Shanghai）	广州（Guangzhou）	重庆（Chongqing）
一台	94.1	88.0	63.6	83.9
两台	5.4	10.5	25.9	14.4
三台	0.5	1.1	8.7	1.0
四台	0.0	0.0	1.2	0.3
五台	0.0	0.3	0.6	0.3
有效样本量	186	351	332	298

5-5 对样本家中现有空调机（指最近购买的一台）的四个方面的描述 / About the Air-conditioner Most Recently Purchased

5-5-1 家中现有空调机的品牌排名 / Brand Ranking of the Currently Owned Air-conditioner

● 北京（Beijing）

排名	品牌		人数	百分比
1	春兰	Chunlan	34	18.4
2	古桥	Guqiao	32	17.3
3	三菱	Mitsubishi	24	13.0
4	东宝	Dongbao	15	8.1
5	松下	National	10	5.4
6	海尔	Haier	8	4.3
7	华凌	Hualing	6	3.2
7	蓝波	Raybo	6	3.2
7	日立	Hitachi	6	3.2

n=185

● 上海（Shanghai）

排名	品牌		人数	百分比
1	春兰	Chunlan	63	18.1
2	夏普	Sharp	57	16.4
3	爱特	Aite	50	14.4
4	日立	Hitachi	45	12.9
5	松下	National	27	7.8
6	上菱	Shangling	22	6.3
7	三菱	Mitsubishi	20	5.7
8	华宝	Huabao	7	2.0

n=348

● 广州（Guangzhou）

排名	品牌		人数	百分比
1	科龙	Kelon	46	13.9
2	美的	Meide	43	13.0
3	华凌	Hualing	38	11.4
4	三菱	Mitsubishi	35	10.5
5	格力	Gree	34	10.2
6	松下	National	25	7.5
7	日立	Hitachi	21	6.3
8	华宝	Huabao	15	4.5
9	春兰	Chunlan	11	3.3
9	万宝	Wanbao	11	3.3

n=332

● 重庆（Chongqing）

排名	品牌		人数	百分比
1	格力	Gree	71	24.0
2	春兰	Chunlan	50	16.9
3	科龙	Kelon	25	8.4
4	美的	Meide	19	6.4
5	日立	Hitachi	13	4.4
5	飞鹿	Feilu	13	4.4
7	蓝波	Raybo	12	4.1
8	万宝	Wanbao	11	3.7
9	华宝	Huabao	9	3.0
10	海尔	Haier	7	2.4

n=296

5-5-2 该空调机的购买时间 / Time of Purchasing of the Currently Owned Air-conditioner

	北京（Beijing）	上海（Shanghai）	广州（Guangzhou）	重庆（Chongqing）
1985 年以前	1.1	1.4	0.3	0.7
1986-1990 年	2.7	2.9	2.1	2.0
1991-1993 年	9.1	11.5	17.5	14.8
1994 年	15.6	19.5	23.8	20.8
1995 年	24.7	26.1	22.9	25.5
1996 年	18.8	29.8	22.6	21.5
1997 年	28.0	8.9	10.8	14.8
有效样本量	**185**	**349**	**332**	**298**

5-5-3 该空调机的价格 / The Price of the Currently Owned Air-conditioner

	北京（Beijing）	上海（Shanghai）	广州（Guangzhou）	重庆（Chongqing）
1000 元以下	0.5	0.6	2.1	0.0
1001-2000 元	7.0	4.5	9.9	8.0
2001-4000 元	39.2	37.5	41.8	74.6
4001-6000 元	33.3	30.1	27.5	8.7
6001-8000 元	12.4	17.9	5.1	4.0
8001-10000 元	2.7	5.4	3.3	1.7
10001-15000 元	1.6	1.4	3.0	1.0
15001 元以上	0.5	0.9	1.8	0.0
完全不知道	2.7	1.7	5.7	2.0
有效样本量	**186**	**352**	**335**	**299**

5-5-4 该空调机的类型 / The Type of the Currently Owned Air-conditioner

	北京（Beijing）	上海（Shanghai）	广州（Guangzhou）	重庆（Chongqing）
单冷窗机	34.9	25.6	36.0	67.2
冷暖窗机	5.4	12.5	11.1	16.7
单冷壁挂分体机	31.7	8.8	38.4	4.3
冷暖壁挂分体机	25.8	49.7	10.5	9.0
单冷柜机	0.0	0.3	2.7	1.0
冷暖柜机	0.0	2.8	0.9	1.0
其他	2.2	0.3	0.3	0.7
有效样本量	**186**	**352**	**333**	**299**

5-6 空调机未来购买打算 / Plan for Future Purchasing of an Air-conditioner

5-6-1 有无购买打算 / Whether Planning to Purchase

	北京（Beijing）	上海（Shanghai）	广州（Guangzhou）	重庆（Chongqing）
打算买	20.0	15.8	8.2	13.8
不打算买	80.0	84.2	91.8	86.2
有效样本量	**595**	**595**	**599**	**600**

5-6-2 打算购买的品牌排名 / The Brand of the Planned Purchase

● 北京（Beijing）

排名	品牌		人数	百分比
1	海尔	Haier	39	33.9
2	春兰	Chunlan	30	26.1
3	古桥	Guqiao	12	10.4
4	三菱	Mitsubishi	10	8.7

n=115

● 上海（Shanghai）

排名	品牌		人数	百分比
1	春兰	Chunlan	26	28.6
2	松下	National	12	13.2
3	夏普	Sharp	10	11.0
4	日立	Hitachi	8	8.8
5	海尔	Haier	7	7.7
5	上菱	Shangling	7	7.7

n=91

● 广州（Guangzhou）

排名	品牌		人数	百分比
1	科龙	Kelon	6	12.8
2	华凌	Hualing	5	10.6
2	美的	Meide	5	10.6
4	格力	Gree	4	8.5
4	松下	National	4	8.5
4	三菱	Mitsubishi	4	8.5

n=47

● 重庆（Chongqing）

排名	品牌		人数	百分比
1	格力	Gree	29	37.2
2	春兰	Chunlan	23	29.5
3	海尔	Haier	12	15.4
4	科龙	Kelon	6	7.7

n=78

5-6-3 打算购买的价格 / The Price of the Planned Purchase

	北京（Beijing）	上海（Shanghai）	广州（Guangzhou）	重庆（Chongqing）
1000 元以下	0.9	4.3	2.2	0.0
1001-2000 元	7.7	5.3	10.9	21.0
2001-4000 元	39.3	20.2	50.0	51.9
4001-6000 元	35.0	42.6	28.3	13.6
6001-8000 元	14.5	18.1	2.2	9.9
8001-10000 元	1.7	5.3	4.3	3.7
10001-15000 元	0.9	3.2	0.0	0.0
15001 元以上	0.0	1.1	2.2	0.0
有效样本量	**117**	**94**	**46**	**81**

5-6-4 打算购买的类型 / The Type of the Planned Purchase

	北京（Beijing）	上海（Shanghai）	广州（Guangzhou）	重庆（Chongqing）
单冷窗机	7.1	5.6	9.1	45.0
冷暖窗机	8.9	12.2	11.4	17.5
单冷壁挂分体机	44.6	5.6	36.4	11.3
冷暖壁挂分体机	33.0	54.4	34.1	12.5
单冷柜机	3.6	2.2	4.5	10.0
冷暖柜机	2.7	16.7	4.5	3.8
其他	0.0	3.3	0.0	0.0
有效样本量	**112**	**90**	**44**	**80**

5-7 选择不同品牌空调机时的考虑因素 / Considerations in Choosing from Different Brands

注：本题为多选题，合计百分比超过 100%（Multiple answers）

● 北京（Beijing）

		人数	品牌印象	外型	价格	功率	省电
样本		**184**	**42.4**	**14.7**	**43.5**	**17.4**	**19.0**
春兰	Chunlan	34	61.8	5.9	52.9	17.6	11.8
古桥	Guqiao	32	43.8	0.0	62.5	6.3	28.1
三菱	Mitsubishi	24	58.3	25.0	16.7	20.8	4.2
东宝	Dongbao	15	33.3	33.3	66.7	0.0	33.3
松下	National	10	20.0	40.0	20.0	30.0	20.0
海尔	Haier	8	62.5	12.5	37.5	12.5	12.5
蓝波	Raybo	6	0.0	0.0	66.7	16.7	16.7
日立	Hitachi	6	50.0	16.7	0.0	50.0	0.0

续上表（continued）

		人数	多功能	运转噪音低	售后服务	其他
样本		**184**	**17.4**	**31.0**	**22.8**	**5.4**
春兰	Chunlan	34	23.5	26.5	17.6	2.9
古桥	Guqiao	32	6.3	21.9	18.8	0.0
三菱	Mitsubishi	24	25.0	58.3	4.2	8.3
东宝	Dongbao	15	0.0	66.7	66.7	0.0
松下	National	10	40.0	50.0	20.0	0.0
海尔	Haier	8	50.0	12.5	50.0	0.0
蓝波	Raybo	6	16.7	16.7	16.7	16.7
日立	Hitachi	6	0.0	66.7	33.3	0.0

● 上海（Shanghai）

	人数	品牌印象	外型	价格	功率	省电
样本	**347**	**46.1**	**11.2**	**44.7**	**21.9**	**27.7**
春兰 Chunlan	63	52.4	6.3	47.6	17.5	17.5
夏普 Sharp	57	59.6	17.5	33.3	26.3	31.6
爱特 Aite	50	30.0	6.0	64.0	24.0	32.0
日立 Hitachi	45	55.6	8.9	42.2	22.2	33.3
松下 National	26	46.2	26.9	38.5	15.4	19.2
上菱 Shangling	22	50.0	4.5	50.0	18.2	50.0
三菱 Mitsubishi	20	65.0	10.0	5.0	40.0	20.0
华宝 Huabao	7	28.6	28.6	42.9	28.6	42.9

续上表（continued）

	人数	多功能	运转噪音低	售后服务	其他
样本	**347**	**14.1**	**22.5**	**21.6**	**2.6**
春兰 Chunlan	63	15.9	14.3	28.6	3.2
夏普 Sharp	57	22.8	33.3	19.3	1.8
爱特 Aite	50	4.0	14.0	24.0	2.0
日立 Hitachi	45	8.9	31.1	20.0	2.2
松下 National	26	30.8	26.9	11.5	0.0
上菱 Shangling	22	13.6	18.2	36.4	0.0
三菱 Mitsubishi	20	15.0	25.0	20.0	0.0
华宝 Huabao	7	0.0	71.4	0.0	0.0

● 广州（Guangzhou）

	人数	品牌印象	外型	价格	功率	省电
样本	**329**	**38.9**	**10.9**	**39.5**	**17.6**	**39.2**
科龙 Kelon	46	30.4	6.5	28.3	19.6	58.7
美的 Meide	43	34.9	18.6	44.2	14.0	34.9
华凌 Hualing	38	36.8	15.8	44.7	10.5	47.4
三菱 Mitsubishi	34	58.8	8.8	20.6	20.6	26.5
格力 Gree	33	42.4	18.2	39.4	18.2	33.3
松下 National	25	64.0	8.0	28.0	4.0	40.0
日立 Hitachi	20	55.0	10.0	30.0	5.0	25.0
春兰 Chunlan	11	36.4	0.0	54.5	45.5	63.6
万宝 Wanbao	11	45.5	9.1	54.5	45.5	18.2

续上表（continued）

	人数	多功能	运转噪音低	售后服务	其他
样本	**329**	**15.2**	**39.5**	**10.9**	**2.7**
科龙 Kelon	46	21.7	39.1	8.7	2.2
美的 Meide	43	11.6	20.9	16.3	0.0
华凌 Hualing	38	15.8	50.0	13.2	5.3
三菱 Mitsubishi	34	14.7	41.2	5.9	0.0
格力 Gree	33	3.0	48.5	6.1	0.0
松下 National	25	28.0	72.0	8.0	0.0
日立 Hitachi	20	20.0	35.0	0.0	5.0
春兰 Chunlan	11	9.1	18.2	0.0	0.0
万宝 Wanbao	11	18.2	18.2	27.3	0.0

● 重庆（Chongqing）

	人数	品牌印象	外型	价格	功率	省电
样本	**290**	**46.6**	**10.3**	**37.6**	**23.8**	**24.1**
格力 Gree	71	56.3	15.5	39.4	28.2	18.3
春兰 Chunlan	49	63.3	0.0	26.5	30.6	20.4
科龙 Kelon	25	60.0	12.0	40.0	16.0	36.0
美的 Meide	19	52.6	0.0	42.1	5.3	36.8
日立 Hitachi	12	41.7	8.3	50.0	41.7	16.7
飞鹿 Feilu	13	0.0	15.4	69.2	7.7	38.5
蓝波 Raybo	12	16.7	25.0	58.3	8.3	25.0
万宝 Wanbao	11	36.4	0.0	18.2	18.2	18.2
华宝 Huabao	2	50.0	0.0	50.0	50.0	0.0
海尔 Haier	7	57.1	14.3	42.9	0.0	0.0

续上表（continued）

	人数	多功能	运转噪音低	售后服务	其他
样本	**290**	**12.1**	**34.5**	**17.6**	**3.4**
格力 Gree	71	11.3	31.0	19.7	2.8
春兰 Chunlan	49	22.4	36.7	22.4	0.0
科龙 Kelon	25	8.0	40.0	20.0	0.0
美的 Meide	19	26.3	31.6	15.8	0.0
日立 Hitachi	12	0.0	58.3	8.3	8.3
飞鹿 Feilu	13	0.0	46.2	23.1	0.0
蓝波 Raybo	12	8.3	8.3	8.3	8.3
万宝 Wanbao	11	0.0	36.4	0.0	27.3
华宝 Huabao	2	0.0	0.0	0.0	0.0
海尔 Haier	7	0.0	42.9	71.4	0.0

5-8 空调机购买决定者的人口特征 / The Demographics of the Decision Makers in Purchasing an Air-conditioner

● 北京（Beijing）

性别	人数	16-19 岁	20-24 岁	25-29 岁	30-34 岁	35-39 岁	40-44 岁	45-49 岁	50 岁以上
样本	**107**	**2.8**	**3.7**	**12.1**	**20.6**	**20.6**	**15.0**	**8.4**	**16.8**
男性	52	3.8	3.8	5.8	15.4	23.1	19.2	7.7	21.2
女性	55	1.8	3.6	18.2	25.5	18.2	10.9	9.1	12.7

● 上海（Shanghai）

性别	人数	16-19 岁	20-24 岁	25-29 岁	30-34 岁	35-39 岁	40-44 岁	45-49 岁	50 岁以上
样本	**219**	**1.8**	**5.0**	**9.6**	**19.6**	**21.5**	**11.9**	**11.0**	**19.6**
男性	118	2.5	5.1	6.8	20.3	22.0	11.0	15.3	16.9
女性	101	1.0	5.0	12.9	18.8	20.8	12.9	5.9	22.8

● 广州（Guangzhou）

性别	人数	16-19 岁	20-24 岁	25-29 岁	30-34 岁	35-39 岁	40-44 岁	45-49 岁	50 岁以上
样本	**163**	**3.7**	**4.3**	**12.3**	**16.6**	**16.0**	**18.4**	**11.7**	**17.2**
男性	98	3.1	4.1	7.1	16.3	18.4	17.3	15.3	18.4
女性	65	4.6	4.6	20.0	16.9	12.3	20.0	6.2	15.4

● 重庆（Chongqing）

性别	人数	16-19 岁	20-24 岁	25-29 岁	30-34 岁	35-39 岁	40-44 岁	45-49 岁	50 岁以上
样本	**163**	**3.7**	**6.7**	**10.4**	**21.5**	**19.0**	**11.7**	**12.9**	**14.1**
男性	83	3.6	7.2	9.6	25.3	16.9	12.0	10.8	14.5
女性	80	3.8	6.3	11.3	17.5	21.3	11.3	15.0	13.8

5-9 关于北京消费群 / The Beijing Market Segments

5-9-1 不同消费群家中目前拥有品牌 / Brands of Air-Conditioner Owned in Household by Market Segments

	人数	第一品牌及百分比	第二品牌及百分比	第三品牌及百分比
样本	**185**	**春兰 18.4**	**古桥 17.3**	**三菱 13.0**
第一消费群	48	东宝 20.8	春兰 16.7	古桥 14.6
第二消费群	37	春兰 18.9 三菱 18.9	古桥 16.2	东宝 8.1 日立 8.1
第三消费群	28	春兰 28.6	古桥 21.4	松下 10.7
第四消费群	3	华宝 33.3 三洋 33.3 三菱 33.3		
第五消费群	28	古桥 25.0	春兰 21.4	海尔 10.7 松下 10.7
第六消费群	41	三菱 26.8	古桥 14.6	春兰 12.2

5-9-2 不同消费群的理想品牌 / The Ideal Brands by Market Segments

	人数	第一品牌及百分比	第二品牌及百分比	第三品牌及百分比
样本	**600**	**春兰 20.5**	**海尔 14.8**	**三菱 14.7**
第一消费群	137	春兰 15.3 三菱 15.3	海尔 13.9	松下 5.1
第二消费群	94	三菱 23.4	海尔 21.3	
第三消费群	112	春兰 24.1	海尔 13.4 古桥 13.4	三菱 6.3
第四消费群	5	春兰 40.0 三菱 40.0		
第五消费群	131	春兰 24.4	三菱 12.2	海尔 11.5
第六消费群	120	春兰 17.4	三菱 16.5	海尔 15.7

5-9-3 不同消费群选择空调机时的考虑因素 / Considerations in Choosing from Different Brands by Market Segments

注：本题为多选题，合计百分比超过 100%（Multiple answers）

	人数	品牌印象	外型	价格	功率	省电	多功能	运转噪音低	售后服务	其他
样本	**186**	**41.9**	**14.5**	**44.1**	**17.2**	**18.8**	**17.7**	**30.6**	**22.6**	**5.4**
第一消费群	48	41.7	12.5	52.1	25.0	18.8	12.5	18.8	27.1	8.3
第二消费群	37	51.4	10.8	37.8	13.5	10.8	16.2	37.8	27.0	5.4
第三消费群	28	32.1	14.3	42.9	10.7	17.9	32.1	32.1	21.4	7.1
第四消费群	3	66.7	33.3	0.0	0.0	0.0	33.3	33.3	33.3	33.3
第五消费群	29	37.9	13.8	58.6	17.2	27.6	17.2	34.5	13.8	0.0
第六消费群	41	41.5	19.5	34.1	17.1	22.0	14.6	34.1	19.5	2.4

注：北京消费群的代表特征 / Characteristics of the Beijing Market Segments

		第一消费群	第二消费群	第三消费群	第四消费群	第五消费群	第六消费群
基本情况	性别	女	男	无明显偏向	男	无明显偏向	女
	年龄	30 － 34 岁	25 － 29 岁	35 － 44 岁	无明显偏向	16 － 24 岁	45 岁以上
	学历	大专/大本	大本	初中	大本及研究生	高中/中专/技校	初中及以下
	职业	科教卫生人员	一般企业职员	工人	管理人员/专门职业从事者/个体及私营企业主	学生	离退休人员
	月均收入	801 － 1500 元	1501 － 4000 元	800 元以下	4000 元以上	无收入	800 元以下
	婚姻	已婚	无明显偏向	已婚	已婚或离异	未婚	已婚
心理取向		注重学历 非积极进取	不循规传统 非单一电视娱乐	非田园倾向 新女性主张 金钱本位	注重经验 大男子主义 不保守稳定	非“大男子主义” 追随流行	非“新女性主张” 非浪漫新潮 单一电视娱乐

5-10 关于上海消费群 / The Shanghai Market Segments

5-10-1 不同消费群家中目前拥有品牌 / Brands of Air-Conditioner Owned in Household by Market Segments

	人数	第一品牌及百分比	第二品牌及百分比	第三品牌及百分比
样本	**348**	**春兰 18.1**	**夏普 16.4**	**爱特 14.4**
第一消费群	90	夏普 21.6	春兰 17.8	日立 10.0
第二消费群	54	春兰 25.9	夏普 13.0 爱特 13.0	日立 11.1
第三消费群	8	上菱 25.0		
第四消费群	59	春兰 20.3	日立 15.3	夏普 13.6
第五消费群	40	日立 27.5 夏普 27.5	春兰 12.5	爱特 5.0 华宝 5.0 上菱 5.0
第六消费群	97	爱特 18.6	春兰 16.5	松下 13.4

5-10-2 不同消费群的理想品牌 / The Ideal Brands by Market Segments

	人数	第一品牌及百分比	第二品牌及百分比	第三品牌及百分比
样本	**600**	**春兰 18.8**	**松下 14.7**	**日立 13.5**
第一消费群	145	春兰 24.8	松下 11.7	日立 10.3
第二消费群	92	春兰 17.4	夏普 15.2	日立 13.0
第三消费群	10	日立 40.0	夏普 30.0	
第四消费群	135	春兰 20.7	松下 17.8	日立 13.3
第五消费群	68	日立 17.6	松下 16.2	夏普 14.7
第六消费群	150	松下 17.3	春兰 16.0	日立 12.7

5-10-3 不同消费群选择空调机时的考虑因素 / Considerations in Choosing from Different Brands by Market Segments

注：本题为多选题，合计百分比超过 100%（Multiple answers）

	人数	品牌印象	外型	价格	功率	省电	多功能	运转噪音低	售后服务	其他
样本	**351**	**45.9**	**11.1**	**44.4**	**22.2**	**27.9**	**14.2**	**22.8**	**21.7**	**2.6**
第一消费群	92	48.9	14.1	40.2	18.5	28.3	15.2	22.8	21.7	2.2
第二消费群	55	49.1	9.1	49.1	14.5	25.5	10.9	20.0	30.9	5.5
第三消费群	8	62.5	0.0	62.5	12.5	12.5	25.0	37.5	37.5	0.0
第四消费群	60	50.0	10.0	51.7	20.0	20.0	8.3	13.3	20.0	0.0
第五消费群	40	27.5	7.5	47.5	32.5	45.0	25.0	30.0	22.5	2.5
第六消费群	96	44.8	12.5	38.5	28.1	28.1	13.5	26.0	15.6	3.1

注：上海消费群的代表特征 / Characteristics of the Shanghai Market Segments

		第一消费群	第二消费群	第三消费群	第四消费群	第五消费群	第六消费群
基本情况	性别	无明显偏向	男	男	女	女	无明显偏向
	年龄	45 岁以上	20 － 29 岁	25 － 34 岁	35 － 44 岁	16 － 24 岁	30 － 39 岁
	学历	大本及以上	大专/大本	大专	初中及以下	高中/中专/技校	高中/中专/技校
	职业	科教卫生人员/离退休人员	一般企业职员	行政管理人员/个体及私营企业主/专门职业从事者	工人/下岗人员	学生	一般企业职员
	月均收入	801 － 1500 元	1001 － 3000 元	3000 元以上	800 元以下	无收入	1001 － 2000 元
	婚姻	已婚	未婚	未婚	已婚	未婚	已婚
心理取向		非浪漫时尚 非金钱本位 保守稳定	非家庭重心 田园倾向 休闲独立	不保守稳定 奔波忙碌 浪漫时尚	金钱本位 家庭重心 注重学历	新家庭观念 非休闲独立	不积极进取 不奔波忙碌

5-11 关于广州消费群 / The Guangzhou Market Segments

5-11-1 不同消费群家中目前拥有品牌 / Brands of Air-Conditioner Owned in Household by Market Segments

	人数	第一品牌及百分比	第二品牌及百分比	第三品牌及百分比
样本	**332**	**科龙 13.9**	**美的 13.0**	**华凌 11.4**
第一消费群	42	科龙 23.8	华凌 19.0	格力 14.3
第二消费群	63	华凌 19.7	美的 14.3 科龙 14.3	格力 9.5 三菱 9.5
第三消费群	59	华凌 16.9	科龙 13.6 三菱 13.6	格力 10.2
第四消费群	68	美的 25.0	科龙 14.7 三菱 14.7	松下 10.3
第五消费群	47	格力 12.8	美的 10.6 日立 10.6	科龙 8.5
第六消费群	53	格力 13.2 松下 13.2	三菱 11.3	科龙 9.4

5-11-2 不同消费群的理想品牌 / The Ideal Brands by Market Segments

	人数	第一品牌及百分比	第二品牌及百分比	第三品牌及百分比
样本	**600**	**三菱 16.0**	**科龙 12.8**	**松下 8.7**
第一消费群	94	科龙 16.0	华凌 9.6	格力 5.3 美的 5.3
		三菱 16.0		松下 5.3
第二消费群	126	华凌 11.1	三菱 9.5	美的 7.9
第三消费群	99	三菱 19.2	科龙 10.1	松下 9.1
第四消费群	100	三菱 24.0	松下 16.0	科龙 13.0
第五消费群	99	科龙 11.1	日立 7.1	
		松下 11.1	三菱 7.1	
第六消费群	82	奥克斯三星 23.2	科龙 15.9	松下 11.0

5-11-3 不同消费群选择空调机时的考虑因素 / Considerations in Choosing from Different Brands by Market Segments

注：本题为多选题，合计百分比超过 100%（Multiple answers）

	人数	品牌印象	外型	价格	功率	省电	多功能	运转噪音低	售后服务	其他
样本	**333**	**38.7**	**11.1**	**39.3**	**17.4**	**38.7**	**15.0**	**39.3**	**10.8**	**3.0**
第一消费群	41	36.6	9.8	26.8	26.8	34.1	22.0	46.3	12.2	2.4
第二消费群	64	42.2	9.4	43.8	7.8	40.6	12.5	28.1	10.9	6.3
第三消费群	59	39.0	6.8	40.7	18.6	40.7	20.3	45.8	10.2	3.4
第四消费群	67	35.8	13.4	46.3	23.9	40.3	10.4	29.9	13.4	1.5
第五消费群	49	18.4	14.3	40.8	18.4	38.8	14.3	42.9	12.2	2.0
第六消费群	53	58.5	13.2	32.1	11.3	35.8	13.2	49.1	5.7	1.9

注：广州消费群的代表特征 / Characteristics of the Guangzhou Market Segments

		第一消费群	第二消费群	第三消费群	第四消费群	第五消费群	第六消费群
基本情况	性别	女	无明显偏向	女	男	女	男
	年龄	16 — 19 岁	40 岁以上	20 — 24 岁	35 — 44 岁	30 — 34 岁	25 — 29 岁
	学历	高中/中专/技校	无明显偏向	高中/中专/技校/大专	初中/高中/中专/技校	初中及以下	大专及以上
	职业	学生	工人	学生/待业人员	个体及私营企业主	家庭主妇	企业职员/管理人员/科教卫生人员/专门职业者
	月均收入	无收入	1500 元以下	无收入	801 — 1500 元	800 元以下	2000 元以上
	婚姻	未婚	已婚	未婚	已婚	已婚	无明显偏向
心理取向		不固守中式生活 田园倾向 非大男子主义	非新女性主张 不追随流行 非积极进取	独立自主 追随流行	积极进取 大男子主义 中式生活	单一电视娱乐 非独立自主 保守稳定	非单一电视娱乐 非家庭重心

5-12 关于重庆消费群 / The Chongqing Market Segments

5-12-1 不同消费群家中目前拥有品牌 / Brands of Air-Conditioner Owned in Household by Market Segments

	人数	第一品牌及百分比	第二品牌及百分比	第三品牌及百分比
样本	**296**	**格力 24.0**	**春兰 16.9**	**科龙 8.4**
第一消费群	67	格力 28.4	春兰 17.9	科龙 10.4
第二消费群	74	格力 13.0	春兰 21.6	科龙 6.8 三菱 6.8 美的 6.8
第三消费群	74	格力 20.3	春兰 17.6	科龙 9.5
第四消费群	19	格力 36.8	春兰 21.1	科龙 10.5
第五消费群	51	格力 17.6	春兰 9.8	三菱 7.8
第六消费群	11	格力 36.4	日立 18.2	

5-12-2 不同消费群的理想品牌 / The Ideal Brands by Market Segments

	人数	第一品牌及百分比	第二品牌及百分比	第三品牌及百分比
样本	**600**	**格力 25.0**	**春兰 17.7**	**海尔 7.8**
第一消费群	133	格力 26.3	春兰 18.0	海尔 9.8
第二消费群	123	格力 22.0	春兰 18.7	海尔 8.1
第三消费群	124	格力 24.2	春兰 17.7	海尔 9.7
第四消费群	24	格力 45.8	春兰 20.8	
第五消费群	162	格力 24.1	春兰 16.7	海尔 5.6
第六消费群	34	格力 23.5	春兰 14.7	华宝 8.8

5-12-3 不同消费群选择空调机时的考虑因素 / Considerations in Choosing from Different Brands by Market Segments

注：本题为多选题，合计百分比超过 100%（Multiple answers）

	人数	品牌印象	外型	价格	功率	省电	多功能	运转噪音低	售后服务	其他
样本	**296**	**46.6**	**10.5**	**37.2**	**24.0**	**24.3**	**11.8**	**33.8**	**17.6**	**3.4**
第一消费群	67	49.3	13.4	41.8	28.4	28.4	10.4	29.9	9.0	4.5
第二消费群	74	40.5	10.8	37.8	25.7	28.4	13.5	33.8	18.9	1.4
第三消费群	74	52.7	9.5	32.4	24.3	18.9	10.8	37.8	24.3	2.7
第四消费群	19	68.4	5.3	26.3	36.8	5.3	10.5	47.4	26.3	5.3
第五消费群	51	39.2	5.9	43.1	9.8	29.4	9.8	25.5	15.7	5.9
第六消费群	11	27.3	27.3	27.3	27.3	18.2	27.3	45.5	9.1	0.0

注：重庆消费群的代表特征 / Characteristics of the Chongqing Market Segments

		第一消费群	第二消费群	第三消费群	第四消费群	第五消费群	第六消费群
基本情况	性别	无明显偏向	无明显偏向	无明显偏向	无明显偏向	无明显偏向	女
	年龄	16 － 19 岁	45 岁以上	20 － 29 岁	30 － 34 岁	40 岁以上	25 － 29 岁
	学历	高中/中专/技校	高中/中专/技校	大专/大本	高中/中专/技校/大本以上	初中及以下	初中
	职业	学生	行政管理人员/离退休人员	科教卫生人员/一般企业职员	个体及私营企业主	工人	专门职业从事者 下岗及其他
	月均收入	无收入	501 － 800 元	801 － 1500 元	1500 元以上	500 元以下	1001 － 1500 元
	婚姻	未婚	已婚	无明显偏向	已婚	已婚	已婚或离异
心理取向		浪漫新潮 注重学历 非现实家庭观	循规传统 奔波忙碌 保守稳定	新女性主张 非功利心态	功利心态 现实家庭观 都市情结	非浪漫新潮 非独立休闲	非新女性主张 不循规传统 独立休闲

6 录放像机 / VTR

6-1 理想品牌排名 / Ranking of the Ideal Brands

● 北京（Beijing）

排名	品牌		人数	百分比
1	松下	Panasonic	235	39.2
2	日立	Hitachi	53	8.8
3	索尼	Sony	41	6.8
4	东芝	Toshiba	27	4.5
5	三洋	Sanyo	16	2.7
6	夏普	Sharp	15	2.5
7	三星	Samsung	9	1.5

n=600

● 上海（Shanghai）

排名	品牌		人数	百分比
1	松下	Panasonic	283	47.2
2	索尼	Sony	54	9.0
3	日立	Hitachi	48	8.0
4	东芝	Toshiba	41	6.8
5	夏普	Sharp	21	3.5
6	三洋	Sanyo	13	2.2
7	三星	Samsung	11	1.8

n=600

● 广州（Guangzhou）

排名	品牌		人数	百分比
1	松下	Panasonic	108	18.0
2	索尼	Sony	68	11.3
3	东芝	Toshiba	50	8.3
4	日立	Hitachi	41	6.8
5	夏普	Sharp	17	2.8
6	三星	Samsung	15	2.5
7	爱华	Aiwa	13	2.2
8	三洋	Sanyo	9	1.5
9	飞利浦	Philips	7	1.2

n=600

● 重庆（Chongqing）

排名	品牌		人数	百分比
1	松下	Panasonic	117	19.5
2	日立	Hitachi	29	4.8
3	索尼	Sony	28	4.7
4	东芝	Toshiba	25	4.2
5	三星	Samsung	14	2.3
6	爱华	Aiwa	11	1.8
7	三洋	Sanyo	7	1.2

n=600

6-2 样本总体、男性各年龄层、女性各年龄层的理想品牌 / The Ideal Brands by the Whole Sample, Age and Gender Groups

● 北京（Beijing）

	人数	第一品牌及百分比	第二品牌及百分比	第三品牌及百分比
样本	**600**	**松下 39.2**	**日立 8.8**	**索尼 6.8**
男性	**298**	**松下 40.6**	**日立 7.0**	**索尼 5.7**
16-19 岁	26	松下 30.8	索尼 19.2	东芝 7.7
20-24 岁	36	松下 55.6	东芝 9.3	三洋 5.6
25-29 岁	41	松下 56.1	索尼 7.3	东芝 4.9
30-34 岁	47	松下 46.8	日立 14.9	东芝 6.4
35-39 岁	43	松下 32.6	日立 11.6	东芝 4.7 三星 4.7
40-44 岁	42	松下 40.5	东芝 7.1 日立 7.1	索尼 4.8
45-49 岁	24	松下 33.8	夏普 8.3	
50 岁以上	39	松下 23.1	索尼 5.1 胜利 5.1 日立 5.1	
女性	**302**	**松下 37.7**	**日立 10.6**	**索尼 7.9**
16-19 岁	23	松下 34.8	日立 21.7 索尼 21.7	东芝 8.3
20-24 岁	35	松下 22.9 日立 22.9	索尼 11.4	东芝 5.7
25-29 岁	36	松下 63.9	索尼 8.3	东芝 5.6
30-34 岁	49	松下 51.0	日立 12.2	索尼 4.1
35-39 岁	45	松下 22.2	日立 11.1	索尼 6.7 东芝 6.7
40-44 岁	40	松下 37.5	索尼 10.0	日立 7.5
45-49 岁	26	松下 42.3	三洋 7.7	
50 岁以上	48	松下 29.2	索尼 6.3 日立 6.3	

● 上海（Shanghai）

	人数	第一品牌及百分比	第二品牌及百分比	第三品牌及百分比
样本	**600**	**松下 47.2**	**索尼 9.0**	**日立 8.0**
男性	**307**	**松下 47.9**	**日立 8.8**	**索尼 7.8**
16-19 岁	22	松下 50.0	索尼 18.2	东芝 9.1 日立 9.1
20-24 岁	34	松下 61.8	索尼 5.9 夏普 5.9	
25-29 岁	42	松下 35.7	索尼 14.3	夏普 11.9
30-34 岁	56	松下 55.4	日立 7.1	
35-39 岁	51	松下 52.9	东芝 13.7	索尼 7.8
40-44 岁	31	松下 45.2	日立 9.7 索尼 9.7	
45-49 岁	26	松下 30.8	日立 26.9	
50 岁以上	45	松下 40.0	日立 13.3	
女性	**293**	**松下 46.4**	**索尼 10.2**	**东芝 7.8**
16-19 岁	24	松下 33.3	东芝 20.8	日立 12.5 索尼 12.5
20-24 岁	32	松下 50.0	索尼 15.6	
25-29 岁	37	松下 32.4	索尼 18.9	日立 13.5
30-34 岁	50	松下 48.0	东芝 10.0	索尼 8.0
35-39 岁	44	松下 59.1	东芝 9.1	索尼 6.8
40-44 岁	35	松下 42.9	索尼 17.1	日立 11.4
45-49 岁	23	松下 43.5	东芝 13.0	索尼 8.7
50 岁以上	48	松下 52.1	日立 8.3	东芝 6.3

● 广州（Guangzhou）

	人数	第一品牌及百分比	第二品牌及百分比	第三品牌及百分比
样本	**600**	**松下 18.0**	**索尼 11.3**	**东芝 8.3**
男性	**282**	**松下 19.9**	**索尼 11.7**	**东芝 7.4**
16-19 岁	30	松下 20.0	东芝 10.0 日立 10.0 索尼 10.0	
20-24 岁	36	松下 30.6	索尼 13.9	东芝 8.3
25-29 岁	35	索尼 20.0	松下 14.3	东芝 11.4
30-34 岁	34	索尼 17.6	松下 11.8 日立 11.8 夏普 11.8	东芝 5.9
35-39 岁	40	松下 22.5	索尼 15.0	东芝 10.0
40-44 岁	41	松下 22.0	日立 7.3	东芝 4.9 三星 4.9
45-49 岁	26	松下 11.5	索尼 7.7	
50 岁以上	40	松下 22.5	索尼 10.0	日立 5.0 东芝 5.0
女性	**318**	**松下 16.4**	**索尼 11.0**	**东芝 9.1**
16-19 岁	50	松下 16.0	东芝 14.0 索尼 14.0	日立 10.0
20-24 岁	46	日立 17.4	松下 10.9 东芝 10.9	索尼 6.5
25-29 岁	63	松下 12.7 索尼 12.7	东芝 11.1	三洋 4.8
30-34 岁	46	松下 21.7	索尼 8.7 日立 8.7	
35-39 岁	41	松下 22.0	东芝 9.8	索尼 7.3
40-44 岁	30	松下 13.3 索尼 13.3	东芝 10.0	日立 6.7 爱华 6.7
45-49 岁	13	索尼 23.1		
50 岁以上	29	松下 24.1	索尼 10.3	日立 6.9

● 重庆（Chongqing）

	人数	第一品牌及百分比	第二品牌及百分比	第三品牌及百分比
样本	**600**	**松下 19.5**	**日立 4.8**	**索尼 4.7**
男性	**308**	**松下 22.1**	**索尼 6.2**	**东芝 4.9**
16-19 岁	43	松下 25.6	东芝 9.3	索尼 7.0
20-24 岁	53	松下 24.5	索尼 9.4	日立 3.8
25-29 岁	43	松下 25.6	东芝 7.0 日立 7.0	索尼 4.7
30-34 岁	38	松下 21.1	东芝 5.3 日立 5.3	
35-39 岁	39	松下 15.4	东芝 10.3 索尼 10.3	
40-44 岁	30	松下 13.3	日立 10.0	
45-49 岁	25	松下 16.0	索尼 12.0	
50 岁以上	37	松下 29.7		
女性	**292**	**松下 16.8**	**日立 5.1**	**索尼 3.1**
16-19 岁	43	松下 14.0 日立 14.0	索尼 4.7 东芝 4.7	
20-24 岁	53	松下 15.1	东芝 5.7	日立 3.8 爱华 3.8 三星 3.8 索尼 3.8
25-29 岁	32	松下 25.0	胜利 6.3 东芝 6.3	
30-34 岁	33	松下 21.2	三洋 6.1	
35-39 岁	35	松下 20.0		
40-44 岁	32	松下 18.8	索尼 9.4	三星 6.3
45-49 岁	27	松下 14.8	日立 7.4	
50 岁以上	37	松下 8.1		

6-3 录放像机拥有比例（%） / Proportions of VTR Owners in the Sample

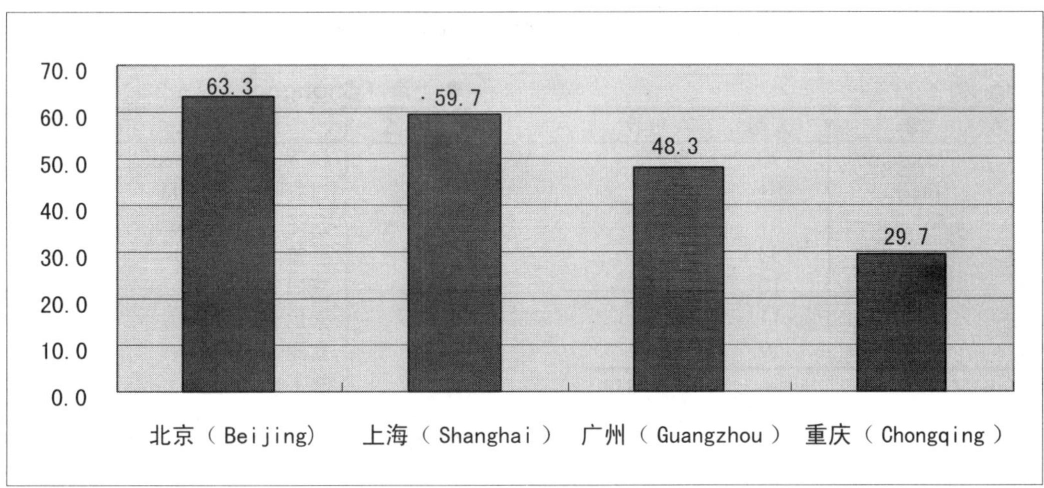

※四城市样本量均为 600 （n=600/city）

6-4 录放像机拥有量 / Number of VTR Owned per Household

	北京（Beijing）	上海（Shanghai）	广州（Guangzhou）	重庆（Chongqing）
一台	95.3	98.0	95.5	96.6
两台	4.5	1.7	3.8	2.8
三台	0.3	0.0	0.7	0.0
四台	0.0	0.0	0.0	0.6
五台	0.0	0.3	0.0	0.0
有效样本量	**380**	**357**	**287**	**177**

6-5 对样本家中现有录放像机（指最近购买的一台）的四方面的描述 / About the VTR Most Recently Purchased

6-5-1 家中现有录放像机的品牌排名 / Brand Ranking of the Currently Owned VTR

● 北京（Beijing）

排名	品牌		人数	百分比
1	松下	Panasonic	190	50.1
2	日立	Hitachi	51	13.5
3	东芝	Toshiba	41	10.8
4	夏普	Sharp	33	8.7
5	福奈	Funai	13	3.4
6	高士达	LG	11	2.9
7	三洋	Sanyo	9	2.4

n=379

● 上海（Shanghai）

排名	品牌		人数	百分比
1	松下	Panasonic	159	44.4
2	日立	Hitachi	50	14.0
3	东芝	Toshiba	32	8.9
4	夏普	Sharp	28	7.8
5	三洋	Sanyo	14	3.9
5	索尼	Sony	14	3.9
7	富丽	Fuli	10	2.8
8	高士达	LG	9	2.5
9	爱华	Aiwa	8	2.2

n=358

● 广州（Guangzhou）

排名	品牌		人数	百分比
1	松下	Panasonic	70	24.7
2	日立	Hitachi	51	18.0
3	东芝	Toshiba	43	15.2
4	夏普	Sharp	24	8.5
5	索尼	Sony	22	7.8
6	三洋	Sanyo	17	6.0
7	爱华	Aiwa	15	5.3
8	三星	Samsung	11	3.9
9	富丽	Fuli	8	2.8

n=283

● 重庆（Chongqing）

排名	品牌		人数	百分比
1	松下	Panasonic	64	36.4
2	东芝	Toshiba	22	12.5
3	日立	Hitachi	20	11.4
4	爱华	Aiwa	11	6.3
5	夏普	Sharp	9	5.1
6	三星	Samsung	8	4.5
6	高士达	LG	8	4.5

n=176

6-5-2 该录放像机的购买时间 / Time of Purchasing of the Currently Owned VTR

	北京（Beijing）	上海（Shanghai）	广州（Guangzhou）	重庆（Chongqing）
1985 年以前	4.5	3.9	6.6	3.4
1986-1990 年	27.2	26.8	23.3	17.4
1991-1993 年	22.2	29.6	27.2	19.1
1994 年	26.6	27.4	21.6	23.0
1995 年	12.1	8.1	10.8	20.8
1996 年	6.3	3.4	7.7	10.1
1997 年	1.1	0.8	2.8	6.2
有效样本量	**379**	**358**	**287**	**178**

6-5-3 该录放像机的价格 / The Price of the Currently Owned VTR

	北京（Beijing）	上海（Shanghai）	广州（Guangzhou）	重庆（Chongqing）
1000 元以下	2.1	3.4	3.1	2.8
1001-2000 元	15.0	20.7	29.0	29.2
2001-3000 元	38.3	42.3	37.9	29.2
3001-4000 元	31.4	24.1	16.9	25.3
4001-5000 元	7.9	4.2	3.4	9.6
5001 元以上	1.1	2.0	1.7	2.2
完全不知道	4.2	3.4	7.9	1.7
有效样本量	**379**	**357**	**290**	**178**

6-5-4 该录放像机的类型 / The Type of the Currently Owned VTR

	北京（Beijing）	上海（Shanghai）	广州（Guangzhou）	重庆（Chongqing）
普通放像机	14.8	21.4	26.0	23.0
卡拉 OK 放像机	7.1	7.3	11.5	13.5
普通录放像机	41.4	56.1	44.8	28.1
卡拉 OK 录放像机	36.1	15.2	17.7	34.3
其他	0.5	0.0	0.0	1.1
有效样本量	**379**	**355**	**288**	**178**

6-6 录放像机未来购买打算 / Plan for Future Purchasing of a VTR

6-6-1 有无购买打算 / Whether Planning to Purchase

	北京（Beijing）	上海（Shanghai）	广州（Guangzhou）	重庆（Chongqing）
打算买	4.3	3.5	3.2	3.8
不打算买	95.7	96.5	96.8	96.2
有效样本量	**599**	**597**	**599**	**600**

6-6-2 打算购买的品牌 / The Brand of the Planned Purchase

注：由于有效样本量太少，为使读者更有效地利用数据，该题只列出人数，未列百分比。（下同）

● 北京（Beijing）

品　牌		人数
松下	Panasonic	12
东芝	Toshiba	1
日立	Hitachi	1
夏普	Sharp	1
三星	Samsung	1
索尼	Sony	6
厦华	Xoceco	1

n=23

● 上海（Shanghai）

品　牌		人数
松下	Panasonic	10
日立	Hitachi	1
夏普	Sharp	2
飞利浦	Philips	1
索尼	Sony	2
华录	Hualu	2
厦新	Amoisonic	1

n=19

● 广州（Guangzhou）

品　牌		人数
松下	Panasonic	4
日立	Hitachi	1
夏普	Sharp	3
飞利浦	Philips	1
高士达	LG	2
索尼	Sony	5

n=16

● 重庆（Chongqing）

品　牌		人数
松下	Panasonic	5
三洋	Sanyo	2
东芝	Toshiba	1
日立	Hitachi	3
爱华	Aiwa	1
三星	Samsung	1
飞利浦	Philips	1
索尼	Sony	1
厦新	Amoisonic	1
丽声	Lisheng	1
高路华	Cornowa	1
其他	Others	1

n=19

6-6-3 打算购买的价格（人数） / The Price of the Planned Purchase

	北京（Beijing）	上海（Shanghai）	广州（Guangzhou）	重庆（Chongqing）
1000 元以下	1	3	0	0
1001-2000 元	5	5	1	7
2001-3000 元	8	7	10	3
3001-4000 元	5	3	4	2
4001-5000 元	0	1	3	4
5001 元以上	1	0	0	4
完全不知道	1	0	0	0
有效样本量	**21**	**19**	**18**	**20**

6-6-4 打算购买的类型（人数） / The Type of the Planned Purchase

	北京（Beijing）	上海（Shanghai）	广州（Guangzhou）	重庆（Chongqing）
普通放像机	4	3	1	1
卡拉 OK 放像机	3	2	3	9
普通录放像机	2	3	2	3
卡拉 OK 录放像机	17	10	8	8
其他	0	0	0	1
有效样本量	**26**	**18**	**14**	**22**

6-7 选择不同品牌录放像机时的考虑因素 / Considerations in Choosing from Different Brands

注：本题为多选题，合计百分比超过 100%（Multiple answers）

● 北京（Beijing）

		人数	品牌印象	外型	价格	画质好	多制式
样本		**376**	**47.6**	**13.3**	**35.6**	**20.5**	**21.0**
松下	Panasonic	190	51.6	11.6	28.4	26.3	28.4
日立	Hitachi	50	52.0	6.0	28.0	22.0	18.0
东芝	Toshiba	41	46.3	17.1	56.1	9.8	12.2
夏普	Sharp	32	59.4	21.9	43.8	3.1	12.5
福奈	Funai	13	23.1	15.4	69.2	7.7	0.0
高士达	LG	11	18.2	9.1	72.7	9.1	0.0
三洋	Sanyo	9	11.1	33.3	44.4	33.3	11.1

续上表（continued）

		人数	立体声	有卡拉 OK 功能	售后服务	功能全	其他
样本		**376**	**8.0**	**24.5**	**8.0**	**20.5**	**2.9**
松下	Panasonic	190	7.9	28.9	7.4	22.6	2.1
日立	Hitachi	50	12.0	20.0	8.0	28.0	4.0
东芝	Toshiba	41	4.9	22.0	7.3	9.8	2.4
夏普	Sharp	32	6.3	15.6	12.5	15.6	3.1
福奈	Funai	13	7.7	0.0	0.0	15.4	15.4
高士达	LG	11	0.0	9.1	27.3	9.1	0.0
三洋	Sanyo	9	22.2	11.1	0.0	22.2	0.0

● 上海（Shanghai）

		人数	品牌印象	外型	价格	画质好	多制式
样本		**357**	**51.3**	**12.3**	**34.5**	**25.8**	**16.8**
松下	Panasonic	159	56.6	6.9	23.3	27.0	23.9
日立	Hitachi	50	60.0	18.0	40.0	24.0	16.0
东芝	Toshiba	32	53.1	28.1	43.8	28.1	12.5
夏普	Sharp	27	48.1	7.4	33.3	37.0	14.8
三洋	Sanyo	14	28.6	21.4	14.3	35.7	7.1
索尼	Sony	14	42.9	35.7	42.9	7.1	0.0
富丽	Fuli	10	40.0	20.0	70.0	20.0	0.0
高士达	LG	9	11.1	11.1	100.0	11.1	11.1
爱华	Aiwa	8	12.5	0.0	37.5	37.5	0.0

续上表（continued）

		人数	立体声	有卡拉 OK 功能	售后服务	功能全	其他
样本		**357**	**5.3**	**11.2**	**9.2**	**18.5**	**1.7**
松下	Panasonic	159	4.4	13.8	7.5	22.6	0.6
日立	Hitachi	50	10.0	10.0	10.0	22.0	0.0
东芝	Toshiba	32	3.1	3.1	6.3	6.3	0.0
夏普	Sharp	27	7.4	11.1	3.7	18.5	3.7
三洋	Sanyo	14	14.3	7.1	35.7	21.4	7.1
索尼	Sony	14	0.0	14.3	7.1	21.4	0.0
富丽	Fuli	10	10.0	0.0	0.0	0.0	0.0
高士达	LG	9	0.0	11.1	0.0	11.1	0.0
爱华	Aiwa	8	12.5	25.0	12.5	0.0	0.0

● 广州（Guangzhou）

	人数	品牌印象	外型	价格	画质好	多制式
样本	**279**	**43.0**	**11.8**	**33.0**	**34.1**	**11.5**
松下 Panasonic	69	60.9	5.8	26.1	46.4	17.4
日立 Hitachi	51	52.9	9.8	33.3	29.4	9.8
东芝 Toshiba	43	51.2	18.6	34.9	34.9	4.7
夏普 Sharp	24	45.8	4.2	29.2	29.2	33.3
索尼 Sony	22	31.8	18.2	13.6	40.9	9.1
三洋 Sanyo	17	17.6	5.9	52.9	17.6	11.8
爱华 Aiwa	14	0.0	14.3	28.6	28.6	7.1
三星 Samsung	11	45.5	18.2	36.4	27.3	0.0
富丽 Fuli	1	0.0	0.0	0.0	0.0	0.0

续上表（continued）

	人数	立体声	有卡拉 OK 功能	售后服务	功能全	其他
样本	**279**	**13.6**	**17.9**	**2.9**	**18.3**	**2.2**
松下 Panasonic	69	10.1	15.9	2.9	14.5	1.4
日立 Hitachi	51	5.9	9.8	3.9	19.6	2.0
东芝 Toshiba	43	18.6	23.3	2.3	25.6	2.3
夏普 Sharp	24	20.8	16.7	0.0	29.2	0.0
索尼 Sony	22	18.2	36.4	0.0	18.2	4.5
三洋 Sanyo	17	5.9	11.8	5.9	0.0	0.0
爱华 Aiwa	14	35.7	21.4	7.1	21.4	0.0
三星 Samsung	11	9.1	18.2	0.0	18.2	0.0
富丽 Fuli	1	0.0	0.0	0.0	100.0	0.0

● 重庆（Chongqing）

	人数	品牌印象	外型	价格	画质好	多制式
样本	**172**	**40.7**	**15.1**	**30.8**	**39.5**	**15.1**
松下 Panasonic	64	48.4	12.5	23.4	43.8	17.2
东芝 Toshiba	22	54.5	18.2	18.2	31.8	31.8
日立 Hitachi	20	45.0	10.0	25.0	40.0	15.0
爱华 Aiwa	11	18.2	36.4	36.4	45.5	9.1
夏普 Sharp	9	11.1	11.1	66.7	33.3	0.0
三星 Samsung	8	12.5	0.0	37.5	25.0	25.0
高士达 LG	8	25.0	25.0	50.0	37.5	0.0

续上表（continued）

	人数	立体声	有卡拉 OK 功能	售后服务	功能全	其他
样本	**172**	**11.0**	**22.7**	**4.7**	**28.5**	**1.7**
松下 Panasonic	64	6.3	21.9	4.7	34.4	0.0
东芝 Toshiba	22	18.2	9.1	0.0	22.7	4.5
日立 Hitachi	20	0.0	25.0	10.0	30.0	5.0
爱华 Aiwa	11	18.2	36.4	0.0	18.2	0.0
夏普 Sharp	9	22.2	11.1	0.0	55.6	0.0
三星 Samsung	8	62.5	75.0	0.0	12.5	0.0
高士达 LG	8	0.0	0.0	37.5	0.0	0.0

6-8 录放像机购买决定者的人口特征 / The Demographics of the Decision Makers in Purchasing a VTR

● 北京（Beijing）

性别	人数	16-19 岁	20-24 岁	25-29 岁	30-34 岁	35-39 岁	40-44 岁	45-49 岁	50 岁以上
样本	**226**	**1.3**	**6.2**	**15.0**	**19.0**	**18.6**	**17.7**	**8.4**	**13.7**
男	133	1.5	7.5	15.0	17.3	19.5	16.5	7.5	15.0
女	93	1.1	4.3	15.1	21.5	17.2	19.4	9.7	11.8

● 上海（Shanghai）

性别	人数	16-19 岁	20-24 岁	25-29 岁	30-34 岁	35-39 岁	40-44 岁	45-49 岁	50 岁以上
样本	**224**	**1.8**	**5.4**	**6.7**	**21.9**	**23.2**	**14.7**	**10.7**	**15.6**
男	133	2.3	6.0	7.5	21.1	23.3	12.8	12.8	14.3
女	91	1.1	4.4	5.5	23.1	23.1	17.6	7.7	17.6

● 广州（Guangzhou）

性别	人数	16-19 岁	20-24 岁	25-29 岁	30-34 岁	35-39 岁	40-44 岁	45-49 岁	50 岁以上
样本	**135**	**3.0**	**6.7**	**13.3**	**13.3**	**17.8**	**17.8**	**10.4**	**17.8**
男	89	2.2	5.6	11.2	13.5	16.9	20.2	12.4	18.0
女	46	4.3	8.7	17.4	13.0	19.6	13.0	6.5	17.4

● 重庆（Chongqing）

性别	人数	16-19 岁	20-24 岁	25-29 岁	30-34 岁	35-39 岁	40-44 岁	45-49 岁	50 岁以上
样本	**90**	**2.2**	**4.4**	**16.7**	**20.0**	**15.6**	**14.4**	**15.6**	**11.1**
男	55	1.8	5.5	18.2	23.6	16.4	10.9	12.7	10.9
女	35	2.9	2.9	14.3	14.3	14.3	20.0	20.0	11.4

6-9 关于北京消费群 / The Beijing Market Segments

6-9-1 不同消费群家中目前拥有品牌 / Brands of VTR Owned in Household by Market Segments

	人数	第一品牌及百分比	第二品牌及百分比	第三品牌及百分比
样本	**379**	**松下 50.1**	**日立 13.5**	**东芝 10.8**
第一消费群	88	松下 52.3	日立 15.9	夏普 11.4
第二消费群	73	松下 49.3	东芝 12.3	日立 11.0
第三消费群	70	松下 40.0	日立 21.4	东芝 12.9
第四消费群	5	松下 20.0 东芝 20.0 飞利浦 20.0 胜利 20.0 索尼 20.0		
第五消费群	76	松下 52.6	东芝 14.5	日立 11.8
第六消费群	67	松下 58.2	夏普 10.4	东芝 9.0

6-9-2 不同消费群的理想品牌 / The Ideal Brands by Market Segments

	人数	第一品牌及百分比	第二品牌及百分比	第三品牌及百分比
样本	**600**	**松下 39.2**	**日立 8.8**	**索尼 6.8**
第一消费群	137	松下 35.0	日立 10.2	索尼 7.3
第二消费群	94	松下 50.0	日立 6.4 东芝 6.4	三洋 5.3
第三消费群	112	松下 34.8	日立 13.4	东芝 5.4
第四消费群	5	松下 20.0 东芝 20.0 日立 20.0 索尼 20.0		
第五消费群	131	松下 43.5	日立 8.4	东芝 6.1
第六消费群	120	松下 35.5	索尼 5.8	日立 5.0 夏普 5.0

6-9-3 不同消费群选择录放像机时的考虑因素 / Considerations in Choosing from Different Brands by Market Segments

注：本题为多选题，合计百分比超过 100%（Multiple answers）

	人数	品牌印象	外型	价格	画质好	多制式	立体声	有卡拉OK	售后服务	功能全	其他
样本	**378**	**47.6**	**13.2**	**36.0**	**20.4**	**20.9**	**7.9**	**24.3**	**7.9**	**20.4**	**2.9**
第一消费群	88	50.0	10.2	36.4	19.3	17.0	9.1	19.3	6.8	19.3	4.5
第二消费群	73	58.9	2.7	27.4	19.2	32.9	5.5	28.8	6.8	21.9	4.1
第三消费群	69	40.6	15.9	47.8	21.7	14.5	8.7	20.3	8.7	20.3	1.4
第四消费群	5	20.0	20.0	20.0	20.0	20.0	20.0	40.0	20.0	20.0	0.0
第五消费群	76	46.1	21.1	26.3	23.7	14.5	10.5	32.9	11.8	27.6	2.6
第六消费群	67	43.3	16.4	44.8	17.9	26.9	4.5	19.4	4.5	11.9	1.5

注：北京消费群的代表特征 / Characteristics of the Beijing Market Segments

		第一消费群	第二消费群	第三消费群	第四消费群	第五消费群	第六消费群
基本情况	性别	女	男	无明显偏向	男	无明显偏向	女
	年龄	30 — 34 岁	25 — 29 岁	35 — 44 岁	无明显偏向	16 — 24 岁	45 岁以上
	学历	大专/大本	大本	初中	大本及研究生	高中/中专/技校	初中及以下
	职业	科教卫生人员	一般企业职员	工人	管理人员/专门职业从事者/个体及私营企业主	学生	离退休人员
	月均收入	801 — 1500 元	1501 — 4000 元	800 元以下	4000 元以上	无收入	800 元以下
	婚姻	已婚	无明显偏向	已婚	已婚或离异	未婚	已婚
心理取向		注重学历 非积极进取	不循规传统 非单一电视娱乐	非田园倾向 新女性主张 金钱本位	注重经验 大男子主义 不保守稳定	非“大男子主义” 追随流行	非“新女性主张” 非浪漫新潮 单一电视娱乐

6-10 关于上海消费群 / The Shanghai Market Segments

6-10-1 不同消费群家中目前拥有品牌 / Brands of VTR Owned in Household by Market Segments

	人数	第一品牌及百分比	第二品牌及百分比	第三品牌及百分比
样本	**358**	**松下 44.4**	**日立 14.0**	**东芝 8.9**
第一消费群	86	松下 46.5	日立 23.3	夏普 4.7
第二消费群	54	松下 55.6	东芝 11.1	日立 7.4 夏普 7.4
第三消费群	5	松下 40.0 夏普 40.0		
第四消费群	80	松下 42.5	夏普 13.8	东芝 12.5
第五消费群	35	松下 40.0	日立 22.9	东芝 14.3
第六消费群	98	松下 39.8	日立 12.2	东芝 8.2

6-10-2 不同消费群的理想品牌 / The Ideal Brands by Market Segments

	人数	第一品牌及百分比	第二品牌及百分比	第三品牌及百分比
样本	**600**	**松下 47.2**	**索尼 9.0**	**日立 8.0**
第一消费群	145	松下 43.4	日立 11.7	东芝 6.9
第二消费群	92	松下 53.3	索尼 6.5	东芝 5.4 日立 5.4
第三消费群	10	松下 40.0		
第四消费群	135	松下 53.3	东芝 10.4	索尼 6.7
第五消费群	68	松下 41.2	索尼 17.6	东芝 7.4 日立 7.4
第六消费群	150	松下 44.7	索尼 12.7	日立 8.7

6-10-3 不同消费群选择录放像机时的考虑因素 / Considerations in Choosing from Different Brands by Market Segments

注：本题为多选题，合计百分比超过 100%（Multiple answers）

	人数	品牌印象	外型	价格	画质好	多制式	立体声	有卡拉OK	售后服务	功能全	其他
样本	**357**	**51.3**	**12.3**	**34.5**	**25.8**	**16.8**	**5.3**	**11.2**	**9.2**	**18.5**	**1.7**
第一消费群	85	56.5	9.4	48.2	20.0	15.3	3.5	10.6	7.1	20.0	1.2
第二消费群	54	61.1	13.0	27.8	24.1	16.7	3.7	9.3	7.4	24.1	1.9
第三消费群	5	60.0	0.0	0.0	20.0	40.0	0.0	0.0	0.0	60.0	0.0
第四消费群	80	45.0	13.8	28.8	22.5	17.5	5.0	2.5	13.8	15.0	5.0
第五消费群	35	42.9	8.6	42.9	42.9	17.1	11.4	5.7	11.4	14.3	0.0
第六消费群	98	49.0	15.3	29.6	28.6	16.3	6.1	22.4	8.2	16.3	0.0

注：上海消费群的代表特征 / Characteristics of the Shanghai Market Segments

		第一消费群	第二消费群	第三消费群	第四消费群	第五消费群	第六消费群
基本情况	性别	无明显偏向	男	男	女	女	无明显偏向
	年龄	45 岁以上	20 — 29 岁	25 — 34 岁	35 — 44 岁	16 — 24 岁	30 — 39 岁
	学历	大本及以上	大专/大本	大专	初中及以下	高中/中专/技校	高中/中专/技校
	职业	科教卫生人员/离退休人员	一般企业职员	行政管理人员/个体及私营企业主/专门职业从事者	工人/下岗人员	学生	一般企业职员
	月均收入	801 — 1500 元	1001 — 3000 元	3000 元以上	800 元以下	无收入	1001 — 2000 元
	婚姻	已婚	未婚	未婚	已婚	未婚	已婚
心理取向		非浪漫时尚 非金钱本位 保守稳定	非家庭重心 田园倾向 休闲独立	不保守稳定 奔波忙碌 浪漫时尚	金钱本位 家庭重心 注重学历	新家庭观念 非休闲独立	不积极进取 不奔波忙碌

6-11 关于广州消费群 / The Guangzhou Market Segments

6-11-1 不同消费群家中目前拥有品牌 / Brands of VTR Owned in Household by Market Segments

	人数	第一品牌及百分比	第二品牌及百分比	第三品牌及百分比
样本	**283**	**松下 24.7**	**日立 18.0**	**东芝 15.2**
第一消费群	52	日立 26.9	松下 21.2	东芝 13.5
第二消费群	51	松下 15.7	夏普 13.7	东芝 11.8 日立 11.8
第三消费群	48	松下 27.1	日立 22.9	东芝 16.7
第四消费群	53	日立 24.5	松下 22.6	东芝 18.9
第五消费群	39	松下 30.8	东芝 15.4	三洋 12.8
第六消费群	40	松下 35.0	东芝 15.0	日立 10.0 夏普 10.0

6-11-2 不同消费群的理想品牌 / The Ideal Brands by Market Segments

	人数	第一品牌及百分比	第二品牌及百分比	第三品牌及百分比
样本	**600**	**松下 18.0**	**索尼 11.3**	**东芝 8.3**
第一消费群	94	松下 21.3	东芝 12.8	索尼 8.5
第二消费群	126	松下 13.5	索尼 9.5	东芝 5.6
第三消费群	99	松下 18.2	索尼 14.1	日立 10.1
第四消费群	100	松下 18.0	索尼 15.0	日立 9.0 东芝 9.0
第五消费群	99	松下 15.2	索尼 8.1 东芝 8.1	夏普 2.0
第六消费群	82	松下 24.4	索尼 13.4	东芝 6.1

6-11-3 不同消费群选择录放像机时的考虑因素 / Considerations in Choosing from Different Brands by Market Segments

注：本题为多选题，合计百分比超过 100%（Multiple answers）

	人数	品牌印象	外型	价格	画质好	多制式	立体声	有卡拉OK	售后服务	功能全	其他
样本	**288**	**42.4**	**11.8**	**33.7**	**34.0**	**11.1**	**13.9**	**17.7**	**2.8**	**18.4**	**2.1**
第一消费群	51	43.1	7.8	31.4	31.4	9.8	11.8	13.7	2.0	21.6	2.0
第二消费群	53	34.0	13.2	49.1	24.5	3.8	13.2	17.0	3.8	17.0	1.9
第三消费群	49	38.8	16.3	34.7	42.9	16.3	16.3	26.5	2.0	10.2	2.0
第四消费群	53	49.1	9.4	26.4	35.8	15.1	13.2	22.6	1.9	18.9	3.8
第五消费群	42	38.1	16.7	33.3	28.6	9.5	21.4	16.7	7.1	21.4	0.0
第六消费群	40	52.5	7.5	25.0	42.5	12.5	7.5	7.5	0.0	22.5	2.5

注：广州消费群的代表特征 / Characteristics of the Guangzhou Market Segments

		第一消费群	第二消费群	第三消费群	第四消费群	第五消费群	第六消费群
基本情况	性别	女	无明显偏向	女	男	女	男
	年龄	16 — 19 岁	40 岁以上	20 — 24 岁	35 — 44 岁	30 — 34 岁	25 — 29 岁
	学历	高中/中专/技校	无明显偏向	高中/中专/技校/大专	初中/高中/中专/技校	初中及以下	大专及以上
	职业	学生	工人	学生/待业人员	个体及私营企业主	家庭主妇	企业职员/管理人员/科教卫生人员/专门职业者
	月均收入	无收入	1500 元以下	无收入	801 — 1500 元	800 元以下	2000 元以上
	婚姻	未婚	已婚	未婚	已婚	已婚	无明显偏向
心理取向		不固守中式生活 田园倾向 非大男子主义	非新女性主张 不追随流行 非积极进取	独立自主 追随流行	积极进取 大男子主义 中式生活	单一电视娱乐 非独立自主 保守稳定	非单一电视娱乐 非家庭重心

6-12 关于重庆消费群 / The Chongqing Market Segments

6-12-1 不同消费群家中目前拥有品牌 / Brands of VTR Owned in Household by Market Segments

	人数	第一品牌及百分比	第二品牌及百分比	第三品牌及百分比
样本	**176**	**松下 36.4**	**东芝 12.5**	**日立 11.4**
第一消费群	43	松下 25.6	日立 18.6	爱华 11.6
第二消费群	41	松下 41.5	东芝 12.2	日立 9.8
第三消费群	43	松下 46.5	东芝 16.3	爱华 7.0 三星 7.0
第四消费群	11	松下 36.4	日立 18.2	
第五消费群	31	松下 25.8	日立 12.9 东芝 12.9	高士达 9.7
第六消费群	7	日立 57.1		

6-12-2 不同消费群的理想品牌 / The Ideal Brands by Market Segments

	人数	第一品牌及百分比	第二品牌及百分比	第三品牌及百分比
样本	**600**	**松下 19.5**	**日立 4.8**	**索尼 4.7**
第一消费群	133	松下 16.5	日立 6.0	索尼 5.3
第二消费群	123	松下 22.8	索尼 3.3 东芝 3.3	日立 2.4
第三消费群	124	松下 29.0	东芝 7.3 索尼 7.3	日立 3.2 爱华 3.2
第四消费群	24	东芝 12.5 索尼 12.5	松下 8.3 三星 8.3	
第五消费群	162	松下 13.6	日立 7.4	索尼 3.1
第六消费群	34	松下 20.6	三星 8.8	

6-12-3 不同消费群选择录放像机时的考虑因素 / Considerations in Choosing from Different Brands by Market Segments

注：本题为多选题，合计百分比超过 100%（Multiple answers）

	人数	品牌印象	外型	价格	画质好	多制式	立体声	有卡拉OK	售后服务	功能全	其他
样本	**178**	**40.4**	**14.6**	**32.0**	**39.3**	**14.6**	**11.2**	**22.5**	**4.5**	**28.1**	**1.7**
第一消费群	43	39.5	18.6	32.6	41.9	11.6	14.0	14.0	4.7	23.3	2.3
第二消费群	42	33.3	14.3	33.3	38.1	16.7	14.3	35.7	0.0	21.4	0.0
第三消费群	43	51.2	16.3	30.2	39.5	25.6	9.3	18.6	7.0	34.9	2.3
第四消费群	11	54.5	18.2	27.3	36.4	9.1	9.1	54.5	9.1	9.1	0.0
第五消费群	32	37.5	3.1	37.5	31.3	3.1	6.3	15.6	6.3	37.5	3.1
第六消费群	7	14.3	28.6	14.3	71.4	14.3	14.3	0.0	0.0	42.9	0.0

注：重庆消费群的代表特征 / Characteristics of the Chongqing Market Segments

		第一消费群	第二消费群	第三消费群	第四消费群	第五消费群	第六消费群
基本情况	性别	无明显偏向	无明显偏向	无明显偏向	无明显偏向	无明显偏向	女
	年龄	16 — 19 岁	45 岁以上	20 — 29 岁	30 — 34 岁	40 岁以上	25 — 29 岁
	学历	高中/中专/技校	高中/中专/技校	大专/大本	高中/中专/技校/大本以上	初中及以下	初中
	职业	学生	行政管理人员/离退休人员	科教卫生人员/一般企业职员	个体及私营企业主	工人	专门职业从事者下岗及其他
	月均收入	无收入	501 — 800 元	801 — 1500 元	1500 元以上	500 元以下	1001 — 1500 元
	婚姻	未婚	已婚	无明显偏向	已婚	已婚	已婚或离异
心理取向		浪漫新潮 注重学历 非现实家庭观	循规传统 奔波忙碌 保守稳定	新女性主张 非功利心态	功利心态 现实家庭观 都市情结	非浪漫新潮 非独立休闲	非新女性主张 不循规传统 独立休闲

7 音响 / Hi-Fi Stereo

7-1 理想品牌排名 / Ranking of the Ideal Brands

● 北京（Beijing）

排名	品牌		人数	百分比
1	先锋	Pioneer	87	14.5
1	建伍	Kenwood	87	14.5
3	索尼	Sony	64	10.7
4	松下	Panasonic	32	5.3
5	飞利浦	Philips	25	4.2
6	爱华	Aiwa	22	3.7
7	山水	Sansui	17	2.8

n=600

● 上海（Shanghai）

排名	品牌		人数	百分比
1	先锋	Pioneer	138	23.0
2	索尼	Sony	78	13.0
3	建伍	Kenwood	65	10.8
4	松下	Panasonic	50	8.3
5	新科	Shinco	19	3.2
5	皇后	Queen	19	3.2
7	飞利浦	Philips	15	2.5

n=600

● 广州（Guangzhou）

排名	品牌		人数	百分比
1	索尼	Sony	105	17.5
2	建伍	Kenwood	59	9.8
3	先锋	Pioneer	43	7.2
4	爱华	Aiwa	30	5.0
5	松下	Panasonic	27	4.5
6	山水	Sansui	16	2.7
7	天龙	Denon	14	2.3

n=600

● 重庆（Chongqing）

排名	品牌		人数	百分比
1	先锋	Pioneer	31	5.2
2	松下	Panasonic	28	4.7
3	索尼	Sony	25	4.2
4	建伍	Kenwood	22	3.7
4	爱华	Aiwa	22	3.7
6	山水	Sansui	11	1.8

n=600

7-2 样本总体、男性各年龄层、女性各年龄层的理想品牌 / The Ideal Brands by the Whole Sample, Age and Gender Groups

● 北京（Beijing）

	人数	第一品牌及百分比	第二品牌及百分比	第三品牌及百分比
样本	**600**	**先锋 14.5　建伍 14.5**	**索尼 10.7**	**松下　5.3**
男性	**298**	**建伍 17.8**	**先锋 14.1**	**索尼　9.4**
16-19 岁	26	索尼　30.8	建伍　11.5	新科　7.7　爱华　7.7
20-24 岁	36	索尼　22.8	建伍　16.7	先锋　13.9
25-29 岁	41	先锋　17.5	建伍　12.5	索尼　10.0
30-34 岁	47	建伍　23.4	先锋　21.3	山水　10.6
35-39 岁	43	建伍　37.2	先锋　14.0	飞利浦　4.7
40-44 岁	42	先锋　14.3	索尼　9.5　飞利浦　9.5	建伍　7.1
45-49 岁	24	先锋　12.5　建伍　12.5	索尼　8.3　山水　8.3	
50 岁以上	39	建伍　15.4	先锋　10.3　松下　10.3	山水　5.1
女性	**302**	**先锋 15.0**	**索尼 12.0**	**建伍　11.3**
16-19 岁	23	索尼　30.4	建伍　13.0　东芝　13.0	爱华　8.7
20-24 岁	35	先锋　24.2	建伍　18.2	索尼　9.1
25-29 岁	36	先锋　16.7	建伍　11.1　索尼　11.1 三洋　11.1	松下　8.3　爱华　8.3
30-34 岁	49	建伍　16.3	先锋　12.2	索尼　10.2　爱华　10.2 飞利浦 10.2
35-39 岁	45	先锋　20.0	松下　11.1	建伍　8.9
40-44 岁	40	先锋　22.5	索尼　15.0　飞利浦　15.0	松下　7.5
45-49 岁	26	建伍　11.5　索尼 11.5	先锋　7.7　松下　7.7	
50 岁以上	48	索尼　10.4　建伍 10.4	先锋　8.3	松下　4.2　爱华　4.2

● 上海（Shanghai）

	人数	第一品牌及百分比	第二品牌及百分比	第三品牌及百分比
样本	**600**	**先锋 23.0**	**索尼 13.0**	**建伍　10.8**
男性	**307**	**先锋 23.8**	**建伍 11.6**	**索尼　11.3**
16-19 岁	22	先锋　22.7	建伍　18.2　索尼 18.2	飞利浦　9.1
20-24 岁	34	索尼　30.3	先锋　18.2	建伍　6.1　松下　6.1
25-29 岁	42	建伍　14.3	先锋　11.9	索尼　9.5
30-34 岁	56	先锋　26.8	建伍　12.5	松下　10.7
35-39 岁	51	先锋　32.0	建伍　16.0	新科　10.0
40-44 岁	31	先锋　27.6	索尼　13.8	松下　10.3
45-49 岁	26	先锋　23.1	松下　15.4	新科　7.7　建伍　7.7 索尼　7.7
50 岁以上	45	先锋　25.0	松下　9.1　建伍　9.1	索尼　6.8
女性	**293**	**先锋 22.6**	**索尼 15.1**	**建伍　10.3**
16-19 岁	24	先锋　20.8	索尼　16.7	三星　12.5
20-24 岁	32	索尼　18.8	先锋　15.6	建伍　9.4　松下　9.4 皇后　9.4
25-29 岁	37	先锋　21.6　建伍 21.6	索尼　13.5	皇后　8.1
30-34 岁	50	先锋　26.0	松下　14.0	建伍　6.0　索尼　6.0
35-39 岁	44	先锋　31.8	索尼　13.6	建伍　11.4
40-44 岁	35	索尼　26.5	先锋　14.7	松下　11.8
45-49 岁	23	先锋　21.7	索尼　17.4	松下　8.7　三洋　8.7
50 岁以上	48	先锋　22.9	索尼　14.6	建伍　12.5

● 广州（Guangzhou）

	人数	第一品牌及百分比	第二品牌及百分比	第三品牌及百分比
样本	**600**	**索尼 17.5**	**建伍 9.8**	**先锋 7.2**
男性	**282**	**索尼 18.1**	**建伍 11.3**	**先锋 5.7**
16-19 岁	30	索尼 26.7	建伍 13.3	
20-24 岁	36	索尼 22.8	建伍 13.9	先锋 8.3
25-29 岁	35	索尼 28.6	建伍 20.0	爱华 11.4
30-34 岁	34	建伍 20.6	索尼 11.8	先锋 8.8
35-39 岁	40	索尼 10.0 先锋 10.0 建伍 10.0	松下 7.5	
40-44 岁	41	索尼 14.6	建伍 7.3	松下 4.9
45-49 岁	26	索尼 11.5	先锋 7.7	
50 岁以上	40	索尼 20.0	建伍 5.0 熊猫 5.0 松下 5.0 爱华 5.0 天龙 5.0	
女性	**318**	**索尼 17.0**	**建伍 8.5 先锋 8.5**	**爱华 6.6**
16-19 岁	50	索尼 28.0	建伍 8.0	先锋 6.0
20-24 岁	46	索尼 17.4	先锋 13.0	建伍 6.5 爱华 6.5 山水 6.5
25-29 岁	63	索尼 17.5	建伍 14.3	天龙 7.9
30-34 岁	46	爱华 15.2	索尼 10.9	建伍 8.7 先锋 8.7
35-39 岁	41	松下 12.2	建伍 9.8	先锋 7.3 索尼 7.3 爱华 7.3
40-44 岁	30	索尼 13.3	先锋 10.0	爱华 6.7 山水 6.7
45-49 岁	13	索尼 30.8		
50 岁以上	29	索尼 17.2	先锋 10.3	爱华 6.9

● 重庆（Chongqing）

	人数	第一品牌及百分比	第二品牌及百分比
样本	**600**	**先锋 5.2**	**松下 4.7**
男性	**308**	**先锋 6.8**	**松下 4.9**
16-19 岁	43	索尼 14.0	先锋 7.0 建伍 7.0
20-24 岁	53	先锋 13.2	建伍 5.7 索尼 5.7 松下 5.7 爱华 5.7
25-29 岁	43	建伍 7.0	先锋 4.7 松下 4.7 爱华 4.7
30-34 岁	38	先锋 15.8	松下 7.9
35-39 岁	39	爱华 5.1	
40-44 岁	30	松下 13.3	
45-49 岁	25	东菱 8.0	
50 岁以上	37	日立 5.4 山水 5.4 飞利浦 5.4	
女性	**292**	**松下 4.5**	**建伍 3.8 索尼 3.8**
16-19 岁	43	先锋 4.7 松下 4.7 索尼 4.7 爱华 4.7 三星 4.7	
20-24 岁	53	山水 7.5	建伍 5.7 松下 5.7
25-29 岁	32	东菱 6.3 建伍 6.3	
30-34 岁	33	松下 9.1	建伍 6.1 爱华 6.1 雅马哈 6.1 三洋 6.1
35-39 岁	35	爱华 8.6	
40-44 岁	32	索尼 12.5	松下 6.3
45-49 岁	27	先锋 7.4 建伍 7.4	
50 岁以上	37	先锋 8.1	TCL 5.4

7-3 音响拥有比例（%） / Proportions of Hi-Fi Stereo Owners in the Sample

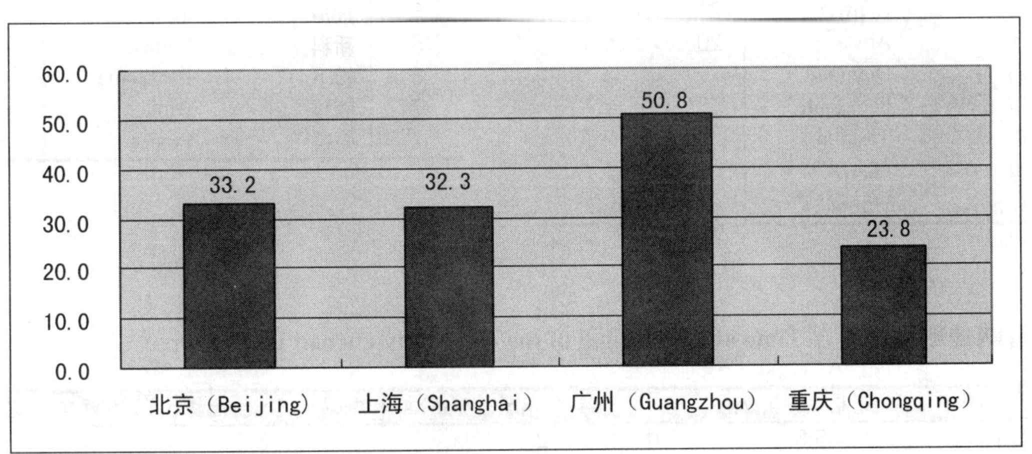

※四城市有效样本量均为 600 （ n=600/city ）

7-4 音响拥有量 / Number of Hi-Fi Stereo Owned per Household

	北京（Beijing）	上海（Shanghai）	广州（Guangzhou）	重庆（Chongqing）
一台	96.5	96.4	96.0	97.2
两台	3.5	3.1	4.0	2.8
三台	0.0	0.5	0.0	0.0
有效样本量	**199**	**193**	**303**	**143**

7-5 对样本家中现有音响（指最近购买的一台）的四个方面的描述 / About the Hi-Fi Stereo Most Recently Purchased

7-5-1 家中现有音响的品牌排名 / Brand Ranking of the Currently Owned Hi-Fi Stereo

● 北京（Beijing）

排名	品牌		人数	百分比
1	飞利浦	Philips	38	19.3
2	索尼	Sony	23	11.7
3	先锋	Pioneer	16	8.1
4	建伍	Kenwood	15	7.6
5	爱华	Aiwa	14	7.1
6	松下	Panasonic	12	6.1
7	燕舞	Yanwu	9	4.6
8	牡丹	Peony	8	4.1
9	华强	Huaqiang	7	3.6

n=197

● 上海（Shanghai）

排名	品牌		人数	百分比
1	新科	Shinco	22	11.3
2	建伍	Kenwood	21	10.8
3	先锋	Pioneer	18	9.3
3	多品牌组合机	Combinations	18	9.3
5	索尼	Sony	15	7.7
6	松下	Panasonic	13	6.7
7	爱华	Aiwa	8	4.1
7	奇特	Qite	8	4.1
9	三洋	Sanyo	7	3.6
10	燕舞	Yanwu	6	3.1

n=194

● 广州（Guangzhou）

排名	品牌		人数	百分比
1	多品牌组合机	Combinations	45	15.3
2	索尼	Sony	43	14.6
3	先锋	Pioneer	34	11.6
4	建伍	Kenwood	21	7.1
5	爱华	Aiwa	20	6.8
6	钻石	Diamond	9	3.1
7	松下	Panasonic	8	2.7
7	东芝	Toshiba	8	2.7
7	夏普	Sharp	8	2.7
7	飞利浦	Philips	8	2.7

n=294

● 重庆（Chongqing）

排名	品牌		人数	百分比
1	多品牌组合机	Combinations	16	11.3
2	爱华	Aiwa	13	9.2
3	星球	Xingqiu	9	6.4
3	索尼	Sony	9	6.4
5	新科	Shinco	8	5.7
5	松下	Panasonic	8	5.7
7	熊猫	Panda	6	4.3
7	先锋	Pioneer	6	4.3

n=141

7-5-2 该音响的购买时间 / Time of Purchasing of the Currently Owned Hi-Fi Stereo

	北京（Beijing）	上海（Shanghai）	广州（Guangzhou）	重庆（Chongqing）
1985 年以前	5.5	2.6	5.2	1.4
1986-1990 年	20.6	13.5	10.2	11.9
1991-1994 年	34.2	32.1	32.8	27.3
1995 年	19.1	14.5	25.2	21.7
1996 年	12.6	23.3	20.7	21.0
1997 年	8.0	14.0	5.9	16.8
有效样本量	**199**	**193**	**305**	**143**

7-5-3 该音响的价格 / The Price of the Currently Owned Hi-Fi Stereo

	北京（Beijing）	上海（Shanghai）	广州（Guangzhou）	重庆（Chongqing）
1000 元以下	15.6	5.7	8.6	12.6
1001-4000 元	33.2	28.4	36.0	38.5
4001-7000 元	27.1	22.2	21.5	21.0
7001-10000 元	7.5	15.5	9.6	11.2
10001-15000 元	5.5	13.4	5.0	7.0
15001-20000 元	2.5	5.2	3.3	1.4
20001-30000 元	1.0	2.6	3.0	1.4
30001 元以上	2.5	2.6	4.0	1.4
完全不知道	5.0	4.6	9.2	5.6
有效样本量	**199**	**194**	**303**	**143**

7-5-4 该音响的类型 / The Type of the Currently Owned Hi-Fi Stereo

	北京（Beijing）	上海（Shanghai）	广州（Guangzhou）	重庆（Chongqing）
普通套装音响	69.3	47.7	49.0	41.3
兼容 VCD 套装音响	13.6	17.1	20.5	32.2
兼容 LD 套装音响	5.5	8.8	10.3	7.0
基本功能发烧音响	4.0	13.5	8.6	8.4
兼容 VCD 发烧音响	4.5	9.3	6.6	9.1
兼容 LD 发烧音响	2.0	2.6	2.6	0.7
其他	1.0	1.0	2.3	1.4
有效样本量	**199**	**193**	**302**	**143**

7-6 音响未来购买打算 / Plan for Future Purchasing of a Hi-Fi Stereo

7-6-1 有无购买打算 / Whether Planning to Purchase

	北京（Beijing）	上海（Shanghai）	广州（Guangzhou）	重庆（Chongqing）
打算买	10.0	10.5	7.2	6.8
不打算买	90.0	89.5	92.8	93.2
有效样本量	**599**	**598**	**600**	**600**

7-6-2 打算购买的品牌排名 / The Brand of the Planned Purchase

● 北京（Beijing）

排名	品牌		人数	百分比
1	建伍	Kenwood	13	24.5
2	先锋	Pioneer	8	15.1
3	索尼	Sony	7	13.2
4	新科	Shinco	3	5.7
4	松下	Panasonic	3	5.7
4	爱华	Aiwa	3	5.7
4	飞利浦	Philips	3	5.7
4	多品牌组合机	Combinations	3	5.7

n=53

● 上海（Shanghai）

排名	品牌		人数	百分比
1	先锋	Pioneer	11	18.3
2	索尼	Sony	9	15.0
2	松下	Panasonic	9	15.0
4	新科	Shinco	8	13.3
5	多品牌组合机	Combinations	4	6.7
6	皇后	Queen	3	5.0

n=60

● 广州（Guangzhou）

排名	品牌		人数	百分比
1	索尼	Sony	12	32.4
2	建伍	Kenwood	8	21.6
3	先锋	Pioneer	4	10.8
3	爱华	Aiwa	4	10.8
5	松下	Panasonic	2	5.4

n=37

● 重庆（Chongqing）

排名	品牌		人数	百分比
1	华强	Huaqiang	5	13.9
2	先锋	Pioneer	4	11.1
2	松下	Panasonic	4	11.1
4	三星	Samsung	3	8.3

n=36

7-6-3 打算购买的价格 / The Price of the Planned Purchase

	北京（Beijing）	上海（Shanghai）	广州（Guangzhou）	重庆（Chongqing）
1000 元以下	1.8	0.0	2.7	7.5
1001-4000 元	30.9	27.9	43.2	45.0
4001-7000 元	38.2	36.1	13.5	15.0
7001-10000 元	12.7	19.7	16.2	15.0
10001-15000 元	7.3	8.2	10.8	17.5
15001-20000 元	5.5	3.3	5.4	0.0
20001-30000 元	3.6	3.3	0.0	0.0
30001 元以上	0.0	1.6	8.1	0.0
有效样本量	**55**	**61**	**37**	**40**

7-6-4 打算购买的类型 / The Type of the Planned Purchase

	北京（Beijing）	上海（Shanghai）	广州（Guangzhou）	重庆（Chongqing）
普通套装音响	6.1	24.6	8.8	20.5
兼容 VCD 套装音响	28.6	33.3	35.3	43.6
兼容 LD 套装音响	22.4	7.0	11.8	7.7
基本功能发烧音响	14.3	12.3	14.7	10.3
兼容 VCD 发烧音响	20.4	14.0	14.7	12.8
兼容 LD 发烧音响	4.1	8.8	11.8	5.1
其他	4.1	0.0	2.9	0.0
有效样本量	**49**	**57**	**34**	**39**

7-7 选择不同品牌音响时的考虑因素 / Considerations in Choosing from Different Brands

注：本题为多选题，合计百分比超过 100%（Multiple answers）

● 北京（Beijing）

		人数	品牌印象	外型	价格	音质	遥控功能
样本		**195**	**42.6**	**20.0**	**36.9**	**48.7**	**7.2**
飞利浦	Philips	38	57.9	13.2	31.6	60.5	5.3
索尼	Sony	23	60.9	17.4	26.1	39.1	8.7
先锋	Pioneer	16	50.0	31.3	0.0	62.5	0.0
建伍	Kenwood	15	46.7	13.3	20.0	40.0	13.3
爱华	Aiwa	14	50.0	21.4	21.4	64.3	21.4
松下	Panasonic	12	66.7	41.7	25.0	41.7	0.0
燕舞	Yanwu	9	55.6	0.0	77.8	55.6	0.0
牡丹	Peony	8	12.5	12.5	62.5	37.5	0.0
华强	Huaqiang	7	14.3	14.3	71.4	42.9	0.0

续上表（continued）

		人数	专业声誉	卡拉 OK 功能	原产地	功能齐全	售后服务	其他
样本		**195**	**6.7**	**12.8**	**9.7**	**16.4**	**7.2**	**2.6**
飞利浦	Philips	38	5.3	2.6	7.9	10.5	13.2	2.6
索尼	Sony	23	8.7	8.7	13.0	21.7	4.3	0.0
先锋	Pioneer	16	18.8	12.5	18.8	6.3	6.3	6.3
建伍	Kenwood	15	33.3	20.0	13.3	26.7	0.0	6.7
爱华	Aiwa	14	0.0	14.3	21.4	35.7	7.1	7.1
松下	Panasonic	12	0.0	33.3	0.0	16.7	8.3	0.0
燕舞	Yanwu	9	0.0	0.0	0.0	11.1	11.1	0.0
牡丹	Peony	8	0.0	0.0	25.0	12.5	0.0	0.0
华强	Huaqiang	7	0.0	0.0	0.0	0.0	0.0	0.0

● 上海（Shanghai）

		人数	品牌印象	外型	价格	音质	遥控功能
样本		**190**	**36.8**	**19.5**	**37.9**	**51.1**	**10.5**
新科	Shinco	22	27.3	18.2	40.9	36.4	4.5
建伍	Kenwood	20	55.0	15.0	15.0	45.0	25.0
先锋	Pioneer	18	44.4	16.7	11.1	44.4	16.7
索尼	Sony	15	66.7	20.0	26.7	53.3	6.7
松下	Panasonic	13	53.8	23.1	30.8	61.5	0.0
爱华	Aiwa	8	37.5	12.5	37.5	62.5	25.0
奇特	Qite	8	25.0	25.0	50.0	37.5	12.5
三洋	Sanyo	7	57.1	14.3	28.6	42.9	28.6
燕舞	Yanwu	6	16.7	16.7	66.7	50.0	16.7

续上表（continued）

		人数	专业声誉	卡拉 OK 功能	原产地	功能齐全	售后服务	其他
样本		**190**	**5.8**	**14.2**	**11.1**	**20.0**	**5.3**	**1.1**
新科	Shinco	22	4.5	22.7	0.0	9.1	4.5	0.0
建伍	Kenwood	20	20.0	0.0	25.0	30.0	10.0	0.0
先锋	Pioneer	18	5.6	22.2	22.2	22.2	11.1	0.0
索尼	Sony	15	0.0	0.0	6.7	13.3	6.7	0.0
松下	Panasonic	13	7.7	23.1	15.4	15.4	0.0	0.0
爱华	Aiwa	8	0.0	12.5	12.5	12.5	0.0	0.0
奇特	Qite	8	0.0	37.5	0.0	25.0	12.5	0.0
三洋	Sanyo	7	0.0	0.0	42.9	14.3	14.3	0.0
燕舞	Yanwu	6	0.0	0.0	0.0	16.7	0.0	0.0

● 广州（Guangzhou）

		人数	品牌印象	外型	价格	音质	遥控功能
样本		**289**	**29.4**	**8.3**	**34.3**	**56.7**	**18.3**
索尼	Sony	42	40.5	14.3	23.8	59.5	26.2
先锋	Pioneer	34	41.2	5.9	32.4	58.8	23.5
建伍	Kenwood	21	52.4	9.5	19.0	42.9	4.8
爱华	Aiwa	20	30.0	15.0	30.0	65.0	35.0
钻石	Diamond	9	44.4	11.1	44.4	66.7	0.0
松下	Panasonic	8	12.5	0.0	12.5	50.0	37.5
东芝	Toshiba	8	12.5	0.0	37.5	62.5	12.5
夏普	Sharp	8	62.5	0.0	12.5	62.5	25.0
飞利浦	Philips	8	25.0	0.0	50.0	37.5	25.0

续上表（continued）

		人数	专业声誉	卡拉 OK 功能	原产地	功能齐全	售后服务	其他
样本		**289**	**10.0**	**19.4**	**8.0**	**26.3**	**1.7**	**2.1**
索尼	Sony	42	19.0	26.2	4.8	23.8	0.0	2.4
先锋	Pioneer	34	8.8	23.5	5.9	23.5	0.0	2.9
建伍	Kenwood	21	4.8	0.0	4.8	47.6	0.0	4.8
爱华	Aiwa	20	0.0	20.0	0.0	25.0	0.0	0.0
钻石	Diamond	9	11.1	0.0	11.1	11.1	22.2	0.0
松下	Panasonic	8	12.5	50.0	12.5	37.5	0.0	0.0
东芝	Toshiba	8	0.0	25.0	0.0	37.5	0.0	0.0
夏普	Sharp	8	12.5	0.0	12.5	0.0	0.0	0.0
飞利浦	Philips	8	12.5	25.0	12.5	25.0	0.0	12.5

● 重庆（Chongqing）

	人数	品牌印象	外型	价格	音质	遥控功能
样本	**135**	**31.9**	**12.6**	**26.7**	**45.2**	**17.8**
爱华 Aiwa	13	30.8	0.0	23.1	38.5	15.4
星球 Xingqiu	9	11.1	11.1	33.3	66.7	0.0
索尼 Sony	9	44.4	22.2	0.0	66.7	44.4
新科 Shinco	8	37.5	12.5	62.5	25.0	25.0
松下 Panasonic	7	71.4	0.0	0.0	28.6	14.3
熊猫 Panda	6	33.3	0.0	33.3	33.3	50.0
先锋 Pioneer	6	16.7	33.3	0.0	66.7	0.0

续上表（continued）

	人数	专业声誉	卡拉 OK 功能	原产地	功能齐全	售后服务	其他
样本	**135**	**7.4**	**28.9**	**8.9**	**25.2**	**6.7**	**2.2**
爱华 Aiwa	13	23.1	30.8	23.1	23.1	23.1	0.0
星球 Xingqiu	9	0.0	44.4	0.0	0.0	0.0	11.1
索尼 Sony	9	0.0	22.2	0.0	33.3	11.1	11.1
新科 Shinco	8	12.5	12.5	0.0	25.0	12.5	0.0
松下 Panasonic	7	14.3	28.6	28.6	42.9	0.0	0.0
熊猫 Panda	6	0.0	16.7	16.7	33.3	16.7	0.0
先锋 Pioneer	6	0.0	0.0	0.0	33.3	0.0	0.0

7-8 音响购买决定者的人口特征 / The Demographics of the Decision Makers in Purchasing a Hi-Fi Stereo

● 北京（Beijing）

性别	人数	16-19 岁	20-24 岁	25-29 岁	30-34 岁	35-39 岁	40-44 岁	45-49 岁	50 岁以上
样本	**111**	**1.8**	**6.3**	**14.4**	**22.5**	**20.7**	**16.2**	**8.1**	**9.9**
男性	66	3.0	6.1	15.2	24.2	18.2	16.7	7.6	9.1
女性	45	0.0	6.7	13.3	20.0	24.4	15.6	8.9	11.5

● 上海（Shanghai）

性别	人数	16-19 岁	20-24 岁	25-29 岁	30-34 岁	35-39 岁	40-44 岁	45-49 岁	50 岁以上
样本	**122**	**0.0**	**6.6**	**13.9**	**27.0**	**18.0**	**8.2**	**7.4**	**18.9**
男性	81	0.0	7.4	13.6	23.5	19.8	6.2	9.9	19.8
女性	41	0.0	4.9	14.6	34.1	14.6	12.2	2.4	17.1

● 广州（Guangzhou）

性别	人数	16-19 岁	20-24 岁	25-29 岁	30-34 岁	35-39 岁	40-44 岁	45-49 岁	50 岁以上
样本	**141**	**2.1**	**7.8**	**14.9**	**17.0**	**15.6**	**17.0**	**9.9**	**15.6**
男性	98	1.0	8.2	10.2	17.3	16.3	17.3	11.2	18.4
女性	43	4.7	7.0	25.6	16.3	14.0	16.3	7.0	9.3

● 重庆（Chongqing）

性别	人数	16-19 岁	20-24 岁	25-29 岁	30-34 岁	35-39 岁	40-44 岁	45-49 岁	50 岁以上
样本	**80**	**5.0**	**11.3**	**17.5**	**20.0**	**8.8**	**8.8**	**13.8**	**15.0**
男性	44	4.5	11.4	20.5	20.5	11.4	9.1	9.1	13.6
女性	36	5.6	11.1	13.9	19.4	5.6	8.3	19.4	16.7

7-9 关于北京消费群 / The Beijing Market Segments

7-9-1 不同消费群家中目前拥有品牌 / Brands of Hi-Fi Stereo Owned in Household by Market Segments

	人数	第一品牌及百分比	第二品牌及百分比	第三品牌及百分比
样本	**197**	**飞利浦 19.3**	**索尼 11.7**	**先锋 8.1**
第一消费群	46	飞利浦 26.1	建伍 13.0 索尼 13.0	先锋 8.7
第二消费群	47	飞利浦 17.0	爱华 8.5 建伍 8.5 索尼 8.5 松下 8.5	多品牌组合机 6.4
第三消费群	25	飞利浦 28.0	华强 12.0	星球 8.0 松下 8.0 先锋 8.0
第四消费群	4	先锋 75.0		
第五消费群	43	索尼 14.0	爱华 11.6 飞利浦 11.6	燕舞 9.3 先锋 9.3
第六消费群	32	索尼 21.9	飞利浦 15.6	松下 12.5

7-9-2 不同消费群的理想品牌 / The Ideal Brands by Market Segments

	人数	第一品牌及百分比	第二品牌及百分比	第三品牌及百分比
样本	**600**	**先锋 14.5 建伍 14.5**	**索尼 10.7**	**松下 5.3**
第一消费群	137	建伍 15.3	先锋 12.4 索尼 12.4	飞利浦 6.6
第二消费群	94	先锋 18.1	建伍 17.0	索尼 9.6
第三消费群	112	先锋 18.8	建伍 14.3	爱华 6.3
第四消费群	5	先锋 40.0		
第五消费群	131	索尼 18.3	先锋 14.5	建伍 13.0
第六消费群	121	建伍 13.2	先锋 9.1	索尼 8.3

7-9-3 不同消费群选择音响时的考虑因素 / Considerations in Choosing from Different Brands by Market Segments

注：本题为多选题，合计百分比超过 100%（Multiple answers）

	人数	品牌印象	外型	价格	音质	遥控功能
样本	**199**	**41.7**	**19.6**	**37.2**	**48.7**	**7.0**
第一消费群	47	44.7	14.9	44.7	53.2	6.4
第二消费群	48	37.5	12.5	33.3	45.8	12.5
第三消费群	25	32.0	32.0	36.0	48.0	8.0
第四消费群	4	75.0	50.0	25.0	75.0	0.0
第五消费群	43	37.2	23.3	41.9	39.5	4.7
第六消费群	32	53.1	18.8	28.1	56.3	3.1

续上表（continued）

	人数	专业声誉	卡拉 OK 功能	原产地	功能齐全	售后服务	其他
样本	**199**	**6.5**	**12.6**	**9.5**	**16.1**	**7.0**	**3.0**
第一消费群	47	6.4	12.8	8.5	10.6	4.3	2.1
第二消费群	48	8.3	12.5	8.3	20.8	8.3	8.3
第三消费群	25	0.0	12.0	4.0	12.0	4.0	4.0
第四消费群	4	0.0	0.0	25.0	0.0	0.0	0.0
第五消费群	43	11.6	9.3	18.6	16.3	14.0	0.0
第六消费群	32	3.1	18.8	3.1	21.9	3.1	0.0

注：北京消费群的代表特征 / Characteristics of the Beijing Market Segments

		第一消费群	第二消费群	第三消费群	第四消费群	第五消费群	第六消费群
基本情况	性别	女	男	无明显偏向	男	无明显偏向	女
	年龄	30 — 34 岁	25 — 29 岁	35 — 44 岁	无明显偏向	16 — 24 岁	45 岁以上
	学历	大专/大本	大本	初中	大本及研究生	高中/中专/技校	初中及以下
	职业	科教卫生人员	一般企业职员	工人	管理人员/专门职业从事者/个体及私营企业主	学生	离退休人员
	月均收入	801 — 1500 元	1501 — 4000 元	800 元以下	4000 元以上	无收入	800 元以下
	婚姻	已婚	无明显偏向	已婚	已婚或离异	未婚	已婚
心理取向		注重学历 非积极进取	不循规传统 非单一电视娱乐	非田园倾向 新女性主张 金钱本位	注重经验 大男子主义 不保守稳定	非“大男子主义” 追随流行	非“新女性主张” 非浪漫新潮 单一电视娱乐

7-10 关于上海消费群 / The Shanghai Market Segments

7-10-1 不同消费群家中目前拥有品牌 / Brands of Hi-Fi Stereo Owned in Household by Market Segments

	人数	第一品牌及百分比	第二品牌及百分比	第三品牌及百分比
样本	**194**	**新科 11.3**	**建伍 10.8**	**多品牌组合机 9.3** **先锋 9.3**
第一消费群	51	建伍 13.7	索尼 9.8	奇特 7.8 爱华 7.8 新科 7.8 松下 7.8
第二消费群	29	建伍 13.8 索尼 13.8	多品牌组合机 10.3	燕舞 6.9
第三消费群	4	天龙 25.0 雅马哈 25.0 皇后 25.0 多品牌组合机 25.0		
第四消费群	37	建伍 8.1 索尼 8.1 奇特 8.1 多品牌组合机 8.1	先科 5.4 飞利浦 5.4 三星 5.4 燕舞 5.4 先锋 5.4 松下 5.4	
第五消费群	14	新科 28.6	先锋 14.3	
第六消费群	59	新科 20.3	多品牌组合机 16.9	松下 10.2

7-10-2 不同消费群的理想品牌 / The Ideal Brands by Market Segments

	人数	第一品牌及百分比	第二品牌及百分比	第三品牌及百分比
样本	**600**	**先锋 23.0**	**索尼 13.0**	**建伍 10.8**
第一消费群	145	先锋 26.2	建伍 11.7 索尼 11.7	松下 8.3
第二消费群	92	先锋 27.2	索尼 12.0	建伍 9.8
第三消费群	10	先锋 30.0		
第四消费群	135	先锋 20.7	索尼 13.3	建伍 8.9 松下 8.9
第五消费群	68	索尼 20.6	先锋 13.2	建伍 11.8
第六消费群	150	先锋 23.3	建伍 12.0	索尼 11.3 松下 11.3

7-10-3 不同消费群选择音响时的考虑因素 / Considerations in Choosing from Different Brands by Market Segments

注：本题为多选题，合计百分比超过 100%（ Multiple answers ）

	人数	品牌印象	外型	价格	音质	遥控功能
样本	**192**	**37.5**	**19.3**	**37.5**	**51.0**	**10.4**
第一消费群	51	43.1	13.7	41.2	45.1	13.7
第二消费群	29	34.5	17.2	31.0	55.2	10.3
第三消费群	4	50.0	25.0	0.0	75.0	0.0
第四消费群	36	30.6	19.4	36.1	41.7	5.6
第五消费群	14	42.9	21.4	35.7	42.9	7.1
第六消费群	58	36.2	24.1	41.4	60.3	12.1

续上表（ continued ）

	人数	专业声誉	卡拉 OK 功能	原产地	功能齐全	售后服务	其他
样本	**192**	**5.7**	**14.1**	**10.9**	**20.3**	**5.2**	**1.0**
第一消费群	51	9.8	15.7	13.7	13.7	3.9	0.0
第二消费群	29	6.9	6.9	10.3	24.1	3.4	0.0
第三消费群	4	25.0	0.0	0.0	50.0	0.0	0.0
第四消费群	36	0.0	5.6	13.9	19.4	8.3	2.8
第五消费群	14	0.0	14.3	14.3	35.7	14.3	7.1
第六消费群	58	5.2	22.4	6.9	19.0	3.4	0.0

注：上海消费群的代表特征 / Characteristics of the Shanghai Market Segments

		第一消费群	第二消费群	第三消费群	第四消费群	第五消费群	第六消费群
基本情况	性别	无明显偏向	男	男	女	女	无明显偏向
	年龄	45 岁以上	20 — 29 岁	25 — 34 岁	35 — 44 岁	16 — 24 岁	30 — 39 岁
	学历	大本及以上	大专/大本	大专	初中及以下	高中/中专/技校	高中/中专/技校
	职业	科教卫生人员/离退休人员	一般企业职员	行政管理人员/个体及私营企业主/专门职业从事者	工人/下岗人员	学生	一般企业职员
	月均收入	801 — 1500 元	1001 — 3000 元	3000 元以上	800 元以下	无收入	1001 — 2000 元
	婚姻	已婚	未婚	未婚	已婚	未婚	已婚
心理取向		非浪漫时尚 非金钱本位 保守稳定	非家庭重心 田园倾向 休闲独立	不保守稳定 奔波忙碌 浪漫时尚	金钱本位 家庭重心 注重学历	新家庭观念 非休闲独立	不积极进取 不奔波忙碌

7-11 关于广州消费群 / The Guangzhou Market Segments

7-11-1 不同消费群家中目前拥有品牌 / Brands of Hi-Fi Stereo Owned in Household by Market Segments

	人数	第一品牌及百分比	第二品牌及百分比	第三品牌及百分比
样本	**294**	**多品牌组合机 15.3**	**索尼 14.6**	**先锋 11.6**
第一消费群	45	先锋 22.2	索尼 17.8	爱华 8.9
第二消费群	58	多品牌组合机 13.8	索尼 12.1	先锋 10.3
第三消费群	46	多品牌组合机 28.3	索尼 17.4	先锋 8.7
第四消费群	57	多品牌组合机 17.5 索尼 17.5	先锋 8.8	爱华 5.3
第五消费群	44	索尼 15.9	爱华 13.6	先锋 11.4 多品牌组合机 11.4
第六消费群	44	多品牌组合机 18.2	建伍 13.6	先锋 9.1

7-11-2 不同消费群的理想品牌 / The Ideal Brands by Market Segments

	人数	第一品牌及百分比	第二品牌及百分比	第三品牌及百分比
样本	**600**	**索尼 17.5**	**建伍 9.8**	**先锋 7.2**
第一消费群	94	索尼 27.7	建伍 10.6	先锋 8.5
第二消费群	126	索尼 17.5	先锋 5.6	建伍 4.0 爱华 4.0
第三消费群	99	索尼 18.2	建伍 11.1	先锋 7.1
第四消费群	100	索尼 13.0	建伍 11.0	先锋 8.0 爱华 8.0
第五消费群	99	索尼 13.1	建伍 8.1 爱华 8.1	先锋 7.1
第六消费群	82	建伍 17.1	索尼 15.9	先锋 7.3

7-11-3 不同消费群选择音响时的考虑因素 / Considerations in Choosing from Different Brands by Market Segments

注：本题为多选题，合计百分比超过 100%（Multiple answers）

	人数	品牌印象	外型	价格	音质	遥控功能
样本	**301**	**28.2**	**8.6**	**35.2**	**56.8**	**17.9**
第一消费群	46	32.6	15.2	28.3	47.8	21.7
第二消费群	59	16.9	5.1	45.8	55.9	16.9
第三消费群	50	30.0	14.0	44.0	58.0	12.0
第四消费群	57	28.1	10.5	35.1	66.7	15.8
第五消费群	46	30.4	4.3	21.7	50.0	19.6
第六消费群	43	34.9	2.3	32.6	60.5	23.3

续上表（continued）

	人数	专业声誉	卡拉 OK 功能	原产地	功能齐全	售后服务	其他
样本	**301**	**9.6**	**18.9**	**8.0**	**26.2**	**1.7**	**2.0**
第一消费群	46	10.9	19.6	6.5	28.3	0.0	2.2
第二消费群	59	6.8	25.4	1.7	27.1	3.4	0.0
第三消费群	50	14.0	18.0	10.0	28.0	0.0	6.0
第四消费群	57	8.8	12.3	12.3	19.3	1.8	1.8
第五消费群	46	6.5	28.3	8.7	26.1	4.3	0.0
第六消费群	43	11.6	9.3	9.3	30.2	0.0	2.3

注：广州消费群的代表特征 / Characteristics of the Guangzhou Market Segments

		第一消费群	第二消费群	第三消费群	第四消费群	第五消费群	第六消费群
基本情况	性别	女	无明显偏向	女	男	女	男
	年龄	16 — 19 岁	40 岁以上	20 — 24 岁	35 — 44 岁	30 — 34 岁	25 — 29 岁
	学历	高中/中专/技校	无明显偏向	高中/中专/技校/大专	初中/高中/中专/技校	初中及以下	大专及以上
	职业	学生	工人	学生/待业人员	个体及私营企业主	家庭主妇	企业职员/管理人员/科教卫生人员/专门职业者
	月均收入	无收入	1500 元以下	无收入	801 — 1500 元	800 元以下	2000 元以上
	婚姻	未婚	已婚	未婚	已婚	已婚	无明显偏向
心理取向		不固守中式生活 田园倾向 非大男子主义	非新女性主张 不追随流行 非积极进取	独立自主 追随流行	积极讲取 大男子主义 中式生活	单一电视娱乐 非独立自主 保守稳定	非单一电视娱乐 非家庭重心

7-12 关于重庆消费群 / The Chongqing Market Segments

7-12-1 不同消费群家中目前拥有品牌 / Brands of Hi-Fi Stereo Owned in Household by Market Segments

	人数	第一品牌及百分比	第二品牌及百分比	第三品牌及百分比
样本	**141**	**多品牌组合机 11.3**	**爱华 9.2**	**星球 6.4 索尼 6.4**
第一消费群	36	多品牌组合机 11.1 爱华 11.1	新科 8.3	飞利浦 5.6 天朗 5.6
第二消费群	29	索尼 10.3	松下 6.9 爱华 6.9 星球 6.9 熊猫 6.9 新科 6.9 第一 6.9 多品牌组合机 6.9	
第三消费群	28	多品牌组合机 21.4	索尼 10.7 建伍 10.7	先锋 7.1 长江 7.1 熊猫 7.1 新科 7.1
第四消费群	12	先锋 16.7		
第五消费群	27	爱华 14.8	星球 11.1	松下 7.4 熊猫 7.4 多品牌组合机 7.4
第六消费群	9	爱华 22.2		

7-12-2 不同消费群的理想品牌 / The Ideal Brands by Market Segments

	人数	第一品牌及百分比	第二品牌及百分比	第三品牌及百分比
样本	**600**	**先锋 5.2**	**松下 4.7**	**索尼 4.2**
第一消费群	133	索尼 6.0	建伍 5.3	松下 4.5 爱华 4.5
第二消费群	123	松下 4.9	索尼 4.1	先锋 3.3
第三消费群	124	先锋 9.7	建伍 7.3	松下 6.5
第四消费群	24	先锋 12.5	新科 8.3 建伍 8.3 山水 8.3 飞利浦 8.3	
第五消费群	162	先锋 4.3	松下 3.7 爱华 3.7	TCL 1.2 三洋 1.2
第六消费群	34	爱华 8.8		

7-12-3 不同消费群选择音响时的考虑因素 / Considerations in Choosing from Different Brands by Market Segments

注：本题为多选题，合计百分比超过 100%（Multiple answers）

	人数	品牌印象	外型	价格	音质	遥控功能
样本	**142**	**31.0**	**12.7**	**27.5**	**45.1**	**16.9**
第一消费群	36	16.7	13.9	30.6	38.9	16.7
第二消费群	29	34.5	13.8	34.5	44.8	17.2
第三消费群	29	31.0	6.9	20.7	58.6	24.1
第四消费群	12	58.3	16.7	8.3	50.0	8.3
第五消费群	27	37.0	11.1	37.0	37.0	11.1
第六消费群	9	22.2	22.2	11.1	44.4	22.2

续上表（continued）

	人数	专业声誉	卡拉 OK 功能	原产地	功能齐全	售后服务	其他
样本	**142**	**7.7**	**28.9**	**8.5**	**24.6**	**6.3**	**2.1**
第一消费群	36	8.3	30.6	2.8	30.6	5.6	2.8
第二消费群	29	3.4	41.4	6.9	24.1	0.0	3.4
第三消费群	29	6.9	34.5	20.7	34.5	0.0	0.0
第四消费群	12	25.0	16.7	8.3	16.7	0.0	8.3
第五消费群	27	3.7	11.1	3.7	11.1	22.2	0.0
第六消费群	9	11.1	33.3	11.1	22.2	11.1	0.0

注：重庆消费群的代表特征 / Characteristics of the Chongqing Market Segments

		第一消费群	第二消费群	第三消费群	第四消费群	第五消费群	第六消费群
基本情况	性别	无明显偏向	无明显偏向	无明显偏向	无明显偏向	无明显偏向	女
	年龄	16 — 19 岁	45 岁以上	20 — 29 岁	30 — 34 岁	40 岁以上	25 — 29 岁
	学历	高中/中专/技校	高中/中专/技校	大专/大本	高中/中专/技校/大本以上	初中及以下	初中
	职业	学生	行政管理人员/离退休人员	科教卫生人员/一般企业职员	个体及私营企业主	工人	专门职业从事者 下岗及其他
	月均收入	无收入	501 — 800 元	801 — 1500 元	1500 元以上	500 元以下	1001 — 1500 元
	婚姻	未婚	已婚	无明显偏向	已婚	已婚	已婚或离异
心理取向		浪漫新潮 注重学历 非现实家庭观	循规传统 奔波忙碌 保守稳定	新女性主张 非功利心态	功利心态 现实家庭观 都市情结	非浪漫新潮 非独立休闲	非新女性主张 不循规传统 独立休闲

8 影碟机 / LD Player

8-1 理想品牌排名 / Ranking of the Ideal Brands

● 北京（Beijing）

排名	品	牌	人数	百分比
1	索尼	Sony	64	10.7
2	松下	Panasonic	53	8.8
3	三星	Samsung	25	4.2
4	先锋	Pioneer	20	3.3
5	建伍	Kenwood	9	1.5
5	飞利浦	Philips	9	1.5

n=600

● 上海（Shanghai）

排名	品	牌	人数	百分比
1	松下	Panasonic	131	21.8
2	索尼	Sony	120	20.0
3	先锋	Pioneer	61	10.2
4	三星	Samsung	26	4.3
5	建伍	Kenwood	16	2.7
6	飞利浦	Philips	15	2.5

n=600

● 广州（Guangzhou）

排名	品	牌	人数	百分比
1	索尼	Sony	99	16.5
2	松下	Panasonic	56	9.3
3	先锋	Pioneer	41	6.8
4	三星	Samsung	26	4.3
5	建伍	Kenwood	11	1.8
6	东芝	Toshiba	10	1.7

n=600

● 重庆（Chongqing）

排名	品	牌	人数	百分比
1	松下	Panasonic	38	6.3
2	索尼	Sony	36	6.0
3	三星	Samsung	16	2.7
4	先锋	Pioneer	11	1.8
5	飞利浦	Philips	6	1.0

n=600

8-2 影碟机拥有比例 / Proportions of LD Player Owners in the Sample

	北京（Beijing）	上海（Shanghai）	广州（Guangzhou）	重庆（Chongqing）
有	6.5	10.3	23.9	5.6
没有	93.5	89.7	76.1	94.4
有效样本量	**598**	**595**	**595**	**592**

8-3 影碟机的拥有量 / Number of LD Player Owned per Household

	北京（Beijing）	上海（Shanghai）	广州（Guangzhou）	重庆（Chongqing）
1 台	97.5	100.0	98.6	100.0
2 台	2.5	0.0	1.4	0.0
有效样本量	**40**	**61**	**142**	**33**

8-4 对样本家中现有影碟机（指最近购买的一台）的四个方面的描述 / About the LD Player Most Recently Purchased

8-4-1 家中现有影碟机的品牌 / Brand Ranking of the Currently Owned LD Player

注：由于有效样本量太少，为使读者更有效地利用数据，该题只列出人数，未列百分比。（下同）

● 北京（Beijing）

品牌		人数
先锋	Pioneer	11
索尼	Sony	10
松下	Panasonic	5
三星	Samsung	5
建伍	Kenwood	3
飞利浦	Philips	2
其他	Others	4

n=40

● 上海（Shanghai）

品牌		人数
松下	Panasonic	14
先锋	Pioneer	10
索尼	Sony	9
建伍	Kenwood	8
三星	Samsung	6
高士达	LG	4
其他	Others	8

n=59

● 广州（Guangzhou）

品牌		人数
索尼	Sony	35
先锋	Pioneer	35
松下	Panasonic	21
三星	Samsung	16
建伍	Kenwood	9
夏普	Sharp	4
其他	Others	25

n=145

● 重庆（Chongqing）

品牌		人数
松下	Panasonic	7
三星	Samsung	5
先锋	Pioneer	4
索尼	Sony	4
夏普	Sharp	2
飞利浦	Philips	2
高士达	LG	2
其他	Others	6

n=32

8-4-2 该影碟机的购买时间（人数） / Time of Purchasing of the Currently Owned LD. Player

	北京（Beijing）	上海（Shanghai）	广州（Guangzhou）	重庆（Chongqing）
1985 年以前	0	2	0	0
1986-1990 年	1	1	2	1
1991-1993 年	2	5	18	2
1994 年	6	8	19	2
1995 年	5	15	42	6
1996 年	12	13	35	9
1997 年	5	9	16	6
有效样本量	**31**	**53**	**132**	**26**

8-4-3 该影碟机的价格（人数） / The Price of the Currently Owned LD Player

	北京（Beijing）	上海（Shanghai）	广州（Guangzhou）	重庆（Chongqing）
2000 元以下	1	6	22	8
2001-3000 元	10	13	37	9
3001-4000 元	6	9	21	4
4001-5000 元	7	9	23	4
5001 元以上	5	12	19	1
完全不知道	2	2	11	0
有效样本量	**31**	**51**	**133**	**26**

8-4-4 该影碟机的类型（人数） / The Type of the Currently Owned LD Player

	北京（Beijing）	上海（Shanghai）	广州（Guangzhou）	重庆（Chongqing）
普通功能	4	12	29	5
自动翻面	7	5	15	2
带卡拉 OK	12	24	56	14
自动翻面带卡拉 OK	7	11	30	5
其他	0	1	0	0
有效样本量	**30**	**53**	**130**	**26**

8-5 影碟机未来购买打算 / Plan for Future Purchasing of a LD Player

8-5-1 有无购买打算 / Whether Planning to Purchase

	北京（Beijing）	上海（Shanghai）	广州（Guangzhou）	重庆（Chongqing）
打算买	5.0	5.2	4.2	2.0
不打算买	95.0	94.8	95.8	98.0
有效样本量	**599**	**595**	**593**	**598**

8-5-2 打算购买的品牌 / The Brand of the Planned Purchase

● 北京（Beijing）

品牌		人数
索尼	Sony	9
松下	Panasonic	4
先锋	Pioneer	3
建伍	Kenwood	2
三星	Samsung	3
爱华	Aiwa	1
其他	Others	1

n=23

● 上海（Shanghai）

品牌		人数
索尼	Sony	6
松下	Panasonic	5
先锋	Pioneer	5
建伍	Kenwood	1
飞利浦	Philips	3
三星	Samsung	2
爱华	Aiwa	2

n=24

● 广州（Guangzhou）

品牌		人数
索尼	Sony	7
松下	Panasonic	7
先锋	Pioneer	3
建伍	Kenwood	1
飞利浦	Philips	1
三星	Samsung	3
爱华	Aiwa	1
日立	Hitachi	1

n=24

● 重庆（Chongqing）

品牌		人数
索尼	Sony	2
松下	Panasonic	4
先锋	Pioneer	2
飞利浦	Philips	1
三星	Samsung	1

n=10

8-5-3 打算购买的类型（人数） / The Type of the Planned Purchase

	北京（Beijing）	上海（Shanghai）	广州（Guangzhou）	重庆（Chongqing）
普通功能	0	5	1	0
自动翻面	3	2	1	1
带卡拉 OK	5	8	9	5
自动翻面带卡拉 OK	15	8	13	5
其他	0	1	0	0
有效样本量	**23**	**24**	**24**	**11**

9 VCD 机 / VCD Player

9-1 理想品牌排名 / Ranking of the Ideal Brands

● 北京（Beijing）

排名	品牌		人数	百分比
1	爱多	Idall	88	14.7
2	索尼	Sony	59	9.8
3	松下	Panasonic	38	6.3
4	新科	Shinco	23	3.8
5	万利达	Malata	16	2.7
6	三星	Samsung	14	2.3
7	东芝	Toshiba	12	2.0
7	爱华	Aiwa	12	2.0
9	先科	SAST	11	1.8
10	飞利浦	Philips	6	1.0

n=600

● 上海（Shanghai）

排名	品牌		人数	百分比
1	松下	Panasonic	108	18.0
2	索尼	Sony	89	14.8
3	爱多	Idall	75	12.5
4	新科	Shinco	57	9.5
5	三星	Samsung	35	5.8
6	东芝	Toshiba	13	2.2
6	飞利浦	Philips	13	2.2
8	万利达	Malata	12	2.0
9	上海	Shanghai	11	1.8
10	爱华	Aiwa	10	1.7

n=600

● 广州（Guangzhou）

排名	品牌		人数	百分比
1	索尼	Sony	106	17.7
2	松下	Panasonic	41	6.8
3	三星	Samsung	38	6.3
4	爱多	Idall	35	5.8
5	东芝	Toshiba	25	4.2
6	爱华	Aiwa	16	2.7
7	先锋	Pioneer	11	1.8
8	新科	Shinco	9	1.5
8	蚬华	SMC	9	1.5

n=600

● 重庆（Chongqing）

排名	品牌		人数	百分比
1	爱多	Idall	83	13.8
2	新科	Shinco	39	6.5
3	松下	Panasonic	27	4.5
4	索尼	Sony	26	4.3
5	三星	Samsung	23	3.8
6	东芝	Toshiba	17	2.8
7	爱华	Aiwa	10	1.7
7	万利达	Malata	10	1.7
9	飞利浦	Philips	9	1.5

n=600

9-2 样本总体、男性各年龄层、女性各年龄层的理想品牌 / The Ideal Brands by the Whole Sample, Age and Gender Groups

● 北京（Beijing）

	人数	第一品牌及百分比	第二品牌及百分比	第三品牌及百分比
样本	**600**	**爱多 14.7**	**索尼 9.8**	**松下 6.3**
男性	**298**	**爱多 15.8**	**索尼 9.7**	**松下 7.4**
16-19 岁	26	爱多 23.1	索尼 15.4	松下 11.5
20-24 岁	36	索尼 22.2	松下 16.7	爱多 8.3
25-29 岁	41	爱多 19.5	索尼 9.8 万利达 9.8	松下 7.3 新科 7.3
30-34 岁	47	爱多 17.0	索尼 8.5 新科 8.5	
35-39 岁	43	爱多 20.9	索尼 9.3	松下 4.7 东芝 4.7
40-44 岁	42	爱多 16.7	索尼 9.5	松下 4.8 新科 4.8
45-49 岁	24	爱多 12.5		
50 岁以上	39	爱多 7.7 松下 7.7		
女性	**302**	**爱多 13.6**	**索尼 9.9**	**松下 5.3**
16-19 岁	23	索尼 26.1	三星 17.4	爱多 8.7 东芝 8.7
20-24 岁	35	爱多 14.3	索尼 11.4	新科 8.6
25-29 岁	36	爱多 22.2	索尼 11.1	松下 5.6 飞利浦 5.6 新科 5.6
30-34 岁	49	爱多 16.3	索尼 10.2	松下 6.1 三星 6.1
35-39 岁	45	索尼 8.9	爱多 6.7	松下 4.4
40-44 岁	40	爱多 15.0	索尼 12.5	松下 10.0
45-49 岁	26	爱多 11.5		
50 岁以上	48	爱多 12.5	松下 4.2	

● 上海（Shanghai）

	人数	第一品牌及百分比		第二品牌及百分比		第三品牌及百分比	
样本	**600**	**松下 18.0**		**索尼 14.8**		**爱多 12.5**	
男性	**307**	**索尼 16.0**		**松下 14.0**		**爱多 12.7**	
16-19 岁	22	索尼 22.7	爱多 22.7	新科 13.6	松下 13.6	东芝 9.1	三星 9.1
20-24 岁	34	松下 23.5		索尼 20.6		爱多 11.8	
25-29 岁	42	索尼 23.8		松下 9.5		三星 7.1	爱多 7.1
30-34 岁	56	爱多 19.6		松下 12.5		新科 10.7	
35-39 岁	51	松下 15.7		爱多 13.7		索尼 11.8	
40-44 岁	31	新科 12.9	索尼 12.9	松下 6.5	爱华 6.5		
				爱多 6.5	上海 6.5		
45-49 岁	26	索尼 19.2		新科 15.4	松下 15.4	爱多 11.5	
50 岁以上	45	索尼 15.6	松下 15.6	爱多 8.9	新科 8.9		
女性	**293**	**松下 22.2**		**索尼 13.7**		**爱多 12.3**	
16-19 岁	24	索尼 25.0		松下 20.8	爱多 20.8	三星 12.5	
20-24 岁	32	索尼 25.0		松下 12.5	爱多 12.5	新科 9.4	
				三星 12.5			
25-29 岁	37	松下 29.7		索尼 10.8	三星 10.8		
				飞利浦 10.8	爱多 10.8		
30-34 岁	50	松下 20.0		爱多 16.0		新科 10.0	
35-39 岁	44	索尼 20.5	松下 20.5	爱多 9.1		新科 6.8	
40-44 岁	35	松下 22.9		索尼 17.1		爱多 8.6	
45-49 岁	23	松下 26.1		索尼 8.7	东芝 8.7		
				三星 8.7			
50 岁以上	48	松下 25.0		爱多 14.6	新科 14.6	索尼 4.2	

● 广州（Guangzhou）

	人数	第一品牌及百分比		第二品牌及百分比		第三品牌及百分比	
样本	**600**	**索尼 17.7**		**松下 6.8**		**三星 6.3**	
男性	**282**	**索尼 19.1**		**松下 6.7**		**三星 6.4**	
16-19 岁	30	索尼 30.0		松下 13.3			
20-24 岁	36	索尼 27.8		松下 13.9		三星 11.1	爱多 11.1
25-29 岁	35	索尼 28.6		新科 11.4		三星 8.6	
30-34 岁	34	索尼 17.6	三星 17.6	夏普 11.8		爱多 5.9	
35-39 岁	40	索尼 12.5		爱多 10.0		松下 7.5	
40-44 岁	41	索尼 12.2		奇星 7.3		三星 4.9	飞利浦 4.9
						爱多 4.9	蚬华 4.9
45-49 岁	26	索尼 19.2		爱多 7.7			
50 岁以上	40	索尼 10.0		松下 7.5			
女性	**318**	**索尼 16.4**		**松下 6.9**		**三星 6.3**	
16-19 岁	50	索尼 16.0		松下 8.0	爱华 8.0		
20-24 岁	46	索尼 17.4		松下 6.5	东芝 6.5	夏普 4.3	三星 4.3
				爱多 6.5			
25-29 岁	63	索尼 17.5		松下 7.9	东芝 7.9	先锋 6.3	
30-34 岁	46	索尼 15.2	三星 15.2	爱多 8.7			
35-39 岁	41	索尼 12.2		松下 9.8		东芝 7.3	三星 7.3
40-44 岁	30	索尼 13.3		松下 6.7	三星 6.7		
				爱多 6.7			
45-49 岁	13	索尼 30.8		松下 7.7	三星 7.7		
				爱多 7.7	东芝 7.7		
50 岁以上	29	索尼 17.2		爱多 13.8			

● 重庆（Chongqing）

	人数	第一品牌及百分比		第二品牌及百分比		第三品牌及百分比	
样本	**600**	**爱多 13.8**		**新科 6.5**		**松下 4.5**	
男性	**308**	**爱多 16.6**		**新科 7.8**		**松下 4.5**	
16-19 岁	43	爱多 18.6		新科 14.0		索尼 7.0	
20-24 岁	53	爱多 13.2	新科 13.2	索尼 5.7	三星 5.7		
25-29 岁	43	爱多 20.9		索尼 7.0	飞利浦 7.0	三星 4.7	
30-34 岁	38	爱多 23.7		新科 5.3	长虹 5.3		
35-39 岁	39	爱多 12.8		松下 10.3		爱华 5.1	高士达 5.1
40-44 岁	30	爱多 16.7		松下 10.0		三星 6.7	
45-49 岁	25	爱多 8.0	松下 8.0				
		新科 8.0					
50 岁以上	37	爱多 16.2		新科 10.8		东芝 5.4	
女性	**292**	**爱多 11.0**		**新科 5.1**		**索尼 4.8**	
16-19 岁	43	爱多 11.6		松下 4.7	高士达 4.7		
				新科 4.7			
20-24 岁	53	爱多 20.8		三星 7.5		索尼 5.7	
25-29 岁	32	爱多 18.8		索尼 6.3	松下 6.3		
				新科 6.3			
30-34 岁	33	爱多 15.2		东芝 9.1	三星 9.1		
				新科 9.1			
35-39 岁	35	索尼 5.7	松下 5.7				
		东芝 5.7	三星 5.7				
		新科 5.7					
40-44 岁	32	松下 12.5		东芝 9.4			
45-49 岁	27	索尼 11.1	三星 11.1	万利达 7.4			
50 岁以上	37	爱多 8.1	新科 8.1				

9-3 VCD 机拥有比例（%） / Proportions of VCD Player Owners in the Sample

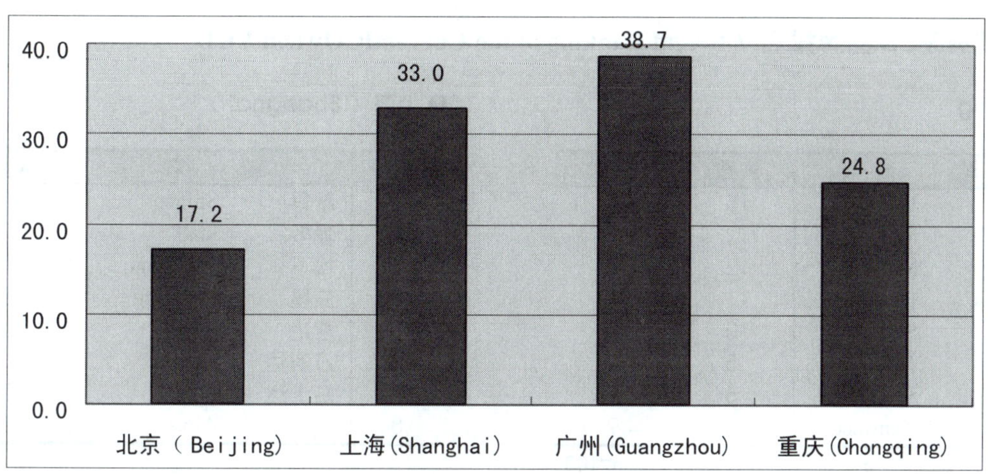

※ 四城市有效样本量均为 600 （n=600/city）

9-4 VCD 机拥有量 / Number of VCD Player Owned per Household

	北京（Beijing）	上海（Shanghai）	广州（Guangzhou）	重庆（Chongqing）
一台	99.0	99.0	99.1	99.3
两台	1.0	1.0	0.9	0.0
三台	0.0	0.0	0.0	0.7
有效样本量	**103**	**198**	**230**	**149**

9-5 对样本家中现有 VCD（指最近购买的一台）的四个方面的描述 / About the VCD Player Most Recently Purchased

9-5-1 家中现有 VCD 品牌排名 / Brand Ranking of the Currently Owned VCD

● 北京（Beijing）

排名	品牌		人数	百分比
1	爱多	Idall	15	14.6
2	索尼	Sony	12	11.7
2	万利达	Malata	12	11.7
4	松下	Panasonic	11	10.7
5	新科	Shinco	10	9.7
6	胜利	JVC	5	4.9
6	三星	Samsung	5	4.9
6	建伍	Kenwood	5	4.9

n=103

● 上海（Shanghai）

排名	品牌		人数	百分比
1	新科	Shinco	45	22.8
2	爱多	Idall	27	13.7
3	松下	Panasonic	18	9.1
3	三星	Samsung	18	9.1
5	索尼	Sony	15	7.6
6	万利达	Malata	10	5.1
7	高士达	LG	7	3.6
8	爱华	Aiwa	5	2.5

n=197

● 广州（Guangzhou）

排名	品牌		人数	百分比
1	索尼	Sony	30	13.6
2	三星	Samsung	22	10.0
3	松下	Panasonic	19	8.6
4	爱多	Idall	17	7.7
5	蚬华	SMC	11	5.0
6	爱华	Aiwa	10	4.5
7	金格	Gynco	9	4.1
8	东芝	Toshiba	8	3.6
9	新科	Shinco	7	3.2

n=220

● 重庆（Chongqing）

排名	品牌		人数	百分比
1	新科	Shinco	23	15.5
2	索尼	Sony	14	9.5
2	爱多	Idall	14	9.5
4	三星	Samsung	11	7.4
5	高士达	LG	9	6.1
6	松下	Panasonic	8	5.4
7	长虹	Changhong	6	4.1
8	东芝	Toshiba	5	3.4
8	爱华	Aiwa	5	3.4

n=148

9-5-2 该 VCD 机的购买时间 / Time of Purchasing of the Currently Owned VCD Player

	北京（Beijing）	上海（Shanghai）	广州（Guangzhou）	重庆（Chongqing）
1993 年	3.5	1.6	3.3	0.7
1994 年	0.0	2.7	3.3	2.1
1995 年	9.4	8.2	18.2	10.7
1996 年	27.1	46.2	45.9	34.3
1997 年	60.0	41.2	29.2	52.1
有效样本量	**85**	**182**	**209**	**140**

9-5-3 该 VCD 机价格 / The Price of the Currently Owned VCD Player

	北京（Beijing）	上海（Shanghai）	广州（Guangzhou）	重庆（Chongqing）
1000 元以下	3.5	1.6	2.8	3.6
1001-2000 元	44.7	51.6	48.8	44.3
2001-3000 元	25.9	33.0	24.6	37.1
3001-4000 元	8.2	5.5	10.4	0.0
4001-5000 元	10.6	3.3	4.3	10.7
5000 元以上	3.5	3.8	3.3	1.4
完全不知道	3.5	1.1	5.7	2.9
有效样本量	**85**	**182**	**211**	**140**

9-5-4 该 VCD 机的类型 / The Type of the Currently Owned VCD Player

	北京（Beijing）	上海（Shanghai）	广州（Guangzhou）	重庆（Chongqing）
普通 VCD 机	68.2	69.2	69.0	61.4
自动换碟功能 VCD 机	29.4	23.1	24.8	35.7
便携式 VCD 机	1.2	5.5	3.3	0.7
DVD 机	0.0	1.6	1.4	1.4
其他	1.2	0.5	1.4	0.7
有效样本量	**85**	**182**	**210**	**140**

9-6 VCD 机未来购买打算 / Plan for Future Purchasing of a VCD Player

9-6-1 有无购买打算 / Whether Planning to Purchase

	北京（Beijing）	上海（Shanghai）	广州（Guangzhou）	重庆（Chongqing）
打算买	13.0	11.9	8.9	13.5
不打算买	87.0	88.1	99.1	86.5
有效样本量	**600**	**598**	**598**	**600**

9-6-2 打算购买的品牌排名 / The Brand of the Planned Purchase

● 北京（Beijing）

排名	品	牌	人数	百分比
1	爱多	Idall	28	38.9
2	索尼	Sony	14	19.4
3	松下	Panasonic	9	12.5
4	新科	Shinco	6	8.3
4	万利达	Malata	6	8.3
6	三星	Samsung	3	4.2
7	先科	SAST	2	2.8

n=72

● 上海（Shanghai）

排名	品	牌	人数	百分比
1	爱多	Idall	18	26.5
2	新科	Shinco	16	23.5
3	索尼	Sony	12	17.6
4	松下	Panasonic	5	7.4
5	三星	Samsung	4	5.9
6	夏普	Sharp	2	2.9
6	上海	Shanghai	2	2.9
6	万利达	Malata	2	2.9

n=68

● 广州（Guangzhou）

排名	品	牌	人数	百分比
1	索尼	Sony	12	26.1
2	爱多	Idall	10	21.7
3	三星	Samsung	5	10.9
4	松下	Panasonic	3	6.5
4	蚬华	SMC	3	6.5
6	夏普	Sharp	2	4.3
6	爱华	Aiwa	2	4.3
6	飞利浦	Philips	2	4.3

n=46

● 重庆（Chongqing）

排名	品	牌	人数	百分比
1	爱多	Idall	22	29.3
2	新科	Shinco	13	17.3
3	索尼	Sony	6	8.0
4	松下	Panasonic	5	6.7
4	爱华	Aiwa	5	6.7
6	三星	Samsung	4	5.3
6	飞利浦	Philips	4	5.3
6	长虹	Changhong	4	5.3
9	万利达	Malata	3	4.0

n=75

9-6-3 打算购买的类型 / The Type of the Planned Purchase

	北京（Beijing）	上海（Shanghai）	广州（Guangzhou）	重庆（Chongqing）
普通 VCD 机	40.6	41.2	14.6	37.2
自动换碟功能 VCD 机	50.7	50.0	58.3	47.4
便携式 VCD 机	1.4	1.5	6.3	5.1
DVD 机	7.2	5.9	18.8	9.0
其他	0.0	1.5	2.1	1.3
有效样本量	**69**	**68**	**48**	**78**

9-7 选择不同品牌 VCD 机时的考虑因素 / Considerations in Choosing from Different Brands

注：本题为多选题，合计百分比超过 100%（Multiple answers）

● 北京（Beijing）

		人数	品牌印象	外型	价格	画质好
样本		**85**	**38.8**	**20.0**	**49.4**	**27.1**
爱多	Idall	15	60.0	6.7	60.0	0.0
索尼	Sony	10	40.0	30.0	20.0	40.0
万利达	Malata	12	41.7	8.3	66.7	41.7
松下	Panasonic	6	33.3	50.0	50.0	33.3
新科	Shinco	9	33.3	11.1	66.7	22.2
胜利	JVC	5	40.0	60.0	40.0	20.0
三星	Samsung	5	40.0	0.0	60.0	20.0

续上表（continued）

		人数	多制式	有卡拉 OK 功能	售后服务	其他
样本		**85**	**14.1**	**32.9**	**10.6**	**3.5**
爱多	Idall	15	6.7	20.0	13.3	13.3
索尼	Sony	10	30.0	50.0	0.0	0.0
万利达	Malata	12	16.7	33.3	16.7	0.0
松下	Panasonic	6	16.7	16.7	16.7	0.0
新科	Shinco	9	11.1	22.2	22.2	0.0
胜利	JVC	5	20.0	60.0	0.0	0.0
三星	Samsung	5	40.0	20.0	20.0	0.0

● 上海（Shanghai）

		人数	品牌印象	外型	价格	画质好
样本		**181**	**43.1**	**13.3**	**43.1**	**31.5**
新科	Shinco	42	52.4	16.7	52.4	23.8
爱多	Idall	27	55.6	3.7	48.1	29.6
松下	Panasonic	12	58.3	8.3	25.0	66.7
三星	Samsung	18	50.0	11.1	27.8	22.2
索尼	Sony	13	69.2	15.4	23.1	23.1
万利达	Malata	10	30.0	20.0	50.0	50.0
高士达	LG	7	42.9	0.0	28.6	14.3
爱华	Aiwa	5	60.0	20.0	60.0	0.0

续上表（continued）

		人数	多制式	有卡拉 OK 功能	售后服务	其他
样本		**181**	**12.2**	**32.6**	**14.9**	**3.3**
新科	Shinco	42	11.9	21.4	23.8	4.8
爱多	Idall	27	7.4	25.9	18.5	0.0
松下	Panasonic	12	16.7	33.3	0.0	8.3
三星	Samsung	18	11.1	38.9	11.1	5.6
索尼	Sony	13	0.0	23.1	7.7	0.0
万利达	Malata	10	10.0	40.0	30.0	0.0
高士达	LG	7	42.9	71.4	0.0	0.0
爱华	Aiwa	5	0.0	20.0	0.0	0.0

● 广州（Guangzhou）

		人数	品牌印象	外型	价格	画质好
样本		**200**	**27.0**	**12.0**	**44.0**	**43.0**
索尼	Sony	29	41.4	10.3	44.8	51.7
三星	Samsung	22	36.4	4.5	36.4	31.8
松下	Panasonic	17	41.2	17.6	11.8	47.1
爱多	Idall	17	23.5	5.9	58.8	41.2
蚬华	SMC	11	36.4	0.0	54.5	36.4
爱华	Aiwa	8	25.0	25.0	12.5	75.0
金格	Gynco	9	33.3	22.2	33.3	44.4
东芝	Toshiba	8	50.0	0.0	25.0	37.5
新科	Shinco	7	14.3	0.0	100.0	28.6

续上表（continued）

		人数	多制式	有卡拉 OK 功能	售后服务	其他
样本		**200**	**18.0**	**43.5**	**2.5**	**3.0**
索尼	Sony	29	20.7	48.3	0.0	3.4
三星	Samsung	22	18.2	40.9	0.0	4.5
松下	Panasonic	17	5.9	47.1	0.0	11.8
爱多	Idall	17	17.6	41.2	5.9	0.0
蚬华	SMC	11	18.2	54.5	18.2	0.0
爱华	Aiwa	8	37.5	62.5	0.0	0.0
金格	Gynco	9	0.0	55.6	0.0	0.0
东芝	Toshiba	8	25.0	50.0	0.0	0.0
新科	Shinco	7	14.3	28.6	14.3	0.0

● 重庆（Chongqing）

		人数	品牌印象	外型	价格	画质好
样本		**140**	**37.1**	**16.4**	**35.7**	**44.3**
新科	Shinco	22	18.2	13.6	54.5	50.0
索尼	Sony	12	41.7	8.3	33.3	66.7
爱多	Idall	14	57.1	7.1	21.4	28.6
三星	Samsung	11	36.4	36.4	9.1	54.5
高士达	LG	9	22.2	22.2	22.2	55.6
松下	Panasonic	4	50.0	0.0	25.0	50.0
长虹	Changhong	6	83.3	0.0	33.3	33.3
东芝	Toshiba	5	60.0	20.0	40.0	0.0
爱华	Aiwa	4	25.0	25.0	50.0	75.0

续上表（continued）

		人数	多制式	有卡拉 OK 功能	售后服务	其他
样本		**140**	**24.3**	**30.7**	**13.6**	**2.9**
新科	Shinco	22	18.2	40.9	27.3	0.0
索尼	Sony	12	50.0	50.0	0.0	0.0
爱多	Idall	14	14.3	21.4	21.4	7.1
三星	Samsung	11	9.1	36.4	0.0	0.0
高士达	LG	9	44.4	44.4	11.1	0.0
松下	Panasonic	4	25.0	0.0	0.0	0.0
长虹	Changhong	6	16.7	16.7	33.3	0.0
东芝	Toshiba	5	0.0	20.0	20.0	0.0
爱华	Aiwa	4	50.0	50.0	0.0	0.0

9-8 VCD 机购买决定者的人口特征 / The Demographics of the Decision Makers in Purchasing a VCD Player

● 北京（Beijing）

	人数	16-19 岁	20-24 岁	25-29 岁	30-34 岁	35-39 岁	40-44 岁	45-50 岁	50 岁以上
样本	**51**	**0.0**	**3.9**	**19.6**	**19.6**	**17.6**	**17.6**	**11.8**	**9.8**
男性	37	0.0	2.7	24.3	16.2	16.2	16.2	10.8	13.5
女性	14	0.0	7.1	7.1	28.6	21.4	21.4	14.3	0.0

● 上海（Shanghai）

	人数	16-19 岁	20-24 岁	25-29 岁	30-34 岁	35-39 岁	40-44 岁	45-50 岁	50 岁以上
样本	**119**	**1.7**	**5.9**	**14.3**	**25.2**	**19.3**	**12.6**	**6.7**	**14.3**
男性	66	1.5	7.6	12.1	25.8	19.7	12.1	7.6	13.6
女性	53	1.9	3.8	17.0	24.5	18.9	13.2	5.7	15.1

● 广州（Guangzhou）

	人数	16-19 岁	20-24 岁	25-29 岁	30-34 岁	35-39 岁	40-44 岁	45-50 岁	50 岁以上
样本	**110**	**5.5**	**11.8**	**15.5**	**15.5**	**15.5**	**16.4**	**7.3**	**12.7**
男性	80	3.8	12.5	13.8	15.0	16.3	17.5	7.5	13.8
女性	30	10.0	10.0	20.0	16.7	13.3	13.3	6.7	10.0

● 重庆（Chongqing）

	人数	16-19 岁	20-24 岁	25-29 岁	30-34 岁	35-39 岁	40-44 岁	45-50 岁	50 岁以上
样本	**70**	**2.9**	**10.0**	**14.3**	**24.3**	**12.9**	**11.4**	**12.9**	**11.4**
男性	44	2.3	4.5	15.9	25.0	20.5	11.4	9.1	11.4
女性	26	3.8	19.2	11.5	23.1	0.0	11.5	19.2	11.5

9-9 关于北京消费群 / The Beijing Market Segments

9-9-1 不同消费群家中目前拥有品牌 / Brands of VCD Owned in Household by Market Segments

	人数	第一品牌及百分比	第二品牌及百分比	第三品牌及百分比
样本	**103**	**爱多 14.6**	**索尼 11.7 万利达 11.7**	**松下 10.7**
第一消费群	22	爱多 18.2 万利达 18.2	建伍 13.6	
第二消费群	27	爱多 18.5	松下 11.1 胜利 11.1 新科 11.1 万利达 11.1	索尼 7.4 三星 7.4 飞利浦 7.4
第三消费群	13	松下 23.1	新科 15.4	
第四消费群	1	爱多 100.0		
第五消费群	18	索尼 22.2	松下 16.7	万利达 11.1 爱华 11.1
第六消费群	22	爱多 22.7 新科 22.7	索尼 18.2	万利达 9.1

9-9-2 不同消费群的理想品牌 / The Ideal Brands by Market Segments

	人数	第一品牌及百分比	第二品牌及百分比	第三品牌及百分比
样本	**600**	**爱多 14.7**	**索尼 9.8**	**松下 6.3**
第一消费群	137	索尼 13.9	爱多 10.9	三星 2.9 先科 2.9
第二消费群	94	爱多 18.1	松下 9.6	索尼 6.4
第三消费群	112	爱多 15.2	索尼 6.3 松下 6.3	爱华 4.5
第四消费群	5	索尼 20.0		
第五消费群	131	爱多 19.8	松下 9.2	新科 4.6
第六消费群	121	爱多 10.7	松下 7.4	索尼 5.0

9-9-3 不同消费群选择 VCD 机时的考虑因素 / Considerations in Choosing from Different Brands by Market Segments

注：本题为多选题，合计百分比超过 100%（Multiple answers）

	人数	品牌印象	外型	价格	画质好	多制式	有卡拉 OK 功能	售后服务	其他
样本	**85**	**38.8**	**20.0**	**49.4**	**27.1**	**14.1**	**32.9**	**10.6**	**3.5**
第一消费群	16	62.5	25.0	62.5	18.8	6.3	25.0	6.3	0.0
第二消费群	25	52.0	4.0	48.0	28.0	12.0	40.0	8.0	4.0
第三消费群	9	11.1	33.3	33.3	22.2	11.1	77.8	0.0	11.1
第四消费群	1	0.0	0.0	0.0	0.0	100.0	100.0	0.0	0.0
第五消费群	15	26.7	33.3	33.3	53.3	13.3	20.0	20.0	0.0
第六消费群	19	26.3	21.1	63.2	15.8	21.1	15.8	15.8	5.3

注：北京消费群的代表特征 / Characteristics of the Beijing Market Segments

		第一消费群	第二消费群	第三消费群	第四消费群	第五消费群	第六消费群
基本情况	性别	女	男	无明显偏向	男	无明显偏向	女
	年龄	30 － 34 岁	25 － 29 岁	35 － 44 岁	无明显偏向	16 － 24 岁	45 岁以上
	学历	大专/大本	大本	初中	大本及研究生	高中/中专/技校	初中及以下
	职业	科教卫生人员	一般企业职员	工人	管理人员/专门职业从事者/个体及私营企业主	学生	离退休人员
	月均收入	801 － 1500 元	1501 － 4000 元	800 元以下	4000 元以上	无收入	800 元以下
	婚姻	已婚	无明显偏向	已婚	已婚或离异	未婚	已婚
心理取向		注重学历 非积极进取	不循规传统 非单一电视娱乐	非田园倾向 新女性主张 金钱本位	注重经验 大男子主义 不保守稳定	非“大男子主义” 追随流行	非“新女性主张” 非浪漫新潮 单一电视娱乐

9-10 关于上海消费群 / The Shanghai Market Segments

9-10-1 不同消费群家中目前拥有品牌 / Brands of VCD Owned in Household by Market Segments

	人数	第一品牌及百分比	第二品牌及百分比	第三品牌及百分比
样本	**197**	**新科 22.8**	**爱多 13.7**	**松下 9.1**
第一消费群	42	新科 21.4	爱多 16.7	索尼 11.9
第二消费群	25	新科 28.0	爱多 16.0	索尼 8.0 三星 8.0
第三消费群	6	新科 33.3		
第四消费群	35	新科 20.0	松下 14.3 爱多 14.3	三星 8.6
第五消费群	18	爱多 22.2	新科 16.7	索尼 11.1 三星 11.1 高士达 11.1
第六消费群	71	新科 23.9	松下 11.3	爱多 9.9

9-10-2 不同消费群的理想品牌 / The Ideal Brands by Market Segments

	人数	第一品牌及百分比	第二品牌及百分比	第三品牌及百分比
样本	**600**	**松下 18.0**	**索尼 14.8**	**爱多 12.5**
第一消费群	145	松下 17.9	新科 13.8	索尼 11.0 爱多 11.0
第二消费群	92	爱多 19.6	索尼 16.3	松下 10.9 新科 10.9
第三消费群	10	松下 20.0 飞利浦 20.0		
第四消费群	135	松下 23.0	爱多 10.4	索尼 9.6
第五消费群	68	索尼 27.9	爱多 16.2	松下 13.2
第六消费群	150	松下 20.0	索尼 16.7	爱多 10.7 新科 10.7

9-10-3 不同消费群选择 VCD 机时的考虑因素 / Considerations in Choosing from Different Brands by Market Segments

注：本题为多选题，合计百分比超过 100%（Multiple answers）

	人数	品牌印象	外型	价格	画质好	多制式	有卡 OK 功能	售后服务	其他
样本	**182**	**42.9**	**13.2**	**43.4**	**31.3**	**12.1**	**32.4**	**14.8**	**3.3**
第一消费群	37	54.1	8.1	35.1	21.6	8.1	37.8	16.2	2.7
第二消费群	22	45.5	4.5	31.8	18.2	22.7	22.7	9.1	13.6
第三消费群	5	40.0	20.0	40.0	40.0	20.0	60.0	0.0	0.0
第四消费群	34	47.1	17.6	38.2	29.4	11.8	23.5	17.6	2.9
第五消费群	18	44.4	16.7	55.6	44.4	27.8	33.3	11.1	0.0
第六消费群	66	33.3	15.2	51.5	37.9	6.1	34.8	16.7	1.5

注：上海消费群的代表特征 / Characteristics of the Shanghai Market Segments

		第一消费群	第二消费群	第三消费群	第四消费群	第五消费群	第六消费群
基本情况	性别	无明显偏向	男	男	女	女	无明显偏向
	年龄	45 岁以上	20 — 29 岁	25 — 34 岁	35 — 44 岁	16 — 24 岁	30 — 39 岁
	学历	大本及以上	大专/大本	大专	初中及以下	高中/中专/技校	高中/中专/技校
	职业	科教卫生人员/离退休人员	一般企业职员	行政管理人员/个体及私营企业主/专门职业从事者	工人/下岗人员	学生	一般企业职员
	月均收入	801 — 1500 元	1001 — 3000 元	3000 元以上	800 元以下	无收入	1001 — 2000 元
	婚姻	已婚	未婚	未婚	已婚	未婚	已婚
心理取向		非浪漫时尚 非金钱本位 保守稳定	非家庭重心 田园倾向 休闲独立	不保守稳定 奔波忙碌 浪漫时尚	金钱本位 家庭重心 注重学历	新家庭观念 非休闲独立	不积极进取 不奔波忙碌

9-11 关于广州消费群 / The Guangzhou Market Segments

9-11-1 不同消费群家中目前拥有品牌 / Brands of VCD Owned in Household by Market Segments

	人数	第一品牌及百分比	第二品牌及百分比	第三品牌及百分比
样本	**220**	**索尼 13.6**	**三星 10.0**	**松下 8.6**
第一消费群	36	索尼 22.2	松下 11.1 金格 11.1	夏普 8.3 索华 8.3
第二消费群	38	松下 13.2	东芝 7.9	
第三消费群	35	松下 17.1	索尼 11.4	三星 8.6 爱多 8.6
第四消费群	47	爱多 14.9	索尼 12.8 蚬华 12.8	三星 10.6
第五消费群	31	索尼 12.9 爱华 12.9 三星 12.9 爱多 12.9	蚬华 9.7	
第六消费群	33	三星 21.2	索尼 18.2	松下 9.1

9-11-2 不同消费群的理想品牌 / The Ideal Brands by Market Segments

	人数	第一品牌及百分比	第二品牌及百分比	第三品牌及百分比
样本	**600**	**索尼 17.7**	**松下 6.8**	**三星 6.3**
第一消费群	94	索尼 16.0	松下 9.6	三星 7.4
第二消费群	126	索尼 11.1	松下 6.3	爱多 5.6
第三消费群	99	索尼 22.2	松下 11.1	爱多 8.1
第四消费群	100	索尼 22.0	爱多 7.0	三星 6.0
第五消费群	99	索尼 13.1	爱多 8.1 三星 8.1	东芝 4.0
第六消费群	82	索尼 24.4	三星 11.0	松下 7.3

9-11-3 不同消费群选择 VCD 机时的考虑因素 / Considerations in Choosing from Different Brands by Market Segments

注：本题为多选题，合计百分比超过 100%（ Multiple answers ）

	人数	品牌印象	外型	价格	画质好	多制式	有卡 OK 功能	售后服务	其他
样本	**210**	**25.7**	**11.4**	**44.3**	**42.9**	**19.0**	**44.3**	**2.4**	**2.9**
第一消费群	33	12.1	21.2	27.3	48.5	27.3	51.5	0.0	6.1
第二消费群	34	26.5	5.9	58.8	47.1	23.5	32.4	0.0	2.9
第三消费群	36	36.1	11.1	36.1	52.8	22.2	47.2	2.8	5.6
第四消费群	47	27.7	8.5	40.4	48.9	19.1	44.7	2.1	0.0
第五消费群	29	17.2	10.3	55.2	27.6	10.3	51.7	6.9	0.0
第六消费群	31	32.3	12.9	51.6	25.8	9.7	38.7	3.2	3.2

注：广州消费群的代表特征 / Characteristics of the Guangzhou Market Segments

		第一消费群	第二消费群	第三消费群	第四消费群	第五消费群	第六消费群
基本情况	性别	女	无明显偏向	女	男	女	男
	年龄	16 — 19 岁	40 岁以上	20 — 24 岁	35 — 44 岁	30 — 34 岁	25 — 29 岁
	学历	高中/中专/技校	无明显偏向	高中/中专/技校/大专	初中/高中/中专/技校	初中及以下	大专及以上
	职业	学生	工人	学生/待业人员	个体及私营企业主	家庭主妇	企业职员/管理人员/科教卫生人员/专门职业者
	月均收入	无收入	1500 元以下	无收入	801 — 1500 元	800 元以下	2000 元以上
	婚姻	未婚	已婚	未婚	已婚	已婚	无明显偏向
心理取向		不固守中式生活 田园倾向 非大男子主义	非新女性主张 不追随流行 非积极进取	独立自主 追随流行	积极进取 大男子主义 中式生活	单一电视娱乐 非独立自主 保守稳定	非单一电视娱乐 非家庭重心

9-12 关于重庆消费群 / The Chongqing Market Segments

9-12-1 不同消费群家中目前拥有品牌 / Brands of VCD Owned in Household by Market Segments

	人数	第一品牌及百分比	第二品牌及百分比
样本	**148**	**新科 15.5**	**索尼 9.5　爱多 9.5**
第一消费群	34	爱多 14.7	高士达 8.8　新科 8.8
第二消费群	30	新科 20.0	三星 13.3
第三消费群	41	新科 17.1	索尼 14.6
第四消费群	9	索尼 22.2　三星 22.2 新科 22.2	高士达 11.1　爱多 11.1 东鹏 11.1
第五消费群	26	松下 11.5　华声 11.5	长虹 7.7
第六消费群	8	新科 50.0	索尼 25.0

9-12-2 不同消费群的理想品牌 / The Ideal Brands by Market Segments

	人数	第一品牌及百分比	第二品牌及百分比	第三品牌及百分比
样本	**600**	**爱多 13.8**	**新科 6.5**	**松下 4.5**
第一消费群	133	爱多 12.8	新科 8.3	三星 5.3
第二消费群	123	松下 7.3　爱多 7.3	新科 6.5	三星 4.9
第三消费群	124	爱多 21.8	索尼 8.1　新科 8.1	东芝 4.8
第四消费群	24	索尼 20.8	爱多 8.3　新科 8.3	
第五消费群	162	爱多 13.6	松下 6.8	新科 3.1
第六消费群	34	爱多 17.6	新科 8.8	索尼 5.9　三星 5.9

9-12-3 不同消费群选择 VCD 机时的考虑因素 / Considerations in Choosing from Different Brands by Market Segments

注：本题为多选题，合计百分比超过 100%（Multiple answers）

	人数	品牌印象	外型	价格	画质好	多制式	有卡拉OK 功能	售后服务	其他
样本	**140**	**37.1**	**16.4**	**35.7**	**44.3**	**24.3**	**30.7**	**13.6**	**2.9**
第一消费群	33	27.3	15.2	30.3	51.5	33.3	36.4	18.2	3.0
第二消费群	28	35.7	21.4	32.1	39.3	25.0	35.7	10.7	7.1
第三消费群	40	42.5	17.5	40.0	45.0	25.0	37.5	12.5	0.0
第四消费群	8	37.5	12.5	25.0	25.0	12.5	37.5	0.0	12.5
第五消费群	23	39.1	8.7	47.8	43.5	4.3	8.7	17.4	0.0
第六消费群	8	50.0	25.0	25.0	50.0	50.0	12.5	12.5	0.0

注：重庆消费群的代表特征 / Characteristics of the Chongqing Market Segments

		第一消费群	第二消费群	第三消费群	第四消费群	第五消费群	第六消费群
基本情况	性别	无明显偏向	无明显偏向	无明显偏向	无明显偏向	无明显偏向	女
	年龄	16 － 19 岁	45 岁以上	20 － 29 岁	30 － 34 岁	40 岁以上	25 － 29 岁
	学历	高中/中专/技校	高中/中专/技校	大专/大本	高中/中专/技校/大本以上	初中及以下	初中
	职业	学生	行政管理人员/离退休人员	科教卫生人员/一般企业职员	个体及私营企业主	工人	专门职业从事者 下岗及其他
	月均收入	无收入	501 － 800 元	801 － 1500 元	1500 元以上	500 元以下	1001 － 1500 元
	婚姻	未婚	已婚	无明显偏向	已婚	已婚	已婚或离异
心理取向		浪漫新潮 注重学历 非现实家庭观	循规传统 奔波忙碌 保守稳定	新女性主张 非功利心态	功利心态 现实家庭观 都市情结	非浪漫新潮 非独立休闲	非新女性主张 不循规传统 独立休闲

10 照相机 / Camera

10-1 理想品牌排名 / Ranking of the Ideal Brands

● 北京（Beijing）

排名	品	牌	人数	百分比
1	理光	Ricoh	132	22.0
2	佳能	Canon	99	16.5
3	尼康	Nikon	58	9.7
4	欧林巴斯	Olympus	38	6.3
5	海鸥	Seagull	37	6.2
6	美能达	Minolta	26	4.3
7	柯尼卡	Konica	14	2.3
8	柯达	Kodak	10	1.7
9	富士	Fuji	7	1.2
9	三星	Samsung	7	1.2

n=600

● 上海（Shanghai）

排名	品	牌	人数	百分比
1	海鸥	Seagull	108	18.0
2	佳能	Canon	104	17.3
3	理光	Ricoh	82	13.7
4	尼康	Nikon	46	7.7
5	美能达	Minolta	43	7.2
6	欧林巴斯	Olympus	34	5.7
7	柯达	Kodak	21	3.5
8	三星	Samsung	10	1.7
9	莱卡	Leica	9	1.5
10	上海	Shanghai	8	1.3

n=600

● 广州（Guangzhou）

排名	品	牌	人数	百分比
1	理光	Ricoh	112	18.7
2	佳能	Canon	63	10.5
3	尼康	Nikon	33	5.5
4	海鸥	Seagull	25	4.2
5	欧林巴斯	Olympus	24	4.0
6	珠江	Zhujiang	19	3.2
7	宝丽来	Polaroid	17	2.8
8	美能达	Minolta	13	2.2
8	柯尼卡	Konica	13	2.2
10	宾得	Pentax	12	2.0

n=600

● 重庆（Chongqing）

排名	品	牌	人数	百分比
1	理光	Ricoh	92	15.3
2	佳能	Canon	23	3.8
3	海鸥	Seagull	21	3.5
4	尼康	Nikon	20	3.3
5	珠江	Zhujiang	18	3.0
6	美能达	Minolta	14	2.3
6	柯达	Kodak	14	2.3
8	富士	Fuji	12	2.0
9	宝丽来	Polaroid	11	1.8
10	柯尼卡	Konica	10	1.7

n=600

10-2 样本总体、男性各年龄层、女性各年龄层的理想品牌 / The Ideal Brands by the Whole Sample, Age and Gender Groups

● 北京（Beijing）

	人数	第一品牌及百分比	第二品牌及百分比	第三品牌及百分比
样本	**600**	**理光 22.0**	**佳能 16.5**	**尼康 9.7**
男性	**298**	**理光 20.1**	**佳能 16.8**	**尼康 11.1**
16-19 岁	26	佳能 34.6	理光 26.9	尼康 7.7　海鸥 7.7
20-24 岁	36	佳能 25.0	理光 13.9　尼康 13.9	海鸥 11.0
25-29 岁	41	理光 24.0	佳能 19.5	欧林巴斯 12.2
30-34 岁	47	佳能 19.1	理光 17.0	尼康 14.9
35-39 岁	43	理光 18.6	佳能 14.0	尼康 11.6
40-44 岁	42	理光 23.8	尼康 11.9	
45-49 岁	24	理光 20.8	佳能 12.5	尼康 8.3
50 岁以上	39	理光 17.9	海鸥 10.3　佳能 10.3	尼康 7.7
女性	**302**	**理光 23.8**	**佳能 16.2**	**尼康 8.3**
16-19 岁	23	佳能 30.4	尼康 17.4	理光 13.0
20-24 岁	35	佳能 22.9	欧林巴斯 20.0	理光 11.4
25-29 岁	36	理光 19.4	尼康 16.7	美能达 13.9
30-34 岁	49	理光 32.7	欧林巴斯 10.2　佳能 10.2	美能达 8.2　尼康 8.2
35-39 岁	45	理光 26.7	佳能 15.6	海鸥 11.1
40-44 岁	40	理光 30.0	佳能 17.5	海鸥 7.5
45-49 岁	26	理光 30.8	佳能 11.5　尼康 11.5	美能达 7.7
50 岁以上	48	理光 20.8	佳能 16.7	海鸥 8.3　尼康 8.3

● 上海（Shanghai）

	人数	第一品牌及百分比	第二品牌及百分比	第三品牌及百分比
样本	**600**	**海鸥 18.0**	**佳能 17.3**	**理光 13.7**
男性	**307**	**海鸥 17.9**	**佳能 13.4**	**理光 12.7**
16-19 岁	22	佳能 40.9	尼康 13.6	海鸥 9.1
20-24 岁	34	海鸥 32.4	佳能 17.6	美能达 11.8
25-29 岁	42	理光 19.0	欧林巴斯 11.9	海鸥 9.5
30-34 岁	56	海鸥 21.4	理光 17.9	美能达 12.5
35-39 岁	51	海鸥 21.6	理光 15.7　佳能 15.7	
40-44 岁	31	佳能 16.1		
45-49 岁	26	海鸥 30.8	理光 15.4	佳能 11.5
50 岁以上	45	美能达 11.5	海鸥 11.1	理光 8.9
女性	**293**	**佳能 21.5**	**海鸥 18.1**	**理光 14.7**
16-19 岁	24	佳能 33.3	尼康 16.7	美能达 12.5　三星 12.5
20-24 岁	32	佳能 28.1	尼康 9.4　理光 9.4	海鸥 6.3　富士 6.3 欧林巴斯 6.3
25-29 岁	37	佳能 32.4	海鸥 13.5	欧林巴斯 10.8　理光 10.8
30-34 岁	50	海鸥 24.0	佳能 18.0	理光 12.0
35-39 岁	44	理光 20.5　海鸥 20.5	佳能 15.9	尼康 9.1
40-44 岁	35	海鸥 34.3	佳能 20.0	美能达 8.6
45-49 岁	23	海鸥 21.7　理光 21.7 佳能 21.7	柯达 8.7	
50 岁以上	48	理光 25.0	海鸥 14.6	佳能 12.5

● 广州（Guangzhou）

	人数	第一品牌及百分比	第二品牌及百分比	第三品牌及百分比
样本	**600**	**理光 18.7**	**佳能 10.5**	**尼康 5.5**
男性	**282**	**理光 17.7**	**佳能 9.2**	**尼康 5.3**
16-19 岁	30	佳能 23.3	理光 16.7	宝丽来 6.7
20-24 岁	36	佳能 16.7	理光 11.1	欧林巴斯 5.6 富士 5.6 柯尼卡 5.6
25-29 岁	35	理光 17.1	海鸥 11.4	尼康 8.6
30-34 岁	34	理光 23.5	佳能 17.6	宾得 11.8
35-39 岁	40	理光 25.0	尼康 12.5	海鸥 7.5
40-44 岁	41	理光 17.1	海鸥 7.3	珠江 4.9 佳能 4.9 美能达 4.9
45-49 岁	26	理光 15.4	珠江 7.7	
50 岁以上	40	理光 15.0	欧林巴斯 10.0	
女性	**318**	**理光 19.5**	**佳能 11.6**	**尼康 5.7**
16-19 岁	50	理光 28.0	佳能 16.0	柯尼卡 8.0
20-24 岁	46	理光 13.0 佳能 13.0	欧林巴斯 6.5 富士 6.5 宝丽来 6.5 宾得 6.5	
25-29 岁	63	理光 30.2	佳能 11.1	尼康 7.9
30-34 岁	46	理光 21.7	佳能 10.9	欧林巴斯 6.5
35-39 岁	41	理光 12.2	佳能 9.8	宝丽来 4.9 尼康 4.9 美能达 4.9 海鸥 4.9
40-44 岁	30	珠江 10.0 佳能 10.0 宝丽来 10.0		
45-49 岁	13	理光 30.8		
50 岁以上	29	理光 10.3 佳能 10.3 尼康 10.3	海鸥 6.9 珠江 6.9	

● 重庆（Chongqing）

	人数	第一品牌及百分比	第二品牌及百分比	第三品牌及百分比
样本	**600**	**理光 15.3**	**佳能 3.8**	**海鸥 3.5**
男性	**308**	**理光 14.6**	**海鸥 3.9 佳能 3.9**	**珠江 2.9 柯达 2.9**
16-19 岁	43	理光 16.3	柯达 9.3	珠江 4.7 富士 4.7 柯尼卡 4.7 三星 4.7
20-24 岁	53	理光 17.0	美能达 5.7 佳能 5.7 柯尼卡 5.7 海鸥 5.7	
25-29 岁	43	理光 18.6	富士 4.7 珠江 4.7 欧林巴斯 4.7 海鸥 4.7	
30-34 岁	38	理光 18.4	佳能 7.9 尼康 7.9	珠江 5.3
35-39 岁	39	海鸥 7.7	美能达 5.1	
40-44 岁	30	珠江 10.0 理光 10.0		
45-49 岁	25	理光 16.0	佳能 8.0	美能达 4.0
50 岁以上	37	理光 16.2		
女性	**292**	**理光 16.1**	**尼康 4.1**	**佳能 3.8**
16-19 岁	43	理光 14.0	宝丽来 7.0 海鸥 7.0	佳能 4.7
20-24 岁	53	理光 11.3	佳能 5.7	凤凰 3.8 美能达 3.8 柯达 3.8
25-29 岁	32	理光 25.0	汤姆 6.3	
30-34 岁	33	理光 18.2	美能达 9.1	
35-39 岁	35	理光 11.4	佳能 5.7 富士 5.7	
40-44 岁	32	理光 18.8	珠江 6.3 红梅 6.3 尼康 6.3	
45-49 岁	27	理光 25.9	尼康 7.4	
50 岁以上	37	理光 10.8	珠江 5.4	

10-3 照相机的拥有比例（%） / Proportions of Camera Owners in the Sample

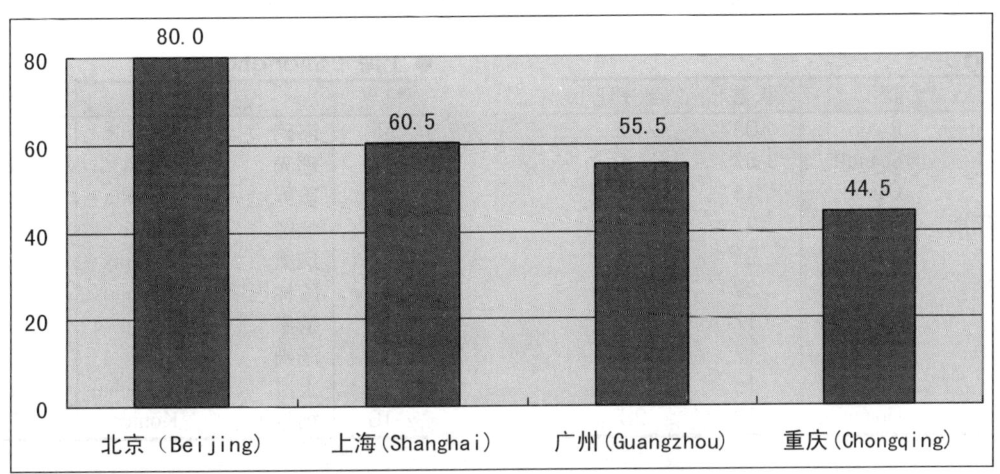

※ 四城市有效样本量均为 600 （ n=600 / city ）

10-4 照相机拥有量 / Number of Camera Owned per Household

	北京（ Beijing ）	上海（ Shanghai ）	广州（ Guangzhou ）	重庆（ Chongqing ）
一台	78.7	86.3	82.3	90.2
两台	15.9	11.5	13.5	8.7
三台	4.2	1.7	3.6	1.1
四台	0.6	0.3	0.3	0.0
五台	0.6	0.3	0.3	0.0
有效样本量	**479**	**358**	**333**	**264**

10-5 对样本家中现有照相机（指最近购买的一台）的四个方面的描述 / About the Camera Most Recently Purchased

10-5-1 家中现有照相机的品牌排名 / Brand Ranking of the Currently Owned Camera

● 北京（Beijing）

排名	品牌		人数	百分比
1	理光	Ricoh	103	21.5
2	海鸥	Seagull	57	11.9
3	佳能	Canon	46	9.6
4	欧林巴斯	Olympus	27	5.6
5	汤姆	Toma	22	4.6
5	美能达	Minolta	22	4.6
7	凤凰	Phoenix	17	3.5
7	柯尼卡	Konica	17	3.5
9	尼康	Nikon	16	3.3
10	红梅	Hongmei	13	2.7

n=479

● 上海（Shanghai）

排名	品牌		人数	百分比
1	海鸥	Seagull	122	33.6
2	理光	Ricoh	49	13.5
3	美能达	Minolta	26	7.2
4	佳能	Canon	22	6.1
5	凤凰	Phoenix	20	5.5
6	欧林巴斯	Olympus	19	5.2
7	尼康	Nikon	18	5.0
8	汤姆	Toma	12	3.3
9	上海	Shanghai	11	3.0
10	柯尼卡	Konica	7	1.9

n=363

● 广州（Guangzhou）

排名	品牌		人数	百分比
1	理光	Ricoh	89	27.4
2	佳能	Canon	35	10.8
3	珠江	Zhujiang	32	9.8
4	海鸥	Seagull	23	7.1
4	尼康	Nikon	23	7.1
6	欧林巴斯	Olympus	19	5.8
7	柯尼卡	Konica	17	5.2
8	美能达	Minolta	10	3.1
9	凤凰	Phoenix	8	2.5
9	宾得	Pentax	8	2.5

n=325

● 重庆（Chongqing）

排名	品牌		人数	百分比
1	理光	Ricoh	50	19.1
2	珠江	Zhujiang	34	13.0
3	海鸥	Seagull	33	12.6
4	汤姆	Toma	22	8.4
5	凤凰	Phoenix	15	5.7
6	佳能	Canon	8	3.1
7	青岛	Qingdao	7	2.7
8	华西	Huaxi	6	2.3

n=262

10-5-2 该照相机的购买时间 / Time of Purchasing of the Currently Owned Camera

	北京（Beijing）	上海（Shanghai）	广州（Guangzhou）	重庆（Chongqing）
1985 年以前	15.4	14.6	6.3	11.2
1986-1990 年	22.7	24.6	11.4	23.6
1991-1993 年	22.1	20.4	20.5	25.1
1994 年	13.8	11.3	19.9	14.2
1995 年	10.4	13.8	17.8	14.2
1996 年	10.2	10.2	17.5	6.7
1997 年	5.4	5.0	6.6	4.9
有效样本量	**480**	**362**	**332**	**267**

10-5-3 该照相机的价格 / The Price of the Currently Owned Camera

	北京（Beijing）	上海（Shanghai）	广州（Guangzhou）	重庆（Chongqing）
500 元以下	35.8	34.0	23.4	47.6
501-1000 元	25.9	29.8	24.3	30.3
1001-2000 元	15.9	15.5	19.5	11.2
2001-3000 元	10.0	6.6	13.2	3.0
3001-4000 元	3.3	3.3	3.3	0.7
4001-5000 元	2.3	1.4	2.7	0.7
5001-10000 元	1.5	1.9	2.7	1.5
10001-20000 元	0.8	1.1	0.6	0.4
20000 元以上	0.2	0.6	0.0	0.0
完全不知道	4.2	5.8	10.5	4.5
有效样本量量	**478**	**362**	**334**	**267**

10-5-4 该照相机的类型 / The Type of the Currently Owned Camera

	北京（Beijing）	上海（Shanghai）	广州（Guangzhou）	重庆（Chongqing）
固定镜头傻瓜相机	49.6	39.8	35.8	47.2
变焦镜头傻瓜相机	21.6	22.6	30.1	18.0
机械单镜头反光相机	13.4	19.8	7.8	21.7
自动单镜头反光相机	12.0	13.6	19.0	9.0
一次成像相机	0.4	1.1	1.5	1.1
120 专业相机	1.1	1.7	2.4	1.1
其他	1.9	1.4	3.3	1.9
有效样本量	**476**	**359**	**332**	**267**

10-6 照相机未来购买打算 / Plan for Future Purchasing of a Camera

10-6-1 有无购买打算 / Whether Planning to Purchase

	北京（Beijing）	上海（Shanghai）	广州（Guangzhou）	重庆（Chongqing）
打算买	6.7	8.0	6.4	7.0
不打算买	93.3	92.0	93.6	93.0
有效样本量	**596**	**597**	**598**	**600**

10-6-2 打算购买的品牌排名 / The Brand of the Planned Purchase

● 北京（Beijing）

排名	品牌		人数	百分比
1	佳能	Canon	7	19.4
1	尼康	Nikon	7	19.4
3	理光	Ricoh	6	16.7
4	美能达	Minolta	4	11.1
5	欧林巴斯	Olympus	3	8.3
5	柯尼卡	Konica	3	8.3
7	海鸥	Seagull	2	5.6

n=36

● 上海（Shanghai）

排名	品牌		人数	百分比
1	佳能	Canon	11	25.6
2	海鸥	Seagull	7	16.3
3	理光	Ricoh	5	11.6
3	美能达	Minolta	5	11.6
5	尼康	Nikon	4	9.3
5	欧林巴斯	Olympus	4	9.3
7	凤凰	Phoenix	2	4.7
7	柯达	Kodak	2	4.7

n=43

● 广州（Guangzhou）

排名	品牌		人数	百分比
1	佳能	Canon	7	21.2
2	理光	Ricoh	6	18.2
3	海鸥	Seagull	3	9.1
3	柯尼卡	Konica	3	9.1
3	柯达	Kodak	3	9.1
6	珠江	Zhujiang	2	6.1
6	富士	Fuji	2	6.1

n=33

● 重庆（Chongqing）

排名	品牌		人数	百分比
1	理光	Ricoh	10	26.3
2	尼康	Nikon	4	10.5
3	海鸥	Seagull	3	7.9
3	珠江	Zhujiang	3	7.9
3	佳能	Canon	3	7.9
3	富士	Fuji	3	7.9
7	凤凰	Phoenix	2	5.3
7	华西	Huaxi	2	5.3
7	汤姆	Toma	2	5.3
7	柯达	Kodak	2	5.3

n=38

10-6-3 打算购买的价格 / The Price of the Planned Purchase

	北京（Beijing）	上海（Shanghai）	广州（Guangzhou）	重庆（Chongqing）
500 元以下	10.3	15.9	11.1	12.2
501-1000 元	17.9	36.4	22.2	34.1
1001-2000 元	25.6	38.6	33.3	39.0
2001-3000 元	20.5	2.3	25.0	7.3
3001-4000 元	5.1	2.3	2.8	4.9
4001-5000 元	10.3	0.0	0.0	0.0
5001-10000 元	10.3	2.3	2.8	2.4
10001-20000 元	0.0	2.3	2.8	0.0
有效样本量	**39**	**44**	**36**	**41**

10-6-4 打算购买的类型 / The Type of the Planned Purchase

	北京（Beijing）	上海（Shanghai）	广州（Guangzhou）	重庆（Chongqing）
固定镜头傻瓜相机	13.5	22.7	11.8	15.8
变焦镜头傻瓜相机	43.2	50.0	32.4	42.1
机械单镜头反光相机	18.9	4.5	5.9	15.8
自动单镜头反光相机	24.3	15.9	44.1	21.1
一次成像相机	0.0	4.5	2.9	0.0
120 专业相机	0.0	2.3	2.9	5.3
有效样本量	**37**	**44**	**34**	**38**

10-7 选择不同品牌照相机时的考虑因素 / Considerations in Choosing from Different Brands

注：本题为多选题，合计百分比超过 100%（Multiple answers）

● 北京（Beijing）

		人数	品牌印象	外型	价格	成像质量	变焦功能	专业声誉
样本		**471**	**34.8**	**13.8**	**47.8**	**22.7**	**11.5**	**3.6**
理光	Ricoh	103	42.7	18.4	44.7	24.3	5.8	3.9
海鸥	Seagull	57	43.9	10.5	59.6	24.6	8.8	1.8
佳能	Canon	46	45.7	15.2	41.3	28.3	23.9	6.5
欧林巴斯	Olympus	27	37.0	18.5	14.8	33.3	40.7	14.8
汤姆	Toma	22	22.7	9.1	54.5	18.2	4.5	0.0
美能达	Minolta	22	45.5	9.1	31.8	36.4	13.6	4.5
凤凰	Phoenix	17	41.2	11.8	70.6	11.8	0.0	0.0
柯尼卡	Konica	17	29.4	11.8	41.2	11.8	11.8	0.0
尼康	Nikon	16	31.3	12.5	25.0	50.0	31.3	0.0
红梅	Hongmei	13	30.8	7.7	69.2	7.7	0.0	0.0

续上表（continued）

		人数	操作方便	原产地	功能齐备	售后服务	其他
样本		**471**	**43.9**	**4.0**	**9.6**	**4.5**	**2.3**
理光	Ricoh	103	45.6	6.8	8.7	4.9	1.9
海鸥	Seagull	57	19.3	1.8	1.8	0.0	7.0
佳能	Canon	46	50.0	2.2	10.9	6.5	0.0
欧林巴斯	Olympus	27	40.7	11.1	18.5	3.7	3.7
汤姆	Toma	22	50.0	4.5	0.0	9.1	4.5
美能达	Minolta	22	50.0	0.0	18.2	9.1	0.0
凤凰	Phoenix	17	29.4	0.0	5.9	11.8	0.0
柯尼卡	Konica	17	47.1	11.8	11.8	0.0	5.9
尼康	Nikon	16	43.8	0.0	12.5	12.5	6.3
红梅	Hongmei	13	38.5	0.0	0.0	7.7	0.0

● 上海（Shanghai）

		人数	品牌印象	外型	价格	成像质量	变焦功能	专业声誉
样本		**356**	**36.0**	**10.4**	**37.4**	**22.5**	**11.5**	**6.2**
海鸥	Seagull	120	44.2	10.8	46.7	20.0	15.0	3.3
理光	Ricoh	49	32.7	12.2	32.7	18.4	6.1	6.1
美能达	Minolta	26	42.3	0.0	34.6	23.1	19.2	7.7
佳能	Canon	22	31.8	4.5	22.7	36.4	4.5	13.6
凤凰	Phoenix	19	36.8	5.3	57.9	26.3	0.0	5.3
欧林巴斯	Olympus	19	52.6	15.8	21.1	26.3	21.1	10.5
尼康	Nikon	18	61.1	16.7	22.2	16.7	11.1	11.1
汤姆	Toma	12	0.0	8.3	33.3	8.3	0.0	0.0
上海	Shanghai	11	18.2	18.2	54.5	18.2	9.1	0.0
柯尼卡	Konica	7	14.3	28.6	28.6	14.3	0.0	0.0

续上表（continued）

		人数	操作方便	原产地	功能齐备	售后服务	其他
样本		**356**	**42.1**	**6.7**	**15.2**	**4.5**	**3.4**
海鸥	Seagull	120	28.3	5.0	10.0	5.0	0.8
理光	Ricoh	49	40.8	12.2	18.4	4.1	8.2
美能达	Minolta	26	46.2	7.7	15.4	0.0	3.8
佳能	Canon	22	63.6	4.5	22.7	9.1	0.0
凤凰	Phoenix	19	36.8	0.0	10.5	10.5	5.3
欧林巴斯	Olympus	19	52.6	10.5	15.8	0.0	0.0
尼康	Nikon	18	44.4	11.1	27.8	0.0	0.0
汤姆	Toma	12	66.7	0.0	0.0	8.3	0.0
上海	Shanghai	11	36.4	18.2	9.1	0.0	0.0
柯尼卡	Konica	7	57.1	14.3	0.0	0.0	28.6

● 广州（Guangzhou）

		人数	品牌印象	外型	价格	成像质量	变焦功能	专业声誉
样本		**317**	**33.8**	**12.9**	**37.9**	**23.7**	**14.5**	**13.2**
理光	Ricoh	89	42.7	11.2	33.7	21.3	13.5	16.9
佳能	Canon	35	31.4	17.1	25.7	48.6	14.3	20.0
珠江	Zhujiang	31	25.8	6.5	71.0	16.1	0.0	6.5
海鸥	Seagull	22	45.5	9.1	40.9	22.7	13.6	9.1
尼康	Nikon	22	36.4	13.6	36.4	27.3	22.7	13.6
欧林巴斯	Olympus	19	42.1	10.5	10.5	21.1	31.6	21.1
柯尼卡	Konica	17	11.8	11.8	29.4	23.5	5.9	11.8
美能达	Minolta	10	30.0	20.0	50.0	30.0	10.0	20.0
凤凰	Phoenix	8	12.5	0.0	37.5	37.5	25.0	0.0
宾得	Pentax	8	37.5	25.0	37.5	0.0	37.5	25.0

续上表（continued）

		人数	操作方便	原产地	功能齐备	售后服务	其他
样本		**317**	**39.7**	**4.7**	**17.0**	**3.8**	**1.9**
理光	Ricoh	89	38.2	5.6	14.6	4.5	1.1
佳能	Canon	35	45.7	2.9	22.9	5.7	2.9
珠江	Zhujiang	31	45.2	12.9	3.2	3.2	0.0
海鸥	Seagull	22	22.7	4.5	4.5	9.1	0.0
尼康	Nikon	22	22.7	0.0	22.7	0.0	0.0
欧林巴斯	Olympus	19	47.4	5.3	26.3	5.3	0.0
柯尼卡	Konica	17	70.6	5.9	29.4	0.0	0.0
美能达	Minolta	10	20.0	0.0	40.0	0.0	0.0
凤凰	Phoenix	8	50.0	0.0	25.0	12.5	0.0
宾得	Pentax	8	25.0	0.0	50.0	0.0	12.5

● 重庆（Chongqing）

		人数	品牌印象	外型	价格	成像质量	变焦功能	专业声誉
样本		**249**	**31.7**	**12.9**	**41.0**	**25.7**	**13.3**	**6.0**
理光	Ricoh	50	54.0	10.0	20.0	36.0	18.0	12.0
珠江	Zhujiang	34	26.5	5.9	41.2	23.5	11.8	11.8
海鸥	Seagull	32	40.6	6.3	53.1	25.0	12.5	0.0
汤姆	Toma	22	13.6	9.1	68.2	13.6	9.1	0.0
凤凰	Phoenix	15	20.0	13.3	60.0	33.3	20.0	0.0
佳能	Canon	8	0.0	12.5	12.5	12.5	12.5	12.5
青岛	Qingdao	7	0.0	14.3	14.3	28.6	0.0	0.0
华西	Huaxi	6	50.0	16.7	66.7	0.0	0.0	0.0

续上表（continued）

		人数	操作方便	原产地	功能齐备	售后服务	其他
样本		**249**	**39.8**	**4.8**	**11.2**	**2.4**	**3.2**
理光	Ricoh	50	40.0	12.0	14.0	0.0	2.0
珠江	Zhujiang	34	35.3	0.0	17.6	2.9	0.0
海鸥	Seagull	32	40.6	0.0	6.3	0.0	0.0
汤姆	Toma	22	50.0	4.5	4.5	4.5	4.5
凤凰	Phoenix	15	26.7	0.0	6.7	6.7	0.0
佳能	Canon	8	50.0	25.0	37.5	12.5	12.5
青岛	Qingdao	7	85.7	0.0	0.0	0.0	0.0
华西	Huaxi	6	33.3	0.0	16.7	16.7	0.0

10-8 照相机购买决定者的人口特征 / The Demographics of the Decision Makers in Purchasing a Camera

● 北京（Beijing）

	人数	16-19 岁	20-24 岁	25-29 岁	30-34 岁	35-39 岁	40-44 岁	45-50 岁	50 岁以上
样本	**260**	**2.7**	**5.0**	**9.2**	**21.9**	**17.3**	**18.1**	**10.4**	**15.4**
男性	134	3.7	4.5	9.0	20.1	15.7	19.4	11.9	15.7
女性	126	1.6	5.6	9.5	23.8	19.0	16.7	8.7	15.1

● 上海（Shanghai）

	人数	16-19 岁	20-24 岁	25-29 岁	30-34 岁	35-39 岁	40-44 岁	45-50 岁	50 岁以上
样本	**222**	**2.3**	**5.0**	**10.4**	**24.3**	**19.8**	**9.9**	**11.3**	**17.1**
男性	135	1.5	4.4	12.6	23.0	22.2	6.7	14.1	15.6
女性	87	3.4	5.7	6.9	26.4	16.1	14.9	6.9	19.5

● 广州（Guangzhou）

	人数	16-19 岁	20-24 岁	25-29 岁	30-34 岁	35-39 岁	40-44 岁	45-50 岁	50 岁以上
样本	**165**	**4.2**	**8.5**	**17.0**	**18.2**	**15.8**	**15.8**	**6.7**	**13.9**
男性	96	3.1	7.3	12.5	15.6	15.6	18.8	10.4	16.7
女性	69	5.8	10.1	23.2	21.7	15.9	11.6	1.4	10.1

● 重庆（Chongqing）

	人数	16-19 岁	20-24 岁	25-29 岁	30-34 岁	35-39 岁	40-44 岁	45-50 岁	50 岁以上
样本	**133**	**4.5**	**8.3**	**15.8**	**21.1**	**14.3**	**12.0**	**11.3**	**12.8**
男性	76	5.3	9.2	17.1	23.7	11.8	10.5	9.2	13.2
女性	57	3.5	7.0	14.0	17.5	17.5	14.0	14.0	12.3

10-9 关于北京消费群 / The Beijing Market Segments

10-9-1 不同消费群家中目前拥有品牌 / Brands of Camera Owned in Household by Market Segments

	人数	第一品牌及百分比	第二品牌及百分比	第三品牌及百分比
样本	**479**	**理光 21.5**	**海鸥 11.9**	**佳能 9.6**
第一消费群	120	理光 20.0	佳能 11.7	海鸥 8.3
第二消费群	81	理光 21.0	欧林巴斯 13.6	佳能 12.3
第三消费群	76	理光 21.1	海鸥 14.5	凤凰 7.9
第四消费群	4	理光 25.0 佳能 25.0 富士 25.0 尼康 25.0		
第五消费群	101	理光 21.8	海鸥 10.9	汤姆 9.9
第六消费群	97	理光 23.7	海鸥 18.6	佳能 7.2

10-9-2 不同消费群的理想品牌 / The Ideal Brands by Market Segments

	人数	第一品牌及百分比	第二品牌及百分比	第三品牌及百分比
样本	**600**	**理光 22.0**	**佳能 16.5**	**尼康 9.7**
第一消费群	137	理光 21.9	佳能 13.9	尼康 11.7
第二消费群	94	佳能 22.3	理光 18.1 欧林巴斯 18.1	尼康 9.6
第三消费群	112	理光 24.1	佳能 11.6	海鸥 8.9
第四消费群	5	尼康 40.0	佳能 20.0	
第五消费群	131	佳能 23.7	理光 19.8	尼康 13.7
第六消费群	121	理光 26.4	佳能 11.6	尼康 5.8

10-9-3 不同消费群选择照相机时的考虑因素 / Considerations in Choosing from Different Brands by Market Segments

注：本题为多选题，合计百分比超过 100%（ Multiple answers ）

	人数	品牌印象	外型	价格	成像质量	变焦功能	专业声誉
样本	**480**	**34.2**	**13.5**	**48.3**	**22.3**	**11.3**	**3.5**
第一消费群	120	39.2	12.5	49.2	24.2	15.8	5.8
第二消费群	81	44.4	14.8	34.6	22.2	17.3	6.2
第三消费群	76	28.9	17.1	53.9	19.7	6.6	2.6
第四消费群	4	25.0	0.0	25.0	50.0	25.0	0.0
第五消费群	102	32.4	13.7	48.0	16.7	7.8	2.0
第六消费群	97	25.8	11.3	55.7	26.8	7.2	1.0

续上表（ continued ）

	人数	操作方便	原产地	功能齐备	售后服务	其他
样本	**480**	**44.4**	**4.0**	**9.4**	**4.6**	**2.5**
第一消费群	120	46.7	5.0	9.2	3.3	1.7
第二消费群	81	40.7	3.7	7.4	2.5	2.5
第三消费群	76	44.7	5.3	7.9	6.6	3.9
第四消费群	4	25.0	25.0	25.0	0.0	0.0
第五消费群	102	44.1	2.0	11.8	4.9	1.0
第六消费群	97	45.4	3.1	9.3	6.2	4.1

注：北京消费群的代表特征 / Characteristics of the Beijing Market Segments

		第一消费群	第二消费群	第三消费群	第四消费群	第五消费群	第六消费群
基本情况	性别	女	男	无明显偏向	男	无明显偏向	女
	年龄	30 － 34 岁	25 － 29 岁	35 － 44 岁	无明显偏向	16 － 24 岁	45 岁以上
	学历	大专/大本	大本	初中	大本及研究生	高中/中专/技校	初中及以下
	职业	科教卫生人员	一般企业职员	工人	管理人员/专门职业从事者/个体及私营企业主	学生	离退休人员
	月均收入	801 － 1500 元	1501 － 4000 元	800 元以下	4000 元以上	无收入	800 元以下
	婚姻	已婚	无明显偏向	已婚	已婚或离异	未婚	已婚
心理取向		注重学历 非积极进取	不循规传统 非单一电视娱乐	非田园倾向 新女性主张 金钱本位	注重经验 大男子主义 不保守稳定	非“大男子主义” 追随流行	非“新女性主张” 非浪漫新潮 单一电视娱乐

10-10 关于上海消费群 / The Shanghai Market Segments

10-10-1 不同消费群家中目前拥有品牌 / Brands of Camera Owned in Household by Market Segments

	人数	第一品牌及百分比	第二品牌及百分比	第三品牌及百分比
样本	**363**	**海鸥 33.6**	**理光 13.5**	**美能达 7.2**
第一消费群	89	海鸥 24.7	理光 12.4	佳能 10.1
第二消费群	60	海鸥 33.3	美能达 11.7	理光 8.3
第三消费群	7	美能达 42.9	海鸥 14.3 佳能 14.3 宾得 14.3	
第四消费群	72	海鸥 38.9	理光 16.7	美能达 8.3
第五消费群	43	海鸥 32.6	尼康 14.0	理光 9.3 美能达 9.3
第六消费群	92	海鸥 40.2	理光 18.5	凤凰 5.4 佳能 5.4 欧林巴斯 5.4

10-10-2 不同消费群的理想品牌 / The Ideal Brands by Market Segments

	人数	第一品牌及百分比	第二品牌及百分比	第三品牌及百分比
样本	**600**	**海鸥 18.0**	**佳能 17.3**	**理光 13.7**
第一消费群	145	理光 15.2	佳能 14.5	海鸥 11.7
第二消费群	92	海鸥 20.7	理光 13.0 佳能 13.0	欧林巴斯 9.8 美能达 9.8
第三消费群	10	佳能 30.0		
第四消费群	135	海鸥 21.5	理光 16.3	佳能 14.8
第五消费群	68	佳能 39.7	尼康 13.2	海鸥 8.8
第六消费群	150	海鸥 24.0	理光 14.7	佳能 14.0

10-10-3 不同消费群选择照相机时的考虑因素 / Considerations in Choosing from Different Brands by Market Segments

注：本题为多选题，合计百分比超过 100%（Multiple answers）

	人数	品牌印象	外型	价格	成像质量	变焦功能	专业声誉
样本	**360**	**35.8**	**10.3**	**37.2**	**22.2**	**11.4**	**6.1**
第一消费群	89	31.5	10.1	44.9	25.8	10.1	3.4
第二消费群	60	50.0	8.3	25.0	21.7	13.3	6.7
第三消费群	7	14.3	14.3	28.6	14.3	28.6	0.0
第四消费群	71	35.2	9.9	36.6	21.1	7.0	4.2
第五消费群	42	26.2	9.5	33.3	26.2	21.4	16.7
第六消费群	91	37.4	12.1	40.7	18.7	8.8	5.5

续上表（continued）

	人数	操作方便	原产地	功能齐备	售后服务	其他
样本	**360**	**42.2**	**6.7**	**15.0**	**4.4**	**3.9**
第一消费群	89	47.2	4.5	16.9	5.6	2.2
第二消费群	60	40.0	0.0	13.3	3.3	8.3
第三消费群	7	42.9	42.9	14.3	0.0	0.0
第四消费群	71	43.7	4.2	7.0	5.6	5.6
第五消费群	42	40.5	7.1	23.8	4.8	0.0
第六消费群	91	38.5	12.1	16.5	3.3	3.3

注：上海消费群的代表特征 / Characteristics of the Shanghai Market Segments

		第一消费群	第二消费群	第三消费群	第四消费群	第五消费群	第六消费群
基本情况	性别	无明显偏向	男	男	女	女	无明显偏向
	年龄	45 岁以上	20 — 29 岁	25 — 34 岁	35 — 44 岁	16 — 24 岁	30 — 39 岁
	学历	大本及以上	大专/大本	大专	初中及以下	高中/中专/技校	高中/中专/技校
	职业	科教卫生人员/离退休人员	一般企业职员	行政管理人员/个体及私营企业主/专门职业从事者	工人/下岗人员	学生	一般企业职员
	月均收入	801 — 1500 元	1001 — 3000 元	3000 元以上	800 元以下	无收入	1001 — 2000 元
	婚姻	已婚	未婚	未婚	已婚	未婚	已婚
心理取向		非浪漫时尚 非金钱本位 保守稳定	非家庭重心 田园倾向 休闲独立	不保守稳定 奔波忙碌 浪漫时尚	金钱本位 家庭重心 注重学历	新家庭观念 非休闲独立	不积极进取 不奔波忙碌

10-11 关于广州消费群 / The Guangzhou Market Segments

10-11-1 不同消费群家中目前拥有品牌 / Brands of Camera Owned in Household by Market Segments

	人数	第一品牌及百分比	第二品牌及百分比	第三品牌及百分比
样本	**325**	**理光 27.4**	**佳能 10.8**	**珠江 9.8**
第一消费群	47	理光 27.7	佳能 17.0	柯尼卡 10.6
第二消费群	59	珠江 25.4	理光 16.9	海鸥 10.2
第三消费群	62	理光 29.0	佳能 12.9	尼康 11.3
第四消费群	61	理光 29.5	珠江 11.5	佳能 9.8
第五消费群	45	理光 31.1	海鸥 11.1	
第六消费群	51	理光 31.4	尼康 13.7	佳能 11.8

10-11-2 不同消费群的理想品牌 / The Ideal Brands by Market Segments

	人数	第一品牌及百分比	第二品牌及百分比	第三品牌及百分比
样本	**600**	**理光 18.7**	**佳能 10.5**	**尼康 5.5**
第一消费群	94	理光 19.1	佳能 17.0	宝丽来 5.3
第二消费群	126	理光 13.5	佳能 7.1	尼康 4.8
第三消费群	99	理光 21.2	佳能 16.2	欧林巴斯 6.1 尼康 6.1
第四消费群	100	理光 20.0	海鸥 9.0	佳能 8.0
第五消费群	99	理光 21.2	欧林巴斯 5.1 海鸥 5.1	珠江 4.0 佳能 4.0
第六消费群	82	理光 18.3	尼康 13.4	佳能 12.2

10-11-3 不同消费群选择照相机时的考虑因素 / Considerations in Choosing from Different Brands by Market Segments

注：本题为多选题，合计百分比超过 100%（Multiple answers）

	人数	品牌印象	外型	价格	成像质量	变焦功能	专业声誉
样本	**328**	**32.9**	**12.8**	**38.4**	**23.8**	**14.3**	**13.1**
第一消费群	46	34.8	17.4	26.1	26.1	10.9	19.6
第二消费群	59	25.4	8.5	47.5	23.7	11.9	3.4
第三消费群	62	30.6	19.4	45.2	27.4	17.7	25.8
第四消费群	61	27.9	14.8	42.6	18.0	13.1	8.2
第五消费群	48	35.4	8.3	31.3	20.8	12.5	4.2
第六消费群	52	46.2	7.7	32.7	26.9	19.2	17.3

续上表（continued）

	人数	操作方便	原产地	功能齐备	售后服务	其他
样本	**328**	**39.3**	**4.9**	**16.5**	**3.7**	**2.7**
第一消费群	46	54.3	6.5	23.9	4.3	0.0
第二消费群	59	30.5	3.4	11.9	8.5	3.4
第三消费群	62	35.5	6.5	17.7	3.2	0.0
第四消费群	61	44.3	6.6	16.4	1.6	4.9
第五消费群	48	37.5	4.2	12.5	2.1	6.3
第六消费群	52	36.5	1.9	17.3	1.9	1.9

注：广州消费群的代表特征 / Characteristics of the Guangzhou Market Segments

		第一消费群	第二消费群	第三消费群	第四消费群	第五消费群	第六消费群
基本情况	性别	女	无明显偏向	女	男	女	男
	年龄	16 — 19 岁	40 岁以上	20 — 24 岁	35 — 44 岁	30 — 34 岁	25 — 29 岁
	学历	高中/中专/技校	无明显偏向	高中/中专/技校/大专	初中/高中/中专/技校	初中及以下	大专及以上
	职业	学生	工人	学生/待业人员	个体及私营企业主	家庭主妇	企业职员/管理人员/科教卫生人员/专门职业者
	月均收入	无收入	1500 元以下	无收入	801 — 1500 元	800 元以下	2000 元以上
	婚姻	未婚	已婚	未婚	已婚	已婚	无明显偏向
心理取向		不固守中式生活 田园倾向 非大男子主义	非新女性主张 不追随流行 非积极进取	独立自主 追随流行	积极进取 大男子主义 中式生活	单一电视娱乐 非独立自主 保守稳定	非单一电视娱乐 非家庭重心

10-12 关于重庆消费群 / The Chongqing Market Segments

10-12-1 不同消费群家中目前拥有品牌 / Brands of Camera Owned in Household by Market Segments

	人数	第一品牌及百分比	第二品牌及百分比	第三品牌及百分比
样本	**262**	**理光 19.1**	**珠江 13.0**	**海鸥 12.6**
第一消费群	58	理光 20.7	珠江 15.5	凤凰 13.8
第二消费群	63	海鸥 15.9 珠江 15.9	理光 12.7	汤姆 11.1
第三消费群	70	理光 22.9	海鸥 17.1	珠江 8.6
第四消费群	15	海鸥 26.7	理光 20.0	珠江 13.3
第五消费群	43	理光 18.6	珠江 11.6 汤姆 11.6	
第六消费群	13	理光 23.1	海鸥 15.4 珠江 15.4	

10-12-2 不同消费群的理想品牌 / The Ideal Brands by Market Segments

	人数	第一品牌及百分比	第二品牌及百分比	第三品牌及百分比
样本	**600**	**理光 15.3**	**佳能 3.8**	**海鸥 3.5**
第一消费群	133	理光 12.8	柯达 4.5	宝丽来 3.8
第二消费群	123	理光 15.4	佳能 5.7	海鸥 4.9
第三消费群	124	理光 21.0	海鸥 7.3 佳能 7.3 尼康 7.3	美能达 5.6
第四消费群	24	理光 20.8	珠江 8.3 柯尼卡 8.3 柯达 8.3	
第五消费群	162	理光 11.1	珠江 2.5	
第六消费群	34	理光 20.6	珠江 5.9	

10-12-3 不同消费群选择照相机时的考虑因素 / Considerations in Choosing from Different Brands by Market Segments

注：本题为多选题，合计百分比超过 100%（ Multiple answers ）

	人数	品牌印象	外型	价格	成像质量	变焦功能	专业声誉
样本	**266**	**30.5**	**12.8**	**41.4**	**24.8**	**12.8**	**6.0**
第一消费群	58	29.3	17.2	34.5	27.6	12.1	5.2
第二消费群	64	26.6	9.4	48.4	31.3	6.3	7.8
第三消费群	70	27.1	10.0	40.0	27.1	17.1	5.7
第四消费群	16	62.5	6.3	37.5	6.3	25.0	6.3
第五消费群	45	26.7	15.6	44.4	17.8	13.3	4.4
第六消费群	13	46.2	23.1	38.5	15.4	7.7	7.7

续上表（ continued ）

	人数	操作方便	原产地	功能齐备	售后服务	其他
样本	**266**	**40.2**	**4.9**	**10.5**	**2.3**	**3.8**
第一消费群	58	37.9	5.2	12.1	5.2	6.9
第二消费群	64	43.8	3.1	10.9	3.1	1.6
第三消费群	70	47.1	7.1	10.0	1.4	2.9
第四消费群	16	31.3	0.0	12.5	0.0	0.0
第五消费群	45	33.3	4.4	8.9	0.0	4.4
第六消费群	13	30.8	7.7	7.7	0.0	7.7

注：重庆消费群的代表特征 / Characteristics of the Chongqing Market Segments

		第一消费群	第二消费群	第三消费群	第四消费群	第五消费群	第六消费群
基本情况	性别	无明显偏向	无明显偏向	无明显偏向	无明显偏向	无明显偏向	女
	年龄	16 — 19 岁	45 岁以上	20 — 29 岁	30 — 34 岁	40 岁以上	25 — 29 岁
	学历	高中/中专/技校	高中/中专/技校	大专/大本	高中/中专/技校/大本以上	初中及以下	初中
	职业	学生	行政管理人员/离退休人员	科教卫生人员/一般企业职员	个体及私营企业主	工人	专门职业从事者 下岗及其他
	月均收入	无收入	501 — 800 元	801 — 1500 元	1500 元以上	500 元以下	1001 — 1500 元
	婚姻	未婚	已婚	无明显偏向	已婚	已婚	已婚或离异
心理取向		浪漫新潮 注重学历 非现实家庭观	循规传统 奔波忙碌 保守稳定	新女性主张 非功利心态	功利心态 现实家庭观 都市情结	非浪漫新潮 非独立休闲	非新女性主张 不循规传统 独立休闲

11 胶卷 / Film

11-1 理想品牌排名 / Ranking of the Ideal Brands

● 北京（Beijing）

排名	品	牌	人数	百分比
1	柯达	Kodak	281	46.8
2	富士	Fuji	189	31.5
3	乐凯	Lucky	65	10.8
4	爱克发	Agfa	3	0.5
5	柯尼卡	Konica	2	0.3

n=600

● 上海（Shanghai）

排名	品	牌	人数	百分比
1	柯达	Kodak	464	77.3
2	富士	Fuji	86	14.3
3	乐凯	Lucky	14	2.3
4	柯尼卡	Konica	5	0.8
5	爱克发	Agfa	3	0.5

n=600

● 广州（Guangzhou）

排名	品	牌	人数	百分比
1	富士	Fuji	252	42.0
2	柯达	Kodak	233	38.8
3	柯尼卡	Konica	31	5.2
4	乐凯	Lucky	4	0.7
5	爱克发	Agfa	3	0.5

n=600

● 重庆（Chongqing）

排名	品	牌	人数	百分比
1	柯达	Kodak	262	43.7
2	富士	Fuji	197	32.8
3	乐凯	Lucky	15	2.5
4	柯尼卡	Konica	11	1.8
5	爱克发	Agfa	6	1.0

n=600

11-2 样本总体、男性各年龄层、女性各年龄层的理想品牌 / The Ideal Brands by the Whole Sample, Age and Gender Groups

● 北京（Beijing）

	人数	第一品牌及百分比	第二品牌及百分比	第三品牌及百分比
样本	**600**	**柯达 46.8**	**富士 31.5**	**乐凯 10.8**
男性	**298**	**柯达 47.7**	**富士 31.5**	**乐凯 10.7**
16-19 岁	26	柯达 46.2	富士 23.1	乐凯 15.4
20-24 岁	36	柯达 58.3	富士 36.1	乐凯 2.8
25-29 岁	41	柯达 43.9	富士 34.1	乐凯 14.6
30-34 岁	47	柯达 46.8	富士 38.3	乐凯 8.5
35-39 岁	43	柯达 48.8	富士 32.6	乐凯 9.3
40-44 岁	42	柯达 57.1	富士 21.4	乐凯 9.5
45-49 岁	24	柯达 54.2	富士 25.0	乐凯 8.3
50 岁以上	39	富士 35.9	柯达 28.2	乐凯 17.9
女性	**302**	**柯达 46.0**	**富士 31.5**	**乐凯 10.9**
16-19 岁	23	柯达 47.8	乐凯 26.1	富士 17.4
20-24 岁	35	柯达 45.7	富士 31.4	乐凯 8.6
25-29 岁	36	柯达 66.7	富士 19.4	乐凯 2.8
30-34 岁	49	富士 46.9	柯达 40.8	乐凯 2.0
35-39 岁	45	柯达 48.9	富士 28.9	乐凯 11.1
40-44 岁	40	柯达 42.5	富士 32.5	乐凯 20.0
45-49 岁	26	柯达 42.3 富士 42.3	乐凯 3.8	
50 岁以上	48	柯达 37.5	富士 27.1	乐凯 16.7

● 上海（Shanghai）

	人数	第一品牌及百分比	第二品牌及百分比	第三品牌及百分比
样本	**600**	**柯达 77.3**	**富士 14.3**	**乐凯 2.3**
男性	**307**	**柯达 79.5**	**富士 12.1**	**乐凯 2.3**
16-19 岁	22	柯达 95.5	柯尼卡 4.5	
20-24 岁	34	柯达 82.4	富士 8.8	柯尼卡 2.9
25-29 岁	42	柯达 83.3	富士 7.1	乐凯 4.8
30-34 岁	56	柯达 82.1	富士 14.3	
35-39 岁	51	柯达 84.3	富士 9.8	乐凯 2.0
40-44 岁	31	柯达 54.8	富士 25.8	乐凯 6.5
45-49 岁	26	柯达 84.6	富士 3.8 乐凯 3.8	
50 岁以上	45	柯达 71.1	富士 20.0	乐凯 2.2
女性	**293**	**柯达 75.1**	**富士 16.7**	**乐凯 2.4**
16-19 岁	24	柯达 87.5	富士 12.5	
20-24 岁	32	柯达 84.4	富士 6.3	乐凯 3.1
25-29 岁	37	柯达 73.0	富士 18.9	乐凯 5.4
30-34 岁	50	柯达 74.0	富士 22.0	
35-39 岁	44	柯达 72.7	富士 22.7	柯尼卡 2.9 爱克发 2.9
40-44 岁	35	柯达 74.3	富士 14.3	
45-49 岁	23	柯达 82.6	富士 13.0	乐凯 4.3
50 岁以上	48	柯达 64.6	富士 16.7	乐凯 8.3

● 广州 (Guangzhou)

	人数	第一品牌及百分比	第二品牌及百分比	第三品牌及百分比
样本	**600**	**富士 42.0**	**柯达 38.8**	**柯尼卡 5.2**
男性	**282**	**富士 41.8**	**柯达 38.3**	**柯尼卡 3.9**
16-19 岁	30	柯达 46.7	富士 23.3	柯尼卡 16.7
20-24 岁	36	富士 47.2	柯达 41.7	柯尼卡 2.8 爱克发 2.8
25-29 岁	35	富士 51.4	柯达 34.3	乐凯 2.9
30-34 岁	34	富士 55.9	柯达 26.5	柯尼卡 2.9
35-39 岁	40	柯达 52.5	富士 45.0	
40-44 岁	41	富士 48.8	柯达 31.7	柯尼卡 2.4
45-49 岁	26	富士 34.6	柯达 30.8	
50 岁以上	40	柯达 40.0	富士 25.0	柯尼卡 7.5
女性	**318**	**富士 42.1**	**柯达 39.3**	**柯尼卡 6.3**
16-19 岁	50	富士 40.0	柯达 38.0	柯尼卡 14.0
20-24 岁	46	柯达 52.2	富士 30.4	柯尼卡 6.5
25-29 岁	63	富士 47.6	柯达 38.1	柯尼卡 6.3
30-34 岁	46	柯达 43.5	富士 41.3	柯尼卡 2.2
35-39 岁	41	富士 48.8	柯达 34.1	柯尼卡 4.9
40-44 岁	30	富士 43.3	柯达 33.3	柯尼卡 10.0
45-49 岁	13	柯达 53.8	富士 38.5	
50 岁以上	29	富士 44.8	柯达 24.1	

● 重庆 (Chongqing)

	人数	第一品牌及百分比	第二品牌及百分比	第三品牌及百分比
样本	**600**	**柯达 43.7**	**富士 32.8**	**乐凯 2.5**
男性	**308**	**柯达 42.2**	**富士 34.1**	**柯尼卡 2.3**
16-19 岁	43	富士 44.2	柯达 39.5	柯尼卡 2.3 乐凯 2.3
20-24 岁	53	柯达 56.6	富士 28.3	乐凯 5.7
25-29 岁	43	富士 39.5	柯达 32.6	爱克发 4.7
30-34 岁	38	柯达 50.0	富士 31.6	乐凯 5.3
35-39 岁	39	柯达 41.0	富士 35.9	
40-44 岁	30	柯达 26.7	富士 23.3	柯尼卡 3.3
45-49 岁	25	柯达 44.0	富士 36.0	柯尼卡 4.0
50 岁以上	37	柯达 40.5	富士 32.4	柯尼卡 5.4
女性	**292**	**柯达 45.2**	**富士 31.5**	**乐凯 2.7**
16-19 岁	43	柯达 39.5	富士 30.2	福达 2.3
20-24 岁	53	柯达 58.5	富士 28.3	乐凯 3.8
25-29 岁	32	柯达 46.9	富士 43.8	
30-34 岁	33	柯达 45.5	富士 33.3	柯尼卡 3.0 爱克发 3.0 福达 3.0
35-39 岁	35	柯达 42.9	富士 34.3	柯尼卡 2.9
40-44 岁	32	柯达 37.5 富士 37.5	柯尼卡 3.1 爱克发 3.1	
45-49 岁	27	富士 40.7	柯达 37.0	乐凯 3.7
50 岁以上	37	柯达 45.9	乐凯 13.5	富士 10.8

11-3 样本总体、男性各年龄层、女性各年龄层最近六个月有无使用用的比例 / Proportions of the Sample Using Films in the Last Six months by the Age and Gender Groups

● 北京（Beijing）

	人数	用过	没有用过
样本	**600**	**75.3**	**24.7**
男性	**298**	**70.1**	**29.9**
16-19 岁	26	57.7	42.3
20-24 岁	36	69.4	30.6
25-29 岁	41	68.3	31.7
30-34 岁	47	83.0	17.0
35-39 岁	43	69.8	30.2
40-44 岁	42	66.7	33.3
45-49 岁	24	75.0	25.0
50 岁以上	39	66.7	33.3
女性	**302**	**80.5**	**19.5**
16-19 岁	23	87.0	13.0
20-24 岁	35	85.7	14.3
25-29 岁	36	91.7	8.3
30-34 岁	49	89.8	10.2
35-39 岁	45	80.0	20.0
40-44 岁	40	80.0	20.0
45-49 岁	26	69.2	30.8
50 岁以上	48	62.5	37.5

● 上海（Shanghai）

	人数	用过	没有用过
样本	**600**	**57.3**	**42.7**
男性	**307**	**56.0**	**44.0**
16-19 岁	22	40.9	59.1
20-24 岁	34	38.2	61.8
25-29 岁	42	66.7	33.3
30-34 岁	56	58.9	41.1
35-39 岁	51	70.6	29.4
40-44 岁	31	29.0	71.0
45-49 岁	26	84.6	15.4
50 岁以上	45	48.9	51.1
女性	**293**	**58.7**	**41.3**
16-19 岁	24	62.5	37.5
20-24 岁	32	62.5	37.5
25-29 岁	37	51.4	48.6
30-34 岁	50	60.0	40.0
35-39 岁	44	61.4	38.6
40-44 岁	35	51.4	48.6
45-49 岁	23	60.9	39.1
50 岁以上	48	60.4	39.6

● 广州（Guangzhou）

	人数	用过	没有用过
样本	**600**	**55.5**	**44.5**
男性	**282**	**51.8**	**48.2**
16-19 岁	30	30.0	70.0
20-24 岁	36	47.2	52.8
25-29 岁	35	60.0	40.0
30-34 岁	34	58.8	41.2
35-39 岁	40	70.0	30.0
40-44 岁	41	51.2	48.8
45-49 岁	26	46.2	53.8
50 岁以上	40	45.0	55.0
女性	**318**	**58.8**	**41.2**
16-19 岁	50	68.0	32.0
20-24 岁	46	56.5	43.5
25-29 岁	63	66.7	33.3
30-34 岁	46	52.2	47.8
35-39 岁	41	58.5	41.5
40-44 岁	30	50.0	50.0
45-49 岁	13	69.2	30.8
50 岁以上	29	44.8	55.2

● 重庆（Chongqing）

	人数	用过	没有用过
样本	**600**	**50.2**	**49.8**
男性	**308**	**46.8**	**53.2**
16-19 岁	43	41.9	58.1
20-24 岁	53	49.1	50.9
25-29 岁	43	65.1	34.9
30-34 岁	38	57.9	42.1
35-39 岁	39	41.0	59.0
40-44 岁	30	26.7	73.3
45-49 岁	25	48.0	52.0
50 岁以上	37	37.8	62.2
女性	**292**	**53.8**	**46.2**
16-19 岁	43	51.2	48.8
20-24 岁	53	56.6	43.4
25-29 岁	32	62.5	37.5
30-34 岁	33	63.6	36.4
35-39 岁	35	51.4	48.6
40-44 岁	32	40.6	59.4
45-49 岁	27	51.9	48.1
50 岁以上	37	51.4	48.6

11-4 最近一次使用的胶卷品牌排名 / Ranking of the Film Brands Used Last Time

● 北京（Beijing）

排名	品	牌	人数	百分比
1	柯达	Kodak	201	44.5
2	富士	Fuji	185	40.9
3	乐凯	Lucky	57	12.6
4	柯尼卡	Konica	4	0.9
4	爱克发	Agfa	4	0.9

n=452

● 上海（Shanghai）

排名	品	牌	人数	百分比
1	柯达	Kodak	284	83.5
2	富士	Fuji	48	14.1
3	柯尼卡	Konica	4	1.2
4	乐凯	Lucky	3	0.9
5	爱克发	Agfa	1	0.3

n=340

● 广州（Guangzhou）

排名	品	牌	人数	百分比
1	富士	Fuji	169	52.0
2	柯达	Kodak	132	40.6
3	柯尼卡	Konica	17	5.2
4	乐凯	Lucky	4	1.2
5	爱克发	Agfa	1	0.3

n=325

● 重庆（Chongqing）

排名	品	牌	人数	百分比
1	柯达	Kodak	145	48.5
2	富士	Fuji	113	37.8
3	乐凯	Lucky	25	8.4
4	柯尼卡	Konica	9	3.0
5	爱克发	Agfa	6	2.0

n=299

11-5 使用的类型 / Type of the Film

	北京（Beijing）	上海（Shanghai）	广州（Guangzhou）	重庆（Chongqing）
感光度 100	94.4	88.2	86.9	92.3
感光度 200	4.7	9.1	11.6	6.4
感光度 400	0.9	2.7	1.5	1.3
有效样本量	**449**	**339**	**327**	**299**

11-6 样本总体、男性各年龄层、女性各年龄层的使用频率 / Frequencies of Using Films by the Whole Sample, Age and Gender Groups

● 北京（Beijing）

	人数	每月 1 次	半月 1 次	1 月 1 次	2 个月 1 次	3 个月 1 次及以下	其他
样本	**452**	**2.0**	**7.5**	**20.6**	**18.8**	**44.7**	**6.4**
男性	**209**	**2.9**	**7.7**	**20.1**	**17.2**	**43.5**	**8.6**
16-19 岁	15	0.0	6.7	6.7	26.7	60.0	0.0
20-24 岁	25	4.0	4.0	16.0	16.0	44.0	16.0
25-29 岁	28	3.6	7.1	25.0	25.0	32.1	7.1
30-34 岁	39	2.6	2.6	28.2	23.1	38.5	5.1
35-39 岁	30	0.0	13.3	20.0	13.3	43.3	10.0
40-44 岁	28	3.6	3.6	17.9	14.3	46.4	14.3
45-49 岁	18	5.6	5.6	22.2	16.7	38.9	11.1
50 岁以上	26	3.8	19.2	15.4	3.8	53.8	3.8
女性	**243**	**1.2**	**7.4**	**21.0**	**20.2**	**45.7**	**4.5**
16-19 岁	20	0.0	5.0	15.0	5.0	70.0	5.0
20-24 岁	30	3.3	0.0	33.3	16.7	46.7	0.0
25-29 岁	33	6.1	12.1	24.2	36.4	21.2	0.0
30-34 岁	44	0.0	9.1	22.7	25.0	40.9	2.3
35-39 岁	36	0.0	8.3	16.7	19.4	50.0	5.6
40-44 岁	32	0.0	3.1	18.8	21.9	56.3	0.0
45-49 岁	18	0.0	5.6	16.7	5.6	44.4	27.8
50 岁以上	30	0.0	13.3	16.7	16.7	46.7	6.7

● 上海（Shanghai）

	人数	每月 1 次	半月 1 次	1 月 1 次	2 个月 1 次	3 个月 1 次及以下	其他
样本	**344**	**1.2**	**3.2**	**11.0**	**20.9**	**57.0**	**6.7**
男性	**172**	**1.2**	**2.3**	**12.2**	**24.4**	**55.8**	**4.1**
16-19 岁	9	0.0	0.0	0.0	33.3	66.7	0.0
20-24 岁	13	0.0	0.0	0.0	23.1	76.9	0.0
25-29 岁	28	0.0	3.6	17.9	39.3	35.7	3.6
30-34 岁	33	3.0	3.0	15.2	18.2	60.6	0.0
35-39 岁	36	0.0	2.8	11.1	25.0	58.3	2.8
40-44 岁	9	0.0	0.0	11.1	11.1	66.7	11.1
45-49 岁	22	4.5	4.5	9.1	22.7	50.0	9.1
50 岁以上	22	0.0	0.0	18.2	18.2	54.5	9.1
女性	**172**	**1.2**	**4.1**	**9.9**	**17.4**	**58.1**	**9.3**
16-19 岁	15	0.0	6.7	20.0	20.0	40.0	13.3
20-24 岁	20	0.0	0.0	5.0	25.0	70.0	0.0
25-29 岁	19	0.0	0.0	15.8	5.3	63.2	15.8
30-34 岁	30	6.7	13.3	13.3	20.0	36.7	10.0
35-39 岁	27	0.0	3.7	7.4	14.8	63.0	11.1
40-44 岁	18	0.0	5.6	16.7	0.0	66.7	11.1
45-49 岁	14	0.0	0.0	7.1	14.3	71.4	7.1
50 岁以上	29	0.0	0.0	0.0	31.0	62.1	6.9

● 广州（Guangzhou）

	人数	每月1次	半月1次	1月1次	2个月1次	3个月1次及以下	其他
样本	**331**	**1.8**	**6.9**	**17.2**	**16.6**	**50.2**	**7.3**
男性	**145**	**1.4**	**9.7**	**18.6**	**18.6**	**42.8**	**9.0**
16-19岁	9	0.0	11.1	11.1	22.2	55.6	0.0
20-24岁	17	5.9	5.9	29.4	35.3	17.6	5.9
25-29岁	21		14.3	23.8	23.8	38.1	0.0
30-34岁	19	5.3	21.1	15.8	10.5	47.4	0.0
35-39岁	28	0.0	10.7	21.4	14.3	39.3	14.3
40-44岁	21	0.0	4.8	19.0	19.0	52.4	4.8
45-49岁	12	0.0	0.0	8.3	8.3	58.3	25.0
50岁以上	18	0.0	5.6	11.1	16.7	44.4	22.2
女性	**186**	**2.2**	**4.8**	**16.1**	**15.1**	**55.9**	**5.9**
16-19岁	34	2.9	0.0	26.5	5.9	58.8	5.9
20-24岁	26	0.0	0.0	15.4	26.9	53.8	3.8
25-29岁	42	2.4	4.8	11.9	19.0	52.4	9.5
30-34岁	23	4.3	13.0	17.4	21.7	34.8	8.7
35-39岁	24	0.0	4.2	20.8	0.0	66.7	8.3
40-44岁	15	6.7	0.0	6.7	13.3	73.3	0.0
45-49岁	9	0.0	0.0	11.1	22.2	66.7	0.0
50岁以上	13	0.0	23.1	7.7	15.4	53.8	0.0

● 重庆（Chongqing）

	人数	每月1次	半月1次	1月1次	2个月1次	3个月1次及以下	其他
样本	**301**	**1.7**	**4.0**	**11.0**	**19.3**	**57.1**	**7.0**
男性	**144**	**1.4**	**2.8**	**10.4**	**24.3**	**56.3**	**4.9**
16-19岁	18	0.0	5.6	0.0	16.7	77.8	0.0
20-24岁	26	0.0	0.0	19.2	30.8	50.0	0.0
25-29岁	28	3.6	3.6	10.7	17.9	60.7	3.6
30-34岁	22	4.5	4.5	4.5	22.7	59.1	4.5
35-39岁	16	0.0	0.0	6.3	25.0	56.3	12.5
40-44岁	8	0.0	12.5	25.0	37.5	12.5	12.5
45-49岁	12	0.0	0.0	16.7	33.3	41.7	8.3
50岁以上	14	0.0	0.0	7.1	21.4	64.3	7.1
女性	**157**	**1.9**	**5.1**	**11.5**	**14.6**	**58.0**	**8.9**
16-19岁	22	0.0	18.2	13.6	9.1	45.5	13.6
20-24岁	30	3.3	3.3	20.0	10.0	56.7	6.7
25-29岁	20	0.0	0.0	5.0	10.0	85.0	0.0
30-34岁	21	0.0	4.8	19.0	23.8	38.1	14.3
35-39岁	18	5.6	0.0	0.0	27.8	61.1	5.6
40-44岁	13	0.0	15.4	15.4	15.4	46.2	7.7
45-49岁	14	0.0	0.0	7.1	7.1	71.4	14.3
50岁以上	19	5.3	0.0	5.3	15.8	63.2	10.5

11-7 样本总体、男性各年龄层、女性各年龄层购买胶卷的地点 / Settings of Purchasing Films by the Whole Sample, Age and Gender Groups

● 北京（Beijing）

	人数	大商场	照片冲洗店	照相器材店	商店	旅游点	其他
样本	**452**	**31.6**	**21.0**	**13.5**	**26.5**	**4.6**	**2.7**
男性	**209**	**31.1**	**16.7**	**14.8**	**29.7**	**5.3**	**2.4**
16-19 岁	15	26.7	20.0	13.3	33.3	6.7	0.0
20-24 岁	25	36.0	20.0	12.0	24.0	4.0	4.0
25-29 岁	28	25.0	17.9	14.3	35.7	3.6	3.6
30-34 岁	39	30.8	15.4	10.3	33.3	7.7	2.6
35-39 岁	30	30.0	16.7	16.7	26.7	10.0	0.0
40-44 岁	28	42.9	14.3	14.3	21.4	0.0	7.1
45-49 岁	18	33.3	22.2	16.7	22.2	5.6	0.0
50 岁以上	26	23.1	11.5	23.1	38.5	3.8	0.0
女性	**243**	**32.1**	**24.7**	**12.3**	**23.9**	**4.1**	**2.9**
16-19 岁	20	20.0	30.0	10.0	40.0	0.0	0.0
20-24 岁	30	13.3	30.0	20.0	26.7	3.3	6.7
25-29 岁	33	27.3	27.3	6.1	30.3	3.0	6.1
30-34 岁	44	29.5	27.3	15.9	20.5	2.3	4.5
35-39 岁	36	38.9	22.2	11.1	19.4	5.6	2.8
40-44 岁	32	40.6	18.8	12.5	21.9	6.3	0.0
45-49 岁	18	27.8	27.8	16.7	22.2	5.6	0.0
50 岁以上	30	53.3	16.7	6.7	16.7	6.7	0.0

● 上海（Shanghai）

	人数	大商场	照片冲洗店	照相器材店	商店	旅游点	其他
样本	**342**	**16.1**	**21.9**	**39.5**	**19.0**	**2.0**	**1.5**
男性	**170**	**11.8**	**23.5**	**42.4**	**20.0**	**1.2**	**1.2**
16-19 岁	9	11.1	33.3	22.2	33.3	0.0	0.0
20-24 岁	13	0.0	7.7	76.9	15.4	0.0	0.0
25-29 岁	28	14.3	32.1	35.7	14.3	0.0	3.6
30-34 岁	32	21.9	12.5	46.9	15.6	3.1	0.0
35-39 岁	36	5.6	25.0	47.2	19.4	0.0	2.8
40-44 岁	9	11.1	22.2	44.4	22.2	0.0	0.0
45-49 岁	22	9.1	40.9	22.7	27.3	0.0	0.0
50 岁以上	21	14.3	14.3	42.9	23.8	4.8	0.0
女性	**172**	**20.3**	**20.3**	**36.6**	**18.0**	**2.9**	**1.7**
16-19 岁	15	20.0	26.7	26.7	26.7	0.0	0.0
20-24 岁	20	20.0	25.0	45.0	10.0	0.0	0.0
25-29 岁	19	47.4	15.8	26.3	10.5	0.0	0.0
30-34 岁	30	16.7	20.0	33.3	23.3	6.7	0.0
35-39 岁	27	14.8	25.9	48.1	11.1	0.0	0.0
40-44 岁	18	44.4	27.8	16.7	0.0	5.6	5.6
45-49 岁	14	0.0	14.3	35.7	42.9	7.1	0.0
50 岁以上	29	6.9	10.3	48.3	24.1	3.4	6.9

● 广州（Guangzhou）

	人数	大商场	照片冲洗店	照相器材店	商店	旅游点	其他
样本	**327**	**22.0**	**39.4**	**17.1**	**18.3**	**1.5**	**1.5**
男性	**145**	**21.4**	**37.9**	**20.7**	**17.2**	**1.4**	**1.4**
16-19 岁	9	33.3	44.4	11.1	11.1	0.0	0.0
20-24 岁	17	17.6	29.4	23.5	23.5	5.9	0.0
25-29 岁	21	19.0	38.1	19.0	23.8	0.0	0.0
30-34 岁	20	15.0	40.0	25.0	15.0	0.0	5.0
35-39 岁	27	33.3	29.6	11.1	25.9	0.0	0.0
40-44 岁	21	4.8	47.6	23.8	14.3	4.8	4.8
45-49 岁	12	16.7	33.3	41.7	8.3	0.0	0.0
50 岁以上	18	33.3	44.4	16.7	5.6	0.0	0.0
女性	**182**	**22.5**	**40.7**	**14.3**	**19.2**	**1.6**	**1.6**
16-19 岁	34	14.7	52.9	11.8	17.6	2.9	0.0
20-24 岁	25	20.0	40.0	16.0	20.0	4.0	0.0
25-29 岁	42	21.4	42.9	9.5	21.4	2.4	2.4
30-34 岁	23	30.4	30.4	17.4	17.4	0.0	4.3
35-39 岁	23	13.0	39.1	26.1	17.4	0.0	4.3
40-44 岁	15	40.0	26.7	20.0	13.3	0.0	0.0
45-49 岁	8	12.5	62.5	0.0	25.0	0.0	0.0
50 岁以上	12	41.7	25.0	8.3	25.0	0.0	0.0

● 重庆（Chongqing）

	人数	大商场	照片冲洗店	照相器材店	商店	旅游点	其他
样本	**300**	**24.7**	**36.0**	**15.7**	**18.0**	**4.0**	**1.7**
男性	**143**	**28.7**	**37.1**	**11.9**	**16.8**	**4.2**	**1.4**
16-19 岁	18	16.7	50.0	0.0	22.2	5.6	5.6
20-24 岁	26	19.2	57.7	0.0	11.5	11.5	0.0
25-29 岁	28	39.3	39.3	7.1	14.3	0.0	0.0
30-34 岁	22	40.9	18.2	22.7	18.2	0.0	0.0
35-39 岁	16	18.8	37.5	18.8	18.8	0.0	6.3
40-44 岁	7	42.9	0.0	42.9	14.3	0.0	0.0
45-49 岁	12	41.7	16.7	25.0	0.0	16.7	0.0
50 岁以上	14	14.3	42.9	7.1	35.7	0.0	0.0
女性	**157**	**21.0**	**35.0**	**19.1**	**19.1**	**3.8**	**1.9**
16-19 岁	22	27.3	50.0	4.5	13.6	4.5	0.0
20-24 岁	30	13.3	43.3	16.7	23.3	3.3	0.0
25-29 岁	20	5.0	55.0	15.0	25.0	0.0	0.0
30-34 岁	21	19.0	14.3	38.1	23.8	4.8	0.0
35-39 岁	18	33.3	27.8	22.2	5.6	11.1	0.0
40-44 岁	13	38.5	15.4	15.4	23.1	0.0	7.7
45-49 岁	14	42.9	14.3	21.4	21.4	0.0	0.0
50 岁以上	19	5.3	42.1	21.1	15.8	5.3	10.5

11-8 样本总体、男性各年龄层、女性各年龄层购买胶卷时的考虑因素 / Considerations in Purchasing by the Whole Sample, Age and Gender Groups

注：本题为多选题，合计百分比超过 100%（Multiple answers）

● 北京（Beijing）

	人数	品牌印象	包装	价格	成像质量	色彩	购买方便	有专卖店冲印服务	其他
样本	**451**	**55.0**	**4.4**	**31.9**	**44.8**	**41.0**	**18.8**	**9.5**	**1.3**
男性	**208**	**55.3**	**5.3**	**31.7**	**45.2**	**35.6**	**16.8**	**7.2**	**1.9**
16-19 岁	15	60.0	6.7	26.7	33.3	33.3	33.3	6.7	0.0
20-24 岁	24	50.0	4.2	29.2	29.2	33.3	20.8	8.3	0.0
25-29 岁	28	60.7	3.6	14.3	39.3	28.6	14.3	21.4	7.1
30-34 岁	39	59.0	5.1	15.4	51.3	43.6	10.3	10.3	2.6
35-39 岁	30	66.7	6.7	30.0	46.7	33.3	10.0	3.3	0.0
40-44 岁	28	57.1	0.0	35.7	46.4	39.3	14.3	0.0	3.6
45-49 岁	18	44.4	11.1	61.1	50.0	33.3	11.1	0.0	0.0
50 岁以上	26	38.5	7.7	57.7	57.7	34.6	30.8	3.8	0.0
女性	**243**	**54.7**	**3.7**	**32.1**	**44.4**	**45.7**	**20.6**	**11.5**	**0.8**
16-19 岁	20	60.0	0.0	35.0	55.0	50.0	25.0	5.0	5.0
20-24 岁	30	43.3	3.3	23.3	33.3	50.0	26.7	20.0	0.0
25-29 岁	33	60.6	3.0	24.2	48.5	48.5	9.1	24.2	0.0
30-34 岁	44	63.6	2.3	25.0	47.7	54.5	27.3	6.8	0.0
35-39 岁	36	47.2	2.8	38.9	41.7	30.6	22.2	8.3	0.0
40-44 岁	32	62.5	6.3	46.9	50.0	43.8	21.9	6.3	0.0
45-49 岁	18	27.8	11.1	38.9	38.9	50.0	16.7	0.0	5.6
50 岁以上	30	60.0	3.3	30.0	40.0	40.0	13.3	16.7	0.0

● 上海（Shanghai）

	人数	品牌印象	包装	价格	成像质量	色彩	购买方便	有专卖店冲印服务	其他
样本	**344**	**54.1**	**2.3**	**20.9**	**48.5**	**54.9**	**16.3**	**8.4**	**0.6**
男性	**172**	**52.9**	**1.7**	**23.3**	**47.7**	**59.9**	**18.0**	**8.7**	**0.0**
16-19 岁	9	44.4	11.1	33.3	55.6	77.8	22.2	11.1	0.0
20-24 岁	13	46.2	0.0	30.8	69.2	46.2	7.7	7.7	0.0
25-29 岁	28	60.7	0.0	14.3	53.6	50.0	21.4	7.1	0.0
30-34 岁	33	60.6	0.0	24.2	45.5	72.7	15.2	6.1	0.0
35-39 岁	36	50.0	5.6	16.7	44.4	55.6	16.7	13.9	0.0
40-44 岁	9	44.4	0.0	22.2	22.2	77.8	22.2	0.0	0.0
45-49 岁	22	45.5	0.0	31.8	50.0	54.5	22.7	13.6	0.0
50 岁以上	22	54.5	0.0	27.3	40.9	59.1	18.2	4.5	0.0
女性	**172**	**55.2**	**2.9**	**18.6**	**49.4**	**50.0**	**14.5**	**8.1**	**1.2**
16-19 岁	15	46.7	0.0	20.0	73.3	53.3	0.0	6.7	0.0
20-24 岁	20	60.0	0.0	25.0	65.0	50.0	15.0	15.0	0.0
25-29 岁	19	68.4	0.0	15.8	31.6	63.2	15.8	10.5	0.0
30-34 岁	30	50.0	6.7	10.0	56.7	53.3	13.3	13.3	0.0
35-39 岁	27	59.3	3.7	22.2	29.6	44.4	22.2	0.0	0.0
40-44 岁	18	55.6	0.0	22.2	50.0	44.4	27.8	0.0	0.0
45-49 岁	14	57.1	7.1	21.4	50.0	42.9	0.0	7.1	7.1
50 岁以上	29	48.3	3.4	17.2	48.3	48.3	13.8	10.3	3.4

● 广州（Guangzhou）

	人数	品牌印象	包装	价格	成像质量	色彩	购买方便	有专卖店冲印服务	其他
样本	**331**	**46.5**	**2.4**	**26.6**	**39.0**	**50.5**	**21.8**	**12.4**	**0.3**
男性	**145**	**45.5**	**4.1**	**27.6**	**46.2**	**45.5**	**24.1**	**11.7**	**0.0**
16-19岁	9	22.2	0.0	44.4	66.7	44.4	22.2	22.2	0.0
20-24岁	17	41.2	11.8	23.5	58.8	58.8	17.6	5.9	0.0
25-29岁	21	47.6	9.5	38.1	47.6	42.9	19.0	9.5	0.0
30-34岁	19	47.4	5.3	21.1	47.4	42.1	10.5	15.8	0.0
35-39岁	28	46.4	0.0	28.6	39.3	46.4	21.4	17.9	0.0
40-44岁	21	42.9	0.0	33.3	42.9	42.9	38.1	4.8	0.0
45-49岁	12	75.0	0.0	25.0	25.0	58.3	25.0	8.3	0.0
50岁以上	18	38.9	5.6	11.1	50.0	33.3	38.9	11.1	0.0
女性	**186**	**47.3**	**1.1**	**25.8**	**33.3**	**54.3**	**19.9**	**12.9**	**0.5**
16-19岁	34	50.0	2.9	32.4	41.2	55.9	11.8	11.8	0.0
20-24岁	26	38.5	0.0	23.1	34.6	46.2	26.9	26.9	3.8
25-29岁	42	52.4	0.0	21.4	28.6	61.9	28.6	9.5	0.0
30-34岁	23	47.8	0.0	21.7	34.8	56.5	13.0	8.7	0.0
35-39岁	24	45.8	0.0	20.8	29.2	41.7	12.5	16.7	0.0
40-44岁	15	33.3	6.7	46.7	40.0	66.7	26.7	0.0	0.0
45-49岁	9	33.3	0.0	11.1	11.1	66.7	33.3	22.2	0.0
50岁以上	13	69.2	0.0	30.8	38.5	38.5	7.7	7.7	0.0

● 重庆（Chongqing）

	人数	品牌印象	包装	价格	成像质量	色彩	购买方便	有专卖店冲印服务	其他
样本	**300**	**47.3**	**2.3**	**25.7**	**51.7**	**42.0**	**18.3**	**8.0**	**1.3**
男性	**143**	**47.6**	**2.8**	**28.7**	**50.3**	**39.2**	**20.3**	**5.6**	**2.1**
16-19岁	18	50.0	0.0	27.8	50.0	27.8	38.9	0.0	5.6
20-24岁	26	57.7	3.8	11.5	61.5	50.0	15.4	11.5	0.0
25-29岁	28	39.3	3.6	35.7	50.0	35.7	17.9	0.0	0.0
30-34岁	22	72.7	0.0	27.3	54.5	54.5	9.1	9.1	0.0
35-39岁	15	33.3	6.7	40.0	53.3	46.7	26.7	6.7	6.7
40-44岁	8	25.0	0.0	37.5	50.0	37.5	50.0	0.0	0.0
45-49岁	12	25.0	8.3	58.3	33.3	25.0	8.3	0.0	0.0
50岁以上	14	50.0	0.0	7.1	35.7	21.4	14.3	14.3	7.1
女性	**157**	**47.1**	**1.9**	**22.9**	**52.9**	**44.6**	**16.6**	**10.2**	**0.6**
16-19岁	22	22.7	0.0	18.2	81.8	68.2	22.7	13.6	0.0
20-24岁	30	43.3	3.3	13.3	53.3	53.3	10.0	6.7	0.0
25-29岁	20	65.0	0.0	15.0	50.0	50.0	15.0	10.0	0.0
30-34岁	21	61.9	4.8	33.3	47.6	38.1	23.8	9.5	0.0
35-39岁	18	66.7	0.0	22.2	38.9	38.9	16.7	5.6	0.0
40-44岁	13	46.2	7.7	46.2	46.2	23.1	15.4	0.0	0.0
45-49岁	14	42.9	0.0	14.3	35.7	50.0	28.6	14.3	0.0
50岁以上	19	31.6	0.0	31.6	57.9	21.1	5.3	21.1	5.3

11-9 打算购买的品牌排名 / The Brand of the Planned Purchase

● 北京（Beijing）

排名	品	牌	人数	百分比
1	柯达	Kodak	248	42.2
2	富士	Fuji	181	30.8
3	乐凯	Lucky	108	18.4
4	柯尼卡	Konica	7	1.2
5	爱克发	Agfa	6	1.0

n=587

● 上海（Shanghai）

排名	品	牌	人数	百分比
1	柯达	Kodak	439	74.4
2	富士	Fuji	97	16.4
3	乐凯	Lucky	26	4.4
4	柯尼卡	Konica	8	1.4
5	爱克发	Agfa	5	0.8

n=590

● 广州（Guangzhou）

排名	品	牌	人数	百分比
1	富士	Fuji	269	47.0
2	柯达	Kodak	215	37.6
3	柯尼卡	Konica	41	7.2
4	乐凯	Lucky	6	1.0
5	爱克发	Agfa	5	0.9

n=572

● 重庆（Chongqing）

排名	品	牌	人数	百分比
1	柯达	Kodak	245	41.5
2	富士	Fuji	195	33.1
3	乐凯	Lucky	35	5.9
4	爱克发	Agfa	24	4.1
5	柯尼卡	Konica	15	2.5

n=590

11-10 关于北京消费群 / The Beijing Market Segments

11-10-1 不同消费群最近一次购买胶卷的品牌 / Brands Purchased Last time by Market Segments

	人数	第一品牌及百分比	第二品牌及百分比	第三品牌及百分比
样本	**452**	**柯达 44.5**	**富士 40.9**	**乐凯 12.6**
第一消费群	115	柯达 44.3	富士 42.6	乐凯 11.3
第二消费群	82	柯达 43.9	富士 40.2	乐凯 11.0
第三消费群	76	富士 44.7	柯达 38.2	乐凯 17.1
第四消费群	4	柯达 50.0 富士 50.0		
第五消费群	94	柯达 51.1	富士 38.3	乐凯 7.4
第六消费群	81	柯达 43.2	富士 38.3	乐凯 18.5

11-10-2 不同消费群的理想品牌 / The Ideal Brands by Market Segments

	人数	第一品牌及百分比	第二品牌及百分比	第三品牌及百分比
样本	**600**	**柯达 46.8**	**富士 31.5**	**乐凯 10.8**
第一消费群	137	柯达 42.3	富士 37.2	乐凯 10.2
第二消费群	94	柯达 43.6	富士 39.4	乐凯 9.6
第三消费群	112	柯达 48.7	富士 30.4	乐凯 10.7
第四消费群	5	柯达 40.0 富士 40.0		
第五消费群	131	柯达 55.7	富士 22.9	乐凯 12.2
第六消费群	121	柯达 43.8	富士 28.9	乐凯 11.6

11-10-3 不同消费群购买胶卷时的考虑因素 / Considerations in Choosing from Different Brands by Market Segments

注：本题为多选题，合计百分比超过 100%（Multiple answers）

	人数	品牌印象	包装	价格	成像质量	色彩	购买方便	有专卖店冲印服务	其他
样本	**451**	**55.0**	**4.4**	**31.9**	**44.8**	**41.0**	**18.8**	**9.5**	**1.3**
第一消费群	115	60.9	5.2	30.4	47.8	43.5	18.3	11.3	0.9
第二消费群	82	65.9	3.7	20.7	45.1	30.5	15.9	15.9	2.4
第三消费群	76	50.0	6.6	42.1	44.7	43.4	18.4	7.9	1.3
第四消费群	4	75.0	0.0	0.0	75.0	50.0	25.0	0.0	0.0
第五消费群	94	51.1	3.2	27.7	41.5	47.9	22.3	8.5	1.1
第六消费群	80	43.8	3.8	42.5	42.5	37.5	18.8	3.8	1.3

注：北京消费群的代表特征 / Characteristics of the Beijing Market Segments

		第一消费群	第二消费群	第三消费群	第四消费群	第五消费群	第六消费群
基本情况	性别	女	男	无明显偏向	男	无明显偏向	女
	年龄	30 — 34 岁	25 — 29 岁	35 — 44 岁	无明显偏向	16 — 24 岁	45 岁以上
	学历	大专/大本	大本	初中	大本及研究生	高中/中专/技校	初中及以下
	职业	科教卫生人员	一般企业职员	工人	管理人员/专门职业从事者/个体及私营企业主	学生	离退休人员
	月均收入	801 — 1500 元	1501 — 4000 元	800 元以下	4000 元以上	无收入	800 元以下
	婚姻	已婚	无明显偏向	已婚	已婚或离异	未婚	已婚
心理取向		注重学历 非积极进取	不循规传统 非单一电视娱乐	非田园倾向 新女性主张 金钱本位	注重经验 大男子主义 不保守稳定	非“大男子主义” 追随流行	非“新女性主张” 非浪漫新潮 单一电视娱乐

11-11 关于上海消费群 / The Shanghai Market Segments

11-11-1 不同消费群最近一次购买胶卷的品牌 / Brands Purchased Last time by Market Segments

	人数	第一品牌及百分比	第二品牌及百分比	第三品牌及百分比
样本	**340**	**柯达 83.5**	**富士 14.1**	**柯尼卡 1.2**
第一消费群	89	柯达 83.1	富士 13.5	乐凯 2.2
第二消费群	60	柯达 90.0	富士 8.3	柯尼卡 1.7
第三消费群	7	柯达 100.0		
第四消费群	58	柯达 79.3	富士 19.0	爱克发 1.7
第五消费群	36	柯达 86.1	富士 13.9	
第六消费群	90	柯达 80.0	富士 16.7	柯尼卡 2.2

11-11-2 不同消费群的理想品牌 / The Ideal Brands by Market Segments

	人数	第一品牌及百分比	第二品牌及百分比	第三品牌及百分比
样本	**600**	**柯达 77.3**	**富士 14.3**	**乐凯 2.3**
第一消费群	145	柯达 71.0	富士 17.9	乐凯 4.1
第二消费群	92	柯达 83.7	富士 7.6	乐凯 3.3
第三消费群	10	柯达 90.0	富士 10.0	
第四消费群	135	柯达 74.8	富士 14.8	柯尼卡 2.2
第五消费群	68	柯达 85.3	富士 11.8	乐凯 1.5 柯尼卡 1.5
第六消费群	150	柯达 78.0	富士 16.7	乐凯 2.0

11-11-3 不同消费群购买胶卷时的考虑因素 / Considerations in Choosing from Different Brands by Market Segments

注：本题为多选题，合计百分比超过 100%（Multiple answers）

	人数	品牌印象	包装	价格	成像质量	色彩	购买方便	有专卖店冲印服务	其他
样本	**344**	**54.1**	**2.3**	**20.9**	**48.5**	**54.9**	**16.3**	**8.4**	**0.6**
第一消费群	92	48.9	4.3	19.6	40.2	56.5	20.7	8.7	2.2
第二消费群	61	65.6	0.0	16.4	49.2	49.2	11.5	8.2	0.0
第三消费群	7	85.7	0.0	28.6	42.9	57.1	14.3	0.0	0.0
第四消费群	58	46.6	1.7	24.1	44.8	46.6	20.7	5.2	0.0
第五消费群	36	36.1	2.8	25.0	72.2	69.4	11.1	11.1	0.0
第六消费群	90	61.1	2.2	21.1	50.0	56.7	14.4	10.0	0.0

注：上海消费群的代表特征 / Characteristics of the Shanghai Market Segments

		第一消费群	第二消费群	第三消费群	第四消费群	第五消费群	第六消费群
基本情况	性别	无明显偏向	男	男	女	女	无明显偏向
	年龄	45 岁以上	20 — 29 岁	25 — 34 岁	35 — 44 岁	16 — 24 岁	30 — 39 岁
	学历	大本及以上	大专/大本	大专	初中及以下	高中/中专/技校	高中/中专/技校
	职业	科教卫生人员/离退休人员	一般企业职员	行政管理人员/个体及私营企业主/专门职业从事者	工人/下岗人员	学生	一般企业职员
	月均收入	801 — 1500 元	1001 — 3000 元	3000 元以上	800 元以下	无收入	1001 — 2000 元
	婚姻	已婚	未婚	未婚	已婚	未婚	已婚
心理取向		非浪漫时尚 非金钱本位 保守稳定	非家庭重心 田园倾向 休闲独立	不保守稳定 奔波忙碌 浪漫时尚	金钱本位 家庭重心 注重学历	新家庭观念 非休闲独立	不积极进取 不奔波忙碌

11-12 关于广州消费群 / The Guangzhou Market Segments

11-12-3 不同消费群最近一次购买胶卷的品牌 / Brands Purchased Last time by Market Segments

	人数	第一品牌及百分比	第二品牌及百分比	第三品牌及百分比
样本	**325**	**富士 52.0**	**柯达 40.6**	**柯尼卡 5.2**
第一消费群	50	富士 56.0	柯达 30.0	柯尼卡 12.0
第二消费群	53	富士 52.8	柯达 39.6	
第三消费群	57	柯达 52.6	富士 38.6	柯尼卡 5.3
第四消费群	59	柯达 45.8 富士 45.8	柯尼卡 8.5	
第五消费群	53	富士 71.7	柯达 26.4	柯尼卡 1.9
第六消费群	53	富士 49.1	柯达 47.2	柯尼卡 1.9 爱克发 1.9

11-12-2 不同消费群的理想品牌 / The Ideal Brands by Market Segments

	人数	第一品牌及百分比	第二品牌及百分比	第三品牌及百分比
样本	**600**	**富士 42.0**	**柯达 38.8**	**柯尼卡 5.2**
第一消费群	94	富士 44.7	柯达 35.1	柯尼卡 9.6
第二消费群	126	富士 42.9	柯达 34.1	柯尼卡 2.4
第三消费群	99	柯达 48.5	富士 33.3	柯尼卡 8.1
第四消费群	100	柯达 46.0	富士 37.0	柯尼卡 5.0
第五消费群	99	富士 46.5	柯达 29.3	柯尼卡 5.1
第六消费群	82	富士 48.8	柯达 41.5	柯尼卡 1.2 爱克发 1.2

11-12-3 不同消费群购买胶卷时的考虑因素 / Considerations in Choosing from Different Brands by Market Segments

注：本题为多选题，合计百分比超过 100%（Multiple answers）

	人数	品牌印象	包装	价格	成像质量	色彩	购买方便	有专卖店冲印服务	其他
样本	**331**	**46.5**	**2.4**	**26.6**	**39.0**	**50.5**	**21.8**	**12.4**	**0.3**
第一消费群	50	42.0	4.0	32.0	44.0	60.0	22.0	12.0	0.0
第二消费群	52	40.4	1.9	25.0	30.8	40.4	25.0	7.7	0.0
第三消费群	60	48.3	1.7	30.0	38.3	51.7	18.3	13.3	1.7
第四消费群	61	41.0	3.3	24.6	39.3	57.4	29.5	14.8	0.0
第五消费群	55	45.5	1.8	30.9	27.3	52.7	20.0	12.7	0.0
第六消费群	53	62.3	1.9	17.0	54.7	39.6	15.1	13.2	0.0

注：广州消费群的代表特征 / Characteristics of the Guangzhou Market Segments

		第一消费群	第二消费群	第三消费群	第四消费群	第五消费群	第六消费群
基本情况	性别	女	无明显偏向	女	男	女	男
	年龄	16 — 19 岁	40 岁以上	20 — 24 岁	35 — 44 岁	30 — 34 岁	25 — 29 岁
	学历	高中/中专/技校	无明显偏向	高中/中专/技校/大专	初中/高中/中专/技校	初中及以下	大专及以上
	职业	学生	工人	学生/待业人员	个体及私营企业主	家庭主妇	企业职员/管理人员/科教卫生人员/专门职业者
	月均收入	无收入	1500 元以下	无收入	801 — 1500 元	800 元以下	2000 元以上
	婚姻	未婚	已婚	未婚	已婚	已婚	无明显偏向
心理取向		不固守中式生活 田园倾向 非大男子主义	非新女性主张 不追随流行 非积极进取	独立自主 追随流行	积极进取 大男子主义 中式生活	单一电视娱乐 非独立自主 保守稳定	非单一电视娱乐 非家庭重心

11-13 关于重庆消费群 / The Chongqing Market Segments

11-13-1 不同消费群最近一次购买胶卷的品牌 / Brands Purchased Last time by Market Segments

	人数	第一品牌及百分比	第二品牌及百分比	第三品牌及百分比
样本	**299**	**柯达 48.5**	**富士 37.8**	**乐凯 8.4**
第一消费群	60	柯达 48.3	富士 40.0	柯尼卡 5.0 乐凯 5.0
第二消费群	66	柯达 60.6	富士 27.3	乐凯 7.6
第三消费群	82	富士 45.1	柯达 42.7	乐凯 9.8
第四消费群	16	柯达 50.0	乐凯 18.8	爱克发 12.5
第五消费群	60	富士 43.3 柯达 43.3	乐凯 8.3	柯尼卡 3.3
第六消费群	15	富士 46.7 柯达 46.7	乐凯 6.7	

11-13-2 不同消费群的理想品牌 / The Ideal Brands by Market Segments

	人数	第一品牌及百分比	第二品牌及百分比	第三品牌及百分比
样本	**600**	**柯达 43.7**	**富士 32.8**	**乐凯 2.5**
第一消费群	133	柯达 46.6	富士 33.1	乐凯 2.3
第二消费群	123	柯达 41.5	富士 30.1	柯尼卡 3.3
第三消费群	124	柯达 50.0	富士 37.1	乐凯 3.2
第四消费群	24	柯达 58.3		
第五消费群	162	柯达 38.3	富士 32.7	乐凯 2.5
第六消费群	34	富士 44.1	柯达 32.4	爱克发 2.9

11-13-3 不同消费群购买胶卷时的考虑因素 / Considerations in Choosing from Different Brands by Market Segments

注：本题为多选题，合计百分比超过 100%（ Multiple answers ）

	人数	品牌印象	包装	价格	成像质量	色彩	购买方便	有专卖店冲印服务	其他
样本	**300**	**47.3**	**2.3**	**25.7**	**51.7**	**42.0**	**18.3**	**8.0**	**1.3**
第一消费群	60	38.3	1.7	18.3	66.7	53.3	25.0	1.7	1.7
第二消费群	65	38.5	1.5	33.8	52.3	35.4	7.7	7.7	3.1
第三消费群	83	60.2	2.4	18.1	51.8	50.6	18.1	13.3	0.0
第四消费群	16	62.5	6.3	31.3	50.0	37.5	6.3	18.8	0.0
第五消费群	61	45.9	3.3	34.4	37.7	27.9	26.2	6.6	1.6
第六消费群	15	40.0	0.0	20.0	46.7	40.0	20.0	0.0	0.0

注：重庆消费群的代表特征 / Characteristics of the Chongqing Market Segments

		第一消费群	第二消费群	第三消费群	第四消费群	第五消费群	第六消费群
基本情况	性别	无明显偏向	无明显偏向	无明显偏向	无明显偏向	无明显偏向	女
	年龄	16 — 19 岁	45 岁以上	20 — 29 岁	30 — 34 岁	40 岁以上	25 — 29 岁
	学历	高中/中专/技校	高中/中专/技校	大专/大本	高中/中专/技校/大本以上	初中及以下	初中
	职业	学生	行政管理人员/离退休人员	科教卫生人员/一般企业职员	个体及私营企业主	工人	专门职业从事者下岗及其他
	月均收入	无收入	501 — 800 元	801 — 1500 元	1500 元以上	500 元以下	1001 — 1500 元
	婚姻	未婚	已婚	无明显偏向	已婚	已婚	已婚或离异
心理取向		浪漫新潮 注重学历 非现实家庭观	循规传统 奔波忙碌 保守稳定	新女性主张 非功利心态	功利心态 现实家庭观 都市情结	非浪漫新潮 非独立休闲	非新女性主张 不循规传统 独立休闲

第九篇　电脑、通讯工具
Part IX　Personal Computer and Telecommunications

- 家用电脑　Personal Computer
- 私人电话　Telephone
- BP 机　Pager
- 移动电话　Mobile Phone

第九篇　家用电脑、通讯工具

电脑

进入九十年代，我国计算机信息产业和计算机市场发展迅猛。1996 年中国计算机产业保持了高速发展的良好势头。据统计，1996 年中国计算机产业年产值超过 924 亿元，比 1995 年增长 48%，高于同期电子工业 22%和国民经济 9.1%的年增长率。1996 年计算机产品进出口额为 94 亿美元（出口额 62 亿美元，进口额 32 亿美元），比 1995 年增长 30%，亦高于同期全国外贸总额增长率约 27 个百分点。1996 年中国大陆共销售 PC 机 203 万台，比 1995 年增长 72%。其中国外品牌约占 40%，国产品牌为 30%，还有 30%为兼容机所占有。

1996 年来以联想为首，长城、方正、同创等国有品牌电脑公司构成了整齐的方阵,向国内微机市场发起了一轮强有力的冲击。从市场份额看，新一轮格局正在形成，台式 PC 市场中联想首次夺得桂冠，但最具竞争力的品牌仍为 COMPAQ 所有。1996 年中国台式 PC 市场主要品牌销量见下表：

表 1　1996 年中国台式 PC 市场销量排名及市场竞争力综合测评结果

品牌	销量（万台）	96 年综合竞争力排名	95 年综合竞争力排名
联想	20	3	5
COMPAQ	18	1	1
IBM	16	2	2
AST	14.5	5	3
长城	6.5	8	——
同创	6.35	10	——
ACER	5.6	6	7
HP	——	4	4
DEC	——	7	6
DELL	——	9	8

1996 年计算机的外设及配套产品销售情况如下：

1．打印机：1996 年共销售约 100 万台，比上年增长 30%多。其中：喷墨打印机占整个市场的 20%；激光打印机占 10%；针式打印机占 50%—60%；平推式打印机占 12%。

2．显示器：1996 年销售总量 210 万台，95%以上是彩显，其中 14 英寸占 80%，15 英寸占 10%—15%。国产显示器 800 万台以上，600 万台出口。

3．硬盘：1996 年总销售量 240 万台，主流产品为 850M 和 1.2G，约占市场份额的 30%—40%。

4．终端：1996 年总销售量 18 万台，其中湖南计算机厂 6.5 万台，实达 6 万台，WYSE 2 万台，共计 14.5 万台，约占全国市场的 80%以上。

5．扫描仪：1996 年销售量比上年翻番，达五万余台，主要为 Microtok、HP 和 UNISCAN 三家产品。

6．网络硬件：1996 年中国大陆市场销售网卡 129 万张（含 10M 和 100M 网卡）、集成器 28 万台（含各端口类型）、Switch Hub 2.8 万台、MODEM 23 万件（含内置式和外置式）。

7．软件产品： 1996 年中国大陆市场软件产品的销售额比上年增长 35%，达 92 亿元人民币。其中应用软件产品占整个软件市场的 65%。国外软件产品仍占 70%的市场优势。

到 1996 年底，全国家用电脑总拥有量达 70 万台左右，其中仅北京就占了 30 万台，而上海在 1996 年也已有 3.5%的家庭拥有电脑。我国家用电脑的普及首先从大城市京津沪开始，再辐射到东南沿海发达省份，然后向中西部扩张。中小学开始的电脑教育极大推动了向普通家庭普及电脑的速度。北京、上海等大城市不同文化层次、不同职业消费者中都有对家用电脑的购买意向比较强烈者。北京高学历家庭中约有 40%近两年有购买意向，价位在 6000 — 8000 元的电脑已接近中上等收入家庭可以接受的水平。其次，文化程度不高、但收入可观的家庭也肯投资购买家用电脑。值得一提的是在这些率先进入家庭的电脑中 75%左右为兼容机或杂牌机，名牌机很难进入家庭，说明价格仍是目前家用电脑市场的阻力之一。

总之，我国家用电脑市场仍处在一个相对平稳的发展阶段。多数持币待购的家庭在购买家用电脑时，一是重价格、重实用，二是重升级、讲究一步到位，三是重名牌。1997 年家用电脑将会有 50%的增长率，其中，586 将占 80%的市场份额。

表 2　1981 — 2000 年中国个人计算机销售额及市场份额（亿元人民币）

年　份	计算机市场总销售额	个人计算机销售额	个人计算机占比例（%）
1981-1990	335.00	125.00	37.31
1990	70.40	18.00	25.57
1991	198.95	37.50	18.85
1992	284.00	63.40	22.32
1993	400.00	110.80	27.70
1994	520.00	160.00	30.77
1995	615.00	250.00	40.65
1996	920.00	270.00	40.20
2000（预计）	2000.00	900.00	45.00

电话

1996 年末我国共有住宅电话 3224.6 万部，全国电话普及率达到 6.3%，城市电话普及率达到 22%。1997 年将新增局用程控交换机 1700 万门，发展电话用户 1500 万户（其中城乡有线电话用户 1100 万户），电话普及率将从 1996 年的 6.3 %上升至 7.4 %，城市电话普及率将达到 25 %。目前我国城市电话普及率已经达到一定规模，有的地方出现饱和或二次开发状况，有线电话增长数由 1996 年的 1424 万户下降到今年计划数的 1100 万户。农村电话将加快发展，部分省区将在今年实现村村通电话，发达地区电话村已比比皆是。另外公网目前已形成了一定的规模，许多地方的专网纷纷并入公网。

面对巨大的市场，国内大约 300 家电话机生产企业推出了 350 个左右的品牌，其中 90%以上的企业主要生产普通型按键电话。同时，随着电讯部门关于电话机的指定销售和硬性搭配政策的逐步取消，电话机销售市场的竞争将日益激烈，电话机市场的品牌竞争时代到来了。目前，国内电话机制造行业中的“泰丰”、“TCL”、“侨兴”、“步步高”等厂商为争夺行业主动权，在技术开发、售后服务、广告宣传上竞相投入。比如惠州侨兴电讯集团已在全国 20 多个城市建立售后服务点，广东步步高公司为其电话机的广告费投入仅在中央电视台就超过 5 000 万元。但是，仍有相当一部分消费者对使用的电话机的品牌没有认识。此外，国内电子行业中的一些专业公司，诸如熊猫集团、海信集团等也已经上马或有意上马电话机生产项目。

据有关方面调查表明：消费者对电话机功能要求主要集中在免提、重拨、储存等方面上；随着城市电话普及率的提高，电话机的消费将向一户多机发展，子母机电话、录音电话和无绳电话将逐步进入家庭。特别是子母电话和无绳电话，消费者的选购意向最高。以北京市场为例，在京各大商场和电话机专卖店无绳电话销售一直稳中攀升，1997 年春节期间几近“火爆”，各大商场销售增长率均在 20%以上。

寻呼机

作为市话业务的延伸，寻呼业因为开放经营而得到了极快地发展。从 1983 年至 1990 年，国内寻呼业仅 40 万户，而 1991 年非邮电系统进入寻呼业至 1996 年底，五年间全国用户猛增至 3500 万。根据北京行管处 1996 年底公布的数字，北京市寻呼机用户约为 150 万，普及率接近 20%。1996 年上海寻呼机用户逾 210 万户，普及率 18%。在经济文化发达的城市，寻呼市场的发展日趋饱和，已是不容置疑的事实。1997 年以来移动电话的售价和服务费不断向下调整，必然分流一部分用户。同时随着移动电话短信息业务的逐步推出，如 Motorola GC87C 手机的上市，也将给寻呼市场带来冲击。

然而寻呼市场并非前景黯淡，据专家预测，到本世纪末，全国寻呼机用户将上升至 7000 万户，届时也只有 5%的用户普及率，远远低于当前西方国家 10%的普及率。如此广阔的空间，为寻呼业提供了相当多的机遇。从寻呼市场的分布来分析，寻呼热点已转向中西部地区、中小城市以及经济比较发达的农村。因此，我国寻呼机市场总体上处于上升时期，市场潜力仍很巨大。

1996 年底，我国约有 4000 多座寻呼台。1997 年寻呼台面临重新组合和技术更新，如采用高速协议联网、更新设备等等，市场颇有潜力。1997 全年预计公网寻呼用户将新增 800 万只，社会台估计新增 250 万— 350 万户，总计需新增寻呼机 1000 多万只，仅此一项即达 50 亿— 60 亿元。

寻呼市场在全国的发展分布很不平衡，珠江三角洲、长江三角洲、京津唐地区的用户占全国的 50%之多。市场上数字机的品种已达 50 种，竞争异常激烈，一方面来自美国、日本等国家的老牌产品继续占领着中国的大部分市场，主要为摩托罗拉公司的产品；另一方面来自台湾、香港、韩国及国内的一些厂家的产品，以相对较低的价格，优质的售后服务与名牌产品相抗衡，也在市场上占有了一席之地。

目前，寻呼业务的功能逐渐增强，服务区域也不断扩展，联网与增值服务是各寻呼台经济实力的真正较量。全国现已有近 20 家经营寻呼联网的寻呼台，联网城市迅速增加，联网的手段也越来越先进。业务种类更是花样翻新，层出不穷，如自动寻呼、语音信箱、传真信箱、自动报警服务、财务专线服务、广播信息服务（股票、交通、气象、新闻信息）等等。一些寻呼技术新应用项目也正进入推广阶段，FLEX 高速寻呼信息传输技术及飞利浦公司的 APOC 现正成为各寻呼台引进的目标。

寻呼机不仅日渐向轻便化、小型化发展，而且功能越来越多样，造型越来越新颖。外观除大部分仍保留长方形外，厂商根据市场需求不断推出了圆形、圆柱形、粉饼盒式、钢笔式、手表式、电子笔记本式等。功能的发展过程是从单向机走向数字机、加强数字机、中文寻呼机、双向寻呼机。

80 年代初出现的中文显示寻呼机以其信息一目了然，不需复台等特点，占尽市场风流。随之而来的是具有实时股票行情发布功能的股票机、具有银企对账功能的金融信息机、语音自动寻呼机、无线遥控汽车防盗寻呼机等等，寻呼机正朝着多功能、大容量、智能化发展。

90 年代，以高速寻呼的出现为重要标志，寻呼机与其他通信产品相结合，向综合化发展。寻呼机的第三代产品——双向寻呼机的出现使通信业发生革命性的变化。美国一些通信公司相继推出的双向寻呼机，用户可以通过键盘或鼠标输入信息。利用传输网络将信息传至另一部寻呼机、传真机或电子邮件信箱。

据预测，数年后双向寻呼机会象文字寻呼对数字寻呼的冲击一样，改变寻呼机的功能和使用方式。

移动电话

我国移动通信起步于八十年代，发展到 96 年底，全国移动电话用户达到 684 万户， 1997 年过半已激增至 1000 万户。中国的移动电话 10 年走完了固定电话 100 年走过的道路。从 1987 年广州市建立全国第一个移动通信网至今，移动电话用户以年均 150%的增幅剧增，今年上半年新增用户 300 万户。据邮电部门预测到 2000 年将达 2000 万户，移动通信市场可谓广阔。

表 3　1996 年国内部分地区移动电话普及率

城市名	普及率（部 / 百人）	城市名	普及率（部 / 百人）
北　京	3.35	福　建	1.37
上　海	2.90	辽　宁	1.04
广　东	2.50	黑龙江	1.03
天　津	1.92	海　南	1.00
山　东	1.76	浙　江	0.92

在巨大的移动电话市场，国外品牌通过参与网络建设和广告宣传，几乎垄断了整个市场。其中瑞典爱立信在北京、上海、广州等城市数字移动电话市场上分别拥有 50%、 35%、 49%的占有率；摩托罗拉在上海、广州等城市数字移动电话市场上分别占有 26%、 39%，在北京、上海、广州等城市模拟移动电话市场上分别拥有 90%、 61%、 64%的占有率。相比之下，国内产品近几年发展一直是来件组装的多，自行设计制造的少，既失去了市场，也没有换来关键的产品设计开发技术。

不仅如此，越来越多的进口机可以讲“中国话”，手机越来越轻，体积越来越小，这也是进口机争夺中国市场的一个卖点。用户对小巧、简洁轻便、设计精美的高质量手机有特别偏好。未来手机产品的竞争将向微型化、数字化、智能化、系统化方向发展。同时分销渠道多元化、密集化和连锁化是未来手机市场竞争的必由之路。

目前，移动通信市场已出现了第三代通信系统 CDMA 。与市场上的模拟、数字蜂窝系统相比具有容量大、频带宽、抗干扰性强、保密性强等特点。 1994 年我国开始 CDMA 研制开发工作，邮电部今年已在北京、上海、广州、西安建立了 CDMA 实验网。今后市场上 CDMA 与 GSM 制式的竞争也将日益激烈。

1 家用电脑 / Personal Computer

1-1 家用电脑拥有比例 / Personal Computer Ownership

	北京（Beijing）	上海（Shanghai）	广州（Guangzhou）	重庆（Chongqing）
有	15.8	9.8	15.7	3.3
没有	84.2	90.2	84.3	96.7
有效样本量	**600**	**600**	**600**	**600**

1-2 家用电脑拥有量 / Number of Personal Computer Owned per Household

	北京（Beijing）	上海（Shanghai）	广州（Guangzhou）	重庆（Chongqing）
一台	91.6	96.6	97.9	100.0
两台	7.4	3.4	2.1	0.0
三台	1.1	0.0	0.0	0.0
有效样本量	**95**	**58**	**94**	**20**

1-3 家用电脑未来打算购买情况 / Plan for Future Purchasing of a Personal Computer

	北京（Beijing）	上海（Shanghai）	广州（Guangzhou）	重庆（Chongqing）
1年内打算购买	11.4	8.0	8.5	6.5
2年内打算购买	10.0	12.6	16.3	6.3
3年内打算购买	7.3	8.5	8.9	6.2
4年内打算购买	1.4	0.8	2.1	1.3
5年内打算购买	9.2	13.6	10.2	8.8
5-10年内打算购买	4.5	8.0	4.9	15.7
10-20年内打算购买	0.2	0.4	0.2	4.7
不打算购买	56.0	48.2	48.8	50.6
有效样本量	**491**	**515**	**471**	**536**

1-4 现有家用电脑的品牌排名 / Ranking of the Brands of the Currently Owned Personal Computer

● 北京（Beijing）

排名	品牌		人数	百分比
1	兼容机	PC Compatible	54	56.8
2	IBM	IBM	8	8.4
3	联想	Legend	6	6.3
4	长城	Great Wall	4	4.2
5	方正	Founder	3	3.2

n=95

● 上海（Shanghai）

排名	品牌		人数	百分比
1	兼容机	PC Compatible	28	47.5
2	IBM	IBM	8	13.6
3	东海	Donghai	5	8.5
4	联想	Legend	4	6.8
5	长城	Great Wall	3	5.1

n=59

● 广州（Guangzhou）

排名	品牌		人数	百分比
1	兼容机	PC Compatible	55	62.5
2	IBM	IBM	15	17.0
3	东芝	Toshiba	4	4.5
4	联想	Legend	3	3.4
5	虹志	AST	2	2.3

n=88

● 重庆（Chongqing）

排名	品牌		人数	百分比
1	兼容机	PC Compatible	15	75.0
2	虹志	AST	1	5.0
2	东芝	Toshiba	1	5.0
2	康柏	Compaq	1	5.0
2	联想	Legend	1	5.0
2	方正	Founder	1	5.0

n=20

1-5 现有家用电脑采用的芯片 / The Processor of the Currently Owned Personal Computer

	北京（Beijing）	上海（Shanghai）	广州（Guangzhou）	重庆（Chongqing）
286	4.2	1.7	3.3	10.0
386	15.8	8.6	16.5	10.0
486	21.1	34.5	35.2	25.0
586	55.8	48.3	41.8	45.0
686	2.1	1.7	2.2	10.0
其他	1.1	5.2	1.1	0.0
有效样本量	**95**	**58**	**91**	**20**

1-6 现有家用电脑的类型 / The Type of the Currently Owned Personal Computer

	北京（Beijing）	上海（Shanghai）	广州（Guangzhou）	重庆（Chongqing）
台式机	96.8	96.6	98.9	100.0
便携机	3.2	3.4	1.1	0.0
有效样本量	**93**	**59**	**92**	**20**

1-7 购买该电脑的花费 / The Price of the Currently Owned Personal Computer

	北京（Beijing）	上海（Shanghai）	广州（Guangzhou）	重庆（Chongqing）
5000 元以下	12.9	8.6	20.0	20.0
5000-8000 元	23.7	22.4	28.9	30.0
8000-10000 元	32.3	41.4	33.3	25.0
10000-15000 元	24.7	19.0	13.3	20.0
15000 元以上	6.5	8.6	4.4	5.0
有效样本量	**93**	**58**	**90**	**20**

1-8 该电脑的购买时间 / The Price of the Currently Owned Personal Computer

	北京（Beijing）	上海（Shanghai）	广州（Guangzhou）	重庆（Chongqing）
1990 年以前	2.2	1.8	5.4	0.0
1991-1994 年	20.4	12.3	23.7	25.0
1995 年	15.1	26.3	28.0	15.0
1996 年	38.7	31.6	31.2	20.0
1997 年	23.7	28.1	11.8	40.0
有效样本量	**93**	**57**	**93**	**20**

1-9 该电脑是否联网 / Whether the Currently Owned Computer is Networked

	北京（Beijing）	上海（Shanghai）	广州（Guangzhou）	重庆（Chongqing）
联网	11.6	3.4	7.7	15.0
没有联网	88.4	96.6	92.3	85.0
有效样本量	**95**	**58**	**91**	**20**

1-10 该电脑采用的操作系统 / Type of the DOS Applied in the Currently Owned Personal Computer

注：本题为多选题，合计百分比超过 100%（Multiple answers）

	北京（Beijing）	上海（Shanghai）	广州（Guangzhou）	重庆（Chongqing）
Win95	39.4	50.0	44.9	45.0
Windows 3.x	38.3	41.4	31.5	55.0
Dos / Uc dos	52.1	53.4	56.2	65.0
其他	3.2	0.0	2.2	10.0
不知道	16.0	13.8	11.2	5.0
有效样本量	**94**	**58**	**89**	**20**

1-11 该电脑的主要用途 / Main Use of the Currently Owned Personal Computer

注：本题为多选题，合计百分比超过 100%（Multiple answers）

	北京（Beijing）	上海（Shanghai）	广州（Guangzhou）	重庆（Chongqing）
日常文字处理	40.0	42.4	30.1	30.0
玩电脑游戏	38.9	42.4	48.4	60.0
查阅国际互联网信息	3.2	3.4	5.4	10.0
给孩子用	32.6	25.4	29.0	15.0
学习用	48.4	59.3	45.2	50.0
接发电子邮件 Email	6.3	1.7	2.2	5.0
家庭财务、档案管理	3.2	10.2	3.2	20.0
在家处理公务	16.8	16.9	2.2	10.0
看 VCD	22.1	23.7	17.2	30.0
听音乐	4.2	5.1	12.9	25.0
炒股	4.2	1.7	3.2	10.0
其他	3.2	0.0	7.5	0.0
有效样本量	**95**	**59**	**93**	**20**

1-12 理想品牌排名 / Ranking of the Ideal Brands

● 北京（Beijing）

排名	品牌		人数	百分比
1	联想	Legend	105	17.5
2	IBM	IBM	99	16.5
3	康柏	Compaq	40	6.7
4	长城	Great Wall	18	3.0
5	东芝	Toshiba	17	2.8
6	宏基	Acer	13	2.2

n=600

● 上海（Shanghai）

排名	品牌		人数	百分比
1	IBM	IBM	153	25.5
2	东芝	Toshiba	60	10.0
3	长城	Great Wall	31	5.2
4	联想	Legend	25	4.2
5	日电	NEC	22	3.7
6	东海	Donghai	17	2.8

n=600

● 广州（Guangzhou）

排名	品牌		人数	百分比
1	IBM	IBM	170	28.3
2	东芝	Toshiba	19	3.2
2	联想	Legend	19	3.2
4	康柏	Compaq	16	2.7
5	长城	Great Wall	13	2.2
6	苹果	Apple	12	2.0

n=600

● 重庆（Chongqing）

排名	品牌		人数	百分比
1	IBM	IBM	36	6.0
1	联想	Legend	36	6.0
3	东芝	Toshiba	25	4.2
4	长城	Great Wall	17	2.8
5	虹志	AST	9	1.5
5	康柏	Compaq	9	1.5
5	方正	Founder	9	1.5

n=600

1-13 样本总体、男性各年龄层、女性各年龄层的理想品牌 / Ranking of the Ideal Brands by the Whole Sample, Age and Gender Groups

● 北京（Beijing）

	人数	第一品牌及百分比	第二品牌及百分比	第三品牌及百分比
样本	**600**	**联想 17.5**	**IBM 16.5**	**康柏 6.7**
男性	**298**	**IBM 19.5**	**联想 15.4**	**康柏 5.7**
16-19岁	26	联想 42.3	IBM 26.9	康柏 7.7
20-24岁	36	IBM 41.7	康柏 16.7	联想 5.6
25-29岁	41	IBM 17.1 联想 17.1	康柏 7.3 长城 7.3	宏基 4.9 苹果 4.9 惠普 4.9
30-34岁	47	联想 14.9	IBM 12.8	长城 8.5
35-39岁	43	IBM 16.3 联想 16.3	康柏 4.7 方正 4.7	AST 2.3 宏基 2.3
40-44岁	42	IBM 19.0	联想 11.9	东芝 4.8 康柏 4.8
45-49岁	24	联想 12.5	IBM 8.3 方正 8.3	长城 4.2 三星 4.2 苹果 4.2
50岁以上	39	IBM 15.4	联想 10.3	四通 5.1
女性	**302**	**联想 19.5**	**IBM 13.6**	**康柏 7.6**
16-19岁	23	IBM 47.8	联想 21.7	东芝 8.7
20-24岁	35	IBM 17.1	联想 14.3	康柏 8.6
25-29岁	36	IBM 25.0	联想 19.4	康柏 13.9
30-34岁	49	联想 22.4	康柏 16.3	IBM 10.2
35-39岁	45	联想 22.2	IBM 8.9	苹果 6.7
40-44岁	40	联想 27.5	IBM 7.5 康柏 7.5	宏基 5.0
45-49岁	26	联想 11.5	东芝 3.8 康柏 3.8 宏基 3.8	
50岁以上	48	联想 14.6	IBM 6.3 东芝 6.3	康柏 4.2 长城 4.2

● 上海（Shanghai）

	人数	第一品牌及百分比	第二品牌及百分比	第三品牌及百分比
样本	**600**	**IBM 25.5**	**东芝 10.0**	**长城 5.2**
男性	**307**	**IBM 29.0**	**东芝 8.5**	**长城 6.5**
16-19 岁	22	IBM 68.2	NEC 9.1	东芝 4.5 长城 4.5 东海 4.5 苹果 4.5
20-24 岁	34	IBM 50.0	长城 8.8	联想 5.9
25-29 岁	42	IBM 40.5	NEC 4.8 联想 4.8 苹果 4.8	宏基 2.4 松下 2.4 AST 2.4
30-34 岁	56	IBM 25.0	东芝 7.1	联想 5.4 长城 5.4
35-39 岁	51	长城 17.6	IBM 13.7	东芝 9.8
40-44 岁	31	东芝 12.9	IBM 9.7 联想 9.7	NEC 6.5 长城 6.5
45-49 岁	26	IBM 34.6	东芝 11.5	NEC 7.7
50 岁以上	45	东芝 20.0	IBM 15.6	康柏 4.4 长城 4.4
女性	**293**	**IBM 21.8**	**东芝 11.6**	**东海 4.8**
16-19 岁	24	IBM 45.8	东芝 4.2 NEC 4.2 长城 4.2 联想 4.2 康柏 4.2	
20-24 岁	32	IBM 40.6	NEC 6.3 康柏 6.3 联想 6.3 东海 6.3	长城 3.1 宏基 3.1
25-29 岁	37	IBM 18.9	康柏 10.8	NEC 8.1
30-34 岁	50	IBM 20.0	东芝 14.0	东海 6.0
35-39 岁	44	东芝 20.5	IBM 18.2	长城 4.5
40-44 岁	35	东芝 14.3	IBM 11.4	东海 5.7
45-49 岁	23	东芝 26.1	NEC 8.7	IBM 4.3 东海 4.3
50 岁以上	48	IBM 20.8	东芝 8.3 长城 8.3	联想 4.2 东海 4.2

● 广州（Guangzhou）

	人数	第一品牌及百分比	第二品牌及百分比	第三品牌及百分比
样本	**600**	**IBM 28.3**	**联想 3.2 东芝 3.2**	**康柏 2.7**
男性	**282**	**IBM 28.7**	**联想 4.3**	**康柏 3.2 长城 3.2**
16-19 岁	30	IBM 43.3	长城 13.3	康柏 6.7 宏基 6.7
20-24 岁	36	IBM 36.1	康柏 11.1	联想 5.6
25-29 岁	35	IBM 31.4	联想 8.6	东芝 5.7 康柏 5.7
30-34 岁	34	IBM 26.5	苹果 8.8	东芝 5.9
35-39 岁	40	IBM 32.5	长城 5.0	索尼 2.5 飞利浦 2.5
				苹果 2.5
40-44 岁	41	IBM 17.1	联想 2.4 长城 2.4	
			苹果 2.4	
45-49 岁	26	IBM 23.1	联想 7.7	东芝 3.8 万域 3.8
50 岁以上	40	IBM 22.5	联想 5.0	东芝 2.5 长城 2.5
				方正 2.5 苹果 2.5
女性	**318**	**IBM 28.0**	**东芝 3.8**	**康柏 2.2 联想 2.2**
16-19 岁	50	IBM 26.0	东芝 8.0	康柏 4.0 NEC 4.0
				苹果 4.0
20-24 岁	46	IBM 43.5	宏基 4.3	东芝 2.2 NEC 2.2
				联想 2.2 苹果 2.2
				长城 2.2 浪潮 2.2
25-29 岁	63	IBM 31.7	东芝 6.3	康柏 4.8
30-34 岁	46	IBM 21.7	联想 8.7	东芝 2.2
35-39 岁	41	IBM 29.3	联想 2.4 东芝 2.4	
40-44 岁	30	IBM 20.0	浪潮 6.7	东芝 3.3 苹果 3.3
45-49 岁	13	IBM 23.1	惠普 15.4	宏基 7.7 苹果 7.7
				艾纬 7.7
50 岁以上	29	IBM 17.2	康柏 6.9	长城 3.4 NEC 3.4

● 重庆（Chongqing）

	人数	第一品牌及百分比	第二品牌及百分比	第三品牌及百分比
样本	**600**	**IBM 6.0 联想 6.0**	**东芝 4.2**	**长城 2.8**
男性	**308**	**IBM 6.5**	**联想 6.2**	**东芝 4.5**
16-19 岁	43	联想 14.0	IBM 11.6	东芝 9.3
20-24 岁	53	IBM 13.2	康柏 5.7 联想 5.7 长城 5.7	AST 3.8
25-29 岁	43	联想 4.7 长城 4.7 方正 4.7	康柏 2.3 IBM 2.3 苹果 2.3 巨人 2.3	
30-34 岁	38	IBM 5.3 联想 5.3 AST 5.3 东芝 5.3	康柏 2.6 长城 2.6 方正 2.6 汇丽达 2.6	
35-39 岁	39	联想 5.1	IBM 2.6 NEC 2.6 东芝 2.6	
40-44 岁	30	东芝 13.3	长城 3.3 IBM 3.3	
45-49 岁	25	IBM 8.0	联想 4.0 长城 4.0 方正 4.0	
50 岁以上	37	联想 8.1	东芝 5.4	IBM 2.7 NEC 2.7 苹果 2.7 康柏 2.7 三星 2.7
女性	**292**	**联想 5.8**	**IBM 5.5**	**东芝 3.8**
16-19 岁	43	IBM 9.3	联想 7.0	
20-24 岁	53	联想 17.0	IBM 7.5	长城 3.8 AST 3.8
25-29 岁	32	东芝 6.3 联想 6.3	IBM 3.1 AST 3.1 NEC 3.1 康柏 3.1	
30-34 岁	33	IBM 9.1		
35-39 岁	35	东芝 5.7 联想 5.7	巨人 2.9	
40-44 岁	32	东芝 9.4 IBM 9.4		
45-49 岁	27	东芝 3.7 长城 3.7 方正 3.7 惠普 3.7		
50 岁以上	37	方正 5.4	东芝 2.7 联想 2.7 长城 2.7	

1-14 北京不同消费群的理想品牌 / Ranking of the Ideal Brands by Beijing Market Segments

	人数	第一品牌及百分比	第二品牌及百分比	第三品牌及百分比
样本	**600**	**联想 17.5**	**IBM 16.5**	**康柏 6.7**
第一消费群	137	IBM 16.8	联想 14.6	康柏 7.3
第二消费群	94	IBM 24.5	联想 18.1	康柏 14.9
第三消费群	112	联想 18.8	IBM 4.5	东芝 3.6 长城 3.6
第四消费群	5	IBM 60.0	苹果 20.0	
第五消费群	131	IBM 27.5	联想 21.4	康柏 6.9
第六消费群	121	联想 15.7	IBM 7.4	康柏 5.0

注：北京消费群的代表特征 / Characteristics of the Beijing Market Segments

		第一消费群	第二消费群	第三消费群	第四消费群	第五消费群	第六消费群
基本情况	性别	女	男	无明显偏向	男	无明显偏向	女
	年龄	30 — 34 岁	25 — 29 岁	35 — 44 岁	无明显偏向	16 — 24 岁	45 岁以上
	学历	大专/大本	大本	初中	大本及研究生	高中/中专/技校	初中及以下
	职业	科教卫生人员	一般企业职员	工人	管理人员/专门职业从事者/个体及私营企业主	学生	离退休人员
	月均收入	801 — 1500 元	1501 — 4000 元	800 元以下	4000 元以上	无收入	800 元以下
	婚姻	已婚	无明显偏向	已婚	已婚或离异	未婚	已婚
心理取向		注重学历 非积极进取	不循规传统 非单一电视娱乐	非田园倾向 新女性主张 金钱本位	注重经验 大男子主义 不保守稳定	非“大男子主义” 追随流行	非“新女性主张” 非浪漫新潮 单一电视娱乐

1-15 上海不同消费群的理想品牌 / Ranking of the Ideal Brands by Shanghai Market Segments

	人数	第一品牌及百分比	第二品牌及百分比	第三品牌及百分比
样本	**600**	**IBM 25.5**	**东芝 10.0**	**长城 5.2**
第一消费群	145	IBM 17.2	东芝 15.2	长城 4.1
第二消费群	92	IBM 41.3	联想 5.4	东芝 4.3 宏基 4.3
第二消费群	10	IBM 40.0	康柏 10.0 长城 10.0	
第四消费群	135	东芝 15.6	IBM 10.4	长城 5.9
第五消费群	68	IBM 47.1	NEC 5.9	联想 4.4 长城 4.4 东海 4.4
第六消费群	150	IBM 26.7	东芝 7.3	联想 6.7 长城 6.7

注：上海消费群的代表特征 / Characteristics of the Shanghai Market Segments

		第一消费群	第二消费群	第三消费群	第四消费群	第五消费群	第六消费群
基本情况	性别	无明显偏向	男	男	女	女	无明显偏向
	年龄	45 岁以上	20 — 29 岁	25 — 34 岁	35 — 44 岁	16 — 24 岁	30 — 39 岁
	学历	大本及以上	大专/大本	大专	初中及以下	高中/中专/技校	高中/中专/技校
	职业	科教卫生人员/离退休人员	一般企业职员	行政管理人员/个体及私营企业主/专门职业从事者	工人/下岗人员	学生	一般企业职员
	月均收入	801 — 1500 元	1001 — 3000 元	3000 元以上	800 元以下	无收入	1001 — 2000 元
	婚姻	已婚	未婚	未婚	已婚	未婚	已婚
心理取向		非浪漫时尚 非金钱本位 保守稳定	非家庭重心 田园倾向 休闲独立	不保守稳定 奔波忙碌 浪漫时尚	金钱本位 家庭重心 注重学历	新家庭观念 非休闲独立	不积极进取 不奔波忙碌

1-16 广州不同消费群的理想品牌 / Ranking of the Ideal Brands by Guangzhou Market Segments

	人数	第一品牌及百分比	第二品牌及百分比	第三品牌及百分比
样本	**600**	**IBM 28.3**	**东芝 3.2 联想 3.2**	**康柏 2.7**
第一消费群	94	IBM 31.9	东芝 5.3 康柏 5.3	长城 4.3 宏基 4.3
第二消费群	126	IBM 21.4	东芝 3.2 联想 3.2	长城 1.6 苹果 1.6
第三消费群	99	IBM 35.4	东芝 3.0 康柏 3.0 苹果 3.0	联想 2.0 长城 2.0 宏基 2.0 NEC 2.0 飞利浦 2.0
第四消费群	100	IBM 28.0	长城 4.0 苹果 4.0	联想 2.0
第五消费群	99	IBM 19.2	东芝 5.1 联想 5.1	苹果 3.0
第六消费群	82	IBM 37.8	康柏 7.3	联想 3.7

注：广州消费群的代表特征 / Characteristics of the Guangzhou Market Segments

		第一消费群	第二消费群	第三消费群	第四消费群	第五消费群	第六消费群
基本情况	性别	女	无明显偏向	女	男	女	男
	年龄	16 — 19 岁	40 岁以上	20 — 24 岁	35 — 44 岁	30 — 34 岁	25 — 29 岁
	学历	高中/中专/技校	无明显偏向	高中/中专/技校/大专	初中/高中/中专/技校	初中及以下	大专及以上
	职业	学生	工人	学生/待业人员	个体及私营企业主	家庭主妇	企业职员/管理人员/科教卫生人员/专门职业者
	月均收入	无收入	1500 元以下	无收入	801 — 1500 元	800 元以下	2000 元以上
	婚姻	未婚	已婚	未婚	已婚	已婚	无明显偏向
心理取向		不固守中式生活 田园倾向 非大男子主义	非新女性主张 不追随流行 非积极进取	独立自主 追随流行	积极进取 大男子主义 中式生活	单一电视娱乐 非独立自主 保守稳定	非单一电视娱乐 非家庭重心

1-17 重庆不同消费群的理想品牌 / Ranking of the Ideal Brands by Chongqing Market Segments

	人数	第一品牌及百分比	第二品牌及百分比	第三品牌及百分比
样本	**600**	**IBM 6.0 联想 6.0**	**东芝 4.2**	**长城 2.8**
第一消费群	133	联想 11.3	IBM 7.5	东芝 3.8
第二消费群	123	东芝 7.3	IBM 4.9 联想 4.9	方正 3.3
第三消费群	124	IBM 12.9	联想 6.5	长城 4.8
第四消费群	24	联想 12.5	IBM 4.2 东芝 4.2 AST 4.2 长城 4.2	苹果 4.2 巨人 4.2
第五消费群	162	东芝 4.3	联想 1.9 长城 1.9	IBM 1.2 AST 1.2 方正 1.2
第六消费群	34	IBM 2.9 NEC 2.9 联想 2.9		

注：重庆消费群的代表特征 / Characteristics of the Chongqing Market Segments

		第一消费群	第二消费群	第三消费群	第四消费群	第五消费群	第六消费群
基本情况	性别	无明显偏向	无明显偏向	无明显偏向	无明显偏向	无明显偏向	女
	年龄	16 — 19 岁	45 岁以上	20 — 29 岁	30 — 34 岁	40 岁以上	25 — 29 岁
	学历	高中/中专/技校	高中/中专/技校	大专/大本	高中/中专/技校/大本以上	初中及以下	初中
	职业	学生	行政管理人员/离退休人员	科教卫生人员/一般企业职员	个体及私营企业主	工人	专门职业从事者 下岗及其他
	月均收入	无收入	501 — 800 元	801 — 1500 元	1500 元以上	500 元以下	1001 — 1500 元
	婚姻	未婚	已婚	无明显偏向	已婚	已婚	已婚或离异
心理取向		浪漫新潮 注重学历 非现实家庭观	循规传统 奔波忙碌 保守稳定	新女性主张 非功利心态	功利心态 现实家庭观 都市情结	非浪漫新潮 非独立休闲	非新女性主张 不循规传统 独立休闲

2 私人电话 / Telephone

2-1 私人电话拥有比例 / Telephone Ownership

	北京（Beijing）	上海（Shanghai）	广州（Guangzhou）	重庆（Chongqing）
有	73.2	80.2	80.3	62.3
没有	26.8	19.8	19.7	37.7
有效样本量	**600**	**600**	**600**	**600**

2-2 拥有类型 / The Type of the Currently Owned Telephone

	北京（Beijing）	上海（Shanghai）	广州（Guangzhou）	重庆（Chongqing）
直线电话	82.9	98.3	94.4	92.5
分机电话	17.1	1.7	5.6	7.5
有效样本量	**439**	**481**	**482**	**374**

2-3 计划安装私人电话的情况 / About the Telephone to be Installed

	北京（Beijing）	上海（Shanghai）	广州（Guangzhou）	重庆（Chongqing）
1 年内打算安装	32.7	31.6	39.6	20.8
2 年内打算安装	24.0	31.6	20.8	17.0
3 年内打算安装	10.0	4.3	4.7	10.4
4 年内打算安装	0.0	0.0	0.0	1.4
5 年内打算安装	6.7	9.4	4.7	11.3
10 年内打算安装	1.3	3.4	1.9	7.1
不打算安装	25.3	19.7	28.3	32.1
有效样本量	**150**	**117**	**106**	**212**

3 BP 机 / Pager

3-1 样本总体、男性各年龄层、女性各年龄层使用 BP 机的比例 / Proportion of the Sample Using Pagers by the Whole Sample, Age and Gender Groups

● 北京（Beijing）

	人数	使用	不使用
样本	**600**	**49.5**	**50.5**
男性	**298**	**56.0**	**44.0**
16-19 岁	26	34.6	65.4
20-24 岁	36	52.8	47.2
25-29 岁	41	75.6	24.4
30-34 岁	47	74.5	25.5
35-39 岁	43	67.4	32.6
40-44 岁	42	54.8	45.2
45-49 岁	24	45.8	54.2
50 岁以上	39	25.6	74.4
女性	**302**	**43.0**	**57.0**
16-19 岁	23	34.8	65.2
20-24 岁	35	68.6	31.4
25-29 岁	36	58.3	41.7
30-34 岁	49	61.2	38.8
35-39 岁	45	37.8	62.2
40-44 岁	40	40.0	60.0
45-49 岁	26	30.8	69.2
50 岁以上	48	12.5	87.5

● 上海（Shanghai）

	人数	使用	不使用
样本	**598**	**36.5**	**63.5**
男性	**306**	**44.1**	**55.9**
16-19 岁	22	13.6	86.4
20-24 岁	34	44.1	55.9
25-29 岁	42	61.9	38.1
30-34 岁	56	60.7	39.3
35-39 岁	51	37.3	62.7
40-44 岁	31	32.3	67.7
45-49 岁	26	46.2	53.8
50 岁以上	44	36.4	63.6
女性	**292**	**28.4**	**71.6**
16-19 岁	24	16.7	83.3
20-24 岁	32	31.3	68.8
25-29 岁	37	48.6	51.4
30-34 岁	49	32.7	67.3
35-39 岁	44	31.8	68.2
40-44 岁	35	20.0	80.0
45-49 岁	23	17.4	82.6
50 岁以上	48	20.8	79.2

● 广州（Guangzhou）

	人数	使用	不使用
样本	**600**	**49.8**	**50.2**
男性	**282**	**61.3**	**38.7**
16-19 岁	30	26.7	73.3
20-24 岁	36	80.6	19.4
25-29 岁	35	74.3	25.7
30-34 岁	34	79.4	20.6
35-39 岁	40	70.0	30.0
40-44 岁	41	63.4	36.6
45-49 岁	26	46.2	53.8
50 岁以上	40	42.5	57.5
女性	**318**	**39.6**	**60.4**
16-19 岁	50	22.0	78.0
20-24 岁	46	47.8	52.2
25-29 岁	63	52.4	47.6
30-34 岁	46	54.3	45.7
35-39 岁	41	39.0	61.0
40-44 岁	13	26.7	73.3
45-49 岁	30	15.4	84.6
50 岁以上	29	31.0	69.0

● 重庆（Chongqing）

	人数	使用	不使用
样本	**600**	**33.0**	**67.0**
男性	**308**	**39.3**	**60.7**
16-19 岁	43	18.6	81.4
20-24 岁	53	52.8	47.2
25-29 岁	43	53.5	46.5
30-34 岁	38	42.1	57.9
35-39 岁	39	43.6	56.4
40-44 岁	30	36.7	63.3
45-49 岁	25	44.0	56.0
50 岁以上	37	18.9	81.1
女性	**292**	**26.4**	**73.6**
16-19 岁	43	11.6	88.4
20-24 岁	53	41.5	58.5
25-29 岁	32	46.9	53.1
30-34 岁	33	45.5	54.5
35-39 岁	35	22.9	77.1
40-44 岁	32	15.6	84.4
45-49 岁	27	14.8	85.2
50 岁以上	37	8.1	91.9

3-2 现用 BP 机的来源 / Source of Obtaining the Currently Owned Pager

	北京（Beijing）	上海（Shanghai）	广州（Guangzhou）	重庆（Chongqing）
自己付费购买	72.2	65.8	86.8	82.4
单位配发	27.8	34.2	13.2	17.6
有效样本量	**291**	**202**	**280**	**187**

3-3 现用 BP 机的品牌排名 / Ranking of the Brands of the Currently Owned Pager

● 北京（Beijing）

排名	品牌		人数	百分比
1	摩托罗拉	Motorola	254	86.1
2	松下	Panasonic	16	5.4
3	日电	NEC	4	1.4
4	飞利浦	Philips	3	1.0

n=295

● 上海（Shanghai）

排名	品牌		人数	百分比
1	摩托罗拉	Motorola	184	86.0
2	日电	NEC	6	2.8
3	三星	Samsung	3	1.4
4	松下	Panasonic	2	0.9
4	卡西欧	Casio	2	0.9

n=214

● 广州（Guangzhou）

排名	品牌		人数	百分比
1	摩托罗拉	Motorola	195	66.6
2	松下	Panasonic	42	14.3
3	日电	NEC	20	6.8
4	三星	Samsung	6	2.0
5	飞利浦	Philips	4	1.4
5	大井	Dajing	4	1.4

n=293

● 重庆（Chongqing）

排名	品牌		人数	百分比
1	摩托罗拉	Motorola	108	54.5
2	日电	NEC	30	15.2
3	松下	Panasonic	27	13.6
4	三星	Samsung	7	3.5
5	飞利浦	Philips	5	2.5
6	卡西欧	Casio	4	2.0

n=198

3-4 现用 BP 机的种类 / The Type of the Currently Owned Pager

种 类	北京（Beijing）	上海（Shanghai）	广州（Guangzhou）	重庆（Chongqing）
数字显示型	52.4	73.2	83.7	87.3
汉字显示型	47.6	26.8	16.3	12.7
有效样本量	**296**	**209**	**288**	**197**

3-5 理想品牌排名 / Ranking of the Ideal Brands

● 北京（Beijing）

排名	品牌		人数	百分比
1	摩托罗拉	Motorola	430	71.7
2	松下	Panasonic	8	1.3
3	卡西欧	Casio	4	0.7
3	三星	Samsung	4	0.7
5	日电	NEC	3	0.5

n=600

● 上海（Shanghai）

排名	品牌		人数	百分比
1	摩托罗拉	Motorola	433	72.2
2	松下	Panasonic	21	3.5
3	日电	NEC	20	3.3
4	国脉	Guomai	10	1.7
5	飞利浦	Philips	8	1.3
6	卡西欧	Casio	6	1.0

n=600

● 广州（Guangzhou）

排名	品牌		人数	百分比
1	摩托罗拉	Motorola	366	61.0
2	松下	Panasonic	46	7.7
3	日电	NEC	28	4.7
4	火凤凰	Express	12	2.0
5	飞利浦	Philips	5	0.8
5	大井	Dajing	5	0.8

n=600

● 重庆（Chongqing）

排名	品牌		人数	百分比
1	摩托罗拉	Motorola	272	45.3
2	松下	Panasonic	32	5.3
3	日电	NEC	30	5.0
4	飞利浦	Philips	8	1.3
5	三星	Samsung	7	1.2
6	DDP	DDP	5	0.8

n=600

3-6 样本总体、男性各年龄层、女性各年龄层的理想品牌 / Ranking of the Ideal Brands by the Whole Sample, Age and Gender Groups

● 北京（Beijing）

	人数	第一品牌及百分比	第二品牌及百分比	第三品牌及百分比
样本	**600**	**摩托罗拉 71.7**	**松下 1.3**	**卡西欧 0.7 三星 0.7**
男性	**298**	**摩托罗拉 75.5**	**松下 1.0**	**NEC 0.7**
16-19 岁	26	摩托罗拉 84.6	NEC 3.8 卡西欧 3.8	
20-24 岁	36	摩托罗拉 83.3	东芝 2.8	
25-29 岁	41	摩托罗拉 92.7	汇讯 2.4	
30-34 岁	47	摩托罗拉 80.9	协和 2.1	
35-39 岁	43	摩托罗拉 86.0		
40-44 岁	42	摩托罗拉 69.0	松下 2.4	
45-49 岁	24	摩托罗拉 62.5	松下 8.3	
50 岁以上	39	摩托罗拉 41.0	NEC 2.6 信利 2.6	
女性	**302**	**摩托罗拉 67.9**	**松下 1.7**	**三星 1.3**
16-19 岁	23	摩托罗拉 87.0	三星 4.3	
20-24 岁	35	摩托罗拉 85.7	卡西欧 2.9 三星 2.9	
25-29 岁	36	摩托罗拉 83.3	松下 2.8 三星 2.8	
30-34 岁	49	摩托罗拉 79.6	松下 4.1	
35-39 岁	45	摩托罗拉 68.9	松下 2.2	
40-44 岁	40	摩托罗拉 62.5	三星 2.5	
45-49 岁	26	摩托罗拉 46.2	松下 3.8	
50 岁以上	48	摩托罗拉 37.5	卡西欧 4.2	NEC 2.1

● 上海（Shanghai）

	人数	第一品牌及百分比	第二品牌及百分比	第三品牌及百分比
样本	**600**	**摩托罗拉 72.2**	**松下 3.5**	**NEC 3.3**
男性	**307**	**摩托罗拉 75.9**	**NEC 4.2**	**松下 2.9**
16-19 岁	22	摩托罗拉 72.2	NEC 13.6	卡西欧 4.5
20-24 岁	34	摩托罗拉 85.3	松下 5.9	NEC 2.9 卡西欧 2.9
25-29 岁	42	摩托罗拉 78.6	NEC 4.8 凤凰 4.8	松下 2.4 深业 2.4 TITAN 2.4
30-34 岁	56	摩托罗拉 83.9	松下 1.8 NEC 1.8 卡西欧 1.8	
35-39 岁	51	摩托罗拉 72.5	松下 5.9	飞利浦 3.9
40-44 岁	31	摩托罗拉 64.5	东芝 3.2	
45-49 岁	26	摩托罗拉 76.9	NEC 15.4	
50 岁以上	45	摩托罗拉 68.9	松下 4.4 NEC 4.4	
女性	**293**	**摩托罗拉 68.3**	**松下 4.1**	**NEC 2.4**
16-19 岁	24	摩托罗拉 87.5	飞利浦 4.2	
20-24 岁	32	摩托罗拉 68.8	NEC 6.3	三星 3.1
25-29 岁	37	摩托罗拉 75.7	NEC 2.7 飞利浦 2.7 信达 2.7	
30-34 岁	50	摩托罗拉 74.0	八一时代 4.0	松下 2.0 飞利浦 2.0 卡西欧 2.0
35-39 岁	44	摩托罗拉 65.9	松下 4.5	飞利浦 2.3 NEC 2.3 卡西欧 2.3
40-44 岁	35	摩托罗拉 68.6	松下 2.9 飞利浦 2.9 NEC 2.9 卡西欧 2.9	
45-49 岁	23	摩托罗拉 56.5	松下 17.4	
50 岁以上	48	摩托罗拉 54.2	松下 8.3	NEC 4.2

● 广州（Guangzhou）

	人数	第一品牌及百分比	第二品牌及百分比	第三品牌及百分比
样本	**600**	**摩托罗拉 61.0**	**松下 7.7**	**NEC 4.7**
男性	**282**	**摩托罗拉 66.7**	**松下 7.8**	**NEC 5.3**
16-19 岁	30	摩托罗拉 73.3	NEC 10.0	松下 3.3 火凤凰 3.3
20-24 岁	36	摩托罗拉 75.0	松下 8.3	NEC 5.6
25-29 岁	35	摩托罗拉 71.4	NEC 8.6	松下 2.9 大井 2.9 友利 2.9
30-34 岁	34	摩托罗拉 70.6	松下 14.7	飞利浦 2.9 NEC 2.9 诺星 2.9
35-39 岁	40	摩托罗拉 62.5	松下 7.5	火凤凰 5.0 NEC 5.0
40-44 岁	41	摩托罗拉 63.4	松下 7.3	NEC 4.9
45-49 岁	26	摩托罗拉 57.7	松下 7.7	八达 3.8
50 岁以上	40	摩托罗拉 60.0	松下 10.0	NEC 5.0
女性	**318**	**摩托罗拉 56.0**	**松下 7.5**	**NEC 4.1**
16-19 岁	50	摩托罗拉 46.0	松下 16.0	NEC 6.0
20-24 岁	46	摩托罗拉 65.2	NEC 6.5	火凤凰 4.3
25-29 岁	63	摩托罗拉 63.5	松下 7.9	NEC 4.8
30-34 岁	46	摩托罗拉 52.2	松下 17.4	NEC 4.3
35-39 岁	41	摩托罗拉 73.2	松下 4.9	火凤凰 2.4
40-44 岁	30	摩托罗拉 56.7	卡西欧 3.3 大井 3.3	
45-49 岁	13	摩托罗拉 38.5	NEC 7.7 火凤凰 7.7	
50 岁以上	29	摩托罗拉 31.0	NEC 3.4 国胜 3.4	

● 重庆（Chongqing）

	人数	第一品牌及百分比	第二品牌及百分比	第三品牌及百分比
样本	**600**	**摩托罗拉 45.3**	**松下 5.3**	**NEC 5.0**
男性	**308**	**摩托罗拉 49.4**	**松下 7.1**	**NEC 4.9**
16-19 岁	43	摩托罗拉 48.8	松下 7.0	三星 2.3 卡西欧 2.3 NEC 2.3
20-24 岁	53	摩托罗拉 56.6	NEC 13.2	松下 5.7 DDP 5.7
25-29 岁	43	摩托罗拉 65.1	松下 9.3	NEC 2.3 三星 2.3 DDP 2.3
30-34 岁	38	摩托罗拉 44.7	松下 10.5	飞利浦 5.3
35-39 岁	39	摩托罗拉 41.0	松下 10.3	飞利浦 2.6 三星 2.6 大洋 2.6
40-44 岁	30	摩托罗拉 50.0	NEC 3.3 松下 3.3 飞利浦 3.3	
45-49 岁	25	摩托罗拉 56.0	NEC 8.0	小蜜蜂 4.0
50 岁以上	37	摩托罗拉 29.7	松下 8.1	NEC 5.4
女性	**292**	**摩托罗拉 41.1**	**NEC 5.1**	**松下 3.4**
16-19 岁	43	摩托罗拉 41.9	飞利浦 4.7 NEC 4.7	三星 2.3
20-24 岁	53	摩托罗拉 50.9	NEC 11.3	松下 3.8
25-29 岁	32	摩托罗拉 62.5	NEC 6.3	DDP 3.1
30-34 岁	33	摩托罗拉 48.5	松下 9.1	NEC 3.0 小蜜蜂 3.0
35-39 岁	35	摩托罗拉 40.0	松下 5.7 NEC 5.7	三星 2.9
40-44 岁	32	摩托罗拉 34.4	松下 6.3	NEC 3.1 卡西欧 3.1
45-49 岁	27	摩托罗拉 22.2	小蜜蜂 7.4	NEC 3.7
50 岁以上	37	摩托罗拉 21.6	松下 2.7	

3-7 北京不同消费群的理想品牌 / Ranking of the Ideal Brands by Beijing Market Segments

	人数	第一品牌及百分比	第二品牌及百分比	第三品牌及百分比
样本	**600**	**摩托罗拉 71.7**	**松下 1.3**	**卡西欧 0.7 三星 0.7**
第一消费群	137	摩托罗拉 67.2	松下 2.2	NEC 0.7
第二消费群	94	摩托罗拉 89.4	松下 3.2	汇讯 1.1 协合 1.1
第三消费群	112	摩托罗拉 66.1	三星 1.8	松下 0.9
第四消费群	5	摩托罗拉 80.0	松下 20.0	
第五消费群	131	摩托罗拉 84.0	卡西欧 1.5 三星 1.5	NEC 0.8
第六消费群	121	摩托罗拉 54.5	卡西欧 1.7	NEC 0.8 信利 0.8

注：北京消费群的代表特征 / Characteristics of the Beijing Market Segments

		第一消费群	第二消费群	第三消费群	第四消费群	第五消费群	第六消费群
基本情况	性别	女	男	无明显偏向	男	无明显偏向	女
	年龄	30 — 34 岁	25 — 29 岁	35 — 44 岁	无明显偏向	16 — 24 岁	45 岁以上
	学历	大专/大本	大本	初中	大本及研究生	高中/中专/技校	初中及以下
	职业	科教卫生人员	一般企业职员	工人	管理人员/专门职业从事者/个体及私营企业主	学生	离退休人员
	月均收入	801 — 1500 元	1501 — 4000 元	800 元以下	4000 元以上	无收入	800 元以下
	婚姻	已婚	无明显偏向	已婚	已婚或离异	未婚	已婚
心理取向		注重学历 非积极进取	不循规传统 非单一电视娱乐	非田园倾向 新女性主张 金钱本位	注重经验 大男子主义 不保守稳定	非“大男子主义” 追随流行	非“新女性主张” 非浪漫新潮 单一电视娱乐

3-8 上海不同消费群的理想品牌 / Ranking of the Ideal Brands by Shanghai Market Segments

	人数	第一品牌及百分比	第二品牌及百分比	第三品牌及百分比
样本	**600**	**摩托罗拉 72.2**	**松下 3.5**	**NEC 3.3**
第一消费群	145	摩托罗拉 69.0	松下 4.1 NEC 4.1	卡西欧 0.7
第二消费群	92	摩托罗拉 83.7	松下 2.2 NEC 2.2	卡西欧 1.1 凤凰 1.1
第三消费群	10	摩托罗拉 100.0		
第四消费群	136	摩托罗拉 57.0	松下 6.7	飞利浦 3.0
第五消费群	68	摩托罗拉 70.6	NEC 8.8	飞利浦 2.9
第六消费群	150	摩托罗拉 80.7	松下 2.7	NEC 2.0

注：上海消费群的代表特征 / Characteristics of the Shanghai Market Segments

		第一消费群	第二消费群	第三消费群	第四消费群	第五消费群	第六消费群
基本情况	性别	无明显偏向	男	男	女	女	无明显偏向
	年龄	45 岁以上	20 — 29 岁	25 — 34 岁	35 — 44 岁	16 — 24 岁	30 — 39 岁
	学历	大本及以上	大专/大本	大专	初中及以下	高中/中专/技校	高中/中专/技校
	职业	科教卫生人员/离退休人员	一般企业职员	行政管理人员/个体及私营企业主/专门职业从事者	工人/下岗人员	学生	一般企业职员
	月均收入	801 — 1500 元	1001 — 3000 元	3000 元以上	800 元以下	无收入	1001 — 2000 元
	婚姻	已婚	未婚	未婚	已婚	未婚	已婚
心理取向		非浪漫时尚 非金钱本位 保守稳定	非家庭重心 田园倾向 休闲独立	不保守稳定 奔波忙碌 浪漫时尚	金钱本位 家庭重心 注重学历	新家庭观念 非休闲独立	不积极进取 不奔波忙碌

3-9 广州不同消费群的理想品牌 / Ranking of the Ideal Brands by Guangzhou Market Segments

	人数	第一品牌及百分比	第二品牌及百分比	第三品牌及百分比
样本	**600**	**摩托罗拉 61.0**	**松下 7.7**	**NEC 4.7**
第一消费群	94	摩托罗拉 56.4	NEC 8.5	松下 6.4
第二消费群	126	摩托罗拉 54.8	松下 3.2	NEC 2.4 火凤凰 2.4
第三消费群	99	摩托罗拉 67.7	松下 9.1	NEC 5.1 火凤凰 5.1
第四消费群	100	摩托罗拉 66.0	松下 12.0	NEC 4.0
第五消费群	99	摩托罗拉 69.5	松下 7.1	NEC 3.0
第六消费群	82	摩托罗拉 61.0	松下 9.8	NEC 6.1

注：广州消费群的代表特征 / Characteristics of the Guangzhou Market Segments

		第一消费群	第二消费群	第三消费群	第四消费群	第五消费群	第六消费群
基本情况	性别	女	无明显偏向	女	男	女	男
	年龄	16 — 19 岁	40 岁以上	20 — 24 岁	35 — 44 岁	30 — 34 岁	25 — 29 岁
	学历	高中/中专/技校	无明显偏向	高中/中专/技校/大专	初中/高中/中专/技校	初中及以下	大专及以上
	职业	学生	工人	学生/待业人员	个体及私营企业主	家庭主妇	企业职员/管理人员/科教卫生人员/专门职业者
	月均收入	无收入	1500 元以下	无收入	801 — 1500 元	800 元以下	2000 元以上
	婚姻	未婚	已婚	未婚	已婚	已婚	无明显偏向
心理取向		不固守中式生活 田园倾向 非大男子主义	非新女性主张 不追随流行 非积极进取	独立自主 追随流行	积极进取 大男子主义 中式生活	单一电视娱乐 非独立自主 保守稳定	非单一电视娱乐 非家庭重心

3-10 重庆不同消费群的理想品牌 / Ranking of the Ideal Brands by Chongqing Market Segments

	人数	第一品牌及百分比	第二品牌及百分比	第三品牌及百分比
样本	**600**	**摩托罗拉 45.3**	**松下 5.3**	**NEC 5.0**
第一消费群	133	摩托罗拉 43.6	NEC 6.8	松下 3.8
第二消费群	123	摩托罗拉 45.5	松下 4.1	NEC 3.3
第三消费群	124	摩托罗拉 66.9	松下 8.1	NEC 3.3
第四消费群	24	摩托罗拉 45.8	松下 16.7	
第五消费群	162	摩托罗拉 29.0	松下 4.3	NEC 3.7
第六消费群	34	摩托罗拉 50.0	NEC 5.9	松下 2.9

注：重庆消费群的代表特征 / Characteristics of the Chongqing Market Segments

		第一消费群	第二消费群	第三消费群	第四消费群	第五消费群	第六消费群
基本情况	性别	无明显偏向	无明显偏向	无明显偏向	无明显偏向	无明显偏向	女
	年龄	16 — 19 岁	45 岁以上	20 — 29 岁	30 — 34 岁	40 岁以上	25 — 29 岁
	学历	高中/中专/技校	高中/中专/技校	大专/大本	高中/中专/技校/大本以上	初中及以下	初中
	职业	学生	行政管理人员/离退休人员	科教卫生人员/一般企业职员	个体及私营企业主	工人	专门职业从事者下岗及其他
	月均收入	无收入	501 — 800 元	801 — 1500 元	1500 元以上	500 元以下	1001 — 1500 元
	婚姻	未婚	已婚	无明显偏向	已婚	已婚	已婚或离异
心理取向		浪漫新潮 注重学历 非现实家庭观	循规传统 奔波忙碌 保守稳定	新女性主张 非功利心态	功利心态 现实家庭观 都市情结	非浪漫新潮 非独立休闲	非新女性主张 不循规传统 独立休闲

4 移动电话 / Mobile Phone

4-1 使用移动电话的比例 / Proportion of the Sample Using Mobile Phones

	北京（Beijing）	上海（Shanghai）	广州（Guangzhou）	重庆（Chongqing）
使用	8.8	7.2	9.8	5.2
不使用	91.2	92.8	90.2	94.8
有效样本量	**600**	**600**	**600**	**600**

4-2 现用移动电话的来源 / Source of Obtaining the Currently Owned Mobile Phone

注：由于有效样本量太少，为使读者更有效的利用数据，本题只列出人数，未列百分比。

	北京（Beijing）	上海（Shanghai）	广州（Guangzhou）	重庆（Chongqing）
自己付费购买	32	28	38	19
单位配发	19	12	16	9
有效样本量	**51**	**40**	**54**	**28**

4-3 现用移动电话的品牌排名 / Ranking of the Brands of the Currently Owned Mobile Phone

● 北京（Beijing）

排名	品	牌	人数	百分比
1	摩托罗拉	Motorola	20	38.5
2	爱立信	Ericsson	14	26.9
3	诺基亚	Nokia	10	19.2
4	西门子	Siemens	4	7.7

n=52

● 上海（Shanghai）

排名	品	牌	人数	百分比
1	摩托罗拉	Motorola	20	48.8
2	爱立信	Ericsson	6	14.6
3	诺基亚	Nokia	5	12.2
3	西门子	Siemens	5	12.2

n=41

● 广州（Guangzhou）

排名	品	牌	人数	百分比
1	摩托罗拉	Motorola	27	46.6
2	爱立信	Ericsson	20	34.5
3	诺基亚	Nokia	6	10.3
4	西门子	Siemens	2	3.4

n=58

● 重庆（Chongqing）

排名	品	牌	人数	百分比
1	摩托罗拉	Motorola	14	48.3
2	爱立信	Ericsson	5	17.2
3	诺基亚	Nokia	4	13.8
3	西门子	Siemens	4	13.8

n=29

4-4 现用移动电话所用的通讯网 / The Network of the Currently Owned Mobile Phone

注：由于有效样本量太少，为使读者更有效的利用数据，本题只列出人数，未列百分比。

	北京（Beijing）	上海（Shanghai）	广州（Guangzhou）	重庆（Chongqing）
模拟网	12	19	14	9
139 数字网	30	14	33	16
130 数字网	8	5	5	3
138 数字网	0	0	1	0
有效样本量	**50**	**38**	**53**	**28**

4-5 理想品牌排名 / Ranking of the Ideal Brands

● 北京（Beijing）

排名	品	牌	人数	百分比
1	摩托罗拉	Motorola	139	23.2
2	爱立信	Ericsson	132	22.0
3	诺基亚	Nokia	59	9.8
4	西门子	Siemens	21	3.5
5	松下	Panasonic	9	1.5
6	飞利浦	Philips	5	0.8

n=600

● 上海（Shanghai）

排名	品	牌	人数	百分比
1	摩托罗拉	Motorola	201	33.5
2	爱立信	Ericsson	91	15.2
3	西门子	Siemens	49	8.2
4	诺基亚	Nokia	48	8.0
5	日电	NEC	41	6.8
6	松下	Panasonic	30	5.0

n=600

● 广州（Guangzhou）

排名	品	牌	人数	百分比
1	爱立信	Ericsson	159	26.5
2	摩托罗拉	Motorola	105	17.5
3	诺基亚	Nokia	42	7.0
4	西门子	Siemens	24	4.0
5	日电	NEC	21	3.5
6	索尼	Sony	5	0.8

n=600

● 重庆（Chongqing）

排名	品	牌	人数	百分比
1	摩托罗拉	Motorola	140	23.3
2	爱立信	Ericsson	42	7.0
3	诺基亚	Nokia	40	6.7
4	西门子	Siemens	12	2.0
5	松下	Panasonic	9	1.5
6	日电	NEC	7	1.2

n=600

4-6 样本总体、男性各年龄层、女性各年龄层的理想品牌 / Ranking of the Ideal Brands by the Whole Sample, Age and Gender Groups

● 北京（Beijing）

	人数	第一品牌及百分比	第二品牌及百分比	第三品牌及百分比
样本	**600**	**摩托罗拉 23.2**	**爱立信 22.0**	**诺基亚 9.8**
男性	**298**	**摩托罗拉 26.8**	**爱立信 21.1**	**诺基亚 9.7**
16-19岁	26	摩托罗拉 34.6	爱立信 23.1	松下 11.5
20-24岁	36	摩托罗拉 30.6	爱立信 16.7	诺基亚 13.9
25-29岁	41	爱立信 26.8	摩托罗拉 24.4	诺基亚 22.0
30-34岁	47	摩托罗拉 36.2	爱立信 23.4	诺基亚 6.4
35-39岁	43	爱立信 27.9	摩托罗拉 14.0	诺基亚 9.3
40-44岁	42	摩托罗拉 35.7	爱立信 19.0	诺基亚 9.5
45-49岁	24	爱立信 33.3	摩托罗拉 16.7	诺基亚 4.2
50岁以上	39	摩托罗拉 20.5	爱立信 2.6 三洋 2.6 信利 2.6 西门子 2.6 诺基亚 2.6	
女性	**302**	**爱立信 22.8**	**摩托罗拉 19.5**	**诺基亚 9.9**
16-19岁	23	爱立信 34.8	摩托罗拉 13.0 诺基亚 13.0	西门子 8.7
20-24岁	35	爱立信 28.6	摩托罗拉 22.9	诺基亚 8.6 西门子 8.6
25-29岁	36	爱立信 44.4	诺基亚 16.7	摩托罗拉 13.9
30-34岁	49	摩托罗拉 24.5	爱立信 14.3	诺基亚 12.2
35-39岁	45	摩托罗拉 20.0	爱立信 17.8	诺基亚 11.1
40-44岁	40	爱立信 30.0	摩托罗拉 20.0	诺基亚 2.5 西门子 2.5 阿尔凯特 2.5 飞利浦 2.5
45-49岁	26	摩托罗拉 15.4	诺基亚 11.5	爱立信 7.7
50岁以上	48	摩托罗拉 20.8	爱立信 12.5	诺基亚 6.3

● 上海（Shanghai）

	人数	第一品牌及百分比	第二品牌及百分比	第三品牌及百分比
样本	**600**	**摩托罗拉 33.5**	**爱立信 15.2**	**西门子 8.2**
男性	**307**	**摩托罗拉 36.5**	**爱立信 16.3**	**诺基亚 9.1**
16-19岁	22	摩托罗拉 40.9	NEC 18.2	爱立信 13.6
20-24岁	34	摩托罗拉 35.3	爱立信 20.6	NEC 11.8
25-29岁	42	摩托罗拉 42.9	诺基亚 19.0	爱立信 11.9
30-34岁	56	摩托罗拉 39.3	爱立信 17.9	诺基亚 8.9
35-39岁	51	摩托罗拉 35.3	爱立信 19.6	诺基亚 13.7
40-44岁	31	摩托罗拉 38.7	爱立信 12.9	西门子 6.5
45-49岁	26	摩托罗拉 26.9	爱立信 23.1	NEC 15.4 西门子 15.4
50岁以上	45	摩托罗拉 31.1	松下 13.3	爱立信 11.1
女性	**293**	**摩托罗拉 30.4**	**爱立信 14.0**	**西门子 9.9**
16-19岁	24	摩托罗拉 41.7	西门子 12.5	诺基亚 8.3 爱立信 8.3 NEC 8.3
20-24岁	32	爱立信 37.5	摩托罗拉 18.8	诺基亚 12.5
25-29岁	37	摩托罗拉 27.0	爱立信 24.3	NEC 13.5
30-34岁	50	摩托罗拉 44.0	诺基亚 10.0 松下 10.0	爱立信 8.0
35-39岁	44	摩托罗拉 20.5	西门子 15.9	爱立信 9.1
40-44岁	35	摩托罗拉 28.6	爱立信 14.3	松下 11.4
45-49岁	23	摩托罗拉 21.7	爱立信 17.4 松下 17.4	西门子 8.7
50岁以上	48	摩托罗拉 35.4	西门子 12.5	诺基亚 8.3 NEC 8.3

● 广州（Guangzhou）

	人数	第一品牌及百分比	第二品牌及百分比	第三品牌及百分比
样本	**600**	**爱立信 26.5**	**摩托罗拉 17.5**	**诺基亚 7.0**
男性	**282**	**爱立信 28.0**	**摩托罗拉 20.6**	**诺基亚 6.4**
16-19 岁	30	摩托罗拉 26.7	爱立信 23.3	诺基亚 6.7 NEC 6.7 西门子 6.7
20-24 岁	36	爱立信 41.7	摩托罗拉 19.4	诺基亚 8.3 西门子 8.3
25-29 岁	35	爱立信 34.3	摩托罗拉 20.0	西门子 11.4
30-34 岁	34	爱立信 38.2	摩托罗拉 26.5	诺基亚 8.8
35-39 岁	40	爱立信 30.0	摩托罗拉 25.0	诺基亚 10.0
40-44 岁	41	爱立信 22.0	摩托罗拉 14.6	NEC 2.4
45-49 岁	26	爱立信 26.9	摩托罗拉 23.1	NEC 7.7
50 岁以上	40	摩托罗拉 12.5	爱立信 10.0	诺基亚 7.5 西门子 7.5
女性	**318**	**爱立信 25.2**	**摩托罗拉 14.8**	**诺基亚 7.5**
16-19 岁	50	爱立信 26.0	摩托罗拉 14.0	诺基亚 10.0
20-24 岁	46	爱立信 23.9	摩托罗拉 21.7	诺基亚 10.9
25-29 岁	63	爱立信 31.7	摩托罗拉 12.7	西门子 11.1
30-34 岁	46	爱立信 28.3	摩托罗拉 6.5 NEC 6.5	松下 4.3 索尼 4.3
35-39 岁	41	爱立信 26.8	摩托罗拉 22.0	诺基亚 4.9
40-44 岁	30	摩托罗拉 20.0	爱立信 16.7	诺基亚 6.7
45-49 岁	13	爱立信 23.1	诺基亚 15.4	摩托罗拉 7.7
50 岁以上	29	爱立信 13.8	摩托罗拉 10.3	诺基亚 6.9

● 重庆（Chongqing）

	人数	第一品牌及百分比	第二品牌及百分比	第三品牌及百分比
样本	**600**	**摩托罗拉 23.3**	**爱立信 7.0**	**诺基亚 6.7**
男性	**308**	**摩托罗拉 26.0**	**诺基亚 8.4**	**爱立信 7.8**
16-19 岁	43	摩托罗拉 20.9	诺基亚 18.6	西门子 4.7
20-24 岁	53	摩托罗拉 35.8	爱立信 15.1	诺基亚 13.2
25-29 岁	43	摩托罗拉 18.6 爱立信 18.6	诺基亚 7.0	西门子 2.3 NEC 2.3
30-34 岁	38	摩托罗拉 21.1	爱立信 10.5	松下 5.3
35-39 岁	39	摩托罗拉 28.2	诺基亚 5.1	松下 2.6
40-44 岁	30	摩托罗拉 16.7 诺基亚 16.7	爱立信 3.3 索尼 3.3	
45-49 岁	25	摩托罗拉 36.0	爱立信 4.0	
50 岁以上	37	摩托罗拉 29.7	爱立信 2.7 松下 2.7	
女性	**292**	**摩托罗拉 20.5**	**爱立信 6.2**	**诺基亚 4.8**
16-19 岁	43	摩托罗拉 23.3	爱立信 7.0 诺基亚 7.0	西门子 2.3
20-24 岁	53	摩托罗拉 26.4	爱立信 9.4 诺基亚 9.4	西门子 1.9
25-29 岁	32	摩托罗拉 15.6 诺基亚 15.6	爱立信 6.3 西门子 6.3	
30-34 岁	33	摩托罗拉 30.3	爱立信 3.0 索尼 3.0	
35-39 岁	35	摩托罗拉 20.0	爱立信 8.6	诺基亚 2.9 松下 2.9
40-44 岁	32	摩托罗拉 21.9	松下 9.4	爱立信 3.1 NEC 3.1 西门子 3.1 飞利浦 3.1
45-49 岁	27	摩托罗拉 18.5	爱立信 3.7 NEC 3.7 松下 3.7	
50 岁以上	37	摩托罗拉 5.4 爱立信 5.4 NEC 5.4	西门子 2.7	

4-7 北京不同消费群的理想品牌 / Ranking of the Ideal Brands by Beijing Market Segments

	人数	第一品牌及百分比	第二品牌及百分比	第三品牌及百分比
样本	**600**	**摩托罗拉 23.2**	**爱立信 22.0**	**诺基亚 9.8**
第一消费群	137	摩托罗拉 23.4	爱立信 16.1	诺基亚 11.7
第二消费群	94	爱立信 31.9	摩托罗拉 24.5	诺基亚 11.7
第三消费群	112	摩托罗拉 24.1	爱立信 22.3	诺基亚 5.4
第四消费群	5	摩托罗拉 40.0	诺基亚 20.0 西门子 20.0 爱立信 20.0	
第五消费群	131	摩托罗拉 26.0 爱立信 26.0	诺基亚 13.7	西门子 4.6
第六消费群	121	摩托罗拉 17.4	爱立信 16.5	诺基亚 5.8

注：北京消费群的代表特征 / Characteristics of the Beijing Market Segments

		第一消费群	第二消费群	第三消费群	第四消费群	第五消费群	第六消费群
基本情况	性别	女	男	无明显偏向	男	无明显偏向	女
	年龄	30 — 34 岁	25 — 29 岁	35 — 44 岁	无明显偏向	16 — 24 岁	45 岁以上
	学历	大专/大本	大本	初中	大本及研究生	高中/中专/技校	初中及以下
	职业	科教卫生人员	一般企业职员	工人	管理人员/专门职业从事者/个体及私营企业主	学生	离退休人员
	月均收入	801 — 1500 元	1501 — 4000 元	800 元以下	4000 元以上	无收入	800 元以下
	婚姻	已婚	无明显偏向	已婚	已婚或离异	未婚	已婚
心理取向		注重学历 非积极进取	不循规传统 非单一电视娱乐	非田园倾向 新女性主张 金钱本位	注重经验 大男子主义 不保守稳定	非“大男子主义” 追随流行	非“新女性主张” 非浪漫新潮 单一电视娱乐

4-8 上海不同消费群的理想品牌 / Ranking of the Ideal Brands by Shanghai Market Segments

	人数	第一品牌及百分比	第二品牌及百分比	第三品牌及百分比
样本	**600**	**摩托罗拉 33.5**	**爱立信 15.2**	**西门子 8.2**
第一消费群	145	摩托罗拉 27.6	爱立信 13.8	西门子 9.0 松下 9.0
第二消费群	92	摩托罗拉 28.3	诺基亚 17.4	爱立信 16.3
第三消费群	10	摩托罗拉 70.0	爱立信 20.0	NEC 10.0
第四消费群	135	摩托罗拉 31.9	西门子 11.9	爱立信 9.6
第五消费群	68	摩托罗拉 36.8	爱立信 17.6	西门子 11.8
第六消费群	150	摩托罗拉 40.0	爱立信 19.3	诺基亚 8.0

注：上海消费群的代表特征 / Characteristics of the Shanghai Market Segments

		第一消费群	第二消费群	第三消费群	第四消费群	第五消费群	第六消费群
基本情况	性别	无明显偏向	男	男	女	女	无明显偏向
	年龄	45 岁以上	20 — 29 岁	25 — 34 岁	35 — 44 岁	16 — 24 岁	30 — 39 岁
	学历	大本及以上	大专/大本	大专	初中及以下	高中/中专/技校	高中/中专/技校
	职业	科教卫生人员/离退休人员	一般企业职员	行政管理人员/个体及私营企业主/专门职业从事者	工人/下岗人员	学生	一般企业职员
	月均收入	801 — 1500 元	1001 — 3000 元	3000 元以上	800 元以下	无收入	1001 — 2000 元
	婚姻	已婚	未婚	未婚	已婚	未婚	已婚
心理取向		非浪漫时尚 非金钱本位 保守稳定	非家庭重心 田园倾向 休闲独立	不保守稳定 奔波忙碌 浪漫时尚	金钱本位 家庭重心 注重学历	新家庭观念 非休闲独立	不积极进取 不奔波忙碌

4-9 广州不同消费群的理想品牌 / Ranking of the Ideal Brands by Guangzhou Market Segments

	人数	第一品牌及百分比	第二品牌及百分比	第三品牌及百分比
样本	**600**	**爱立信 26.5**	**摩托罗拉 17.5**	**诺基亚 7.0**
第一消费群	94	爱立信 24.5	摩托罗拉 18.1	诺基亚 6.4 西门子 6.4 NEC 6.4
第二消费群	126	爱立信 16.7	摩托罗拉 14.3	诺基亚 9.5
第三消费群	99	爱立信 31.3	摩托罗拉 18.2	诺基亚 10.1
第四消费群	100	爱立信 36.0	摩托罗拉 22.0	诺基亚 3.0 西门子 3.0 NEC 3.0
第五消费群	99	爱立信 17.2	摩托罗拉 13.1	西门子 6.1
第六消费群	82	爱立信 37.8	摩托罗拉 20.7	诺基亚 7.3

注：广州消费群的代表特征 / Characteristics of the Guangzhou Market Segments

		第一消费群	第二消费群	第三消费群	第四消费群	第五消费群	第六消费群
基本情况	性别	女	无明显偏向	女	男	女	男
	年龄	16 — 19 岁	40 岁以上	20 — 24 岁	35 — 44 岁	30 — 34 岁	25 — 29 岁
	学历	高中/中专/技校	无明显偏向	高中/中专/技校/大专	初中/高中/中专/技校	初中及以下	大专及以上
	职业	学生	工人	学生/待业人员	个体及私营企业主	家庭主妇	企业职员/管理人员/科教卫生人员/专门职业者
	月均收入	无收入	1500 元以下	无收入	801 — 1500 元	800 元以下	2000 元以上
	婚姻	未婚	已婚	未婚	已婚	已婚	无明显偏向
心理取向		不固守中式生活 田园倾向 非大男子主义	非新女性主张 不追随流行 非积极进取	独立自主 追随流行	积极进取 大男子主义 中式生活	单一电视娱乐 非独立自主 保守稳定	非单一电视娱乐 非家庭重心

4-10 重庆不同消费群的理想品牌 / Ranking of the Ideal Brands by Chongqing Market Segments

	人数	第一品牌及百分比	第二品牌及百分比	第三品牌及百分比
样本	**600**	**摩托罗拉 23.3**	**爱立信 7.0**	**诺基亚 6.7**
第一消费群	133	摩托罗拉 20.3	诺基亚 12.8	爱立信 7.5
第二消费群	123	摩托罗拉 27.6	爱立信 4.1	诺基亚 3.3
第三消费群	124	摩托罗拉 33.1	爱立信 12.9	诺基亚 9.7
第四消费群	24	摩托罗拉 20.8	爱立信 16.7	NEC 4.2 索尼 4.2
第五消费群	162	摩托罗拉 15.4	爱立信 3.1 诺基亚 3.1	NEC 2.5 松下 2.5
第六消费群	34	摩托罗拉 23.5	爱立信 5.9 诺基亚 5.9	松下 2.9

注：重庆消费群的代表特征 / Characteristics of the Chongqing Market Segments

		第一消费群	第二消费群	第三消费群	第四消费群	第五消费群	第六消费群
基本情况	性别	无明显偏向	无明显偏向	无明显偏向	无明显偏向	无明显偏向	女
	年龄	16 — 19 岁	45 岁以上	20 — 29 岁	30 — 34 岁	40 岁以上	25 — 29 岁
	学历	高中/中专/技校	高中/中专/技校	大专/大本	高中/中专/技校/大本以上	初中及以下	初中
	职业	学生	行政管理人员/离退休人员	科教卫生人员/一般企业职员	个体及私营企业主	工人	专门职业从事者 下岗及其他
	月均收入	无收入	501 — 800 元	801 — 1500 元	1500 元以上	500 元以下	1001 — 1500 元
	婚姻	未婚	已婚	无明显偏向	已婚	已婚	已婚或离异
心理取向		浪漫新潮 注重学历 非现实家庭观	循规传统 奔波忙碌 保守稳定	新女性主张 非功利心态	功利心态 现实家庭观 都市情结	非浪漫新潮 非独立休闲	非新女性主张 不循规传统 独立休闲

第十篇　饮食、购物场所
Part X　Restaurant and Shopping Places

- 百货公司、购物中心　Department Store, Shopping Center
- 超市　Supermarket
- 精品专卖店　Boutique
- 快餐店　Fast-food Restaurant

第十篇　饮食、购物场所

快餐店

我国快餐业是在西式快餐的冲击和需求增长的条件下发展起来的，起步较晚，但涉及面很广，既包括我国境内的以从事快餐经营为主的餐饮业或个体经营者（其中包括中式、西式、中西式和传统、现代快餐），也包括从事和快餐有着直接关系的工业、科研和教育部门。据统计，截止至 1995 年底，我国已有快餐网点 28 万个，专业快餐公司 400 家，加盟连锁店超过 2000 家，全国快餐年营业额 300 余亿元，占整个饮食行业营业额的 1/3，年平均增长率达到 20%。国内贸易部把天津“狗不理”包子以及北京的“烤鸭”、上海的“荣华鸡”作为我国快餐的三个重点项目，同时海外快餐也纷纷开拓中国市场，这样就形成了东西南北大交流，出现了海内外高、中、低，传统与现代并存的互相竞争、共谋发展的市场格局。

目前，我国快餐供应市场呈现以下几个特点：

一、海外快餐捷足先登，凭借其成功、成熟的整套经验，在中国快餐市场迅速发展。从 1987 年，美国的肯德基炸鸡快餐公司在北京开办其在华的第一家分店，时至今日已发展到 13 家，在全国 30 多个城市累计开设了 100 多家分店，每天顾客逾 10 万人次。而 1991 年才在北京年落户的麦当劳在短短 5 年的时间里其在北京分店已增加到 30 多家。截止 1995 年底，麦当劳在全国共开设了 62 家分店，就餐人数达 1500 万人次。此外，美国的加州牛肉面、韩国的乐天利等各种进口快餐也纷纷涌入中国。目前，进口快餐的年营业额已占整个快餐业年营业额的三分之一强。

二、中式快餐紧随其后，不仅保留传统特色，还吸收了国外的先进经验。目前，中国快餐业近 70%的市场仍为中式快餐所占领。说起中国的快餐，大多是以小吃为主的摊点和小店。是一种不同于讲究排场和形式的老字号、大饭馆的餐饮场所，是一种以“吃饱”为目的的消费，因此很多都谈不上就餐环境和配套服务。中国的风味小吃很多，但并非所有的都可以发展成为快餐，特别是发展成连锁经营的快餐店。从目前的发展状况来看，中式快餐在连锁化经营、改善饮食条件和提高服务质量等方面步子迈得较快，例如一些中式快餐店逐渐将卫生间列入就餐环境这一硬件建设中，并且学习洋快餐的管理，配备了专人负责清洁工作。但是在工业化生产、标准化操作、科学化管理等方面的改进，效果并不是很理想。另外，在资金实力、规范化程度等方面，中式快餐与洋快餐还存在着较大的差距：

1．中式快餐远不如洋快餐发展的时间长。洋快餐已经发展了数十年，积累了丰富的生产、营销经验和雄厚的资金，已处于成熟发展期。而中式快餐才刚刚起步，尚处于积累期。

2．“统一”和“标准化制作”是快餐的重要标志，而中式快餐制作过程复杂繁琐，很难做到整齐划一，难于形成流水线作业，生产效率低下。

3．中式快餐以味美为核心，而在卫生状况、就餐环境、服务质量上落后于洋快餐。洋快餐很适合于现代都市生活，还瞄准庞大的儿童消费群体，店内着力营造生动、活泼的氛围，且促销手段名目繁多。

4．人才培训是洋快餐成功的重要因素，而刚刚起步的中式快餐店往往不愿下大力量来培训员工

目前，国内贸易部已将发展中式快餐业列为今后一项重点工作，一方面加紧制定“中国快餐业发展纲要”，提出发展的方向、目标、任务、措施，探索中式快餐的发展之路；另一方面，加大力度扶持前景较好的快餐企业搞技术改造，发展连琐经营，同时为和快餐业相关的企业搭台铺路。

三、快餐业已经进入了一个诸侯割据，竞争相持不下的白热阶段，中式快餐在竞争中稳步上升，趋向稳定。目前，市场上西式快餐主要有肯德鸡、麦当劳、比萨饼，它们基本上保持着本国及国际市场的价格水平，超过我国普通消费者的承受能力．另外，西式快餐不符合中国大众口味，这也是进入普通家庭的一个障碍。相反，中式快餐不仅适合中国人的口味，而且价格低廉，所以一直保持旺销，特别是进入夏季后销量更大。天津华美快餐城入夏后日销快餐可达 5000 余份，比平时增长 1.5 倍。

1994 年以来，快餐的销售一直保持旺盛的势头，销售市场淡季不淡，市场潜力巨大，这是因为：

1．从 1993 年国家放开粮食价格和 1994 年上半年对粮食价格的调整，使得粮食价格比 1993 年同期上涨 39%，同时带动农副产品的价格上涨 26%。人们在家里吃饭的开销并不比吃快餐低多少；另外，职工工资水平的提高和人们近几年来思想观念上的转变，快餐省时方便的优点，正适合广大消费者的需求。

2．近几年来，旅游业的发展和各地区商业联系的密切，流动人口不断加大，带动了快餐业的发展。

3．后勤工作社会化程度的提高，使工薪人员和学生午餐由传统食堂转入快餐店。北京雅客快餐承包一家外贸大公司的食堂，每天供应 600 名员工的工作餐；北京未来快餐利用地理优势，大力发展向顶新、四通、长城、联想公司的送餐业务。以后快餐将可能部分代替中小学、大学、机关、厂矿的食堂，有很大的发展前景。

4．居民消费观念和消费结构的变化，使快餐逐步进入一般家庭并部分代替传统费时的家宴，价廉实惠的中式快餐将倍受欢迎。虽然中国已有西式、中式快餐，但一般居民消费西式快餐，并不是为了解决生活的基本需要，而是为了“吃”文化和感受浓厚的异国情调及标准服务，肯德鸡、麦当劳这两家著名快餐店的功能远远超过快餐本身，而是在快餐基础上发展成交际、娱乐场所，并成为当地旅游点。

零售业

零售业是一个国家经济发展、市场繁荣和生活水平提高的集中体现。在我国，零售业是商业的一个主要组成部分，也是流通领域内连接生产与消费的重要环节。零售业的发展不仅表明商品市场的繁荣和人民生活水平的提高，而且标志着第三产业的发展，能够有力地推动我国产业结构的合理化。

目前，我国的零售业已逐渐形成了一个多层次、多元化、开放型的商品购销产业体系。从地域上看，大中城市购买力强，商业网点多，商业形式呈现多元化，其中超级市场和连锁店发展更为迅速。从所有制结构上看，与国有零售业发展相比较，非国有商业发展更为活跃。据统计，国有零售业在社会消费品总额中所占比重正逐年下降，1992 年为 41.3%，1993 年为 37.5%，1994 年为 31.9%，1995 年只占 31.5%，1996 年还在下降。

表1　近年全国社会消费品零售总额（按经济类型分）　　单位：亿元

年 份	国有经济	集体经济	联营经济	个体	其它经济
1992	4539.8	3068.2	80.3	2228.0	1077.4
1993	4676.4	2741.0	36.3	3016.9	1991.5
1994	5193.9	3375.2	70.4	4626.6	2998.6
1995	6154.1	3981.6	73.2	6253.8	4157.3
1996	6786.8	4686.5	110.2	7465.5	5565.3

资料来源：《1997年中国统计年鉴》

为了更好地推进流通产业的现代化进程，从1992年起，我国流通领域业开始有限度地对外开放。1992年7月，国务院同意在北京、上海、天津、广州、大连、青岛六个城市和深圳、珠海、汕头、厦门、海南五个经济特区试办中外合资或合作经营的商业零售企业。根据中央政府对流通领域有步骤对外开放的计划，经国务院批准试点的中外合资零售企业有18家。它们目前的零售总额尚未超过40亿元，不到中国社会商业零售商品总额的0.5%，但其中部分跨国公司在短短一二年间已经显露出快速膨胀的征兆，并蕴含着极强的发展后劲。

在进军中国零售市场的国家和地区中，有日本、美国、法国、新加坡、马来西亚，其中尤以日本为最。自1991年八佰伴集团在深圳开设第一家超市以来，日本零售业巨头——伊势丹、大荣、佳世客、西友相继进驻中国，分别在上海、广州、北京、天津、无锡等地开设百货店或超市。截止1996年底，八佰伴集团已在中国建立了20家合资企业，拥有员工7000多人，1996年7月1日八佰伴集团将集团总部正式从香港迁到了上海。1996年6月，西友在北京市通县开设中商西友大厦也一举成功。

未来3—5年内，我国的零售业将会有很大的变化。从业态来看：百货店将向大型化、综合化和多功能的方向发展，从数量的增长转向集约化的增长，独具特色的，集购物、餐饮、娱乐、生活服务等多功能于一体的购物中心也会崭露头角。而日用品零售将以超市、便利店为主流。专卖店也有很大的市场潜力，连锁经营的专卖店将更具竞争力。从区域分布来看：大中城市的中心商业区的零售机构目前基本饱和，商业中心继续向市中心的外围区域转移，城乡结合部的新居民区将会成为商家角逐的新战场。

百货商场

我国的零售业在八十年代后期显示规模经济效益，向大型化、综合化方向发展。在假冒伪劣盛行、消费者对个体私营商业心存疑虑的情况下，大型百货商场以其较高的信誉、较好的商品质量、良好的服务配之于先进的设施、优美的购物环境而倍受消费者青睐，成为零售业中的佼佼者，良好的经济效益令人瞩目。很长一段时期大型零售企业成为投资热点，大型百货商场如雨后春笋般的在全国各大中城市拔地而起。据统计，八五期间全国建成发展的大商店数量相当于过去40年的总和，其中多数是“八五”期间后三年间建成开业的。据不完全统计，全国国内贸易部系统年销售超亿元的百货零售企业，1992年有59家，1993年有87家，1994年有127家，1995年超过180家，以年平均以40%以上的速度膨胀。1992年以前全国还没有一家百货商店年销售额超过10亿元，1995年则有20家超过10亿元。到1996年，全国大型百货商店销售总额前20名的企业中有17家的销售额超过10亿元。

表 2 1996 年度全国大型零售商场（独立门店）销售总额前 20 名

排名	商场名称	销售总额（万元）	利润总额（万元）
1	上海第一百货店	267 694	12 610
2	上海豫园商城股份有限公司	243 130	10 247
3	北京西单商场	176 239	10 587
4	北京城乡贸易有限公司	165 882	9 280
5	北京百货大楼	164 036	12 331
6	武汉商场	163 335	6 919
7	上海华联商厦	162 377	4 956
8	中兴—沈阳商业大厦	156 823	5 580
9	天津劝业场股份有限公司	146 126	5 540
10	武汉中南商业大楼	138 363	7 903
11	南京新街口百货商店股份有限公司	134 891	3 764
12	南京中央商场股份有限公司	123 400	——
13	北京蓝岛大厦	115 858	220
14	广州友谊商店股份有限公司	109 850	5 595
15	广州百货大厦	104 727	1 439
16	杭州解放路百货商店股份公司	100 846	5 544
17	南京商厦股份有限公司	100 475	2 050
18	成都人民商场股份有限公司	971 97	4 511
19	重庆百货大楼股份有限公司	92 812	6 650
20	广州新大新公司	92 003	3 486

处于鼎盛时期的中国大型百货商场，除了机构数量和销售总数量增长迅速外，呈现以下几个特点：

1．规模上的大型化和超大型化。商场越盖越大，越建越豪华，过去 1 万— 2 万 m^2 营业面积的商店称为"大哥大"，现在则只能作为小弟弟。上海第一八佰伴新世纪商厦建筑面积 14 万 m^2，投资约 20 亿人民币，堪称远东最大规模的百货零售企业。北京新东安总建筑面积 21 万 m^2，总投资约 30 亿人民币，不久也将竣工开业。

2．分布高度集中化。大中型百货商厦绝大多数集中在大中城市，在城市中又相当聚集在一个或几个商业闹市区，使大型百货商场在空间上过分拥挤。如南京市闹市中心新街口广场周围不到 1 平方公里的范围内，已开业的营业面积 5000m^2 以上的百货商场 12 家，而在建待开业的还有十几处。

3．定位趋同化。大中型百货商厦由于场地大、位置好、经营品种多、购物环境优雅，一般市场定位都为中高档，在档位空间上集中一致，形成家家差不多，无经营特色，进一家，知百家；走百家，如一家。

4．购买力分流化。购买力分流，主要表现在两个方面：一是消费者购买力在渠道上的分流，住房、娱乐、通讯、交通、证券等方面的投资比重逐年加大，分流了一部分购买力。二是客源在空间上的分流，社会商品零售总额的绝对值增加和单个企业销售收入相对下降并存。新开一家商业网点就要吸引一部份购买力，商业网点的遍布和商品的丰富，人们就近购买，就便购买。

1995 年以来，随着大型百货零售商店在数量和规模上的高速发展，随着广州国丰、天津仟村、北京信特等几个营业面积超过 1 万平方米的大型百货零售企业相继关门停业，中国大型百货零售业高利润、低风险、只赚不赔的神话打破了。1996 年全国 60%的大商场销售额明显停滞，在 212 家大型零售商业企业中有 119 家销售负增长。针对各地过度、盲目兴建大型豪华商场势头不减的状况，内贸部重申各地要推行大商场兴建审批制度，严格控制大型豪华商场建设。据此北京、上海市政府决定，凡在城市中心区新建或扩建大型商场，必须先由市商委按照总体规划进行审查，未获得批准的不准开工。

面对新零售业态的兴起对百货商店的冲击，城市布局的变化，居民大规模的向郊外迁移，以及来自行业内部的巨大竞争压力，大型商厦纷纷采取对策：

1．向多功能、综合性方向发展。随着商场竞争的日益激烈，商场的配套设施也越来越完备，美发厅、婚纱摄影、餐饮部相继出现。北京西单商场内开办旱冰场，而邻居华威大厦则办起了商务中心，提供代售车票、飞机票、剧场演出门票等诸多服务。值得注意的是，商厦装修是必不可少的硬件之一，但顾客在购物时真正考虑的是舒适而非豪华。

2．加强服务功能。面对品种越来越多，科技含量越来越高，更新换代越来越快的商品市场，消费者也越来越不满足于得不到多少实惠，且千篇一律的所谓“优惠”、“打折”等老套的促销。于是，商家纷纷尝试新的促销方法。例如：从 1996 年 4 月起，北京西单商场连续开办周末商品知识讲座 50 多期，从 1997 年起则挂牌开办消费者学校。北京雪银商厦也于 1997 年开设了时令新鲜蔬菜专柜，以方便消费着。

3．采取集团化多角化经营，向新的业态延伸。新一轮的商业网点建设已展开，零售商业跨地区经营：国内大商家纷纷冲出本地区，北商南下、东商西进走向全国，逐步摆脱地域概念，企业规模扩大，集中程度提高，出现一批跨省市的大型连锁商业企业集团。另外，利用品牌优势，一些大型商场开始向新的业态扩展。例如：北京的西单商场已开办了 7 家连锁超市。

● **北京**

1996 年北京市中心新建万方米以上大型商场 17 个，截止到 1996 年底，北京市已拥有万方米以上的商厦 65 家。今天，北京的大型商厦已向着 70 家迈进，尤其是东方广场、新东安等“超级航空母舰”的即将加入，更使早已白热化的战局再度升温。大型商场兴建开业不断，连锁店迅速扩张，海外商业企业逐渐站稳脚跟。构成京城商业区域性购物的新特点，打破了过去集中到市中心商业区的格局，促使购买区域性分流；同时，仓储商场及便民连锁店以其价格优势与大商场形成“分庭抗礼”之势，京城商战将更加火爆。

● **上海**

上海商业注重加强引导，针对商品同质化、服务同样化、商厦同类化的十店一面的现象，徐家汇商委从服务错位、商品错位、档次错位三方面引导企业错位竞争。例如，在商品错位策略的实施上，东方卖进口货；六百卖名牌货；太平洋卖流行货；汇联推出大众货。商品错位不仅丰富了市场，也繁荣了徐家汇的商业，使该地区商品销售额以 30%的幅度增长。

为使上海的商业走向大商业、大流通、大市场的现代化商业，上海市商委正式确定 50 个上海重点开发的商业品牌，包括商办工业、大型商店的定牌监制、连锁商业、旅游商业和嫁接国外著名商业，为此成立了“上海市商业品牌推进小组”，制定了《上海市商业品牌实施意见》，在有关税收、贷款、贴息等八项政策上对商办工业品牌的发展进行积极扶植。

此外，上海商业注重向全国的推广。据统计，上海商业企业在市外布点已达 400 多家，除台湾、西藏、宁夏、青海 4 省区外，全国各省区都有上海商业系统开设的数量、规模不等的商业网点。其中，长江沿岸城市布点 93 个，长江三角洲城市布点 95 个，并计划通过 3 至 5 年的努力，在全国重要经济中心城市及长江沿岸的地级市、长江三角洲的县级城市设立上海的销售网点。

● **广州**

广州地处珠江三角洲，具有优越的地理位置，是广东省乃至整个华南地区的商业及经贸中心，大型零售业前景较乐观：

1．百货零售市场消费潜力大，广州市有650多万常住人口，170多万流动人口，居民生活收入连年持续增长，消费潜力较大，市场容量仍可扩展。

2．广州要成为国际化城市，第三产业将成为主导产业，而百货零售业成为重要支柱。商品流通业是广州未来产业发展重点的六大支柱产业之一，政府力求培植一批在国内商场有较强竞争力的商贸企业集团和综合商社，而目标正是上规模、有竞争力的大型综合商厦。

3．商业旺地向新城区延伸，百货零售业可扩展空间增大，广州国有大型商场也渐渐探索出自己新空间。由于近年遇到来自外资商店、外地名店的严峻挑战，加之老城区改造，大批居民迁往新区，过去的黄金地段不再风光，一些老店纷纷冲出去，到新区开新店，形成连锁，在硬件软件上都下功夫，发展前景较好。

超级市场与连锁经营

超级市场具有营业面积大，商品陈列直观，营业人员少，流通成本低，购物时间短，消费刺激强烈，人际摩擦少等特点，因而对消费者和流通企业都有很强的吸引力，是现代化商业发展到一定程度的产物。连锁商店虽然本身不是一种零售形式，但是作为零售企业的组织形式与超级市场和专卖店等零售形式相结合，通过规模经营，优化组织机构，不仅使企业获得了良好的经济效益和社会效益，而且给消费者提供了方便的、物美价廉的购物渠道。据专家预测，到本世纪末我国零售行业的20%—30%将为连锁店或超级市场所占据。

我国超市始于八十年代初，二十多年来经历了发展——萎缩——再发展的曲折过程。从1981年广州友谊商店超级市场诞生到1986年，全国掀起了以自选为特征的超级市场热，在高峰时期，全国共有155家，其中北京57家，上海20多家。但是，由于当时的社会经济环境还不适应超市的发展，最后存活下来的超市寥寥无几。进入90年代，随着我国经济的发展，居民消费水平的提高，特别是家庭储藏条件的改善和城市生活节奏的加快，超市又再度在大城市中恢复、发展起来。再次恢复发展起来的超市主要以连锁经营的组织形式出现，以获得规模优势。目前，全国已有150多个连锁公司，2500多个连锁店、平价仓储商场，主要集中在大城市中。

以国内零售业发达的上海和北京地区为例。截止1996年底，上海超市网点总数已达805家，年销售额突破了40亿元，占社会商品零售总额的3.4%，其中尤其以连锁超市的发展最为突出，连锁公司达到了30多家，连锁网点达到479家，占全部超市网点总数的59.5%；连锁超市的销售额达到34.4亿元，占全部超市年销售额的86%。从北京来看，自1992年北京市第一家连锁店——希福连锁店开办以后，连锁店发展迅速，至1996年上半年，全市已建起超市76家，便民连锁店559家，仓储式商场近30家。

虽然国内的超市已经进入了一个新的发展阶段，但是，在发展迅速的同时，专业管理人员缺乏，管理经验不足，流动资金紧张，行业规范未成系统，业内之间互相排挤，违规竞争等问题也相继暴露出来。1997年上半年北京连锁零售业的焦点新闻就是“红苹果危机”： 1997 年 6 月，北京红苹果点点利商贸集团拖欠供货商货款约 3000 万元，引发了大约 200 家供货商停止供货，组成联席会议与之谈判的事件。据北京的一些连锁业人士和金融业人士评论，出现“红苹果危机”的原因就是因为缺乏连锁零售经营的经验，创业之初的发展过速、规模过大，以至流动资金供应紧张，引发货源危机。

同时，随着国内零售业的逐步开放，国内超市正日益受到来自外资零售集团的竞争压力。从 1995 年开始，世界真正的大型连锁零售业企业，诸如：日本的八佰伴、法国的佳乐福、美国的沃尔玛、德国的麦德龙、荷兰的万客隆、泰国的易初莲花等相继进入中国市场。这些公司几乎清一色地选择了现代零售业的主力业态——超级市场，并直接跨越传统食品超市和标准型食品超市的模式，开设大型综合超市（ GMS ）和仓储式超市（ Warehouse Store ）。这样避免了与国内超级市场（大多为传统食品超市）在同一水平线上竞争，以抢占中国零售业发展的制高点。其中，大型综合超市不但限制了处于导入期和非成型化阶段的中国超市的市场发展空间，而且对国内的大量大型百货公司也构成了直接的竞争态势；仓储式超市则对中国传统的批发模式造成了巨大的冲击。以上海为例， 1997 年上半年，门店数仅占 8.7%的“大型中外合资合作超市”的销售额竟占了全市超市销售额的 25%之多。

在外资零售集团竞争的带动下，中国的超级市场进入了依靠自身经营实力、扩张规模、抢占地盘、提高效益的阶段，出现以下变化趋势：

第一是大型化，新开超市网点一般都在 500 平方米以上，有些多达几千平方米；

第二是竞争化，超市之间的竞争从单一的价格竞争，逐步转变为规模化竞争和差异化竞争，从国内超市之间的竞争转化为国内超市与中外合资合作超市之间的竞争；

第三是联合化，超市公司之间的联合以及开设加盟店，已经成为连锁超市公司经营规模扩张的主要形式。

表 3 1996 年全国超市、便利店连锁公司销售收入排名

企业名称	销售收入（万元）	门店总数	其中直营店	其中加盟店
上海华联超市公司	90002	101	66	35
上海联华超市商业公司	80010	108	61	47
深圳华润超级市场有限公司	32740	44	21	23
深圳百佳超市有限公司	29905	27	27	
上海市农工商超市总公司	24860	38	38	
上海百佳超市有限公司	22115	15	15	
郑州华侨友谊连锁公司	20003	31	31	
上海中汇超市有限公司	17039	15	15	
东莞美佳超市有限公司	14586	40	40	
上海捷强烟草糖酒集团连锁公司	13443	30	30	
北京伍富商业连锁总店	13293	22	22	
北京明珠公司	13200	15	15	
无锡永安超市公司	13200	25	25	
北京希福连锁总店	11193	32	32	
大连旺达连锁商业公司	11033	28	28	
海南施达商业公司	11000	10	10	
北京天客隆商业有限公司	11000	16	14	2
汇商集团有限公司	10940	9	9	
青岛海滨食品有限公司	10324	19	19	
繁星西单商场有限责任公司	10200	30	30	

1 百货公司、购物中心 / Department Store, Shopping Center

1-1 最常去的百货公司/购物中心排名 / Ranking of the Department Stores/Shopping Centers Visited Most Frequently

注：本题为多选题，合计百分比超过 100%（Multiple answers）

● 北京（Beijing）

排名	品牌	人次	百分比
1	西单购物中心	151	30.3
2	蓝岛大厦	149	29.9
3	西单商场	139	27.9
4	长安商场	68	13.7
5	城乡贸易中心	61	12.2
5	王府井百货大楼	61	12.2
7	双安商场	59	11.8
8	复兴商业城	57	11.4
9	百盛购物中心	48	9.6
10	燕莎友谊商城	45	9.0

n=498

● 上海（Shanghai）

排名	品牌	人次	百分比
1	一百	197	38.5
2	华联商厦	183	35.7
3	新世界	124	24.2
4	太平洋百货	78	15.2
5	东方商厦	69	13.5
6	七百	65	12.7
7	八佰伴	54	10.5
8	豫园	51	10.0
9	六百	49	9.6
10	九百	38	7.4

n=512

● 广州（Guangzhou）

排名	品牌	人次	百分比
1	广州百货大厦	244	46.3
2	新大新百货大厦	182	34.5
3	天河城购物广场	96	18.2
4	东山百货大厦	92	17.5
5	吉之岛	79	15.0
6	南方大厦	74	14.0
7	海珠	72	13.7
8	永安	63	12.0
9	妇儿	62	11.8
10	王府井百货大楼	54	10.2

n=527

● 重庆（Chongqing）

排名	品牌	人次	百分比
1	重百	333	66.5
2	新世纪百货	201	40.1
3	友谊	93	18.6
4	沙坪坝百货公司	88	17.6
5	立丹百货	67	13.4
6	富安百货	60	12.0
7	阳光百货	32	6.4
7	重庆商业大厦	32	6.4
9	观音桥百货公司	31	6.2
10	百盛购物中心	29	5.8

n=501

1-2 样本总体、男性各年龄层、女性各年龄层最近三个月有否去过百货公司/购物中心的比例 / Whether Having Visited Department Store/Shopping Center in the Last Three Months by the Whole Sample, Age and Gender Groups

● 北京（Beijing）

	人数	去过	没有去过
样本	**600**	**83.0**	**17.0**
男性	**298**	**76.2**	**23.8**
16-19 岁	26	84.6	15.4
20-24 岁	36	80.6	19.4
25-29 岁	41	85.4	14.6
30-34 岁	47	83.0	17.0
35-39 岁	43	69.8	30.2
40-44 岁	42	66.7	33.3
45-49 岁	24	70.8	29.2
50 岁以上	39	69.2	30.8
女性	**302**	**89.7**	**10.3**
16-19 岁	23	91.3	8.7
20-24 岁	35	88.6	11.4
25-29 岁	36	91.7	8.3
30-34 岁	49	98.0	2.0
35-39 岁	45	97.8	2.2
40-44 岁	40	87.5	12.5
45-49 岁	26	73.1	26.9
50 岁以上	48	83.3	16.7

● 上海（Shanghai）

	人数	去过	没有去过
样本	**600**	**86.3**	**13.7**
男性	**307**	**84.7**	**15.3**
16-19 岁	22	90.9	9.1
20-24 岁	34	76.5	23.5
25-29 岁	42	92.9	7.1
30-34 岁	56	83.9	16.1
35-39 岁	51	84.3	15.7
40-44 岁	31	77.4	22.6
45-49 岁	26	88.5	11.5
50 岁以上	45	84.4	15.6
女性	**293**	**88.1**	**11.9**
16-19 岁	24	83.3	16.7
20-24 岁	32	90.6	9.4
25-29 岁	37	89.2	10.8
30-34 岁	50	94.0	6.0
35-39 岁	44	86.4	13.6
40-44 岁	35	82.9	17.1
45-49 岁	23	87.0	13.0
50 岁以上	48	87.5	12.5

● 广州（Guangzhou）

	人数	去过	没有去过
样本	**600**	**88.2**	**11.8**
男性	**282**	**83.7**	**16.3**
16-19 岁	30	70.0	30.0
20-24 岁	36	88.9	11.1
25-29 岁	35	88.6	11.4
30-34 岁	34	91.2	8.8
35-39 岁	40	85.0	15.0
40-44 岁	41	80.5	19.5
45-49 岁	26	76.9	23.1
50 岁以上	40	85.0	15.0
女性	**318**	**92.1**	**7.9**
16-19 岁	50	94.0	6.0
20-24 岁	46	93.5	6.5
25-29 岁	63	92.1	7.9
30-34 岁	46	93.5	6.5
35-39 岁	41	95.1	4.9
40-44 岁	30	83.3	16.7
45-49 岁	13	84.6	15.4
50 岁以上	29	93.1	6.9

● 重庆（Chongqing）

	人数	去过	没有去过
样本	**600**	**83.7**	**16.3**
男性	**308**	**78.9**	**21.1**
16-19 岁	43	65.1	34.9
20-24 岁	53	86.8	13.2
25-29 岁	43	76.7	23.3
30-34 岁	38	81.6	18.4
35-39 岁	39	82.1	17.9
40-44 岁	30	73.3	26.7
45-49 岁	25	88.0	12.0
50 岁以上	37	78.4	21.6
女性	**292**	**88.7**	**11.3**
16-19 岁	43	86.0	14.0
20-24 岁	53	88.7	11.3
25-29 岁	32	93.8	6.3
30-34 岁	33	81.8	18.2
35-39 岁	35	94.3	5.7
40-44 岁	32	84.4	15.6
45-49 岁	27	96.3	3.7
50 岁以上	37	86.5	13.5

1-3 样本总体、男性各年龄层、女性各年龄层最近三个月去百货公司/购物中心的频率 / Frequencies of Visiting Department Stores/Shopping Centers in the Last Three Months by the Whole Sample, Age and Gender Groups

● 北京（Beijing）

	人数	1周1次左右	2周1次左右	约1个月1次	2-3月1次及以下
样本	**498**	**24.7**	**29.1**	**31.1**	**15.1**
男性	**227**	**22.9**	**28.6**	**33.5**	**15.0**
16-19岁	22	18.2	18.2	45.5	18.2
20-24岁	29	37.9	27.6	27.6	6.9
25-29岁	35	25.7	28.6	31.4	14.3
30-34岁	39	20.5	41.0	28.2	10.3
35-39岁	30	26.7	16.7	43.3	13.3
40-44岁	28	17.9	25.0	32.1	25.0
45-49岁	17	11.8	41.2	23.5	23.5
50岁以上	27	18.5	29.6	37.0	14.8
女性	**271**	**26.2**	**29.5**	**29.2**	**15.1**
16-19岁	21	47.6	28.6	19.0	4.8
20-24岁	31	29.0	29.0	38.7	3.2
25-29岁	33	27.3	27.3	30.3	15.2
30-34岁	48	33.3	33.3	29.2	4.2
35-39岁	44	20.5	29.5	27.3	22.7
40-44岁	35	20.0	25.7	28.6	25.7
45-49岁	19	26.3	15.8	31.6	26.3
50岁以上	40	15.0	37.5	27.5	20.0

● 上海（Shanghai）

	人数	1周1次左右	2周1次左右	约1个月1次	2-3月1次及以下
样本	**516**	**24.8**	**28.9**	**32.2**	**14.1**
男性	**258**	**21.3**	**25.2**	**39.1**	**14.3**
16-19岁	20	30.0	20.0	30.0	20.0
20-24岁	26	23.1	30.8	46.2	0.0
25-29岁	39	20.5	28.2	41.0	10.3
30-34岁	47	27.7	21.3	31.9	19.1
35-39岁	43	20.9	20.9	46.5	11.6
40-44岁	23	13.0	30.4	39.1	17.4
45-49岁	23	17.4	21.7	43.5	17.4
50岁以上	37	16.2	29.7	35.1	18.9
女性	**258**	**28.3**	**32.6**	**25.2**	**14.0**
16-19岁	20	40.0	20.0	30.0	10.0
20-24岁	29	20.7	51.7	24.1	3.4
25-29岁	33	18.2	51.5	21.2	9.1
30-34岁	47	44.7	23.4	10.6	21.3
35-39岁	38	26.3	31.6	31.6	10.5
40-44岁	29	31.0	27.6	27.6	13.8
45-49岁	20	20.0	20.0	35.0	25.0
50岁以上	42	21.4	31.0	31.0	16.7

● 广州（Guangzhou）

	人数	1周1次左右	2周1次左右	约1个月1次	2-3月1次及以下
样本	**529**	**26.5**	**28.4**	**32.3**	**12.9**
男性	**236**	**23.7**	**26.7**	**36.0**	**13.6**
16-19岁	21	4.8	23.8	42.9	28.6
20-24岁	32	34.4	28.1	28.1	9.4
25-29岁	31	32.3	22.6	35.5	9.7
30-34岁	31	22.6	25.8	32.3	19.4
35-39岁	34	32.4	29.4	32.4	5.9
40-44岁	33	18.2	39.4	36.4	6.1
45-49岁	20	15.0	20.0	35.0	30.0
50岁以上	34	20.6	20.6	47.1	11.8
女性	**293**	**28.7**	**29.7**	**29.4**	**12.3**
16-19岁	47	27.7	36.2	21.3	14.9
20-24岁	42	38.1	28.6	26.2	7.1
25-29岁	58	32.8	25.9	32.8	8.6
30-34岁	44	29.5	31.8	34.1	4.5
35-39岁	39	28.2	38.5	17.9	15.4
40-44岁	25	16.0	28.0	32.0	24.0
45-49岁	11	27.3	9.1	36.4	27.3
50岁以上	27	18.5	22.2	44.4	14.8

● 重庆（Chongqing）

	人数	1周1次左右	2周1次左右	约1个月1次	2-3月1次及以下
样本	**501**	**25.9**	**31.5**	**30.1**	**12.4**
男性	**243**	**22.6**	**31.3**	**32.5**	**13.6**
16-19岁	28	39.3	32.1	14.3	14.3
20-24岁	46	26.1	34.8	32.6	6.5
25-29岁	33	21.2	42.4	27.3	9.1
30-34岁	31	16.1	35.5	29.0	19.4
35-39岁	32	12.5	31.3	46.9	9.4
40-44岁	22	13.6	13.6	54.5	18.2
45-49岁	22	40.9	18.2	36.4	4.5
50岁以上	29	13.8	31.0	24.1	31.0
女性	**258**	**29.1**	**31.8**	**27.9**	**11.2**
16-19岁	37	21.6	40.5	27.0	10.8
20-24岁	47	31.9	40.4	19.1	8.5
25-29岁	30	26.7	30.0	30.0	13.3
30-34岁	27	22.2	29.6	40.7	7.4
35-39岁	33	42.4	27.3	18.2	12.1
40-44岁	27	44.4	22.2	22.2	11.1
45-49岁	25	28.0	24.0	28.0	20.0
50岁以上	32	15.6	31.3	43.8	9.4

1-4 样本总体、男性各年龄层、女性各年龄层在百货公司/购物中心购买商品的种类 / Categories of Commodity Purchased in Department Stores/Shopping Centers by the Whole Sample, Age and Gender Groups

注：本题为多选题，合计百分比超过 100%（Multiple answers）

● 北京（Beijing）

	人数	化妆/保养品	箱包皮具	鞋/帽/袜类	内衣	成人服装	首饰	童装/婴儿用品	厨房用品	日用品
样本	**497**	**15.3**	**1.8**	**30.6**	**12.5**	**44.9**	**3.8**	**11.1**	**2.4**	**41.0**
男性	**226**	**6.6**	**2.7**	**35.4**	**8.4**	**40.7**	**2.2**	**11.9**	**3.1**	**41.6**
16-19 岁	22	0.0	0.0	18.2	9.1	22.7	0.0	0.0	0.0	40.9
20-24 岁	28	7.1	0.0	32.1	7.1	35.7	0.0	0.0	0.0	25.0
25-29 岁	35	2.9	5.7	31.4	5.7	54.3	5.7	5.7	0.0	48.6
30-34 岁	39	15.4	2.6	38.5	10.3	56.4	2.6	20.5	5.1	41.0
35-39 岁	30	3.3	0.0	36.7	6.7	33.3	3.3	26.7	6.7	36.7
40-44 岁	28	3.6	0.0	46.4	10.7	35.7	0.0	21.4	10.7	53.6
45-49 岁	17	17.6	5.9	41.2	0.0	23.5	0.0	11.8	0.0	41.2
50 岁以上	27	3.7	7.4	37.0	14.8	44.4	3.7	3.7	0.0	44.4
女性	**271**	**22.5**	**1.1**	**26.6**	**15.9**	**48.3**	**5.2**	**10.3**	**1.8**	**40.6**
16-19 岁	21	14.3	0.0	14.3	4.8	42.9	4.8	0.0	0.0	9.5
20-24 岁	31	38.7	3.2	22.6	19.4	54.8	9.7	0.0	0.0	38.7
25-29 岁	33	48.5	0.0	18.2	27.3	66.7	6.1	24.2	3.0	30.3
30-34 岁	48	25.0	0.0	29.2	14.6	58.3	4.2	14.6	0.0	37.5
35-39 岁	44	18.2	4.5	34.1	15.9	47.7	4.5	20.5	2.3	38.6
40-44 岁	35	8.6	0.0	28.6	5.7	31.4	5.7	5.7	0.0	60.0
45-49 岁	19	10.5	0.0	21.1	26.3	47.4	5.3	0.0	0.0	42.1
50 岁以上	40	12.5	0.0	32.5	15.0	35.0	2.5	5.0	7.5	55.0

续上表（continued）

	人数	图书	音像制品	家用电器	体育用品	家俱/室内装饰	文具	布匹	食品	其他
样本	**497**	**6.4**	**8.7**	**9.5**	**6.4**	**8.2**	**2.4**	**7.6**	**28.0**	**1.2**
男性	**226**	**7.1**	**12.8**	**12.4**	**11.1**	**6.2**	**2.2**	**2.7**	**24.8**	**1.8**
16-19 岁	22	18.2	22.7	0.0	31.8	22.7	0.0	0.0	31.8	0.0
20-24 岁	28	14.3	39.3	14.3	25.0	3.6	3.6	0.0	14.3	3.6
25-29 岁	35	2.9	14.3	14.3	14.3	0.0	0.0	2.9	20.0	2.9
30-34 岁	39	2.6	5.1	10.3	5.1	7.7	2.6	0.0	23.1	0.0
35-39 岁	30	3.3	6.7	6.7	6.7	3.3	3.3	3.3	26.7	3.3
40-44 岁	28	3.6	3.6	0.0	3.6	7.1	3.6	7.1	25.0	0.0
45-49 岁	17	11.8	11.8	35.3	5.9	11.8	5.9	5.9	23.5	5.9
50 岁以上	27	7.4	3.7	25.9	0.0	0.0	0.0	3.7	37.0	0.0
女性	**271**	**5.9**	**5.2**	**7.0**	**2.6**	**10.0**	**2.6**	**11.8**	**30.6**	**0.7**
16-19 岁	21	14.3	33.3	9.5	9.5	33.3	0.0	0.0	23.8	4.8
20-24 岁	31	3.2	9.7	0.0	3.2	9.7	3.2	12.9	32.3	0.0
25-29 岁	33	6.1	6.1	3.0	0.0	0.0	0.0	3.0	9.1	0.0
30-34 岁	48	0.0	2.1	2.1	2.1	2.1	6.3	14.6	29.2	2.1
35-39 岁	44	6.8	0.0	18.2	2.3	9.1	2.3	6.8	22.7	0.0
40-44 岁	35	8.6	0.0	5.7	5.7	20.0	0.0	11.4	48.6	0.0
45-49 岁	19	21.1	5.3	10.5	0.0	10.5	5.3	10.5	47.4	0.0
50 岁以上	40	0.0	0.0	7.5	0.0	7.5	2.5	27.5	37.5	0.0

● 上海（Shanghai）

	人数	化妆/保养品	箱包皮具	鞋/帽/袜类	内衣	成人服装	首饰	童装/婴儿用品	厨房用品	日用品
样本	**518**	**12.9**	**2.1**	**19.9**	**12.5**	**43.2**	**3.5**	**10.2**	**3.9**	**37.6**
男性	**260**	**4.6**	**1.9**	**22.7**	**7.7**	**41.2**	**2.3**	**9.6**	**3.1**	**38.5**
16-19 岁	20	0.0	0.0	20.0	0.0	20.0	0.0	0.0	0.0	40.0
20-24 岁	26	3.8	0.0	26.9	7.7	38.5	0.0	3.8	3.8	23.1
25-29 岁	39	7.7	7.7	23.1	2.6	46.2	0.0	7.7	7.7	25.6
30-34 岁	47	2.1	0.0	19.1	4.3	48.9	2.1	14.9	4.3	44.7
35-39 岁	43	2.3	0.0	30.2	18.6	34.9	7.0	14.0	4.7	32.6
40-44 岁	24	0.0	4.2	16.7	4.2	37.5	4.2	4.2	0.0	50.0
45-49 岁	23	13.0	4.3	21.7	4.3	43.5	0.0	8.7	0.0	43.5
50 岁以上	38	7.9	0.0	21.1	13.2	47.4	2.6	13.2	0.0	50.0
女性	**258**	**21.3**	**2.3**	**17.1**	**17.4**	**45.3**	**4.7**	**10.9**	**4.7**	**36.8**
16-19 岁	20	10.0	0.0	30.0	10.0	60.0	10.0	0.0	0.0	20.0
20-24 岁	29	24.1	3.4	6.9	17.2	65.5	6.9	0.0	0.0	31.0
25-29 岁	33	30.3	9.1	27.3	27.3	51.5	3.0	18.2	0.0	21.2
30-34 岁	47	21.3	0.0	14.9	19.1	46.8	2.1	23.4	4.3	40.4
35-39 岁	38	26.3	2.6	18.4	31.6	31.6	5.3	13.2	5.3	34.2
40-44 岁	29	34.5	0.0	13.8	6.9	48.3	6.9	10.3	13.8	48.3
45-49 岁	20	15.0	0.0	15.0	10.0	40.0	5.0	5.0	5.0	40.0
50 岁以上	42	7.1	2.4	14.3	9.5	31.0	2.4	4.8	7.1	50.0

续上表（continued）

	人数	图书	音像制品	家用电器	体育用品	家俱/室内装饰	文具	布匹	食品	其他
样本	**518**	**7.9**	**8.1**	**12.4**	**3.7**	**8.1**	**1.5**	**2.9**	**29.0**	**2.1**
男性	**260**	**10.0**	**9.2**	**11.5**	**6.2**	**9.6**	**1.9**	**1.9**	**26.9**	**3.5**
16-19 岁	20	30.0	25.0	15.0	20.0	20.0	0.0	0.0	45.0	0.0
20-24 岁	26	19.2	7.7	7.7	26.9	19.2	3.8	3.8	26.9	0.0
25-29 岁	39	7.7	20.5	12.8	2.6	2.6	2.6	2.6	33.3	0.0
30-34 岁	47	6.4	6.4	10.6	4.3	2.1	2.1	2.1	27.7	4.3
35-39 岁	43	11.6	2.3	9.3	2.3	11.6	2.3	2.3	20.9	2.3
40-44 岁	24	12.5	8.3	12.5	0.0	8.3	0.0	4.2	8.3	20.8
45-49 岁	23	4.3	13.0	13.0	4.3	17.4	4.3	0.0	30.4	0.0
50 岁以上	38	0.0	0.0	13.2	0.0	7.9	0.0	0.0	26.3	2.6
女性	**258**	**5.8**	**7.0**	**13.2**	**1.2**	**6.6**	**1.2**	**3.9**	**31.0**	**0.8**
16-19 岁	20	10.0	15.0	15.0	5.0	30.0	0.0	0.0	30.0	0.0
20-24 岁	29	10.3	20.7	10.3	0.0	3.4	0.0	3.4	17.2	0.0
25-29 岁	33	0.0	3.0	12.1	0.0	0.0	3.0	3.0	24.2	0.0
30-34 岁	47	2.1	10.6	12.8	0.0	6.4	0.0	0.0	29.8	2.1
35-39 岁	38	2.6	0.0	15.8	2.6	2.6	2.6	5.3	39.5	2.6
40-44 岁	29	6.9	3.4	13.8	0.0	6.9	3.4	0.0	27.6	0.0
45-49 岁	20	5.0	5.0	15.0	0.0	10.0	0.0	10.0	35.0	0.0
50 岁以上	42	11.9	2.4	11.9	2.4	4.8	0.0	9.5	40.5	0.0

● 广州（Guangzhou）

	人数	化妆/保养品	箱包皮具	鞋/帽/袜类	内衣	成人服装	首饰	童装/婴儿用品	厨房用品	日用品
样本	**526**	**15.0**	**1.3**	**9.7**	**5.9**	**22.6**	**2.9**	**9.5**	**8.2**	**61.6**
男性	**234**	**6.8**	**1.3**	**15.8**	**4.3**	**28.6**	**1.7**	**9.0**	**7.3**	**53.8**
16-19 岁	21	0.0	4.8	14.3	0.0	19.0	0.0	4.8	9.5	33.3
20-24 岁	32	6.3	0.0	28.1	0.0	40.6	0.0	0.0	3.1	43.8
25-29 岁	31	12.9	0.0	9.7	3.2	32.3	0.0	12.9	6.5	45.2
30-34 岁	30	10.0	0.0	20.0	3.3	26.7	0.0	23.3	6.7	53.3
35-39 岁	33	6.1	3.0	12.1	6.1	21.2	3.0	18.2	9.1	51.5
40-44 岁	33	9.1	3.0	9.1	6.1	21.2	6.1	9.1	6.1	66.7
45-49 岁	20	0.0	0.0	15.0	15.0	35.0	0.0	0.0	25.0	60.0
50 岁以上	34	5.9	0.0	17.6	2.9	32.4	2.9	0.0	0.0	70.6
女性	**292**	**21.6**	**1.4**	**4.8**	**7.2**	**17.8**	**3.8**	**9.9**	**8.9**	**67.8**
16-19 岁	47	19.1	4.3	4.3	8.5	12.8	4.3	2.1	0.0	51.1
20-24 岁	43	30.2	0.0	0.0	14.0	11.6	7.0	4.7	4.7	65.1
25-29 岁	58	36.2	0.0	5.2	10.3	24.1	6.9	17.2	6.9	63.8
30-34 岁	43	14.0	2.3	2.3	9.3	23.3	2.3	25.6	9.3	69.8
35-39 岁	39	15.4	0.0	5.1	2.6	17.9	2.6	7.7	17.9	69.2
40-44 岁	25	16.0	0.0	12.0	0.0	4.0	0.0	8.0	12.0	84.0
45-49 岁	11	9.1	0.0	9.1	0.0	27.3	0.0	0.0	27.3	63.6
50 岁以上	26	11.5	3.8	7.7	0.0	23.1	0.0	0.0	11.5	92.3

续上表（continued）

	人数	图书	音像制品	家用电器	体育用品	家俱/室内装饰	文具	布匹	食品	其他
样本	**526**	**6.5**	**4.8**	**10.5**	**5.3**	**1.9**	**13.1**	**0.6**	**39.2**	**1.3**
男性	**234**	**6.8**	**6.4**	**13.2**	**8.5**	**0.9**	**12.0**	**0.4**	**31.6**	**2.1**
16-19 岁	21	19.0	14.3	19.0	28.6	0.0	38.1	0.0	23.8	0.0
20-24 岁	32	3.1	9.4	9.4	15.6	3.1	12.5	0.0	25.0	3.1
25-29 岁	31	6.5	12.9	22.6	3.2	0.0	6.5	0.0	38.7	0.0
30-34 岁	30	0.0	0.0	10.0	6.7	0.0	10.0	0.0	23.3	0.0
35-39 岁	33	15.2	0.0	9.1	9.1	0.0	3.0	0.0	39.4	3.0
40-44 岁	33	0.0	9.1	18.2	3.0	3.0	12.1	0.0	39.4	6.1
45-49 岁	20	15.0	0.0	15.0	0.0	0.0	10.0	5.0	35.0	0.0
50 岁以上	34	2.9	5.9	5.9	5.9	0.0	11.8	0.0	26.5	2.9
女性	**292**	**6.2**	**3.4**	**8.2**	**2.7**	**2.7**	**14.0**	**0.7**	**45.2**	**0.7**
16-19 岁	47	8.5	12.8	10.6	6.4	6.4	25.5	0.0	48.9	0.0
20-24 岁	43	2.3	0.0	11.6	7.0	2.3	7.0	0.0	60.5	0.0
25-29 岁	58	6.9	3.4	6.9	1.7	5.2	6.9	0.0	39.7	1.7
30-34 岁	43	4.7	0.0	2.3	0.0	0.0	11.6	2.3	32.6	0.0
35-39 岁	39	15.4	0.0	10.3	0.0	0.0	20.5	2.6	48.7	0.0
40-44 岁	25	0.0	0.0	8.0	4.0	0.0	24.0	0.0	48.0	0.0
45-49 岁	11	0.0	18.2	18.2	0.0	0.0	9.1	0.0	54.5	0.0
50 岁以上	26	3.8	0.0	3.8	0.0	3.8	7.7	0.0	34.6	3.8

● 重庆（Chongqing）

	人数	化妆/保养品	箱包皮具	鞋/帽/袜类	内衣	成人服装	首饰	童装/婴儿用品	厨房用品	日用品
样本	**502**	**15.3**	**1.2**	**14.1**	**5.0**	**35.1**	**4.0**	**9.2**	**2.8**	**53.0**
男性	**243**	**6.2**	**1.2**	**14.4**	**2.9**	**38.3**	**2.5**	**8.6**	**3.3**	**47.7**
16-19 岁	28	3.6	0.0	17.9	3.6	21.4	3.6	0.0	0.0	35.7
20-24 岁	46	8.7	2.2	17.4	4.3	43.5	0.0	2.2	2.2	37.0
25-29 岁	33	3.0	3.0	9.1	0.0	42.4	3.0	15.2	0.0	66.7
30-34 岁	31	12.9	0.0	6.5	3.2	45.2	3.2	22.6	3.2	48.4
35-39 岁	32	6.3	0.0	15.6	0.0	53.1	3.1	12.5	6.3	40.6
40-44 岁	22	9.1	0.0	27.3	9.1	31.8	4.5	9.1	9.1	50.0
45-49 岁	22	4.5	4.5	18.2	0.0	40.9	4.5	0.0	0.0	31.8
50 岁以上	29	0.0	0.0	6.9	3.4	20.7	0.0	6.9	6.9	72.4
女性	**259**	**23.9**	**1.2**	**13.9**	**6.9**	**32.0**	**5.4**	**9.7**	**2.3**	**57.9**
16-19 岁	37	24.3	2.7	10.8	2.7	27.0	2.7	0.0	0.0	51.4
20-24 岁	47	38.3	2.1	23.4	14.9	36.2	10.6	8.5	0.0	59.6
25-29 岁	30	23.3	0.0	6.7	3.3	16.7	3.3	26.7	6.7	53.3
30-34 岁	27	22.2	0.0	11.1	7.4	37.0	11.1	29.6	3.7	55.6
35-39 岁	33	33.3	3.0	18.2	6.1	36.4	0.0	9.1	3.0	48.5
40-44 岁	27	22.2	0.0	14.8	7.4	25.9	0.0	0.0	7.4	59.3
45-49 岁	26	15.4	0.0	7.7	3.8	42.3	7.7	0.0	0.0	61.5
50 岁以上	32	3.1	0.0	12.5	6.3	34.4	6.3	6.3	0.0	75.0

续上表（continued）

	人数	图书	音像制品	家用电器	体育用品	家俱/室内装饰	文具	布匹	食品	其他
样本	**502**	**4.6**	**6.4**	**12.4**	**2.2**	**1.2**	**8.4**	**0.6**	**27.3**	**2.8**
男性	**243**	**6.6**	**8.6**	**14.8**	**3.3**	**1.2**	**7.0**	**0.0**	**24.3**	**4.9**
16-19 岁	28	17.9	17.9	3.6	7.1	3.6	25.0	0.0	39.3	3.6
20-24 岁	46	4.3	15.2	19.6	6.5	2.2	4.3	0.0	23.9	0.0
25-29 岁	33	6.1	9.1	15.2	0.0	0.0	0.0	0.0	30.3	3.0
30-34 岁	31	3.2	9.7	25.8	3.2	0.0	3.2	0.0	22.6	6.5
35-39 岁	32	0.0	6.3	12.5	3.1	0.0	3.1	0.0	18.8	0.0
40-44 岁	22	9.1	4.5	9.1	4.5	0.0	9.1	0.0	9.1	4.5
45-49 岁	22	9.1	0.0	13.6	0.0	4.5	13.6	0.0	22.7	9.1
50 岁以上	29	6.9	0.0	13.8	0.0	0.0	3.4	0.0	24.1	17.2
女性	**259**	**2.7**	**4.2**	**10.0**	**1.2**	**1.2**	**9.7**	**1.2**	**30.1**	**0.8**
16-19 岁	37	5.4	10.8	8.1	5.4	0.0	21.6	2.7	27.0	0.0
20-24 岁	47	2.1	2.1	6.4	0.0	2.1	0.0	0.0	31.9	0.0
25-29 岁	30	3.3	3.3	13.3	0.0	0.0	3.3	0.0	36.7	3.3
30-34 岁	27	0.0	3.7	7.4	0.0	0.0	18.5	0.0	37.0	0.0
35-39 岁	33	3.0	0.0	12.1	3.0	3.0	15.2	3.0	30.3	0.0
40-44 岁	27	3.7	3.7	11.1	0.0	0.0	18.5	0.0	25.9	0.0
45-49 岁	26	3.8	7.7	11.5	0.0	0.0	3.8	0.0	26.9	0.0
50 岁以上	32	0.0	3.1	12.5	0.0	3.1	0.0	3.1	25.0	3.1

1-5 样本总体、男性各年龄层、女性各年龄层常与谁一起去百货公司/购物中心 / With Whom When Visiting Department Stores/Shopping Centers by the Whole Sample, Age and Gender Groups

● 北京（Beijing）

	人数	家人或亲戚	朋友	同事/同学	单独
样本	**497**	**59.4**	**15.1**	**8.7**	**16.9**
男性	**226**	**64.2**	**16.4**	**7.1**	**12.4**
16-19 岁	22	31.8	31.8	22.7	13.6
20-24 岁	28	35.7	39.3	17.9	7.1
25-29 岁	35	48.6	34.3	8.6	8.6
30-34 岁	39	71.8	10.3	2.6	15.4
35-39 岁	30	83.3	3.3	3.3	10.0
40-44 岁	28	78.6	3.6	0.0	17.9
45-49 岁	17	76.5	5.9	0.0	17.6
50 岁以上	27	85.2	0.0	3.7	11.1
女性	**271**	**55.4**	**14.0**	**10.0**	**20.7**
16-19 岁	21	47.6	28.6	23.8	0.0
20-24 岁	31	35.5	25.8	22.6	16.1
25-29 岁	33	39.4	33.3	6.1	21.2
30-34 岁	48	58.3	6.3	12.5	22.9
35-39 岁	44	59.1	13.6	4.5	22.7
40-44 岁	35	74.3	0.0	8.6	17.1
45-49 岁	19	57.9	5.3	5.3	31.6
50 岁以上	40	62.5	7.5	2.5	27.5

● 上海（Shanghai）

	人数	家人或亲戚	朋友	同事/同学	单独
样本	**514**	**59.1**	**16.1**	**8.8**	**16.0**
男性	**257**	**57.2**	**16.3**	**8.2**	**18.3**
16-19 岁	20	50.0	15.0	25.0	10.0
20-24 岁	25	24.0	28.0	20.0	28.0
25-29 岁	39	28.2	33.3	12.8	25.6
30-34 岁	46	56.5	28.3	4.3	10.9
35-39 岁	42	66.7	2.4	2.4	28.6
40-44 岁	24	83.3	8.3	0.0	8.3
45-49 岁	23	73.9	8.7	4.3	13.0
50 岁以上	38	76.3	2.6	5.3	15.8
女性	**257**	**61.1**	**16.0**	**9.3**	**13.6**
16-19 岁	20	30.0	25.0	30.0	15.0
20-24 岁	28	35.7	28.6	21.4	14.3
25-29 岁	33	57.6	21.2	18.2	3.0
30-34 岁	47	68.1	21.3	2.1	8.5
35-39 岁	38	71.1	10.5	2.6	15.8
40-44 岁	29	65.5	10.3	0.0	24.1
45-49 岁	20	90.0	5.0	0.0	5.0
50 岁以上	42	61.9	7.1	9.5	21.4

● 广州（Guangzhou）

	人数	家人或亲戚	朋友	同事/同学	单独
样本	**527**	**55.0**	**21.6**	**9.9**	**13.5**
男性	**234**	**56.4**	**19.7**	**9.0**	**15.0**
16-19岁	21	28.6	38.1	33.3	0.0
20-24岁	32	25.0	46.9	15.6	12.5
25-29岁	31	35.5	29.0	16.1	19.4
30-34岁	31	74.2	12.9	0.0	12.9
35-39岁	34	73.5	17.6	2.9	5.9
40-44岁	33	75.8	0.0	3.0	21.2
45-49岁	19	52.6	5.3	10.5	31.6
50岁以上	33	72.7	9.1	0.0	18.2
女性	**293**	**53.9**	**23.2**	**10.6**	**12.3**
16-19岁	47	44.7	36.2	17.0	2.1
20-24岁	43	39.5	32.6	11.6	16.3
25-29岁	58	48.3	37.9	10.3	3.4
30-34岁	44	56.8	15.9	6.8	20.5
35-39岁	39	69.2	2.6	12.8	15.4
40-44岁	25	68.0	8.0	4.0	20.0
45-49岁	11	90.9	0.0	9.1	0.0
50岁以上	26	50.0	19.2	7.7	23.1

● 重庆（Chongqing）

	人数	家人或亲戚	朋友	同事/同学	单独
样本	**502**	**54.2**	**18.5**	**10.4**	**16.9**
男性	**243**	**52.7**	**16.5**	**11.5**	**19.3**
16-19岁	28	32.1	21.4	35.7	10.7
20-24岁	46	26.1	37.0	19.6	17.4
25-29岁	33	45.5	24.2	6.1	24.2
30-34岁	31	77.4	6.5	3.2	12.9
35-39岁	32	56.3	15.6	6.3	21.9
40-44岁	22	72.7	0.0	4.5	22.7
45-49岁	22	63.6	4.5	13.6	18.2
50岁以上	29	69.0	3.4	0.0	27.6
女性	**259**	**55.6**	**20.5**	**9.3**	**14.7**
16-19岁	37	48.6	21.6	16.2	13.5
20-24岁	47	27.7	46.8	12.8	12.8
25-29岁	30	66.7	16.7	6.7	10.0
30-34岁	27	70.4	7.4	11.1	11.1
35-39岁	33	57.6	21.2	9.1	12.1
40-44岁	27	40.7	22.2	14.8	22.2
45-49岁	26	73.1	11.5	0.0	15.4
50岁以上	32	78.1	0.0	0.0	21.9

1-6 样本总体、男性各年龄层、女性各年龄层选择百货公司/购物中心时的考虑因素 / Considerations in Selecting the Department Store/Shopping Center by the Whole Sample, Age and Gender Groups

注：本题为多选题，合计百分比超过 100%（Multiple answers）

● 北京（Beijing）

	人数	交通便利	质量可靠	价格适中	商品种类齐全	空间宽敞	经常有促销活动	室内外装璜现代化
样本	**497**	**71.6**	**45.7**	**41.2**	**37.0**	**9.1**	**2.4**	**4.4**
男性	**226**	**69.0**	**46.0**	**37.2**	**36.3**	**9.3**	**1.3**	**4.0**
16-19 岁	22	54.5	31.8	36.4	31.8	9.1	0.0	9.1
20-24 岁	28	71.4	50.0	46.4	32.1	7.1	0.0	0.0
25-29 岁	35	68.6	37.1	40.0	45.7	8.6	2.9	0.0
30-34 岁	39	61.5	51.3	28.2	28.2	7.7	2.6	7.7
35-39 岁	30	83.3	43.3	40.0	26.7	16.7	0.0	3.3
40-44 岁	28	67.9	42.9	21.4	57.1	17.9	3.6	3.6
45-49 岁	17	76.5	52.9	41.2	35.3	0.0	0.0	5.9
50 岁以上	27	70.4	59.3	48.1	33.3	3.7	0.0	3.7
女性	**271**	**73.8**	**45.4**	**44.6**	**37.6**	**8.9**	**3.3**	**4.8**
16-19 岁	21	76.2	47.6	33.3	38.1	14.3	0.0	4.8
20-24 岁	31	61.3	19.4	48.4	35.5	12.9	9.7	9.7
25-29 岁	33	69.7	48.5	27.3	42.4	0.0	3.0	9.1
30-34 岁	48	77.1	50.0	41.7	47.9	4.2	8.3	0.0
35-39 岁	44	75.0	45.5	50.0	25.0	13.6	0.0	6.8
40-44 岁	35	82.9	48.6	60.0	40.0	11.4	0.0	0.0
45-49 岁	19	73.7	52.6	42.1	57.9	10.5	0.0	5.3
50 岁以上	40	72.5	50.0	47.5	25.0	7.5	2.5	5.0

续上表（continued）

	人数	餐饮休息服务配套	服务态度好	退换商品方便	可送货上门	大型商品保修	有大量进口商品	其他
样本	**497**	**3.6**	**20.5**	**16.5**	**1.6**	**1.4**	**1.2**	**1.2**
男性	**226**	**4.4**	**21.7**	**15.9**	**1.3**	**1.3**	**0.4**	**2.7**
16-19 岁	22	9.1	50.0	9.1	0.0	0.0	0.0	4.5
20-24 岁	28	7.1	14.3	17.9	0.0	0.0	0.0	3.6
25-29 岁	35	0.0	22.9	22.9	0.0	2.9	2.9	2.9
30-34 岁	39	7.7	23.1	17.9	2.6	2.6	0.0	2.6
35-39 岁	30	3.3	13.3	3.3	0.0	0.0	0.0	0.0
40-44 岁	28	0.0	17.9	21.4	0.0	3.6	0.0	0.0
45-49 岁	17	5.9	11.8	17.6	5.9	0.0	0.0	5.9
50 岁以上	27	3.7	22.2	14.8	3.7	0.0	0.0	3.7
女性	**271**	**3.0**	**19.6**	**17.0**	**1.8**	**1.5**	**1.8**	**0.0**
16-19 岁	21	9.5	23.8	0.0	0.0	0.0	0.0	0.0
20-24 岁	31	6.5	19.4	16.1	0.0	0.0	6.5	0.0
25-29 岁	33	3.0	18.2	24.2	6.1	0.0	3.0	0.0
30-34 岁	48	4.2	18.8	18.8	0.0	2.1	4.2	0.0
35-39 岁	44	0.0	22.7	11.4	2.3	0.0	0.0	0.0
40-44 岁	35	0.0	5.7	34.3	0.0	2.9	0.0	0.0
45-49 岁	19	0.0	15.8	5.3	0.0	0.0	0.0	0.0
50 岁以上	40	2.5	30.0	15.0	5.0	5.0	0.0	0.0

● 上海（Shanghai）

	人数	交通便利	质量可靠	价格适中	商品种类齐全	空间宽敞	经常有促销活动	室内外装璜现代化
样本	**518**	**55.2**	**51.9**	**31.7**	**36.9**	**9.1**	**6.4**	**4.6**
男性	**260**	**57.3**	**50.8**	**32.7**	**40.0**	**8.1**	**3.5**	**4.2**
16-19 岁	20	75.0	50.0	35.0	35.0	10.0	5.0	0.0
20-24 岁	26	57.7	38.5	38.5	42.3	7.7	7.7	3.8
25-29 岁	39	56.4	56.4	17.9	43.6	10.3	0.0	10.3
30-34 岁	47	59.6	44.7	29.8	38.3	8.5	2.1	4.3
35-39 岁	43	58.1	48.8	30.2	32.6	11.6	0.0	4.7
40-44 岁	24	50.0	62.5	33.3	33.3	4.2	0.0	0.0
45-49 岁	23	52.2	65.2	34.8	56.5	13.0	13.0	4.3
50 岁以上	38	52.6	47.4	47.4	42.1	0.0	5.3	2.6
女性	**258**	**53.1**	**53.1**	**30.6**	**33.7**	**10.1**	**9.3**	**5.0**
16-19 岁	20	45.0	55.0	10.0	40.0	25.0	5.0	15.0
20-24 岁	29	65.5	37.9	31.0	31.0	3.4	17.2	6.9
25-29 岁	33	51.5	54.5	33.3	36.4	12.1	12.1	9.1
30-34 岁	47	44.7	36.2	23.4	40.4	14.9	10.6	6.4
35-39 岁	38	57.9	71.1	31.6	23.7	2.6	7.9	2.6
40-44 岁	29	55.2	62.1	41.4	27.6	10.3	6.9	0.0
45-49 岁	20	45.0	70.0	25.0	50.0	0.0	5.0	0.0
50 岁以上	42	57.1	50.0	40.5	28.6	11.9	7.1	2.4

续上表（continued）

	人数	餐饮休息服务配套	服务态度好	退换商品方便	可送货上门	大型商品保修	有大量进口商品	其他
样本	**518**	**3.5**	**20.7**	**8.7**	**1.9**	**3.1**	**3.1**	**1.5**
男性	**260**	**3.8**	**20.0**	**6.5**	**1.9**	**3.1**	**1.9**	**0.8**
16-19 岁	20	0.0	35.0	0.0	0.0	0.0	5.0	0.0
20-24 岁	26	3.8	19.2	0.0	0.0	3.8	3.8	0.0
25-29 岁	39	7.7	10.3	5.1	2.6	0.0	7.7	0.0
30-34 岁	47	8.5	23.4	6.4	2.1	2.1	0.0	2.1
35-39 岁	43	4.7	20.9	9.3	2.3	7.0	0.0	0.0
40-44 岁	24	0.0	25.0	8.3	4.2	8.3	0.0	0.0
45-49 岁	23	0.0	17.4	8.7	0.0	0.0	0.0	0.0
50 岁以上	38	0.0	15.8	10.5	2.6	2.6	0.0	2.6
女性	**258**	**3.1**	**21.3**	**10.9**	**1.9**	**3.1**	**4.3**	**2.3**
16-19 岁	20	5.0	20.0	10.0	0.0	0.0	5.0	5.0
20-24 岁	29	3.4	17.2	6.9	3.4	3.4	13.8	3.4
25-29 岁	33	3.0	15.2	6.1	3.0	3.0	6.1	0.0
30-34 岁	47	10.6	29.8	21.3	2.1	2.1	2.1	2.1
35-39 岁	38	0.0	28.9	10.5	2.6	2.6	2.6	5.3
40-44 岁	29	0.0	13.8	13.8	3.4	6.9	3.4	0.0
45-49 岁	20	0.0	20.0	10.0	0.0	5.0	0.0	5.0
50 岁以上	42	0.0	19.0	4.8	0.0	2.4	2.4	0.0

● 广州（Guangzhou）

	人数	交通便利	质量可靠	价格适中	商品种类齐全	空间宽敞	经常有促销活动	室内外装璜现代化
样本	**532**	**57.9**	**48.9**	**22.9**	**38.7**	**11.7**	**3.0**	**8.3**
男性	**238**	**58.4**	**47.5**	**20.2**	**42.0**	**7.1**	**1.7**	**10.1**
16-19 岁	23	43.5	34.8	21.7	43.5	0.0	0.0	21.7
20-24 岁	32	59.4	46.9	15.6	43.8	15.6	0.0	3.1
25-29 岁	32	62.5	62.5	15.6	50.0	3.1	0.0	12.5
30-34 岁	29	69.0	51.7	27.6	24.1	0.0	0.0	10.3
35-39 岁	34	67.6	47.1	23.5	41.2	8.8	8.8	5.9
40-44 岁	33	57.6	45.5	21.2	39.4	12.1	3.0	9.1
45-49 岁	20	40.0	40.0	30.0	50.0	10.0	0.0	15.0
50 岁以上	35	57.1	45.7	11.4	45.7	5.7	0.0	8.6
女性	**294**	**57.5**	**50.0**	**25.2**	**36.1**	**15.3**	**4.1**	**6.8**
16-19 岁	47	61.7	46.8	14.9	34.0	21.3	4.3	10.6
20-24 岁	43	51.2	48.8	25.6	30.2	7.0	4.7	2.3
25-29 岁	58	60.3	55.2	32.8	43.1	13.8	8.6	13.8
30-34 岁	43	51.2	46.5	25.6	32.6	27.9	4.7	4.7
35-39 岁	39	53.8	53.8	23.1	33.3	10.3	0.0	5.1
40-44 岁	25	64.0	52.0	20.0	44.0	8.0	4.0	0.0
45-49 岁	11	72.7	54.5	36.4	36.4	9.1	0.0	0.0
50 岁以上	28	57.1	42.9	28.6	35.7	17.9	0.0	7.1

续上表（continued）

	人数	餐饮休息服务配套	服务态度好	退换商品方便	可送货上门	大型商品保修	有大量进口商品	其他
样本	**532**	**1.7**	**23.3**	**5.5**	**1.5**	**2.8**	**4.7**	**1.7**
男性	**238**	**1.7**	**23.1**	**5.9**	**1.7**	**3.4**	**4.6**	**1.3**
16-19 岁	23	0.0	17.4	13.0	0.0	4.3	17.4	0.0
20-24 岁	32	6.3	15.6	6.3	3.1	3.1	3.1	0.0
25-29 岁	32	3.1	37.5	6.3	0.0	0.0	6.3	3.1
30-34 岁	29	0.0	17.2	3.4	3.4	3.4	0.0	0.0
35-39 岁	34	2.9	26.5	2.9	2.9	0.0	2.9	2.9
40-44 岁	33	0.0	21.2	3.0	3.0	12.1	3.0	3.0
45-49 岁	20	0.0	30.0	15.0	0.0	0.0	0.0	0.0
50 岁以上	35	0.0	20.0	2.9	0.0	2.9	5.7	0.0
女性	**294**	**1.7**	**23.5**	**5.1**	**1.4**	**2.4**	**4.8**	**2.0**
16-19 岁	47	6.4	29.8	4.3	0.0	0.0	4.3	4.3
20-24 岁	43	0.0	27.9	7.0	0.0	2.3	11.6	2.3
25-29 岁	58	3.4	20.7	1.7	1.7	0.0	3.4	0.0
30-34 岁	43	0.0	11.6	11.6	0.0	4.7	4.7	2.3
35-39 岁	39	0.0	28.2	2.6	5.1	2.6	5.1	5.1
40-44 岁	25	0.0	20.0	0.0	4.0	0.0	4.0	0.0
45-49 岁	11	0.0	27.3	0.0	0.0	18.2	0.0	0.0
50 岁以上	28	0.0	25.0	10.7	0.0	3.6	0.0	0.0

● 重庆（Chongqing）

	人数	交通便利	质量可靠	价格适中	商品种类齐全	空间宽敞	经常有促销活动	室内外装璜现代化
样本	**502**	**43.4**	**69.3**	**26.3**	**43.0**	**5.0**	**1.4**	**5.6**
男性	**243**	**44.4**	**71.2**	**25.1**	**40.3**	**4.5**	**1.2**	**5.3**
16-19岁	28	32.1	78.6	35.7	42.9	3.6	3.6	10.7
20-24岁	46	41.3	73.9	13.0	50.0	4.3	0.0	13.0
25-29岁	33	54.5	63.6	21.2	45.5	6.1	0.0	0.0
30-34岁	31	35.5	77.4	12.9	45.2	3.2	0.0	6.5
35-39岁	32	46.9	71.9	18.8	34.4	3.1	3.1	3.1
40-44岁	22	45.5	72.7	22.7	45.5	9.1	4.5	4.5
45-49岁	22	45.5	63.6	50.0	22.7	0.0	0.0	0.0
50岁以上	29	55.2	65.5	41.4	27.6	6.9	0.0	0.0
女性	**259**	**42.5**	**67.6**	**27.4**	**45.6**	**5.4**	**1.5**	**5.8**
16-19岁	37	54.1	67.6	21.6	43.2	2.7	0.0	16.2
20-24岁	47	38.3	68.1	19.1	59.6	6.4	0.0	6.4
25-29岁	30	33.3	60.0	26.7	36.7	13.3	0.0	0.0
30-34岁	27	33.3	70.4	25.9	40.7	3.7	3.7	0.0
35-39岁	33	39.4	66.7	30.3	45.5	0.0	9.1	12.1
40-44岁	27	33.3	81.5	29.6	37.0	3.7	0.0	3.7
45-49岁	26	46.2	69.2	38.5	38.5	11.5	0.0	3.8
50岁以上	32	59.4	59.4	34.4	53.1	3.1	0.0	0.0

续上表（continued）

	人数	餐饮休息服务配套	服务态度好	退换商品方便	可送货上门	大型商品保修	有大量进口商品	其他
样本	**502**	**2.6**	**30.7**	**7.4**	**1.8**	**3.0**	**0.8**	**1.0**
男性	**243**	**0.4**	**32.1**	**9.5**	**1.2**	**2.9**	**0.8**	**2.1**
16-19岁	28	0.0	17.9	10.7	0.0	3.6	3.6	0.0
20-24岁	46	2.2	30.4	13.0	2.2	4.3	0.0	0.0
25-29岁	33	0.0	36.4	6.1	0.0	0.0	0.0	3.0
30-34岁	31	0.0	41.9	16.1	0.0	3.2	3.2	3.2
35-39岁	32	0.0	46.9	9.4	3.1	0.0	0.0	0.0
40-44岁	22	0.0	27.3	4.5	0.0	0.0	0.0	4.5
45-49岁	22	0.0	27.3	4.5	4.5	4.5	0.0	4.5
50岁以上	29	0.0	24.1	6.9	0.0	6.9	0.0	3.4
女性	**259**	**4.6**	**29.3**	**5.4**	**2.3**	**3.1**	**0.8**	**0.0**
16-19岁	37	8.1	27.0	2.7	0.0	2.7	0.0	0.0
20-24岁	47	4.3	31.9	4.3	2.1	4.3	0.0	0.0
25-29岁	30	3.3	30.0	13.3	3.3	10.0	0.0	0.0
30-34岁	27	14.8	33.3	11.1	3.7	3.7	0.0	0.0
35-39岁	33	3.0	42.4	6.1	0.0	0.0	3.0	0.0
40-44岁	27	3.7	25.9	3.7	0.0	0.0	3.7	0.0
45-49岁	26	0.0	15.4	3.8	7.7	0.0	0.0	0.0
50岁以上	32	0.0	25.0	0.0	3.1	3.1	0.0	0.0

1-7 重度消费者的人口分布 / Demographics of the Heavy Consumers

● 北京（Beijing）

	人数	16-19岁	20-24岁	25-29岁	30-34岁	35-39岁	40-44岁	45-49岁	50岁以上
样本	**268**	**9.0**	**13.8**	**13.8**	**20.9**	**13.1**	**10.4**	**6.3**	**12.7**
男性	**117**	**6.8**	**16.2**	**16.2**	**20.5**	**11.1**	**10.3**	**7.7**	**11.1**
1周1次以上	52	7.7	21.2	17.3	15.4	15.4	9.6	3.8	9.6
2周1次左右	65	6.2	12.3	15.4	24.6	7.7	10.8	10.8	12.3
女性	**151**	**10.6**	**11.9**	**11.9**	**21.2**	**14.6**	**10.6**	**5.3**	**13.9**
1周1次以上	71	14.1	12.7	12.7	22.5	12.7	9.9	7.0	8.5
2周1次左右	80	7.5	11.3	11.3	20.0	16.3	11.3	3.8	18.8

● 上海（Shanghai）

	人数	16-19岁	20-24岁	25-29岁	30-34岁	35-39岁	40-44岁	45-49岁	50岁以上
样本	**277**	**7.9**	**12.6**	**15.2**	**19.9**	**14.4**	**9.7**	**6.1**	**14.1**
男性	**120**	**8.3**	**11.7**	**15.8**	**19.2**	**15.0**	**8.3**	**7.5**	**14.2**
1周1次以上	55	10.9	10.9	14.5	23.6	16.4	5.5	7.3	10.9
2周1次左右	65	6.2	12.3	16.9	15.4	13.8	10.8	7.7	16.9
女性	**157**	**7.6**	**13.4**	**14.6**	**20.4**	**14.0**	**10.8**	**5.1**	**14.0**
1周1次以上	73	11.0	8.2	8.2	28.8	13.7	12.3	5.5	12.3
2周1次左右	84	4.8	17.9	20.2	13.1	14.3	9.5	4.8	15.5

● 广州（Guangzhou）

	人数	16-19岁	20-24岁	25-29岁	30-34岁	35-39岁	40-44岁	45-49岁	50岁以上
样本	**290**	**12.4**	**16.6**	**17.6**	**14.5**	**16.2**	**10.3**	**3.8**	**8.6**
男性	**119**	**5.0**	**16.8**	**14.3**	**12.6**	**17.6**	**16.0**	**5.9**	**11.8**
1周1次以上	56	1.8	19.6	17.9	12.5	19.6	10.7	5.4	12.5
2周1次左右	63	7.9	14.3	11.1	12.7	15.9	20.6	6.3	11.1
女性	**171**	**17.5**	**16.4**	**19.9**	**15.8**	**15.2**	**6.4**	**2.3**	**6.4**
1周1次以上	84	15.5	19.0	22.6	15.5	13.1	4.8	3.6	6.0
2周1次左右	87	19.5	13.8	17.2	16.1	17.2	8.0	1.1	6.9

● 重庆（Chongqing）

	人数	16-19岁	20-24岁	25-29岁	30-34岁	35-39岁	40-44岁	45-49岁	50岁以上
样本	**288**	**14.9**	**21.5**	**13.2**	**10.4**	**12.8**	**8.3**	**9.0**	**9.7**
男性	**131**	**15.3**	**21.4**	**16.0**	**12.2**	**10.7**	**4.6**	**9.9**	**9.9**
1周1次以上	55	20.0	21.8	12.7	9.1	7.3	5.5	16.4	7.3
2周1次左右	76	11.8	21.1	18.4	14.5	13.2	3.9	5.3	11.8
女性	**157**	**14.6**	**21.7**	**10.8**	**8.9**	**14.6**	**11.5**	**8.3**	**9.6**
1周1次以上	75	10.7	20.0	10.7	8.0	18.7	16.0	9.3	6.7
2周1次左右	82	18.3	23.2	11.0	9.8	11.0	7.3	7.3	12.2

1-8 关于北京消费群 / The Beijing Market Segments

1-8-1 不同消费群最常去的百货公司/购物中心 / Ranking of the Department Stores/Shopping Centers Visited Most Frequently by Market Segments

注：本题为多选题，合计百分比超过 100%（Multiple answers）

	人数	第一品牌及百分比		第二品牌及百分比		第三品牌及百分比	
样本	**498**	**西单购物中心**	**30.3**	**蓝岛大厦**	**29.9**	**西单商场**	**27.9**
第一消费群	122	蓝岛大厦	29.5	西单商场	28.7	西单购物中心	26.2
第二消费群	86	蓝岛大厦	31.4	西单商场	24.4	西单购物中心	23.3
第三消费群	83	蓝岛大厦	32.5	西单商场	31.3	王府井百货大楼	15.7
		西单购物中心	32.5				
第四消费群	5	燕莎友谊商城	60.0	万通新世界商城	40.0		
		赛特购物中心	60.0				
第五消费群	113	西单购物中心	43.4	蓝岛大厦	28.3	西单商场	24.8
第六消费群	89	西单商场	32.6	蓝岛大厦	29.2	西单购物中心	24.7

1-8-2 重度消费者的消费群构成 / Composition of the Heavy Consumers

	人数	第一消费群	第二消费群	第三消费群	第四消费群	第五消费群	第六消费群
样本	**268**	**21.6**	**17.9**	**16.0**	**1.5**	**25.7**	**17.2**
1 周 1 次以上	123	17.9	16.3	17.1	1.6	29.3	17.9
2 周 1 次左右	145	24.8	19.3	15.2	1.4	22.8	16.6

注：北京消费群的代表特征 / Characteristics of the Beijing Market Segments

		第一消费群	第二消费群	第三消费群	第四消费群	第五消费群	第六消费群
基本情况	性别	女	男	无明显偏向	男	无明显偏向	女
	年龄	30 — 34 岁	25 — 29 岁	35 — 44 岁	无明显偏向	16 — 24 岁	45 岁以上
	学历	大专/大本	大本	初中	大本及研究生	高中/中专/技校	初中及以下
	职业	科教卫生人员	一般企业职员	工人	管理人员/专门职业从事者/个体及私营企业主	学生	离退休人员
	月均收入	801 — 1500 元	1501 — 4000 元	800 元以下	4000 元以上	无收入	800 元以下
	婚姻	已婚	无明显偏向	已婚	已婚或离异	未婚	已婚
心理取向		注重学历 非积极进取	不循规传统 非单一电视娱乐	非田园倾向 新女性主张 金钱本位	注重经验 大男子主义 不保守稳定	非“大男子主义” 追随流行	非“新女性主张” 非浪漫新潮 单一电视娱乐

1-9 关于上海消费群 / The Shanghai Market Segments

1-9-1 不同消费群最常去的百货公司/购物中心 / Ranking of the Department Stores/Shopping Centers Visited Most Frequently by Market Segments

注：本题为多选题，合计百分比超过 100%（Multiple answers）

	人数	第一品牌及百分比	第二品牌及百分比	第三品牌及百分比
样本	**512**	**一百 38.5**	**华联商厦 35.7**	**新世界 24.2**
第一消费群	128	华联商厦 41.4	一百 39.1	新世界 22.7
第二消费群	73	一百 32.9	华联商厦 26.0 新世界 26.0	太平洋百货 24.7
第三消费群	10	华联商厦 40.0 东方商厦 40.0	新世界 30.0 四百 30.0 太平洋百货 30.0	豫园 20.0
第四消费群	107	一百 54.2	华联商厦 34.6	新世界 22.4
第五消费群	60	一百 36.7 新世界 36.7	华联商厦 28.3	八佰伴 23.3
第六消费群	134	华联商厦 39.6	一百 29.9	新世界 20.1

1-9-2 重度消费者的消费群构成 / Composition of the Heavy Consumers

	人数	第一消费群	第二消费群	第三消费群	第四消费群	第五消费群	第六消费群
样本	**277**	**22.0**	**11.6**	**2.9**	**20.9**	**14.1**	**28.5**
1 周 1 次以上	128	22.7	10.9	3.1	23.4	10.9	28.9
2 周 1 次左右	149	21.5	12.1	2.7	18.8	16.8	28.2

注：上海消费群的代表特征 / Characteristics of the Shanghai Market Segments

		第一消费群	第二消费群	第三消费群	第四消费群	第五消费群	第六消费群
基本情况	性别	无明显偏向	男	男	女	女	无明显偏向
	年龄	45 岁以上	20 － 29 岁	25 － 34 岁	35 － 44 岁	16 － 24 岁	30 － 39 岁
	学历	大本及以上	大专/大本	大专	初中及以下	高中/中专/技校	高中/中专/技校
	职业	科教卫生人员/离退休人员	一般企业职员	行政管理人员/个体及私营企业主/专门职业从事者	工人/下岗人员	学生	一般企业职员
	月均收入	801 － 1500 元	1001 － 3000 元	3000 元以上	800 元以下	无收入	1001 － 2000 元
	婚姻	已婚	未婚	未婚	已婚	未婚	已婚
心理取向		非浪漫时尚 非金钱本位 保守稳定	非家庭重心 田园倾向 休闲独立	不保守稳定 奔波忙碌 浪漫时尚	金钱本位 家庭重心 注重学历	新家庭观念 非休闲独立	不积极进取 不奔波忙碌

1-10 关于广州消费群 / The Guangzhou Market Segments

1-10-1 不同消费群最常去的百货公司/购物中心 / Ranking of the Department Stores/Shopping Centers Visited Most Frequently by Market Segments

注：本题为多选题，合计百分比超过 100%（Multiple answers）

	人数	第一品牌及百分比		第二品牌及百分比		第三品牌及百分比	
样本	**527**	**广州百货大厦**	**46.3**	**新大新百货大厦**	**34.5**	**天河城购物广场**	**18.2**
第一消费群	81	广州百货大厦	34.6	吉之岛	29.6	新大新百货大厦	27.2
第二消费群	104	广州百货大厦	41.3	新大新百货大厦	31.7	东山百货	30.8
第三消费群	92	广州百货大厦	55.4	新大新百货大厦	30.4	吉之岛	23.9
第四消费群	87	广州百货大厦	50.6	新大新百货大厦	35.6	妇儿	25.3
第五消费群	87	广州百货大厦	50.6	新大新百货大厦	41.4	南方大厦	20.7
第六消费群	76	广州百货大厦	44.7	新大新百货大厦	42.1	天河城购物广场	40.8

1-10-2 重度消费者的消费群构成 / Composition of the Heavy Consumers

	人数	第一消费群	第二消费群	第三消费群	第四消费群	第五消费群	第六消费群
样本	**290**	**14.5**	**15.5**	**18.6**	**17.6**	**17.9**	**15.9**
1 周 1 次以上	140	15.0	17.1	15.7	18.6	21.4	12.1
2 周 1 次左右	150	14.0	14.0	21.3	16.7	14.7	19.3

注：广州消费群的代表特征 / characteristics of the Guangzhou Market Segments

		第一消费群	第二消费群	第三消费群	第四消费群	第五消费群	第六消费群
基本情况	性别	女	无明显偏向	女	男	女	男
	年龄	16 — 19 岁	40 岁以上	20 — 24 岁	35 — 44 岁	30 — 34 岁	25 — 29 岁
	学历	高中/中专/技校	无明显偏向	高中/中专/技校/大专	初中/高中/中专/技校	初中及以下	大专及以上
	职业	学生	工人	学生/待业人员	个体及私营企业主	家庭主妇	企业职员/管理人员/科教卫生人员/专门职业者
	月均收入	无收入	1500 元以下	无收入	801 — 1500 元	800 元以下	2000 元以上
	婚姻	未婚	已婚	未婚	已婚	已婚	无明显偏向
心理取向		不固守中式生活 田园倾向 非大男子主义	非新女性主张 不追随流行 非积极进取	独立自主 追随流行	积极进取 大男子主义 中式生活	单一电视娱乐 非独立自主 保守稳定	非单一电视娱乐 非家庭重心

1-11 关于重庆消费群 / The Chongqing Market Segments

1-11-1 不同消费群最常去的百货公司/购物中心 / Ranking of the Department Stores/Shopping Centers Visited Most Frequently by Market Segments

注：本题为多选题，合计百分比超过 100%（Multiple answers）

	人数	第一品牌及百分比		第二品牌及百分比		第三品牌及百分比	
样本	**501**	**重百**	**66.5**	**新世纪百货**	**40.1**	**友谊**	**18.6**
第一消费群	100	重百	64.0	新世纪百货	42.0	富安百货	18.0
第二消费群	114	重百	65.8	新世纪百货	38.6	友谊	23.7
第三消费群	110	重百	70.9	新世纪百货	47.3	沙坪坝百货公司	18.2
第四消费群	23	重百	52.2	富安百货	26.1	沙坪坝百货公司	18.2
		新世纪百货	52.2	立丹百货	26.1		
第五消费群	129	重百	65.1	新世纪百货	31.8	友谊	17.1
第六消费群	25	重百	80.0	新世纪百货	40.0	友谊	24.0

1-11-2 重度消费者的消费群构成 / Composition of the Heavy Consumers

	人数	第一消费群	第二消费群	第三消费群	第四消费群	第五消费群	第六消费群
样本	**288**	**24.0**	**23.3**	**22.2**	**5.6**	**19.4**	**5.6**
1 周 1 次以上	130	26.2	26.2	14.6	6.9	20.8	5.4
2 周 1 次左右	158	22.2	20.9	28.5	4.4	18.4	5.7

注：重庆消费群的代表特征 / Characteristics of the Chongqing Market Segments

		第一消费群	第二消费群	第三消费群	第四消费群	第五消费群	第六消费群
基本情况	性别	无明显偏向	无明显偏向	无明显偏向	无明显偏向	无明显偏向	女
	年龄	16 — 19 岁	45 岁以上	20 — 29 岁	30 — 34 岁	40 岁以上	25 — 29 岁
	学历	高中/中专/技校	高中/中专/技校	大专/大本	高中/中专/技校/大本以上	初中及以下	初中
	职业	学生	行政管理人员/离退休人员	科教卫生人员/一般企业职员	个体及私营企业主	工人	专门职业从事者 下岗及其他
	月均收入	无收入	501 — 800 元	801 — 1600 元	1500 元以上	500 元以下	1001 — 1500 元
	婚姻	未婚	已婚	无明显偏向	已婚	已婚	已婚或离异
心理取向		浪漫新潮 注重学历 非现实家庭观	循规传统 奔波忙碌 保守稳定	新女性主张 非功利心态	功利心态 现实家庭观 都市情结	非浪漫新潮 非独立休闲	非新女性主张 不循规传统 独立休闲

2 超市 / Supermarket

2-1 最常去的超市排名 / Ranking of the Supermarkets Visited Most Frequently

注：本题为多选题，合计百分比超过 100%（Multiple answers）

● 北京（Beijing）

排名	品牌	人次	百分比
1	家乐福/创益佳	103	24.0
2	红苹果	78	18.1
3	亿客隆	63	14.7
4	顺天府	59	13.7
5	利客隆	53	12.3
6	天客隆	46	10.7
7	好邻居	38	8.8
8	物美	36	8.4

n=430

● 上海 （Shanghai）

排名	品牌	人次	百分比
1	华联	349	62.7
2	联华	258	46.3
3	农工商	119	21.4
4	百佳	79	14.2
5	麦德龙	48	8.6
6	永昌	44	7.9
7	云洲	24	4.3
8	家乐福	20	3.6

n=557

● 广州（Guangzhou）

排名	品牌	人次	百分比
1	百佳	150	36.9
2	正大万客隆	130	32.0
3	吉之岛	128	31.5
4	阳光	71	17.5
5	广客隆	65	16.0
6	宏城	39	9.6
7	7-eleven	37	9.1
8	胜佳	24	5.9

n=406

● 重庆（Chongqing）

排名	品牌	人次	百分比
1	新世纪	149	47.5
2	重百百汇	114	36.3
3	群鹰	64	20.4
4	富安	52	16.6
5	沙百司	50	15.9
6	阳光	38	12.1
7	惠工	16	5.1
8	立丹	13	4.1

n=314

2-2 样本总体、男性各年龄层、女性各年龄层最近三个月有否去过超市的比例 / Whether Having Visited Supermarket in the Last Three Months by the Whole Sample, Age and Gender Groups

● 北京（Beijing）

	人数	去过	没有去过
样本	**600**	**71.7**	**28.3**
男性	**298**	**64.4**	**35.6**
16-19 岁	26	69.2	30.8
20-24 岁	36	75.0	25.0
25-29 岁	41	70.7	29.3
30-34 岁	47	59.6	40.4
35-39 岁	43	60.5	39.5
40-44 岁	42	66.7	33.3
45-49 岁	24	58.3	41.7
50 岁以上	39	56.4	43.6
女性	**302**	**78.8**	**21.2**
16-19 岁	23	91.3	8.7
20-24 岁	35	77.1	22.9
25-29 岁	36	97.2	2.8
30-34 岁	49	79.6	20.4
35-39 岁	45	75.6	24.4
40-44 岁	40	85.0	15.0
45-49 岁	26	53.8	46.2
50 岁以上	48	70.8	29.2

● 上海（Shanghai）

	人数	去过	没有去过
样本	**600**	**93.0**	**7.0**
男性	**307**	**90.6**	**9.4**
16-19 岁	22	100.0	0.0
20-24 岁	34	88.2	11.8
25-29 岁	42	92.9	7.1
30-34 岁	56	91.1	8.9
35-39 岁	51	88.2	11.8
40-44 岁	31	90.3	9.7
45-49 岁	26	96.2	3.8
50 岁以上	45	84.4	15.6
女性	**293**	**95.6**	**4.4**
16-19 岁	24	95.8	4.2
20-24 岁	32	96.9	3.1
25-29 岁	37	94.6	5.4
30-34 岁	50	96.0	4.0
35-39 岁	44	100.0	0.0
40-44 岁	35	85.7	14.3
45-49 岁	23	100.0	0.0
50 岁以上	48	95.8	4.2

● 广州（Guangzhou）

	人数	去过	没有去过
样本	**600**	**68.5**	**31.5**
男性	**282**	**63.1**	**36.9**
16-19 岁	30	46.7	53.3
20-24 岁	36	72.2	27.8
25-29 岁	35	71.4	28.6
30-34 岁	34	82.4	17.6
35-39 岁	40	52.5	47.5
40-44 岁	41	65.9	34.1
45-49 岁	26	53.8	46.2
50 岁以上	40	57.5	42.5
女性	**318**	**73.3**	**26.7**
16-19 岁	50	80.0	20.0
20-24 岁	46	87.0	13.0
25-29 岁	63	77.8	22.2
30-34 岁	46	67.4	32.6
35-39 岁	41	70.7	29.3
40-44 岁	30	53.3	46.7
45-49 岁	13	69.2	30.8
50 岁以上	29	65.5	34.5

● 重庆（Chongqing）

	人数	去过	没有去过
样本	**600**	**52.7**	**47.3**
男性	**308**	**48.4**	**51.6**
16-19 岁	43	46.5	53.5
20-24 岁	53	60.4	39.6
25-29 岁	43	55.8	44.2
30-34 岁	38	50.0	50.0
35-39 岁	39	41.0	59.0
40-44 岁	30	40.0	60.0
45-49 岁	25	56.0	44.0
50 岁以上	37	32.4	67.6
女性	**292**	**57.2**	**42.8**
16-19 岁	43	48.8	51.2
20-24 岁	53	77.4	22.6
25-29 岁	32	65.6	34.4
30-34 岁	33	63.6	36.4
35-39 岁	35	42.9	57.1
40-44 岁	32	56.3	43.8
45-49 岁	27	51.9	48.1
50 岁以上	37	43.2	56.8

2-3 样本总体、男性各年龄层、女性各年龄层最近三个月去超市的频率 / Frequencies of Visiting Supermarket in the Last Three Months by the Whole Sample, Age and Gender Groups

● 北京（Beijing）

	人数	1周1次左右	2周1次左右	约1个月1次	2-3月1次及以下
样本	**430**	**39.3**	**27.2**	**22.1**	**11.4**
男性	**192**	**33.9**	**31.3**	**23.4**	**11.5**
16-19岁	18	27.8	5.6	38.9	27.8
20-24岁	27	48.1	29.6	14.8	7.4
25-29岁	29	31.0	37.9	24.1	6.9
30-34岁	28	21.4	32.1	42.9	3.6
35-39岁	26	34.6	38.5	26.9	0.0
40-44岁	28	32.1	32.1	14.3	21.4
45-49岁	14	57.1	35.7	7.1	0.0
50岁以上	22	27.3	31.8	13.6	27.3
女性	**238**	**43.7**	**23.9**	**21.0**	**11.3**
16-19岁	21	57.1	28.6	9.5	4.8
20-24岁	27	55.6	7.4	29.6	7.4
25-29岁	35	54.3	17.1	20.0	8.6
30-34岁	39	41.0	30.8	20.5	7.7
35-39岁	34	35.3	26.5	26.5	11.8
40-44岁	34	38.2	23.5	23.5	14.7
45-49岁	14	42.9	21.4	14.3	21.4
50岁以上	34	32.4	32.4	17.6	17.6

● 上海（Shanghai）

	人数	1周1次左右	2周1次左右	约1个月1次	2-3月1次及以下
样本	**556**	**56.3**	**27.2**	**11.5**	**5.0**
男性	**276**	**50.7**	**30.1**	**13.0**	**6.2**
16-19岁	21	71.4	4.8	9.5	14.3
20-24岁	29	37.9	48.3	13.8	0.0
25-29岁	39	48.7	33.3	12.8	5.1
30-34岁	51	62.7	19.6	11.8	5.9
35-39岁	45	48.9	31.1	13.3	6.7
40-44岁	28	50.0	32.1	10.7	7.1
45-49岁	25	48.0	28.0	16.0	8.0
50岁以上	38	39.5	39.5	15.8	5.3
女性	**280**	**61.8**	**24.3**	**10.0**	**3.9**
16-19岁	23	56.5	13.0	26.1	4.3
20-24岁	31	58.1	29.0	9.7	3.2
25-29岁	35	62.9	25.7	8.6	2.9
30-34岁	48	58.3	29.2	6.3	6.3
35-39岁	44	65.9	25.0	9.1	0.0
40-44岁	30	70.0	23.3	3.3	3.3
45-49岁	23	47.8	34.8	8.7	8.7
50岁以上	46	67.4	15.2	13.0	4.3

● 广州（Guangzhou）

	人数	1 周 1 次左右	2 周 1 次左右	约 1 个月 1 次	2-3 月 1 次及以下
样本	**411**	**29.9**	**29.0**	**27.7**	**13.4**
男性	**178**	**26.4**	**29.8**	**30.3**	**13.5**
16-19 岁	14	28.6	35.7	28.6	7.1
20-24 岁	26	30.8	30.8	30.8	7.7
25-29 岁	25	28.0	32.0	20.0	20.0
30-34 岁	28	17.9	32.1	39.3	10.7
35-39 岁	21	28.6	28.6	28.6	14.3
40-44 岁	27	29.6	25.9	25.9	18.5
45-49 岁	14	28.6	21.4	28.6	21.4
50 岁以上	23	21.7	30.4	39.1	8.7
女性	**233**	**32.6**	**28.3**	**25.8**	**13.3**
16-19 岁	40	30.0	20.0	35.0	15.0
20-24 岁	40	37.5	32.5	22.5	7.5
25-29 岁	49	34.7	30.6	20.4	14.3
30-34 岁	31	29.0	38.7	25.8	6.5
35-39 岁	29	37.9	24.1	31.0	6.9
40-44 岁	16	25.0	37.5	6.3	31.3
45-49 岁	9	33.3	22.2	22.2	22.2
50 岁以上	19	26.3	15.8	36.8	21.1

● 重庆（Chongqing）

	人数	1 周 1 次左右	2 周 1 次左右	约 1 个月 1 次	2-3 月 1 次及以下
样本	**315**	**23.5**	**27.0**	**31.1**	**18.4**
男性	**148**	**23.6**	**23.0**	**34.5**	**18.9**
16-19 岁	20	25.0	15.0	50.0	10.0
20-24 岁	31	25.8	29.0	29.0	16.1
25-29 岁	24	33.3	33.3	16.7	16.7
30-34 岁	19	31.6	21.1	26.3	21.1
35-39 岁	16	6.3	31.3	56.3	6.3
40-44 岁	12	16.7	16.7	25.0	41.7
45-49 岁	14	28.6	21.4	28.6	21.4
50 岁以上	12	8.3	0.0	58.3	33.3
女性	**167**	**23.4**	**30.5**	**28.1**	**18.0**
16-19 岁	21	9.5	38.1	33.3	19.0
20-24 岁	41	29.3	29.3	29.3	12.2
25-29 岁	21	23.8	28.6	33.3	14.3
30-34 岁	21	28.6	19.0	28.6	23.8
35-39 岁	15	20.0	60.0	6.7	13.3
40-44 岁	18	33.3	33.3	27.8	5.6
45-49 岁	14	21.4	7.1	35.7	35.7
50 岁以上	16	12.5	31.3	25.0	31.3

2-4 样本总体、男性各年龄层、女性各年龄层在超市购买商品的种类 / Categories of Commodity Purchased in Supermarkets by the Whole Sample, Age and Gender Groups

注：本题为多选题，合计百分比超过 100%（ Multiple answers ）

● 北京（ Beijing ）

	人数	衣服类	家用器皿	生活日用品	包装食品	散装食品	蔬菜类	饮料类	酒类	调味品
样本	**430**	**7.2**	**2.6**	**70.9**	**48.4**	**18.1**	**5.6**	**30.7**	**4.4**	**18.4**
男性	**192**	**4.7**	**3.6**	**67.7**	**43.8**	**17.7**	**5.7**	**29.7**	**8.9**	**12.5**
16-19 岁	18	0.0	5.6	44.4	27.8	22.2	11.1	38.9	11.1	22.2
20-24 岁	27	0.0	0.0	48.1	59.3	18.5	0.0	29.6	3.7	7.4
25-29 岁	29	0.0	0.0	75.9	44.8	10.3	10.3	34.5	6.9	6.9
30-34 岁	28	7.1	7.1	82.1	39.3	10.7	3.6	17.9	3.6	10.7
35-39 岁	26	7.7	7.7	80.8	38.5	23.1	11.5	34.6	11.5	11.5
40-44 岁	28	3.6	0.0	57.1	42.9	28.6	0.0	21.4	14.3	25.0
45-49 岁	14	14.3	0.0	78.6	50.0	14.3	7.1	21.4	21.4	0.0
50 岁以上	22	9.1	9.1	72.7	45.5	13.6	4.5	40.9	4.5	13.6
女性	**238**	**9.2**	**1.7**	**73.5**	**52.1**	**18.5**	**5.5**	**31.5**	**0.8**	**23.1**
16-19 岁	21	9.5	0.0	57.1	52.4	38.1	4.8	28.6	0.0	14.3
20-24 岁	27	3.7	0.0	81.5	51.9	25.9	3.7	40.7	0.0	22.2
25-29 岁	35	2.9	5.7	80.0	51.4	8.6	5.7	45.7	0.0	20.0
30-34 岁	39	10.3	2.6	89.7	51.3	23.1	7.7	35.9	5.1	15.4
35-39 岁	34	8.8	0.0	88.2	52.9	5.9	5.9	23.5	0.0	32.4
40-44 岁	34	17.6	2.9	61.8	41.2	8.8	5.9	26.5	0.0	26.5
45-49 岁	14	7.1	0.0	50.0	71.4	14.3	0.0	42.9	0.0	42.9
50 岁以上	34	11.8	0.0	58.8	55.9	29.4	5.9	14.7	0.0	20.6

续上表（ continued ）

	人数	音像制品	图书	体育用品	玩具/婴儿用品	文具	家用电器	家俱	其他
样本	**430**	**1.6**	**1.9**	**0.5**	**2.8**	**2.8**	**1.6**	**0.2**	**0.9**
男性	**192**	**1.6**	**2.1**	**0.5**	**2.6**	**3.1**	**1.0**	**0.0**	**1.0**
16-19 岁	18	5.6	5.6	0.0	0.0	11.1	5.6	0.0	0.0
20-24 岁	27	3.7	3.7	3.7	0.0	7.4	0.0	0.0	3.7
25-29 岁	29	0.0	0.0	0.0	10.3	0.0	0.0	0.0	3.4
30-34 岁	28	0.0	0.0	0.0	7.1	3.6	0.0	0.0	0.0
35-39 岁	26	0.0	0.0	0.0	0.0	0.0	0.0	0.0	0.0
40-44 岁	28	0.0	7.1	0.0	0.0	3.6	0.0	0.0	0.0
45-49 岁	14	0.0	0.0	0.0	0.0	0.0	7.1	0.0	0.0
50 岁以上	22	4.5	0.0	0.0	0.0	0.0	0.0	0.0	0.0
女性	**238**	**1.7**	**1.7**	**0.4**	**2.9**	**2.5**	**2.1**	**0.4**	**0.8**
16-19 岁	21	14.3	4.8	4.8	0.0	4.8	0.0	0.0	0.0
20-24 岁	27	0.0	0.0	0.0	0.0	0.0	3.7	0.0	0.0
25-29 岁	35	0.0	2.9	0.0	11.4	0.0	0.0	0.0	0.0
30-34 岁	39	2.6	0.0	0.0	2.6	2.6	0.0	0.0	0.0
35-39 岁	34	0.0	0.0	0.0	2.9	2.9	0.0	0.0	2.9
40-44 岁	34	0.0	2.9	0.0	2.9	8.8	8.8	0.0	0.0
45-49 岁	14	0.0	7.1	0.0	0.0	0.0	0.0	7.1	0.0
50 岁以上	34	0.0	0.0	0.0	0.0	0.0	2.9	0.0	2.9

● 上海（Shanghai）

	人数	衣服类	家用器皿	生活日用品	包装食品	散装食品	蔬菜类	饮料类	酒类	调味品
样本	**558**	**5.6**	**3.0**	**71.7**	**47.1**	**19.5**	**4.7**	**46.6**	**4.3**	**24.0**
男性	**278**	**5.0**	**3.2**	**70.1**	**45.3**	**19.8**	**4.0**	**47.1**	**5.4**	**23.0**
16-19 岁	22	0.0	4.5	59.1	59.1	18.2	0.0	54.5	0.0	4.5
20-24 岁	30	3.3	3.3	53.3	26.7	20.0	10.0	43.3	3.3	26.7
25-29 岁	39	10.3	2.6	69.2	38.5	10.3	2.6	51.3	12.8	15.4
30-34 岁	51	5.9	0.0	80.4	37.3	17.6	5.9	56.9	9.8	23.5
35-39 岁	45	4.4	4.4	73.3	42.2	20.0	2.2	48.9	2.2	24.4
40-44 岁	28	0.0	0.0	71.4	50.0	17.9	7.1	32.1	0.0	39.3
45-49 岁	25	4.0	8.0	80.0	60.0	24.0	4.0	60.0	4.0	16.0
50 岁以上	38	7.9	5.3	65.8	60.5	31.6	0.0	28.9	5.3	28.9
女性	**280**	**6.1**	**2.9**	**73.2**	**48.9**	**19.3**	**5.4**	**46.1**	**3.2**	**25.0**
16-19 岁	23	4.3	4.3	60.9	34.8	17.4	4.3	52.2	0.0	4.3
20-24 岁	31	3.2	0.0	61.3	41.9	22.6	0.0	51.6	0.0	9.7
25-29 岁	35	5.7	5.7	71.4	51.4	25.7	8.6	51.4	2.9	11.4
30-34 岁	48	10.4	2.1	72.9	45.8	16.7	10.4	52.1	6.3	29.2
35-39 岁	44	6.8	2.3	81.8	54.5	20.5	6.8	43.2	2.3	27.3
40-44 岁	30	13.3	3.3	86.7	60.0	16.7	0.0	40.0	6.7	23.3
45-49 岁	23	0.0	4.3	73.9	47.8	21.7	0.0	34.8	4.3	39.1
50 岁以上	46	2.2	2.2	71.7	50.0	15.2	6.5	41.3	2.2	43.5

续上表（continued）

	人数	音像制品	图书	体育用品	玩具/婴儿用品	文具	家用电器	家俱	其他
样本	**558**	**1.6**	**1.8**	**0.5**	**2.7**	**3.6**	**1.8**	**0.0**	**0.7**
男性	**278**	**1.8**	**1.4**	**0.7**	**1.8**	**3.2**	**2.2**	**0.0**	**0.7**
16-19 岁	22	9.1	9.1	4.5	0.0	13.6	0.0	0.0	0.0
20-24 岁	30	3.3	0.0	0.0	3.3	3.3	3.3	0.0	0.0
25-29 岁	39	2.6	5.1	0.0	0.0	2.6	5.1	0.0	0.0
30-34 岁	51	0.0	0.0	0.0	0.0	3.9	2.0	0.0	0.0
35-39 岁	45	0.0	0.0	0.0	4.4	0.0	2.2	0.0	2.2
40-44 岁	28	0.0	0.0	3.6	0.0	3.6	0.0	0.0	0.0
45-49 岁	25	4.0	0.0	0.0	4.0	0.0	0.0	0.0	4.0
50 岁以上	38	0.0	0.0	0.0	2.6	2.6	2.6	0.0	0.0
女性	**280**	**1.4**	**2.1**	**0.4**	**3.6**	**3.9**	**1.4**	**0.0**	**0.7**
16-19 岁	23	8.7	8.7	4.3	0.0	21.7	0.0	0.0	4.3
20-24 岁	31	6.5	3.2	0.0	0.0	6.5	0.0	0.0	0.0
25-29 岁	35	0.0	0.0	0.0	8.6	0.0	0.0	0.0	0.0
30-34 岁	48	0.0	2.1	0.0	6.3	2.1	6.3	0.0	2.1
35-39 岁	44	0.0	0.0	0.0	2.3	4.5	0.0	0.0	0.0
40-44 岁	30	0.0	3.3	0.0	0.0	0.0	0.0	0.0	0.0
45-49 岁	23	0.0	0.0	0.0	4.3	4.3	0.0	0.0	0.0
50 岁以上	46	0.0	2.2	0.0	4.3	0.0	2.2	0.0	0.0

● 广州（Guangzhou）

	人数	衣服类	家用器皿	生活日用品	包装食品	散装食品	蔬菜类	饮料类	酒类	调味品
样本	**408**	**13.5**	**2.2**	**64.5**	**40.9**	**16.9**	**4.7**	**34.8**	**1.7**	**12.7**
男性	**176**	**13.1**	**2.3**	**68.2**	**38.6**	**14.2**	**5.7**	**30.7**	**2.3**	**6.8**
16-19 岁	14	7.1	0.0	42.9	28.6	21.4	0.0	42.9	0.0	0.0
20-24 岁	26	11.5	0.0	53.8	42.3	19.2	7.7	26.9	7.7	11.5
25-29 岁	25	32.0	4.0	76.0	32.0	4.0	8.0	28.0	4.0	12.0
30-34 岁	27	18.5	0.0	74.1	33.3	18.5	3.7	29.6	0.0	0.0
35-39 岁	21	4.8	0.0	76.2	52.4	9.5	14.3	28.6	0.0	9.5
40-44 岁	27	3.7	3.7	88.9	37.0	22.2	7.4	25.9	3.7	7.4
45-49 岁	13	15.4	7.7	53.8	61.5	15.4	0.0	30.8	0.0	0.0
50 岁以上	23	8.7	4.3	60.9	30.4	4.3	0.0	39.1	0.0	8.7
女性	**232**	**13.8**	**2.2**	**61.6**	**42.7**	**19.0**	**3.9**	**37.9**	**1.3**	**17.2**
16-19 岁	40	15.0	0.0	50.0	45.0	22.5	0.0	57.5	0.0	2.5
20-24 岁	40	10.0	2.5	60.0	40.0	20.0	2.5	47.5	0.0	17.5
25-29 岁	49	12.2	6.1	83.7	51.0	12.2	4.1	28.6	2.0	16.3
30-34 岁	31	12.9	3.2	67.7	38.7	25.8	3.2	22.6	3.2	16.1
35-39 岁	29	24.1	0.0	34.5	48.3	17.2	10.3	41.4	0.0	31.0
40-44 岁	16	12.5	0.0	62.5	18.8	25.0	12.5	37.5	0.0	12.5
45-49 岁	9	0.0	0.0	66.7	55.6	11.1	0.0	33.3	0.0	22.2
50 岁以上	18	16.7	0.0	61.1	33.3	16.7	0.0	22.2	5.6	33.3

续上表（continued）

	人数	音像制品	图书	体育用品	玩具/婴儿用品	文具	家用电器	家俱	其他
样本	**408**	**2.2**	**1.7**	**0.5**	**3.7**	**5.1**	**3.2**	**0.5**	**1.2**
男性	**176**	**2.3**	**2.8**	**0.6**	**3.4**	**4.5**	**5.1**	**0.0**	**1.1**
16-19 岁	14	21.4	14.3	0.0	0.0	14.3	7.1	0.0	0.0
20-24 岁	26	0.0	3.8	3.8	0.0	3.8	7.7	0.0	3.8
25-29 岁	25	4.0	4.0	0.0	8.0	0.0	12.0	0.0	0.0
30-34 岁	27	0.0	0.0	0.0	7.4	3.7	3.7	0.0	3.7
35-39 岁	21	0.0	4.8	0.0	4.8	0.0	0.0	0.0	0.0
40-44 岁	27	0.0	0.0	0.0	0.0	3.7	3.7	0.0	0.0
45-49 岁	13	0.0	0.0	0.0	7.7	7.7	0.0	0.0	0.0
50 岁以上	23	0.0	0.0	0.0	0.0	8.7	4.3	0.0	0.0
女性	**232**	**2.2**	**0.9**	**0.4**	**3.9**	**5.6**	**1.7**	**0.9**	**1.3**
16-19 岁	40	5.0	0.0	2.5	0.0	15.0	2.5	0.0	0.0
20-24 岁	40	0.0	0.0	0.0	0.0	2.5	2.5	0.0	0.0
25-29 岁	49	0.0	2.0	0.0	6.1	2.0	0.0	2.0	0.0
30-34 岁	31	0.0	0.0	0.0	16.1	9.7	0.0	0.0	3.2
35-39 岁	29	0.0	0.0	0.0	0.0	6.9	3.4	0.0	3.4
40-44 岁	16	0.0	0.0	0.0	6.3	0.0	0.0	0.0	0.0
45-49 岁	9	11.1	0.0	0.0	0.0	0.0	0.0	0.0	11.1
50 岁以上	18	11.1	5.6	0.0	0.0	0.0	5.6	5.6	0.0

● 重庆（Chongqing）

	人数	衣服类	家用器皿	生活日用品	包装食品	散装食品	蔬菜类	饮料类	酒类	调味品
样本	**315**	**15.9**	**4.1**	**49.8**	**35.6**	**22.2**	**2.9**	**22.5**	**3.5**	**14.3**
男性	**148**	**17.6**	**4.7**	**43.9**	**31.1**	**19.6**	**2.0**	**22.3**	**6.1**	**12.2**
16-19 岁	19	31.6	5.3	21.1	26.3	31.6	0.0	36.8	10.5	0.0
20-24 岁	32	12.5	3.1	34.4	50.0	18.8	0.0	28.1	3.1	6.3
25-29 岁	24	12.5	8.3	54.2	33.3	29.2	0.0	16.7	12.5	20.8
30-34 岁	19	5.3	5.3	42.1	31.6	15.8	0.0	26.3	0.0	42.1
35-39 岁	16	25.0	12.5	56.3	25.0	6.3	0.0	12.5	0.0	6.3
40-44 岁	12	16.7	0.0	41.7	16.7	25.0	8.3	25.0	8.3	0.0
45-49 岁	14	28.6	0.0	50.0	14.3	14.3	7.1	7.1	7.1	7.1
50 岁以上	12	16.7	0.0	66.7	25.0	8.3	8.3	16.7	8.3	8.3
女性	**167**	**14.4**	**3.6**	**55.1**	**39.5**	**24.6**	**3.6**	**22.8**	**1.2**	**16.2**
16-19 岁	21	9.5	0.0	52.4	33.3	23.8	4.8	23.8	4.8	9.5
20-24 岁	41	22.0	4.9	65.9	34.1	19.5	2.4	24.4	2.4	12.2
25-29 岁	21	4.8	0.0	42.9	33.3	28.6	0.0	19.0	0.0	14.3
30-34 岁	21	19.0	4.8	47.6	33.3	19.0	4.8	19.0	0.0	14.3
35-39 岁	15	20.0	6.7	66.7	60.0	20.0	0.0	26.7	0.0	20.0
40-44 岁	18	11.1	0.0	61.1	44.4	38.9	5.6	22.2	0.0	27.8
45-49 岁	14	7.1	0.0	42.9	42.9	42.9	7.1	21.4	0.0	21.4
50 岁以上	16	12.5	12.5	50.0	50.0	12.5	6.3	25.0	0.0	18.8

续上表（continued）

	人数	音像制品	图书	体育用品	玩具/婴儿用品	文具	家用电器	家俱	其他
样本	**315**	**2.5**	**1.6**	**1.6**	**2.2**	**4.1**	**5.1**	**0.0**	**2.9**
男性	**148**	**4.7**	**2.7**	**2.7**	**2.0**	**2.7**	**6.8**	**0.0**	**4.7**
16-19 岁	19	10.5	10.5	5.3	5.3	5.3	0.0	0.0	0.0
20-24 岁	32	6.3	3.1	6.3	0.0	0.0	9.4	0.0	3.1
25-29 岁	24	4.2	0.0	0.0	4.2	0.0	8.3	0.0	0.0
30-34 岁	19	5.3	0.0	0.0	5.3	5.3	15.8	0.0	0.0
35-39 岁	16	6.3	0.0	0.0	0.0	6.3	0.0	0.0	12.5
40-44 岁	12	0.0	8.3	0.0	0.0	0.0	0.0	0.0	16.7
45-49 岁	14	0.0	0.0	7.1	0.0	0.0	14.3	0.0	14.3
50 岁以上	12	0.0	0.0	0.0	0.0	8.3	0.0	0.0	0.0
女性	**167**	**0.6**	**0.6**	**0.6**	**2.4**	**5.4**	**3.6**	**0.0**	**1.2**
16-19 岁	21	0.0	4.8	4.8	0.0	14.3	0.0	0.0	4.8
20-24 岁	41	0.0	0.0	0.0	2.4	4.9	7.3	0.0	0.0
25-29 岁	21	0.0	0.0	0.0	14.3	4.8	0.0	0.0	0.0
30-34 岁	21	0.0	0.0	0.0	0.0	14.3	4.8	0.0	4.8
35-39 岁	15	0.0	0.0	0.0	0.0	0.0	0.0	0.0	0.0
40-44 岁	18	0.0	0.0	0.0	0.0	0.0	11.1	0.0	0.0
45-49 岁	14	0.0	0.0	0.0	0.0	0.0	0.0	0.0	0.0
50 岁以上	16	6.3	0.0	0.0	0.0	0.0	0.0	0.0	0.0

2-5 样本总体、男性各年龄层、女性各年龄层常与谁一起去超市 / With Whom When Visiting Supermarkets by the Whole Sample, Age and Gender Groups

● 北京（Beijing）

	人数	家人或亲戚	朋友	同事/同学	单独
样本	**429**	**58.0**	**9.1**	**7.2**	**25.6**
男性	**192**	**61.5**	**10.4**	**6.8**	**21.4**
16-19 岁	18	38.9	16.7	11.1	33.3
20-24 岁	27	33.3	25.9	22.2	18.5
25-29 岁	29	58.6	13.8	3.4	24.1
30-34 岁	28	64.3	10.7	3.6	21.4
35-39 岁	26	84.6	3.8	0.0	11.5
40-44 岁	28	75.0	3.6	3.6	17.9
45-49 岁	14	64.3	7.1	0.0	28.6
50 岁以上	22	68.2	0.0	9.1	22.7
女性	**237**	**55.3**	**8.0**	**7.6**	**29.1**
16-19 岁	21	38.1	19.0	19.0	23.8
20-24 岁	27	37.0	25.9	14.8	22.2
25-29 岁	35	48.6	11.4	2.9	37.1
30-34 岁	38	57.9	0.0	7.9	34.2
35-39 岁	34	58.8	5.9	5.9	29.4
40-44 岁	34	76.5	2.9	2.9	17.6
45-49 岁	14	71.4	0.0	14.3	14.3
50 岁以上	34	52.9	2.9	2.9	41.2

● 上海（Shanghai）

	人数	家人或亲戚	朋友	同事/同学	单独
样本	**554**	**58.5**	**7.8**	**4.2**	**29.6**
男性	**275**	**58.2**	**8.7**	**4.7**	**28.4**
16-19 岁	22	50.0	9.1	22.7	18.2
20-24 岁	30	33.3	13.3	16.7	36.7
25-29 岁	39	35.9	17.9	2.6	43.6
30-34 岁	51	54.9	11.8	3.9	29.4
35-39 岁	42	69.0	4.8	0.0	26.2
40-44 岁	28	67.9	3.6	0.0	28.6
45-49 岁	25	76.0	8.0	0.0	16.0
50 岁以上	38	78.9	0.0	0.0	21.1
女性	**279**	**58.8**	**6.8**	**3.6**	**30.8**
16-19 岁	23	39.1	13.0	13.0	34.8
20-24 岁	30	53.3	16.7	6.7	23.3
25-29 岁	35	51.4	2.9	2.9	42.9
30-34 岁	48	68.8	10.4	0.0	20.8
35-39 岁	44	68.2	4.5	2.3	25.0
40-44 岁	30	66.7	3.3	0.0	30.0
45-49 岁	23	69.6	0.0	0.0	30.4
50 岁以上	46	47.8	4.3	6.5	41.3

● 广州（Guangzhou）

	人数	家人或亲戚	朋友	同事/同学	单独
样本	**406**	**50.0**	**21.9**	**9.4**	**18.7**
男性	**177**	**55.4**	**19.8**	**5.6**	**19.2**
16-19 岁	14	28.6	50.0	14.3	7.1
20-24 岁	26	30.8	34.6	7.7	26.9
25-29 岁	25	32.0	32.0	8.0	28.0
30-34 岁	28	75.0	10.7	0.0	14.3
35-39 岁	21	66.7	23.8	0.0	9.5
40-44 岁	27	63.0	0.0	7.4	29.6
45-49 岁	14	64.3	14.3	7.1	14.3
50 岁以上	22	77.3	4.5	4.5	13.6
女性	**229**	**45.9**	**23.6**	**12.2**	**18.3**
16-19 岁	40	32.5	37.5	27.5	2.5
20-24 岁	38	42.1	31.6	13.2	13.2
25-29 岁	49	40.8	24.5	10.2	24.5
30-34 岁	30	53.3	23.3	6.7	16.7
35-39 岁	28	60.7	3.6	10.7	25.0
40-44 岁	16	56.3	6.3	6.3	31.3
45-49 岁	9	66.7	11.1	0.0	22.2
50 岁以上	19	42.1	26.3	5.3	26.3

● 重庆（Chongqing）

	人数	家人或亲戚	朋友	同事/同学	单独
样本	**315**	**50.2**	**16.8**	**11.7**	**21.3**
男性	**148**	**51.4**	**16.9**	**10.1**	**21.6**
16-19 岁	20	25.0	25.0	30.0	20.0
20-24 岁	31	32.3	29.0	12.9	25.8
25-29 岁	24	58.3	16.7	0.0	25.0
30-34 岁	19	68.4	5.3	0.0	26.3
35-39 岁	16	62.5	12.5	12.5	12.5
40-44 岁	12	66.7	16.7	0.0	16.7
45-49 岁	14	42.9	14.3	21.4	21.4
50 岁以上	12	83.3	0.0	0.0	16.7
女性	**167**	**49.1**	**16.8**	**13.2**	**21.0**
16-19 岁	21	42.9	14.3	38.1	4.8
20-24 岁	41	24.4	34.1	22.0	19.5
25-29 岁	21	57.1	19.0	9.5	14.3
30-34 岁	21	76.2	4.8	0.0	19.0
35-39 岁	15	46.7	13.3	6.7	33.3
40-44 岁	18	33.3	16.7	5.6	44.4
45-49 岁	14	64.3	7.1	7.1	21.4
50 岁以上	16	81.3	0.0	0.0	18.8

2-6 样本总体、男性各年龄层、女性各年龄层选择超市时的考虑因素 / Considerations in Selecting the Supermarket by the Whole Sample, Age and Gender Groups

注：本题为多选题，合计百分比超过 100%（Multiple answers）

● 北京（Beijing）

	人数	交通便利	质量可靠	价格适中	商品种类齐全	空间宽敞	经常有促销活动	室内外装潢现代化
样本	**430**	**64.9**	**39.5**	**70.0**	**34.0**	**5.3**	**4.0**	**1.2**
男性	**192**	**67.2**	**34.9**	**67.2**	**29.2**	**4.2**	**3.6**	**1.6**
16-19 岁	18	55.6	27.8	72.2	27.8	0.0	5.6	0.0
20-24 岁	27	63.0	22.2	70.4	29.6	7.4	0.0	3.7
25-29 岁	29	72.4	34.5	75.9	24.1	3.4	6.9	0.0
30-34 岁	28	64.3	28.6	57.1	28.6	3.6	10.7	0.0
35-39 岁	26	61.5	38.5	61.5	30.8	11.5	0.0	3.8
40-44 岁	28	60.7	32.1	78.6	32.1	0.0	0.0	3.6
45-49 岁	14	78.6	57.1	42.9	14.3	7.1	7.1	0.0
50 岁以上	22	86.4	50.0	68.2	40.9	0.0	0.0	0.0
女性	**238**	**63.0**	**43.3**	**72.3**	**37.8**	**6.3**	**4.2**	**0.8**
16-19 岁	21	71.4	38.1	52.4	42.9	9.5	0.0	0.0
20-24 岁	27	63.0	37.0	77.8	55.6	0.0	0.0	3.7
25-29 岁	35	68.6	31.4	57.1	54.3	8.6	8.6	0.0
30-34 岁	39	53.8	35.9	71.8	41.0	20.5	2.6	0.0
35-39 岁	34	55.9	47.1	85.3	23.5	2.9	8.8	0.0
40-44 岁	34	67.6	55.9	79.4	29.4	0.0	2.9	0.0
45-49 岁	14	57.1	57.1	71.4	50.0	0.0	7.1	7.1
50 岁以上	34	67.6	50.0	76.5	17.6	2.9	2.9	0.0

续上表（continued）

	人数	餐饮休息服务配套	服务态度好	退还商品方便	可送货上门	大型商品保修	有大量进口商品	其他
样本	**403**	**0.2**	**8.6**	**4.4**	**0.9**	**0.0**	**0.7**	**0.9**
男性	**178**	**0.0**	**8.3**	**4.7**	**1.0**	**0.0**	**1.0**	**1.6**
16-19 岁	16	0.0	22.2	5.6	0.0	0.0	0.0	5.6
20-24 岁	28	0.0	11.1	3.7	0.0	0.0	0.0	7.4
25-29 岁	29	0.0	3.4	3.4	3.4	0.0	3.4	0.0
30-34 岁	31	0.0	3.6	3.6	0.0	0.0	3.6	0.0
35-39 岁	28	0.0	15.4	0.0	0.0	0.0	0.0	0.0
40-44 岁	18	0.0	0.0	10.7	3.6	0.0	0.0	0.0
45-49 岁	13	0.0	7.1	14.3	0.0	0.0	0.0	0.0
50 岁以上	15	0.0	9.1	0.0	0.0	0.0	0.0	0.0
女性	**225**	**0.4**	**8.8**	**4.2**	**0.8**	**0.0**	**0.4**	**0.4**
16-19 岁	23	0.0	0.0	4.8	0.0	0.0	0.0	4.8
20-24 岁	30	0.0	7.4	0.0	0.0	0.0	3.7	0.0
25-29 岁	34	0.0	2.9	0.0	0.0	0.0	0.0	0.0
30-34 岁	41	0.0	17.9	7.7	2.6	0.0	0.0	0.0
35-39 岁	34	2.9	5.9	2.9	0.0	0.0	0.0	0.0
40-44 岁	27	0.0	8.8	5.9	0.0	0.0	0.0	0.0
45-49 岁	13	0.0	14.3	0.0	7.1	0.0	0.0	0.0
50 岁以上	23	0.0	11.8	8.8	0.0	0.0	0.0	0.0

● 上海（Shanghai）

	人数	交通便利	质量可靠	价格适中	商品种类齐全	空间宽敞	经常有促销活动	室内外装潢现代化
样本	**555**	**62.0**	**40.2**	**55.5**	**41.4**	**7.0**	**7.9**	**1.4**
男性	**277**	**66.4**	**39.0**	**57.4**	**39.4**	**4.7**	**6.5**	**1.4**
16-19 岁	22	63.6	50.0	63.6	50.0	9.1	4.5	0.0
20-24 岁	30	66.7	40.0	50.0	30.0	13.3	10.0	3.3
25-29 岁	39	74.4	46.2	48.7	43.6	2.6	7.7	0.0
30-34 岁	51	60.8	27.5	58.8	35.3	5.9	5.9	2.0
35-39 岁	44	59.1	34.1	75.0	38.6	4.5	11.4	4.5
40-44 岁	28	60.7	46.4	50.0	25.0	3.6	3.6	0.0
45-49 岁	25	76.0	36.0	64.0	32.0	0.0	4.0	0.0
50 岁以上	38	73.7	42.1	47.4	57.9	0.0	2.6	0.0
女性	**278**	**57.6**	**41.4**	**53.6**	**43.5**	**9.4**	**9.4**	**1.4**
16-19 岁	23	47.8	34.8	34.8	47.8	17.4	13.0	4.3
20-24 岁	31	54.8	32.3	58.1	41.9	16.1	6.5	0.0
25-29 岁	35	68.6	25.7	54.3	45.7	8.6	11.4	0.0
30-34 岁	48	56.3	45.8	47.9	47.9	12.5	4.2	4.2
35-39 岁	43	41.9	46.5	67.4	44.2	2.3	7.0	2.3
40-44 岁	30	56.7	53.3	60.0	46.7	3.3	10.0	0.0
45-49 岁	23	56.5	39.1	60.9	34.8	0.0	17.4	0.0
50 岁以上	45	73.3	46.7	44.4	37.8	13.3	11.1	0.0

续上表（continued）

	人数	餐饮休息服务配套	服务态度好	退还商品方便	可送货上门	大型商品保修	有大量进口商品	其他
样本	**555**	**0.5**	**12.3**	**1.8**	**0.5**	**0.0**	**0.7**	**1.8**
男性	**277**	**0.4**	**13.4**	**1.4**	**0.0**	**0.0**	**0.4**	**1.4**
16-19 岁	22	0.0	9.1	0.0	0.0	0.0	0.0	0.0
20-24 岁	30	3.3	10.0	3.3	0.0	0.0	0.0	0.0
25-29 岁	39	0.0	12.8	0.0	0.0	0.0	0.0	0.0
30-34 岁	51	0.0	17.6	0.0	0.0	0.0	0.0	5.9
35-39 岁	44	0.0	9.1	0.0	0.0	0.0	0.0	0.0
40-44 岁	28	0.0	21.4	3.6	0.0	0.0	0.0	3.6
45-49 岁	25	0.0	16.0	0.0	0.0	0.0	4.0	0.0
50 岁以上	38	0.0	10.5	5.3	0.0	0.0	0.0	0.0
女性	**278**	**0.7**	**11.2**	**2.2**	**1.1**	**0.0**	**1.1**	**2.2**
16-19 岁	23	4.3	21.7	0.0	0.0	0.0	0.0	0.0
20-24 岁	31	3.2	3.2	6.5	3.2	0.0	3.2	6.5
25-29 岁	35	0.0	5.7	0.0	0.0	0.0	2.9	0.0
30-34 岁	48	0.0	16.7	2.1	0.0	0.0	0.0	0.0
35-39 岁	43	0.0	16.3	4.7	0.0	0.0	2.3	4.7
40-44 岁	30	0.0	16.7	0.0	3.3	0.0	0.0	0.0
45-49 岁	23	0.0	4.3	4.3	0.0	0.0	0.0	8.7
50 岁以上	45	0.0	4.4	0.0	2.2	0.0	0.0	0.0

● 广州（Guangzhou）

	人数	交通便利	质量可靠	价格适中	商品种类齐全	空间宽敞	经常有促销活动	室内外装潢现代化
样本	**410**	**54.6**	**40.2**	**46.3**	**36.6**	**10.7**	**6.3**	**6.1**
男性	**177**	**55.4**	**35.6**	**45.2**	**36.7**	**11.9**	**4.0**	**8.5**
16-19岁	14	21.4	21.4	35.7	42.9	21.4	0.0	0.0
20-24岁	26	50.0	30.8	34.6	65.4	0.0	7.7	0.0
25-29岁	25	64.0	40.0	48.0	32.0	12.0	8.0	12.0
30-34岁	27	59.3	33.3	44.4	29.6	14.8	3.7	11.1
35-39岁	21	57.1	38.1	57.1	28.6	4.8	4.8	9.5
40-44岁	27	51.9	44.4	44.4	40.7	14.8	3.7	11.1
45-49岁	14	35.7	35.7	78.6	28.6	21.4	0.0	14.3
50岁以上	23	82.6	34.8	30.4	21.7	13.0	0.0	8.7
女性	**233**	**54.1**	**43.8**	**47.2**	**36.5**	**9.9**	**8.2**	**4.3**
16-19岁	40	52.5	40.0	47.5	37.5	12.5	10.0	2.5
20-24岁	40	45.0	42.5	50.0	35.0	7.5	7.5	2.5
25-29岁	49	49.0	46.9	51.0	42.9	12.2	12.2	10.2
30-34岁	31	54.8	45.2	29.0	35.5	16.1	9.7	3.2
35-39岁	29	69.0	41.4	55.2	24.1	6.9	6.9	3.4
40-44岁	16	56.3	50.0	37.5	43.8	6.3	6.3	0.0
45-49岁	9	66.7	55.6	55.6	33.3	0.0	0.0	11.1
50岁以上	19	57.9	36.8	52.6	36.8	5.3	0.0	0.0

续上表（continued）

	人数	餐饮休息服务配套	服务态度好	退还商品方便	可送货上门	大型商品保修	有大量进口商品	其他
样本	**410**	**1.7**	**17.3**	**3.4**	**0.2**	**0.2**	**3.7**	**1.2**
男性	**177**	**1.7**	**18.6**	**4.0**	**0.6**	**0.6**	**4.0**	**1.1**
16-19岁	14	0.0	21.4	21.4	0.0	7.1	14.3	7.1
20-24岁	26	0.0	26.9	3.8	3.8	0.0	0.0	0.0
25-29岁	25	4.0	16.0	4.0	0.0	0.0	4.0	4.0
30-34岁	27	3.7	18.5	0.0	0.0	0.0	3.7	0.0
35-39岁	21	0.0	14.3	4.8	0.0	0.0	4.8	0.0
40-44岁	27	0.0	11.1	3.7	0.0	0.0	7.4	0.0
45-49岁	14	0.0	21.4	0.0	0.0	0.0	0.0	0.0
50岁以上	23	4.3	21.7	0.0	0.0	0.0	0.0	0.0
女性	**233**	**1.7**	**16.3**	**3.0**	**0.0**	**0.0**	**3.4**	**1.3**
16-19岁	40	5.0	22.5	0.0	0.0	0.0	10.0	2.5
20-24岁	40	2.5	12.5	0.0	0.0	0.0	5.0	0.0
25-29岁	49	2.0	10.2	2.0	0.0	0.0	2.0	2.0
30-34岁	31	0.0	12.9	6.5	0.0	0.0	0.0	3.2
35-39岁	29	0.0	20.7	3.4	0.0	0.0	3.4	0.0
40-44岁	16	0.0	18.8	6.3	0.0	0.0	0.0	0.0
45-49岁	9	0.0	0.0	0.0	0.0	0.0	0.0	0.0
50岁以上	19	0.0	31.6	10.5	0.0	0.0	0.0	0.0

● 重庆（Chongqing）

	人数	交通便利	质量可靠	价格适中	商品种类齐全	空间宽敞	经常有促销活动	室内外装潢现代化
样本	**315**	**35.6**	**61.9**	**33.3**	**50.8**	**6.3**	**1.9**	**4.1**
男性	**148**	**37.8**	**64.9**	**27.7**	**43.9**	**6.1**	**2.7**	**6.1**
16-19 岁	20	40.0	45.0	40.0	40.0	10.0	0.0	10.0
20-24 岁	31	45.2	67.7	29.0	48.4	9.7	6.5	6.5
25-29 岁	24	45.8	75.0	16.7	45.8	4.2	0.0	8.3
30-34 岁	19	31.6	63.2	21.1	52.6	5.3	0.0	0.0
35-39 岁	16	31.3	62.5	18.8	56.3	0.0	6.3	6.3
40-44 岁	12	25.0	66.7	8.3	33.3	8.3	8.3	16.7
45-49 岁	14	21.4	71.4	57.1	28.6	0.0	0.0	0.0
50 岁以上	12	50.0	66.7	33.3	33.3	8.3	0.0	0.0
女性	**167**	**33.5**	**59.3**	**38.3**	**56.9**	**6.6**	**1.2**	**2.4**
16-19 岁	21	52.4	61.9	33.3	38.1	4.8	4.8	9.5
20-24 岁	41	29.3	58.5	34.1	58.5	9.8	2.4	2.4
25-29 岁	21	38.1	47.6	52.4	66.7	9.5	0.0	0.0
30-34 岁	21	23.8	66.7	23.8	57.1	0.0	0.0	0.0
35-39 岁	15	20.0	73.3	46.7	73.3	0.0	0.0	6.7
40-44 岁	18	33.3	66.7	44.4	44.4	5.6	0.0	0.0
45-49 岁	14	28.6	50.0	42.9	57.1	14.3	0.0	0.0
50 岁以上	16	43.8	50.0	37.5	62.5	6.3	0.0	0.0

续上表（continued）

	人数	餐饮休息服务配套	服务态度好	退还商品方便	可送货上门	大型商品保修	有大量进口商品	其他
样本	**315**	**1.3**	**25.4**	**3.2**	**0.6**	**1.3**	**1.9**	**2.2**
男性	**148**	**0.7**	**24.3**	**2.7**	**0.7**	**1.4**	**2.0**	**4.1**
16-19 岁	20	0.0	5.0	5.0	0.0	0.0	10.0	5.0
20-24 岁	31	0.0	9.7	3.2	3.2	0.0	0.0	3.2
25-29 岁	24	0.0	33.3	0.0	0.0	0.0	0.0	4.2
30-34 岁	19	0.0	52.6	5.3	0.0	10.5	0.0	0.0
35-39 岁	16	0.0	43.8	0.0	0.0	0.0	0.0	0.0
40-44 岁	12	8.3	16.7	0.0	0.0	0.0	8.3	8.3
45-49 岁	14	0.0	14.3	0.0	0.0	0.0	0.0	14.3
50 岁以上	12	0.0	25.0	8.3	0.0	0.0	0.0	0.0
女性	**167**	**1.8**	**26.3**	**3.6**	**0.6**	**1.2**	**1.8**	**0.6**
16-19 岁	21	0.0	38.1	4.8	0.0	0.0	4.8	0.0
20-24 岁	41	2.4	29.3	7.3	0.0	4.9	0.0	2.4
25-29 岁	21	4.8	14.3	0.0	0.0	0.0	0.0	0.0
30-34 岁	21	4.8	19.0	4.8	0.0	0.0	0.0	0.0
35-39 岁	15	0.0	40.0	0.0	0.0	0.0	13.3	0.0
40-44 岁	18	0.0	11.1	5.6	0.0	0.0	0.0	0.0
45-49 岁	14	0.0	28.6	0.0	0.0	0.0	0.0	0.0
50 岁以上	16	0.0	31.3	0.0	6.3	0.0	0.0	0.0

2-7 重度消费者的人口分布 / Demographics of the Heavy Consumers

● 北京（Beijing）

	人数	16-19 岁	20-24 岁	25-29 岁	30-34 岁	35-39 岁	40-44 岁	45-49 岁	50 岁以上
样本	**286**	**8.4**	**13.3**	**15.7**	**15.0**	**14.0**	**13.6**	**7.7**	**12.2**
男性	**125**	**4.8**	**16.8**	**16.0**	**12.0**	**15.2**	**14.4**	**10.4**	**10.4**
1 周 1 次以上	65	7.7	20.0	13.8	9.2	13.8	13.8	12.3	9.2
2 周 1 次左右	60	1.7	13.3	18.3	15.0	16.7	15.0	8.3	11.7
女性	**161**	**11.2**	**10.6**	**15.5**	**17.4**	**13.0**	**13.0**	**5.6**	**13.7**
1 周 1 次以上	104	11.5	14.4	18.3	15.4	11.5	12.5	5.8	10.6
2 周 1 次左右	57	10.5	3.5	10.5	21.1	15.8	14.0	5.3	19.3

● 上海（Shanghai）

	人数	16-19 岁	20-24 岁	25-29 岁	30-34 岁	35-39 岁	40-44 岁	45-49 岁	50 岁以上
样本	**464**	**6.9**	**11.2**	**13.6**	**18.1**	**16.4**	**11.0**	**8.2**	**14.7**
男性	**223**	**7.2**	**11.2**	**14.3**	**18.8**	**16.1**	**10.3**	**8.5**	**13.5**
1 周 1 次以上	140	10.7	7.9	13.6	22.9	15.7	10.0	8.6	10.7
2 周 1 次左右	83	1.2	16.9	15.7	12.0	16.9	10.8	8.4	18.1
女性	**241**	**6.6**	**11.2**	**12.9**	**17.4**	**16.6**	**11.6**	**7.9**	**15.8**
1 周 1 次以上	173	7.5	10.4	12.7	16.2	16.8	12.1	6.4	17.9
2 周 1 次左右	68	4.4	13.2	13.2	20.6	16.2	10.3	11.8	10.3

● 广州（Guangzhou）

	人数	16-19 岁	20-24 岁	25-29 岁	30-34 岁	35-39 岁	40-44 岁	45-49 岁	50 岁以上
样本	**242**	**12.0**	**18.2**	**19.4**	**14.5**	**12.4**	**10.3**	**5.0**	**8.3**
男性	**100**	**9.0**	**16.0**	**15.0**	**14.0**	**12.0**	**16.0**	**7.0**	**12.0**
1 周 1 次以上	47	8.5	17.0	14.9	10.6	12.8	17.0	8.5	10.6
2 周 1 次左右	53	9.4	15.1	15.1	17.0	11.3	13.2	5.7	13.2
女性	**142**	**14.1**	**19.7**	**22.5**	**14.8**	**12.7**	**7.0**	**3.5**	**5.6**
1 周 1 次以上	76	15.8	19.7	22.4	11.8	14.5	5.3	3.9	6.6
2 周 1 次左右	66	12.1	19.7	22.7	18.2	10.6	9.1	3.0	4.5

● 重庆（Chongqing）

	人数	16-19 岁	20-24 岁	25-29 岁	30-34 岁	35-39 岁	40-44 岁	45-49 岁	50 岁以上
样本	**159**	**11.3**	**25.8**	**17.0**	**12.6**	**11.3**	**10.1**	**6.9**	**5.0**
男性	**69**	**11.6**	**24.6**	**23.2**	**14.5**	**8.7**	**5.8**	**10.1**	**1.4**
1 周 1 次以上	35	14.3	22.9	22.9	17.1	2.9	5.7	11.4	2.9
2 周 1 次左右	34	8.8	26.5	23.5	11.8	14.7	5.9	8.8	0.0
女性	**90**	**11.1**	**26.7**	**12.2**	**11.1**	**13.3**	**13.3**	**4.4**	**7.8**
1 周 1 次以上	39	5.1	30.8	12.8	15.4	7.7	15.4	7.7	5.1
2 周 1 次左右	51	15.7	23.5	11.8	7.8	17.6	11.8	2.0	9.8

2-8 关于北京消费群 / The Beijing Market Segments

2-8-1 不同消费群最常去的超市 / Ranking of the Supermarkets Visited Most Frequently by Market Segments

注：本题为多选题，合计百分比超过 100%（Multiple answers）

	人数	第一品牌及百分比		第二品牌及百分比				第三品牌及百分比			
样本	**430**	**家乐福/创益佳**	**24.0**	**红苹果**	**18.1**			**亿客隆**	**14.7**		
第一消费群	112	协和奥光	21.4	家乐福	20.5			红苹果	16.1	亿客隆	16.1
								利客隆	16.1		
第二消费群	75	家乐福	38.7	利客隆	17.3			红苹果	16.0		
第三消费群	71	红苹果	21.1	家乐福	15.5	亿客隆	15.5	顺天府	12.7		
第四消费群	5	物美	40.0	协和奥光	20.0	家乐福	20.0				
		顺天府	40.0	希福连锁店	20.0						
第五消费群	101	家乐福	25.7	红苹果	18.8			天客隆	13.9		
第六消费群	66	红苹果	21.2	家乐福	19.7			顺天府	16.7		

2-8-2 重度消费者的消费群构成 / Composition of the Heavy Consumers

	人数	第一消费群	第二消费群	第三消费群	第四消费群	第五消费群	第六消费群
样本	**286**	**25.2**	**20.6**	**15.0**	**1.4**	**22.7**	**15.0**
1 周 1 次以上	169	25.4	20.1	13.6	2.4	26.0	12.4
2 周 1 次左右	117	24.8	21.4	17.1	0.0	17.9	18.8

注：北京消费群的代表特征 / Characteristics of the Beijing Market Segments

		第一消费群	第二消费群	第三消费群	第四消费群	第五消费群	第六消费群
基本情况	性别	女	男	无明显偏向	男	无明显偏向	女
	年龄	30 — 34 岁	25 — 29 岁	35 — 44 岁	无明显偏向	16 — 24 岁	45 岁以上
	学历	大专/大本	大本	初中	大本及研究生	高中/中专/技校	初中及以下
	职业	科教卫生人员	一般企业职员	工人	管理人员/专门职业从事者/个体及私营企业主	学生	离退休人员
	月均收入	801 — 1500 元	1501 — 4000 元	800 元以下	4000 元以上	无收入	800 元以下
	婚姻	已婚	无明显偏向	已婚	已婚或离异	未婚	已婚
心理取向		注重学历 非积极进取	不循规传统 非单一电视娱乐	非田园倾向 新女性主张 金钱本位	注重经验 大男子主义 不保守稳定	非“大男子主义” 追随流行	非“新女性主张” 非浪漫新潮 单一电视娱乐

2-9 关于上海消费群 / The Shanghai Market Segments

2-9-1 不同消费群最常去的超市 / Ranking of the Supermarkets Visited Most Frequently by Market Segments

注：本题为多选题，合计百分比超过100%（Multiple answers）

	人数	第一品牌及百分比	第二品牌及百分比	第三品牌及百分比
样本	**557**	**华联 62.7**	**联华 46.3**	**农工商 21.4**
第一消费群	136	华联 66.2	联华 42.6	农工商 22.8
第二消费群	80	华联 62.5	联华 47.5	农工商 17.5
第三消费群	10	华联 60.0 联华 60.0	农工商 20.0	恒大 10.0 百式 10.0 麦德龙 10.0 云洲 10.0 百佳 10.0
第四消费群	121	华联 66.1	联华 41.3	农工商 24.0
第五消费群	67	华联 56.7	联华 53.7	百佳 19.4
第六消费群	143	华联 59.4	联华 49.0	农工商 24.5

2-9-2 重度消费者的消费群构成 / Composition of the Heavy Consumers

	人数	第一消费群	第二消费群	第三消费群	第四消费群	第五消费群	第六消费群
样本	**464**	**24.1**	**14.4**	**2.2**	**21.1**	**11.0**	**27.2**
1周1次以上	313	22.4	14.1	1.9	22.4	11.5	27.8
2周1次左右	151	27.8	15.2	2.6	18.5	9.9	25.8

注：上海消费群的代表特征 / Characteristics of the Shanghai Market Segments

		第一消费群	第二消费群	第三消费群	第四消费群	第五消费群	第六消费群
基本情况	性别	无明显偏向	男	男	女	女	无明显偏向
	年龄	45岁以上	20－29岁	25－34岁	35－44岁	16－24岁	30－39岁
	学历	大本及以上	大专/大本	大专	初中及以下	高中/中专/技校	高中/中专/技校
	职业	科教卫生人员/离退休人员	一般企业职员	行政管理人员/个体及私营企业主/专门职业从事者	工人/下岗人员	学生	一般企业职员
	月均收入	801－1500元	1001－3000元	3000元以上	800元以下	无收入	1001－2000元
	婚姻	已婚	未婚	未婚	已婚	未婚	已婚
心理取向		非浪漫时尚 非金钱本位 保守稳定	非家庭重心 田园倾向 休闲独立	不保守稳定 奔波忙碌 浪漫时尚	金钱本位 家庭重心 注重学历	新家庭观念 非休闲独立	不积极进取 不奔波忙碌

2-10 关于广州消费群 / The Guangzhou Market Segments

2-10-1 不同消费群最常去的超市 / Ranking of the Supermarkets Visited Most Frequently by Market Segments

注：本题为多选题，合计百分比超过 100%（Multiple answers）

	人数	第一品牌及百分比		第二品牌及百分比		第三品牌及百分比	
样本	**406**	**百佳**	**36.9**	**正大万客隆**	**32.0**	**吉之岛**	**31.5**
第一消费群	68	百佳	45.6	吉之岛	36.8	正大万客隆	27.9
第二消费群	60	正大万客隆	31.7	广客隆	30.0	百佳	23.3
第三消费群	79	百佳	43.0	吉之岛	34.2	正大万客隆	31.6
第四消费群	72	正大万客隆	41.7	百佳	36.1	吉之岛	22.2
第五消费群	59	正大万客隆	44.1	百佳	39.0	吉之岛	20.3
第六消费群	68	吉之岛	51.5	百佳	32.4	阳光	22.1

2-10-2 重度消费者的消费群构成 / Composition of the Heavy Consumers

	人数	第一消费群	第二消费群	第三消费群	第四消费群	第五消费群	第六消费群
样本	**242**	**18.2**	**11.2**	**20.2**	**20.2**	**12.4**	**17.8**
1 周 1 次以上	123	17.1	13.0	22.0	18.7	13.8	15.4
2 周 1 次左右	119	19.3	9.2	18.5	21.8	10.9	20.2

注：广州消费群的代表特征 / Characteristics of the Guangzhou Market Segments

		第一消费群	第二消费群	第三消费群	第四消费群	第五消费群	第六消费群
基本情况	性别	女	无明显偏向	女	男	女	男
	年龄	16 — 19 岁	40 岁以上	20 — 24 岁	35 — 44 岁	30 — 34 岁	25 — 29 岁
	学历	高中/中专/技校	无明显偏向	高中/中专/技校/大专	初中/高中/中专/技校	初中及以下	大专及以上
	职业	学生	工人	学生/待业人员	个体及私营企业主	家庭主妇	企业职员/管理人员/科教卫生人员/专门职业者
	月均收入	无收入	1500 元以下	无收入	801 — 1500 元	800 元以下	2000 元以上
	婚姻	未婚	已婚	未婚	已婚	已婚	无明显偏向
心理取向		不固守中式生活 田园倾向 非大男子主义	非新女性主张 不追随流行 非积极进取	独立自主 追随流行	积极进取 大男子主义 中式生活	单一电视娱乐 非独立自主 保守稳定	非单一电视娱乐 非家庭重心

2-11 关于重庆消费群 / The Chongqing Market Segments

2-11-1 不同消费群最常去的超市 / Ranking of the Supermarkets Visited Most Frequently by Market Segments

注：本题为多选题，合计百分比超过 100%（Multiple answers）

	人数	第一品牌及百分比	第二品牌及百分比	第三品牌及百分比
样本	**314**	**新世纪 47.5**	**重百百汇 36.3**	**群鹰 20.4**
第一消费群	68	新世纪 50.0	重百百汇 29.4	群鹰 25.0
第二消费群	65	新世纪 46.2 重百百汇 46.2	沙百司 21.5	群鹰 20.0
第三消费群	81	新世纪 46.9	重百百汇 29.6	群鹰 18.5
第四消费群	17	新世纪 52.9	重百百汇 29.4 群鹰 29.4	沙百司 23.5
第五消费群	60	新世纪 41.7	重百百汇 33.3	富安 20.0
第六消费群	23	重百百汇 65.2	新世纪 56.5	群鹰 30.4

2-11-2 重度消费者的消费群构成 / Composition of the Heavy Consumers

	人数	第一消费群	第二消费群	第三消费群	第四消费群	第五消费群	第六消费群
样本	**159**	**23.9**	**20.8**	**25.8**	**6.3**	**13.8**	**9.4**
1 周 1 次以上	74	25.7	20.3	21.6	10.8	13.5	8.1
2 周 1 次左右	85	22.4	21.2	29.4	2.4	14.1	10.6

注：重庆消费群的代表特征 / Characteristics of the Chongqing Market Segments

		第一消费群	第二消费群	第三消费群	第四消费群	第五消费群	第六消费群
基本情况	性别	无明显偏向	无明显偏向	无明显偏向	无明显偏向	无明显偏向	女
	年龄	16 — 19 岁	45 岁以上	20 — 29 岁	30 — 34 岁	40 岁以上	25 — 29 岁
	学历	高中/中专/技校	高中/中专/技校	大专/大本	高中/中专/技校/大本以上	初中及以下	初中
	职业	学生	行政管理人员/离退休人员	科教卫生人员/一般企业职员	个体及私营企业主	工人	专门职业从事者 下岗及其他
	月均收入	无收入	501 800 元	801 — 1500 元	1500 元以上	500 元以下	1001 — 1500 元
	婚姻	未婚	已婚	无明显偏向	已婚	已婚	已婚或离异
心理取向		浪漫新潮 注重学历 非现实家庭观	循规传统 奔波忙碌 保守稳定	新女性主张 非功利心态	功利心态 现实家庭观 都市情结	非浪漫新潮 非独立休闲	非新女性主张 不循规传统 独立休闲

3 精品专卖店 / Boutique

3-1 最常去的精品专卖店排名 / Ranking of the Boutiques Visited Most Frequently

注：本题为多选题，合计百分比超过 100%（Multiple answers）

● 北京（Beijing）

排名	品牌		人次	百分比
1	真维斯	Jeanswest	85	47.2
2	苹果店	Texwood	45	25.0
3	耐克	Nike	40	22.2
4	李宁	Lining	34	18.9
5	彪马	Puma	23	12.8
6	贝纳通	Benetton	20	11.1
6	芭迪	Patty	20	11.1
8	鳄鱼	Crocodile	18	10.0
9	金利来	Goldlion	14	7.8
10	佐丹奴	Giordano	13	7.2

n=180

● 上海（Shanghai）

排名	品牌		人次	百分比
1	鳄鱼	Crocodile	54	32.7
2	真维斯	Jeanswest	46	27.9
3	耐克	Nike	31	18.8
4	苹果店	Texwood	23	13.9
5	蜜雪儿	Mysheros	20	12.1
6	皮尔·卡丹	P. Cardin	18	10.9
7	佐丹奴	Giordano	17	10.3
8	稻草人	Mexicanino	15	9.1
9	埃斯普瑞特	ESPRIT	14	8.5
9	彪马	Puma	14	8.5

n=165

● 广州（Guangzhou）

排名	品牌		人次	百分比
1	佐丹奴	Giordano	92	46.5
2	苹果店	Texwood	64	32.3
3	堡狮龙	Bossini	45	22.7
4	芭迪	Patty	29	14.6
5	卡佛连	Calf Land	20	10.1
6	百图	Betu	17	8.6
7	宾奴	Baleno	16	8.1
8	耐克	Nike	15	7.6
9	金利来	Goldlion	14	7.1
9	彪马	Puma	14	7.1

n=198

● 重庆（Chongqing）

排名	品牌		人次	百分比
1	金利来	Goldlion	28	28.0
2	李宁	Lining	26	26.0
3	花花公子	Playboy	21	21.0
4	苹果店	Texwood	16	16.0
4	佐丹奴	Giordano	16	16.0
6	蜜雪儿	Mysheros	10	10.0
7	稻草人	Mexicanino	9	9.0
8	耐克	Nike	8	8.0
8	鳄鱼	Crocodile	8	8.0
10	皮尔·卡丹	P. Cardin	6	6.0

n=100

3-2 样本总体、男性各年龄层、女性各年龄层最近三个月是否去过精品专卖店的比例 / Whether Having Visited Boutique in the Last Three Months by the Whole Sample, Age and Gender Groups

● 北京（Beijing）

	人数	去过	没去过
样本	**600**	**30.0**	**70.0**
男性	**298**	**25.2**	**74.8**
16-19 岁	26	30.8	69.2
20-24 岁	36	50.0	50.0
25-29 岁	41	29.3	70.7
30-34 岁	47	38.3	61.7
35-39 岁	43	11.6	88.4
40-44 岁	42	16.7	83.3
45-49 岁	24	16.7	83.3
50 岁以上	39	7.7	92.3
女性	**302**	**34.8**	**65.2**
16-19 岁	23	65.2	34.8
20-24 岁	35	65.7	34.3
25-29 岁	36	52.8	47.2
30-34 岁	49	32.7	67.3
35-39 岁	45	24.4	75.6
40-44 岁	40	25.0	75.0
45-49 岁	26	11.5	88.5
50 岁以上	48	16.7	83.3

● 上海（Shanghai）

	人数	去过	没去过
样本	**600**	**28.0**	**72.0**
男性	**307**	**27.4**	**72.6**
16-19 岁	22	40.9	59.1
20-24 岁	34	26.5	73.5
25-29 岁	42	47.6	52.4
30-34 岁	56	37.5	62.5
35-39 岁	51	15.7	84.3
40-44 岁	31	9.7	90.3
45-49 岁	26	19.2	80.8
50 岁以上	45	20.0	80.0
女性	**293**	**28.7**	**71.3**
16-19 岁	24	37.5	62.5
20-24 岁	32	31.3	68.8
25-29 岁	37	45.9	54.1
30-34 岁	50	28.0	72.0
35-39 岁	44	22.7	77.3
40-44 岁	35	31.4	68.6
45-49 岁	23	17.4	82.6
50 岁以上	48	18.8	81.3

● 广州（Guangzhou）

	人数	去过	没去过
样本	**600**	**33.3**	**66.7**
男性	**282**	**28.0**	**72.0**
16-19 岁	30	33.3	66.7
20-24 岁	36	47.2	52.8
25-29 岁	35	40.0	60.0
30-34 岁	34	38.2	61.8
35-39 岁	40	22.5	77.5
40-44 岁	41	9.8	90.2
45-49 岁	26	23.1	76.9
50 岁以上	40	15.0	85.0
女性	**318**	**38.4**	**61.6**
16-19 岁	50	56.0	44.0
20-24 岁	46	50.0	50.0
25-29 岁	63	49.2	50.8
30-34 岁	46	30.4	69.6
35-39 岁	41	34.1	65.9
40-44 岁	30	16.7	83.3
45-49 岁	13	15.4	84.6
50 岁以上	29	17.2	82.8

● 重庆（Chongqing）

	人数	去过	没去过
样本	**600**	**17.0**	**83.0**
男性	**308**	**15.9**	**84.1**
16-19 岁	43	20.9	79.1
20-24 岁	53	20.8	79.2
25-29 岁	43	20.9	79.1
30-34 岁	38	15.8	84.2
35-39 岁	39	7.7	92.3
40-44 岁	30	16.7	83.3
45-49 岁	25	16.0	84.0
50 岁以上	37	5.4	94.6
女性	**292**	**18.2**	**81.8**
16-19 岁	43	27.9	72.1
20-24 岁	53	34.0	66.0
25-29 岁	32	21.9	78.1
30-34 岁	33	9.1	90.9
35-39 岁	35	20.0	80.0
40-44 岁	32	6.3	93.8
45-49 岁	27	3.7	96.3
50 岁以上	37	8.1	91.9

3-3 样本总体、男性各年龄层、女性各年龄层最近三个月去精品专卖店的频率 / Frequencies of Visiting Boutique in the Last Three Months by the Whole Sample, Age and Gender Groups

● 北京（Beijing）

	人数	1周1次以上	2周1次左右	约1个月1次	2-3个月1次及以下
样本	**180**	**7.8**	**25.6**	**38.3**	**28.3**
男性	**75**	**6.7**	**25.3**	**38.7**	**29.3**
16-19岁	8	25.0	37.5	12.5	25.0
20-24岁	18	5.6	44.4	38.9	11.1
25-29岁	12	16.7	16.7	25.0	41.7
30-34岁	18	0.0	11.1	61.1	27.8
35-39岁	5	0.0	0.0	20.0	80.0
40-44岁	7	0.0	14.3	57.1	28.6
45-49岁	4	0.0	25.0	50.0	25.0
50岁以上	3	0.0	66.7	0.0	33.3
女性	**105**	**8.6**	**25.7**	**38.1**	**27.6**
16-19岁	15	20.0	66.7	13.3	0.0
20-24岁	23	4.3	39.1	30.4	26.1
25-29岁	19	0.0	21.1	52.6	26.3
30-34岁	16	18.8	18.8	43.8	18.8
35-39岁	11	0.0	0.0	27.3	72.7
40-44岁	10	10.0	10.0	50.0	30.0
45-49岁	3	33.3	0.0	33.3	33.3
50岁以上	8	0.0	0.0	62.5	37.5

● 上海（Shanghai）

	人数	1周1次以上	2周1次左右	约1个月1次	2-3个月1次及以下
样本	**168**	**10.1**	**21.4**	**38.1**	**30.4**
男性	**84**	**7.1**	**20.2**	**38.1**	**34.5**
16-19岁	9	0.0	22.2	33.3	44.4
20-24岁	9	11.1	33.3	22.2	33.3
25-29岁	20	5.0	30.0	40.0	25.0
30-34岁	21	9.5	9.5	42.9	38.1
35-39岁	8	12.5	12.5	37.5	37.5
40-44岁	3	0.0	0.0	33.3	66.7
45-49岁	5	20.0	20.0	40.0	20.0
50岁以上	9	0.0	22.2	44.4	33.3
女性	**84**	**13.1**	**22.6**	**38.1**	**26.2**
16-19岁	9	22.2	44.4	11.1	22.2
20-24岁	10	30.0	10.0	40.0	20.0
25-29岁	17	5.9	11.8	52.9	29.4
30-34岁	14	28.6	7.1	28.6	35.7
35-39岁	10	10.0	10.0	60.0	20.0
40-44岁	11	0.0	45.5	45.5	9.1
45-49岁	4	0.0	25.0	25.0	50.0
50岁以上	9	0.0	44.4	22.2	33.3

● 广州（Guangzhou）

	人数	1周1次以上	2周1次左右	约1个月1次	2-3个月1次及以下
样本	**200**	**13.0**	**20.0**	**38.0**	**29.0**
男性	**79**	**7.6**	**21.5**	**39.2**	**31.6**
16-19岁	10	0.0	20.0	50.0	30.0
20-24岁	17	11.8	35.3	35.3	17.6
25-29岁	14	14.3	21.4	50.0	14.3
30-34岁	13	0.0	30.8	38.5	30.8
35-39岁	9	0.0	11.1	33.3	55.6
40-44岁	4	0.0	0.0	75.0	25.0
45-49岁	6	0.0	16.7	16.7	66.7
50岁以上	6	33.3	0.0	16.7	50.0
女性	**121**	**16.5**	**19.0**	**37.2**	**27.3**
16-19岁	28	17.9	35.7	35.7	10.7
20-24岁	22	13.6	4.5	54.5	27.3
25-29岁	31	6.5	19.4	45.2	29.0
30-34岁	14	42.9	7.1	14.3	35.7
35-39岁	14	21.4	28.6	14.3	35.7
40-44岁	5	0.0	20.0	40.0	40.0
45-49岁	2	0.0	0.0	50.0	50.0
50岁以上	5	20.0	0.0	40.0	40.0

● 重庆（Chongqing）

	人数	1周1次以上	2周1次左右	约1个月1次	2-3个月1次及以下
样本	**102**	**12.7**	**18.6**	**38.2**	**30.4**
男性	**49**	**16.3**	**24.5**	**24.5**	**34.7**
16-19岁	9	11.1	11.1	33.3	44.4
20-24岁	11	9.1	36.4	27.3	27.3
25-29岁	9	33.3	22.2	11.1	33.3
30-34岁	6	0.0	33.3	50.0	16.7
35-39岁	3	0.0	66.7	0.0	33.3
40-44岁	5	20.0	20.0	20.0	40.0
45-49岁	4	50.0	0.0	25.0	25.0
50岁以上	2	0.0	0.0	0.0	100.0
女性	**53**	**9.4**	**13.2**	**50.9**	**26.4**
16-19岁	12	8.3	25.0	41.7	25.0
20-24岁	18	22.2	0.0	50.0	27.8
25-29岁	7	0.0	14.3	71.4	14.3
30-34岁	3	0.0	33.3	66.7	0.0
35-39岁	7	0.0	14.3	57.1	28.6
40-44岁	2	0.0	50.0	50.0	0.0
45-49岁	1	0.0	0.0	100.0	0.0
50岁以上	3	0.0	0.0	0.0	100.0

3-4 样本总体、男性各年龄层、女性各年龄层最近一次在精品专卖店的花费 / Expense in the Most Recent Visit to Boutique by the Whole Sample, Age and Gender Groups

● 北京（Beijing）

	人数	50 元以下	51-100	101-200	201-300	301-500	501-700	701-1000	1001 元以上
样本	**179**	**11.2**	**11.2**	**25.7**	**14.0**	**15.6**	**6.1**	**7.8**	**8.4**
男性	**75**	**6.7**	**6.7**	**22.7**	**18.7**	**17.3**	**8.0**	**9.3**	**10.7**
16-19 岁	8	12.5	12.5	50.0	12.5	12.5	0.0	0.0	0.0
20-24 岁	18	16.7	0.0	27.8	27.8	5.6	16.7	5.6	0.0
25-29 岁	12	0.0	16.7	8.3	25.0	16.7	0.0	16.7	16.7
30-34 岁	18	0.0	0.0	22.2	16.7	22.2	5.6	11.1	22.2
35-39 岁	5	0.0	20.0	0.0	20.0	40.0	0.0	0.0	20.0
40-44 岁	7	14.3	14.3	14.3	14.3	14.3	0.0	14.3	14.3
45-49 岁	4	0.0	0.0	0.0	0.0	50.0	25.0	25.0	0.0
50 岁以上	3	0.0	0.0	66.7	0.0	0.0	33.3	0.0	0.0
女性	**104**	**14.4**	**14.4**	**27.9**	**10.6**	**14.4**	**4.8**	**6.7**	**6.7**
16-19 岁	15	13.3	20.0	40.0	6.7	6.7	0.0	13.3	0.0
20-24 岁	23	13.0	4.3	30.4	21.7	8.7	8.7	0.0	13.0
25-29 岁	19	5.3	0.0	31.6	21.1	21.1	5.3	5.3	10.5
30-34 岁	16	12.5	31.3	31.3	6.3	12.5	0.0	6.3	0.0
35-39 岁	11	27.3	9.1	0.0	0.0	36.4	9.1	18.2	0.0
40-44 岁	10	10.0	40.0	30.0	0.0	10.0	0.0	0.0	10.0
45-49 岁	3	33.3	0.0	33.3	0.0	0.0	33.3	0.0	0.0
50 岁以上	7	28.6	14.3	14.3	0.0	14.3	0.0	14.3	14.3

● 上海（Shanghai）

	人数	50 元以下	51-100	101-200	201-300	301-500	501-700	701-1000	1001 元以上
样本	**168**	**13.7**	**6.0**	**16.7**	**16.7**	**14.9**	**6.0**	**20.2**	**6.0**
男性	**84**	**16.7**	**4.8**	**16.7**	**17.9**	**14.3**	**3.6**	**21.4**	**4.8**
16-19 岁	9	11.1	0.0	44.4	22.2	0.0	11.1	0.0	11.1
20-24 岁	9	22.2	0.0	11.1	22.2	33.3	11.1	0.0	0.0
25-29 岁	20	15.0	10.0	25.0	15.0	15.0	0.0	15.0	5.0
30-34 岁	21	14.3	4.8	9.5	9.5	19.0	4.8	28.6	9.5
35-39 岁	8	25.0	0.0	0.0	12.5	0.0	0.0	62.5	0.0
40-44 岁	3	33.3	0.0	0.0	33.3	0.0	0.0	33.3	0.0
45-49 岁	5	20.0	0.0	0.0	60.0	0.0	0.0	20.0	0.0
50 岁以上	9	11.1	11.1	22.2	11.1	22.2	0.0	22.2	0.0
女性	**84**	**10.7**	**7.1**	**16.7**	**15.5**	**15.5**	**8.3**	**19.0**	**7.1**
16-19 岁	9	22.2	44.4	11.1	11.1	0.0	0.0	0.0	11.1
20-24 岁	10	0.0	10.0	40.0	20.0	20.0	0.0	10.0	0.0
25-29 岁	17	0.0	0.0	5.9	29.4	23.5	11.8	23.5	5.9
30-34 岁	14	21.4	0.0	21.4	0.0	28.6	0.0	21.4	7.1
35-39 岁	10	10.0	0.0	10.0	20.0	10.0	0.0	30.0	20.0
40-44 岁	11	18.2	0.0	18.2	18.2	0.0	18.2	18.2	9.1
45-49 岁	4	0.0	0.0	25.0	0.0	25.0	25.0	25.0	0.0
50 岁以上	9	11.1	11.1	11.1	11.1	11.1	22.2	22.2	0.0

● 广州（Guangzhou）

	人数	50 元以下	51-100	101-200	201-300	301-500	501-700	701-1000	1001 元以上
样本	**200**	**14.0**	**14.0**	**28.0**	**18.5**	**13.0**	**2.0**	**8.5**	**2.0**
男性	**79**	**15.2**	**13.9**	**25.3**	**22.8**	**10.1**	**2.5**	**7.6**	**2.5**
16-19 岁	10	30.0	20.0	10.0	20.0	10.0	0.0	10.0	0.0
20-24 岁	17	0.0	5.9	47.1	11.8	17.6	5.9	5.9	5.9
25-29 岁	14	7.1	28.6	28.6	28.6	0.0	0.0	7.1	0.0
30-34 岁	13	23.1	15.4	15.4	15.4	15.4	0.0	7.7	7.7
35-39 岁	9	11.1	11.1	22.2	33.3	22.2	0.0	0.0	0.0
40-44 岁	4	25.0	25.0	0.0	25.0	0.0	0.0	25.0	0.0
45-49 岁	6	33.3	0.0	33.3	16.7	0.0	16.7	0.0	0.0
50 岁以上	6	16.7	0.0	16.7	50.0	0.0	0.0	16.7	0.0
女性	**121**	**13.2**	**14.0**	**29.8**	**15.7**	**14.9**	**1.7**	**9.1**	**1.7**
16-19 岁	28	21.4	17.9	25.0	10.7	14.3	0.0	10.7	0.0
20-24 岁	22	4.5	13.6	45.5	9.1	18.2	4.5	0.0	4.5
25-29 岁	31	12.9	9.7	32.3	6.5	22.6	0.0	16.1	0.0
30-34 岁	14	14.3	0.0	21.4	14.3	14.3	7.1	21.4	7.1
35-39 岁	14	14.3	28.6	21.4	28.6	7.1	0.0	0.0	0.0
40-44 岁	5	20.0	0.0	20.0	60.0	0.0	0.0	0.0	0.0
45-49 岁	2	0.0	0.0	50.0	50.0	0.0	0.0	0.0	0.0
50 岁以上	5	0.0	40.0	20.0	40.0	0.0	0.0	0.0	0.0

● 重庆（Chongqing）

	人数	50 元以下	51-100	101-200	201-300	301-500	501-700	701-1000	1001 元以上
样本	**102**	**17.6**	**11.8**	**15.7**	**11.8**	**17.6**	**1.0**	**12.7**	**11.8**
男性	**49**	**14.3**	**14.3**	**14.3**	**16.3**	**18.4**	**2.0**	**4.1**	**16.3**
16-19 岁	9	0.0	0.0	44.4	22.2	11.1	11.1	11.1	0.0
20-24 岁	11	9.1	0.0	9.1	27.3	27.3	0.0	9.1	18.2
25-29 岁	9	11.1	44.4	11.1	11.1	11.1	0.0	0.0	11.1
30-34 岁	6	16.7	0.0	0.0	16.7	33.3	0.0	0.0	33.3
35-39 岁	3	0.0	0.0	0.0	33.3	0.0	0.0	0.0	66.7
40-44 岁	5	0.0	40.0	20.0	0.0	20.0	0.0	0.0	20.0
45-49 岁	4	75.0	0.0	0.0	0.0	25.0	0.0	0.0	0.0
50 岁以上	2	50.0	50.0	0.0	0.0	0.0	0.0	0.0	0.0
女性	**53**	**20.8**	**9.4**	**17.0**	**7.5**	**17.0**	**0.0**	**20.8**	**7.5**
16-19 岁	12	25.0	8.3	33.3	0.0	8.3	0.0	8.3	16.7
20-24 岁	18	5.6	16.7	16.7	11.1	27.8	0.0	16.7	5.6
25-29 岁	7	42.9	14.3	0.0	0.0	14.3	0.0	28.6	0.0
30-34 岁	3	0.0	0.0	33.3	0.0	33.3	0.0	33.3	0.0
35-39 岁	7	14.3	0.0	14.3	14.3	14.3	0.0	28.6	14.3
40-44 岁	2	50.0	0.0	0.0	50.0	0.0	0.0	0.0	0.0
45-49 岁	1	100.0	0.0	0.0	0.0	0.0	0.0	0.0	0.0
50 岁以上	3	33.3	0.0	0.0	0.0	0.0	0.0	66.7	0.0

3-5 样本总体、男性各年龄层、女性各年龄层常与谁一起去精品专卖店 / With Whom When Visiting Boutiques by the Whole Sample, Age and Gender Groups

● 北京（Beijing）

	人数	家人或亲戚	朋友	同事/同学	单独
样本	**180**	**37.2**	**33.9**	**16.7**	**12.2**
男性	**75**	**37.3**	**32.0**	**17.3**	**13.3**
16-19岁	8	12.5	62.5	25.0	0.0
20-24岁	18	16.7	44.4	33.3	5.6
25-29岁	12	33.3	33.3	16.7	16.7
30-34岁	18	44.4	22.2	5.6	27.8
35-39岁	5	40.0	20.0	20.0	20.0
40-44岁	7	71.4	14.3	0.0	14.3
45-49岁	4	75.0	0.0	25.0	0.0
50岁以上	3	66.7	33.3	0.0	0.0
女性	**105**	**37.1**	**35.2**	**16.2**	**11.4**
16-19岁	15	20.0	46.7	26.7	6.7
20-24岁	23	17.4	56.5	17.4	8.7
25-29岁	19	42.1	42.1	5.3	10.5
30-34岁	16	43.8	18.8	18.8	18.8
35-39岁	11	45.5	18.2	18.2	18.2
40-44岁	10	40.0	30.0	10.0	20.0
45-49岁	3	100.0	0.0	0.0	0.0
50岁以上	8	62.5	12.5	25.0	0.0

● 上海（Shanghai）

	人数	家人或亲戚	朋友	同事/同学	单独
样本	**167**	**41.9**	**34.1**	**12.6**	**11.4**
男性	**84**	**39.3**	**38.1**	**9.5**	**13.1**
16-19岁	9	11.1	22.2	44.4	22.2
20-24岁	9	22.2	44.4	22.2	11.1
25-29岁	20	20.0	55.0	10.0	15.0
30-34岁	21	47.6	42.9	0.0	9.5
35-39岁	8	75.0	25.0	0.0	0.0
40-44岁	3	66.7	0.0	0.0	33.3
45-49岁	5	40.0	20.0	0.0	40.0
50岁以上	9	66.7	33.3	0.0	0.0
女性	**83**	**44.6**	**30.1**	**15.7**	**9.6**
16-19岁	9	33.3	33.3	33.3	0.0
20-24岁	10	0.0	40.0	40.0	20.0
25-29岁	17	29.4	47.1	23.5	0.0
30-34岁	14	50.0	50.0	0.0	0.0
35-39岁	10	50.0	20.0	10.0	20.0
40-44岁	11	72.7	0.0	0.0	27.3
45-49岁	4	75.0	0.0	0.0	25.0
50岁以上	8	75.0	12.5	12.5	0.0

● 广州（Guangzhou）

	人数	家人或亲戚	朋友	同事/同学	单独
样本	**200**	**38.0**	**37.0**	**17.5**	**7.5**
男性	**78**	**41.0**	**42.3**	**10.3**	**6.4**
16-19 岁	10	20.0	40.0	30.0	10.0
20-24 岁	17	23.5	52.9	17.6	5.9
25-29 岁	14	21.4	71.4	7.1	0.0
30-34 岁	13	76.9	23.1	0.0	0.0
35-39 岁	9	55.6	33.3	0.0	11.1
40-44 岁	4	50.0	25.0	0.0	25.0
45-49 岁	6	50.0	33.3	16.7	0.0
50 岁以上	5	60.0	20.0	0.0	20.0
女性	**122**	**36.1**	**33.6**	**22.1**	**8.2**
16-19 岁	28	42.9	28.6	28.6	0.0
20-24 岁	23	17.4	47.8	21.7	13.0
25-29 岁	31	35.5	38.7	22.6	3.2
30-34 岁	14	28.6	35.7	14.3	21.4
35-39 岁	14	42.9	21.4	21.4	14.3
40-44 岁	5	60.0	20.0	20.0	0.0
45-49 岁	2	100.0	0.0	0.0	0.0
50 岁以上	5	40.0	20.0	20.0	20.0

● 重庆（Chongqing）

	人数	家人或亲戚	朋友	同事/同学	单独
样本	**102**	**40.2**	**27.5**	**14.7**	**17.6**
男性	**49**	**44.9**	**32.7**	**6.1**	**16.3**
16-19 岁	9	33.3	22.2	11.1	33.3
20-24 岁	11	18.2	36.4	18.2	27.3
25-29 岁	9	22.2	66.7	0.0	11.1
30-34 岁	6	66.7	33.3	0.0	0.0
35-39 岁	3	100.0	0.0	0.0	0.0
40-44 岁	5	60.0	20.0	0.0	20.0
45-49 岁	4	75.0	25.0	0.0	0.0
50 岁以上	2	100.0	0.0	0.0	0.0
女性	**53**	**35.8**	**22.6**	**22.6**	**18.9**
16-19 岁	12	33.3	25.0	33.3	8.3
20-24 岁	18	27.8	22.2	16.7	33.3
25-29 岁	7	42.9	28.6	28.6	0.0
30-34 岁	3	33.3	33.3	33.3	0.0
35-39 岁	7	42.9	14.3	28.6	14.3
40-44 岁	2	0.0	50.0	0.0	50.0
45-49 岁	1	100.0	0.0	0.0	0.0
50 岁以上	3	66.7	0.0	0.0	33.3

3-6 样本总体、男性各年龄层、女性各年龄层选择精品专卖店时的考虑因素 / Considerations in Selecting the Boutique by the Whole Sample, Age and Gender Groups

注：本题为多选题，合计百分比超过 100%（Multiple answers）

● 北京（Beijing）

	人数	商品高档	品味独特	服务态度好	退换方便	名牌
样本	**180**	**26.7**	**47.8**	**23.9**	**11.7**	**43.3**
男性	**75**	**29.3**	**48.0**	**29.3**	**14.7**	**45.3**
16-19 岁	8	0.0	75.0	37.5	25.0	12.5
20-24 岁	18	33.3	66.7	33.3	5.6	50.0
25-29 岁	12	25.0	41.7	16.7	0.0	58.3
30-34 岁	18	33.3	38.9	22.2	22.2	38.9
35-39 岁	5	40.0	20.0	40.0	20.0	80.0
40-44 岁	7	42.9	14.3	28.6	14.3	57.1
45-49 岁	4	25.0	50.0	25.0	25.0	25.0
50 岁以上	3	33.3	66.7	66.7	33.3	33.3
女性	**105**	**24.8**	**47.6**	**20.0**	**9.5**	**41.9**
16-19 岁	15	26.7	46.7	33.3	0.0	53.3
20-24 岁	23	21.7	52.2	13.0	8.7	43.5
25-29 岁	19	10.5	63.2	31.6	5.3	31.6
30-34 岁	16	25.0	43.8	0.0	12.5	43.8
35-39 岁	11	45.5	36.4	9.1	18.2	36.4
40-44 岁	10	20.0	40.0	10.0	10.0	60.0
45-49 岁	3	33.3	66.7	33.3	0.0	33.3
50 岁以上	8	37.5	25.0	50.0	25.0	25.0

续上表（continued）

	人数	购物环境好	经常有促销活动	有季节性削价	交通便利	可以试穿	其他
样本	**180**	**25.6**	**2.8**	**28.3**	**6.7**	**7.2**	**3.9**
男性	**75**	**29.3**	**4.0**	**21.3**	**5.3**	**2.7**	**4.0**
16-19 岁	8	50.0	12.5	50.0	0.0	12.5	0.0
20-24 岁	18	22.2	0.0	11.1	5.6	5.6	5.6
25-29 岁	12	25.0	0.0	16.7	16.7	0.0	8.3
30-34 岁	18	22.2	5.6	33.3	5.6	0.0	0.0
35-39 岁	5	20.0	0.0	0.0	0.0	0.0	20.0
40-44 岁	7	42.9	0.0	0.0	0.0	0.0	0.0
45-49 岁	4	25.0	25.0	50.0	0.0	0.0	0.0
50 岁以上	3	66.7	0.0	0.0	0.0	0.0	0.0
女性	**105**	**22.9**	**1.9**	**33.3**	**7.6**	**10.5**	**3.8**
16-19 岁	15	20.0	0.0	13.3	0.0	0.0	0.0
20-24 岁	23	13.0	0.0	34.8	0.0	21.7	13.0
25-29 岁	19	26.3	5.3	47.4	10.5	15.8	0.0
30-34 岁	16	31.3	0.0	37.5	12.5	12.5	0.0
35-39 岁	11	18.2	0.0	27.3	9.1	0.0	9.1
40-44 岁	10	30.0	10.0	40.0	20.0	10.0	0.0
45-49 岁	3	0.0	0.0	33.3	0.0	0.0	0.0
50 岁以上	8	37.5	0.0	25.0	12.5	0.0	0.0

● 上海（Shanghai）

	人数	商品高档	品味独特	服务态度好	退换方便	名牌
样本	**168**	**25.6**	**48.8**	**20.8**	**10.7**	**38.7**
男性	**84**	**27.4**	**42.9**	**17.9**	**9.5**	**45.2**
16-19 岁	9	22.2	66.7	33.3	0.0	55.6
20-24 岁	9	22.2	33.3	33.3	33.3	44.4
25-29 岁	20	25.0	55.0	15.0	5.0	40.0
30-34 岁	21	28.6	28.6	23.8	9.5	42.9
35-39 岁	8	75.0	25.0	0.0	0.0	75.0
40-44 岁	3	0.0	33.3	0.0	33.3	0.0
45-49 岁	5	0.0	60.0	0.0	0.0	40.0
50 岁以上	9	22.2	44.4	11.1	11.1	44.4
女性	**84**	**23.8**	**54.8**	**23.8**	**11.9**	**32.1**
16-19 岁	9	11.1	55.6	44.4	0.0	11.1
20-24 岁	10	30.0	70.0	20.0	0.0	30.0
25-29 岁	17	35.3	64.7	11.8	11.8	35.3
30-34 岁	14	7.1	42.9	21.4	14.3	57.1
35-39 岁	10	50.0	80.0	10.0	10.0	40.0
40-44 岁	11	27.3	27.3	27.3	18.2	27.3
45-49 岁	4	0.0	50.0	50.0	25.0	0.0
50 岁以上	9	11.1	44.4	33.3	22.2	22.2

续上表（continued）

	人数	购物环境好	经常有促销活动	有季节性削价	交通便利	可以试穿	其他
样本	**168**	**29.2**	**7.1**	**31.0**	**9.5**	**8.9**	**1.8**
男性	**84**	**31.0**	**8.3**	**28.6**	**11.9**	**6.0**	**2.4**
16-19 岁	9	11.1	22.2	44.4	11.1	0.0	0.0
20-24 岁	9	44.4	11.1	11.1	11.1	0.0	0.0
25-29 岁	20	45.0	5.0	25.0	5.0	10.0	0.0
30-34 岁	21	28.6	4.8	23.8	19.0	4.8	4.8
35-39 岁	8	25.0	25.0	12.5	25.0	0.0	0.0
40-44 岁	3	66.7	0.0	33.3	0.0	0.0	0.0
45-49 岁	5	20.0	0.0	40.0	0.0	20.0	20.0
50 岁以上	9	11.1	0.0	55.6	11.1	11.1	0.0
女性	**84**	**27.4**	**6.0**	**33.3**	**7.1**	**11.9**	**1.2**
16-19 岁	9	44.4	0.0	33.3	22.2	0.0	0.0
20-24 岁	10	40.0	0.0	30.0	0.0	10.0	0.0
25-29 岁	17	17.6	11.8	29.4	5.9	29.4	0.0
30-34 岁	14	28.6	14.3	28.6	7.1	14.3	0.0
35-39 岁	10	20.0	0.0	10.0	0.0	0.0	0.0
40-44 岁	11	18.2	0.0	45.5	0.0	18.2	9.1
45-49 岁	4	75.0	0.0	25.0	0.0	0.0	0.0
50 岁以上	9	11.1	11.1	66.7	22.2	0.0	0.0

● 广州（Guangzhou）

	人数	商品高档	品味独特	服务态度好	退换方便	名牌
样本	**200**	**26.0**	**41.0**	**35.0**	**11.0**	**37.5**
男性	**79**	**31.6**	**31.6**	**35.4**	**12.7**	**38.0**
16-19 岁	10	10.0	50.0	0.0	0.0	40.0
20-24 岁	17	35.3	41.2	35.3	23.5	47.1
25-29 岁	14	42.9	21.4	28.6	14.3	50.0
30-34 岁	13	46.2	30.8	38.5	15.4	38.5
35-39 岁	9	33.3	11.1	44.4	22.2	22.2
40-44 岁	4	0.0	50.0	50.0	0.0	50.0
45-49 岁	6	33.3	33.3	83.3	0.0	16.7
50 岁以上	6	16.7	16.7	33.3	0.0	16.7
女性	**121**	**22.3**	**47.1**	**34.7**	**9.9**	**37.2**
16-19 岁	28	14.3	64.3	46.4	7.1	39.3
20-24 岁	22	18.2	45.5	22.7	4.5	22.7
25-29 岁	31	22.6	48.4	38.7	19.4	35.5
30-34 岁	14	35.7	42.9	21.4	14.3	64.3
35-39 岁	14	28.6	50.0	42.9	0.0	35.7
40-44 岁	5	20.0	0.0	40.0	20.0	20.0
45-49 岁	2	0.0	0.0	0.0	0.0	0.0
50 岁以上	5	40.0	20.0	20.0	0.0	60.0

续上表（continued）

	人数	购物环境好	经常有促销活动	有季节性削价	交通便利	可以试穿	其他
样本	**200**	**17.0**	**7.5**	**21.5**	**11.5**	**24.5**	**3.5**
男性	**79**	**21.5**	**5.1**	**20.3**	**13.9**	**12.7**	**1.3**
16-19 岁	10	10.0	0.0	40.0	10.0	10.0	0.0
20-24 岁	17	17.6	0.0	23.5	17.6	17.6	0.0
25-29 岁	14	21.4	14.3	0.0	28.6	14.3	0.0
30-34 岁	13	23.1	0.0	15.4	0.0	15.4	0.0
35-39 岁	9	33.3	22.2	22.2	0.0	0.0	11.1
40-44 岁	4	25.0	0.0	25.0	0.0	0.0	0.0
45-49 岁	6	0.0	0.0	16.7	16.7	33.3	0.0
50 岁以上	6	50.0	0.0	33.3	33.3	0.0	0.0
女性	**121**	**14.0**	**9.1**	**22.3**	**9.9**	**32.2**	**5.0**
16-19 岁	28	21.4	0.0	21.4	14.3	28.6	0.0
20-24 岁	22	13.6	9.1	22.7	9.1	50.0	4.5
25-29 岁	31	9.7	16.1	22.6	6.5	35.5	6.5
30-34 岁	14	0.0	0.0	14.3	7.1	35.7	7.1
35-39 岁	14	21.4	14.3	14.3	14.3	14.3	0.0
40-44 岁	5	40.0	0.0	40.0	0.0	0.0	20.0
45-49 岁	2	0.0	100.0	100.0	50.0	0.0	0.0
50 岁以上	5	0.0	0.0	20.0	0.0	40.0	20.0

● 重庆（Chongqing）

	人数	商品高档	品味独特	服务态度好	退换方便	名牌
样本	**102**	**33.3**	**41.2**	**23.5**	**11.8**	**41.2**
男性	**49**	**42.9**	**34.7**	**22.4**	**10.2**	**51.0**
16-19 岁	9	55.6	33.3	22.2	11.1	44.4
20-24 岁	11	36.4	36.4	0.0	0.0	90.9
25-29 岁	9	55.6	33.3	22.2	11.1	66.7
30-34 岁	6	50.0	33.3	50.0	16.7	16.7
35-39 岁	3	33.3	0.0	100.0	0.0	33.3
40-44 岁	5	40.0	60.0	0.0	0.0	40.0
45-49 岁	4	25.0	50.0	25.0	25.0	25.0
50 岁以上	2	0.0	0.0	0.0	50.0	0.0
女性	**53**	**24.5**	**47.2**	**24.5**	**13.2**	**32.1**
16-19 岁	12	41.7	33.3	33.3	25.0	58.3
20-24 岁	18	11.1	55.6	16.7	11.1	16.7
25-29 岁	7	14.3	42.9	14.3	14.3	57.1
30-34 岁	3	33.3	33.3	33.3	0.0	33.3
35-39 岁	7	28.6	57.1	14.3	0.0	14.3
40-44 岁	2	50.0	50.0	50.0	50.0	0.0
45-49 岁	1	0.0	100.0	0.0	0.0	0.0
50 岁以上	3	33.3	33.3	66.7	0.0	33.3

续上表（continued）

	人数	购物环境好	经常有促销活动	有季节性削价	交通便利	可以试穿	其他
样本	**102**	**19.6**	**1.0**	**17.6**	**2.9**	**16.7**	**1.0**
男性	**49**	**18.4**	**2.0**	**12.2**	**6.1**	**10.2**	**2.0**
16-19 岁	9	11.1	0.0	0.0	11.1	0.0	11.1
20-24 岁	11	9.1	0.0	0.0	0.0	9.1	0.0
25-29 岁	9	11.1	11.1	22.2	0.0	11.1	0.0
30-34 岁	6	66.7	0.0	16.7	16.7	16.7	0.0
35-39 岁	3	66.7	0.0	0.0	0.0	0.0	0.0
40-44 岁	5	0.0	0.0	0.0	20.0	0.0	0.0
45-49 岁	4	0.0	0.0	25.0	0.0	25.0	0.0
50 岁以上	2	0.0	0.0	100.0	0.0	50.0	0.0
女性	**53**	**20.8**	**0.0**	**22.6**	**0.0**	**22.6**	**0.0**
16-19 岁	12	16.7	0.0	16.7	0.0	16.7	0.0
20-24 岁	18	27.8	0.0	27.8	0.0	38.9	0.0
25-29 岁	7	14.3	0.0	28.6	0.0	14.3	0.0
30-34 岁	3	33.3	0.0	33.3	0.0	0.0	0.0
35-39 岁	7	28.6	0.0	14.3	0.0	14.3	0.0
40-44 岁	2	0.0	0.0	0.0	0.0	0.0	0.0
45-49 岁	1	0.0	0.0	100.0	0.0	100.0	0.0
50 岁以上	3	0.0	0.0	0.0	0.0	0.0	0.0

3-7 重度消费者的人口分布 / Demographics of the Heavy Consumers

注：重度消费者是指服装有一半左右或一半以上或全部来自精品专卖店的消费者

● 北京（Beijing）

	人数	16-19 岁	20-24 岁	25-29 岁	30-34 岁	35-39 岁	40-44 岁	45-49 岁	50 岁以上
样本	**53**	**11.3**	**22.6**	**32.1**	**15.1**	**7.5**	**5.7**	**1.9**	**3.8**
男性	**26**	**11.5**	**23.1**	**34.6**	**23.1**	**3.8**	**0.0**	**0.0**	**3.8**
一半左右	15	6.7	13.3	40.0	26.7	6.7	0.0	0.0	6.7
一半以上	9	22.2	33.3	22.2	22.2	0.0	0.0	0.0	0.0
全部	2	0.0	50.0	50.0	0.0	0.0	0.0	0.0	0.0
女性	**27**	**11.1**	**22.2**	**29.6**	**7.4**	**11.1**	**11.1**	**3.7**	**3.7**
一半左右	21	14.3	23.8	23.8	9.5	9.5	14.3	0.0	4.8
一半以上	5	0.0	20.0	60.0	0.0	0.0	0.0	20.0	0.0
全部	1	0.0	0.0	0.0	0.0	100.0	0.0	0.0	0.0

● 上海（Shanghai）

	人数	16-19 岁	20-24 岁	25-29 岁	30-34 岁	35-39 岁	40-44 岁	45-49 岁	50 岁以上
样本	**53**	**7.5**	**15.1**	**32.1**	**24.5**	**9.4**	**1.9**	**3.8**	**5.7**
男性	**28**	**0.0**	**17.9**	**35.7**	**21.4**	**14.3**	**0.0**	**3.6**	**7.1**
一半左右	17	0.0	11.8	52.9	17.6	11.8	0.0	0.0	5.9
一半以上	8	0.0	25.0	12.5	25.0	12.5	0.0	12.5	12.5
全部	3	0.0	33.3	0.0	33.3	33.3	0.0	0.0	0.0
女性	**25**	**16.0**	**12.0**	**28.0**	**28.0**	**4.0**	**4.0**	**4.0**	**4.0**
一半左右	19	21.1	5.3	26.3	36.8	0.0	0.0	5.3	5.3
一半以上	4	0.0	50.0	25.0	0.0	0.0	25.0	0.0	0.0
全部	2	0.0	0.0	50.0	0.0	50.0	0.0	0.0	0.0

● 广州（Guangzhou）

	人数	16-19 岁	20-24 岁	25-29 岁	30-34 岁	35-39 岁	40-44 岁	45-49 岁	50 岁以上
样本	**81**	**19.8**	**22.2**	**22.2**	**19.8**	**6.2**	**3.7**	**3.7**	**2.5**
男性	**40**	**10.0**	**27.5**	**15.0**	**22.5**	**10.0**	**5.0**	**7.5**	**2.5**
一半左右	24	12.5	33.3	20.8	12.5	4.2	8.3	8.3	0.0
一半以上	15	6.7	20.0	0.0	40.0	20.0	0.0	6.7	6.7
全部	1	0.0	0.0	100.0	0.0	0.0	0.0	0.0	0.0
女性	**41**	**29.3**	**17.1**	**29.3**	**17.1**	**2.4**	**2.4**	**0.0**	**2.4**
一半左右	27	29.6	22.2	29.6	7.4	3.7	3.7	0.0	3.7
一半以上	12	33.3	8.3	25.0	33.3	0.0	0.0	0.0	0.0
全部	2	0.0	0.0	50.0	50.0	0.0	0.0	0.0	0.0

● 重庆（Chongqing）

	人数	16-19 岁	20-24 岁	25-29 岁	30-34 岁	35-39 岁	40-44 岁	45-49 岁	50 岁以上
样本	**25**	**16.0**	**28.0**	**16.0**	**12.0**	**8.0**	**8.0**	**8.0**	**4.0**
男性	**11**	**18.2**	**9.1**	**27.3**	**9.1**	**0.0**	**18.2**	**18.2**	**0.0**
一半左右	9	22.2	0.0	33.3	11.1	0.0	11.1	22.2	0.0
一半以上	1	0.0	0.0	0.0	0.0	0.0	100.0	0.0	0.0
全部	1	0.0	100.0	0.0	0.0	0.0	0.0	0.0	0.0
女性	**14**	**14.3**	**42.9**	**7.1**	**14.3**	**14.3**	**0.0**	**0.0**	**7.1**
一半左右	10	20.0	40.0	0.0	10.0	20.0	0.0	0.0	10.0
一半以上	4	0.0	50.0	25.0	25.0	0.0	0.0	0.0	0.0
全部	0	0.0	0.0	0.0	0.0	0.0	0.0	0.0	0.0

3-8 关于北京消费群 / The Beijing Market Segments

3-8-1 不同消费群最常去的精品专卖店 / Ranking of the Boutiques Visited Most Frequently by Market

注：本题为多选题，合计百分比超过 100%（ Multiple answers ）

	人数	第一品牌及百分比	第二品牌及百分比	第三品牌及百分比
样本	**180**	**真维斯 47.2**	**苹果店 25.0**	**耐克 22.2**
第一消费群	39	真维斯 51.3	苹果店 33.3	耐克 20.5 李宁 20.5
第二消费群	43	真维斯 41.9	苹果店 20.9 鳄鱼 20.9 芭迪 20.9	李宁 16.3
第三消费群	18	真维斯 61.1	李宁 22.2	依瑶 11.1 鳄鱼 11.1 耐克 11.1 金犀宝 11.1 芭迪 11.1 贝纳通 11.1
第四消费群	4	贝纳通 25.0 蜜雪儿 25.0 苹果店 25.0 佐丹奴 25.0 马狮龙 25.0 阿桑那 25.0 金利来 25.0 耐克 25.0 李宁 25.0 鳄鱼 25.0		
第五消费群	58	真维斯 56.9	耐克 34.5	苹果店 31.0
第六消费群	18	李宁 38.9	苹果店 16.7 耐克 16.7 真维斯 16.7 芭迪 16.7	彪马 11.1 蜜雪儿 11.1 百图 11.1 金利来 11.1 掂 11.1

3-8-2 重度消费者的消费群构成 / Composition of the Heavy Consumers

注：重度消费者是指服装有一半左右或一半以上或全部来自精品专卖店的消费者

	人数	第一消费群	第二消费群	第三消费群	第四消费群	第五消费群	第六消费群
样本	**53**	**9.4**	**39.6**	**7.5**	**3.8**	**32.1**	**7.5**
一半左右	36	8.3	41.7	5.6	2.8	30.6	11.1
一半以上	14	14.3	42.9	7.1	0.0	35.7	0.0
全部	3	0.0	0.0	33.3	33.3	33.3	0.0

注：北京消费群的代表特征 / Characteristics of the Beijing Market Segments

		第一消费群	第二消费群	第三消费群	第四消费群	第五消费群	第六消费群
基本情况	性别	女	男	无明显偏向	男	无明显偏向	女
	年龄	30 — 34 岁	25 — 29 岁	35 — 44 岁	无明显偏向	16 — 24 岁	45 岁以上
	学历	大专/大本	大本	初中	大本及研究生	高中/中专/技校	初中及以下
	职业	科教卫生人员	一般企业职员	工人	管理人员/专门职业从事者/个体及私营企业主	学生	离退休人员
	月均收入	801 — 1500 元	1501 — 4000 元	800 元以下	4000 元以上	无收入	800 元以下
	婚姻	已婚	无明显偏向	已婚	已婚或离异	未婚	已婚
心理取向		注重学历 非积极进取	不循规传统 非单一电视娱乐	非田园倾向 新女性主张 金钱本位	注重经验 大男子主义 不保守稳定	非“大男子主义” 追随流行	非“新女性主张” 非浪漫新潮 单一电视娱乐

3-9 关于上海消费群 / The Shanghai Market Segments

3-9-1 不同消费群最常去的精品专卖店 / Ranking of the Boutiques Visited Most Frequently by Market Segments

注：本题为多选题，合计百分比超过 100%（Multiple answers）

	人数	第一品牌及百分比	第二品牌及百分比	第三品牌及百分比
样本	**165**	**鳄鱼 32.7**	**真维斯 27.9**	**耐克 18.8**
第一消费群	27	真维斯 37.0	鳄鱼 25.9 耐克 25.9	皮尔·卡丹 18.5
第二消费群	33	真维斯 39.4	鳄鱼 27.3 耐克 27.3	苹果店 24.2
第三消费群	6	鳄鱼 50.0 皮尔·卡丹 50.0	真维斯 33.3 金利来 33.3	苹果店 16.7 佐丹奴 16.7 花花公子 16.7 ESPRIT 16.7 LEE COOPER16.7
第四消费群	25	鳄鱼 28.0	蜜雪儿 24.0	真维斯 20.0 杉杉 20.0
第五消费群	23	耐克 30.4	稻草人 21.7 鳄鱼 21.7 彪马 21.7	真维斯 17.4
第六消费群	51	鳄鱼 45.1	真维斯 23.5	佐丹奴 13.7

3-9-2 重度消费者的消费群构成 / Composition of the Heavy Consumers

注：重度消费者是指服装有一半左右或一半以上或全部来自精品专卖店的消费者

	人数	第一消费群	第二消费群	第三消费群	第四消费群	第五消费群	第六消费群
样本	**53**	**7.5**	**26.4**	**5.7**	**11.3**	**5.7**	**43.4**
一半左右	36	8.3	25.0	5.6	11.1	8.3	41.7
一半以上	12	8.3	41.7	0.0	16.7	0.0	33.3
全部	5	0.0	0.0	20.0	0.0	0.0	80.0

注：上海消费群的代表特征 / Characteristics of the Shanghai Market Segments

		第一消费群	第二消费群	第三消费群	第四消费群	第五消费群	第六消费群
基本情况	性别	无明显偏向	男	男	女	女	无明显偏向
	年龄	45 岁以上	20 — 29 岁	25 — 34 岁	35 — 44 岁	16 — 24 岁	30 — 39 岁
	学历	大本及以上	大专/大本	大专	初中及以下	高中/中专/技校	高中/中专/技校
	职业	科教卫生人员/离退休人员	一般企业职员	行政管理人员/个体及私营企业主/专门职业从事者	工人/下岗人员	学生	一般企业职员
	月均收入	801 — 1500 元	1001 — 3000 元	3000 元以上	800 元以下	无收入	1001 — 2000 元
	婚姻	已婚	未婚	未婚	已婚	未婚	已婚
心理取向		非浪漫时尚 非金钱本位 保守稳定	非家庭重心 田园倾向 休闲独立	不保守稳定 奔波忙碌 浪漫时尚	金钱本位 家庭重心 注重学历	新家庭观念 非休闲独立	不积极进取 不奔波忙碌

3-10 关于广州消费群 / The Guangzhou Market Segments

3-10-1 不同消费群最常去的精品专卖店 / Ranking of the Boutiques Visited Most Frequently by Market Segments

注：本题为多选题，合计百分比超过 100%（ Multiple answers ）

	人数	第一品牌及百分比		第二品牌及百分比		第三品牌及百分比	
样本	**198**	**佐丹奴**	**46.5**	**苹果店**	**32.3**	**堡狮龙**	**22.7**
第一消费群	44	佐丹奴	59.1	堡狮龙	29.5	苹果店	25.0
第二消费群	18	佐丹奴	50.0	苹果店	27.8	金利来	16.7 百事 16.7
第三消费群	52	佐丹奴	42.3	堡狮龙	36.5	苹果店	26.9
第四消费群	29	苹果店	44.8	佐丹奴	41.4	宾奴	20.7
第五消费群	20	苹果店	50.0	芭迪	30.0	佐丹奴	25.0
第六消费群	35	佐丹奴	51.4	苹果店	31.4	堡狮龙	20.0

3-10-2 重度消费者的消费群构成 / Composition of the Heavy Consumers

注：重度消费者是指服装有一半左右或一半以上或全部来自精品专卖店的消费者

	人数	第一消费群	第二消费群	第三消费群	第四消费群	第五消费群	第六消费群
样本	**81**	**21.0**	**6.2**	**32.1**	**14.8**	**8.6**	**17.3**
一半左右	51	17.6	7.8	41.2	11.8	9.8	11.8
一半以上	27	29.6	3.7	11.1	22.2	3.7	29.6
全部	3	0.0	0.0	66.7	0.0	33.3	0.0

注：广州消费群的代表特征 / Characteristics of the Guangzhou Market Segments

		第一消费群	第二消费群	第三消费群	第四消费群	第五消费群	第六消费群
基本情况	性别	女	无明显偏向	女	男	女	男
	年龄	16 — 19 岁	40 岁以上	20 — 24 岁	35 — 44 岁	30 — 34 岁	25 — 29 岁
	学历	高中/中专/技校	无明显偏向	高中/中专/技校/大专	初中/高中/中专/技校	初中及以下	大专及以上
	职业	学生	工人	学生/待业人员	个体及私营企业主	家庭主妇	企业职员/管理人员/科教卫生人员/专门职业者
	月均收入	无收入	1500 元以下	无收入	801 — 1500 元	000 元以下	2000 元以上
	婚姻	未婚	已婚	未婚	已婚	已婚	无明显偏向
心理取向		不固守中式生活 田园倾向 非大男子主义	非新女性主张 不追随流行 非积极进取	独立自主 追随流行	积极进取 大男子主义 中式生活	单一电视娱乐 非独立自主 保守稳定	非单一电视娱乐 非家庭重心

3-11 关于重庆消费群 / The Chongqing Market Segments

3-11-1 不同消费群最常去的精品专卖店 / Ranking of the Boutiques Visited Most Frequently by Market Segments

注：本题为多选题，合计百分比超过 100%（Multiple answers）

	人数	第一品牌及百分比	第二品牌及百分比
样本	**100**	**金利来 28.0**	**李宁 26.0**
第一消费群	32	李宁 34.4	金利来 31.3
第二消费群	18	金利来 27.8　李宁 27.8	苹果店 11.1　佐丹奴 11.1　稻草人 11.1 花花公子 11.1　百事 11.1
第三消费群	23	花花公子 34.8	李宁 30.4
第四消费群	11	金利来 36.4	苹果店 18.2　佐丹奴 18.2　鳄鱼 18.2 璐仙奴 18.2　花花公子 18.2
第五消费群	8	稻草人 25.0　鳄鱼 25.0	苹果店 12.5　金利来 12.5　李宁 12.5 花花公子 12.5　百事 12.5　佳乐 12.5
第六消费群	8	佐丹奴 37.5　金利来 37.5	蜜雪儿 12.5　苹果店 12.5　稻草人 12.5 鳄鱼 12.5　李宁 12.5　佰威 12.5 皮尔・卡丹 12.5　观奇洋服 12.5

3-11-2 重度消费者的消费群构成 / Composition of the Heavy Consumers

注：重度消费者是指服装有一半左右或一半以上或全部来自精品专卖店的消费者

	人数	第一消费群	第二消费群	第三消费群	第四消费群	第五消费群	第六消费群
样本	**25**	**32.0**	**24.0**	**20.0**	**20.0**	**0.0**	**4.0**
一半左右	19	31.6	26.3	10.5	26.3	0.0	5.3
一半以上	5	20.0	20.0	60.0	0.0	0.0	0.0
全部	1	100.0	0.0	0.0	0.0	0.0	0.0

注：重庆消费群的代表特征 / Characteristics of the Chongqing Market Segments

		第一消费群	第二消费群	第三消费群	第四消费群	第五消费群	第六消费群
基本情况	性别	无明显偏向	无明显偏向	无明显偏向	无明显偏向	无明显偏向	女
	年龄	16 － 19 岁	45 岁以上	20 － 29 岁	30 － 34 岁	40 岁以上	25 － 29 岁
	学历	高中/中专/技校	高中/中专/技校	大专/大本	高中/中专/技校/大本以上	初中及以下	初中
	职业	学生	行政管理人员/离退休人员	科教卫生人员/一般企业职员	个体及私营企业主	工人	专门职业从事者下岗及其他
	月均收入	无收入	501 － 800 元	801 － 1500 元	1500 元以上	500 元以下	1001 － 1500 元
	婚姻	未婚	已婚	无明显偏向	已婚	已婚	已婚或离异
心理取向		浪漫新潮 注重学历 非现实家庭观	循规传统 奔波忙碌 保守稳定	新女性主张 非功利心态	功利心态 现实家庭观 都市情结	非浪漫新潮 非独立休闲	非新女性主张 不循规传统 独立休闲

4 快餐店 / Fast-food Restaurant

4-1 最常去的快餐店排名 / Ranking of the Fast-food Restaurants Visited Most Frequently

注：本题为多选题，合计百分比超过 100%（ Multiple answers ）

● 北京（ Beijing ）

排名	品牌	人数	百分比
1	麦当劳	344	85.1
2	肯德基	229	56.4
3	加州牛肉面	55	13.6
4	必胜客	36	8.7
5	香妃烤鸡	30	7.4
5	乐天利	30	7.4
7	天府豆花庄	24	5.9

n=404

● 上海（ Shanghai ）

排名	品牌	人数	百分比
1	肯德基	368	91.5
2	麦当劳	239	59.5
3	荣华鸡	30	7.5
3	永和	30	7.5
5	必胜客	28	7.0
6	加州牛肉面	26	6.5

n=402

● 广州（ Guangzhou ）

排名	品牌	人数	百分比
1	麦当劳	323	80.0
2	肯德基	189	46.8
3	大快活	63	15.6
4	多美丽	58	14.4
5	必胜客	56	13.9
6	添美食	46	11.4

n=404

● 重庆（ Chongqing ）

排名	品牌	人数	百分比
1	加州牛肉面	55	33.7
2	肯德基	53	32.5
3	德客士	28	17.2
4	今日快餐	20	12.3
5	新潮快餐	16	9.8
6	麦当劳	15	9.2

n=163

4-2 样本总体、男性各年龄层、女性各年龄层最近三个月是否去过快餐店的比例 / Whether Having Visited Fast-food Restaurant in the Last Three Months by the Whole Sample, Age and Gender Groups

● 北京（Beijing）

	人数	去过	没去过
样本	**600**	**67.3**	**32.7**
男性	**298**	**59.7**	**40.3**
16-19 岁	26	61.5	38.5
20-24 岁	36	77.8	22.2
25-29 岁	41	70.7	29.3
30-34 岁	47	66.0	34.0
35-39 岁	43	65.1	34.9
40-44 岁	42	42.9	57.1
45-49 岁	24	54.2	45.8
50 岁以上	39	38.5	61.5
女性	**302**	**74.8**	**25.2**
16-19 岁	23	100.0	0.0
20-24 岁	35	85.7	14.3
25-29 岁	36	94.4	5.6
30-34 岁	49	83.7	16.3
35-39 岁	45	75.6	24.4
40-44 岁	40	67.5	32.5
45-49 岁	26	50.0	50.0
50 岁以上	48	50.0	50.0

● 上海（Shanghai）

	人数	去过	没去过
样本	**600**	**67.4**	**32.6**
男性	**307**	**66.8**	**33.2**
16-19 岁	22	77.3	22.7
20-24 岁	34	82.4	17.6
25-29 岁	42	75.6	24.4
30-34 岁	56	66.1	33.9
35-39 岁	51	68.6	31.4
40-44 岁	31	54.8	45.2
45-49 岁	26	57.7	42.3
50 岁以上	45	53.3	46.7
女性	**293**	**68.3**	**31.7**
16-19 岁	24	87.5	13.5
20-24 岁	32	84.4	15.6
25-29 岁	37	73.0	27.0
30-34 岁	50	76.0	24.0
35-39 岁	44	72.7	27.3
40-44 岁	35	54.3	45.7
45-49 岁	23	43.5	56.5
50 岁以上	48	54.2	45.8

● 广州（Guangzhou）

	人数	去过	没去过
样本	**600**	**67.9**	**32.1**
男性	**282**	**61.3**	**38.7**
16-19 岁	30	50.0	50.0
20-24 岁	36	83.3	16.7
25-29 岁	35	68.6	31.4
30-34 岁	34	73.5	26.5
35-39 岁	40	67.5	32.5
40-44 岁	41	58.5	41.5
45-49 岁	26	57.7	42.3
50 岁以上	40	32.5	67.5
女性	**318**	**73.9**	**26.1**
16-19 岁	50	90.0	10.0
20-24 岁	46	84.8	15.2
25-29 岁	63	82.5	17.5
30-34 岁	46	60.9	39.1
35-39 岁	41	80.5	19.5
40-44 岁	30	63.3	36.7
45-49 岁	13	38.5	61.5
50 岁以上	29	48.3	51.7

● 重庆（Chongqing）

	人数	去过	没去过
样本	**600**	**27.7**	**72.3**
男性	**308**	**26.6**	**73.4**
16-19 岁	43	39.5	60.5
20-24 岁	53	39.6	60.4
25-29 岁	43	41.9	58.1
30-34 岁	38	18.4	81.6
35-39 岁	39	17.9	82.1
40-44 岁	30	23.3	76.7
45-49 岁	25	4.0	96.0
50 岁以上	37	10.8	89.2
女性	**292**	**28.8**	**71.2**
16-19 岁	43	46.5	53.5
20-24 岁	53	32.1	67.9
25-29 岁	32	25.0	75.0
30-34 岁	33	21.2	78.8
35-39 岁	35	28.6	71.4
40-44 岁	32	28.1	71.9
45-49 岁	27	25.9	74.1
50 岁以上	37	16.2	83.8

4-3 样本总体、男性各年龄层、女性各年龄层最近三个月去快餐店的频率 / Frequencies of Visiting Fast-food Restaurant in the Last Three Months by the Whole Sample, Age and Gender Groups

● 北京（Beijing）

	人数	1 周 1 次以上	2 周 1 次左右	约 1 个月 1 次	2-3 个月 1 次及以下
样本	**403**	**13.9**	**21.8**	**38.1**	**26.2**
男性	**177**	**12.4**	**20.9**	**38.4**	**28.2**
16-19 岁	16	6.3	18.8	43.8	31.3
20-24 岁	28	21.4	25.0	21.4	32.1
25-29 岁	28	10.7	14.3	50.0	25.0
30-34 岁	31	19.4	6.5	48.4	25.8
35-39 岁	28	7.1	39.3	39.3	14.3
40-44 岁	18	11.1	11.1	38.9	38.9
45-49 岁	13	7.7	38.5	23.1	30.8
50 岁以上	15	6.7	20.0	33.3	40.0
女性	**226**	**15.0**	**22.5**	**37.9**	**24.7**
16-19 岁	23	30.4	30.4	21.7	17.4
20-24 岁	30	13.3	40.0	33.3	13.3
25-29 岁	34	20.6	17.6	50.0	11.8
30-34 岁	41	12.2	34.1	39.0	14.6
35-39 岁	34	14.7	8.8	41.2	35.3
40-44 岁	27	11.1	18.5	33.3	37.0
45-49 岁	13	15.4	15.4	38.5	30.8
50 岁以上	24	0.0	8.3	41.7	50.0

● 上海（Shanghai）

	人数	1 周 1 次以上	2 周 1 次左右	约 1 个月 1 次	2-3 个月 1 次及以下
样本	**402**	**9.0**	**24.1**	**40.3**	**26.6**
男性	**202**	**7.4**	**22.8**	**41.6**	**28.2**
16-19 岁	17	0.0	5.9	58.8	35.3
20-24 岁	28	17.9	14.3	35.7	32.1
25-29 岁	32	6.3	40.6	37.5	15.6
30-34 岁	37	8.1	16.2	45.9	29.7
35-39 岁	33	3.0	24.2	51.5	21.2
40-44 岁	17	5.9	23.5	29.4	41.2
45-49 岁	15	6.7	26.7	40.0	26.7
50 岁以上	23	8.7	26.1	30.4	34.8
女性	**200**	**10.5**	**25.5**	**39.0**	**25.0**
16-19 岁	21	14.3	9.5	38.1	38.1
20-24 岁	27	7.4	25.9	51.9	14.8
25-29 岁	27	14.8	37.0	29.6	18.5
30-34 岁	38	15.8	23.7	44.7	15.8
35-39 岁	32	6.3	31.3	43.8	18.8
40-44 岁	19	15.8	5.3	47.4	31.6
45-49 岁	10	10.0	30.0	10.0	50.0
50 岁以上	26	0.0	34.6	26.9	38.5

● 广州（Guangzhou）

	人数	1周1次以上	2周1次左右	约1个月1次	2-3个月1次及以下
样本	**404**	**23.5**	**26.9**	**31.1**	**18.5**
男性	**170**	**26.9**	**28.1**	**29.8**	**15.2**
16-19岁	15	20.0	26.7	33.3	20.0
20-24岁	29	27.6	31.0	31.0	10.3
25-29岁	24	41.7	20.8	16.7	20.8
30-34岁	25	24.0	40.0	28.0	8.0
35-39岁	25	28.0	28.0	36.0	8.0
40-44岁	24	16.7	20.8	41.7	20.8
45-49岁	15	13.3	26.7	33.3	26.7
50岁以上	13	38.5	30.8	15.4	15.4
女性	**234**	**20.9**	**26.1**	**32.1**	**20.9**
16-19岁	45	28.9	31.1	28.9	11.1
20-24岁	39	20.5	43.6	25.6	10.3
25-29岁	52	15.4	23.1	36.5	25.0
30-34岁	28	39.3	10.7	32.1	17.9
35-39岁	33	9.1	21.2	36.4	33.3
40-44岁	19	15.8	26.3	36.8	21.1
45-49岁	5	20.0	20.0	20.0	40.0
50岁以上	13	15.4	15.4	30.8	38.5

● 重庆（Chongqing）

	人数	1周1次以上	2周1次左右	约1个月1次	2-3个月1次及以下
样本	**165**	**12.7**	**20.6**	**29.1**	**37.6**
男性	**81**	**14.8**	**22.2**	**27.2**	**35.8**
16-19岁	16	12.5	37.5	18.8	31.3
20-24岁	21	4.8	9.5	42.9	42.9
25-29岁	18	16.7	22.2	22.2	38.9
30-34岁	7	14.3	14.3	28.6	42.9
35-39岁	7	28.6	14.3	42.9	14.3
40-44岁	7	14.3	28.6	14.3	42.9
45-49岁	1	100.0	0.0	0.0	0.0
50岁以上	4	25.0	50.0	0.0	25.0
女性	**84**	**10.7**	**19.0**	**31.0**	**39.3**
16-19岁	20	5.0	25.0	25.0	45.0
20-24岁	17	11.8	29.4	29.4	29.4
25-29岁	8	0.0	25.0	25.0	50.0
30-34岁	7	28.6	14.3	28.6	28.6
35-39岁	10	20.0	10.0	50.0	20.0
40-44岁	9	11.1	22.2	44.4	22.2
45-49岁	7	0.0	0.0	28.6	71.4
50岁以上	6	16.7	0.0	16.7	66.7

4-4 样本总体、男性各年龄层、女性各年龄层最近一次在快餐店的花费 / Expense in the Most Recent Visit to Fast-food Restaurant by the Whole Sample, Age and Gender Groups

● 北京（Beijing）

	人数	10 元以下	11-20 元	21-30 元	31-40 元	41-50 元	51-70 元	71-100 元	101 元以上
样本	**399**	**1.3**	**7.5**	**9.3**	**7.3**	**18.8**	**14.0**	**26.8**	**15.0**
男性	**176**	**1.1**	**8.5**	**8.0**	**5.7**	**21.0**	**13.1**	**27.8**	**14.8**
16-19 岁	16	0.0	18.8	6.3	6.3	12.5	18.8	31.3	6.3
20-24 岁	28	0.0	10.7	7.1	0.0	25.0	10.7	32.1	14.3
25-29 岁	29	0.0	10.3	6.9	3.4	31.0	10.3	24.1	13.8
30-34 岁	29	0.0	10.3	3.4	0.0	10.3	10.3	37.9	27.6
35-39 岁	28	3.6	3.6	7.1	17.9	21.4	10.7	25.0	10.7
40-44 岁	18	5.6	0.0	11.1	5.6	27.8	5.6	27.8	16.7
45-49 岁	13	0.0	7.7	0.0	7.7	15.4	38.5	23.1	7.7
50 岁以上	15	0.0	6.7	26.7	6.7	20.0	13.3	13.3	13.3
女性	**223**	**1.3**	**6.7**	**10.3**	**8.5**	**17.0**	**14.8**	**26.0**	**15.2**
16-19 岁	23	4.3	17.4	26.1	8.7	17.4	13.0	8.7	4.3
20-24 岁	30	0.0	6.7	6.7	13.3	20.0	26.7	16.7	10.0
25-29 岁	34	0.0	5.9	5.9	5.9	14.7	20.6	23.5	23.5
30-34 岁	39	2.6	7.7	10.3	5.1	15.4	7.7	38.5	12.8
35-39 岁	34	0.0	2.9	8.8	11.8	8.8	14.7	32.4	20.6
40-44 岁	26	0.0	0.0	7.7	11.5	19.2	11.5	46.2	3.8
45-49 岁	13	0.0	0.0	23.1	15.4	15.4	7.7	7.7	30.8
50 岁以上	24	4.2	12.5	4.2	0.0	29.2	12.5	16.7	20.8

● 上海（Shanghai）

	人数	10 元以下	11-20 元	21-30 元	31-40 元	41-50 元	51-70 元	71-100 元	101 元以上
样本	**404**	**1.7**	**6.7**	**13.4**	**7.9**	**19.3**	**10.4**	**30.0**	**10.6**
男性	**204**	**2.5**	**7.4**	**8.8**	**6.9**	**19.6**	**12.7**	**31.4**	**10.8**
16-19 岁	17	0.0	11.8	11.8	17.6	17.6	0.0	29.4	11.8
20-24 岁	28	0.0	21.4	14.3	3.6	25.0	7.1	28.6	0.0
25-29 岁	32	0.0	6.3	6.3	9.4	15.6	25.0	21.9	15.6
30-34 岁	37	8.1	2.7	8.1	2.7	21.6	10.8	32.4	13.5
35-39 岁	35	0.0	0.0	14.3	2.9	14.3	17.1	34.3	17.1
40-44 岁	17	0.0	11.8	0.0	5.9	29.4	17.6	35.3	0.0
45-49 岁	15	0.0	13.3	6.7	0.0	13.3	6.7	40.0	20.0
50 岁以上	23	8.7	0.0	4.3	17.4	21.7	8.7	34.8	4.3
女性	**200**	**1.0**	**6.0**	**18.0**	**9.0**	**19.0**	**8.0**	**28.5**	**10.5**
16-19 岁	21	4.8	9.5	42.9	14.3	9.5	0.0	14.3	4.8
20-24 岁	27	0.0	7.4	37.0	0.0	22.2	11.1	18.5	3.7
25-29 岁	27	3.7	3.7	3.7	7.4	33.3	11.1	22.2	14.8
30-34 岁	38	0.0	7.9	21.1	7.9	23.7	0.0	31.6	7.9
35-39 岁	32	0.0	0.0	6.3	9.4	12.5	9.4	46.9	15.6
40-44 岁	19	0.0	5.3	0.0	15.8	10.5	15.8	36.8	15.8
45-49 岁	10	0.0	0.0	20.0	10.0	20.0	0.0	30.0	20.0
50 岁以上	26	0.0	11.5	15.4	11.5	15.4	15.4	23.1	7.7

● 广州（Guangzhou）

	人数	10 元以下	11-20 元	21-30 元	31-40 元	41-50 元	51-70 元	71-100 元	101 元以上
样本	**402**	**3.5**	**7.0**	**11.2**	**5.7**	**17.9**	**11.4**	**29.4**	**13.9**
男性	**169**	**4.1**	**7.1**	**10.1**	**2.4**	**13.0**	**14.8**	**33.1**	**15.4**
16-19 岁	15	6.7	6.7	13.3	0.0	20.0	6.7	33.3	13.3
20-24 岁	29	3.4	3.4	3.4	0.0	20.7	24.1	31.0	13.8
25-29 岁	23	0.0	13.0	17.4	0.0	17.4	13.0	30.4	8.7
30-34 岁	25	4.0	4.0	8.0	0.0	16.0	8.0	40.0	20.0
35-39 岁	26	3.8	11.5	15.4	7.7	3.8	3.8	34.6	19.2
40-44 岁	23	0.0	8.7	4.3	0.0	13.0	13.0	47.8	13.0
45-49 岁	15	6.7	6.7	13.3	0.0	6.7	33.3	13.3	20.0
50 岁以上	13	15.4	0.0	7.7	15.4	0.0	23.1	23.1	15.4
女性	**233**	**3.0**	**6.9**	**12.0**	**8.2**	**21.5**	**9.0**	**26.6**	**12.9**
16-19 岁	45	4.4	6.7	8.9	15.6	31.1	2.2	6.7	24.4
20-24 岁	39	2.6	7.7	2.6	5.1	35.9	10.3	30.8	5.1
25-29 岁	50	2.0	8.0	14.0	8.0	14.0	8.0	36.0	10.0
30-34 岁	28	7.1	7.1	14.3	3.6	10.7	14.3	35.7	7.1
35-39 岁	33	0.0	9.1	9.1	6.1	24.2	9.1	36.4	6.1
40-44 岁	19	0.0	5.3	21.1	0.0	15.8	10.5	31.6	15.8
45-49 岁	5	0.0	0.0	40.0	20.0	0.0	0.0	0.0	40.0
50 岁以上	14	7.1	0.0	21.4	14.3	7.1	21.4	7.1	21.4

● 重庆（Chongqing）

	人数	10 元以下	11-20 元	21-30 元	31-40 元	41-50 元	51-70 元	71-100 元	101 元以上
样本	**166**	**14.5**	**15.1**	**15.7**	**7.8**	**12.7**	**6.6**	**18.1**	**9.6**
男性	**82**	**19.5**	**14.6**	**18.3**	**3.7**	**13.4**	**8.5**	**8.5**	**13.4**
16-19 岁	17	11.8	5.9	29.4	0.0	17.6	17.6	11.8	5.9
20-24 岁	21	14.3	23.8	9.5	9.5	23.8	4.8	4.8	9.5
25-29 岁	18	16.7	11.1	22.2	0.0	5.6	11.1	11.1	22.2
30-34 岁	7	28.6	0.0	28.6	14.3	14.3	0.0	0.0	14.3
35-39 岁	7	14.3	28.6	0.0	0.0	14.3	0.0	14.3	28.6
40-44 岁	7	28.6	28.6	0.0	0.0	0.0	14.3	14.3	14.3
45-49 岁	1	0.0	0.0	100.0	0.0	0.0	0.0	0.0	0.0
50 岁以上	4	75.0	0.0	25.0	0.0	0.0	0.0	0.0	0.0
女性	**84**	**9.5**	**15.5**	**13.1**	**11.9**	**11.9**	**4.8**	**27.4**	**6.0**
16-19 岁	20	10.0	20.0	15.0	20.0	0.0	0.0	25.0	10.0
20-24 岁	17	5.9	5.9	23.5	0.0	17.6	5.9	35.3	5.9
25-29 岁	8	0.0	12.5	0.0	37.5	12.5	0.0	37.5	0.0
30-34 岁	7	28.6	14.3	14.3	14.3	0.0	0.0	14.3	14.3
35-39 岁	10	10.0	10.0	0.0	20.0	20.0	30.0	10.0	0.0
40-44 岁	9	0.0	11.1	11.1	0.0	33.3	0.0	33.3	11.1
45-49 岁	7	14.3	14.3	28.6	0.0	14.3	0.0	28.6	0.0
50 岁以上	6	16.7	50.0	0.0	0.0	0.0	0.0	33.3	0.0

4-5 样本总体、男性各年龄层、女性各年龄层与谁一起去快餐店 / With Whom When Visiting Fast-food Restaurants by the Whole Sample, Age and Gender Groups

● 北京（ Beijing ）

	人数	家人或亲戚	朋友	同事/同学	单独
样本	**403**	**63.3**	**19.1**	**10.9**	**6.7**
男性	**177**	**55.9**	**26.0**	**11.3**	**6.8**
16-19 岁	16	6.3	68.8	25.0	0.0
20-24 岁	28	25.0	46.4	21.4	7.1
25-29 岁	28	42.9	35.7	10.7	10.7
30-34 岁	31	61.3	16.1	12.9	9.7
35-39 岁	28	82.1	10.7	3.6	3.6
40-44 岁	18	83.3	5.6	0.0	11.1
45-49 岁	13	69.2	23.1	7.7	0.0
50 岁以上	15	86.7	0.0	6.7	6.7
女性	**226**	**69.0**	**13.7**	**10.6**	**6.6**
16-19 岁	23	21.7	30.4	39.1	8.7
20-24 岁	30	26.7	40.0	23.3	10.0
25-29 岁	34	67.6	20.6	8.8	2.9
30-34 岁	41	87.8	2.4	2.4	7.3
35-39 岁	34	88.2	2.9	2.9	5.9
40-44 岁	27	92.6	3.7	0.0	3.7
45-49 岁	13	76.9	7.7	7.7	7.7
50 岁以上	24	79.2	4.2	8.3	8.3

● 上海（ Shanghai ）

	人数	家人或亲戚	朋友	同事/同学	单独
样本	**405**	**62.0**	**18.5**	**14.8**	**4.7**
男性	**206**	**58.3**	**20.4**	**15.5**	**5.8**
16-19 岁	17	47.1	11.8	41.2	0.0
20-24 岁	28	17.9	35.7	46.4	0.0
25-29 岁	32	40.6	43.8	6.3	9.4
30-34 岁	38	65.8	18.4	7.9	7.9
35-39 岁	35	80.0	8.6	5.7	5.7
40-44 岁	17	94.1	5.9	0.0	0.0
45-49 岁	15	60.0	6.7	20.0	13.3
50 岁以上	24	66.7	16.7	8.3	8.3
女性	**199**	**65.8**	**16.6**	**14.1**	**3.5**
16-19 岁	21	33.3	28.6	33.3	4.8
20-24 岁	27	22.2	44.4	25.9	7.4
25-29 岁	27	51.9	25.9	18.5	3.7
30-34 岁	38	81.6	7.9	5.3	5.3
35-39 岁	32	90.6	9.4	0.0	0.0
40-44 岁	19	84.2	5.3	10.5	0.0
45-49 岁	10	100.0	0.0	0.0	0.0
50 岁以上	25	72.0	4.0	20.0	4.0

● 广州（Guangzhou）

	人数	家人或亲戚	朋友	同事/同学	单独
样本	**404**	**54.5**	**28.2**	**12.9**	**4.5**
男性	**170**	**51.2**	**31.8**	**10.0**	**7.1**
16-19 岁	15	26.7	46.7	26.7	0.0
20-24 岁	29	20.7	55.2	24.1	0.0
25-29 岁	24	16.7	58.3	8.3	16.7
30-34 岁	24	70.8	20.8	4.2	4.2
35-39 岁	26	61.5	15.4	11.5	11.5
40-44 岁	24	87.5	8.3	0.0	4.2
45-49 岁	15	60.0	26.7	0.0	13.3
50 岁以上	13	76.9	15.4	0.0	7.7
女性	**234**	**56.8**	**25.6**	**15.0**	**2.6**
16-19 岁	45	26.7	40.0	33.3	0.0
20-24 岁	39	28.2	38.5	28.2	5.1
25-29 岁	52	55.8	32.7	9.6	1.9
30-34 岁	27	74.1	18.5	0.0	7.4
35-39 岁	33	93.9	0.0	6.1	0.0
40-44 岁	19	84.2	5.3	5.3	5.3
45-49 岁	5	100.0	0.0	0.0	0.0
50 岁以上	14	64.3	28.6	7.1	0.0

● 重庆（Chongqing）

	人数	家人或亲戚	朋友	同事/同学	单独
样本	**163**	**38.0**	**27.6**	**20.2**	**14.1**
男性	**79**	**25.3**	**31.6**	**24.1**	**19.0**
16-19 岁	17	17.6	29.4	47.1	5.9
20-24 岁	19	15.8	42.1	21.1	21.1
25-29 岁	18	11.1	38.9	22.2	27.8
30-34 岁	7	71.4	28.6	0.0	0.0
35-39 岁	7	71.4	14.3	0.0	14.3
40-44 岁	7	14.3	28.6	28.6	28.6
45-49 岁	0	0.0	0.0	0.0	0.0
50 岁以上	4	25.0	0.0	25.0	50.0
女性	**84**	**50.0**	**23.8**	**16.7**	**9.5**
16-19 岁	20	35.0	15.0	35.0	15.0
20-24 岁	17	11.8	41.2	35.3	11.8
25-29 岁	8	75.0	25.0	0.0	0.0
30-34 岁	7	71.4	14.3	14.3	0.0
35-39 岁	10	60.0	30.0	0.0	10.0
40-44 岁	9	77.8	11.1	0.0	11.1
45-49 岁	7	57.1	42.9	0.0	0.0
50 岁以上	6	83.3	0.0	0.0	16.7

4-6 样本总体、男性各年龄层、女性各年龄层对快餐种类的喜好 / Preferred Categories of Fast-food by the Whole Sample, Age and Gender Groups

● 北京（Beijing）

	人数	中式快餐	西式快餐	两者都喜欢	无所谓
样本	**403**	**21.6**	**25.1**	**36.0**	**17.4**
男性	**178**	**26.4**	**24.2**	**29.2**	**20.2**
16-19 岁	16	18.8	18.8	37.5	25.0
20-24 岁	28	28.6	32.1	25.0	14.3
25-29 岁	29	27.6	24.1	27.6	20.7
30-34 岁	31	22.6	12.9	41.9	22.6
35-39 岁	28	25.0	14.3	32.1	28.6
40-44 岁	18	11.1	50.0	27.8	11.1
45-49 岁	13	30.8	38.5	15.4	15.4
50 岁以上	15	53.3	13.3	13.3	20.0
女性	**225**	**17.8**	**25.8**	**41.3**	**15.1**
16-19 岁	23	0.0	30.4	60.9	8.7
20-24 岁	30	13.3	26.7	46.7	13.3
25-29 岁	34	20.6	32.4	38.2	8.8
30-34 岁	41	19.5	17.1	48.8	14.6
35-39 岁	34	11.8	26.5	44.1	17.6
40-44 岁	27	22.2	33.3	25.9	18.5
45-49 岁	13	23.1	23.1	30.8	23.1
50 岁以上	23	34.8	17.4	26.1	21.7

● 上海（Shanghai）

	人数	中式快餐	西式快餐	两者都喜欢	无所谓
样本	**404**	**20.8**	**26.7**	**32.2**	**20.3**
男性	**204**	**21.1**	**23.5**	**28.9**	**26.5**
16-19 岁	17	5.9	29.4	35.3	29.4
20-24 岁	28	17.9	25.0	35.7	21.4
25-29 岁	32	25.0	18.8	25.0	31.3
30-34 岁	37	18.9	24.3	29.7	27.0
35-39 岁	35	17.1	22.9	34.3	25.7
40-44 岁	16	31.3	18.8	18.8	31.3
45-49 岁	15	0.0	40.0	40.0	20.0
50 岁以上	24	45.8	16.7	12.5	25.0
女性	**200**	**20.5**	**30.0**	**35.5**	**14.0**
16-19 岁	21	4.8	38.1	42.9	14.3
20-24 岁	27	7.4	37.0	44.4	11.1
25-29 岁	27	11.1	40.7	40.7	7.4
30-34 岁	38	36.8	15.8	34.2	13.2
35-39 岁	32	25.0	34.4	28.1	12.5
40-44 岁	19	21.1	10.5	47.4	21.1
45-49 岁	10	20.0	30.0	20.0	30.0
50 岁以上	26	26.9	34.6	23.1	15.4

● 广州（Guangzhou）

	人数	中式快餐	西式快餐	两者都喜欢	无所谓
样本	**406**	**19.5**	**23.2**	**33.0**	**24.4**
男性	**172**	**23.3**	**18.0**	**30.2**	**28.5**
16-19岁	15	0.0	33.3	40.0	26.7
20-24岁	29	13.8	24.1	24.1	37.9
25-29岁	24	20.8	16.7	33.3	29.2
30-34岁	25	40.0	16.0	20.0	24.0
35-39岁	27	29.6	11.1	29.6	29.6
40-44岁	24	20.8	16.7	33.3	29.2
45-49岁	15	20.0	20.0	33.3	26.7
50岁以上	13	38.5	7.7	38.5	15.4
女性	**234**	**16.7**	**26.9**	**35.0**	**21.4**
16-19岁	44	6.8	31.8	36.4	25.0
20-24岁	39	10.3	25.6	43.6	20.5
25-29岁	52	17.3	21.2	40.4	21.2
30-34岁	28	10.7	32.1	35.7	21.4
35-39岁	33	21.2	15.2	36.4	27.3
40-44岁	19	21.1	47.4	21.1	10.5
45-49岁	5	80.0	20.0	0.0	0.0
50岁以上	14	35.7	28.6	14.3	21.4

● 重庆（Chongqing）

	人数	中式快餐	西式快餐	两者都喜欢	无所谓
样本	**166**	**39.8**	**10.2**	**28.3**	**21.7**
男性	**82**	**42.7**	**9.8**	**25.6**	**22.0**
16-19岁	17	41.2	23.5	23.5	11.8
20-24岁	21	42.9	4.8	33.3	19.0
25-29岁	18	55.6	16.7	16.7	11.1
30-34岁	7	14.3	0.0	28.6	57.1
35-39岁	7	71.4	0.0	14.3	14.3
40-44岁	7	28.6	0.0	14.3	57.1
45-49岁	1	0.0	0.0	100.0	0.0
50岁以上	4	25.0	0.0	50.0	25.0
女性	**84**	**36.9**	**10.7**	**31.0**	**21.4**
16-19岁	20	15.0	15.0	35.0	35.0
20-24岁	17	35.3	11.8	35.3	17.6
25-29岁	8	37.5	0.0	37.5	25.0
30-34岁	7	57.1	0.0	42.9	0.0
35-39岁	10	20.0	20.0	30.0	30.0
40-44岁	9	44.4	11.1	33.3	11.1
45-49岁	7	71.4	0.0	14.3	14.3
50岁以上	6	66.7	16.7	0.0	16.7

4-7 样本总体、男性各年龄层、女性各年龄层选择快餐店时的考虑因素 / Considerations in Selecting the Fast-food Restaurant by the Whole Sample, Age and Gender Groups

注：本题为多选题，合计百分比超过 100%（Multiple answers）

● 北京（Beijing）

	人数	就近	卫生	服务态度好	口味好	就餐环境好
样本	**403**	**32.3**	**51.1**	**16.6**	**47.1**	**43.2**
男性	**178**	**32.6**	**47.8**	**20.8**	**41.0**	**41.6**
16-19 岁	16	25.0	25.0	18.8	56.3	62.5
20-24 岁	28	32.1	46.4	14.3	46.4	32.1
25-29 岁	29	27.6	51.7	13.8	37.9	48.3
30-34 岁	31	19.4	48.4	22.6	51.6	35.5
35-39 岁	28	42.9	53.6	25.0	17.9	46.4
40-44 岁	18	38.9	44.4	27.8	44.4	33.3
45-49 岁	13	46.2	53.8	15.4	53.8	30.8
50 岁以上	15	40.0	53.3	33.3	26.7	46.7
女性	**225**	**32.0**	**53.8**	**13.3**	**52.0**	**44.4**
16-19 岁	23	13.0	47.8	8.7	78.3	69.6
20-24 岁	30	16.7	43.3	10.0	53.3	43.3
25-29 岁	34	26.5	55.9	5.9	47.1	50.0
30-34 岁	41	48.8	61.0	9.8	43.9	41.5
35-39 岁	34	41.2	47.1	11.8	41.2	38.2
40-44 岁	27	40.7	74.1	22.2	40.7	33.3
45-49 岁	13	15.4	53.8	23.1	61.5	38.5
50 岁以上	23	34.8	43.5	26.1	69.6	43.5

续上表（continued）

	人数	有文化味	简单方便迅速	价格适中	世界知名品牌	其他
样本	**403**	**4.0**	**32.5**	**20.3**	**4.7**	**1.5**
男性	**178**	**3.9**	**30.9**	**20.8**	**5.6**	**1.7**
16-19 岁	16	6.3	25.0	25.0	0.0	0.0
20-24 岁	28	0.0	32.1	21.4	7.1	3.6
25-29 岁	29	3.4	37.9	24.1	3.4	0.0
30-34 岁	31	6.5	38.7	9.7	12.9	0.0
35-39 岁	28	3.6	25.0	25.0	3.6	3.6
40-44 岁	18	11.1	11.1	22.2	11.1	0.0
45-49 岁	13	0.0	23.1	15.4	0.0	7.7
50 岁以上	15	0.0	46.7	26.7	0.0	0.0
女性	**225**	**4.0**	**33.8**	**20.0**	**4.0**	**1.3**
16-19 岁	23	0.0	21.7	17.4	4.3	0.0
20-24 岁	30	6.7	33.3	20.0	3.3	0.0
25-29 岁	34	5.9	52.9	17.6	2.9	0.0
30-34 岁	41	0.0	31.7	14.6	2.4	4.9
35-39 岁	34	5.9	35.3	17.6	2.9	2.9
40-44 岁	27	7.4	22.2	29.6	3.7	0.0
45-49 岁	13	0.0	38.5	30.8	7.7	0.0
50 岁以上	23	4.3	30.4	21.7	8.7	0.0

● 上海（Shanghai）

	人数	就近	卫生	服务态度好	口味好	就餐环境好
样本	**406**	**26.8**	**44.1**	**16.3**	**50.7**	**37.2**
男性	**206**	**30.1**	**41.3**	**16.5**	**45.6**	**33.0**
16-19 岁	17	23.5	35.3	23.5	76.5	35.3
20-24 岁	28	25.0	53.6	14.3	64.3	35.7
25-29 岁	32	25.0	34.4	12.5	40.6	50.0
30-34 岁	38	39.5	36.8	5.3	36.8	31.6
35-39 岁	35	28.6	25.7	22.9	37.1	22.9
40-44 岁	17	41.2	35.3	23.5	23.5	29.4
45-49 岁	15	40.0	53.3	13.3	53.3	53.3
50 岁以上	24	20.8	66.7	25.0	45.8	12.5
女性	**200**	**23.5**	**47.0**	**16.0**	**56.0**	**41.5**
16-19 岁	21	9.5	38.1	4.8	85.7	42.9
20-24 岁	27	18.5	51.9	14.8	48.1	51.9
25-29 岁	27	29.6	48.1	18.5	48.1	48.1
30-34 岁	38	31.6	47.4	26.3	52.6	39.5
35-39 岁	32	31.3	40.6	15.6	53.1	43.8
40-44 岁	19	21.1	42.1	15.8	68.4	42.1
45-49 岁	10	30.0	50.0	10.0	30.0	30.0
50 岁以上	26	11.5	57.7	11.5	57.7	26.9

续上表（continued）

	人数	有文化味	简单方便迅速	价格适中	世界知名品牌	其他
样本	**406**	**3.9**	**29.8**	**22.4**	**5.4**	**1.5**
男性	**206**	**2.9**	**30.6**	**25.7**	**5.3**	**0.5**
16-19 岁	17	0.0	29.4	23.5	5.9	0.0
20-24 岁	28	3.6	17.9	25.0	10.7	0.0
25-29 岁	32	0.0	31.3	31.3	3.1	0.0
30-34 岁	38	5.3	36.8	21.1	2.6	0.0
35-39 岁	35	5.7	31.4	34.3	11.4	2.9
40-44 岁	17	0.0	41.2	11.8	5.9	0.0
45-49 岁	15	6.7	33.3	13.3	0.0	0.0
50 岁以上	24	0.0	25.0	33.3	0.0	0.0
女性	**200**	**5.0**	**29.0**	**19.0**	**5.5**	**2.5**
16-19 岁	21	0.0	47.6	19.0	4.8	0.0
20-24 岁	27	3.7	33.3	18.5	7.4	3.7
25-29 岁	27	0.0	22.2	22.2	11.1	0.0
30-34 岁	38	5.3	21.1	15.8	2.6	5.3
35-39 岁	32	9.4	25.0	21.9	6.3	3.1
40-44 岁	19	5.3	31.6	31.6	0.0	0.0
45-49 岁	10	0.0	30.0	10.0	20.0	0.0
50 岁以上	26	11.5	30.8	11.5	0.0	3.8

● 广州（Guangzhou）

	人数	就近	卫生	服务态度好	口味好	就餐环境好
样本	**406**	**28.8**	**46.8**	**23.2**	**47.5**	**33.0**
男性	**172**	**33.1**	**50.0**	**25.6**	**41.9**	**33.1**
16-19 岁	15	20.0	46.7	20.0	73.3	26.7
20-24 岁	29	31.0	58.6	17.2	44.8	37.9
25-29 岁	24	37.5	54.2	37.5	25.0	29.2
30-34 岁	25	28.0	48.0	16.0	36.0	24.0
35-39 岁	27	33.3	51.9	25.9	33.3	18.5
40-44 岁	24	33.3	50.0	20.8	45.8	50.0
45-49 岁	15	53.3	26.7	40.0	40.0	46.7
50 岁以上	13	30.8	53.8	38.5	53.8	38.5
女性	**234**	**25.6**	**44.4**	**21.4**	**51.7**	**32.9**
16-19 岁	44	25.0	45.5	22.7	65.9	34.1
20-24 岁	39	17.9	41.0	12.8	56.4	35.9
25-29 岁	52	25.0	53.8	15.4	50.0	38.5
30-34 岁	28	21.4	39.3	32.1	42.9	28.6
35-39 岁	33	45.5	39.4	21.2	42.4	30.3
40-44 岁	19	26.3	36.8	26.3	57.9	31.6
45-49 岁	5	0.0	60.0	20.0	40.0	40.0
50 岁以上	14	21.4	42.9	35.7	35.7	14.3

续上表（continued）

	人数	有文化味	简单方便迅速	价格适中	世界知名品牌	其他
样本	**406**	**3.4**	**32.0**	**18.2**	**3.7**	**1.0**
男性	**172**	**4.1**	**26.2**	**15.1**	**4.7**	**0.6**
16-19 岁	15	0.0	26.7	20.0	6.7	0.0
20-24 岁	29	3.4	27.6	13.8	6.9	0.0
25-29 岁	24	12.5	12.5	16.7	4.2	0.0
30-34 岁	25	0.0	32.0	8.0	8.0	0.0
35-39 岁	27	0.0	48.1	18.5	0.0	3.7
40-44 岁	24	4.2	16.7	16.7	0.0	0.0
45-49 岁	15	6.7	13.3	26.7	6.7	0.0
50 岁以上	13	7.7	23.1	0.0	7.7	0.0
女性	**234**	**3.0**	**36.3**	**20.5**	**3.0**	**1.3**
16-19 岁	44	0.0	25.0	34.1	6.8	2.3
20-24 岁	39	2.6	46.2	20.5	0.0	0.0
25-29 岁	52	5.8	36.5	17.3	1.9	0.0
30-34 岁	28	7.1	35.7	21.4	0.0	3.6
35-39 岁	33	0.0	36.4	6.1	0.0	3.0
40-44 岁	19	5.3	31.6	0.0	10.5	0.0
45-49 岁	5	0.0	40.0	40.0	0.0	0.0
50 岁以上	14	0.0	50.0	42.9	7.1	0.0

● 重庆（Chongqing）

	人数	就近	卫生	服务态度好	口味好	就餐环境好
样本	**166**	**12.0**	**46.4**	**18.1**	**49.4**	**37.2**
男性	**82**	**13.4**	**46.3**	**19.5**	**59.8**	**34.1**
16-19 岁	17	11.8	41.2	5.9	70.6	41.2
20-24 岁	21	14.3	47.6	28.6	66.7	33.3
25-29 岁	18	16.7	50.0	11.1	55.6	38.9
30-34 岁	7	14.3	57.1	42.9	28.6	42.9
35-39 岁	7	0.0	28.6	28.6	71.4	28.6
40-44 岁	7	14.3	42.9	14.3	57.1	14.3
45-49 岁	1	0.0	100.0	0.0	100.0	0.0
50 岁以上	4	25.0	50.0	25.0	25.0	25.0
女性	**84**	**10.7**	**46.4**	**16.7**	**39.3**	**44.0**
16-19 岁	20	10.0	55.0	15.0	70.0	30.0
20-24 岁	17	5.9	47.1	23.5	17.6	70.6
25-29 岁	8	12.5	62.5	12.5	25.0	37.5
30-34 岁	7	0.0	57.1	42.9	28.6	14.3
35-39 岁	10	0.0	60.0	20.0	40.0	60.0
40-44 岁	9	0.0	44.4	11.1	44.4	55.6
45-49 岁	7	28.6	0.0	0.0	57.1	42.9
50 岁以上	6	50.0	16.7	0.0	0.0	16.7

续上表（continued）

	人数	有文化味	简单方便迅速	价格适中	世界知名品牌	其他
样本	**166**	**5.4**	**28.9**	**24.1**	**6.6**	**0.6**
男性	**82**	**3.7**	**30.5**	**26.8**	**4.9**	**0.0**
16-19 岁	17	0.0	35.3	35.3	0.0	0.0
20-24 岁	21	4.8	19.0	23.8	9.5	0.0
25-29 岁	18	5.6	33.3	27.8	5.6	0.0
30-34 岁	7	0.0	42.9	14.3	0.0	0.0
35-39 岁	7	0.0	14.3	28.6	0.0	0.0
40-44 岁	7	0.0	42.9	28.6	14.3	0.0
45-49 岁	1	0.0	0.0	0.0	0.0	0.0
50 岁以上	4	25.0	50.0	25.0	0.0	0.0
女性	**84**	**7.1**	**27.4**	**21.4**	**8.3**	**1.2**
16-19 岁	20	5.0	5.0	25.0	20.0	0.0
20-24 岁	17	11.8	29.4	11.8	0.0	0.0
25-29 岁	8	0.0	37.5	12.5	0.0	0.0
30-34 岁	7	14.3	71.4	14.3	0.0	0.0
35-39 岁	10	10.0	40.0	20.0	0.0	0.0
40-44 岁	9	11.1	22.2	33.3	11.1	0.0
45-49 岁	7	0.0	0.0	42.9	28.6	0.0
50 岁以上	6	0.0	50.0	16.7	0.0	16.7

4-8 重度消费者的人口分布 / Demographics of the Heavy Consumers

● 北京（Beijing）

	人数	16-19 岁	20-24 岁	25-29 岁	30-34 岁	35-39 岁	40-44 岁	45-49 岁	50 岁以上
样本	**143**	**12.6**	**20.3**	**14.0**	**18.9**	**14.7**	**8.4**	**7.0**	**4.2**
男性	**59**	**6.8**	**22.0**	**11.9**	**13.6**	**22.0**	**6.8**	**10.2**	**6.8**
1 周 1 次以上	22	4.5	27.3	13.6	27.3	9.1	9.1	4.5	4.5
2 周 1 次左右	37	8.1	18.9	10.8	5.4	29.7	5.4	13.5	8.1
女性	**84**	**16.7**	**19.0**	**15.5**	**22.6**	**9.5**	**9.5**	**4.8**	**2.4**
1 周 1 次以上	33	21.2	12.1	21.2	15.2	15.2	9.1	6.1	0.0
2 周 1 次左右	51	13.7	23.5	11.8	27.5	5.9	9.8	3.9	3.9

● 上海（Shanghai）

	人数	16-19 岁	20-24 岁	25-29 岁	30-34 岁	35-39 岁	40-44 岁	45-49 岁	50 岁以上
样本	**133**	**4.5**	**13.5**	**21.8**	**18.0**	**15.8**	**6.8**	**6.8**	**12.8**
男性	**61**	**1.6**	**14.8**	**24.6**	**14.8**	**14.8**	**8.2**	**8.2**	**13.1**
1 周 1 次以上	15	0.0	33.3	13.3	20.0	6.7	6.7	6.7	13.3
2 周 1 次左右	46	2.2	8.7	28.3	13.0	17.4	8.7	8.7	13.0
女性	**72**	**6.9**	**12.5**	**19.4**	**20.8**	**16.7**	**5.6**	**5.6**	**12.5**
1 周 1 次以上	21	14.3	9.5	19.0	28.6	9.5	14.3	4.8	0.0
2 周 1 次左右	51	3.9	13.7	19.6	17.6	19.6	2.0	5.9	17.6

● 广州（Guangzhou）

	人数	16-19 岁	20-24 岁	25-29 岁	30-34 岁	35-39 岁	40-44 岁	45-49 岁	50 岁以上
样本	**203**	**16.7**	**20.7**	**17.2**	**14.8**	**11.8**	**8.4**	**3.9**	**6.4**
男性	**93**	**7.5**	**18.3**	**16.1**	**17.2**	**15.1**	**9.7**	**6.5**	**9.7**
1 周 1 次以上	45	6.7	17.8	22.2	13.3	15.6	8.9	4.4	11.1
2 周 1 次左右	48	8.3	18.8	10.4	20.8	14.6	10.4	8.3	8.3
女性	**110**	**24.5**	**22.7**	**18.2**	**12.7**	**9.1**	**7.3**	**1.8**	**3.6**
1 周 1 次以上	49	26.5	16.3	16.3	22.4	6.1	6.1	2.0	4.1
2 周 1 次左右	61	23.0	27.9	19.7	4.9	11.5	8.2	1.6	3.3

● 重庆（Chongqing）

	人数	16-19 岁	20-24 岁	25-29 岁	30-34 岁	35-39 岁	40-44 岁	45-49 岁	50 岁以上
样本	**55**	**25.5**	**18.2**	**16.4**	**9.1**	**10.9**	**10.9**	**1.8**	**7.3**
男性	**30**	**26.7**	**10.0**	**23.3**	**6.7**	**10.0**	**10.0**	**3.3**	**10.0**
1 周 1 次以上	12	16.7	8.3	25.0	8.3	16.7	8.3	8.3	8.3
2 周 1 次左右	18	33.3	11.1	22.2	5.6	5.6	11.1	0.0	11.1
女性	**25**	**24.0**	**28.0**	**8.0**	**12.0**	**12.0**	**12.0**	**0.0**	**4.0**
1 周 1 次以上	9	11.1	22.2	0.0	22.2	22.2	11.1	0.0	11.1
2 周 1 次左右	16	31.3	31.3	12.5	6.3	6.3	12.5	0.0	0.0

4-9 关于北京消费群 / The Beijing Market Segments

4-9-1 不同消费群最常去的快餐店 / Ranking of the Fast-food Restaurants Visited Most Frequently by Market Segments

注：本题为多选题，合计百分比超过 100%（Multiple answers）

	人数	第一品牌及百分比	第二品牌及百分比	第三品牌及百分比
样本	**404**	**麦当劳 85.1**	**肯德基 56.4**	**加州牛肉面 13.6**
第一消费群	104	麦当劳 87.5	肯德基 57.7	加州牛肉面 16.3
第二消费群	79	麦当劳 87.3	肯德基 58.2	加州牛肉面 16.5
第三消费群	53	麦当劳 84.9	肯德基 58.5	加州牛肉面 15.1
第四消费群	5	肯德基 80.0	麦当劳 60.0	必胜客 40.0
				大磨坊 40.0
第五消费群	104	麦当劳 85.6	肯德基 51.0	康康 10.6
第六消费群	59	麦当劳 79.7	肯德基 57.6	加州牛肉面 13.6

4-9-2 重度消费者的消费群构成 / Composition of the Heavy Consumers

	人数	第一消费群	第二消费群	第三消费群	第四消费群	第五消费群	第六消费群
样本	**143**	**18.9**	**21.0**	**12.6**	**2.1**	**32.9**	**12.6**
1 周 1 次以上	55	16.4	16.4	9.1	3.6	36.4	18.2
2 周 1 次左右	88	20.5	23.9	14.8	1.1	30.7	9.1

注：北京消费群的代表特征 / Characteristics of the Beijing Market Segments

		第一消费群	第二消费群	第三消费群	第四消费群	第五消费群	第六消费群
基本情况	性别	女	男	无明显偏向	男	无明显偏向	女
	年龄	30 — 34 岁	25 — 29 岁	35 — 44 岁	无明显偏向	16 — 24 岁	45 岁以上
	学历	大专/大本	大本	初中	大本及研究生	高中/中专/技校	初中及以下
	职业	科教卫生人员	一般企业职员	工人	管理人员/专门职业从事者/个体及私营企业主	学生	离退休人员
	月均收入	801 — 1500 元	1501 — 4000 元	800 元以下	4000 元以上	无收入	800 元以下
	婚姻	已婚	无明显偏向	已婚	已婚或离异	未婚	已婚
心理取向		注重学历 非积极进取	不循规传统 非单一电视娱乐	非田园倾向 新女性主张 金钱本位	注重经验 大男子主义 不保守稳定	非“大男子主义” 追随流行	非“新女性主张” 非浪漫新潮 单一电视娱乐

4-10 关于上海消费群 / The Shanghai Market Segments

4-10-1 不同消费群最常去的快餐店 / Ranking of the Fast-food Restaurants Visited Most Frequently by Market Segments

注：本题为多选题，合计百分比超过 100%（Multiple answers）

	人数	第一品牌及百分比	第二品牌及百分比	第三品牌及百分比
样本	**402**	**肯德基 91.5**	**麦当劳 59.5**	**荣华鸡 7.5** **永和 7.5**
第一消费群	83	肯德基 91.6	麦当劳 53.0	永和 8.4
第二消费群	73	肯德基 89.0	麦当劳 65.8	永和 9.6
第三消费群	8	肯德基 100.0	永和 37.5	麦当劳 25.0
第四消费群	71	肯德基 90.1	麦当劳 60.6	荣华鸡 7.0 加州牛肉面 7.0
第五消费群	56	肯德基 89.3	麦当劳 66.1	必胜客 10.7
第六消费群	111	肯德基 94.6	麦当劳 58.6	荣华鸡 10.8

4-10-2 重度消费者的消费群构成 / Composition of the Heavy Consumers

	人数	第一消费群	第二消费群	第三消费群	第四消费群	第五消费群	第六消费群
样本	**133**	**17.3**	**24.1**	**2.3**	**15.0**	**7.5**	**33.8**
1 周 1 次以上	36	13.9	25.0	2.8	19.4	8.3	30.6
2 周 1 次左右	97	18.6	23.7	2.1	13.4	7.2	35.1

注：上海消费群的代表特征 / Characteristics of the Shanghai Market Segments

		第一消费群	第二消费群	第三消费群	第四消费群	第五消费群	第六消费群
基本情况	性别	无明显偏向	男	男	女	女	无明显偏向
	年龄	45 岁以上	20 － 29 岁	25 － 34 岁	35 － 44 岁	16 － 24 岁	30 － 39 岁
	学历	大本及以上	大专/大本	大专	初中及以下	高中/中专/技校	高中/中专/技校
	职业	科教卫生人员/离退休人员	一般企业职员	行政管理人员/个体及私营企业主/专门职业从事者	工人/下岗人员	学生	一般企业职员
	月均收入	801 － 1500 元	1001 － 3000 元	3000 元以上	800 元以下	无收入	1001 － 2000 元
	婚姻	已婚	未婚	未婚	已婚	未婚	已婚
心理取向		非浪漫时尚 非金钱本位 保守稳定	非家庭重心 田园倾向 休闲独立	不保守稳定 奔波忙碌 浪漫时尚	金钱本位 家庭重心 注重学历	新家庭观念 非休闲独立	不积极进取 不奔波忙碌

4-11 关于广州消费群 / The Guangzhou Market Segments

4-11-1 不同消费群最常去的快餐店 Ranking of the Fast-food Restaurants Visited Most Frequently by Market Segments

注：本题为多选题，合计百分比超过 100%（Multiple answers）

	人数	第一品牌及百分比	第二品牌及百分比	第三品牌及百分比
样本	**404**	**麦当劳 80.0**	**肯德基 46.8**	**大快活 15.6**
第一消费群	74	麦当劳 85.1	肯德基 54.1	必胜客 23.0
第二消费群	56	麦当劳 82.1	肯德基 39.3	大快活 21.4
第三消费群	79	麦当劳 79.7	肯德基 51.9	多美丽 17.7
第四消费群	68	麦当劳 73.5	肯德基 41.2	添美食 19.1
第五消费群	63	麦当劳 79.4	肯德基 47.6	大快活 22.2
第六消费群	64	麦当劳 79.7	肯德基 43.8	必胜客 18.8

4-11-2 重度消费者的消费群构成 / Composition of the Heavy Consumers

	人数	第一消费群	第二消费群	第三消费群	第四消费群	第五消费群	第六消费群
样本	**203**	**22.2**	**9.9**	**21.2**	**18.7**	**13.3**	**14.8**
1 周 1 次以上	94	22.3	11.7	22.3	14.9	11.7	17.0
2 周 1 次左右	109	22.0	8.3	20.2	22.0	14.7	12.8

注：广州消费群的代表特征 / Characteristics of the Guangzhou Market Segments

		第一消费群	第二消费群	第三消费群	第四消费群	第五消费群	第六消费群
基本情况	性别	女	无明显偏向	女	男	女	男
	年龄	16 － 19 岁	40 岁以上	20 － 24 岁	35 － 44 岁	30 － 34 岁	25 － 29 岁
	学历	高中/中专/技校	无明显偏向	高中/中专/技校/大专	初中/高中/中专/技校	初中及以下	大专及以上
	职业	学生	工人	学生/待业人员	个体及私营企业主	家庭主妇	企业职员/管理人员/科教卫生人员/专门职业者
	月均收入	无收入	1500 元以下	无收入	801 － 1500 元	800 元以下	2000 元以上
	婚姻	未婚	已婚	未婚	已婚	已婚	无明显偏向
心理取向		不固守中式生活 田园倾向 非大男子主义	非新女性主张 不追随流行 非积极进取	独立自主 追随流行	积极进取 大男子主义 中式生活	单一电视娱乐 非独立自主 保守稳定	非单一电视娱乐 非家庭重心

4-12 关于重庆消费群 / The Chongqing Market Segments

4-12-1 不同消费群最常去的快餐店 / Ranking of the Fast-food Restaurants Visited Most Frequently by Market Segments

注：本题为多选题，合计百分比超过 100%（Multiple answers）

	人数	第一品牌及百分比	第二品牌及百分比	第三品牌及百分比
样本	**163**	**加州牛肉面 33.7**	**肯德基 32.5**	**德客士 17.2**
第一消费群	47	加州牛肉面 34.0	肯德基 31.9	德客士 14.9
				麦当劳 14.9
				新加坡快餐 14.9
第二消费群	29	加州牛肉面 44.8	肯德基 31.0	今日快餐 13.8
				新加坡快餐 13.8
				台湾牛肉快餐 13.8
第三消费群	50	肯德基 34.0	德客士 26.0	加州牛肉面 24.0
第四消费群	11	德客士 54.5	肯德基 45.5	加州牛肉面 36.4
第五消费群	16	新潮快餐 31.3	肯德基 25.0	加州牛肉面 18.8
第六消费群	10	加州牛肉面 70.0	肯德基 30.0	今日快餐 20.0

4-12-2 重度消费者的消费群构成 / Composition of the Heavy Consumers

	人数	第一消费群	第二消费群	第三消费群	第四消费群	第五消费群	第六消费群
样本	**55**	**27.3**	**23.6**	**23.6**	**10.9**	**9.1**	**5.5**
1 周 1 次以上	21	4.8	33.3	38.1	14.3	4.8	4.8
2 周 1 次左右	34	41.2	17.6	14.7	8.8	11.8	5.9

注：重庆消费群的代表特征 / Characteristics of the Chongqing Market Segments

		第一消费群	第二消费群	第三消费群	第四消费群	第五消费群	第六消费群
基本情况	性别	无明显偏向	无明显偏向	无明显偏向	无明显偏向	无明显偏向	女
	年龄	16 — 19 岁	45 岁以上	20 — 29 岁	30 — 34 岁	40 岁以上	25 — 29 岁
	学历	高中/中专/技校	高中/中专/技校	大专/大本	高中/中专/技校/大本以上	初中及以下	初中
	职业	学生	行政管理人员/离退休人员	科教卫生人员/一般企业职员	个体及私营企业主	工人	专门职业从事者 下岗及其他
	月均收入	无收入	501 — 800 元	801 — 1500 元	1500 元以上	500 元以下	1001 — 1500 元
	婚姻	未婚	已婚	无明显偏向	已婚	已婚	已婚或离异
心理取向		浪漫新潮 注重学历 非现实家庭观	循规传统 奔波忙碌 保守稳定	新女性主张 非功利心态	功利心态 现实家庭观 都市情结	非浪漫新潮 非独立休闲	非新女性主张 不循规传统 独立休闲

第十一篇　住房、家用汽车、旅游
Part XI　Housing, Automobile, and Travel

- 住房　Housing
- 家用汽车　Private Automobile
- 旅游　Travel

第十一篇　　住房、汽车、旅游

住房

据国家统计局快报显示，1997年1—6月商品房开发完成投资908.93亿元，与去年同比减少3.25%，其中商品住宅完成投资511.92亿元，同比减少4.57%；1—6月商品房施工面积27919.98万平方米，同比减少2.4%，其中本年新开工4637.04万平方米，同比增加4.57%；商品房竣工面积2312.08万平方米，比去年略有增加。商品房完成销售342.77亿元，同比增长17.86%，销售面积1714.72万平方米，同比增加8.08%，其中商品住宅销售1487.14万平方米，同比增加8.02%。有关部门分析说：1997年1—6月房地产开发完成投资继续保持下降趋势，已经有效抑制了房地产开发过高的增长趋势。

但是，到1996年底，全国商品房空置面积累计已达6800万平方米，比1995年增长了35%，其中商品住宅的空置占总量的70%。而另一方面，全国城镇还有350万住房困难户的人均居住面积不足4平方米。“有房无人住、有人无住房”成为当前住宅房地产市场的独特景象。

造成住宅房地产市场巨大供给量和巨大市场潜力之间脱节的原因主要有以下几点：

1．国家住房分配的旧有体制阻碍着住房商品化的进程。无论哪个收入层次的居民，只要仍存在单位分房的希望，即使是等几年，也不愿到市场中购买商品房。因此，截止1993年，商品住宅市场的一半是靠集团购买的，而住宅市场的70%是由企事业单位投资，因此集团购买力是支撑房地产市场的一支主力。而现在国有大中型企业效益差，许多单位无力购房，有效需求明显不足，难以带动需求。

2．商品房价格与居民收入之间差异过大，启动住房消费市场，鼓励个人购房以及个人购房后的房屋管理措施等政策又尚未完全到位。因此，居民购房的实际积极性不高，观望的心态较为突出。1996年，在北京的一项调查显示：在没有购买住房的约153.6万户居民中，仅有16.8万户左右打算在近期内购买住房。

3．住房金融体系不完善，国内个人购房抵押贷款存在着期限短、额度低、利息高、操作程序复杂、条件苛刻、住宅信贷资金来源短缺等问题，使得居民购买商品房的手段比较单一，需要长时间的积累。

针对以上矛盾和问题，有关部门正在调整和出台有关政策和措施。建设部已经上报关于消化空置商品房的若干意见，正在筹措专项资金的落实，以使空置商品房的消化有实质性进展；国务院也决定为安居工程再增加50亿贷款，争取在2000年实现新增安居住房1.5亿平方米的计划。国家有关部门在1997年初取消了房地产业的48项收费后，明确要求将新建商品住宅价格降到1000元/平方米左右，积压商品住宅价格降到1500元/平方米左右。

最近，中国建设银行和中国工商银行又先后作出放宽贷款条件、增加贷款规模的决定。此外，国家还将开发住房储蓄，以金融手段提高居民的商品房购买力。

各地方正在制定一系列以推行和完善住宅公积金制度为主的房改政策并加以实施：广州已制定了关于1999年6月1日起取消公房的房改政策，完全实行住宅市场化配置。上海已购公房的上市试点工作也取得进展，截止1997年6月14日，仅上海市长宁区成交的243套旧有公房交易中，就有168户另行购置了住房，占成交总数的 87.1%，新购面积 1.35 万平方米，新购金额 4979 万元。

总之，随着国家住房制度改革的不断深化，个人购买商品住宅的比重将越来越大，成为影响房地产市场的重要因素。但是，市场的好转尚需时日。据有关部门的预测：1997 年下半年的房地产市场将在国家加强土地管理的政策和继续控制房地产投资的影响下，集中于旧城改造和已立项目的建设，住宅将成为房地产投资和房地产市场的主体。

家用汽车

汽车工业已经被国家列为国民经济的支柱产业。据国家有关部门测算，“九五”期间，汽车行业的投资规模将达到 2800 亿元，相当于 1988 — 1992 年间累计投资的 9 倍，其中轿车工业投资相当于 13 倍。1996 年全国汽车总产量 154.28 万辆，1997 年 1 — 6 月份，全国共生产汽车 81.36 万辆，比上年同期增长了 7.28%。

目前，全国汽车工业的生产集中程度略有提高，但分散状况仍较为严重，国内汽车生产厂家已达 325 家，比美日欧的汽车生产企业之和还要多，但是平均每家企业的产量不足 5000 辆，年产能力在 10 万辆以上的只有 5 家，远没有达到汽车产业规模化效应。1997 年 1 — 6 月行业前 20 名企业生产集中度为 94.66%，与上年同期比增长 0.79%，但仍有 46 家企业的产量在 500 辆以下。

轿车和微型客（货）车的产量高速增长，成为拉动行业整体增长的主要因素。1997 年 1 — 6 月，轿车生产 23.8 万辆，比上年同期增长 22.99%；微型客车生产 11.86 万辆，同比增长 34%。特别是一汽大众和神龙公司的产量同比分别增长 50%和 126%。

总体来说，1997 年上半年我国汽车工业产销大体平衡，但是汽车市场的销售情况并不理想。1993 年以来，中国汽车销售市场已经连续三年低速运行，1996 年最为不景气。进入 1997 年以来，1 — 6 月全国汽车销售 77.48 万辆，比上年同期增长 7.44%，但是与 1997 年一季度相比，增幅下降了近 2 个百分点，7 家主要汽车集团公司的产销总体低速增长。除上海公司产销保持 20%的增速外，其余 6 家中有 4 家低速增长，两家负增长，其中以北京公司最为显著，增长为－ 24.1%。截止 1997 年 6 月，汽车库存达到 13.6 万辆，与上年同期比增长 14.93%，比今年一季度增加了 2.6 万辆。

国产轿车在销售上居主导地位，进口轿车的份额降至近年来的最低点。1996 年全国轿车的总销量为 38 万辆，而进口车仅为 9 万辆左右，比 1995 年减少了 6.5 辆。1997 年 1 — 6 月的全国轿车销量为 22.69 万辆，同比增长 24.58%，而 1997 年上半年进口轿车仅为 1.37 万辆，同比下降 60%。出现这种情况主要是因为国产轿车的“价格战”成为进口车暂时无可逾越的竞争壁垒。

轿车市场的发展一般分为普及化初期、普及化时期和成熟期三个时期。普及化初期又分成三个阶段：第一阶段，商用车为主，机关单位所需的大型豪华轿车的市场占有率不成比例地偏高；第二阶段，私人购车主要用于出租经营，出现少数家庭用车，又称为“轿车导入期”，我国在 90 年代初期进入这一阶段；第三阶段，私人用车及家庭用车比例不断增加，称为“私人轿车萌芽期”，预计到 2003 年前后我国轿车市场才能进入这一阶段。

目前，国内年收入在 3 万元以上的家庭大约有 400 万户，在日本，这已经是轿车普遍进入家庭的收入水平。据国家统计局的预测表明：到 2000 年，中国将有 600 万户家庭具有轿车购买力。另据国家计委公布的一项预测表明：在目前全国私人轿车保有量 250 万辆的基础上，到 2000 年、 2005 年和 2010 年，中国家用轿车的需求量将分别为 40 万辆、 120 万辆和 230 万辆，家用轿车的保有量将在 2010 年达到 1300 万辆。因此，中国私人轿车市场的潜力是很大的。

但是，轿车是否能够进入中国家庭的关键在于价格因素。目前我国从国外引进的几种车型的成本远远高于居民的购买力，一般是我国家庭平均收入的 14 — 20 倍，即使是奥拓、夏利的价格也是我国城镇居民平均年收入的 10 倍。而世界各国轿车进入家庭的价格一般仅相当于全国家庭平均收入的 2 — 3 倍。另外，各种税费、手续和限制条件也制约着中国家庭购买私人轿车。就北京而言，居民买车要过 8 关，和 15 个单位打交道，年均税费 8000 多元。在大城市中，交通拥挤和停车难也制约着私人轿车的发展。

展望 1997 年以后的轿车市场，沿海发达地区和主要大城市周遍中小城镇接受家庭轿车的可能性最大，江浙两省及上海远郊地区应是重点发展地区，据有关方面推算，到 2000 年，该地区家庭轿车保有量可望达到 30 万辆，年需求量可达 6 — 8 万辆左右。主要市场集中在中小企业家和个体经营者。年收入 10 — 20 万以上的家庭是主要的目标市场。北京地区预计 1997 年私人轿车需求量将有 9.5 万辆。

目前在市场上，微型车在家用轿车市场的竞争力高于中高档轿车。下表是北京最大的汽车交易市场——亚运村汽车交易市场 1997 年 1 — 6 月的销售情况，从中看出，除神龙富康外，其它个人购买比例超过 90%的均是微型汽车。

表 1　北京亚运村汽车交易市场 1997 年 1 — 6 月的销售情况

品牌	销售量（辆）	市场占有率%	个人购买（辆）	销量比例%
桑塔纳	3 007	22.23	2 076	69.04
捷达	2 884	21.33	2 441	84.64
松花江	1 322	9.78	1 223	92.51
长安奥拓	800	5.92	787	98.38
昌河	755	5.58	689	91.26
夏利	724	5.35	700	96.69
切诺基	705	5.21	431	61.13
神龙富康	598	4.42	569	95.15
长安面包	264	1.95	238	90.15
欧宝	256	1.89	211	82.42

据民政部和全国城区居民综合调查网联合调查显示：影响国内消费者购车的因素主要依次为：价格、安全、维修。在有可能购买轿车的家庭中有 23.9%选择“捷达”，其次是桑塔纳、富康、大宇、切诺基、奔驰和红旗。对于进口轿车，国内消费者主要从“车型新颖”、“物有所值”、“革新精神”、“超前意识”、“安全性能”、“乘坐舒适”六大因素认知。

从家庭轿车的市场竞争来看，进口轿车厂商主要通过品牌意识渗透占领中国家用轿车市场,而国内轿车厂商目前的竞争手段仍以“价格战”为主,但降价已近最低点，回旋余地不大。

旅游

一、 1996 年中国旅游业实现历史性突破。

1996 年我国旅游业总收入 2487 亿元人民币，增长势头强劲。 1996 年，我国来华旅游入境人数和国际旅游外汇收入双双跃上新的发展台阶。来华旅游入境人数达 5112.75 万人次，比上年增长 10.2%。国际旅游外汇收入为 102.00 亿美元，突破百亿美元的战略目标，比上年增长 16.8%，保持世界第 9 位。

与此同时，国内旅游业也持续稳步增长。 1996 年国内旅游人数达 6.39 亿人次，比上年增长 1.6%。国内旅游收入 1638.38 亿元人民币，比上年增长 19.1%。旅游成为社会需求中一个消费热点。

就产业规模来说，到 1996 年末全国旅游业共有旅游企事业单位 10913 个，比上年末增长 13.8%。其中旅游涉外饭店 4418 座，比上年末增长 18.8%；旅行社 4252 家，比上年末增长 11.1%。

总之， 1996 年中国旅游业表现出国内外市场潜力巨大，吸纳就业人口功能强，产业关联程度高，国际竞争力强，经济效益显著等特征。旅游业已成为国民经济新的增长点。

二、 1997 年，国内旅游再攀新高。

国内旅游是指本国公民在国境线内进行的游览活动。国内旅游这种消费行为的兴起和发展，是一个国家社会经济和文化生活水平发展到一定程度时的必然产物。90 年代以来中国国内旅游异军突起，呈现繁荣景象。1997 年，国内大环境、小环境及各种有利因素都比 1996 年好，国内旅游大势看涨。预计， 1997 年国内旅游总人数将达 7 亿人次以上，国内旅游者总花费可达 1800 亿元人民币。

三、促进国内旅游发展的主要因素：

1．国家宏观经济形势有利于国内旅游的发展。

1997 年国民经济继续平稳运行，国家实行适度从紧的政策，银行两次下调利率，旨在刺激国民消费。 1996 年，我国居民储蓄存款达历史最高水平 5 万亿元人民币。在我国日用工业品市场日趋饱和，汽车和房地产市场启而未发的情况下，国内旅游热浪迭起。

2．交通状况改善。

铁路提出“正点”、“加速”、“服务”的口号，并且不再提高客运票价。航空业推出团队票优惠 15%—30%的措施，尽管只是暗扣变为明扣，旅行社少了一些运作余地，但对旅游者也产生了一定的鼓励效应。高速公路已成为一些旅游热点地区和城市之间的主要交通途径。 1996 年下半年以来，高速公路的客运价格平稳，客运车的档次、舒适问题正逐步解决。可以说，高速公路客运业将与国内旅游业互相促进，同步发展。

3．居民的可支配收入（ Disposable Income ）和可支配时间（ Disposable Time ）不断增长，为发展国内旅游展示了广阔的前景。

按照西方一些经济学家的理论，当居民年人均收入在 300 — 700 美元之间时，就有了产生大规模国内旅游的条件。近年来，我国城乡居民收入稳步提高，在北京、上海、成都、天津等十几个城市和长江三角洲、珠江三角洲等经济发达的东南沿海地区，居民的人均收入已远远超过这个水平。双休日的实行，使人们的休闲生活有充足的时间保证。

4．居民的消费心理趋从于发展型和享受型。

随生活质量的稳步提高，人们的消费观念发生改变，已不满足于封闭式的家庭生活，而迫切希望通过旅游达到开阔视野，陶冶性情的高层次需求。

四、国内旅游业发展走势。

归纳起来，当前旅游业的发展趋势有以下诸多方面：

1．中小城市居民前往大城市旅游的人数持续增长；大中城市居民前往著名景区旅游呈热线更热之势。

国家统计局和国家旅游局 1993 年、 1994 年、 1995 年连续三年国内居民旅游抽样调查的统计表明，中国公民出游人数最多的城市是北京、天津、上海，然后是广州、重庆等大城市。近几年，形成以下旅游热线：

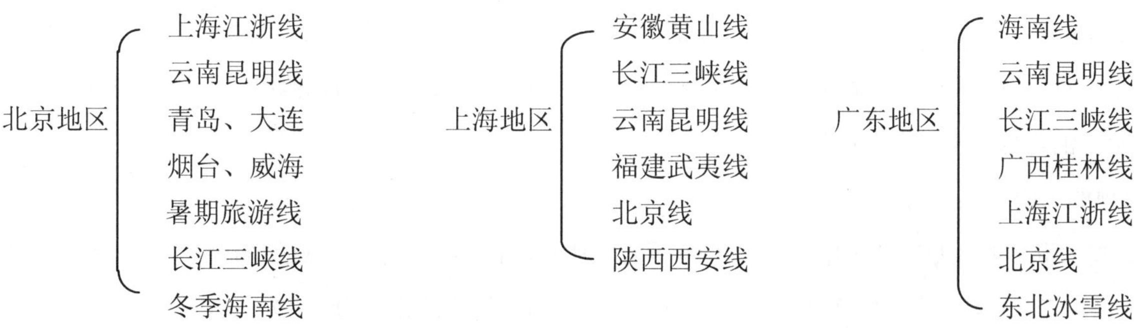

当然，就出游人数与人口总人数相比，中小城市居民出游率并不亚于大城市。从近年的情况来看，中小城市居民冲破地域局限的要求更加强烈，“外面的世界很精彩”，反映着中小城市居民出游的原动力。大城市的都市风采，综合功能，现代化气派，甚至大都市人们早已厌倦的拥挤和繁华，都是对中小城市居民的强力诱惑。

2．短期旅游、周末渡假游主要围绕环城旅游带进行；长线旅游比重日增。

1995 年双休日实行以来，两年时间，在全国大小几百座城市的周边都形成了规模不等的环城市旅游带。几座上千万人口的超级城市尤其显示了强大的辐射力量。

上海与苏州、无锡、杭州互为市场。雁荡山、富阳、太湖渡假区、古镇周庄、无锡影视城等各类型旅游产品效果都不错。目前正开发农业型观光产品、渔业题材的旅游产品。

北京与天津互为市场，周边有北戴河、南戴河、怀柔、密云等。同时，河北的承德、赞皇、坝上草原，内蒙、山东、山西的部分景点也以北京市场为依托，加速了发展。

广州的番禺、花都和重庆的北温泉、南温泉、缙云山、大足等地均是当地居民休闲渡假的热点地区。

3．长线旅游有增无减。

在环城旅游快速发展的同时，部分经济实力比较强，已不满足于近距离旅游的人们开始尝试长江三峡游、丝绸之路游、云南民族风情游、海南渡假游等一些长线旅游。长线旅游与周末旅游相比，除了表面上的出游时间和距离长短不同外，更重要的是消费人群和消费方式不同。它的主流越来越表现为花费多、档次高、参加旅行社团的比例大。 1997 年长线旅游发展势头有增无减，反映了国内旅游发展中的明显消费层次，也说明国内旅游市场拥有广阔的消费市场。

总的来说，旅游市场的特征还有以下一些：

1．就旅游动机而言，本地休闲以文体娱乐为主；外出旅游以自然观光为主。

2．从旅游者年龄层段看，中青年仍是主力。

3．从旅游者的职业层面看，由行政管理人员、专业技术人员和国家企事业单位的职工构成的“工薪阶层”是国内旅游的主体，三资企业职工出游率领先。

1995 年国家统计局与国家旅游局联合进行的抽样调查表明：月收入 1000 元以上的旅游者占出游人数的 10%； 500 — 999 元的占 44%，这两个收入层次的旅游者是旅游消费的主体。而且旅游消费常是不断重复产生的，在消费观念正在进步的大城市、沿海开放地区，尤其如此。因此“工薪层”是国内旅游的中坚力量。

在工薪阶层中，三资企业职员是一个值得注意的群体。对一些大城市的旅游抽样调查表明，三资企业职工的出游率高于国有企业；独资企业职工的出游率高于合资企业；合资企业职工的出游率高于合作企业。三资企业中的奖励旅游消费也高于国有企业。

1．不可忽视的高收入群旅游者。

我国目前高收入群体的人数在全民中的比例虽然不大，但绝对量不小。他们的旅游消费水平大大高于一般工薪层（ 1994 年全国第二季度抽样调查表明，个体经营者的人均旅游花费为 1139.1 元，是国内人均旅游花费的一倍，），其消费行为具有某种超前性和和示范性。近年来这批旅游者主导了赴新、马、泰的出境旅游市场。

2．旅游消费类型中，中低挡以自费消费为主，中高档以公费消费为主。

3．旅游组织方式上，自费旅游散客占绝大多数；公费半公费以团队和单位接待为主。

由于国内旅游服务体系尚未形成，国人通过旅行社出游的意识不强。在节假日，家庭、情侣和亲朋好友结伴而行较为常见。近年来，上海、北京、广州、南京、厦门等地，居民逐渐体会到随旅行社出行的方便、安全、省心和实惠。尤其是长线旅游（特别涉及到购买机票、火车票和游船票）通过旅行社组团进行的较多。

4．旅游活动具有周期性，每年近 50 个小波峰， 4 个大高潮。

双休日加上传统节日，我国城镇居民的全年休假超过三分之一，旅游也相应地形成 50 个小风波（双休日）和 4 个大高潮（春节、元旦、十•一、五•一）的周期性规律。其中，“十•一”、“五•一”达到全年颠峰。春节的南北大流动（例如广东人到哈尔滨观冰灯，北京人去海南观海）也小成气候。

5．旅游内容更具个性。

由于现代旅游者对旅游个性化、自由化的追求日甚，一些旅行社适时推出了西藏、新疆等地的生态游、探险游。个性化和挑战性逐渐成为市场中引人注目新卖点。

五．国内旅行社稳步发展，经营体系开始强化。

1997 年国内旅行社经过 1995 、 1996 年的大进大出之后，开始走向平稳发展的轨道。 1997 年国内旅游的经营体系建设也有明显加强。一是两年来清除的 1000 多家弱小的三类社，为解决国内旅游市场经营主体的“小散弱差”打下良好基础。二是参与经营国内旅游的国际旅行社越来越多；三是新修订的暂行条例、实施细则有利于经营体系的建立。

六、关于出境旅游。

1996年中国公民出境人数为506.07万人次，比上年增长12.0%。其中因公出境264.68万人次，比上年增长7.3%，因私出境241.39万人次，比上年增长17.5%。1996年经旅行社组织出境旅游的人数为164万人次，比上年增长30.2%，占出境总人数的32.4%。

1 住房 / Housing

1-1 有无购房打算 / Whether Planning to Own a Residence

	北京（Beijing）	上海（Shanghai）	广州（Guangzhou）	重庆（Chongqing）
打算买	27.8	29.8	35.2	34.5
不打算买	72.2	70.2	64.8	65.5
有效样本量	600	600	600	600

1-2 打算何时购买 / When to Purchase

	北京（Beijing）	上海（Shanghai）	广州（Guangzhou）	重庆（Chongqing）
1997 年	10.9	10.7	15.2	15.5
1998 年	10.9	12.4	14.8	13.0
1999 年	11.5	13.0	12.4	13.5
2000 年或以后	66.7	63.8	57.6	58.0
有效样本量	165	177	210	207

1-3 现在的住房类型 / Types of Current Residence

	北京（Beijing）	上海（Shanghai）	广州（Guangzhou）	重庆（Chongqing）
只有一间	9.5	23.7	10.1	6.2
一房一厅	14.3	21.9	19.1	24.5
二房一厅	46.8	35.0	43.5	49.4
二房二厅	21.4	8.5	15.9	11.3
三房一厅	3.4	0.6	4.1	2.7
三房二厅	0.9	1.5	1.4	1.2
四房二厅	1.6	0.9	4.8	1.6
其他	2.0	7.9	1.0	3.1
有效样本量	440	329	414	486

1-4 打算购买房型 / Types of Residence to Purchase

	北京（Beijing）	上海（Shanghai）	广州（Guangzhou）	重庆（Chongqing）
一房一厅	1.2	3.9	1.9	2.4
二房一厅	37.7	45.5	34.3	31.4
二房二厅	14.4	14.0	12.1	11.6
三房一厅	25.7	20.8	22.7	32.9
三房二厅	10.2	11.2	19.8	16.9
四房二厅	10.2	3.4	8.7	3.9
其他	0.6	1.1	0.5	1.0
有效样本量	167	178	207	207

1-5 现在的住房面积 / The Size of the Current Residence

	北京（Beijing）	上海（Shanghai）	广州（Guangzhou）	重庆（Chongqing）
10m² 以下	1.0	3.7	1.6	1.2
10-19m²	18.2	32.4	11.5	5.2
20-29m²	11.3	32.2	14.9	16.4
30-39m²	14.5	14.8	14.9	19.5
40-49m²	20.3	8.1	15.8	18.5
50-59m²	13.8	3.0	11.7	14.9
60-79m²	13.2	3.7	17.9	16.1
80-99m²	4.9	1.1	7.1	4.0
100m² 以上	2.5	1.1	4.8	4.2
有效样本量	**593**	**568**	**565**	**596**

1-6 打算购买面积 / The Size of the Residence Planned to Purchase

	北京（Beijing）	上海（Shanghai）	广州（Guangzhou）	重庆（Chongqing）
40m² 以下	2.5	17.6	2.0	6.8
40-59m²	22.1	24.4	19.9	19.4
60-79m²	35.0	26.1	27.9	28.6
80-99m²	15.0	13.1	22.4	18.4
100-149m²	20.2	14.2	24.4	20.4
150-199m²	3.1	2.3	1.5	4.9
200m² 以上	1.8	2.3	2.0	1.5
有效样本量	**163**	**176**	**201**	**206**

1-7 预计购房花费 / The Expense of the Residence Planned to Purchase

	北京（Beijing）	上海（Shanghai）	广州（Guangzhou）	重庆（Chongqing）
2 万元以下	8.9	6.3	2.5	13.8
2.1-5 万元	23.4	4.0	5.1	25.6
5.1-10 万元	24.1	21.1	16.2	29.1
10.1-15 万元	4.4	16.0	3.5	11.3
15.1-25 万元	18.4	21.7	25.3	12.3
25.1-35 万元	7.0	13.1	14.1	1.5
35.1-50 万元	9.5	9.1	17.2	3.9
50 万元以上	4.4	8.6	16.2	2.5
有效样本量	**158**	**175**	**198**	**203**

2 家用汽车 / Private Automobile

2-1 理想品牌排名 / Ranking of the Ideal Brands

● 北京（Beijing）

排名	品	牌	人数	百分比
1	奔驰	Benz	78	13.0
2	桑塔纳	Santana	66	11.0
3	富康	Fucan	37	6.2
4	捷达	Jetta	35	5.8
4	宝马	BMW	35	5.8
6	本田	Honda	18	3.0
7	夏利	Charade	13	2.2
8	劳斯莱斯	R&R	12	2.0
9	欧宝	Opel	11	1.8
10	奥迪	Audi	9	1.5

n=600

● 上海（Shanghai）

排名	品	牌	人数	百分比
1	奔驰	Benz	155	25.8
2	桑塔纳	Santana	110	18.3
3	奥迪	Audi	33	5.5
4	林肯	Lincoln	23	3.8
5	红旗	Hongqi	19	3.2
6	丰田	Toyota	17	2.8
6	劳斯莱斯	R&R	17	2.8
8	宝马	BMW	14	2.3
8	卡迪拉克	Cadilac	14	2.3
10	法拉利	Ferrari	13	2.2

n=600

● 广州（Guangzhou）

排名	品	牌	人数	百分比
1	奔驰	Benz	114	19.0
2	劳斯莱斯	R&R	38	6.3
3	丰田	Toyota	37	6.2
4	宝马	BMW	33	5.5
5	本田	Honda	11	1.8
6	林肯	Lincoln	10	1.7
6	法拉利	Ferrari	10	1.7
6	红旗	Hongqi	10	1.7
9	凌志	Lexus	8	1.3
10	桑塔纳	Santana	7	1.2

n=600

● 重庆（Chongqing）

排名	品	牌	人数	百分比
1	奔驰	Benz	94	15.7
2	桑塔纳	Santana	30	5.0
3	宝马	BMW	22	3.7
4	劳斯莱斯	R&R	19	3.2
5	红旗	Hongqi	18	3.0
6	丰田	Toyota	15	2.5
7	奥拓	Alto	10	1.7
7	林肯	Lincoln	10	1.7
9	长安	Changan	9	1.5
9	法拉利	Ferrari	9	1.5

n=600

2-2 是否拥有私人汽车 / Automobile Ownership

	北京（Beijing）	上海（Shanghai）	广州（Guangzhou）	重庆（Chongqing）
有	6.8	0.5	2.7	2.0
没有	93.2	99.5	97.3	98.0
有效样本量	**600**	**599**	**599**	**600**

2-3 该车的品牌 / The Brand of the Currently Owned Automobile

注：由于有效样本量太少，为使读者更有效地利用数据，该题只列出人数，未列百分比（下同）。

● 北京（Beijing）

品牌		人数
松花江	Songhuajiang	7
夏利	Charade	6
北京吉普	Beijing Jeep	4
切诺基	Cherokee	3
桑塔纳	Santana	2
捷达	Jetta	2
长安	Changan	2
昌河	Changhe	2
拉达	Lada	2
其它	Others	11

n=41

● 上海（Shanghai）

品牌		人数
桑塔纳	Santana	2
大发	Daihatsu	1

n=3

● 广州（Guangzhou）

品牌		人数
尼桑	Nissan	2
捷达	Jetta	2
三菱	Mitsubishi	2
宝马	BMW	1
本田	Honda	1
汉江	Hanjiang	1
金轮	Jinlun	1
吉林	Jilin	1
大发	Daihatsu	1
富康	Fucan	1
铃木	Suzuki	1

n=14

● 重庆（Chongqing）

品牌		人数
奥拓	Alto	4
桑塔纳	Santana	3
奔驰	Benz	1
长安	Changan	1
北京吉普	Beijing Jeep	1
夏利	Charade	1

n=11

2-4 该车的购买时间（人数） / The Time of Purchase of the Currently Owned Automobile

	北京（Beijing）	上海（Shanghai）	广州（Guangzhou）	重庆（Chongqing）
1980 年	1	0	0	0
1990 年	1	0	0	0
1991 年	0	0	1	0
1992 年	0	0	1	2
1993 年	2	0	1	0
1994 年	3	0	0	4
1995 年	13	2	7	3
1996 年	11	0	3	0
1997 年	10	1	3	2
有效样本量	**41**	**3**	**16**	**11**

2-5 该车是否是新车（人数） / Whether the First Owner of the Currently Owned Automobile

	北京（Beijing）	上海（Shanghai）	广州（Guangzhou）	重庆（Chongqing）
是新车	31	2	11	6
不是新车	10	1	4	5
有效样本量	**41**	**3**	**15**	**11**

2-6 未来 3 年内是否计划购车 / Whether Planning to Purchase Automobile in the Next Three Years

	北京（Beijing）	上海（Shanghai）	广州（Guangzhou）	重庆（Chongqing）
打算买	11.1	1.0	4.6	2.8
不打算买	72.9	92.0	80.3	90.1
不确定	15.9	7.0	15.1	7.0
有效样本量	**584**	**598**	**584**	**597**

2-7 打算购买品牌 / The Brand in the Planned Purchase

● 北京（Beijing）

品牌		人数
桑塔纳	Santana	13
夏利	Charade	12
捷达	Jetta	6
奥拓	Alto	4
富康	Fucan	4
长安	Changan	4
奔驰	Benz	3
昌河	Changhe	2
切诺基	Cherokee	2
松花江	Songhuajiang	2
其他	Others	12

n=64

● 上海（Shanghai）

品牌		人数
桑塔纳	Santana	4
奥拓	Alto	1

n=5

● 广州（Guangzhou）

品牌		人数
丰田	Toyota	6
奔驰	Benz	3
捷达	Jetta	2
本田	Honda	2
三菱	Mitsubishi	2
劳斯莱斯	R&R	1
桑塔纳	Santana	1
大众	Volkswagon	1
法拉利	Ferrari	1
江铃	Jiangling	1
切诺基	Cherokee	1
城市高尔夫	City Golf	1

n=22

● 重庆（Chongqing）

品牌		人数
奥拓	Alto	3
奔驰	Benz	3
桑塔纳	Santana	2
长安	Changan	2
三菱	Mitsubishi	1
宝马	BMW	1
丰田	Toyota	1
本田	Honda	1
林肯	Lincoln	1
夏利	Charade	1
切诺基	Cherokee	1
其他	Others	3

n=20

3 旅游 / Travel

注：※本部分的旅游地点名称中，除了国家著名旅游区及调查中被选频次较高的旅游点外，其他都归入各省中。
※本次年鉴在各地的调查活动均是在 1997 年 7 月 1 日后执行的，因此本书中的“香港”归入国内旅游地点。

3-1 过去一年内的旅游情况 / Travels in the Last Year

3-1-1 过去一年内旅游地点的排名 / Ranking of the Places Visited in the Last Year

注：本题为多选题，合计百分比超过 100%（Multiple answers）

● 北京（Beijing）

排名	地点	人次	百分比
1	北京市郊	104	38.1
2	北戴河	49	17.9
3	长城	28	10.3
4	河北省	22	8.1
5	天津市	17	6.2
6	青岛	16	5.9
6	泰山	16	5.9
8	上海市	14	5.1
8	山东省	14	5.1
10	南戴河	13	4.8

n=273

● 上海（Shanghai）

排名	地点	人次	百分比
1	苏杭	150	45.5
2	江苏省	146	44.2
3	浙江省	97	29.4
4	上海市郊	43	13.0
5	北京市	33	10.0
6	黄山	16	4.8
7	福建	14	4.2
8	青岛	13	3.9
9	桂林	12	3.6
10	庐山	10	3.0
10	广东省	10	3.0
10	江西省	10	3.0

n=330

● 广州（Guangzhou）

排名	地点	人次	百分比
1	广东省内县市	101	35.4
2	广州市郊	68	23.9
3	北京市	39	13.7
4	深圳	33	11.6
5	珠海	30	10.5
6	桂林	25	8.8
7	肇庆	21	7.4
8	香港	20	7.0
9	苏杭	19	6.7
10	海南省	18	6.3
10	上海市	18	6.3

n=285

● 重庆（Chongqing）

排名	地点	人次	百分比
1	重庆市郊	141	51.1
2	四川省	114	41.3
3	三峡	56	20.3
4	北京市	26	9.4
5	云南省	24	8.7
6	广东省	16	5.8
7	海南省	12	4.3
8	贵州省	11	4.0
9	九寨沟	9	3.3
9	西安	9	3.3

n=276

3-1-2 样本总体、男性各年龄层、女性各年龄层过去一年内旅游的地方 / Places Visited in the Last Year by the Whole Sample, Age and Gender Groups

注：本题为多选题，合计百分比超过 100%（Multiple answers）

● 北京（Beijing）

	人数	市内	外省	国外/境外	没有旅游
样本	**600**	**26.4**	**32.0**	**2.2**	**54.3**
男性	**298**	**24.5**	**29.5**	**2.7**	**57.0**
16-19 岁	26	42.3	19.2	0.0	57.7
20-24 岁	36	38.9	33.3	0.0	50.0
25-29 岁	41	29.3	36.6	4.9	51.2
30-34 岁	47	27.6	27.7	2.1	55.3
35-39 岁	43	11.6	25.6	2.3	67.4
40-44 岁	42	11.9	35.7	7.1	61.9
45-49 岁	24	20.8	33.3	4.2	45.8
50 岁以上	39	20.5	23.1	0.0	61.5
女性	**302**	**28.1**	**34.4**	**1.7**	**51.7**
16-19 岁	23	34.8	39.1	0.0	43.5
20-24 岁	35	31.5	25.7	2.9	57.1
25-29 岁	36	30.6	50.0	2.8	41.7
30-34 岁	49	28.5	36.7	2.0	49.0
35-39 岁	45	37.8	35.6	2.2	44.4
40-44 岁	40	27.5	35.0	0.0	50.0
45-49 岁	26	15.3	26.9	0.0	69.2
50 岁以上	48	18.8	27.1	2.1	60.4

● 上海（Shanghai）

	人数	市内	外省	国外/境外	没有旅游
样本	**600**	**14.3**	**51.7**	**2.0**	**44.8**
男性	**307**	**15.7**	**50.5**	**1.6**	**45.9**
16-19 岁	22	27.3	36.4	0.0	50.0
20-24 岁	34	17.6	38.2	0.0	55.9
25-29 岁	42	21.4	64.3	0.0	28.6
30-34 岁	56	7.2	55.4	1.8	42.9
35-39 岁	51	13.8	51.0	0.0	47.1
40-44 岁	31	9.7	22.6	3.2	74.2
45-49 岁	26	19.2	65.4	3.8	30.8
50 岁以上	45	17.8	57.8	4.4	44.4
女性	**293**	**13.0**	**52.9**	**2.4**	**43.7**
16-19 岁	24	16.7	37.5	4.2	50.0
20-24 岁	32	15.6	56.3	0.0	37.5
25-29 岁	37	10.8	51.4	0.0	43.2
30-34 岁	50	8.0	52.0	4.0	44.0
35-39 岁	44	15.9	54.5	0.0	40.9
40-44 岁	35	8.6	45.7	8.6	57.1
45-49 岁	23	13.0	52.2	0.0	47.8
50 岁以上	48	16.7	64.6	2.1	35.4

● 广州（Guangzhou）

	人数	市内	省内	外省	国外/境外	没有旅游
样本	**600**	**8.8**	**26.3**	**23.2**	**5.3**	**52.3**
男性	**282**	**7.4**	**27.3**	**23.0**	**3.5**	**55.3**
16-19 岁	30	3.3	26.7	6.7	3.3	63.3
20-24 岁	36	13.9	41.7	25.0	0.0	38.9
25-29 岁	35	17.1	31.4	31.4	2.9	48.6
30-34 岁	34	2.9	29.4	23.5	5.9	55.9
35-39 岁	40	7.5	27.5	37.5	0.0	52.5
40-44 岁	41	4.9	14.6	22.0	2.4	63.4
45-49 岁	26	7.7	23.1	15.4	7.7	65.4
50 岁以上	40	2.5	25.0	17.5	7.5	57.5
女性	**318**	**10.1**	**25.5**	**23.3**	**6.9**	**49.7**
16-19 岁	50	18.0	36.0	14.0	12.0	38.0
20-24 岁	46	15.2	26.1	26.1	2.2	47.8
25-29 岁	63	6.3	28.6	30.2	7.9	52.4
30-34 岁	46	10.9	15.2	21.7	10.9	54.3
35-39 岁	41	4.9	19.5	17.1	0.0	58.5
40-44 岁	30	6.7	23.3	16.7	6.7	50.0
45-49 岁	13	15.4	30.8	38.5	15.4	38.5
50 岁以上	29	3.4	24.1	31.0	3.4	51.7

● 重庆（Chongqing）

	人数	市内	外省	国外/境外	没有旅游
样本	**600**	**15.3**	**41.1**	**1.0**	**54.0**
男性	**308**	**14.6**	**43.2**	**1.0**	**54.2**
16-19 岁	43	11.6	34.9	0.0	60.5
20-24 岁	53	28.3	39.6	1.9	49.1
25-29 岁	43	7.0	37.2	2.3	62.8
30-34 岁	38	15.8	52.7	0.0	55.3
35-39 岁	39	7.7	46.2	0.0	53.8
40-44 岁	30	16.7	33.3	0.0	63.3
45-49 岁	25	20.0	52.0	4.0	40.0
50 岁以上	37	8.1	54.0	0.0	45.9
女性	**292**	**16.1**	**39.0**	**1.0**	**53.8**
16-19 岁	43	11.6	46.6	2.3	51.2
20-24 岁	53	26.4	50.9	0.0	32.1
25-29 岁	32	15.6	31.3	0.0	59.4
30-34 岁	33	18.2	30.4	3.0	66.7
35-39 岁	35	14.3	42.9	2.9	57.1
40-44 岁	32	12.5	37.5	0.0	56.3
45-49 岁	27	14.8	22.2	0.0	66.7
50 岁以上	37	10.8	37.8	0.0	56.8

3-1-3 样本总体、男性各年龄层、女性各年龄层过去一年内旅游的次数 / Number of Trips Taken in the Last Year by the Whole Sample, Age and Gender Groups

● 北京（Beijing）

	人数	1次	2次	3次	4次	5次及以上
样本	**267**	**41.2**	**30.3**	**13.5**	**4.5**	**10.5**
男性	**122**	**35.2**	**32.0**	**15.6**	**2.5**	**14.8**
16-19岁	11	36.4	36.4	18.2	0.0	9.1
20-24岁	17	35.3	29.4	17.6	0.0	17.6
25-29岁	20	35.0	25.0	10.0	5.0	25.0
30-34岁	19	31.6	31.6	21.1	0.0	15.8
35-39岁	13	30.8	46.2	7.7	7.7	7.7
40-44岁	15	20.0	46.7	20.0	6.7	6.7
45-49岁	13	46.2	15.4	15.4	0.0	23.1
50岁以上	14	50.0	28.6	14.3	0.0	7.1
女性	**145**	**46.2**	**29.0**	**11.7**	**6.2**	**6.9**
16-19岁	13	23.1	53.8	15.4	0.0	7.7
20-24岁	15	33.3	40.0	6.7	6.7	13.3
25-29岁	20	35.0	35.0	5.0	10.0	15.0
30-34岁	25	48.0	28.0	12.0	4.0	8.0
35-39岁	25	64.0	12.0	12.0	12.0	0.0
40-44岁	20	30.0	30.0	30.0	5.0	5.0
45-49岁	8	75.0	25.0	0.0	0.0	0.0
50岁以上	19	63.2	21.1	5.3	5.3	5.3

● 上海（Shanghai）

	人数	1次	2次	3次	4次	5次及以上
样本	**324**	**39.5**	**31.8**	**17.0**	**4.0**	**7.7**
男性	**161**	**36.6**	**30.4**	**14.3**	**5.6**	**13.0**
16-19岁	10	40.0	30.0	20.0	10.0	0.0
20-24岁	15	33.3	46.7	13.3	0.0	6.7
25-29岁	29	44.8	34.5	3.4	3.4	13.8
30-34岁	31	41.9	22.6	12.9	3.2	19.4
35-39岁	27	37.0	33.3	11.1	7.4	11.1
40-44岁	7	28.6	14.3	28.6	14.3	14.3
45-49岁	18	27.8	22.2	22.2	16.7	11.1
50岁以上	24	29.2	33.3	20.8	0.0	16.7
女性	**163**	**42.3**	**33.1**	**19.6**	**2.5**	**2.5**
16-19岁	12	50.0	25.0	25.0	0.0	0.0
20-24岁	20	30.0	40.0	30.0	0.0	0.0
25-29岁	20	60.0	30.0	10.0	0.0	0.0
30-34岁	28	32.1	46.4	14.3	0.0	7.1
35-39岁	26	42.3	34.6	19.2	0.0	3.8
40-44岁	15	46.7	26.7	6.7	13.3	6.7
45-49岁	12	41.7	25.0	25.0	8.3	0.0
50岁以上	30	43.3	26.7	26.7	3.3	0.0

● 广州（Guangzhou）

	人数	1次	2次	3次	4次	5次及以上
样本	**279**	**46.6**	**26.9**	**15.8**	**2.5**	**8.2**
男性	**121**	**44.6**	**25.6**	**16.5**	**0.8**	**12.4**
16-19岁	10	70.0	10.0	10.0	0.0	10.0
20-24岁	21	38.1	42.9	14.3	0.0	4.8
25-29岁	18	27.8	11.1	11.1	5.6	44.4
30-34岁	15	46.7	33.3	20.0	0.0	0.0
35-39岁	19	36.8	21.1	21.1	0.0	21.1
40-44岁	15	46.7	26.7	26.7	0.0	0.0
45-49岁	7	42.9	42.9	14.3	0.0	0.0
50岁以上	16	62.5	18.8	12.5	0.0	6.3
女性	**158**	**48.1**	**27.8**	**15.2**	**3.8**	**5.1**
16-19岁	31	38.7	29.0	19.4	3.2	9.7
20-24岁	24	50.0	16.7	16.7	4.2	12.5
25-29岁	30	30.0	30.0	30.0	10.0	0.0
30-34岁	19	47.4	36.8	10.5	0.0	5.3
35-39岁	17	58.8	35.3	0.0	0.0	5.9
40-44岁	15	80.0	13.3	6.7	0.0	0.0
45-49岁	8	37.5	50.0	0.0	12.5	0.0
50岁以上	14	64.3	21.4	14.3	0.0	0.0

● 重庆（Chongqing）

	人数	1次	2次	3次	4次	5次及以上
样本	**270**	**52.6**	**25.2**	**11.5**	**4.1**	**6.7**
男性	**138**	**52.2**	**26.1**	**10.9**	**4.3**	**6.5**
16 19岁	16	75.0	12.5	12.5	0.0	0.0
20-24岁	26	34.6	38.5	19.2	3.8	3.8
25-29岁	16	56.3	31.3	12.5	0.0	0.0
30-34岁	17	41.2	29.4	5.9	11.8	11.8
35-39岁	18	38.9	44.4	0.0	0.0	16.7
40-44岁	11	63.6	18.2	18.2	0.0	0.0
45-49岁	14	64.3	7.1	14.3	0.0	14.3
50岁以上	20	60.0	15.0	5.0	15.0	5.0
女性	**132**	**53.0**	**24.2**	**12.1**	**3.8**	**6.8**
16-19岁	20	45.0	20.0	20.0	10.0	5.0
20-24岁	34	61.8	20.6	11.8	2.9	2.9
25-29岁	13	53.8	23.1	0.0	0.0	23.1
30-34岁	11	36.4	36.4	9.1	9.1	9.1
35-39岁	15	26.7	33.3	26.7	0.0	13.3
40-44岁	14	71.4	7.1	14.3	0.0	7.1
45-49岁	9	55.6	44.4	0.0	0.0	0.0
50岁以上	16	62.5	25.0	6.3	6.3	0.0

3-1-4 样本总体、男性各年龄层、女性各年龄层一般在什么假日旅游 / Holidays for Traveling by the Whole Sample, Age and Gender Groups

注：本题为多选题，合计百分比超过 100%（Multiple answers）

● 北京（Beijing）

	人数	双休日	公共节假日	单位休假	学校寒暑假	随时都行	其他
样本	**262**	**24.8**	**12.6**	**32.4**	**24.8**	**9.9**	**9.5**
男性	**118**	**26.3**	**11.9**	**28.8**	**22.0**	**8.5**	**14.4**
16-19 岁	11	18.2	0.0	18.2	63.6	0.0	9.1
20-24 岁	18	38.9	16.7	16.7	38.9	0.0	0.0
25-29 岁	19	21.1	21.1	42.1	0.0	21.1	15.8
30-34 岁	16	43.8	18.8	37.5	0.0	0.0	18.8
35-39 岁	13	23.1	7.7	30.8	15.4	15.4	15.4
40-44 岁	13	7.7	15.4	23.1	30.8	15.4	7.7
45-49 岁	13	15.4	0.0	30.8	30.8	7.7	30.8
50 岁以上	15	33.3	6.7	26.7	13.3	6.7	20.0
女性	**144**	**23.6**	**13.2**	**35.4**	**27.1**	**11.1**	**5.6**
16-19 岁	13	0.0	0.0	0.0	92.3	0.0	15.4
20-24 岁	15	6.7	6.7	66.7	13.3	13.3	6.7
25-29 岁	21	33.3	23.8	23.8	14.3	9.5	4.8
30-34 岁	25	32.0	24.0	28.0	20.0	12.0	4.0
35-39 岁	24	37.5	12.5	50.0	25.0	4.2	0.0
40-44 岁	20	15.0	10.0	40.0	30.0	5.0	15.0
45-49 岁	8	25.0	0.0	62.5	25.0	12.5	0.0
50 岁以上	18	22.2	11.1	22.2	16.7	33.3	0.0

● 上海（Shanghai）

	人数	双休日	公共节假日	单位休假	学校寒暑假	随时都行	其他
样本	**319**	**18.8**	**17.9**	**27.6**	**22.3**	**21.9**	**4.4**
男性	**161**	**17.4**	**16.8**	**32.9**	**15.5**	**23.0**	**6.8**
16-19 岁	11	9.1	18.2	0.0	63.6	0.0	9.1
20-24 岁	15	6.7	13.3	40.0	26.7	20.0	0.0
25-29 岁	30	13.3	16.7	53.3	0.0	20.0	10.0
30-34 岁	29	24.1	13.8	20.7	0.0	41.4	3.4
35-39 岁	26	23.1	26.9	19.2	19.2	26.9	3.8
40-44 岁	8	37.5	12.5	50.0	12.5	12.5	12.5
45-49 岁	17	17.6	5.9	41.2	23.5	17.6	0.0
50 岁以上	25	12.0	20.0	36.0	16.0	20.0	16.0
女性	**158**	**20.3**	**19.0**	**22.2**	**29.1**	**20.9**	**1.9**
16-19 岁	11	9.1	18.2	9.1	72.7	0.0	0.0
20-24 岁	19	21.1	31.6	15.8	42.1	15.8	0.0
25-29 岁	21	23.8	19.0	28.6	19.0	19.0	4.8
30-34 岁	27	25.9	18.5	14.8	22.2	22.2	0.0
35-39 岁	25	28.0	12.0	24.0	24.0	16.0	0.0
40-44 岁	14	21.4	7.1	42.9	28.6	21.4	0.0
45-49 岁	11	0.0	27.3	36.4	18.2	36.4	0.0
50 岁以上	30	16.7	20.0	16.7	26.7	30.0	6.7

● 广州（Guangzhou）

	人数	双休日	公共节假日	单位休假	学校寒暑假	随时都行	其他
样本	**270**	**14.8**	**14.1**	**26.3**	**28.9**	**17.8**	**7.8**
男性	**120**	**11.7**	**15.0**	**29.2**	**22.5**	**20.8**	**8.3**
16-19 岁	11	18.2	0.0	9.1	81.8	0.0	0.0
20-24 岁	21	9.5	19.0	23.8	28.6	14.3	4.8
25-29 岁	18	16.7	27.8	33.3	11.1	11.1	22.2
30-34 岁	15	0.0	26.7	40.0	0.0	26.7	6.7
35-39 岁	17	0.0	5.9	11.8	5.9	58.8	17.6
40-44 岁	15	26.7	6.7	40.0	33.3	0.0	0.0
45-49 岁	8	12.5	12.5	50.0	37.5	25.0	0.0
50 岁以上	15	13.3	13.3	33.3	6.7	26.7	6.7
女性	**150**	**17.3**	**13.3**	**24.0**	**34.0**	**15.3**	**7.3**
16-19 岁	31	6.5	3.2	0.0	87.1	9.7	0.0
20-24 岁	21	19.0	28.6	19.0	14.3	23.8	9.5
25-29 岁	29	20.7	24.1	37.9	10.3	20.7	10.3
30-34 岁	19	21.1	15.8	26.3	10.5	21.1	10.5
35-39 岁	16	31.3	0.0	43.8	12.5	12.5	0.0
40-44 岁	14	14.3	21.4	21.4	42.9	0.0	7.1
45-49 岁	7	28.6	0.0	42.9	42.9	14.3	0.0
50 岁以上	13	7.7	0.0	23.1	38.5	15.4	23.1

● 重庆（Chongqing）

	人数	双休日	公共节假日	单位休假	学校寒暑假	随时都行	其他
样本	**268**	**15.7**	**8.2**	**29.9**	**29.5**	**20.5**	**2.6**
男性	**134**	**13.4**	**9.0**	**39.6**	**20.1**	**22.4**	**2.2**
16-19 岁	14	7.1	0.0	7.1	78.6	7.1	0.0
20-24 岁	27	22.2	7.4	29.6	22.2	29.6	3.7
25-29 岁	15	20.0	20.0	40.0	6.7	26.7	0.0
30-34 岁	16	12.5	12.5	37.5	25.0	18.8	6.3
35-39 岁	16	6.3	18.8	37.5	6.3	31.3	0.0
40-44 岁	11	0.0	9.1	63.6	9.1	9.1	9.1
45-49 岁	15	13.3	0.0	53.3	13.3	20.0	0.0
50 岁以上	20	15.0	5.0	55.0	5.0	25.0	0.0
女性	**134**	**17.9**	**7.5**	**20.1**	**38.8**	**18.7**	**3.0**
16-19 岁	21	4.8	4.8	4.8	81.0	9.5	0.0
20-24 岁	35	20.0	2.9	22.9	40.0	25.7	0.0
25-29 岁	13	30.8	15.4	30.8	23.1	7.7	0.0
30-34 岁	11	45.5	0.0	18.2	36.4	9.1	0.0
35-39 岁	15	6.7	13.3	26.7	26.7	26.7	0.0
40-44 岁	14	21.4	7.1	14.3	35.7	28.6	0.0
45-49 岁	9	22.2	0.0	55.6	11.1	11.1	0.0
50 岁以上	16	6.3	18.8	6.3	25.0	18.8	25.0

3-2 最近一次旅游的情况 / About the Most Recent Trip

3-2-1 最近一次旅游地点的排名 / Ranking of the Places for the Most Recent Trip

● 北京（Beijing）

排名	地点	人数	百分比
1	北京市郊	52	19.4
2	北戴河	28	10.4
3	长城	20	7.5
4	南戴河	12	4.5
5	青岛	9	3.4
5	泰山	9	3.4
7	山东省	8	3.0

n=268

● 上海（Shanghai）

排名	地点	人数	百分比
1	苏杭	76	23.6
2	江苏省	56	17.4
3	浙江省	45	14.0
4	上海市郊	21	6.5
5	北京市	15	4.7
6	黄山	10	3.1
7	桂林	8	2.5
7	福建	8	2.5

n=322

● 广州（Guangzhou）

排名	地点	人数	百分比
1	广东省内县市	57	20.0
2	广州市郊	26	14.4
3	珠海	21	7.4
4	北京市	20	7.0
5	深圳	15	5.3
6	海南	13	4.6
7	香港	12	4.2
8	桂林	11	3.9

n=285

● 重庆（Chongqing）

排名	地点	人数	百分比
1	重庆市郊	86	31.5
2	四川省	61	22.3
3	三峡	40	14.7
4	广东省	12	4.4
5	云南省	10	3.7
6	北京市	8	2.9
6	海南	8	2.9
8	贵州省	7	2.6

n=273

3-2-2 样本总体、男性各年龄层、女性各年龄层最近一次旅游的花费 / The Expenditure for the Most Recent Trip by the Whole Sample, Age and Gender Groups

● 北京（Beijing）

	人数	200 元以下	201-500 元	501-1000 元	1001-3000 元	3001-5000 元	5001 元以上
样本	**259**	**24.7**	**20.5**	**23.6**	**21.2**	**4.2**	**5.8**
男性	**117**	**27.4**	**19.7**	**17.9**	**27.4**	**1.7**	**6.0**
16-19 岁	10	80.0	0.0	10.0	10.0	0.0	0.0
20-24 岁	17	23.5	29.4	23.5	17.6	0.0	5.9
25-29 岁	20	25.0	25.0	15.0	25.0	5.0	5.0
30-34 岁	17	23.5	29.4	17.6	17.6	0.0	11.8
35-39 岁	13	23.1	7.7	23.1	38.5	0.0	7.7
40-44 岁	14	7.1	21.4	7.1	57.1	7.1	0.0
45-49 岁	12	16.7	16.7	41.7	16.7	0.0	8.3
50 岁以上	14	35.7	14.3	7.1	35.7	0.0	7.1
女性	**142**	**22.5**	**21.1**	**28.2**	**16.2**	**6.3**	**5.6**
16-19 岁	12	50.0	8.3	8.3	25.0	0.0	8.3
20-24 岁	15	20.0	13.3	40.0	20.0	0.0	6.7
25-29 岁	20	5.0	30.0	35.0	25.0	0.0	5.0
30-34 岁	25	24.0	28.0	28.0	8.0	8.0	4.0
35-39 岁	24	37.5	12.5	29.2	12.5	4.2	4.2
40-44 岁	21	14.3	33.3	33.3	9.5	4.8	4.8
45-49 岁	8	37.5	25.0	12.5	12.5	12.5	0.0
50 岁以上	17	5.9	11.8	23.5	23.5	23.5	11.8

● 上海（Shanghai）

	人数	200 元以下	201-500 元	501-1000 元	1001-3000 元	3001-5000 元	5001 元以上
样本	**323**	**13.6**	**31.9**	**22.6**	**23.8**	**3.7**	**4.3**
男性	**163**	**13.5**	**34.4**	**22.1**	**22.7**	**3.7**	**3.7**
16-19 岁	11	27.3	45.5	0.0	27.3	0.0	0.0
20-24 岁	14	21.4	50.0	21.4	7.1	0.0	0.0
25-29 岁	30	16.7	26.7	23.3	23.3	3.3	6.7
30-34 岁	32	3.1	18.8	31.3	34.4	9.4	3.1
35-39 岁	27	3.7	40.7	22.2	25.9	3.7	3.7
40-44 岁	8	25.0	37.5	25.0	0.0	12.5	0.0
45-49 岁	17	11.8	41.2	23.5	17.6	0.0	5.9
50 岁以上	24	20.8	37.5	16.7	20.8	0.0	4.2
女性	**160**	**13.8**	**29.4**	**23.1**	**25.0**	**3.8**	**5.0**
16-19 岁	10	30.0	40.0	10.0	20.0	0.0	0.0
20-24 岁	20	20.0	30.0	15.0	30.0	5.0	0.0
25-29 岁	21	0.0	28.6	28.6	23.8	14.3	4.8
30-34 岁	26	11.5	38.5	23.1	15.4	7.7	3.8
35-39 岁	26	11.5	26.9	26.9	23.1	0.0	11.5
40-44 岁	15	13.3	33.3	13.3	26.7	0.0	13.3
45-49 岁	12	33.3	8.3	33.3	25.0	0.0	0.0
50 岁以上	30	10.0	26.7	26.7	33.3	0.0	3.3

● 广州（Guangzhou）

	人数	200 元以下	201-500 元	501-1000 元	1001-3000 元	3001-5000 元	5001 元以上
样本	**271**	**17.0**	**19.2**	**14.8**	**31.7**	**5.2**	**12.2**
男性	**120**	**13.3**	**16.7**	**10.0**	**40.8**	**5.8**	**13.3**
16-19 岁	11	36.4	9.1	0.0	36.4	9.1	9.1
20-24 岁	22	27.3	22.7	4.5	31.8	9.1	4.5
25-29 岁	17	5.9	17.6	17.6	52.9	0.0	5.9
30-34 岁	13	0.0	23.1	15.4	30.8	0.0	30.8
35-39 岁	18	0.0	16.7	5.6	66.7	5.6	5.6
40-44 岁	15	20.0	13.3	6.7	33.3	6.7	20.0
45-49 岁	9	11.1	22.2	22.2	22.2	11.1	11.1
50 岁以上	15	6.7	6.7	13.3	40.0	6.7	26.7
女性	**151**	**19.9**	**21.2**	**18.5**	**24.5**	**4.6**	**11.3**
16-19 岁	28	28.6	25.0	10.7	14.3	3.6	17.9
20-24 岁	24	20.8	20.8	29.2	20.8	4.2	4.2
25-29 岁	30	3.3	26.7	26.7	30.0	3.3	10.0
30-34 岁	17	41.2	11.8	5.9	11.8	17.6	11.8
35-39 岁	17	17.6	17.6	23.5	41.2	0.0	0.0
40-44 岁	15	33.3	6.7	13.3	26.7	6.7	13.3
45-49 岁	8	12.5	25.0	0.0	50.0	0.0	12.5
50 岁以上	12	0.0	33.3	25.0	16.7	0.0	25.0

● 重庆（Chongqing）

	人数	200 元以下	201-500 元	501-1000 元	1001-3000 元	3001-5000 元	5001 元以上
样本	**265**	**26.4**	**22.6**	**20.0**	**19.2**	**6.8**	**4.9**
男性	**135**	**25.2**	**24.4**	**20.7**	**19.3**	**3.7**	**6.7**
16-19 岁	14	35.7	14.3	21.4	21.4	7.1	0.0
20-24 岁	27	29.6	25.9	22.2	14.8	3.7	3.7
25-29 岁	16	12.5	18.8	25.0	43.8	0.0	0.0
30-34 岁	16	12.5	6.3	25.0	25.0	6.3	25.0
35-39 岁	17	29.4	23.5	17.6	17.6	5.9	5.9
40-44 岁	11	36.4	0.0	36.4	0.0	9.1	18.2
45-49 岁	15	40.0	46.7	0.0	13.3	0.0	0.0
50 岁以上	19	10.5	47.4	21.1	15.8	0.0	5.3
女性	**130**	**27.7**	**20.8**	**19.2**	**19.2**	**10.0**	**3.1**
16-19 岁	19	36.8	15.8	15.8	26.3	5.3	0.0
20-24 岁	36	30.6	25.0	16.7	13.9	11.1	2.8
25-29 岁	11	18.2	45.5	27.3	9.1	0.0	0.0
30-34 岁	11	27.3	27.3	18.2	9.1	9.1	9.1
35-39 岁	14	35.7	7.1	7.1	14.3	28.6	7.1
40-44 岁	14	21.4	7.1	42.9	14.3	14.3	0.0
45-49 岁	9	11.1	44.4	22.2	22.2	0.0	0.0
50 岁以上	16	25.0	6.3	12.5	43.8	6.3	6.3

3-2-3 最近一次旅游的时间 / The Time of the Most Recent Trip

● 北京（Beijing）

时间	人数	百分比
96.07	11	4.3
96.08	41	16.1
96.09	4	1.6
96.10	14	5.5
96.11	1	0.4
96.12	4	1.6
97.01	4	1.6
97.02	15	5.9
97.03	5	2.0
97.04	22	8.7
97.05	44	17.3
97.06	34	13.4
97.07	55	21.7

n=254

● 上海（Shanghai）

时间	人数	百分比
96.07	18	5.9
96.08	17	5.6
96.09	9	3.0
96.10	20	6.6
96.11	5	1.6
96.12	5	1.6
97.01	4	1.3
97.02	12	3.9
97.03	17	5.6
97.04	36	11.8
97.05	59	19.4
97.06	39	12.8
97.07	63	20.7

n=304

● 广州（Guangzhou）

时间	人数	百分比
96.07	26	9.7
96.08	31	11.6
96.09	5	1.9
96.10	13	4.9
96.11	5	1.9
96.12	4	1.5
97.01	8	3.0
97.02	20	7.5
97.03	14	5.2
97.04	22	8.2
97.05	38	14.2
97.06	36	13.4
97.07	46	17.2

n=268

● 重庆（Chongqing）

时间	人数	百分比
96.07	24	9.8
96.08	32	13.1
96.09	5	2.0
96.10	7	2.9
96.11	5	2.0
96.12	4	1.6
97.01	9	3.7
97.02	20	8.2
97.03	26	10.6
97.04	20	8.2
97.05	38	15.5
97.06	18	7.3
97.07	37	15.1

n=245

3-2-4 不同旅游地点的平均旅游周期 / Duration of the Most Recent Trip

● 北京（Beijing）

地点	人数	周期（天）
北京市郊	52	2
北戴河	28	6
长城	20	1
南戴河	12	6
青岛	9	6
泰山	9	7

● 上海（Shanghai）

地点	人数	周期（天）
苏杭	76	4
江苏省	56	4
浙江省	45	5
上海市郊	21	3
北京市	15	12
黄山	10	8

● 广州（Guangzhou）

地点	人数	周期（天）
广东省内县市	57	3
广州市郊	26	2
珠海	21	3
北京市	20	9
深圳	15	4
海南	13	6

● 重庆（Chongqing）

地点	人数	周期（天）
重庆市郊	86	3
四川省	61	8
三峡	40	7
广东省	12	18
云南省	10	9
北京市	8	21
海南	8	12

3-2-5 样本总体、男性各年龄层、女性各年龄层最近一次旅游的周期 / Duration of the Most Recent Trip by the Whole Sample, Age and Gender Groups

● 北京（Beijing）

	人数	1-2 天	3-4 天	5-7 天	8-10 天	11-15 天	16 天以上
样本	**264**	**28.4**	**21.2**	**28.4**	**12.5**	**4.5**	**4.9**
男性	**119**	**31.9**	**21.8**	**25.2**	**13.4**	**3.4**	**4.2**
16-19 岁	10	60.0	20.0	10.0	10.0	0.0	0.0
20-24 岁	17	35.3	29.4	23.5	5.9	0.0	5.9
25-29 岁	19	26.3	15.8	31.6	10.5	10.5	5.3
30-34 岁	18	27.8	33.3	11.1	22.2	5.6	0.0
35-39 岁	14	35.7	21.4	14.3	21.4	0.0	7.1
40-44 岁	15	0.0	26.7	53.3	0.0	6.7	13.3
45-49 岁	12	33.3	8.3	33.3	25.0	0.0	0.0
50 岁以上	14	50.0	14.3	21.4	14.3	0.0	0.0
女性	**145**	**25.5**	**20.7**	**31.0**	**11.7**	**5.5**	**5.5**
16-19 岁	13	38.5	15.4	30.8	7.7	0.0	7.7
20-24 岁	15	20.0	26.7	46.7	0.0	6.7	0.0
25-29 岁	21	23.8	33.3	14.3	19.0	0.0	9.5
30-34 岁	25	28.0	32.0	28.0	8.0	0.0	4.0
35-39 岁	25	40.0	20.0	32.0	4.0	0.0	4.0
40-44 岁	20	15.0	10.0	45.0	15.0	5.0	10.0
45-49 岁	8	25.0	12.5	25.0	12.5	25.0	0.0
50 岁以上	18	11.1	5.6	27.8	27.8	22.2	5.6

● 上海（Shanghai）

	人数	1-2 天	3-4 天	5-7 天	8-10 天	11-15 天	16 天以上
样本	**326**	**26.4**	**26.4**	**27.3**	**11.0**	**6.1**	**2.8**
男性	**162**	**27.8**	**25.3**	**25.9**	**13.0**	**5.6**	**2.5**
16-19 岁	11	54.5	18.2	18.2	9.1	0.0	0.0
20-24 岁	15	26.7	40.0	26.7	6.7	0.0	0.0
25-29 岁	29	20.7	24.1	27.6	24.1	0.0	3.4
30-34 岁	31	19.4	16.1	29.0	16.1	12.9	6.5
35-39 岁	26	26.9	19.2	30.8	11.5	11.5	0.0
40-44 岁	8	25.0	37.5	12.5	12.5	0.0	12.5
45-49 岁	17	29.4	41.2	17.6	5.9	5.9	0.0
50 岁以上	25	36.0	24.0	28.0	8.0	4.0	0.0
女性	**164**	**25.0**	**27.4**	**28.7**	**9.1**	**6.7**	**3.0**
16-19 岁	11	54.5	18.2	18.2	0.0	0.0	9.1
20-24 岁	20	20.0	35.0	25.0	5.0	5.0	10.0
25-29 岁	21	19.0	38.1	28.6	14.3	0.0	0.0
30-34 岁	28	28.6	17.9	39.3	3.6	3.6	7.1
35-39 岁	26	26.9	23.1	26.9	3.8	19.2	0.0
40-44 岁	15	20.0	40.0	13.3	20.0	6.7	0.0
45-49 岁	12	25.0	8.3	33.3	16.7	16.7	0.0
50 岁以上	31	19.4	32.3	32.3	12.9	3.2	0.0

● 广州（Guangzhou）

	人数	1-2天	3-4天	5-7天	8-10天	11-15天	16天以上
样本	**283**	**32.2**	**21.2**	**25.1**	**11.7**	**5.7**	**4.2**
男性	**124**	**25.0**	**21.0**	**27.4**	**13.7**	**6.5**	**6.5**
16-19岁	11	27.3	36.4	0.0	18.2	9.1	9.1
20-24岁	22	31.8	22.7	22.7	0.0	4.5	18.2
25-29岁	17	17.6	35.3	41.2	5.9	0.0	0.0
30-34岁	15	26.7	20.0	26.7	26.7	0.0	0.0
35-39岁	19	15.8	15.8	42.1	10.5	10.5	5.3
40-44岁	15	33.3	13.3	26.7	20.0	6.7	0.0
45-49岁	9	0.0	33.3	22.2	33.3	11.1	0.0
50岁以上	16	37.5	0.0	25.0	12.5	12.5	12.5
女性	**159**	**37.7**	**21.4**	**23.3**	**10.1**	**5.0**	**2.5**
16-19岁	31	41.9	19.4	19.4	16.1	3.2	0.0
20-24岁	24	37.5	25.0	29.2	8.3	0.0	0.0
25-29岁	30	33.3	30.0	20.0	3.3	10.0	3.3
30-34岁	21	38.1	14.3	23.8	19.0	4.8	0.0
35-39岁	17	35.3	23.5	23.5	11.8	5.9	0.0
40-44岁	15	40.0	20.0	20.0	6.7	6.7	6.7
45-49岁	8	25.0	12.5	37.5	12.5	12.5	0.0
50岁以上	13	46.2	15.4	23.1	0.0	0.0	15.4

● 重庆（Chongqing）

	人数	1-2天	3-4天	5-7天	8-10天	11-15天	16天以上
样本	**272**	**27.9**	**16.9**	**24.6**	**11.8**	**7.7**	**11.0**
男性	**138**	**22.5**	**18.8**	**29.7**	**9.4**	**8.7**	**10.9**
16-19岁	16	25.0	18.8	12.5	6.3	12.5	25.0
20-24岁	26	34.6	23.1	15.4	15.4	3.8	7.7
25-29岁	16	18.8	12.5	43.8	12.5	12.5	0.0
30-34岁	16	6.3	12.5	25.0	31.3	6.3	18.8
35-39岁	18	22.2	22.2	27.8	0.0	5.6	22.2
40-44岁	11	27.3	9.1	18.2	0.0	36.4	9.1
45-49岁	15	33.3	20.0	40.0	6.7	0.0	0.0
50岁以上	20	10.0	25.0	55.0	0.0	5.0	5.0
女性	**134**	**33.6**	**14.9**	**19.4**	**14.2**	**6.7**	**11.2**
16-19岁	21	33.3	9.5	14.3	19.0	4.8	19.0
20-24岁	35	31.4	14.3	25.7	8.6	11.4	8.6
25-29岁	13	38.5	23.1	30.8	7.7	0.0	0.0
30-34岁	11	54.5	9.1	18.2	9.1	9.1	0.0
35-39岁	15	40.0	13.3	0.0	26.7	0.0	20.0
40-44岁	14	21.4	21.4	14.3	28.6	7.1	7.1
45-49岁	9	33.3	22.2	33.3	11.1	0.0	0.0
50岁以上	16	25.0	12.5	18.8	6.3	12.5	25.0

3-2-6 样本总体、男性各年龄层、女性各年龄层最近一次旅游的费用承担方式 / Expense Supporter of the Most Recent Trip by the Whole Sample, Age and Gender Groups

● 北京（Beijing）

	人数	自己全部负担	单位全部负担	自己和单位共同负担	其他
样本	**268**	**51.1**	**20.9**	**23.9**	**4.1**
男性	**123**	**56.1**	**15.4**	**22.8**	**5.7**
16-19岁	10	100.0	0.0	0.0	0.0
20-24岁	18	61.1	11.1	16.7	11.1
25-29岁	20	60.0	5.0	25.0	10.0
30-34岁	18	33.3	22.2	38.9	5.6
35-39岁	14	71.4	14.3	14.3	0.0
40-44岁	16	50.0	18.8	25.0	6.3
45-49岁	13	38.5	38.5	15.4	7.7
50岁以上	14	50.0	14.3	35.7	0.0
女性	**145**	**46.9**	**25.5**	**24.8**	**2.8**
16-19岁	13	61.5	15.4	15.4	7.7
20-24岁	15	66.7	13.3	20.0	0.0
25-29岁	21	66.7	4.8	23.8	4.8
30-34岁	25	44.0	44.0	12.0	0.0
35-39岁	25	40.0	40.0	16.0	4.0
40-44岁	20	25.0	20.0	50.0	5.0
45-49岁	8	12.5	25.0	62.5	0.0
50岁以上	18	50.0	27.8	22.2	0.0

● 上海（Shanghai）

	人数	自己全部负担	单位全部负担	自己和单位共同负担	其他
样本	**330**	**60.3**	**14.2**	**22.7**	**2.7**
男性	**166**	**56.6**	**15.1**	**27.1**	**1.2**
16-19岁	11	72.7	0.0	27.3	0.0
20-24岁	15	73.3	13.3	13.3	0.0
25-29岁	30	56.7	16.7	26.7	0.0
30-34岁	32	65.6	15.6	15.6	3.1
35-39岁	27	55.6	18.5	25.9	0.0
40-44岁	8	62.5	12.5	25.0	0.0
45-49岁	18	50.0	22.2	27.8	0.0
50岁以上	25	32.0	12.0	52.0	4.0
女性	**164**	**64.0**	**13.4**	**18.3**	**4.3**
16-19岁	11	72.7	9.1	9.1	9.1
20-24岁	20	70.0	10.0	10.0	10.0
25-29岁	21	57.1	19.0	14.3	9.5
30-34岁	28	64.3	14.3	17.9	3.6
35-39岁	26	76.9	3.8	19.2	0.0
40-44岁	15	73.3	20.0	0.0	6.7
45-49岁	12	75.0	8.3	16.7	0.0
50岁以上	31	41.9	19.4	38.7	0.0

● 广州（Guangzhou）

	人数	自己全部负担	单位全部负担	自己和单位共同负担	其他
样本	**284**	**64.8**	**12.0**	**14.1**	**9.2**
男性	**124**	**63.8**	**12.5**	**13.1**	**10.6**
16-19 岁	11	63.6	0.0	18.2	18.2
20-24 岁	22	63.6	18.2	4.5	13.6
25-29 岁	17	70.6	5.9	17.6	5.9
30-34 岁	15	73.3	26.7	0.0	0.0
35-39 岁	19	63.2	10.5	26.3	0.0
40-44 岁	15	80.0	0.0	13.3	6.7
45-49 岁	9	44.4	11.1	33.3	11.1
50 岁以上	16	62.5	12.5	18.8	6.3
女性	**160**	**66.1**	**11.3**	**15.3**	**7.3**
16-19 岁	31	51.6	3.2	9.7	35.5
20-24 岁	24	79.2	0.0	8.3	12.5
25-29 岁	30	70.0	20.0	10.0	0.0
30-34 岁	21	66.7	19.0	4.8	9.5
35-39 岁	17	70.6	0.0	29.4	0.0
40-44 岁	15	66.7	20.0	6.7	6.7
45-49 岁	8	25.0	25.0	50.0	0.0
50 岁以上	14	57.1	28.6	14.3	0.0

● 重庆（Chongqing）

	人数	自己全部负担	单位全部负担	自己和单位共同负担	其他
样本	**274**	**71.9**	**8.8**	**13.9**	**5.5**
男性	**139**	**68.3**	**9.4**	**15.8**	**6.5**
16-19 岁	16	62.5	6.3	6.3	25.0
20-24 岁	26	84.6	7.7	3.8	3.8
25-29 岁	16	75.0	6.3	12.5	6.3
30-34 岁	17	76.5	11.8	5.9	5.9
35-39 岁	18	77.8	5.6	16.7	0.0
40-44 岁	11	45.5	0.0	45.5	9.1
45-49 岁	15	60.0	0.0	40.0	0.0
50 岁以上	20	50.0	30.0	15.0	5.0
女性	**135**	**75.6**	**8.1**	**11.9**	**4.4**
16-19 岁	21	71.4	4.8	4.8	19.0
20-24 岁	36	77.8	11.1	11.1	0.0
25-29 岁	13	61.5	7.7	23.1	7.7
30-34 岁	11	81.8	9.1	9.1	0.0
35-39 岁	15	93.3	0.0	6.7	0.0
40-44 岁	14	92.9	0.0	7.1	0.0
45-49 岁	9	11.1	33.3	44.4	11.1
50 岁以上	16	87.5	6.3	6.3	0.0

3-2-7 样本总体、男性各年龄层、女性各年龄层最近一次旅游是与谁同去的 / Companion in the Most Recent Trip by the Whole Sample, Age and Gender Groups

注：本题为多选题，合计百分比超过 100%（Multiple answers）

● 北京（Beijing）

	人数	自己一个人	自己和伴侣两人去	和家人一同去	和单位同事一同去	和朋友一同去	其他
样本	**267**	**2.6**	**12.4**	**32.6**	**40.1**	**13.9**	**3.4**
男性	**123**	**4.1**	**12.2**	**29.3**	**41.5**	**16.3**	**2.4**
16-19 岁	10	0.0	0.0	30.0	10.0	40.0	20.0
20-24 岁	18	5.6	5.6	22.2	33.3	27.8	5.6
25-29 岁	20	0.0	20.0	20.0	40.0	25.0	0.0
30-34 岁	18	5.6	11.1	22.2	61.1	16.7	0.0
35-39 岁	14	0.0	14.3	42.9	35.7	14.3	0.0
40-44 岁	16	6.3	6.3	37.5	43.8	6.3	0.0
45-49 岁	13	15.4	7.7	23.1	53.8	0.0	0.0
50 岁以上	14	0.0	28.6	42.9	42.9	0.0	0.0
女性	**144**	**1.4**	**12.5**	**35.4**	**38.9**	**11.8**	**4.2**
16-19 岁	13	0.0	0.0	53.8	0.0	23.1	30.8
20-24 岁	15	6.7	20.0	13.3	33.3	26.7	0.0
25-29 岁	21	0.0	19.0	33.3	19.0	33.3	0.0
30-34 岁	25	0.0	8.0	44.0	44.0	0.0	4.0
35-39 岁	24	0.0	0.0	45.8	54.2	4.2	4.2
40-44 岁	20	0.0	5.0	40.0	60.0	5.0	0.0
45-49 岁	8	12.5	12.5	12.5	62.5	0.0	0.0
50 岁以上	18	0.0	38.9	22.2	33.3	5.6	0.0

● 上海（Shanghai）

	人数	自己一个人	自己和伴侣两人去	和家人一同去	和单位同事一同去	和朋友一同去	其他
样本	**328**	**6.4**	**9.5**	**31.4**	**36.9**	**17.4**	**1.8**
男性	**165**	**8.5**	**10.9**	**22.4**	**37.0**	**23.0**	**2.4**
16-19 岁	11	0.0	0.0	27.3	9.1	54.5	9.1
20-24 岁	15	6.7	0.0	26.7	13.3	53.3	0.0
25-29 岁	30	6.7	16.7	6.7	43.3	26.7	3.3
30-34 岁	31	6.5	16.1	22.6	22.6	29.0	3.2
35-39 岁	27	7.4	7.4	37.0	44.4	11.1	3.7
40-44 岁	8	25.0	0.0	37.5	25.0	12.5	0.0
45-49 岁	18	5.6	5.6	33.3	61.1	0.0	0.0
50 岁以上	25	16.0	20.0	8.0	52.0	12.0	0.0
女性	**163**	**4.3**	**8.0**	**40.5**	**36.8**	**11.7**	**1.2**
16-19 岁	11	0.0	0.0	45.5	9.1	36.4	9.1
20-24 岁	20	0.0	15.0	50.0	25.0	15.0	5.0
25-29 岁	21	4.8	4.8	14.3	52.4	23.8	0.0
30-34 岁	28	7.1	7.1	53.6	32.1	3.6	0.0
35-39 岁	25	4.0	4.0	44.0	36.0	12.0	0.0
40-44 岁	15	6.7	0.0	66.7	26.7	0.0	0.0
45-49 岁	12	8.3	8.3	50.0	33.3	8.3	0.0
50 岁以上	31	3.2	16.1	19.4	54.8	6.5	0.0

● 广州（Guangzhou）

	人数	自己一个人	自己和伴侣两人去	和家人一同去	和单位同事一同去	和朋友一同去	其他
样本	**283**	**7.8**	**10.6**	**36.0**	**25.1**	**25.4**	**1.8**
男性	**124**	**10.5**	**11.3**	**31.5**	**28.2**	**23.4**	**0.8**
16-19 岁	11	9.1	9.1	45.5	9.1	18.2	9.1
20-24 岁	22	9.1	13.6	13.6	27.3	36.4	0.0
25-29 岁	17	5.9	11.8	23.5	35.3	29.4	0.0
30-34 岁	15	6.7	0.0	46.7	26.7	26.7	0.0
35-39 岁	19	26.3	5.3	10.5	26.3	31.6	0.0
40-44 岁	15	0.0	6.7	73.3	26.7	0.0	0.0
45-49 岁	9	11.1	22.2	22.2	55.6	33.3	0.0
50 岁以上	16	12.5	25.0	31.3	25.0	6.3	0.0
女性	**159**	**5.7**	**10.1**	**39.6**	**22.6**	**27.0**	**2.5**
16-19 岁	31	6.5	0.0	41.9	9.7	35.5	12.9
20-24 岁	24	8.3	8.3	20.8	12.5	62.5	0.0
25-29 岁	30	0.0	23.3	36.7	26.7	20.0	0.0
30-34 岁	21	4.8	4.8	61.9	23.8	14.3	0.0
35-39 岁	16	6.3	6.3	62.5	18.8	18.8	0.0
40-44 岁	15	13.3	6.7	46.7	20.0	13.3	0.0
45-49 岁	8	0.0	12.5	0.0	87.5	0.0	0.0
50 岁以上	14	7.1	21.4	28.6	28.6	21.4	0.0

● 重庆（Chongqing）

	人数	自己一个人	自己和伴侣两人去	和家人一同去	和单位同事一同去	和朋友一同去	其他
样本	**274**	**8.4**	**11.3**	**33.9**	**25.2**	**25.2**	**1.5**
男性	**139**	**9.4**	**12.9**	**26.6**	**31.7**	**26.6**	**0.7**
16-19 岁	16	6.3	0.0	62.5	6.3	25.0	0.0
20-24 岁	26	3.8	15.4	15.4	23.1	50.0	0.0
25-29 岁	16	0.0	18.8	6.3	31.3	62.5	0.0
30-34 岁	17	0.0	23.5	29.4	35.3	23.5	0.0
35-39 岁	18	16.7	5.6	44.4	22.2	16.7	0.0
40-44 岁	11	18.2	18.2	18.2	45.5	9.1	0.0
45-49 岁	15	13.3	6.7	26.7	60.0	0.0	6.7
50 岁以上	20	20.0	15.0	15.0	40.0	10.0	0.0
女性	**135**	**7.4**	**9.6**	**41.5**	**18.5**	**23.7**	**2.2**
16-19 岁	21	0.0	9.5	52.4	4.8	23.8	9.5
20-24 岁	36	11.1	8.3	27.8	13.9	36.1	2.8
25-29 岁	13	7.7	23.1	30.8	23.1	15.4	0.0
30-34 岁	11	0.0	9.1	45.5	27.3	27.3	0.0
35-39 岁	15	13.3	0.0	66.7	6.7	20.0	0.0
40-44 岁	14	7.1	0.0	64.3	21.4	14.3	0.0
45-49 岁	9	0.0	11.1	11.1	66.7	11.1	0.0
50 岁以上	16	12.5	18.8	37.5	18.8	18.8	0.0

3-2-8 样本总体、男性各年龄层、女性各年龄层最近一次旅游是否参加了旅游团 / Whether Having Attended Touring Party in the Most Recent Trip by the Whole Sample, Age and Gender Groups

● 北京（Beijing）

	人数	参加	没有参加	其他
样本	**266**	**15.0**	**82.7**	**2.3**
男性	**122**	**13.9**	**81.1**	**4.9**
16-19 岁	10	10.0	90.0	0.0
20-24 岁	18	5.6	94.4	0.0
25-29 岁	20	10.0	90.0	0.0
30-34 岁	18	33.3	55.6	11.1
35-39 岁	14	0.0	92.9	7.1
40-44 岁	16	18.8	81.3	0.0
45-49 岁	12	8.3	75.0	16.7
50 岁以上	14	21.4	71.4	7.1
女性	**144**	**16.0**	**84.0**	**0.0**
16-19 岁	13	0.0	100.0	0.0
20-24 岁	15	20.0	80.0	0.0
25-29 岁	21	9.5	90.5	0.0
30-34 岁	25	16.0	84.0	0.0
35-39 岁	24	16.7	83.3	0.0
40-44 岁	20	20.0	80.0	0.0
45-49 岁	8	0.0	100.0	0.0
50 岁以上	18	33.3	66.7	0.0

● 上海（Shanghai）

	人数	参加	没有参加	其他
样本	**329**	**20.4**	**76.9**	**2.7**
男性	**166**	**19.3**	**77.7**	**3.0**
16-19 岁	11	0.0	81.8	18.2
20-24 岁	15	6.7	93.3	0.0
25-29 岁	30	13.3	86.7	0.0
30-34 岁	32	18.8	78.1	3.1
35-39 岁	27	18.5	81.5	0.0
40-44 岁	8	12.5	87.5	0.0
45-49 岁	18	33.3	55.6	11.1
50 岁以上	25	36.0	64.0	0.0
女性	**163**	**21.5**	**76.1**	**2.5**
16-19 岁	11	9.1	90.9	0.0
20-24 岁	20	15.0	80.0	5.0
25-29 岁	21	28.6	71.4	0.0
30-34 岁	28	21.4	78.6	0.0
35-39 岁	25	20.0	80.0	0.0
40-44 岁	15	20.0	80.0	0.0
45-49 岁	12	8.3	91.7	0.0
50 岁以上	31	32.3	58.1	9.7

● 广州（Guangzhou）

	人数	参加	没有参加	其他
样本	**282**	**24.8**	**73.4**	**1.8**
男性	**123**	**23.6**	**75.6**	**0.8**
16-19 岁	11	27.3	63.6	9.1
20-24 岁	21	4.8	95.2	0.0
25-29 岁	17	41.2	58.8	0.0
30-34 岁	15	13.3	86.7	0.0
35-39 岁	19	15.8	84.2	0.0
40-44 岁	15	46.7	53.3	0.0
45-49 岁	9	22.2	77.8	0.0
50 岁以上	16	25.0	75.0	0.0
女性	**159**	**25.8**	**71.7**	**2.5**
16-19 岁	31	32.3	64.5	3.2
20-24 岁	24	16.7	83.3	0.0
25-29 岁	30	20.0	80.0	0.0
30-34 岁	21	23.8	76.2	0.0
35-39 岁	16	25.0	75.0	0.0
40-44 岁	15	26.7	60.0	13.3
45-49 岁	8	62.5	25.0	12.5
50 岁以上	14	21.4	78.6	0.0

● 重庆（Chongqing）

	人数	参加	没有参加	其他
样本	**273**	**7.0**	**93.0**	**0.0**
男性	**138**	**8.7**	**91.3**	**0.0**
16-19 岁	15	0.0	100.0	0.0
20-24 岁	26	7.7	92.3	0.0
25-29 岁	16	12.5	87.5	0.0
30-34 岁	17	23.5	76.5	0.0
35-39 岁	18	5.6	94.4	0.0
40-44 岁	11	9.1	90.9	0.0
45-49 岁	15	6.7	93.3	0.0
50 岁以上	20	5.0	95.0	0.0
女性	**135**	**5.2**	**94.8**	**0.0**
16-19 岁	21	0.0	100.0	0.0
20-24 岁	36	5.6	94.4	0.0
25-29 岁	13	0.0	100.0	0.0
30-34 岁	11	9.1	90.9	0.0
35-39 岁	15	0.0	100.0	0.0
40-44 岁	14	7.1	92.9	0.0
45-49 岁	9	0.0	100.0	0.0
50 岁以上	16	18.8	81.3	0.0

3-3 将来一年内计划旅游的情况 / Plans for Travel in the Coming Year

3-3-1 样本总体、男性各年龄层、女性各年龄层将来一年内是否计划旅游 / Whether to Plan to Travel in the Coming Year by the Whole Sample, Age and Gender Groups

● 北京（Beijing）

	人数	计划旅游	尚难确定	不打算旅游
样本	**600**	**17.7**	**23.2**	**59.2**
男性	**298**	**14.8**	**21.1**	**64.1**
16-19 岁	26	3.8	30.8	65.4
20-24 岁	36	22.2	25.0	52.8
25-29 岁	41	22.0	14.6	63.4
30-34 岁	47	21.3	25.5	53.2
35-39 岁	43	9.3	23.3	67.4
40-44 岁	42	9.5	14.3	76.2
45-49 岁	24	8.3	29.2	62.5
50 岁以上	39	15.4	12.8	71.8
女性	**302**	**20.5**	**25.2**	**54.3**
16-19 岁	23	34.8	26.1	39.1
20-24 岁	35	17.1	40.0	42.9
25-29 岁	36	22.2	30.6	47.2
30-34 岁	49	18.4	30.6	51.0
35-39 岁	45	17.8	17.8	64.4
40-44 岁	40	17.5	25.0	57.5
45-49 岁	26	26.9	11.5	61.5
50 岁以上	48	18.8	18.8	62.5

● 上海（Shanghai）

	人数	计划旅游	尚难确定	不打算旅游
样本	**600**	**18.0**	**23.7**	**58.3**
男性	**307**	**19.5**	**24.4**	**56.0**
16-19 岁	22	4.5	40.9	54.5
20-24 岁	34	26.5	26.5	47.1
25-29 岁	42	23.8	28.6	47.6
30-34 岁	56	14.3	23.2	62.5
35-39 岁	51	21.6	19.6	58.8
40-44 岁	31	16.1	22.6	61.3
45-49 岁	26	15.4	26.9	57.7
50 岁以上	45	26.7	17.8	55.6
女性	**293**	**16.4**	**22.9**	**60.8**
16-19 岁	24	12.5	20.8	66.7
20-24 岁	32	18.8	31.3	50.0
25-29 岁	37	21.6	18.9	59.5
30-34 岁	50	22.0	22.0	56.0
35-39 岁	44	9.1	25.0	65.9
40-44 岁	35	8.6	17.1	74.3
45-49 岁	23	13.0	26.1	60.9
50 岁以上	48	20.8	22.9	56.3

● 广州（Guangzhou）

	人数	计划旅游	尚难确定	不打算旅游
样本	**600**	**18.3**	**26.3**	**55.3**
男性	**282**	**17.0**	**24.1**	**58.9**
16-19 岁	30	13.3	23.3	63.3
20-24 岁	36	22.2	25.0	52.8
25-29 岁	35	20.0	45.7	34.3
30-34 岁	34	26.5	20.6	52.9
35-39 岁	40	17.5	27.5	55.0
40-44 岁	41	9.8	22.0	68.3
45-49 岁	26	15.4	11.5	73.1
50 岁以上	40	12.5	15.0	72.5
女性	**318**	**19.5**	**28.3**	**52.2**
16-19 岁	50	26.0	26.0	48.0
20-24 岁	46	19.6	41.3	39.1
25-29 岁	63	22.2	33.3	44.4
30-34 岁	46	23.9	15.2	60.9
35-39 岁	41	9.8	19.5	70.7
40-44 岁	30	10.0	36.7	53.3
45-49 岁	13	46.2	15.4	38.5
50 岁以上	29	6.9	31.0	62.1

● 重庆（Chongqing）

	人数	计划旅游	尚难确定	不打算旅游
样本	**600**	**21.2**	**13.3**	**65.5**
男性	**308**	**18.2**	**14.9**	**66.9**
16-19 岁	43	18.6	16.3	65.1
20-24 岁	53	17.0	17.0	66.0
25-29 岁	43	25.6	11.6	62.8
30-34 岁	38	13.2	21.1	65.8
35-39 岁	39	25.6	10.3	64.1
40-44 岁	30	16.7	6.7	76.7
45-49 岁	25	20.0	24.0	56.0
50 岁以上	37	8.1	13.5	78.4
女性	**292**	**24.3**	**11.6**	**64.0**
16-19 岁	43	30.2	7.0	62.8
20-24 岁	53	28.3	13.2	58.5
25-29 岁	32	28.1	15.6	56.3
30-34 岁	33	24.2	12.1	63.6
35-39 岁	35	14.3	11.4	74.3
40-44 岁	32	15.6	15.6	68.8
45-49 岁	27	18.5	14.8	66.7
50 岁以上	37	29.7	5.4	64.9

3-3-2 将来一年内计划旅游地点的排名 / Places Planned to Visit in the Coming year

● 北京（Beijing）

排名	地点	人数	百分比
1	北戴河	8	7.5
2	青岛	7	6.6
2	黄山	7	6.6
4	大连	6	5.7
4	三峡	6	5.7
6	北京市郊	4	3.8
6	云南省	4	3.8
6	张家界	4	3.8
6	海南省	4	3.8

n=106

● 上海（Shanghai）

排名	地点	人数	百分比
1	苏杭	13	11.4
2	北京市	12	10.5
3	桂林	10	8.8
3	浙江省	10	8.8
5	香港	8	7.0
6	黄山	7	6.1
7	庐山	5	4.4
7	江苏省	5	4.4
7	云南省	5	4.4

n=114

● 广州（Guangzhou）

排名	地点	人数	百分比
1	北京市	19	16.8
2	香港	10	8.8
3	海南省	5	4.4
3	美国	5	4.4
5	苏杭	4	3.5
5	四川省	4	3.5
5	三峡	4	3.5

n=113

● 重庆（Chongqing）

排名	地点	人数	百分比
1	北京市	27	21.1
2	三峡	20	15.6
3	云南省	15	11.7
4	四川省	13	10.2
5	桂林	7	5.5
6	重庆市郊	6	4.7
6	香港	6	4.7

n=128

3-3-3 样本总体、男性各年龄层、女性各年龄层将来一年内计划旅游的花费 / Spending in the Planned Trip by the Whole Sample, Age and Gender Groups

● 北京（Beijing）

	人数	200 元以下	201-500 元	501-1000 元	1001-3000 元	3001-5000 元	5001 元以上
样本	**213**	**5.2**	**6.6**	**22.5**	**33.3**	**18.8**	**13.6**
男性	**87**	**8.0**	**5.7**	**19.5**	**34.5**	**20.7**	**11.5**
16-19 岁	8	37.5	25.0	12.5	25.0	0.0	0.0
20-24 岁	16	6.3	6.3	25.0	31.3	18.8	12.5
25-29 岁	14	7.1	0.0	7.1	28.6	42.9	14.3
30-34 岁	18	5.6	5.6	33.3	27.8	16.7	11.1
35-39 岁	11	0.0	0.0	9.1	63.6	9.1	18.2
40-44 岁	6	16.7	0.0	16.7	50.0	16.7	0.0
45-49 岁	4	0.0	0.0	25.0	50.0	25.0	0.0
50 岁以上	10	0.0	10.0	20.0	20.0	30.0	20.0
女性	**126**	**3.2**	**7.1**	**24.6**	**32.5**	**17.5**	**15.1**
16-19 岁	14	0.0	7.1	14.3	35.7	21.4	21.4
20-24 岁	17	5.9	0.0	11.8	29.4	17.6	35.3
25-29 岁	16	0.0	0.0	37.5	43.8	6.3	12.5
30-34 岁	23	4.3	8.7	21.7	26.1	26.1	13.0
35-39 岁	15	0.0	6.7	20.0	46.7	13.3	13.3
40-44 岁	17	5.9	23.5	35.3	23.5	5.9	5.9
45-49 岁	10	10.0	0.0	40.0	20.0	20.0	10.0
50 岁以上	14	0.0	7.1	21.4	35.7	28.6	7.1

● 上海（Shanghai）

	人数	200 元以下	201-500 元	501-1000 元	1001-3000 元	3001-5000 元	5001 元以上
样本	**244**	**3.3**	**18.0**	**23.8**	**36.1**	**9.0**	**9.8**
男性	**133**	**4.5**	**20.3**	**26.3**	**34.6**	**6.0**	**8.3**
16-19 岁	11	0.0	18.2	18.2	45.5	0.0	18.2
20-24 岁	19	0.0	31.6	26.3	36.8	5.3	0.0
25-29 岁	20	5.0	10.0	30.0	30.0	5.0	20.0
30-34 岁	23	8.7	21.7	21.7	30.4	8.7	8.7
35-39 岁	20	10.0	25.0	20.0	30.0	5.0	10.0
40-44 岁	11	9.1	18.2	45.5	27.3	0.0	0.0
45-49 岁	10	0.0	10.0	30.0	30.0	20.0	10.0
50 岁以上	19	0.0	21.1	26.3	47.4	5.3	0.0
女性	**111**	**1.8**	**15.3**	**20.7**	**37.8**	**12.6**	**11.7**
16-19 岁	9	0.0	33.3	22.2	22.2	22.2	0.0
20-24 岁	15	6.7	13.3	20.0	40.0	6.7	13.3
25-29 岁	15	0.0	13.3	13.3	46.7	6.7	20.0
30-34 岁	20	5.0	20.0	15.0	45.0	5.0	10.0
35-39 岁	16	0.0	25.0	25.0	31.3	12.5	6.3
40-44 岁	9	0.0	0.0	33.3	33.3	0.0	33.3
45-49 岁	7	0.0	14.3	14.3	57.1	0.0	14.3
50 岁以上	20	0.0	5.0	25.0	30.0	35.0	5.0

● 广州（Guangzhou）

	人数	200 元以下	201-500 元	501-1000 元	1001-3000 元	3001-5000 元	5001 元以上
样本	**216**	**4.6**	**6.5**	**11.1**	**31.9**	**23.1**	**22.7**
男性	**93**	**5.4**	**4.3**	**11.8**	**26.9**	**23.7**	**28.0**
16-19 岁	10	0.0	0.0	30.0	20.0	40.0	10.0
20-24 岁	12	0.0	8.3	25.0	50.0	8.3	8.3
25-29 岁	21	0.0	0.0	0.0	38.1	33.3	28.6
30-34 岁	13	7.7	7.7	7.7	30.8	23.1	23.1
35-39 岁	13	0.0	0.0	7.7	7.7	38.5	46.2
40-44 岁	10	10.0	20.0	20.0	10.0	10.0	30.0
45-49 岁	6	0.0	0.0	0.0	16.7	16.7	66.7
50 岁以上	8	37.5	0.0	12.5	25.0	0.0	25.0
女性	**123**	**4.1**	**8.1**	**10.6**	**35.8**	**22.8**	**18.7**
16-19 岁	23	4.3	8.7	17.4	30.4	13.0	26.1
20-24 岁	26	7.7	7.7	11.5	38.5	15.4	19.2
25-29 岁	28	0.0	3.6	7.1	39.3	39.3	10.7
30-34 岁	13	7.7	23.1	7.7	15.4	23.1	23.1
35-39 岁	11	9.1	0.0	18.2	27.3	18.2	27.3
40-44 岁	7	0.0	14.3	14.3	42.9	28.6	0.0
45-49 岁	7	0.0	14.3	0.0	57.1	14.3	14.3
50 岁以上	8	0.0	0.0	0.0	50.0	25.0	25.0

● 重庆（Chongqing）

	人数	200 元以下	201-500 元	501-1000 元	1001-3000 元	3001-5000 元	5001 元以上
样本	**207**	**4.3**	**8.2**	**24.6**	**36.7**	**11.6**	**14.5**
男性	**104**	**4.8**	**10.6**	**26.0**	**36.5**	**9.6**	**12.5**
16-19 岁	15	0.0	13.3	33.3	40.0	6.7	6.7
20-24 岁	18	11.1	5.6	38.9	33.3	5.6	5.6
25-29 岁	16	0.0	6.3	37.5	25.0	12.5	18.8
30-34 岁	13	0.0	0.0	38.5	15.4	15.4	30.8
35-39 岁	15	13.3	0.0	13.3	53.3	6.7	13.3
40-44 岁	7	0.0	14.3	0.0	71.4	14.3	0.0
45-49 岁	11	0.0	36.4	9.1	36.4	18.2	0.0
50 岁以上	9	11.1	22.2	11.1	33.3	0.0	22.2
女性	**103**	**3.9**	**5.8**	**23.3**	**36.9**	**13.6**	**16.5**
16-19 岁	15	6.7	6.7	40.0	46.7	0.0	0.0
20-24 岁	22	4.5	9.1	18.2	45.5	9.1	13.6
25-29 岁	14	0.0	0.0	35.7	35.7	21.4	7.1
30-34 岁	12	8.3	8.3	8.3	25.0	16.7	33.3
35-39 岁	9	0.0	0.0	0.0	55.6	11.1	33.3
40-44 岁	10	0.0	10.0	40.0	10.0	20.0	20.0
45-49 岁	8	0.0	12.5	37.5	37.5	0.0	12.5
50 岁以上	13	7.7	0.0	7.7	30.8	30.8	23.1

3-3-4 将来一年内计划旅游的时间 / Time of the Planned Trip

● 北京（Beijing）

时间	人数	百分比
97.07	11	6.2
97.08	59	33.1
97.09	6	3.4
97.10	21	11.8
97.11	0	0.0
97.12	1	0.6
98.01	6	3.4
98.02	6	3.4
98.03	3	1.7
98.04	9	5.1
98.05	16	9.0
98.06	5	2.8
98.07	30	16.9
98年不确定月	5	2.8

n=178

● 上海（Shanghai）

时间	人数	百分比
97.07	8	4.5
97.08	30	16.8
97.09	6	3.4
97.10	43	24.0
97.11	9	5.0
97.12	7	3.9
98.01	3	1.7
98.02	7	3.9
98.03	1	0.6
98.04	7	3.9
98.05	15	8.4
98.06	5	2.8
98.07	29	16.2
98年不确定月	9	5.0

n=179

● 广州（Guangzhou）

时间	人数	百分比
97.07	6	3.4
97.08	33	19.0
97.09	8	4.6
97.10	29	16.7
97.11	4	2.3
97.12	14	8.0
98.01	5	2.9
98.02	11	6.3
98.03	6	3.4
98.04	1	0.6
98.05	4	2.3
98.06	10	5.7
98.07	29	16.7
98年不确定月	14	8.0

n=174

● 重庆（Chongqing）

时间	人数	百分比
97.07	1	0.6
97.08	38	23.9
97.09	5	3.1
97.10	12	7.5
97.11	4	2.5
97.12	5	3.1
98.01	5	3.1
98.02	12	7.5
98.03	8	5.0
98.04	12	7.5
98.05	9	5.7
98.06	8	5.0
98.07	34	21.4
98年不确定月	6	3.8

n=159

3-3-5 样本总体、男性各年龄层、女性各年龄层将来一年内计划旅游的周期 / Duration of the Planned Trip by the Whole Sample, Age and Gender Groups

● 北京（Beijing）

	人数	1-2 天	3-4 天	5-7 天	8-10 天	11-15 天	16 天以上
样本	**213**	**7.0**	**10.8**	**36.6**	**27.2**	**8.0**	**10.3**
男性	**88**	**6.8**	**14.8**	**34.1**	**27.3**	**6.8**	**10.2**
16-19 岁	8	25.0	50.0	25.0	0.0	0.0	0.0
20-24 岁	14	0.0	21.4	21.4	35.7	14.3	7.1
25-29 岁	14	0.0	0.0	50.0	35.7	7.1	7.1
30-34 岁	20	5.0	20.0	45.0	10.0	10.0	10.0
35-39 岁	11	9.1	9.1	36.4	27.3	0.0	18.2
40-44 岁	7	14.3	0.0	28.6	42.9	14.3	0.0
45-49 岁	5	0.0	20.0	20.0	60.0	0.0	0.0
50 岁以上	9	11.1	0.0	22.2	33.3	0.0	33.3
女性	**125**	**7.2**	**8.0**	**38.4**	**27.2**	**8.8**	**10.4**
16-19 岁	13	7.7	7.7	46.2	15.4	7.7	15.4
20-24 岁	17	0.0	11.8	58.8	17.6	5.9	5.9
25-29 岁	17	0.0	11.8	35.3	23.5	11.8	17.6
30-34 岁	23	8.7	0.0	39.1	34.8	13.0	4.3
35-39 岁	14	0.0	7.1	42.9	42.9	0.0	7.1
40-44 岁	17	23.5	17.6	35.3	17.6	0.0	5.9
45-49 岁	10	10.0	10.0	20.0	40.0	10.0	10.0
50 岁以上	14	7.1	0.0	21.4	28.6	21.4	21.4

● 上海（Shanghai）

	人数	1-2 天	3-4 天	5-7 天	8-10 天	11-15 天	16 天以上
样本	**226**	**8.0**	**17.7**	**35.0**	**26.1**	**4.9**	**8.4**
男性	**121**	**7.4**	**20.7**	**32.2**	**24.8**	**6.6**	**8.3**
16-19 岁	11	9.1	9.1	45.5	18.2	0.0	18.2
20-24 岁	17	5.9	17.6	35.3	23.5	11.8	5.9
25-29 岁	19	10.5	15.8	31.6	26.3	5.3	10.5
30-34 岁	17	11.8	29.4	29.4	29.4	0.0	0.0
35-39 岁	19	0.0	15.8	26.3	36.8	15.8	5.3
40-44 岁	11	18.2	27.3	54.5	0.0	0.0	0.0
45-49 岁	10	10.0	40.0	10.0	10.0	10.0	20.0
50 岁以上	17	0.0	17.6	29.4	35.3	5.9	11.8
女性	**105**	**8.6**	**14.3**	**38.1**	**27.6**	**2.9**	**8.6**
16-19 岁	7	0.0	28.6	28.6	28.6	0.0	14.3
20-24 岁	15	0.0	26.7	33.3	13.3	0.0	26.7
25-29 岁	14	7.1	7.1	35.7	35.7	7.1	7.1
30-34 岁	20	10.0	15.0	40.0	30.0	5.0	0.0
35-39 岁	15	20.0	13.3	26.7	26.7	6.7	6.7
40-44 岁	8	0.0	0.0	50.0	37.5	0.0	12.5
45-49 岁	8	0.0	12.5	37.5	37.5	0.0	12.5
50 岁以上	18	16.7	11.1	50.0	22.2	0.0	0.0

● 广州（Guangzhou）

	人数	1-2 天	3-4 天	5-7 天	8-10 天	11-15 天	16 天以上
样本	**210**	**9.5**	**9.5**	**41.4**	**17.6**	**11.4**	**10.5**
男性	**89**	**10.1**	**9.0**	**36.0**	**21.3**	**12.4**	**11.2**
16-19 岁	9	11.1	0.0	66.7	0.0	0.0	22.2
20-24 岁	11	9.1	18.2	27.3	18.2	9.1	18.2
25-29 岁	19	0.0	5.3	42.1	15.8	21.1	15.8
30-34 岁	12	8.3	16.7	41.7	16.7	0.0	16.7
35-39 岁	13	7.7	7.7	38.5	23.1	15.4	7.7
40-44 岁	11	18.2	18.2	9.1	45.5	9.1	0.0
45-49 岁	6	0.0	0.0	33.3	16.7	50.0	0.0
50 岁以上	8	37.5	0.0	25.0	37.5	0.0	0.0
女性	**121**	**9.1**	**9.9**	**45.5**	**14.9**	**10.7**	**9.9**
16-19 岁	24	8.3	4.2	37.5	12.5	20.8	16.7
20-24 岁	24	20.8	8.3	37.5	16.7	4.2	12.5
25-29 岁	24	0.0	4.2	70.8	12.5	12.5	0.0
30-34 岁	14	14.3	7.1	35.7	14.3	14.3	14.3
35-39 岁	10	0.0	20.0	40.0	30.0	0.0	10.0
40-44 岁	10	10.0	30.0	50.0	10.0	0.0	0.0
45-49 岁	6	0.0	16.7	50.0	16.7	0.0	16.7
50 岁以上	9	11.1	11.1	33.3	11.1	22.2	11.1

● 重庆（Chongqing）

	人数	1-2 天	3-4 天	5-7 天	8-10 天	11-15 天	16 天以上
样本	**197**	**3.0**	**4.6**	**35.0**	**18.3**	**15.7**	**23.4**
男性	**96**	**2.1**	**4.2**	**38.5**	**18.8**	**13.5**	**22.9**
16-19 岁	14	0.0	7.1	28.6	14.3	21.4	28.6
20-24 岁	16	6.3	6.3	43.8	6.3	0.0	37.5
25-29 岁	15	0.0	6.7	46.7	13.3	20.0	13.3
30-34 岁	13	0.0	0.0	38.5	46.2	0.0	15.4
35-39 岁	13	0.0	0.0	23.1	23.1	15.4	38.5
40-44 岁	7	0.0	0.0	42.9	14.3	28.6	14.3
45-49 岁	10	0.0	10.0	50.0	20.0	20.0	0.0
50 岁以上	8	12.5	0.0	37.5	12.5	12.5	25.0
女性	**101**	**4.0**	**5.0**	**31.7**	**17.8**	**17.8**	**23.8**
16-19 岁	14	0.0	7.1	35.7	14.3	7.1	35.7
20-24 岁	22	9.1	4.5	31.8	22.7	18.2	13.6
25-29 岁	14	0.0	7.1	28.6	28.6	28.6	7.1
30-34 岁	12	0.0	8.3	25.0	16.7	33.3	16.7
35-39 岁	9	0.0	0.0	44.4	11.1	11.1	33.3
40-44 岁	10	0.0	10.0	50.0	10.0	10.0	20.0
45-49 岁	8	12.5	0.0	37.5	0.0	12.5	37.5
50 岁以上	12	8.3	0.0	8.3	25.0	16.7	41.7

3-3-6 样本总体、男性各年龄层、女性各年龄层将来一年内计划旅游的费用承担方式 / Expense Supporter of the Planned Trip by the Whole Sample, Age and Gender Groups

● 北京（Beijing）

	人数	自己全部负担	单位全部负担	自己和单位共同负担	其他
样本	**234**	**70.5**	**6.0**	**19.2**	**4.3**
男性	**99**	**72.7**	**9.1**	**15.2**	**3.0**
16-19 岁	8	100.0	0.0	0.0	0.0
20-24 岁	16	75.0	6.3	18.8	0.0
25-29 岁	15	73.3	13.3	13.3	0.0
30-34 岁	22	68.2	13.6	13.6	4.5
35-39 岁	12	66.7	8.3	25.0	0.0
40-44 岁	9	55.6	22.2	22.2	0.0
45-49 岁	7	57.1	0.0	28.6	14.3
50 岁以上	10	90.0	0.0	0.0	10.0
女性	**135**	**68.9**	**3.7**	**22.2**	**5.2**
16-19 岁	14	64.3	0.0	14.3	21.4
20-24 岁	19	63.2	5.3	26.3	5.3
25-29 岁	19	84.2	0.0	15.8	0.0
30-34 岁	23	78.3	4.3	17.4	0.0
35-39 岁	16	50.0	0.0	50.0	0.0
40-44 岁	17	70.6	5.9	23.5	0.0
45-49 岁	10	70.0	20.0	10.0	0.0
50 岁以上	17	64.7	0.0	17.6	17.6

● 上海（Shanghai）

	人数	自己全部负担	单位全部负担	自己和单位共同负担	其他
样本	**241**	**77.6**	**5.0**	**14.5**	**2.9**
男性	**129**	**78.3**	**4.7**	**14.0**	**3.1**
16-19 岁	11	90.9	0.0	9.1	0.0
20-24 岁	18	94.4	0.0	0.0	5.6
25-29 岁	20	80.0	5.0	10.0	5.0
30-34 岁	21	85.7	4.8	9.5	0.0
35-39 岁	19	57.9	15.8	21.1	5.3
40-44 岁	11	81.8	9.1	9.1	0.0
45-49 岁	10	90.0	0.0	10.0	0.0
50 岁以上	19	57.9	0.0	36.8	5.3
女性	**112**	**76.8**	**5.4**	**15.2**	**2.7**
16-19 岁	8	75.0	0.0	12.5	12.5
20-24 岁	16	87.5	0.0	12.5	0.0
25-29 岁	15	60.0	0.0	33.3	6.7
30-34 岁	22	72.7	9.1	18.2	0.0
35-39 岁	15	93.3	0.0	6.7	0.0
40-44 岁	8	87.5	12.5	0.0	0.0
45-49 岁	8	75.0	12.5	12.5	0.0
50 岁以上	20	70.0	10.0	15.0	5.0

● 广州（Guangzhou）

	人数	自己全部负担	单位全部负担	自己和单位共同负担	其他
样本	**243**	**82.7**	**3.3**	**11.1**	**2.9**
男性	**102**	**86.3**	**3.9**	**8.8**	**1.0**
16-19 岁	10	90.0	0.0	10.0	0.0
20-24 岁	14	92.9	7.1	0.0	0.0
25-29 岁	22	95.5	0.0	4.5	0.0
30-34 岁	13	76.9	7.7	7.7	7.7
35-39 岁	15	73.3	6.7	20.0	0.0
40-44 岁	13	84.6	7.7	7.7	0.0
45-49 岁	6	100.0	0.0	0.0	0.0
50 岁以上	9	77.8	0.0	22.2	0.0
女性	**141**	**80.1**	**2.8**	**12.8**	**4.3**
16-19 岁	26	73.1	3.8	3.8	19.2
20-24 岁	26	80.8	3.8	15.4	0.0
25-29 岁	31	83.9	0.0	16.1	0.0
30-34 岁	17	88.2	5.9	5.9	0.0
35-39 岁	11	72.7	0.0	27.3	0.0
40-44 岁	13	76.9	7.7	7.7	7.7
45-49 岁	8	62.5	0.0	37.5	0.0
50 岁以上	9	100.0	0.0	0.0	0.0

● 重庆（Chongqing）

	人数	自己全部负担	单位全部负担	自己和单位共同负担	其他
样本	**206**	**84.0**	**3.4**	**7.3**	**5.3**
男性	**101**	**80.2**	**5.0**	**7.9**	**6.9**
16-19 岁	14	71.4	0.0	7.1	21.4
20-24 岁	18	88.9	5.6	5.6	0.0
25-29 岁	16	93.8	0.0	0.0	6.3
30-34 岁	13	76.9	7.7	7.7	7.7
35-39 岁	14	85.7	7.1	7.1	0.0
40-44 岁	7	57.1	0.0	28.6	14.3
45-49 岁	11	81.8	0.0	18.2	0.0
50 岁以上	8	62.5	25.0	0.0	12.5
女性	**105**	**87.6**	**1.9**	**6.7**	**3.8**
16-19 岁	16	81.3	0.0	0.0	18.8
20-24 岁	22	95.5	0.0	4.5	0.0
25-29 岁	14	85.7	7.1	7.1	0.0
30-34 岁	12	83.3	8.3	8.3	0.0
35-39 岁	9	100.0	0.0	0.0	0.0
40-44 岁	10	80.0	0.0	20.0	0.0
45-49 岁	9	66.7	0.0	22.2	11.1
50 岁以上	13	100.0	0.0	0.0	0.0

3-3-7 样本总体、男性各年龄层、女性各年龄层将来一年内计划与谁同去旅游 / Companion in the Planned Trip by the Whole Sample, Age and Gender Groups

注：本题为多选题，合计百分比超过 100%（Multiple answers）

● 北京（Beijing）

	人数	自己一个人	自己和伴侣两人去	和家人一同去	和单位同事一同去	和朋友一同去	其他
样本	**235**	**6.0**	**25.1**	**47.2**	**15.7**	**17.9**	**2.1**
男性	**99**	**6.1**	**30.3**	**43.4**	**12.1**	**22.2**	**2.0**
16-19 岁	8	0.0	25.0	50.0	0.0	50.0	0.0
20-24 岁	16	6.3	25.0	12.5	12.5	56.3	6.3
25-29 岁	15	13.3	60.0	13.3	13.3	20.0	0.0
30-34 岁	22	0.0	31.8	50.0	13.6	9.1	4.5
35-39 岁	12	0.0	25.0	75.0	8.3	16.7	0.0
40-44 岁	9	11.1	11.1	66.7	11.1	11.1	0.0
45-49 岁	7	14.3	0.0	71.4	14.3	14.3	0.0
50 岁以上	10	10.0	40.0	40.0	20.0	0.0	0.0
女性	**136**	**5.9**	**21.3**	**50.0**	**18.4**	**14.7**	**2.2**
16-19 岁	14	21.4	0.0	35.7	7.1	42.9	0.0
20-24 岁	19	10.5	36.8	10.5	21.1	26.3	0.0
25-29 岁	19	0.0	47.4	36.8	10.5	31.6	0.0
30-34 岁	23	4.3	13.0	60.9	30.4	0.0	0.0
35-39 岁	16	6.3	18.8	56.3	25.0	12.5	0.0
40-44 岁	17	0.0	0.0	94.1	11.8	0.0	0.0
45-49 岁	10	10.0	10.0	60.0	20.0	0.0	0.0
50 岁以上	18	0.0	33.3	50.0	16.7	5.6	16.7

● 上海（Shanghai）

	人数	自己一个人	自己和伴侣两人去	和家人一同去	和单位同事一同去	和朋友一同去	其他
样本	**242**	**5.4**	**16.9**	**43.8**	**14.5**	**26.4**	**1.2**
男性	**128**	**7.8**	**20.3**	**39.8**	**11.7**	**26.6**	**1.6**
16-19 岁	11	9.1	0.0	63.6	0.0	36.4	0.0
20-24 岁	18	11.1	11.1	44.4	5.6	50.0	0.0
25-29 岁	20	10.0	35.0	10.0	5.0	45.0	0.0
30-34 岁	21	4.8	23.8	23.8	19.0	38.1	0.0
35-39 岁	18	5.6	11.1	50.0	22.2	11.1	5.6
40-44 岁	11	9.1	0.0	81.8	0.0	9.1	0.0
45-49 岁	10	0.0	20.0	80.0	0.0	0.0	0.0
50 岁以上	19	10.5	42.1	15.8	26.3	5.3	5.3
女性	**114**	**2.6**	**13.2**	**48.2**	**17.5**	**26.3**	**0.9**
16-19 岁	8	12.5	12.5	37.5	0.0	62.5	0.0
20-24 岁	16	12.5	25.0	18.8	12.5	50.0	0.0
25-29 岁	15	0.0	13.3	26.7	20.0	53.3	6.7
30-34 岁	22	0.0	4.5	54.5	27.3	18.2	0.0
35-39 岁	15	0.0	6.7	80.0	0.0	13.3	0.0
40-44 岁	9	0.0	11.1	77.8	22.2	0.0	0.0
45-49 岁	8	0.0	12.5	50.0	25.0	12.5	0.0
50 岁以上	21	0.0	19.0	47.6	23.8	9.5	0.0

● 广州（Guangzhou）

	人数	自己一个人	自己和伴侣两人去	和家人一同去	和单位同事一同去	和朋友一同去	其他
样本	**243**	**9.9**	**21.0**	**40.7**	**14.4**	**35.8**	**1.2**
男性	**103**	**13.6**	**23.3**	**38.8**	**9.7**	**37.9**	**1.9**
16-19 岁	10	20.0	20.0	60.0	0.0	60.0	10.0
20-24 岁	14	14.3	28.6	0.0	14.3	57.1	0.0
25-29 岁	22	18.2	31.8	27.3	9.1	45.5	4.5
30-34 岁	14	7.1	28.6	28.6	14.3	28.6	0.0
35-39 岁	15	26.7	6.7	46.7	13.3	26.7	0.0
40-44 岁	13	7.7	7.7	92.3	7.7	15.4	0.0
45-49 岁	6	0.0	16.7	50.0	0.0	33.3	0.0
50 岁以上	9	0.0	44.4	22.2	11.1	33.3	0.0
女性	**140**	**7.1**	**19.3**	**42.1**	**17.9**	**34.3**	**0.7**
16-19 岁	26	3.8	7.7	42.3	0.0	61.5	0.0
20-24 岁	26	19.2	11.5	30.8	19.2	61.5	0.0
25-29 岁	31	9.7	29.0	25.8	22.6	29.0	0.0
30-34 岁	17	5.9	17.6	58.8	11.8	11.8	5.9
35-39 岁	11	0.0	27.3	63.6	36.4	27.3	0.0
40-44 岁	13	0.0	7.7	76.9	15.4	0.0	0.0
45-49 岁	7	0.0	28.6	42.9	57.1	0.0	0.0
50 岁以上	9	0.0	44.4	22.2	11.1	22.2	0.0

● 重庆（Chongqing）

	人数	自己一个人	自己和伴侣两人去	和家人一同去	和单位同事一同去	和朋友一同去	其他
样本	**206**	**8.7**	**18.0**	**52.4**	**11.7**	**25.7**	**0.5**
男性	**101**	**8.9**	**12.9**	**59.4**	**14.9**	**24.8**	**0.0**
16-19 岁	14	14.3	14.3	71.4	7.1	35.7	0.0
20-24 岁	18	16.7	16.7	50.0	5.6	44.4	0.0
25-29 岁	16	12.5	31.3	31.3	18.8	37.5	0.0
30-34 岁	13	0.0	7.7	76.9	15.4	15.4	0.0
35-39 岁	14	0.0	7.1	78.6	14.3	0.0	0.0
40-44 岁	7	0.0	0.0	28.6	28.6	57.1	0.0
45-49 岁	11	9.1	0.0	72.7	18.2	0.0	0.0
50 岁以上	8	12.5	12.5	62.5	25.0	0.0	0.0
女性	**105**	**8.6**	**22.9**	**45.7**	**8.6**	**26.7**	**1.0**
16-19 岁	16	12.5	6.3	81.3	0.0	25.0	0.0
20-24 岁	22	9.1	31.8	13.6	4.5	54.5	4.5
25-29 岁	14	0.0	28.6	57.1	7.1	14.3	0.0
30-34 岁	12	0.0	16.7	58.3	16.7	25.0	0.0
35-39 岁	9	22.2	0.0	66.7	0.0	22.2	0.0
40-44 岁	10	10.0	10.0	60.0	10.0	20.0	0.0
45-49 岁	9	0.0	33.3	22.2	33.3	11.1	0.0
50 岁以上	13	15.4	46.2	23.1	7.7	15.4	0.0

3-3-8 样本总体、男性各年龄层、女性各年龄层将来一年内是否参加旅游团旅游 / Whether to Attend Touring Party in the Planned Trip by the Whole Sample, Age and Gender Groups

● 北京（Beijing）

	人数	参加	不参加	其他
样本	**231**	**20.3**	**74.5**	**5.2**
男性	**98**	**20.4**	**75.5**	**4.1**
16-19 岁	8	12.5	87.5	0.0
20-24 岁	16	12.5	81.3	6.3
25-29 岁	15	40.0	60.0	0.0
30-34 岁	21	28.6	66.7	4.8
35-39 岁	12	16.7	75.0	8.3
40-44 岁	9	11.1	77.8	11.1
45-49 岁	7	28.6	71.4	0.0
50 岁以上	10	0.0	100.0	0.0
女性	**133**	**20.3**	**73.7**	**6.0**
16-19 岁	13	23.1	69.2	7.7
20-24 岁	18	44.4	55.6	0.0
25-29 岁	19	10.5	78.9	10.5
30-34 岁	22	36.4	59.1	4.5
35-39 岁	16	6.3	87.5	6.3
40-44 岁	17	11.8	88.2	0.0
45-49 岁	10	0.0	90.0	10.0
50 岁以上	18	16.7	72.2	11.1

● 上海（Shanghai）

	人数	参加	不参加	其他
样本	**242**	**25.2**	**69.4**	**5.4**
男性	**129**	**19.4**	**76.0**	**4.7**
16-19 岁	11	27.3	72.7	0.0
20-24 岁	18	16.7	83.3	0.0
25-29 岁	20	10.0	85.0	5.0
30-34 岁	21	19.0	81.0	0.0
35-39 岁	19	31.6	57.9	10.5
40-44 岁	11	9.1	90.9	0.0
45-49 岁	10	30.0	70.0	0.0
50 岁以上	19	15.8	68.4	15.8
女性	**113**	**31.9**	**61.9**	**6.2**
16-19 岁	8	12.5	87.5	0.0
20-24 岁	16	25.0	75.0	0.0
25-29 岁	14	50.0	42.9	7.1
30-34 岁	22	54.5	36.4	9.1
35-39 岁	15	13.3	80.0	6.7
40-44 岁	9	33.3	66.7	0.0
45-49 岁	8	25.0	75.0	0.0
50 岁以上	21	23.8	61.9	14.3

● 广州（Guangzhou）

	人数	参加	不参加	其他
样本	**241**	**39.8**	**54.8**	**5.4**
男性	**101**	**33.7**	**63.4**	**3.0**
16-19 岁	10	20.0	70.0	10.0
20-24 岁	14	28.6	71.4	0.0
25-29 岁	20	35.0	65.0	0.0
30-34 岁	14	28.6	71.4	0.0
35-39 岁	15	40.0	53.3	6.7
40-44 岁	13	38.5	53.8	7.7
45-49 岁	6	33.3	66.7	0.0
50 岁以上	9	44.4	55.6	0.0
女性	**140**	**44.3**	**48.6**	**7.1**
16-19 岁	26	42.3	57.7	0.0
20-24 岁	26	53.8	42.3	3.8
25-29 岁	31	38.7	54.8	6.5
30-34 岁	17	41.2	52.9	5.9
35-39 岁	11	54.5	45.5	0.0
40-44 岁	13	38.5	30.8	30.8
45-49 岁	7	71.4	28.6	0.0
50 岁以上	9	22.2	55.6	22.2

● 重庆（Chongqing）

	人数	参加	不参加	其他
样本	**206**	**16.0**	**80.6**	**3.4**
男性	**101**	**13.9**	**84.2**	**2.0**
16-19 岁	14	21.4	78.6	0.0
20-24 岁	18	5.6	94.4	0.0
25-29 岁	16	25.0	75.0	0.0
30-34 岁	13	23.1	76.9	0.0
35-39 岁	14	7.1	92.9	0.0
40-44 岁	7	0.0	85.7	14.3
45-49 岁	11	18.2	72.7	9.1
50 岁以上	8	0.0	100.0	0.0
女性	**105**	**18.1**	**77.1**	**4.8**
16-19 岁	16	0.0	100.0	0.0
20-24 岁	22	18.2	77.3	4.5
25-29 岁	14	14.3	85.7	0.0
30-34 岁	12	41.7	58.3	0.0
35-39 岁	9	22.2	77.8	0.0
40-44 岁	10	10.0	80.0	10.0
45-49 岁	9	44.4	44.4	11.1
50 岁以上	13	7.7	76.9	15.4

3-3-9 最想去旅游的国内地点排名 / Rank of the Most Favorite Domestic Places

注：本题为多选题，合计百分比超过 100%（Multiple answers）

● 北京（Beijing）

排名	地点	人次	百分比
1	香港	20	10.0
2	云南省	19	9.5
3	黄山	16	8.0
3	九寨沟	16	8.0
5	海南省	13	6.5
6	西藏	11	5.5
7	苏杭	10	5.0
7	桂林	10	5.0
9	三峡	9	4.5
10	青岛	7	3.5

n=200

● 上海（Shanghai）

排名	地点	人次	百分比
1	北京市	58	25.9
2	香港	46	20.5
3	桂林	18	8.0
4	苏杭	12	5.4
4	云南省	12	5.4
6	西藏	9	4.0
6	三峡	9	4.0
8	黄山	8	3.6
9	福建省	7	3.1
10	广东省	6	2.7

n=224

● 广州（Guangzhou）

排名	地点	人次	百分比
1	北京市	69	29.7
2	香港	35	15.1
3	西藏	13	5.6
4	九寨沟	12	5.2
5	新疆	11	4.7
6	三峡	10	4.3
7	苏杭	9	3.9
7	黄山	9	3.9
9	海南省	8	3.4
10	桂林	7	3.0

n=232

● 重庆（Chongqing）

排名	地点	人次	百分比
1	北京市	48	28.1
2	香港	21	12.3
3	云南省	11	6.4
3	桂林	11	6.4
5	四川省	10	5.8
6	九寨沟	9	5.3
6	三峡	9	5.3
8	新疆	8	4.7
9	海南省	7	4.1
10	苏杭	6	3.5

n=171

3-3-10 最想去旅游的国外地点排名 / Rank of the Most Favorite Overseas Places

● 北京（Beijing）

排名	地点	人数	百分比
1	美国	29	19.2
2	新加坡	22	14.6
3	新马泰	17	11.3
4	法国	14	9.3
5	欧洲	11	7.3
6	夏威夷	10	6.6
7	泰国	9	6.0
8	意大利	7	4.6

n=151

● 上海（Shanghai）

排名	地点	人数	百分比
1	美国	46	32.9
2	法国	15	10.7
3	新加坡	13	9.3
4	日本	11	7.9
5	新马泰	10	7.1
6	欧洲	9	6.4
7	加拿大	7	5.0
8	澳大利亚	6	4.3

n=140

● 广州（Guangzhou）

排名	地点	人数	百分比
1	泰国	25	13.7
2	美国	24	13.2
3	欧洲	18	9.9
4	澳大利亚	16	8.8
5	法国	15	8.2
6	日本	14	7.7
7	新加坡	13	7.1
8	新马泰	10	5.5

n=182

● 重庆（Chongqing）

排名	地点	人数	百分比
1	美国	38	31.1
2	新加坡	20	16.4
3	日本	12	9.8
4	法国	11	9.0
5	泰国	7	5.7
6	瑞士	5	4.1
7	欧洲	4	3.3

n=122

3-4 关于北京消费群 / The Beijing Market Segments

3-4-1 不同消费群过去一年内旅游过的地方 / Places Visited in the Last Year by Market Segments

注：本题为多选题，合计百分比超过 100%（Multiple answers）

	人数	市内	外省	国外/境外	没有旅游
样本	**600**	**26.4**	**32.0**	**2.2**	**54.3**
第一消费群	137	35.1	38.7	3.6	43.8
第二消费群	94	33.0	44.7	3.2	42.6
第三消费群	112	15.2	20.5	0.0	69.6
第四消费群	5	60.0	80.0	40.0	0.0
第五消费群	131	29.7	29.0	0.8	55.7
第六消费群	121	16.5	26.4	1.7	62.0

3-4-2 不同消费群过去一年内旅游的次数 / Number of the Trips Taken in the Last Year by Market Segments

	人数	1 次	2 次	3 次	4 次	5 次及以上
样本	**267**	**41.2**	**30.3**	**13.5**	**4.5**	**10.5**
第一消费群	73	42.5	32.9	12.3	6.8	5.5
第二消费群	53	34.0	24.5	18.9	1.9	20.8
第三消费群	33	57.6	18.2	6.1	9.1	9.1
第四消费群	5	0.0	0.0	40.0	0.0	60.0
第五消费群	58	31.0	46.6	12.1	3.4	6.9
第六消费群	45	53.3	24.4	13.3	2.2	6.7

3-4-3 不同消费群一般在什么假日旅游 / Holidays for Traveling by Market Segments

注：本题为多选题，合计百分比超过 100%（Multiple answers）

	人数	双休日	公共节假日	单位休假	学校寒暑假	随时都行	其他
样本	**262**	**24.8**	**12.6**	**32.4**	**24.8**	**9.9**	**9.5**
第一消费群	70	28.6	15.7	31.4	27.1	8.6	4.3
第二消费群	53	24.5	13.2	34.0	15.1	9.4	17.0
第三消费群	32	21.9	6.3	46.9	21.9	12.5	9.4
第四消费群	5	0.0	20.0	0.0	0.0	80.0	0.0
第五消费群	57	19.3	10.5	28.1	43.9	1.8	8.8
第六消费群	45	31.1	13.3	31.1	13.3	13.3	11.1

3-4-4 不同消费群最近一次旅游地点的排名 / Ranking of the Places for the Most Recent Trip by Market Segments

	人数	第一	第二	第三
样本	**268**	**北京市郊 19.4**	**北戴河 10.4**	**长城 7.5**
第一消费群	75	北京市郊 28.0	北戴河 10.7	长城 5.3
第二消费群	53	北京市郊 17.0	北戴河 7.5	河北省 5.7 长城 5.7 青岛 5.7
第三消费群	33	北戴河 18.2	长城 15.2	北京市郊 12.1
第四消费群	5	内蒙古 20.0 上海市 20.0 河南省 20.0 九寨沟 20.0 香港 20.0		
第五消费群	56	北京市郊 26.8	南戴河 10.7	北戴河 7.1
第六消费群	46	北戴河 13.0	长城 10.9	泰山 8.7

3-4-5 不同消费群最想去的国内地点 / Rank of the Most Favorite Domestic Places by Market Segments

注：本题为多选题，合计百分比超过100%（Multiple answers）

	人数	最想去	第二想去	第三想去
样本	**200**	**香港 10.0**	**云南省 9.5**	**九寨沟 8.0 黄山 8.0**
第一消费群	52	香港 11.5	九寨沟 9.6	黄山 7.7 海南省 7.7 张家界 7.7
第二消费群	41	云南省 19.5	九寨沟 12.2 西藏 12.2	黄山 9.8 海南省 9.8
第三消费群	20	海南省 15.0 香港 15.0 苏杭 15.0	三峡 10.0	云南省 5.0 黄山 5.0 四川省 5.0 桂林 5.0 青岛 5.0 北戴河 5.0 大连 5.0
第四消费群	5	云南省 40.0 三峡 40.0	香港 20.0	
第五消费群	50	香港 14.0	黄山 10.0 桂林 10.0	西藏 8.0
第六消费群	32	青岛 12.5	云南省 9.4	香港 6.3 九寨沟 6.3 苏杭 6.3 三峡 6.3 泰山 6.3

3-4-6 不同消费群最想去的国外地点 / Rank of the Most Favorite Overseas Places by Market Segments

	人数	最想去	第二想去	第三想去
样本	**151**	**美国 19.2**	**新加坡 14.6**	**新马泰 11.3**
第一消费群	39	美国 30.8	新加坡 20.5	欧洲 10.3
第二消费群	38	新马泰 13.2 夏威夷 13.2	意大利 10.5 泰国 10.5 法国 10.5 瑞士 10.5	东南亚 7.9 欧洲 7.9
第三消费群	9	新马泰 44.4	美国 22.2	新加坡 11.1 日本 11.1 英国 11.1
第四消费群	4	法国 25.0 欧洲 25.0 澳大利亚 25.0 瑞士 25.0		
第五消费群	39	新加坡 20.5	美国 17.9	法国 15.4
第六消费群	22	美国 27.3	新加坡 22.7	新马泰 18.2 夏威夷 18.2

注：北京消费群的代表特征 / Characteristics of the Beijing Market Segments

		第一消费群	第二消费群	第三消费群	第四消费群	第五消费群	第六消费群
基本情况	性别	女	男	无明显偏向	男	无明显偏向	女
	年龄	30 — 34 岁	25 — 29 岁	35 — 44 岁	无明显偏向	16 — 24 岁	45 岁以上
	学历	大专/大本	大本	初中	大本及研究生	高中/中专/技校	初中及以下
	职业	科教卫生人员	一般企业职员	工人	管理人员/专门职业从事者/个体及私营企业主	学生	离退休人员
	月均收入	801 — 1500 元	1501 — 4000 元	800 元以下	4000 元以上	无收入	800 元以下
	婚姻	已婚	无明显偏向	已婚	已婚或离异	未婚	已婚
心理取向		注重学历 非积极进取	不循规传统 非单一电视娱乐	非田园倾向 新女性主张 金钱本位	注重经验 大男子主义 不保守稳定	非“大男子主义” 追随流行	非“新女性主张” 非浪漫新潮 单一电视娱乐

3-5 关于上海消费群 / The Shanghai Market Segments

3-5-1 不同消费群过去一年内旅游过的地方 / Places Visited in the Last Year by Market Segments

注：本题为多选题，合计百分比超过 100%（Multiple answers）

	人数	市内	外省	国外/境外	没有旅游
样本	**600**	**14.3**	**51.7**	**2.0**	**44.8**
第一消费群	145	19.3	62.1	4.1	36.6
第二消费群	92	18.5	65.2	0.0	29.3
第三消费群	10	20.0	70.0	10.0	30.0
第四消费群	135	4.4	37.8	2.2	61.5
第五消费群	68	23.6	32.4	1.5	54.4
第六消费群	150	11.4	53.3	0.7	44.0

3-5-2 不同消费群过去一年内旅游的次数 / Number of the Trips Taken in the Last Year by Market Segments

	人数	1 次	2 次	3 次	4 次	5 次及以上
样本	**324**	**39.5**	**31.8**	**17.0**	**4.0**	**7.7**
第一消费群	91	34.1	29.7	22.0	7.7	6.6
第二消费群	63	34.9	34.9	17.5	1.6	11.1
第三消费群	7	42.9	28.6	0.0	28.6	0.0
第四消费群	50	54.0	24.0	14.0	2.0	6.0
第五消费群	31	41.9	25.8	25.8	3.2	3.2
第六消费群	82	39.0	39.0	11.0	1.2	9.8

3-5-3 不同消费群一般在什么假日旅游 / Holidays for Traveling by Market Segments

注：本题为多选题，合计百分比超过 100%（Multiple answers）

	人数	双休日	公共节假日	单位休假	学校寒暑假	随时都行	其他
样本	**319**	**18.8**	**17.9**	**27.6**	**22.3**	**21.9**	**4.4**
第一消费群	89	19.1	21.3	28.1	21.3	24.7	6.7
第二消费群	61	23.0	19.7	29.5	19.7	14.8	6.6
第三消费群	7	14.3	14.3	28.6	0.0	57.1	0.0
第四消费群	49	16.3	14.3	30.6	14.3	26.5	4.1
第五消费群	31	19.4	19.4	9.7	61.3	3.2	0.0
第六消费群	82	17.1	14.6	30.5	17.1	25.6	2.4

3-5-4 不同消费群最近一次旅游地点的排名 / Ranking of the Places for the Most Recent Trip by Market Segments

	人数	第一	第二	第三
样本	**322**	**苏杭 23.6**	**江苏省 17.4**	**浙江省 14.0**
第一消费群	86	苏杭 20.9	浙江省 18.6	江苏省 12.8
第二消费群	65	苏杭 23.1	江苏省 16.9	浙江省 12.3
第三消费群	7	苏杭 28.6	江苏省 14.3 浙江省 14.3 广东省 14.3 江西省 14.3	
第四消费群	52	苏杭 30.8	江苏省 23.1	浙江省 15.4
第五消费群	30	苏杭 16.7 上海市郊 16.7	江苏省 13.3	浙江省 6.7 湖北省 6.7
第六消费群	82	苏杭 24.4	江苏省 20.7	浙江省 12.2

3-5-5 不同消费群最想去的国内地点 / Rank of the Most Favorite Domestic Places by Market Segments

注：本题为多选题，合计百分比超过 100%（Multiple answers）

	人数	最想去	第二想去	第三想去
样本	**224**	**北京市 25.9**	**香港 20.5**	**桂林 8.0**
第一消费群	57	北京市 21.1 香港 21.1	三峡 10.5	苏杭 7.0
第二消费群	39	北京市 28.2	桂林 12.8	苏杭 10.3
第三消费群	2	北京市 100.0	香港 50.0	
第四消费群	30	香港 33.3	北京市 20.0	广东省 10.0
第五消费群	30	北京市 30.0	香港 13.3 云南省 13.3	桂林 6.7 西藏 6.7
第六消费群	66	北京市 27.3	香港 24.2	桂林 9.1

3-5-6 不同消费群最想去的国外地点 / Rank of the Most Favorite Overseas Places by Market Segments

	人数	最想去	第二想去	第三想去
样本	**140**	**美国 32.9**	**法国 10.7**	**新加坡 9.3**
第一消费群	34	美国 26.5	加拿大 17.6	新马泰 11.8
第二消费群	26	法国 26.9	美国 23.1	新加坡 11.5 日本 11.5
第三消费群	2	法国 50.0	欧洲 50.0	
第四消费群	12	美国 50.0	澳大利亚 8.3 英国 8.3 欧洲 8.3 日本 8.3 新马泰 8.3 新加坡 8.3	
第五消费群	24	美国 25.0	法国 12.5 日本 12.5	澳大利亚 8.3
第六消费群	42	美国 45.2	新加坡 14.3	新马泰 9.5

注：上海消费群的代表特征 / Characteristics of the Shanghai Market Segments

		第一消费群	第二消费群	第三消费群	第四消费群	第五消费群	第六消费群
基本情况	性别	无明显偏向	男	男	女	女	无明显偏向
	年龄	45岁以上	20－29岁	25－34岁	35－44岁	16－24岁	30－39岁
	学历	大本及以上	大专/大本	大专	初中及以下	高中/中专/技校	高中/中专/技校
	职业	科教卫生人员/离退休人员	一般企业职员	行政管理人员/个体及私营企业主/专门职业从事者	工人/下岗人员	学生	一般企业职员
	月均收入	801－1500元	1001－3000元	3000元以上	800元以下	无收入	1001－2000元
	婚姻	已婚	未婚	未婚	已婚	未婚	已婚
心理取向		非浪漫时尚 非金钱本位 保守稳定	非家庭重心 田园倾向 休闲独立	不保守稳定 奔波忙碌 浪漫时尚	金钱本位 家庭重心 注重学历	新家庭观念 非休闲独立	不积极进取 不奔波忙碌

3-6 关于广州消费群 / The Guangzhou Market Segments

3-6-1 不同消费群过去一年内旅游过的地方 / Places Visited in the Last Year by Market Segments

注：本题为多选题，合计百分比超过 100%（Multiple answers）

	人数	市内	省内	外省	国外/境外	没有旅游
样本	**600**	**8.8**	**26.3**	**23.2**	**5.3**	**52.3**
第一消费群	94	14.9	29.8	18.1	7.4	47.9
第二消费群	126	4.8	16.7	23.0	6.3	59.5
第三消费群	99	10.1	25.3	20.2	5.1	54.5
第四消费群	100	9.0	26.0	23.0	7.0	52.0
第五消费群	99	4.0	24.2	17.2	0.0	59.6
第六消费群	82	12.2	41.5	40.2	6.1	35.4

3-6-2 不同消费群过去一年内旅游的次数 / Number of the Trips Taken in the Last Year by Market Segments

	人数	1 次	2 次	3 次	4 次	5 次及以上
样本	**279**	**46.6**	**26.9**	**15.8**	**2.5**	**8.2**
第一消费群	49	34.7	34.7	18.4	4.1	8.2
第二消费群	51	58.8	21.6	15.7	2.0	2.0
第三消费群	42	52.4	14.3	19.0	2.4	11.9
第四消费群	45	42.2	31.1	15.6	0.0	11.1
第五消费群	40	60.0	30.0	10.0	0.0	0.0
第六消费群	52	34.6	28.8	15.4	5.8	15.4

3-6-3 不同消费群一般在什么假日旅游 / Holidays for Traveling by Market Segments

注：本题为多选题，合计百分比超过 100%（Multiple answers）

	人数	双休日	公共节假日	单位休假	学校寒暑假	随时都行	其他
样本	**270**	**14.8**	**14.1**	**26.3**	**28.9**	**17.8**	**7.8**
第一消费群	48	14.6	14.6	10.4	52.1	12.5	2.1
第二消费群	46	13.0	8.7	28.3	30.4	21.7	6.5
第三消费群	43	16.3	16.3	20.9	41.9	14.0	7.0
第四消费群	46	19.6	13.0	30.4	15.2	23.9	6.5
第五消费群	37	16.2	13.5	35.1	18.9	13.5	8.1
第六消费群	50	10.0	18.0	34.0	14.0	20.0	16.0

3-6-4 不同消费群最近一次旅游地点的排名 / Ranking of the Places for the Most Recent Trip by Market Segments

	人数	第一	第二	第三
样本	**285**	**广东省内县市 20.0**	**广州市郊 14.4**	**珠海 7.4**
第一消费群	49	广东省内县市 28.6	广州市郊 18.4	北京市 8.2
第二消费群	51	广东省内县市 15.7	北京市 9.8	广州市郊 7.8 香港 7.8
第三消费群	45	广州市郊 20.0	广东省内县市 15.6	香港 8.9 珠海 8.9
第四消费群	47	广州市郊 14.9	广东省内县市 10.6	北京市 8.5 深圳 8.5 肇庆 8.5
第五消费群	40	广东省内县市 30.0	广州市郊 17.5	珠海 15.0
第六消费群	53	广东省内县市 20.8	广州市郊 9.4 海南省 9.4	深圳 7.5 桂林 7.5

3-6-5 不同消费群最想去的国内地点 / Rank of the Most Favorite Domestic Places by Market Segments

注：本题为多选题，合计百分比超过 100%（Multiple answers）

	人数	最想去	第二想去	第三想去
样本	**232**	**北京市 29.7**	**香港 15.1**	**西藏 5.6**
第一消费群	42	北京市 40.5	香港 16.7	海南省 4.8 九寨沟 4.8 新疆 4.8
第二消费群	33	北京市 42.4	苏杭 12.1	桂林 6.1
第三消费群	48	北京市 27.1	香港 16.7	西藏 8.3
第四消费群	33	香港 30.3	北京市 24.2	三峡 12.1
第五消费群	25	北京市 28.0	香港 24.0	桂林 8.0 黄山 8.0
第六消费群	51	北京市 19.6	新疆 13.7 西藏 13.7	香港 5.9 九寨沟 5.9 三峡 5.9

3-6-6 不同消费群最想去的国外地点 / Rank of the Most Favorite Overseas Places by Market Segments

	人数	最想去	第二想去	第三想去
样本	**182**	**泰国 13.7**	**美国 13.2**	**欧洲 9.9**
第一消费群	32	日本 21.9	意大利 18.8	泰国 9.4
第二消费群	20	美国 30.0	新马泰 15.0	欧洲 10.0
第三消费群	43	泰国 20.9	美国 11.6	澳大利亚 9.3 欧洲 9.3
第四消费群	25	美国 20.0	泰国 16.0 法国 16.0 澳大利亚 16.0	新马泰 12.0
第五消费群	20	泰国 25.0	新加坡 15.0	美国 10.0
第六消费群	42	法国 16.7	新加坡 11.9 美国 11.9	澳大利亚 9.5

注：广州消费群的代表特征 / Characteristics of the Guangzhou Market Segments

		第一消费群	第二消费群	第三消费群	第四消费群	第五消费群	第六消费群
基本情况	性别	女	无明显偏向	女	男	女	男
	年龄	16－19岁	40岁以上	20－24岁	35－44岁	30－34岁	25－29岁
	学历	高中/中专/技校	无明显偏向	高中/中专/技校/大专	初中/高中/中专/技校	初中及以下	大专及以上
	职业	学生	工人	学生/待业人员	个体及私营企业主	家庭主妇	企业职员/管理人员/科教卫生人员/专门职业者
	月均收入	无收入	1500元以下	无收入	801－1500元	800元以下	2000元以上
	婚姻	未婚	已婚	未婚	已婚	已婚	无明显偏向
心理取向		不固守中式生活 田园倾向 非大男子主义	非新女性主张 不追随流行 非积极进取	独立自主 追随流行	积极进取 大男子主义 中式生活	单一电视娱乐 非独立自主 保守稳定	非单一电视娱乐 非家庭重心

3-7 关于重庆消费群 / The Chongqing Market Segments

3-7-1 不同消费群过去一年内旅游过的地方 / Places Visited in the Last Year by Market Segments

注：本题为多选题，合计百分比超过 100%（ Multiple answers ）

	人数	市内	外省	国外/境外	没有旅游
样本	**600**	**15.3**	**41.1**	**1.0**	**54.0**
第一消费群	133	14.3	37.6	1.5	55.6
第二消费群	123	15.4	57.7	1.6	44.7
第三消费群	124	17.7	54.8	0.8	41.9
第四消费群	24	12.5	70.8	4.2	41.7
第五消费群	162	13.6	19.2	0.0	69.8
第六消费群	34	20.6	29.4	0.0	58.8

3-7-2 不同消费群过去一年内旅游的次数 / Number of the Trips Taken in the Last Year by Market Segments

	人数	1 次	2 次	3 次	4 次	5 次及以上
样本	**270**	**52.6**	**25.2**	**11.5**	**4.1**	**6.7**
第一消费群	57	59.6	22.8	12.3	3.5	1.8
第二消费群	68	52.9	25.0	8.8	2.9	10.3
第三消费群	69	47.8	23.2	18.8	2.9	7.2
第四消费群	14	35.7	35.7	0.0	14.3	14.3
第五消费群	48	58.3	20.8	8.3	6.3	6.3
第六消费群	14	42.9	50.0	7.1	0.0	0.0

3-7-3 不同消费群一般在什么假日旅游 / Holidays for Traveling by Market Segments

注：本题为多选题，合计百分比超过 100%（ Multiple answers ）

	人数	双休日	公共节假日	单位休假	学校寒暑假	随时都行	其他
样本	**268**	**15.7**	**8.2**	**29.9**	**29.5**	**20.5**	**2.6**
第一消费群	56	8.9	8.9	12.5	57.1	16.1	0.0
第二消费群	66	12.1	4.5	33.3	24.2	25.8	3.0
第三消费群	71	22.5	9.9	31.0	32.4	18.3	1.4
第四消费群	13	0.0	7.7	30.8	15.4	38.5	15.4
第五消费群	48	16.7	10.4	43.8	6.3	18.8	4.2
第六消费群	14	35.7	7.1	28.6	21.4	14.3	0.0

3-7-4 不同消费群最近一次旅游地点的排名 / Ranking of the Places for the Most Recent Trip by Market Segments

	人数	第一	第二	第三
样本	**273**	**重庆市郊 31.5**	**四川省 22.3**	**三峡 14.7**
第一消费群	57	重庆市郊 33.3	四川省 21.1	三峡 15.8
第二消费群	68	重庆市郊 35.3	四川省 17.6	三峡 8.8
第三消费群	72	重庆市郊 27.8 四川省 27.8	三峡 19.4	广东省 5.6
第四消费群	14	四川省 14.3 三峡 14.3	重庆市郊 7.1 云南省 7.1 广东省 7.1 海南省 7.1 香港 7.1 广西省 7.1 江苏省 7.1 福建省 7.1 西安 7.1	
第五消费群	49	重庆市郊 36.7	四川省 20.4	三峡 18.4
第六消费群	13	四川省 38.5	重庆市郊 30.8	云南省 7.7 北京市 7.7 广东省 7.7 深圳 7.7

3-7-5 不同消费群最想去的国内地点 / Rank of the Most Favorite Domestic Places by Market Segments

注：本题为多选题，合计百分比超过 100%（ Multiple answers ）

	人数	最想去	第二想去	第三想去
样本	**171**	**北京市 28.1**	**香港 12.3**	**云南省 6.4 桂林 6.4**
第一消费群	28	云南省 28.6	北京市 17.9	香港 10.7 桂林 10.7
第二消费群	45	北京市 22.2	香港 15.6	三峡 11.1
第三消费群	47	北京市 36.2	香港 14.9	西藏 6.4 新疆 6.4
第四消费群	13	香港 23.1	北京市 15.4 苏杭 15.4	海南省 7.7 桂林 7.7 台湾 7.7 黄山 7.7 新疆 7.7
第五消费群	30	北京市 36.7	九寨沟 13.3	四川省 10.0
第六消费群	8	北京市 37.5	香港 12.5 海南省 12.5 桂林 12.5 四川省 12.5 新疆 12.5	

3-7-6 不同消费群最想去的国外地点 / Rank of the Most Favorite Overseas Places by Market Segments

	人数	最想去	第二想去	第三想去
样本	**122**	**美国 31.1**	**新加坡 16.4**	**日本 9.8**
第一消费群	26	新加坡 19.2	美国 11.5	意大利 7.7 埃及 7.7 法国 7.7
第二消费群	23	美国 52.2	新加坡 13.0	日本 8.7 瑞士 8.7
第三消费群	41	美国 31.7	新加坡 19.5	法国 12.2
第四消费群	10	美国 30.0	新加坡 20.0	日本 10.0 法国 10.0 夏威夷 10.0 澳大利亚 10.0 印度尼西亚 10.0
第五消费群	15	美国 33.3	日本 20.0 泰国 20.0	新加坡 13.3 法国 13.3
第六消费群	7	美国 28.6	马来西亚 14.3 埃及 14.3 泰国 14.3 加拿大 14.3 英国 14.3	

注：重庆消费群的代表特征 / Characteristics of the Chongqing Market Segments

		第一消费群	第二消费群	第三消费群	第四消费群	第五消费群	第六消费群
基本情况	性别	无明显偏向	无明显偏向	无明显偏向	无明显偏向	无明显偏向	女
	年龄	16 — 19 岁	45 岁以上	20 — 29 岁	30 — 34 岁	40 岁以上	25 — 29 岁
	学历	高中/中专/技校	高中/中专/技校	大专/大本	高中/中专/技校/大本以上	初中及以下	初中
	职业	学生	行政管理人员/离退休人员	科教卫生人员/一般企业职员	个体及私营企业主	工人	专门职业从事者下岗及其他
	月均收入	无收入	501 — 800 元	801 — 1500 元	1500 元以上	500 元以下	1001 — 1500 元
	婚姻	未婚	已婚	无明显偏向	已婚	已婚	已婚或离异
心理取向		浪漫新潮 注重学历 非现实家庭观	循规传统 奔波忙碌 保守稳定	新女性主张 非功利心态	功利心态 现实家庭观 都市情结	非浪漫新潮 非独立休闲	非新女性主张 不循规传统 独立休闲

《1997-1998 IMI 消费行为与生活形态年鉴 》读者意见征询问卷

年鉴的读者朋友：您好！

请您根据您对年鉴的使用情况填写下面问卷，便于我们在下一次年鉴编辑中进行改进。谢谢！

	非常满意	比较满意	一般	比较不满意	非常不满意	不满意部分的补充说明
对全书的整体评价	5	4	3	2	1	
1. 第一篇 四城市基本状况与样本结构	5	4	3	2	1	
2. 第二篇 消费者分析	5	4	3	2	1	
3. 第三篇 消费者日常生活形态	5	4	3	2	1	
4. 第四篇 媒介分析	5	4	3	2	1	
5. 第五篇 食品、营养保健品	5	4	3	2	1	
6. 第六篇 饮料、酒类	5	4	3	2	1	
7. 第七篇 日用品	5	4	3	2	1	
8. 第八篇 家用电器、摄影器材	5	4	3	2	1	
9. 第九篇 电脑、通讯工具	5	4	3	2	1	
10. 第十篇 饮食、购物场所	5	4	3	2	1	
11. 第十一篇 住房、家用汽车、旅游	5	4	3	2	1	

A. 在将来的 IMI 年鉴中您最希望增加的产品类别有：	
B. 在将来的 IMI 年鉴中您最希望增加的研究城市有：	
C. 其他改进意见	

请留下您和贵单位的联系方式，我们将为您及时提供 IMI 项目研究的相关资料：

您的姓名：____________ 职务：____________ 公司名称：______________________

联系电话：____________ 传真：____________ 公司地址：______________________

电子邮件：________________________ ______________________（邮编：________）

请将该问卷填答以后通过邮寄或传真给 IMI 年鉴编辑部：

地址：北京广播学院培训中心 201 室 IMI 年鉴编辑部（邮编： 100024 ）

电话： 8610-6577-9823　　传真： 8610-6576-8137　　E-mail： imibj @ public. bta. net. cn

IMI Beijing Dec.1997

《 1997-1998 IMI Consumer Behaviors & Life Patterns Yearbook 》
Readership Survey

Thank you for using this edition of IMI yearbook. To help us improve the editing level, please complete the questionnaire with your opinions on this book. Any of your suggestions will be appreciated. Thank you for your cooperation.

	Perfect	Good	Fair	Weak	Poor	Areas you hope IMI yearbook to improve (Please specify)
Evaluation of the whole book	5	4	3	2	1	
Part 1 The General Market Conditions of the Four Cities and Sample Compositions	5	4	3	2	1	
Part 2 Consumer Analysis	5	4	3	2	1	
Part 3 Consumers Everyday Life	5	4	3	2	1	
Part 4 Media Exposure	5	4	3	2	1	
Part 5 Food, Nutrition and Health Products	5	4	3	2	1	
Part 6 Beverage and Alcohol Products	5	4	3	2	1	
Part 7 Household Necessities	5	4	3	2	1	
Part 8 Home Electronic Products	5	4	3	2	1	
Part 9 Personal Computer and Tele-communications	5	4	3	2	1	
Part 10 Restaurant and Shopping Places	5	4	3	2	1	
Part 11 Housing, Automobile, and Travel	5	4	3	2	1	

A. **Product categories** you hope to be added in IMI yearbook :	
B. **Cities** you hope to be added in IMI yearbook :	
C. **Other suggestions**: (Please specify)	

Please Send Us the Address of Yours or Your Company. We Will Provide the Related Materials When Available.

Name : ____________ Title : ____________ Name of your company : ____________

Tel : ____________ Fax : ____________ Address : ____________

E-mail Address : ____________ ____________ (Postal code :)

Please Mail or Fax Your Reply to *The Editorial Department of IMI Yearbook*:

Address : Training Center 201. Beijing Broadcasting Institute Postal Code: 100024

Tel : 8610-6577-9823 Fax : 8610-6576-8137 E-mail Address : imibj @ public. bta. net. cn

IMI Beijing Dec.1997